U0616184

SHANQU TIELU （GONGLU） LUJI GONGCHENG

DIANXING ANLI

山区铁路（公路）路基工程典型案例

李安洪　魏永幸　姚裕春　等○编著

西南交通大学出版社
·成都·

图书在版编目（ＣＩＰ）数据

山区铁路（公路）路基工程典型案例/李安洪等编
著.—成都：西南交通大学出版社，2016.12
ISBN 978-7-5643-5104-5

Ⅰ.①山… Ⅱ.①李… Ⅲ.①山区铁路－铁路路基－
路基工程－案例②山区道路－路基工程－案例 Ⅳ.
①U239.9②U421

中国版本图书馆 CIP 数据核字（2016）第 267005 号

山区铁路（公路）路基工程典型案例	李安洪 魏永幸 等 编著 姚裕春	责任编辑 姜锡伟 封面设计 何东琳设计工作室

印张	39.5　字数　1113千	出版 发行	西南交通大学出版社
成品尺寸	210 mm × 285 mm	网址	http://www.xnjdcbs.com
版次	2016年12月第1版	地址	四川省成都市二环路北一段111号 西南交通大学创新大厦21楼
印次	2016年12月第1次	邮政编码	610031
印刷	四川煤田地质制图印刷厂	发行部电话	028-87600564　028-87600533
书号：	ISBN 978-7-5643-5104-5	定价：	188.00元

编委会

序

中铁二院工程集团有限责任公司成立于 1952 年，如今已经有 60 多年的历史。由于二院人艰苦奋斗、锐意进取、开拓创新，中铁二院业务范围不断拓展，技术实力不断增强，已成为建筑行业中集科研、设计、咨询、工程总承包为一体的国有大型工程集团公司，是中国陆地交通勘察设计的领军企业。

中铁二院在山区铁路（公路）勘察设计领域具有传统优势，并积淀形成了一整套特色鲜明的山区铁路（公路）勘察设计理念、技术和方法。在中铁二院半个多世纪的发展历程中，路基专业不断发展、不断壮大，已成为具有深厚技术底蕴、特色技术优势鲜明的一个重要专业，为我国铁路建设尤其是山区铁路建设事业做出了重要贡献。

山区，特别是我国西南山区，地形艰险、地质复杂，影响和控制线路方案的不良地质、特殊岩土等类型众多、分布广、规模大，路基工程艰巨、困难。中铁二院路基专业在长期的山区铁路（公路）建设中不断研究、探索、创新，克服、解决了许多技术难题，取得了突出的成绩。但由于受时代背景、客观条件以及当时设计施工技术水平和认识能力所限，路基工程也难免出现一些问题乃至失误。中铁二院路基专业技术委员会组织编写了本书，系统梳理、总结了中铁二院近 20 年来完成的典型路基工程研究、设计、创新成果以及经验和教训，的确难能可贵。本书内容十分丰富，具有很强的针对性、实用性，对工程勘察设计技术人员无疑具有重要的参考借鉴意义。

中铁二院工程集团有限责任公司总经理

2016 年 7 月 15 日

前　言

　　山区，特别是我国西南山区，地形艰险、地质复杂，铁路（公路）建设工程艰巨，影响和控制线路方案的特殊地形、不良地质、特殊岩土等类型众多、分布广、规模大。在这种艰险地形、复杂地质环境条件下修建铁路（公路）要完全避免不良地质、特殊岩土、陡坡地形及开挖高边坡等是难以实现的，特别是高标准铁路及高等级公路，线路的平面、纵断面要求更高，工程建设难度更大。此外，山区还是受地质构造、垂直气候带、局地暴雨山洪、强地震影响明显的区域，这些都进一步增大了山区铁路（公路）建设的技术难度。

　　在山区修建铁路（公路）路基工程，需要因地制宜地解决滑坡、岩堆、顺层、崩塌、危岩落石、泥石流、岩溶及采空区等不良地质体的加固，斜坡软土、泥炭土、膨胀土、红黏土、黄土等特殊岩土的加固处理，浸水路基、水库路基、地震区路基等特殊条件下路基处理，以及深路堑、高边坡、高路堤、陡坡路基等特殊地形路基加固处理等技术难题，并做到安全可控、经济合理。

　　中铁二院长期从事山区铁路（公路）勘察设计，在路基工程研究、设计、创新方面取得了丰硕的成果，积累了丰富的经验。但由于受时代背景、客观条件以及当时设计施工技术水平和认识能力所限，路基勘察设计中也出现了一些问题乃至失误。把中铁二院近 20 年来在路基勘察设计中取得的研究及创新成果、经验教训进行总结，以做到温故知新，同时促进技术交流与进步，无疑具有重要意义。为此，中铁二院路基专业技术委员会组织编写了本书。

　　本书主要从近 20 年来中铁二院所承担的国内外铁路、公路、市政路基工程及地质灾害治理中，甄选一些具有代表性的、典型的工程案例，以介绍山区铁路（公路）路基工程勘察设计的理念、技术与方法。全书结合案例内容分为边坡工程，支挡工程，地基处理，滑坡、岩堆加固，路基填料，危岩、岩溶、采空区及其他六个部分。

　　本书涉及内容多为近期最新编写，其中有少数内容已经公开发表，鉴于本书编写形式的统一，对于已经公开发表的内容及编写过程中引用到的相关参考文献资料没有进行列举，在此对引用的相关参考文献的作者一并表示感谢！

此外，本书的编写工作得到了中铁二院各生产单位的积极响应，在集团公司领导的关心和支持下，编写工作得以顺利进行，路基专业技术委员会各位委员及有关专家在百忙之中抽取时间对本书相关内容进行了审查，在此深表谢意！

编著者

2016 年 8 月

目　录

边坡工程

支挡工程

地基处理

滑坡、岩堆加固

路基填料

危岩、岩溶、采空区及其他

蒙河铁路河口北车站路堑超高边坡设计

孟　伟　李国栋　薛　元

（中铁二院　土建一院）

摘　要　西南山区铁路大型站场设置受地形等因素控制，不可避免地会遇到边坡高度超常规情况。蒙河铁路河口北车站路堑边坡高近 90 m，覆盖层为土层及全风化层，厚度超过 50 m，地质条件较差，岩土力学强度低。（针对该路堑高边坡，设计比选了多层桩间土钉墙、桩板墙支挡结构结合缓边坡锚杆（索）框架梁分层布置的坡面防护形式，并通过边坡中部设置分级宽平台有效减少路堑底部土压力等综合处理措施确保该超高土质路堑边坡长期稳定，为以后同类工点提供了一定的工程经验。

关键词　路堑超高边坡　稳定性分析　桩间土钉墙　桩板墙

1　工点概况

河口北车站位于云南省红河州河口瑶族自治县，为泛亚铁路国际换装站，规模较大。车站设到发线 5 条（含正线）、预留 2 条，调车线 4 条、预留 2 条，站房对侧设 $88×10^4$ t 综合性货场，设货物线 3 条，设 $100×10^4$ t 准米轨换装场，设整列到发换装线 1 条、站台换装线 1 条、米轨到发兼存车线 3 条。同时车站通过米轨铁路与越南铁路网相连，形成云南省出境的国际铁路通道。

工点范围处于低山丘陵地带，丘间为槽谷地貌，地势较狭窄，地面高程为 110～200 m，相对高差约 90 m，地形波浪起伏、相对左高右低。地表植被较发育，种植有香蕉、橡胶树等经济作物。路堑高边坡地形如图 1 所示。

图1　路堑超高边坡工点地形

本工点起讫里程为 DK141+442～DK141+696，线路长 254 m。该段以挖方形式通过，路堑中心最大开挖高度为 17.8 m，左侧设计最大挖方高度约为 88.9 m。

2　工程地质条件

地质勘察资料揭示，工点范围上覆第四系全新统坡残积层（Q_4^{dl+el}）粉质黏土，下伏基岩为元古界瑶山群（P^{tys}）片麻岩夹混合岩、片岩、大理岩。其中粉质黏土与片麻岩夹混合岩、片岩、大理岩全风化层厚度最大达 50 m，其下为 5～20 m 强风化带。测区表层覆土和风化层较厚，未见明显构造形迹。但在区域上，该片区地处红河深大断裂以北区，"康滇缅歹字形"构造体系中段东支与"昆明山字形"构造前弧弧顶前缘的衔接带上，属于两大构造体系相互交接地区，地质构造极其复杂。受区域构造影响，段内岩体节理裂隙发育，岩体较破碎，风化层厚度大。段内发育河口北断层，断层走向为 N88°E，倾向、倾角、断层破碎带不清，线路与断层交角为 50°，断层两盘均为瑶山群地层，NW 盘产状为 N35°W/26°NE，SE 盘产状为 N53°E/48°NW。图2 为施工现场开挖揭示地层情况。

图2　工点开挖揭示地层情况

3 设计需解决的几个问题

（1）工点为土质及全风化层路堑超高边坡，最大边坡高达 88.9 m，岩土力学强度低，如处理不到位，极易出现边坡变形、开裂、溜坍。

（2）工点处于河口北车站中部，河口北车站为国际换装站，景观要求高。

4 设计方案稳定性分析

初步确定方案为：于边坡坡脚设置一排路堑桩间土钉墙，土钉墙高 6 m，墙顶以上分级刷坡，坡率为 1∶1.5，最高设 8 级，单级边坡高 10 m，每级边坡之间设计 3 m 宽平台，自下而上第三、第四级边坡之间设 20 m 宽大平台。宽边坡平台处增设一排桩板墙，挂板高度为 4 m。

由计算可知，在开挖后未施作支挡的情况下，边坡稳定系数为 0.89，边坡处于不稳定～欠稳定状态；在设计安全系数为 1.15 的情况下，边坡水平推力为 116～1134 kN，潜在滑面如图 3 所示。

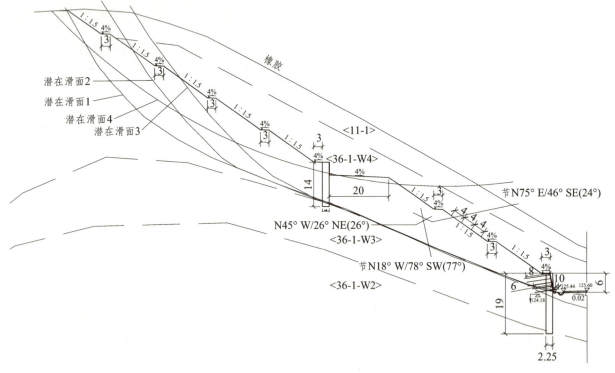

图 3 边坡滑面示意图

计算结果显示，设计下滑力较大，且中间大平台存在滑面剪出风险，需要在边坡中部设置一排抗滑桩共同分担下滑力，同时防止越顶破坏。设计方案稳定性分析结果见表 1。

表 1 设计方案稳定性分析结果一览表

滑面	安全系数 k	设计下滑力 F（$k=1.15$，$a_g=0.1g$）
1	0.89	1 134
2	1.08	116
3	1.3	0
4	1.04	723

5 工程加固防护措施

5.1 工程整体加固措施

于边坡坡脚设置一排路堑桩间土钉墙，土钉墙高 6 m，墙顶以上分级刷坡，最大设 8 级，单级边坡高 10 m，每级边坡之间设计 3 m 宽平台，自下而上第三、第四级边坡之间设 20 m 宽大平台。宽边坡平台处增设一排桩板墙，挂板高度为 4 m。

坡面自下而上第一级至第三级边坡及第四级至第六级边坡采用两级锚杆框架梁中间夹一级锚索框架梁防护，第七级边坡采用锚杆框架梁防护，第八级边坡采用人字形截水骨架防护。

其中锚杆框架梁节点间距 2.5 m，矩形布置，锚杆长 12 m。框架内采用灌草护坡。

锚索框架梁节点间距 4.0 m，正方形布置。锚索单孔设计锚固力为 900 kN。锚索均为单孔 6 束压力分散型锚索。锚索由锚固段、自由段和张拉段组成，锚固段长度均为 12 m（分三个单元，各 4 m 长），张拉段均为 1.5 m。框架内采用液压喷播植草防护。

人字形骨架护坡主骨架净距 6 m，支骨架净距 3 m，采用 M7.5 浆砌片石砌筑，埋深为 0.6 m，骨架内采用喷播植草间植灌木防护。

工点共设计锚固桩 79 根，锚索 427 孔，最大边坡高度为 88.9 m，工程措施代表性断面如图 4 所示。

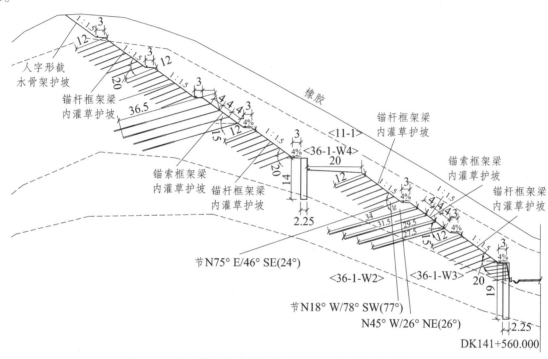

图 4 土质及全风化路堑超高边坡加固方案代表性横断面

5.2 细部加强工程处理措施

由于施工后期堑顶红线外侧坡面被当地居民辟为菠萝、香蕉等一年生经济林地，农灌水系发达。为确保产量，当地居民在生产活动中对种植作物进行长时间漫灌，水量较大。堑顶外侧虽设置有天沟，但仍有部分灌溉用水直接冲刷铁路路堑边坡，特别是最高一级人字形截水骨架护坡的边坡受冲刷影响最大。

针对此种情况，采用在边坡内及堑顶外增设十字锚钉加强处理。具体处理方式为：在路堑第八级边坡原设计为人字形截水骨架灌草护坡地段按照主骨架间距、排距 3 m 施作十字锚钉，并在堑顶外侧增加一排锁定。十字形节点截面均为 0.4 m×0.4 m，长 1.2 m，锚杆长 12 m。十字锚钉采用现浇或预制并与周边地面密贴齐平（不设排水槽），确保坡面排水畅通，如图 5 所示。

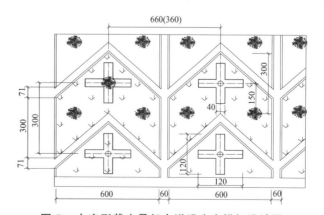

图 5 人字形截水骨架内增设十字锚钉设计图

5.3　施工顺序及注意事项

5.3.1　施工顺序

施作地表截排水沟、天沟→自上而下分级开挖第八级～第四级边坡并及时施作坡面锚（索）杆框架梁护坡→开挖至中部桩板墙桩顶高程时施工锚固桩→施作桩顶平台护顶→按 1～2 m 一层分层开挖桩前土体→挂板→自上而下分级开挖第三级～第一级边坡并及时施作坡面锚（索）杆框架梁护坡→开挖至底部桩板墙桩顶高程时施工锚固桩→施作桩顶平台护顶→按 2～3 m 一层分层开挖桩前土体并及时施作土钉墙。

5.3.2　施工注意事项

（1）工点施工前必须先做好临时截排水设施，确保堑顶天沟的防渗、畅通，避免天沟悬于地表以上，以免因表水下渗引起路堑坍滑。并及时施作平台截水沟，做好与天沟、侧沟、排水沟的衔接，形成完善、畅通的排水系统。

（2）每一级边坡加固防护工程施作完成后，方可进行下一级边坡开挖与施作。

（3）工点施工期均应指派专人进行地表变形监测，发现异常立即通知有关单位进行处理。以上监测应自开工持续至竣工为止，观测资料应纳入竣工资料。

6　工程整治效果

工程于 2009 年开始施工，于 2014 年完工，至今约 2 年，无任何病害发生，整治效果良好，如图 6、图 7 所示。

图 6　河口北站边坡工程施工完毕近景　　　　图 7　边坡工程施工完毕的远景效果

7　总　结

（1）对于边坡较高的土质及全风化路堑超高边坡，其下滑力较大，应根据浅层或深层滑动检算结果，于边坡中部设置宽平台，边坡中部及路堑坡脚设置多排预加固桩共同分担下滑力，同时防止越顶破坏。

（2）坡面宜采用锚杆框架梁与锚索框架梁分层防护的形式，以充分利用锚杆的抗剪与锚索的抗拔优势。

（3）山区铁路高路堑边坡天沟设计时，应充分考虑当地经济作物灌溉特点可能给铁路边坡造成的冲刷影响，可采用加大天沟尺寸或加强边坡防护措施的形式以避免或减少灌溉对铁路所造成的影响。

云桂铁路白腊寨车站路堑超高边坡设计

封志军　冯俊德　薛　元　孙希望
（中铁二院　土建一院）

摘　要　西南山区铁路路基工程由于受高速铁路线形、站场位置等因素控制，不可避免地会遇到边坡高度超常规情况。云桂铁路白腊寨车站顺层边坡近百米，地质条件较差，岩体破碎。针对该路堑超高边坡，本文研究了支挡加固与分级刷坡并预留大平台的高边坡路基方案及四线明洞方案，从结构受力、工程量、运营安全等方面分析了两个方案的优缺点，最终确定采用四线明洞方案，为以后类似工程提供了一定的借鉴意义。

关键词　路堑高边坡　方案比选　稳定性分析　锚索　锚固桩　明洞

1　工点概况

白腊寨车站位于云南省文山州广南县南屏镇白腊寨村，车站起讫里程为 DK393 + 300 ～ DK395 + 100，为一越行站。工点范围属低中山剥蚀与溶蚀地貌，地形起伏大，相对高差约 205 m；地形坡度为 30° ～ 80°，自然横坡为 30° ～ 50°。山峰沟谷发育，沿线路方向地形波状起伏，冲沟基本沿垂直线路朝北方向发育。沟谷陡坡地带有零星基岩裸露地表。本工点起讫里程为 DK394 + 131 ～ DK394 + 391，线路长度为 260 m。南宁端为白腊寨 1# 四线大桥（DK393 + 718.71 ～ DK394 + 131.19），昆明端为白腊寨 2

图 1　路堑高边坡工点地形

四线大桥（DK394 + 391.01 ～ DK394 + 656.29）。路基中心最大挖方高度约为 33.3 m，左侧路堑边坡最大高度约为 105 m。路堑高边坡地形如图 1 所示。

2　工程地质条件

地质勘查资料揭示，工点范围地表上覆第四系全新统滑坡堆积层（Q_4^{del}）碎石土与坡残积层（Q_4^{de+el}）粉质黏土。下伏基岩为三叠系下统罗楼组（T_1^l）粉砂岩夹页岩、泥岩，二叠系下统（P_1）灰岩，断层角砾（F_{br}）。其中粉质黏土与砂岩夹泥岩、页岩全风化层厚达 28 m，其下为 5 ～ 20 m 的强风化带。工点区域存在区域性大断裂董堡—那桑圩断层对工点影响较大，伴随董堡—那桑圩断层发育的挤压破碎带在本工点与线路相交，如图 2 所示。受构造影响，工点范围岩体节理裂隙极发育，岩体极破碎，原岩结构及构造基本破坏，如图 3 所示。线路左侧挤压破碎带以外岩层产状主要为 N35° ～ 85°W/60° ～ 71°NE，岩层走向与线路交角为 12° ～ 37°，横断面视倾角为 60° ～ 66°，倾向线路右侧，左侧边坡存在顺层问题；同时发育三组倾向坡外的贯通性较好的节理，产状主要为 N5°W/55°NE、N40°W/42°NE、N64°W/72°NE，横断面视倾角为 36° ～ 71°，倾向线路右侧，左侧边坡存在节理顺层。顺层地段层间综合 φ=12°。边坡开挖后，易发生垮塌。

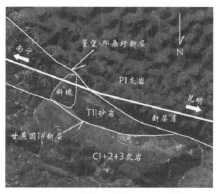

图 2　斜坡所处构造带位置卫星图

图 3　DK394 + 15 左 90 m 处挤压破碎带

3　设计方案比选

3.1　路基方案

该方案为自坡脚至堑顶均采用刷坡方式，刷坡坡率均为 1∶1.25，每级边坡高度均为 10 m，两级边坡之间设置宽平台，其中第 3 级、第 6 级边坡顶平台宽度为 15 m，其余平台宽度均为 3 m，代表性断面见图 4。

经检算，N40°W/42°NE 组节理对边坡支挡防护工程影响较小，土石分界面处（即第 8 级边坡中部），当安全系数 K=1.250 时，T=154 kN/m，可通过锚索框架梁或者锚固桩承担下滑力。该方案最大边坡高度为 103.1 m。

依据以上计算结论，并结合该工点的地形、地质条件，综合考虑该工点的整体支挡防护措施。加固防护方案如下：

路堑边坡自坡脚至堑顶均采用刷坡方案，各级边坡最大高度均为 10 m，坡率均为 1∶1.25，共10 级。每级边坡之间设 3 m 宽平台，自下而上第 3、4 级边坡之间，第 6、7 级边坡之间设 15 m 宽大平台。

自下而上第 2、5、8 级边坡采用框架锚索进行加固防护，锚索单孔 4 束，长 25 m，间距 4 m。其余边坡为框架锚杆防护。

自下而上第 2、5、8 级边坡坡脚及路堑顶分别设置预加固桩，共 4 排，锚固桩尺寸为2.25 m×1.5 m×20 m，间距 6 m，共 97 根。

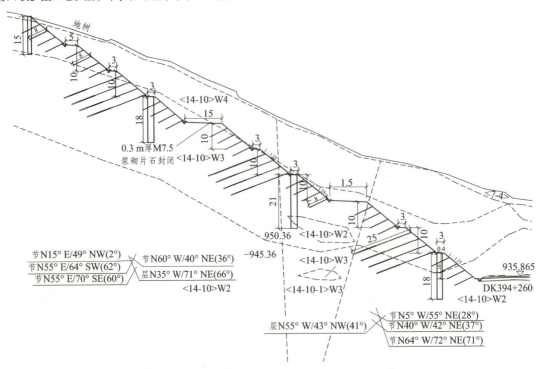

图 4　刷坡并预留 15 m 平台方案

3.2　隧道（四线明洞）方案

四线明洞，边坡开挖加固防护方案，如图 5 所示。坡脚设置悬臂为 15 m 的预加固桩，桩间采用 1∶0.2 坡率的土钉墙，永久边坡采用 1∶1.25 坡率刷坡，单级边坡高度为 10 m，每级边坡之间留 3 m 宽平台，自下往上的第 2、4 级平台设锚固桩。坡面采用锚杆（索）框架梁喷混植生防护，当安全系数 K=1.250 时，T=4 300 kN/m。该方案最大边坡高度为 78.2 m。

3.3　设计方案比选

路基刷方并预留边坡中部大平台方案，边坡最大高度为 106 m，工程风险和施工难度相对隧道方案大；而隧道方案虽然工程投资较大，但更能保证长期运营安全，故推荐隧道方案。

4　工程加固防护措施

明洞方案边坡加固防护措施如下：

（1）开挖边坡自坡脚设置 15 m 高的桩间土钉墙，路堑边坡自坡脚至堑顶均采用刷坡方案，各级边坡最大高度均为 10 m，坡率均为 1：1.25，共 10 级。每级边坡之间设 3 m 宽平台。

（2）自下而上边坡采用框架锚索进行加固防护，锚索单孔 4 束，长 25～33 m，间距 3.5 m。局部边坡为框架锚杆防护。

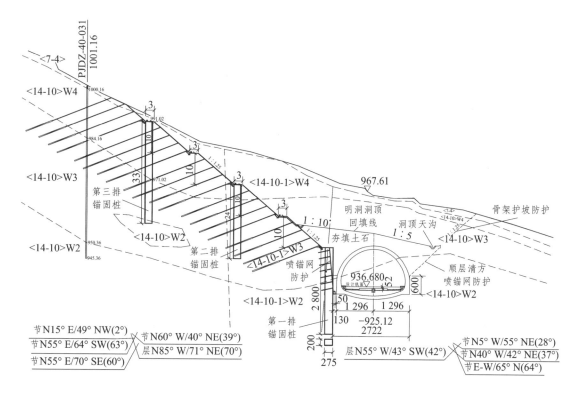

图 5　四线明洞方案

（3）自下而上第 1、3、5 级边坡坡脚分别设置预加固桩，共 3 排。

（4）工点范围设置 5 个观测断面，采用多种监测措施，并形成立体监测网，对该路堑高边坡工点进行施工期及运营阶段的监测。

目前，整个白腊寨四线明洞工程已施工完毕，边坡未出现异常，施工工程中照片如图 6 所示。

5　总　结

西南山区铁路路基工程由于受高速铁路线形、站场位置等因素控制，不可避免地会遇到高边坡高度超情况。当边坡高度超常规且工程地质条件差时，从长期运营安全考虑，应优先考虑隧道设计方案。

图 6　施工过程中的白腊寨四线明洞

边坡开挖防护，一般而言，路堑高边坡设计可采取加强坡脚支挡、坡面防护等措施以减小边坡高度，从而避免工程对原始边坡的影响。但当设支挡收坡不明显时，可考虑刷方加中部大平台方案，将超高边坡分成若干高度较小的边坡，结合相对较弱的坡面防护措施就可降低施工及运营期间的安全风险。

京珠高速公路粤境南段 K155 边坡设计

蒋楚生　张　华　李　敏　秦小林

（中铁二院　土建三院）

摘　要　原设计边坡底层锚固桩开挖时，岩质坚硬，人工开挖灰岩难度大，施工单位无法在计划工期内顺利完工。若采用爆破作业固然可以加快工期，但却可能对已张拉锚索造成不良影响，导致其失效。变更设计比较了底层边坡采用预应力框架锚索替代锚固桩和放缓坡率+预应力锚索+拱形骨架植草护坡两种方案，从技术、经济、工期等方面对比分析方案的优劣，提出推荐方案，展示实施效果。

关键词　边坡病害整治　高速公路　框架锚索　放缓边坡

1　工程概况

京珠高速公路粤境北段 K155+026～K155+246 左侧路堑边坡属低山丘陵地貌，地形相对高差约 60 m，自然坡度为 15°～25°。地层岩性上覆为粉质黏土（Q^{el+dl}），浅黄～棕黄色，硬塑，含强风化砂岩块石，厚度不大，分布在堑顶一带。下伏岩层为砂岩夹页岩（D_{3m}），灰黄、紫色，泥质结构，薄层状构造，全、强风化层厚度大，节理、层理较发育，大气降水易渗入坡体，砂页岩遇水易软化，强度降低，影响边坡稳定。边坡中下部遇一性质不明断层，产状 40°∠50°～65°，断层破碎带出露宽度为 4～20 m，主要由粉质黏土及少量炭质灰岩块石组成，炭质灰岩（D_{3m}）灰黑色，薄层状，弱风化，层理较发育，有揉皱现象。该断层对边坡稳定极为不利。

2　工程特征

根据本工点的地质条件，设计时采用锚固桩加锚索的支挡结构。具体工程措施是：采用台阶式边坡设计，一级边坡台阶高度为 10 m，平台宽度为 2 m，坡率采用 1∶0.3；2～3 级边坡高度均为 10 m，平台宽 3 m，设计坡率为 1∶1；4～5 级边坡台阶高度 8 m，平台宽 4 m，设计坡率为 1∶1.25，坡面采用拱形骨架网格植草护坡。一级边坡平台设锚固桩，锚固桩长 20 m，截面尺寸为 1.75 m×2.0 m，桩间设挡墙。在 2、3 两级边坡上各设置 3 排锚索，在 4 级边坡上设置 2 排锚索，锚索间距 3 m，倾角 25°，钻孔直径为 φ120 mm，锚固段长 10 m，采用 4φ15.2 mm 高强度低松弛钢绞线制成，每根锚索设计吨位 600 kN。锚索锁定在抑制梁上，抑制梁长 12.8～14.2 m，截面尺寸为 0.8 m×0.6 m，如图 1 所示。

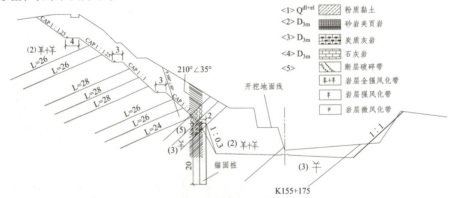

图 1　原设计方案

3　工程变更措施

施工采用从上到下分级开挖、分级加固的原则，二级以上边坡已开挖到位，锚索钻孔、灌浆已经施工完毕，部分锚索已张拉到设计吨位，坡面拱形骨架已基本完工。当一级边坡锚固桩桩基开挖时，连续几个桩位从一级平台向下开挖至 3～5 m 时均遇前述断层破碎带，其中的粉质黏土松散、强度低，而夹杂的弱风化炭质灰岩分布不规则，岩质坚硬，人工开挖炭质灰岩难度大，进度慢，施工单位无法在计划工期内顺利完工。若采用爆破作业固然可以加快工期，但却可能对已张拉锚索造成不良影响，导致其失效；此外，爆破作业可能破坏边坡的受力状况，使边坡整体失稳。

基于以上原因,不允许采用爆破作业。而按人工开挖计算,将比原计划工期推迟 50 d 左右,这将影响到后续工程的按期完成,并将影响到总工期。为此,建设方要求取消抗滑桩并对原设计一级边坡进行变更设计。

3.1　变更方案一

一级边坡采用预应力框架锚索替代锚固桩,原桩后最大剩余下滑力为 650 kN/m,平均剩余下滑力为 505 kN/m,经检算,采用四排锚索,锚索间距 2.3 m,可以保证采用加固措施后边坡的稳定系数 $K=1.20$,满足《公路路基设计规范》对边坡稳定性的要求。第 1 ~ 第 4 排锚索长度分别为 17 m、20 m、23 m、26 m,锚固段长度为 10 m,钻孔孔径为 150 mm,锚索倾角为 20°。锚索框架横梁和竖梁截面尺寸为 0.6 m×0.6 m,其中,横梁长 4.6 m,竖梁长 10.44 m,横梁之间设伸缩缝,伸缩缝缝宽 2 ~ 3 cm,缝内填塞沥青麻筋或沥青木板。框架内设六棱砖,厚 0.3 m,砖内覆土植草,第一排锚索以下设护墙作为锚索框架梁的基础,护墙厚 0.6 m,埋深 1 m。在梁顶设襟边并和边坡平台相连,以防止雨水渗入掏空框架梁底部,造成预应力锚索失效。考虑到施工过程中可能出现废孔,或工程交付使用后边坡出现异常情况时采取补救措施,设计时预留出了部分孔位。2 ~ 5 级边坡仍采用原设计,如图 2 所示。

3.2　变更方案二

修改一级边坡坡率,将坡率放缓到 1∶0.75,坡面采用预应力锚索加固,锚索间距 2.3 m,第 1 ~ 第 4 排锚索长度分别为 17 m、20 m、23 m、26 m,坡面采用拱形骨架网格植草护坡,2 ~ 5 级边坡仍采用原设计,如图 3 所示。

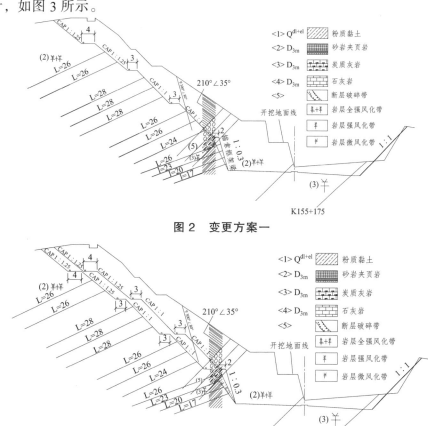

图 2　变更方案一

图 3　变更方案二

3.3　方案比选

变更方案比较见表 1。变更方案二虽也减短了工期,但原来已做好的拱形骨架护坡全部废弃,会造成大量浪费,不仅增加了投资,而且 2 ~ 5 级边坡继续削方时为避免已做好的锚索被破坏,只能采用人工开挖,施工非常困难。

表 1　变更方案比较

比较项目	原设计方案	变更方案一	变更方案二
一级边坡工程措施	锚固桩+桩间挡墙	预应力锚索+框架梁+框架内培土植草	放缓坡率+预应力锚索+拱形骨架植草护坡
废弃工程		无	2~5级边坡拱形骨架植草护坡
施工工期/d	125	65	100
施工难度	困难	一般	较困难
比原设计增加投资/万元		21	45

变更方案一，预应力框架锚索具有以下显著的优点：第一，预应力框架锚索与路堑边坡通过施加预应力成为一个整体，使边坡和结构物整体受力比较均匀，有效改善了受力状况，从而避免了因局部预应力锚索失效而导致整个工程失败，提高了工程措施的可靠度。第二，预应力框架锚索设置在 1：0.3 坡率的边坡上，一方面可有效增大抗滑力，从而减小滑坡的下滑力，节省工程造价；另一方面，可以有效降低边坡高度，减少对山体的扰动和土地占用。第三，预应力框架锚索造型美观，框架内可设六棱砖，砖内覆土植草，美化了环境，减少了司乘人员的视觉疲劳。第四，相对于其他传统的工程措施，预应力框架锚索还具有施工快捷、施工场地不受限制、施工干扰少的优点。

经技术经济比较，变更方案一不仅技术合理，工期最短，比原设计增加的投资也较少，而且不影响已做好的原有工程，无废弃工程，施工也比较便捷，经建设方同意作为变更设计方案采用。

3.4　预应力框架锚索施工

一级边坡工程施工包含以下工序：钻孔、清孔、设置锚索、注浆、砌筑护墙、浇筑框架梁、张拉锁定以及外露部分的防护处理；砌筑襟边及六棱砖覆土植草。在施工组织设计时，为加快施工进度，应充分利用各工序的施工间歇，采用流水施工原理和网络技术，对施工进度进行合理的安排。具体来说，可将钻孔、清孔、设置锚索、注浆设为第一个施工过程，砌筑护墙、浇筑框架梁作为第二个施工过程，张拉锁定以及外露部分的防护处理作为第三个施工过程，砌筑襟边及六棱砖覆土植草作为第四个施工过程，并根据机具及人工情况划分为 3~4 个施工段，根据建设方的要求倒排工期，确保按期完工。一级边坡工程双代号施工网络计划图见图 4。

图 4　施工网络计划图

从施工网络计划图可见，钻孔、清孔、设置锚索、注浆为关键工作。为保证该工作能按期完工，经试验后注浆时可采用早强剂，试验应在施工准备阶段进行。

4　工程（整治）效果

工程效果如图 5 所示。

5　工程体会

京珠高速公路粤境北段 K155+026 ~ K155+246 左侧路堑边坡病害整治工程采用预应力框架锚索及其他工程

图 5　处理后现场照片

措施后达到了提前竣工的效果，保证了按时通车；而且整治后的边坡外表美观大方，环境优美。

如图 5 所示，本边坡变更设计与施工于 2000 年完成，竣工后经过 10 多个雨季的考验，边坡稳定，效果良好，深受各方面好评。

大瑞铁路大理西站路基工程设计

白朝能　肖朝乾　冯俊德

（中铁二院　土建一院）

摘　要　大瑞铁路大理西站地形地质条件极其复杂，地震烈度高达 8 度，在 1 km 范围的路基工程受一条区域大断层及两条支断层的影响，不良地质及特殊岩土发育有泥石流、滑坡、岩堆、顺层、危岩落石、人工坑洞、陡坡人工弃土等不良地质体。路基工程采用环形柔性防护网、锚索（杆）框架梁轻型柔性加固防护技术、土钉墙原位加固技术、锚索桩板墙加锚索框架梁、桩基托梁衡重式挡墙等新型组合式支挡结构。

关键词　山区铁路　高陡边坡　不良地质体　不稳定斜坡体

1　引　言

随着我国经济实力的增长和技术水平的进步，为改善中西部山区与沿海地区经济发展不均衡的现状，我国在中、西部复杂地质艰险山区的铁路建设日益增多。地震烈度高，地形、地质条件极其复杂，不良地质体分布广、规模大，地质灾害密集，完全绕避困难，生态环境脆弱，环境保护敏感，工程修建难度大，运营期易发生工程病害是该地区修建铁路的难点和重点，路基工程如何根据地质条件做好路基工程选线，在此基础上如何运用好的设计理念，选择好的工程措施，提高路基工程的安全度、可靠性，使路基工程设计做到安全可靠、经济合理是山区铁路设计的一大难题。

2　工程概况

大理西站设计里程为大瑞线 D1K10+260 ~ D2K12+670，是大瑞线第一个会让站，3 股道。本站位于西洱河右岸，车站线位"依山傍水"，属典型的"V"形峡谷地貌，沟谷深切，地形陡峻，地面自然横坡 30° ~ 50°，地表植被稀疏，线位左侧毗邻大漾公路及西洱河，修建地形十分狭窄，路基工程基本上以半填半挖通过，上挡下护，形似挂壁路基。

地表上覆第四系全新统人工弃土（Q_4^q）、人工填筑土（Q_4^{ml}）、滑坡堆积（Q_4^{del}）、坡崩积（Q_4^{dl+col}）、冲洪积（Q_4^{al+pl}），上更新统冲积（Q_3^{al}）粗角砾土、碎石土、块石土及粉质黏土；下伏基岩为下元古界沟头箐岩群石门关岩组（P^{tls2}）混合岩夹花岗片麻岩。地表水为坡面水和西洱河水，地下水为基岩裂隙水，对混凝土均无侵蚀性。地震动峰值加速度 0.2g。

受区域性洱海深大断裂影响，区域内次级断层及褶皱构造较发育，D1K10+330 及 D1K11+391 分别发育有两条支断裂。受构造及地形、地质条件的影响，表层覆土厚，成因复杂，各种碎石类土相变快，分布范围与埋深厚度无规律，基底横坡陡，基岩面起伏大，岩层节理、裂隙发育，岩体十分破碎。不良地质体发育，短短 1 km 范围的路基工程不良地质体发育有泥石流、滑坡、岩堆、顺层、危岩落石、人工坑洞、陡坡人工弃土等不良地质体。不良地质体灾害种类齐全，分布密集，绕避困难，可以说大理西站的地质条件是大瑞线的缩影，是不良工程地质的微型博物馆。其不良地质分布里程及范围详见表 1。

表 1　大理西站不良地质分布情况表

序号	不良地质类型	分布里程	不良地质概况	对工程的影响情况
1	大沙坝 2#岩堆	DK10+328 ~ +536 右侧	平面上呈扇形，轴向为 S11°W 长约 126 m，宽 120 ~ 200 m。岩堆厚 5 ~ 30 m，体积约 30×10⁴ m³，属中型岩堆。主轴方向上岩堆上部组成物质，最上层为碎石土及角砾土，厚 2 ~ 6 m，其下为块石土，厚 4 ~ 14 m，岩床内分布有粉质黏土，呈透镜状分布于岩床底，厚 0 ~ 10 m	路基工程以挖方和明洞从岩堆前缘通过，岩堆体天然状态基本稳定。挖方及明洞施工时将会造成失稳

续表

序号	不良地质类型	分布里程	不良地质概况	对工程的影响情况
2	大沙坝滑坡	D1K10+828～D1K10+867右侧	平面上椭圆形，轴向为S16°E，长轴约64 m，横轴约38 m，厚度4～12 m，地貌特征较为明显，周界清晰，前缘舌状伸入公路，后沿呈"圈椅状"，滑坡周界可见1～2 m的错台。滑体物质为混合岩质的碎块石土，滑动面不明显，钻孔揭示滑体与下伏冲洪积碎石土接触面上有一层厚约30 cm的灰黑色砂土，体积约$1.5×10^4$ m³，属小型浅层滑坡	路基工程以挖方从滑坡中后部通过。对路基工程影响大
3	泥石流	D1K10+290～+300沟槽中	沟内堆积层厚2～6 m。上游谷坡陡峻，地表松散物质丰富，河沟上游两侧岸坡发育滑坡、崩塌，有利于泥石流形成，线路通过段属于泥石流沟的通过区，据调查上游物质组成以碎石土为主，是小型岩堆及采石弃土，潜在补给储量为$4×10^4$ m³	对路基工程影响大
4	顺层	（1）D1K10+240～D1K10+250；（2）D1K10+880～D1K10+930；（3）D1K11+495～D1K11+520	（1）D1K10+240～D1K10+250 m，挖方边坡最大高度为22 m，基岩为混合岩夹花岗片麻岩，厚层状，受构造影响，岩石节理发育，岩体较破碎，岩层产状为N85°W/25°SW，岩层走向与线路夹角约0°，横断面视倾角为25°，倾向线路左侧，右侧边坡存在顺层。（2）D1K10+880～D1K10+930及D1K11+495～D1K11+520路堑边坡切层最大高度分别为5 m及10 m，基岩为混合岩夹花岗片麻岩，厚层状，受构造影响，岩石节理发育，岩体较破碎，岩层产状为N70°E/40°SE，岩层走向与线路夹角约21°，横断面视倾角为37.6°，倾向线路左侧，右侧边坡存在顺层	对路基工程右侧挖方边坡影响较大
5	人工弃土	（1）D1K10+713～D1K10+777；（2）D1K11+130～D1K11+167m	褐、灰褐、灰白色，稍密～中密，潮湿，碎石占50%～60%，ϕ60～200 mm，石质较混杂。分布于D1K10+713～D1K10+777、D1K11+130～D1K11+167m右侧坡角下，厚2～10 m、2～6 m不等	路基以挖方通过，部分弃土位于挖方边坡顶部，对路基工程影响大
6	危岩落石	D1K10+240～D2K12+550	车站范围内坡面陡，自然横坡为30°～50°，局部可达60°以上，线路右侧坡面上方零星分布有大的块石，边坡开挖后易造成地表土层松动，形成落石	对路基工程影响大

针对如此复杂的地形、地质条件，路基工程设计时灵活采用了多样化、组合化、新型化、柔性化的工程结构类型，主要路基工程类型有路堤桩板墙、衡重式路肩挡土墙、衡重式桩基托梁路肩挡土墙、锚索桩板墙、桩间土钉墙、锚索桩间土钉墙、压力分散型锚索框架梁、锚杆框架梁、环形柔性防护网等加固防护工程措施。共设桩基268根，最大桩长38 m，桩截面为2.5 m×3.5 m。共设衡重式路肩挡土墙1 160 m，最大墙高12 m，桩基托梁634 m，桩间土钉墙及土钉墙1 264.4 m，最大墙高21 m，桩板墙232 m，锚索403孔，最大孔深为55.5 m，柔性防护网3 861 m²。整个大理西站路基工程的设计是十分艰巨而复杂的。

3　设计理念及设计原则

针对上述大理西站设计时存在的重点和难点，设计时合理制定了设计原则，在施工图设计期间，发生了"5·12"汶川大地震，结合汶川地震的工程震害适时进行了相应的工程理念调整。

（1）针对高烈度震区，陡峻的地形，松散的块、碎土覆盖层，下伏基岩破碎，震时易损毁的特点，明确了"以防为主、适度抗震"的设计理念，制定了上挡采用土钉墙原位加固及"小分层，勤支护"的设计施工原则，坡面加固防护设计时采用了锚索（杆）框架梁、柔性被动防护网等轻型化、柔性化、组合化的加固防护结构；下挡采用路肩桩板墙、桩基托梁衡重式路肩挡土墙等深基础组合式新型支挡结构。

（2）针对岩堆、滑坡、危岩落石等不良地质发育的情况，合理评价其稳定性，首先从线路方案考虑绕避，对无法绕避的滑坡、岩堆，尽量避重就轻，在设计中遵循"一次根治，不留后患"的原则，确保工程在地震作用下的安全性，以合理的投入保证运营的安全和畅通。整治加固工程设计时尽量采用组合化、新型化、投资省的工程结构。

（3）针对顺层、泥石流发育的情况，做好路基工程选线，合理选择线位标高，顺层设计时"尽量减少切层高度，宁做下挡不设上挡"。泥石流设计时本着"总体着眼，专业入手"的原则，以合理的工程类型及加固防护方案通过泥石流沟槽。

（4）为保护滇西高原脆弱生态环境，高陡边坡开挖时尽量减少切坡高度，坡面绿化草种尽量采用本地草灌木。

4 路基工点设计

4.1 高陡边坡加固防护设计

根据设计原则，下挡采用了桩基托梁加衡重式路肩墙的新型组合式支挡结构，上挡采用了桩间土钉墙或锚索桩间土钉墙，墙顶预留 3 m 平台加一级 3～4 m 高的土钉墙的原位加固支挡方式，尽量减少切坡高度，保护滇西高原脆弱的自然生态环境。设计代表性断面如图 1 所示。

4.2 大沙坝 2#岩堆的设计

大沙坝 2#岩堆位于 DK10+328～+536 右侧，岩堆体积约 30×10^4 m³，属中型岩堆。岩堆物质组成以碎石土为主，厚 5～30 m。线路在其前缘以挖方和明洞工程通过，最大挖方高 10 m。岩堆目前基本稳定，在施工挖方及明洞时将会造成岩堆失稳，特别是考虑有地震影响时，岩堆下滑力达 2446 kN/m。设计时在岩堆的前缘设一排锚索桩板墙，桩截面为 2 m×3 m，桩长 26～28 m。锚索桩板墙顶留 2 m 平台，平台以上边坡加锚索框架梁加固整治，锚索采用压力分散型锚索，锚索最长为 53.5 m。设计代表性断面如图 2 所示。

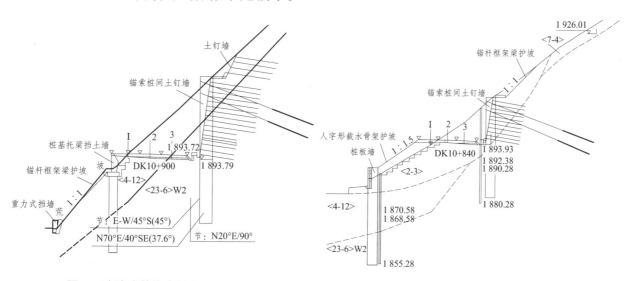

图 1 陡坡路基代表性断面   图 2 大沙坝 2#岩堆加固设计代表性断面

4.3 泥石沟槽设计

D1K10+290～+300 为泥石流沟槽，沟内堆积层以碎石土为主，厚 2～6 m。上游谷坡陡峻，地表松散物质丰富，潜在补给储量为 $4×10^4$ m³，线位从泥石流沟的通过区经过。初步设计考虑该沟槽为小型泥石流沟且为泥石流的间歇期，故以涵洞通过该泥石流沟槽。施工图设计正值"5·12"汶川大地震，结合灾后地震调查及时调整了设计理念，考虑到上游松散物质丰富，且滑坡、岩堆、崩塌发育，这些不良地质体都可能成为泥石流沟槽的补给源，及时补充了高线位以涵洞通过泥石流的方案及低线位以明洞通过泥石流沟的方案。从"总体着眼，专业入手"，经工程经济比较，明洞方案投资较涵洞方案大，但明洞方案运营时，特别是地震时发生泥石流淹没冲毁路基的风险要明显小于涵洞方案。故适当降低了线位标高，延长太乙隧道出口明洞，以明洞通过该泥石沟槽。

4.4 顺层路基的设计

本站范围内共分布有三段顺层，基岩为混合岩夹花岗片麻岩，厚层状，受构造影响，岩石节理发育，岩体较破碎。根据顺层设计原则"尽量减少了切层高度，宁设下挡不设上挡"，设计时结合 D1K10+290～+300 泥石流沟槽，进行了高线位和低线位路基工程选线比较。高线位时顺层切层较小。但泥石流沟运营安全风险较大，低线位时 D1K10+240～D1K10+250 m 及 D1K11+495～D1K11+520 m 切层高度增加，D1K10+240～D1K10+250 m 段以明洞通过，D1K11+495～D1K11+520 切层高 9 m，为确保能准确地评价右侧顺层边坡的安全性，现场及时做了大剪试验。由于基岩为混合岩夹花岗片麻岩，该岩层为变质岩，层面为片理面，片理面的 c=95 kPa，内摩擦角 φ=22°，且变质岩片理面贯通性不如沉积岩产状层面的贯通性好，变质岩的顺层风险要小于沉积岩顺层，经稳定性评价后综合泥石流沟整治设计以明洞通过，认为该线位优于高线位，故施工图设计时选用低线位。针对该线位的顺层切层情况及变质岩的顺层特点，D1K10+240～+250 m 明洞段顺层采用了预加固桩加固，D1K10+880～+930 及 D1K11+495～+520 采用锚索桩间土钉墙加固顺层。下挡基坑开挖量采用临时大锚杆进行加固。

4.5 危岩落石防治设计

D1K10+240～D2K12+550，由于车站位于西洱河右岸，沟谷深切，地形陡峻，自然横坡为 30°～50°，局部可达 60°，坡面上方零星分布有大的块石，在自然营力的作用下易造成地表土层松动，形成落石。对于零星的落石主要在勘测阶段查清分布情况、危石大小、现场稳定情况。设计尽量清除危石，对基础埋深较深、目前稳定情况较好的危石，可采用主动网遮罩或支顶等措施，增加安全度。清除危石后于 D1K10+240～D2K12+550 墙顶拉通设置一道高 5 m 的 RXI-075 型环形被动拦石网。

4.6 傍山桥改路设计

D1K10+886.21～D1K11+289.70 m 原设计为半路半桥，靠山外侧两股道设计为桥梁，靠山内侧一股道设计为路基。"5·12"汶川大地震后，根据灾后地震调查，傍山曲线桥破坏严重，基本不可修复，震中的桩基托梁挡墙破坏较小，作为担当灾后救援及重建的重要生命线，尽量从"总体着眼"选择震后易修复的工程类型通过该路段。在充分进行工程经济比较后，将傍山桥从长 403.49 m 大桥缩短至 109.16 m，缩短桥长 294.33 m，节约工程投资 213 万元，而且提高了抗震安全度。

5 施工情况及实际效果

2008 年 5 月开工，2013 年大理西站已施工完毕，从工程施工效果看设计是成功的，如图 3 所示。右侧高陡边坡竣工后，无论是施工期还是完工的几年内没有发生任何变形或病害情况。大沙坝 2#岩堆及大沙坝滑坡整治完毕后，岩堆稳定，在施工明洞和挖方路

图 3 竣工后照片

基时无蠕变滑动或变形迹象。顺层段路基从施工情况看,设计时判断是准确的,顺层面为片理面,整体稳定性较好,由于受断层影响,岩层被多组节理切割破碎,形成不稳定楔形体。采用抗滑桩预加固后,桩间采用"分层开挖,分层支护"的土钉墙原位加固技术,施工效果良好。2010 年雨季中 D1K10+290～+300 泥石沟槽暴发了小型泥石流,由于采用明洞通过该泥流沟,泥石流从洞顶导流槽成功越顶而过,没有对铁路工程造成任何影响。

6　结　语

大瑞线大理西站是艰险复杂山区地形、地质条件最为复杂的车站设计,以下几点值得我们在以后的设计中借鉴和注意:

(1)在艰险、复杂高烈度震区修建山区铁路时尽量避开沿河展线,避免在不良地质高发区、密集区出现短桥、隧群。受运量、布站等技术条件限制必须以明线方式通过时,应合理选择线位标高,不仅要避开陡缓交界处不良地质体发育的核心带,而且还要考虑洪水或震后堰塞湖对岸坡稳定性的影响。

(2)在艰险、复杂高烈度震区修建山区铁路工程时,选择工程结构及加固防护工程措施应遵循"结构合理,适度从重,不留后患"的设计原则,路基工程结构宜采用轻型、柔性及组合结构设计。

(3)高烈度震区工程类型选择时不仅要考虑工程经济的比较,而且还要考虑工程在震后利于救援,易于抢通,易于修复。本站设计时成功地借鉴了汶川地震时曲线傍山桥破坏严重、不易修复,适当调整纵断面,缩短了大理西 3 线傍山桥,不仅节约了投资,而且确保了工程震后作为生命救援线利于保通救援。

(4)对于沟谷深切,地形陡峻,受区域地质构造影响严重,表土松散破碎,基岩节理、裂隙发育,岩体破碎,开挖后自稳能力差,地震时易损毁的高陡边坡,设计时尽量结合"小分层,勤支护"的设计施工原则采用土钉墙、锚索锚杆框架梁等轻型、柔性、组合式原位加固防护技术及预锚固桩等预加固技术进行边坡加固防护,施工效果良好。

(5)高烈度震区大型岩堆、滑坡设计时要合理选择支挡加固工程类型,尽量采用新型组合式支挡结构。大沙坝 2#岩堆设计时针对岩堆下滑力较大、覆盖层厚的问题,采用锚索桩桩板墙加压力分散型锚索框架梁的加固防护措施结合以明洞工程通过岩堆前缘,明洞施工后,洞顶回填反压岩堆前缘,加固效果良好。

(6)艰险、复杂高烈度震区往往是环境保护敏感区,生态环境脆弱,设计时尽量减少切坡高度,加强工程坡面生态绿化工程,尽量减小因工程修建对当地自然生态环境造成的破坏。

阿尔及利亚东西高速公路 M1、M2 标段路基工程设计

缪胜林

（中铁二院　公路市政院）

摘　要　本文介绍了东西高速公路 M1、M2 标段的泥灰岩工程特性和路基工程设计。有针对性地采用缓边坡、宽平台设计和灵活采用石笼挡土墙、土工布加固路堤、悬臂式挡土墙和门架桩等加固方案，成了本项目中标段路基工程设计的典型范例。

关键词　东西高速　路基工程　设计

本项目位于阿尔及利亚北部环地中海带，属阿特拉斯阿尔卑斯褶皱区，地形总体起伏大，沟谷纵横，地势多陡峻，路线经过区域依次为低山丘陵区、浅丘区、低中山峡谷区、高原台地区。地表覆土为第四系全～早更新统冲积、洪积、坡积和残积层，下伏基岩为中生界白垩系泥灰岩，局部为灰岩、石膏层。

1　泥灰岩的工程特性

白垩系泥灰岩岩层倾角基本上大于 20°，以薄层为主，少数为中厚层状，个别段落为页片状，层厚仅几毫米；高角度节理裂隙一般为 2～3 组，以 3 组居多，节理面充填黏土质薄膜和方解石脉；强度差异大，中厚层状强度最高，薄层状次之，而叶片状的强度极低；易碎，具中等降解性，完整性差；岩体呈碎裂状～层状结构，容易发生较大规模的岩体失稳或沿控制性结构面及组合结构面坍滑。

2　挖　方

2.1　稳定性分析方法

岩质边坡的失稳与破坏主要受岩体内结构面的控制，其空间分布位置、组合关系（包括自然边坡或开挖面的产状）和结构面的物理力学性质等，对边坡的稳定起着至关重要的作用。采用赤平投影方法可以对边坡是否存在平面、楔形体、倾倒破坏作出快速、定性的判断。据 Serrano 的研究，对泥岩、板岩、页岩等软弱岩体，由于岩块强度与结构面强度接近，即使其中只含一、二或三组结构面，也可将其视为各向同性的均质材料。岩体中的单个块体与边坡尺寸相比是极小的，且这些块体由于其形状的关系不是相互咬合的，在这种情况下，大型岩质边坡的破坏就会以圆弧形出现（Hoek，1977）。

由于白垩系泥灰岩岩体呈碎裂状～层状结构，节理裂隙发育，强度低，应首先采用赤平投影分析结构面的组合关系，研究外倾结构块体对边坡稳定性的影响，按平面或楔形体滑动进行稳定性计算；同时从宏观上假定岩体为各向同性材料，采用圆弧破裂面分析边坡的整体稳定性。

2.2　边坡坡率

路堑按宽平台、缓边坡设计，泥灰岩路堑边坡坡率见表 1。

表 1　泥灰岩路堑边坡坡率

岩层类别	中风化	强风化
中厚层状泥灰岩	1∶1～1∶1.25	1∶1.25～1∶1.5
薄层及页片状泥灰岩	1∶1.25～1∶1.5	1∶1.5

根据边坡总高度、岩体强度等确定每处挖方的坡率。组合结构面交线陡于 33°时完全清除楔形体，缓于 33°时可保留部分楔形体按缓边坡设计。

2.3　挖方边坡设计

2.3.1　顺层路堑

泥灰岩路堑边坡不仅有沿层面的顺层，也有沿节理面的顺层。层厚一般小于 30 cm，以薄层状为主。泥灰岩的天然抗压强度低，高陡边坡坡脚应力过大容易产生压溃破坏，不宜设置支挡工程，一般采用顺层清方处理，见图 1。由于节理裂隙发育，岩体强度较低，对于高度较大的边坡仍需采

用圆弧破裂面分析边坡的整体稳定性。

图 1　顺层清方边坡

2.3.2　高液限土路堑

M1 标段在低中山峡谷区与高原台地区过渡段内存在多处高液限土，位于缓坡地带，层厚 2 ~ 10 m，其物理力学指标见表 2。

表 2　高液限土的物理力学指标

项目	<0.002 mm 的黏粒含量/%	ATTERBERGE 极限			自由膨胀率 F_S/%	膨胀比 R_g	膨胀力 δ_g/kPa	黏聚力 c/kPa	内摩擦角 φ/(°)
		W/%	W_L/%	I_p/%					
样本数	14	15	15	15	9	10	10	8	8
最大值	64.8	48.2	60.4	33.0	66	3.2	490	72	30.1
最小值	18.5	15.1	41.4	21.2	36	0.2	45	45	2.9
平均值	33.4	20.4	47.7	25.9	48	1.2	162	57	21.6
标准值	25.9	16.7	45.2	24.3	41	0.5	81	51	15.7

可见高液限土具有弱 ~ 中等膨胀性，边坡分级高度为 6 m，平台宽度为 3 m，坡率为 1∶2，采用植树防护。

2.3.3　超宽平台的运用

地面横坡较为平缓的大型深挖方，在中部设置超宽平台可大大降低坡脚的应力，避免强度低的泥灰岩被压溃，这一点已被有限元分析所证实。高度超过 35 m 的路堑边坡视岩体情况可在中部设置 10 ~ 12 m 的宽平台，如 PK268+830 ~ PK269+260 段岩层产状为 315°∠48°，节理产状为 220°∠78°、80°∠70°、75°∠62°，无充填或充填方解石脉，中风化泥灰岩天然抗压强度为 2.22 ~ 7.28 MPa，左侧边坡总高度为 49 m，在距坡脚 24 m 处设置了宽度为 10 m 的平台。高度超过 50 m 的路堑边坡视岩体情况可在中部设置两道 10 ~ 12 m 的宽平台，如 PK272+400 ~ PK272+730 段岩层产状为 325°∠45°，主要节理产状为 260°∠56°、100°∠48°，节理张开度一般小于 1 mm，无充填或充填方解石脉，节理间距一般小于 40 mm，连通一般为 1 ~ 3 m；次要节理为 25°∠49°，无充填或充填黏性土，间距大于 1 m，连通一般小于 1 m。中风化泥灰岩天然简单抗压强度(类似于点荷载)为 0.211 ~ 0.871 MPa，左侧边坡总高度为 74 m，在距坡脚 24 m、48 m 处设置了宽度 12 m 的平台，见图 2。

图 2　中部设超宽平台的挖方边坡

2.3.4　门架桩加固

地面横坡较陡的大型挖方，若采用超宽平台方案边坡高度和工程量增加较多，应采用支挡工程加固，锚索或超长锚杆加固体系是行之有效的方法。但法国规范 T.A.95 要求采用 P2 级的防腐保护，与我国《岩土锚杆（索）技术规程》（CECS 22：2005）的规定"腐蚀环境中的永久性锚杆应采用Ⅰ级双层防腐保护构造"类似，并要求建立长期的养护维修体系，这对承包商不利，门架桩加固方案较好地解决了这一难题。如 PK264+040～PK264+252 段岩层产状为 342°∠40°，层厚为 20～50 mm；节理裂隙发育，主要节理有 210°∠58°、110°∠68°两组。节理张开度<1 mm，无充填或充填方解石膜，表层节理中充填黏性土及风化碎屑物，节理间距以 20～50 mm 为主，局部大于 100 mm，连通性较好，一般为 3～5 m；次要节理为 68°∠75°；设计门架桩桩径为 1.2 m，排距为 15 m，每排桩间距为 2.4 m，桩顶采用钢筋混凝土梁连接，桩长 10.8～18.8 m，见图 3。

图 3　门架桩加固路堑边坡

3　填　方

3.1　填　料

M1、M2 标挖方约 1 020 万立方米，填方约 930 万立方米，挖方主要为黏土、碎石土、泥灰岩。根据法国规范，除黏土、碎石土外可直接作为填料。按《道路土方工程指南》GTR 详细分类为 R34ts、R32 和 R33。法国技术指导《填方和垫层工程》附件 2 中第 47 页 R34（状态 th，h，m）作为填方材料建议的使用条件为"应该伴随一个深入的思考，采用最合适的挖掘方法，特别是对碾碎的观点；……这种材料代表更多的发展危险，很容易被分裂，对这种岩石的特殊研究很有必要"。为确保工程质量，降低工程造价，必须对泥灰岩能否作为路堤填料进行试验研究，为此我们在 M1 标 PK254+900～PK255+034 建立了填方试验路，证明了 R34 经过压实转变为 B5、C1B6，更多地呈现土的特性，可以作为填料使用，但碾压难度大、施工效率低。为确保项目工期，一般填方仍采用借土填筑，填料主要为 A2、CiBi 和 Bi 类。

3.2　稳定性分析方法

填方稳定性验算采用总体安全系数法，分为长期稳定性和短期稳定性，按照《CCTP》A11.03.06 的规定：短期稳定性安全系数应不小于 1.3，长期稳定性安全系数不小于 1.5，长期状态下应考虑偶然荷载的作用，地震工况稳定性安全系数不小于 1.2。

3.3　大型填方

大型填方体除进行稳定性分析外，还应进行地基的承载能力检算，其计算方法如下：

地基承载力的安全系数

$$F = \frac{q_{max}}{q} = \frac{c_u \cdot N_c}{\gamma_t \cdot H_r}$$

式中：F 安全系数，一般大于 1.3。c_u 为土壤不排水抗剪强度，kPa。γ_t 为路堤填料容重，kN/m³。H_r 为路堤填土高度，m。N_c 为系数，可以通过下列条件求得：

当 $0 < \frac{B}{h} < 1.49$ 时，$N_c = \pi + 2$；当 $1.49 \leq \frac{B}{h} \leq 10$ 时，$N_c \approx 0.468\frac{B}{h} + 4.445$；当 $\frac{B}{h} > 10$ 时，$N_c \approx 9.125$。

其中：B 为路基基底宽度，m；h 为土层厚度，m。

大型填方的边坡形式应根据填料的物理力学性质、边坡高度和工程地质条件确定。填料的来源、物理力学性质确定后才能进行路堤设计，这是总承包项目路基设计的基本流程，根据图纸去找合适的填料是不会被认可的。因此填料的选择显得尤为重要，利用优质的填料可以设计大型填方，并采用较陡的边坡。如 PK274+030 ~ PK274+350 采用 B5 类的材料，斜坡地基上填筑了高 34 m 的路基，各级边坡坡率均为 1：1.5，见图 4。

图 4　PK274 路基高填方

3.4　土工布加筋土坡

对于地面横坡较陡的地段，从技术和经济的角度来看，采用土工织物加固填方边坡是一种非常有利的技术方案。它克服了刚性挡土墙高度受限制和抗变形能力差的缺点，也避免了设置施工质量难以保证的加筋土挡墙。运用加筋土坡技术可以设计坡度较陡的大型填方体，坡率选择较为自由，易与相邻构造物衔接，坡面可采用土工格室培土绿化、石笼、预制块防护，符合生态护坡的要求，在本项目中得到了大量应用。如 PK265+431 ~ PK265+547 右侧临河边坡高度为 24 m，分级高度为 8 m，底部两级为 1：1 的加筋土坡，顶级边坡坡度为 1：1.5，见图 5。

图 5　加筋路堤边坡

3.5　挡土墙

根据 CCTP 和价格定义要求：高度不大于 8 m 时，采用钢筋混凝土悬臂式挡土墙；高度大于 8 m 时，采用加筋土挡土墙；石笼挡土墙主要用于沿河防冲刷路堤支挡防护，高度不大于 6 m。加筋土挡土墙在本项目中的应用成本较高，不主张采用，相应地改为加筋土坡。

3.5.1　悬臂式路肩挡土墙

在地形陡峻地段，为回收坡脚设置悬臂式路肩挡土墙。悬臂式挡土墙属轻型挡土墙，对地基承载力要求不高，国内在缺乏石料地区、软土地区应用较多，在国外支挡工程中也常见使用。采用中、欧规范对悬臂式挡土墙进行设计计算时，一般工况时大体一致，地震工况时差别较大，基底应力验算时也略有差别。悬臂式挡土墙采用较大高度时，抗滑稳定性要求高，需要较大底板长度和增加稳定措施，比如抗滑键等，如 PK271+489 ~

图 6　PK271/2 悬臂式挡土墙

PK271+550 左侧和 PK271+763 ~ PK271+845 右侧采用悬臂式路肩挡土墙，最大墙高 7.5 m，见图 6。

3.5.2　石笼挡土墙

在沿河地段路堤采用石笼挡土墙，对路堤起支挡、防冲刷作用。由于缺少相应的设计理论和方法研究，设计中通常把石笼当成刚性的重力式挡土墙，采用库仑理论计算土压力，验算各种工况下墙体的抗滑性、抗倾覆性、整体稳定性和地基承载力。但石笼与刚性挡土墙的受力和变形特性不同，把它当成刚性重力式挡土墙计算，偏于安全，在工程上有一定程度的浪费。

石笼优点：①易于施工，无须重型设备和熟练技术工人，水下施工方便，且施工质量易于保证；②石笼为柔性结构，适应地基的变形能力强；③就地取材，普通碎卵石可作为填料；④石笼本身透水，不需设排水层；⑤厚层的镀锌和 PVC 涂层可保证网笼的长期寿命；⑥能提供植物生长的条件，与周围景观更加融洽。石笼挡土墙具有较多的优点，国外工程中应用较为普遍。在 M1 穿越的河流区域，设计了 5 处浸水路堤石笼挡土墙，见图 7。

图 7 PK268 沿河路堤土工布 + 石笼挡土墙   图 8 PK239 高填方基底宽台阶

3.6 基底超宽台阶的运用

本项目专用技术条款规定地面横坡大于 15% 时应开挖宽度不小于 2 m 的台阶，这是一种构造性措施。当地面横坡较陡和表层土体强度低时，为减少挡土墙和加筋土坡工程，设计了 5 ~ 10 m 的超宽台阶，坡脚处的台阶宽度更大，往往超过 10 m，以改善路基与地表接触带的抗滑性能，见图 8。

4 边坡常见破坏形式和处理措施

4.1 路堑边坡失稳

泥灰岩的强度低、节理裂隙发育、完整性差，加上雨量大而集中，对边坡的稳定极为不利，容易发生滑坡，但主要以小型楔形体破坏为主，个别厚度大的表土会沿隔水性相对较好的岩土接触面发生滑动，长度一般小于 20 m，滑体厚度一般为 1 ~ 3 m，见图 9。整治措施为清除滑体，开挖台阶后回填碎块石，并在坡面种植土绿化。

（a）PK240 边坡楔形体破坏   （b）PK232 边坡沿岩土接触面破坏

图 9 边坡破坏形式

4.2 路堤基底失稳

在沟槽和陡坡地段，基岩裂隙水发育，排泄不畅而软化地基，极有可能引起路堤整体或部分失稳，见图 10。整治措施为在地形低洼带设排水盲沟，陡坡台阶应及时开挖及时填筑，特别要避免台阶开挖后放置时间过长，导致岩体风化形成地基软弱带。

图 10 PK269 渗水路基基底盲沟

紫坪铺水利枢纽重载公路挖方高边坡加固工程设计

彭炳芬　甘善杰

（中铁二院　公路市政院）

摘　要　紫坪铺水利枢纽左岸重载公路 AK3+388～AK3+661 挖方高边坡工程，岩性为强、中风化砂岩，因地表横坡陡峻，设计按 1：0.3 坡率放坡后采用锚索加固。边坡开挖后地质变化很大，地表块石土及碎块状强风化砂岩变厚，变更设计采用锚索+土钉加固方案。本工程经历了"5·12"汶川地震考验，边坡整体稳定。

关键词　高边坡　预应力锚索　汶川地震

1　引　言

　　紫坪铺水利枢纽左岸场内道路工程位于紫坪铺水库左岸，长约 10.5 km，为紫坪铺水库堆石坝运输土石方的重载公路。该路设计时速 30 km，路基面宽 12.8 m。全线仅设置蒲家山桥一座，其余均为路基工程。沿线地质条件复杂，分布有泥石流堆积层、煤系地层及采空区、顺层、砂页岩互层等，受断层影响，岩体破碎，并且地形陡峻，多段路基需采用特殊结构处理。该项目设计始于 2000 年年初，于 2003 年年初竣工。

　　本文以 AK3+388～AK3+661 右侧挖方高边坡作为案例，对加固方案施工过程中存在的问题及处理措施、"5·12"汶川地震后震灾情况进行了详细介绍。

2　工程概况

2.1　地形地貌概况

　　本工程位于岷江左岸、都江堰市西北部的白沙镇与龙溪镇之间，距都江堰市约 8 km，海拔高程为 740～1 425 m，属中－低山河谷侵蚀型地貌区。区内河谷深切，地形陡峻，自然坡度为 35°～50°，局部呈陡崖状。植被异常茂密，灌木、杂草丛生。

2.2　地质概况

　　项目位于龙门山构造带中南段，挟持于北川－映秀断裂和安县－灌县断裂之间。其主要构造形迹为北东向的短轴褶皱并伴随与之平行、倾向北西的一系列叠瓦式逆冲断层，主要构造形迹有：褶皱、断层。

　　本工点表层为块石土，厚 0～2 m；下部为强、中风化砂岩，强风化砂岩一般厚 1～5 m。因受断层强烈构造作用，节理、裂隙发育。

3　设计方案

3.1　方案选择

　　该段地表横坡陡峻，挖方边坡很高，岩性为节理、裂隙发育的强、中风化砂岩，稳定性较差。如按稳定边坡清方，将造成挖方数量巨大，边坡甚至出现无法与地面相交的现象。为避免以上不利现象出现，边坡坡率加陡至 1：0.3，挖方边坡采用锚索加固。

3.2　设计方案介绍

　　该段挖方边坡高度很大，边坡坡率采用 1：0.3 后高度仍达 30 多米，所以采用预应力锚索加固。锚索采用每孔 4 束，锚头采用垫墩支撑，锚索间采用锚喷网防护，坡脚设置矮挡墙。边坡分级高 15 m，平台宽 3.0 m。施工设计的代表性横断面如图 1 所示。

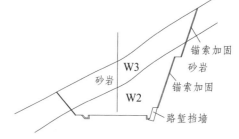

图 1　工点代表性横断面

3.3　主要工程措施及施工顺序

3.3.1　主要工程措施

　　（1）边坡坡率采用 1：0.3，分级高 15 m，平台宽 3.0 m。

（2）AK3+388 ~ AK3+661 段右侧墙顶以上边坡设预应力锚索加固，锚索间距为 4.0 m，锚索长度为 15 ~ 28 m。每孔采用 4 束 ϕ15.2 mm 高强度、低松弛钢绞线（其强度标准值为 1 860 MPa），锚索设计吨位 60 t。锚索下倾角为 20°，锚孔孔径为 90 mm。锚头采用垫墩支承，垫墩尺寸：块石地段采用 1.5 m×1.5 m×0.5 m，岩石地段采用 1.2 m×1.2 m×0.5 m。

（3）AK3+388 ~ AK3+661 段锚索间采用锚喷网坡面防护，锚杆长 2.0 m。锚杆间距采用 2 m，梅花形布置。

（4）AK3+388 ~ AK3+512、AK3+522 ~ AK3+661 段坡脚设重力式路堑挡土墙，墙高 3.2 m。

3.3.2 施工顺序

（1）施工时必须纵向分段施工，开挖必须自上而下逐级进行，边坡锚索施工与路堑开挖交叉进行，挖至一层锚索高度后，应立即施工锚索，待其锁定后再继续向下开挖。

（2）锚索施工完成后，应立即施工该级坡面锚喷网护坡。

（3）边坡锚索施工完成后再施工路堑坡脚挡土墙。

4 现场施工及变更情况

4.1 存在的问题

（1）施工中的边坡稳定。

该工点开挖后实际地质与原勘察出入较大，部分地段块石土层加厚，开挖后边坡和路基面出现空洞。另外，强风化砂岩由于断层强烈构造作用，节理、裂隙发育，呈松散碎块石状。由于锚索施工工期相对较长，雨季施工期间局部边坡发生垮塌，原设计方案很难实施。

（2）关于边坡泄（渗）水问题。

因岩层节理、裂隙发育，岩体破碎、松散，表水下渗严重，降雨后个别孔隙成涌流状。

4.2 原因分析

因块石土层加厚，强风化砂岩破碎、松散，在雨水作用下，细颗粒掏空，岩土强度较低，边坡采用 1:0.3 坡率开挖不能稳定，造成锚索施工过程中出现边坡坍塌。

4.3 处理方案

（1）AK3+447 ~ AK3+485、AK3+573 ~ AK3+595、AK3+610 ~ AK3+628 坍塌段，首先清除该段松散体，并将坡面与两端削坡接顺，然后将锚喷支护的 2 m 长的短锚杆改为 5 ~ 7 m 长的 ϕ25 土钉，间距由 2 m 加密至 1.5 m，设钢筋网，将边坡松散的碎块石连接成整体，再在边坡上实施锚索和垫墩。

（2）本段孔隙水较发育，根据现场情况，在水系发育地段增设深层软式排水管，排水管管径采用 ϕ50 mm，及时排除边坡中的水。

（3）锚索必须锚固在完好的岩层（W2）里不小于 5 m。如原设计锚索长度不足，需加长锚索长度。

（4）土钉、锚索注浆量大，施工时尽可能使边坡碎块石孔隙注浆充盈，将碎块石黏结成一体，从而保证边坡稳定。

5 处理效果

施工按照变更设计方案实施后，解决了施工中的边坡坍塌问题，工程得以顺利实施，并且保证了边坡的长期稳定。本工点竣工后的现场照片如图 2 所示。

6 "5·12" 汶川地震震灾调查

本工程竣工 5 年后，发生了举世瞩目的 "5·12" 汶川地震，震中映秀距本工点不足 10 km。设计时地震设防烈度为Ⅶ度，而汶川地震时本工程场地实际烈度为Ⅷ度（地震加速度值为 0.2g）。地震后及时对该工程进行了地震灾害调查，由现场调查分析可知，采用锚索、土钉加固的边坡，边坡整体稳定性好，虽然出现部分锚头损坏，少数锚头、锚索外露，其原因是切坡线以上山坡岩体崩塌，导致下部边坡锚头砸坏，致使少数锚头、锚索外露，但对边坡整体稳定性影响很小。本工程高边坡经受住了汶川地震的考验，证明锚索、土钉等柔性支挡结构抗震性能较好，适合高烈度地震地区路基工点采用。图 3 为本工点"5·12"汶川地震后的现场照片。

图 2　竣工后的现场照片

图 3　"5·12"汶川地震后的现场照片

7　工程体会

（1）对松散、破碎的块石土及岩质边坡，设计必须考虑施工开挖边坡的临时稳定性问题，因锚索间距一般均较大，锚索间边坡长期稳定性问题也必须考虑。

（2）对与本文相似案例的工点，过陡的边坡开挖可采用土钉加固，随挖随护。

（3）锚索支撑系统采用框架梁比垫墩支承对边坡加固整体性要好，但硬质岩边破框架梁实施平整度差、不美观，整体性问题可考虑土钉结构处理。

（4）鉴于本案例经受住了实际烈度为Ⅷ度的地震考验，所以对高烈度地震区路基高边坡工点设计，因锚索、土钉等柔性支挡结构抗震性能好，可优先考虑采用。

云南通建高速公路 K13～K14 峡谷段路基工程设计

李 能　王 飞

（中铁二院　昆明公司）

摘　要　通建公路 K13+240～K14+400 段地形陡峻、沟谷狭窄，优化设计灵活使用技术标准，通过线位调整和工程措施的合理采用，有效解决了设计挖方边坡高、对自然环境破坏大的问题，工程经济性和安全性均大大改善。通过对完善设计的梳理，总结了完善设计的优势和不足，可供设计人员在今后的工作中借鉴。

关键词　高速公路　峡谷　高边坡　锚索　桩板墙

1　工程概况

通建公路是连接云南省玉溪市通海县和红河州建水县的一条高速公路，全长 65 km，路基面宽 20 m。该公路 2-2 合同段 K13+240～K14+400 段路线位于通海县城东南方向，处于通海县与建水县交界地带，属构造剥蚀低中山地貌，海拔为 1 680～1 850 m，路线顺峡谷行进，谷内常年流水，为一天然谷底小河，河道一般宽 6～15 m，最窄的地段仅 3 m 左右宽，两侧河岸山坡地面横坡 40°～70°，局部直立，地形陡峻、狭窄。

段内斜坡地带亚黏土<1>厚 0～5 m，基岩为泥灰岩夹砂岩<2>，节理裂隙极发育，表层为强风化。地震基本烈度为Ⅷ度。

2　工程特征

2.1　原设计方案情况

该段公路路线地处峡谷地段，原设计采用标准设计，挖方边坡坡脚设置 2.5 m 高护面墙，墙顶按 1：0.75 边坡率刷坡，每 10 m 高留 2 m 宽平台，平台上设截水沟，最大边坡高 110 m，各级边坡均采用喷锚网防护。由于自然沟谷狭窄，大段沟谷被公路路基压占，而且两侧都出现了很高的挖方边坡（图 1），造成挖方数量大（70 多万立方米）。该段路基弃方困难，运距 10 km，且为上坡方向，经济性较差。原设计方案边坡过高，山体开挖面较大，对山体稳定不利，易产生工程滑坡，引起大量水土流失。路基工程挖方边坡存在安全隐患，对自然环境破坏较大。

2.2　优化设计方案情况

该段路线沿峡谷行进，为通海至建水高速公路的控制工程地段。本次完善设计，主要根据段内的地形、地质情况，针对该段路线穿越狭窄高山峡谷，打破常规在 AK13+706～AK13+811 段路幅下设置 6.0 m×4.5 m 孔径的顺向涵（图 2），合理采用技术指标，将路线中线平面位置作了适量调整，从而使路线展布与自然地貌形态更加协调、更加匹配，最大限度地减少高填深挖，特别是避免了双侧都是挖方高边坡的情况。路线位置调整后，挖方边坡仍然高达 100 m，并且存在剥山皮现象，对边坡稳定极为不利。路基边坡加固方案经过反复比选，在 AK13+671.25～+905.70 左侧、AK13+958～AK14+099.6 右侧采用锚索桩板墙结合锚索板等新技术对边坡进行加固。

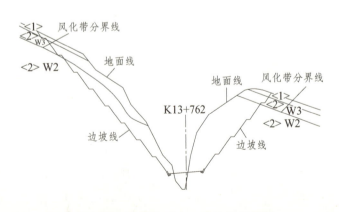

图 1　原设计两侧均出现高边坡的典型断面

图 2　AK13+706～+811 顺向涵

　　AK13+671.25 ~ +905.70 左侧长 234.45 m，设外挂式锚索桩板墙，锚索桩共 34 根，桩间距 7 m，桩截面为 1.5 m×2.0 m，桩长 18 ~ 22 m，挡土板高 12.0 ~ 15.5 m。平台以上边坡按 1∶0.3 边坡率刷方，设 1 ~ 5 排锚索板，锚孔横向间距为 4 m，垂直间距为 3.5 m（图 3）。锚孔直径为 φ115 mm，锚索均采用一孔 6 束 φ15.2 mm 的高强度低松弛的钢绞线，锚索桩锚索设计锚固长度为 10 m，锚索板锚索设计锚固长度为 8 m。

　　AK13+958 ~ AK14+099.6 右侧长 125.52 m，设外挂式锚索桩板墙，锚索桩共 19 根，桩间距 7 m，桩截面为 1.5 m×2.0 m，桩长 18 ~ 22 m，挡土板高 11.5 ~ 15.5 m。平台以上边坡按 1∶0.3 边坡率刷方，设 1 ~ 7 排锚索板，锚孔横向间距为 4 m，垂直间距为 3.5 m（图 4）。锚孔直径为 φ115 mm，锚索均采用一孔 6 束 φ15.2 mm 的高强度低松弛的钢绞线，锚索桩锚索设计锚固长度为 10 m，锚索板锚索设计锚固长度为 8 m。

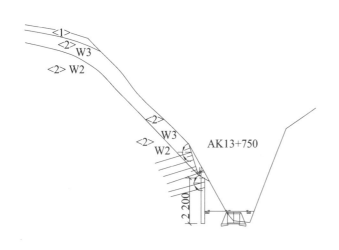

图 3　AK13+671.25 ~ +905.70 段代表断面

图 4　AK13+958 ~ AK14+099 右侧锚索桩板墙

　　该段路线通过锚索桩与锚索板的合理使用，对岩石边坡进行深层加固，充分利用岩体自身强度，从而节省大量工程材料，并增加了工程的安全性。通过设锚索板加固使挖方边坡率由原 1∶0.75 变陡为 1∶0.3，较原设计最大边坡高度降低到 42 m，减少弃方近 60%，节约投资 14%，使得本段公路工程对自然环境的破坏降到最低程度。利用预应力锚索施工进度快、工期短、施工安全等优点，保证了通建公路按时通车，创造出良好的社会效益和环境效益。

3　工程措施

　　（1）AK13+671.25 ~ AK13+905.07 左侧长 234.45 m、AK13+974.08 ~ AK14+099.6 右侧长 125.52 m，两段设外挂式锚索桩板墙，桩间距为 7 m，锚索桩桩截面为 1.5 m×2.0 m，桩长 18 ~ 22 m，锚固段长 6 m，最大边坡高 42 m。上排锚索长 20.5 m，下排锚索长 19.5 m。两段共设锚索桩 53 根。AK13+683.60 ~ +733.10 左侧长 49.5 m、AK13+743.7 ~ 873 左侧长 129.3 m、AK13+885.90 ~ +901.95 左侧长 16.05 m、AK13+985 ~ AK14+097 右侧长 112 m，桩板墙墙顶后留 1 m 平台，平台以上边坡采用 1∶0.3 边坡率刷方。设 1 ~ 7 排锚索板加固，锚索板间坡面设喷锚防护。

　　（2）桥涵工程：段内共设 6 座总长 275.42 m 钢筋混凝土盖板涵。

4　工程效果

　　经过近 3 年的建设，通建公路已于 2004 年 10 月建成通车，K13+240 ~ K14+400 完善设计地段除 AK13+670 ~ AK13+910 左侧山坡由于岩层节理发育，岩体松散、破碎，造成施工期间加固防护工程未能及时实施就发生了坍塌，增加了部分工程量，其余工程均较好地按设计意图进行了施工，使得天堑变成了通途。公路开通运营多年，该段路基边坡未出现任何变形和险情。外挂式锚索桩板墙及锚索板的实施，既保证了路基边坡的稳定，又使该段工程成为通建公路上较为壮观的一景，达到了预期的效果。

5 工程体会

（1）完善设计应合理把握技术标准，灵活设计：环境具有个性，因此标准指标的选择和运用应具有针对性和灵活性，使路线线形展布与自然地形地貌更加协调，顺应地形，节省工程。

（2）完善设计采取了合理的边坡支挡防护措施，有效降低了边坡开挖高度，增加了施工及运营期间的安全性，符合安全至上的设计理念。

（3）完善设计通过路线中线平面位置的调整和支挡工程措施的采用，避免了双侧都是挖方高边坡的情况，有效减少了边坡高度，符合尊重自然、保护环境的设计理念，遵循"不破坏就是最大的保护"的原则，降低公路建设对原始地形、地貌的自然性和稳定性的影响，减小对原生生态环境的破坏。

（4）完善设计较多地采用了圬工工程支挡防护，与绿色通道设计精神相悖，但当时由于两端工程多已开工，业主只委托我们对 1 km 多长的路线进行优化，在适当调整线位的基础上采取强有力的支挡防护措施已属于很成功的选择。

（5）AK13+770 ~ AK13+905.07 左侧位于曲线内侧，由于曲线超高，墙面直立，造成现场有桩板墙向内倾斜的感觉。另外由于桩板墙较高，行车经过时有一定的压抑感。这是我们在今后设计中值得注意的问题。

渝利铁路沙子关车站斜坡不稳定体病害整治

葛学军 李楚根 李安洪

（中铁二院 土建二院）

摘　要　本文介绍了渝利线 DK235～DK236 段左侧路堑斜坡不稳定体开挖造成边坡位移、开裂现象，分析了病害产生的原因，通过稳定性和力学分析提出了加固处理措施，对类似边坡工程设计具有借鉴作用。

关键词　斜坡不稳定体　开裂　位移　桩间土钉墙

1　工程概况

1.1　地形、地质概况

工点位于渝利线沙子站与都亭山隧道进口间 DK235+500～DK236+039 段，属中山地貌，自然坡度为 5°～50°，局部较陡，缓坡上多为旱地。该段路堑工最大中心挖深 18 m，最大边坡高度约 42 m。本工点上覆厚 0～6 m 第四系坡残积（Q_4^{dl+el}）粉质黏土，粉质黏土为硬塑～坚硬状，局部软塑状，含 5%～15% 的砂泥质角砾；下伏侏罗系中统新田沟组（J_{2x}）泥岩夹砂岩，岩层全强风化带厚 2～10 m，岩质呈角砾碎石状，岩质软～极软，易软化，浸水后迅速崩解。岩层产状：N42°～60°E/25°～26°SE，与线路夹角为 17°，视倾角为 23°，倾向线路右侧，路堑左侧边坡属顺层。地下水有覆土中的孔隙水及基岩裂隙水两类，孔隙水主要赋存于沟槽覆土中，孔隙水不丰富。基岩裂隙水赋存于砂岩、泥岩裂隙中，裂隙水含量不丰富，由大气降水及地表水补给。

1.2　施工图情况

施工图设计左侧坡脚采用锚固桩及桩间土钉墙，桩顶以上边坡按 10 m 一级顺层清方，坡率为 1:2.35，坡面采用锚杆框架梁内三维土工网垫客土植草护坡（图 1）。

1.3　病害发生情况

该顺层深路堑工点为软质岩高边坡，按自上而下边开挖边支护的原则施工。DK235+635～DK235+780 段堑于 2010 年 3 月开始开挖，3 月 13、14 日连续两天降雨，15 日发现距堑顶 5.8 m、15.5 m 位置出现较大地表裂缝，裂缝与线路走向基本平行，多条裂缝横穿红线外房屋，造成房屋开裂，现场暂停该段路堑施工，并设置位移观测桩。一周后，发现裂缝发展至 DK235+780～DK235+800 段，并且在堑顶外 15.5～49 m 处新增多条裂缝，特别是 49 m 处裂缝，裂缝宽 15～20 cm，从位移监测看，裂缝仍在发展。

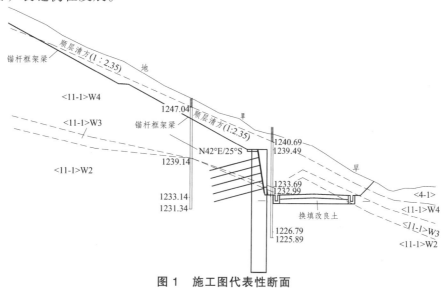

图 1　施工图代表性断面

1.4　斜坡稳定性分析

针对开挖过程中堑顶外侧出现变形、开裂现象，进行了补充勘察。补充勘察资料表明，堑顶上部斜坡表层覆盖土厚 2~10 m，土体砂质含量重，透水性好，地表水易下渗后在土石分界面处形成软弱面，同时土体饱水后容重增加，土体自稳性差，在极端天气状况或斜坡土体前缘开挖后斜坡失稳形成滑坡。该段路堑上部斜坡属不稳定斜坡体，处于蠕滑变形阶段。

2　堑顶斜坡不稳定体工程设计

根据该段斜坡不稳定体目前处于蠕滑变形阶段，按临界状态稳定系数 $K=1.0$ 进行反算，根据反算的滑面指标，按不平衡推力法进行推力计算。

$A—A'$ 主轴（图 2）滑体中部设桩处推力为安全系数 $K=1.1$ 时的桩位推力，滑体出口设桩处推力为安全系数 $K=1.25$ 时的桩位推力；$B—B' \sim E—E'$ 主轴（图 3）滑体中部和滑体出口设桩处推力均为安全系数 $K=1.25$ 时的桩位推力。

主要工程措施如下：

（1）左侧路堑坡脚设锚固桩及桩间土钉墙，桩长 13.5~22.0 m，共设置 88 根锚固桩。

（2）线路左侧于斜坡不稳定土体内设 2 排抗滑桩，桩长 11~15 m，共设 112 根。

（3）左侧路堑边坡按 8 m 高设一级平台，挖方坡率采用 1:2.35，边坡采用锚杆框架梁内三维土工网垫客土植草护坡。

（4）堑顶设两道截水沟，最上面一道截水沟采用底宽 1.2 m、高 1.3 m、厚 0.4 m 的梯形沟，下面一道截水沟采用底宽 0.6 m、高 0.6 m、厚 0.2 m 的梯形沟，沟底纵坡不小于 2‰，两道截水沟首尾两侧均需接入自然沟槽；路堑边坡平台设平台截水沟。

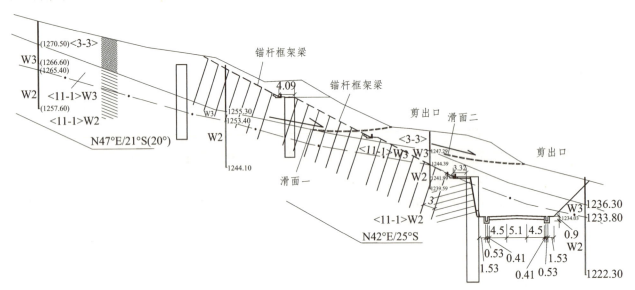

图 2　斜坡不稳定体代表性主轴 $A—A'$ 轴

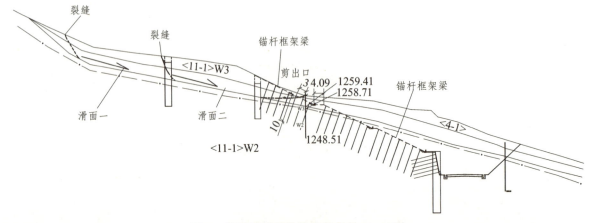

图 3　斜坡不稳定体代表性主轴 $B—B'$ 轴

整治后的效果如图 4 所示。

图 4　边坡整治效果图

3　体会和建议

（1）该病害工点为堑顶斜坡体在前缘开挖后发生开裂、失稳现象，变更设计增加投资人民币1 011 万元。今后针对类似单面坡路堑高边坡工点，不仅要查明路堑边坡范围内地质情况，还应查明堑顶外边坡地质情况（如覆盖层岩性、厚度、软弱夹层、节理、构造面、地下水等），避免此类病害再次发生。

（2）该方案采用坡脚预加固桩及桩间土钉墙、坡面抗滑桩抵抗顺层和斜坡不稳定体的下滑力，同时结合顺层清方及锚杆框架梁对边坡进行防护，有效地解决了顺层和斜坡不稳定体滑动的问题。按变更设计图及所要求的施工顺序先施工完抗滑桩后，在开挖路堑边坡过程中，未发生边坡继续开裂、失稳现象，有效地保证了工程安全。

（3）有条件情况下优化线路平、纵断面，尽量减少顺层深路堑工点或降低顺层路堑地段边坡高度，改善工程条件，并应和隧道方案作经济技术比较。

内昆铁路李子沟特大桥 11 号墩昆明端岸坡加固设计

周　成　魏永幸

（中铁二院　土建二院）

摘　要　内昆铁路李子沟特大桥 11 号墩昆明端岸坡主要为灰岩、泥灰岩及页岩互层，基坑开挖出现坍塌形成 80 余米高边坡，严重影响 11 号墩施工以及 12 号墩的安全，采用锚索、锚杆进行加固后处理取得成功。

关键词　基坑高边坡　坍塌　锚索　锚杆

1　工程概况

李子沟位于黔西北威宁县，是长江一级支流横江的源头之一，深切于高原面，河流纵坡坡度约 10°，由南西向北流，两岸分布有三至四级断续残留的剥蚀阶地，大桥昆明端岸坡一至二级阶地缺失，岸坡属三级阶地，四级阶地呈几乎等高的圆形山包，地表可见磨圆度较好的卵石，其岩性为玄武岩，与上游岩层岩性一致。

测区地质构造属上扬子—滇东—黔西台褶带，构造复杂，以北东向构造与北西向构造为主，桥位位于文昌阁张性断层，白房子压扭性断层及清水塘正断层交汇处，且河谷处为李子沟背斜之轴部，构造作用十分强烈，致使岩层十分破碎。李子沟特大桥桥位处河谷断面如图 1 所示。

右岸岩层倾向山里，倾角为 46°～60°，岩性为灰岩、白云岩、泥灰岩及页岩互层。11 号墩昆明端岸坡主要为灰岩、泥灰岩及页岩互层，岩层呈中～薄层状，其中灰岩、泥灰岩受构造作用，节理十分发育，节理

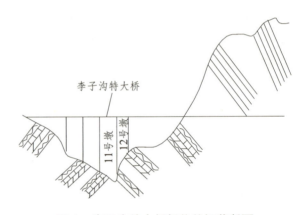

李子沟特大桥

11号墩

12号墩

图 1　李子沟特大桥桥位处河谷断面

间距大部分为 0.1～0.5 m，岩层被节理、层理切割呈碎块状；页岩呈灰褐、灰黑色，炭质，遇水极易软化。该坡体结构为反倾层状结构，且软硬岩层相间，具有典型反倾层状结构特点，受重力作用，坡体易产生倾倒和弯曲变形，继而引发错落和切层滑坡病害。由于岩体十分破碎，其具有相嵌块体结构或近似于粒状结构的特征，边坡易于产生坍塌病害。

内昆铁路李子沟特大桥为主跨 72 m+3×128 m+72 m 的预应力刚构-连续组合梁桥，11 号主墩高 103 m，承台厚 5 m、左右宽 32.6 m、前后长 18.1 m，承台下有 50 根桩，桩长 37 m。该特大桥集大跨、高墩、长联于一桥，是内昆铁路控制性重点工程。11 号墩昆明端岸坡原自然坡面约 45°，坡面灌木丛生。岸坡山体系河流深切，为一～二级阶地剥蚀后残留的三级阶地，山体整体是稳定的，自然山坡也是稳定的。

2　基坑边坡病害及稳定性分析

由于场区地质构造作用强烈，岩层破碎，边坡开挖暴露后，岩体卸荷，岩体强度、岩体完整性较自然山坡状态降低，边坡稳定性降低，易产生边坡坍塌等病害。该边坡初期表现为坍塌，坡面落石，施工采用清方办法，结果是边坡越清越高，而坍塌并未明显缓解，相反，由于边坡暴露面越来越大，边坡植被破坏，使得边坡岩层因卸荷、饱水而软化等物理作用，边坡稳定性较开挖前降低，坡顶出现一条沿等高线展布的裂缝，分析系软岩遇水软化后变形，引起反倾层状岩层产生倾倒变形所致，如不及时整治，地表水继续下渗，会进一步加深变形岩体的深度，存在诱发产生切层滑坡的可能。11 号墩基坑昆明端在开挖及清方过程中边坡多次坍塌，最终形成上部坡度 1∶1，下部坡度 1∶0.5，总高度 80 余米的不稳定边坡，严重影响 11 号墩施工以及 12 墩的安全，

并制约李子沟特大桥的工期，必须及时进行整治。

3　边坡加固方案

针对 11 号墩昆明端岸坡特殊的坡体结构，设计时根据岩层的物理力学指标，计算出坡面的破裂面和土压力，以破裂面+适当的安全厚度作为锚固工程的锚固起点，根据计算得到的土压力设计锚固工程。采取如下综合治理措施：自上而下清除已脱离母岩的岩土体，并喷浆防护，封闭坡面；设置预应力锚索，确保边坡稳定，锚索孔注浆压力为 0.6 ~ 0.8 MPa。考虑到边坡岩体破碎，为防止坡面岩体掉块造成坡面锚索预应力松弛失效影响边坡稳定，设置灌浆锚杆，加固浅层岩体，锚杆采用压力灌浆，灌浆压力为 0.4 ~ 0.6 MPa；同时在边坡上设置仰斜排水孔，内置 PVC 花管，疏排岩体内裂隙水；采用浆砌片石封闭坡顶开挖平台，设置截水沟，截排地表水，防止地表水下渗。工程布置如图 2 所示，主要工程项目及数量如下：

E6-6 型预应力锚索	4 781 m/172 孔
锚杆	30 664 m/4 527 孔
挂网喷混凝土	11 280 m^2
仰斜排水孔	1 289 m/197 孔

4　边坡加固工程施工及效果

施工初期，坡面继续发生坍塌，先后共发生大小坍塌 12 次，其中发生一次较大规模坍塌，方量约 150 m^3，砸坏施工脚手架；随着网喷和锚杆工程的施作，坡面变形得到有效抑制，随着锚索工程的施作，坡顶裂缝变形不再发展。工程竣工至今已经 10 多年，没有任何后续病害产生，边坡安全稳定，实践证明是成功的。

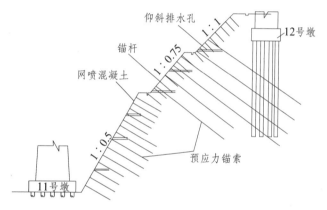

图 2　11 号墩昆端岸坡加固工程代表性断面图

5　工程体会

（1）李子沟特大桥 11 号墩昆明端岸坡反倾层状结构、软硬岩互层、岩体破碎，采用锚索深层加固稳定边坡、锚杆浅层加固防止坡面破坏、网喷表层防护防止坡面冲刷、结合地表防排水系统综合治理，实践证明是成功的。

（2）对边坡开挖引起的岩体卸荷效应应高度重视，工程设计应尽量避免"剥山皮"现象。

（3）分析边坡稳定性，应从坡体结构、岩性着手：反倾层状结构且软硬岩层相间，边坡易产生错落和切层滑坡，而近似粒状结构的相嵌块体结构，易产生坍塌病害。

（4）山区铁路桥梁基坑位于特殊地形、特殊地质条件下时应先进行设计，避免盲目开挖造成工程病害。

黔桂铁路炭质页岩路堑边坡加固设计

唐立明

（中铁二院　环研院）

摘　要　本文以黔桂铁路具体工点为例，介绍了炭质页岩路堑的处理方法，有针对性地采取稳固坡脚+封闭坡面+坡面深层加固的工程措施，取得了良好的工程处治效果，为类似工程设计提供了参考。

关键词　炭质页岩　膨胀岩　锚杆框架梁

1　工程概况

黔桂铁路全线炭质页岩分布广泛，根据定测、补定测资料揭示，炭质页岩断续分布有 64.94 km。炭质页岩路堑边坡的处理是本线工程处理的重点之一。本文以黔桂铁路 D1K229+820 ~ +884.33 段挖方路基及黔桂线 DK365+060 ~ DK365+160 段深挖方路基为例阐述炭质页岩路堑边坡的处理方法。

2　工程特征

炭质页岩为软质岩，一般有弱膨胀性，膨胀性以其自由膨胀率的大小来反映，其主要影响因素有含水量、环境湿度（初始含水量）、含水率、岩石的结构、岩石的干密度及孔隙率。炭质页岩的成分以黏土矿物为主，同时岩体内大多均含先存裂隙及微裂隙。在炭质页岩中，由于伊利石、高岭石等黏土矿物颗粒较小，亲水性很强，当水灌入岩石的孔隙、裂隙时，细小岩粒的吸附水膜便会增厚，引起岩石体积的膨胀，而不均匀的体积膨胀在岩石内部就产生不均匀应力，部分胶结物会被稀释、软化或溶解，导致岩石颗粒的破碎裂解，从而形成崩解。

3　边坡稳定性分析及设计原则

炭质页岩边坡的稳定性有两方面的考虑：一方面是边坡开挖后，坡面暴露在大自然中，坡面吸水使得炭质页岩膨胀、崩解而引起坡面溜坍。另一方面是雨水沿岩层裂缝下渗使得岩层大面积膨胀、崩解而引起边坡整体失稳下滑。

炭质页岩的设计原则：

（1）当边坡较低时采用矮挡+坡面全封闭的防护措施。

（2）当边坡较高时采用锚固桩+坡面全封闭的防护措施。

4　工程实例

黔桂铁路 D1K229+820 ~ +884.33 段挖方路基，段内上覆粉质黏土，基岩为炭质页岩、页岩夹硅质岩，处理措施如图 1 所示。

（1）左侧采用矮挡+人字形骨架护坡内浆砌片石封闭坡面防护措施。

（2）右侧采用矮挡+锚杆框架梁（人字形骨架护坡）内浆砌片石封闭坡面防护措施。

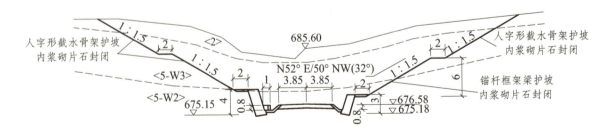

图 1　代表性断面

黔桂铁路 DK365+060 ~ DK365+160 段深挖方路基，段内上覆粉质黏土，基岩为炭质页岩夹石英砂岩、炭质页岩。处理措施如图 2 所示。

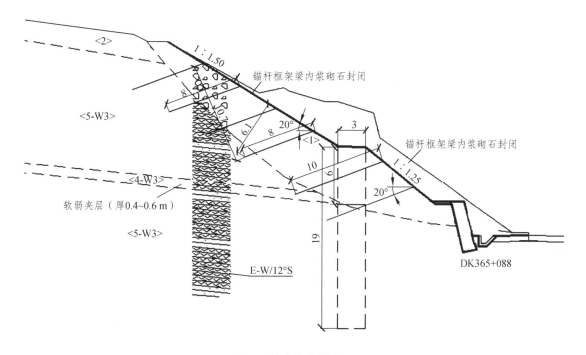

图 2　整治代表性断面

（1）DK365+060 ~ DK365+120 左侧长 60 m，设置重力式挡土墙，挡墙按墙身均采用 C15 片石混凝土一次性立模浇筑，不得形成水平施工缝。

（2）DK365+060 ~ DK365+142 左侧长 82 m，路堑一级边坡与二级边坡平台处设置预加固锚固桩，桩间距 6 ~ 7 m，共 14 根，最大桩长 19.0 m。

（3）DK365+060 ~ DK365+160 挡墙以上边坡自下而上第一级边坡及第二级边坡坡面采用锚杆框架梁进行加固。自下而上第一级坡面锚杆长 10 m，第二级坡面锚杆长 8 m，锚杆节点间距均为 3.0 m，锚杆下倾角与水平面夹角为 20°，锚杆框架内浆砌片石封闭，厚 0.3 m。

5　工程处治效果及工程体会

2005 年工程竣工至今约 11 年，无任何病害发生，处治效果良好。

根据炭质页岩的工程特性，有针对性地采取稳固坡脚+封闭坡面+坡面深层加固的工程措施，就能很好地防止病害的发生。

2002 年内昆铁路老锅厂到李子沟段炭质页岩工点，对斜坡的路堑开挖，采用旋喷桩加固抗滑桩周围的土体，然后再开挖桩井，等抗滑桩达到一定的强度以后，再开挖桩前（间）的土体，最后砌筑桩间挡土墙。

2001 年贵新公路 K48 段炭质页岩工点，采用路堑坡脚锚杆挡土墙+二级平台抗滑桩+其上三级边坡混凝土抹面。

黔桂铁路南丹车站炭质页岩工点，采用路堑坡脚设 4 m 高重力式矮挡墙+3 m 宽平台+锚杆框架梁内 30 cm 厚浆砌片石封闭+3 m 宽平台+缓边坡（坡率为 1:1.75）+边坡骨架内 30 cm 厚浆砌片石封闭。

以上工点经处理后均未发生新的病害。

达成铁路软质岩路堑边坡切层滑坡工点病害整治

王德军　李楚根　李安洪

（中铁二院　土建二院）

摘　要　对达成铁路 YHDⅡK190 软质岩切层滑坡的滑坡特征、形成机理等进行分析，并选用合理方案进行了成功治理，得出了宝贵的经验，同时为类似边坡的设计和治理提供借鉴。

关键词　软质岩　路堑　边坡　切层滑坡　形成机理

1　工程概况

达成铁路 YHDⅡK190 工点位于遂宁车站出站端，属残丘地貌，高程为 312～352 m，相对高差约 40 m，自然横坡陡缓相接。丘坡坡面多辟为旱地，坡面见零星灌木。

本段上覆第四系滑坡堆积（Q_4^{del}）块石土，坡残积（Q_4^{dl+el}）粉质黏土。下伏基岩为侏罗系上统遂宁组（J_{3s}）紫红色泥岩夹泥质砂岩，为单斜构造，岩层倾角平缓，近于水平，陡倾节理较发育，附近出露基岩产状为 N20°W/5°S，主要节理产状为 N50°W/90°、N45°E/90°。

地表水不发育。地下水主要为第四系孔隙水和基岩裂隙水，主要由地表水及土壤中水下渗补给，地下水不发育。

本段路基以挖方通过，右侧边坡最大挖深约 18 m，坡脚设置重力式路堑挡土墙，最大墙高4.0 m，墙顶边坡 10 m 一级，边坡率为 1:1，坡面采用喷混植生防护。图 1 为施工图设计代表性断面。

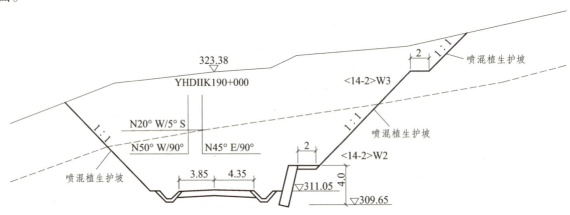

图 1　路基设计代表性断面图

2　施工及工程滑坡情况

本段路堑于 2006 年 4 月 2 日开挖，2006 年 8 月 15 日开挖结束，2006 年 11 月 5 日挡土墙浇筑完毕，2006 年 12 月 18 日天沟施作完毕，2007 年 2 月 5 日喷混植生施工结束，施工过程中未发现边坡异常现象。路堑侧沟未施工，临时排水措施未实施。

图 2　滑坡形态

图 3　挡墙推移、开裂、路基面隆起

2007年7月2日至12日连续降雨后，7月14日发现本段堑顶附近出现约5 cm宽裂缝，挡土墙也出现轻微移动及裂纹；2007年7月16日天降暴雨，下午4点左右坡面出现大范围滑坡。滑坡轴线与线路近正交，沿线路方向长约120 m，轴向宽约70 m，呈半椭圆形。挡墙断裂，天沟错断，堑坡鼓胀。滑体后壁错台高约3 m，路堑基床隆起约3 m，挡墙外移0.65 m，挡墙顶面抬高0.7 m，路堑挡土墙后未见砂夹卵石反滤层。滑体裂缝断续延伸，裂缝宽0.2~0.5 m，目测深0.5~2.0 m。滑坡堆积体厚5~24 m，其成分主要为块石土，中后部滑面倾角为40°~50°。图2、图3为现场工程滑坡照片。

3　工程滑坡形成机理及原因分析

3.1　软质岩切层滑坡形成机理

切层滑坡在红层软质岩开挖过程中较为常见，其形成条件是：① 软质岩高边坡在风化作用、地下水浸润的条件下，其强度降低；② 岩层中发育有与坡向一致的构造节理，节理面呈张性，贯通性好；③ 雨季地下水较为丰富，地下水的长期浸润、软化使泥岩顶面呈较为软弱的结构面。破坏模式为：大多数沿后期构造作用形成的倾向临空、贯通的节理发育成主滑带，或者因大面积切坡使软质岩坡体更加松弛，加之地下水作用使坡脚岩体强度降低，从而导致了切层滑坡的产生。

3.2　软质岩切层滑坡原因分析

进入雨季以来，雨水频繁，岩体干湿交替，加速了泥岩的风化，既有张性节理宽度不断加大的同时，新发育大量风化裂隙，加大了表水的下渗。由于路堑侧沟未施工，路基面排水不畅，7月2日至12日连续降雨后，路基面范围大量积水，基底泥岩长期受水浸泡软化、崩解，致使挡土墙蠕动、滑移。7月16日暴雨后，由于路堑挡土墙墙后未设置反滤层，基岩裂隙内富水，岩体含水量增大，自重增加，强度降低。加之基岩裂隙水对岩体形成压力，导致挡墙及岩体的整体失稳，最终形成切层滑坡。

4　整治措施

（1）该滑坡采用桩板墙加固（图4），桩截面采用1.50 m×2.0 m~2.0 m×3.0 m，桩间距（中—中）5.5 m，桩长8.5~19 m，共设置23根桩。挡土板采用矩形板，板厚0.4 m，板背满铺一层复合排水网。

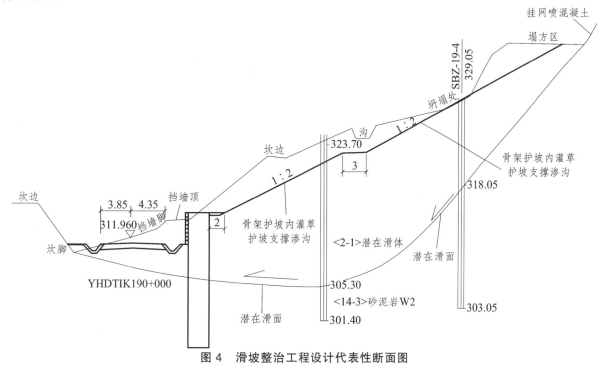

图4　滑坡整治工程设计代表性断面图

（2）桩板墙两端设置3.0~4.0 m高路堑挡土墙，墙身高出路肩高程部分，每隔2~3 m上下左右交错设置泄水孔，墙背连续设置 0.3 m 厚砂夹卵石反滤层。

（3）桩板墙及路堑挡土墙墙顶边坡采用人字形截水骨架内灌草护坡防护，边坡坡率为 1∶2，且每隔 12 m 于主骨架下设一道支撑渗沟，渗沟宽 1.5 m、深 2.0 m。支撑渗沟与桩错开布置，且此处挡土板中部预留 $\phi 60$ mm 泄水孔，将渗沟水排出。

（4）沿滑坡边缘以外设置一道环形截水沟，路堑顶设置天沟。

（5）滑坡裂缝、错台处回填平整并夯实，裂缝采用覆盖塑料薄膜或彩条布封闭。后缘滑壁理顺坡面后采用喷锚网护坡防护。

（6）路堑基床范围采用重型机械碾压密实。

（7）侧沟平台采用 M7.5 浆砌片石封闭。

5 总结及体会

2008 年年初顺利地完成了本切层滑坡整治工程的施工，目前已经过 8 年时间的检验，施工完成后没有继续产生变形，工程稳定，状态良好，整治效果明显。通过对该工点的整治，有以下几点体会以供类似工程参考：

（1）对陡倾节理发育的水平软质岩高边坡在设计、施工中应重视，高边坡宜结合骨架或框架梁进行坡面喷混植生，边坡开挖陡倾节理受卸荷影响张大，利于水的入渗，坡面开挖应及时防护。类似工点坡脚应力集中处应设预加固措施。

（2）周边须设置通畅的临时截排水设施，以便将坡面水引排至路基外。对无法避免的路基面、基坑积水应备足抽水设备及时抽排，以防积水浸泡软化坡脚。

（3）墙后反滤层应严格按要求设置，同时可采用渗水盲沟或深层泄水孔等措施引排基岩裂隙水。

（4）施工中应严格按照合理的施工顺序施工，尽量避免雨季施工。

达成铁路 DK630 软质岩顺层溃屈型滑坡工点病害整治

王德军　魏永幸

（中铁二院　土建二院）

摘　要　对达成铁路 DK630 软质岩顺层溃屈型滑坡工点的形成过程、特征、形成机理等进行分析，并选用合理方案成功治理了该滑坡，得出了宝贵的经验教训，同时供类似边坡的设计和治理借鉴。

关键词　软质岩　顺层溃屈型破坏　工程滑坡　形成机理　治理

1　工程概况

本工点属残丘地貌，高程为 280～310 m，相对高差约 30 m，自然横坡陡缓相接。出露地层主要为侏罗系中统上沙溪庙组（J_{2s}）紫红色泥岩夹砂岩、第四系上更新统冲洪积粉质黏土、卵石土。基岩产状：N20°～30°E/18°～20°NW；主要节理产状：N-S/90°、N80°W/90°。岩层走向与线路小角度相交，交角为 20°～25°，岩层倾角为 17°，层间综合内摩擦角为 16°，陡倾节理、微层理构造较发育，泥岩、砂岩互层，层厚不一，薄层～厚层不等。

地表水不发育。本工点最大挖深 27 m。左侧坡脚设重力式路堑挡土墙，墙高均为 3.0 m，墙顶第一级边坡设锚杆框架梁护坡，根据顺层推力检算锚杆采用 3 根 ϕ32 HRB335 螺纹钢筋制作，锚杆长 10 m，边坡坡率为 1∶1.25。要求先施工截排水措施、自上而下分段分级开挖路堑边坡，并及时施作边坡防护工程。

2　工程滑坡情况、原因分析及整治措施

该工程滑坡的形成、演化经历了三个阶段：顺层边坡小规模溜坍、顺层清方过程中形成顺层滑坡、形成溃屈型顺层滑坡。

2.1　第一阶段：顺层边坡小规模溜坍

本段于 2008 年 3 月开始拉槽施工，现场开挖至重力式路堑挡土墙墙顶附近。5 月堑顶外约 10 m 范围坡面开裂、错台，裂缝宽 10～30 cm，错台约 50 cm。

路堑开挖左侧顺层边坡形成临空面，且边坡锚杆工程、堑顶天沟等未及时施作，因降水频繁，雨水顺陡倾节理面渗入，形成左侧顺层边坡小规模溜坍。溜坍代表性断面见图 1。

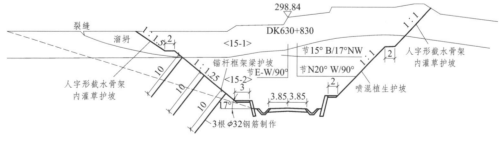

图 1　溜坍代表性断面图

2.2　第二阶段：顺层清方过程中形成顺层滑坡

对左侧路堑边坡顺层清方，每 8 m 一级，边坡设锚杆框架梁防护，在顺层清方的过程中，2008 年 7 月进一步发展形成顺层滑坡（图 2）。滑坡轴线与线路近 70°相交，沿线路方向长约 250 m，轴向宽约 110 m，形状不规则。滑体后缘错台约 2.5 m，滑体上裂缝纵横，裂缝最宽处达 5 m，深达 8 m，堑坡鼓胀，坍塌。该滑坡为中浅层软质岩顺层滑坡，滑动岩块厚度为 2～10 m，滑面倾角为 17°。

通过对滑坡进行分析，由于坡脚临空，且顺层清方过程中弃渣堆放于顺层边坡后缘，受堑顶弃渣加载影响，下部岩体出现滑动，边坡整体失稳，形成顺层滑坡。

2.3　第三阶段：形成溃屈型顺层滑坡

对滑坡病害体，清除顺层滑坡堑顶弃渣、加宽侧沟及边坡平台，清除滑坡体，2008 年 12 月边坡已按顺层清方方案开挖到位。第二、三级边坡突然发生裂缝，最大开裂宽度 4 m 左右，最大错

台近 2 m。

图2　顺层滑坡代表性断面图

3　溃屈型顺层滑坡原因分析及整治措施

3.1　病害原因分析

　　路基顺层清方后，坡面长度近百米。软质岩顺层边坡前缘不临空，差异性层间错动受阻，因而在坡脚上部薄板状岩层发生轻微弯曲隆起变形，局部出现微弱的架空现象。受降水影响，岩体干湿交替，加速了泥岩的风化，既有张性节理宽度不断加大的同时，新发育大量风化裂隙，加大了表水的下渗，致使层间结合力降低。同时，岩体含水量增大，自重增加，强度降低，在坡脚处形成应力集中，弯曲变形进一步加剧，弯曲的岩层形成类似褶曲的弯曲形态。浅表部岩层发生明显的层间差异错动，后缘拉裂。薄板状岩层沿层间挤压带启开，沿岩层方向发生轻微差异性层间错动，最终形成顺层溃屈型滑坡（图3）。

图3　顺层溃屈型滑坡形态

3.2　滑坡整治措施

　　鉴于本工点顺层切滑坡后，采用清方的方案处理，清方坡率为 1∶3.27～1∶4.01，坡率较缓；对产生顺层溃屈型滑坡的地段，放缓边坡坡率至 1∶4.50 的方式清除滑坡体，边坡采用骨架护坡防护（图4）。各级边坡平台均设置截水沟，堑顶设天沟。

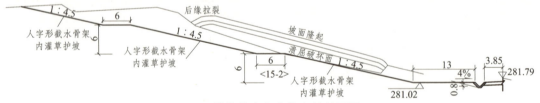

图4　最终整治方案代表性断面图

4　总结及体会

　　2009 年年初完成了该滑坡整治的施工，施工完成后没有继续产生变形，工程稳定，整治效果明显。通过对该工点的整治，有以下几点体会以供类似工程参考：

　　（1）软质岩顺层边坡理论上采用刷坡方案结合边坡防护进行整治是可行的。但在机械化施工中，常出现边坡开挖后尚未实施坡面工程，而出现顺层滑坡，故该类边坡在工程条件允许的情况下，尽量采用顺层清方方案，以免顺层边坡坡脚临空。

　　（2）若顺层清方开挖量大，占地较多，坡脚可采用桩板墙、桩间土钉墙等措施收坡。

　　（3）对于坡面长度很大，岩层较薄的顺层边坡，应进行稳定分析，计算溃屈破坏的临界坡长，以确定合理的工程措施。

　　（4）切忌在顺层边坡后缘加载，以避免边坡失稳。

　　（5）顺层边坡严禁一次性长拉槽开挖。施工中应在工程周边设置通畅的临时截排水措施，并严格按照设计施工顺序施工，开挖一级防护一级，避免雨季施工。

第比利斯绕城铁路高填深挖路基工程设计

胡　峰　龚熙维　彭家贵

（中铁二院　重庆公司）

摘　要　为保证 PK116+40~PK121+00 段高填深挖路基边坡稳定，路堑边坡采用工程地质类比法设计，并根据边坡高度、地层岩性及地形情况局部放缓坡率；路堤按缓坡率、宽平台设计，每 0.5 m 填高水平铺设一层土工格栅；填料参数满足 $c \geq 5$ kPa、$\varphi \geq 30°$、压实度 ≥ 0.98，沟槽反压区压实度 ≥ 0.95。合理设计及规范施工确保了路基边坡安全稳定，施工后路基未出现过大沉降，排水畅通，未出现其他次生灾害。本工点顺利实施既节约投资，又满足了工程工期要求，但对设计和施工提出了新的考验。

关键词　高填方　深路堑　加固设计　回填反压

1　引　言

第比利斯绕城铁路是阿塞拜疆至格鲁吉亚交通运输通道的重要组成部分，该线全长约 38.69 km，分为既有铁路改造并增建二线段和新建铁路段组成。本线 PK116+40~PK120+00 段高填深挖路基位于绕城铁路新线 ZaHEs-Lilo 段 4#~5#隧道之间，为高填深挖路基，最大挖方边坡高度达 66 m；其中 PK117+83.23~PK121+00.70 段初步设计为桥，施工图变更为路基，最大填方边坡高度达 48 m。

本文以 PK116+40~PK120+00 段高填深挖路基作为案例，对高路堤、深挖方路基设计措施及施工过程中存在的问题进行详细介绍。

2　工程概况

2.1　地形地貌

工点属低山地貌，地势起伏较大，地面高程为 600~720 m。自然坡度较陡，坡度为 15°~30°，局部坡度为 30°~40°；基岩零星出露，为坡残积亚黏土覆盖，多为荒坡，植被不发育。

2.2　地层岩性及物理力学指标

本段上覆黏土、亚黏土夹卵石层、软土层，下伏基岩为黏土岩夹砂岩和砂岩夹黏土岩。黏土、亚黏土均具中等（弱）膨胀性，有吸水膨胀软化、失水收缩开裂特点；软土层分布在 PK118+00~PK119+60 线路右侧沟槽内，厚度为 3~8 m，其承载力低，力学性质差。各参数具体详见表 1。

表 1　物理力学指标

编号	名称	岩土状态	计算承载力/kPa	密度/（kN·cm⁻³）	内聚力/kPa	内摩擦角/（°）	基底摩擦系数	边坡率 临时	边坡率 永久
<7>	亚黏土夹卵石	硬塑	150	18.9	30	15	0.3	—	1：2
<8>	黏土	硬塑	150	18.1	30	15	0.3	—	1：2
<8-1>	黏土	软塑	70	18.9	10	7			
<13>	黏土岩夹砂岩	W3	250	19.0	—	25	0.35	1：1.25	1：1.5
		W2	350	20.0	—	30	0.4	1：1.25	1：1.5
<14>	黏土岩夹砂岩	W3	250	18.5	—	25	0.35	1：1.25	1：1.5
		W2	350	19.6	—	30	0.4	1：1.25	1：1.5

3　工程设计方案

3.1　招标设计方案

初步设计招标时 PK116+40~PK117+83.23 段设计为路基，左侧采用一般挖方，坡面不设置防护措施；PK117+83.23~PK121+00.70 段设计为 8×34.2 m 双线桥梁，如图 1 所示。

3.2　替代方案研究

由于 PK109+38.42～PK117+83.23 段挖方比较大，弃方数量达 $165\times10^4\,\mathrm{m}^3$。该段路基被 PK107 桥和 PK120 桥所在冲沟隔断，经过现场调查，该段无运渣道路，交通不便，挖方段路基成为"孤岛"，路基土石方无法外运，必须等 PK107 桥或 PK120 桥建成后才能运出，严重影响工期。因此，针对现场问题进行替代方案研究，提出将 PK117+83.23～PK121+00.70 段桥梁改成路基，并将 PK120 桥左侧沟作为弃渣场，既可合理利用本段挖方土石方，减少弃渣用地，又可以节约投资。

图 1　PK120+24.565 初步设计桥位

3.3　方案比较

将 PK117+83.23～PK121+00.70 段招标设计方案和替代方案工程数量进行比较，主要数量结果如表 2。

表 2　主要工程数量对比表

替代方案			招标设计方案		
名称	单位	数量	名称	单位	数量
正线路基砂岩填料	m^3	545 970	正线路基砂岩填料	m^3	—
回填反压区填料	m^3	631 069	回填反压区填料	m^3	—
回填碎石	m^3	20 214	回填碎石	m^3	—
预制混凝土排水沟	m^3	67	预制混凝土排水沟	m^3	—
土工膜	m^2	4 334	土工膜	m^2	—
混凝土骨架	m^3	1 522.5	混凝土骨架	m^3	—
土工格栅	m^2	46 165	土工格栅	m^2	—
涵洞	m	70	双线桥梁	m	317.47
总投资（CHF）	万元	438.844	总投资（CHF）	万元	695.482

对招标设计方案和替代方案工程优缺点进行比较，如表 3 所示。

表 3　方案比较表

方案	优点	缺点	结论
招标设计方案（桥方案）	施工简单，工程安全可靠	交通不便，PK109+38.42～PK117+83.23 段土石方需等 PK120 桥建成后才能外运，严重影响工期，造价相对较高	比较后放弃
替代方案（路基方案）	交通方便，施工工艺简单，施工工期短，工程造价相对较低	边坡高，施工难度大，易出现局部坍塌或过大工后沉降，风险较大	比较后采用

4　工程措施

4.1　路堑边坡工程措施

PK116+40～PK117+95 段路基左侧最大路堑边坡高达 66 m（图 2），边坡为黏土岩夹砂岩，易风化且遇水具有弱膨胀性，根据现场边坡高度、岩层性质以及地形情况该边坡坡率按 1：1.5～1：4

设计。坡面植草防护,通过放缓坡率不设支挡防护工程。边坡开挖时应注意爆破方法和药量控制,防止因爆破影响边坡稳定,避免爆破对边坡大范围岩石结构破坏。

4.2 路堤边坡工程措施

PK117+83.23～PK121+0.70 段路堤最大填高达 48 m,边坡坡率按 1:1.75～1:2 设置,平台宽按 12 m 设计,并对右侧沟槽回填反压,反压后路基边坡高达 15 m(图 3)。路堤填料强度参数满足 $c \geqslant 5$ kPa、$\varphi \geqslant 30°$;每铺 0.5m 分层压实,压实系数不小于 0.98;左侧冲沟底软土采用挖除换填反压,并分层碾压密实,压实系数不小 0.95。路基边坡采用人字形截水骨架护坡并分层铺设土工格栅。

路堤施工前先必须选择一段做现场压实试验获得压实相关参数,并按现场压实试验参数分层碾压密实,每次压实后应选择检测区检验是否达到压实要求。路堤土工格栅铺设平顺无皱褶,填料不得有尖锐棱角,在填筑到路基设计标高后(考虑预留沉降),修整坡面并压实及时坡面防护措施。

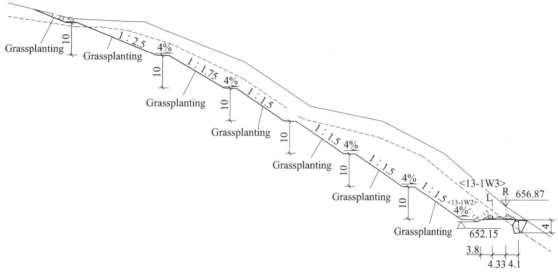

图 2　深挖方代表性断面

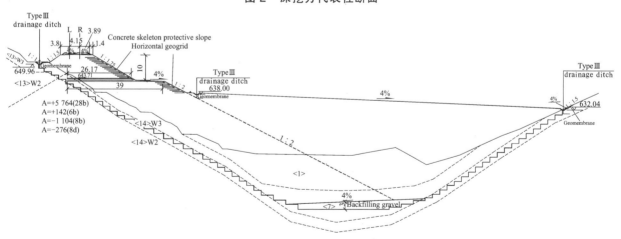

图 3　高填方代表性断面

5　稳定性分析

5.1　路堑边坡稳定性分析

岩质路堑边坡稳定分析一般采用工程地质类比法及坡率法等。PK116+40～PK117+83.23 段路基左侧最大路堑边坡高达 66 m(图 2),边坡为黏土岩夹砂岩,地质类比分析后稳定坡率为 1:1.5。根据现场边坡高度、岩层性质以及地形情况该边坡局部放缓,坡率按 1:1.5～1:4 设计。

5.2 路堤边坡稳定性分析

路堤边坡稳定分析采用瑞典条分法和 Bishop 法分别计算，同时考虑地震和列车荷载作用。PK117+60 ~ PK120+00 段右侧填方边坡高度达 40 多米，边坡高度及填料性质对于路堤的稳定性影响巨大，设计时应对路堤边坡在最不利工况下进行计算，其稳定性系数如表 4 所示。

表 4　路堤边坡稳定性系数

计算断面	路堤填土指标			加固措施	计算方法	
	$\gamma/(kN \cdot cm^{-3})$	c/kPa	$\varphi/°$		瑞典条分	Bishop
PK118+21.77	19	5	25	一、二级平台设 3 层 80 kN 土工格栅	1.09	1.16
PK118+56.13	19	5	25	一、二级平台设 3 层 80 kN 土工格栅	1.11	1.16
PK118+90.48	19	5	25	一级平台设 3 层 80 kN 土工格栅	1.10	1.15

根据俄罗斯规范要求，路基边坡边坡在地震工况下安全系数为 1.08。根据表 4 计算结果路基设计能够满足规范要。

6　工程加固效果

PK116+40 ~ PK120+00 段高挖方边坡和高填方路基于 2012 年 6 已经施工完成（图 4、图 5），已经历了一个雨季考验，目前路基边坡稳定，路基排水畅通，高填方未出现过大沉降，也未出现其他次生灾害。

图 4　高挖方边坡　　　　　　　　　　图 5　高填方路基

此段路基是第比利斯绕城铁路中最高挖方和填方路基边坡，合理设计及规范施工是边坡安全稳定的前提，也是确保铁路安全运营的关键。

7　工程体会

（1）工点填方边坡高度已经突破了国内铁路常规设计高度，也是我们在铁路路基边坡设计中一个大胆突破，尽管在设计过程及实施过程中遇到了很多困难，但也获得了许多宝贵经验。

（2）该路堑高边坡开挖时要注意爆破对边坡的影响，特别应注意爆破方法和药量控制，防止因爆破影响边坡稳定，减少爆破对边坡岩石结构影响程度。

（3）该高填方路基施工时应对填料类型、参数及压实标准严格控制；有压实试验段参数时，应严格按现场试验参数施工，路堤施工完后应及时施作坡面防护及排水系统。回填反压区端部坡面防护应及时施作，保证坡面及反压区排水系统畅通，避免出现次生灾害。

（4）本项目属于工程总承包（EPC）项目，设计方作为为业主及总承包商服务性质，在技术支撑条件下可根据项目情况具体设计。

砂状全风化花岗岩桩井流砂病害变更方案设计

曾永红　丁兆锋　李楚根

（中铁二院　土建二院）

摘　要　某高速铁路路基路堑边坡平台处锚固桩施工过程中，桩井开挖至花岗岩全风化层时，桩底在抽水过程中出现流砂现象，桩井护壁背后脱空，护壁开裂变形甚至出现局部垮塌，威胁施工安全。变更设计根据工程现状以及变更设计原则，提出了挖孔桩和钻孔桩两个方案，并从技术、经济、工期等方面对比分析了两个方案的优缺点，提出钻孔桩方案为推荐方案。钻孔桩方案通过泥浆护壁，机械成孔，有效地避免了流砂塌孔的产生，并将施工风险降低到最低，该方案实施后工程效果优良，可为类似工程提供借鉴和指导。

关键词　砂状全风化花岗岩　流砂　桩井　钻孔桩

1　工程概况

　　某高速铁路路基路堑位于半山坡，以浅挖方通过。段内为剥蚀低山，冲积槽谷地貌。地势起伏较小，冲沟发育，山坡自然坡度为 5°~30°，植被较发育。段内上覆第四系全新统冲洪积（Q_4^{al+pl}）软粉质黏土、松软土、粉质黏土、中砂、卵石土；下伏基岩为燕山期早期侏罗纪屋面前单元（J_{3w}）花岗岩，其中花岗岩全风化层带厚 8~50 m，呈土状、砂状、角砾状，局部夹弱风化的透镜体花岗岩。地下水埋深 1~4 m，细圆砾土、卵石土含水量较大，粉质黏土、黏土透水性差，含水量小，基岩裂隙水含量较小，地下水较发育，受大气降雨及地表水补给。

　　由于本段路基左侧路堑边坡存在软弱夹层，为满足边坡稳定性设计要求，施工图设计边坡采用两级，坡率放缓至 1:2，一级边坡平台加宽至 4 m，并在一级边坡平台处设置 16 根挖孔锚固桩。锚固桩桩间距（中—中）5.0 m，桩截面采用 1.5 m×2.25 m 的矩形截面，桩长为 14.5~16 m，共设置 16 根桩。施工图代表性横断面见图 1。

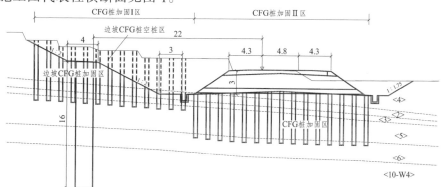

图 1　施工图设计代表性横断面图

2　施工情况

　　现场路堑边坡已经开挖完毕，锚固桩已隔桩开挖 8 根，桩底距设计桩底标高差 4 m 左右，施工桩井开挖至花岗岩全风化层，开挖深度在 6 m 左右时，在桩井抽水过程中桩底开始出现流砂现象，导致大量桩井护壁背后脱空，护壁开裂变形甚至出现垮塌现象，见图 2，对施工人员产生安全隐患。施工过程中现场照片如下：

（a）护壁开裂　　　　　　　　　　　　（b）护壁背后脱

（c）护壁局部垮塌

（d）抽水流砂

图 2　现场施工照片

3　变更设计

3.1　变更方案一

维持挖孔桩方案，具体措施如下：

将锁口护壁由 0.2 m 加厚至 0.4 m，钢筋配筋率由 0.2%提高至 0.5%，锁口护壁由 2 m 一节调整为 0.5~1 m 一节。桩井外 5 m 处，采用无砂大孔混凝土管井进行降水，每个桩井外侧设置 2 个降水井，降水井深 16~18 m。

3.2　变更方案二

取消挖孔桩方案，采用钻孔桩方案，具体措施如下：

将已塌孔的 8 根锚固桩采用人工夯填黏土的方式回填密实，回填高程与平台平齐，平台处设置一排钻孔灌注桩，钻孔灌注桩桩间距（中—中）2.5 m，桩径为 1.25 m，桩长为 13.5 m，共设置 30 根钻孔灌注桩。

3.3　方案比选（表1）

表 1　变更方案对比分析表

比较项目	挖孔桩方案	钻孔桩方案
优点	1. 无废弃工程； 2. 矩形截面桩抗弯性能好； 3. 采用桩井外无砂大孔混凝土管井降水，可有效地避免流砂塌孔	1. 施工难度一般； 2. 施工工期较短； 3. 泥浆护壁，灌注水下混凝土，可有效避免流砂塌孔； 4. 机器开挖桩孔，工程风险小
缺点	1. 施工难度大； 2. 施工工期较长； 3. 人工开挖，工程具有一定的风险	1. 已施工桩井工程报废； 2. 圆形桩抗弯性能稍差

两个变更方案综合对比，钻孔桩方案虽然需要报废桩井工程，且圆形桩抗弯性能稍差，但其具有施工方便、施工工期短、工程风险小等优点，符合将工程风险降到最低的变更设计原则，因此推荐钻孔桩方案作为本次变更设计方案。经建设方同意将变更方案 2 作为本次变更设计方案。变更设计代表性横断面见图 3。

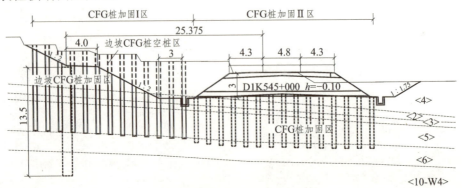

图 3　变更设计代表性横断面图

4　工程效果及体会

　　本工点按变更设计方案实施完成，且已经历 2 年左右，目前工程整体稳定、可靠，效果良好（图 4）。

图 4　变更设计实施后现场照片

　　本次工点变更设计体会如下：

　　（1）实践证明在地下水发育的砂状全风化花岗岩开挖桩井易产生流砂现象，应引起足够的重视。

　　（2）在易产生流砂或易塌孔的地质条件下，应尽量避免采用挖孔桩，若采用挖孔桩，应选择桩井外侧降水，同时应采取加厚锁口护壁，提高锁口护壁配筋率，减小护壁分节高度等保护措施。

　　（3）当挖孔桩采取桩井外降水等保护措施后，仍存在较大的流砂或塌孔风险的前提下，采用机器成孔方案替代挖孔桩方案。

海南东环铁路 DK253 水库路堑边坡防护设计

宋成建　姚裕春　周　成
（中铁二院　　土建二院）

摘　要　本文介绍了海东铁路 DK253+340～+438 段紧临水库路堑工程的防护设计，有针对性地对路　基工程不能绕避水库时，采用路基防护、防渗设计方案，成了本项目路基工程设计的一个典型范例。

关键词　水库　路基防护　防渗设计

1　工程概况

　　海东铁路 DK253+340～+438，铁路路基以路堑形式通过，铁路从一个既有水库右侧下方以挖方穿过。本段地层上覆粉质黏土，硬塑、局部为软塑状（水库范围），厚 1.2～12 m；水塘底地层为花岗岩全风化层及强风化层，花岗岩全风化层为弱透水层，渗透系数为 0.1 m/d，强风化层为透水层，渗透系数为 20 m/d。该地区年均降雨量约 1 699 mm，地表水发育，水库常年有水，主要靠大气降雨补给，水量随季节变化大。

　　原设计考虑到水库会对路堑左侧边坡造成影响，线路运营上存在一定安全隐患因素，采用废弃该水库方案，用作附近长岭隧道弃渣场。

　　该段铁路路基挖方深 3.15～15.04 m，最大挖深 15.04 m。DK253+495 为长岭隧道进口。原设计 DK253+400～+495 线路左侧堑顶设置天沟，DK253+340～+390 段路基左侧设重力式挡土墙，侧沟底部设置盲沟，DK253+270～+400 段左侧墙顶平台以上边坡设置支撑渗沟，DK253+142～+350 线路左外侧 100 m 处设置一道浆砌片石引水沟，用于引出水库的水。路基代表性横断面详见图 1。

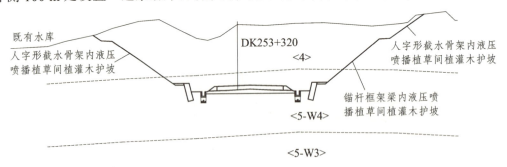

既有水库

人字形截水骨架内液压喷播植草间植灌木护坡

DK253+320

\<4\>

人字形截水骨架内液压喷播植草间植灌木护坡

锚杆框架梁内液压喷播植草间植灌木护坡

\<5-W4\>

\<5-W3\>

图 1　路基代表性横断面图

　　变更设计原因：该水库蓄水用作灌溉下游 20 多公顷农田，水库面积约 6 200 m²，深 8～11 m，距 DK253+330 铁路左线左侧 61 m 既有堤坝下有一灌溉涵。该水库水源主要来自于附近长岭隧道处山坡降雨后汇水。当地村民不同意废弃该水库。

2　路基防护方案比选

2.1　方案 1

　　废弃既有水库，距 DK253+300～+400 线路左侧 250 m 处还建一新水库。

　　由于该片区全为橡胶林，经协商征地无果后未采用该方案。

2.2　方案 2

　　设置挡水墙方案。沿既有水库与铁路之间（DK253+340～+438 段）线路左侧路堑堑顶外侧设置混凝土拦水墙，设置旋喷桩隔水帷幕，为保证路堑边坡及拦水墙稳定，于拦水墙靠线路侧设置抗滑桩，拦水墙下部地基设置旋喷桩加固。为加强防渗水效果，在旋喷桩隔水帷幕下部花岗岩强风化层局部地段（约 40 m 长范围）采用注浆处理。

　　该方案满库蓄水后位于路肩以上 10 余米，挡墙较高且使用时间长后易造成渗水或溃坝，可靠度较低，存在安全隐患；花岗岩强风化层渗水性强，采用旋喷桩及注浆进行防渗处理，施工难度较大且注浆质量较难控制。

2.3　方案3

DK253+340～+438 段线路左侧靠线路侧水库内设置拦水土坝，坝体中部设置两排直径 $\phi0.8$ m 旋喷桩，桩间距 0.6 m，搭接 0.2 m，形成一道止水帷幕。

经比较，该方案方便施工，质量易控制；可利用附近隧道弃渣、减少弃土场用地及弃土运距，投资合理；拦水土坝满足稳定性要求，能确保铁路运营安全。

3　拦水土坝防护处理措施

3.1　设置拦水土坝稳定检算（坝顶宽 12 m）

最大水平方向水压力计算式为：

$$P=P_cA =\gamma_wh_c^2b/2=1\,000\times9.8\times11\times11\times1/2=593 \text{ kN}$$

式中：P_c 为静水压强；A 为受力面积；γ_w 为水的容重；h_c 为水深；b 为坝体计算长度，取 1 m。

最大垂直方向力计算式为：

$$N= N_水+N_坝 =593/2+18\times250\times1=297+4\,500=4\,797 \text{ kN}$$

式中：$N_水$ 为垂直方向水压力；$N_坝$ 为坝体垂直压力。

土坝抗滑动稳定系数计算式为：

$$K_c= Nf/P =4\,797\times0.2/593=887.4/593=1.62>1.5$$

式中：f 为基底摩擦系数。

该拦水坝工程等级为 1 级，按《碾压式土石坝设计规范》规定，正常使用条件下坝体抗滑稳定的最小安全系数不小于 1.5。

3.2　拦水土坝设计

（1）DK253+340～+438 段线路左侧水库内设置拦水土坝，土坝坝顶迎水面侧距铁路左线中心距离 57 m，坝顶宽 12 m。拦水土坝坡率上部为 1∶1.75，下部为 1∶2，迎水面坝顶标高为 46.0 m，坝顶面设 4% 的排水坡，汇水流入水库。拦水土坝迎水面分两级边坡填筑，最上一级边坡高 5 m，填筑时迎水面侧 7 m 宽范围回填掺 5.0% 水泥的水泥改良土，边坡竖向每隔 0.6 m 高铺设幅宽 4 m 的土工格栅；拦水土坝其余部分填筑采用普通 C 组细粒土。水库改建路基设计平面图见图 2。

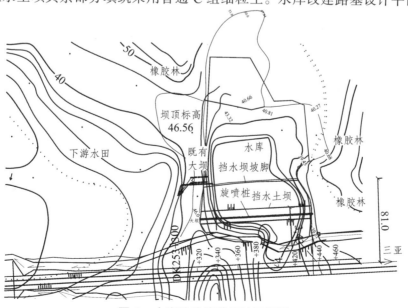

图 2　水库改建路基设计平面图

（2）拦水土坝迎水面填筑坡面采用 0.4 m 厚 M10 浆砌片石护坡，地质变化处设置伸缩缝。护坡下设置 0.3 m 厚砂卵石反滤层，再下铺设一层复合橡胶防水卷材；边坡进行绿化防护。

（3）拦水土坝迎水面坡脚底设置 C25 混凝土坡脚挡墙，平台采用 0.4 m 厚 M10 浆砌片石封闭，墙前回填 M7.5 浆砌片石。路基横断面图见图 3，现场拦水坝建成后照片见图 4。

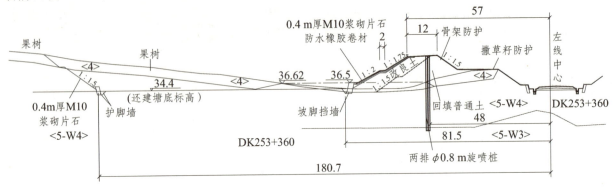

图 3　路基横断面图

图 4　现场拦水土坝建成照片

（4）水库远离线路侧进行水库扩挖还建，开挖坡面在水库蓄水后浸水部分采用 0.4 m 厚 M10 浆砌片石砌筑，其余进行坡面防护；开挖边坡坡脚设置 C25 混凝土坡脚挡墙。

（5）既有土坝坝顶下间距 5 m 设置 2 孔直径 1.0 m 的 C30 钢筋混凝土圆管泄水。

（6）距铁路左线 50 m 远的线路左侧平行线路设置两排直径 ϕ0.8 m 旋喷桩，桩间距 0.6 m，桩顶标高为 46.3 m，搭接 0.2 m，旋喷桩桩长 22.5～27.5 m，形成一道止水帷幕。

3.3　工程整治效果

通过拦水土坝的设置，既确保铁路安全，又保证了地方农田灌溉的需要。

4　工程体会

（1）前期选线时，铁路上方若存在大型水库（塘）时，尽量绕避；如确不能绕避，应考虑溃坝的潜在影响，调高线路纵坡，以桥通过。

（2）一般大型水塘、水库都关系到地方百姓的饮水、农田灌溉等，即使有与地方签署的弃土场协议，也不能轻言废弃。

（3）铁路位于大型水塘、水库下方必须以路堑形式通过时，应做好技术、经济比较，加强泄洪、防渗设计，防止水塘、水库蓄水通过管涌形式造成路堑边坡垮塌影响营运安全。

兰渝铁路 D1K641 红层砂泥岩路堑边坡坍滑处理

周 成 刘剑光 陈 丽
（中铁二院 土建二院）

摘 要 兰渝铁路 D1K641 为典型的四川红层软岩路堑，岩体结构破碎、层面平缓、陡倾节理裂隙发育，施工图设计按照一般路堑边坡进行加固。施工过程中由于受到连续强降雨的影响，地表水下渗入节理裂隙，在楔裂扩张力作用下层间裂隙不断发展，多数竖向裂隙贯通，被切割的岩体在重力、楔裂扩张力、静水压力，以及岩体强度大大降低的综合作用下发生失稳，形成牵引式工程滑坡。通过对工程滑坡产生的原因进行分析，变更设计采取设置路堑桩板墙+锚杆（索）框架梁等措施进行加固，整治效果良好。

关键词 红层泥岩 水平岩层 路堑边坡 坍滑 整治

1 施工图设计工程概况

1.1 工程地质概况

该段线路为低山台地地貌，地势东高西低，起伏较小，左侧边坡上覆粉质黏土，硬塑状，下伏基岩为泥岩夹砂岩，路堑右侧陡坎处基岩出露，岩层产状为 N10°W/2°SW，陡倾节理裂隙发育；强风化层（W3）厚 2～5 m，有弱风化层（W2）。全线红层砂泥岩，质软、遇水易崩解软化。

段内地下水主要为第四系孔隙水和基岩裂隙水，地下水不发育。

1.2 施工图设计工程措施

D1K640+887.25～D1K6411+257.42 段为区间路基，路基以挖方通过，中心挖深 2.6～11.8 m，一般边坡高度 5～14.7 m，为 1～2 级路堑边坡；左侧仅个别断面（D1K641+980）边坡高度达到 23.9 m。根据边坡稳定坡率分级放坡、分级加固防护，左侧一般坡率为 1:1.0～1:1.25，坡面采用空窗式护墙、人字形截水骨架护坡防护；边坡平台处设置平台截水沟，排除坡面水；堑顶外设计天沟截走自然坡面地表雨水，见图 1。

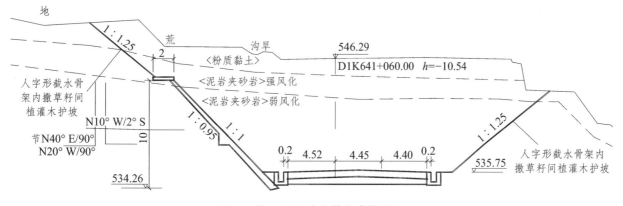

图 1 施工图设计路基代表性断面

2 施工中路堑边坡坍滑及原因分析

2.1 现场施工情况

天沟部分铺砌，部分天沟已开挖、未铺砌。路堑开挖至路基面附近，完成 D1K640+890～D1K641+155 段左侧二级边坡人字形截水骨架；D1K640+890～D1K640+940 段、D1K641+040～D1K641+155 段左侧一级边坡空窗式护墙施工。

2.2 工程病害特征

2011 年 3 月以来连续性暴雨（日降雨量达 166.3 mm），且出现多次暴雨，路堑滑坡分段产生且不断发展。边坡变形可分为三个阶段：第一阶段，局部土层坍滑；第二阶段，坍滑规模扩大，连成一片；第三阶段，下伏岩层发生滑移，与土层坍滑体形成牵引式工程滑坡。首先是 D1K640+940～D1K641+010 段基岩上覆盖土体出现坍滑，D1K641+155～D1K641+240 段开挖过程中边坡出现开裂和蠕动位移，接着是 D1K641+010～D1K641+160 段边坡基岩上覆盖土体出现缓慢剪出，最后 D1K640+890～D1K640+940 段左侧一级边坡已建成的空窗式护墙的中下部剪出，剪出口位于泥岩的强风化带与弱风化带分界面附近。最终形成沿线路长度 390 m，开裂最远处距离左线 70 m、滑体厚度 15 m 的工程滑坡。滑坡范围裂缝遍布，最宽裂缝达到 0.5 m，最大错台达到 5 m，D1K641+010～D1K641+160 段基岩下沉 2 m，前缘最大剪出达到 0.6 m。滑坡全貌如图 2 所示。

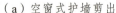

（a）空窗式护墙剪出 　　　　　　　　　　（b）左侧边坡坍滑

图 2　左侧路堑边坡工程病害照片

2.3　工程病害地质情况

2.3.1　工程地质情况

补勘结合边坡开挖揭示地质情况如下：

左侧边坡上覆粉质黏土，硬塑状，局部层位为软塑状，质较纯，偶夹碎块石，成分为泥岩、砂岩，厚 3～11 m；自由膨胀率 F_s = 26%～40%，非膨胀土。下伏基岩为泥岩夹砂岩，泥岩为中厚～薄层状，质软，遇水易软化，岩芯经风干呈薄片状；砂岩为中厚层状，但岩质较疏松；岩土体不属膨胀岩土，但 8 组岩样中有 1 组岩石遇水后产生 234 kPa 的较大"楔裂扩张力"；另外，岩石饱水后单轴抗压强度显著降低，强度降低 50%～98%，有的岩样饱水后单轴抗压强度接近 0 MPa。

钻探揭示，除局部泥岩存在严重的差异风化现象外，一般强风化层厚 2～4 m；岩层层理发育，倾角为 4°，岩层走向与线路走向基本一致，倾向线路方向；竖向节理裂隙发育，节理产状为：N40°E/90°、N20～77°W/86～90°NE。

2.3.2　水文地质条件

D1K641+056 左侧 54 m 处（原施工图堑顶外 31 m）有一水流集中汇水区，暴雨时汇流于此的地表水漫流于坡面，流速快。2011 年施工期间遇暴雨，汇流于此的山洪水漫流于堑顶外坡面，并直接冲刷已开挖路堑边坡。

2.4　工程病害原因分析

由于该段软质岩竖向节理裂隙极发育，岩体较破碎。路堑开挖后形成临空面，节理裂隙变大，施工期间遭遇连续强暴雨，未及时形成完善的排水系统，山洪水漫流于坡面，冲刷开挖的路堑边坡坡面，雨水大量下渗。局部岩体遇水后产生较大"楔裂扩张力"，在水平方向产生较大推力。首先表层覆盖土发生溜坍，产生牵引张裂缝，地表水下渗进入节理裂隙，产生静水压力，同时在裂隙与孔隙的水-岩相界面产生"楔裂扩张力"，多次降雨下渗竖向微裂隙不断变大并向深部发展，降雨下渗遇到层间裂隙（特别是软硬岩层间裂隙），在楔裂扩张力作用下层间裂隙不断发展，多数竖向裂隙贯通，被切割的岩体在重力、楔裂扩张力、静水压力，以及岩体强度大大降低的综合作用下发生失稳，向外蠕动。由于前缘多级拉张，在后缘形成切层滑动，前缘沿层面剪出，形成牵引式工程滑坡。滑坡形成过程详见图 3。

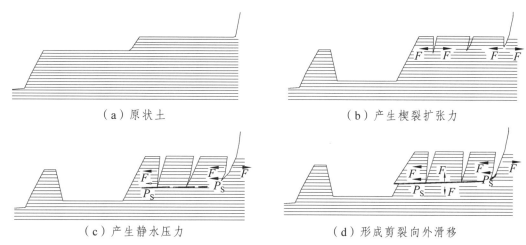

（a）原状土　　　　　　　　　　　（b）产生楔裂扩张力

（c）产生静水压力　　　　　　　　（d）形成剪裂向外滑移

图3　边坡变形破坏模式图（F—楔裂扩张力、P_s—静水压力）

3　稳定性分析及整治措施

3.1　边坡稳定性分析及推力计算

（1）滑坡主轴垂直于线路纵向，计算采用的主轴断面为路基断面。推测滑面采用稳定安全系数 $K=0.95$ 反算 $\varphi_{综合}$，采用的 $\varphi_{综合}=4.4° \sim 22°$；潜在滑面采用稳定安全系数 $K=1.05$ 反算 $\varphi_{综合}$，采用的 $\varphi_{综合}=7.4° \sim 15.0°$。计算稳定安全系数 $K=1.25$ 时的滑坡出口推力。

（2）桩板墙桩锚固点采用侧沟平台高程设计，推力采用滑坡出口推力和侧沟平台至滑面间的土压力的合力。

整治设计滑坡推力代表性断面见图4。

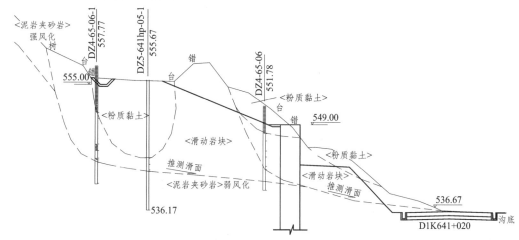

图4　整治设计滑坡推力计算代表性断面

3.2　变更设计工程措施

3.2.1　临时应急措施

平顺坡面，夯实坡面裂缝，避免地表水继续下渗；开挖临时截水天沟，减小地表水的影响；变形体坡脚设置回填反压土，避免滑坡进一步发展。

3.2.2　桩板墙工程

线路左侧于一级边坡中部平台处设置路堑桩板墙。桩间距（中—中）6.0 m，桩截面采用 1.5 m×2.0 m ～ 2.0 m×3.0 m，桩长 13 ～ 23 m，共设置 64 根锚固桩。

3.2.3　边坡防护措施

（1）路堑桩板墙墙顶边坡设置人字形截水骨架护坡。

（2）桩板墙前第一级边坡 D1K640+887.25 ～ D1K641+029、D1K641+170 ～ D1K641+266.75 段坡面采用锚杆框架梁护坡加固。

（3）D1K641+029～D1K641+170 段坡面采用锚索（杆）框架梁护坡，边坡由下向上第一排及第二排框架梁节点设置锚杆加固，边坡由下向上第三排及第四排框架梁节点设置锚索加固，锚索采用一孔 4 束钢绞线，锚索长度 18.0～21.0 m，共设置 74 孔锚索。

3.2.4　桥范围内预加固桩及边坡防护

（1）D1K641+272～D1K641+278，桥梁墩台左侧堑顶设置 2 根预加固桩，桩截面 1.5 m×2.0 m，桩间距（中—中）为 6 m，桩长 14.0 m。

（2）D1K641+266.75～D1K641+280，桥梁墩台开挖路堑边坡置锚杆框架梁内护坡。

3.2.5　防排水工程

滑坡体外线路左侧设置梯形截水天沟；桩板墙前平台 2.5 m 处设置一道平台截水沟，平台上方 0.5 m 处，挡土板中部位置设置深层排水孔；D1K641+056 左侧距左线中心线 47.1 m 处冲沟正下方设置长×宽×高为 3.0 m×3.0 m×3.0 m 的沉淀池，沉淀池下部地基采用钢花管桩联合注浆进行加固处理。

左侧路堑边坡整治代表性断面如图 5 所示。

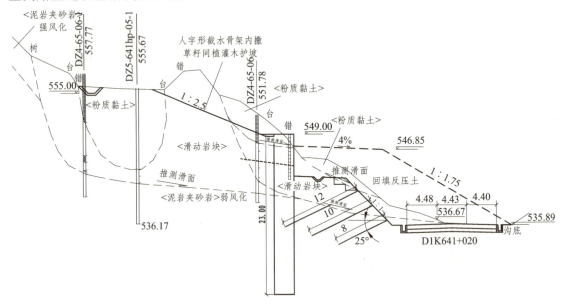

图 5　变更设计路基代表性断面

4　工程整治效果

该病害工点设计制定了路堑桩板墙加固结合锚杆（锚索）框架梁护坡的综合整治措施。整治工程于 2012 年施工完成，竣工后经过多个雨季的考验，从监测情况来看，边坡整体处于稳定状态，效果良好。整治后的效果见图 6。

5　工程体会

（1）水平、缓倾红层砂泥岩路堑边坡，当岩体结构破碎、陡倾节理裂隙极为发育时，在地表水下渗的情况下，容易产生工程滑坡。

（2）长大路堑开挖对地形、地质、地层特征及水文条件综合考虑，应设计好截排水措施避免雨水下渗，采取分段分层开挖，及时防护施工顺序，避免和减轻开挖边坡病害的发生。

图 6　左侧路堑边坡整治后照片

（4）应充分重视岩层结构对工程安全的综合影响。红层砂泥岩质软、遇水易崩解软化，当岩体结构破碎、陡倾节理裂隙发育时，设计除完善排水系统设计外，可考虑设置采取预加固技术，坡脚设置预加固桩，边坡采用锚杆（索）框架梁加固，防止产生工程病害。

既有铁路油库区高边坡扩堑工程设计

李　飞　李庆海　蒋楚生

（中铁二院　土建三院）

摘　要　YDK0+100～YDK0+230 段位于新建铁路乐坝至巴中线既有乐坝站（普乐线），铁路扩堑堑坡紧靠大型油库及既有铁路线。岩石坡面组成主要为中生界红层泥岩、砂岩，为降低施工安全风险，本工程采用方案为：边坡坡率采用 1：0.3，采用锚索框架内设置"+"字形锚杆垫墩防护，以减少边坡开挖爆破方量。同时采用静态爆破、控制爆破技术和覆盖防护手段相结合进行作业，以确保施工安全。

关键词　油库　既有铁路　深路堑　爆破　安全

1　工程概况

工程位于新建铁路乐坝至巴中线既有乐坝站站内。本段属低山河谷地貌，地势较平坦开阔，线路傍右侧山麓通过，斜坡地面自然坡度为 10°～30°。

该段靠山边坡基岩大面积裸露，为侏罗系遂宁组（J_{2sn}）泥岩夹砂岩，强风化层厚 2～4 m，其下为弱风化层，站台和既有铁路基床范围分布有第四系人工填筑土。

2　工程特征

乐坝站位于四川省南江县乐坝镇境内，系广元至乐坝线的终点站，在巴中端正线右侧有 1 条既有油库专用线（8 道）接轨。

乐坝站的地势较为开阔。车站既有到发线 4 条（含正线），4、5、6、7、8 道为货物线，主要用于煤炭、铁矿、粮食运输；9 道为油库专用线。扩建线在油库专用线靠山侧扩挖堑坡，并与既有铁路并行。扩建线路路堑最大中心挖深为 10 m，扩堑堑坡最大边坡高度为 30 m，铁路扩堑堑坡紧临中国石油四川巴中销售分公司乐坝油库，该油库是保证巴中市成品油供应的重要中转库，乐坝油库及乐坝车站均需正常运转，不能因铁路施工而暂停作业，因而本工程的边坡设计与施工需要采取特殊防护措施，避免对既有车站及油库产生不良影响。扩堑开挖区与既有铁路及乐坝油库相对关系见平面布置图 1。

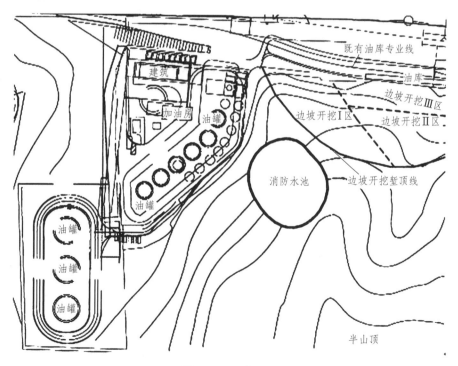

图 1　平面布置图

石油库储存的是易燃和可燃液体，属爆炸和火灾危险场所，根据《石油库设计规范》的规定：石油库与爆破作业场地的安全距离不得小于 300 m。因此，该段路基边坡施工中，如采用常规爆破方法施工，势必会对油库及既有铁路造成安全威胁；如单独采用破碎机械人工开凿或静态破碎剂进行破碎施工，虽安全可控，但进度缓慢，且施工成本大。

本着"安全可靠"的原则，设计方案的制订为尽可能减少土石方开挖，采取了坡脚设置支挡的方案和抽陡边坡坡率的方案，以达到减少爆破方的目的，施工过程中采用静态爆破与控制爆破相结合的爆破方式。

3　稳定性分析

3.1　边坡开挖变形分析

自然斜坡在开挖后，原有的力学平衡状态被打破，而重新建构新的力学平衡体系，于是坡体内应力就会重新调整。这种调整实际上是在有限范围内进行的。开挖影响范围内坡体应力发生了很大变化，同时各点也发生相应的位移，越靠近开挖坡面的点，其位移越大。如果坡体内某处质点间的位移达到使之松弛时，该处就会发生破坏。坡体内松弛与不松弛范围的分界线就是开挖诱发的潜在滑移面。松弛区将沿滑移面发生滑移破坏。该段地层为泥岩夹砂岩，以泥岩为主，属于软质岩，节理发育，岩体破碎，强度低。对滑移面确定方法有多种，根据本地区相似地层工程经验，本工程采用对数螺旋形滑面确定滑面位置，并以此作为加固设计依据。

3.2　对数螺旋形滑面的确定

在平面应变状态下对数螺旋面是一条对数螺旋线，如图 2 所示，其方程式为：

$$r=ae^{k\theta}$$

式中：a，k——常数；

θ——螺旋线的半径与水平线的夹角；

α，φ——坡角、内摩擦角（弧度）；

i——坡顶地面坡度。

螺旋线上任一点的切线与过该点的半径 r 的夹角为 ψ，与该半径 r 的垂线的夹角 φ 就是破裂面上的内摩擦角 φ，有：

$\psi=90°-\varphi$

$\tan\psi=1/\tan\varphi=r(d\theta/dr)$

$l=ae^{k\theta}\times k\times(d\theta/dr)=rk(d\theta/dr)$

$d\theta/dr=1/rk$

$k=\tan\varphi$

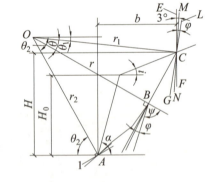

图 2　对数螺旋面示意图

因过 C 点的切线与垂线夹角 w 都很小，$w≈3°$，β 是坡脚 A 点的切线与水平方向的夹角，按经验公式：

$\beta=0.5\varphi+0.201\varphi\alpha+0.265\alpha+0.087$；

$\theta_1=\varphi+\omega$，$\theta_2=90°+\varphi-\beta$；

$H=r_2\sin\theta_2-r_1\sin\theta_1=a(e^{k\theta_2}\sin\theta_2-e^{k\theta_2}\sin\theta_1)$；

$b=r_1\cos\theta_1-r_2\cos\theta_2=a(e^{k\theta_1}\cos\theta_1-e^{k\theta_2}\cos\theta_2)$；

$b/H=(e^{k\theta_2}\sin\theta_2-e^{k\theta_2}\sin\theta_1)/(e^{k\theta_1}\cos\theta_1-e^{k\theta_2}\cos\theta_2)=\lambda$；

$H=H_0+(b-H_0\cot\alpha)\tan i$；

$B=\lambda H_0(1-\cot\alpha\tan i)/(1-\lambda\tan i)$；

$\alpha=H/(e^{k\theta_2}\sin\theta_2-e^{k\theta_1}\sin\theta_1)=b/(e^{k\theta_1}\cos\theta_1-e^{k\theta_2}\cos\theta_2)$。

以 D3K105+654 断面为例，用对数螺旋线确定滑面的位置，$b=8.53$ m，$r_1=43.75$ m，$r_2=55.17$ m。

滑面位置确定后，研究了土钉墙方案，当土钉长度采用与墙高等长时,土钉绝大部分仍然在推测滑面范围内，土钉有效锚固长度不够。为了克服这种情况的发生，需要加长土钉或设置锚索，以满足土钉墙外部整体稳定要求。坡脚设置桩板墙进行也能满足稳定性要求。

4　工程措施

4.1　方案比选

4.1.1　方案简介

方案一：第一级边坡高度为 14 m，坡率采用 1∶0.3，采用锚索框架内设置"+"字形锚杆垫敦防护；第二级边坡高度为 10 m，坡率采用 1∶0.75，采用锚索框架护坡防护；第三级边坡高度为 10 m，按 1∶1 放坡后采用锚杆框架梁防护。设计方案一见图 3。

方案二：锚索桩+锚杆框架梁，锚索桩最大悬臂达 13.4 m,桩顶边坡按照 10 m 分级,边坡按 1∶1 放坡后采用锚杆框架梁防护。设计方案二见图 4。

方案三：每级边坡高度 10 m，坡率采用 1∶1～1∶1.25，坡面采用锚杆框架梁护坡防护。

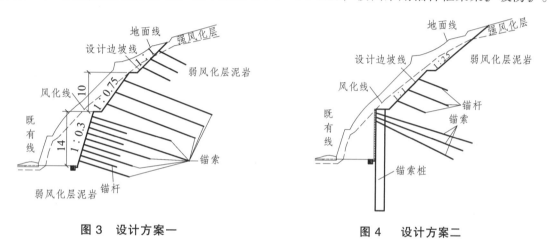

图 3　设计方案一　　　　　　　图 4　设计方案二

4.1.2　主要工程数量比较及推荐方案

（1）主要工程数量比较见表 1。

表 1　主要工程数量比较

项目	方案一			方案二		
	数量	单价	金额	数量	单价	金额
桩身及挡土板钢筋混凝土	—	—	—	2 101.8 m³	700 元/m³	147
锚杆	1 462 m	100 元/m	15	628 m	100 元/m	6
锚索	3 957 m	180 元/m	71	834 m	180 元/m	15
框架梁	552.7 m³	700 元/m³	39	148.6 m³	700 元/m³	10
喷射混凝土	224 m³	500 元/m³	11	—	—	—
合计	—	—	136	—	—	179

（2）由于方案二中桩板墙施工比锚杆（索）框架梁相对复杂，桩基开挖施工周期长，对既有铁路及油库安全作业影响时间更长，而方案一缩短了工期，降低了造价 33 万元。

（3）由于方案三坡面高度超过 40 m。路堑开挖会破坏坡顶用于油库的消防水池，且本方案土石方开挖量过大，本段石方爆破采用静态爆破或控制爆破，相对方案一、二，方案三投资较大。综合地方及油库公司方意见，推荐方案一为正式方案。

4.2　主要工程措施

4.2.1　第一级边坡采用锚杆（索）框架梁护坡防护

边坡高 14 m，按 1∶0.3 刷坡，采用锚索框架内设置"+"字形锚杆垫敦防护，共设 5 排锚索，边坡自下而上锚索长度分别为 14~22 m，锚索锚固段长度 10 m，自由段长度分别为 4~12 m。锚索节点间距均为 4 m，锚索均采用 6 束 φ15.2 mm 无黏结预应力锚索，锚索垂直边坡坡面。为确保边坡局部稳定性，同时防止坡面局部掉块等，在框架梁内采用锚杆垫墩加固后采用喷射混凝土。同时发挥锚索受拉与锚杆抗剪的加固效果。在锚索框架梁内设置锚杆框架垫墩，共设四排锚杆，锚杆长度均为 10 m。

4.2.2　第二级、三级边坡采用锚索（杆）框架梁护坡防护

第二级边坡高 10 m，按 1∶0.75 刷坡，共设三排锚索，锚索长度均为 25 m，锚索锚固段长度均为 10 m，自由段长度均为 15 m。第三级边坡采用锚杆框架梁护坡防护，按 1∶1 刷坡，设 3~4 排锚杆框架梁，长度均为 8 m。

4.2.3　锚杆（索）框架梁内设置钢筋网

第一级边坡挂 φ10 mm 钢筋网，喷 15 cm 厚混凝土，钢筋网网眼间距为 20 cm×20 cm；第二级边坡采用挂 φ8 mm 钢筋网，喷 10 cm 厚混凝土，钢筋网网眼间距为 20 cm×20 cm。

4.2.4　爆破设计

静态破碎法是利用装在炮孔中的静态破碎剂的水化反应，使晶体变形，产生体积膨胀，从而缓慢地、静静地将膨胀压力施加给孔壁，经过一段时间后达到最大值，将介质破碎的爆破方法。

控制爆破是通过技术措施严格控制爆炸能量和爆破规模，使爆破的声响、震动、飞石、倾倒方向、破坏区域以及破碎物的散坍范围在规定限度以内的爆破方法。施工过程中再结合炮被覆盖、防护排架等，以拦截爆破时产生的滚石或飞石。

在临近油库段（开挖Ⅰ区）、临近既有油库专用线及卸油槽（开挖Ⅲ区）内采用静态破碎法进行爆破加人工风镐剔凿配合；在距离油库相对较远的段落（开挖Ⅱ区）采用控制爆破加人工风镐剔凿配合，局部可采用小型运输机械。

4.3　施工注意事项

（1）施工过程中加强既有铁路施工管理和施工安全管理，确保行车、附近建筑物和施工安全。并积极主动与油库公司及既有车站员工接触，定期联系听取意见，对合理意见及时处理。

（2）施工中加强对既有铁路的监测，一旦发现因施工造成边坡坍塌、变形或其他异常现象，立即停止施工，并及时采取有效措施确保既有铁路运营及设备安全。

（3）控制爆破注意事项。①严格爆渣的破碎程序：要求爆破后的岩石达到"碎而不抛""松动而不散"的效果。②严格爆破松动范围：要求施工放样要准确无误，爆破后的断面尺寸与设计尺寸相符。③控制滚石：该段山体上部存在危石，在施爆前，必须对其进行加固或处理，确认安全后方可进行爆破施工。④控制飞石：爆破飞石是炸药爆炸后的多余能量对石头产生作用的结果。

（4）施工现场除非经过许可，一般不得携带火柴、打火机或其他火种进易燃物储存区。

（5）在施工作业场所，按安全规定配备适用、有效和足够的消防器材，以便能在起火之初迅速扑灭。

5　工程效果

5.1　安全可控

整个施工过程，未发生任何安全事故，未影响既有铁路及油库的安全运营，符合预先提出的特殊安全　需求。

5.2　经济效益

临近既有铁路及既有油库的高边坡岩质路堑开挖，通过边坡加固设计方案上有效减少开挖方量，缩短了工期，降低施工安全风险。施工期间既有铁路正常运营，既有油库及车站正常作业，避免因施工停业而造成经济损失。

5.3　长期效果评价

工程于 2008 年 10 月全部施工完成，边坡加固防护工程完成至今边坡稳定，效果良好。现场施工前照片见图 5。

图 5　现场施工照片

6　工程体会

（1）该种边坡处理方式应用于破碎软岩路堑高边坡技术上可行，经济合理。施工时自上而下，分层开挖分层加固，能及时对边坡封闭加固，有利于坡体稳定；相对桩基施工而言施工机具轻便灵活，有利于机械化作业，大大减轻了劳动强度。

（2）针对软质岩边坡中部变形最大，坡脚应力集中明显的特征，设计与施工均应遵循"保住中部、稳定坡脚"的原则。在抗滑桩等工程受限情况下，采用锚索与锚杆组合结构也是较好的措施，能有效发挥锚索受拉及锚杆受剪的力学特点。

（3）对于软质岩路堑边坡，岩层节理裂隙不发育，在不影响边坡稳定前提下，设计中将边坡坡度适当抽陡并及时封闭，可以降低工程造价和施工风险。

（4）静态破碎技术和浅孔控制爆破技术组合应用在特殊地段石方施工中有一定的推广性，尤其在地形陡峭、石方施工周边有着不能破坏和影响的既有构造物的情况下有比较明显的优势。

乐巴铁路巴中车站高边坡整治设计

李庆海　李　飞　蒋楚生

（中铁二院　土建三院）

摘　要　乐巴铁路巴中车站 D1K154+700～D1K155+080 段左侧高边坡最高达 50 m，地层为全、强风化中生代红色泥岩、砂岩，卸荷作用强烈。原设计按"分级开挖、分级稳定、坡脚预加固"的"逆作"思路进行边坡加固处理。工程施工后，历经地质变化、停工、暴雨、地震等不利因素影响，产生破坏。在补充勘察的基础上，重新对边坡的稳定性进行了分析、计算及再评估，采用动态设计，确保了边坡施工及后来运营使用的安全。

关键词　高边坡　地质变化　不利因素　边坡破坏机理　处置

1　引　言

　　边坡变形破坏机理是边坡灾害预测、预报和有效防治的理论基础。20 世纪 70 年代至今，边坡稳定问题已成为世界性的普遍问题，受到各国普遍的重视。

　　国外在 20 世纪初期，随着大规模土木工程建设，诱发了大量的滑坡和崩塌，人们开始重视边坡失稳对人类造成的威胁，并开始用一般材料分析中的工程力学理论对滑坡进行半经验、半理论的研究。到 20 世纪 20—50 年代，土坡稳定问题已引起更多国家和研究人员的重视。20 世纪 50—60 年代，研究人员发现边坡稳定性研究必须重视其变形破坏过程和机制的研究，提出了累进性破坏的观点以及边坡变形破坏的机制模式，同时提出斜坡的变形模式和地质力学模式，数值和物理模拟手段也被引入边坡研究中，从整体上、内部作用机理等方面对边坡进行全面的认识和评价。可以说，这一阶段是边坡科学发展的高峰期。

　　我国对边坡灾害的研究始于中华人民共和国成立后，首先出现在遭受危害较为严重的铁道部门及水电、地质等部门。20 世纪 50 年代，我国学者引进苏联工程地质学的体系。采用工程地质类比法评价边坡稳定性，对边坡稳定性研究起到了推动作用。20 世纪 90 年代以来，随着我国经济的发展，尤其是实施西部大开发战略以来，山区工程活动不断增多，我国工程技术人员对边坡的勘察、设计、评价、检测和加固越来越重视，边坡稳定性问题也成为主要的工程研究课题之一。同时，在该领域也取得了丰硕的成果，提出了多种边坡稳定性评价方法。除了传统的工程地质类比法、图表分析、力学计算方法等，数值模拟、通过现场监测确定影响范围（潜在滑面位置）等方法已逐渐成为评价边坡稳定性的重要方法。

　　本文依托乐巴铁路巴中车站高边坡工程项目，通过对巴中车站线路左侧 D1K154+700～D1K155+080 长 380 m、深路堑高边坡路基工点情况的介绍，深入分析和论述了边坡受力变形发展特性、滑坡形成机理、稳定性评价及整治方案比选过程的情况，对边坡稳定性评价方法加以介绍，同时也为今后类似高边坡工程的设计、整治提供借鉴。

2　工程概况

　　工程位于新建铁路广元至巴中线乐坝至巴中段巴中车站内。站区属低山河谷地貌，自然横坡为 15°～20°，地势相对平缓；局部砂岩形成陡崖及陡坎，整体上处于一山前相对缓坡平台上，主要以旱地、荒地及水田为主，相对高差一般为 20～90 m。

　　车站位于巴中向斜的北翼，岩层单斜，岩层近于水平，层理清晰，泥岩地层网状风化节理较发育。地表覆第四系坡积粉质黏土（Q_4^{del}）及块石土（Q_4^{del}）为主，下伏白垩系下统白龙组

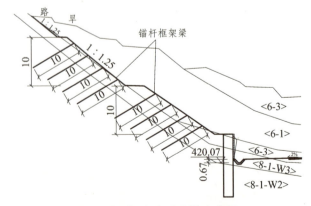

图 1　路堑边坡原设计示意图

（K_1^b）红色地层，呈砂岩、泥岩不等厚互层，陡坡地段基岩大面积裸露，形成砂岩陡坎，是典型的受谷坡动力效应影响形成的地形。偶见基岩裂隙有微量地下水浸出，地下水不发育。测区内地震动峰值加速度为 0.05g，地震动反应谱特征周期为 0.35 s。

原设计方案：最大坡高 35 m，坡脚设路堑桩板墙，悬臂高 7 m，总桩长 13 m。桩顶 2～4 m 宽浆砌平台后边坡坡率为 1∶1.25，每级高 10 m，中部设 2 m 宽浆砌平台。边坡采用锚杆框架梁防护，长度 10 m，锚杆横竖间距 4.0 m，堑顶为既有公路（图 1）。

边坡开挖前边坡无滑移迹象，当开挖施工至桩顶标高以上约 3 m 处时，因建设资金不到位，工程全部停工，历时 8 个月，其间经历了 2008 年"5·12"汶川大地震，现场人员反映当时"震感强烈"。但因施工管控等原因，已施工边坡，尚未按设计要求进行锚杆框架护坡施工。

3　滑坡类型、性质、形成机理及稳定性分析

3.1　滑坡类型、性质

2009 年 6 月巴中地区连续数日降雨，雨后 D1K154+700～D1K155+080 段路基左侧路堑后缘出现多条较宽裂缝，裂缝后缘为砂岩陡崖。

现场补充勘察表明，滑坡滑移方向与线路走向近于垂直。滑坡体最大宽度约 110 m，纵向最大长度约 380 m，量测面积约为 35 200 m²，最大厚度约 16.5 m，方量约为 33 万立方米，为中型土（块石）类推移型滑坡。该滑坡平面上呈"半圆"形，后缘错落高 1.1 m，最大横向裂缝宽度为 0.5 m，直观深度为 4.5 m，连续裂缝长度近 30 m，滑体高差约为 41 m；前缘剪出口位置明显，滑坡左、右侧缘呈弧形展开。

3.2　滑坡形成机理分析

（1）后缘陡坡地形、汇水集中；土石接触面，横坡较陡。

滑坡处在后缘为陡坡、山前相对平缓的平台上，雨季汇水集中、供应充沛；滑坡地表出露岩层显示下伏白垩系下统白龙组（K_1^b）红色地层，呈砂岩、泥岩不等厚互层，差异风化严重，红层泥岩遇水极易软化，形成滑面；勘察揭示滑坡土石接触面倾角约为 28°。

（2）边坡开挖后长期暴露。

天然山体在开挖边坡前，是在长期地质、自然和应力历史等作用下形成的，具有一定外貌形态并处于自然平衡的斜坡。开挖边坡引起了山坡岩体或土体的荷载和应力重分布，破坏了其原有的平衡状态，造成了开挖后边坡的稳定性问题。

理论研究和实验数据都表明，开挖施工在坡体内造成的影响范围是有限的（图 2），影响范围的大小主要与坡体地质条件和开挖施工方法有关。相同的坡体结构，在不同的施工条件下有不同的松弛区范围。松弛区范围确定的方法一般采用：理论计算、室内模型试验验证、现场试验验证、数值分析和现场调查等方法。

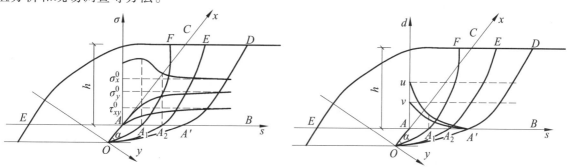

（a）开挖后 AB 各点的应力变化曲线　　　　（b）开挖后 AB 各点的位移变化曲线

图 2　开挖坡体中的应力变化及松弛区范围

原设计边坡系按"分级开挖、分级稳定、坡脚预加固"的"逆作法"思路进行边坡加固设计。该段工程因施工期间建设资金不到位，中途停工了 8 个多月，停工前也并未对边坡施作加固防护

或其他临时加固措施，使边坡开挖后长期暴露，变形松弛区不断扩大。加之，该边坡施工期间还经历了 2008 年的"5·12"汶川大地震，巴中站所处位置为相对突兀的较高地势，震感强烈，受地震破坏"鞭鞘"效应影响显著，可以肯定地震加剧了边坡土体的变形和松弛程度。

本工点现场地面裂缝已接近后缘砂岩、泥岩互层陡壁的土石结合面（图 3）位置，前缘剪出口也已形成，结合钻探结果可以推断边坡施工开挖松弛区范围基本同滑面位置重合。

（3）暴雨侵蚀。

现场补充勘察表明：边坡上覆盖层为块石土及粉质黏土，层厚 5～16.5 m。块石土中石质为砂岩，块径为 0.5～2 m，含量约占 60%。粉质黏土层夹 10%～20%的砂泥岩质碎石角砾。

下伏白垩系（K^{1b}）红色砂、泥岩地层属易滑地层，连续降雨使坡体堆积覆盖层被雨水浸润，容重增加，下渗雨水使接触面表层泥化，抗剪强度降低，形成潜在滑面。

事物的内因（内部矛盾）是事物变化发展的根本原因；内因是变化的根据，外因是变化的条件；外因通过内因而起作用。边坡变形失稳也是由内因、外因共同作用的结果。具体到本滑坡的形成，其内部因素主要是工程所在地的地形、地貌和水文、地质条件，外部因素主要是人工开挖、降雨、地震。

3.3　稳定性分析

（1）滑面（潜在滑面）分析。

边坡开挖后，受影响范围的坡体若不能达到新的平衡状态，将发生破坏，开挖影响范围发生松动的部分岩体（图 2 中 OA_1F 范围）是造成坡体失稳的原因，主要破坏形式是沿影响区内某滑面发生滑移破坏。这种滑面主要有以下几种：① 坡体本身处在老滑面地段，开挖施工使老滑坡复活（固定滑面）。② 有软弱夹层存在的顺层，开挖后可能形成顺层破坏。③ 对于碎裂、软弱和散体结构岩体，在开挖的应力、变形调整过程中会随机形成滑移面，这种滑面是施工开挖诱发的，称为潜在滑面。在一定的地质条件和施工方法条件下，坡体的潜在滑面是确定的。确定潜在滑面的方法一般采用：现场调查、理论计算、数值分析、室内模型试验验证、地质力学分析等方法。该滑坡经现场调查、理论计算、工程经地质力学分析可以确定属施工开挖诱发潜在滑面形成的滑坡。

（2）稳定性计算。

原设计边坡系按地质提供的岩土体稳定坡率结合库仓土压力计算进行的边坡防护设计。变更设计依据现场坡面破坏情况及地质勘查资料建立坡体结构模型，进行坡体稳定性分析。

滑坡的稳定性可根据工程地质类比法和力学平衡计算综合分析。滑面指标反算方法的理论基础是极限平衡原理，其算法基于这样一种思路：滑坡在滑动前的瞬间处于极限平衡状态，如果能够恢复这一瞬间的山坡地面线，其主轴断面的稳定性系数应该等于 1.0，据此就可以依据稳定性计算公式建立方程，对滑动面的强度指标进行反算，并结合滑坡可能出现的最不利情况等分析确定。

由于滑坡的滑动前瞬间地面线都难于恢复，一般根据滑动后边坡的变形特点和工程经验确定其在现状地形时的稳定系数（一般为 1），再依据稳定性计算公式建立方程，对滑面的强度指标进行反算。将已知的滑坡稳定系数 F_s 视为安全系数 F_i，直接以传递系数法滑坡推力计算公式来反算滑面指标。对滑面指标进行不断试算，直至末滑段的剩余推力为零，此时的滑面指标值即为待求的结果。其计算公式如下：

① $T_i=F_iW_i\sin\alpha+\psi_iT_{i-1}-W_i\cos\alpha\tan\varphi_i-c_il_i$

② $\varphi_i=\cos(\alpha_{i-1}-\alpha_i)-\sin(\alpha_{i-1}-\alpha_i)\tan\varphi_i$

式中：T_i，T_{i-1}——第 i 和第 $i-1$ 滑块剩余下滑力（kN/m）；

　　　F_i——安全系数；

　　　W_i——第 i 滑块的重量；

　　　α_i，α_{i-1}——第 i 和第 $i-1$ 滑块对应滑面的倾角（°）；

　　　φ_i——第 i 滑块滑面内摩擦角（°）；

c_i——第 i 滑块滑面岩土黏聚力（kPa）；

l_i——第 i 滑块滑面长度（m）；

ψ_i——传递系数。

通过上述分析，分别反算得出滑面 1、滑面 2 近似抗剪强度指标，结合滑坡规模滑面 1 采用安全系数 1.25，滑面 2 采用安全系数 1.20，分别计算滑坡推力设计采用值。预加固桩背推力采用潜在滑面 3 按传递系数法计算土压力值和按库仑土压力计算的大值。

4　滑坡处置方案比选

4.1　设计比选方案

方案一：左侧路堑边坡坡脚设置桩板墙，桩顶三级边坡均采用锚（索）杆框架梁加固，为保证滑面 1 的稳定，同时维持既有公路不变，于堑顶处设置第二排锚固桩。代表性断面图见图 3（以 D1K154+920 为例）。

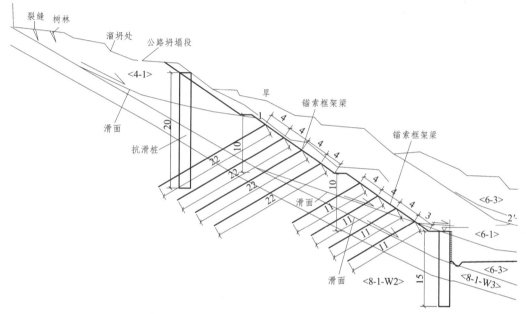

图 3　滑坡整治方案一示意图

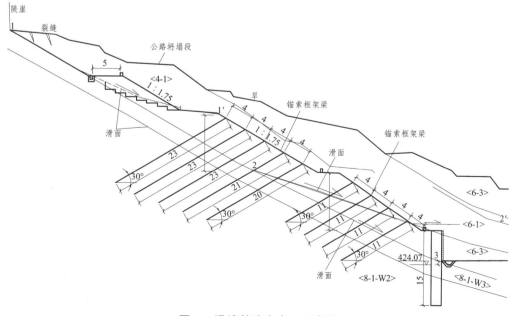

图 4　滑坡整治方案二示意图

方案二：左侧路堑边坡坡脚设置桩板墙，桩顶二级边坡均用锚（索）杆框架梁加固，在公路纵坡允许情况下尽可能降低公路标高。代表性断面图见图4。

4.2 两种方案边坡稳定性分析

方案一：根据边坡稳定性检算，代表性断面滑面 2 每延米设计滑坡推力为 1023.6 kN。

方案二：根据边坡稳定性检算，代表性断面滑面 2 每延米设计滑坡推力为 802.7 kN。

在安全系数、滑面抗剪强度相同的情况下，方案一（主控滑面 2）下滑推力较大。

4.3 主要工程数量比较及采用方案

（1）经工程数量比较，方案二工程造价比方案一低约 92 万元。

（2）方案二更适于机械化施工，有利于缩短工期；同时结合推移型滑坡的特点，综合考虑施工的安全性、施工水平等因素，采用方案二。

5 采用主要工程措施

5.1 清方、减载

结合改移公路平面设计，在公路纵坡允许情况下尽可能降低公路标高，在滑坡体后缘边采用 1：1.25 ~ 1：1.75，按每级边坡高 10 m 进行清方。

5.2 支挡工程

路堑边坡坡脚维持桩间距 6 m，截面为 1.5 m×2.0 m、1.5 m×2.5 m，桩长 13 ~ 20 m 的原设计桩板墙方案。

边坡坡面采用锚索（杆）框架梁护坡加固，锚索均采用 6 束 φ15.2 mm 无黏结预应力锚索，采用 3 m×3 m 间距框架梁，锚索长 20 ~ 25 m，锚杆长 8 ~ 14 m。

5.3 绿色边坡防护

路堑边坡框架梁内、骨架内采用灌草护坡防护。混合草种采用适于当地气候条件、土壤条件的根系发达、枝叶茂盛并能迅速生长的低矮灌木。

5.4 排水系统

在堑顶外适当位置设置截水沟，以防止地表水汇集后对边坡的冲刷；采用黏土夯填裂缝，使坡面大致平整、裂缝闭合；改坡顶水田为旱地。

5.5 公路防坠落等措施

由于公路与铁路并行且公路路肩高于铁路路肩，为防止汽车冲入或坠入铁路，在邻靠铁路侧公路路肩设公路钢轨防护栏。

6 工程（整治）效果

（1）该段工程于 2009 年 9 月施工完成，边坡加固至今边坡稳定，处理效果良好。

（2）为了保护环境和增加车站内的景观美化效果，坡面采用植灌草防护，效果良好（图 5）。

图 5 竣工后照片

7 结 语

（1）当路堑边坡分布有较厚的坡积体覆盖层时，在施工中或施工后由于外界条件变化，可能出现崩塌、滑坡等不良地质问题。在勘察阶段应详细查明覆盖层厚度、物质组成、物理力学性质及其与基岩接触面的形态特征等。

（2）路堑边坡开挖过程中应对土石界面、岩层岩性、产状、地层分界线等地质情况进行详细记录及核对，地质情况与设计图纸有出入时，应及时处置。

（3）路堑边坡应严格按照设计要求的"分级开挖、分级稳定、坡脚预加固"的"逆作法"原则进行边坡的加固施工；同时，现场设计代表应做好重点工程的施工记录台账。

（4）工程项目应合理安排施工工期，避免中途停工；确实无法避免时，应对拟停工的路基工程布置好临时排水系统，已开挖边坡应按设计做好加固防护工程。

（5）当现场出现较大的工程滑坡和边坡变形时，设计单位应结合重点工程施工记录台账，采用多种手段查清产生原因，结合边坡的应力历史、现状、施工条件及变形特征等因素拟订出多种可行的整治方案，然后综合考虑施工工期、施工的安全性、施工单位的施工水平等因素确定处置采用方案。

（6）条件适宜时，路基坡面可采用植草、栽种不影响行车安全的低矮灌木或藤本植物，路基边坡应采用绿色防护措施，保护生态环境、防治水土流失，同时可以增加生态效果，美化环境。

内六铁路曹家湾车站硬质岩顺层深路堑整治设计

赖紫辉　张东卿

（中铁二院　土建一院）

摘　要　受线路改移影响，六盘水市曹家湾车站附近线路以深路堑形式通过山坡前缘。在隐伏的顺层地质构造面和持续降雨及短时高强暴雨的影响下，路堑边坡出现了坍滑病害。针对病害产生的原因，设计过程中针对性地提出了"预应力锚索+钢轨桩+抗滑桩+防排水工程"的综合整治措施。运营实践表明，整治措施效果良好，整治后路堑边坡稳定，未见变形迹象。

关键词　顺层深路堑　预应力锚索　抗滑桩　钢轨桩

1　前　言

曹家湾车站位于六盘水市钟山区，是六盘水南编组站的前方站，线路原设计为顺沟槽侧山坡修筑路基，因坡脚拆迁无法达成协议，故向山内侧改移。改移后主要以挖方通过，路堑最大高度为 30 m，边坡坡率为 1∶0.5。2000 年 6 月 6 日 15 时 42 分大暴雨后，D1K250+700～+872 段左侧已施工成形的路堑边坡上部山体发生突发性坍滑。坍滑在瞬间完成，兼有错落、崩坍现象，造成路基被埋、线路右侧 50 m 处民房被毁及人员伤亡的灾难性事故。

2　工程地质概况

D1K250+700～+872 段左侧坍滑工点区为溶蚀峰丛地貌之北东侧山坡，自然坡度为 35°～50°，高程为 1 800～2 000 m，堑坡及其以上山坡裸露石炭系下统大塘组（C_{1d}）灰岩夹白云岩，中～厚层状为主，局部呈薄层状。受区域构造影响，岩层强烈挤压、扭曲，产状变化较大。根据坍滑后现场勘察，暴露的滑动面光滑近似镜面，有方解石结晶物质，擦痕清晰。滑动面局部成波状起伏，中下部坡度稍缓，一般为 36°～40°，中上部坡度稍陡，一般为 40°～50°。坍滑后堆积、掩埋线路的滑坡体物质主轴长 155 m，沿线路方向宽 172 m，滑体厚 2～25 m，滑移最大水平距离为 110 m，最大垂直位移为 90 m。

3　病害原因分析

经分析可知，引起此次病害的主要原因如下：

（1）隐伏的地质构造面影响。坍滑后现场进行了调查测绘，此次坍滑暴露的滑动面显示，原地表以下 5～15 m，受构造作用发育一条贯通性较好的构造面。该构造面基本为顺层面，并有泥化现象，倾角在线路附近平缓，向上变陡至 40°左右（倾向线路），对山体稳定极为不利，是造成山体坍滑的主要原因。

（2）持续降雨及短时高强暴雨的影响。根据六盘水市气象局提供的资料：5 月 6 日～6 月 6 日历时 32 天，降雨 20 天，总降雨量 108 mm。由于持续降雨，降水沿裂隙下渗，软化构造面，抗剪强度降低，特别是 6 月 6 日 14 时 47 分至 15 时 4 分短时高强暴雨，在结构面间形成动水压力，进一步加剧了构造面抗剪强度的降低，是诱发山体坍滑的重要原因。

（3）改移线路以路堑通过山坡前缘，客观上给山体坍滑形成了位移空间，也是山体沿构造面坍滑的原因之一。

4　边坡稳定性检算

采用通过侧沟底的顺层面作为假想滑动面，按滑坡进行物理力学指标分析和稳定性检算。考虑到假想滑动面贯通和大面积发育的可能性不大，认定滑动面综合内摩擦角 φ=27°～33°，滑动面计算长度为 50 m。

根据上述假定，分别计算出滑动面前缘（路堑坡脚）不同墙高下的滑坡下滑力。计算结果显示，当安全系数 k=1.05 时，最大下滑力约 3 480 kN/m。

5 整治设计方案

根据边坡稳定性分析结果，结合病害产生的原因，曹家湾车站顺层深路堑整治设计方案主要采用加强上部截排水工程、提高顺层面抗剪强度、稳定边坡坡脚等综合整治措施（图 1）。各项措施详述如下：

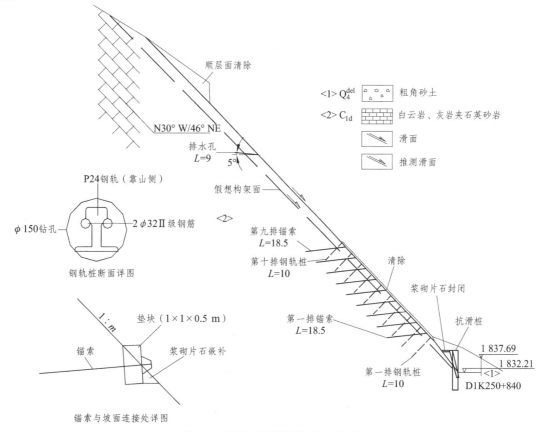

图 1 顺层深路堑设计断面示意图

（1）D1K250+766～+850 左侧路堑边坡上部设置一排仰斜排水孔（间距 4 m，共 30 孔），孔内放置 φ50 mm 塑料花管，减少雨水沿层面下渗。堑顶外设置环形天沟，截排地表雨水。

（2）D1K250+742～+862 左侧路堑边坡设置 3～9 排 6 束 φ15.2 mm 预应力锚索（间距 4 m×4 m，共 238 孔），和 4～10 排钢轨桩（与锚索交错呈梅花形布置，间距 4 m×4 m，共 235 孔），每孔钢轨桩由 1 根 P24 钢轨和轨腰两侧各放置一根 φ32 钢筋组成，提高顺层面抗剪强度。

（3）D1K250+700～+879 左侧路堑坡脚设置 1 排 C20 钢筋混凝土抗滑桩（间距 7 m，共 29 根），桩截面均为 1.5 m×2.5 m，抗滑桩桩间范围内设置重力式路堑挡土墙，采用 M7.5 浆砌片石砌筑，稳定边坡坡脚。

曹家湾车站顺层深路堑通过以上措施综合整治后，已运营多年，至今情况良好，堑坡稳定，未见变形迹象。

6 经验教训

（1）线路改线前一定要摸清地形地质情况，严格控制边坡高度。难以避免的深路堑、穿过破碎岩层或岩层层面（或构造节理面）倾向线路的地段，应注意有无地下水活动和有无不利于边坡稳定的软弱夹层与结构面等因素，综合评价挖方边坡的稳定性。

（2）顺层地段应贯彻"宁填勿挖，控制边坡切层深度"的原则，采用提高顺层面抗剪强度，稳定边坡坡脚的综合处理措施，确保路基工程安全可靠。

（3）顺层深路堑地段在施工过程中，尤其是雨季，应加强边坡变形观测，争取做到事故发生前提前预警，以减小财产损失和人员伤亡。

六沾增建二线饱和粉细砂地层深路堑工程设计

陈海军　赖紫辉

（中铁二院　土建一院）

摘　要　通过六沾铁路 DK475+750～+925 段饱和粉细砂地层深路堑设计，介绍了在复杂地物限制条件下，7 度震区（0.15g）高地下水位饱和粉细砂地层深路堑的分析、检算方法以及综合整治技术，并对施工效果作总结评价，以供同类工程参考。

关键词　地物限制　7 度震区　地下水　饱和粉细砂地层　深路堑

1　前　言

六沾铁路 DK475+750～+925 段深路堑位于曲靖车站进站端，小坡隧道与烟厂隧道之间。路堑左右侧两座高压电塔、水塘等限制性地物对路堑开挖方案均有不利影响。路堑位于 7 度震区（0.15g），且地质条件差、地下水位高。本文的目的在于通过对该段深路堑设计的分析，介绍在多种不利因素影响下的深路堑综合整治技术。

2　工程概况

本段线路地处曲靖盆地边缘，属云贵高原剥蚀残丘地貌，地面高程为 1 890～1 900 m，相对高差约 10 m。地形平缓开阔，有公路与外界相连，交通方便。

段内地表覆盖〈1〉人工填筑土，其下分布有〈2〉中膨胀土、〈3〉粉砂、〈3-1〉淤泥质黏土，基岩为〈4〉泥岩夹砂岩、灰岩或〈5〉泥岩夹砂岩。

DK473+240～DK475+925 段路基处于小坡隧道出口至烟厂隧道进口之间，全路堑设计，路堑深达 18 m。地表地势低洼，为地表水汇集点，地下水高程为 1 889.2～1 889.9 m，高出路肩近 4 m，水位沿线路方向降低，有水力差。粉砂层在路肩高程附近与膨胀土互层并全部位于地下水高程以下。DK475+900 处左右侧为曲靖烟厂 110 kV 生产电力线电塔基础；DK475+290～DK476+000 段右侧有一占地 1.8 万平方米的水塘，水塘常年积水，最大水深近 3 m，水塘距离线路左中线最近处约 20 m。以上电塔及水塘征迁困难，对路堑安全威胁大，故路堑不能放坡开挖。

3　砂土液化及稳定性分析

3.1　砂土液化分析

DK475+750～+925 段分布厚 2～6 m 粉砂层，粉砂层在路肩高程附近与膨胀土互层，互层最大厚度达 24 m 且全部位于地下水高程以下。区段内地震动峰值加速度为 0.15g，根据地质专业判断：粉砂层（N_2c）为第四纪晚更新世（Q_3）以前的地质年代地层，不考虑液化影响。但本工点基床范围内有粉砂层出露，且地下水位高于路肩，故仍需对基床进行处理。

3.2　稳定性分析

本段位于洼地范围内，为附近地表水汇聚点，地下水水位较高，故按原状土开挖不防护，且各土层水饱和工况进行边坡受力计算。

工点地层主要为粉砂与膨胀土互层，局部路基面下分布饱和状淤泥质黏土，膨胀土及淤泥质土受水因素影响较小，不考虑指标折减，主要考虑粉砂层在水饱和状态下地质参数的变化，地质提供的粉砂层指标为：$c=0$ kPa，$\varphi=26°$，

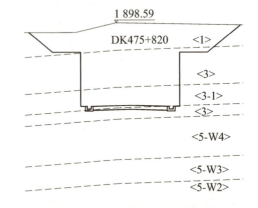

图 1　稳定性检算典型断面

未提供饱水状态下对应指标，本工点计算中对指标采取打折修正的方式，以期受力分析尽量贴近实际，指标修正所采用参数为：$c=0$ kPa，$\varphi=23.5°$。

以图 1 所示断面为例，边坡安全系数分别为 0.625，处于失稳状态。按安全系数 $k=1.25$ 计算，

图 1 断面最大剩余下滑力为 1 443 kN/m。

计算结果表明，在一般工况条件下，边坡已处于不稳定状态，一般与饱水工况叠加时，安全系数降低，加剧边坡不稳定状态。

4 工程设计

4.1 支挡设计

因为地物的限制性要求，需要在路堑坡脚设支挡收坡，并且支挡措施悬臂端不能太短，最高处近 12 m。根据现有地质情况，拟作三种方案比较：桩间挡土墙、桩板墙、U 形槽。三种方案优缺点如下：

① 桩间挡土墙：受力方面，以桩为主、挡墙为辅；挡墙高达 12 m，对基底承载力要求高，针对本工点地质，需要对基底特别强化加固；另外墙高达 12 m，墙身断面圬工也特别大。

② 桩板墙：桩板组成一个完整的受力单元，对基底承载力要求较低，断面圬工较小。

③ U 形槽：U 形槽整体性好，对基底承载力要求比方案①低，但对基底均一性要求高；且 U 形槽本身承受的侧向力较小，因本工点路堑较深，剩余下滑力大，仍需在坡脚设桩承受路堑边坡压力；若要满足收坡要求，U 形槽需设计 12 m 以上的深度，截面圬工较大。

以上三方案，结合本工点的路堑深、地下水位高、基底地质延线路纵向变化较大等特点，在以下几方面作比选：

安全性：方案①墙身截面过大，对挡墙基底承载力要求较高，在地下水位高出路肩达 4 m 且基底为膨胀土和粉砂层互层的情况下，挡墙基底处理较难达到设计预期效果；方案②及方案③均无基底承载力要求，仅方案③对基底均一性要求较高，可通过复合地基处理达到要求，故排除方案①，可选方案②及方案③。

经济性：方案②受力结构为抗滑桩+挡土板，方案③受力结构为抗滑桩+U 形槽，两方案间圬工方差别主要在于挡土板与 U 形槽之间的圬工方量差，本工点路堑深达 12 m，检算后，U 形槽断面方远大于挡土板，故方案②较优。

施工便易性：挡土板为预制外挂板，与桩身以预埋联结钢筋相连，可以分层开挖、挂板；U 形槽基础施工需整体浇筑，开挖基坑较大，临时防护较多，受线路两侧电塔、水塘影响大。故方案②较优。

综上所述，最终选定方案②为支挡设计方案。

本工点施工图设计采用路堑桩板墙防护。挡土板后铺设双层复合排水网，可有效防止板后流砂在路堑开挖后随地下水位变化发生沉陷并影响板后堑坡稳定。

4.2 止水设计

在桩孔及路堑基坑开挖中，为防止桩孔涌水垮塌及路堑基坑内涌水坍塌，在桩板墙桩顶平台处，沿路堑基坑四周设旋喷桩止水帷幕，旋喷桩穿透粉砂层至基岩顶或伸入膨胀土内 0.5 m。止水帷幕施工后，现场桩孔及路堑施工过程中，未发生水害影响施工安全的事故。

4.3 基底设计

本段路堑基床局部位于饱和粉砂层中，地下水位高出路肩 4 m，在地震力（0.15g）和列车动荷载作用下，基床范围可能产生翻浆冒泥等病害。故根据粉砂层厚度、埋置深度、分布位置等因素，分段采用水泥搅拌桩和基底挖除换填不易风化块石的方式加固基底。同时，本段基床采用 0.6 m 厚级配碎石掺 5%水泥，并且沿基床底面、侧沟底面设不透水土工布，以防止基底粉砂及地下水上翻。

4.4 地表水整治设计

（1）坡脚设侧沟收集路内汇水并顺坡排入烟厂隧道，为防止路堑内泄漏的流砂堵塞隧道水沟，于 DK475+925 两侧侧沟处设置沉砂池。

（2）堑顶设天沟拦截路外来水，因本段地势低洼，右侧天沟水排放困难，故于 DK473+280 处设置倒虹吸将右侧天沟水排入左侧堑顶外低洼地带。

（3）DK473+290～DK476+000段右侧水塘抽干水后填平，并保证堑顶外坡面水不汇入堑顶内，以彻底解除其对本段路堑及前后两隧道的巨大隐患。

图2所示为工点设计代表性断面。

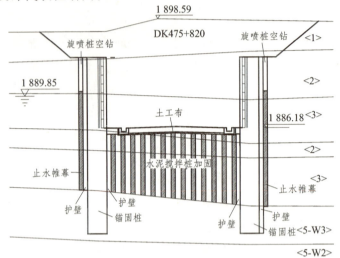

图2　工点设计代表性断面

5　工程实施效果

在项目通车两年后，曾专门对该工点进行设计回访，恰遇工务段对该段路基进行养护施工。根据现场调查访问，本工点主体工程完好，坡面防护设施、排水设施完好，各项设施功能使用正常，工点设计基本成功。图3为建成后的现场照片。

现场反馈的问题主要是板后粉砂层随地下水水位变化从泄水孔中与水一起排出，进而导致桩板墙顶平台封闭层塌陷，截止回访之日工务部门已经组织多次修复。此漏砂现象在回访时，暂未明显影响路堑外边坡，只增加了工务部门自沉砂井捞砂的频率。另外，约DK475+870处右侧侧沟内有一翻浆冒泥点，规模较小。

图3　建成后的现场照片

6　体　会

（1）地处低洼地带，左右侧各有一座高压电塔，右侧有一方水塘，地质方面有粉砂层、高地下水位，多种问题交汇，让本工点设计变得复杂，支挡设计是本工点设计的重点和难点。针对类似地质情况的工点设计，存在桩板墙与U形槽比选问题。

（2）本工点采用桩板墙发现的两个问题，漏砂与板后的双层复合排水网有关；翻浆冒泥与沿基床底面、侧沟底面铺设的不透水土工布有关。

漏砂问题是由于当时对饱和粉细砂的认识不足，仅在板后设置双层复合排水网，没有起到理想的泄水截土效果。在以后类似的工点设计中，可以吸取这个工点的教训，将复合排水网替换成PVC毛细防排水板之类材料应该要好得多，具体产品类型选择有待实践验证。

两隧道间路基基床采用0.6 cm厚级配碎石掺5%水泥，并且沿基床底面、侧沟底面设不透水土工布，以防止基底粉砂及地下水上翻。侧沟底翻浆冒泥，根据对工务检修人员的询问，只有现场发现的那个点位。这说明，基床设计基本成功，个别点位的翻浆冒泥有很大可能是碎石顶破了不透水土工布。若后续回访调研的时候发现更多的翻浆冒泥点，则以后的类似工点设计中，可考虑将不透水水土工布更换为防刺穿强度更高的复合防排水板。

洛湛铁路 DIK291 左侧路堑边坡病害整治

陈裕刚　李楚根　丁兆锋

（中铁二院　土建二院）

摘　要　洛湛铁路 DIK291+250～DIK291+376 段左侧路堑边坡因施工及暴雨等因素的影响形成中型中层牵引式工程滑坡，引起边坡垮塌。采用桩间挡土墙进行整治加固，对其他项目中具有类似病害情况的处理具有借鉴作用。

关键词　路堑边坡　工程滑坡　整治　设计

1　工程概况

　　洛湛铁路 DIK291 段以挖方通过，最大中心挖深 9.3 m，左侧路堑边坡高度最大约 12.0 m。路堑边坡坡率为 1：1.25，设置人字形截水骨架内灌草护坡。本段为单面坡地形，属山前深丘剥蚀地貌，相对高差为 50～150 m，自然坡度为 20°～45°，山高坡陡，沟谷切割较深。段内覆盖层主要为第四系全新统坡残积层（Q_4^{dl+el}），下伏地层为泥盆系中统东岗岭阶（D_2^d）地层。本段属亚热带季风气候，年平均降雨量为 1 516.40 mm，最大年降雨量为 2 327 mm，雨季暴雨持续时间长、强度大，洪水多具突发性。地下水以分布于粉质黏土层内的孔隙水为主，接受沟水补给，水量较丰富。段内泥质岩分布广泛，为相对隔水层，基岩裂隙水发育一般。滑坡体上地下水水位距地表 14～25 m。

　　段内地质构造较为复杂，其中冷水冲断层与线路大致相交于 DIK291+505 附近，断层走向约为 N25°W，性质不明，局部露头可见破碎带宽约 1 m，倾角约为 75°，线路附近 NE 盘为页岩、砂岩、泥灰岩、泥质灰岩互层（D_2^d），岩层产状为 N25°W/29～36°N，SW 盘为砂岩、页岩（D_3l），岩层产状为 N35°～60°W/20°～35°N。

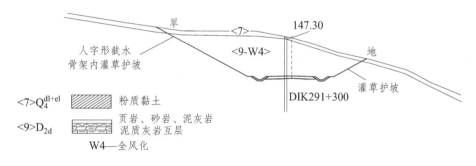

图 1　施工图设计代表性断面

2　病害特征及原因

2.1　病害特征

　　该段路堑于 2005 年 5 月开始施工，于 2005 年 6 月基本开挖至路肩标高，2005 年 6 月—8 月该地区处于雨季，2005 年 9 月初路堑边坡及堑顶外自然边坡发现开裂、变形并形成规模较大的坍滑体滑坡。

　　该滑坡周界清楚，平面地貌呈圈椅状，滑坡主轴方向为 N67.6°E，与线路交于 DIK291+307.7 处，交角为 88.5°，轴向长约 183 m，宽约 152 m，滑坡体厚度为 14～20 m。坡面植被发育，滑坡坡面自然坡度为 8°～30°，前缘坡度较陡，后壁自然坡度为 30°～45°。前缘临近线路地带已滑动、鼓出错开，路堑边坡、路肩面上可见土体鼓出错开痕迹，滑动后坡面形成了数条拉张裂缝，最明显的在线位左侧 54 m 处形成一圆弧形裂缝，裂缝宽 0.1～0.4 m，深 0.4～1 m；滑坡后缘坡度较陡，自然坡度为 60°～70°，后缘发育一古老裂缝，裂缝长 29 m，宽 0.2 m，裂缝全被树叶、土体充填，仅能隐约看出裂缝痕迹，整个坡体表层覆土薄。

　　滑坡体物质成分主要为粉质黏土（滑动前为残积土和砂岩、页岩全～强风化层），硬塑状，局部为软塑状，土中夹 5%～20% 的砂岩、页岩质碎石、角砾，粒径为 2～100 mm，厚 2～12 m。局部碎石含量较大（为碎石土），呈透镜状分布于滑体内。底部滑动带土层主要为软塑状的页岩全风化层，分布于地表下 4.7～12.3 m 位置。滑带土取样化验，其物理力学指标详见表1。

表 1　滑带土物理力学指标

土石名称		天然密度 ρ/($g \cdot cm^{-3}$)	天然含水量 w/%	天然孔隙比	凝聚力 c/kPa	内摩擦角 φ/(°)	基底摩擦系数 f	塑性指数 I_P/%	液性指数 I_L/%
软黏性土（Q_4^{del}）	软塑	1.75	31.9	1.002	6.4	3.2	0.20	15.3	0.60

滑床构成以泥盆系上统榴江组砂岩、页岩全风化层为主，部分为强风化的砂岩、页岩。后壁部分为风化残积土层。滑坡纵坡前缘～中部平均坡度约16°，后部坡度约26°。

该滑坡自 2005 年 9 月初路堑边坡滑动错开后，到 2006 年 1 月初，中途有数次大降雨，该滑坡均未出现新的滑坡痕迹，目前该滑坡处于蠕动变形阶段。其病害全貌见图 2。

图 2　左侧路堑边坡病害全貌

2.2　病害成因

该段路基边坡病害形成的主要原因如下：

（1）施工全拉槽开挖后，未作坡面防护工程，使线路左侧山体前缘形成临空面，导致土体失稳而形成滑坡。

（2）该段受冷水冲断层的影响严重，岩体较破碎，风化带厚，边坡稳定性差。由于下伏基岩为页岩，页岩全风化层对地下水的吸收率不同，吸收率强的页岩全风化层易被地下水软化，形成软塑土，大大降低了力学指标，形成滑动带，从而有利于产生滑坡。

（3）本地区雨水较多，暴雨强度大，大量降雨补给土体内地下水，不仅增加土体重量，降低其抗剪强度，且下暴雨时，土体内的静水压力和动水压力增大，也促使土体产生滑动。

3　病害整治措施

3.1　滑坡病害计算分析

（1）滑带土力学指标参数。

根据滑坡处于滑动变形拉裂，滑坡所处位置与线路的关系，本次对 DIK291+280、DIK291+295、DIK291+310、DIK291+325 断面的下滑面按临界稳定状态（$K=0.95$）进行反算，取土层容重 $\gamma=20$ kN/m³，反算结果如表 2 所示。

表 2　反算滑带土强度指标

里程	上滑面		下滑面	
	c/kPa	φ/(°)	c/kPa	φ/(°)
DIK291+265	6	7.05		
DIK291+280	6	8.02	6	5.77
DIK291+310	6	9.02	6	6.99
DIK291+325	6	7.25	6	8.21
DIK291+355	6	12.69		
DIK291+370	6	7.22		

（2）路堑滑坡推力计算。

滑坡稳定性计算以极限平衡法为主，滑坡推力计算按传递系数法考虑，推力计算安全系数全埋式桩 $K=1.075$，靠线路侧抗滑桩 $K=1.15$。滑坡推力计算中，采用对应滑面指标临界稳定状态

（K=0.95）反算平均值。滑坡推力计算结果如表3、表4所示。

表3　全埋式桩滑坡推力计算结果

检算断面	K=1.0 滑坡推力/（kN·m⁻¹）	K=1.075 滑坡推力/（kN·m⁻¹）	全埋式桩滑坡推力（K=1.075 减 K=1.0 滑坡推力差值）/（kN·m⁻¹）	备注
DIK291+280	3 990	4 685	695	下滑面
DIK291+310	6 020	6 921	901	下滑面
DIK291+325	7 523	8 575	1 052	下滑面

表4　靠线路侧抗滑桩滑坡推力计算结果

检算断面	滑坡推力/（kN·m⁻¹）	备注
DIK291+265	328	上滑面
DIK291+310	765	上滑面
DIK291+325	810	上滑面
DIK291+355	720	上滑面
DIK291+370	650	上滑面

3.2　病害整治措施

根据计算分析结果，该段路基病害整治工程措施如下：

（1）DIK291+250～DIK291+350 段左侧长 100 m，设置一排全埋式抗滑桩，抗滑桩靠线路侧边缘距线路中心 55 m，共设置 11 根抗滑桩，桩身采用 C30 混凝土灌注。桩长为 13～17 m，桩截面为 2.75 m×2.00 m，桩间距（中—中）为 6 m。

（2）DIK291+250～DIK291+376.75 段左侧长 126.75 m，设置抗滑桩间挡墙。桩间挡墙采用重力式路堑挡土墙，按（φ=35°，γ=19 kN/m³，f=0.3，[σ]=200 kPa）进行个别设计，墙高 3～6 m。共设置 22 根抗滑桩，桩身采用 C30 混凝土灌注。桩长为 8.5～23.5 m，桩截面为 1.75 m×1.50 m～2.75 m×1.75 m，桩间距（中—中）为 6 m。

（3）DI291+250～DIK291+376.75 段左侧长 126.75 m，墙（桩）顶路堑边坡设置人字形截水骨架内灌草护坡，每隔一道主骨架设置一道支撑渗沟，共设置 9 道支撑渗沟。

（4）DIK291+250～DIK291+376.75 段左侧长 126.75 m，墙（桩）顶设置 5 m 宽平台，平台采取 M7.5 号浆砌片石加固，厚 0.3 m。所有挡墙均采用 C15 片石混凝土浇筑。

（5）在滑坡周界修建环形截水沟，防止滑体外水进入滑体的周边裂缝和滑坡体内。

（6）滑坡体上的裂缝采用黏土夯实，避免地表水渗入滑体内软化滑动面。

左侧路堑边坡病害整治设计见图3。

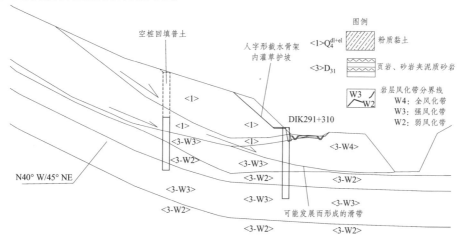

图3　左侧路堑边坡病害整治设计图

4　工程整治效果

　　采用上述工程措施解决了该段路堑边坡稳定问题。洛湛铁路开通运营至今，经历多次强降雨，该工点未再出现异常，加固效果良好。左侧路堑边坡病害整治效果见图4。

5　工程体会及建议

　　（1）对单斜坡路堑，应加大勘察力度，要有地质横断面，查明地层分界线。

　　（2）单斜坡路堑，当土石分界线或岩层风化线较陡时，应加强边坡稳定性分析，必要时应设计预加固桩，避免在施工过程中，形成工程滑坡。

图4　左侧路堑边坡病害整治效果

洛湛铁路 DK466 左侧路堑边坡病害整治

陈裕刚　李楚根　丁兆锋

（中铁二院　土建二院）

摘　要　洛湛铁路 DK466+925 ~ DK467+005 段左侧既有铁路路堑边坡因强降雨影响形成中型中层切层推移式工程滑坡，引起路堑边坡垮塌，坡脚挡土墙发生严重的推挤变形，侧沟挤压变形，路基基床隆起。根据滑坡计算分析结果采用施作环形截水沟、抗滑桩等措施进行整治加固。这对其他既有铁路中具有类似病害情况的处理具有借鉴、指导作用。

关键词　路堑边坡　工程滑坡　清方卸载　抗滑桩

1　工程概况

　　洛湛铁路 DK466+925 ~ DK467+005 段左侧既有铁路路堑边坡位于牛西化大桥大里程端，为单面坡地形，左高右低。该段地表上覆粉质黏土<1>厚 3 ~ 4 m，砂岩夹页岩<3>全风化层 W4 厚 7 ~ 9 m，下伏砂岩夹页岩<3>强风化层 W3。土层分界面及土石分界面为较陡。路堑最大中心挖深 12.35 m，最大边坡高 21 m。线路左侧设置路堑挡土墙，墙顶边坡坡率采用 1∶1.25 刷坡，路堑边坡设置人字形截水骨架内灌草护坡（图 1）。线路附近冲沟发育，大多为干沟，无常年流水，受大气降水影响；地下水主要赋存于砂岩层中，由于风化层极厚，地下水不发育。

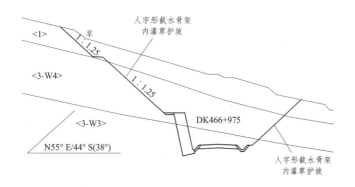

图 1　施工图代表性断面设计

2　病害特征及原因

2.1　病害形成及发展过程

　　该段路基于 2006 年 7 月完成施工。2008 年 6 月 14 日早上 7:00 左右，发现左侧路堑边坡开裂，重力式路堑挡土墙整体向线路方向平移、开裂，线路右侧水沟变形。根据现场踏勘确认边侧边坡土体形成工程滑坡，滑坡代表性横断面见图 2。

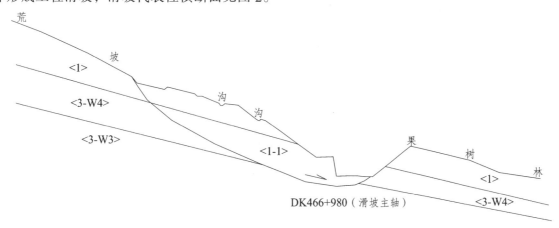

图 2　滑坡代表性横断面

滑坡沿线路长约 80 m，轴向长约 65 m，平面上呈扇形，滑坡后缘、滑坡壁特征明显。滑坡体及滑坡后缘，形成三道贯通裂缝，后缘贯通主裂缝可见深度 1~1.5 m，拉裂宽度 0.3~0.8 m，滑坡体后缘下错高度大于 2 m。滑坡体内的贯通裂缝使滑坡体形成台阶状地形。滑坡前缘为线路右侧水沟。据资料分析，该滑坡体上部为褐黄色粉质黏土，中部为全风化砂岩、页岩，下部为强风化砂岩、页岩；滑床为全风化或强风化砂岩、页岩，滑体厚 2~15 m。线路右侧水沟已经发生鼓胀变形，根据现场调查及测量观测资料，线路右侧堑坡和山体未发生变形，也未见裂缝产生，说明本滑坡的剪出面为线路右侧的水沟。

2.2 病害原因分析

该滑坡为中型中层切层推移式滑坡，滑动的主要原因是持续大雨，地表水不断渗入地下，软化土体，增加滑体物质重量，破坏原边坡的稳定平衡状态，从而形成山体滑坡，另外山体开挖以及岩性较差也是病害的原因之一，滑坡产生的原因详细分析如下：

（1）受附近构造影响严重，岩体较破碎，风化带厚，边坡稳定性差。由于下伏基岩为页岩，页岩全风化层对地下水的吸收率不同，吸收率强的页岩全风化层易被地下水软化，形成软塑土，大大降低了力学指标，易形成滑动面；地下水沿滑动面运移，浸泡、软化了滑动面，降低了滑动面的力学性能。

（3）2008 年 5 月底至 6 月上旬，广西地区连降大到暴雨，5 月 26 日~6 月 4 日降雨量为 84.9 mm，6 月 5 日~17 日降雨量为 353.3 mm，较历年同期明显偏多，大量降雨下渗补给地下水，不仅增加了岩体、土体的重量，降低其抗剪强度，且下暴雨时，土体内的静水压力和动水压力增大，也促使土体产生滑动。

滑坡使线路左侧重力式挡土墙发生严重的推挤变形，路基基床隆起，线路右侧排水沟挤压变形（图 3、图 4）。现阶段滑坡仍处于蠕滑拉裂阶段，滑坡对本段路堑工程形成严重威胁，必须进行整治。

图 3　路堑墙墙顶边坡鼓胀病害　　　　　图 4　路堑墙墙趾外移挤压侧沟上拱

3 病害整治措施

3.1 病害计算分析

（1）滑面土力学指标参数。

滑坡处于蠕动变形拉裂阶段，本次对滑面按临界稳定状态（$K=0.95$）进行反算，取土层容重 $\gamma=20$ kN/m^3，反算换面强度指标结果如下：$c=8$ kPa、$\varphi=14°$。

（2）路堑滑坡推力计算。

滑坡稳定性计算以极限平衡法为主，滑坡推力计算按传递系数法考虑，推力计算安全系数 $K=1.25$。滑坡推力计算中，采用滑面指标临界稳定状态（$K=0.95$）反算值，滑坡推力计算结果见表 1。

表 1　计算分析结果表

检算断面	滑面强度指标	滑体容重	滑坡推力/（kN·m⁻¹）
DK466+940	c=8 kPa、φ=17°	γ=19.5 kN/m³	312
DK466+980	c=8 kPa、φ=17°	γ=19.5 kN/m³	736

3.2　病害整治措施

根据计算分析最终确定采用抗滑桩对滑坡进行支挡加固，同时在滑体后缘设置截排水措施（图5）。具体工程措施如下：

（1）DK466+950～DK467+008 段左侧，于自然坡面最远裂缝外侧约 5 m 处施作 M7.5 浆砌片石环形截水沟，将整个自然坡面的水往两侧引流排出。

（2）DK466+950～DK467+008 段左侧长 58 m，挡墙顶平台设计应急抢险钢轨桩，桩按梅花形布置，间距为 0.5 m，桩长 12.5 m。

（3）按设计坡率对路堑边坡进行滑坡清方减载。

（4）DK466+927.625～DK467+005.625 段左侧长 78 m，设抗滑桩加固，共设置 14 根，桩长为 13.5～20.0 m，桩截面为 1.5 m×1.75 m、2.0m×2.75 m，桩间距 6 m。

（5）拆除并重建 DK466+955～DK467+007.125 段左侧重力式路堑挡土墙。

（6）拆除并重建 DK466+955～DK467+007.125 段左侧沟、右侧沟，并对路堑基床表层进行恢复。

（7）DK466+958～DK466+990 段长 32 m，左侧三级边坡设锚杆框架梁内灌草护坡，锚杆长 10 m，DK466+920～DK467+005.625 段左侧其余路堑边坡设人字形截水骨架内灌草护坡；堑边坡二、三级边坡平台处设半坡平台截水沟，将坡面水引入环形截水沟内排除。

（8）为加强地下水排泄，相邻两桩中间较路肩设计线高 0.5 m 位置增设 1 孔水平排水泄水孔，将地下水引出堑边坡外。

边坡整治代表性断面如图 5 所示，整治结果见图 6 所示。

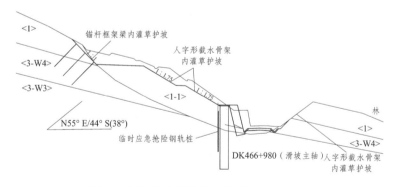

图 5　边坡病害整治代表性断面

图 6　整治完成后的路堑边坡

4　工程整治效果及体会

采用上述工程措施解决了该段路堑边坡稳定问题。洛湛铁路开通运营至今，历经多次强降雨，该段路堑边坡均未出现异常，加固效果良好。

（1）此工点应吸取经验教训：对于古滑坡地段前后，根据地形、地质条件，工程措施应适当前后延伸，避免因勘测手段、精度等因素，致使处理范围不足。

（2）对于单面坡土层路堑边坡，当地层或石层风化界面陡、岩层风化破碎时，设计应考虑雨水等不利工况影响，加强边坡稳定性分析，加强截排水工程，采取必要的加固措施（如预加固桩、边坡锚杆框架梁等），避免在施工过程中或开通后出现工程滑坡。在以后类似工点设计中，应加强风险防范意识。

洛湛铁路刀勾化1号大桥桩基及弃土场病害整治

陈裕刚　李楚根　丁兆锋
（中铁二院　土建二院）

摘　要　本文介绍了洛湛铁路刀勾化1号大桥右侧上游一路基弃土场，弃土后导致大桥4#墩桩剪断、3#墩桩基变形；还介绍了整治措施及从本弃土场选址中的经验教训。这对其他项目弃土场选址及病害治理具有借鉴作用。

关键词　弃土场　桥桩基　蠕动、变形、挤裂　整治

1　工程概况

洛湛铁路刀勾化1号大桥范围属低山斜坡沟槽地貌，右侧地势呈三面环山沟形，具良好汇水条件。2#、5#墩位于沟谷两岸较高处，而3#、4#墩位于斜坡下部沟槽中心，沟床整体纵坡上陡下缓，约5°~15°，左侧沟型呈开阔状蜿蜒而下。桥址附近地表已垦为水田，常年有水。在桥DK465+926.2~DK466+098.5右侧45~120 m范围有一弃土场（图1），设计弃土体容量为48 000 m³，弃土场靠线路侧设有弃土挡护挡墙，弃土场四周设有截排水措施。

2　病害特征及原因

2006年8月连降暴雨后，弃土体及下部软塑状土体沿岩层全风化面蠕动下滑，导致4#墩桩剪断、3#墩桩基变形，左侧水田隆起。据钻探资料揭示分析：3#墩横向上淤泥质粉质黏土、软粉质黏土层位较稳定连续，基底横坡为5°~15°，其下基岩全风化带呈密实土柱状，故滑面即为土层与基岩全风化带分界面，3#墩桩基主要为变形而未被剪断。4#墩横断面软粉质黏土、粉质黏土层位也较稳定连续，其滑面为土层与基岩全风化带分界面。据钻孔揭示，基岩全风化带呈软塑状，有缩孔现象。三处钻孔揭示软弱夹层的贯通面即为4#墩横向滑动面，与4#墩桩基剪断处标高吻合，也与土层滑坡前缘隆起规律相符。

该工程滑坡在桥址中线区界于DK465+970~DK466+037范围，垂直线路的沟谷方向平均长146 m，从右至左穿过桥址，形成浅~中层土质滑坡（图2）。滑坡体物质由人工堆弃粉质黏土、坡洪积及残积淤泥质黏土、粉质黏土等物质组成。3#、4#墩顺沟方向滑体厚3~18 m，滑面沿软粉质黏土与砂岩全风化带的接触带产生及砂岩全风化带内形成，其坡度为5°~25°，上陡下缓，勘探揭示滑面迹象不明显，主要以蠕滑变形为主。下部砂岩全风化带总体岩心呈硬土状，钻探过程有些具缩孔现象。

本次病害产生的原因主要有以下几点：

（1）弃渣场实际堆弃了约80 000 m³，超过渣场的设计容量32 000 m³。

（2）渣场未及时做好挡护及排水措施。

（3）堆弃前地表表层种植土及植物根未清除，其腐烂后再形成软弱夹层。

（4）连降暴雨后，弃渣体饱水，自重加大导致弃渣及下部软状土基本沿岩层全风化面蠕动下滑。

图1　3#、4#墩及右侧弃渣场

图2　大桥右侧弃渣坍滑

3　滑坡稳定性评价

根据现状，沟内弃土未有效清除，覆盖厚度尚有 1～2 m。由于原土体及砂岩全风化带已经产生滑动破坏，抗滑能力已大大降低，大部分土体及基岩全风化带中上部均饱水呈软塑状，有多处位置渗水或股状地下水溢出。伴随地下水丰富且又具一定的承压性，相对滑体起到一定的托浮作用，因此弃渣体及覆盖软土仍有沿下卧软、硬接触界面蠕滑的趋势。随着今后降雨，滑移可能加剧，对桥基础构成威胁。

4　病害整治措施

4.1　滑坡稳定性分析及推力计算

（1）滑带土力学指标参数。

根据滑坡处于蠕动变形挤裂阶段，本次对 DK465+991.65 断面的滑面按临界稳定状态（K=0.95）进行反算，取土层容重 γ=18 kN/m³，反算结果如下：DK465+991.65 断面 c=8 kPa、φ=4.45°。滑坡病害及整治示意见图 3。

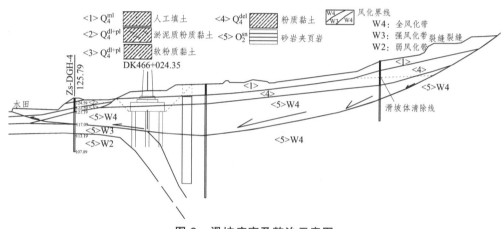

图 3　滑坡病害及整治示意图

（2）滑坡推力计算。

滑坡稳定性计算以极限平衡法为主，滑坡推力计算按传递系数法考虑，推力计算安全系数 K=1.15。滑坡推力计算中，采用滑面指标临界稳定状态（K=0.95）反算值。滑坡推力计算结果如表 1。

表 1　滑坡推力计算结果表

检算断面	滑面强度指标	滑体容重	滑坡推力
DK465+991.65	c=8 kPa、φ=4.45°	γ=18 kN/m³	421 kN
DK466+024.35	c=8 kPa、φ=4.45°	γ=18 kN/m³	820 kN

4.2　工程（整治）措施

（1）为保证桥梁的安全、彻底消除隐患，对桥位处及其上游的弃渣完全清理外运，恢复原地貌。在桥上游工程滑坡边界外 10 m 左右增设坡面截水沟，完善坡面排水系统。

（2）DK465+984.9～DK465+998.4 段长 13.5 m，于刀勾化大桥 3#墩右侧设置 3 根抗滑桩，桩截面为 1.5 m×2.0 m 的矩形截面，桩间距（中—中）6 m，桩靠线路一侧距线路中心距离为 12.0 m，桩长 17.5 m；DK466+017.35～DK466+031.35 段长 14 m，于刀勾化大桥 4#墩右侧设置 3 根抗滑桩，桩截面为 2.0 m×3.25 m 的矩形截面，桩间距（中—中）6 m，桩靠线路中心一侧距线路距离为 12.0 m，桩长 29 m；桩身均采用 C30 混凝土灌注。

（3）根据刀勾化 1 号大桥 3#、4#墩桩基的检测报告，将该桥 4#墩原设计桩基按照废桩处理，对 4#墩桩基进行变更设计；3#墩桩基础按照废除 3 根不合格桩基础后，另行加桩设计。

（4）加强 2#～5#墩三个方向的位移及变形观测，并对施工过程中的 3#、4#墩进行跟踪观测。

5 工程整治效果及体会

刀勾化 1 号大桥 DK465+984.9 ~ DK466+031.35 段 3#、4#墩右侧各采用 3 根抗滑桩整治工程滑坡，其整治效果良好，铁路开通运营后，未发现不利影响。

（1）区间路基应做好弃土场的选址工作，弃土场基底应无软土不良地质；弃土场基底的松软土，应无不利斜坡，避免弃渣场失稳。

（2）桥的上、下游，涵洞上、下游严禁路基弃渣。

（3）弃土场尽量选择在平缓的荒地、旱地中，尽量选择在有利的地形、地貌的沟谷中集中弃土。

洛湛铁路 DK270 右侧路堑边坡病害整治

陈裕刚　李楚根　丁兆锋

（中铁二院　土建二院）

摘　要　本文介绍了洛湛铁路 DK270+655～+788 段右侧路堑边坡因小型顺层（滑动面为风化带分界面）及暴雨影响形成牵引式工程滑坡，引起边坡垮塌。采用桩间挡土墙进行整治加固，对其他项目中具有类似病害情况的处理具有借鉴作用。

关键词　路堑边坡　工程滑坡　整治　设计

1　工程概况

本段地貌属剥蚀浅丘地貌，线路穿过一孤丘中部，丘顶为贺江高阶地剥蚀残余，孤丘四周为贺江一、二级阶地，地形平坦开阔，地面高程为 110～140 m，相对高差约 30 m，山顶为荒山，植被较发育。段内地表水为沟水、水田水；地下水为土层和卵石层中的孔隙水和基岩裂隙水，水量较小，水位随季节变化，地下水埋深 0～6 m。

施工图设计时该段路堑最大中心挖深 25 m，右侧设重力式路堑挡土墙加固，最大墙高 4 m，墙顶边坡采用 1:1.25 刷坡，分级高度 10 m，墙顶平台、半坡平台（共 2 级）均为 2 m 宽，坡面设人字形截水骨架灌草护坡，堑边坡最大高度约 25 m。图 1 为施工图设计代表性断面。

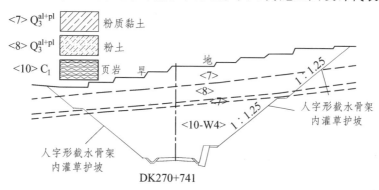

图 1　施工图设计代表性断面

2　第一次病害

2.1　病害特征

该段路基于 2006 年 3 月开始拉槽施工，当开挖距路肩标高 2～4 m 时，施工单位 2006 年 4 月 11 日巡检过程中发现 DK270+655～+700 段右侧边坡产生坍滑，DK270+655～+788 右侧路堑堑顶开裂，出现裂缝。详细情况如下：

（1）DK270+655～+700 右侧，边坡土体已经向外侧推移下滑，工程坍滑体已经形成（1#坍滑体，下同），其后缘卸荷张开裂隙平距约 1～4 m，错台 1～2 m，前缘鼓胀隆起，两侧周界见有多道竖向剪切裂缝，堑顶天沟错断损坏。前缘到堑坡脚，后缘到天沟边，呈撮箕形，轴向长约 45 m、宽约 45 m。坍滑体表层为第四系上更新统冲积洪积粉土、卵石土，厚 2～6 m，其下为页岩全风化带。滑动带位于页岩中，有少量地下水渗出，局部土体饱水后呈流塑状往外流出。

（2）DK270+715～+788 右侧堑顶至天沟外侧约 10 m 范围内有 3～5 道纵向贯通性弧形裂缝，缝宽 10～30 cm，最大缝宽达 40 cm，堑顶天沟已被剪裂；二级平台以上堑坡有 2～3 道纵向裂缝，缝宽 3～5 cm，堑坡面沿页岩层面已形成 1～2 道剪切破裂面，山体向外挤出 4～10 cm。前缘平台出现小规模坍塌，有少量地下水渗出，局部土体饱水后呈流塑状往外流出。山体处于蠕动变形阶段，楔形滑带正在形成中。山坡表层为第四系上更新统冲积洪积粉土、卵石土，厚 2～3 m，其下为页岩全风化带。二级平台以下主要为页岩强风化带。

（3）DK270+700～+715 段为卵石土层，路堑边坡未见变形迹象。

（4）临时处理措施：将路堑顶部裂缝采用黏土夯填密实，夯实黏土深入地表下 30 cm、高出原地面 30cm，夯实完成后将本段用彩条布遮盖严实，以防止雨水浸入山体。

由于雨季持续降雨，2006 年 4 月 22 日该段右侧路堑病害的范围、规模，伴随着进一步发展，具体状况如下：

（1）DK270+655 ~ +700 段，1#坍滑体进一步发展，坍滑体后缘已经到堑顶外 10m，下错约 40 cm，堑坡滑塌范围加大（图 2）。

（2）DK270+715 ~ +788 段，变形进一步加剧，堑顶新增 2 ~ 3 道裂缝，并形成台阶状，错台高 10 ~ 40 cm，堑坡上拉张、鼓胀裂隙、裂缝密集，二级平台一带产生隆起现象，已经到了滑动的临界状态。4 月 24 日堑坡产生滑动，形成坍滑体（2#坍滑体，见图 3。下同）。

（3）DK270+700 ~ +715 段为卵石土层，路堑边坡未见变形迹象。

图 2　右侧路堑边坡 1#坍滑体全貌

图 3　右侧路堑边坡 2#坍滑体滑动前全貌

2.2　病害原因

根据现场调研分析本次病害原因如下：

（1）路堑拉槽开挖后，使线路右侧形成人为临空面，致使原处于自然稳定平衡状态下的右侧山体失去支撑，在卸荷作用下，导致山体变形、开裂而形成坍滑体。

（2）受附近断层的影响严重，岩体较破碎，风化带厚，边坡稳定性差。由于下伏基岩为页岩，页岩全风化层对地下水的吸收率不同，吸收率强的页岩全风化层易被地下水软化，形成软塑土，大大降低了力学指标，易形成滑动带；地下水沿页岩层理面运移，浸泡、软化了结构面，降低了结构面的力学性能，从而使山体沿层理面向堑坡外侧移，产生坍滑。

（3）本地区 4 月、5 月为雨季，持续降雨，雨水较多，且时有强暴雨，大量降雨下渗补给地下水，不仅增加了岩体、土体的重量，降低其抗剪强度，且下暴雨时，土体内的静水压力和动水压力增大，也促使土体产生坍滑。

2.3　第一次病害整治措施

根据本次病害的特征采取如下病害整治措施：

（1）DK270+655 ~ +788 段长 133.0 m，左侧路堑边坡采用 1∶1.5 刷坡。

（2）DK270+655 ~ +788 段长 133.0 m，右侧路堑边坡采用 1∶2 刷坡，路堑一、二、三级边坡平台宽度为 3 m。

（3）DK270+655 ~ DK270+788 段长 133.0 m，右侧路堑边坡设支撑渗沟，支撑渗沟设在人字形截水骨架主骨架位置，总共设置 21 道。支撑渗沟的平面轴线方向与线路垂直，其轴线为人字形截水骨架内灌草护坡主骨架轴线位置。设支撑渗沟处取消原人字形截水骨架内灌草护坡主骨架。

（4）右侧路堑堑顶天沟采用 M7.5 浆砌片石浆砌厚 0.3 m。

第一次病害整治设计见图 4。

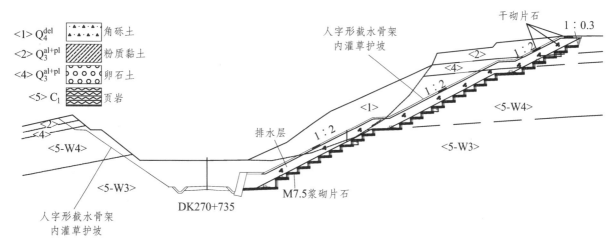

图 4　第一次病害整治设计图

3　第二次病害

3.1　病害特征

第一次局部坍滑体形成后，右侧路堑边坡坡率变更为 1：2 刷坡。2006 年 10 月，二、三级路堑边坡坡面防护工程基本完成施工。

2006 年 10 月 20 日，DK270+730～+773 段右侧路堑边坡半坡一、二级平台发生滑坡，滑坡沿线路方向延伸长度为 43 m，最大宽度为 50 m。滑坡表面堆积物，上部为粉质黏土，下部为褐黄色页岩质角砾土。根据钻孔资料，在滑动面附近有软塑粉质黏土分布。滑坡周界清楚，滑坡后壁滑动面产状为 N47°W/50°～51°NE，滑动面倾向与线路走向夹角为 74°，滑坡后缘下错 1～1.5 m，后缘拉裂缝已经贯通。滑坡平面形状似"倒舌形"，钻孔内初见水位高于稳定水位，显示滑动面以上有上层滞水分布。

3.2　病害原因

第二次病害原因主要有以下几点：

（1）受附近断层的影响严重，岩体较破碎，风化带厚，路堑边坡稳定性差。下伏基岩为页岩，泥质成分含量较高，具有相对隔水性。地表雨水下渗，在页岩全风化层与强风化层分界带附近形成上层滞水（在雨季堑坡下部有地下水渗出）。地下水在页岩全、强风化带附近频繁活动，不仅使岩层风化程度加剧，也使地下水位附近的岩土体软化，形成软塑土，其力学强度低，易形成滑动带。

（2）挡土墙未及时施做，采取长拉槽方式施工，使堑坡的抗滑能力大大降低。

（3）本地区 2006 年 9、10 月份，降雨少，上层滞水的水位下降，导致滑动带以上土体的有效压力增加，下滑力增大。当其大于滑动带的有效抗剪强度时，使堑坡土体产生拉裂、滑动。

在以上因素的综合作用下而产生滑坡，该滑坡为小型顺层（滑动面为风化带分界面）牵引式工程滑坡，滑坡目前处于滑动阶段，并有进一步扩大之势。

3.3　病害整治措施

3.3.1　病害滑坡计算分析

（1）滑带土力学指标参数。

根据滑坡处于滑动变形拉裂阶段，本次对 DK270+755、+765 断面的滑面按临界稳定状态（K=0.95）进行反算，取土层容重 γ=21 kN/m³。反算结果如下：DK270+755 断面 c=6 kPa、φ=12.35°；DK270+765 断面 c=6 kPa、φ=13.90°。综合考虑后，滑带土力学指标采用平均值 c=6 kPa、φ=13.13°。

（2）路堑滑坡推力计算。

路堑滑坡稳定性计算以极限平衡法为主，滑坡推力计算按传递系数法考虑，推力计算安全系数 K=1.20。滑坡推力计算中，采用滑面指标临界稳定状态（K=0.95）反算值后的平均值，滑坡推力计算结果如表 1 所示。

表 1 滑坡推力计算结果表

检算断面	滑坡推力/（kN·m^{-1}）	备 注
DK270+745	510	下排桩采用
DK270+755	680	上排桩采用
DK270+765	720	上排桩采用

3.3.2 工程措施

根据计算分析结果采取工程措施如下：

（1）K270+724.55～DK270+769.25 段长 44.7 m，右侧设路堑桩间重力式挡土墙。DK270+723.05～DK270+770.75 右侧路堑共设置 8 根锚固桩，锚固桩桩长 11 m，桩截面尺寸为 1.5 m×2.0 m，桩间距 6.6 m。

（2）DK270+658.25～DK270+778.55 段长 120.3 m。路堑二级边坡平台设置 18 根抗滑桩，抗滑桩桩长 15.5～17 m，桩截面尺寸为 1.5 m×2 m～1.5 m×2.25 m，桩间距 6.6 m。

（3）拆除 DK270+730～DK270+780 坍塌段内人字形骨架及支撑渗沟，待抗滑桩施工完成后按设计要求位置施作人字形截水骨架及支撑渗沟，支撑渗沟的间距（中—中）为 6.6 m。

（4）DK270+745 右侧路堑边坡设吊沟，将平台截水沟中流水引入侧沟中排出。

第二次病害整治设计见图 5，整治效果见图 6。

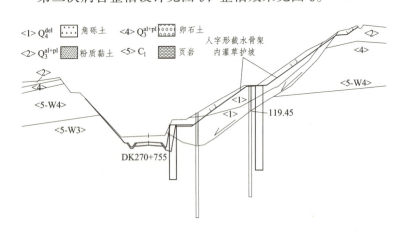

图 5 第二次病害整治设计图

图 6 边坡病害整治效果

4 工程整治效果及工程体会

DK270+655～DK270+788 段右侧路堑边坡滑坡采用 8 根路堑坡脚锚固桩、16 根路堑半坡平台抗滑桩整治工程滑坡，其效果良好，铁路开通运营 7 年有余，暂未发现不利影响。

（1）鉴于目前的设计理念，施工图及第一次病害整治工程措施偏弱。

（2）在以后类似的深路堑高边坡设计中，应有意识地加强或加大工程措施力度；有条件时对单侧或两侧页岩和土层路堑，建议在路堑坡脚处增设 4～6 m 高预加固桩间挡土墙加固坡脚，并建议在路堑边坡半坡平台处增设预加固桩加固边坡，避免在施工过程中，形成工程滑坡。

襄渝铁路 ZDK763 红层砂泥岩斜坡覆盖土病害整治

叶世斌　李楚根

（中铁二院　土建二院）

摘　要　在工程建设中，堑顶斜坡覆盖土的稳定性问题因重视程度不够常常出现边坡变形破坏，亟待在工程中予以解决。本文结合襄渝铁路 DK763+020～+090 段路堑工点整治情况，对红层砂泥岩地区斜坡覆盖土的变形机理进行了分析，总结了一些常用的工程防治方式。

关键词　斜坡覆盖土　红层砂泥岩　变形机理　工程防治

1　问题的提出

在川渝地区工程建设中，因参建各方重视不够，堑顶斜坡覆盖土常常发生变形溜坍现象。变形发生后，小则损坏施工机械影响施工进度，重则影响附近居民正常生活、造成人员伤亡现象甚至出现铁路断道等情况。这种现象亟待在工程中予以解决。

2　红层砂泥岩地区斜坡覆盖土变形机理

在川渝地区，地层岩性主要以砂岩、泥岩、粉砂岩等岩层及互层为主，这些软岩具有透水性弱、亲水性强，遇水易软化，失水易崩解，强度低、易风化等特点。其上覆盖土多以粉质黏土、碎石土为主。在雨季或长期降雨条件下，地表雨水逐渐下渗至土石界面，由于下伏岩层的不透水性，随着时间推移，土石界面处的水分越积越多，在水的浸泡作用下，土石界面处的覆盖土的内摩擦角、黏聚力均存下降趋势，从而在土石界面或者全风化软岩与强风化软岩风化处形成一定厚度的软弱带。路堑边坡开挖后，当岩土分界面倾角大于软弱面内摩擦角时，上部土层临空后在重力作用下则沿软弱面下滑变形。

3　常用的工程防治方式

根据红层砂泥岩地区斜坡覆盖土变形机理，在工程中常采用以下措施对其进行防治：

（1）加强防排水措施，减少坡面汇水，达到减少坡面地表水下渗的目的。

（2）结合稳定性分析结果，视情况可选择对斜坡覆盖土先预加固（如设置锁定锚杆、预加固小桩等措施）后再进行路堑边坡开挖施工的方案。

（3）对斜坡覆盖土较厚的地段且岩土分界面倾角较大的地段，有条件时采用以隧代路通过。以路堑通过的情况下，必要时可采用弱震动爆破或机械施工等手段，以减少对自然坡面覆盖土的扰动，避免爆破震动造成覆盖土产生新的裂隙与既有裂隙扩大，尽量减少地表水下渗。

4　工程实例变更

（1）施工图设计情况。

襄渝铁路安康至重庆段增建二线工程 YD1K763+028～YD1K763+170 位于花园墙隧道大里程端，地面横坡较陡，地表覆盖 0～5 m 厚硬塑状粉质黏土，其下为泥岩夹砂岩，呈全～弱风化带分布。岩层走向与线路夹角为 23°，视倾角为 37°，右侧为顺层。该段路基以挖方通过。

施工图设计路堑坡脚采用桩间挡土墙加固，最大墙高 6m，总共设置 10 根锚固桩，桩结构按顺层推力与土压力中大值设计，桩截面为 1.75 m×2.5 m～2 m×3.0 m。墙顶第一级边坡设锚杆框架梁护坡，第二级边坡采用骨架护坡防护。图 1 为施工图设计代表性断面图。

（2）施工变形情况。

该路堑边坡 2006 年 8 月开挖后，2006 年 11 月坡面开挖成形，2007 年 3 月锚杆框架护坡施工完成，骨架护坡未施作。2007 年 9 月上旬发现线路右侧堑顶外有坡面出现裂缝，裂缝宽度为 2～15 cm，裂缝呈弧形，最远处距中线约 150 m，堑顶处民房处有裂纹，坡面锚杆框架梁未见变形，第一级坡顶（土石界面处）略有鼓胀。变形体大致呈椭圆形，宽 40～100 m，主轴长约 150 m；厚 2～18 m，物质主要为粉质黏土及碎石土。

（3）稳定性分析。

由于路堑段落略长，本文仅以上述 YDK763+035 代表性断面的稳定性分析阐述内容。根据地质资料，该段上覆斜坡覆盖土为硬塑状粉质黏土：黏聚力 c=25 kPa、内摩擦角 φ=18°，泥岩夹砂岩全风化层 W4：黏聚力 c=20 kPa、内摩擦角 φ=25°。按上述力学参数进行计算，边坡的稳定系数 K=1.27。

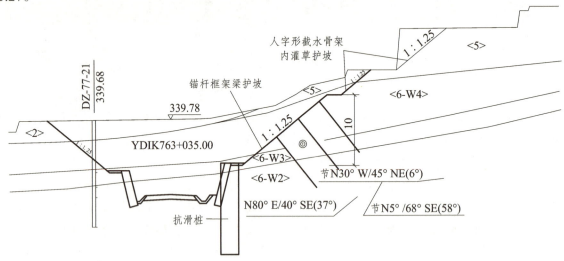

图 1　施工图代表性断面设计图

堑顶覆盖土变形后，采用 K=0.98 反算，得出岩土交界处土体：黏聚力 c=5 kPa、内摩擦角 φ=8.7°。从上述计算结果可得知：岩土交界处土体在水的作用下，内摩擦角、黏聚力均有大幅下降。

（4）变形原因分析。

由于该段为斜坡冬水田，地表水逐渐下渗至泥岩中风化带上，由于红层泥岩软岩具有透水性弱、亲水性强等特点，从而在上覆土体与泥岩接触面赋存下来软化土体，加之路堑开挖后造成上覆土层临空，故在重力作用下出现蠕滑变形。据补勘钻探与施工揭示，该滑坡体含碎石较多，发现在土层与泥岩中风化带接触面的土层较软，但滑动面不甚明显。

（5）整治工程措施。

① YD1K763+028 ～ YD1K763+073 段，右侧边坡上设置抗滑桩，共设桩 11 根。桩长 13.5 ～ 22 m，桩间距（中—中）在滑坡主轴方向为 6 m。

② 滑坡周围裂缝采用黏土封闭，并沿滑坡界线设置浆砌片石截水沟引排地表水。

图 2 为工点变更设计代表性断面图。

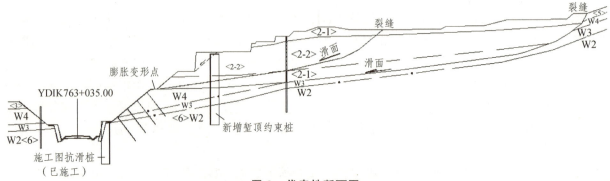

图 2　代表性断面图

5　结　论

2008 年 6 月该工点按变更整治方案施工完毕，至今经历了 8 个雨季的考验，坡面及堑顶未见任何变形迹象，亦未见任何病害发生。该工点整治经验可供类似边坡工程借鉴吸取。

（1）在川渝红层砂泥岩地区，工程以路堑形式通过覆盖层较厚的斜坡地段时，勘测阶段需充分调查地表、地下水来源情况，揭示基岩接触面是否有富水现象，进行必要的土工试验得出覆盖土与岩层接触面的土层物理力学参数。

（2）对斜坡土层较厚、坡面汇水面积较大、汇水较多、岩土接触面倾角较大的地段，工程防治困难时，在选线中应结合线路方案合理绕避或者以隧代路通过。

（3）在设计过程中应充分结合地质情况充分考虑上覆土体的稳定性情况，视覆盖土厚度、土石界面等分别选用相应的工程措施（如锁定锚杆、堑顶预加固桩等）进行防护，确保工程安全。

（4）堑顶坡体稳定检算中，覆土与基岩面参数不能直接取覆盖土的参数，应考虑渗水软化的影响因素。

襄渝铁路 DK647 红层泥岩顺层滑坡病害整治

叶世斌　冯俊德

（中铁二院　土建二院）

摘　要　在顺层路堑边坡施工中，极易出现顺层面蠕滑变形形成工程滑坡。本文结合襄渝铁路 DK647+300～ +600 红层泥岩顺层路堑工点的整治设计，介绍了顺层路堑边坡的基本概念和红层泥岩顺层路堑边坡的典型变形破坏形式，结合自身体会，提出了顺层路堑工点设计的一些建议以供类似工程参考。

关键词　顺层路堑　红层泥岩　变形破坏形式

1　顺层边坡的基本概念

自然界中大量的岩石具有层状构造特征，故在工程活动中不可避免地会在层状结构的岩层中开挖坡面。当开挖的坡面与层状岩体的层面的走向和倾向一致时，一般将这种边坡称为顺层边坡。

2　顺层边坡典型变形破坏形式

红层在我国广泛分布，特别是四川盆地及其边缘地区，红层泥岩分布极具代表性。中华人民共和国成立后几十年来，随着红层地区的铁路、公路、市政工程等工程建设，红层泥岩顺层路堑边坡的变形破坏机理、破坏形式及工程整治等均得到了深入的研究。

（1）红层泥岩层面一般特征。

红层泥岩具有亲水性强、透水性差、易风化、遇水极易软化等特点，其层面平直、光滑，层间胶结差，故层面间多充填有泥化夹层，厚 0.10～20 mm 不等。在基岩裂隙水长期软化作用下，其泥化夹层力学性质较差，物理力学参数指标较低。

（2）泥岩顺层路堑边坡的典型变形破坏形式。

在工程建设中，红层泥岩顺层路堑边坡开挖后，典型变形破坏形式为：

① 当岩层倾角大于泥化夹层的层间综合内摩擦角且路堑边坡开挖切断岩层时，岩层多顺岩层面滑动。

② 当岩层倾角略小于泥化夹层的层间综合内摩擦角，坡面顺层清方后，长大坡面未能实施合适的防护工程而在坡面中部出现鼓胀发生溃屈变形。

3　襄渝铁路 DK647+300～+600 红层泥岩顺层路堑病害案例分析

（1）施工图设计情况。

该段下伏基岩为红层泥岩夹砂岩，薄～中厚层状，层厚 0.5～1.0 m，局部地段上覆少量粉质黏土。岩层产状为 N55°E/20°SE，走向与线路夹角约 19°，倾向线路，左侧边坡为岩层顺层边坡，最大中心挖深 19 m。施工图设计于 ZDK647+325～ZDK647+600 左侧路堑坡脚设重力式路堑挡土墙，墙高 3 m。墙顶坡面按顺层清方分级开挖，每级边坡高 10 m；坡面采用喷混植生防护，喷混植生主锚杆均加长至 4 m（施工图代表性断面见图 1）。

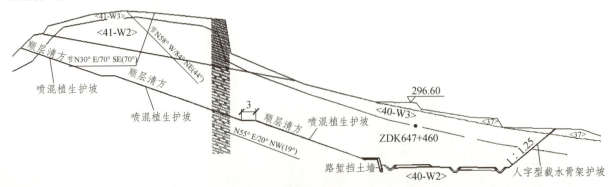

图 1　施工图代表性断面设计图

（2）现场变形情况。

2006 年年底，该路堑边坡初步刷方成型，坡面防护未实施。2007 年 4 月 21 日至 23 日因连续降雨，至 4 月 24 日中午 12:00 时路基左侧（ZDK647+320～+600 线路方向）边坡出现顺层滑坡（砂岩与泥岩接触处之砂岩滑动）（图 2）。变形范围：垂直线路方向约 122 m 至便道边内侧，土体裂缝呈阶梯状延伸，裂缝可见宽约 0.3～0.80 m，深约 0.5～7.50 m，边界成锯齿状延伸，受此影响（ZDK647+350～+360）段边坡土体产生裂缝，裂缝最大宽约 0.50 m，深约 0.70 m（图 3），裂缝边距附近一民房墙体平距约 10 m。

图 2　滑坡整体概况

图 3　滑坡裂缝情况

（3）变形原因分析。

该段路基变形主要原因有：① 路堑爆破开挖过程中，路堑坡面不但新增了很多裂隙，而且原有的基岩裂隙间距增大；② 该路堑开挖成形后，边坡坡面防护未能及时施工，日晒雨淋下坡面风化严重，加之地表水下渗，加速了下卧泥化夹层的软化，尤其是 4 月 21 日至 23 日因连续降雨导致泥化夹层强度急剧下降；③ 由于受构造影响，岩层产状不是严格的平面状，倾角为 17°～20°不等，施工中未能严格按照岩层坡面清方，而是按 19°对应的 1:2.90 的坡率刷坡，造成坡面中下部形成切坡现象；④ 坡脚挡墙基坑施工是大拉槽开挖，形成了临空面。在上述原因下，坡面在重力作用下沿顺岩层面下滑形成工程滑坡。

（4）变更设计整治方案。

① 首先自上而下清除坡面豆腐块状滑体。

② 左侧路堑坡脚设重力式路堑挡土墙，墙高 3 m。墙顶平台采用厚 0.3 m、宽 2.0 m 的 M7.5 浆砌片石　封闭。

③ 清方后第一级坡面采用锚杆框架梁护坡内喷播植草防护，锚杆框架梁节点间距 4.0 m，锚杆长 6 m。以上边坡采用浆砌片石骨架护坡内喷播植草防护。

④ 部分坡面不平地段采用 M7.5 浆砌片石找平。

变更设计代表性断面见图 4。

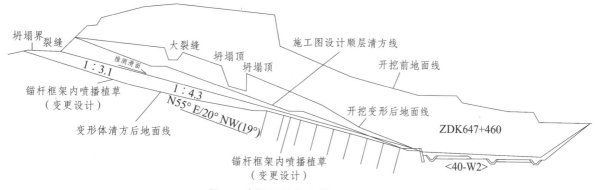

图 4　变更设计代表性断面设计图

4 建 议

该工点按变更整治方案施工完至今，已经历 6 个雨季，边坡再未出现任何病害。通过对工点的红层泥岩顺层路堑边坡整治设计，对结合自身体会，提出以下建议，以供类似顺层路堑工点的设计借鉴。

（1）在工程建设中，对顺层路堑边坡的设计、施工均应高度重视，稍有不慎，就会出现重大病害。

（2）对红层泥岩、薄层砂岩、页岩等层面较薄的软质岩顺层路堑坡面，在大面积顺层刷方后，坡面应选用适合的防护措施（如锚杆、锚索防护或中部设预加固桩等）进行防护，避免坡面中部变形溃屈破坏。

（3）对顺层路堑，设置的坡脚工程施工时应避免出现凌空面，如因地形、地物条件限制不得不收坡时，应设置合理预锚固工程稳定坡脚。

（4）由于构造原因，顺层路堑坡面不是严格的平面状，施工时应仔细核查坡面不同位置的岩层产状并严格按顺层层面进行清方施工，避免出现切层现象。

（5）顺层路堑边坡施工开挖需严格自上而下分层开挖，开挖完一层立即施工坡面防护。在坡脚工程施工时，遵守先锚固后开挖的施工顺序，以免出现顺层滑坡。

渝涪铁路增建二线并行地段路基工程设计

万 军 徐海涛

（中铁二院 重庆公司）

摘 要 在运输繁忙的既有铁路线旁施工，保障行车安全、既有路基的稳定性及结构的安全是路基增建二线并行地段设计重点。路基设计应因地制宜，结合现场情况综合技术经济、安全比较，制订适宜的方案。本文以渝涪二线干扰地段几个典型路基设计为例，提出增建二线并行地段路基设计原则及处理措施，供设计参考与借鉴。

关键词 增建二线 路基 干扰地段

1 概 述

渝怀铁路是中国实施西部大开发战略的标志性工程之一，于 2006 年建成通车。因沿线经济的迅速发展，建设单位于 2008 年开始对渝怀铁路重庆至涪陵段进行增建二线设计工作。增建二线在运输繁忙的既有铁路旁施工，而既有渝怀铁路较繁忙，每天有 31 对列车运行，天窗时间少，施工组织困难，路基设计的重点工作是在与既有铁路干扰地段如何保障行车安全及路基结构的稳定、可靠及合理。

2 路基设计

增建二线路基设计主要分为绕行地段路基和并行地段（既有铁路干扰地段路）路基，渝涪二线鱼嘴至涪陵段路基全长 30.115 km，其中并行地段长 9.206 km，占路基全长的 30.6%，干扰地段比重较大。本文主要讨论与既有铁路干扰地段路基设计案例。

2.1 路堤地段帮填

（1）一般地段路堤帮填。

路堤地段当既有铁路帮宽宽度小于 0.5 m 时，采用浆砌片石护肩进行帮宽。当既有铁路帮宽宽度大于 0.5 m 时，采取帮填填土进行帮宽。帮宽填土顶部宽不小于 0.5 m，底部不小于顶部宽值。填料及填筑压实标准按新建线路标准设计，帮宽路堤时应沿既有铁路路堤坡顶挖成不小于 1 m 的台阶，分层加筋，分层碾压。

（2）与既有铁路并行的陡坡路基地段。

与既有铁路并行的陡坡路基地段采用填土帮填往往不能满足路堤稳定性设计要求，一般情况下采用在既有路肩挡土墙外进行帮宽，为减少对既有铁路的影响以及方便施工组织，一般线间距采用 8 ~ 12 m。

YDK58+366 ~ YDK58+815 陡坡路基位于既有太洪车站进站端，路基以填方通过，最大中心填高为 9.11 m。本段属低山河谷丘陵地貌，自然坡度较陡，为 20° ~ 50°，局部为陡坎；地面高程为 160 ~ 320 m，斜坡上基岩大部分裸露。

增建二线行进于既有铁路右侧，线间距 10 ~ 12 m，路基以半填半挖方式通过，线路右侧坡度较陡。

工程措施（图 1）：于线路右侧设置桩基托梁衡重式路肩挡土墙，墙高 5 ~ 10 m。挡土墙墙身采用 C25 片石混凝土浇筑。桩基截面尺寸 1.5 m×2.0 m、1.5 m×2.5 m，桩长 8 ~ 11 m，共设 50 根桩，桩身及托梁采用 C30 混凝土灌注。

工程效果：与既有铁路并行地段的陡坡路基，采用桩基托梁路肩挡土墙，可减少挡墙基础的开挖量，减小施工对既有铁路的扰动，保证既有铁路安全。开挖托梁基坑时，既有铁路基础处边坡设计采用喷锚措施，保证既有铁路结构物的稳定，在施工中有较好的效果，同时增建二线也能取得较好的工程效果。

（3）既有铁路路肩挡土墙地段帮宽。

既有车站出站端因区间路基与车站路基宽度差别及咽喉区路肩宽度渐变，帮宽宽度较小时采用填土帮宽时较为简便，设置有路肩墙地段，考虑对既有挡土墙的影响，其帮宽需进行个别设计。

既有铁路 K58+815～K58+845 段路基位于既有太洪车站进站端车站咽喉区，路基面宽度由单线路基逐渐变宽为双线路基，线路右侧设置 M7.5 浆砌片石路肩挡土墙。

增建二线与既有铁路并行，行进于既有铁路右侧，路基以半填半挖方式通过，路基右侧需对既有路基面宽度加宽 0.5～1.2 m。

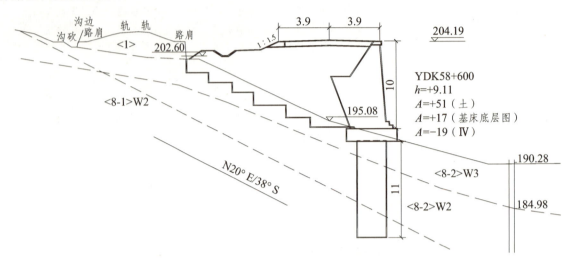

图 1　陡坡路堤代表性横断面

工程措施（图 2）：在 K58+815～K58+845 段右侧对既有路肩挡土墙采用 C25 混凝土进行帮宽，帮宽宽度为 0.5～1.2 m，墙体加厚部分按原墙胸坡平行加厚。在旧墙墙面锚入 Φ25 HRB335 螺纹钢筋，锚入既有墙体深度不小于 1.0 m 且不大于 3.0 m，外露端部向上弯起一长度不小于 0.1 m 的直钩。在新旧墙结合处设置钢筋网。

工程效果：在既有铁路路肩挡土墙地段，路基面帮宽宽度小于 1.5 m，可以采用直接对既有路基挡墙进行帮宽处理，能取得较好的工程效果。

当帮宽部分对既有挡墙稳定性有影响可采用增设牛腿方式增加抗滑力。既有路肩挡墙加宽宽度较小时，其加宽部分是作为路肩作用，主要是检修人行需要，在满足受力的情况下，还可考虑采用支架加宽方式，达到既可减少施工对既有铁路的影响，又能达到使用目的。

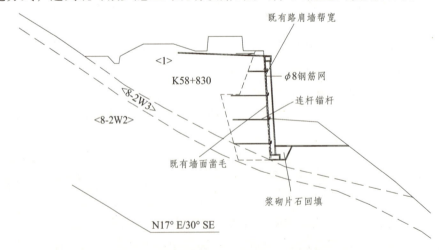

图 2　既有铁路路肩挡土墙帮宽代表性横断面

2.2　路堑地段扩挖

（1）一般地段路堑扩挖。

对于岩质路堑，在距既有铁路边坡外缘 50 m 以内，中间无自然屏障的石方爆破均采用控制爆破。邻近既有铁路土石方爆破施工作业时，场地周边用竹排架设置安全防护架，高为 2.8 m，只能采取松动爆破，爆破区域必须进行覆盖，防止飞石；如发现岩体不稳定时，影响行车安全须增加使用主动防护网提前加固，确保施工及行车安全。在既有边坡爆破施工时施工中预留 3 m 厚隔墙的开挖施工方法进行既有铁路路堑拓宽土石方施工（图 3）。施工现场见图 4。

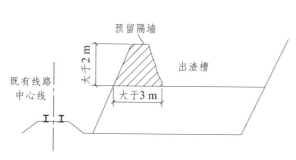

图 3　既有铁路路堑扩挖施工方法示意图

图 4　既有铁路路堑扩挖施工现场照片

（2）影响既有支挡工程结构安全路堑扩挖。

因前后段桥梁、隧道、车站条件限制，增建二线与既有铁路并行扩挖，不可避免会影响到既有支挡工程结构安全，为保证既有结构的安全，路堑扩挖需综合考虑既有结构物安全及整体稳定性。

K110+674～K110+832 段深路堑路基位于龙洞沟右线大桥与北拱隧道之间，属丘陵地貌，地面自然坡度为 10°～25°，斜坡基岩部分裸露，局部地段土层较厚。既有铁路施工时，右侧路堑边坡发生溜坍，产生工程滑坡，滑坡主滑方向垂直于线路方向。既有铁路设置两排抗滑桩，共 44 根，桩截面尺寸为 1.5 m×2.0 m～1.75 m×2.5 m，桩长 11.0～17.5 m。

增建二线与既有铁路并行，行进于既有铁路右侧，线间距 5.5 m，路基以挖方通过，需对既有铁路右侧路堑进行扩挖，既有铁路靠近线路侧一排抗滑桩据二线路堑坡脚距离 8.0 m～10.0 m。路堑扩挖部分恶化既有抗滑桩锚固条件。

工程措施（图 5）：于增建二线右侧路堑坡脚设锚固桩，桩间距（中—中）6.0 m，共设置 27根，桩截面尺寸为 1.50 m×1.75 m～1.50 m×2.25 m，桩长 11.0～18.0 m，桩间设置土钉墙。

工程效果：增建二线工程对既有路堑边坡扩挖，使既有铁路部分抗滑桩锚固段不满足相应襟边宽度锚固要求，在既有抗滑桩下部增设一排抗滑桩保证既有抗滑桩的有效性，同时满足二线的结构要求，取得较好的工程效果。施工效果如图 6 所示。

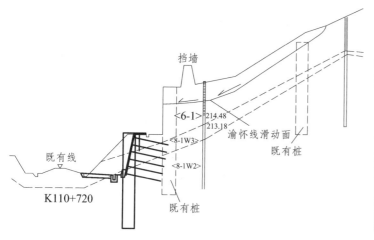

图 5　增建二线并行扩挖断面图

图 6　施工完成后照片

（3）拆除既有高大支挡地段路堑扩挖。

增建二线因路基面扩宽需对既有建筑物拆除，完全按照新建线路基面宽度标准进行设计和建设，会造成拆除工程大，且拆除施工中既有铁路过渡复杂，尤其在既有铁路高大支挡结构进行拆除。设计中可考虑路基面宽度满足大机养护限界的条件即可，尽量少拆除。

YDK92+866.275～YDK92+995.11 段深路堑路基位于既有石沱车站，属丘陵地貌，高程为 180～380 m，地面自然坡度为 10°～25°。既有铁路对岩堆进行了治理，于 YDK92+752～YDK92+915 段设置路堑桩板墙，抗滑桩共 34 根，桩间距为 5～7 m，抗滑桩长 12.0～23.5 m，截面尺寸为 1.50 m×1.75 m～2.0 m×3.25 m。桩间设挡土板，挡土板高 4.0～15.0 m。

增建二线与既有铁路并行，行进于既有铁路右侧，路基以挖方通过，需对既有铁路右侧路堑进行扩挖。

工程措施（图 7）：拆除 YDK92+867～YDK92+910 既有抗滑桩 8 根，于线路右侧设置路堑桩板墙。桩间距 6.0 m，共设置 9 根锚固桩。桩截面尺寸为 1.50 m×2.00 m、1.50 m×2.50 m、1.75 m×2.75 m，桩长 12.0～21.0 m；桩间设挡土板，挡土板高 5.5～8.0 m。

工程效果：在既有铁路修建有高大支挡工程地段增建二线对既有路基面扩宽，需对既有支挡结构进行拆除重建，在限界宽度满足大机养护的条件下，应尽量少拆除，达到既降低施工风险，又可节约投资的效果。工点设计中路基宽度按照大机养护限界的条件控制，少拆除抗滑桩 18 根，减少对既有岩堆扰动。施工效果见图 8。

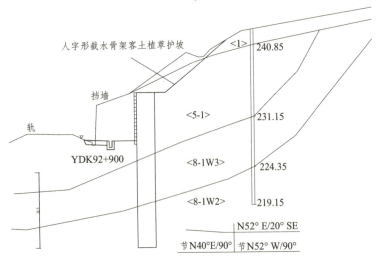

图 7　石沱车站岩堆路堑扩挖断面

图 8　施工完成后照片

3　结论及体会

（1）与既有铁路并行地段的陡坡路基，采用桩基托梁路肩挡土墙，可减少挡墙基础的开挖量，减小施工对既有铁路的扰动，保证既有铁路安全；同时在开挖托梁基坑时，既有铁路边坡采用喷锚措施，可保证既有铁路边坡的稳定，从而达到良好的工程效果。

（2）在既有铁路路肩挡土墙地段，路基面帮宽宽度小于 1.5 m，可以采用直接对既有路基挡墙进行帮宽处理，能取得较好的工程效果。既有路肩挡墙加宽宽度较小时，其加宽部分是作为路肩作用，主要是检修人行需要，在满足受力的情况下，可以考虑采用支架加宽方式，达到既可减少施工对既有铁路的影响，又能达到使用功能的目的。

（3）增建二线在既有抗滑桩下部增设一排抗滑桩保证既有抗滑桩的有效性，可取得较好的工程效果。

（4）增建二线因路基面扩宽需对既有铁路高大支挡结构进行拆除，在路基面宽度满足大机养护限界的条件下，应尽量少拆除，增建二线 YDK92+850～YDK92+866.275 段路基面宽度虽然不满足一般路基面宽度的要求，但满足大机养护限界的条件下，保持既有路基不变（保留既有抗滑桩），达到既降低施工风险，又可节约投资的效果。在路堑地段，可以考虑将侧沟采用盖板沟形式作为路基宽度一部分，从而减少路基宽度；在特殊情况下，在满足大机养护限界的条件下甚至可采用隧道"避车洞"方式进一步减少路基宽度，以达到节约投资、减少用地、保护环境等目的。

（5）增建二线并行地段路基设计为了保证行车及既有路基结构的安全、稳定性，路基设计应因地制宜，结合现场情况综合技术经济、安全比较，制订适宜的方案。渝涪增建二线于2013年12月28日全线开通，经过两个雨季运营，情况良好。

渝怀铁路 DK468 顺层边坡锚索板病害整治

吴 震

（中铁二院 贵阳公司）

摘 要　锚索病害是比较常见的病害之一，本文结合渝怀铁路 DK468+120～+296 段顺层边坡锚索病害工点工程实例，对锚索病害工点进行疏理、剖析和总结。该工点先后采用了锚索板加固、部分锚索加长与局部增设锚杆、顺层清方与喷锚网结合、局部大锚杆加强等措施对边坡进行处理。该病害工点处理，具有一定的借鉴意义。

关键词　顺层　边坡　锚索板　坍滑

1　工程概况

渝怀铁路 DK468+120～+296 段右侧顺层边坡锚索工点，属丘陵谷地地貌单元，地面高程为 450～540 m，相对高差约 90 m，自然坡度为 10°～30°，地形左低右高，线路以挖方通过，中心最大挖深 15.63 m，地表上覆第四系全新统坡积层（Q_4^{dl+el}）黏土夹碎石，厚 0～2 m，下伏基岩为弱风化寒武系中统高台组（$\in_{2g}$）厚层白云岩局部薄层泥质白云岩，岩层产状为 N30°～45°E/19～27°SE，发育一组垂直节理，岩层层间综合内摩擦角按 24°考虑，该段地下水较发育，多沿层面渗流，地震基本烈度为Ⅵ度。

施工图根据地质填图，岩层倾角按 26°、层间综合内摩擦角按 24°进行边坡稳定分析和边坡加固设计。施工图采取从上至下、分层开挖、分层喷锚网护坡及锚索板加固的工程措施（图 1），主要工程措施如下：

（1）DK468+120～DK468+296 右侧路堑边坡按 1∶0.5 坡率分 1～2 级刷坡后坡面上设置喷锚网护坡，喷射 C20 混凝土厚 10 cm，中部夹 $\phi 8$ 钢筋网，锚杆长 2 m，按 2 m 间距梅花形布置。

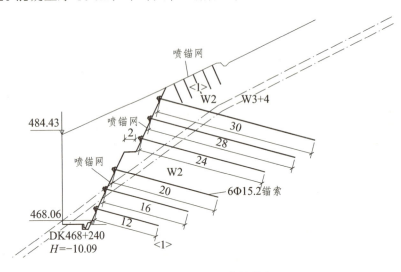

图 1　施工图设计代表性横断面

（2）DK468+120～DK468+296 右侧路堑边坡，在喷锚网护坡上设置 2～6 排坡面锚索板，每孔锚索由 6$\phi 15.2$ mm 高强度、低松弛预应力钢绞线制作而成，其极限抗拉强度不小于 1 860 MPa，锚索长 12～30 m，设计施加预应力值为 900 kN，锚索水平间距为 3～4 m，梅花形设置，锚索锚固长度均采用 8 m，下倾角为 15°。

（3）该段边坡岩体开挖至距边坡线 1m 范围必须采用光面爆破。

2　边坡施工开挖及病害发生情况

2002 年 10 月 18 日，该段路堑边坡平台以上三排锚索及喷锚网护坡已施工完毕，DK468+120～+240 段平台以下已开挖 4～6 m 深后，出露的岩层为白云岩夹泥质白云岩，泥质白云岩大部分风化严重，余为风化极严重状，分布在 DK468+120～+228 段，呈薄层状，发育两组节理，产状为

N10°W/70°SW、N80°E/68°NW，岩体破碎，局部夹有黏土。DK468+120～+286 段右侧边坡上部锚索施工完成，开挖边坡中部平台以下部分边坡时出现坍塌，边坡上部出现裂缝，详见图 2。

DK468+120～+240 段平台以下部分出现坍塌，平台以上三排锚索已施工完毕。但在已施工完成的锚索中，在 M4～6 号锚索处安装了锚索测力计，从锚索测力计上的数据中可以看出，锚索受力已从 2002 年 10 月 8 日的 904 kN/束上升到 10 月 27 日的 1 043 kN/束，至 28 日增加到 1 048 kN/束，而且在 DK468+196～+208 右侧边坡中部平台至堑顶天沟的坡面上出现多处裂缝，缝

图 2　边坡坍塌情况

宽 1～4 cm，至 2002 年 10 月 28 日止裂缝最长达 10 m。

该段施工开挖后揭示堑坡为白云岩夹泥质白云岩，中厚层夹薄层状，节理较发育，但不规则，顺层倾角为 30～35°，在平台以上 DK468+208～+232 段开挖边坡上出露有一层厚约 2 m 的泥质白云不利软弱夹层，多呈碎石状，局部呈砂夹泥状，有少量水渗出。该层因自稳性差，开挖不久就坍塌，造成平台内侧出现裂缝，并有进一步发展趋势，锚索测力计显示的锚索实际受力达 1 050 kN/束，超过了设计应力约 15%，平台以上三排锚索已施工完毕，计 36 孔，112 延米（包括由于钻孔过程中发现岩层差异风化严重，泥质白云岩夹层较多，每孔均加长了 6～7 m 锚索的变更设计增加的工程量）。

该段路堑边坡设计变更为顺层清方，施工单位清除坡面植被及杂草后，于 2003 年 3 月 25 日

图 3　锚索加固顺层边坡坍塌情况

发现坡面有一贯通裂缝，2003 年 4 月 7 日有关各方到现场核实，该贯通裂缝位于线路中线右侧 50～85 m，位于山坡上的陡坎脚，顺一槽谷发育，裂缝长约 65 m、宽 10～50 cm、深 20～60 cm，局部错距达 60 cm。

2003 年 6 月 21 日一场大雨过后，DK468+208～+232 段右侧边坡于 2003 年 6 月 22 日上午 11:00 发生坍滑（图 3）。DK468+208～+232 段右侧锚索附近的岩体顺层间软弱夹层面剪出坍滑，边坡上已施作的部分锚索被绷断并飞出 100 多米远。但 DK468+232～+298 段右侧堑坡的锚索未完全失效。DK468+298～+360 右侧既有陡坎脚原裂

缝加深、加宽，现宽 0.1～0.6 m，深约 0.8 m，形成 0.1～0.5 m 的错台，该段线路右侧既有山坡脚已砌筑完成的天沟及排水沟开裂轻微隆起变形破坏。

3　边坡坍滑原因分析

（1）该段施工开挖后揭示堑坡岩性为中厚层状白云岩，层间多夹有薄层状风化极严重～严重的泥质白云岩，岩层完整性较差，节理发育但不规则，上级堑坡顺层倾角为 30°～35°，较施工图 19°～27° 的顺层倾角平均增大 6°。

（2）在平台以上 DK468+208～+232 段开挖边坡上出露有一层厚约 2 m 的泥质白云不利软弱夹层，多呈碎石状，局部呈砂夹泥状，有少量水渗出。

（3）受断层影响，堑坡岩层产状紊乱，DK468+220～+280 段下级堑坡中下部岩层产状稍有扭曲，岩层倾角变缓，为 21°～23°。

（4）雨水通过断层、节理渗透到边坡岩体中的软弱夹层，遇水后软化，力学指标下降。

由于上部岩层倾角变大，岩层完整性较差，且分布有遇水软化泥质软弱夹层，致使边坡顺层推力远大于设计推力，超出锚索能承受的极限拉力，锚索测力计显示的锚索实际受力达 1 050 kN/束，超过了设计应力15%，造成某一根或某几根锚索首先被拉断，锚索整体失效后引起边坡开裂、坍塌。

变更设计采取顺层清方后，因受断层影响，堑坡岩层产状变化大，尤其是下部岩层倾角变缓，按上部岩层倾角清方后一级平台以下边坡出现新的临空面，致使边坡出现局部拉裂。

4 锚索加固后顺层边坡受力分析

顺层边坡在施加锚索以后，其承受自身重力及其在顺层方向上的分力（即下滑力）、锚索发挥作用后所产生的抗滑力、摩阻力等，通过图4、图5对顺层边坡及锚索受力分析，分析锚索失效和边坡坍滑原因。

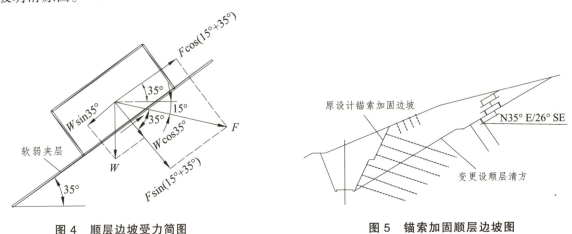

图 4　顺层边坡受力简图　　　　　　图 5　锚索加固顺层边坡图

根据锚索测力计上显示的受力，反算软弱夹层的综合内摩擦角 φ 值。

自重产生的下滑力=自重在滑面上的压应力产生的摩阻力+锚索拉力对滑力产生压应力而形成的摩阻力+锚索在平行于滑动方向的抗滑力

$$W\sin 35° = [W \times \cos 35° + F\sin(15°+35°)] \times \tan\varphi + F\cos(15°+35°)$$

$$\tan\varphi = [W\sin 35° - F\cos(15°+35°)]/[W \times \cos 35° + F\sin(15°+35°)]$$

$$\varphi = \arctan[W \times \sin 35° - F \times \cos(15°+35°)]/[W \times \cos 35° + F\sin(15°+35°)]$$

其中：$W=\gamma \times A \times 4=25 \times 232 \times 4=23\,200$（kN）（锚索纵向间距为 4m）；

抗滑力 $F=1\,048$ kN$\times 3=3\,144$（kN）（上部 3 排锚索已施工完毕）。

边坡处于临界稳定状态时，抗滑力与下滑力相等，故可以反算出层间软弱夹层的综合内摩擦角。

通过计算可以看出，锚索板加固后顺层边坡处于临界状态时反算出来的综合内摩擦角为27.79°，比设计采用的"岩层层间综合内摩擦角按 24°考虑"要大，为什么边坡在下了一场大雨之后就会坍塌呢？分析原因主要是：

（1）岩体在未开挖前所测得的倾角是 19°～27°，局部倾角为 30°，但边坡开挖后在开挖面处量测的倾角为 35°。从坍塌后出露的岩层看，其在靠山体内侧的岩层倾角局部超过 45°，说明该地段岩层倾角变化较大。我们在这之前所测得的岩层倾角不是最不利倾角，所以由此而计算出来的理论下滑力比现场实际所产生的真实下滑力小。

（2）边坡中上部有一条较大的断层，雨水通过断层渗透到边坡岩体顺层的层间软弱夹层，并顺软弱夹层流向边坡临空面，使软弱夹层遇水后软化，力学指标下降，从而使边坡岩体的下滑力增大，直致边坡坍塌。

5　变更设计工程措施

（1）DK468+120～+298 段长 178 m，右侧路堑边坡顺层清方，边坡中部设 2 m 宽平台，平台内侧设 0.4 m×0.4 m 的截水沟，截水沟的水接入天沟排出。坡面及平台设喷锚网护坡，锚杆加长至 3.8 m，锚杆间距加密至 1.5 m。

（2）每级边坡坡脚处设脚墙（高 2 m），脚墙后平台以上 0.8 m 和 2.3 m 处增设 2 排长 8 m 的大锚杆加固坡脚，大锚杆的纵、横向间距为 3.0 m，呈梅花形布置。其大锚杆采用 3 根 Φ32 Ⅱ级钢筋加工制作而成，钻孔直径为 130 mm。

变更设计代表性断面如图 6 所示。

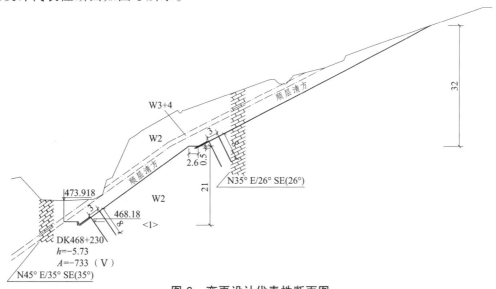

图 6　变更设计代表性断面图

6　工程体会

现场按此方案实施完成后，已经历 12 个雨季的考验，没有出现问题，说明处理措施得当，边坡已经稳定。但通过对渝怀铁路 DK468+120～+296 段右侧边坡顺层锚索病害工点的处理，个人觉得有以下几点经验教训值得认真总结与吸取：

（1）必须下大力气查明地质情况，弄清楚顺层边坡所涉及的各种不良地质情况，包括边坡岩体的完整性、破碎情况、节理裂隙的发育情况，岩层间软弱夹层的力学指标、有无地下水出露、地表水下渗的情况，有无地质破碎带、断层等其他不良地质出现。准确地弄清病害工点的地质情况，是正确处理好这类工点的前提和基础。

（2）顺层边坡病害工点采用锚索板进行加固整体性不够理想。顺层边坡特别是倾角在 30°以上的边坡，其下滑力比较大。而锚索板受力则是通过各个锚索板独立锚固对整个边坡进行加固，各个锚索点的地质情况的差异性使得各个锚索所承受的下滑力不尽相同，有时甚至出现较大差异。而当某根锚索所受的拉力超过其极限值时，就会出现该根锚索失效或被拉断的情况，只要有一根锚索失效或被拉断，顺层滑坡体上传来的下滑力就会传至其周围的锚索上，使其周围的锚索受力陡然暴增，并随即也可能使其迅速失效或被拉断，从而导致边坡出现坍塌。

（3）需要估计到最不利情况的出现。该工点刚开始出现开裂时，我们没有估计到会有这么复杂的地质情况，没有估计到已加固的锚索被拉断，更没有估计到会出现这么大范围的坍塌。如果当初的现场调查工作再做细致一点，能够认识到最不利的情况，一次就采用较强的措施对边坡进加固，也许不会出现后来的大坍塌。

（4）软质岩顺层挖方边坡，应优先考虑抗滑桩或锚索桩进行强支挡。一方面，软质顺层边坡下滑时所沿的滑动面存在不确定性，可能出现不规则滑面，而出现清方困难；另一方面，软质岩边坡太高时，可能会出现边坡应力超过软质岩的强度，从而出现新的边坡变形或坍塌。

渝怀铁路某岩质路堑边坡坍塌病害整治

褚宇光　李安洪　白朝能
（中铁二院　土建一院）

摘　要　本文以一处具有外倾节理面的岩质路堑边坡坍塌工点为例，对其坍塌原因及边坡稳定性进行分析，介绍本工点病害处理所采取的应急抢险处置方案和永久加固方案，提出在岩质边坡设计中应当注意的问题。

关键词　岩质边坡病害　铁路　应急抢险加固　永久加固

1　工程概况

本工点位于下岩岭大桥至恶滩中桥之间，属锦江河谷地貌区，地势左高右低，自然横坡为 20°～50°。工点右邻锦江，铜仁—漾头公路于线路右侧下方通过。图 1 为工点全景照片。

工点上伏厚 0～2 m 第四系坡残积层（Q_4^{dl+el}）之砂黏土，下伏元古界板溪群五强组之板岩夹砂岩（$P_t^{bn\,w}$），薄～中厚层状，泥质，砂质结构，板状构造，岩质软硬不一，其风化严重带厚 2～8 m。

段内属单斜构造，岩层产状为 N20°～55°E/10°～22°NW，岩层走向与线路大角度相交，缓倾山内。主要发育两组陡倾节理 N75°W/90°、N45°E/80°SE，岩层较破碎。

图 1　工点全景照片

本工点为陡坡深路堑，工点长 160 m。左侧路堑边坡最大高度 25 m，施工图按 1∶0.25 光面爆破开挖后，坡面采用 1～6 排共 158 孔锚索板加固。锚索长 13～19 m，间距为 4.0 m，交错布置，锚索板之间采用喷锚网防护，锚杆长度为 3 m，锚杆间距为 2.0 m×2.0 m。锚索采用一孔 4 束 ϕ15.2 mm 钢绞线，锚固段长 8 m，锁定预应力 600 kN。代表性横断面如图 2 所示。

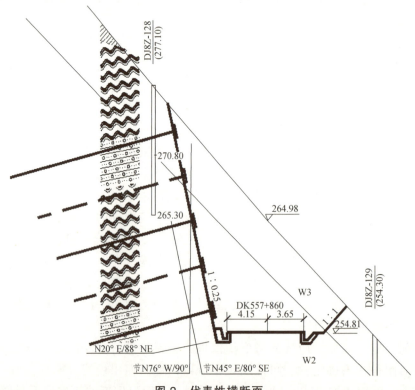

图 2　代表性横断面

2 病害情况及原因分析

2009 年 4 月 24 日凌晨 1 时左右，该工点左侧路堑边坡出现塌方，坍滑范围长约 35 m，坍塌体厚 2～5 m，最厚约 8 m，坍方总量约 8 000 m³，既有锚索被拉断或下错剪断，中断行车。坍滑前缘剪出口位于路基面以上第二排锚索附近，坍滑面倾角约 40°，层面光滑，渗水现象严重，坍体后缘陡立，高差约 25 m，后缘岩体破碎且不稳定，时有零星掉块。坍塌后的坡面见图 3。

现场调查发现，该处岩质边坡发育两组隐伏节理面，产状分别为：N79°W/49°SW、N69°W/36°SW，节理面与线路小角度相交并倾向线路。在发生坍滑的局部范围内，砂岩球形风化较严重，构造节理发育，导致岩体破碎，地表水长期沿破碎岩体入渗，软化了下伏节理面，同时上部破碎岩体饱水，荷载进一步增大，最终造成了坡面锚索破坏和边坡坍塌。

图 3 坍塌后的坡面（可见渗水情况）

3 应急抢险加固方案

采取应急加固方案的目的是尽快恢复运营，同时为永久加固工程施工创造条件，保证期间的临运安全。由于塌方点处于区间单线地段两桥之间，施工场地狭窄，且下临锦江、上方山体高陡，给应急抢险方案的制订带来了极大困难。结合现场施工条件和施工机具配置，一方面采用大型机械对落道的坍方体进行纵向清运，同时采用如下方案：

（1）采用人工清刷配合小型爆破清除后缘失稳岩块。

（2）堑顶坍塌体范围以外增设一条临时截水沟，喷射混凝土封闭。

（3）临时截水沟至堑顶自然山坡采用喷射混凝土封闭，厚 5 cm，防止雨水下渗。

（4）清方后的坡面采用主动柔性防护网覆盖，防止小型落石掉块。

（5）于临时天沟靠线路侧施作一排竖向钢花管和 PVC 花管注浆孔，注浆孔纵向间距为 0.6 m，钢花管和 PVC 花管间隔布置。钻孔直径为 89 mm，钢管采用热轧无缝钢花管，外径为 75 mm，壁厚 6 mm，PVC 花管采用 PVC 管管壁打孔，直径为 75 mm，壁厚不小于 3 mm，钻孔深度为 9～13.5 m。注浆压力为 0.4 MPa，注浆压力逐步升高，达到设计终压并稳定 10 min。

（6）在已施工坡面柔性防护网的基础上，对堑坡采用喷锚加固：初喷射混凝土 5 cm 封闭坡面，根据坡面渗水情况，布设仰斜泄水孔，然后对坡体采用自进式锚杆加固。自进式锚杆外径 32 mm，壁厚 7 mm，杆体极限抗拉强度不小于 600 kN，钻头直径不小于 $\phi 50$，成孔直径不小于 80 mm，锚杆长 6～12 m，纵横向间距按 1.5 m 交错布置，锚杆下倾角为 20°。锚杆尾端安设系统钢垫板，压紧已施工的柔性防护网。二次喷射 5 cm 厚混凝土。

随着应急抢险工程的推进，至 2009 年 4 月 28 日凌晨，线路具备条件慢行开通运营，累计中断行车 96 h。线路开通时已完成的应急工程包括：坡面不稳定倒悬体和落道坍塌体的土方清运工作基本完成；堑顶临时截水沟和钢花管注浆全部完成；坡面仰斜泄水孔、主动柔性防护网覆盖和初喷混凝土部分实施。剩余应急工程在临时开通后逐步完成。

临时加固方案的实施保证了永久工程全面完成之前的施工和运营安全，取得了较好的加固效果。特别是堑顶的花管注浆有比较好的止塌、止水作用，施工中单孔注浆量达到 3 m³ 以上，也从另一侧面反映出上部风化层岩体比较破碎。

4 永久加固方案

4.1 稳定性分析

稳定性分析采用直线滑动面。首先根据坍滑后边坡的稳定性现状，对结构面抗剪强度进行反演分析。在实测横断面的基础上，对引起本次边坡坍塌的主要致坍节理面（49°节理面）和另一组稳定性相对略好的隐伏节理面（36°节理面）分别进行计算，其中：致坍节理面按稳定系数 $K=0.95$ 反算，隐伏节理面按稳定系数 $K=1.05$ 反算。通过对坍塌段和未坍段共 16 个实测断面的计算分析，结构面的综合内摩擦角 φ_0 介于 30° 至 35° 之间。

临时工程主要针对致坍节理面进行加固，设计安全系数 $F_s=1.05$，设计推力 493 kN/m。永久工程则考虑对边坡进行全面加固，按最不利结构面进行工程设计，设计安全系数采用 $F_s=1.25$，设计推力 620 kN/m ~ 1 842 kN/m。

4.2　永久加固主要工程措施

（1）边坡采用锚索（锚杆）框架梁补强加固。节点间距为 4.0 m。共新增锚索 210 孔，锚杆 27 孔。单孔锚索长 19.6 ~ 35.1 m，一孔 6 束，设计预应力 900 kN；锚杆采用 3 根 ϕ32HRB335 钢筋，长 12 m。

（2）框架梁背密贴既有喷锚坡面。由于坍塌段自然边坡不规则，框架梁需在适当位置设置断缝以适应坡形。局部有倒悬凹面的地段，设置钢筋混凝土支撑柱嵌补，嵌补支撑体与既有坡面间设置砂浆锚杆连接。

（3）在坍塌坡面与未坍塌坡面的过渡地段设大锚杆加固。

（4）坡面按 4 m×4 m 间距布设仰斜泄水孔，仰斜角为 5°，泄水孔深度不小于 4.5 m；对坡面集中渗水处布设仰斜式深层排水孔，仰斜角为 5°，长度不小于 12 m。

（5）设置长 52 m 单线单压式明洞一座。

（6）考虑明洞加载，为确保外墙基础和下方公路边坡稳定，公路边坡顶部设一排锚固桩，共10 根。

永久加固工程代表性断面图如图 4 所示。

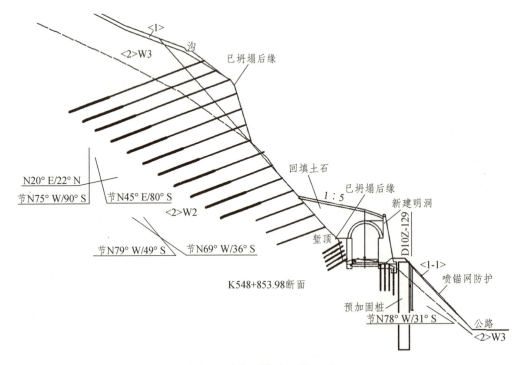

图 4　整治工程代表性断面

4.3　既有铁路施工中需注意的几个问题

（1）边坡加固工程采用搭设满堂脚手架，由上自下逐级施工锚索（杆）框架梁。先施工边坡加固工程，再施工明洞。

（2）施工机具、材料和临时作业平台净空必须满足行车安全的要求，施工方案报运营管理单位批准，一经批准，不得擅自更改。

（3）本段线路左侧埋设有通信光缆，线路右侧埋设有电力电缆，施工前采用临时迁改过渡或相应保护，工程完工后再进行永久迁改。

（4）渝怀铁路为电气化铁路，接触网对土建施工有如下要求：

① 边坡施工的机具设备及脚手架等临时设施与接触网带电体间的距离不应小于 2 m，明洞施工脚手架与接触网带电体间的距离不应小于 500 mm，施工脚手架靠线路侧应采取防电绝缘措施。施工用脚手架需打接地极，接地电阻不小于 30 Ω。

② 施工明洞拱圈前，应先对接触网进行临时迁改过渡，拱架及拱圈模板安装必须利用天窗时间并断电进行。

③ 施工中灌注混凝土时，不允许有砂浆滴落到承力索、接触线或其他带电体表面。

（5）石方采用控制爆破开挖。

本工点永久工程于 2010 年 2 月完工，其中边坡加固部分投资为 482.27 万元，新增明洞部分投资为 505.67 万元。

5　工程体会

（1）本工点属于岩质边坡顺下伏外倾节理面产生局部滑动，造成既有工程破坏的案例。近年来岩质边坡沿结构面产生破坏的情况时有发生，应当引起设计人员的重视。岩质边坡稳定性多受控于岩体结构，结构面（层面、节理面、裂隙）是边坡破坏的主控因素。勘察应加强边坡层面、外倾节理面的调查工作，设计应仔细查阅工点的工程地质资料和地质平、剖面图，重点了解结构面边坡中的空间分布、组合、切割状态，并结合可能的破坏模式进行边坡稳定性分析。

（2）按目前铁路常用的勘察手段，完全摸清岩质边坡的岩体结构很难，特别是类似的隐伏结构面更加难以发现，给边坡的准确设计带来困难。因此，配合施工中地质路基人员应加强边坡开挖过程中岩层及节理面产状的现场核查工作，发现问题及时修改设计，才能规避或降低类似病害的发生风险。

（3）水是本工点病害的主要诱因。边坡局部垮塌和该段渗水严重密切相关，表层砂岩层风化破碎，垂直裂隙发育，具有良好的地表水入渗条件，下部相对完整的岩体阻隔了地下水，造成局部水逐渐富集。因此对于岩质边坡也应加强边坡防、排水设计，比如设置泄水孔或仰斜排水孔加强排水；对有地表水入渗条件的，可采用地面封闭隔水措施；有必要时可在设计中考虑静水压力作用。

（4）倾角大于 30°的顺层或顺节理面的岩质边坡失稳多具有突发性。本工点工程竣工近 6 年后突然发生坍滑，坍滑前无明显的变形迹象，说明该类边坡坍滑具有突发性，危害也极大。本工点施工未安装锚索测力计，即使部分工点安装了锚索测力计，但竣工几年后大多失效。建议设计人员在监测元件选型时应考虑其使用年限，同时建议开展边坡加固工程锚索锚杆受力及变形自动监测技术研究。

成绵乐客专 D2K76 右侧路堑工程滑坡整治

张 田 龚建辉 周 成

（中铁二院 土建二院）

摘 要 成绵乐客专 D2K76+655～D2K76+795 段右侧路堑堑顶为山坡槽谷汇水地形，分布有斜坡粉质黏土层。开挖路堑时，该地区多次受极端天气特大暴雨影响，在大部分支护工程尚未完成的情况下，雨水汇集下渗使得粉质黏土及泥岩夹砂岩风化破碎带遇水软化、自重增加，饱水后力学强度急剧降低，右侧上部土体及泥岩夹砂岩风化破碎带沿临空面底部或土石分界面剪出，形成工程滑坡，结合病害现状对该滑坡采用抗滑桩整治。

关键词 工程滑坡 抗滑桩 路堑 斜坡土层

1 施工图设计概况

　　成绵乐客专 D2K76+655～D2K76+795 段属剥蚀丘陵地貌，地势左低右高，堑顶为山坡槽谷汇水地形。段内地表覆盖厚 3～8m 硬塑状粉质黏土，下伏为弱～强风化泥岩夹砂岩。地表水不发育，地下水为第四系土层孔隙水及基岩裂隙水，地下水对混凝土结构具硫酸盐侵蚀，环境作用等级为 H1。段内地震动峰值加速度为 0.10 g，地震动反应谱特征周期为 0.40 s。

　　施工图设计主要工程措施：该段路基以挖方形式通过，中心最大挖深为 10.2 m，右侧最大挖方边坡高度为 14.0 m。路堑边坡采取 1：1.5 坡率刷坡后于边坡高 8 m 处设置 2 m 宽半坡平台，路堑边坡采用锚杆框架梁和人字形截水骨架内间植低矮灌木护坡防护；大里程路堑坡脚设置重力式路堑挡土墙加固。堑顶设置天沟、边坡平台设置平台截水沟，均引入涵洞横向排出。设计要求先施工截排水措施、分段分级开挖并及时防护。施工图设计代表性横断面见图 1。

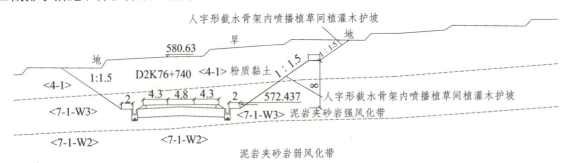

图 1　D2K76+740 施工图设计横断面图

2 工程滑坡产生及原因分析

2.1 工程滑坡形成时施工现状

　　该路堑于 2009 年 11 月开始土石方开挖施工，于 2010 年 1 月路堑拉槽成型，未施作永临排水措施和路堑边坡防护工程。2010 年 7 月中下旬，该地区普降暴雨，地表汇水未能及时排至路堑顶部山坡槽谷及路堑范围之外，路堑右侧上部斜坡土体及泥岩夹砂岩风化破碎带沿临空面底部或土石分界面剪出，形成工程滑坡。

2.2 工程滑坡特征

　　滑坡体平面上呈舌状分布，以滑坡体走向和厚度分为上下两个部分，上部滑坡距线路右侧 100 m～300 m，厚度约 2～6 m，走向为垂直线路略偏向线路小里程方向；下部滑坡距线路右侧 8～100 m，厚度约 6～9 m，滑坡走向为垂直线路略偏向线路大里程方向。滑坡前缘最宽约 85 m，中部宽 60 m，后部稍窄，主轴长约 290 m，厚 2～8 m，体积约 5×10^4 m³，为一中型浅层滑坡。滑体组成物质主要为粉质黏土及泥岩全风化带，局部为粉粒含量较高的粉质黏土。滑动带物质组成为饱水的薄层软塑状粉质黏土或泥岩全风化带（呈土状），具遇水强度降低的特点，滑床为强风化泥岩。滑坡主轴断面见图 2。

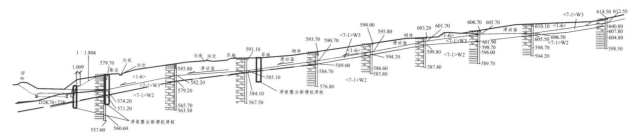

图 2　滑坡主轴断面

2.3　滑坡形成原因

（1）路堑右侧上方地貌为槽谷汇水地形，2010 年 7 月中下旬，该地区普降大到暴雨，雨水汇集下渗使得斜坡土体及泥岩夹砂岩风化破碎带遇水软化、自重增加，饱水后力学性能急剧降低。

（2）路堑开挖后形成较长时间临空面，且防护工程和地表排水系统均未实施。

3　稳定性分析

滑坡整治设计时，鉴于该滑坡主轴方向较长且滑坡体较薄，需分段分不同部位进行力学分析，根据时行《铁路特殊路基设计规范》和《铁路路基支挡结构设计规范》计算土压力和滑坡推力进行设计，并取最不利值为设计值。

上部滑坡计算：根据滑面参数 $c=4$ kPa、$\varphi=5°$，计算出滑坡稳定系数为 $K_0=0.93$，当采取滑坡安全系数为 $K=1.2$ 时计算出的最大滑坡推力为 267 kN/m，于上部滑坡"出口端"附近进行抗滑工程设计。

下部滑坡计算：根据滑面参数 $c=4$ kPa、$\varphi=8°$，计算出滑坡稳定系数为 $K_0=0.92$，当采取滑坡安全系数为 $K=1.2$ 时计算出的最大滑坡推力为 685 kN/m，同时计算出最大土压力为 135 kN/m，取大值 685 kN/m（总下滑力）进行设计，扣除右侧路堑坡脚增设的桩间挡土墙承担的抗滑力 135 kN/m后，剩余部分下滑力采取最大值 555 kN/m 于线路右侧堑顶处进行抗滑工程设计。

4　滑坡整治措施及整治效果

4.1　滑坡整治主要工程措施

（1）临时工程。

采用黏土夯填滑坡体范围地表裂缝，防止地表水下渗；D2K76+680 ~ D2K76+755 段，利用本段挖方进行反压使滑坡体不得进一步发展，同时保证后续施工安全。

（2）支挡工程。

右侧路堑一级边坡坡脚处设置路堑桩间挡土墙，桩截面采用 2.0 m×1.5 m，桩长 9.0 ~ 12.5 m，沿线路方向桩间距（中—中）为 6.0 m，桩靠线路侧边缘距左线线路中心距离为 14.1 ~ 15.2 m。

堑顶处设置路堑抗滑桩，桩截面采用 1.5 m×1.5 m ~ 2.5 m×1.5 m 的截面，桩长为 6.0 ~ 17.0 m，沿线路方向桩间距（中—中）为 6.0 m，桩中心距左线线路中心距离为 32.3 ~ 36.0 m，桩顶与堑顶地面齐平。

滑坡体中部设置抗滑桩，桩截面采用 1.50 m×1.50 m ~ 2.0 m×1.5 m，桩长为 6 ~ 12.5 m，沿线路方向桩间距（中—中）为 6.0 m，桩中心距左线线路中心距离为 106.5 ~ 117.9 m，桩顶与地面齐平。

（3）边坡防护。

右侧路堑边坡采用人字形截水骨架内喷播植草间植灌木护坡；每隔 1 个主骨架利用主骨架位置设置一道支撑渗沟。

（4）排水工程。

右侧堑顶外侧设置天沟，引排平台截水沟和路堑上方地表水，两端汇入排水沟。滑坡体边界外侧及滑坡体中部设置环形截水沟，环形截水沟两端汇入天沟。

（5）变形观测。

滑坡整治前、滑坡整治过程中和滑坡整治完成后一段时间，于滑坡影响范围内设置变形观测断面和观测桩，对滑坡体及其周边变形状态进行连续监测。

滑坡整治工程设计平面布置见图 3 所示。

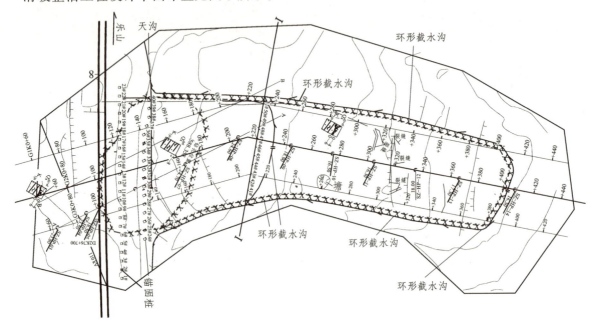

图 3　滑坡整治工程设计平面布置图

4.2　滑坡整治效果

经过施工单位等参建各方连续不断的通力合作，期间经历了临时工程施工、变形观测、支挡和防护工程施工等施工工序，顺利地完成了该滑坡整治工程的施工。滑坡整治工程施工完成后经连续观测没有继续产生变形，目前已经过近 3 年时间的检验，该工点工程状态正常。

5　滑坡整治体会

（1）选线时路堑地段应尽量避开沟槽汇水区。

（2）在雨水较多地区，路堑工程应严格按照设计的合理的施工工序施工。不得拉大槽开挖路堑，禁止雨天施工，并做好临时引排水工程防止雨水下渗软化边坡，开挖后路堑边坡不宜暴露过久，应及时修筑防护工程。

（3）在勘察阶段应加强对堑顶斜坡土层的分析。在设计时应根据堑顶斜坡土层的坡面是否有汇水、土层厚度、土石分界面坡度等情况，充分考虑雨季时雨水下渗降低土层物理力学指标的工况，根据降低后的土层物理力学指标设置预加固桩、支挡措施及防护工程，并于沟槽汇水区外围设置完善的引排水工程疏导地表汇水和积水。

成绵乐客专 DK33 左侧路堑工程滑坡整治

张　田　龚建辉　周　成

（中铁二院　土建二院）

摘　要　成绵乐客专 DK33+237～DK33+770 段左侧路堑顶为凹槽汇水地形，分布斜坡粉质黏土（弱膨胀土）层。开挖路堑时，该地区多次受极端天气特大暴雨影响，在大部分支护工程尚未完成的情况下，雨水下渗使得上覆较厚土体（弱膨胀土）饱水导致力学性能急剧降低后，左侧边坡及上部土体沿临空面剪出、发生坍滑，形成工程滑坡，结合病害现状对该滑坡采用抗滑桩与桩板墙整治。

关键词　工程滑坡　膨胀土　抗滑桩　斜坡土层

1　施工图设计概况

　　成绵乐客专 DK33+237～DK33+770 段位于千佛山隧道出口端，属剥蚀丘陵地貌，地形起伏较小，地势左高右低，左侧堑顶为凹槽汇水区地形且旱地和树林较多。段内地表覆盖厚 2～18 m 硬塑状粉质黏土（弱膨胀土），其下地层为厚 0～6 m 稍密～中密状粗圆砾土或卵石土，下伏泥岩夹砂岩（表层为厚 0～8 m 的全风化带，其下为强～弱风化基岩）。地表水不发育，地下水为第四系土层、卵石类土层中孔隙潜水，含量较小，下伏基岩含少量裂隙水，地下水位埋深 2～10 m，段内地表水、地下水对混凝土结构均无侵蚀性。段内地震动峰值加速度为 0.10 g，地震动反应谱特征周期为 0.40 s。

　　施工图设计主要工程措施：该段路基以挖方形式通过，最大中心挖深 9.6 m，左侧最大挖方边坡高度 13.7 m。DK33+237～DK33+436.5 段左侧路堑坡脚设置路堑桩间挡土墙；DK33+667.25～DK33+770 段左侧路堑坡脚设置路堑桩板墙；DK33+436.5～DK33+491 段、DK33+510～DK33+667.25 段左侧路堑坡脚设置路堑挡土墙；DK33+237～DK33+770 段左侧路堑边坡采用锚杆框架梁内喷播植草间植低矮灌木护坡和人字形截水骨架内喷播植草间植灌木护坡防护；全路堑设置有完善的天沟、平台截水沟和纵向盲沟等排水设施。设计要求先施工截、排水措施，后分段分级开挖并及时防护，再施做锚固桩并开挖桩前土体，最后及时施作挡土板和路堑挡土墙等施工顺序和注意事项。施工图设计代表性横断面见图 1。

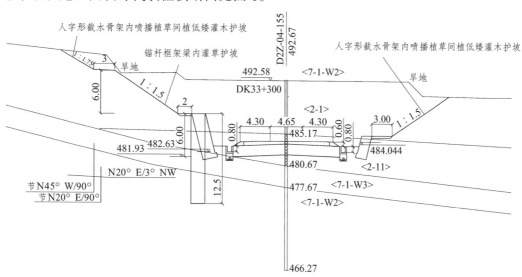

图 1　DK33+300 施工图设计代表性断面

2　工程滑坡形成及原因分析

2.1　工程滑坡形成时施工现状

　　该路堑于位于千佛山隧道出口，于 2009 年 11 月开始土石方开挖施工，2010 年 1 月路堑拉槽成型。2010 年 6、7 月份该地区普降暴雨，尚未施做预加固桩、路堑坡脚挡土墙和边坡防护工程的路堑地段，左侧边坡土体沿临空面剪出、发生坍滑，形成工程滑坡。已实施工程情况如下：

（1）DK33+237～DK33+491 段路堑已开挖至路基面，DK33+237.0～DK33+260.0 段左侧路堑墙顶一级和二级边坡防护已经施工完成，其余地段边坡防护均未施工；预加固桩 1#～6#桩已施工完成，左侧路堑预加固 7#～13#桩尚未施工，左侧路堑 14#～34#桩已经开挖部分桩井，尚未浇筑桩身。

（2）DK33+550～DK33+730 段路基已开挖至基床底层换填底面，本段左侧路堑墙未施做；DK33+730～DK33+770 段路基已开挖至路基面，本段左侧路堑共 28 根预加固桩未施做；DK33+550～DK33+640 左侧墙顶一级边坡已经施做人字形截水骨架，DK33+660～DK33+770 左侧墙顶一级边坡仅施做了锚杆框架梁，其余工程均未施做。

（3）DK33+237～DK33+770 段范围内，仅 DK33+660～DK33+770 段施做了天沟。路堑范围尤其是路堑坡脚临时排水不畅，路堑长拉槽坑内浸泡严重。

2.2 工程滑坡特征

（1）DK33+270～+430 段滑坡（图 2）。

线路 DK33+270～+355 段左侧，顺线路方向长约 85 m，滑坡主轴长约 80 m，平面上为半圆形，前宽后窄，滑动方向基本垂直线路，滑坡体厚度为 4～10 m，滑坡体成分主要为弱膨胀土，夹少量卵石，滑坡体体积约 $4×10^4\ m^3$，为中型滑坡。线路 DK33+355～+430 段左侧，顺线路方向长约 75 m，主轴长约 40 m，平面上为宽缓扇形，滑动方向基本垂直线路，滑坡体厚度 2～6 m，滑坡体成分主要为弱膨胀土，夹少量卵石，滑坡体体积约 $2×10^4\ m^3$，为小型滑坡，滑动带为软塑状粉质黏土（弱膨胀土）。

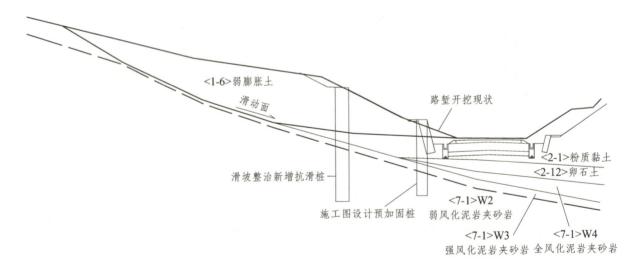

图 2　DK33+270～+430 滑坡主轴剖断图

（2）DK33+535～+770 段滑坡（图 3）。

DK33+535～+770 段工程滑坡平面形状呈扇形，前缘宽约 235 m，至左侧路堑边坡坡脚，平行于线路；后缘窄，至线路左侧约 105 m 处。滑体主轴长约 106 m，滑坡体厚度 4～12 m，体积约 $8×10^4\ m^3$，为一中型滑坡。滑体组成物质主要为粉质黏土（弱膨胀土），滑面为饱水的软塑状粉质黏土（弱膨胀土）。

2.3 滑坡形成原因

（1）未施作路堑坡脚预加固桩、路堑坡脚挡土墙和边坡防护工程。

（2）路堑上方地貌为斜上坡地形且略有凹槽汇水形状，2010年6、7月份该地区多次极端天气特大暴雨集中降水，堑顶外地表和路堑范围的汇水难以在短时间内排泄至路基范围之外，雨水下渗使得上覆较厚土体（弱膨胀土）饱水后力学性能急剧降低。

（3）路堑开挖后形成较长时间临空面，路堑坡脚受长拉槽坑内积水浸泡。

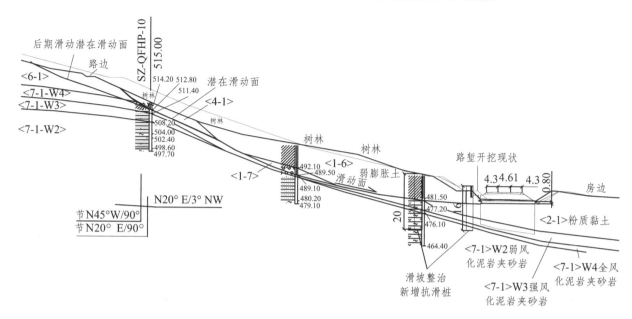

图 3　DK33+535～+770 滑坡主轴剖断图

3　稳定性分析

3.1　稳定性分析原则

滑坡整治设计时，分段根据时行《铁路特殊路基设计规范》和《铁路路基支挡结构设计规范》计算土压力和滑坡推力，并取最不利值为设计值。

设计值扣除正在施工的预加固桩或已施工完毕预加固桩可以承担的部分，剩余部分下滑力在原设计桩背后适当位置增设抗滑桩承担；对未施工预加固桩和原设计为挡土墙的地段，根据设计值增设抗滑桩。

3.2　稳定性分析结果

DK33+237.0～DK33+436.5 段路堑左侧，根据滑面参数 $c=0$ kPa、$\varphi=5°$，计算出滑坡稳定系数为 $K_0=0.91$，当采取滑坡安全系数为 $K=1.2$ 时计算出的最大滑坡推力为 952 kN/m，同时计算出最大土压力为 662 kN/m，取大值 952 kN/m（总下滑力）进行设计，扣除左侧路堑坡脚原设计桩间挡土墙承担的抗滑力 290 kN/m 后剩余部分下滑力采取最大值 670 kN/m 进行设计。

DK33+535～DK33+770 段路堑左侧，根据滑面参数 $c=5$ kPa、$\varphi=11°$，计算出滑坡稳定系数为 $K_0=0.92$，当采取滑坡安全系数为 $K=1.2$ 时计算出的最大滑坡推力为 1 325 kN/m，同时计算出最大土压力为 952 kN/m，取大值 1 325 kN/m（总下滑力）进行设计。

两个滑坡之间的存在潜在滑面段落的 DK33+436.5～DK33+505.25 段路堑左侧，计算出最大滑坡推力为 518 kN/m，同时计算出最大土压力为 452 kN/m，取大值 518 kN/m 进行设计。

4　滑坡整治措施及整治效果

4.1　滑坡整治主要工程措施

（1）临时工程。

采用黏土夯填滑坡体范围地表裂缝，防止地表水下渗。

DK33+265～DK33+315 段和 DK33+540～DK33+685 段疏干坡脚积水并清淤后，利用本段挖方进行反压使滑坡体不得进一步发展，同时保证后续施工安全。

（2）支挡工程。

①左侧路堑坡脚支挡工程：DK33+237.0～DK33+436.5 段长 199.5 m，左侧路堑坡脚设置桩间挡土墙维持原设计不变；DK33+436.5～DK33+505.25 段左侧路堑坡脚改设桩间挡土墙，桩截面采用 2.25 m×1.5 m，桩长为 12.5～15.0 m，桩间距（中—中）为 5.0～6.0 m，桩靠线路侧边缘距左线线路中心距离为 9.9～10.6 m；DK33+505.25～DK33+668.75 段左侧路堑坡脚设置路堑桩板墙，桩截面采用 2.5 m×1.5 m 带异缘的矩形截面，桩长 12.5～16.0 m，桩间距（中—中）为 6.0 m，桩靠线路侧边缘距离线路左线中心的距离为 9.0～9.74 m；DK33+673.25～DK33+770 段左侧路堑坡脚路堑桩板墙维持原设计不变；DK33+668.75～DK33+672.25 段左侧路堑坡脚设置路堑挡土墙。

②左侧滑坡中部抗滑工程：DK33+237.0～DK33+433.5 左侧墙顶二级边坡平台处设置第二排路堑锚固桩，桩截面采用 2.0 m×1.5 m、2.25 m×1.5 m 及 2.5 m×1.5 m，桩长为 17.0～22.0 m，桩间距（中—中）为 6.0 m，桩靠线路侧边缘距左线线路中心距离为 22.0～24.0 m；DK33+593.7～DK33+762.9 左侧路堑顶外侧设置第二排锚固桩，桩截面采用 2.0 m×1.5 m、2.5 m×1.5 m、2.75 m×1.75 m 及 3.0 m×2.0 m，桩长为 7.0～20.0 m，桩间距（中—中）为 6.3～6.9 m，桩中心距左线线路中心距离为 30.0 m。桩顶均与地面齐平。

（3）边坡防护。

路堑边坡采用锚杆框架梁内喷播植草间植低矮灌木护坡防护、采用人字形截水骨架内喷播植草间植灌木护坡防护和喷播植草间植低矮灌木护坡防护。

在人字形截水骨架护坡地段每隔 2 个主骨架处设置一道支撑渗沟。

滑坡体场坪范围采用撒草籽间植低矮灌木护坡防护。

（4）排水工程。

堑顶外设置天沟，边坡平台及墙顶设置截水沟，在凹槽最低点设置一吊沟，引排天沟水和截水沟水入涵洞；滑坡体边界顶外侧 5 m 处增设环形截水沟，滑坡体中部设置一道截水沟；在粉质黏土土层底部（左侧路堑边坡）设置 5 处深层泄水孔，引排滑坡体内地下积水。

（5）变形观测。

滑坡整治前、滑坡整治过程中和滑坡整治完成后一段时间，于滑坡影响范围内设置变形观测断面和观测桩，对滑坡体及其周边变形状态进行连续监测。

4.2　滑坡整治效果

经过施工单位连续不断的努力，期间经历了临时工程施工、变形观测、支挡和防护工程施工等施工工序，顺利地完成了该滑坡整治工程的施工。滑坡整治工程施工完成后经连续观测没有继续产生变形，目前已经过近 3 年时间的检验，该工点工程状态正常。

5　滑坡整治体会

（1）选线时路堑地段应避开沟槽汇水区。

（2）在雨水较多地区，路堑工程应严格按照设计的合理的施工工序施工，应及时施作路堑坡脚预加固桩、路堑坡脚挡土墙和边坡防护工程。不得拉大槽开挖路堑，禁止雨天施工，并做好临时引排水工程防止雨水下渗软化边坡，开挖后路堑边坡不宜暴露过久，避免路堑坡脚受积水浸泡。

（3）在勘察阶段，应加强对堑顶斜坡土层的分析。在设计时根据堑顶斜坡土层的坡面是否有汇水、土层厚度、土石分界面坡度等情况，应充分考虑雨季时雨水下渗降低土层物理力学指标的工况，根据降低后的土层物理力学指标设置完善的预加固桩、支挡措施及防护工程。

云桂铁路膨胀土（岩）路堑边坡柔性减胀生态护坡试验工程

曾小波　冯俊德　薛　元　封志军
（中铁二院　土建一院）

摘　要　现有的膨胀土（岩）路堑坡脚加固及边坡防护工程措施主要存在两个方面的问题：一方面，路堑坡脚加固及边坡防护工程措施大量使用（钢筋）混凝土结构，工程投资大，且绿色生态效果较差；另一方面，防护效果并不理想，施工过程中或运营后，膨胀土（岩）受降雨或大气环境变化影响反复胀缩变形，导致边坡发生溜坍破坏已屡见不鲜。云桂铁路依托"云桂铁路膨胀土（岩）地段路基关键技术研究"课题，基于消能、减胀、防渗、保湿、生态环保的设计理念，研究提出了膨胀土（岩）路堑坡脚加固及边坡防护工程措施——柔性减胀生态护坡，经过试验工点4年多工程实践证明，柔性减胀生态护坡用于膨胀土（岩）路堑坡脚加固及边坡防护，综合防护效果好。

关键词　铁路　膨胀土（岩）路堑　柔性减胀生态护坡

1　概　述

　　世界范围内膨胀土（岩）分布非常广泛，迄今为止已发现存在膨胀土（岩）的国家有40多个，我国是膨胀土（岩）分布极为广泛的国家之一。膨胀土（岩）主要分布于我国广西、云南、四川、陕西、贵州、江苏等20多个省（区）的180多个市县，其中广西百色盆地是我国膨胀土（岩）危害最为严重的地区，其工程特性极其复杂，破坏力极强。

　　现有的膨胀土（岩）路堑坡脚支挡结构，除桩板墙、桩间挡土墙等强支挡结构能阻止膨胀土（岩）由于路堑坡脚失稳病害发生外（但造价高），这类工程仍难以避免桩顶以上边坡的坍滑。坡面防护采用的骨架、支撑渗沟等措施，由于需要在坡面开槽，施工过程中，一方面槽体很难开挖规整平顺，另一方面，槽内砌筑浆砌片石或立模浇注混凝土等很难让槽体填充密实，因此，这些部位往往成为地表水下渗的主要通道，以致坡面土体流失，加之坡面难以被植被快速覆盖，因而容易产生边坡的反复胀缩变形，进而导致边坡的坍滑破坏。

2　试验工点概况

　　（1）云桂铁路沿线膨胀土（岩）分布特点。

　　通过大量室内试验对云桂铁路南宁至百色段内膨胀土的颗粒成分以及自由膨胀率分布规律进行了研究，得到了南宁至百色段自由膨胀率大小及分布如图1所示。

　　由图1可以看出，云桂铁路沿线膨胀土的分布具有明显的区域特点，南宁至田东段，土体自由膨胀率总体较弱，最大值为72%，其余均小于50%，主要表现为地表上覆红黏土，具有弱膨胀性；田东至百色段，土体自由膨胀率总体较高，且分布较为连续，最大值为94%，其中田东至田阳段，膨胀土主要表现为弱至中膨胀性，田阳至百色段，膨胀土主要表现为中至强膨胀性。

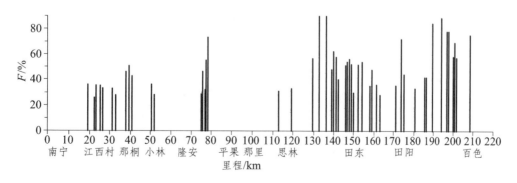

图1　云桂铁路南百段土样自由膨胀率分布图

　　（2）试验工点概况。

　　依托"云桂铁路膨胀土（岩）地段路基关键技术研究"课题，结合云桂铁路沿线工程地质特点，选择 DK200+376 ~ DK200+899 段路基作为中至强膨胀土（岩）试验段。段内上覆第四系全新统坡残积层（Q_4^{dl+el}）膨胀土，下伏基岩为下第三系中统那读组（E_{2-3n}）泥岩夹泥质粉砂岩、褐煤的全风化层、强风化层和弱风化层。膨胀土液限为 40% ~ 50%，塑性指数为 20 ~ 25，自由膨胀率为 50% ~ 60%，膨胀力 240.05 kPa（最大值 1 192 kPa，最小值 130 kPa），具有中等膨胀性，局部表现为强膨胀性。

3　柔性减胀生态护坡加固及防护机理

基于消能、减胀、防渗、保湿，加强防水、排水及绿色环保的膨胀土（岩）路基设计理念，"云桂铁路膨胀土（岩）地段路基关键技术研究"课题组，研究得出了一种适用于膨胀土（岩）路堑坡脚加固与边坡防护措施——柔性减胀生态护坡（图 2），该护坡技术主要由生态护坡面、柔性加筋体、防排水系统、护坡基础四部分组成。

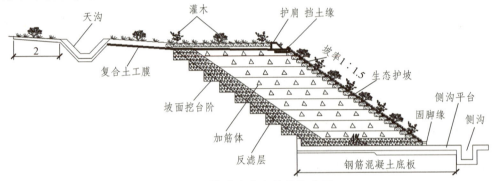

图 2　柔性减胀生态护坡构造图

（1）该护坡中的柔性加筋体是将膨胀土（岩）路堑开挖一定宽度后，采用非膨胀土（或弱 ~ 中膨胀土）分层填筑、分层铺设土工格栅、分层压实，最终形成具有一定厚度的加筋体，依靠筋材与填土之间的摩擦和咬合作用，土工格栅与坡面生态袋之间的锚固作用，以及加筋土体自重，共同构成一个完整的柔性加筋护坡体，该结构具有如下特点：① 柔性加筋体具有足够厚度（一般为 3 ~ 5 m，大于大气急剧影响层深度）使得降雨无法渗透护坡体，能有效隔绝大气降雨对膨胀土边坡的影响，具有防渗、保湿作用；② 柔性加筋体坡面采用生态袋进行防护，提供了充足的营养土，快速恢复坡面植被，有效防止坡体被雨水冲刷破坏，保护柔性加筋体，具有绿色、生态环保作用；③ 柔性加筋体为柔性结构，可以适应膨胀土（岩）的干缩湿胀变形，具有消能、减胀的作用。④ 结构底部设有钢筋混凝土底板，具有加固坡脚的作用，与坡率 1∶1.5 的柔性加筋体构成整体，覆盖于路堑边坡上，具有稳定膨胀土（岩）路堑坡脚与坡面的作用。

（2）该护坡排水系统由堑顶天沟、坡面排水槽、平台截水沟、柔护加筋护坡体后的排水反滤层以及泄水孔组成，各自发挥其作用，共同排除堑顶上部山体汇水、坡面雨水和坡体地下水，形成一个完善的三维立体排水系统。

（3）坡体顶部的复合土工膜有效地阻止地表水向坡体的渗透作用，钢筋混凝土基础底板与钢筋混凝土侧沟整体浇注，既有效地阻止山体中地下水向护坡体基础与平台下部地基的渗透，同时也避免了平台上地表水下渗对护坡地基的影响，有效地防止基础与平台隆起和下沉病害发生。

4　柔性减胀生态护坡技术设计计算

试验段内 DK200+550 ~ DK200+750 段左侧路堑边坡高 2 ~ 6 m，路堑坡脚加固及坡面防护采用柔性减胀生态护坡，横断面设计如图 3 所示。

（1）柔性减胀生态护坡设计包括：护坡坡率、筋材间距及强度、加筋体填料类型及压实度、护坡宽度、护坡基础、反滤层等。

（2）柔性减胀生态护坡验算包括：① 内部稳定性验算；② 整体稳定性验算，分别为圆弧滑动面从混凝土底座前缘和后缘剪出，如图 4 和图 5 所示；③ 整体平移稳定性验算，如图 6 所示；④ 地基承载力验算；⑤特殊验算，含顺层及层理等不利结构面。

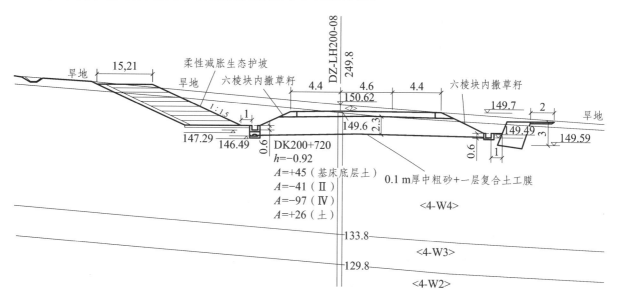

图 3　试验段内柔性减胀生态护坡横断面设计图

（3）柔性减胀生态护坡监测。

试验段共设置了两个断面对柔性减胀生态护坡进行监测，监测点布置如图 7 所示。

① 竖向土压力监测：通过在一定位置的筋带下埋设土压力盒进行测量。

② 含水率监测：在边坡上不同位置埋设土壤湿度传感器监测复合土工膜防水效果以及干湿影响层内膨胀土的含水率变化；在底部横向埋设一排土壤湿度传感器监测地下水对膨胀土的影响。

③ 坡面水平变形监测：通过在坡体中埋设水平土应变计监测坡面水平变形。

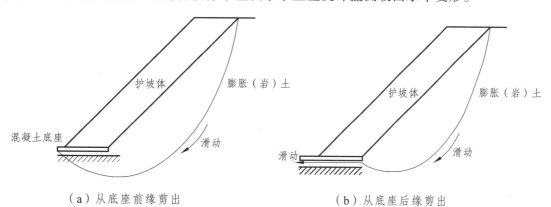

（a）从底座前缘剪出　　　　　　　（b）从底座后缘剪出

图 4　整体滑动破坏模式

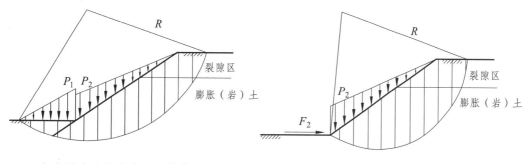

（a）从底座前缘剪出计算模型　　　　　（b）从底座后缘剪出计算模型

图 5　整体滑动验算示意图

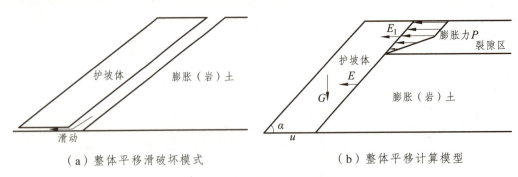

（a）整体平移滑破坏模式　　　　　　（b）整体平移计算模型

图 6　整体平移验算示意图

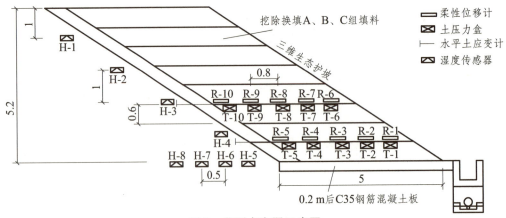

图 7　监测点布置示意图

监测结果如图8、图9所示。

理论上同一层填土越靠近膨胀土边坡的竖向土压力越大，越靠近护坡体表面的竖向土压力越小，但从上图监测结果看出，竖向土压力局部显现出无规律性，分析原因可能受碾压时不均匀沉降影响。

图 9 中含水率随降雨和大气影响而发生改变，分析原因可能是监测点埋设位置较浅，堑顶封闭效果不佳，受降雨下渗、大气变化引起含水率变化，但变化幅度小于相同条件下试验段内桩板墙墙背含水率的变化幅度，说明柔性减胀生态护坡具有防渗、保湿作用。

从水平应变测试结果可知，护坡体水平应变测试结果在-1.532 ‰ ~ 0.428 ‰范围内变化；柔性减胀生态护坡在膨胀力作用下发生变形，具有消能、减胀的作用。

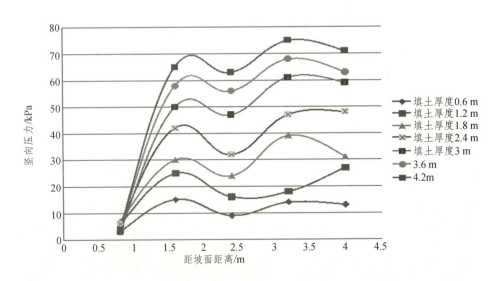

图 8　断面底层竖向压力分布

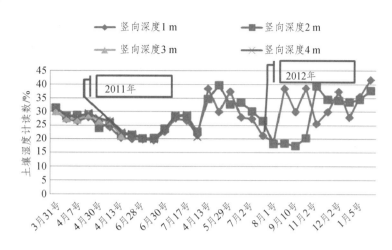

图 9　竖向布置的土壤湿度计读数变化规律

（4）柔性减胀生态护坡试验工点现场效果见图 10。

试验工点表明，护坡面植被一年后已经恢复绿化，达到生态防护的要求，且从 2012 年施工完后至今，柔性减胀生态护坡仍表现出较好的加固防护效果。

（a）施工完成时　　　　　　　　　　　　（b）施工完成后一年

图 10　柔性减胀生态护坡效果图

5　柔性减胀生态护坡推广应用工点

（1）工点概况。

本工点位于云桂铁路南百段百色进站端百色改建既有铁路 GNKK205+050～GNKK205+500 段，边坡最大高度约 23 m，属于百色盆地范围内，其膨胀土（岩）特性具有典型的代表性。该段隶属浅丘垄岗地貌，局部毗邻右江阶地区。该工点上覆第四系坡残积层（Q_4^{dl+el}）中等膨胀土（局部具有强膨胀性），下伏基岩为下第三系中统那读组（E_{2-3n}）泥岩夹泥质粉砂岩、褐煤，具有中等膨胀性（局部具有强膨胀性）。

该工点不良地质为顺层，岩层产状 N25°E/28°NW，岩层走向与线路小角度相交，交角为 14°～30°，视倾角 28°倾向线路右侧，左侧边坡顺层，层间综合内摩擦角为 12°。

（2）设计措施。

路堑坡脚加固及边坡防护措施采用刚性措施（抗滑桩）+柔性防护措施（柔性减胀生态护坡）进行加固防护，边坡整体稳定性通过在边坡平台上设置抗滑桩进行加固，坡面防护措施采用柔性减胀生态护坡，其代表性断面见图 11，施工后效果见图 12。

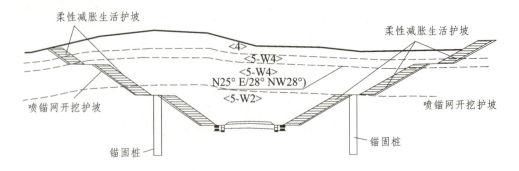

图 11　代表性路基横断面

（a）施工完成照片

（b）运营后照片

图 12　柔性减胀生态护坡现场效果图

6　总　结

柔性减胀生态护坡立足于消能、减胀、防渗、保湿，加强防水、排水及绿色环保的设计理念，经过试验段的试验和百色建既有铁路的推广应用，经过 4 年多的实践证明，柔性减胀生态护坡用于膨胀土（岩）路堑坡脚加固与边坡防护，防护效果好，结合抗滑桩等刚性防护措施，也可用于膨胀土（岩）深路堑边坡，具有较好的经济、社会效益。

南昆铁路林逢站膨胀岩路堑边坡病害整治

李 敏 秦小林

（中铁二院 土建三院）

摘 要 南昆铁路林逢膨胀岩是具有胀缩性、碎裂性和低强度性的极软岩，试验段重点工程原设计为土钉墙，由于事前对该膨胀泥岩的特性缺乏全面认识，试验工点发生边坡开裂变形及工程滑坡。变更设计采用清方减载、坡脚设抗滑桩等措施，确保了边坡稳定。

关键词 膨胀岩 土钉墙 坍塌 抗滑桩

1 工点概况

工点位于广西田东林逢镇，铁路里程为 DK146+080～DK146+280，全长 200 m，边坡最大高度为 12 m。工点岩性为下第三系那读组泥岩，局部夹粉砂质泥岩，全强风化，风化层呈杂色鸡粪状。工点地貌形态为低缓垄丘，坡度平缓，自然坡度为 3°～7°，相对高差约 20 m，无天然陡坎及冲沟。

2 工程地质特性

膨胀岩除具有吸水膨胀、软化、崩解和失水急剧收缩开裂的特性外，还有以下工程地质特性：

（1）膨胀性。工点膨胀岩为下第三系泥岩夹泥质砂岩，为中～强膨胀岩。工点膨胀岩为下第三系泥岩夹泥质砂岩，岩体中黏粒含量高，其矿物成分以伊利石（约占 50%）和蒙脱石（大于 30%）等亲水矿物为主，具有较强的亲水性。天然含水量为 19.6%～33.6%，塑限为 19.6%～29.45%，液限为 41.2%～60.53%，塑性指数为 21.7%～37.2%，平均自由膨胀率达 75.5%，膨胀力平均值为 71 Kpa，为中强膨胀岩。

（2）碎裂性。膨胀岩的碎裂性表现为岩体被各种结构面交错切割成连续性极差的碎块状。据工点现场调查，岩体被密集的节理面（每米多达 26 条）、层理面（每米达 7 层）、风化裂隙和微断层网状交切为碎裂状，还发育深大结构面。深大结构面和 1～2 组节理的走向与铁路近于平行，成为隐状坍滑面。岩体裂隙水发育，岩体强度低于岩块，且对锚杆的握裹力不足。结构面的存在，尤其是光滑深大的结构面往往会形成路堑边坡溜坍的滑动面。

（3）低强度性。由于岩体破碎和含水量大，致使膨胀岩强度很低，特别是无侧限抗压强度更低。据工点现场荷载试验，地基承载力为 120～175 kPa，无侧限抗压强度为 20～34 kPa，抗剪强度为 26 kPa，φ=12°。干湿循环后强度急剧衰减，室内两次干湿循环后，c 值仅为 5 kPa，φ 值仅为 1.5°。

3 原设计情况

（1）右侧边坡试验工程。

该段路堑右侧原设计土钉墙长 185 m，分两级，下墙高 6 m，上墙最高 5.9 m，土钉长 4.6～5.1 m，坡率为 1∶0.25。其设计断面如图 1（a）所示。

（2）左侧边坡试验工程。

该段路堑左侧原设计土钉墙长 180 m，分两级，下墙高 6 m，上墙最高 5.9 m，土钉长 4.6～5.1 m，坡率为 1∶0.25。其设计断面如图 2（a）所示。

4 施工过程中的变更设计情况

由于前述膨胀泥岩鲜为人知的三大特性是施工过程中才逐渐暴露和事后补充认识的，因此试验方案与这些特性不相适应，部分工程在施工中失败，工程试验出现曲折与反复，相应进行了多次变更设计。

（1）右侧边坡试验工程变更设计。

右侧边坡试验工程 1992 年 3 月初开工，至 3 月底上墙近于完工。此时右侧堑坡土钉墙局部坍滑，暴露了土钉墙对膨胀泥岩特性的不适应，遂进行了加长（下墙土钉长变为 10 m）、加密土钉的变更设计，结构如图 1（b）所示。按变更设计恢复施工至高于路肩 0.3 m 处时，面板、护裙出现纵向裂缝，鉴于右侧土钉墙多次失稳，故再次进行了变更，上墙放缓边坡并加防护，下墙脚增设抗滑桩，墙顶平台加宽，结构如图1（c）所示。该段工程按此变更设计竣工，至今保持稳定。

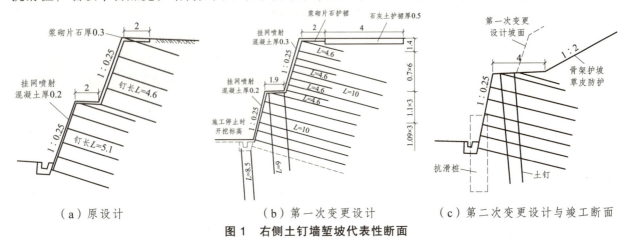

（a）原设计　　　　　　　（b）第一次变更设计　　　　（c）第二次变更设计与竣工断面

图1　右侧土钉墙堑坡代表性断面

（2）左侧边坡试验工程变更设计。

左侧边坡试验工程1992年3月初开工，至3月29日，上墙接近完工，此时土钉墙上墙堑坡发生坍滑。第一次变更设计方案为：下部保留土钉墙，土钉加长加密，上部放缓边坡并喷锚防护，结构如图2（b）所示。按此恢复施工后，当施工至下部土钉墙第3、4排土钉时，在DK146+182堑顶护裙外出现裂缝并发展，DK146+160～DK146+196段发生坍滑。上部边坡喷锚面板纵向开裂，下部土钉墙面板纵向开裂并沿岩层剪出，坍滑后缘为光滑略有起伏的深大结构面，倾向线路，倾角为62°，深达3.8 m；下部倾角为13°。滑动面含水量很大，达56%，滑体含水量也达28%～35%，坍滑体错成三台，最下一台为基本整体状的土钉墙，面板大多较为完整，长4 m的土钉多坐船滑移。土钉墙坍滑发生于旱季，其坍滑体如图3所示。据此进行变更设计，在DK146+179～+254段增设5根抗滑桩。抗滑桩竣工，边坡变形得以暂时控制。以后边坡变形再度发展，最终发展为深层滑动，两根抗滑桩被推歪。下部土钉墙一部分从桩间被推剪而破坏。再次变更全段增设抗滑桩加固，两侧抗滑桩之间加横撑，桩间设挡土墙，上部边坡进一步放缓，采用草皮护坡，并增设支撑渗沟。上述工程措施实施后，边坡整体稳定至今，如图2（c）所示。

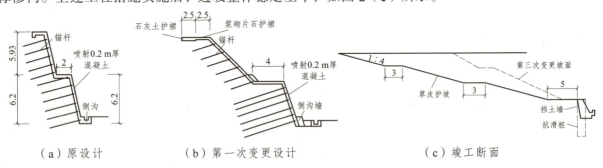

（a）原设计　　　　　　　（b）第一次变更设计　　　　　（c）竣工断面

图2　左侧土钉墙堑坡代表性断面

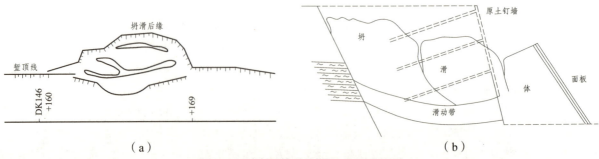

（a）　　　　　　　　　　　　　　　　　　（b）

图3　左侧土钉墙首次局部坍滑平面图

5　边坡发生坍滑的原因

（1）该试验段路堑土钉墙发生坍滑变形的原因分析如下：

土钉墙发生坍滑变形暴露了土钉墙与膨胀泥岩特性不相适应的问题。经现场勘测分析，土钉墙发生坍滑变形的原因主要有三方面：一是膨胀岩边坡存在一深大结构面，结构面贯通性较好，结构面倾向线路右侧，由于结构面的存在，加之堑顶施工用水水池漏水，水浸泡堑顶并沿裂隙渗入，增大了土体的含水量，特别是加大了结构面的含水量，使结构面软化，当强度降低至一定值时即形成滑动面，使左侧沿倾向于铁路的慢状深大结构而滑动，土钉墙作为一种支挡结构，它仅能承受墙后少量的土压力，而不具备抗滑功能，从而引起左侧边坡坍滑。二是膨胀泥岩的碎裂性，碎裂岩体使锚杆的握裹力降低，加之土钉长度有限，土钉墙形成的群锚墙厚度有限，群锚机制难充分发挥，抗滑功能差，因而难以抵御结构面富水后形成的滑动。三是膨胀泥岩的低强度性，由于土钉墙边坡设计过陡，坡脚应力集中，加之岩体的抗压强度低，抗剪强度不高且随干湿循环而急剧衰减，边坡坡脚岩体难以承受边坡自重压力而导致边坡溃塌。

（2）第一次变更设计坡脚设抗滑桩，在实施过程中，两根抗滑桩被推歪。分析是因为膨胀岩的碎裂、低强度性，加之干缩造成侧壁应力不足，使抗滑桩锚固段深度不够所致。

6　工程体会

本试验工点最初的设计理念是采用及时封闭的工程措施以保堑和防膨胀变形，故采用土钉墙方案。通过试验和事后认识的膨胀泥岩鲜为人知的三大特性，才充分认识到膨胀岩路堑边坡的坍滑，不单是由于膨胀力的作用，还与膨胀岩的碎裂性、低强度性和发育的结构面有关，而且发育的结构面对膨胀岩边坡的危害更大。

根据本工点滑坡整治的经验，对膨胀岩地区路堑边坡的设计和施工提出以下建议：

（1）土钉墙类符合保堑和防膨胀变形的试验初衷，其自上而下分层开挖、及时封闭的工艺也适应防胀缩性的要求。但是，对碎裂、低强度的膨胀岩则不适应。

（2）由于膨胀岩岩体强度低，坡脚成为边坡的薄弱部位，加强坡脚支挡工程对稳定边坡有利，抗滑桩是有效的抗滑固坡措施。但抗滑桩设计时需考虑膨胀岩干缩造成的侧壁应力衰减，应加大埋深，减小桩间距。

（3）由于膨胀岩强度低，边坡设计不宜过陡。边坡坡率应放缓，且分级设置平台，以减小坡脚应力和可能产生的下滑力。

（4）膨胀岩路堑边坡的工程设计，以往着重于防膨胀性。但工程实践表明，在南昆铁路膨胀岩地区，仅具备防膨胀的工程措施并不能满足边坡稳定性的要求。膨胀性在南昆铁路膨胀岩地段并不是导致边坡失稳的主要因素，而膨胀岩的碎裂性和低强度性才是导致边坡失稳的主要因素。因此，工程设计应以防止坍滑和增加土体强度为主，特别是应增加坡脚强度，稳定坡脚。

（5）边坡防护工程应以保持土体具有一定的抗剪强度为主，以防止土体因反复干湿循环而导致土体抗剪强度衰减引起浅层溜坍。经验证明，边坡土体含水量过大对边坡稳定极为不利。因此，在边坡上设置支撑渗沟既可及时疏导土体中的水，保持土体一定的含水量，又可对边坡起加固作用，防止边坡发生浅层溜坍。

（6）膨胀岩地区合理地选择施工季节对边坡的稳定也很重要。

膨胀岩是一种多裂隙、低强度、高亲水性的软弱岩体，含水量的大小对其强度影响很大。发育的裂隙在雨季为雨水渗入提供了良好的通道，使岩体含水量大大增加，此时开挖路堑边坡极易造成边坡坍滑。因此，膨胀岩路堑边坡的施工必须在旱季进行，严禁雨季施工。

南昆铁路百色种猪场膨胀岩路堑滑坡整治

谭 曦
（中铁二院 土建二院）

摘 要 该工点为强膨胀岩路堑高边坡工点，施工图采用矮挡墙、宽平台、缓边坡设计，边坡采用浆砌片石护坡防护。因机械化大面积拉槽开挖，边坡长时间暴露，出现工程滑坡。由于强膨胀岩，其成岩作用差，节理裂隙极发育，岩体强度低，地表水下渗岩体强度急剧衰减，诱发边坡滑坡。变更设计采用清方减载、两排抗滑桩加固、设置截水沟、边坡设骨架护坡及支撑渗沟等综合措施，确保了膨胀岩路堑高边坡的稳定。

关键词 膨胀岩 路堑 边坡 滑坡 抗滑桩

1 概 况

工点位于六塘—百色区间，地处百色盆地残丘缓坡地带，地形左低右高，相对高差 15～25 m，自然坡度 15°～26°，坡面种植甘蔗。线路以路堑通过，中心最大挖深 8.25 m，右侧最大边坡高度 16 m。百色地区种猪场位于线路右侧 45 m 斜坡上方，中线偏左部位分布 4 个长条形鱼塘。

地层上覆厚 1～2 m 第四系全新统坡残积（Q_4^{dl+el}）黏土，灰黄、浅黄色，坚硬～硬塑状，网状裂隙发育，自由膨胀率（F_S）为 51%～91%，为中至强膨胀土。下伏下第三系始新统—渐新统那读组（E_{2-3n}）泥岩地层，颜色多为灰、浅灰色，风化后多呈灰褐、黄褐、灰黄色，厚层状，成岩性差，质软，易风化，属中至强膨胀岩。岩层节理裂隙非常发育，多为层状破碎结构类型，贯通性强，层理面和节理面因风化淋滤作用呈黄褐色，偶尔有铁质薄膜层。室内土工试验，液限（W_L）最大值 61.4%，一般值为 30.8%～53.48%，自由膨胀率（F_S）最大值 91%，一般值 60%～80%，干燥—饱和吸水率（W）最大值为 72.36%，一般值为 45.68%。

岩层层理产状为 N5°W/45°NE，倾向和倾角局部变化较大。

施工图设计路堑右侧采用路堑坡脚设置 4 m 高挡土墙，墙顶设置 2 m 宽平台，平台以上路堑设置二级边坡，第一级边坡高 6 m，坡率为 1：2，第二级边坡坡率为 1：2.5，级间留 3 m 宽平台。挡墙采用 M7.5 浆砌片石砌筑，边坡及平台采用 M5.0 浆砌片石护坡防护，见图 1。

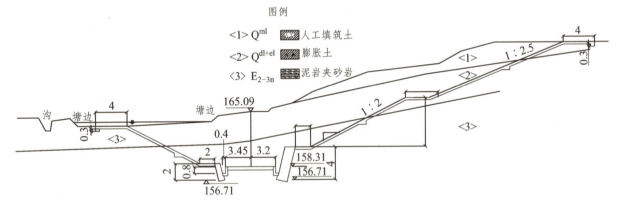

图 1 原设计代表性断面图

2 路堑施工及边坡坍滑情况

该路堑工点于 1993 年 10 月进场施工，采用挖土机械大面积拉槽开挖，1993 年 12 月中旬路堑基本成型时右侧边坡上方产生裂缝，随着裂缝的发展，边坡上方百色地区种猪场菜地下陷，形成坍滑体。坍滑体平面呈圈椅形，顺线路方向宽 130～150 m（线路里程为 DⅡK211+760～DⅡK211+900），垂直线路方向轴长 20～35 m，滑体厚 5～9 m，后缘陡坎明显，陡坎高度 0.5～2 m，沿陡坎边缘外侧可见张拉裂缝 2～3 条，缝宽 0.5～1 m，深 0.5～1.2 m，断面呈"V"字形，其次为细裂缝。滑体中部凹地和后缘封闭洼地明显，并有少量积水。另外，在陡坎下面和滑体前缘（即位于挡土墙顶平台上）可见明显的滑动面，滑面颜色多为灰、灰绿、浅灰、灰白色，光滑细腻，手搓滑感强,局部可见明显的位移。

　　1994年3月底施工单位完成工点的第一次变更设计的抗滑桩主体工程施工,滑坡体趋于稳定。但在1994年6月中旬,由于大雨不断及增设天沟尚未完成,导致大量雨水沿坡面下渗,已趋稳定的滑坡体上方再次出现拉裂缝,且有向昆明方向急剧发展的趋势。

3　路堑坍滑原因分析

　　根据现场调查和分析,边坡坍滑的主要原因如下:

　　(1)该工点地层岩性主要为下第三系那读组强膨胀性泥岩,其成岩作用差,受3组节理切割,岩层节理裂隙非常发育,岩体强度低。

　　(2)施工中,未按设计要求分段跳槽开挖施工挡土墙,采用大型机械全断面长拉槽施工,形成山体大面积临空,且曝露时间过长,加之路堑堑顶分布水塘,上部土(岩)体含水量大,同时百色地区种猪场废水没能完全排走渗入边坡,软化边坡岩土体,降低了岩土的抗剪强度,造成边坡土(岩)体受力失去平衡而产生坍滑。

4　变更设计情况

　　第一次变更设计:

　　(1)路堑右侧边坡顶增设天沟,以拦截住路堑边坡以外的地表水和种猪场生活废水。

　　(2)回填并夯实裂缝,边坡整理平顺。

　　(3)于DⅡK211+760~DⅡK211+895右侧距中线17 m处,设28根抗滑桩,桩间距5 m,截面为1.6 m×2 m,桩长6~9 m,桩身采用200号钢筋混凝土灌注。

　　第一次变更设计代表性断面见图2。

　　第二次变更设计:

　　(1)DⅡK211+900~DⅡK212+020右侧距中线25 m处增设25根抗滑桩,桩长9 m,桩间距5 m,桩截面为1.6 m×2 m。

　　(2)DⅡK211+817.5~DⅡK212+897.5右侧距中线36 m处增设20根抗滑桩,桩长9 m,桩间距5 m,桩截面为1.6 m×2 m。

　　(3)为了解决种猪场废水流路及其下渗,结合种猪场排水系统,完善了场内及铁路排水,将猪场废水引入铁路天沟及吊沟,并在地下水发育地段,增设了3条支撑渗沟,边坡平台增设截水沟。

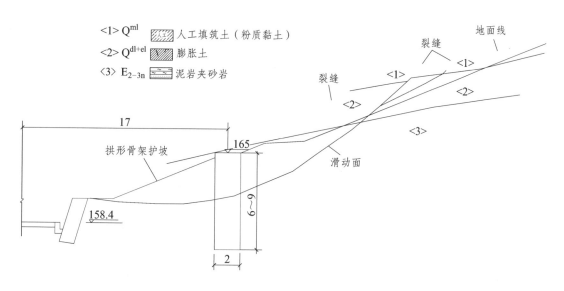

图2　第一次变更设计代表性断面

（4）滑坡坡面按 1：3～1：4 清方夯实后，设拱形或方格骨架护坡。

第二次变更设计代表性断面见图 3、图 4。

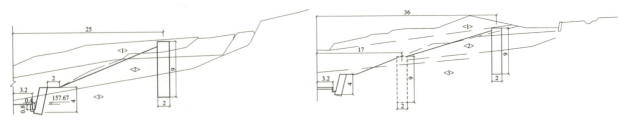

图 3　第二次变更设计代表性断面（一）　　　　　图 4　第二次变更设计代表性断面（二）

5　经验与体会

该工点抗滑桩及挡护工程施工完成后，保证了路基边坡稳定及上方百色地区种猪场的安全。时隔近 20 年，除坡面局部出现了表层小型溜坍外，路堑主体工程稳定，铁路运营良好。通过对该工点整治，体会如下：

（1）膨胀岩（土）病害发生的直接诱因主要是水，该工点水塘水、大气降水、种猪场废水是致使该工点病害产生的原因之一。膨胀土（岩）地区应尽量避开雨季施工，施工前后做好防排水措施。

（2）膨胀岩地段路堑边坡开挖后，造成山体大面积临空，在水的影响下岩体强度大幅度衰减，极易造成上方土（岩）体重心失去平衡而产生滑坡。在线路选线上尽量避免膨胀岩（土）深路堑的出现。

（3）膨胀岩（土）地段的深路堑，设计时应在路堑坡脚或边坡上先设置预加固桩，先预加固后再分段开挖桩前岩（土）体，及时砌筑路堑挡土墙。

洛湛铁路 D3K56 斜坡膨胀土路堑边坡病害整治

王开云　陈裕刚　李楚根

（中铁二院　土建二院）

摘　要　洛湛铁路 D3K55+985～D3K56+155 段右侧弱膨胀土路堑边坡因暴雨影响造成开裂、挡墙移位变形。采用膨胀土路堑挡土墙、桩间挡土墙等措施加固，整治取得成功。

关键词　斜坡膨胀土路堑边坡　病害　整治

1　工程概况

1.1　地形概况

本段位于双牌县龙泊中学的西南边，属低山、丘陵和河流高阶地地貌，地形左低右高，相对高差达 100 m，自然横坡一般为 15°～40°。线路附近地形起伏不大，为缓坡地带，线路右侧 160 m 外山坡坡度较陡。该山体小里程端和大里程端各有一条小型冲沟，平时无水，雨季有水。

1.2　施工图情况

1.2.1　地质情况

测区上覆第四系中更新统冲洪积（Q_2^{al+pl}）弱膨胀土，下伏泥盆系中统棋子桥组（D_{2q}）灰岩夹泥质灰岩，特征如下。

（1）粉质黏土（Q_2^{al+pl}）：棕红色、棕黄色，硬塑状，土质不均，含灰岩质块石、碎石 10%～30%，$\varphi=200～300$ mm，厚度分布不均，厚 6～20 m，$c=20$ kPa、$\varphi=10°$、$\sigma_0=180$ kPa。

（2）灰岩夹泥质灰岩（D_{2q}）：深灰、灰色，隐晶结构，中厚层状，致密坚硬，性脆，弱风化（W2）。

段内地下水为第四系土层中的土壤孔隙潜水，含量甚微。基岩中的基岩裂隙水埋藏较深，未见地下水露头。

1.2.2　设计情况

D3K55+985～D3K56+155 段为典型的土层路堑边坡。右侧边坡为缓单面坡地形，右高左低，土层厚度达 20 m，开挖边坡高度约 14 m，土层山坡高达 35 m。施工图坡脚设 3 m 高膨胀土路堑挡土墙，墙顶边坡按 1:1.5 刷坡，坡面采用人字形截水骨架内灌草护坡防护，如图 1 所示。

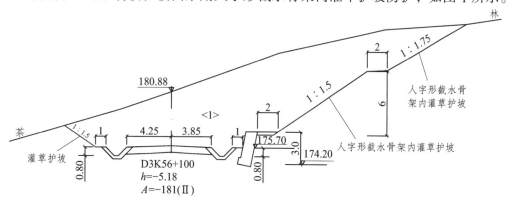

图 1　施工图设计代表性断面

2　工程病害发生原因、特征

2.1　施工开挖过程及变形情况

路堑开挖至路肩下侧沟底标高，挡墙及边坡防护工程均已完成。2006 年 7 月 15 日至 20 日，双牌县连降暴雨，雨后 21 日发现挡墙移位变形，沿沉降缝推移产生错台，墙顶线最大向外推移 10 cm，并有 5 处裂缝。在挡墙中部，距线路 100 m 外的山坡上发现了 15～20 cm 宽的裂缝，挡墙两端的山坡上有 5 cm 左右宽的裂缝，往下延伸至一级护坡平台上，为一条圈椅状的裂缝，长约 270 m，宽 5～30 cm，深度 0.3～2 m。

2.2　路堑边坡开裂变形原因分析

该开裂变形体分布于 D3K55+980～D3K56+130 段路基右侧开挖边坡处，开裂变形体周界地貌形态呈圈椅状，开裂变形体前缘边界为路基右侧侧沟，前缘出现许多微裂缝，后缘及两边边界为开裂变形后形成的一条圈椅状的裂缝，宽 0.05～0.3 m，深 0.3～2.0 m。轴向长约 110 m，宽 100～150 m，厚度为 6～18 m。物质成分为弱膨胀土，硬塑状，局部为软塑状，土质不均，含 10%～40% 的灰岩、砂岩质碎石、角砾，粒径为 2～200 mm，局部含有漂石，ϕ=200～300 mm。其底部主要为薄层软塑状的弱膨胀土。变形体下部纵坡前缘坡度有反翘，中部平均坡度为 3°～9°，后部～后壁坡度为 30°～50°。开裂变形的成因分析：（1）路基施工开挖后，线路右侧山体形成临空面，边坡土体易失稳。（2）地表土为弱膨胀土，具有遇水膨胀，失水收缩、开裂的特征。失水时收缩、开裂，破坏土体结构，增加土体空隙，利于水的下渗；遇水时膨胀、软化，降低土体力学强度，有利于开裂变形体的形成。（3）挡墙施工完成后，个别泄水孔排水不畅，导致地下水浸泡土体，形成了软塑土，大大降低了土体力学强度；同时路堑右侧侧沟在施工过程中严重积水，导致表水下渗，浸泡挡墙基础，降低挡墙基底承载力，从而有利于土体向临空面剪出而造成山体开裂变形。（4）由于连下大暴雨，大量降水补给土体内地下水，不仅增加土体重量，降低其抗剪强度，其水压力也促使土体产生滑动。

2.3　山体整体性评价及危害

在线路中心～右侧 110 m 范围内发现有裂缝，线路左侧及右侧 110 m 以外未见裂缝及地表其他变形迹象。钻探揭示在基岩面表层分布有 0～3 m 受水浸泡成软塑状的土层。滑动面尚未形成，但开裂、变形仍在进行中，其范围和深度有进一步扩大的可能。

由于测段土层为弱膨胀土，膨胀土具有遇水膨胀，失水收缩、开裂的特征。如遇更大的暴雨，下部土体结构会受到更严重破坏，土体力学强度降低更大，大量降水更容易补给土体内地下水，更加增大土体重量，加之线路中心附近已形成了临空面，右侧土体可能沿更深的基岩面上的软塑土层向路基开挖面剪出，从而形成更深层的滑坡。

3　地质补勘情况

3.1　工程地质情况

段内上覆地层为第四系全新统开裂变形体（Q_4^{del}）弱膨胀土、第四系中更新统冲洪积（Q_2^{al+pl}）弱膨胀土，下伏基岩为泥盆系中统棋子桥组（D_2q）灰岩夹泥质灰岩、泥灰岩，特征如下。

<1-1>开裂变形体（Q_4^{del}）：为弱膨胀土，硬塑状，局部为软塑状，土质不均，含 10%～40% 的灰岩、砂岩质碎石、角砾，粒径 2～200 mm，局部含有漂石，ϕ=200～300 mm，其自由膨胀率 F_s=38%，蒙脱石含量 M=12.08%，阳离子交换 CEC（NH_4^+）=323.7 mmol/kg，厚 6～18 m，c=15 kPa、φ=10°、σ_0=150 kPa。

<1-2>弱膨胀土（Q_2^{al+pl}）：硬塑状，局部为软塑状，土质不均，含 10%～40% 的灰岩、砂岩质碎石、角砾，粒径为 2～200 mm，局部含有漂石，φ=200～300 mm，其自由膨胀率 Fs= 38%，蒙脱石含量 M=12.08%，阳离子交换 CEC（NH_4^+）=323.7 mmol/kg，厚 10～28 m，c=20 kPa、φ=10°、σ_0=180 kPa。

<1-3>弱膨胀土（Q_2^{al+pl}）：软塑状，土质较纯，仅局部含少量的灰岩、砂岩质角砾，粒径为 2～20 mm，厚 0～3 m，c=12 kPa、φ=8°、σ_0=120 kPa。

<2>灰岩夹泥质灰岩、泥灰岩（D_2q）：灰色、深灰色、灰白色，中～厚层状，钙质胶结，节理、裂隙较发育，溶蚀较严重，强风化带（W_2）厚 0～4 m。

3.2　水文地质情况

段内地表水主要为潇水河水、沟水及坡面径流。区内大气降雨丰富，植被发育，降雨时常形成地表片流。

地下水主要为第四系土层孔隙潜水及基岩裂隙水、岩溶水。由于土层中含较多的碎石、角砾，以及局部土层为漂石土、碎石土，因此土层中储存有丰富的孔隙潜水；下伏基岩为灰岩夹泥质灰岩、泥灰岩，岩溶中等发育，岩溶水较丰富，但其分布具不均一性。地下水主要受大气降雨及地表水补给，受季节影响较大。

4　病害整治措施

4.1　路堑滑坡稳定性分析及推力计算

（1）滑带土力学指标参数。

根据滑坡处于蠕动变形拉裂阶段，本次对 D2K56+060 断面的滑面按临界稳定状态（$K=0.98$）进行反算，取土层容重 $\gamma=20$ kN/m^3，反算结果如下：D2K56+060 断面 $c=7$ kPa、$\varphi=11.82°$。

（2）滑坡推力计算。

滑坡稳定性计算以极限平衡法为主，滑坡推力计算按传递系数法考虑，推力计算安全系数 $K=1.25$。滑坡推力计算中，采用滑面指标临界稳定状态（$K=0.98$）反算值，滑坡推力计算结果如表 1 所示。

表 1　滑坡推力计算结果表

检算断面	滑坡推力/（kN·m^{-1}）	备　注
D2K55+060	431	

4.2　工程（整治）措施

（1）D3K55+989.38～D3K56+121.38 段右侧长 132.00 m，距线路中心 13.75 m 或 13.50 m 的墙顶路堑边坡半坡处设置抗滑桩，共 23 根，桩间距为 6 m，桩截面为 1.75 m×2.5 m～1.75 m×2.75 m，桩长 20～26 m，桩身采用 C30 混凝土灌注。

（2）D3K55+985～D3K56+155 段右侧长 170 m，设置膨胀土路堑挡土墙，高度均为 3.0 m。挡土墙墙身采用 C15 片石混凝土浇筑。

（3）D3K55+980～D3K56+155 段右侧长 175 m，墙顶路堑边坡按 1:2 的坡率刷坡，路堑边坡采用人字形骨架内灌草护坡防护，骨架净距 6 m，人字骨架净距 5 m；于人字形截水骨架主骨架位置，每隔一道主骨架设一道支撑渗沟，总共 13 道。

（4）D3K55+980～D3K56+155 段右侧长 175 m，右侧路堑边坡一级平台（墙顶平台）上；D3K55+986～D3K56+149 段右侧长 163 m，右侧路堑边坡二级平台上，均设半坡平台截水沟，将水引入天沟或侧沟中排出。

路堑边坡病害整治代表性断面见图 2。

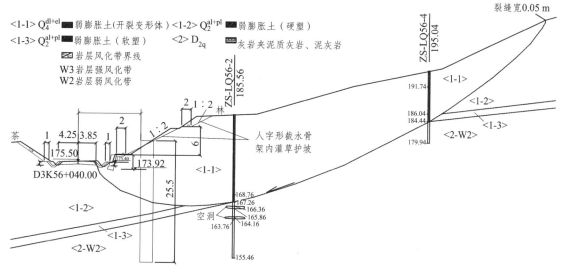

图 2　路堑边坡病害整治代表性断面

5 工程整治效果

采用上述工程措施解决了该段路堑边坡稳定问题。洛湛铁路开通运营至今，历经多次强降雨，该段路堑边坡均未出现异常，加固效果良好，如图 3 所示。

6 工程体会及建议

（1）勘察资料的正确性、准确性是路基设计的关键，尤其是地质基础资料，建议加强地质钻探、试验及调绘工作，加强路基现场调查工作。

（2）具膨胀性的土层，虽然达不到弱膨胀土对应的技术指标，尤其具斜坡的地形，在施工开挖过程中，出现病害的概率较高，建议工程措施适当加强。

图 3　加固后路堑边坡

（3）弱膨胀土，尤其是深厚（或具斜坡的地形）弱膨胀土路堑坡脚，应设置预加固桩间挡土墙或桩板墙、边坡坡率宜放缓、设置锚杆框架梁、支撑渗沟等措施。

（4）膨胀土地段设计应有完善的排水系统。

胶济铁路 D1K289 膨胀土路堑病害工程整治

庞应刚　田　辉　李安洪

（中铁二院　土建二院）

摘　要　本段膨胀土路堑由于施工中排水不畅造成病害，采取了加强地表、地下水排除、加强基床结构设计、加强边坡支护等方法进行整治设计，效果良好。

关键词　膨胀土　路堑　地下水　病害　整治

1　工程概况

胶济铁路 D1K288+800～D1K290+650 长 1 850 m，位于马尚至王村双绕取直地段，段内属冲洪积平原地貌，地形平坦开阔，全段均为挖方路堑，最大挖方深度 9 m。线路纵坡为 4.7‰的上坡。

该段地层为弱～中膨胀土，下伏基岩为侏罗系上统蒙山组分水岭亚组（J₃mf）长石砂岩，地下水位相对较低（地表 20 m 以下）。在施工图设计时，按一般弱～中膨胀土路堑设计，坡脚设置矮挡土墙（按膨胀土挡土墙设计），墙后设置 0.5 m 厚的砂砾石反滤层，墙顶缓边坡，边坡设截水骨架护坡。施工图设计代表性断面图如图 1 所示。

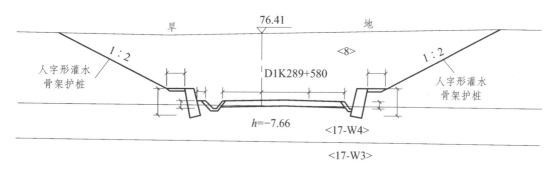

图 1　施工图设计代表性横断面

2　施工中路基病害及原因分析

2003—2004 年，山东境内雨量充沛，沿线地下水位一直居高不下，该段路基在施工过程中，由于既有公路的改移未完成，为了既满足公路交通又满足建设工期的需要，采取了分段开挖，积于拉槽中的地下水无法顺坡排泄，尽管在施工过程中采取了抽水措施，但始终未能将积水降至开挖的基顶面以下。D1K289+240～D1K289+360 段右侧挡土墙浇筑完成后，2004 年 11 月 25 日下雪，11 月 28 日发现墙顶封闭平台出现小裂缝，12 月 8 日出现明显位移，到 12 月 10 日，共 3 节长 45 m 的挡土墙位移相对较大，最大位移达 0.47 m，但挡土墙以上的路基边坡完好。挡土墙滑移地段地下水较为丰富，在挡土墙平台处有地下水渗出。现场照片如图 2 所示。

图 2　施工场地积水及挡土墙滑移照片

在该段挡土墙出现局部滑移后，进行了补充地质勘察、勘探及抽水试验工作，对土质重新取样进行了试验，共取样 32 组，通过取样试验，仅一组为弱膨胀土，其他均为中～强膨胀土。

膨胀土（Q_3^{pl}）：棕黄、褐黄夹白色条带或斑点，地下水位以上硬塑，地下水位以下软塑，局部硬塑状。自由膨胀率 F_s=40% ~ 74%，阳离子交换量 CEC（NH_4^+）=195.5 ~ 392.0 mmol/kg，蒙脱石含量 M=12.61 ~ 38.29%。

由于雨季水量较大，地下水静水位深 3.80 ~ 7.80 m（高程为 61.90 ~ 72.70 m）。经计算 DK288+930 ~ DK290+100 段地下水流量 Q=99.4 m³/d。由于边坡上部含钙化姜石较多，透水性好，下部膨胀土黏性强，具有相对隔水作用，由于排水不畅，导致挡土墙基底软化，加之膨胀土遇水膨胀的特性，使已建成的挡土墙发生位移现象，最大位移量达 47 cm。

3　变更设计主要工程措施

3.1　临时地表水、地下水排降措施

D1K289+290 ~ D1K290+150 长 860 m，在线路中心附近挖一条纵向降水沟，降水沟中心较路基面设计高程低 2.5 m 左右，沟底宽 0.8 m，沟底纵坡与线路设计纵坡相同。在 D1K289+290 附近将水引入小里程端的排水明沟或采用水泵将汇水抽排至路基范围之外。水泵抽水能力不得小于渗流汇水量的 1.5 倍。

3.2　地下排水措施

（1）在 D1K289+290 ~ D1K290+650 线路两侧侧沟底部设置纵向排水渗沟，渗沟深 1.2 m，宽 1.2 m。基础采用 M7.5 浆砌片石砌筑（基础底部位于膨胀土地段夯填 0.3 m 厚碎石），两侧反滤层采用中粗砂和小砾石，各厚 10 cm，中间包裹一层透水土工布；中间采用洗净的碎石充填密实；渗沟底部安放一根 ϕ315 mm PVC 带孔双壁波纹渗水管将水引出。排水渗沟每间隔 30 m 左右设置一处圆形检查井，井径 1 m，采用钢筋混凝土制作。

（2）D1K288+880 ~ D1K289+290 段长 410 m 的路基由一般路堑形式改为路堤式路堑形式设计，防止排水倒灌。

3.3　挡土墙加固

原施工图设计挡土墙已施工了部分地段，根据挡土墙所处地段的地层情况和挡土墙变形情况，分别采取以下措施：

（1）D1K289+240 ~ D1K289+590 左右侧各长 350 m 路堑挡土墙已修筑完成，因变形较大，拆除重建。D1K289+590 ~ D1K289+750 左右侧各长 160 m，D1K289+800 ~ D1K289+880 左侧长 80 m 已修筑的挡土墙，挡土墙原设计位于非膨胀土地层中，本次补充勘察后该三段挡土墙均位于中～强膨胀土地层中，挡土墙截面厚度不满足设计要求，该三段已施工挡土墙均予以拆除，按膨胀土挡土墙设计要求进行重建。

（2）D1K289+030 ~ D1K290+100 长 1070 m，路堑两侧设置重力式路堑挡土墙。挡土墙按膨胀土地段挡土墙（φ=13°、c=15 kPa、γ=18.5 kN/m³、f=0.3、[σ]=150 kPa）进行设计，墙高均为 3 m。D1K290+100 ~ D1K290+150 长 50 m，路堑两侧设置设重力式路堑挡土墙。挡土墙按 φ=35°、γ=19 kN/m³、f=0.3、[σ]=200 kPa 进行个别设计，墙高均为 3 m。挡土墙墙身均采用 C15 片石混凝土灌筑。

（3）D1K289+030 ~ D1K289+650 左右侧各长 620 m 和 D1K289+850 ~ D1K289+990 左右侧各长 140 m 路堑挡土墙，挡土墙基底压填片石加固，压填片石厚 0.5 m。

（4）挡土墙墙背底部隔水层采用 C15 混凝土，厚 0.2 m。墙背连续设置 0.5 m 厚砂卵石反滤层，膨胀土地段于墙背底部隔水层上设置 ϕ80 mm 软式透水管（透水管间采用三通接头连接），将墙背水通过挡土墙泄水孔引入侧沟排走。

3.4　护坡工程

（1）D1K288+800 ~ D1K290+290 左右侧路堑边坡按 1 : 2 开挖，采用拱形截水骨架内植物护坡

防护。主骨架间距 4 m，沿线路每隔 100 m 左右设置一处人行踏步。

（2）D1K289+220～D1K290+150 长 930 m，线路两侧路堑边坡设边坡支撑渗沟进行加固。边坡每隔 3 个拱形骨架设置一条边坡支撑渗沟（渗沟间距为 12.0 m），支撑渗沟宽 2.0 m。基础采用 M5 浆砌片石砌筑；两侧反滤层采用小砂石和大砾石，各厚 20 cm；中间采用干砌片石充填密实；渗沟表面采用干砌片石勾缝处理。两侧与拱形骨架护坡主骨架相连。

3.5　基床加固

（1）D1K289+010～D1K289+290 长 280 m，路基基床自路基面以下采用 0.6 m 厚级配碎石＋A、B 组填料＋土工格室＋0.1 m 厚中粗砂＋两布一膜不透水土工布进行加固（图 3），路基两侧设置干砌片石护肩。土工布位于排水明沟沟底高程以上 0.2 m 处。

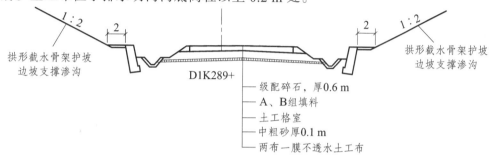

图 3　基床加固设计代表性断面（一）

（2）D1K289+290～D1K289+675 长 385 m、D1K289+810～D1K290+010 长 200 m，该两段路基基床挖除路基面以下膨胀土（路基面以下膨胀土较厚的地段，挖除深度为 2.0 m），然后自路基面以下采用 0.6 m 厚级配碎石＋A、B 组填料＋土工格室＋0.1 m 厚中粗砂＋两布一膜不透水土工布进行加固（图 4）。

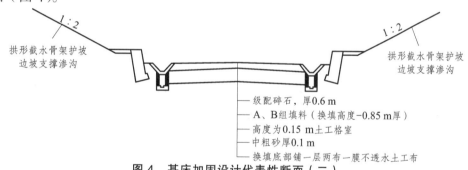

图 4　基床加固设计代表性断面（二）

4　施工顺序

（1）由小里程向大里程方向开挖纵向降水沟，尽快降低地下水位。

（2）尽快修通 D1K289+170～D1K289+230 段路堤式路堑的排水明沟，保证堑内排水通道。

（3）由小里程向大里程方向分段施工纵向渗沟和检查井。路基面以下需挖除换填的地段可与两侧纵向渗沟同时开挖，纵向渗沟施工可采用挡板支撑开挖。

（4）待地下水位降低至挡墙基底以下后，分段施工挡土墙。

（5）基床加固处理和修筑侧沟。

（6）修筑边坡支撑渗沟和拱形截水骨架护坡。

5　工程体会

（1）在平原地区选线应避免出现长拉槽挖方地段，保证排水畅通。

（2）由于勘察阶段遇多年干旱季节，施工又遇雨量充沛季节，应充分掌握地下水位的分布规律。

（3）勘探工作量不足，工作深度不够，对膨胀土定性前后出入较大。

（4）在膨胀土地区路基设计时，应高度重视地下水排除、路基基床加固、边坡防护等工程设计。本段路基变更设计后，边坡稳定，基床无病害，两侧渗沟常年有水流出。

昆枢东南环线膨胀岩土高路堑边坡工程设计

王志伟　李　能

（中铁二院　昆明公司）

摘　要　昆明枢纽东南环线 D2K76+250～D2K76+573 左右两侧中强膨胀土深路堑边坡，最大坡高 26.8 m，工点采用挡土墙、抗滑桩、锚杆框架、喷播植草间植灌木和支撑渗沟等多种措施进行综合支挡防护设计，为干湿交替明显的气候特征地区、高地下水位、中强膨胀土挖方边坡治理的典型代表。

关键词　中强膨胀土　深路堑　加固防护

1　引　言

新建铁路昆明枢纽东南环线工程化城～昆明南区间 D2K76+250～D2K76+540 段中心最大挖深达 14.36 m。测区属滇池断陷盆地及滇中高原丘陵-中低山区地貌，工点地层上覆上第三系茨营组（N_2）中强膨胀黏土，下伏二叠系上统峨眉山玄武岩组（$P_2\beta$）玄武岩，全风化层，厚 5～15 m，具弱膨胀性。经路隧投资比较，隧道方案投资估算高出 1 205.29 万元，最后方案以深路堑路基通过。

2　工程概述

测区属滇池断陷盆地边缘丘陵-中低山区地貌，地形起伏较大，地面高程为 1 950～2 050 m，相对高差小于 100 m，工点线路从低山坡脚挖方通过。地表多为旱地、果园。

工点地层上覆第三系茨营组（N_2）黏土<8-1>，属中等～强膨胀土；下伏二叠系上统峨嵋山玄武岩组（$P_2\beta$）玄武岩<12-2>，全风化层<12-2-W_4>厚 0～15 m，属Ⅲ级硬土，局部具弱膨胀性，强风化带<12-2-W_3>厚 0～30 m，属Ⅳ级软石，弱风化带<12-2-W_2>属Ⅴ级次坚石。主要地层<8-1>主要物理力学参数见表 1。

表 1　主要物理力学参数

土　层	重度 γ/（kN·m^{-3}）	孔隙比 /e	含水量 ω/%	液限 W_L/%	塑限 W_P/%	天然快剪黏聚力 C/kPa	天然快剪摩擦角 φ/（°）	蒙脱石含量 M/%	自由膨胀率 δ_{ef}/%	压缩模量 $E_{0.1\sim0.2}$/MPa
<8-1>黏土	17.8	1.177	37.1	55.8	30.3	38.0	11.1	18.41～36.14	65～101	5.5

本区大气影响深度为 5 m，大气影响急剧层深度为 2.25 m。

3　工程措施

膨胀土边坡稳定性的问题，在理论上一直没有得到完全解决，因此工程中只能凭经验做出决策。根据所得研究资料，本工点主要工程措施定为：坡脚设 3 m 高预加固桩桩间墙，边坡以 1:2.5 坡率，6 m 一级分级开挖，采用节点间距 3 m 锚杆框架间种灌草防护，由于地下水较高，地下水位以下边坡补加支撑渗沟防排措施。断面形式如图 1 所示。

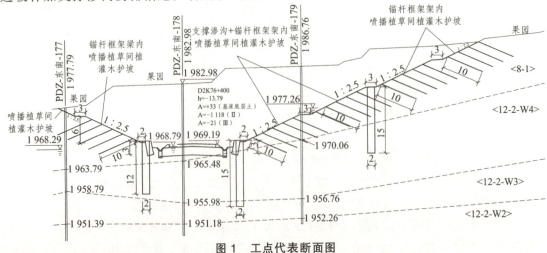

图 1　工点代表断面图

3.1 坡脚支挡

几何的原因，边坡坡脚处总是应力集中点，来自上部边坡的地表水也在坡脚集中，侧沟内的水也更易渗入坡脚，膨胀土边坡坡脚较其他部位更容易遭受破坏。因此，"固坡脚"是膨胀土堑坡防护的原则之一。"固坡脚"并不意味着刚性的支护措施，这是基于矛盾的两方面的考虑。

原生膨胀土多属于超固结土，具有较大的初始水平应力和结构强度，路堑边坡开挖，会产生卸荷膨胀，土体的原生结构会部分遭破坏，强度降低，因此，路堑设计可考虑利用土体的一部分超固结应力，保持较高的初始结构强度不受损坏，以减少防护加固工程并增加堑坡稳定性。土体结构性强度愈大，土体抵制胀缩变形的能力也愈大。当土的结构受到破坏以后，土的胀缩性随之增强。铁道部第四勘测设计院在淮南公路裂土路堑挡墙上用压力计实测结果表明，在深度 2.65 m 范围内膨胀裂土的卸荷膨胀力相当于主动土压力的 136% ~ 185%。因此，从这方面考虑在加固膨胀土堑坡坡脚时，采取的措施一定要强。然而，另一方面的研究表明，膨胀土的水平应变的微小变化就可引起膨胀力的大幅度减小。张颖钧的实验也得出砂垫层与膨胀土试样的合理厚度之比考虑为 30%，可降低膨胀力约 25% 的结论。因此，膨胀土边坡坡脚的加固还要考虑允许一定的范围的膨胀变形，以减少膨胀力，节约支护成本。

基于以上研究的考虑，本工点坡脚采用了桩间矮挡墙的支挡措施。桩截面为 1.5 m×2.0 m，桩间距为 5.0 m，桩长 12 ~ 15 m。挡墙墙高 3.0 m，墙背设 0.5 m 厚砂卵石反滤垫层。一方面，挡墙和预加固桩在支撑主动土压力的同时，能够产生很好地保护堑坡土体的原生结构，避免产生大的持续性的变形破坏，另一方面，预加固桩和挡墙背后的砂垫层的弹性变形又很好地吸收了一部分膨胀力。

3.2 边坡坡率与分级

美国得克萨斯流域的一项目实验数据是，经浸湿后干燥再浸湿的过程，原状膨胀土天然含水量时的黏聚力为 316 kPa（45 lb/in²）[①]，浸湿后黏聚力变为 15.5 kPa（2.2 lb/in²），风干再浸湿后黏聚力变为 6.3 kPa（0.9 lb/in²）。这三个状态下的黏聚力的变化也正体现了一般膨胀土强度变化的三个阶段的特点，即从非饱和状态到饱和状态再到经过干湿循环饱和状态三个阶段的强度特点。在非饱和状态的原状膨胀土由于基质吸力（主要由负孔隙水压力引起）的存在，强度比一般黏性土都高，初次饱和后，负孔隙水压力消失，强度也急剧降低，经过几次干缩循环后，膨胀土的原生结构遭到破坏，强度也再次大幅度降低。与一般黏性土相同，在达到饱和后，如边坡在经过连续的降雨天之后的情况之下，由于黏性土的渗透系数较小，此时土体的强度包络线为一水平线，即摩擦角为零。通过上述分析，不难理解膨胀土边坡发生浅层破坏的特点了。经过几个干湿循环后，原生结构强度损失殆尽，即黏聚力大降低，饱和状态下，摩擦角也接近为零，所以，此间的膨胀土边坡基本无法承受剪应力，无论边坡多缓，仍会发生表层溜塌。吉林省延边地区膨胀土坡体在变形或破坏前地表坡度极为平缓，仅约 9°，但仍发生了滑坡。由此可见，膨胀土边坡的稳定，特别是浅层边坡的稳定不能只以放缓坡率的方法解决，而应当从放缓坡率以减少下滑力、提高坡率以加快坡面排水速率以及加强坡面防护防止土体过湿和过干等多因素综合考虑，折中确定坡率的大小。

根据资料分析，本工点采用 1 : 2.5 分级放坡开挖，单级最大高度为 6 m，级间设 3 m 宽平台。为了减少边坡变形，于边坡中部平台设一排埋入式抗滑桩，以截断上边坡对下边坡的力的下传。

3.3 坡面防护

基于与坡脚支护相同的原因，膨胀土堑坡坡面的防护也要考虑到坡面的膨胀变形的限制和允许变形矛盾的两个方面。

膨胀土的胀缩是由于土体中的含水量的变化引起的，为了阻止这种变化，很容易想到全封闭

---

① 1 lb/in²=7.03 kPa。

的坡面防护措施，如浆砌片石全封闭防护等。然而使用中，这种措施的弊端很快就暴露了出来。想象中全封闭措施既可以阻止雨水渗入坡体中，又可以阻止坡体中的水分的蒸发，然而，事实却不是这样。如全封闭的浆砌片石防护，不可能完全阻止坡体表面含水量的变化，因此，坡面就会发生一定程度的胀缩，由于浆砌片石的刚性强、弹性差，在反复胀缩坡体的作用下，局部会出现裂缝。裂缝一旦形成，就会成为雨水的下渗通道，进而增加坡体的膨胀变形。膨胀变形反过来再一次使浆砌片石防护上的裂缝增大。如此反复，造成坡面防护的失效。全封闭防护的另一个缺点是阻止了边坡内部水的排泄。膨胀土三性之一就是它的裂隙性，在地下水位高起时，地下水沿裂隙渗出，全封闭防护结构会使得地下水在坡面受阻，从而引起坡面土体强度软化。因此，护坡工程应以非全封闭或柔性封闭的类型为宜，如框架护坡、骨架护坡、草皮护坡、干砌片石护坡等。

本工点采用的措施是锚杆框架梁内喷播植草间植灌木和支撑渗沟护坡，具体构造尺寸为：框架节点间距为 3.0 m，锚杆长度为 10 m，框架间喷播植草，每平方米草皮植灌木一棵，支撑渗沟间隔 10 m 设置，宽 1.5 m、深 2.0 m。锚杆框架是典型的刚柔并济的支护措施，它一方面能与坡体重力一起抵消一部分坡体的膨胀变形，保护坡体原生结构强度少受破坏，另一方面框架和锚杆一起产生的弹性变形又可使膨胀力大大降低。草皮和灌木的主要作用也有四个方面：第一方面，它们可以很好地阻止雨水对坡面的冲刷，减少雨水下渗；第二方面，植被的蒸腾作用又可以减少坡体内过多的水分，使边坡表层土体保持非饱和状态，充分发挥土体基质吸力的作用；与之相反，植被的第三方面作用是它们可以阻止所覆土体水分的过度散失，从而阻止膨胀土干缩裂隙的发展；第四方面，它们的根系本身也起到加固坡体和阻止干旱天气下土体裂隙的发展的作用。本工点地下常水较浅，设置 2 m 深的支撑渗沟可以及时将地下水排出坡体，使大气影响急剧层深度范围内的土体保持非饱和状态，充分发挥基质吸力的作用，减少土体强度所受胀缩的影响。

4 结 语

膨胀土作为一种典型的非饱和土，理论研究还待深入，工程中各种处理措施还有待完善统一。本工点所采取措施目前施工效果达到了预期，最终结果还有待进一步观察。

高烈度地震区中强膨胀土路堑边坡设计

封志军　冯俊德　薛　元　刘　漫

（中铁二院　土建一院）

摘　要　西南山区铁路路基工程由于受高速铁路线性、站场位置等因素控制，不可避免地会遇到边坡高度超常规情况。云桂铁路昆明南车站中强膨胀土路堑高边坡近 50 m，地质条件较差，岩土力学强度低，又处于高烈度地震区。针对该路堑高边坡，本文研究了桩板墙强支挡结构结合缓边坡、大平台、坡面框架锚杆的综合处理措施，确保该高烈度地震区中强膨胀土路堑边坡长期稳定，为以后同类工点提供了一定的工程经验。

关键词　中强膨胀土　路堑高边坡　桩板墙

1　工程概况

云桂铁路昆明南站为枢纽内新建客运站，位于昆明呈贡新城，距新建的昆明市行政中心约 3 km、滇池约 7 km，距昆明站约 28 km（铁路里程）。昆明南站主要办理云桂、昆玉、渝昆、成昆、沪昆客专客车作业。车站北端衔接沪昆客专、渝昆、枢纽客车线及车底出入段线，南端衔接云桂、昆玉线，按 16 台 30 线（含正线）规模设计。

东南环线接入昆明南车站 DK78+130 ~ JDK0+875.75 右侧，长 462 m。该段以挖方形式通过，堑中心最大开挖高度为 16.5 m，右侧设计最大挖方边坡高约 48.7 m。

2　工程地质条件

地质勘查资料（图 1）揭示，工点主要不良地质为第三系膨胀土（N_2），呈灰、灰绿、灰白、蓝灰、棕黄、灰黄、褐红色，硬塑状，局部呈半干硬状，略具成岩作用，最下部可见层理构造及泥质结构，但岩质软，呈土状。土质不均，部分为粉质黏土，夹砂团及薄层状粉土。广泛分布于测区第四系全新统沉积层之下。勘察期间车站范围共取 323 组上第三系茨营组（N_2）黏土做膨胀性实验，自由膨胀率 $F_s \geqslant 40\%$ 有 181 组，其中 $40\% \leqslant F_s < 60\%$ 共 85 组，$60\% \leqslant F_s < 90\%$ 共 80 组，$F_s \geqslant 90\%$ 共 16 组；共取 56 组土样做膨胀土详判实验，其阳离子交换量 CEC（NH_4^+）=116 ~ 537 mmol/kg，平均值 274 mmol/kg；蒙脱石含量 M=4.8% ~ 50.3%，平均值 19%；自由膨胀率 F_s=24% ~ 105%，平均值 59.3%；52 组为膨胀土，其中弱膨胀土 20 组，中等膨胀土 21 组，强膨胀土 11 组。车站范围膨胀土属弱 ~ 中等膨胀土，局部为强膨胀土。

本地区膨胀土大气影响深度为 5 m，大气影响急剧层深度为 2.25 m。地震动峰值加速度为 0.20 g。地震动反应谱特征周期 0.45 s。

膨胀土主要力学参数为：γ=19 kN/m^3，c=42 kPa，φ=12.6°，f=0.3，$[\sigma]$= 200 kPa。大气影响深度范围内 c=39 kPa，φ=11.5°。

图 1　膨胀土高边坡工地地质

3　设计需解决的几个问题

（1）工点为中强膨胀土路堑高边坡，最大边坡达 48.7 m。膨胀土力学强度低，如处理不到位，极易出现边坡变形、开裂、溜坍。

（2）工点处于昆明南进站端，紧邻云南师范大学及东二环市政道路，景观要求高。

（3）工点地震动峰值加速度为 0.20g，属高烈度地震区。

（4）该路堑边坡切断既有沟槽，需对既有排水系统进行系统调整，以防止大量表水排入路堑，冲毁边坡。

（5）工点范围存在一地方混凝土搅拌厂，边坡工程不得影响该搅拌厂的生产。

4　设计方案稳定性分析

初步确定方案为：于边坡坡脚设置一排路堑桩板墙，挂板高度 4 m，板顶以上分级刷坡，坡率为 1∶2，单节边坡高度 6 m，每级边坡之间设 5 m 宽平台，自下而上第三、四级平台之间设 10 m 宽大平台。自下而上第二、三级之间，第四、五级边坡平台之间增设预加固桩。

由计算可知，开挖后未施作支挡的情况下，边坡稳定系数为 0.98，边坡处于不稳定～欠稳定状态；在设计安全系数 1.15 的情况下，滑坡下滑水平推力为 440～1 900 kN，滑面如图 2 所示。计算结果显示，设计下滑力较大，需要在边坡中部设置 2 排抗滑桩来共同分担下滑力，同时防止越顶破坏。设计方案稳定性分析结果见表 1。

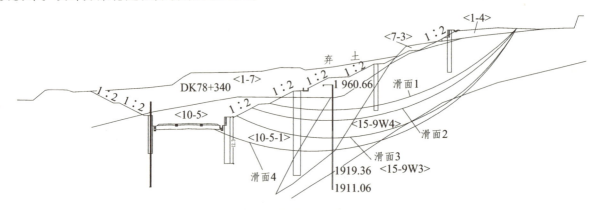

图 2　边坡滑面示意图

表 1　设计方案稳定性分析结果一览表

滑面	安全系数 k	设计下滑力 F（$k=1.15$，$a_g=0.2g$）
1	1.15	0
2	1.13	440
3	1.1	957
4	0.98	1 900

5　工程加固防护措施

5.1　工程整体加固措施

（1）于边坡坡脚设置一排路堑桩板墙，挂板高度为 4 m，板顶以上分级刷坡，单节边坡高度 6 m，每级边坡之间设计 5 m 宽平台，自下而上第三、四级平台之间设 10 m 宽大平台。自下而上第一、二级之间，第四、五级边坡平台之间增设预加固桩。

（2）坡面采用锚杆框架梁防护，节点间距 2 m，锚杆长 10 m。

（3）为不影响既有地方搅拌厂的正常运营，在搅拌站范围内的路堑顶设置桩板墙封顶，挂板高度 3 m。

（4）于第二级边坡顶部平台处设置 1.2 m×2 m 钢筋混凝土沟，将工点小里程端自然沟槽表水顺路堑排出。

工点共设计锚固桩 174 根，最大边坡高度为 48.7 m，工程措施代表性断面如图 3 所示。

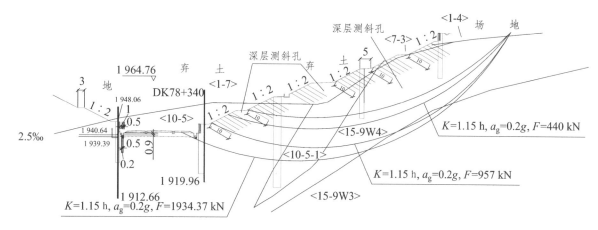

图 3　膨胀土路堑高边坡加固方案代表性横断面

5.2　细节工程处理措施

（1）侧沟（边坡）平台设计应考虑竖向膨胀力的影响，其下部应设置 0.2 ~ 0.3 m 厚减胀层，如图 4 所示。具体结构包括面层、隔水层、减胀层 3 个部分组成，面层由等级 C25 以上混凝土现浇或 M7.5 浆砌片石砌筑，厚 20 ~ 30 cm，隔水层由 1 层防水土工膜构成，下部减胀层采用 20 cm 二八或三七灰土，厚 20 cm，如图 4 所示。边坡平台宽度一般不小于 3 m。

（2）侧沟平台应与侧沟一次性浇注为整体。中等、强膨胀土地段或地下水发育地段，侧沟平台应采用钢筋混凝土板，如图 5 所示。

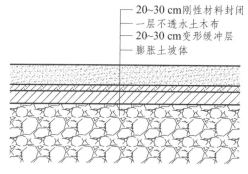

图 4　平台缓冲层设置

（a）侧沟及平台一体浇筑　　　　　　　　（b）侧沟及平台非一体浇筑

图 5　侧沟平台与侧沟整体浇注效果图

（3）边坡平台应与边坡防护措施（锚杆框架梁、骨架护坡）基础或镶边设计为一整体，并一次性浇注。

6　边坡变形监测

6.1　监测点布置

根据工点情况，选取了 3 个断面进行变形监测，每个断面设置了 3 处深层位移监测孔，以观测整个边坡工程变形发展规律，位移监测孔断面上的布置如图 3 所示。

6.2 监测结果

选取代表性的两个测斜孔位移监测资料进行说明，其中3#测斜孔位于 DK78+420，自下而上第五及边坡顶部平台上，监测数据时间段为2014年5月至2016年2月，9#测斜孔自下而上第一级边坡顶部平台上，监测数据时间段为2015年9月至2016年2月。

数据显示，工程开挖至今，3#孔最大变形量为57 mm，位于孔口以下10~12 m处，且在2015年10月后变形趋于稳定。反映出整个边坡开挖工程中，下部边坡的开挖，对于上部边坡有较大的影响，尤其是边坡深层发生了较大的位移，因此，在边坡中部设置 2 排锚固桩尤为必要。9#孔最大变形量为11 mm，位于浅表层，且主要变形发生在表层 5 m

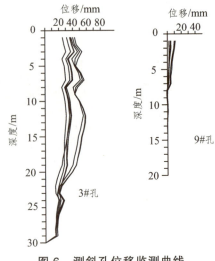

图6 测斜孔位移监测曲线

范围内，反映出，对于整体稳定的膨胀土边坡而言，边坡浅表层受大气影响会有较大的变形，坡面采用框架锚杆防护是有必要的。测斜孔位移监测曲线见图6。

7 工程整治效果

工程于2013年年底开始施工，2014年年底完工，至今约2年，无任何病害发生，整治效果良好，如图7所示。

图7 边坡工程施工完毕的效果

8 总 结

（1）对于边坡较高的膨胀土路堑高边坡，可根据浅层或深层滑动检算结果，于路堑坡脚或边坡平台设置一排或多排预加固桩、挡土墙，边坡设置宽平台，坡面采用锚杆框架梁、截水骨架护坡防护。

（2）侧沟平台或边坡平台应考虑竖向膨胀力影响，平台下设置防水层及减胀层，侧沟平台应与侧沟、边坡平台与边坡防护措施一次性整体浇注。

粤赣高速公路 K12 左侧陡坡高路堤加固设计

陈龙海

（中铁二院 公路市政院）

摘　要　粤赣高速公路所在区域地形复杂，部分地段弃土困难。通过将桥梁改为路基，消耗了大量弃方，有效地解决了项目弃土困难的难题。对桥改路后产生的陡坡填方高边坡采用合理的加固措施，保证了陡坡高路堤的安全稳定性。

关键词　粤赣高速公路　陡坡路堤　加固工程

1　引　言

粤赣高速公路全长 136.136 km，属山岭区，地形、地质条件复杂，高填、深挖及陡坡路基以及顺层、煤系地层等不良地质和软土、红黏土等特殊地质大量存在。

工程所在区域由于地形陡峻，局部路段弃土十分困难，通过将桥梁方案改为路基方案通过以及尽可能减少路肩支挡工程而采用放坡方案，可消耗大量的弃方，是解决弃土困难的有效方法。但采用上述方案后，不可避免地会出现高填或陡坡路堤，因此必须采取相应的工程措施保证路堤边坡的安全。本次选取桥改路后出现的 K12+032 ～ K12+115 左侧陡坡填方高边坡作为案例，对其加固方案及工程处理效果进行详细分析。

2　工程概况

本段位于丘陵区的斜坡地段，地面横坡为 15° ～ 40°，相对高差为 30 ～ 70 m。植被发育。

工点范围上覆第四系坡残积黏土层，一般厚 0 ～ 6 m，可塑 ～ 硬塑状，含 10% ～ 20% 砂质，分布于冲沟及丘坡上；下伏基岩为燕山期花岗岩，全风化层厚 1 ～ 22 m，呈土状，部分呈松散砂状，分布于冲沟及丘坡上，其下为花岗岩强风化层。

段内地下水不发育，主要为土层中孔隙水及基岩裂隙水，水量甚微，受大气降水补给。

工程所在区域为较陡的斜坡地形，填方路基要么是跨越深谷，要么是斜坡填方。若采用支挡结构收坡方案，填方量很小，无法消耗本段大量的挖方，而弃方如堆弃于斜坡上，则极易造成滑坡，堵塞斜坡下的沟谷或危及斜坡下的农田、道路，危害性较大。如何解决山区公路弃土困难的问题，以及因此产生的陡坡路堤的稳定性问题，是山区公路设计的重点及难点。

本段地面横坡较陡，中心最大填高超过 18 m，左侧路堤边坡最大填高约 56 m。初步设计及施工图定测阶段采用桥梁方案通过，施工图设计时考虑该段前后弃方量大，弃土场的支护工程量巨大，因此选用了路基方案通过，并加宽路堤及平台，以尽量消耗弃方。

3　工程措施

设计选择的方案，在保证路堤安全的前提下尽量增大填方，减少弃方，方案处理措施如下（图 1 ～ 图 2）：

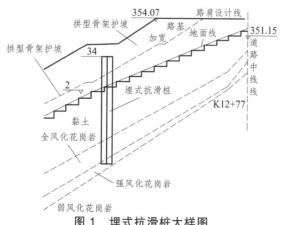

图 1　埋式抗滑桩大样图

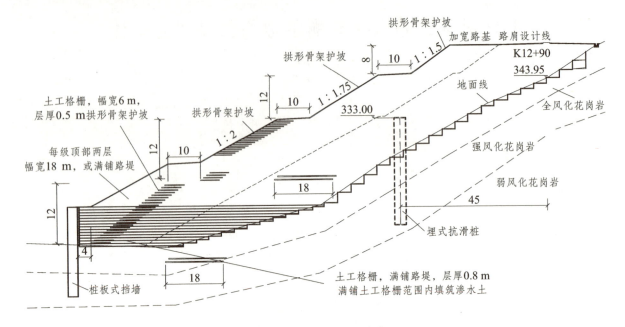

图 2　桩板式挡土墙及铺设土工格栅大样图

（1）为尽量消耗挖方，将路肩加宽 10～15 m 填筑，0～8 m 边坡坡率为 1∶1.5，8～20 m 为 1∶1.75，20 m 以下每 12 m 进行一次分级，边坡坡率为 1∶2。变坡点处均设置 10 m 宽平台。

（2）K12+068.75～K12+107.25 段长 38.50m，左侧路堤中部设置路堤埋式抗滑桩，桩中心距线路中线 45 m，桩间距为 6.0 m，锚固桩截面为 2.5 m×3.5 m，桩长为 30.5～33.5 m。

（3）K12+056～K12+099.75 段长 43.75 m，左侧路堤坡脚设置路堤桩板墙，桩距线路中线 145 m，锚固桩截面为 1.5 m×2.5 m～2.5 m×3.5 m，桩长为 19～33.5 m；挂板为预制钢筋混凝土挂板，挂板高度为 9～13 m。

K12+032～K12+056 及 K12+099.75～K12+103.75 路堤桩板墙两端设置重力式路堤挡土墙，最大墙高 10.0 m，挡土墙墙身采用 M7.5 浆砌片石砌筑。

（4）K12+060～K12+072 段左侧设置衡重式路肩挡土墙，最大墙高 8.0 m，挡土墙墙身采用 M7.5 浆砌片石砌筑。其余范围边坡设置拱形截水骨架内喷播植草护坡。

（5）20 m 以下边坡沿高度每 50 cm 铺设一层土工格栅，每层平台处的 2 层格栅幅宽 18 m 或满铺，其他层幅宽 6 m。土工格栅采用单向拉伸型，设计抗拉强度不小于 80 kN/m。

（6）坡脚桩板墙和挡土墙墙顶下填渗水土并满铺土工格栅。

4　工程效果

设计选择方案合理，处理措施得当，施工中未出现问题，迄今为止，路堤桩板墙未发现明显的变形，路堤边坡防护状况良好，路堤边坡整体稳定，未出现任何病害。

5　工程体会

山区公路弃方历来是一个老大难问题，如何解决弃方问题，本设计工点提供一个成功的处理方案，在较难处理弃方或处理弃方成本很大的情况下，在方案选择上，可将桥梁改为路基通过。对桥改路后产生的陡坡填方高边坡进行路堤稳定性分析计算，采取了宽平台+抗滑桩+土工格栅相结合的加固措施，有效地解决了本工程弃土困难的问题，并保证了陡坡高路堤的安全稳定性，可为其他类似山区公路项目提供有价值的参考。

重钢铁路浸水软基高填方路堤设计

杨贵勇　王保林　马　鹏

（中铁二院　成都公司）

摘　要　重钢环保搬迁货运铁路最高填方达 74 m，其位置紧邻长江，为浸水高路堤工程。工程设计需要从浸水高路堤自身稳定、高路堤软弱地基处理以及高路堤填筑压实技术等方面进行综合分析，以保证修建的浸水高路堤安全、经济；同时对浸水高路堤进行了现场监测，从而评价其稳定性和验证设计的合理性。其结果对类似工程具有一定的借鉴意义。

关键词　浸水高路堤　稳定性分析　加固设计

1　引　言

重钢环保搬迁货运铁路站场位于三峡库区，填平山谷后，形成浸水斜坡路堤，厂区北面、东面均受长江河道位置控制，最大填方高度达 74 m，属于特大高填方工程。随着三峡库区蓄水，铁路路堤一部分将位于水位以下，路堤的稳定性和变形特性将受浸水作用的影响，路堤除承载着普通高路堤所承受的铁路荷载及自重应力作用外，还要承受水的冲刷力、水的浮力、渗透动水压力影响，此外长期浸水将对路堤填料的长期力学性能产生影响。该段填方处于斜坡软基之上，随着蓄水位升降的影响，路堤可能产生诸多病害，如路堤的不均匀沉降、路堤边坡或基底的失稳、路堤的整体下沉以及受江水浸泡填料出现软化现象等。

浸水路堤的设计与施工和一般路堤有所不同。为保证浸水路堤的稳定，国内外浸水路堤的设计一般遵循下述设计原则：① 适当放缓坡率；② 选择透水性好的填料；③ 设置边坡防护措施；④ 采取防掏蚀和防水位差形成管涌的措施。

2　工程概况

重钢高填方路堤工程位于重钢车场内 SDK3+180 ～ +595 段，东西走向，北侧临江，南北靠山，地形坡角多为 20° ～ 30°，多为构造剥蚀浅丘地貌，长江沿岸受水流冲刷侵蚀，形成浅 "V" 形河谷岸坡地貌，沟河纵坡为 5% ～ 10%，切割深 10 ～ 30 m。场坪高程约 228.7 m，坡脚最低点约 155 m，相对高差一般为 30 ～ 100 m。车场路基面宽 105 ～ 175 m，路基中心填方高度为 25 ～ 70 m，最大边坡高度约 74 m，其横断面如图 1 所示。

图 1　重钢车场断面图

车场地基表层上覆 2 ～ 9 m 软土，由第四系坡洪积软塑粉质黏土、冲洪积流松散状淤泥质粉土、粉土、软塑黏性土等组成。其中粉质黏土厚 0 ～ 4 m，粉土厚 0 ～ 5 m，淤泥质粉土厚 5 ～ 10 m，淤泥质粉土厚 5 ～ 10 m，下伏基岩为侏罗系沙溪庙组（J_{2s}）砂岩夹泥岩，各地层主要物理学指标见表 1。

表 1　地层主要物理学指标

地层	地层名称	重度/（kN·m⁻³）	凝聚力/kPa	内摩擦角/（°）	摩擦系数	渗透系数/（m·d⁻¹）	基本承载力/kPa
<2-1>	粉质黏土	19	10	7	—	0.8	120
<2-2>	淤泥质粉土	18	10	4	—	0.4	80
<2-3>	粉土	19	4	4	—	0.5	100
<6-1>	砂岩	25	—	60	0.55	0.48	700
<6-2>	泥岩	24	—	50	0.4	0.03	500

3 稳定性计算分析

选取代表性断面 SDK3+480 和 SDK3+580 分别按圆弧法进行稳定性检算，地层参数如表 1 所示。填方路堤稳定性计算需要考虑三种工况：工况 1，三峡水库蓄水位较低，路堤不受浸水影响的稳定性；工况 2，受 175 m 水库蓄水和 50 年一遇暴雨水位高程影响的浸水路堤稳定性；工况 3，在工况 2 情况下考虑库水位降落产生动水压力时的稳定性。

根据《三峡地质灾害防治设计技术要求》，对一级涉水工程，常水位边坡稳定一般要求最小安全系数 1.25，水位降落及洪水位边坡稳定最小安全系数 1.20。

选取断面 SDK3+580 进行计算，工况 2 与工况 3 相比安全降低 0.046，故选择工况 1 和工况 2 进行稳定性计算对比分析，图 2 ~ 图 5 为断面 SDK3+480 和 SDK3+580 在工况 1 和工况 2 情况下的潜在滑面情况图，各工况在地基不加固处理情况下的稳定系数及安全系数取 1.25 时的水平推力情况如表 2 所示。

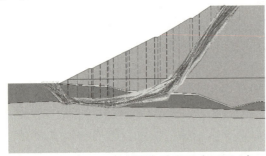

图 2　SDK3+480 断面危险滑面（工况 1）

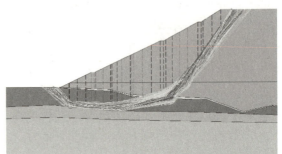

图 3　SDK3+480 断面危险滑面（工况 2）

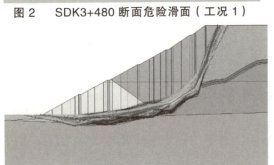

图 4　SDK3+580 断面危险滑面（工况 1）

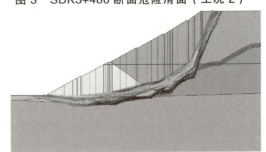

图 5　SDK3+580 断面危险滑面（工况 2）

表 2　典型断面稳定系数及推力一览表

断面里程	荷载	地基不加固时路堤稳定系数	安全系数取 1.25 时的推力/kN
SDK3+480	工况 1	0.88	2 835
	工况 2	0.75	3 129
SDK3+580	工况 1	0.36	16 018
	工况 2	0.27	17 864

从表 2 可看出，直接在天然地基上填筑高路堤其稳定性系数非常低，如果要达到安全系数 1.25，其推力也非常大，故工程设计必须从地基处理、边坡加固、填料压实等多面进行综合设计。

4 工程设计

4.1 地基处理设计

高填方地基存在软弱的粉质黏土、粉土，在高填方的作用下必须对地基进行处理。经技术经济比选：高填方段软基厚 5 ~ 13 m，基底如采用复合地基处理，由于超高填方荷载大，地基承载力难以满足要求，且施工质量好坏直接影响到填方安全；采用钻孔灌注桩桩网结构，由于斜坡地基需要承受较大的水平推力，故也难以满足要求且工程投资巨大；采用挖除换填具有施工简单、质量可控的优点。

经比选决定，采用不易风化的硬块石换填本段的软土地基至下部基岩面，最大换填厚度为

13 m。为保证高填方基底换填层的有效约束作用和保证换填时软土基坑边坡的稳定，在换填外侧 15 m 宽的范围采用水泥搅拌桩进行加固，同时可以作为挖除换填基坑防护措施，搅拌桩直径为 0.5 m，桩间距为 1.2 m，正三角形布置，处理深度到基岩面。

4.2　路堤填料及压实设计

为确保浸水部分路堤填料的耐久性以及减小在动水压力作用下的影响，对浸水部分填料选择水稳性好、压缩性小、渗透性强的粗颗粒材料，洪水位下填筑不易风化硬块石或碎石。浸水以上部位采用附近挖方渣场中的砂泥岩弱风化层 W2、强风化层 W3 和全风化层 W4。

本填方工点最高达 74 m，填筑压实直接影响到填方工程完成后沉降量的大小，为有效控制高填方的工后沉降，在浸水渗水土部分提高一级压实标准，即采用路堤基床底层的压实标准，并每隔 0.6 m 增加一次重型振动压实；在浸水以上部分除同浸水部分实施压实工艺外，路堤每填筑 6 m 进行一次夯能 2 000 kN·m 的强夯追密压实。

4.3　路堤边坡加固防护设计

为保证边坡长期的稳定性，百年洪水位以下边坡坡面采取 M10 浆砌片石护坡防护，百年洪水位以上采取拱形截水骨架植草护坡；为加强高填方坡面的稳定性，在坡面每隔 0.6 m 铺设一层幅宽 4 m 强度 25 kN/m 的双向土工格栅；为加强高填方分级填筑体的稳定性，在每级填方中部连续铺设 3 层幅宽 20 m 强度 80 kN/m 的双向土工格栅，间距 0.6 m；为增强高填方的整体稳定性，在每级边坡平台处连续设置 5 层强度 80 kN/m 的双向土工格栅，幅宽超过计算破裂面不小于 5 m，加固后的代表性断面如图 6 所示。

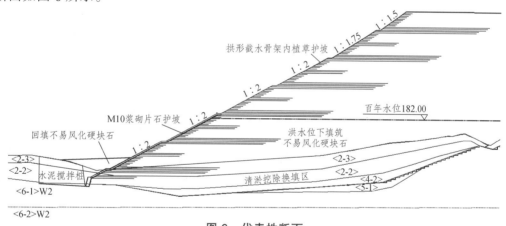

图 6　代表性断面

5　施工工序

本软土地基路堤高边坡的施工工序如下：

① 施工坡脚外水泥土搅拌桩→② 挖除换填软土地基→③ 分层填筑百年水位影响以下的浸水路堤块石、碎石→④ 填筑过程中分层铺设土工格栅→⑤ 分层填筑百年水位影响以上的非浸水路堤→⑥ 填筑过程中分层铺设土工格栅→⑦ 填筑 6 m 进行一次强夯→重复⑤至⑦至路堤填筑完成→⑧ 施工百年水位以下的路堤坡面浆砌片石护坡→⑨ 从下至上施工百年水位以上的边坡骨架护坡。

6　现场监测及效果

该路堤为一超高浸水路堤，其沉降变形及路堤的整体稳定性对运营安全影响非常大，为此选择 SDK3+560 代表性断面布设沉降磁环、土压力盒、测斜管以及柔性位移计来监测各断面沉降、变形以及内部应力分布。图 7 为 SDK3+560 横断面元器件布设图，图 8 为距路肩 20 m 位置不同深度土压力随时间变化曲线，图 9 为路基中心的分层沉降曲线，图 10 为路肩下第一个平台观测孔的水平位移监测结果（水平位移正值为向长江方向发生位移）。

　　路基土中应力与时间曲线分析可知 2010 年 5 月以后，高路堤土体应力趋于稳定；水平变形观测表明从 2010 年 12 月至 2011 年 7 月土体一直向着长江方向发生位移，在 2011 年 4 月趋于稳定，随路基深度的增加，土体侧向水平位移呈变小的趋势；路基中心分层沉降表明路基深部土体沉降在 2010 年 12 月至 2011 年 3 月较为明显，之后趋于稳定，与路基侧向水平位移稳定时间具有较好的一致性。通过现场监测资料可知重钢浸水高路堤基本趋于稳定，设计措施达到了较好的效果。

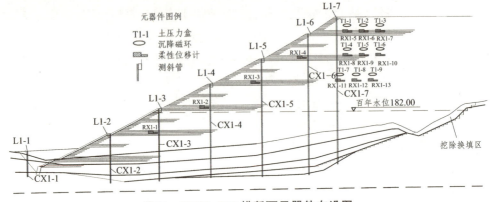

图 7　SDK3+560 横断面元器件布设图

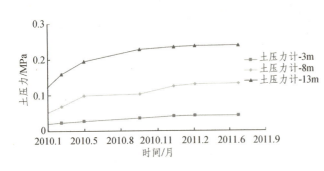

图 8　路基土中心应力与时间曲线

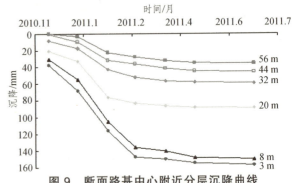

图 9　断面路基中心附近分层沉降曲线

7　小　结

　　本工点计算分析了不同工况高路堤的稳定性；通过比选确定了地基加固处理措施；针对超高填方和浸水等特殊情况，进行了路堤填料选择和压实设计，并对高边坡进行了加固防护；通过现场监测对高路堤的稳定和变形进行了验证，结果对类似工程具有一定的借鉴意义。

　　（1）地基处理措施的合理选择，是斜坡软基上高路堤稳定的关键，本工点对软土地基选择了技术可靠、施工质量容易控制的挖除换填措施，并通过水泥搅拌桩进行基坑支护，使挖除换填深度能够突破规范要求。挖除换填结合坡脚搅拌桩及回填反压，有效地保证了路堤基底和坡脚的稳定。

　　（2）浸水条件下填料的耐久性设计，可减小动水压力对高路堤边坡和本体稳定性的影响。

　　（3）提高压实标准并采取一定的追密压实措施，可有效控制高路堤工后沉降。

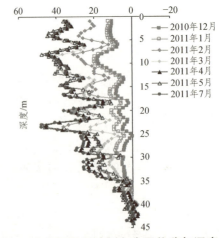

图 10　土体深层累计侧向水平位移与深度曲线

　　（4）高填方工程可采用不同长度的土工加筋材料措施来加强路堤坡面浅层和路堤整体的稳定性。

　　（5）现场监测是高路堤稳定和变形验证与评价的重要手段和方法，本工点监测表明，高路堤稳定和变形满足工程要求。

增建二线既有铁路路基边坡注浆加固技术

刘友明　傅毅静

（中铁二院　南宁分院）

摘　要　在既有铁路提速改造的过程中，在不影响既有铁路行车的情况下，采用钻孔注浆加固既有铁路边坡的方法，正在逐步推广应用。本文主要阐述钻孔注浆的技术原理及在施工中的技术要点，对处理后效果进行了简单总结，为今后既有铁路边坡加固提供借鉴。

关键词　既有铁路　路基填方边坡加固　注浆

1　引　言

广西沿海南防铁路钦防段增建二线设计速度为 120 km/h。既有南防铁路始建于 20 世纪 80 年代，受当时经济社会发展水平和铁路设计理念影响，技术标准较低。增建二线项目施工单位现场核对，并开挖部分既有路堤边坡坡脚后发现其回填物极松散，局部夹有大块块石，块石底部架空现象非常明显。部分路堤地段沉降明显，有多次补砟现象。增建二线必须对既有铁路路堤边坡进行加固处理。

2　既有铁路边坡注浆加固原理

注浆技术主要应用于基础防渗、路基加固、边坡稳定等工程中，在既有铁路边坡加固中主要有以下作用。

（1）渗入、压密作用。

在注浆压力作用下，浆液克服路基中各种阻力渗入孔隙和裂隙中，在较大压力下，注浆首先在注浆管端深度产生劈裂作用，使浆液在土体中渗透；注浆液延伸长度和厚度与注浆压力有关，压力越大，延伸长度和厚度就越大。注浆后土体中的部分裂隙和一些大孔隙被填充和胶结，使土体的强度得以提高。随着土中裂隙不断被填充和胶结，最后注浆液在注浆管端部不断聚集，对周围土体进行压密，使孔隙减少，土体强度增加。

（2）防渗堵漏作用。

通过注浆，浆液填充了裂隙和孔隙，防止或减少地表水的渗入，降低了水对路基稳定的不利影响。

（3）骨架作用。

一方面，注浆后，土体中的孔隙和裂隙得到填充和压密，注浆液固结分布在土体中，形成浆脉网，使土体的整体性得到加强，密度和强度相应提高；另一方面，由于注浆液在土体中凝固后，土体也产生了较高的强度，注浆固体在土体中起到了骨架作用。

（4）土质改良的作用。

由于水泥和粉煤灰等组成的浆液与土体混合后，会发生一系列化学反应，如水泥的水化反应、粉煤灰的火山灰效应等，这些反应会使土体形成混合物，具有很高的强度。

3　注浆加固措施

本段线路沿既有铁路右侧增建二线。线间距为 8.0 m，线路沿既有铁路路堤边坡进行。路基以填方通过，原既有铁路人工填筑土，其路基边坡外侧回填物极松散，回填物以残积成因的粉质黏土、细角砾土为主，局部夹有大块块石（直径约 300 ~ 600 mm），块石底部架空现象非常明显，平均厚度为 1.5 m（图 1）。下伏基岩为砂岩夹页岩。

既有铁路边坡由于铁路建设久远、等级标准较低，致使路基边坡部分松散和孔隙率不满足提速要求，为保证既有铁路行车安全，在既有路肩至增建二线范围内进行注浆加固处理。注浆加固区域见图 2。

（1）在整治范围内右侧路堤边坡中部先进行注浆试验。注浆试验孔为 3 孔一组，孔距 1.5 m，呈梅花形布置，试验检测孔位于中心。

（2）注浆孔采用 φ91 地质钻机竖直干钻钻孔，按照孔距 1.5 m，呈梅花形布置，路堤本体部分采用跟管钻进，钻孔深度为穿过既有铁路人工填筑土至原地面线以下不小于 1 m。

（3）使用纯水泥浆加固处理路基填土部分，水泥采用 P.O42.5 普通硅酸盐水泥，水灰比一般为 0.6∶1 ~ 1∶1（重量）。

图 1 既有钦防铁路路堤边坡情况

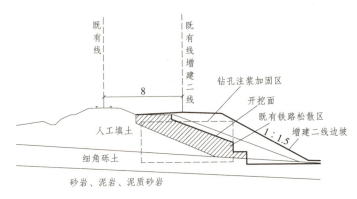

图 2 注浆加固代表性断面

（4）注浆量按所需压密封闭的填土土层的孔隙体积控制，水泥浆液体积与压密体积相对应。注浆量一般为 0.2 ~ 0.6 m³/m。

（5）注浆压力不小于 0.3 ~ 0.5 MPa，注浆终止压力为 0.5 MPa，注浆吸浆率不大于 5 L/min。

（6）注浆采用预埋花管一次性封闭纯压式注浆，注浆管为 φ50PVC 管，分封孔段与注浆段。注浆段的注浆管设置为花管，注浆管与孔壁间先填充碎石，并将注浆花管以上段落设置为不少于 20 cm 黏土封堵层，以上为封孔段以水泥砂浆固结，长度不小于 2 m。当地表漏浆严重且达不到设计注浆压力时，应采用浇筑盖层等其他有效封堵方式进行封闭注浆。

4 工艺流程

放样布孔→钻机就位→钻机钻孔→放入注浆花管→注浆管周围填充碎石→黏土封堵→制浆、注浆→水泥砂浆封孔，并严格保护环境。

（1）施工前进行物探。

使用静力触探或动力触探在既有铁路路基边坡松散部位取得详细的物探资料，待与注浆结束后的物探资料进行对比，作为评价注浆效果的依据之一。

（2）采用跳孔施钻，首先在两侧进行注浆，再在中间进行，中间孔一方面作为注浆效果的检查孔，又作为下道工序的注浆孔。在两侧进行注浆时，也必须进行间隔注浆的方法，以提高注浆的效果。不能全部钻完再注浆，以免引起孔位串浆，增加注浆难度。施工工序见图 3。

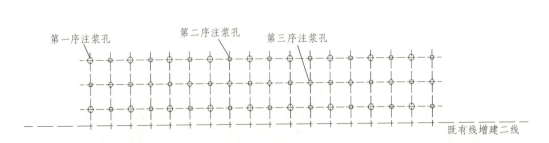

图 3 注浆施工工序

施工完毕后，对环境有污染的注浆废液、废结石，按照指定地点清理填埋，恢复原貌，保护环境。

5   施工技术要点

（1）注浆孔布置应按照设计要求布置，否则间距扩大，注浆压力达到后浆液扩散不足，出现部分土体无浆液填充。

（2）浆液的准备需按照现场地表水质要求，确定使用纯水泥浆液还是水泥+粉煤灰浆液。

（3）封孔段必须用 20 cm 黏土层封堵，当地表漏浆严重且达不到设计注浆压力时，应采用浇筑盖层等其他有效封堵方式进行封闭注浆，避免影响注浆效果。

（4）压浆遵循先边排，后内排跳孔注浆的顺序，当连续注浆单孔超高过 15 t 水泥不见升压或吸浆量下降时，应考虑提高浆液浓度或改为双液注浆。

（5）注浆压力不小于 0.5 MPa，注浆吸浆率不大于 5 L/min，注浆量明显下降时终止注浆。

（6）当遇见既有结构物过渡段或鱼塘附近注浆，该处周围出现冒浆时，应采用：① 灌浓浆；② 加速凝剂；③ 降低压力；④ 间歇注浆，一般间歇时间为 7~8 h，一次的水泥量以 2~3 t 为宜。

（7）既有铁路边坡注浆需在既有铁路轨道边做好位移观测桩，以免大面积注浆后对铁路线路产生影响，危及行车安全。

6   质量检查

在分段（或整段）施工结束后，效果检测采用地质钻机取芯（原状样鉴定、物理力学指标试验）及标贯试验（或动探）进行前后对比，试验主要位于注浆加固段。取芯钻孔在灌浆孔间布置，孔数不少于注浆孔总数的 2% 且不小于 3 孔。检查孔岩芯可见多处水泥结石体，基本填满可见缝隙。浆液结石体试块单轴抗压强度 ≥0.3 MPa。

通过钻芯法检测，浆液结石体试块单轴抗压强度为 1.7~2.8 MPa，岩芯呈长、短柱状分布较多，多处含有水泥结石体，基本填满可见缝隙。

检测结论：满足设计要求。

7   结   语

钦防铁路防城港北至防城港段增建二线路基边坡注浆加固，通过钻孔取芯检查、浆液充填情况判断、注浆前后物探成果对比、施工现场的观察了解，本次既有铁路路基边坡加固处理的质量控制满足设计要求。

随着铁路建设的高速发展，提高标准、增建二线、扩大运力都是在我国经济高速发展的今天势在必行的，既有铁路路基边坡注浆加固可使铁路既有路基承载力显著提高，且施工不要点、不封闭、不缓行，提高了铁路的综合效益，这是其他施工方法如防护挖除再填筑等所难以达到的。

采用注浆加固铁路路基边坡的方法，有效地填充了空隙，确保了路基边坡的稳定和铁路列车运营安全，具有操作简便、经济、快捷的优点。

注浆止水帷幕法在下穿富水铁路中的应用

谭汉义　傅毅静

（中铁二院　南宁分院）

摘　要　城市道路下穿既有铁路线，针对岩溶发育且地下水丰富的现象，本文介绍压浆止水帷幕处理地下水的成功案例，其结论可供相类似工程参考。

关键词　注浆　止水帷幕　富水地区

1　引　言

　　20 世纪 50 年代初，我国注浆技术的研究和应用开始起步。70 年代开始在岩溶发育地区修建高坝，为防止坝基渗透，应用了帷幕注浆法。经过多年的发展，帷幕注浆已广泛应用到水利、建筑、铁路等多个领域。

　　帷幕注浆是注浆的一种，多年来我国水利科技工作者对帷幕注浆理论进行了大量的研究，提出多种注浆理论。杨米加等对裂隙岩体网络注浆渗流规律、破裂岩体注浆加固后的本构模型进行了研究，郝哲等通过绘制成功树体对岩体注浆理论的可靠性进行了分析研究，张农等研究了岩石破坏后注浆固体的力学性能。帷幕注浆的实质是通过地质探孔和注浆孔，将在水中能固化的浆液通过注浆孔压入含水岩层中（裂隙、孔隙、洞穴），经过充塞、压密、固化过程后，在主要过水断面上形成一条类似帷幕状的相对隔水带，以减少涌水量的一种技术。

2　工程概况

　　桂林市万福路 K0+940～K1+460 段位于岩溶溶蚀平原区，地势平坦开阔，岩性为泥盆系上统融县组灰岩，岩溶发育不均衡。万福路在 K1+234.24、K1+291.51 处分别下穿油专线和以框架桥通过湘桂铁路，路堑最深处挖深约 9.5 m。K0+940～K1+220 段岩溶发育，岩溶水中等富水，并发育大小不等的 7 条贮水构造带，走向与万福路几乎一致，埋深 6～30 m 不等，岩溶水受地表西干渠和马面渠的水补给。工程平面示意图见图 1。

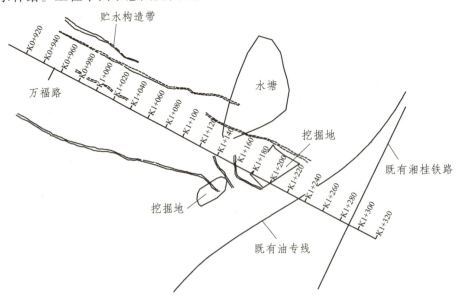

图 1　工程平面示意图

　　本段设计路基宽度为 50 m，其组成部分为：中央隔离带 6.0 m，行车道为 2×12.5 m，分隔带为 2×1.5 m，非机动车道为 2×4.0 m，人行道为 2×4.0 m。

　　中央隔离带为凸型，正常机动车道与非机动车道路面横坡为 2%，人行道为 1%，反坡向非机动车侧排水。机动车道设计标高为中央分隔带外侧边缘处路面标高，非机动车道设计标高为分隔带外侧边缘处路面标高。图2为路基代表性断面。

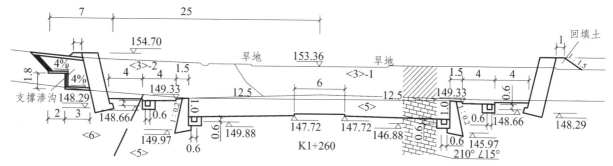

图2　代表横断面设计图（K1+260）

3　施工过程中既有铁路线路基塌陷情况

雨季施工开挖过程中，发现东侧（公路小里程端）路基和框架桥结合处向小里程端以及泵站地下岩溶水较发育，施工单位采用抽水机抽出基坑积水后，发现湘桂铁路路肩外 0.5 m 处出现 4 m×5 m，油专线路肩外 4 m 出现 4 m×4 m 路基塌陷，塌陷坑内有大量的涌水流向框架桥基坑，且铁路 40 m 外水田出现多处大小不等的塌陷。

塌陷原因分析：

测区内上覆第四系坡洪积黏土，厚度受下伏基岩面埋深起伏变化控制，一般厚 0～6 m，塑性状态不均匀。下伏泥盆系灰岩，岩体较完整，个别地段局部较破碎；基岩面起伏较大，岩面溶蚀强烈，溶沟、溶槽较发育。由于施工过程中抽排水改变了地下水动力条件，导致地下水位急剧下降，岩溶腔内有压水面转为无压，水面以上空间出现了低气压即真空（或负压），对覆盖土层内部结构产生强烈而迅速的液化、旋吸、淘空和搬运等破坏作用引起地面塌陷变形。

4　防治方案设计比选

K0+940～K1+460 段挖方长 520 m，最大挖深 9.5 m，发育大小不等的 7 条贮水构造带，如果不对地下水进行处理，整个路堑将成为一个大汇水坑，无法进行正常施工。

4.1　止水帷幕方案

根据现有地质资料与施工情况，采用压浆止水帷幕设计（图3），割断地下水的补给。范围：K0+940～K1+460，长度约 500 m，宽度 64 m，属一个长方形的封闭圈。

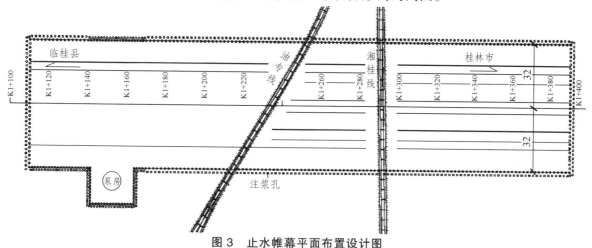

图3　止水帷幕平面布置设计图

4.2　U形槽整体结构设计方案

U 形槽整体结构是一种新型的轻型支挡结构，随着我国铁路及公路等交通基础设施的快速发展，地铁的修建与公路立交的增多，路堑 U 形槽应用也逐渐增多。

U形槽结构设计：U形槽结构内力计算分为边墙内力计算和底板内力计算两部分，对于边墙，按悬臂梁考虑，主要受到边墙自重及边墙墙背水、土压力，由于U形槽结构大，钢筋混凝土构造刚度大，为了运营安全不允许有位移，墙后土压力按静水土压力考虑；对于底板，主要承受底板自重、水浮力、列车和轨道等活载，以及两侧边墙底端对其产生的弯矩。底板计算中，可采用极限应力法，将底板假设为弹性地基上的基础梁，分别计算横向和纵向两个方向内力。

U形槽设计有成熟的朗金理论计算土压力和悬臂式挡土墙的检算模式，不需要滑动、倾覆稳定的检算。挡墙底板可作为路面结构下的刚性"地基"，有利于增强路面结构的抗应变强度和抗弯度，有效地降低路面的不均匀沉降和层间滑移破坏。但是，它与铁路立交框架桥之间收缩缝的防渗漏较为困难，受列车动载的反复作用，比较难处理好。

4.3 综合对比分析

根据我国水利工程建设经验，压浆止水帷幕在许多工程上得到了广泛的应用。实践已证实，压浆止水帷幕防渗效果可靠，能有效地封住地下水的渗入，并且压浆止水帷幕施工较简单，便于操作。特别是目前施工工期特别紧的情况下，部分路段挡土墙已施工，如果采用U形槽整体结构设计方案，需重新设计并且造成废弃工程，而压浆止水帷幕方案不影响原有道路的施工，在处理地下水的同时道路施工能顺利进行。另外，在止水帷幕压浆后，对局部点仍存在的地下水渗漏处可再进行第二次补压浆处理，最终达到止水效果。注浆止水帷幕和U形槽整体结构设计方案比较见表1。

表1　方案比较

设计方案	施工难度	施工工期	工程造价	废弃工程量
帷幕注浆	对流速较大的贮水带以及个别发育点需要二次注浆	1个月	500万	不存在废弃工程
U形槽整体结构	施工U形槽时需要先对地下水进行处理以及与框架桥间收缩缝的防渗处理	2个月	1000万	废弃浆砌片石1 200 m³

最后同意采用压浆止水帷幕处理地下水的渗入。

5 止水帷幕设计

5.1 止水帷幕孔深度的确定

贮水构造带，埋深一般为6～18 m，个别最深可达30 m。

除K1+140～K1+170左侧30～35 m、K1+100～K1+170右侧25～34 m两条贮水构造带孔深为25 m外，其余地段孔深为18.0 m，当压浆施钻至设计深度遇到溶洞时，则加深至溶洞底板下2.0 m。

5.2 止水帷幕孔距、排距的确定

孔距与排距的设计，主要取决于地质构造及岩溶水文地质条件，在岩溶发育强烈时或幕线垂直裂隙走向时，孔距应密些；在相反情况下可疏些，并且要保证幕体有一定厚度和连续性。工程实践证明，帷幕孔距一般为1.5～3.0 m，排距 L 与孔距 D 之间的关系为：

$$L=D\sin60°$$

根据岩溶地区采用灌浆止水帷幕设计经验，并结合桂林万福路具体情况，止水帷幕压浆孔孔距、排距均为2.0 m，梅花形布置。

5.3 个别溶洞处理

根据路堑开挖后揭示的个别溶洞分别进行压浆加固或揭开回填片后压浆加固。

6 止水帷幕效果

压浆止水帷幕工程2006年年底通过竣工验收，现已完工多年，经过了5个雨季，工程效果良好，整段路基边坡和路面没有渗水、漏水现象，确保了湘桂铁路、油库专用线运营安全，目前湘桂铁路扩能改造框架接长正在施工中。运营后的框架梁全景见图4。

图4　运营后的框架梁全景

7　结　论

（1）既有铁路线路基塌陷原因。

由于既有油专线西侧（即万福路 K0+940～K1+220 段路基）岩溶发育，主要形态为溶缝、溶槽型，其次为洞型、溶缝。施工过程中抽排水改变了地下水动力条件，导致地下水位急剧下降，同时对地表覆盖土层的搬运引起地面塌陷变形。

（2）方案比选分析。

下穿富水地区路堑中采用注浆止水帷幕和 U 形槽整体结构处理地下水从理论上两者均可行。从施工难度看，U 形槽整体结构与铁路立交框架桥之间收缩缝受列车动载的反复作用下防渗漏比较难处理；而从工期、施工难度以及工程造价上分析，采用注浆止水帷幕方案更为合理。

（3）注浆止水帷幕法关键技术施工。

① 孔口管采用 ϕ108 无缝钢管，长 2.5～3.0 m，使用机械顺钻孔锚入岩体至少 2.0 m，孔内涂环氧树脂锚固剂，增强管体周围的密闭性。

② 钻孔和注浆顺序应由外向内，同一圈孔间隔施工；注浆时如遇窜浆或跑浆，采用间隔一孔或几孔的注浆方式。

③ 当注浆量较大时，可添加速凝剂，但掺入量不大于浆液量的 3%；对溶洞或半充填溶洞，应间隙注浆或加砂充填后再注浆。

④ 若出现压浆孔揭露较大空溶洞，自流注浓浆 2 m³ 后，孔底仍无明显抬升；浆液漏失严重，一次连续压浆 2 m³ 后，压浆速率不减或压力不升高；压浆压力突然降低或速率突然升高等情况者，需间歇反复压浆。

（4）建议岩溶或地下水发育地区的立交工程尽量采用上跨方式。

习新公路既有挡墙预应力锚索加固设计

程　云

（中铁二院　贵阳公司）

摘　要　我国诸多的山区公路，或因道路建成年久或因施工不当，大量出现道路挡土墙变形、坍塌、开裂等病害，对道路的行车构成安全隐患，合理地选择设计方案对挡墙进行加固仍在不断被探寻、实践。本文通过对习新二级公路 K61+207～K61+293 段挡墙的破坏原因分析，采用预应力锚索对挡墙进行加固治理，确保了道路稳定与行车安全。

关键词　既有挡墙　预应力锚索　加固设计

1　工程概况

习新公路 K61+207～K61+293 处，路基面宽 8.5 m，中心最大填高 9.2 m，该路段为陡坡路堤，原设计右侧为 M10 浆砌片石重力式路肩挡土墙，墙高 9～12.0 m。现场钻探结果揭示，地层上部为碎石土（人工填筑）厚 3～11 m，基岩为白云岩，强风化带厚 0.6～2.0 m。2009 年 7 月建成通车，2011 年 6 月墙身出现变形及竖向贯通裂缝，并由此导致路面出现纵向裂缝，其中 K61+245 挡墙墙顶以下 7 m 处出现坍塌（图 1）。由于墙体变形、坍塌已危及行车安全，被迫封闭了右侧行车道，地方公路局要求立即展开挡墙的加固处理。

图 1　挡墙病害现场照片

2　病害整治设计

2.1　设计方案比选

出现险情后，地方公路局邀请了三家设计单位进行方案设计，要求设计单位在不影响左侧行车道通行前提下提出工期尽量短、造价最省的治理方案。为此，另外两家分别提出了桩板墙、既有挡墙加厚结合路基注浆方案，这两种方案均因施工工期、造价及干扰行车而未能采用，如图 2（a）、（b）所示。

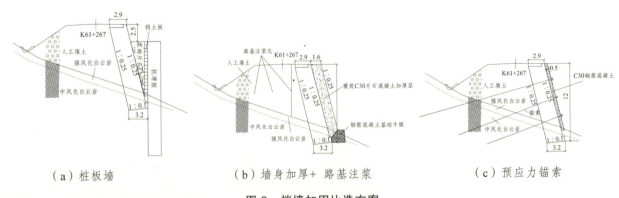

（a）桩板墙　　　　　（b）墙身加厚+路基注浆　　　　　（c）预应力锚索

图 2　挡墙加固比选方案

方案（a）拟在挡墙外侧设桩板墙，桩间距（中—中）为 6.0 m，采用 1.5 m×2.0 m 方桩，最大悬臂高度为 9.0 m，桩顶距挡墙顶 2.5 m，桩后设挡土板，分层挂板后在板与挡墙之间回填 M7.5 浆砌片石。由于该段道路右侧下方为陡坡且前后与路堑连接，挡土板无预制存放场地，且挡土板吊装时吊车需要占用道路中断行车，因此挡土板只能采用现浇，施工工期较长且造价较高，故未被采用。

方案（b）先在路面以 3 m 间距进行路基注浆加固，然后分段在挡墙基础外侧开挖浇筑基础牛腿，再分段立模在浇筑片石混凝土对挡墙进行加厚 1.6 m。该方案首先在路面钻孔注浆干扰行车，其次因挡墙已经变形、破坏，在挡墙基础位置进行开挖存在较大的安全隐患，在右侧陡坡上立模浇筑大体积混凝土，施工困难、工期长，故不宜采用。

我院根据对现场破坏情况的分析，认为其主要原因是挡墙强度不够，在墙后填土压力作用下，墙身出现挤压变形而出现剪切破坏。现场主要表现为：① 从坍塌处可清晰地看到墙体内部大部分为粒径小于 15 cm 的小块石，因此砌体之间咬合力不够，且所采用的石料为中风化页岩夹砂岩，石料强度不足；② 挡墙内部砌块之间砂浆不饱满存在大量空洞，墙体砌体之间不能形成有效的整体。同时经过现场调查分析发现，尽管挡墙出现鼓出变形、坍塌破坏，但挡墙基础与地面交界处未见地基土未出现隆起、剪出等现象，挡墙基础是稳定的。填方多为碎块石土，钻探揭示块石含量为 35%～45%，路堤压密程度较好，且填筑过程中经过 20 t 振动压路机碾压施工再经过两年的自身沉降，目前路堤后期沉降几近稳定，因此结合本工程特点以预应力锚索加固挡墙，如图 2 方案（c），在墙身设预应力锚索加固，挡墙自墙顶至地面以下 0.5 m 高度范围内立模浇筑 0.5 m 厚 C30 混凝土以改善挡墙截面刚度，同时提高各孔锚索整体受力性能。方案（c）较（a）、（b）而言有比较显著的优点：① 不需要在挡墙基础范围内进行大开挖作业；② 预应力锚索主动给挡墙施压，灌浆亦可使路堤内裂缝、空隙得到填充；③ 对道路行车干扰最小，工期相对较短，造价较低。因此采用方案（c）为实施方案。

2.2 预应力锚索加固的设计

2.2.1 锚索设计

（1）锚固力计算。

预应力锚索挡墙承受侧向土压力，其设计荷载为挡墙墙背上的主动土压力的 1.2～1.4 倍，本工程取 1.4 倍，主动土压力计算按重力式挡墙的有关规定进行计算，墙后土体 $\gamma=20$ kN/m^3，内摩擦角 $\varphi=32°$，汽车荷载按挂车-120 级换算为均布土层厚度。由于挡墙已经变形，计算土压力时墙背倾角取其最小竖直角进行计算 $E_x=427.6$ kN。

$$P_t = \frac{E}{\sin(\alpha+\beta)\tan\phi + \cos(\alpha+\beta)}$$

式中 E——墙后主动土压力，kN；

P_t——设计锚固力，kN；

φ——破裂面内摩擦角，（°）；

α——锚索与破裂面相交处滑动面倾角，（°）；

β——锚索与水平面夹角，（°）。

设计锚固力，取 1.4 倍土压力即 $P_t=598.6$ kN 作为计算得：

$$P_t = \frac{598.6}{\sin(42.8°+20°)\tan30.6° + \cos(42.8°+20°)} = 591\,kN$$

（2）单孔锚索钢绞线计算。

锚索根据不同墙高设 2～3 排、间距 3 m 矩形布置，按简支梁进行计算，较大的锚固力为 $P_{t3}=469$ kN，为确保安全，均采用较大的设计锚固力 469 kN，取安全系数 1.8 计算每孔锚索钢绞线根数：

$$n = \frac{1.8 \times 469}{259} = 3.3$$ ，取 4 根，其中钢绞线为 $\phi 15.2$ ，强度容许荷载 259 kN。

（3）锚固段长度。

根据锚固体与孔壁的抗剪强度确定锚固段长度，锚固段位于中风化白云岩中，取孔壁摩阻力 $\tau = 0.6$ Mpa，锚索孔径为 $\phi 110$ mm，锚固体抗拔安全系数为 2.5，则锚固段长度：

$$l_a = \frac{2.5 \times 469}{\pi \times 0.11 \times 0.6 \times 10^6} = 5.65 \text{ m}$$

取锚固段长度为 6 m，考虑锚索在锚固段与自由段交界附近砂浆与岩层间张拉将形成塑性破坏区，为保证锚索有效锚固长度，最终取锚固段长度为 7 m。

（4）锚索张拉力。

锚索张拉力以不对挡墙造成剪切破坏为原则，M10 浆砌片石挡墙，其截面容许抗剪强度取 M10 砂浆抗剪强度作为设计值，根据《砌体结构设计规范》取 210 kPa 为容许抗剪切强度，则锚索设计张拉力控制为：

$$\frac{\sigma_k}{2.9 / \cos 20°} \leqslant 210, \sigma_k \leqslant 648 \text{ kN}$$

考虑到挡墙已出现变形且砂浆不饱满的情况，取 640 kN 作为最终张拉控制应力。

2.2.2 挡墙稳定计算

以最高挡墙断面进行验算，锚索施加预应力后，挡墙受力为墙后土体土压力和锚索预应力引起的土压力的合力。

锚索预应力引起的土压力，根据本工程设计特点，采用蒋楚生在锚索桩板墙中提出的计算公式计算：

$$p = \beta \times \frac{T_1 + T_2 + T_3 + \cdots}{S \times (0.45H + 0.5) \times (h_1 + h_2 + h_3 + \cdots)}$$

式中　p——锚索预应力引起的土压力，kN；

　　　T——锚索预应力水平分力，kN；

　　　s——锚索列距，m；

　　　h_1——锚索作用点距墙顶的距离，m；

　　　h_2、h_3——锚索作用点距上排锚索的距离，m；

　　　β——锚索预应力折减系数，取 0.35；

　　　H——挡墙基础埋深以上出露地面高度，m。

取第一排锚索距墙顶 2.5 m，第二、三排锚索竖向间距 3.0 m，墙身基础埋深以上墙高 H 为 10 m，代入公式得：

$$p = 0.35 \times \frac{650 \times \cos 20° \times 3}{3 \times (0.45 \times 10 + 0.5) \times (2.5 + 3.0 + 3.0)} = 24.3 \text{ kN}$$

则墙后土压力总水平分力 $E_x = 24.3 + 427.6 = 451.9$ kN

抗滑动稳定性：

$$K_c = \frac{\sum N + (\sum E_x \times \tan \alpha_0) \times f}{\sum E_x - \sum N \times \tan \alpha_0}$$

挡墙基底倾角 $\alpha_0 = 5.71°$，基底摩擦因子为 0.4，作用于基底上的总垂直力 $N = 986$ kN，代入算试得：

$$K_c = \frac{948 + 451.9 \times \tan 5.71 \times 0.4}{451.9 - 948 \times \tan 5.71} = 1.83 > 3$$ ，满足抗滑稳定要求。

抗倾覆稳定性：

根据实测挡墙断面，经计算土压力合力位于墙顶以下 7.4 m 处，倾覆力矩 M_0=2 080 kN·m，稳定总矩为 M_y=3 619.2 kN·m，倾覆稳定系数 K_0=1.74>1.6，满足要求。

2.3 工程措施

（1）K61+207～K61+293 右侧挡墙设 2～3 排预应力锚索，其中 K61+207～K61+221、K61+281～K61+293 设 2 排锚索，K61+221～K61+281 设 3 排锚索，共设 76 根，单根锚索长 13～20 m，锚固段长度为 7 m。锚索自墙顶以下 2.5 m 处开始设置，纵向间距为 3 m、竖向间距为 3.0 m，水平倾角按 20°打入，采用 4φ15.2 高强度、低松弛钢绞线制作，设计锚固力为 469 kN，张拉吨位为 640 kN，采用 OVM15A-4 型锚具。

（2）锚索钻孔孔径为 ϕ110，钻孔采用干钻、套筒跟进的方式成孔。锚索自由段采用防腐剂及塑料管隔离、水泥浆裹护，全范围内均采用 M30 水泥浆灌注，锚索外露端采用 C35 混凝土封闭。

（3）既有挡墙墙身外立模浇筑 C30 混凝土，以改善挡墙截面刚度，同时提高各孔锚索整体受力性能。浇筑厚度满足墙身鼓出部位混凝土包裹厚度不小于 0.5 m，在墙身及混凝土浇筑层中间厚度部位分别挂设一层 15 m×15 m 的 φ10 钢筋网片，新浇混凝土沿挡墙伸缩缝处设置一道伸缩缝，采用沥青麻絮填塞。

（4）完善路基排水，对路基左侧排水沟进行沟身修砌和砂浆填塞缝隙、抹面，同时对左侧路基边坡设 0.3 m 厚 M7.5 浆砌片石实体护坡，将路面、地表水引排至排水沟，防止地表水沿边坡下渗至路基内。

（5）施工顺序。由于本段挡墙外侧为陡坡，挡墙上方道路要确保通行，供施工的场地狭小，墙高自中间向两侧逐渐降低，中间段挡墙变形最为严重可能诱发事故，故设计施工工序如下：自中间向两侧逐步推进、分段施工，以每 6 m 为一施工段按设计锚索孔位放样、钻孔，左侧路基的完善同步进行→钻孔完成后清孔、制作锚索→锚索安装、注浆→安装钢筋网片、立模浇筑混凝土层→混凝土达到设计强度 80%以上后张拉锚索、锁定→锚索端头封闭、浇筑端头混凝土→进入下一段的施工。

3 结 语

该工程于 2011 年 8 月施工完成后至今，加固后墙体未出现变形、裂缝等不良病害。本次挡墙的加固设计在认真、细致的分析挡墙破坏的原因上入手，通过力学计算和稳定分析，提出了合理、经济的设计方案，可为今后类似的山区公路挡墙病害整治设计提供参考。

下穿铁路立交桥铁路便线工程设计

李　果　杨贵勇　马　鹏

（中铁二院　成都公司）

摘　要　宝成铁路便线工程由于场地限制，距既有建筑和铁路近，并且三条市政道路斜穿既有宝成铁路和铁路便线工程，具有施工难度大等特点。设计采用桩板墙和旋喷桩等工程措施，减少了工程对既有建筑和铁路的影响；针对挖孔桩穿越含水层至隔水层时采取单纯的井点降水难以满足施工要求，本工程采取"孔外降水，孔内明排，改进护壁"等措施，保证了工程安全顺利实施。

关键词　便线　设计　挖孔桩　降水　护壁　旋喷桩

1　工程概况

1.1　设计介绍

工程位于四川省成都市金牛区境内，段内上下行既有宝成铁路穿过该区域，下行方向邻近天回镇车站，大天路、万石路及货运大道三条市政道路以框架桥的形式斜穿既有宝成铁路。由于条件限制，施工框架桥时需断道既有宝成铁路，为保证铁路的安全运营，在既有宝成铁路左侧设置一条长 1.2 km 双线铁路便线。工程施工条件最困难段位于货运大道下穿框架桥处，框架边缘与便线中心最小距离仅 6.48 m，框架开挖基底面至便线路肩高差达 10.0 m，如平面布置图 1 所示。

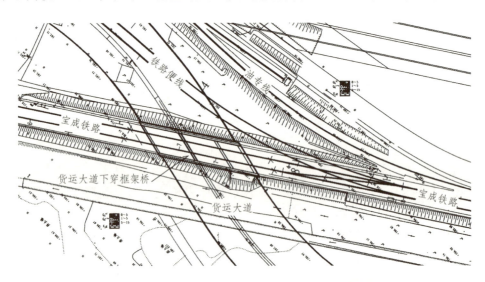

图 1　货运大道框架桥段铁路便线平面布置示意图

1.2　工程地质

工程场地所处地貌为成都平原冲洪积地貌，属岷江水系一级阶地。场地地势相对较平坦，相对高差约 5 m。年平均降水量为 759.1～1 155.0 mm，地下水类型主要为第四系孔隙潜水，赋存于第四系松散堆积层中，主要靠大气降水及地表水补给。地下水稳定水位为地面下 2.5～5 m，地下水位一般夏高冬低随季节及周围人类工程活动（人工降水）而变化，其年度变化幅度为 1.0～2.0 m，砂卵石层的平均渗透系数为 K=25 m/d。

地表覆盖厚 0～3 m 不等的第四系全新统杂填土（Q_4^{ml}），松散～稍密状，主要由碎块石及粉质黏土组成，碎块石含量为 10%～30%，成分主要为建筑垃圾。以及第四系全新统冲洪积层（Q_4^{al+pl}），主要为流塑状及软塑状的粉质黏土、稍密状的粉土、松散～稍密状粉的细砂，主要分布于卵石层顶面；此外还有潮湿～饱和状、稍密～密实状的卵石层。下伏基岩为白垩系上统灌口组（K_2g）泥岩，全风化层多呈土状，一般厚 0～2 m 不等，强风化层厚度大，多呈碎块石状，一般厚度大于 5 m，以下为弱风化层。工程地质主要物理学指标见表1。

表 1　地层主要物理学指标

地层编号	地层名称	状态	重度/（kN·m⁻³）	凝聚力/kPa	内摩擦角/（°）	摩擦系数/kPa	基本承载力/kPa
<1-2>	杂填土	松散	18.5	—	5	0.25	110
<2-2>	粉质黏土	软塑	17	8	8	0.25	100
<3>	粉细砂	松散	18	5	12	0.3	100
<4>	粉土	稍密	18.5	15	9	0.3	130
<5-1>	卵石土	稍密	21	—	30	0.4	350
<5-2>	卵石土	中密	22	—	40	0.5	500
<5-3>	卵石土	密实	23	—	50	0.5	700
<6>	泥岩	—	21	—	30	0.35	250

2　工程特征

该工程地理位置十分受限，处于宝成铁路、石油专用线和西联钢铁物流港仓库之间。为避免对既有建筑、铁路的影响多处设置桩板墙，但施工人工挖孔桩时需穿越卵石土至泥岩层，桩孔水位难以降至孔底，桩孔开挖是一工程难点。其次场地地基存在局部软塑状粉质黏土，地基处理需要考虑对既有建筑、铁路的影响，同时方便下穿框架桥的开挖。

（1）场地范围地下水位较浅，内地层情况为卵石土下为泥岩层，卵石土具有较强透水性，而泥岩层为隔水层，岩层表层 1～2 m 范围内裂隙发育。施工人工挖孔桩前需要对桩孔范围内场地采取降水措施，将地下水位降至桩底开挖面以下，即泥岩层以下。但是当地下水位降至泥岩层顶面以上 2 m 左右时，由于泥岩裂隙发育等原因地下水位已难以再降，并且涌水量大，若采取普通的施工方式施工钢筋混凝土护壁，往往难以成型，造成施工困难，并存在安全隐患。

（2）工程另一难点为需要从设计角度考虑下一步框架桥施工的防护措施。当铁路便线施工完毕后，宝成铁路立即拨移至便线上运行，然后施工下穿框架桥。但框架桥边缘至便线中心最小距离为 6.48 m，开挖面至便线路肩高差 10.0 m，考虑铁路路基半宽后形成一几乎竖直开挖临空面，必须采取工程防护措施确保便线的运营安全。

3　工程措施

3.1　设计措施

该铁路便线工程为一临时工程，运营时间 40 d 左右，但考虑到宝成铁路为国家干线铁路，运输繁忙，具有巨大的社会影响力，设计时按国铁I级铁路考虑。针对铁路便线工程的特点，特别是与既有铁路相连接两端部分，采取工程措施时应避免采用大型机械进行施工作业，例如采用钻孔桩等施工时会影响既有铁路行车安全，同时通信、信号、电力等设备位置有时候也会成为考虑工程措施的重要因素。

便线工程使用过程为：先由既有宝成铁路拨移至新建铁路便线，然后在既有宝成铁路上修建下穿框架桥，框架桥施工完毕后铁路拨回既有宝成线。铁路便线在不同阶段需要考虑不同的受力情况，工程具体措施必须在铁路便线工程施工时一并考虑。如铁路便线 ZBK660+374～ZBK660+434 施工框架桥影响段，当宝成铁路拨移至铁路便线时，施工框架桥过程中，由于框架桥开挖面至铁路便线路肩特别近，形成一高 10.0 m 的近乎垂直临空面，故在该段采用 11 根桩截面为 2.0 m×3.0 m 人孔挖孔桩进行防护，对软弱地基以及挖孔桩桩间采用旋喷桩进行处理，对竖直开挖坡面起到临时支护作用。相似原因还有 ZBK659+725～ZBK659+761 段。部分地段由于既有建筑物距铁路便线过近，采用桩板墙进行防护，如 ZBK660+138.5～ZBK660+215.5 段。铁路便线路基横断面如图 2 和图 3 所示。

3.2　施工顺序

由于新建大天路、万石路和货运大道斜穿既有宝成铁路角度过小，不能采取顶进方式施工框架桥，需要断道既有宝成铁路，宝成铁路在该段以铁路便线通过。考虑施工顺序时，应根据铁路便线的自身特点，先施工地基处理和支挡结构，具体施工顺序如图4所示。

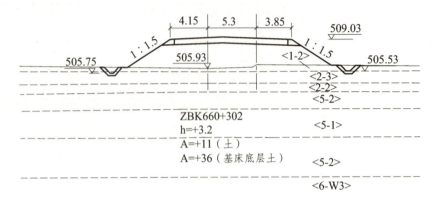

图 2　铁路便线一般路基横断面图

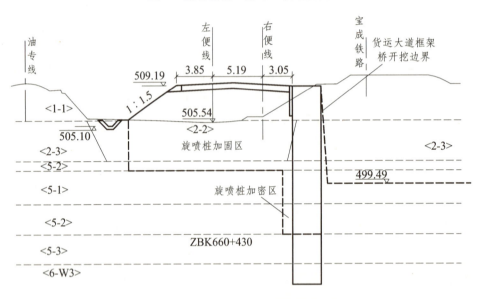

图 3　货运大道框架桥处路基横断面图

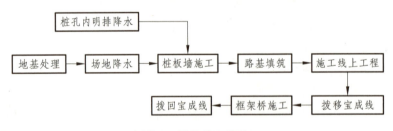

图 4　具体施工顺序

3.3　含水层挖孔桩护壁施工

　　场地范围内地下水位较浅，稳定地下水位为地表下 2.5 m 左右，并在既有宝成铁路右侧有一常年流水的河沟，具有稳定水源供给。为保证施工安全，挖孔桩施工前需要把地下水位降至开挖面以下。当采用井点降水，地下水位降至泥岩层顶面以上 2 m 左右时，水位无法再降，若增加降水点效果并不明显，并且挖孔桩孔内涌水量较大。

　　由于桩孔内地下水位无法下降，钢筋混凝土护壁不易成型，孔内长期被水浸泡容易导致塌孔，在动水压作用下，也极易发生流砂和井漏现象，存在严重安全隐患。若采取预制钢筋混凝土护壁，钢套护壁或帷幕注浆等措施，存在造价大、影响工期或者效果不理想等缺点。本工程采取"孔外降水，孔内明排，改进护壁"等措施取得了较好效果，使挖孔桩顺利穿过卵石土进入泥岩层：

　　当挖孔桩桩孔开挖至泥岩层顶面以上 2 m 左右时，增加桩内排水，采用潜水泵明排，同时控制好桩内外水头差，使其满足能施工一循环钢筋混凝土护壁高度为宜。开挖时减少每一节钢筋混凝土护壁长度，采用 0.5 m 一节。施工钢筋混凝土护壁前，在护壁外预埋 PVC 集水管，再设隔水薄铁皮和泄水孔，然后装护壁模板，最后浇筑钢筋混凝土护壁，PVC 集水管中收集的地下水通过泄水孔排出，如图 5 和图 6 所示。

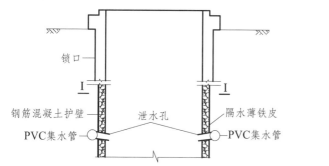

图 5　含水层钢筋混凝土护壁立面图

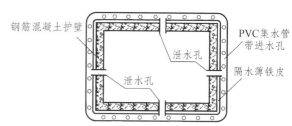

图 6　含水层钢筋混凝土护壁 I-I 剖面图

当护壁混凝土达到相应强度后拆除混凝土护壁模板，然后进行下一循环桩孔开挖，直至达到泥岩层。挖孔桩桩孔施至设计标高后，堵塞泄水孔，同时排干桩孔内积水，然后立即灌注钢筋混凝土锚固桩。

3.4　地基处理

铁路便线 ZBK660+405 ~ ZBK660+435 段基底存在 2.5 ~ 4.0 m 厚软塑状粉质黏土层，该段应采取措施进行地基处理。同时在该段由于货运大道框架桥开挖后，桩与桩之间的土体形成近垂直临空坡面，需要进行临时支护。通过综合考虑，旋喷桩具有扰动小、施工方便等优点，该范围选用旋喷桩进行地基处理。

旋喷桩是借助注浆管的旋转和提升运动，使高压水泥浆和土体充分拌和，把土颗粒空隙中的水、空气等一些物质向外置换，并通过渗透作用经一段时间后固结在土体中形成圆柱桩的固结体。旋喷桩在桩周 1 m 范围内能形成一种刚度较强的土体，从而改善了桩周土，形成复合地基，地基承载能力由桩土共同承担，因此旋喷桩复合地基能大幅提高天然地基的承载力。

旋喷桩复合地基承载力计算模式一般采用桩体承载力和桩间土承载力按照一定的叠加原理进行计算。破坏模式一般认为桩体先破坏引起复合地基全面破坏。规范规定旋喷桩复合地基容许承载力特征值应通过现场复合地基荷载试验确定，设计时可按下式估算：

$$\sigma_{sp} = m\frac{[P]}{A_p} + \beta(1-m)\sigma_s \qquad (1)$$

其中，单桩承载力特征值按（2）和（3）式估算，取其中较小值：

$$[P] = \eta P_f A_p \qquad (2)$$

$$[P] = \pi d \sum_{i=1}^{n} q_i l_i + q_p A_p \qquad (3)$$

式中　σ_{sp}——复合地基容许承载力，kPa；

　　　σ_s——桩间土天然地基容许承载力，kPa；

　　　m——面积置换率，一般可取 10% ~ 20%；

　　　$[P]$——单桩容许承载力，kN；

　　　A_p——桩身截面面积，m^2；

　　　β——桩间土承载力折减系数；

　　　P_f——与旋喷桩桩身水泥土配比相同的室内加固土试块在标准养护条件下 28 d 龄期的立方体

抗压强度平均值（kPa）；

η——桩身强度折减系数，可取 0.3～0.4；

d——桩长的品均直径；

n——桩长范围内所划分的土层数；

l_i——桩身第 i 层土的厚度，m；

q_{si}——桩周第 i 层土的容许摩阻力，kPa；

q_p——桩端地基土容许承载力，kPa。

经式（1）、（2）和（3）计算旋喷桩采用桩径为 0.5 m，桩间距为 1.2 m，正三角形布置，复合地基容许承载力为 188.1 kPa，满足要求。靠近货运大道框架桥开挖线一侧，考虑对坡面进行临时支护，对该部分旋喷桩进行加密。加固平面图如图 7 所示。

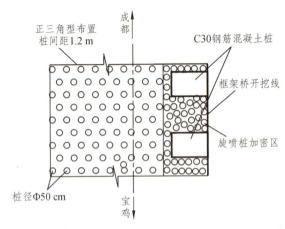

图 7　旋喷桩加固示意图

4　工程效果

该工程处于既有宝成铁路、油专线和和西联钢铁物流港仓库之间。由于场地条件的限制，工程采取桩板墙等支挡结构和旋喷桩处理地基等措施，避免了大量开挖影响既有铁路和既有建筑的安全，保证了框架桥的顺利施工。特别是针对挖孔桩穿越含水层至基岩过程中，通过改进钢筋混凝土护壁，保证了工程安全顺利实施。

5　工程体会

铁路便线工程一般会受到既有铁路的影响，特别是城区附近施工条件会更加受到限制，设计过程应多方比选，工程措施尽量选择对既有建筑、铁路影响较小的工程措施。同时采取工程措施应考虑施工的方便性和时间性，尽量缩短对既有铁路的影响，尽快恢复既有铁路的通行。

（1）靠近既有铁路和建筑物附近工程措施尽量少用开挖范围大的支挡结构，如重力式挡土墙等；若需要地基处理也尽量避免选择大量的挖除换填，可多考虑旋喷桩等地基处理措施。

（2）挖孔桩穿越含水层至隔水层过程中（如成都地区一般卵石土层下伏泥岩层），采用井点降水往往不能完全把地下水位降至隔水层。挖孔桩施工至该位置时不采取有效措施一般无法继续施工，但也应避免长期停工，孔底长时间积水容易造成串孔、塌孔等危害。

（3）挖孔桩施工穿越含水层至隔水层时，可考虑采用"孔外降水，孔内明排，改进护壁"等措施施工钢筋混凝土护壁。

成昆铁路温泉车站路堤滑坡整治

李　能　纪恩霞

（中铁二院　昆明公司）

摘　要　本文通过对成昆铁路温泉车站路堤滑坡成因的分析，采用外挂式路肩桩板墙及路堤边坡支撑渗沟、盲沟的处理措施，效果良好。

关键词　滑坡　桩板墙　渗沟　盲沟　整治

1　工程概况

成昆铁路温泉车站 K1068+580～+670 段建成于 20 世纪 70 年代，原为区间单线路基，成昆线电气化改造工程中，车站 1、3 股道及站台向昆明端延长并在昆明端加设一条 300 m 长的存车线，在该段形成四线路基，由于 1 道延长占据了原进站道路的位置，右侧增设一条 3.5 m 宽的进站道路，进站道路外侧设重力式路肩挡土墙，改扩建工程完工 2 年多，由于 2001 年 8 月连降暴雨，路堤发生坍滑。经分析滑坡成因及方案比选确定采用外挂板式路肩桩板墙及设置边坡渗沟、地下盲沟等综合处理措施整治滑坡，效果较好。

2　路堤病害特征及原因分析

本段路基病害位于温泉车站昆明端的一沟槽内，铁路以填方形式通过，最大填方高度为 16 m，路堤填料为路堑页岩夹砂岩弃渣。2001 年 8 月 23 日下午，工务部门发现 1 道路基下沉，进站道路及 1 道外侧干砌片石挡砟墙结合处产生细小裂纹，26 日滑坡有较大的变化，后缘垂直位移达 70 cm，路堤边坡坡脚附近出现了明显的滑坡舌，滑坡周围裂缝清晰，滑坡范围及规模均已显示出来。9 月 1 日由于几天连降暴雨，滑坡产生急剧下滑，最大垂直位移达 5.5 m，且 Ⅰ、Ⅱ 道间产生了约 8 cm 宽的裂缝，对行车构成极大威胁，作为昆明铁路局抢险工程，本着先抢险、后加固的原则，决定封锁 Ⅰ 道，Ⅱ 道缓行，并采取临时防护措施，保证成昆铁路的畅通。

该滑坡发生后，经现场实地查勘和对滑坡类型及成因进行了认真的探讨，认为该滑坡属堆填土的浅层滑坡，其成因主要有以下几点：

（1）该段地形为低洼槽谷、容易汇集地面水及地下水的山间缓坡，线路前后路堑地段的地表水均排泄至 K1068+580 处涵洞中。

（2）由于雨季降水量较多，持续时间长，且路堤填料为页岩夹砂岩，易风化，路基基床表层风化最为严重，已风化成土，列车长期振动造成道砟陷槽，形成道砟囊，引起路基面排水不良，表水长期聚集并缓慢下渗，致使路基本体的土体处于饱水状态，容重增大，强度降低。

（3）该段既有路堤填料为路堑页岩夹砂岩弃渣，由于路堤填料风化的差异性，致使路堤表层已风化成土，相对隔水，而路堤内部岩块风化较慢，路堤填方内孔隙较多，形成一个贮水囊，孔隙水压力增加，水积累到一定程度而无法排泄，诱发路堤病害。施工中临时防护坡面上有大量股状水流出、涌出或喷射而出，以及施工边坡支撑渗沟时在滑动面附近有碗口粗的水流，"哗哗"流淌了 3～4 h，就是很好的证明。

（4）在成昆电气化改造时，路堤右侧设重力式路肩挡土墙，在滑坡上加载也是诱发路堤滑动的一个因素。

3　工程措施

3.1　滑坡整治措施

在路堤发生滑坡后，为确保铁路运输安全，决定封闭 Ⅰ 道，Ⅱ 道列车通过该段时限速 25 km/h 慢行，并迅速组织施工人员拆除 K1068+583～+661 段 Ⅰ 道，并清除松动的滑坡土体，形成较稳定的边坡，边坡采用挂网喷混凝土防护，锚杆间距为 1.5 m，呈梅花形布置，锚杆长 2 m，并垂直于坡面，坡面喷混凝土厚 0.1 m，保证 Ⅱ 道的行车安全。待主体工程完工后，将其拆除，并沿路堤边坡挖台阶，再填筑路堤。K1 068+585～+651 段右侧路堤坡脚设 2.5 m 宽、2 m 高的钢筋笼片石垛，以阻止滑坡的发展。

在修筑临时防护措施的同时，整治滑坡的永久工程也同时展开，K1 068+585～+651 于Ⅱ道中心右侧 10.5 m 处设 12 根 2 m×2 m 抗滑桩，桩间距为 6 m，抗滑桩桩间设挡土板，挡土板设于抗滑桩外侧，桩板采用 U 形螺栓连接，挡土板采用现浇。在桩板墙墙后于滑动面稳定土层中设纵向盲沟，路堤填料采用渗水土。横向 K1 068+600、+618、+636 处设三道路堤边坡支撑渗沟，渗沟宽 2 m，埋深不小于 2 m。并在路堤坡脚设排水沟，将地表水及地下水引入涵洞中。其工程平面布置图及代表性横断面设计图如图 1 所示。

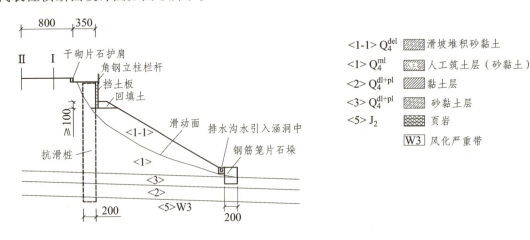

图 1　代表性横断面图

3.2　方案比选情况

在该路堤滑坡整治方案中，采用桩板墙加固路堤边坡的方案是毫无疑问的，但是在挡土板的位置选取上作了比较。此前桩板墙的挡土板通常置于抗滑桩内侧，挡土板多采用预制，施工时吊装较为困难。而采用外挂式桩板墙，则抗滑桩桩位较内置式桩板墙桩位距离铁路中心较近，尤其是在陡坡地段外挂式桩板墙更显现其优越性，抗滑桩桩位的内移，减少抗滑桩的悬臂段的长度，锚固段相应地缩短，尤其是该工点是土质地层，这样抗滑桩桩长有效地缩短，挡土板的高度也相应地降低，所以外挂式路肩桩板墙要比内置式路肩桩板墙经济，且外挂式挡土板采用现场立模浇注，使得外挂式挡土墙较为美观。经综合比较本工点采用了外挂式路肩桩板墙。

4　工程效果

工程完工后，路基边坡稳定，铁路正常运营，从滑坡整治的方案来讲，是成功的。首先，挡、排结合的措施，是恰当的，且整治效果良好。尤其是采用了外挂式桩板墙，从经济及美观的角度来讲，比内置式桩板墙更具有优越性。其次，在施工渗沟及盲沟过程中，路堤内部流出碗口粗清澈的水流，流了 3～4 h，且工程完工约半年后，在工程验收时，在 K1 068+618 处支撑渗沟中仍有少量水渗出，证明设计中采用边坡渗沟及盲沟是合理的必要的。

5　工程体会

（1）该段路基病害在开挖施工边坡支撑渗沟时，有碗口粗的水自滑面附近涌流而出，流淌了三四个小时，说明路基内积水时日已久，该段路基病害已非短时期形成，路基滑坡势在必然。

（2）该段既有路堤填方边坡高达 16 m，电化改造时边坡植被茂盛，为减少对植被的破坏，加宽路基时采用在既有路堤上部坡面加设路肩挡土墙的方案，对路基病害缺乏充分的认识，诱发了滑坡。这在既有铁路改造中应引以为戒，当需要采取类似工程时，应经过充分的调查分析，确认安全无风险方能采用。

成自泸高速公路 K129 斜坡路堤滑坡整治

彭世江

（中铁二院 公路市政院）

摘 要 斜坡路堤滑坡一直是公路修筑中的热点问题，本文结合成自泸高速公路路堤滑坡病害处治工程对斜坡路堤滑坡病害的成因与处治技术开展研究，分析了滑坡的类型与成因，对滑坡进行了稳定性评价，提出了科学合理的组合型滑坡处治技术，积累了一定的斜坡路堤滑坡病害处治工程设计经验，处理措施具有重要工程实用价值。

关键词 斜坡路堤滑坡 稳定性评价 处治技术

1 工程概况

1.1 地形、地貌

区内属侵蚀构造低山地貌，地形地貌受构造及岩性控制明显，呈北东—南西展布。受岩性控制，呈阶坎状分布，厚层砂岩段多形成陡崖，泥质岩为主段多形成缓斜坡或小平台。该段线路总体上行进于一个缓平台之上，前后均为陡崖，而在 K129+780～K129+820 段为一开口的簸箕状单面斜坡，自然坡度一般为 15°～25°，局部近直立（图1）。

1.2 地层岩性

上覆第四系人工堆积层（Q_4^{me}）碎石土、滑体土（Q_4^{del}）碎石土、碎块石土、滑带土（Q_4^{del}）软～可塑状黏土夹角砾；

图1 地形地貌

下伏基岩为三叠系上统须家河组三段（T_3xj^3）钙质泥岩、炭质页岩夹薄煤层、局部夹砂岩等。

2 滑坡特征及形成原因

2012 年 7 月 4 日至 7 月 20 日该地发生了集中降雨，在强降雨的影响下，K129+740～K129+841 段路基发生了剧烈变形，右侧路基出现了 1 条纵向贯通裂缝（主裂缝），裂缝宽度约为 10 cm，路基沉降了约 7 cm，左右幅之间的路肩墙伸缩缝位置也发生了错开变形，左幅路基发生了两条和线路近平行的裂缝，裂缝宽度宽达 12 cm，线路左侧坡脚可见鼓胀现象，剪出口在左侧裸露基岩陡崖边，可见表土塌落现象，综合确定滑坡处于剧烈发展阶段。滑坡沿线路纵向长度为 120 m，右侧最远裂缝距离中线约 43 m，滑坡主轴方向为 92°（图2）。

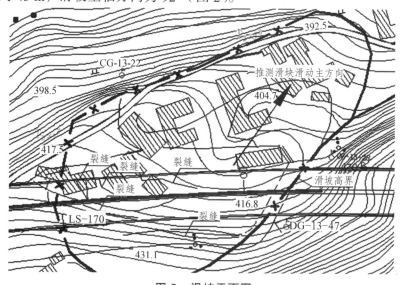

图2 滑坡平面图

该滑坡形成的主要因素如下：

（1）在斜坡上建成填筑路基荷载后，斜坡荷载增大，而因防排水措施未做好（如原路基边沟大多高出原地面，使其排水功能基本不能发挥），使得公路右侧山体在暴雨时大量汇水集聚于路基内侧而无法排泄出路堤外，水流不断冲击填筑体并下渗至土体内，大大增加了土体自重，严重超出了斜坡土体的极限抗滑能力。

（2）2012年6月份的极端暴雨天气，大量雨水下渗后，在上覆土体和炭质页岩接触面处富水致其软化（接触面呈软塑土状），大大降低了力学指标，产生了破坏失稳。

（3）上覆土体为碎块石土，孔隙发育，易于地表水的下渗，下伏炭质页岩为相对隔水层，地表下水下渗后，易于在土石界面处汇集。

3 稳定性分析

本次设计分别对 K129+780、K129+800、K129+820 三个设计断面进行了反算，稳定性系数取 $K=0.97$，反算结果如表 1。

表 1　反算结果

K129+780	黏聚力 c/kPa	5	8	10	12	15
	内摩擦角 φ/（°）	11.61	10.63	9.98	9.32	8.33
K129+800	黏聚力 c/kPa	5	8	10	12	15
	内摩擦角 φ/（°）	10.84	10.01	9.45	8.90	8.06
K129+820	黏聚力 c/kPa	5	8	10	12	15
	内摩擦角 φ/（°）	15.06	13.84	13.02	12.20	10.94

根据试验、测试、反算结果等结果，综合推荐取值 $c=8$ kPa，$\varphi=11°$。

计算结果：根据实测的主滑断面（图3），结合清方减载后的断面。选用 K129+780、K129+800 和 K129+820 三个最不利断面进行滑坡推力计算，稳定安全系数取 1.15 时，K129+780 断面填方坡脚处剩余下滑力为 1 220 kN/m，K129+800 断面填方坡脚处剩余下滑力为 1 350 kN/m，K129+820 断面填方坡脚处剩余下滑力为 1 470 kN/m。经检算，三个最不利断面均不存在滑体从桩顶滑出的可能。

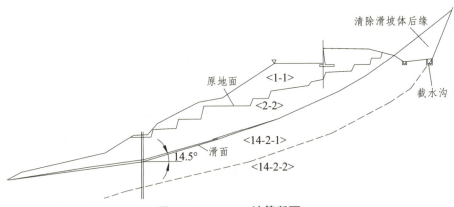

图 3　K129+820 计算断面

4 主要工程措施

根据滑坡的形态，结合滑坡的形成机制，失稳后的危害性的分析，防护工程采用抗滑支挡体系和地表水体系相结合的综合整治方案（图4）。

（1）在滑坡体上方设置一条截水沟拦截坡面水，以防坡面水流入岩堆体后下渗至土石界面，有利于保持斜坡体稳定。截水沟采用 M7.5 浆砌片石砌筑。

（2）K129+740～K129+841 线路以填方通过，在左侧填方边坡坡脚处设抗滑桩。由于本滑坡仍处于滑动阶段，采用人工挖孔桩，施工周期长，施工难度大及人员安全隐患大。结合现场实际情况，采用机械成孔浇筑圆桩，控制滑坡变形后，再根据剩余下滑力，在圆桩外侧布设 2.25 m×3.5 m 方桩。圆桩布设如下：圆桩直径 1.8 m，其中 1 号~5 号桩桩间距 4.0 m，桩长 12m；6 号~11 号桩桩间距 3.5 m，桩长 16 m；12 号~31 号桩桩间距 3.0 m，桩长 20 m。32 号~41 号为方桩，桩间距 6 m，桩长 21 m，桩截面为 2.25 m×3.5 m。

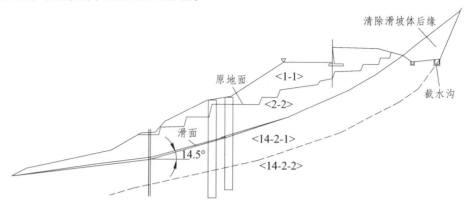

图 4　抗滑桩加固代表性断面

（3）对 K129+740~K129+841 段滑坡体上缘进行刷方减载。

（4）K129+740~K129+841 路基沉陷开裂严重，悬臂式挡土墙恢复可用，防撞护栏须修复。结合现场实际情况，对沉陷开裂路段采用钻孔注浆处理。

5　结　语

滑坡治理工程于 2012 年 8 月完成，至 2014 年 1 月，滑坡未出现滑动变形迹象。原施工图设计时，未考虑上覆土体和炭质页岩接触面存在软化形成滑面的可能性，在设计时未对该段路基进行稳定性检算分析，导致本段斜坡路堤失稳形成滑坡。因此设计时对于斜坡路堤下伏软弱层的路段需进行稳定性检算，避免引起斜坡路堤失稳。

施工期间不间断的地表变形监测表明，随着整治工程的实施，变形趋于稳定。施工完成后持续观测表明滑坡已经稳定，监测基本无变形，工程质量可控且运行良好。这充分说明了采用抗滑桩与截、排水相结合的综合治理的方案是正确的，治理工程合理，达到了治理滑坡的目的。该斜坡路堤滑坡病害工程在处治过程中积累了一定的设计经验，处理措施具有重要工程实用价值。

兰渝铁路 DK622 膨胀土路堑边坡工程滑坡整治

刘剑光　周　成　张　耀

（中铁二院　土建二院）

摘　要　太公车站右侧路堑堑顶覆盖土层较厚，施工图设计按照一般路堑边坡进行加固。施工拉槽开挖后，右侧边坡前缘临空面过大，地表水下渗后软化了土石分界面处土体，在施工爆破震动影响下产生了工程滑坡。经补勘，覆盖土为弱膨胀土，变更设计采取设置路堑桩板墙等措施进行加固，整治效果良好。

关键词　膨胀土　路堑边坡　滑坡　整治

1　施工图设计工程概况

1.1　工程地质概况

太公车站 DK622+567.25 ~ DK623+000.75 段为一般低山台地地貌，地面坡度为 15° ~ 35°，前缘局部基岩裸露。钻探揭示该段右侧边坡路基挖方范围上覆粉质黏土，硬塑状，夹有 10% ~ 20% 的碎块石、角砾，成分多为砂岩，厚 2 ~ 8 m。下伏基岩为泥岩、砂岩互层，节理裂隙发育，强风化层厚 2 ~ 5 m，岩层反倾。

本段地下水主要为第四系孔隙水和基岩裂隙水。

1.2　施工图设计工程措施

该段路基以路堑形式通过，中心最大挖深约 20 m，右侧最大边坡高度为 22.5 m。右侧路堑边坡按 1∶1.0 ~ 1∶1.25 坡率刷坡，边坡分级高度为 10 m，并采用空窗式护墙、锚杆框架梁、人字形截水骨架护坡及撒草籽间植灌木防护，如图 1 所示。

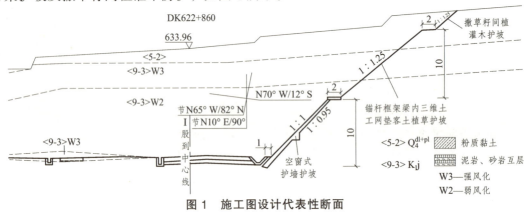

图 1　施工图设计代表性断面

2　施工中病害及原因分析

2.1　现场施工情况

该段路堑边坡开挖至路肩高程附近。右侧边坡空窗式护墙、锚杆框架梁、人字形截水骨架护坡未施工，右侧堑顶天沟未施工。

2.2　工程病害特征

该段堑边坡土体在土石分界面剪出，其中 DK622+790 ~ DK622+910 前缘累计剪出长度约 100 cm，局部边坡已被挤压垮塌，DK622+570 ~ DK622+790、DK622+910 ~ DK622+970 两段开挖边坡呈不连续剪出，前缘累计剪出长度约 30 cm，剪出面光滑，无地表水、地下水渗出。据施工单位观测，每遇降雨后地表拉缝宽度、前缘剪出长度均有较明显变化，尤其 DK622+790 ~ DK622+910 段地表距堑顶最近两道张裂裂缝宽度已达 80 cm、深 75 ~ 200 cm、最大错台 0.95 m、长 80 余米，如图 2 所示。

2.3　工程病害地质情况

根据开挖边坡及钻探揭示地质情况如下：右侧边坡上覆粉质黏土，硬塑状，质较纯，偶夹碎块石，成分为砂岩，台地前缘土厚 2 ~ 8 m，后缘厚 8 ~ 15 m；经取原状土 17 组、扰动土 11 组试验,物理力学指标为:ρ=2.04 ~ 2.12 g/cm^3,C=33.8 ~ 159.5 kPa,ϕ=7.2° ~ 20.9°;自由膨胀率 F_s=22% ~ 34%。对取样土体 28 组全部进行了膨胀土详判试验工作,结果如下:阳离子交换量 CEC(NH$_4^+$)为 13 ~ 20 mmol/100g,蒙脱石含量 M 为 9% ~ 13%,其中 16 组判示为弱膨胀土,12 组为非膨胀土,弱膨胀土约占 57%,经 6 组膨胀力试验,自由膨胀力 13 ~ 77 kPa,平均值为 34 kPa。

（a）路堑边坡上部土体剪出　　　　　　（b）右侧路堑边坡堑顶外裂缝

图 2　右侧路堑边坡工程病害照片

2.4　工程病害成因分析

根据现场勘查结合室内试验成果,查明诱发本段边坡产生蠕动位移的原因主要有以下三点。

（1）根据膨胀性试验资料,土体矿物成分的亲水性较好,土体具弱膨胀性,微裂隙发育,土性较差,而土层厚度也较施工图设计厚。

（2）堑顶民房密集,村民生产生活用水长期散漫排放渗入土体,软化了土体。根据钻探揭示及边坡土体剪出面处情况,基岩面较平整,土石分界面处土体和岩层性质差异大,黏合力差,抗剪强度较低。施工开挖未及时防护时,土体极易失稳剪出。

（3）施工初期一次性开挖形成长拉槽,且右侧边坡切坡较陡,使边坡前缘临空面较大,加之在基岩开挖施工过程中放大炮,使边坡土体松动失稳沿土石分界面剪出,牵引后缘土体向前滑移。

综上所述,边坡土体沿土石分界面(基岩面)出现蠕动变形及坍塌,牵引后部表土开裂加大,在堑顶外地表产生多条拉张裂缝,最终致右侧土质边坡产生工程滑坡。

3　稳定性分析及工程整治措施

3.1　边坡稳定性分析及推力计算

根据补勘资料,潜在滑面取 K=0.9 反算确定滑面 $\phi_{综合}$,取稳定安全系数 K=1.2 计算滑坡下滑推力,并与土压力比较后取大值进行抗滑桩结构设计,滑坡推力计算代表性断面见图 3。反算得到的滑面参数及滑坡推力如表 1 所示。

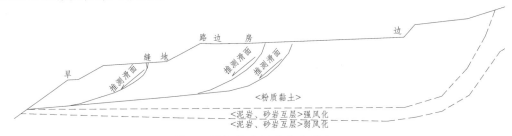

图 3　滑坡推力计算代表性断面

表 1　整治设计代表性断面滑面力学参数及滑坡推力

断面里程	反算 $\phi_{综合}$/(°)	滑坡推力/kN
DK622+840	9.7	451
DK622+880	11.5	554
DK622+920	10.1	659

3.2　变更设计工程措施

DK622+567.25 ~ DK623+000.75 段右侧路堑边坡,整治设计采用桩板墙、锚杆框架梁、支撑渗沟等加固措施，并确保地表截、排水通畅。

（1）桩板墙工程。

于路堑边坡平台处设置路堑桩板墙加固，桩间距（中—中）为 6.0 m，桩截面采用 1.5 m×2.00 m～2.0 m×3.25 m，桩长 10.0～20.0 m，共设置 75 根桩。

（2）边坡防护工程。

线路右侧路堑边坡采用锚杆框架梁、人字形截水骨架护坡防护。墙顶路堑边坡设置支撑渗沟，渗沟断面宽 1.5 m，深 2.0 m，共设置 32 处。

（3）排水工程。

滑坡体周界外设置梯形截水天沟，桩板墙前平台、桩板墙墙顶第一级、桩板墙墙顶第二级平台设置平台截水沟。

右侧路堑边坡整治设计代表性断面如图 4 所示。

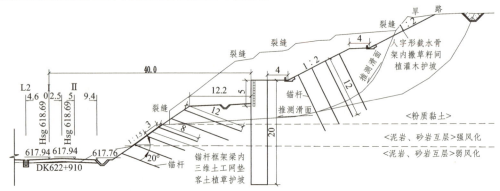

图 4　变更设计代表性断面图

4　工程整治效果

该病害工点制定了以路堑桩板墙结合各级边坡防护的加固+完善排水设施的综合整治措施。整治工程于 2012 年施工完成，竣工后经过 2 个雨季的考验，边坡稳定，效果良好，见图 5、图 6。

图 5　右侧路堑边坡加固后照片

图 6　右侧路堑桩板墙照片

5　工程体会

（1）线路选线时应尽量避免路堑高边坡，特别应避免出现膨胀土路堑高边坡。

（2）勘查阶段应查明土层路堑高边坡岩土体的物理力学特性，重点查明土层是否是有膨胀性，以此指导工程设计及施工。

（3）要重视土层路堑边坡的设计，加强工程措施力度；存在软弱界面的路堑边坡，软弱界面处可按照饱水后指标检算下滑力，必要时设置侧向约束桩加固。如本案例中，土石分界面倾向线路外侧，本有利于土层边坡的整体稳定，但由于土层具有膨胀性，地表水下渗软化了土石分界面处土体，在施工因素影响下发生工程滑坡。

（4）土质边坡开挖需重视与周围环境的相互影响，开挖前应做好排水设施，形成完善的排水系统，将地表水引排至边坡开挖范围以外，避免地表水下渗软化边坡岩土体，导致边坡变形失稳。如本案例中，因边坡开挖改变了堑顶居民生活用水的排导条件，导致生活用水下渗软化边坡岩土体。

内昆铁路威宁车站软土路堤坍滑整治

周　成　魏永幸

（中铁二院　土建二院）

摘　要　内昆铁路威宁车站位于高原草海附近，沟槽软土厚 10 m 左右，设计采用碎石桩、塑料排水板等措施处理，在路堤填筑过程中路堤坍均发生坍滑，采用抗滑桩、反压护道等措施加固处理取得成功。

关键词　软土地基　路堤坍滑　抗滑桩　反压护道

1　概　况

威宁车站位于内昆铁路 D1K474+160，长 2 100 m。站内地形地貌特征为高原剥蚀残丘洼地地貌，地形平缓。本段地表覆盖 Q_4^{dl+el} 黏土或砂黏土，厚 0～2m，局部厚 2～6 m；其下为 Q_4^{del}、Q_4^{dl+pl} 淤泥质软黏土，厚 0～11 m，呈软塑状，局部为流塑状，具有高压缩性、孔隙比大、有机质含量高等特点，软土指标一般为 C_u=8～12 kPa，ϕ=3°～6°最低一组软土指标仅 C_u=5.4 kPa，ϕ=1°30′；基岩为 C_1dj 页岩、泥灰岩夹灰岩，岩层风化极严重，并向线路右侧以 8°～17°倾斜。线路以路堤通过，最大中心填方高约 10 m。技术设计在 D1K473+780～D1K474+030 采用塑料排水板固结；D1K473+847～D1K473+926 和 D1K474+170～D1K474+570 采用振动沉管碎石桩加固，在桩顶上面铺设 0.3 m 厚的砂垫层；D1K474+890～D2K475+202 段采用塑料排水板加固，基底铺 0.5 m 厚的砂垫层夹一层土工格栅，线路右侧设反压护道。在施工过程中因为路基左、右侧先后出现坍滑，经过多次变更，路基增加了侧向约束等综合治理措施才达到线路交付运营的条件。

威宁车站软土路基工程于 1998 年 9 月 18 日开工，2002 年 1 月 4 日竣工。

2　路堤坍滑变形特征及整治措施

威宁车站软土路基工程规模较大，地质情况复杂，施工单位完成了软基处理的碎石桩和塑料排水板的施打，车站路堤在填筑过程中，三段软土路基相继发生坍滑，造成软土路基及相关工程的多次变更。

D1K474+890～D2K475+202 段地基塑料排水板施工完成后进行了路堤填筑（含反压护道），填筑至高度 3.5 m 处停歇 30 d。继续填筑路堤至 4.5 m 高左右时，D2K475+080 附近右侧反压护道出现裂缝，裂缝逐渐发展并坍塌，其坍塌体后缘裂缝发展到线路左侧 10 m，前缘裂缝发展到线路右侧 65 m，并形成弧形环状裂缝，后缘最大裂缝宽 1.8 m，错台高 1.5 m。随后进行变更设计，在 D1K474+984～D2K475+170 右侧设置 32 根抗滑桩，两排振动沉管碎石桩；碎石桩施工前将已填筑的路堤和反压护道进行清方减载。

D1K473+780～+870 段路堤在塑料排水板施工后，于 1999 年雨季前填土至路肩下 2 m，施工无异常。雨季后恢复填土，填土至路肩下 0.8 m，碾压时路堤顶面出现裂纹，边桩观测结果表明位移加大，路堤顶面距右侧路肩 15 m 出现两条弧形裂缝，缝宽 7～8 cm，无错台，护道外 0～3 m 有轻微鼓胀和下沉迹象。后续再次核对时，路堤、边坡、护道上出现多道裂缝，路堤及护道内侧明显下沉，护道外侧及护道坡脚外 0～10 m 地表隆起，地表隆起约 3 m，出现明显圆弧坍滑现象，后缘裂缝宽近 1 m，错台约 1 m；D1K473+879.59 涵洞的出口段 15 m 范围受牵动产生水平裂缝，内江端八字墙被挤压推倒。对已填筑路堤进行清方减载，减载高度为 3 m；在线路右侧 22 m 处增设一排共 15 根抗滑桩，桩长 16～24.5 m，D1K473+786～+860 右侧反压护道外增设 8 m 宽的反压护道，横向每间距 8 m 设一条砂沟（宽 0.6 m，深 1.0 m），原地面铺 0.5 m 厚中粗砂。

D1K474+170～+570 段软土路堤，最大填高 9m，其基底硬壳层为黏性土，厚 1～3 m，其下的软～流塑状淤泥质黏土厚 2～8 m，硬底为泥灰岩夹碳质页岩，横断面方向土石界面坡度基本水平，线路方向土石界面坡度为 15°～20°，设计软基加固措施为振动沉管碎石桩，桩径 ϕ80 cm，桩间距为 1.5 m。碎石桩施工完毕 9 个月后开始填筑路堤，除 D1K474+400～+500 段以外的路堤，填筑高度最低 1.5 m，最高达到路肩高程。2000 年 4 月 20 日，在施工 D1K474+452.271 的 4.0 m 涵洞两侧路堤时，发现 D1K474+520～+570 段路堤中线至右侧路肩开裂，裂缝呈弧形，但未形成错台，路堤坡脚外未见隆起、鼓胀现象。2000 年 5 月 28 日对开裂原因及处理方案进行了讨论，分析系在 D1K474+452.27 涵洞基坑开挖时填筑两端路堤，未按规范和设计要求分层填筑，造成软基纵向受力不均所致。为保证工程安全，变更设计在 D1K474+230～+570 右侧增设一至两级反压护道，护道宽度为 15～30 m，高度为 5～7 m；护道基底未施作碎石桩的部分，压填 1 m 厚不易风化岩块，并采用重型压路机碾压 8～10 遍。

D1K474+452.27 盖板涵主体完工后开始填筑涵洞两侧护道及路堤，当路堤填高约 5.5 m 时，发现 D1K474+470～+500 段出现弧形裂缝，形成错台，裂缝宽 0.22 m，错台高 0.5～0.9 m，路堤护道坡脚外 50 m 范围内的存在水沟被挤压、地面隆起等现象，D1K474+452.27 盖板涵下游段 6 节在沉降缝处向小里程方向倾斜，决定立即补充勘测，初步决定在线路右侧设抗滑桩加固，同时在 D1K474+452.27 涵洞靠山侧设 5 根抗滑桩。抗滑桩在软土层中采用沉井式护壁，壁厚 0.3 m、双层钢筋。抗滑桩分批、隔桩进行是个施工，第二批桩井开挖可在第一批桩井挖至基岩 3～4 m 后方可进行，并保证在第一批抗滑桩灌注时桩井开挖深度不大于 4 m。

在填筑过程中 D1K474+320～+450 左侧地面发生 3 次隆起膨胀现象，最终采用两级反压护道及 5 排钢筋混凝土打入桩处理，护道最大宽度 40 m。病害代表性断面见图 1。

3 施工中的重点或难点以及采取的措施

威宁车站软土路基处理施工的重点及难点均为在淤泥质软土中抗滑桩的施工。威宁车站的抗滑桩采取了两种方法施工。一种是按常规方法施工，在挖孔至地面下 6 m 以下时，受软土侧压力的影响，护壁变形严重，桩位不易控制。施工中采取了增加护壁厚度，护壁钢筋加密，桩位放出后在桩孔护壁外围打入钢轨桩，将钢轨桩打入硬层或基岩，开挖后将钢轨和钢筋混凝土护壁灌注为一体，提高护壁混凝土的强度；加入速凝剂或早强剂来提高混凝土护壁前期强度；采用双层模板支护，由于抗滑桩桩孔土体呈流塑状，开挖时很难进尺，施工中采取将护壁外模板不予取出与护壁的钢筋混凝土浇灌为一体的方法，来增强护壁的强度。

另一种方法是采用沉井方法施工，即抗滑桩在软土中的护壁采用沉井法施工，其施工困难在沉井的下沉及纠偏。D1K474+311～+569 右侧抗滑桩采用了首先在桩位原地面上预制一节 2 m 高带有刃脚的框架沉井，然后在其上逐段加高的办法进行沉井预制。沉井下沉时为防止沉井偏斜，采用对称开挖；当沉井在开挖过程无法下沉时，又采用了向沉井外围灌水，在桩孔内向刃脚外圈扩大开挖，沉井上部加压等办法，达到了沉井下沉、纠偏的作用。

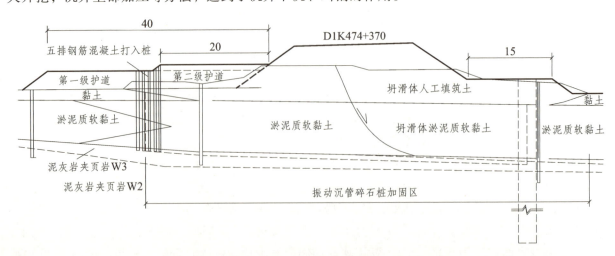

图 1　D1K474+300～D1K474+510 病害加固代表性断面

4　设计体会

（1）铁路选线应尽量避开软土地基，当避开困难时，应选择软土层较薄地段通过。

（2）在高原草海地区的山坡坡脚和坡脚外地形平缓地带，往往分布淤泥质软土层。在查清软土特性的基础上采取可靠适宜的综合治理措施，通过软土层较厚地段时，应优先采用桥方案通过。

（3）采用排水固结处理软土地基，对填土高度超过临界高度较多地段应谨慎使用，设计好填土加载时间要求，加强填筑位移观测，指导施工。

（4）流塑状软土地基力学指标极低，采用碎石桩处理其受流塑状软土侧向约束较差，成桩效果不理想，碎石桩方案应慎用。

（5）软土底横坡问题，除应注重横断面方向坡度外，尚应注重与线路斜交的横坡坡度。本病害点在横断面方向坡度很小，但与线路斜交的横坡坡度较大，开挖斜向涵洞基础出现病害。

（6）软土路堤坍滑设置侧向约束桩是一种有效的措施，在软～流塑状软土地基中抗滑桩的施工，应首先将桩周围软土固结后再开挖，采取常规方法及沉井方法都会给施工带来很大困难，而且不易控制质量。

内六铁路 K369 路堤坍滑病害整治

周 成 魏永幸

（中铁二院 土建二院）

摘 要 内六铁路 K369+130～K369+175 高路堤在运营期间出现坍滑，造成铁路中断。分析病害的主要原因为地表及路堤坡面连续干旱出现细微干裂裂纹，雨水充分下渗，未能及时排出，土体含水量及容重加大，抗剪强度降低，基底附近土体软化，在重力及列车的震动作用下，右侧路堤边坡在填土内部及沿原地面产生了坍滑。采用微型桩、反压护道等临时工程保证铁路临时通行，采用桩板墙永久整治病害。

关键词 既有铁路 路堤坍滑 应急抢险 桩板墙

1 工程概况

内六铁路 K369+130～K369+175 路堤坍滑工点位于内六铁路昭通站与昭通南站之间一宽缓沟槽，属高原中低山侵蚀、剥蚀地貌，地形平坦、开阔，地势左高右低，地面横坡约 1：10。该段路堤长约 270 m，中心填方高度为 10～14 m，右侧路堤边坡高度为 14.5～20 m。沿线路左侧 10～16 m设纵向渗沟一条，横向间距 10 m设渗沟 9 条，右侧坡脚渗沟排水出口设干砌片石石垛（但现场右侧路堤边坡实际为浆砌片石挡墙）。坡面设置浆砌片石人字形骨架内种草籽护坡。2006 年 10 月 6 日～10日，K369+130～K369+175 段路堤陆续发生下沉变形，右侧边坡坍滑。

坍滑点范围内第四系覆盖层为 0～3 m 的坡残积粉质黏土，土质较疏松，硬塑状，偏软，局部为软塑状，钻探岩芯取出指压可见 0.5～1.5 cm 凹痕，土体含水量偏高，部分岩芯掰开见水印，土质不均，部分质纯，黏性较强，局部含 5%～20%灰岩、页岩质碎石角砾；下伏基岩为石炭系下统大塘阶旧司段页岩、灰岩夹砂岩及煤层，全风化（W4）及强风化（W3）厚度均小于 3 m。既有路堤填土以粉质黏土为主，土质较疏松，硬塑状，局部偏软，土质不均，部分质纯，黏性较强，局部含 5%～20%灰岩、页岩、砂岩质碎石角砾。路堤填土土样作土工试验分析，7 组土样中 5 组自由膨胀率 $F_s \geqslant 40\%$，为 43%～51%，初判该填土大部分具弱膨胀性。该层填土密度 $\rho=1.67～1.82 \ g/cm^3$，平均 $1.76 \ g/cm^3$，孔隙比 $e=0.94～1.18$，平均为 1.10，密度明显偏低，孔隙比偏大，土体密实度较差。

该段地表水不发育，受降雨及灌溉控制。基岩裂隙水含量甚微，岩溶水埋藏较深。K369+050～K369+200 段第四系孔隙潜水发育，坡面见多处渗水，局部呈小股状流出，坡面潮湿，喜水植物较发育，表层土体多含水饱和，孔隙水汇集后经路堤侧沟及涵洞排泄到线路右侧低洼处。坍滑体内地下水初见水位一般较高，多为 2.6～5.6 m，开挖的检查井在填土内见地下水呈片状渗出，其下坡残积粉质黏土层内孔隙水含量甚微。坍滑体内的地下水沿角钢上升至地表。

2 坍滑体特征及原因分析

2.1 坍滑体概况

2006 年 10 月 6 日—10 日，K369+130～+175 段路堤陆续发生下沉变形，右侧边坡坍滑。坍滑体形状似"簸箕"形，主轴大致垂直于线路，向线路右侧滑动，轴向长约 43 m，横向宽 30～48 m，面积约 1 600 m^2，滑体最大厚度小于 10 m，总体积约 $1.12 \times 10^4 \ m^3$。坍滑体周界清晰，后缘至线路左侧砟脚处，距路肩外侧约 0.5 m，形成 3～5 m 高的近于垂直的滑壁，铁路钢轨及轨枕处于悬空状态；前缘挡墙外侧 5～10 m 地面产生鼓胀隆起，鼓胀裂缝及扇形裂缝较发育，浆砌片石挡墙亦向外产生倾斜、推移。坍滑体主要沿填土与原地面接触带产生滑动，坍滑体物质成分与路堤填料一致。坍滑照片见图 1、图 2。

2.2 应急抢险措施

坍滑发生后，行车中断，铁路工务部门进行了紧急抢险，列车限速通过。于线路右侧约 9 m设第一排角钢桩，角钢打入深度为 4～6 m，在路肩范围内堆砌片石及碎石角砾砂袋，保证路肩基本成型；在线路右侧约 16 m 附近设 2 至 3 排微型桩（锚筋桩），桩径为 110～130 mm，桩间距纵向 1.0 m，横向 0.6 m，呈梅花状布置，打入深度为 8～15 m，嵌入基岩 1～4 m；于线路右侧 23 m 附近设第二排角钢桩，再向外侧设两级反压护道。在微型桩大部分完成及反压护道施工完毕后，至 10 月 27 日坍滑体已基本稳定，未见大的变形，仅局部地方见细微裂缝发育。

图 1　K369 坍滑抢险照片

图 2　坍滑体钻孔土样

2.3　坍滑体形成机制

经过野外调绘、钻探、取样试验及资料整理分析，该坍滑体属中层小型填土坍滑，其形成机制综合了多种因素。

（1）路堤填料不佳。路堤填料含较多弱膨胀土夹少量灰岩、页岩质碎石角砾，且填土密实度欠佳，表水及大气降雨易于下渗至填方土体内。

（2）气候条件影响。该地区年降雨量约 1 000 mm，多以局部强降雨出现，该年出现 60～100 年罕见的干旱天气，但自 2006 年 9 月底至 10 月 9 日持续 10 多天降雨，雨量达到 70 多毫米，且以持续小到中雨出现，大量雨水渗入填方土体内。

（3）排水不畅。填方土体内含水量偏高，呈硬塑状，偏软，局部为软塑，特别是原地面附近填土含水量偏高，基底渗沟及右侧挡墙排水不畅，渗入填方内的水不能及时排出。

综合以上因素，由于连续干旱，地表及路堤坡面出现细微干裂裂纹，雨水充分下渗，未能及时排出，土体含水量及容重加大，抗剪强度降低，基底附近土体软化，在重力及列车的震动作用下，右侧路堤边坡在填土内部及沿原地面产生了坍滑。

3　稳定性分析与工程措施

3.1　稳定性分析

根据钻探资料及现场变形特点，坍滑体存在两个滑动面，见图 3。分别对两个滑面按 $K=1$ 反算滑面强度指标，再进行下滑力计算，下滑面下滑力较大，故采用下滑面的推力进行加固工程设计。下滑面反算滑面抗剪强度指标：$c=5$ kPa，$\varphi=13.05°$，安全系数 $K=1.15$ 时桩位推力为 860 kN，按此力计算桩结构。

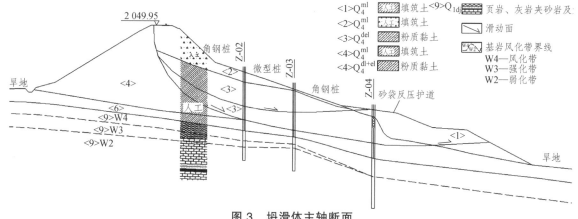

图 3　坍滑体主轴断面

3.2　工程措施

在 K369+125.55～K369+210.55 线路右侧设置 15 根抗滑桩，抗滑桩截面尺寸为 2 m×2.5 m 和 2 m×3.0 m 两种，桩长为 19～23 m。K369+131.55～K369+173.55 段桩顶高出地面部分采用在桩后挂挡土板，板后回填土体形成平台，见图 4。

坍滑地段路堤边坡按 1∶1.5 的坡率进行恢复，采用干砌片石回填，坡面采用浆砌片石截水骨架内干砌片石护坡。路堤基床顶面全断面铺设 0.2 m 厚中粗砂夹一层两布一膜不透水土工布加强隔水。边坡增设支撑渗沟 8 道，间距 6 m。在反压护道上增设两道截水沟，坡脚增设排水沟。

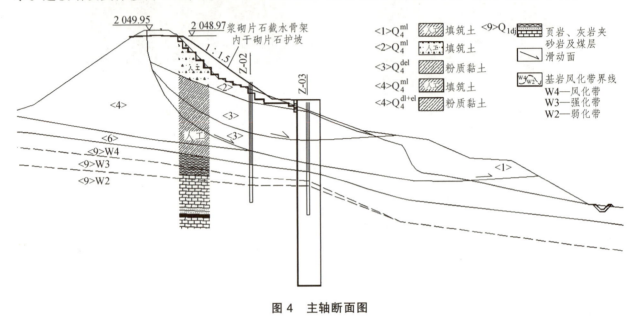

图 4　主轴断面图

4　工程体会

（1）高路堤地段设计应充分研究地形对工程稳定的不利影响，位于槽谷内，属于汇水区，一般土层物理力学指标偏低，地下水发育，应加强基底处理、地下水引排，保持排水通道畅通，必要时增加侧向约束措施。

（2）高路堤填料设计应高度重视，不能使用膨胀土直接作填料，提出填筑的压实要求。

（3）高路堤应加强路基面的隔排水措施，坡面设置截水骨架，尽量减少雨水下渗对路堤稳定性的影响。

洛湛铁路 D2K63 路堤滑移病害整治

庞应刚　姚裕春　李楚根　陈裕刚

（中铁二院　土建二院）

摘　要　洛湛铁路 D2K63+511～+655 斜坡高路堤，地表为粉质黏土。2010 年 4 月涵洞发生下沉、2010 年 6 月初，从涵洞中部向外位移，边坡出现裂缝，对涵洞底部进行高压注浆。涵洞注浆完毕后，加之暴雨侵蚀，路基下沉变形及涵洞发生上述两个方向的位移加剧，路基处于临界稳定状态。对滑坡采用反压护道、钢花管桩等抢险措施，采用抗滑桩和路基本体的注浆等永久加固措施，确保了线路的安全。

关键词　斜坡高路堤　滑移　成因分析　工程治理

1　工程概述

洛湛铁路 DK63+500～DK63+653 段属山坡前缘缓坡地带，地形左低右高，自然横坡右陡左缓，右侧为 15°～25°、左侧为 7°～15°，线路以填方通过，中心填高 7～14 m，边坡最大高度 18 m，为斜坡高路堤工程。

该段地层岩性为上覆第四系更新统冲洪积层（Q_2^{al+pl}）粉质黏土，下伏基岩为泥盆系中统棋子桥组（D_2^q）灰岩夹泥质灰岩，特征如下：

<2>粉质黏土（Q_2^{al+pl}）：灰黄、棕黄色，硬塑状，土质不均，含 10%～30% 砂岩、灰岩质碎石角砾，偶见大块石，厚 8～13 m，分布于坡面上，c=25 kPa、φ=9°、σ_0=200 kPa；

<5>灰岩夹泥质灰岩（D_2^q）：灰色、深灰色，隐晶结构，中厚层状构造，弱风化，溶蚀弱～中等程度，段内无露头。

段内地下水主要为第四系土层中含少量的孔隙潜水，基岩裂隙水、岩溶水埋藏较深，未见地下水露头，地下水对路基工程影响甚微；地表水主要为冲沟水、坡面水，受大气降雨补给，因铁路行走于山坡前缘缓坡的陡缓相接地段，右侧山坡相对较陡且为一面坡，故雨季时坡面水、沟水能较快排向线路附近汇聚，对线路影响较大。

2　路基工程设计

（1）路基基底：根据路堤整体稳定性检算，本段斜坡路堤满足设计安全系数 1.25，按斜坡路基要求，设计在原地面挖台阶，台阶宽度不小于 2.0 m。

（2）路基填料：路基基床表层采用 A 组填料，路基基床底层采用 AB 组填料，路基本体采用路堑挖方或隧道弃渣中的硬质岩石。

（3）路基防护：路堤边坡设人字形截水骨架内灌草护坡，骨架间距为 5 m×3 m，骨架埋深 0.6 m。

（4）路基排水：路堤右侧设置排水沟，排水沟底顺线路方向设置一条纵向盲沟；DK63+546 设置了一个横向的排水涵洞。

路基代表性横断面如图 1 所示。

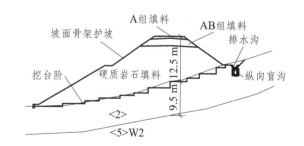

图 1　路基代表性横断面图

3　路基病害概况及原因分析

3.1　路基病害概况

2010 年 4 月初以来，DK63+531～DK63+653 段基及 DK63+546 涵洞发生下沉。2010 年 6 月 2 日，相关单位对 DK63+546 涵洞进行勘查：涵洞从 7～11 节（由涵洞出口向涵洞进口方向编涵节号）沉降缝之间向涵洞出口方向位移，位移量为 0.2～11 cm，同时从第 1 节到 13 节，涵身边墙有向大里程方向位移，位移量为 1～11 cm，部分涵洞底沉降缝有渗水现象。第 4 节涵洞盖板顶有 0.2 mm 裂缝，裂缝有渗水现象。涵洞基础和边墙无拉裂现象。

通过对 DK63+510～DK63+653 左侧路堤边坡、半坡平台、坡脚处、坡脚外的地形进行仔细核对，发现 DK63+546 涵洞大里程端沿线路方向 1～6 m 范围内的左侧路堤边坡路肩下方出现变形开裂现象，裂缝宽为 1～2 mm，其余地段均未发现边坡变形开裂、鼓胀现象，坡脚处及外侧未见变形迹象。

针对现场勘察情况，采取了以下处理措施：① 将涵洞沉降缝内杂物清除干净，对涵洞沉降缝开裂处先采用 C20 水泥砂浆灌注密实，再填塞 25 cm 厚 TQF-1 防水材料，达到密实后采用 M10 水泥砂浆封闭沉降缝；② 对涵洞基础及边墙采用高压注浆加固处理，注浆孔间距按 1.5 m×1.5 m 行列式布置，孔深为 6 m；③ 对涵洞盖板顶按 3 m×1.5 m 间距注浆，即从盖板沉降缝内注浆，避免损坏盖板及钢筋，孔深为 6 m；④ 盖板及边墙开裂处采用环氧树脂注入加固处理；⑤ 涵洞出入口铺砌开裂损坏处应予彻底修复加固，以免再次出现开裂渗水现象；⑥ 在路堤的路肩、坡面、半坡平台、坡脚、坡脚外均需建立水平位移、沉降量系统观测方格网，并建立测点位移量-时间、沉降量-时间等观测曲线；⑦ 路基存在的裂缝，根据不同部位采取黏土夯填密实（坡面）、水泥砂浆填塞紧密（路肩附近），减少地表水渗入路基本体；⑧ 对段内路堤路肩进行现状测量（含里程、高程、宽度），以便采取干砌片石护肩的恢复工作，并适量预留护肩的沉落量。

2010 年 6 月 2 日对涵洞采用了对涵基及两侧涵墙进行注浆加固处理。涵洞注浆完毕后，路基下沉变形及涵洞沿上述两个方向的位移加剧，至 2010 年 6 月 17 日至 2010 年 6 月 20 日，路基下沉量达 50 cm，2010 年 6 月 21 日一天就发生下沉 161 mm；涵洞自 2010 年 6 月 17 日—20 日沿大里程方向位移量为 8～25 mm，水平位移量为 5～18 mm，涵洞进口浆砌片护坡坍塌，导致上方坡面出现三条环状裂缝，2010 年 6 月 21 日 DK63+546～DK63+650 段填方体局部出现外挤，左侧坡脚多处出现纵向裂缝，缝宽 1～5 cm，DK63+546 处涵洞出口浆砌片石墙及铺砌沟裂缝加剧。

由于该段填方体下沉及涵洞位移持续加剧发展，运营部门不断采用填砟抬道和封堵涵洞裂缝等措施，但还是不能减缓填方体下沉及涵洞位移，整个填方体已成为不稳定填方体且处于临界状态。涵洞及路基现场变形破坏情况如图 2 所示。

（a）涵洞出口开裂

（b）路肩下沉严重

（a）路肩纵向裂缝

（b）路堤坡脚外 30 m 土体鼓胀

图 2　路基工程病害

3.2 路基病害原因分析

（1）DK63+568～DK63+594 右侧路肩原为施工便道位置，受铺轨工期的制约，该侧路肩附近的压实工作有所欠缺；另外通过路堤左、右侧路肩处的下沉量观测，该段路堤的压实度差异较大，加之 DK63+546 涵洞两侧的填料差异较大，致使该段路堤的工后沉降出现了较大的变化。

（2）经钻探及坡脚挖找盲沟的剖面揭示：路基填料为粉质黏土夹碎块石，黄褐色、黄色夹灰色斑块，呈软～硬塑状，含水量大。路基填料未按设计要求的采用来自路堑挖方硬质岩石和本区间隧道弃碴硬质岩石。

（3）路基盲沟存在施工缺陷，从而造成盲沟水下渗，恶化了路基基底条件。

（4）根据湖南地方气象局资料，2010 年 4 月—6 月连续降雨共计 977 mm，其中 6 月 20 日降雨 159.7 mm，暴雨频率强度达百年一遇；由于连续强降雨，地表水经路基坡面下渗，软化基底硬塑状粉质黏土层，形成软弱带，其力学指标降低。

（5）涵基及两侧涵墙进行的注浆加固处理，水泥浆液渗入涵洞基础和路基基底，地下水位迅速上升，软化了地基粉质黏土，骤然加剧了路基、涵洞的下沉变形和水平位移。

（6）右侧排水沟部分段落位于填筑土上，天然坡面地表水从未封闭的填方排水沟平台入渗地下，软化了地基。

4 路基病害治理

4.1 路基病害治理受力计算

（1）滑带土强度参数。

由于连续强降雨，地表水经路基坡面下渗，地下水位迅速上升，填土基底硬塑状粉质黏土层在地下水作用下被逐渐软化，形成软弱层，构成两个潜在滑动面（带），一个为基底浅层滑动面，另一个为沿基岩面的深部滑动面，如图 3 所示。

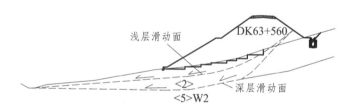

图 3 路基潜在滑动面

根据填方体目前处于蠕滑拉裂阶段，因此本次对各断面的潜在浅层滑面按临界稳定状态进行反算，反算结果如下：

DK63+540 断面 c=15 kPa、φ=6°，DK63+560 断面 c=15 kPa、φ=5.5°，

DK63+600 断面 c=15 kPa、φ=6°，DK63+610 断面 c=15 kPa、φ=7°。

（2）路堤滑坡推力计算。

路堤滑坡稳定性计算以极限平衡法为主，滑坡推力计算按传递系数法考虑，推力计算安全系数 K=1.20。滑坡推力计算中，潜在浅部滑面按临界稳定状态反算值、潜在深部滑面采用粉质黏土指标 c=25 kPa、φ=9°，滑坡推力计算结果如表 1。

表 1 滑坡推力计算结果表

检算断面	滑坡推力/（kN·m⁻¹）	
	潜在浅层滑面	潜在深部滑面
DK63+540	632	426
DK63+560	646	449
DK63+600	460	236
DK63+610	455	225

4.2 路基抢险应急工程

路基抢险应急工程的首要任务是确保路堤临时整体稳定和线路运营安全，其必须具有施工方便、快速的特点，本工点根据其具体特点采取了以下应急措施，如图4所示。

（1）DK63+544～DK63+651左侧坡脚墙处施打两排钢轨桩，间距为0.5 m，梅花形布置，钢轨桩长度为10 m，对坡脚起到加固作用，避免或减轻地基的滑移。

（2）在钢轨桩的外侧采用宽25～30 m的反压护道，高1～5 m，是确保地基稳定最快速的措施；反压护道下方原排水沟处填筑块碎石，确保水沟排水的通畅性。

（3）在DK63+536～DK63+650左侧路堤坡脚设置一排深层排水孔，尽快疏干路堤基底积水，排水孔钻孔直径ϕ100 mm，内置ϕ80 mmPVC管，间距为1.5 m，深15 m，向上坡率为1%～4%。

（4）DK63+535～DK63+647左侧路堤坡脚靠线路侧6.7～16.4 m范围内设置4排钢管桩，采用ϕ108 mm钢花管，钻孔直径为ϕ130 mm，桩间距为1.5 m，梅花形布置，桩垂直打入，桩长为24.0 m或进入基岩面不小于1.0 m，保证路堤坡体的稳定性和提高地基的抗剪能力。钢花管内设置1束3根Φ22钢筋，钢管内注浆材料采用水泥浆，注浆压力采用0.5～2 MPa，水灰比（重量比）为0.6：1～0.8：1，水泥浆与水玻璃体积比1：0.3～1：0.4，水玻璃波美度为35°Bé，浆液的凝结时间控制在20～30 min，同时应保证注浆孔注浆饱满。

图4　边坡钢管桩施工

4.3 路基永久工程

路堤病害治理永久工程是保证其长期稳定的工程措施，需要具有稳定可靠、施工对既有铁路影响较小的特点，本工点采用的永久措施如下：

（1）抗滑桩设计。

DK63+531～DK63+653在路堤左侧坡脚处，距线路中线26～37 m设置一排钢筋混凝土抗滑桩，间距5～6 m，桩截面2 m×2.75 m～2 m×3 m，桩长18～31 m，共24根桩，抗滑桩可以为病害路堤提供较大的抗滑力，承担全部的下滑推力。

（2）路基本体注浆设计。

由于本段路基沉降较大，鉴于地质钻孔和钢花管桩钻孔揭示路基本体密实度不均匀，对塌陷处进行注浆加固。注浆加固工程宜在抗滑桩工程施工完成后进行。

注浆孔间距为1.5～3.0 m，长度8为～15 m。浆液采用42.5级普通硅酸盐水泥和水玻璃混合浆液。水灰比采用0.6：1～0.8：1，水泥浆与水玻璃体积比1：（0.3～0.6），水玻璃波美度为35°Bé‾，浆液的凝结时间控制在 15～25 min，结合体 1 h 的抗压强度不小于 0.8 MPa。

病害路堤综合治理的代表性断面如图 5 所示。

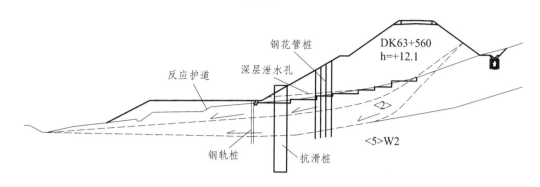

图 5 路堤病害治理加固代表性断图

5 结 论

通过本斜坡高路堤病害工点病害产生的原因分析以及病害治理得出以下结论和建议：

（1）斜坡基底尽量避免高填方路堤，宜优先以桥梁通过，当必须以路基通过时，宜在高填方下方侧设置侧向约束桩加固。

（2）斜坡基底的高填方路堤，必须加强上方侧的排水工程，应改善路基填筑材料、改善填方基底的填筑条件。

（3）侧向约束桩工程设计，宜按不平衡推力法进行推力计算，推力计算中宜考虑填土基底硬塑状粉质黏土层在地表水下渗逐渐软化后地质参数的降低。

（4）斜坡基底高填方路堤工程挖台阶施工在稳定性检算时仅作为安全储备，斜坡路堤的稳定安全系数应适当提高。

（5）斜坡基底高填方工程上方侧排水沟宜设置在天然土体上，其水沟平台应采取措施完全封闭。

（6）斜坡路堤病害治理不宜直接采用注浆加固，从而避免注浆施工过程中影响斜坡路堤的稳定。

大丽铁路上关车站膨胀土路堤坍滑整治

褚宇光　王海波　徐继明　李安洪

（中铁二院　土建一院）

摘　要　大丽铁路上关车站 DK51+800～DK51+880 左侧路堤段出现路基下沉、开裂变形和外移，形成坍滑，危及行车安全。通过对坍滑的现象及特征进行分析，并根据抢险工程的要求，采用具有施工迅速安全，施工设备简便，施工过程对坍滑体扰动小等优点的一种新型钻孔钢管组合桩对其进行加固。在微型组合桩施工加固期间，路基沉降和变形为 1～3 mm，线路趋于稳定。该坍滑病害治理工程完工至今，未发现有失稳坍滑的迹象，实践证明该坍滑病害工程的治理效果良好，保证了铁路运行的安全。

关键词　膨胀土　斜坡地基　微型组合桩　永临结合　坍滑整治

1　工程概貌

DK51+800～+880 段路堤位于大丽铁路上关车站进站端，正线和牵出线并行，路基面宽度约 20 m。路堤中心填方高 7～9 m，边坡高 7～11 m。

本段线路位于洱海边山前斜坡地带，地势左低右高，自然坡度为 5°～20°，横向沟槽发育。DK51+770～+870 段为人工开挖水塘。段内上覆第四系坡残积黏土，下伏基岩为玄武岩全风化层。其中玄武岩全风化层经取样化验，自由膨胀率 F_s=35%～72.5%，阳离子交换量 CEC（NH_4^+）=29.95～65.3 mmol/100g，蒙脱石含量 M=17.69%～89.67%，为中～强膨胀土。该段地表水不发育，雨季时有暂时性坡面流。地下水主要为第四系土层中的孔隙潜水及基岩裂隙水。据钻孔揭示，地下水埋深 0.5～3 m。

路堤填料设计采用隧道弃渣的灰岩、硅质岩（Ⅴ级次坚石）填筑。路堤边坡设置方格截水骨架护坡防护。路堤边坡采用土工格栅分层加筋，幅宽 2.5 m，层间距 0.6 m。路基基底水塘沉积厚 0～3 m 软塑状黏土层，采取挖除换填渗水土处理。代表性横断面设计图见图 1。

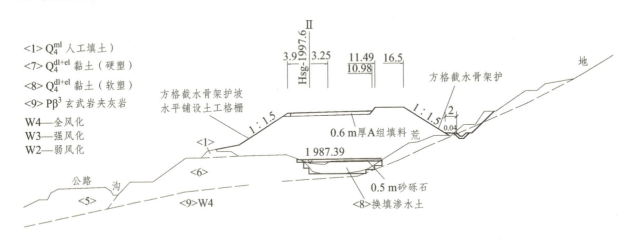

图 1　代表性横断面设计图

2　坍滑病害特征及产生原因分析

2.1　坍滑病害特征

上关车站 DK51+800～DK51+880 左侧路堤段于 2010 年 9 月 17 日发现下沉、开裂变形和外移，形成坍滑。该坍滑体后缘呈圈椅状，其周界裂缝宽 5～10 cm，错台最大 51 cm，外移最大 32 cm，可见深度约 40 cm，主要位于路堤本体内。路堤坡脚外自然山坡出现裂缝，陡坎处未见剪出和坍塌，但既有老公路上变形明显，路面见多条顺线路方向的裂缝（图 2），其外侧路肩墙外倾。铁路下方既有公路至正在修建的大丽高速公路间自然山坡见有多条拉裂缝，两侧大致对称，其中在既有公路路肩墙外侧地内见有拉裂缝错台，其内侧低约 3 cm，大丽高速公路堑顶出现拉裂缝（图 3）。线路右侧侧沟及自然山坡未见有开裂变形迹象。路堤及自然坡面可见多处地下水渗出或流出现象。

图 2   坍滑体后缘

图 3   大丽高速公路堑顶拉裂缝

2.2   塌滑原因分析

根据坍滑病害特征及补充勘察的成果资料分析，产生边坡坍滑的主要原因可以归纳如下：

① 该段路堤多采用具中等膨胀性的玄武岩全、强风化层填筑，路堤本体压实不均，局部较松散；原基底下伏的软塑状黏土层虽已挖除，但采用与路堤本体填料相同的膨胀性玄武岩风化层换填，膨胀土填料和膨胀土地基是边坡变形产生坍滑的物质基础。

② 铁路下方新建大丽高速公路施工，路基边坡开挖形成临空面，破坏了斜坡原有的力学平衡，是路堤边坡变形失稳产生坍滑的主要触发因素。

③ 大气降雨对该边坡变形的影响较为显著。雨水下渗使路堤本体土体中较软层及基底土层不断软化，抗剪强度降低而促使塌滑产生、发展和恶化。9月14—17日的连续降雨，9月17日铁路路堤即出现变形。

3   加固方案

3.1   稳定性分析

各地层主要物理力学参数取值详见表1。

表 1   岩土物理力学参数表

层号	岩土类型	天然密度 ρ/（g·cm^{-3}）	黏聚力/kPa	内摩擦角/（°）	备注
<5>	中膨胀土	1.82	31	14.6	天然
<5>	中膨胀土	2.0	24.8	11.7	饱和
<7>	黏土（硬塑）	1.9	30	12	天然
<9-W$_4$>	玄武岩	1.9	30	25	天然

结合工程地质补充勘察资料、路基坍滑现状及其发展阶段，滑面指标采用按 $K=0.95$ 反算确定，经计算滑带土综合内摩擦角 $\varphi_0=16.5°$，稳定性分析及推力计算采用传递系数法，计算结果见表2。滑坡主轴断面见图4。

表 2   各推测滑面稳定性系数及出口推力计算表

计算断面	稳定性系数		出口推力/（kN·m^{-1}）				备注
	无震	有震（0.2g）	无震		有震（0.2g）		
			设计安全系数	出口推力	设计安全系数	出口推力	
推测滑面1	0.95	0.81	1.1	197.8			临时工况
推测滑面1			1.25	393.5	1.15	503.8	永久工况
推测滑面2	0.93	0.75	1.25	545.5	1.15	743.9	永久工况

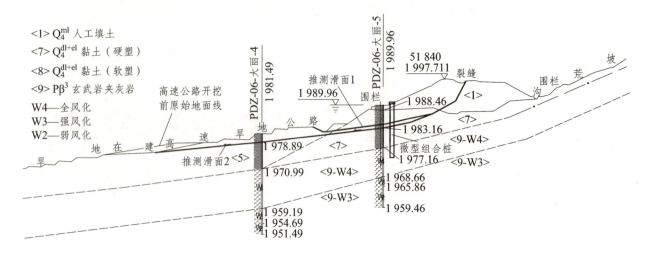

图 4　滑坡主轴断面

从检算结果来看，永久工况条件下出口下滑力较大，达 750 kN/m，需要设一排抗滑桩加固，但抗滑桩施工工期相对较长，不能满足现场快速施工修复线路的需要，经研究，决定采用分期整治的加固方案。其中一期应急抢险加固以尽快稳定滑坡、恢复运营为目的，采用施工快捷的钻孔微型组合桩方案。由于钻孔微型组合桩的抗滑能力有限，应急抢险工程主要针对与铁路稳定最为密切且规模较小的滑面 1 进行加固，按无震工况设计，安全系数采用 $F_s=1.1$，设计推力 197.8 kN/m。该部分加固工程作为永久工程的一部分，并为后续工程预留空间，做到永临结合。二期工程则考虑对坍滑体进行全面整体加固，采用钢筋混凝土抗滑桩结合深层排水孔的综合治理方案，抗滑桩按有震工况设计，安全系数 $F_s=1.15$，设计推力采用 743.9-197.8= 546.1 kN/m。

3.2　主要加固方案

3.2.1　微型组合桩设计

钻孔微型桩设计计算，首先应根据所拟定微型桩的组合形式按变形等效原则计算组合桩的等效抗弯刚度，然后根据其等效抗弯刚度按弹性地基梁理论进行桩的内力变形计算分析，在此基础上还需要对钢管桩的桩体强度、锚固长度等进行验算。如验算不能满足结构要求，则相应调整微型桩组合形式和桩长。经计算，本工点微型组合桩主要设计参数如下：

（1）在左侧路堤坡脚处设置一排微型组合桩，桩间距 2.4 m、3.2 m，共 30 根。每根微型组合桩由 9 根钻孔微型桩组成，并通过 C30 钢筋混凝土承台连接形成整体，承台截面为 1.5 m× 1.2 m。

（2）每根钻孔微型桩采用 ϕ130 钻孔成孔，全孔灌注 M40 水泥砂浆，孔内插 1 束 3 根 ϕ32HRB400 钢筋，束筋伸入承台与承台钢筋绑扎连接，3 根主筋之间采用 ϕ10HPB235 钢筋焊接。为提高组合桩的整体刚度，其中 $N_{1-1} \sim N_{1-3}$、N_{3-1}、N_{3-3} 共 5 根微型桩采用钻孔内置 ϕ108 钢花管，钢花管壁厚 6 mm，花管上预钻注浆孔孔径 16 mm，孔间距 20 cm，呈梅花形布置，尾部留不小于 100 cm 的不钻孔的止浆段。结构详图见图 5。

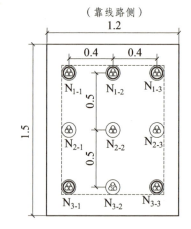

图 5　微型组合桩细部布置图

3.2.2　永久加固工程

（1）左侧路堤边坡设置一排抗滑桩，抗滑桩采用 C35 混凝土浇筑，共 15 根，均按个别设计，桩身截面 1.5 m×2.25 m、1.5 m×2.5 m，桩长 21～25 m，桩间距 7 m、8 m（中—中），桩靠线路侧边缘至线路正线距离均为 15.2 m。

（2）在既有公路靠铁路一侧边坡上，打一排仰斜式深层排水孔，用以排除路基本体和基底的地下水，疏干滑面。排水孔长度为 32 m、22 m。排水孔仰斜角度均为 5°，排水孔采用钻孔成孔（跟管钻进），孔径为 φ91 mm，孔内插 φ75 mm 的 PVC 花管，PVC 花管管外应包裹一层透水土工布。

钢筋混凝土抗滑桩与微型组合桩成排、间隔布置。工程断面设计图见图 6。

上关车站 DK51+800～+880 路堤段发生塌滑距离国庆节只有 13 d 时间，应急抢险加固工程采用了一种新型钻孔微型组合桩。观测资料表明：路基沉降和变形在 1～3 mm 范围，线路趋于稳定，保证了国庆期间铁路正常运行。该塌滑病害治理工程完工至今已未发现有失稳塌滑的迹象，实践证明该塌滑病害工程的治理效果良好。

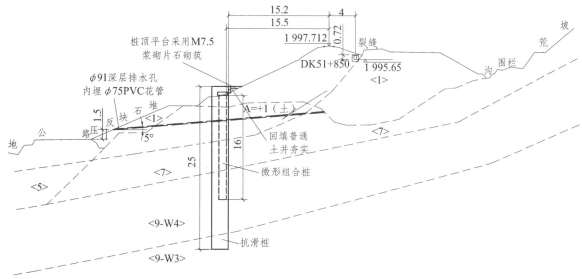

图 6　永久加固工程断面设计图

4　体　会

（1）本工点病害的主要诱因是水。

由于路堤采用玄武岩的风化层填筑，路基压实不均，局部松散，雨水沿路堤长期入渗，导致膨胀土填料和地基软化，力学强度降低，最终产生坍滑。从坍滑后的实测断面反算分析，地基膨胀土软化滑动后的综合内摩擦角为 16.5°，力学指标较已降得很低。

因此，膨胀土地基路堤应加强路基的防排水工程设计。一方面要确保路堤填筑的密实度或在路堤基床设置防排水垫层，防止表水入渗软化地基；当地面为一面坡地形时，应加强靠山侧的截排水措施。另一方面在设计时要结合平面地形和地质资料，仔细分析工点的水文地质条件。当地下水发育、地下水位埋深较浅时，应采取针对性的处理措施，如：基底设置纵、横向排水盲沟、挖除基底膨胀性土换填水稳定性好的渗水性填料、采取地基加固、设置桩板墙、侧向约束桩等抗滑支挡工程等。必要时在路堤整体稳定性计算分析中应采用土体的饱和抗剪强度指标。

（2）位于斜坡膨胀土地基上的路堤，设计时应加强稳定性计算分析。

若路堤下方有连续长度较长的自然陡坎切坡或人工开挖边坡时，必须考虑其对路堤稳定性的影响。稳定性计算时除按圆弧法计算外，还应采用不平衡推力传递系数法，分析路堤沿基底、土石界面或下伏软弱夹层滑动的稳定性。

（3）确定加固方案时应做到统筹兼顾，有条件时应急抢险工程要做到永临结合。

运营线路一旦发生病害，应急抢险工程往往以快速抑制变形发展，尽快恢复线路运营为目的，从而减少运营损失。因此，需要选择施工周期短、快捷有效的加固方案和易于现场实施的施工措施。为避免工程浪费或干扰，当条件许可时，应急抢险工程应尽可能作为永久工程的一部分，做到永临结合。这就要求在方案制订阶段应对现有资料进行全面计算分析，对应急工程和永久加固方案进行统筹考虑。

达成铁路DK259傍山低路堤坍滑工点病害整治

王德军　李楚根

（中铁二院　土建二院）

摘　要　达成铁路DK259+435～+591为傍山低填浅挖路堤，2009年7月底连续暴雨后，线路几何尺寸变化大，列车通过时晃动明显，路肩电缆槽内侧局部开裂，两线之间出现开裂错台，裂缝宽约15 cm，形成滑坡。通过对该工点病害产生的原因及变形机理分析，本文总结了傍山斜坡低路堤设计体会，可供类似工程借鉴。

关键词　傍山低路堤　滑坡　变形机理　整治

1　工程概况

达成铁路为设计速度200 km/h的客货共线，达成铁路DK259+435～+591以低填方通过，填高0～4 m。地形平缓开阔，地面横坡为7°～10°，缓坡地带多垦为旱地。

上覆第四系全新统冲洪积（Q_4^{al+pl}）粉质黏土，紫红、紫褐色，硬塑～半干硬状，夹5%～20%强风化砂质泥岩质碎石，一般厚0～2 m，基本承载力$\sigma_0=180$ kPa；下伏白垩系下统苍溪组（K_1c）砂岩夹泥岩、砾岩，成分以泥岩、砂岩质为主，基本承载力$\sigma_0=350$ kPa。

该段地质构造简单，为单斜地层，岩层倾角平缓，节理较发育。岩层产状N35E～N40W/4°～10°N。

地震动峰值加速度为0.05g，地震动反应谱特征周期为0.35 s。

本段路基以填方通过，填方高度约0～4 m，属于一般低填浅挖路基，基底挖除表层0.5m换填渗水土。边坡采用灌草护坡及人字形截水骨架内灌草护坡防护如图1所示。

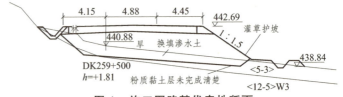

图1　施工图路基代表性断面

达成铁路路基基床为路肩高程以下2.5 m范围，基床分表层和底层，表层厚0.6 m，底层厚1.9 m。基床表层以下的基床底层顶面设计为向两侧4%排水坡。路堤基床底层及路堤本体均采用弱风化红层砂、泥岩填筑，并于基床底层顶面全断面铺设一层复合土工膜。

路基于2005年5月施工，2006年4月份填筑完毕，本段为路基填筑试验段。

2　路基坍滑情况及病害整治

2.1　路基坍滑情况

2009年7月26—8月5日连续降雨，7月27日路基开始有轻微沉降，8月3日线路几何尺寸突然发生变化，列车通过时晃动明显，路肩电缆槽内侧局部开裂，两线之间出现开裂错台，裂缝宽约15 cm，错台约5 cm，线路右侧外约30 m处民房基础处地面隆起，隆起高度约2 cm（图2、图3）。

图2　两线间拉裂缝

图3　左侧侧沟外凹槽积水

2.2　路基坍滑原因分析

由于 2009 年 7 月 26—8 月 5 日连续降雨，左侧自然坡面水沿左侧侧沟外缘以及地表水下渗，通过渗水土下渗软化其下未完全挖除的粉质黏土层，其力学指标降低，形成软弱带。2009 年 8 月 4 日暴雨后，低路堤在列车动荷载作用下，加剧了软弱带抗剪强度软化降低，故上覆土体沿软弱带产生右侧滑移，路基面中心及右侧路肩处出现不同程度开裂、变形。

2.3　路基坍滑整治措施

（1）将本段左侧侧沟至自然山体之间凹槽填平，表层采用 M7.5 浆砌片石封闭并采用砂浆抹面，并设置 4%排水坡，保证山坡水流入侧沟。

（2）采用水泥砂浆封闭所有裂缝。

（3）右侧路肩以下 1 m 处设置 2 排钢管桩应急工程，采用 ϕ89 mm 钢花管，钻孔直径为 ϕ100 mm，桩间距为 1.5 m，梅花形布置，桩垂直于坡面。

（4）右侧边坡设置抗滑桩。抗滑桩桩截面为 1.5 m×1.5 m，桩间距（中—中）为 6 m，共设 27 根桩。图 4 为病害整治方案代表性断面图。

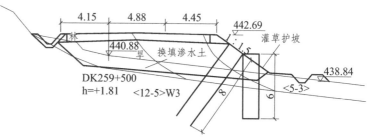

图 4　整治方案代表性断面图

3　总结及体会

施工完成后没有继续产生变形，目前已经过近 6 年时间的检验，工程稳定，状态良好，整治效果明显。通过对该工点的整治，有以下几点体会以供类似工程参考：

（1）傍山路基应重视水对路基工程的危害，不得在靠山侧形成汇水区。必要时靠山侧侧沟平台应平整硬化，确保有效拦截地表水下渗。

（2）当斜坡表层黏土较薄时，应彻底挖除换填。避免地下水软化基底未完全挖除的粉质黏土，形成软弱面，影响路基整体稳定。

（3）路堤斜坡基底采用挖台阶方式，在施工不到位的情况下，路堤可能沿土石分界面滑动，当采用支挡工程收坡时，宜按库伦主动土压力、不平衡推力法进行检算。

洛湛铁路 D3K59 斜坡膨胀土路堤病害整治

王开云　陈裕刚　李楚根　丁兆锋

（中铁二院　土建二院）

摘　要　洛湛铁路 D3K59+904～D3K60+060 段路堤基底为 15～20 m 厚膨胀土，地势左低右高，膨胀土与基岩分界面陡斜。由于强降雨及排水不畅影响，位于路堤左侧边坡坡脚下方约 50 m 处的既有扶壁式挡土墙出现下沉、倾斜、变形和开裂。经过对几个潜在滑面计算分析，在左侧边坡半坡设置锚固桩进行加固，同时，拆除锚固桩左侧扶臂式挡土墙，放缓边坡，完善排水措施，整治取得成功。

关键词　膨胀土　下沉　开裂　整治　设计

1　工程概况

该段位于双中车站内，为斜坡地带，属低中山剥蚀地貌，地形左低右高。段内海拔高程 160～300 m，相对高差达 140 m，自然横坡一般为 20°～40°，局部较陡；段内多垦为旱地、荒坡，植被不发育。线路左侧为双牌县二中，并有居民点散布，左侧 200 m 左右为 207 国道穿县城通过，交通较方便。D3K59+904～D3K59+970 段填方中心最大填高 11.42 m，左侧路堤边坡最大高度 15 m；D3K59+970～D3K60+060 段以浅挖、低填方式通过。

本段上覆第四系全新统人工填土（Q_4^{ml}）、膨胀土（黏土）；下伏泥盆系中统棋子桥组（D_2q）灰岩夹泥质灰岩。其中基底为膨胀土，厚 15～20 m，棕红色、棕黄色，硬塑状，土质不均，夹砂岩、灰岩碎石、角砾 10%～30%，局部碎石含量较高，ϕ=2～120 mm。膨胀土液限为 69.2%～70.7%，天然含水量为 39.9%～47.5%，自由膨胀率为 48%～55%，具遇水软化、失水收缩开裂等特殊岩土工程地质特征，c=25 kPa、φ=15°、σ_0=150 kPa。段内地表水为沟槽内沟水，季节性流水，流量随雨量的变化而变化。段内地下水不甚发育，第四系土层中含微量的孔隙潜水，基岩中的基岩裂隙水埋深较深，未见地下水露头。

2　工程病害发生原因、特征

2.1　病害情况

该段路堤填筑在自然边坡坡顶，线路中心向东约 30 m 处有一较陡的边坡，坡比约 1∶1.5，从该坡脚往东 25～35 m，明显为一坡度为 4°～8° 的缓坡与双牌县第二中学球场相接。其东侧有高 5.4 m、长 61 m、埋深 2 m、厚度约 0.3 m 的既有扶壁式挡土墙。铁路路基填筑土按《铁路路基施工规范》碾压密实，路堤左侧边坡人字形截水骨架护坡已经施作完毕。

2007 年 6 月 6 日—2007 年 6 月 9 日，双牌县普降暴雨，雨量为 571.3 mm，2007 年 6 月 10 日上午 8 时，D3K59+870～D3K60+060 段路堤左侧边坡下方既有边坡坡脚处（约 50 m 处）扶壁式挡土墙出现下沉、倾斜、变形和开裂。挡土墙下沉变形 21 cm，外倾变形 23 cm，西距挡土墙 5 m 和 10 m 处分别形成长度为 22 cm 和 25 cm 的裂缝，该裂缝与挡土墙基本平行。

变形开裂体分布于 D3K59+950～D3K59+990 段左侧 50～66 m 处，南北长约 30～40 m，东西宽约 20 m，其影响带，南北长约 80 m。开裂变形体总量约 5 000 m³。

2.2　病害成因分析

原设计双中车站内 D3K59+904 和 D3K59+953 有两个涵洞，山坡自然漫流水排至山沟流入河内。2006 年 7 月应地方政府的要求，通过变更设计修建一条与线路走向平行的浆砌片石排水沟，将涵洞水排至大里程小河沟内，但未能实施。2007 年 1 月，再次变更设计，将该排水沟向路基坡脚移动，2007 年 3 月开始施工，但由于种种原因，未能如期完工。该水沟距二中挡土墙 43 m，水沟附近的地层：上部为弱膨胀土，下部为灰岩。雨后，该排水沟排水不畅，沟水向地下渗漏，沿土体中裂隙及土石界线一带运移。

6 月 9 日，由于暴雨和排水沟不能向外排水，在紧急情况下，在二中挡土墙西侧 8～9 m 的地方开挖一沉淀池和向球场方向排水的排水沟，该沉淀池和排水沟距扶壁式挡土墙距离近，地表水容易渗入地下，对挡土墙的安全影响较大，挡土墙最大变形开裂部分距此沉淀池较近。

2006 年 6 月 6 日—6 月 9 日暴雨，持续时间长，总降雨量为 571.3 mm，导致大量雨水渗入挡土墙后土体，既增加了土体的重量，也浸泡软化了挡土墙基础下土体，使其物理力学性质变差，有效抗压、抗滑能力降低，最终导致挡土墙墙基处下沉，从而引起挡土墙及土体局部开裂变形（图 1）。

图 1　既有扶壁式挡土墙下沉变形

变形开裂发生后，2007 年 6 月 11 日，勘察现场时发现，挡土墙大部分泄水孔未见地下水排出，说明其泄水能力差，对挡土墙的安全稳定不利。

3　病害整治措施

3.1　路堤潜在滑面计算分析

（1）潜在滑面土力学指标参数。

根据现场地面开裂裂缝位置，以及补堪勘测结果确定变形开裂体潜在滑动面，如图 2 所示，潜在滑动面 1 和滑动面 2。路堤潜在滑坡处于蠕动变形阶段，潜在滑面按容重 γ=19.5 kN/m^3，K=0.95 进行反算。

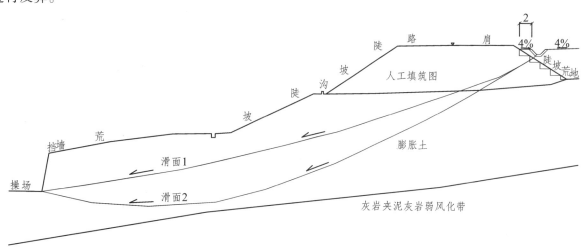

图 2　潜在滑面示意图

（2）路堤潜在滑体推力计算。

路堤潜在滑坡稳定性计算以极限平衡法为主，滑坡推力计算按传递系数法考虑，推力计算安全系数 K=1.15。滑坡推力计算中，滑面强度指标按 K=0.95 进行反算，滑坡推力计算结果见表 1。

表 1　滑体推力计算结果

位置	滑面强度指标	滑体容重	滑坡推力
滑面 1	c=8 kPa、φ=10.5°	γ=19.5 kN/m^3	426 kN/m
滑面 2	c=8 kPa、φ=10.9°	γ=19.5 kN/m^3	629 kN/m

3.2 工程措施

根据计算分析可知潜在滑面 2 滑体推力最大为 629 kN/m，由于出口推力较大，需采取锚固桩进行支挡加固。同时由于扶壁挡墙大部分泄水孔失效，排水不畅，设计应充分考虑排水措施，以确保降低积水对膨胀土的影响。采用锚固桩可确保桩后滑体稳定以及既有铁路安全，但桩前土体仍存在沿潜在滑面 3（图 3）滑动的可能性，因此需对桩前滑面 3 以上土体的稳定性进行分析。分析结果见表 2。

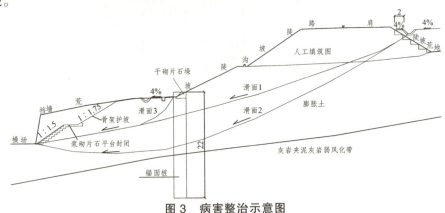

图 3　病害整治示意图

表 2　滑体稳定性分析结果

位置	滑面强度指标	滑体容重	稳定系数
滑面 3	C=8 kPa，φ=10.7°	γ=19.5 kN/m³	1.26

可见，桩前土体稳定性可以满足设计要求。最终该段路基病害整治工程措施（图 3）如下：

（1）D3K59+955.75 ~ D3K60+007.25 段长 64.75 m，左侧路堤坡脚设锚固桩，共 13 根桩；桩长 22 m、桩截面为 1.5 m×2.75 m、桩间距为 5 ~ 7 m、桩中心距正线中心距离为 34.6 ~ 35 m。

（2）因桩孔上部位于土层中，地下水丰富，桩孔开挖过程中易出现缩孔、变形、挤压现象，为确保桩孔孔径及施工安全，土层中的锁口、护壁均加厚 10 cm 设计。

（3）D3K59+944 ~ D3K60+009 段长 65 m，路堤坡脚拆除挡土墙后边坡设置台阶式护坡，护坡总高度为 4 m。台阶从既有挡土墙墙趾开始，台阶高 0.4 m、宽 0.6 m，采用 M7.5 号浆砌片石砌筑，厚 0.3 m（其下设 0.15 m 垫层），表面采用 M10 水泥砂浆抹面；台阶式护坡垂直线路方向，每隔 10 ~ 15 m 设一道伸缩缝，每隔 2 ~ 3 m 设泄水孔；台阶式护坡顶部留 3 m 宽平台，平台以下按 1 : 1.5 刷坡，平台以上按 1 : 1.75 刷坡；左侧路堤坡脚外排水沟距刷坡线≥4.8 m；平台以上 1 : 1.75 边坡采用人字形截水骨架内灌草护坡防护。

4　工程整治效果

采用上述工程措施解决了该段路堤边坡稳定问题。路堤坡脚及涵洞出口形成了完善的排水系统，洛湛铁路开通运营至今，经历多次强降雨，该工点未再出现异常，加固效果良好。

5　工程体会及建议

（1）该工点最关键的经验教训是对铁路路基排水系统不够重视。排水沟与涵洞的衔接、涵洞进出口末端排水设计不够完善，未及时形成完善、畅通的排水系统。特别是膨胀土地段，地表水必须尽可能截排引走，施工中做好施工场地的排水设施，必须及时将积水排除，严禁坡脚、基坑积水浸泡。

（2）学校扶壁式挡土墙虽离铁路路堤坡脚约有 30 m，但该段为膨胀土基底填方路堤，填方基底膨胀土厚 15 ~ 20 m，且膨胀土与基岩分界面陡斜，局部填方高度达 15 m，对此类工点工程设计措施偏弱，宜采用侧向约束桩加强。

（3）对地基不良、填土较高、附近地物复杂地段的路堤，应做好桥路技术比较，选取适宜的工程措施。

桩基托梁挡土墙涵洞开裂病害整治

唐立明

（中铁二院　环研院）

摘　要　本文分析了部分桩基托梁上涵洞开裂的原因，并通过对完工项目的调查，验证了分析的正确性，为类似工程设计提供借鉴。

关键词　桩基托梁　挡土墙　涵洞　开裂

1　工程概况

在基底应力不满足要求的地段一般常采用扩大基础，当边坡较陡时，基坑开挖较深，挡土墙太高、圬工较大，采用桩基托梁的结构形式，具有明显技术经济效益。目前桩基托梁在公路、铁路、市政领域应用广泛（表1）。

表1　桩基托梁工程实例

工程名称	处数	长度/m	备注
渝怀铁路	61	3 414	完工项目
株六铁路	32	1 623	完工项目
内昆铁路	97	8 641	完工项目
绵广高速公路	14	518	完工项目
宝成铁路	51	5 115	完工项目

2　工程特征

根据多条线调查资料，托梁上挡墙顶多出现不同程度外倾，托梁上涵洞穿挡墙部位涵洞多出现沿线路方向的裂缝，严重时甚至整节涵洞被拉裂，引起涵洞破坏、漏水等（图1）。

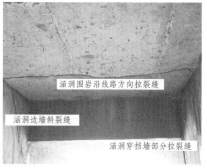
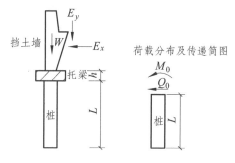

（a）桩基托梁上涵洞穿挡墙　　　（b）穿挡涵洞开裂　　　（c）穿挡涵洞开裂

图1　涵洞病害

3　稳定性分析

3.1　桩基托梁挡墙计算

作用在挡土墙上的外力通过托梁传递到桩上，然后再作用在岩体上（图2）。

设计中采用挡土墙上的水平力通过托梁全部传递到桩顶，竖向力通过托梁也传递到桩顶，即作用于桩顶的外力为：

桩顶弯矩 $M=\sum N \cdot e + E_x \cdot h$

桩顶剪力 $Q=E_x$

式中　$\sum N$——作用在挡土墙上的竖向力；

　　　$\sum E_x$——作用在挡土墙上的水平力；

图2　桩基托梁简化受力图

　　e——挡土墙上合力的偏心矩；

　　h——托梁高度。

　　计算出桩顶外力后，采用专用的计算程序，计算出桩身内力及配筋。

　　桩基托梁的设计是主要解决地基承载力不足的问题，结合多年的工程实践经验，充分考虑斜坡对桩长的影响，在斜坡地段将桩的锚固点下移，按桩前土体厚 6～10 m（根据土体的密实程度定）控制，即当桩前土体厚度大于 6～10 m 时才作为锚固段。设计中不考虑锚固点以上桩前三角形土体的抗力作用。

　　按以上设计理论设计能有效保证工程的安全性。

3.2　采用 MIDAS 软件计算墙顶位移

　　基本参数如下：

　　挡墙：γ=23（kN/m³）E=30 GPa，μ=0.25；

　　填土：γ=18（kN/m³）E=80 MPa，μ=0.35，c=5 kPa，φ=25°；

　　地基：γ=19（kN/m³）E=80 MPa，μ=0.25，c=10 kPa，φ=35°。

　　通过计算，当其他边界条件完全相同，锚固段分别为基岩与锚固段为土层时，桩长与桩顶位移差别巨大。锚固段为基岩时桩顶位移 2.695 cm，所需锚固长度为 7 m；锚固段为土层时桩顶位移 4.441 cm，所需锚固长度为 17 m。若锚固长度均统一采用 7 m 长则锚固段为土层时桩顶位移则达 30 多厘米，不能满足变形要求。

4　病害整治工程措施及整治效果

　　（1）对墙背填土采用低压注浆，改变填土的力学指标，提高其自稳性，减小作用在挡墙上的土压力。

　　（2）对挡墙及涵洞裂缝进行修补，完善其使用功能。

　　（3）挡墙变形大的工点采用锚索框架梁对挡墙进行加固，框架与挡墙之间设钢筋混凝土面板。锚索施加小吨位预应力后进行锁定。

　　（4）在挡墙顶设观测点，监控挡墙的变形情况，对挡墙观察使用。

　　（5）经过综合整治，目前各线运营情况良好。

5　工程体会

　　桩基托梁设计时，对挡墙的斜截面抗剪、抗滑移、抗倾覆以及桩基托梁的整体稳定性往往较重视，所以工程整体破坏的情况较少见。但当桩基自由段较长或锚固条件较差时，桩前土体压缩性大，桩顶向前变位大，并且桩基相对于托梁及挡墙是一个柔性体，桩受侧向推力后会有一个向前的弯曲，当桩饶度过大、桩顶向前变位过大，就会使得其上挡墙外倾，当托梁上有涵洞穿挡墙时，由于涵洞本身是刚性体，抵抗变形能力差，挡墙与涵洞相交处就会被拉裂，发生病害。

　　经调查统计，出现病害的工点均为桩基自由段较长或土层（岩层全风化层）较厚作为锚固段的工点，这与其上理论分析是一致的。

　　综上所述，桩基托梁设计时，不仅要满足整体稳定，还要注意检算桩顶位移，使其位移不能过大，尤其是当桩基自由段较长或锚固段土层较厚时更要引起重视，若经检算桩顶位移过大，可通过加大桩径或增加桩长等措施解决。

襄渝铁路 DK606～DK608 水库坍岸工点设计

叶世斌　李楚根　冯俊德

（中铁二院　土建二院）

摘　要　本文通过襄渝铁路 DK606+380.7～DK608+095 沿州河的路基工程设计，阐述了水库坍岸发生的机理，给出了水库坍岸段路基设计一般力学计算方法。

关键词　水库坍岸　发生机理　力学指标　稳定性检算　设计方法

1　地形地貌及地质概况

1.1　地形地貌

本段线路为低山河谷地貌，地形起伏较大，地面高程为 270～394 m，自然坡度为 25°～60°，植被发育。既有铁路位于增建二线左侧，右滨州河。线路距州河左岸 30～160 m 不等。本段工程除建设双线大桥、望水垭双线大桥、望水垭双线中桥外，其余地段以路基通过。均为陡坡路基，填挖不大，右侧横坡坡度为 35°～45°，局部为陡坎。工点地貌见图 1。

1.2　本段地质概况

地表覆盖第四系全新统人工填筑土（Q_4^{ml}）、坡洪积层（Q_4^{dl+pl}）、坡残积层（Q_4^{dl+el}）。下伏基岩为中生代侏罗系（J）、三叠系（T）沉积岩。

段内不良地质主要为水库坍岸：由于州河下游金盘子水库（水深 10～40 m）2004 年建成蓄放水，水位涨落影响，斜坡覆盖土体（主要为既有

图 1　工点地貌照片

铁路的部分填土、弃渣及崩坡积的粉质黏土及碎块石土，厚 0～10 m 不等）存在水库坍岸。水库坍岸特点是：断续分布，坍落带在线路左侧 2～10 m 或右侧 6～12 m 范围皆有，坍岸深度与土层、风化层厚度及自然坡度有密切关系，坍岸深度在 2～10 m，坍落物质被搬运的速度较快。

2　方案研究情况

在可研与初步设计阶段，由于铁山采空区的影响，线位方案只能与既有铁路并行，工程方案主要进行以桥代路通过与施工图线位方案进行比较。

从代表性横断面图（图 2）可以清晰地看到，水位涨落影响及水库坍岸最终将会影响到既有襄渝铁路的正常运营，靠水库以顺河深水桥通过的方案还需对既有襄渝铁路水库坍岸影响地段进行整治，故经过比选采用路基方案通过，并进行坍岸整治。

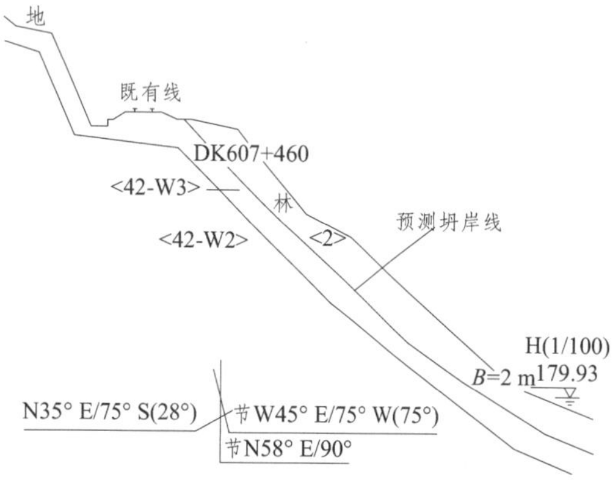

图 2　方案比较代表性路基横断面

3　土体物理力学指标及稳定性检算

3.1　物理力学指标选取

根据该地貌单元取土样（均为粉质黏土）试验，试验结果统计为：土样处于未饱和状态下时凝聚力 c=26.4 kPa，内摩擦角 φ=13.13°；饱和状态下（饱和度按 95%～99% 考虑）时 c=22.38 kPa，φ=11.8°。土颗粒密度 γ_0=2.7 g/cm³，孔隙比平均值 e=0.77，计算饱和容重 $\gamma_b = \dfrac{\gamma_0 + e\gamma_w}{1+e}$（$\gamma_w$ 为水密度），得：饱和容重 ρ_{sat}≈1.96 g/cm³，浮容重 ρ_{sat}≈0.96 g/cm³。

碎石土、全风化基岩及人工填筑（碎石）土，颗粒密度 $\gamma_0 \approx 2.82\ g/cm^3$，孔隙比平均值 $e=0.35$，计算饱和容重 $\rho_{sat}=2.34\ g/cm^3$，浮容重 $\rho_{sat} \approx 1.3\ g/cm^3$，天然状态下，$c=0$，$\varphi=35°$，饱和状态下 $c=0$，$\varphi=25°$。

3.2 力学计算模型

（1）土压力：按《路基》手册第 347 页各种边界条件下的库仑主动土压力公式计算土压力。

（2）根据水位变化、水库库岸再造完成后的形态来分析土体沿预测坍岸线的稳定性，按滑坡推力计算，其分析计算荷载主要有：土体自重、地下水产生的静水压力和动水压力、稳定水位所产生的浮托力以及水位变化产生的动水压力。作用于土体上的特殊力系见图 3、图 4。

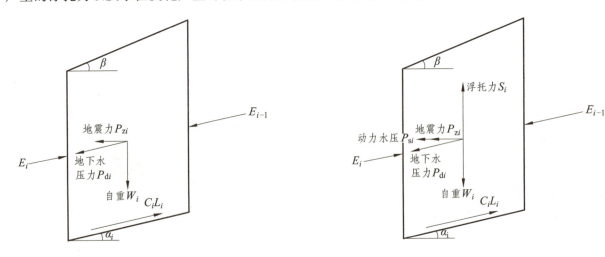

图 3　一般地段滑坡推力计算　　　　图 4　水库地段滑坡推力计算

① 动水压力（渗透压力）P_{di}。

$$P_{di}=A_{0i} \cdot n_i \cdot r_w \cdot i \qquad (1)$$

式中　A_{0i}——第 i 条块滑体地下水位以下部分的面积，即渗流区面积，m^2；

　　　n_i——滑体的孔隙度，$n_i=e_i/(1+e_i)$，e_i 为滑体孔隙比；

　　　r_w——水容重，kN/m^3；

　　　i——水力梯度，$i=\sin\beta$，β 为水力坡度角。

动水压力的作用方向为水流的切线方向，本次设计拟设动水压力的方向平行于本条块滑体的滑面。

② 浮托力 S_i：

$$S_i=A_{1i} \cdot (1-n_i) \cdot r_w \qquad (2)$$

式中　A_{1i}——第 I 条块滑体的饱水面积，m^2；

　　　n_i——滑体的孔隙度，$n_i=e_i/(1+e_i)$，e_i 为滑体孔隙比；

　　　r_w——水容重，kN/m^3。

浮托力的作用方向竖直向上。

③ 水库地段滑坡稳定性计算系数计算公式：

$$F_s=(\sum D_i \cdot \tan\varphi_i+\sum C_i \cdot l_i)/\sum T_i \qquad (3)$$

式中　C_i——滑带土黏聚力；

　　　l_i——每一条块滑面长度；

　　　T_i——滑体切向分力。

$$T_i = W_i \cdot \sin\alpha_i + P_{si} \cdot \cos\alpha_i + P_{zi} \cdot \cos\alpha_i + P_{di} - S_i \cdot \sin\alpha_i \tag{4}$$

D_i——滑体法向分力

$$D_i = W_i \cdot \cos\alpha_i - P_{si} \cdot \sin\alpha_i - P_{zi} \cdot \sin\alpha_i - S_i \cdot \cos\alpha_i \tag{5}$$

α_i——第 i 条块滑体的滑面倾角，（°）。

φ_i——第 i 条块滑体的滑面上的内摩擦角，（°）。

（3）设计推力的选取：土压力的设计安全系数 $K=1.3$，滑坡推力的安全系数 $K=1.25$，本次设计最终采用的设计力为土压力与在设工程处的滑坡推力中的大值。

4　主要工程措施

（1）DK606+380.70 ~ DK606+490.0、DK607+244.00 ~ DK607+569.10、DK606+522.00 ~ DK607+109.65、DK607+711.00 ~ DK608+095.00 右侧共长 1 406 m，设衡重式路肩挡土墙或（锚索）桩基托梁路肩挡土墙。最大墙高 12 m，挡土墙墙身采用 C15 片石混凝土浇筑，墙身片石掺入量不大于 20%。共设桩 176 根，桩截面 1.5 m×1.75 m ~ 2 m×3.0 m，桩长 8 ~ 28 m，其中锚索桩 6 根。

（2）DK607+244 ~ DK607+292 段水库坍岸线较深，桩间挂设挡土板，挡土板范围为桩顶至坍岸线以下 1 m。其余地段挡墙基础或托梁埋设在坍岸线以下不少于 0.5 m。

5　结　语

该工点施工完成后运营至今，未见任何不良病害。通过该工点的设计与施工，有以下体会供类似工点参考。

（1）滨河（湖）路基因水位变化发生河岸（或库岸）再造现象，在勘测阶段应详细收集水文资料与可能发生坍岸的地层物理力学参数，推测出最终的水库坍岸线，以供设计参考。

（2）从本段路基工点可看出，尽管线路中心线路基填挖不大，但因水库坍岸现象，造成路基整治工程较大，费用较高。故在工程选线时应尽量避免出现类似工点出现。

（3）水库坍岸路基设计中应充分考虑水位变化对工程的影响，对水库坍岸工点应尽量做到一次整治到位，永绝后患。

丰硐子特大桥厚层弃渣稳定及水库坍岸设计

李　飞　李庆海　蒋楚生

（中铁二院　土建三院）

摘　要　巴达线丰硐子特大桥位于金盘子水电站上游州河南岸，桥址范围为襄渝二线弃渣，弃渣厚 20～25 m，弃渣滑动及水库坍岸对桥梁安全影响较大。本文结合弃渣稳定性评价及水库坍岸形成机理的分析，对受弃渣稳定及坍岸影响的桥梁墩台进行了重点加固防护设计，对于确保桥梁运营安全进行了探讨。

关键词　弃渣　坍岸　稳定性　评价　机理

1　工程概况

本段线路位于四川省东部达州市渡市镇的州河南岸，有襄渝铁路与之并行。

所在地区属侵蚀构造中低山地貌，东翼坡缓，西翼坡陡，多悬岩峭壁，山脉两侧横向冲沟发育，地貌与构造形态基本吻合，低矮河谷斜坡多被垦殖为农田旱地，陡坡地段多为灌木草丛，植被发育。

地表上覆第四系全新统人工填筑（Q_4^{ml}）碎块石土，下伏基岩为三叠系上统须家河组（T_3xj）泥岩、页岩及砂岩夹泥岩。

2　工程特征

2.1　工程特征

沿州河斜坡分布大量人工弃渣，丰硐子特大桥从弃渣前缘临河通过。钻探揭示弃渣厚度大，分布不均，厚 20～25 m，结构松散，为开矿和新襄渝双线（2009 年投入运营）铁山隧道弃渣。弃渣以碎块石土为主，紫红色，松散，稍湿。碎块石占 80%～90%，直径为 200～800 mm，石质成分为砂岩、泥岩质（弱风化～强风化），余为粉质黏土充填。工程地质条件较差。

丰硐子特大桥位于金盘子电站库区，该桥 8 号墩～12 号墩墩位安全受弃渣稳定性及水库坍岸控制。丰硐子特大桥段内州河百年一遇倒灌洪水位为 283.56 m，枯水位为 254.52 m，定测时水位为 272.00 m，水位涨落易引发州河岸坡坍塌及弃渣失稳。弃渣受洪水浸泡，极易形成滑坡、垮塌等不良地质现象，坍岸宽度范围在 70～100 m 不等，坍岸深度为 2～19 m，弃渣对桥梁工程影响较大。墩身处横断面见图 1（以丰硐子特大桥 9 号墩为例）。调查及勘探揭示：受电站库区影响的既有襄渝铁路建设大桥沿线路方向在州河支沟发生坍岸，申家滩双线特大桥沿支沟及州河边均有坍岸现象。

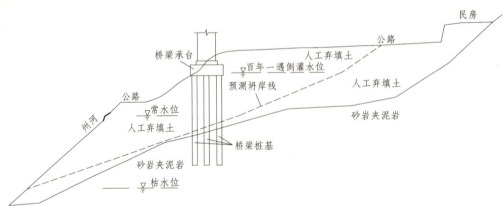

图 1　墩身处横断面

2.2　本线岸坡灾害设计原则

（1）对地形平坦地段，受百年设计洪水位影响的边坡采用浆砌片石护坡防护。

（2）水库坍岸危及铁路主体工程安全时，采用以下措施：

① 对滑移性库岸设抗滑桩，桩底至少达到基岩弱风化带中，深度由检算确定，根据实际情况，

桩间可设挡土板、抗冲刷挡墙、桩间土体压浆预加固处理。

②对于地层强度较弱的坍岸地段，一般可设浆砌片石护坡或干砌片石护坡，护坡底部应设片石混凝土脚墙。

③受坍岸影响的桥梁墩台应重点防护，确保桥梁运营安全。

3　稳定性分析

3.1　设计工况

丰碉子特大桥桥梁采用端承桩，竖向极限荷载作用下，桩顶竖向荷载全部由桩端阻力承受，对桩侧阻力忽略不计。桥梁及附属设施自重、列车荷载通过桩基传递至下卧层基岩。设计过程中按以下几种荷载组合情况进行计算：

（1）天然自重+水库常水位（现状）。

（2）饱和容重+水库常水位。

（3）饱和容重+百年水位骤降至枯水位。

3.2　弃渣整体稳定性分析

现场勘察，弃渣范围未见变形或裂缝，弃渣体上房屋（联排砖瓦结构民房）、公路未见开裂或位移。钻孔揭示弃渣与下卧层基岩接触面间未见软弱夹层。综合上述情况及检算结果，判定弃渣整体稳定性较好，不需对弃渣整体进行加固整治。

3.3　岸坡稳定性分析

（1）水库坍岸的发生和发展过程。

水库蓄水后，岸坡受回水浸润和波浪的冲刷磨蚀作用，失去了原来的自然平衡条件，逐渐发生了坍塌破坏，岸线不断后退。坍落物质一方面受波浪的搬运和分选作用在一定地区堆积，另一方面受岸流的搬运迁移，同时水下浅滩也逐渐形成和发展。随着库水位的周期运营变化，以上过程循环不断地进行，结果在水位变动带内形成了复杂的阶梯状浅滩，直至塑造的浅滩外形（包括宽度和坡角）能够消耗击向岸坡的全部波能时，波浪对岸壁的破坏作用才停止。这时水上岸壁及水下浅滩达到相对稳定，坍岸过程遂告终止。影响岸坡稳定的主要因素有水文、地质、水库水位升降、地貌等。

（2）沿州河斜坡分布大量人工弃渣，弃渣下部为采矿弃渣，上部为襄渝双线铁路弃渣，地层为破碎岩层，物理力学性质较差，水稳定性差。综合上述情况及代表性观测断面、水下淤积等情况认为本段岸坡属于不稳定库岸。

（3）确定作用在组合桩上荷载。

前述弃渣整体稳定，岸坡稳定性差，设计荷载采用以下两种模型中推力的较大值。弃渣前缘局部出现浅表性溜坍，利用圆弧破裂法找到弃渣最不利滑动面，并通过对应地层抗剪强度计算推力。按照滑移性库岸，根据推测岸坡稳定线并按照对应参数计算推力。

（4）确定组合桩的桩间距。

合理的桩间距应确保两桩间的土体不被挤出而造成失稳，同时要防止桩间土被波浪冲击而掏空，进而造成抗滑桩背后悬空。本处采用两排桩交叉布置，避免了上述问题。

（5）桩结构计算。

由于推测滑面推力较大，桩基悬臂较大，设计采用两排桩方案。在荷载作用下，相邻两桩间距小于临界桩距时，各单桩将通过桩间土相互作用而产生群桩效应。为了控制单桩位移，同时使群桩受力效果更好，在群桩桩顶设置钢筋混凝土冠梁连接。群桩简化后按照横向约束的弹性地基梁法，确定桩顶的位移、截面转角、剪力和弯矩。按照滑面抗剪强度检算，控制组合桩的最大位移及滑体稳定安全系数（按 1.25），桩顶位移小于桩悬臂端长度的 1/100，同时小于 10 cm。

（6）结构设计。

丰碉子特大桥及相邻桥梁桩基所采用钻孔灌注桩桩径均为直径 1.5 m，为方便施工，抗滑桩桩径采用直径 1.5 m。根据内力计算得出的冠梁和抗滑桩的轴力、剪力、弯矩等数值，确定桩长、布置方式以及冠梁尺寸等。

（7）其他。

根据类似工程加固经验，设计仅对受坍岸影响的桥梁墩台处进行重点防护，桥墩之间未加固防护。施工及运营期间进行地表及桥基位移、变形观测，如出现坍岸或弃渣滑动影响铁路施工运营安全时采用注浆或抗滑桩加固等处理方式。

4 工程措施

4.1 比选方案设计

（1）放缓边坡，清方。

根据该工程的地质情况，按照预测坍岸线放缓桥梁基坑边坡，清理弃渣。本方案弃渣前缘清除后，弃渣整体稳定性降低，且弃渣体上有泥石流沟、乡村公路、民房建筑物等，本工程前后均弃渣困难。其拆迁或改建难度也很大，工期势必延长、而且增加工程造价。

（2）人工挖孔桩。

由于常水位较高，挖孔过程中，孔内积水难以及时抽出，人工挖孔施工困难，安全风险大。

（3）预制打入桩方案。

如基础桩型选用 500 mm×500 mm 断面的钢筋混凝土预制方桩，桩尖持力层为砂岩夹泥岩，顶部结构采用现浇钢筋混凝土梁板，也能满足堤岸的设计和使用要求。但弃渣中包含部分砂岩块石，预制方桩打入困难。设计认为在包含砂岩块石的弃渣中不适宜施做打入桩。

（4）岸坡坡面加固。

由于坡面大部分位于常水位以下，使得浆砌片石护坡等加固方式不适用。而抛石防护、石笼防护等属于半永久性建筑物，洪水时易被冲击破损，不能保证其长期正常适用。

（5）钻孔灌注桩。

这是本线桥梁工程中广泛采用的一种基础形式，在本工程中，利用下卧砂岩夹泥岩作为桩端持力层，采用 2 排桩布置，桩顶部现浇筑钢筋混凝土冠梁能满足设计要求。

通过综合比较，考虑施工方便及施工可行性，工程最终选用了钻孔灌注桩方案。

4.2 工程措施

（1）分别于该桥 8#～12#桥墩左侧（临河侧）距线路中心 10 m 设置二排抗滑桩。每个桥墩分别设置 9 根抗滑桩，桩采用交叉布置。桩长 23～25 m，抗滑桩为圆形钻孔桩，直径为 1.5 m，桩中心间距为 2.2 m，代表性横断面见图 2。

（2）于抗滑桩顶设置冠梁连接，连接方式见图 3。

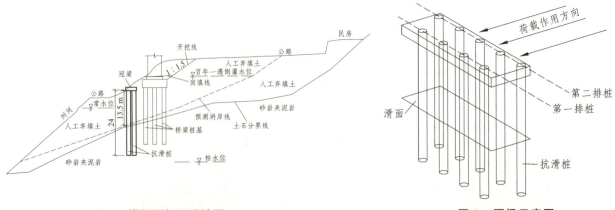

图 2 横断面加固设计图　　　　　　　　图 3 冠梁示意图

4.3　注意事项

（1）施工中必须待抗滑桩工程施工完毕且混凝土达到设计强度后，方可进行墩桩基础施工。

（2）施工及运营期间进行地表及桥基位移、变形观测，如有异常及时向有关单位反馈观测结果，以便研究处理措施。

（3）由于既有弃渣结构松散，稳定性差，桥梁范围及两侧禁止堆填弃渣或增加载荷。避免近远期一切扰动弃渣的措施。

（4）施工前应先做好施工场地的临时排水设施，本图设计为旱季施工。施工时，根据具体的施工时间和期限，与上下游水利部门保持联系，通报水情变化；并与金盘子电站、舵石鼓电站保持联系，共同协商施工所需水位。建立通报机制，以随时掌控施工期间上、下游水情动态，保证施工安全。

（5）抗滑桩施工过程中对岩层岩性、岩层产状、地层分界线、风化线等地质情况进行核对，地质情况与设计图出入较大时，应及时与设计单位联系。

5　工程（整治）效果

（1）施工过程中揭示地质与设计相符，采用钻孔灌注桩方便施工，安全可控。

（2）整治工程完工已2年多，未发现任何异常现象。后附现场施工照片，见图4、图5。

图4　开工前照片　　　　　　　　　　　　　图5　开工前照片

6　工程体会

（1）水库坍岸作为一种潜在的地质灾害，由于其隐蔽性，不易在工程勘察阶段表现出来，但在施工及运营阶段对铁路工程影响极大，必须采取措施处理。

（2）根据水库坍岸预测方法，预测坍岸的规模及影响范围，有针对性地进行防护工程设计，保证铁路运营安全可靠。

（3）通过该工程的施工实践证明由于地形条件的限制，不能采用常规方法岸坡防护时，采用钻孔灌注方案是可行的，相信钻孔灌注桩施工技术在机械化作业程度越来越高的路基工程中的应用将会更广泛。

南昆铁路石头寨预应力锚拉式桩板墙

李安洪

（中铁二院　公司办）

摘　要　本文结合南昆铁路石头寨预应力锚拉式桩板墙试验工程，提出锚拉式桩板墙设计原则和计算方法，并得到数值分析、模型试验及现场实测验证。

关键词　预应力锚索　桩板墙　计算方法

1　工程概况

　　石头寨预应力锚拉式桩板墙位于南昆铁路百色至威舍段的石头寨车站 DK421+758.25～DK421+958.25 段，地处贵州省安龙县境内。工点所在位置地面横坡陡峻，地层大多为三叠系中统坡段组裸露灰岩夹白云质灰岩，局部覆盖黏土及岩堆。为改善车站运营条件，避免和减少隧道及车站弃渣对铁路外侧下方农田的损害及对盘百公路的干扰，施工图设计将技术设计的三线谷架大桥改为由预应力锚拉式桩板墙支挡的填方路基通过。

2　方案比选

　　石头寨车站为三股道车站，由于地面横坡陡峻（20°～50°），最大中心填高达 19 m，无法以一般的填方通过，如设置传统的支挡结构，难以设计得经济合理。因此，技术设计以 257 m 长的巴猫河三线谷架大桥作为推荐方案。

　　施工图设计阶段对三线谷架大桥方案与预应力锚拉式桩板墙路基方案进行了充分的技术经济论证，方案比选情况如下。

　　预应力锚拉式桩板墙由墙面桩、挡土板、锚定桩或灌浆锚定、拉索（锚索）和锚具以及填土（石）组成（图 1）。外侧高墙面桩与内侧短小锚定桩或灌浆锚定孔，通过拉索（锚索）及锚具与之连接并施加预应力，使外侧高墙面桩在填土和列车巨大侧向荷载作用下，其挠曲变形受到一定约束和控制，从而大幅度减少高墙面桩的内力与埋置深度。

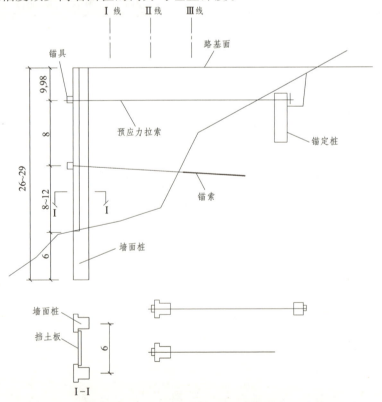

图 1　石头寨预应力锚拉式桩板墙代表性横断面图（单位：m）

三线谷架大桥方案平均桥长 257 m，折合单线桥长 770 m，另外站内有 11.8 万立方米弃渣需要进行处理。

石头寨锚拉式桩板墙与原设计巴猫河三线谷架大桥相比，大大改善了车站运营条件，显著减少和简化了养护维修工作，节省了工程费用 434.8 万元。利用站内大量弃渣作为墙内填料后，避免和减少了弃渣对铁路外侧下方农田的损害及对盘百公路的干扰，切实保护和改善了自然生态环境。同时节省修建半坡拦渣挡墙 200 m、下方公路挡墙 200 m，节省浆砌片石圬工 5 600 m³，节省造价 112 万元。因此，石头寨锚拉式桩板墙具有显著的技术、经济和社会效益。

3 设计计算

3.1 设计原则与计算假定

（1）作用在桩上的荷载宽度按左右两相邻桩桩间距一半计算，桩间挡土结构上的水平压力按库仑主动土压力的 1.4 倍进行计算。

（2）将墙面桩、地基及拉索视为一整体的超静定结构，桩简化为受横向变形约束的弹性地基梁，锚拉点桩的位移与锚索伸长相等，墙面桩按变形约束地基系数法计算。

（3）列车荷载产生的水平土压应力，按弹性理论计算。

（4）锚定桩按承受水平集中力的地下柱桩设计。锚定孔按锚索锚固段要求进行设计。

（5）计算结果由模型试验、有限元数值分析进行校核，完善施工图设计。

3.2 设计计算工况

由于锚拉式桩板墙桩截面较小，因此在施工过程中填土至拉索位置，尚未设置拉索及拉索施加初始预应力时属危险阶段。在设计时对施工过程中及竣工后的 5 种控制工况均应进行检算。

（1）填土至下排拉索高程（尚未设置拉索）。

（2）设置下排拉索并施加初始预应力。

（3）填土至上排拉索高程（尚未设置上排拉索）。

（4）设置上排拉索并施加初始预应力。

（5）填土至路基面，双线列车荷载作用。

3.3 设计计算方法

（1）填土及荷载作用于桩板墙水平侧压力。

图 2 为作用于桩板墙水平压应力计算图式。

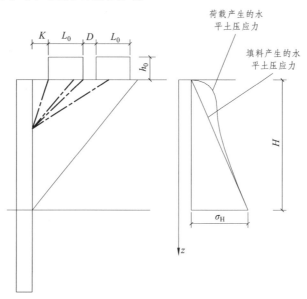

图 2　作用于桩板墙水平压应力计算图式

① 墙背填料产生的水平土压应力：

$$\sigma_{hti} = \lambda_i \gamma h_i$$

式中　σ_{hti}——填料产生的水平土压应力，kPa；

　　　γ——填料重度，kN/m^3；

　　　h_i——距桩板墙顶的高度，m；

　　　λ_i——桩板墙内 h_i 深度处的土压力系数。

② 轨道和列车换算土柱产生的水平土压应力按弹性条形荷载考虑，按下式计算：

$$\sigma_{hji} = \frac{\gamma h_o}{\pi}\left[\frac{bh_i}{b^2+h_i^2} - \frac{h_i(b+l_o)}{h_i^2+(b+l_o)^2} + \text{ar cot}\frac{b+l_o}{h_i} - \text{ar cot}\frac{b}{h_i}\right]$$

式中　σ_{hji}——荷载 j 产生的水平土压应力，kPa；

　　　b——荷载内边缘至墙背的距离，m；

　　　h_O——荷载换算土柱高，m；

　　　l_o——荷载换算宽度，m。

③ 作用于墙面板的水平土压应力，为墙后填料和荷载产生的水平土压应力之和，应按下式计算：

$$\sigma_{hi} = \sigma_{hti} + \sum \sigma_{hji}$$

式中　σ_{hi}——桩板墙背水平土压应力，kPa。

每根桩承担相邻两跨挡土板"中—中"水平土压力之和，为方便计算，按作用于桩锚固段顶端弯矩、剪力相等原理，可将土压力分布图形简化为梯形。

（2）拉索（锚索）受力计算。

图 3 为锚索桩结构计算图示。

假定桩上设置 n 排锚索，则桩为 n 次超静定结构。桩锚固段顶端 O 点处桩的弯矩 M_O 及剪力 Q_O 计算如下：

$$M_O = M - \sum_{j=1}^{n} R_j L_j$$

$$Q_O = Q - \sum_{j=1}^{n} R_j$$

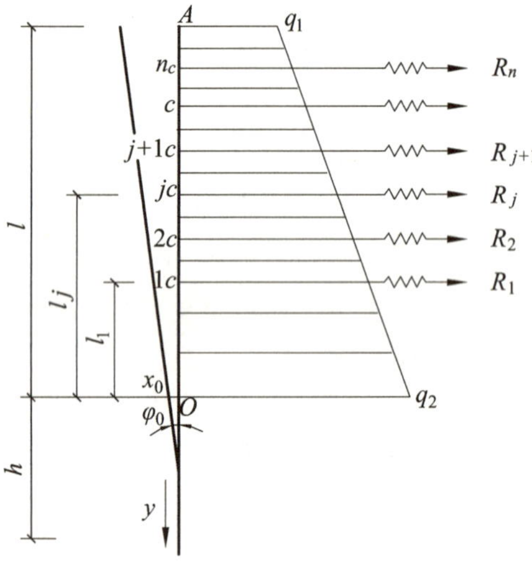

图 3　锚索桩结构计算图示

式中　M、Q——滑坡推力或岩土压力作用于桩 O 点的弯矩、剪力；

　　　R_j——第 j 排锚索拉力；

　　　L_j——第 j 排锚索锚拉点距 O 点的距离。

由位移变形协调原理，每根锚索伸长量 $\varDelta_i$ 与该锚索所在点桩的位移 f_i 相等，建立位移平衡方程。

$$\varDelta_i = f_i \tag{1}$$

$$f_i = X_O + \phi_O L_i + \varDelta_q - \sum_{j=1}^{n} \varDelta_{ij}$$

$$\varDelta_i = \delta_i(R_i - R_{iO})$$

式中　X_O、φ_O——桩锚固段顶端 O 点处桩的位移、转角；

　　　$\varDelta_q$、$\varDelta_{ij}$——滑坡推力（或岩土压力）、其他层锚索拉力 R_j 作用于 i 点桩的位移；

　　　R_{iO}——第 i 根锚索的初始预应力；

　　　δ_i——第 i 根锚索的柔度系数，即单位力作用下锚索的弹性伸长量。

$$\delta_i = \frac{l_i}{N \cdot E_g A_s}$$

式中　l_i、A_s——锚索自由段长度及每束锚索截面积；

　　　E_g——锚索的弹性模量；

　　　N——每孔锚索的束数。

在其作用下，i 点桩的位移为：

$$\Delta_{iq} = \frac{L^4}{120EI}\Big[5q_1(3-4\zeta_i+\zeta_i^4)+q_O(4-5\zeta_i+\zeta_i^5)\Big]$$

$$\zeta_i = 1-\frac{L_i}{L}$$

$$q_0 = q_2 - q_1$$

$$\Delta_{ij} = R_j \cdot \delta_{ij}$$

δ_{ij} 为第 j 根锚索拉力 R_j 作用于桩上 i 点的位移系数，可由结构力学中有关计算公式确定。

当 $j \geqslant i$　则　　$\delta_{ij} = \dfrac{L_j^3}{6EI}(2-3\gamma+\gamma^3)$，　$\gamma = 1-\dfrac{L_j}{L_i}$

当 $j < i$　则　　$\delta_{ij} = \dfrac{L_j^2 L_i}{6EI}(3-\gamma)$，　$\gamma = \dfrac{L_j}{L_i}$

由地基系数法（简化为多层 K 法），可计算确定：X_O、φ_o。

$$X_O = \frac{Q_O}{\beta^3 EI}\phi_1 + \frac{M_O}{\beta^2 EI}\phi_2$$

$$\phi_O = \frac{Q_O}{\beta^2 EI}\phi_2 + \frac{M_O}{\beta EI}\phi_3$$

式中　ϕ_1、ϕ_2、ϕ_3——桩的无量纲系数；

　　　E、I——分别为桩的弹性模量、截面惯性矩；

　　　β——桩的变形系数。

$$X_O + \phi_O L = \left(\frac{\phi_1}{\beta^3 EI} + \frac{\phi_2}{\beta^2 EI}L_i\right)Q_O + \left(\frac{\phi_2}{\beta^2 EI} + \frac{\phi_3}{\beta EI}L_i\right)M_O$$

令　　$A_i = \dfrac{\phi_1}{\beta^3 EI} + \dfrac{\phi_2}{\beta^2 EI}L_i$

$$B_i = \frac{\phi_2}{\beta^2 EI} + \frac{\phi_3}{\beta EI}L_i$$

则　　$X_O + \phi_O L = A_i Q_O + B_i M_O$

将上述相关公式代入公式（1），得

$$A_i\Big(Q-\sum_{j=1}^{n}R_j\Big) + B_i\Big(M-\sum_{j=1}^{n}R_j L_j\Big) + \Delta_{iq} - \sum_{j=1}^{N}R_j\delta_{ij} = \delta_i(R_i - R_{iO})$$

整理得，$\displaystyle\sum_{j=1}^{n}(A_i + B_j L_j + \delta_{ij})R_j + \delta_i R_i = A_i Q + B_i M + \Delta_{iq} + \delta_i R_{iO}$

令　　　$\xi_{ij} = A_i + B_i L_j + \delta_{ij}$

$$C_i = A_i Q + B_i M + \Delta_q + \delta_i R_{iO}$$

则　　　　$\displaystyle\sum_{j=1}^{n}\xi_{ij}R_j + \delta_i R_i = C_i$　　　　　　　　　　（2）

解上述线性方程组公式（2），可确定各排锚索拉力 R_j：

$$R_j = \frac{D_K}{D}$$

其中：

$$D = \begin{vmatrix} \xi_{11}+\delta_1 & \xi_{12} & \cdots & \xi_{1j} & \cdots & \xi_{1n} \\ \xi_{21} & \xi_{22}+\delta_2 & \cdots & \xi_{2j} & \cdots & \xi_{2n} \\ \vdots & \vdots & & \vdots & & \vdots \\ \xi_{n1} & \xi_{n2} & \cdots & \xi_{nj} & \cdots & \xi_n+\delta_n \end{vmatrix}$$

$$D_K = \begin{vmatrix} \xi_{11}+\delta_1 & \xi_{12} & \cdots & \xi_{1(j-1)} & C_1 & \xi_{1(j+1)} & \cdots & \xi_{1n} \\ \xi_{21} & \xi_{22}+\delta_2 & \cdots & \xi_{2(j-1)} & C_2 & \xi_{2(j+1)} & \cdots & \xi_{2n} \\ \vdots & \vdots & & \vdots & \vdots & \vdots & & \vdots \\ \xi_{n1} & \xi_{n2} & \cdots & \xi_{n(j-1)} & C_n & \xi_{n(j+1)} & \cdots & \xi_n+\delta_n \end{vmatrix}$$

（3）桩身内力计算。

① 非锚固段 OA 桩身内力。

令 $L_0=0$，$L_{n+1}=L$，$R_{n+1}=0$

当 $y=L-L_i$ 时，取 $K=n+1-i$（$i=1$，2，$\cdots$，n）

$$Q_y^- = Q(y) - \sum_{j=1}^{K} R_{n+2-j}$$

$$Q_y^+ = Q(y) - \sum_{j=1}^{K} R_{n+1-j}$$

$$M_y = M(y) - \sum_{j=1}^{k} R_{n+1-j}\left[y-\left(L-L_{n+1-j}\right)\right]$$

当 $L-L_{i-1} > y >= L-L_i$ 时，取 $K=n+2-i$（$i=1$，2，$\cdots$，$n+1$）

$$Q_y = Q(y) - \sum_{j=1}^{K} R_{n+2-j}$$

$$M_y = M(y) - \sum_{j=1}^{k} R_{n+2-j}\left[y-\left(L-L_{n+2-j}\right)\right]$$

式中　Q_y、M_y——桩身剪力、弯矩。

　　　$Q(y)$、$M(y)$——仅岩土压力作用于桩上的剪力、弯矩。

　　　K——从桩顶往下数锚索支承点个数。

② 锚固段桩身内力。

锚固段桩身内力计算可参见有关抗滑桩的内力计算。

3.4　计算结果

以图 1 断面为例，墙面桩地面以上桩长 20 m，地面以下锚入灰岩中 6 m，桩间距 6 m。墙内填石，其综合内摩擦角 $\varphi=40°$，$\gamma=19$ kN/m³，地基系数为 4.2×10^3 kN/m³，考虑双线同时有列车作用。采用相应的设计计算方法，对在桩顶以下 4 m 设置一排拉索、桩顶以下 4 m、8 m 各设置一排拉索以及无拉索进行计算分析，在双线列车作用下，其桩身最大弯矩分别为 24 720 kN·m、14 710 kN·m、44 900 kN·m。即设一排拉索时桩身最大弯矩为无拉索的 55%，设两排拉索时为无拉索的 33%。图 4 为桩身弯矩分布图。

在设计时综合考虑施工过程中填土对墙面桩的影响，通过计算分析，确定设置拉索的最佳方案，合理的拉索排数及设置位置。

经分析,桩板墙墙高(地面以上填土高度)为 14～16 m 时设置一排拉索即可;墙高为 17～24 m 时设置两排拉索效果较好。本算例墙高为 20 m,设计在桩顶以下 4 m、8 m 各设置一根预应力拉索,桩截面尺寸为 1.5 m×2.0 m,5 种控制工况下所计算的桩身最大内力、拉索拉力见表 1,桩身弯矩分布见图 5。

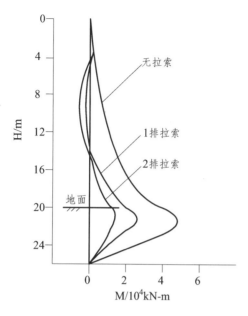

图 4　桩身弯矩分布图

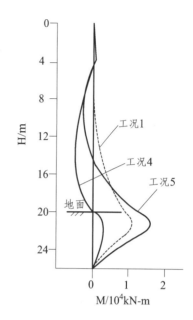

图 5　几种控制工况桩身弯矩分布图

表 1　各工况计算结果特征值表

工 况	最大弯矩/kN·m		最大剪力/kN	下排拉索拉力/kN	上排拉索拉力/kN
	正	负			
1	11 000	0	4 440	0	0
2	0	2 000	530	600	0
3	14 040	0	4 610	1 020	0
4	3 350	5 200	880	630	920
5	17 882	2 290	5 728	933	1 732

4　工程措施

DK421+758.25～DK421+958.25 长 200 m,沿线路左侧路肩设置锚拉式桩板墙,地面以上最大墙高 24 m。共设计 34 根墙面桩(其中 20 根为预应力锚拉桩)、21 根锚定桩、12 个锚定孔。地面以上墙高 14～16 m 的墙面桩采用单支点一排拉索,16～24 m 采用双支点两排拉索。每孔拉索分别采用 8 束、12 束、16 束"无黏结预应力钢绞线"制作。墙面桩桩间设置挡土板。

墙面桩地面以下为矩形截面,尺寸为 1.5 m×2.0 m 及 1.5 m×2.5 m 两种,地面以上均为 T 形截面。锚定桩为矩形截面,尺寸为 1.5 m×1.5 m,桩长 6 m,为全埋式桩。

拉索根据受力计算,分别采用 8 束、12 束、16 束,由 1 860 MPa 高强度、低松弛钢绞线构成的无黏结预应力筋制作,施工时分别施加 600 kN、1 000 kN、1 200 kN 的初始预应力。墙面桩和锚定桩均采用 OVM15 型锚具。

5　施工工艺

石头寨预应力锚拉式桩板墙是集高、难、新于一体的技术密集型工程,具有施工工序多、工艺复杂、难度大、任务重、工期短等特点,需进行精心策划、精心组织和精心施工,其主要工艺流程见图 6。

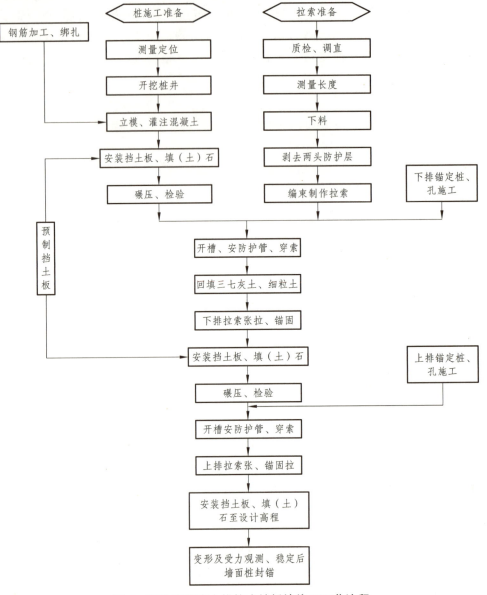

图 6 石头寨预应力锚拉式桩板墙施工工艺流程

5.1 墙面桩施工

34 根墙面桩桩长一般为 23～26 m，地面以上大多 20 m，因承受巨大侧向压力，要求混凝土一次灌注成桩。施工中采用 2 m 高的大块组合钢模板，利用万能杆件搭设井字支架支撑，再用槽钢对模板进行横向加固，以防止高耸结构混凝土浇铸时发生漏浆、歪纽、跑模和倾倒，保证桩位、形状、尺寸等符合设计要求。

由于桩截面小，灌注速率要适当、不能过快，为此采用机械搅拌、人工运输、机械捣固的方法施工。对桩井混凝土配设串筒浇铸，分层、均匀捣固。

5.2 锚定孔及拉索施工

锚定孔采用 MD-50 型钻机钻孔，孔径 115 mm，孔深进入完整基岩 10 m。孔内灌注 M35 水泥砂浆，注浆压力为 0.4～0.6 MPa。

拉索采用高强度、低松弛的无黏结预应力筋制作，每束钢绞线用防腐涂料涂满，外部加套挤出成型的高压聚氯乙烯双层防护管，制成拉索后，外部再套软性塑料管防护。

墙面桩与锚定桩配对张拉时，两侧桩均可作为张拉端或固定端，锚具通用。墙面桩与锚定孔配对张拉时，张拉工作则在墙面桩外侧移动支架上进行。拉索采用"单根、对称、循环"张拉，减少由于多束钢绞线受力不均的问题，取得了较好的效果。

5.3　填筑施工

过大的沉降将使预应力拉索产生巨大的次应力，一旦拉索所受拉力超过其极限抗拉强度，将导致整个结构的破坏。因此，控制填土（石）沉降是锚拉式桩板墙成败的关键。

施工中对墙面桩和挡土板后不少于 1 m 范围内，采用小型机具并配合人力施工；拉索以上不少于 1 m 范围内的填石（土），填石的虚铺厚度不大于 30 cm，最大粒径不超过 20 cm，采用小型振动压路机进行碾压；其余填石的每层的虚铺厚度不大于 50 cm，最大粒径不超过 30 cm，采用中型振动压路机碾压密实。为防止填土（石）直接作用在拉索上，同时预留拉索允许的填土沉降空间，施工至拉索位置时，先超填至拉索上一定高度，然后挖槽放置拉索，回填三七灰土或细粒土，轻度夯平，张拉后加设槽型盖板，土、板之间留 25 cm 空隙。

图 7　工程竣工照片

施工完成后的竣工照片如图 7 所示。

6　效果与评价

6.1　成果综合比较

石头寨预应力锚拉式桩板墙，应用变形约束地基系数法、结构模型试验、有限元数值分析及原型观测四种方法，对结构进行系统而深入的计算分析和试验研究，其主要指标比较见表 2。

表 2　主要指标最大值比较表

序号	方法	墙背土压力合力	桩顶位移	弯矩	拉索锚拉力	
		kPa	cm	kN·m	（上排）kN	（下排）kN
1	原型观测	1 383	6.76	20 761	1 625	1 040
2	模型试验	2 180	8.81	25 580	1 264	839
3	有限元	1 594	7.14	15 677	1 642	1 008
4	变形约束地基系数法	1 293	6.18	17 882	1 732	933

从上表可看出，四种方法的结果、指标基本相同，特别是设计所采用的变形约束地基系数法与原型观测值颇为接近，具有良好的一致性，说明设计所采用的计算方法、计算假定是合理的、实用的。

6.2　评　价

南昆铁路石头寨预应力锚拉式桩板墙成功解决了陡坡高填土支挡设计施工问题，改善了石头寨车站运营条件和环境保护，建成的石头寨锚拉式桩板墙结构新颖、技术先进、工程宏伟、造型美观，在国内外均属首例，具有显著的经济、社会效益，科研成果达到国际先进水平。本工程竣工历经运营及雨季考验，整体结构和工程状态良好，未发现任何异常和变形，实践证明该结构是成功的。

南昆铁路卸荷板–托盘式挡土墙设计

李安洪

（中铁二院　公司办）

摘　要　结合南昆铁路陡坡路堤特点，提出卸荷板-托盘式挡土墙新型支挡结构，并与传统衡重式路肩挡墙进行方案比选，给出了卸荷板-托盘式挡土墙设计计算方法。

关键词　卸荷板　托盘　挡土墙　陡坡路基　计算方法

1　概　况

南昆铁路共设计两座卸荷板-托盘式路肩挡土墙，均位于百威段广西田林县境内，其中一处用于受场地空间限制无法设置传统衡重式路肩挡墙地段，另外一处用于陡坡路堤地段。

汪甸卸荷板-托盘路肩挡土墙工点位于盘百公路左侧，该段山坡上覆土层为砂黏土，厚 $0 \sim 3$ m，下伏基岩为砂岩夹泥岩，风化严重至颇重，因盘百公路改建拓宽及通信光缆干扰，受场地空间限制线路左侧无法设置衡重式路肩挡墙，设计采用卸荷板-托盘式路肩挡土墙通过，满足了盘百公路横断面宽度的要求，详见图 1（a）。

另一座卸荷板-托盘式路肩挡土墙位于岩龙站 DK326 陡坡路基，该段上覆砂黏土，下伏基岩为泥岩夹砂岩，风化严重，地面横坡较陡（ $1 : 1.25 \sim 1 : 1.5$ ）。为确保路基稳定，左侧路肩需设计支挡工程，详见图 1（b）。

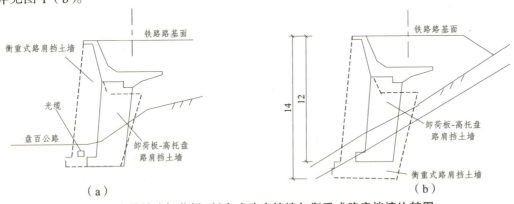

（a）　　　　　　　　　　　　　　　　（b）

图 1　南昆铁路卸荷板–托盘式路肩挡墙与衡重式路肩挡墙比较图

2　方案比选

两个工点在设计中均对衡重式路肩挡墙与卸荷板-托盘式路肩挡土墙两种支挡方案进行技术经济比较。DK273 汪甸路基工点紧临盘百公路，如采用衡重式路肩挡墙，对公路路基宽度有一定影响，同时挡墙基础施工将严重影响通信光缆，施工前必须先拆迁通信光缆。而采用卸荷板-托盘式路肩挡土墙，由于托盘挑檐伸出后使墙身缩进，在场地受限制地段使用，具有衡重式路肩挡墙无法替代的优越性。

岩龙站 DK326 陡坡路基工点，如采用衡重式路肩挡墙，最大墙高达 14 m，而采用卸荷板-托盘式路肩挡土墙，可降低 $2 \sim 3$ m 墙高，节省大量坬工，方案优越性十分明显。

表 1　卸荷板-托盘式路肩挡土墙与衡重式路肩挡墙比较

项　目	岩龙 DK326+538～+605 左侧				汪甸 DK273+425～+492 左侧				备　注
	卸荷板-托盘式路肩挡土墙	衡重式路肩挡土墙	减少		卸荷板-托盘式路肩挡土墙	衡重式路肩挡土墙	减少		
			数量	百分比/%			数量	百分比/%	
浆砌片石或片石混凝土/m³	849.7	2 440			1 149.1	2 232			采用衡重式路肩挡土墙，需拆除并重建 80 m 长已开通的通信光缆
钢筋混凝土/m³	346.3				371.5				
总坬工/m³	1 196	2 440	1244	51	1 520.6	2 232	711.4	32	
造价/万元	26.7	37.3	10.6	28.4	32.3	34.1	1.8	5.3	

以上两个工点前者应用于受场地限制地段，后者用于山区陡坡地段，与衡重式路肩挡墙经济比较如表 1：

DK273 工点节省圬工 32%，且避免拆除 80 m 已开通的通信光缆，同时避免盘百公路右侧帮宽 2 m，具有显著的经济效益；岩龙站 DK326 工点在陡坡地段应用可节省圬工 51%，降低造价 28%。

3　设计计算

卸荷板-托盘式路肩挡土墙墙背填料为路堑挖方中的砂黏土及泥岩夹砂岩，设计参数：$\varphi=35°$，$\gamma=18$ kN/m³，$f=0.4$，$[\sigma]=400$ kPa，墙底置于基岩中。以 15 m 高的挡土墙为例，上墙高 3 m，下墙高 12 m。下墙墙身采用 C15 片石混凝土，上墙卸荷板托盘采用 C25 钢筋混凝土现场预制。紧靠卸荷平台的上部墙体设置一排泄水孔，墙高变化处设置沉降伸缩缝。按双线有荷进行设计计算，图 2 为计算断面图。

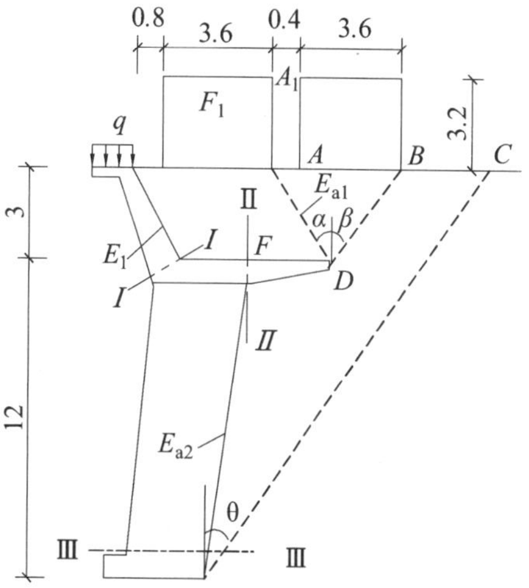

图 2　卸荷板—托盘式路肩挡土墙计算断面图

3.1　土压力计算

根据折线形墙背的土压力计算方法，以卸荷板顶面为分界分为上、下墙来计算。

（1）上墙土压力计算。

假定上墙形成破裂面 β 及第二破裂面 α，通过试算确定其交于地面点分别为 A、B（如图 2 所示）。由此可确定第二破裂面上的应力分布，求出第二破裂面上的 E_{a1}。$E_{a1}=198.8$ kN，$E_{1x}=59.9$ kN，$E_{1y}=189.6$ kN。

上墙土压力合力作用点距卸荷板端部的距离 $Z'_{1x}=1.23$ m。

（2）下墙土压力计算。

由于上墙及卸荷板的遮帘作用，在上墙破裂面 β 以内的土及上部荷载均由上墙分担，下墙承担的土及荷载压力仅为上墙破裂面与下墙破裂面所夹那部分棱体。按力多边形法计算下墙土压力，由此计算出下墙破裂面夹角及土压力为：

$\theta=33°36'$

$E_{a2}=345$ kN，$E_{1x}=332.5$ kN，$E_{1y}=105.6$ kN

下墙土压力合力作用点距墙趾的距离

$Z'_{2x}=4.67$ m，$Z'_{2y}=3.97$ m

3.2　全墙稳定及基底应力检算

抗滑动稳定系数：$K_c=1.69 > [K_c]=1.30$，符合要求。

抗倾覆稳定性系数：$K_o=2.29 > [K_o]=1.50$，符合要求。

偏心距：$e=-0.0676$ m

基底应力：$\sigma_{max}=528.4$ kPa（墙踵），$\sigma_{min}=418.7$ kPa（墙趾）。

3.3　墙身截面强度计算

对于卸荷板-托盘式挡土墙，应对卸荷板、挑檐及墙身较薄处进行截面强度检算（图 2）。以 Ⅰ—Ⅰ、Ⅱ—Ⅱ 截面为例，其截面强度计算如下。

（1）上墙（挑檐）背土压力。

按俯斜墙背，考虑荷载土柱作用，计算墙背库仑主动土压力为 $E_a=123.3$ kN，$E_x=72.0$ kN，$E_y=100.1$ kN。土压力合力作用点距上墙背底部的距离 $Z'_x=1.08$ m。

（2）检算截面内力计算。

卸荷板、挑檐均按悬臂梁进行受力检算。

① 挑檐Ⅰ—Ⅰ截面。

Ⅰ—Ⅰ截面以上墙身自重 P_1=62.5 kN，对Ⅰ—Ⅰ截面的力矩为 50 kN·m。

墙背土压力对Ⅰ—Ⅰ截面的力矩为 103 kN·m。

人行道板荷载 10 kN，对Ⅰ—Ⅰ截面的力矩为 103 kN·m。

Ⅰ—Ⅰ截面总力矩为以上三部分力矩之和，即 ΣM=172 kN·m，剪力 ΣQ=146 kN。根据挑檐各截面内力，进行配筋设计。

② 卸荷板Ⅱ—Ⅱ截面。

Ⅱ—Ⅱ截面以外悬出部分卸荷板重 P_1=36 kN，对Ⅱ—Ⅱ截面的力矩为 36 kN·m。

Ⅱ—Ⅱ截面以外悬出部分卸荷板以上二裂面以下土体（含荷载土柱）即 A_1ADFF_1 的重量 P_1=84.4 kN。

作用于上墙二裂面的土压力 E_{1x}=59.9 kN，E_{1y}=189.6 kN。

Ⅱ—Ⅱ截面总力矩 ΣM=326 kN·m，剪力 ΣQ=310 kN。据此进行配筋设计。

4　工程措施

（1）汪甸 DK273+425 ~ DK273+492 长 67 m，左侧设置卸荷板-托盘式路肩挡土墙，墙高 11 ~ 12 m，按 φ=35°、γ=18 kN/m³、f=0.4、$[\sigma]$=400 kPa 设计。

（2）岩龙站 DK326+538 ~ DK326+605 长 67 m，左侧设置卸荷板—托盘式路肩挡土墙，墙高 8 ~ 12 m，按 φ=35°、γ=18 kN/m³、f=0.4、$[\sigma]$=400 kPa 设计。

（3）卸荷板-托盘式路肩挡土墙沿线路方向每 5 m 一节。上墙为 C25 钢筋混凝土，由托盘、卸荷板及挑檐组成，墙高小于 10 m 时，上墙高 2.5 m，墙高超过 10 m 时，上墙高 3 m。下墙采用 C15 片石混凝土。上下墙间设置连接钢筋。

（4）墙背地面处、卸荷平台处设置一排泄水孔。墙背连续设置 0.3 m 厚砂卵石反滤层。

5　施　工

施工时下墙片石混凝土应连续灌注，待墙身混凝土达到设计强度的 70%后，进行下墙墙后填料填筑。待下墙墙后填料压实且上墙混凝土达到设计强度后，再进行上墙背填土。托盘内填土采用人工沿纵向从卸荷板向挑檐处分层填筑。施工中应确保卸荷板与下部填土紧密接触。施工过程中及竣工后的照片如图 3 所示。

（a）施工中

（b）竣工后

图 3　卸荷板-托盘路肩挡土墙施工照片

6　效果与评价

两处工点分别于 1996 年 5 月及 1996 年 8 月竣工，经受了运营考验。实践证明，卸荷板-托盘式挡土墙非常适合于在山区陡坡路基及受场地限制地段应用，用于取代高大衡重式挡土墙，可降低墙高，节省大量圬工及投资，具有显著的技术经济效益。

南昆铁路破碎软岩路堑高边坡土钉墙试验工程

李安洪

（中铁二院　公司办）

摘　要　结合南昆铁路破碎软岩路堑高边坡试验工程，经方案比选确定土钉墙方案，通过试验研究提出土钉墙设计计算方法，总结了施工工艺。

关键词　土钉墙　破碎软岩　高边坡　锚杆

1　工程概况

南昆铁路板桃站东土钉墙试验段位于广西田林县境内，地面横坡为 30°～40°，地层上覆第四系坡残积砂黏土（Q^{dl+el}）厚 0～4 m；下伏三叠系木兰组（T_2l）泥岩夹砂岩，风化严重带（W_3）～风化极严重带（W_4）厚 16～20 m。段内为单斜构造，受区域构造塘兴—潞城大断裂带影响，岩体破碎、扭曲严重。泥岩夹砂岩全风化带（W_4）其力学指标为 $\varphi=22.4°$，$C=28$ kPa，近于土体。铁路以路堑通过，中心最大挖深 13.4 m，因地面横坡较陡，无法采取放坡开挖。从相邻路堑施工情况看，如按传统的方法先开挖再设挡土墙，在开挖过程中边坡就出现坍滑。为确保该类路堑顺利施工，在此处开展了破碎软弱岩质路堑高边坡支挡防护工程试验研究。该边坡岩土物理力学参数见表 1。

表 1　试验段岩土物理力学参数

岩土名称	天然重度 γ/（kN·m^{-3}）	黏聚力 c/kPa	内摩擦角 φ/（°）
全风化泥岩夹砂岩	19.5	28.0	22.4
强风化泥岩夹砂岩	23.3	33.0	35.5

2　方案比选

试验段长度为 118 m，为确保路堑边坡稳定，设计中对土钉墙方案与预加固桩方案进行技术经济比较。图 1 及图 2 分别为两个方案的代表性断面。

土钉墙支挡方案，最大墙高 21 m，为两级土钉墙，如图 1 所示，土钉墙边坡大部位于泥岩夹砂岩全风化带（W_4）中。主要工程数量：土钉长度 18 000 m，喷射混凝土 450 m^3，工程造价 269 万元。

预加固桩方案，采用分级开挖，坡脚设置预加固桩。上部护墙高 12 m，下部桩长 24 m，桩截面 2×3 m^2，桩间挡墙高 15 m。主要工程数量：钢筋混凝土 2 600 m^3，浆砌片石 3 200 m^3，工程造价 285 万元。

由于土钉墙具有机械化程度高、施工人员少、消耗材料少、所需工期短、边坡暴露时间短、成本相对较低等优点，设计最终采用了土钉墙支挡加固方案。

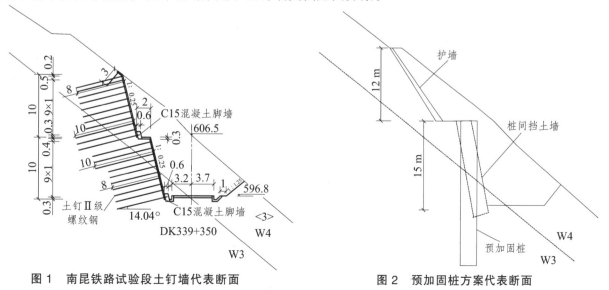

图 1　南昆铁路试验段土钉墙代表断面　　　　　**图 2　预加固桩方案代表断面**

3　设计计算

3.1　选取各设计参数

土钉墙边坡岩土综合摩擦角 $\varphi=40°$。因边坡较高，故设计两级土钉墙，每级墙高 10 m，总墙高 $H=20$ m，中部平台宽 2 m，土钉墙胸坡 76°（$\alpha=14°$）。

土钉长度初选为 0.4H，即 $L=8$ m；土钉钻孔直径 d_h 由施工机械而定，本工程 $d_h=100$ mm。

间距 S_x、S_y 由经验公式 $S_x \cdot S_y \leqslant k_1 \cdot d_h \cdot L$ 确定，本工程取 $k_1=1.5$，$S_x=S_y=1.0$ m。

土钉钉材直径 $d_b=（20\sim25）\times10^{-3} \cdot S_x \cdot S_y$，上部选用 $\phi20$、中部及下部选用 $\phi25$ Ⅱ级螺纹钢。

根据"保住中部、稳定坡脚"的设计原则，将土钉墙中部平台上下各 3 排土钉加长至 10 m。

3.2　土钉墙潜在破裂面

$h_i \leqslant \dfrac{1}{2}H=10$ m 时，$l=0.35H=7$ m

$h_i > \dfrac{1}{2}H=10$ m 时，$l=0.7(H-h_i)=7\sim0$ m

3.3　土钉所承担的土压力

$h_i \leqslant \dfrac{1}{3}H=6.7$ m，$\sigma_i=2\lambda_a\gamma h_i \cos(\delta-\alpha)=5.28\,h$ kN/m^2

$h_i > \dfrac{1}{3}H=6.7$ m，$\sigma_i=\dfrac{2}{3}\lambda_a\gamma H \cos(\delta-\alpha)=70.4$ kN/m^2

其中库仑主动土压力系数 λ_a 按延长墙背法计算，$\lambda_a=0.264$，墙背摩擦角 $\delta=20°$。

3.4　土钉墙内部稳定计算

（1）土钉抗拉断检算（选取受力最大的土钉检算）。

$h=6.6$ m（第 7 排土钉）$\sigma_7=5.28\,h=34.8$ kN/m^2

$E_7=\sigma_7 S_x S_y / \cos\beta=34.8\times1\times1\div\cos14°=35.9$ kN

选用 $\phi20$ Ⅱ级螺纹钢，抗拉强度设计值为 310 N/mm^2。

土钉钉材抗拉力 $T_7=\dfrac{1}{4}\pi \cdot d_b^2 \cdot f_y=97.3$ kN

$K_1=\dfrac{T_7}{E_7}=2.7>1.8$（满足要求）

$h_i > \dfrac{1}{3}H=6.7$ m，$\sigma_i=70.4$ kN/m^2

$E_i=\sigma_i S_x S_y / \cos\beta=70.4\times1\times1\div\cos14°=72.6$ kN

选用 $\phi20$ Ⅱ级螺纹钢　　　$T_i=\dfrac{1}{4}\pi \cdot d_b^2 \cdot f_y=152.1$ kN

$K_1=\dfrac{T_i}{E_i}=2.7>2.1$　　（满足要求）

（2）土钉抗拔稳定检算（选取受力大且有效锚固段最短的土钉检算）。

选取第 7 排土钉，有效锚固段长度 $L=8-7=1$ m，$E_7=35.9$ kN；

选取第 11 排土钉，有效锚固段长度 $L=2.3$ m，$E_{11}=72.6$ kN。

由现场拉拔试验，孔壁摩阻力 $\tau=210$ kPa，

$F_{71}=\pi \cdot d_h \cdot l_{ei} \cdot \tau=3.14\times0.1\times1\times210=65.9$ kN

$F_{111}=\pi \cdot d_h \cdot l_{ei} \cdot \tau=3.14\times0.1\times2.3\times210=151.7$ kN

钉材与砂浆间的黏结力 $\tau_g=1\,000$ kPa，

$F_{72}=\pi \cdot d_b \cdot L_{ei} \cdot \tau_g=3.14\times0.02\times1\times1\,000=62.8$ kN

$F_{112}=\pi \cdot d_b \cdot L_{ei} \cdot \tau_g=3.14\times0.025\times2.3\times1\,000=180.6$ kN

土钉抗拔力 F_i 取 F_{i1} 和 F_{i2} 中的小值，则　　 $F_7=62.8$ kN，$F_{11}=151.7$ kN。

$$K_2 = \frac{T_7}{E_7} = \frac{62.8}{35.9} = 1.75 < 1.8 \quad （不满足要求）$$

$$K_2 = \frac{T_{11}}{E_{11}} = \frac{151.7}{72.6} = 2.09 > 1.8 \quad （满足要求）$$

经检查，第 7 排土钉抗拔能力不足，将土钉加长后满足抗拔稳定要求。如果中部土钉不加长，仍采用 8 m，则第 7~11 排土钉均不能满足抗拔稳定要求。

3.5 土钉墙整体稳定检算

（1）内部整体稳定检算。

根据潜在破裂面形状进行分条分块，计算稳定系数。根据设计要求，分层开挖高度为 2 m，每一分层开挖完毕未设置土钉时为危险阶段，须进行施工阶段稳定检算。经稳定检算，最下一分层开挖完毕未设置土钉时为最危险阶段，此时稳定系数为 1.7，土钉墙竣工后稳定系数为 1.85，而不设置土钉边坡稳定系数仅为 0.89。中部土钉不加长时，施工阶段及使用阶段稳定系数均降低 0.3。

（2）土钉墙外部稳定性检算。

将土钉墙视为重力式挡土墙进行抗倾覆、抗滑移稳定性验算，其稳定系数均大于 1.5，满足要求。

采用简单条分法进行圆弧稳定性计算。最危险滑弧面通过土钉墙墙底，除下部少数土钉穿过圆弧外，大多数土钉未穿过圆弧。不考虑土钉作用力时，其稳定系数为 1.14，计入穿过最危险圆弧面一定长度土钉的作用力后，稳定系数达到 1.3，满足外部整体稳定要求。

4　主要工程措施

DK339+277~DK399+395 左侧设置土钉墙，其中 DK339+285~DK399+390 长 105 m 为两级土钉墙，上、下墙最大高度分别为 11 m 及 10 m，土钉墙胸坡 1∶0.25，两级之间平台宽 2 m。土钉长 8 m，中部平台附近加长至 10 m，间距均为 1 m。土钉墙上部及中下部土钉分别采用 ϕ20、ϕ25 Ⅱ级螺纹钢筋。单级土钉墙长 6 m，采用 ϕ20 Ⅱ级螺纹钢筋。土钉孔径 ϕ100 mm，孔内灌注 M30 水泥砂浆。

土钉面板由喷射 14 cm 厚的 C20 混凝土、1 cm 厚的水泥砂浆及一层 ϕ8 钢筋网组成。

土钉墙墙顶堑坡设 1 m 宽喷射混凝土护顶，其要求同土钉面板，并用一排 3 m 长小锚杆锁定。土钉墙墙脚设置厚 0.6 m、高 1.2 m 混凝土脚墙加固。

土钉墙每隔 15~20 m 设置一道伸缩缝，面层设置泄水孔，泄水孔呈梅花形布置，间距 2.5 m。泄水孔进口处设置无砂混凝土反滤层。

5　施工工艺

（1）路堑开挖。

按坡高 2 m 一层从上至下分层开挖，土石方采用推土机及挖掘机施工，机械施工时边坡预留 0.3 m 厚保护层，由人工清刷平顺边坡后，挖槽安设泄水孔无砂混凝土反滤层及伸缩缝沥青木板。

由于自然横坡较陡，第一层开挖 3 m，并搭设作业平台，以确保有足够作业场地。

（2）喷射第一层混凝土。

每一层边坡清刷平顺后，立即喷射第一层混凝土，及时封闭边坡，下部留 0.3 m 暂不喷射，利于下一分层更好衔接。第一次喷射混凝土厚 5 cm，配合比为水泥∶砂∶碎石∶水∶速凝剂 =1∶2.81∶1.65∶0.55∶0.04，水泥采用 425 号普通硅酸盐水泥。

（3）钻孔。

第一层混凝土喷射完成后，采用汤姆洛克钻机垂直坡面造孔，孔径 ϕ90。

（4）设置土钉。

土钉钉材为 φ20、φ25 螺纹钢筋，每间隔 2 m 焊对中支架，外端焊接螺丝端杆，对中支架用 φ6 圆钢制作。土钉连同注浆管插入孔中。

（5）注浆。

采用孔底注浆法灌注水泥砂浆，注浆压力 0.2～0.4 MPa，水泥砂浆配合比为水泥∶砂∶水 =1∶1.26∶0.33。

（6）挂网。

注浆完毕、砂浆达到设计强度 50%后，挂 φ8@200×200 钢筋网，放置钢垫板，上紧螺母，施加 5～10 kN 预紧力，使钢筋网与坡面密贴。

（7）喷射第二层混凝土。

挂网完成后，喷射第二层混凝土，喷射厚度为 9 cm。

6 现场监测与信息施工

为了验证设计的可靠性、掌握土钉受力及边坡变形情况，通过信息施工和动态设计，达到确保工程安全的目的，开展进行了现场监测与测试。选择 4 个断面布置压力、位移监测点，共布置了 10 个土压力测点和 6 个位移监测点，并在典型断面上布置了 6 根量测土钉、每根土钉上布有 4 个钢筋计。

工程于 1996 年 4 月开工，1996 年 12 月完工，全过程按照信息施工法施工。根据施工过程中现场监测情况，及时对既定的施工方法、施工工艺进行调整与修正，确保了工程顺利完成。例如，第一、二层开挖后量测土钉轴力呈台阶型突增，对分层边坡稳定不利。经分析，上两层开挖分层高度过大，为 3～4 m，且全层拉槽开挖后喷锚作业滞后开挖时间较长，边坡不能及时加固与封闭，致使边坡松动区范围扩大。从第三层起分层高度控制在 2 m 以内，且考虑后续工序配置力量，每一分层又分为两段施工，确保后续工程及时完成。从以后测试结果看，只要控制了分层高度，配合以分段开挖及时喷锚等措施后，土钉轴力在后续工序施工过程中缓慢变化，从而避免边坡发生突发坍塌。

另外，施工至中部平台附近时，边坡有较多裂隙水渗出，土钉轴力增加较快。根据这一施工信息，及时变更设计，增设了水平深层排水孔，同时在土钉注浆中增添膨胀剂，以保证土钉有足够的抗拔力。采取这些措施后，土钉受力很快趋于稳定。

在开挖到第九层距路基面 3 m 时，边坡平台出现一道宽 1～3 mm、长约 40 m 的纵向裂缝，此范围内水平深层排水孔排水量明显增大，平台附近土钉最大轴力达 104 kN，远超过按库仑主动土压力确定的受力 57 kN，比设计受力 99 kN 略大。通过分析认为：中部平台纵向裂缝是由于下部开挖卸荷作用引起；水平排水孔排水量明显增大发生时间在连续一周晴天后，最大出水量排水孔上方堑顶以外十余米处有一施工用蓄水池，经检查水池开裂漏水；尽管土钉最大轴力已达到设计受力，但设计时作为永久工程土钉抗拔安全系数为 1.8，仍具有较大安全储备。为了确保边坡稳定，决定立即搬迁蓄水池，下部分三段开挖，每层开挖高度控制在 1～1.5 m。按以上措施实施后，直到施工完成后土钉最大轴力达 110 kN，坡面位移仅为坡高的 0.195%，完全处于受控状态。

7 土钉墙现场测试结果及分析

（1）图 3 给出了土钉墙喷层后实测土压力、由量测土钉最大轴力所确定的土压力、库仑主动土压力及推荐设计简化受力这四种力沿墙高的分布图。由量测土钉最大轴力所确定的土钉墙总的受力与库仑主动土压力相近，但分布形式不同，其受力分布呈上下小、中部大特征。中部平台附近最大轴力为 110 kN，远超过按库仑主动土压力确定的受力 57 kN；坡脚处量测土钉最大轴力为 30 kN，远小于设计受力 99 kN。

（2）把测试断面每根土钉最大轴力点连线作为土钉墙的潜在破裂面（图4），由此确定的潜在破裂面为 0.33 H（即上部潜在破裂面距面板距离与土钉墙墙高之比）。

从图 4 中可看出，由土钉最大轴力点连线所确定的潜在破裂面是收敛的，与库仑理论得出的破裂面有较大出入。这是由于土钉结构在开挖过程中对边坡变形起了约束作用，即分层稳定作用，因此松弛区的扩展是收敛的，土钉墙的潜在破裂面也是收敛的。

（3）坡面在各层开挖施工完成后，总的位移量较小，坡顶最大位移为 56 mm，仅占坡高的 2.6%。坡面位移随坡高呈上大下小特征。

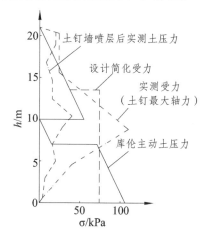

图 3　土钉墙沿墙高的受力分布

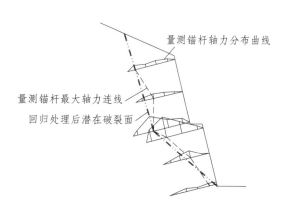

图 4　量测土钉轴力分布及潜在破裂面

8　效果及评价

通过南昆铁路破碎软岩路堑高边坡土钉墙工程试验，得出以下结论：

（1）土钉墙应用于破碎软岩路堑高边坡是可行的、经济合理的。

土钉墙施工是由上而下，分层开挖分层加固，能及时对边坡封闭加固，有利于坡体稳定；施工机具轻便灵活，有利于机械化作业，大大减轻了施工劳动强度；所耗圬工、材料少，有利于缺乏石料地区应用。大规模集中推广应用时，较先桩后墙法更具有经济效益。

（2）土钉墙边坡中部受力变形最大，坡脚应力集中明显，设计与施工均应遵循"保住脚部、稳定坡脚"的原则，对中部应适当加强。

（3）施工中边坡有渗水时，应及时设置深层水平排水孔，疏干土钉墙体范围内渗水，以减少土钉墙所承受的土压力，同时在注浆中增添膨胀剂，以确保土钉摩阻力。

（4）在不影响边坡稳定前提下，设计中将土钉间距及长度适当加大，可降低土钉墙成本。

叙大铁路龙山车站高路堤椅式桩板墙设计

龚熙维　彭家贵

（中铁二院　重庆公司）

摘　要　龙山车站高路堤椅式桩板墙，为左低右高的斜坡路堤工点，工点范围内土层最厚达 17 m，填筑高度最高为 17 m，地基土层参数较低，填筑加载后计算最大下滑推力约 3 000 kN/m。设计中采用了双排桩加横梁整体现浇形式的椅式桩板墙加固高路堤，通过数值分析和传统理论计算的对比，找出了高路堤椅式桩板墙在不同工况下的受力规律，为类似工点的推广提供了依据。

关键词　椅式桩板墙　高路堤　数值分析

1　工程概况

本段属低山区构造剥蚀地貌，沟谷斜坡地形，地形起伏较大，相对高差达 70 m，斜坡自然坡度一般 15°~20°，局部达 25°，地表呈台阶状。

本段上覆硬塑粉质黏土，厚 4~17 m，局部厚度达 20 m 以上，下伏基岩为灰岩，岩层走向与线路夹角 10°，岩层倾角 20°。

龙山车站 DK64+331~DK64+580 段为车站货场，左侧填方高度为 15~17 m，为左低右高的陡坡路基，地面横坡约为 1：2，上覆 4~17 m 厚粉质黏土，下伏基岩为灰岩，基岩面横坡与地面横坡大致相同。

覆盖土层地质参数比较低，γ=19 kN/m³、C=15 kPa、φ =18°、$[\sigma]$=150 kPa。

2　方案比选

2.1　稳定性分析

对该斜坡厚高填方工程采用圆弧法计算推力，经计算，边坡最小稳定系数为 0.78，最大推力 3 014 kN/m。

2.2　加固方案的选取

根据以上计算结果，本工点填筑之后产生的侧向推力大，传统结构已经不能满足本工点设计要求，需要寻求一种在厚土层中满足大吨位推力的新型支挡结构，进行几种结构方案比选如表 1 所示。

表 1　加固方案比较表

加固方案	优点	存在问题	结论
双排桩桩基托梁结构	衡重式挡墙施工技术成熟	桩需承担挡墙的土压力和圆弧下滑力，挡墙和托梁之间为非刚性连接，结构受力不明确。挡墙设置高度达到 14 m，挡墙和托梁尺寸较大，经济性不高	研究后放弃
双排桩悬臂式挡墙复合结构	悬臂式挡墙施工工艺成熟	悬臂比较高，裂缝宽度检算难以通过	研究后放弃
双排桩中间加横梁整体结构	结构刚度大，可靠度高，经济	施工工艺复杂，施工难度大	采用

2.3　双排桩板墙结构比选

（1）结构模型。

双排桩中间加横梁整体结构形式有两种：一种是将短桩放在内侧，横梁上放置承载板，结构形式如图 1 所示；另一种是将短桩放置在外侧，横梁上不放置承载板，结构形式如图 2 所示。

（2）计算比选。

采用有限元分析的方法，对两种结构在相同工况下，对其内力分布形式、结构的变形及经济性进行对比。得出结论如下：

① 短桩放置在内侧能在一定程度上减小结构弯矩，对长桩受力比较有利。

② 短桩放在内侧在一定程度上可以减少结构位移大小。

③ 短桩放在内侧混凝土用量较少，投资更省。

综上所述，将短桩放在内侧，结构内力、位移均较小，造价也较低，因此选用短桩在内侧结构形式比较合理。将此种结构命名为高路堤椅式桩板墙结构。

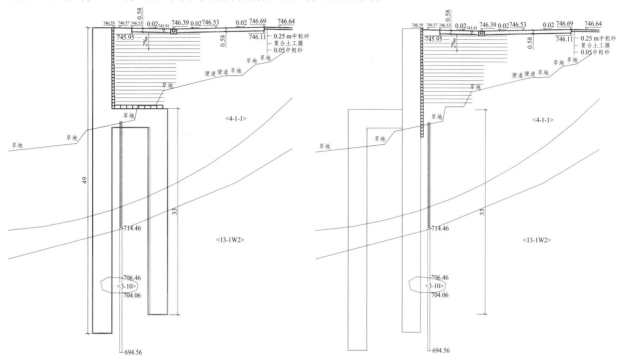

图 1　短桩放置在内侧的结构形式　　　　　图 2　短桩放置在外侧的结构型式

3　椅式桩板墙受力计算

3.1　椅式桩板墙结构外力计算

结构外力主要采用平面有限元建立结构模型进行计算，同时又用 geoslope 软件、公司自主开发的边坡稳定计算软件、三维有限元模型计算后进行验证。

3.2　椅式桩板墙结构内力计算

结构内力主要采用三维杆系有限元建立模型进行内力计算。

3.3　受力特征

3.3.1　外力受力特征

通过以上几种计算方法计算比较，最大外力为 3 170 kN/m，外力的分布规律如图 3。

3.3.2　内力受力特征

通过计算，结构内力分布见图 4 ~ 图 6：

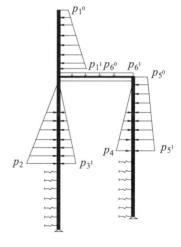

图 3　结构外力分布图

3.3.3　受力结果分析

从计算结果可以看出，横梁与长桩连接处，横梁与短桩连接处弯矩较大，需加强抗弯设计；横梁和长桩连接处剪力较大，需加强抗剪设计。

3.4　案例计算结果

通过计算，椅式桩板墙结构同一个单元结构中，长短桩截面尺寸相同，长桩和短桩之间净距 6 m，横梁截面尺寸为 3 m×2 m 和 3 m×2.25 m 两种，桩身截面尺寸为 2.75 m×2 m、3 m×2 m、3.25 m×2.25 m 三种。

图 4 结构弯矩分布

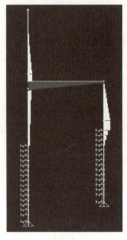
图 5 结构剪力分布

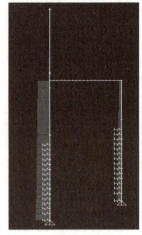
图 6 结构轴力分布

4 工程应用

4.1 工程措施

（1）DK64+331 ~ DK64+555.2，线路左侧，长 224.2 m，设置椅式桩板墙，共 39 根结构，椅式桩板墙结构包括长桩、短桩以及横梁三个部分，长桩与短桩净间距 6 m，长桩与短桩之间采用横梁连接，形成复合结构，长桩间设置挡土板，横梁上设置承载板，承载板共有甲型、乙型、丙型三种类型。

（2）长桩与短桩截面尺寸相同布置，截面为 2 m×3 m、2 m×2.75 m、2.25 m×3.25 m，长桩桩长 38 ~ 58 m，短桩桩长 22 ~ 44 m；横梁截面为 2 m×3 m、2.25 m×3 m，长 6 m。

（3）横梁宽度与桩宽相同，横梁高度为 3.0 m 及 4.0 m，过渡衔接地段横梁半幅加高 1 m。

（4）长桩间设置挡土板，挂板高度为 1.5 ~ 13 m。

（5）DK64+408 ~ DK64+528 段，长 120 m，线路左侧自然边坡设置一排侧向约束桩，桩间距 6 m。共设置侧向约束桩 21 根。

（6）设置了 4 根测试桩，桩顶设置位移观测桩、桩后设置压力盒、结构中设置钢筋计；选择 4 处挡土板跨中设置压力盒；选择 4 处承载板跨中设置压力盒，并将现场测试结果纳入测试记录中。

代表性断面见图 7。

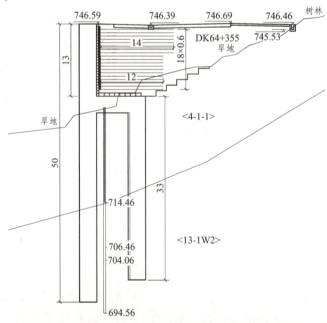

图 7 龙山车站椅式桩板墙代表性断面设计图

4.2　施工注意事项

（1）桩井终孔时，须检查 3H（H 为桩长边长度）且不小于 5 m 范围内有无空洞、溶洞、破碎带。

（2）长桩、短桩，横梁必须一次性连续浇筑，严禁出现施工缝。

（3）桩浇注时，及时埋设监测及检测设备。

（4）椅式桩板墙后 2 m 范围内不得采用大型机械碾压填筑路基，须使用小型平板振动机压实，压实标准达到相应部位的填筑要求。

（5）椅式桩板墙施作过程中及运营期内，从结构远离线路侧边缘至斜坡外侧 130 m 范围内，严禁对边坡进行开挖以及堆载作业。

5　工程体会

（1）椅式桩板墙结构适用于一般常规结构难以有效实施的外力大、悬臂高、斜坡陡的铁路、公路、市政工程领域，特别是在西南山区交通建筑领域有着广泛的推广前景。

（2）椅式桩板墙结构设计中，对长短桩净距、横梁上是否设置承载板都做了详细计算对比。理论计算中长短桩净距越大对结构受力越有利，但是实际设计中还需考虑桩间岩土体应力选择一个最合适的桩净距。设置承载板可以减少短桩的受拉轴力，减少结构位移，增加结构可靠性。

（3）由于椅式桩板墙结构横梁和桩连接处剪力弯矩较大，抗剪钢筋较多，从桩顶到桩底没有施工通道，为保证结构一次性连续浇筑，横梁下部桩身浇筑需预留施工通道。

玉蒙铁路包裹式加筋路堤工程设计

高　立　曾晓波　李　能

（中铁二院　昆明公司）

摘　要　本工点包裹式加筋路堤最大填高 10.6 m，单线路堤，双侧边坡率均采用 1∶0.5，无面板。对于经过高产耕地、合格填料缺乏、地基表层还需要换填处理的地段，该措施效益明显。建成后坡面植被全覆盖，如果选择合适的植物品种，景观效果也不错，符合铁路"绿色大通道"要求。但枯草季节失火因素对坡面植被及格栅毁坏而影响路基整体稳定的风险也是值得设计者认真研究的问题。

关键词　加筋路堤　包裹式　土工格栅　绿色通道

1　工程概况

包裹式加筋土路堤两工点位于玉蒙铁路鸡街至蒙自区间靠近蒙自车站侧，处于"鸡街膨胀土"区域。里程范围：DIK138+040～DIK138+990，路基长 950 m，位于芦柴冲村南面；里程范围：DIK139+890～DIK140+905，路基长 1 015 m，位于江水地村南面，靠近在建红河钢铁场。两段均属高原构造侵蚀、剥蚀残丘低中山丘陵地貌，地势开阔平坦，残丘多为较缓的圆形坡面。

地表覆盖层坡残积黏土（膨胀土），硬塑～坚硬状，土质较均匀，厚 2～4 m；其中 D1K138+090～+782 段低洼平缓地带表层为厚 1～3 m 的松软土。下伏上第三系（N）泥岩夹砂岩，局部夹砾岩、褐煤，成岩作用差，泥质胶结，质软，岩体多为硬塑状黏性土，遇水易软化；全风化带（W4）及强风化带（W3）属硬土。

段内地表水不发育，仅分布有少量沟渠水、鱼塘水，地下水主要为贮存于上第三系砂岩中的裂隙、孔隙层间水，水量较小，主要接受大气降水垂直补给，向低洼处排泄。

地震动峰值加速度为 0.10g。

2　计算分析

2.1　方案选择

鸡街至蒙自区间为中～强膨胀土，不能用作填料，需较远外运合格填料填筑。本段路基最大填高 10.6 m，离既有米轨铁路及村庄近，位于平坦的耕地地区，设计中考虑节约用地、节省填料及投资，决定采用包裹式土工格栅加筋路堤，还可形成坡面绿化景观带。

2.2　计算分析

加筋路堤的计算根据《铁路路基支挡结构设计规范》（TB 10025）中加筋体受力和稳定性计算方法，在确定土工格栅的上下间距之后，计算每层土工格栅处的水平土压应力、垂直压力和土工格栅铺设宽度，具体计算方法如下。

（1）水平土压应力

水平土压应力来自于土工格栅上方的填料和列车荷载两部分，其中填料产生的水平土压应力按式（1）计算。

$$\sigma_{h1i} = \gamma h_i \tan^2(45° - \varphi_0 / 2) \tag{1}$$

式中　σ_{h1i}——填料产生的水平土压应力，kPa；

　　　γ——加筋体的填料重度，kN/m³；

　　　h_i——路堤顶面距第 i 层格栅的垂直距离，m；

　　　φ_0——填料综合内摩擦角。

列车荷载产生的水平土压应力按弹性理论条形荷载计算，如式（2）：

$$\sigma_{h2i} = \frac{\gamma h_0}{\pi}\left[\frac{bh_i}{b^2 + h_i^2} - \frac{h_i(b + l_0)}{h_i^2 + (b + l_0)} + \mathrm{ar}\tan\frac{b + l_0}{h_i} - \mathrm{ar}\tan\frac{b}{h_i}\right] \tag{2}$$

式中　σ_{h2i}——荷载产生的水平土压应力，kPa；

b——荷载内边缘距路堤边坡面的水平距离，m；

h_0——荷载换算土柱高，m；

l_0——荷载换算宽度，m。

土工格栅承载的水平土压应力为填料和荷载的水平土压应力之和，即式（1）和式（2）的计算结果之和。

（2）垂直压力。

土工格栅所在位置的垂直压力为填料自重和荷载产生的竖向力之和，按式（3）计算。

$$\sigma_{vi} = \gamma h_i + \frac{\gamma h_0}{\pi}\left[\arctan X_1 - \arctan X_2 + \frac{X_2}{1+X_1^2} - \frac{X_2}{1+X_2^2} \right] \tag{3}$$

式中　$X_1 = \dfrac{2x+l_0}{2h_i}$，$X_2 = \dfrac{2x-l_0}{2h_i}$；

　　　σ_{vi}——第 i 层土工格栅上的垂直压力，kPa；

　　　x——计算点至荷载中线的距离，m。

设计时采用路堤边坡率 1∶0.5，格栅上下间距 0.4 m，单向土工格栅加筋材料拉伸强度 ≥60 kN/m，分层计算加筋路堤竖向压应力和水平土压应力（使用 2% 伸长率时强度），确定土工格栅的拉筋长度。再进行抗拔稳定性检算，各层土工格栅的抗拔稳定系数均大于 2.0。同时使用圆弧法检算路堤整体稳定性，包裹式加筋路堤整体稳定系数大于 1.5，均满足规范要求。

3 工程措施

采用包裹式土工格栅加筋路堤措施，不仅解决了该区缺乏合格填料的问题，还节约了用地、节省了投资，具体工程措施如下。

（1）DIK138+040 ~ +990 左右侧长 950 m，和 DIK139+890 ~ DIK140+905 左右侧长 1 015 m，设置土工格栅包裹式加筋土挡墙，墙面边坡坡率为 1∶0.5。加筋材料选用高强度聚氯乙烯（TGDG）单向土工格栅。土工格栅包裹式加筋土挡土墙（挂土工网垫喷播植草）主要构造及技术要求：① 土工格栅拉伸屈服强度 ≥60 kN/m，屈服伸长率 ≤11.5%，2% 应变时拉伸强度 ≥14 kN/m，20℃ 时测得的长期蠕变强度 ≥21 kN/m，最小炭黑含量不小于 2%（土工格栅幅宽 ≥1.0 m）；② 土工格栅上下层间距为 0.4 m，每层最外侧墙面安放土工网眼袋（土工网眼袋尺寸为袋长 80 cm，袋宽 50 cm，网眼尺寸为 0.5 cm×0.5 cm 的方形网）；③ 每层土工格栅包裹土工网袋后应向路基内回折，回折长度不小于 2 m，并采用高密度聚氯乙烯土工棒与上层土工格栅连接成整体，土工棒尺寸为 110 cm（长）×4 cm（宽）×0.5 m（厚），确保连接处强度不小于土工格栅材料的本体强度。横断面布置形式如图 1。

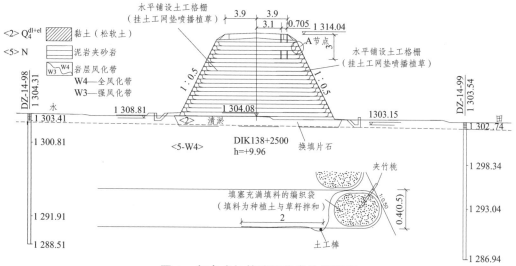

图 1　包裹式加筋路堤代表性横断面

（2）DIK138+075～+782，长 707 m，填方基底地表分布松软土厚 1～3 m，路堤坡脚外干砌片石垛内边缘范内清除淤泥，换填片石。

（3）DIK138+180～+574，左右侧长 394 m 在水位高程 1 305.00 m 以下铺设碎石垫层和填筑块片石，当与松软土换填范围重合时和松软土换填片石共同施作。其中 DIK138+180～+574 右侧长 394 m，和 DIK138+197～+543 左侧长 346 m，路堤坡脚在水位高程 1 305.00 m 以下还需设置干砌片石垛，顶宽 0.5 m，胸坡 1∶1.0，背坡 1∶0.5，埋深 0.5 m，垛高 1.0～2.3 m。

（4）包裹式加筋土墙面设置挂土工网垫喷播植草防护。

（5）DIK138+040～+990 左右侧长 950 m、DIK139+890～DIK140+905 左右侧长 1 015 m，设置角钢立柱栏杆，间距 2.0 m，截面尺寸为 0.25 m×0.1 m×2.5 m，基础预制时须同时预埋 U 形螺栓。

4　施工顺序及注意事项

4.1　施工顺序

清除松软土换填片石→地基找平→铺设碎石垫层→检测地基承载力→合格后平铺第一层土工格栅→分两次填筑填料→检测压实度→合格后平铺下一层土工格栅→分两次填筑填料→检测压实度→合格后平铺下一层土工格栅→直至路基本体施工完成→检测压实度→路基基床施工。

4.2　施工注意事项

（1）地基承载力要求：路提填高大于 8 m 时，承载力不小于 250 kPa；小于等于 8 m 时，承载力不小于 200 kPa。地基承载力必须达到要求后方能进入下一道工序施工。

（2）填筑压实要求：路基本体压实系数为 0.93，路基基床压实系数为 0.93；每层填筑后均按要求进行压实检测，检测不合格不得进入下一层施工。

（3）加筋土路堤施工注意事项：

① 挖除松软土应集中堆放，晾晒、破碎后用 2 cm 网筛过筛，装入土工网眼袋内，作为种植土。

② 土工格栅进场时应进行强度检测，检测频率每一批次（10 000 m²）不小于一组（三个试样）。主要检测项目为 2% 应变时拉伸强度和屈服时的极限强度和延伸率。

③ 土工格栅在铺设时，应拉直、拉紧，将强度高的方向布置在路堤横断面方向，并及时用 U 形钉固定。土工格栅受力方向的连接必须牢固，连接强度不低于材料容许抗拉强度，纵向采用搭接，搭接长度不小于一个节点，上下两层搭接点应错开布置，错开距离不小于 0.5 m。

④ 铺设土工格栅的土层表面应平整，不得有坚硬凸出物，严禁碾压机械直接在土格栅表面上进行碾压；土工格栅的铺设不容许有褶皱，应尽量拉紧，并用 U 形钉及时固定。

⑤ 土工格栅摊铺后应及时填筑填料，并碾压至设计要求密实度；所用填料最大粒径不得大于 15 cm，每层分两次填筑。

⑥ 土工格栅应采用高强度聚氯乙烯土工格栅，并应满足设计所需技术性能指标和延伸率较小，抗撕裂强度大，耐老化、耐腐蚀，可回折包裹等要求。

⑦ 接触网支柱预留基础应与路基同步施工，并在相应高度预留与土工格栅连接的拉环，以便与周围土工格栅牢固连接。土工格栅回折后及与接触网支柱预留基础连接处采用土工棒穿连。

⑧ 必须做好坡面灌草护坡的施工、养护，防治病害并作好必要的补植工作，确保灌木和草尽快成活，形成坡面的绿色防护能力。必要时可在坡面覆盖无纺布，以利草籽发芽生长。

5　工程效果及体会

两段包裹式加筋土路堤于 2006 年 10 月开工，2007 年 10 月竣工，到 2013 年路基施工完成已近 6 年，先后经历了 2009 年大涝、2010—2012 年大旱等极端气候的考验，大旱时加强了保水养护措施，坡面植被绿化良好，工程效果如图 2。

图 2　包裹式加筋路堤工程效果

2011 年 7 月 6 日滇南铁路公司、中铁六局项目部、中铁二院及西南交大和四川农大专家和工程技术人员对两段加筋土路堤植被护坡现场植被防护效果及路堤修筑情况进行了现场踏勘。发现局部边坡植被损伤严重，在养护期间个别地段边坡植被遭到了临近村庄人为及牲畜的破坏，土工格栅有裸露现象，没有完全达到设计效果。针对以上情况，在蒙自召开了加筋土路堤植被护坡竣工交验前现场植被防护效果会议，提出了在不利因素影响下植被覆盖率不足的处理措施：① 坡面补种象草扦插（或栽植香根草）补植；② 对于边坡较高、植被生长较差的地段，采用自进式锚杆对拉式钢筋混凝土地梁补强，地梁之间顶部与底部使用横梁连接。补强措施实施后效果很好，未见病害。

采用包裹式土工格栅加筋路堤设计要考虑周全冬季枯草季节、失火因素对新型柔性植被墙面的影响，以及当路堤穿过水塘等常年积水区域边缘时如何确保路堤基底安全，同时还要研究合适植被墙面的种类。

阿尔及利亚东西高速公路 PK276 土工布加固路堤边坡设计

王智方

（中铁二院　公路市政院）

摘　要　加筋土加固路堤边坡措施在当地有广泛应用。本文介绍了法国规范下的土工布加固路堤设计计算参数取值、计算分析及应用，与国内同类设计有一定的差别，特别加筋材料土工布的高强度和高安全系数的采用。

关键词　东西高速　土工布　加固路堤

东西高速公路是国际招标、设计、施工总承包项目，采用法国标准建设，中铁二院工程集团有限责任公司承担其中中段 M1、M2 标设计，起点于布维拉省阿杰巴镇，终点于 BBA 省路热努镇，路线长 52.147 km，路基宽 33.5 m，双向六车道，设计行车速度 100 km/h。

1　工程概况

PK276+052.948 ~ PK276+432.000 段路基长度 379.052 m，中心最大填高 12.3 m，左侧最大边坡高 15 m，右侧边坡填挖交替。路线实际位置和状况见图 1、图 2。

图 1　路线位置

图 2　路线左侧便道

该段线路沿着一个山脊前进，海拔为 880 ~ 1 100 m，相对高差为 80 ~ 150 m，地形在该处起伏较大，山体自然坡度约 15° ~ 40°，局部有陡坎，山脊两侧各发育有一条与线路近于平行的沟槽，植被稀疏，交通不便。

根据勘察结果，本段地基土层较厚，主要以含砾黏土、粉质角砾土为主，基岩为泥灰岩。

根据阿尔及利亚抗震规章 99，线路穿行为《Ⅱa》区，属于中等地震频率地区，水平加速度系数值 $a = 0.25 g$。水平 $K_h = 0.5 A$，竖直 $K_v = ±0.5 K_h$。

山体坡面顺直，自然排泄条件较好，故仅在降雨时坡面有一定地表水径流，且不易积水，雨后地表水顺着冲沟排泄。排泄速度快，时间短，地表水贫乏。

地表含砾黏性土，透水性相对较好，基岩泥灰岩透水性能差，为相对隔水层，故在土石界面地下水可能相对富集，需注意地下水软化岩土体给工程的危害。勘测期间为旱季，未发现地下水。

2　方案选择

本路段基底表面为 3 ~ 13 m 厚的含砾黏土层，为高液限黏土，带有膨胀性，物理力学性能较差，且地面横坡较陡。按坡率法结合采用砂性土填筑时，边坡稳定安全系数较低（1.03），不满足整体稳定性要求，如采用挖除换填，挖填工程量很大；采用悬臂式挡土墙时，最大墙高超过 10 m，地基承载力较低，需要对含砾黏土进行较大厚度的挖除换填处理，且易产生不均匀沉降；当墙底采用桩基础时，费用较高。

经项目组进行技术、经济论证，认为加筋土坡对路堤变形适应性好，当地有进口土工布，材料数量和技术质量均满足要求，施工工期有保障，有较好的经济性，对承包商有利；边坡坡面采用水泥混凝土预制块件防护，在当地有广泛应用。边坡处理方案代表性横断面图见图 3。

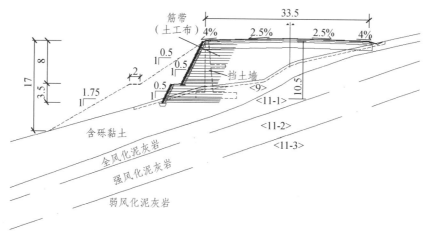

图 3　边坡处理方案代表性横断面图

3　稳定性分析

3.1　计算方法及标准

汽车荷载：20 kN/m²。

计算方法：路堤稳定性采用简化 Bishop 法计算。

采用法国规范《 NF P94-270》V1/070514，按分项系数法计算路堤内部稳定性，按总体安全系数法计算路堤整体稳定性。计算内部稳定性时要求一般工况下稳定安全系数 $F \geqslant 1$，地震工况下稳定安全系数 $F \geqslant 1$；计算整体稳定性时要求一般工况下稳定安全系数 $F \geqslant 1.5$，地震工况下稳定安全系数 $F \geqslant 1.2$。本项目采用法国 SETEC 公司 TALREN4.0 软件进行计算。

国内《公路土工合成材料应用技术规范》（JTGT D32—2012）按总体安全系数法计算加筋路堤的内部稳定性和外部稳定性，要求一般工况下的稳定安全系数 $F \geqslant 1.35$，地震工况下稳定安全系数 $F \geqslant 1.1$。

3.2　岩土参数

在现场调绘、勘探、测试、室内试验的基础上，结合工程经验确定各层物理力学指标采用值如表 1。

表 1　岩土参数

参数	（9）含砾黏土	（11-1）全风化泥灰岩	（11-2）强风化泥灰岩	（11-3）弱风化泥灰岩
$\gamma/(kN \cdot m^{-3})$	19	20	21	22
C/kPa	20	25	40	70
$\varphi/(°)$	5	5	25	30

填料采用 C1B5 类砂性土、砂砾土。按填料土工试验数据结全工程经验，选用填料物理力学参数为：$\gamma=20$ kN/m³、$C=5$ kPa、$\varphi=35°$。

3.3　荷载分项系数

荷载分项系数见表 2。

表 2　荷载分项系数

作用（荷载）		一般工况	地震工况
永久荷载	不利	1.05	1.00
	有利	0.95	1.00
可变荷载	不利	1.33	1.00
	有利	0.00	0.00

3.4　土体及筋带分项系数

土体及筋带分项系数见表3。

表3　土体及筋带分项系数

材料性质	一般工况	地震工况
土体有效内摩擦角正切值 p_{hi}	1.45	1.20
土体有效黏聚力 C_p	1.85	1.50
土体不排水黏聚力 C_u	1.60	1.30
摩擦系数 q_{sba}	1.50	1.40
筋带抗拉强度 a_{ban}	11.4	11.4

3.5　分析计算结果

选用代表性横断面 PK276+232、PK276+252、PK276+292 进行计算，计算结果见图4～图9。

PK276+232

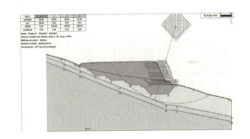 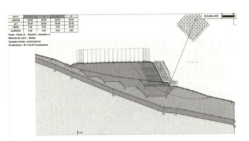

图4　一般工况 $F=0.99$　　　　　　　图5　地震工况 $F=1.0$

PK276+252

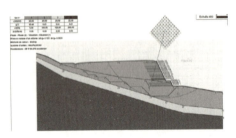 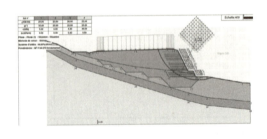

图6　一般工况 $F=1.02$　　　　　　　图7　地震工况 $F=1.13$

PK276+292

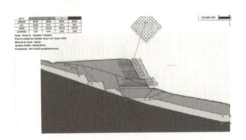 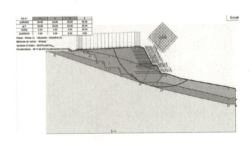

图8　一般工况 $F=0.99$　　　　　　　图9　地震工况 $F=1.08$

计算结果基本满足要求。

4　工程措施

边坡分级高度 8 m，平台宽度 2 m，边坡坡率为 1∶0.5，边坡坡面采用混凝土预制块防护。

采用土工布加固，筋带选用聚酯加强筋网的二维（Bidim）无纺土工布，设计抗拉强度 $T=180$ kN/m，竖向间距 $S_v=0.6$ m。土工布长度上部边坡 $L=6$ m，下部边坡 $L_2=10$ m。加筋体填料为天然砂砾石，加筋体下地基采用挖除含砾黏土和换填天然砂砾石处理，并在底部设碎石盲沟，排除路基渗水和地下水。

土工布加固路堤代表性横断面图见图10，基础见图11。

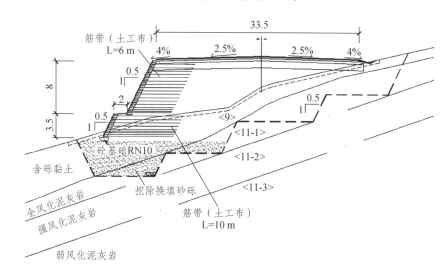

图10　土工布加固路堤代表性横断面图

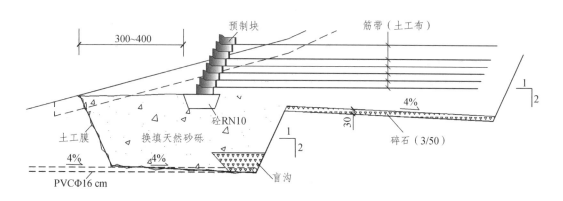

图11　土工布加固路堤基础

5　工程整治效果

（1）在进行地基挖除换填时，基坑内侧渗水。经现场勘察后，在边坡体增设碎石盲沟和在基底台阶面上铺设砂垫层处理，见图12、图13。

图12　基坑边坡渗水

图13　基坑挖除换填

（2）在进行加筋体施工时，右侧既有坡体局部出现坍塌。经位移观测核实，已施工的加筋体基础及加筋体不受到坍塌影响，没出现异常位移。为确保边坡安全稳定，采用全部挖除路基范围内的含砾黏土层处理，见图14。

图14　施工过程中右侧边坡坍塌

（3）为方便加筋体施工和美观，采用模板施工，见图15。

（a）土工布施工　　　　　　　　（b）加筋体填料　　　　　　　　（c）竣工图

图15　模板施工

6　工程体会

（1）在高液限黏土地基上的斜坡路堤，稳定性较差，处理措施不当，很容易造成边坡失稳。本案例采用土工布加固路堤，设计时只清除部分表层黏土，在施工中出现既有边坡失稳，为提高路基稳定性，基本上对表层黏土和泥灰岩全风化层进行全部清除。

（2）加筋体一般采用砂性土、碎（砾）石土等摩擦系数较高、渗水性较强的填料；要求分层铺设、分层压实，达到规定的压实度。

（3）加筋体下部地基，一般设置砂砾排水层和碎石盲沟，排除加筋体渗水和地基渗水。

（4）土工布加固路堤边坡，边坡预制块内可植草绿化，美化环境。

（5）筋带可采用高强土工布或单向土工格栅，常用筋带抗拉强度 $T=60 \sim 200$ kN/m，筋带强度的选择应根据加筋路堤稳定性计算，进行技术经济比较综合确定。在本项目所在地筋带一般选用土工布，而国内习惯采用土工格栅。

预应力锚索桩基托梁挡土墙在陡坡路堤中的应用

罗照新

（中铁二院　培训中心）

摘　要　阐述预应力锚索桩基托梁挡土墙应用于陡坡路堤中的设计要点和施工方法，这种结构形式结合预应力锚索技术的推广具有一定的优越性，可供同行参考。

关键词　陡坡路堤　预应力锚索　桩基托梁

1　工点概况

本工点位于内昆铁路铜鼓溪—滩头区间 DK186+880～DK187+100，右侧，全长 220 m，本段属低山河谷地貌，地面高程为 350～400 m，相对高差 50 余米，线路沿横江右侧岸坡逆江而行，路基以填方通过，中心最大填高达 6.88 m。据定测钻孔资料，沿线地表上覆第四系全新统坡积层（Q_4^{dl}）块石土、滑坡堆积层（Q_4^{del}）砂黏土、块石土；下伏基岩为上三叠统系至下侏罗统系（T_3-J_{1x}）砂岩夹页岩，中细粒结构，钙质胶结，无断裂及褶皱构造，节理不发育，但由于基岩顶面横坡较陡，埋深较大，加之百年洪水位较高，地面植被发育较差，故发育有坍滑体，坍滑体内地下水较发育，受横江水流的侵蚀影响，有进一步发展的趋势。须采取加固措施。

2　工程措施比选

经与路肩桩板墙、锚拉式桩板墙、桩基托梁加筋土挡土墙和预应力锚索桩基托梁挡土墙的技术、经济比较，最后决定采用预应力锚索桩基托梁挡土墙（详见图1）。原因如下：

（1）路肩桩板墙由于桩身受力（剪力和弯矩）较大，力的作用点位置较高，桩身截面较大，同时桩身地面以上部分施工需立模和搭设临时脚手架，既不经济，又不便于施工。

（2）锚拉式桩板墙因桩顶锚索分担了一部分桩身外力，桩身截面虽可减小，但桩身位于地面以上部分的施工和桩顶锚索的造孔、安装、灌浆、张拉及封锚等均需立模和搭设临时脚手架，施工难度大。

（3）桩基托梁加筋土挡土墙存在加筋土挡土墙基底与桩基托梁的不均匀沉降问题，容易因二者的沉降差而破坏整个路基主体的稳定性。

（4）预应力锚索桩基托梁挡土墙，成功地将桩基托梁与衡重式路肩挡土墙统筹考虑，同时将预应力锚索设置于桩顶托梁上，既经济合理，又操作简单，施工方便。

以上几种工程措施类型的桩长、桩径、桩顶位移、桩身最大弯矩、剪力，线路每延长米工程数量及投资估算比较详见表1及表2。

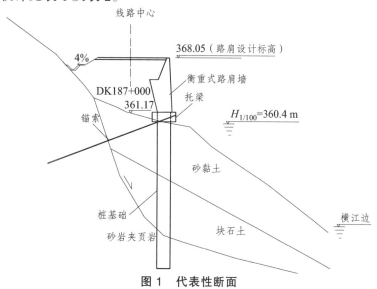

图 1　代表性断面

表 1　桩长、桩径、桩顶位移及桩身内力表

工程类别	桩长/m	桩截面/m²	桩顶位移/mm	桩身最大弯矩/（kN·m）	桩身最大剪力/kN
路肩桩板墙	34.5	2.5×3.5	51	59 966	7 931
桩基托梁路肩挡土墙	24	2×3.25	48	32 943	6 005
预应力锚索桩基托梁路肩挡土墙	19	1.5×2.25	45	7 810	4 170

表 2　线路每延长米工程数量表

工程类别	桩 C20 混凝土/m³	板 C20 混凝土/m³	托梁 C20 混凝土/m³	锁口、护壁 C15 混凝土/m³	挡墙 M7.5 浆砌片石/m³	锚索/m
路肩桩板墙	50.313	2.933		6.44		
桩基托梁路肩挡土墙	26		3	5.69	13.1	
预应力锚索桩基托梁路肩挡土墙	10.69		3	4.19	13.1	7.67

投资估算：路肩桩板墙：　　　　　　　55 498 元/m；

　　　　　桩基托梁路肩挡土墙：　　　31 576 元/m；

　　　　　预应力锚索桩基托梁挡土墙：　23 830 元/m。

3　设计参数的确定

3.1　桩身下滑力

在已知滑动面位置和滑动面上的抗剪强度指标的基础上，桩身所受下滑推力按滑动体的极限平衡条件，采用传递系数法按下式计算：

$$T_i = KW_i \sin\alpha_i + \psi T_{i-1} - W\cos\alpha_i \tan\varphi_i - C_i L_i$$

$$\psi = \cos(\alpha_{i-1} - \alpha_i) - \sin(\alpha_{i-1} - \alpha_{ii})\tan\varphi_i$$

式中　T_i——第 i 个条块末端的下滑力，kN/m；

　　　K——安全系数（视工程的重要性、外界条件对滑坡的影响、滑坡的性质和规模、滑动的后果及整治

　　　　　的难易等因数综合考虑）；

　　　W_i——第 i 个条块滑体的重力，kN/m；

　　　α_i——第 i 个条块所在滑动面的倾角，（°）；

　　　α_{i-1}——第 $i-1$ 个条块所在滑动面的倾角，（°）；

　　　φ_i——第 i 个条块所在滑动面上的内摩擦角，（°）；

　　　C_i——第 i 个条块所在滑动面上的单位黏聚力，kPa；

　　　L_i——第 i 个条块所在滑动面上的长度，m；

　　　ψ——传递系数。

3.2　锚索锚固力

$$P_t = F/[\sin(a+\beta)\tan\varphi + \cos(a+\beta)]$$

式中　F——滑坡下滑力预应力锚索所受的分力，kN；

　　　P_t——设计锚固力，kN；

　　　φ——滑动面内摩擦角，（°）；

　　　α——锚索与滑动面相交处滑动面倾角，（°）；

　　　β——锚索与水平面的夹角，（°）。

设计锚固力 P_t 应小于锚索的容许锚固力 P_a。

3.3　锚孔倾斜角 β

在坍滑体中造孔，一般均为松散、破碎、裂隙发育的岩（土）体，相当困难，常要采取跟管

钻进工艺。锚孔向上倾斜，施钻或成孔更不容易，且无跟管的条件，因此锚孔设计成下倾斜孔为宜，一般 10°~25°。

3.4 锚索钢绞线的根数 n

根据每孔锚索的设计锚固力 P_t 和所选用的钢绞线强度，钢绞线的根数 n 按下式计算：

$$n=F_{si}P_t/P_u$$

式中　F_{si}——安全系数，一般选用 1.7~1.8，对高腐蚀地层的永久性工程，可选用 $F_{si}=2.0$；

　　　P_u——锚固钢材极限张拉荷载。

3.5 锚索锚固段长度

（1）按水泥砂浆与锚索张拉钢材黏结强度确定锚固段长度 L_{sa}：

$$L_{sa}=F_{s2}P_t/（\pi d_s\tau_\mu）$$

（2）按锚固体与孔壁的抗剪强度确定锚固段长度 L_a：

$$L_a=F_{s2}P_t/（\pi d_h\tau）$$

式中　F_{s2}——锚固体拉拔安全系数，

　　　永久性锚固时取 Fs2≥2.5，临时性锚固时取 Fs2≥1.5；

　　　d_s——张拉钢材外表直径，m；

　　　d——单根张拉钢材直径，m；

　　　d_h——锚固体（即钻孔）直径，m；

　　　τ_μ——锚索张拉钢材与水泥砂浆的极限黏结应力；按砂浆标准抗压强度 f_{ck} 的 10%计，kPa；

　　　τ——锚孔壁对砂浆的极限剪应力，kPa。

最后锚索锚固段长度取 L_{sa} 和 L_a 的较大值控制设计。通过大量的数值分析和实验研究，锚索的锚固段长度通常在 4~10 m 选取，且要求锚固段必须位于良好的地基之中，因为锚索的锚固段破坏通常是从靠近自由段处开始，灌浆材料与地基间的黏结力逐渐被剪切破坏，即使增加锚固段长度，也不可能提高锚固效果，所以并非锚固段越长越好，设计中当锚索的锚固段长度超过 10 m 时，通常采用加大孔径、减少锚索间距或增加锚索孔数等来调整。

3.6 锚索孔位和下（外）倾角

由于本段百年洪水位较高，桩顶锚索若设置在托梁下，则施工时须挖开桩前土体形成施工作业平台，这对路基的整体稳定性将产生不利影响，同时施工难度较大，故本工点将锚索上移至桩顶托梁内，设在托梁高度的 1/2 处，如桩上只设单孔锚索时，孔位设在桩中心处并下倾 15°；如桩上设置两孔锚索时，孔位设在桩中心左右各 0.4 m 处，两孔位间距为 0.8 m，两片托梁间桩上锚索为两孔

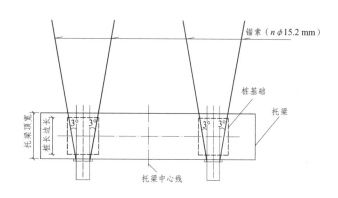

图 2　桩基、托梁与锚索平面关系图

时，相邻两孔锚索设计下倾角分别按 14°，16°设计，并各外倾 3°（详见图 2）。以减少锚索间的影响和干扰。每孔锚索由 6（8）Φ15.2 mm 高强度、低松弛预应力钢绞线制作而成，要求其极限抗拉强度不小于 1 860 MPa，伸长率≤3.5%。锚具选用 OVM 锚具。

4 施工顺序

每孔锚索由6（8）Φ15.2 mm 高强度、低松弛预应力钢绞线制作而成，要求其极限抗拉强度不小于1 860 MPa，伸长率≤3.5%。锚具选用OVM锚具。

（1）首先做好地面截、排水设施，再隔桩开挖，施工锚索桩，绑扎钢筋笼，灌注C20混凝土，注意桩顶与托梁重合部位先绑扎钢筋，不浇注混凝土，待施工托梁时再与托梁一起现浇C20混凝土。

（2）施工托梁，预留锚索ϕ150 mm PVC塑料套管。

（3）锚索造孔、下锚、安装、灌浆、张拉及封锚。

（4）施工托梁上衡重式路肩挡土墙。

（5）最后施工线路左侧挡护及土石方工程。

5 主要施工工艺要求

实施预应力锚索的主要工序有：锚索制造、造孔、下锚、灌浆、设置紧固头、张拉及封锚等。

5.1 锚索制作

（1）用张拉机将钢绞线拉伸顺直，按锚索设计长度及工艺操作要求（设计长度＋1～1.5 m）采用切割机切割钢绞线。

（2）将除锈剂涂抹洗刷钢绞线表面，用钢丝刷除锈干净，然后将自由段涂上黄油，套上聚乙烯塑料管。

（3）将6（8）根防锈处理好的钢绞线和一根用于注浆的塑料管组合，用扩张环、定位片在适当的间距固定，然后在扩张环、定位片之间用紧箍环将6（8）根钢绞线箍紧成一体，焊接导向尖锥于锚固段端头，完成锚固段制作。再把自由段钢绞线用铁丝按一定间距捆扎固定，一根锚索制作结束。

（4）制作好的锚索必须专人检查、登记、验收、编号并捆扎成圈状，以便运输至工地使用。

5.2 造孔

（1）在破碎、松散岩（土）体中成孔困难，选择性能良好的适宜的钻孔机械是顺利造孔的保证条件，对造孔机具的要求：（a）环境适应性强，既能钻进岩体，又能钻进土体，特别是破碎岩体的造孔；（b）性能要好，钻进效率高，有对孔内事故预防和处理的能力，钻孔直线度要好，孔斜范围以–10º～90º为宜；（c）功能要全，要具有单动力头冲击钻进，跟管钻进的功能和调节水压、风水比和防尘设备。

（2）施钻机具一般为风动冲击型钻机，在松散地段成孔施工，为防止坍孔，宜选用偏心钻跟进护壁套管方式钻进，钻进过程中，应观察出灰、出渣和漏风情况，做好滑动面所处位置的记录，判断孔段是否进入稳定岩（土）层，以保证孔段进入稳定岩土层深度不小于设计要求的锚固段长度。考虑沉渣厚度，孔底应超钻30～50 cm。精度要求，孔斜不超过1/100，倾角误差≤2.5º，才能保证锚固效果。

（3）造孔完成后，采用高压风洗吹，吹出孔中岩粉和积水，以保证砂浆和孔壁的黏结强度。

5.3 下锚

（1）造孔完成后应立即下锚，否则将会造成下锚困难甚至重新补钻的后果。

（2）下锚前再次对锚索进行质量检查，校核锚索编号，核对锚索长度与钻孔长度。

（3）采用人工推入下锚，必须保证锚索下到设计的深度位置。

5.4 灌浆

（1）水泥砂浆。

采用水泥砂浆标号不低于M35，水泥采用525号普通硅酸盐水泥，砂用中砂，含泥量小于3%，配合比通过试验配制，实践证明采用水0.5：水泥1.0：砂1.0配合比制作的砂浆是能保证锚固质量的。为了缩短张拉等待时间，水泥砂浆中可掺入适量早强剂，但严禁掺用具有中、强腐蚀性的外加剂。

（2）灌浆方法。

① 自孔底有压灌浆，通过安置于锚索中间插入孔底的 $\phi 22$ 塑料管灌浆，压力不小于 800 Mpa，至孔口溢出为止。

② 两次灌浆法：第一次为锚固段灌浆，通过活动的灌浆管插入孔底，边灌浆边拔灌浆管至锚固段灌满为止。第二次灌浆是在张拉后进行对自由段的灌浆，目的是裹护自由段锚索，防止锈蚀。两种方法均可选用，第一种方法操作简便，灌浆质量好，第二种方法操作复杂，要测量准确第一次灌浆是否灌满了全部锚固段，在第二次灌浆时，水泥砂浆的标号可降低至 M20，可取消自由段钢绞线的塑料套管，因此成本降低，经济效益好。

③ 自由段遇裂缝时将发生漏浆，严重时将无法达到孔口溢浆的效果，可以采取人工从孔口填塞砾石、岩粉与浆液混合，堵塞裂缝漏浆。

④ 由于水泥浆有收缩性，第一次灌浆完成，待水泥砂浆凝固收缩后，孔口应进行补充灌浆直至锚孔全部灌满为止。

5.5 紧固头设置

紧固头设置包括斜托现浇和锚具安装两道工序。斜托为钢筋混凝土方形墩，混凝土标号不小于 C20，斜托直接在孔口立模现浇，同条件养护。斜托强度达到设计强度的 75% 以后，安装钢垫板（30 cm×30 cm×3 cm）和锚具并用夹片锁好钢绞线。

5.6 张 拉

张拉前，张拉设备必须配套标定，每只千斤顶应配用的压力表数值不小于两块，表的精度不低于 1.5 级，其常用读数不宜超过表盘刻度的 75%。在斜托强度及砂浆强度达 75%～80% 后，开始用轻型千斤顶对钢绞线逐一进行张拉，张拉力控制在 10～20 kPa，使钢绞线逐根顺直，然后进行整束整体初次张拉。整体张拉按多次多级进行，一般采用两次多级，初次最终张拉吨位为锚索设计张拉荷载的 50%～70%。当斜托和孔内砂浆强度达到设计强度时，进行末次张拉，末级最终张拉吨位为设计荷载的 120%～130%，即最后要超张拉 20%～30%，各次张拉吨位则按级等分。各级张拉时间间隔应不小于 3 d，以一周为最好，使后一次张拉能有效补偿前一次张拉因地层压缩徐变而产生的预应力损失，末次张拉的预应力损失则由超张拉补偿，一般岩层预应力损失比例在 13%～20% 以内，土层不大于 25%，各级张拉均需持荷稳定 10 min 以上，使预应力在土体压缩变形稳定后能较好地均匀传递并得到充分调整。张拉过程中，应认真测量和记录锚索的伸长量，伸长量将作为油压表读数的校核参考值。以核实锚索的伸长与受力是否相符。

5.7 锁定与封锚

各次最后一级预应力张拉完成后，应立即用夹片将锚索锁定于锚具上，用切割机将多余锚索切除，然后用除锈剂对锚具进行除锈，涂上防锈漆，锚头部分涂上防腐剂，用设计的 C15 混凝土将锚具封闭，防止锚索、锚具锈蚀，确保预应力的长期效应。

6 施工注意事项

（1）由于锚索桩桩顶与托梁顶等高，因此锚索桩锁口应设置在托梁底部，桩身顶部钢筋应与托梁钢筋一起绑扎。

（2）施工时应严格按设计位置及下（外）倾角预埋 PVC 塑料套管。

（3）锚索注浆前必须首先检查锚索部分注浆管是否畅通，然后从孔底以不小于 800 kPa 的压力注浆，使浆液从孔底往上升直至溢出孔口，为保证浆液饱满，在第一次注浆完成后应进行第二次补注浆，直至孔口进浆量与回浆量一致为止。

（4）待锚索孔内水泥砂浆强度达到 75% 以后，分级施加设计张拉预应力，预应力超张拉 20%

竣工后再切割掉外露部分的钢绞线，安装封锚模具，用 C15 混凝土封头封闭。

（5）锚具底座顶面（斜托面）与钻孔轴线应垂直，以确保锚索张拉时千斤顶出力与锚索在同一轴线上。

7　质量控制与监测

（1）桩施工完成后应随机抽取桩总数的 10%（不少于 3 根）作无损检测。

（2）为验证预应力锚索设计，检验其施工工艺，指导安全施工，在锚固工程施工初期，应进行预应力锚索锚固试验，锚固试验的数量可按工作锚索的 3% 控制，锚索试验中，锚索的平均拉拔力不应小于预应力锚索的超张拉力。不合格的锚索一律不准使用。

（3）锚索全段均需除锈清洁，自由段采用塑料套管隔离且作防腐处理。

（4）为监测预应力锚索的损失情况，有选择地在锚索桩上安设 GMS 锚索测力计，测力计量程单孔 6 束为 1 200 kN，单孔 8 束为 1 600 kN。测力计量测结果应作好记录并纳入竣工设计文件中。检测合格率达 100% 后，方可切割锚具外露部分钢绞线，进行封头处理。

（5）锚索桩施工完成后，随机抽取锚索总数的 5%（不少于 3 根）进行张拉检测，要求单孔 6 束锚索张拉力不少于 900 kN，单孔 8 束锚索张拉力不少于 1 200 kN，检测合格率达 100% 后，方可切割锚具外露部分钢绞线，进行封头处理。

（6）为了防止因意外情况造成的锚索松弛和预应力损失，在每根锚索桩现有锚索孔位下 1.5 m 处各预留一个锚索孔备用，下倾 20°。

（7）由于每道施工工序均严格按照施工设计提出的技术要求和施工规范控制的技术标准进行，每道工序均有质量检查，填报质检报验单，经现场监理工程师签字认可方能进行下道工序，直至整个工程竣工。故本工点质量评定合格率达 100%，满足设计和施工规范要求，被内昆铁路建设指挥部评为优质样板工程。

成绵乐客专 DK170 机场路隧道出口 U 形槽设计

张　田　龚建辉　吴沛沛　周　成

（中铁二院　土建二院）

摘　要　成绵乐客专 DK170 机场路隧道出口路堑，穿越卵石土和成都黏土地层，地下水丰富，且紧邻高速公路，为防止地下水流失及边坡失稳，同时考虑节约城区用地、保证高速公路及铁路安全，采用边墙墙顶设置横梁的钢筋混凝土 U 形槽结构，有效地限制了墙顶位移，增大了结构整体刚度，减小了结构尺寸；于两侧底板设置悬挑段，通过悬挑段填土的配重，有效地克服了由于 U 形结构自重不足而引起的上浮问题。为类似工程提供借鉴。

关键词　成绵乐　U 形槽

1　工程概况

成绵乐客专无砟轨道铁路在成都市南三环附近，以机场路隧道下穿机场高速公路，该隧道出口端为挖方路基（DK170+920 ~ DK171+535）与大里程的填方路基相连，最大中心挖深 12.26 m。该段挖方路基地处成都市主城区，地形平坦，周边房屋密集，且线路右侧（距离铁路右线中心线约 20 m 外）为绕城高速公路路堤坡脚。

段内地表覆盖 1 ~ 2 m 人工填土，其下为 2 ~ 4 m 厚成都黏土（弱 ~ 中等膨胀土），再下为 10 ~ 30 m 厚中密 ~ 密实砂卵石土（靠近隧道出口端埋深约 18 m 处夹 2 ~ 10 m 厚软塑 ~ 流塑状软粘土），下伏基岩为泥岩（局部地段顶部岩层为 0 ~ 7 m 厚全风化层）。段内地下水主要赋存于砂卵石土中，渗透性好，含水极其丰富。基岩裂隙水对混凝土结构具硫酸盐侵蚀性，侵蚀等级为 H2。段内地震动峰值加速度为 0.10g，地震动反应谱特征周期为 0.45 s。

该段地层透水性强，常规支挡形式不能防止地下水流失，进而影响右侧高速公路及铁路自身的运行安全，钢筋混凝土 U 形槽为全封闭结构，且直立性好，外型美观，能很好地解决止水和收坡问题。

2　U 形槽受力分析与结构设计

2.1　主要技术标准

DK170+920 ~ DK171+535 U 形槽结构，边墙顶设计高程高于地下水百年洪水位位高程 0.5 m，边墙最大悬臂高度达 10.61 m，基坑最大开挖深度为 12.26 m。根据基坑深度及周围建筑物情况，确定变形控制最高等级为一级（开挖最深段），要求 U 型槽边墙水平位移不得大于 25 mm，结构最大裂缝宽度按 0.2 mm 设计。

抗浮稳定安全系数在施工阶段不计侧摩阻力时为 1.05、在运营阶段不计侧摩阻力为 1.10。考虑到 U 形槽两侧填土压力的逐渐施加并结合铁路路基支挡规范关于 L 型挡墙的荷载分项系数值，将 U 形槽土压力系数按 K=1.65 取值。水压力按建筑规范分项系数取 1.35。

2.2　荷载与工况组合

U 形槽结构所受荷载有：结构自重、列车及轨道结构荷载、地下水压力、边墙土压力、绕城高速公路填方及汽车荷载、地面超载（按不大于 20 kPa 考虑）、温度、地震力（温度、地震力只作为验算荷载）。

U 形槽结构主要设计工况有：施工期与运营期、列车及轨道结构荷载有无、地下水位高低、边墙后填土多少、地面荷载有无的荷载情况组合成的各种工况。

2.3　计算理论

根据《建筑结构荷载规范》并参照路基支挡规范的 L 形挡墙设计方法对 U 形槽进行结构设计，对各种荷载不同组合（并考虑了荷载有利和不利情况采用不同的分项系数的组合）的工况进行计算，用其弯矩包络图进行结构设计。结构配筋根据《混凝土结构设计规范》采用极限状态法进行设计。

2.4 计算结果及结构设计

最不利工况为 U 形槽施工完成后尚未进行轨道结构施工时的高水位状态。边墙内侧最大负弯矩、底板外侧最大正弯矩、横撑受力均发生在高水位，底板剪支受力力学模式情况；边墙及底板的其他最大受力均发生在高水位，底板弹性地基梁受力力学模式情况。如图 1 所示。

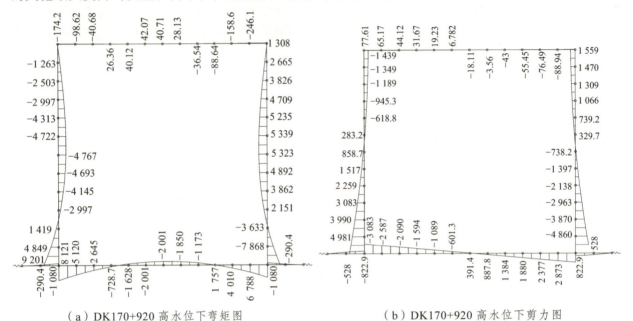

（a）DK170+920 高水位下弯矩图　　　　　　　（b）DK170+920 高水位下剪力图

图 1　受力计算结果

（1）满足以上条件且较为经济的 U 形槽结构边墙高度不宜大于 8 m，否则必须加大结构尺寸，以增加结构刚度，这样将造成材料的浪费，不经济。因此本工点边墙高度大于 8 m 的 U 形槽地段采用新型构造措施，确保墙顶水平位移满足设计要求，同时保证 U 形槽结构尺寸经济合理。

（2）U 形结构埋深较深地段，若单纯依靠 U 形结构自重抗浮，结构将十分不经济。经经济技术比较后，于两侧底板设置悬挑段，通过悬挑段填土的配重和 U 形结构自重来共同承担地下水浮力。

（3）结构尺寸由抗浮检算控制，结构配筋由裂缝检算控制。结构尺寸设计结果：最大边墙厚度 1.4 m，底板厚 1.5 m。

（4）U 形槽边墙顶部设置钢横梁，可增加 U 形槽的整体刚度，有效的限制墙顶位移，同时优化了结构受力性能，有效地减小 U 形槽结构的最大负弯矩和最大剪力，从而减小了结构尺寸。

3　工程措施

3.1　基坑降水及围护

（1）基坑降水。

段内地下水位埋深 1～4 m，根据 U 形槽基坑开挖深度要求降水深度 6～13 m，降水土层为卵石土层，采用管井（深井）降水。DK170+920～DK171+380 段沿线路纵向每 20 m 在 U 形槽两侧临时边坡堑顶外 2～5 m 位置处设置管井降水，管井采用 Φ0.8 m 钻孔成孔，地下水降至垫层底以下 1.0 m（挖除换填段应降至挖除换填底线以下 1.0 m）。

（2）基坑围护。

DK170+920～DK171+240 段两侧基坑壁采用钢筋混凝土钻孔灌注桩围护，桩顶放坡开挖，桩径为 1.2 m，桩间距为 2.4～1.8 m，桩长 9.0～15.0 m。DK170+920～DK171+219 段钻孔灌注桩桩顶设 C30 钢筋混凝土冠梁，冠梁高 0.8 m、宽 1.4 m，钻孔灌注桩钢筋伸入冠梁内。

基坑降水与围护横断面示意见图 2。

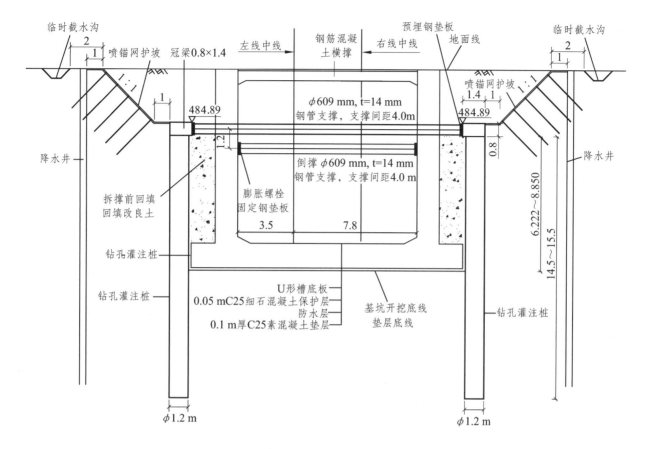

图 2　基坑降水与围护横断面示意图

3.2　U 形槽结构

（1）DK170+920 ~ DK171+535 段设钢筋混凝土 U 形槽。U 形槽底板厚度为 0.8 ~ 1.5 m，边墙厚度为 0.4 ~ 1.4 m，边墙高度为 0.82 ~ 10.61 m。其中 DK170+920 ~ DK171+080 段边墙高度大于 8m，在 U 形槽边墙顶内侧设钢筋混凝土横撑，横撑截面宽 0.8 m、高 0.6 m。U 形槽及横撑均采用高性能补偿收缩防水混凝土浇筑。

（2）抗浮设计：DK170+920 ~ DK171+360 U 形槽埋深较深地段，通过倒 π 形结构 U 形结构自重和两侧底板悬挑段填土的配重来共同承担地下水浮力；DK171+360 ~ DK171+535 U 型槽埋深较浅地段，通过 U 形结构自重承担地下水浮力。

（3）U 形槽结构防水等级为二级，设计抗渗等级为 P6 ~ P8。U 形槽墙背、底板靠土侧全断面铺设防水层，在施工缝、诱导缝、伸缩缝及倒角处于防水层与 U 形槽结构之间设置防水加强层，防水层及防水加强层均采用合成高分子预铺式冷自粘防水卷材；诱导缝、伸缩缝采用背贴式橡胶止水带和钢边橡胶止水带进行防水；施工缝采用镀锌钢板止水带和遇水膨胀止水胶进行防水。

（4）U 形槽每长 15 ~ 20 m 设一节，节与节间设一道诱导缝或 2 cm 宽伸缩缝，伸缩缝处两端底板、边墙以及诱导缝处两端边墙以穿销相互连接，诱导缝处底板采用错缝形式，纵向钢筋在错缝位置贯通设置。

（5）U 形槽基底设 0.1 m 厚 C25 素混凝土垫层、防水层、0.05 m 厚的 C25 细石混凝土保护层。

3.3　地基加固

为确保 U 形槽基坑开挖时的整体稳定和满足地基土的工后沉降要求，DK170+920 ~ DK170+971 段 U 形槽底板下软黏土地基采用旋喷桩加固，桩底穿透软黏土地层入下卧硬土层深度不小于 2.0 m。

基坑开挖至地面以下 8 m 时，开始施作旋喷桩。设计旋喷桩桩顶至 U 形槽垫层底面上 2.0 m

标高线范围，当注浆达到设计桩顶标高后，适当控制管的提升速度，提升速度以浆液填满钻孔为准；U形槽垫层底面上 2.0 m 以上，旋喷桩钻孔采用空钻。

3.4　变形监测

U 形槽基坑的变形控制等级根据基坑深度及周围建筑物情况确定：DK170+920 ~ DK171+219 段基坑按一级基坑进行设计及监测，DK171+219 ~ DK171+240 段基坑按二级基坑进行设计及监测，DK171+240 ~ DK171+535 段基坑按三级基坑进行设计及监测。U 形槽基坑及结构变形监测按对应的基坑监测等级和相关规范设置监测项目、监测频率、监测精度、监测报警值及监测方法。

（1）监测项目。

U 形槽施工全过程均进行变形监测，于基坑顶、两侧基坑壁、基坑底部设计变形观测点进行水平位移、竖向位移和基坑底回弹（隆起）等变形监测。

U 形槽施工后监测点移至 U 形槽结构内侧后继续进行监测。U 形槽于横撑中部设置竖向位移观测点，于两侧边墙顶部设置水平和竖向位移观测点，于底板内侧左、中、右设置竖向位移观测点，并在边墙较高的 U 形槽边墙内侧中部设置水平位移观测点。

当施工过程中发生监测值异常变化或达到警戒值时，应按照预案及时处理。

另外，基坑外侧距离基坑边缘 1 ~ 3 倍开挖深度范围内建（构）筑物应进行沉降、位移、倾斜度、裂缝进行监测。施工中根据主管部门的要求和检测警戒值，对右侧绕城高速、线路两侧管线、房屋等建（构）筑物进行位移和变形监测。

（2）基坑变形监测方法和监测精度。

在基坑外稳定的地方布设 3 个以上的稳定的观测点网，采用满足精度要求的仪器和固定的人员、相同的环境和条件下进行变形观测。基准点的埋设按国家现行标准《建筑变形测量规范》的有关规定执行。

水平位移观测可采用视准线法、小角度法、投点法、交会法、极坐标法、GPS 测量法或基准线法等测量方法。基准点对中误差不大于 0.5 mm。

竖向位移观测可采用几何水准或液体静力水准等观测方法；基坑隆起（回弹）观测宜设置回弹监测标，采用几何水准并配合传递高程的辅助设备进行监测，传递高程的金属杆或钢尺等应进行温度、尺长和拉力等项修正。

水平位移、竖向位移及坑底回弹（隆起）监测精度按照《建筑基坑工程监测技术规范》相关条款执行。

（3）基坑变形监测频率。

仪器基坑变形监测频率按照《建筑基坑工程监测技术规范》相关条款执行。当检测数据达到报警值、检测数据变化较大或速率加快、支护结构出现开裂、邻近建筑或地面出现变形、基坑底部或侧壁出现管涌渗漏或流沙现象、基坑周边积水或附近管道泄露、基坑附近地面荷载突然增大或超过设计值等情况时，应提高监测频率。

（4）基坑变形监测报警值。

基坑变形监测报警值按照《建筑基坑工程监测技术规范》相关条款执行。

3.5　排水系统

为保证 U 形槽结构施工及运营安全，需设置完善的防排水设施。

（1）U 形槽边墙顶外的截排水措施：为防止暴雨时 U 形槽内积水，在 U 形槽顶部设置遮雨棚。并在 U 形槽边墙顶外侧设置天沟拦截地面水，防止地面水汇入 U 形槽内。

（2）U 形槽内排水：少量 U 形槽内运营废水通过轨道结构间排水沟排水，水引至隧道内泵房后进行强排引出。

（3）U 形槽外防地下水：同前述 U 形槽结构防水设计。

3.6　施工顺序

（1）根据现场建（构）筑物情况及设计要求做出系统合理的 U 形槽基坑监测方案，加强对建（构）筑物和基坑进行沉降和位移监测。基坑开挖前 15 d 施做降水井降水，以疏干开挖边坡及开挖土体，确保开挖时的施工安全。

（2）分段开挖并施工喷锚网和护坡钻孔灌注围护桩，对围护桩进行检测合格后，及时浇筑冠梁，待钻孔桩及冠梁达到设计强度后，掏槽开挖钢支撑位置并安装好冠梁处钢管支撑，继续分层分段开挖基坑土体，并及时分层分段施做桩间锚喷或网喷防护。

（3）基坑开挖至距地面以下 8 m 时，开始施作旋喷桩加固地基，旋喷桩经检测达到设计强度后，方可继续开挖钻孔灌注桩桩前基坑下部剩余土体。

（4）基坑继续开挖至 U 形槽底板垫层底面高程后，整平场地，并碾压地基，地基承载力不得小于 250 kPa。检验地基承载力满足设计后，铺设垫层、底板防水层及防水层保护层。

（5）绑扎钢筋，同时安装好止水带、穿销，预埋内部其余附属结构钢筋；分节对称立模浇筑 U 形槽底板和边墙，边墙浇筑至距离钢支撑下边缘 0.5 m 处；U 形槽底板和边墙强度达到设计强度的 85%后拆模。

（6）粘好边墙墙背防水卷材后，铺设防水层保护层，然后分层回填 U 形槽边墙墙背填土至已浇筑边墙墙顶，并按设计要求分层对称碾压密实。

（7）安装好边墙倒撑，拆除冠梁支撑，对称立模浇筑边墙至边墙顶设计高程（同步预埋雨棚柱基础预埋件），钢筋混凝土横撑与 U 形槽边墙一起立模现浇。待强度达到设计强度 85%后，拆除模板及倒撑，粘好边墙墙背防水卷材后，铺设防水卷材保护层，然后分层回填 U 形槽墙背填料至边墙顶并对称碾压密实。回填完毕后逐步停止降水。

3.7　施工注意事项

（1）在 U 形槽施工过程中和施工完成后的沉降观测期内，进行 U 形槽底板和边墙沉降位移观测设备的设置和沉降位移观测。

（2）施工期间，临时基坑堑顶外地面严禁堆载弃土以及建筑材料，施工临时荷载不得大于 20 kPa。

（3）基坑应分段开挖，分段施工，坚持先支撑后开挖的原则。

（4）U 形槽防水混凝土应连续浇筑，宜少留施工缝，水平施工缝不应留在底板与边墙的交接处，应留在高出底板表面不小于 0.3 m 的墙体上，竖向施工缝宜与诱导缝设置在同一断面。

（5）横撑伸入 U 形槽内的钢筋与 U 形槽边墙钢筋有干扰时，适当微调整横撑钢筋位置。

（6）U 形槽防水卷材不得渗漏，铺设时幅与幅之间搭接不小于 10 cm，搭接外露边缘应严封或采用材性相同的密封材料封缝。当诱导缝或伸缩缝两侧的结构厚度不同时，为便于铺设防水卷材，现场必须将诱导缝或伸缩缝两侧结构厚度采取等厚渐变处理。

（7）墙后 2 m 范围内的填土应以人工或小型机械夯实，大型碾压机械不得进入墙后 2 m 范围内。距离 U 形槽边墙及墙趾防水层 50 cm 厚度范围内的回填填料不得采用含有尖棱状及颗粒较大的土，以免防水层遭到破坏。

图 3　U 形槽竣工照片

4　工程效果及体会

4.1　工程效果

本 U 形槽工点施工完成后经历了近 3 年的观测，其变形各项指标均满足设计要求，并适时通过了沉降评估，目前工程状态正常。U形槽竣工照片见图3。

4.2　工程设计体会

（1）U形结构边墙较高时，若单纯依靠增大U形结构截面来用自重抗浮，这样的结构不经济。可在两侧底板设置悬挑段，通过悬挑段填土的配重和U形结构自重来共同承担地下水浮力，结构的截面可控制在较经济的尺寸。

（2）在U形槽边墙较高时，边墙受力较大，若仅靠增大截面尺寸来抵抗外力，十分不经济合理，可采用顶部设置横撑的措施，优化边墙的受力模式，这样不仅经济而且能提高结构整体的刚度。

（3）设置横撑的U形槽结构，设计时应充分考虑接触网等站后工程的衔接，避免位置、荷载等不协调。

武广高铁深厚软土及岩溶路基桩板结构设计

肖朝乾　崔维秀　魏永幸

（中铁二院　土建一院）

摘　要　武广客专为我国较早建成的高速铁路，路基工后沉降要求极其严格，DIK2028+100～+300 段为深厚软土及岩溶路基，采用传统的地基处理措施不仅不能够解决工后沉降量大的问题，而且很不经济，在此背景下，钢筋混凝土桩板结构这一新型地基处理措施应运而生。桩板结构主要由承台板、托梁和钢筋混凝土桩体组成，具有施工便捷、沉降变形控制较好等特点，能够很好处理深厚软土地基及岩溶地基。本文着重介绍桩板结构在本段路基中的设计应用情况及处理效果，供今后类似工点设计作参考。

关键词　深厚软土　岩溶　工后沉降　桩板结构

1　工点概况

DIK2028+100～+300 长 200 m，位于韶关至英德区间，段内属低山丘陵及河流堆积地貌，阶地地势平坦，多为农田，植被一般，交通较方便。覆盖土层为第四系上更新统（Q_3^{al}）及中更新统（Q_2^{al}）冲积层粉质黏土、松软土、卵石土，厚 16～38 m，松软土较厚，呈透镜状分布；下伏基岩为石炭系下统岩关阶孟公坳组（C_1y_m）灰岩及大塘阶石蹬子段（C_1d_s）灰岩，岩溶发育，呈串珠状分布，岩溶溶洞孔径最大达 10 m，地下水发育，地下水为孔隙水及基岩裂隙水，附近水质无侵蚀性，环境土对混凝土结构具弱 pH 值腐蚀性（弱酸性腐蚀）。

2　设计工程措施比选

设计阶段，地基处理措施主要有搅拌桩、CFG 桩、旋喷桩、桩网结构等，岩溶处理措施主要采用注浆充填加固。本工点地表土层较厚，搅拌桩加固深度仅 10 多米，无法加固到设计深度，且搅拌桩为柔性桩，不能满足路基工后沉降要求，CFG 桩无法穿透卵石土层，施工困难；旋喷桩和桩网结构，施工困难，不能保证工程质量，解决不了岩溶问题，且工程造价较高，不经济。寻求一种加固深度较大、施工便捷、造价合理且能有效控制工后沉降及岩溶坍陷的新型地基处理措施，成为设计的难题。为此，设计单位立项开展了"武广客运专线软土、松软土特性及工程措施研究""厚覆盖型岩溶塌陷、沉陷预测与防治技术研究"课题研究，进行了有限元分析计算、三维数值动力仿真分析及室内缩尺模型试验。通过对桩板梁结构与高压旋喷桩、桩网结构及桥跨方案的技术经济比较，综合考虑施工工艺及运营阶段的可靠度等因素，最终确定采用钢筋混凝土桩板结构形式，桩板结构是一种处理厚覆盖层软土地基或岩溶地基的有效措施，与其他地基处理手段相比，具有施工便捷、沉降变形控制优良、结构安全可靠等优点，在经济方面也具有一定优势，近年来，在我国铁路建设，特别在高速铁路建设中广泛运用。

3　桩板结构设计

本文以武广客专 DIK2028+100～+300 地基桩板结构为例，对桩板结构的荷载力系进行分析，对承台板及桩体的受力及变形计算进行简述，供桩板结构设计参考。

3.1　桩板结构路基形式

桩板结构路基由桩、承台板、托梁、混凝土底座、道床板、轨道和扣件等组成，似桥跨结构，一般沿线路纵向设置几跨为一联，跨度可根据需要设置，一般设为 5 m、7.5 m、10 m，桩设置成左右两排，左右桩之间顶部设置横向托梁连接，托梁上部纵向设置承台板，承台板上部设置轨道结构，桩板结构的横纵断面如图 1。

道床板及混凝土底座尺寸由轨道结构形式（双块式、板式或其他）确定；承台板尺寸主要由跨度及左右线间距确定；托梁尺寸主要由左右线间距确定。桩为钢筋混凝土钻孔灌注桩，桩径采用 1 m、1.25 m 或 1.5 m，桩长根据地层情况确定。

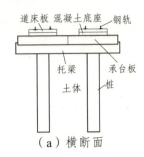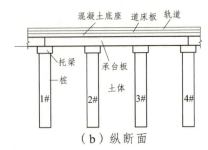

（a）横断面　　　　　　　　（b）纵断面

图 1　桩板结构示意图

3.2　桩板结构受力计算

结构计算考虑了列车及轨道荷载、温度应力、混凝土收缩、桩基不均匀沉降等因素，分别按承台板、托梁、桩体结构进行受力检算。

3.2.1　承台板结构计算

（1）承台板荷载分析。

采用 ZK-活载进行分析，活载形式见图 2。

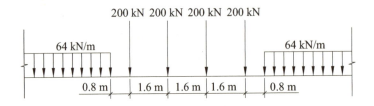

图 2　ZK 标准活载图示

考虑横向最大受力位置取 1 m 宽度进行计算，承台板纵向等效受力图如图 3 所示，其中 q_2 和 q_2' 为列车活载，q_1 为作用在承台板上的恒载。

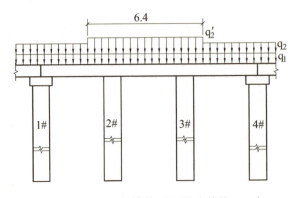

图 3　承台板纵向等效受力图（单位：m）

（2）恒载（主力）。

取混凝土底座下方 2.8 m 宽度范围内承台板，进行荷载分析，求得承台板实际宽度范围内沿桩板结构纵向均布荷载为：

q_1=板宽×（钢轨+扣件+道床板+底座+承台板）

（3）列车活载（主力）。

列车活载：剪力=动力系数×200/2.8；

弯矩=动力系数×64/2.8。

（4）列车制动力（附加力）。

列车制动力：取列车静活载的 7%。

（5）温度荷载（附加力）。

（6）各种组合工况下承台板的内力包络图。

在支座沉降、温度荷载、恒载、列车移动荷载、列车制动力工况组合作用下，承台板的内力包络图如图4。

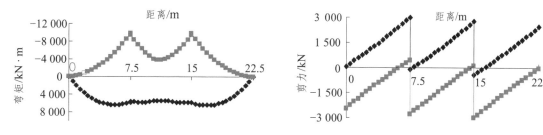

图4　组合工况下承台板的弯矩及剪力包络图

图4所示，组合工况下，承台板的最大正弯矩为发生在边跨处，距中间支座约1.86 m位置；最大负弯矩发生在中间支座处；最大正剪力、最大负剪力均发生在中间支座处。

3.2.2　托梁结构计算

（1）托梁的荷载分析。

托梁上的荷载主要包括自重，以及承台板及承台板上乘结构传递下来的恒载与活载。为了简化计算，又偏于安全把托梁上的荷载等价为作用在托梁上的均布荷载q，见图5。

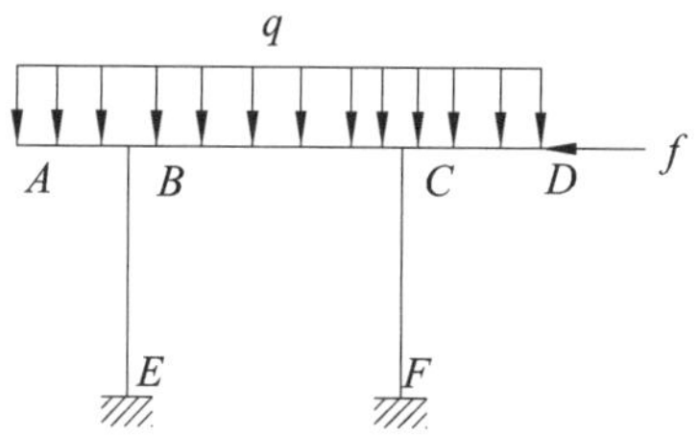

q的计算公式：$q=2 \times F/L$

式中　F——单桩竖向受力；

　　　L——托梁长。

（2）组合工况下托梁的内力包络图。

在支座沉降、荷载q与f组合作用下，托梁的内力包络图如图6。

图5　托梁计算简图

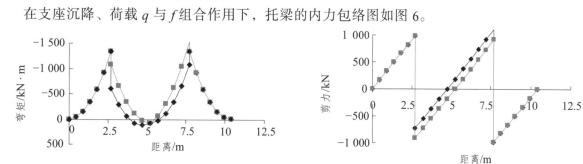

图6　组合工况下托梁的弯矩及剪力包络图

由图知，组合工况下，托梁的最大正弯矩发生在中跨处，距跨中0.5 m位置，靠近支座发生沉降的一侧；最大负弯矩发生在支座处；最大正剪力、负剪力均发生在支座处。

3.2.3　桩体的计算

（1）桩体的荷载分析。

① 单桩桩顶横向受力分析。

单桩桩顶横向等效受力包括横向力（F）：离心力、横向摇摆力以及收缩徐变影响产生的内力等；M为桩承受的横向弯矩。

a. 离心力：

桩板结构在曲线上时，考虑列车竖向静活载产生的离心力，计算公式：

$$F_1 = [200 \times 4 + 64 \times (22.5 - 1.6 \times 4)] \cdot \frac{V_2 f}{127R} \div 3 \div 6$$

式中：R为曲线半径，f为离心力折减系数。

b. 横向摇摆力：

根据规范，横向摇摆力应取 100 kN，作为一个集中荷载取最不利位置，以水平方向垂直线路中线作用于钢轨顶面。摇摆力摆放位置见图 7。

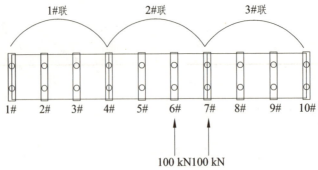

图 7　横向摇摆力加载 7#排桩单桩横向力分布

c. 横向弯矩：

横向弯矩，在托梁计算中求得。综合以上分析，单桩桩顶横向受力如图 8 所示。

② 单桩桩顶纵向受力分析

单桩的纵向等效受力图如图 8 所示，其中纵向力（F）包括长钢轨纵向水平温度力、挠曲力、牵引力或制动力以及收缩徐变影响等；M 为桩纵向承受的弯矩。单桩桩顶纵向受力如图 9 所示。

（2）单桩计算与设计。

路基本体和地基对桩体的侧向约束作用采用地基系数法中的"m 法"进行计算。桩底按铰支考虑，桩顶按自由端考虑，计算简图见图 10，图中原点为桩顶。

图 8　桩顶横向等效受力图

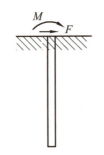

图 9　桩顶纵向等效受力图

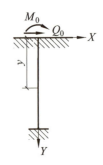

图 10　桩体计算简图

4　桩板结构设计图

根据现场地质情况及桥涵结构物情况，进行孔跨布置，本工点共 7 联，其中一联为（1-7.5+1-10+1-7.5）m，其余 6 联为 3 m×7.5 m，孔跨确定后，根据桩位的地质情况确定每根桩长度，桩长 38～76 m，横断面详见图 11。

桩板结构类似于桥跨结构，变形较小、刚度较大，为保证桩板结构与前后路基的变形协调与刚度匹配，在桩板结构连接处的路基上设置纵向过渡段，过渡段类型为桥路过渡段。

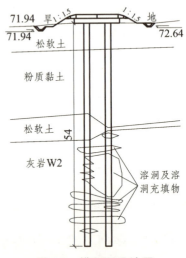

图 11　横断面设计图

5　桩板结构施工

桩板结构施工与桥梁类似，先确定桩孔位置，钻机就位后钻孔施工桩体，钻孔完成后需要清除桩孔底部虚渣，待桩孔清理完毕后方可下钢筋笼并灌注桩身混凝土，桩体混凝土达到设计强度后，施工横向托梁及板下混凝土垫层，然后再施工钢筋混凝土承台板，施工照片见图 12、图 13。施工中桩基钻孔成形后必须逐桩进行地质核对，根据实际地质情况核对桩长。

图 12　承台板施工　　　　　　　　　　　图 13　托梁施工

6　结　语

试运营阶段对桩板结构的测试结果揭示，承台板及托梁内力分布规律与理论值相符，且较理论值平均小 31.32%，铺轨前后承台板平均沉降差为 1.31 mm，验证了理论计算的合理性和设计的安全性。运营四年多来，桩板结构情况良好，基本为零维修，满足了高速铁路严格的工后沉降要求。桩板结构作为一种新型地基处理措施，特别适合岩溶软土地基处理，经济效益及社会效益显著，成果工程意义重大，具有广泛的推广应用前景。

湘桂铁路富水路堑桩基托梁式 U 形槽结构应用

刘菀茹　李玎　邱永平　冯俊德

（中铁二院　土建一院）

摘　要　以湘桂铁路一处 U 形槽结构在富水湿软土路堑地段的应用为背景，介绍了桩基托梁式 U 形槽结构构造和主要计算方法，基坑临时防护和该工程防排水的设计要点。

关键词　富水地区　U 形槽　结构设计

近年来，随着我国高速铁路、高速公路以及城市地铁的快速发展，U 形槽结构作为一种新型路基支挡结构，已逐渐推广和应用。槽形挡土墙主要由钢筋混凝土底板和钢筋混凝土边墙组成，具有刚度大、变形小、稳定性好、收坡、支挡、防水效果优良的特点，适用于地下水丰富、地下水位较高，降水、排水或放坡条件受到限制的挖方地段路基和地表水丰富、排水困难的低矮填方路段路基。

本文结合湘桂铁路一处富水湿软土地段路堑工点，介绍桩基托梁式 U 形槽结构的设计。

1　工程概况

湘桂铁路 DK260+645 ~ DK260+771 段位于广西全州县境内，处于丘陵间的沟槽地段。铁路以路堑通过，挖方深度 5 ~ 6 m。地表上覆第四系全新统冲洪积淤泥质黏土<2>，呈灰褐色，软塑状 ~ 流塑状，厚 8 ~ 9 m，夹大量腐烂的植物根茎，含水量大；下伏基岩有白垩系（K）地层泥岩夹泥质砂岩<7>、灰岩、白云岩夹页岩<6>。泥岩夹泥质砂岩以泥岩为主，暗紫色、紫红色，泥质结构，块状构造，岩质软，节理不发育，岩体完整，部分丘坡风化不均，存在差异风化，具弱膨胀性。灰岩、白云岩夹页岩呈灰白、深灰色，中 ~ 薄层状分布。

段内地表水系发育，为沟水和水田水，主要受大气降水补给。地下水主要为第四系孔隙潜水含水层、基岩裂隙水。在距线路中线右侧 27 m 处有一水井，井深 3 m 左右，为基岩裂隙水以上升泉形式自流，由右侧山体地下基岩裂隙水补给，水量四季稳定，为当地居民的主要饮用水。在确保铁路运营安全的同时，为将对水井的水量和水质影响降到最小，针对该工点地下水丰富、地下水位高、基底承载力差等特点，设计采用桩基托梁式 U 形槽结构通过，代表性断面见图 1。

2　U 形槽结构的设计

检算断面如图 2 所示，U 形槽结构形式采用两侧等厚直立式，按 250 km/h 客货共线有砟轨道设计。U 形槽底板宽 22.4 m，高 1.3 m，边墙高 7 m，厚 1.3 m，每 21 m 一节，节与节之间设伸缩缝，伸缩缝处两端底板、边墙以穿销相互连接。结构采用 C35 混凝土浇筑。

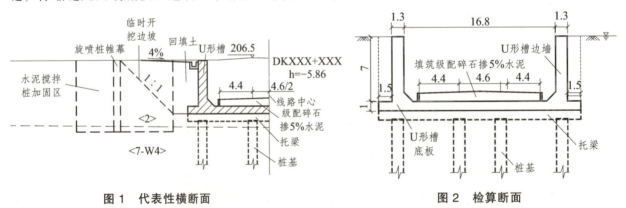

图 1　代表性横断面　　　　　　　　图 2　检算断面

2.1　边墙的计算

2.1.1　边墙墙背土压力、水压力

边墙简化为固定在底板的悬臂梁，土压力按朗金土压力考虑。

主动土压力合力：

$$p_a = 1/2 \times \gamma H^2 K_a$$

作用点距边墙的距离：

$$y_a = H/3$$

水压力：

$$p_b = 1/2 \times \gamma_w (H-h)^2$$

作用点距边墙的距离：

$$y_b = (H-h)/3$$

式中　p_a——主动土压力，kN；

　　　p_b——水压力，kN；

　　　γ——填土的重度，kN/m³；

　　　γ_w——水的重度，kN/m³；

　　　y_a——主动土压力合力距边墙底的距离，m；

　　　y_b——水压力距边墙底的距离，m；

　　　H——边墙高，m；

　　　h——地下水距墙顶距离，m；

$$K_a = \tan^2(45° - \phi/2)$$

式中　K_a——主动土压力系数，

　　　ϕ——填土的内摩擦角，(°)。

2.1.2 边墙内力

边墙底截面设计弯矩：

$$M = ap_a y_a + bp_b y_b$$

边墙底截面设计剪力：

$$Q = ap_a + bp_b$$

式中　a、b——土压力和水压力荷载分项系数，分别取 1.65 和 1.35。

2.1.3 边墙结构计算

按照《混凝土结构设计规范》和边墙受力计算结果，进行边墙正截面强度，受力钢筋的计算，斜截面抗剪强度检算和裂缝宽度验算。

2.2 底板的计算

2.2.1 活荷载

底板计算需要考虑的活载为列车荷载 q_L，按换算土柱考虑。

2.2.2 均布荷载

底板计算均载包括 U 形槽内基床表层填方重力、轨道结构及附属结构重力 q_G、底板自重 q、边墙自重 q_b 和边墙配重重力 q_p，其计算主要根据拟定的断面尺寸及材料容重计算。

2.2.3 端部弯矩和剪力

将边墙底部与底板相连接处视为刚性连接。

因此，将土、水压力作用在边墙上产生的弯矩 M 和剪力 Q 加在边墙与底板连接处。底板计算简图如图 3 所示。

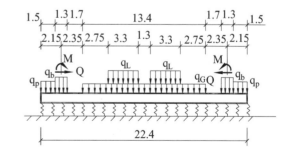

图 3　U 形槽底板受力图

2.2.4 地下水浮力

$$F_{fk} = \eta \gamma_w A$$

其中　F_{fk}——地下水浮力，kN；

　　　γ_w——水的重度，kN/m³；

　　　A——结构在地下水位以下的面积，m²；

　　　H——浮力折减系数，结合当地工程经验决定。无经验时，对于一般黏性土地基取 0.9，对于砂性土粉土、砂类土、碎石类及节理裂隙发育的岩石地基取 1.0，节理裂隙不发育的岩石地基取 0.5。

2.2.5　地基反力及底板内力计算

底板按弹性地基梁考虑，按照文克尔假定法计算。结果显示，当高水位、无列车荷载时，底板跨中顶面出现最大拉应力；当低水位、有列车荷载时，底板跨中底面出现最大拉应力。U 形槽的弯矩包络图如图 4 所示。根据计算出的内力进行截面尺寸的确定和配筋。

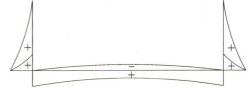

图 4　U 形槽弯矩包络示意图

2.3　抗浮稳定性计算

本工点地下水位高，按照下式进行抗浮稳定性验算。

$$K_f = \gamma G / F_{fk}$$

式中　K_f——抗浮稳定安全系数，不宜小于 1.05；

　　　G——U 形槽结构及附属设施自重，kN；

　　　γ——荷载分项系数，一般取 0.9；

　　　F_{fk}——结构主体所受浮力，kN。

经计算，本工点抗浮稳定系数 $K_f < 1.05$，结合 U 形槽基底为淤泥质粉质黏土，承载力不满足要求，设计采用桩基托梁结构作为 U 形槽的抗浮和支撑结构。

2.4　桩基托梁计算

桩基托梁结构横向采用 4 根直径 1.25 m 的钢混圆形桩基支撑，桩基顶部与钢混托梁和 U 形槽底板连接，托梁沿线路方向间隔 7m 布置一根，托梁上置 U 形槽，如图 2 所示。

2.4.1　桩长计算

上拔力作用下：

$$L_b = \frac{F_b}{n K_b \left(\pi d \sum_1^n q_{si} l_i + \gamma \pi d^2 / 4 \right)}$$

式中　L_b——抗拔计算桩长；

　　　F_b——上拔力，最不利荷载组合为自重+填土最低时+无列车荷载+高水位浮力，kN。

　　　n——计算单元内桩基根数。

　　　d——桩基直径，m；

　　　q_{si}——桩周第 i 层土的侧阻力特征值；

　　　l_i——桩长范围内第 i 层土的厚度，m；

　　　γ——桩基重度，kN/m³；

　　　K_b——抗拔计算安全系数，一般取 1.2。

压力作用下：

$$L_y = \frac{F_y}{n \left(0.5 \pi d \sum_1^n q_{si} l_i + m_0 \pi d^2 [\sigma] / 4 \right)}$$

式中　L_y——抗拔计算桩长；

　　　F_y——压力合力，最不利荷载组合为结构自重+填土最高时+双线列车荷载+无浮力，kN；

n——计算单元内桩基根数。

d——桩基直径，m；

q_{si}——桩周第 i 层土的侧阻力特征值；

l_i——桩长范围内第 i 层土的厚度，m；

m_0——基底支撑力折减系数；

$[\sigma]$——基底地基土的容许承载力，kPa。

通过抗拔和抗压计算，取大者作为设计桩长。

2.4.2 托梁（可按照弹性地基梁计算，参见"2.2 底板的计算"）

2.5 基坑临时防护

本工点基坑开挖边坡处于淤泥质黏土中，且地下水位高，设计在临时开挖边坡坡顶位置设置旋喷桩帷幕隔水，并在旋喷桩帷幕两侧采用水泥搅拌桩加固，然后再以 1:1 坡率开挖，U 形槽施工完毕后，墙背采用黏性土回填，如图 1 所示。

2.6 防、排水设计

U 形槽大部分长期处以地下水位以下，防、排水设计是否有效直接影响结构本身的坚固性和耐久性。防排水设计应遵循"防、排、截、堵相结合"的原则。

2.6.1 防水设计

（1）主体结构防水。

主体结构防水通过采用防水混凝土和迎水面全断面铺设防水卷材防水层解决。本工点 U 形槽长期处于地下水位以下，设计采用防水混凝土进行浇筑，防水混凝土的抗渗等级为 P8。在边墙外侧和底板处设置防水层，材料为合成高分子预铺式冷自粘防水卷材。底板底面防水层下设置 100 mm 厚混凝土垫层作为找平层，其上设置 50 mm 厚细石混凝土作为卷材保护层。边墙防水层铺设后外侧设 6.0 mm 厚 PE 泡沫塑料板进行软保护。主体结构防水构造图见图 5。

（2）细部结构防水。

U 形槽防水混凝土应连续浇筑，宜少留施工缝，水平伸缩缝不应留在底板与边墙的交接处，应留在高出地板表面不小于 300 mm 的墙体上。垂直施工缝宜与变形缝或诱导缝设置在同一断面。施工缝处设镀锌板止水带和遇水膨

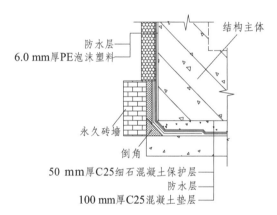

图 5　主体结构防水构造图

胀止水胶进行防水，伸缩缝处设背贴式橡胶止水带和钢边橡胶止水带进行防水。在施工缝、伸缩缝及倒角处防水层和 U 形槽结构之间设置防水加强层，防水加强层材料为高分子预铺式冷自粘防水卷材。

2.6.2 排水设计

U 形槽外地面水通过边墙顶外侧天沟拦截；U 形槽内通过侧沟壁与边墙形成的排水沟排水。

3　结　语

通过本工程的设计和施工实践，得到了以下体会：

（1）U 形槽结构稳定性好、收坡、支挡、防水效果优良，适用于富水湿软土路堑地段。

（2）当 U 形槽基底为软弱地基时，可以桩基托梁结构作为 U 形槽支撑结构，以满足结构的抗浮稳定性、基底承载力和工后沉降要求。

（3）应当重视 U 形槽结构的防排水设计，做到防、排、堵、截相结合。

福厦铁路厦门北站悬臂式挡土墙加筋体填土支挡结构设计

李　尧　周　成　丁兆锋

（中铁二院　土建二院）

摘　要　福厦铁路厦门北站 DK242+693～DK243+127 段线上式站台与线侧下式站房之间采用悬臂式加筋体填土支挡结构，设计墙高 10 m。墙背采用包裹式加筋体填土。新型悬臂式挡土墙加筋体填土支挡结构综合了悬臂式挡土墙和加筋体填土两者的优点，有效地解决了空间狭小、高差大、压实标准要求高、变形要求严格、需设置直立挡墙地段收坡困难的难题。

关键词　悬臂式挡土墙　加筋体填土

1　概　述

福厦铁路厦门北站 DK242+693～DK243+127 段线上式站台与线侧下式站房之间需设置直立式支挡结构，支挡结构高度为 10 m。由于受房屋结构柱及雨棚柱位置的影响，设置支挡结构的空间十分有限，该工点无法采用大截面的桩板墙或重力式挡土墙进行支挡，只能采用轻型支挡结构——悬臂式挡土墙结构。《支挡结构设计规范》对悬臂式挡土墙规定墙高不宜大于 6 m，当大于 6 m 时，宜采用扶臂式挡土墙。扶臂式挡土墙由于扶臂间距较小，墙后填土不能采用大型机械碾压，只能采用小型机械碾压，填料压实度难以满足设计要求。为此设计提出一种新型支挡结构——悬臂式挡土墙加筋体填土支挡结构，见图 1。该新型结构通过加筋填土提高土体的强度和自稳性，减小土体对悬臂式挡土墙的土压力，并提供足够的安全储备，通过悬臂式挡土墙增加了结构的整体刚度，这样可以有利于提高悬臂式挡土墙的适用性——突破规范对悬臂式挡墙高度不宜大于 6 m 的限制。这种新型支挡结构可用于填方高度较大、变形要求严格的路肩工程，以满足当前高速铁路工程发展的需要。

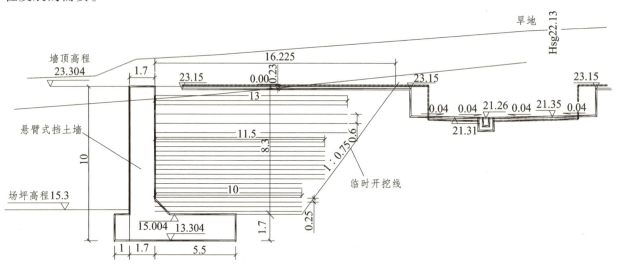

图 1　悬臂式挡土墙加筋体填土支挡结构

2　设计及计算

2.1　设计参数

墙背采用花岗岩全风化层 W4 作为填料填筑，填料满足 C 组填料标准，按照《铁路路基支挡结构设计规范》表 3.2.11，填土物理力学指标采用 $\varphi=35°$，$\gamma=20$ kN/m³。墙底为碎石垫层，摩擦系数 $f=0.35$，地基采用 CFG 桩复合地基处理后，承载力 $\sigma=300$ kPa。

加筋体填土采用的土工格栅设计参数如下：土工格栅拉筋抗拉强度不小于 140 kN/m，长期蠕变极限强度不小于 60 kN/m，2%应变割线模量≥280 kN/mm，炭黑含量≥2%。筋带模量≥1 GPa。

2.2　土压力计算

采用 abaqus 数值仿真分析软件对加筋体填土土压力进行分析，分析工况分别为：无筋带，筋带间距 0.3 m、0.6 m 和 0.9 m。分析结果见图 2，根据分析有如下结论：

（1）墙背填土加筋后不改变土压力分布规律。

（2）筋带间距宜为 0.6 m。

（3）筋带间距为 0.6 m 时，墙后填土加筋后土压力合力比不加筋时减小约 10%。

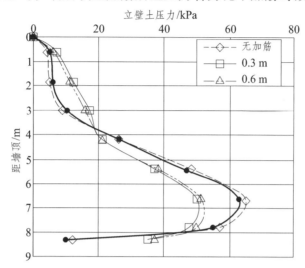

图 2　不同筋带间距数值分析结果图

根据数值分析结果，加筋后不改变土压力分布规律，因此加筋体填土可按库仑理论或朗金理论进行土压力计算，考虑加筋的作用，计算的土压力可乘以 0.9 的折减系数。根据库仑理论计算该工点水平土压力 E_x=653.54×0.9=588.2 kN。

2.3　挡墙尺寸及稳定性检算

根据计算拟定挡墙尺寸如下：墙高 10 m，立臂厚 1.7 m，底板厚 1.7 m，趾板长 1.0 m，踵板长 5.5 m。

抗倾覆稳定检算、抗滑稳定性检算、地基承载力检算。悬臂式挡土墙稳定性检算结果见表 1。

表 1　稳定性计算结果

检算项目	检算结果	容许值	备注
抗倾覆稳定系数	K_0=4.1	1.5	满足设计要求
抗滑稳定性系数	K_c=1.56	1.3	满足设计要求
地基承载力	σ=288.53 kPa	300 kPa	

2.4　结构设计

本设计悬臂式挡墙墙高采用 10 m，按照《铁路路基支挡结构设计规范》《铁路工程设计技术手册路基》进行墙身内力计算，根据墙身内力计算结果进行墙身钢筋混凝土配筋设计。主筋采用 HRB400 钢筋，直径 25 mm，间距 83 mm。

2.5　加筋体填土设计

填料应分层填筑压实，填料压实标准应满足相应部位的压实标准。压实方式可采用振动式压路机或重型碾压机械充分碾压，较重的碾压机械距悬臂式挡土墙的距离不应小于 1.5 m，挡墙后 1.0～1.5 m 范围内宜采用小型机械压实或人工夯实达到设计要求的密实度，碾压顺序为：拉筋中部→尾部→前部。填料中最大粒径不大于 7.5 cm，且不大于单层填料压实厚度的 1/3。

挡墙后加筋体施工同加筋土挡墙，包裹式加筋体填土的拉筋采用双向土工格栅，拉筋长度为 10.0～15.5 m，拉筋间距 0.6 m。土工格栅拉筋抗拉强度不小于 140 kN/m。靠近挡墙侧包裹 0.5 m 宽填土后回折长度不小于 2.0 m，顶部两层不小于 3.0 m。

3 现场测试

3.1 测试内容

测试墙后填土施工过程中及工后的挡墙与填土力学响应，主要包括墙背土压力、墙后填土中筋带的应变。

3.2 测试结果

悬臂式挡土墙立壁土压力分布实测数据见图3，土压力最大分布强度为79 kPa，土压力合力为174 kN。实测结果小于设计计算结果，说明悬臂式挡土墙加筋体填土支挡结构具有足够的安全储备。

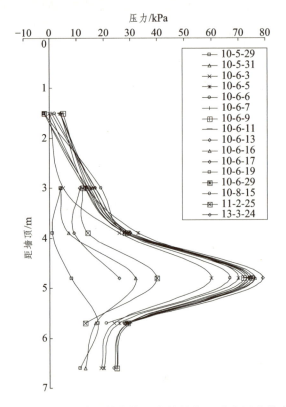

图3　悬臂式挡土墙加筋体填土支挡结构立壁土压力分布图

筋带应变见图4，由图可知应变上方墙后土体中靠立壁近的筋带受压，较远的筋带受拉。受拉与受压的分界在墙后4.5～7.5 m。筋带的平均应变为1 320 με。可见筋带应变较小，筋带发挥作用效果不明显，这主要是因为挡墙刚度较大，变形较小引起的。说明筋带提供了足够的安全储备。

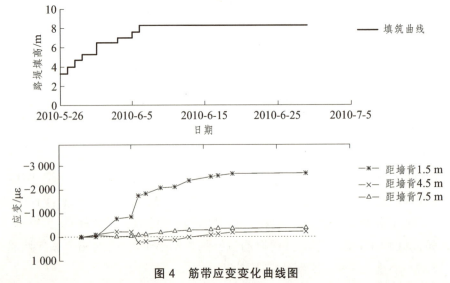

图4　筋带应变变化曲线图

4 设置缓冲夹层的优化措施

根据数值分析以及实测结果表明，墙后填土中的筋带作用发挥效果不明显，这主要原因是悬臂挡墙刚度较大，挡墙变形较小。为充分发挥墙后填土中筋带的作用，可在加筋土体与立壁间设置缓冲夹层，见图5。

缓冲夹层采用轻质材料，模量可取填土模量的 0.1 倍或以下。采用 abaqus 仿真分析软件分别对不同厚度 10 cm、20 cm、30 cm、40 cm 和 50 cm 的缓冲夹层下的悬臂式挡土墙加筋体填土支挡结构进行分析，分析结果见图6。

根据分析结果有如下结论：

（1）当缓冲夹层的厚度由 0 m 增加至 0.5 m 时，最大土压力值由 51 kPa 衰减至 29 kPa，衰减约 43%，总土压力值由 214 kN 衰减至 149 kN，衰减约 30%。可见，设置缓冲夹层有助于充分发挥筋带的作用，进而减小立壁土压力，且随厚度的增加立壁土压力减小的幅度越大。

（2）考虑到材料费用，宜选择薄而模量小的结构形式，因此建议缓冲层厚度为 0.2 m，模量为填土模量的 0.05 ~ 0.1 倍（0.77 ~ 1.54 MPa）。

（3）设置 0.2 m 厚的缓冲夹层时，土压力可乘以 0.7 ~ 0.8 的折减系数，筋带的间距小且缓冲层模量低时时，折减系数取小值，筋带间距大且缓冲层模量高时，折减系数取大值。

设置缓冲夹层后，土压力折减 0.7 倍，挡墙边墙及底板厚度可由 1.7 m，减小到 1.4 m。

5 工程体会

（1）福厦铁路厦门北站悬臂式挡土墙加筋体填土支挡结构，设计墙高 10 m，挡墙后采用加筋体填土，通过筋带改善填土物理学指标，突破了规范对悬臂式挡土墙墙高不宜大于 6 m 的限制。对今后站台与站房之间直立收坡类似工程均有较大的借鉴和指导意义。

（2）挡土墙墙后采用加筋体填土，不改变土压力分布规律，仍可按库伦理论进行土压力计算，筋带间距宜为 0.6 m，应考虑筋带对土压力的减弱作用，土压力可乘以 0.9 的折减系数。

（3）为充分发挥墙后填土中筋带的作用，可在加筋土体与立壁间设置缓冲夹层。缓冲夹层采用轻质材料，模量可取填土模量的 0.1 倍或以下。缓冲夹层厚度宜为 0.2 m。设置缓冲夹层的土压力可乘以 0.7 ~ 0.8 的折减系数。

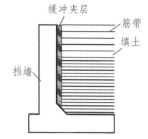

图 5　设置缓冲夹层的悬臂式挡土墙加筋体填土支挡结构

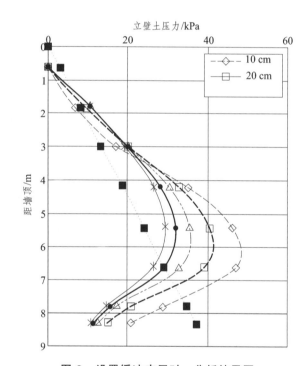

图 6　设置缓冲夹层时，分析结果图

郑西高速铁路深厚湿陷性黄土路基桩板结构设计

孙　莺　李安洪　姚裕春

（中铁二院　土建二院）

摘　要　深厚湿陷性黄土地区修建工后沉降不超过 15 mm 的无砟轨道高速铁路在国内外尚属首次，没有成熟的经验可以借鉴。常规的加固方法难以满足路基对深厚湿陷性黄土地基承载力和工后沉降的要求，即便可使用柱锤冲扩桩，或 CFG 桩+挤密桩长短桩复合地基，但其造价高、工效低、施工质量控制困难，因此，通过研究，针对性的采用分幅托梁式路基桩板结构设计，解决了上述技术难题，并通过郑西高铁的实际应用，完善了相关设计理论。

关键词　郑西高铁　湿陷性黄土地基　桩板结构

1　工程概况

郑西高铁是我国在大面积湿陷性黄土地区修建的第一条速度为 350 km/h 的无砟轨道高速铁路客运专线，路基要求建成后工后沉降不超过 15 mm，差异沉降不超过 5 mm。渑池至灵宝段 DK297+437.56～DK298+248.52 路基为低填浅挖，地基湿陷性黄土层厚度较大，约为 22 m～32 m，该段自重湿陷性黄土的压缩模量 E_s 为 4.6～9.3 MPa，黄土自重湿陷系数 δ_{zs}（200 kPa）为 0～0.107；由于黄土具有多孔性、孔隙比较大，一般在 1.0 左右，压缩模量较小，且具有湿陷性等特性，使得黄土地基上的路基建成后不仅沉降量大，而且延续时间较长。常规的加固方法难以满足路基对深厚湿陷性黄土地基承载力和工后沉降控制要求，即便可使用柱锤冲扩桩，或 CFG 桩+挤密桩长短桩复合地基，但其造价高、工效低、施工质量控制困难，也无相关工程经验，因此，在通过技术、经济及工程可靠性等综合比选后，采用了分幅托梁式路基桩板结构这种经济合理、施工快捷、环保且能满足无砟轨道路基沉降控制要求的地基处理新技术。

2　路基桩板结构设计方案

2.1　路基桩板结构型式

路基桩板结构埋入路基和地基，有别于桥梁跨越空间障碍的形式。结构形式的确定对列车运行的长期安全稳定性作用至关重要，需要专门的研究才能确定合理的结构形式。针对本工点深厚湿陷性黄土的地基条件，在全面考虑了桩板结构的力学特性、不同轨道结构高度及联结方式等后，选择了由桩、托梁、承台板等组成的分幅托梁式桩板结构设计方案（图 1、图 2）。

（1）桩板结构中承台板直接承受上部结构静荷载和列车长期重复动荷载作用，承台板处于多向弯曲、翘曲和扭曲的变形和应力状态，对于双线路基桩板结构，结构受力更加复杂，因此将承台板按左右线分幅，减少翘曲变形对承台板和上部轨道板的影响。

（2）承台板与桩基间设置托梁降低桩基与承台板连接处的应力集中，增强了桩板结构的整体刚度和抵抗不均匀沉降的能力。

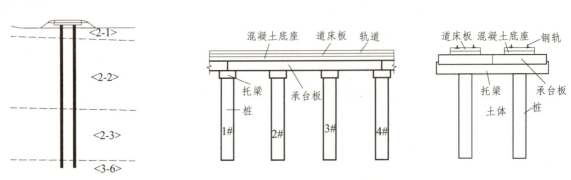

图 1　桩板结构路基　　　　　　　　图 2　桩板结构示意图

（3）桩板结构承台板考虑温度应力、混凝土收缩徐变等因素，采用三跨为一联，相邻联的板间横向预留 2 cm 宽伸缩缝，相邻联处共用托梁和桩基，避免了悬挑段受力不利的影响。

2.2　路基桩板结构与轨道板连接形式

轨道结构形式分为有支承层与无支承层两种：无支承层时，轨道板采用销钉与桩板结构承台板连接；有支承层时，轨道凹板采取门形钢筋与桩板结构承台板连接。

2.3　桩板结构计算理论研究

按等刚度的原则，把空间的桩板结构分别按纵向、横向转化为平面结构，同时结构自重恒载与列车活载简化为均布荷载作用在平面杆件上：

纵向：对承台板及桩的受力、变形进行分析；

横向：对托梁及桩的受力变形进行分析。

引入"换算桩长"（L）和"综合转动刚度"（G）的概念来简化计算。

综合转动刚度计算公式：

$$G = \frac{1}{\varphi_0} = \frac{\alpha E_1 I (A_3 B_4 - B_3 A_4)(B_3 D_4 - D_3 B_4)}{(C_3 A_4 - A_3 C_4)(B_3 D_4 - D_3 B_4) + (C_4 B_3 - C_3 B_4)(D_3 A_4 - A_3 D_4)}$$

换算桩长计算公式：$h_{换} = 3 E_1 I / G$

2.4　桩板结构几何尺寸确定

通过对不同跨度、不同板厚、不同梁高的桩板结构进行设计计算；以承台板与托梁的最大正、负弯矩为技术指标，以混凝土、钢筋用量和总造价为经济指标，采用正交优选法进行对比分析，确定桩板结构的关键几何尺寸。

2.4.1　承台板

（1）采用 C40 钢筋混凝土承台板；

（2）承台板长度尺寸，桩板结构与其上轨道板的施工缝应重合，因此承台板的长度取为轨道板长度的整倍数。

（3）承台板的宽度根据路肩宽度和轨道结构宽度等确定，板宽采用 2×4.99 m（双线），中间预留 0.2 m 构造缝。承台板的高度，通过设计计算确定。

2.4.2　托　梁

为约束承台板横向位移，托梁两侧端头处设置凸型挡台，挡台宽 0.2 m，宽度根据设计计算确定。

2.4.3　桩基桩径及平面布置

在同等受力条件时，不同桩径在不同平面布置条件下受力大小不同，平面布置形式多，按常用钻孔桩直径 1.25 m、1.0 m 计算，同时结合郑西双块式无砟轨道结构形式，最优布置形式见图 3。

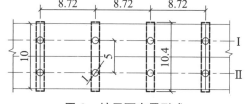

图 3　桩平面布置形式

2.4.4　桩　长

桩长由单桩承载力和沉降来控制，与地层情况和填土高度有关。因基底地层为深厚湿陷性黄土，故按照摩擦桩分析，桩顶竖向荷载由桩侧阻力来承受，湿陷性黄土湿陷及下卧砂质黄土的压密和后期蠕变都会造成地基沉降，因此需扣除负摩阻力对承载力的影响。

研究试验资料表明，黄土地区钻孔桩桩长不宜超过 60 m，否则应采取调整桩间距、桩径、提高地基承载力措施。

为提高桩基的竖向承载力，减小负摩阻力的影响，钻孔前对上部湿陷性黄土地层采取了冲击碾压进行处理。

3　本工点采取的主要工程措施

（1）DK297+437.56 ~ DK298+248.52，长 810.96 m，地基采用由钢筋混凝土桩基和上部钢筋混凝土托梁、钢筋混凝土承台板组成路基桩板结构设计。

（2）跨涵洞处承台板尺寸采用"8.08 m+10 m+8.08 m"，其余地段采用为"3×8.72 m"的板结构形式；板宽均为 2×4.99 m；跨涵洞处板厚为 1.0 m，其余板厚均为 0.8 m。

（3）桩基采用钢筋混凝土灌注桩，跨涵洞处紧邻涵洞的四根桩桩直径为 1.25 m，其余桩直径均为 1.0 m，按摩擦桩设计，桩长 49～52 m。钢筋混凝土桩采用钻孔法施工，严禁水钻，采用 C35 混凝土灌注。桩沿线路方向布置两排。

（4）每排桩顶均设置钢筋混凝土托梁一片，8.72 m 跨度的托梁尺寸为：长×宽×高 =10.4 m×1.3 m× 1.0 m，10 m 跨度的托梁尺寸为：长×宽×高=10.4 m×1.6 m×1.1 m。

（5）钢筋混凝土承台板板与板之间连接处设伸缩缝。

（6）为消除轨面标高下的地基负摩擦作用，桩基施工前对本段承台板标高下地基采用冲击碾压追加压密，然后加铺 0.4 m 厚灰土垫层，顶面设 0.1 m 厚 C25 混凝土找平层。

冲击碾压具体要求：① 冲击式压路机选用参数：静态压实能：20～25 kN·m，整机重量 12～15.5 t，行驶速度 12～15 km/h，冲击能量 120～180 kN·m。② 要求已填筑土体经压实：K_{30}≥90 MPa/m、压实系数 K≥0.92，基本承载力不小于 180 kPa。

（7）桩板结构郑州和西安两端均设置钢筋混凝土搭板。

（8）桩板结构与路基相接处设置过渡段。

（9）桩板结构地段承台板内钢筋不另做绝缘处理，其对轨道电路的影响由信号专业个别设计。

4　工程设计效果

分幅托梁式路基桩板结构是为解决深厚湿陷性黄土地基上的路基修筑研发的新技术，采用理论研究、仿真模拟、原型试验、现场测试等技术手段，并通过郑西高速铁路的实际应用。路基桩板结构的沉降变形监测、现场测试、现场激振试验以及行车试验等研究，承台板、托梁、桩基等结构的受力特性、变形控制、长期效应等监测数据结果表明，本段深厚湿陷性黄土地基经路基桩板结构加固处理后，地基湿陷和沉降变形得到有效控制，实现了深厚湿陷性黄土地基上铺设无砟轨道后列车的高速平稳运行。本工点建成后通车实景见图 4。

图 4　本工点建成通车实景

5　工程体会

（1）桩板结构承台板板长应考虑其上无砟轨道结构特性，承台板应与轨道板的施工缝尽量重合，其长度宜为轨道板长度的整倍数。

（2）桩板结构地段地基应采用冲击碾压或重型碾压等进行表层加固处理，设置 0.4 m 的灰土隔水层，以及 0.1 m 厚的混凝土垫层，作为施工场地及找平板。

（3）当桩板结构前后可能有挖方涵洞、隧道等结构时，应将桩板结构延长布置，避免结构频繁过渡，或因挖方涵洞排水不畅积水造成对路基稳定变形的危害。

（4）桩板上无砟轨道结构形式应综合选择。对于双块式无砟轨道，在与轨道专业协商后，桩板结构上可以采用与桥梁地段或是隧道地段的无砟轨道结构形式，以方便施工且使过渡更加平顺。

海南东环铁路美兰机场路基 U 形槽工程设计

吴沛沛　姚裕春　丁兆锋　李安洪

（中铁二院　土建二院）

摘　要　海南东环铁路美兰机场隧道进出口深路堑，地层多为砂层，且地下水位高，受周边建筑影响，无直接放坡开挖条件，设置钢筋混凝土 U 形槽通过，该工点为国内铁路首例长大 U 形槽工程，本文对 U 形槽设计的基坑围护、结构检算、抗浮设计、防排水等几个关键方面进行阐述，并提出工程体会，可为今后类似工程提供参考价值。

关键词　深路堑　基坑围护　U 形槽　防排水

1　工程概况

海南东环铁路美兰车站位于美兰机场航站楼东侧，为地下车站，为设计速度为 250 km/h 的无砟轨道客运专线，受线路纵坡控制，地下隧道进口端为 12‰ 下坡，地层主要为饱和砂土和砂性花岗岩全风化层，地下水位高，以微承压水为主，同时受机场条件限制，不能采用放坡基坑开挖，需设置封闭式 U 形槽通过。

2　受力分析与结构计算

2.1　荷载与工况组合

U 形槽结构所受荷载有：结构自重、列车及轨道结构荷载、地下水压力、边墙土压力、地面超载、温度、地震力（温度、地震力只作为验算荷载）。

U 形槽结构主要设计工况有：施工期与运营期、列车及轨道结构荷载有无、地下水位高低、边墙后填土多少、地面荷载有无的荷载情况组合成的各种工况。

作用在 U 形槽边墙上的土压力可按主动土压力计算，并乘以 1.1 ~ 1.2 的调整系数。需要严格限制 U 形槽边墙墙顶水平位移时，宜取静止土压力计算。

对砂类土、碎石类土和卵石土等透水性强的土层的土压力一般按水土分算原则计算，地下水位以下的土压力采用浮重度和有效应力抗剪强度指标计算；按水土分算原则计算边墙墙后土压力时，尚应计及墙后水压力，水压力按三角形分布，边墙底面处最大的水压力为：

$$e_{wk} = \gamma_w H_w \tag{1}$$

式中　e_{wk}——边墙底面处水压力，kN/m²；

　　　γ_w——水的重度，一般取 10 kN/m³；

　　　H_w——边墙水深，m。

一般情况下，U 形槽地下水浮力按下式计算：

$$F_{fk} = \eta \gamma_w A \tag{2}$$

式中　F_{fk}——线路方向每延米 U 形槽承受的地下水浮力，kN；

　　　γ_w——水的重度，kN/m³；

　　　A——为结构在地下水位以下的面积，即结构横断面排开地下水的面积，m²。

　　　η——浮力折减系数，可结合当地的工程经验确定，无经验时可参照表 1 取值。

表 1　浮力折减系数 η

地基情况	η 值
一般黏性土地基	0.9
粉土、砂类土、碎石类土及节理裂隙发育的岩石地基	1.0
节理裂隙不发育的岩石地基	0.5

当 U 形槽位于承压水地层时，应考虑承压水承压水头对结构的浮托力。作用在槽底板的浮托

力按下式计算：

$$P_{wy} = \gamma_w h_{wy} B \tag{3}$$

式中 P_{wy}——线路方向每延米 U 形槽承受承压水层的水头压力，kN；

γ_w——水的重度，kN/m^3；

h_{wy}——U 形槽所处承压水地层的水头差，m；

B——承压水作用宽度，m。

2.2 基坑围护及抗浮检算

（1）基坑围护采用理正深基坑设计软件计算，其计算理论详见《建筑基坑支护技术规程》（JGJ-120）。

（2）U 形槽抗浮稳定性按下式计算：

$$K_f = \frac{\gamma(\sum G_k + \sum G_{pk})}{F_{fk} + P_{wy}} \tag{4}$$

式中 K_f——抗浮稳定安全系数，施工阶段不应小于 1.05，运营阶段不应小于 1.10；

$\sum G_k$——结构自重，施工阶段为主体结构自重，使用阶段还包含结构内部轨道结构及附属设施自重，kN；

$\sum G_{pk}$——配重重力，地下水位以下配重按浮容重计算，kN；

γ——荷载分项系数，一般取为 0.9；

F_{fk}——结构主体所受浮力，kN；

P_{wy}——U 形槽处于承压水层时所承受的承压水层的水头压力，kN。

当计算的抗浮稳定系数不能满足抗浮稳定要求，且边界受限不能采用加长悬挑段的方法以增加配重时，可设置抗拔桩（锚）等抗浮措施来解决，此时 U 形槽抗浮稳定性按下式计算：

$$K_f = \frac{\gamma(\sum G_k + \sum G_{pk})}{F_{fk} + P_{wy} - \frac{1}{2}\sum F_{bk}} \tag{5}$$

式中 K_f——抗浮稳定安全系数，施工阶段不应小于 1.05，运营阶段不应小于 1.10；

$\sum F_{bk}$——抗拔桩（锚）抗拔极限承载力标准值，可按现行《建筑桩基技术规范》（JGJ 94—2008）进行估算，正式施工前应进行现场单桩（锚）竖向抗拔静载试验，kN。

2.3 U 形槽结构计算

（1）对各种荷载不同组合（并考虑了荷载有利和不利情况采用不同的分项系数的组合）的工况进行计算，用其弯矩包络图进行结构设计。结构配筋根据《混凝土结构设计规范》采用极限状态法进行设计。

（2）U 形槽边墙和围护桩连接时，采用整体建模计算，同时考虑钻孔桩对边墙顶端的拉力作用。

（3）U 形槽边墙和钻孔桩未连接时，边墙采用悬臂式挡墙计算，U 形槽底板采用弹性地基梁计算。

3 主要工程措施

本路基 U 形槽工点位于美兰地下站两端，设计范围为：DK15+190 ～ DK16+700、DK21+300 ～ +520，两段 U 形槽共长 1 730 m。该段地下水发育，为防止路基开挖后地下水大量流失及地下水通过含水层流入路基，路堑采用封闭式结构——钢筋混凝土 U 形槽，基坑采取钻孔灌注桩与旋喷桩结合进行止水和围护措施。

3.1 基坑临时围护及止水

（1）悬臂段位于砂层地段，采用钻孔灌注桩和旋喷桩结合进行基坑临时围护和止水，同时钻孔灌注桩兼作抗拔桩，增加 U 形槽的抗浮稳定性。钻孔灌注桩桩径 1.2 m，桩间距 1.3 m，桩长 20.5 m；旋喷桩桩径 1.0 m，要求旋喷桩至少打入不透水层 1.0 m。其代表性断面见图 1。

（2）悬臂段存在岩层 W2 及 W3 的地段，采用临时放坡开挖的方法，施工期间采用井点降水的措施。U 形槽的底部设抗拔桩 – 钢筋混凝土钻孔灌注桩，桩径 1.2 m，桩长 10 m，桩间距 2.5 m。其代表性断面见图 2。

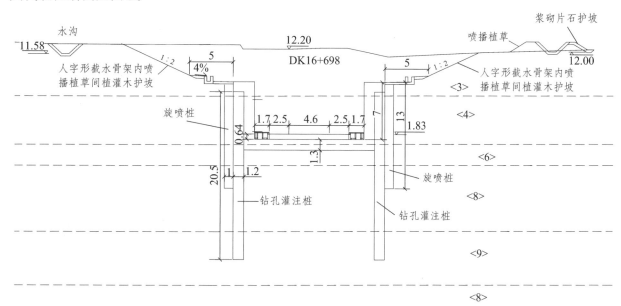

图 1   旋喷桩及钻孔灌注桩围护地段代表性断面

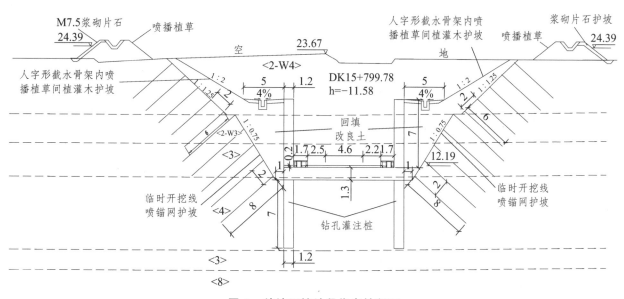

图 2   放坡开挖地段代表性断面

3.2 钢筋混凝土 U 形槽

（1）DK15+190 ～ DK15+928、DK15+989 ～ DK16+204、DK16+367 ～ DK16+700、DK21+300 ～ +520 段路堑均设钢筋混凝土 U 形槽结构（图 3）。

（2）U 形槽采用 C35 钢筋混凝土浇筑，混凝土掺入 8%的抗溶出型侵蚀及硫酸型酸性侵蚀添加剂，另外水泥中掺入 8%的抗裂外加剂。

（3）底板底部与地基土之间设置 0.3 m 厚的碎石垫层和 0.1 m 厚的 C15 素混凝土垫层，在伸缩缝处沿线路方向前后各 0.5 m 范围内，将 0.1 m 厚的 C15 素混凝土垫层加厚至 0.4 m。

（4）U 形槽节与节间设 0.02 m 宽伸缩缝一道，伸缩缝内填塞防渗材料，底梁防渗材料由中孔型钢边橡胶止水带和沥青麻筋、沥青木丝板等组成，在路基面部分在其上部需填塞沥青砂胶，边墙防渗材料由中孔型钢边橡胶止水带和沥青麻筋组成。固定钢边橡胶止水带的钢筋卡每 0.5 m 一个。

（5）DK16+700 处与隧道接头断面的防水处理详见隧道专业设计图。

（6）钢筋混凝土 U 形槽节与节之间以穿销相互连接，穿销由 ϕ28 钢筋及埋设在其中一节的 ϕ38（外径）的无缝钢管组成。

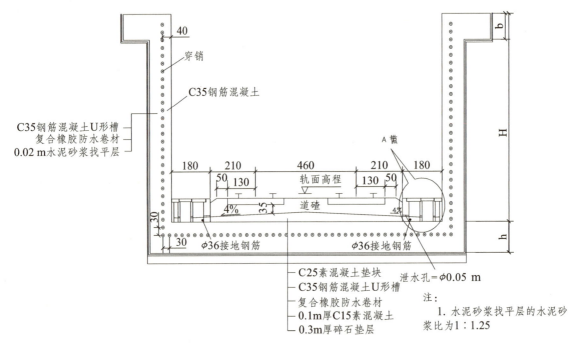

图 3　钢筋混凝土 U 形槽结构尺寸示意图

（7）DK15+190 处 U 形槽封闭路堑与普通路堑相接部分，两侧均设置 C20 混凝土重力式挡墙作为端墙封闭，墙高 2.7 m ～ 5.0 m，并在 U 形槽与普通路堑相接部分沿线路方向设 M7.5 浆砌片石急流槽将边坡平台排水沟内的水纵向引入普通路堑的侧沟。

（8）U 形槽两侧墙顶以上部分以 1：2.0 的坡率放坡，当边坡高度大于 3.0 m 时，采用人字形截水骨架内喷播植草间植灌木防护。

3.3　其　他

（1）U 形槽两侧设侧沟，侧沟水顺坡到 DK16+698 处，通过水管进入两侧集水井强排。

（2）DK15+270 ～ DK15+850 沿线路纵向每隔 20 m 在 U 形槽两侧堑顶外 2 ～ 5 m 位置各设一个管井降水，共设 58 口井，井深 21 ～ 24 m，需打穿砂层。管井采用 ϕ0.8 钻孔成孔。

（3）综合接地：在通信、信号电缆槽底部的 C25 素混凝土垫块浇筑前，全段预埋 ϕ36 的综合接地钢筋；DK15+928、DK15+989、DK16+204、DK16+367 及 DK16+700 处的两侧边墙墙顶处各预埋一根 ϕ16 的接地钢筋。

（4）接触网支柱位置在边墙顶，局部地段需加宽 U 形槽边墙顶宽。

4　施工顺序

本案例施工顺序如下：

（1）井点降水地段在基坑开挖前 20 d 开始降水，并且清理施工现场，拆迁场地内有影响的管线。

（2）非全墙放坡开挖地段以横断面设计坡率开挖至桩顶高程，施工钻孔灌注桩及旋喷桩，当钻孔灌注桩与 U 形槽连接时，将 U 形槽边墙伸出部分作为临时冠梁，在钻孔灌注桩及旋喷桩施工完毕后浇筑，并预埋好 U 形槽边墙钢筋及接地钢筋。全墙放坡开挖地段按各土层临时坡率开挖至底板以下垫层底面高程。

（3）分段开挖至 U 形槽底板以下垫层高程，边开挖边抽出坑内积水，开挖完毕后，整平场地。

（4）有围护桩地段在基坑内侧壁抹 2 cm 的水泥砂浆找平层，并涂刷防水沥青 2 遍，在坑底铺好 0.3 m 的碎石垫层及 0.1 m（伸缩缝处为 0.4 m）的 C15 素混凝土垫层；放坡开挖地段直接铺设垫层，然后全断面铺设复合橡胶防水卷材。

（5）绑扎钢筋，同时安装好中孔型橡胶止水带、穿销，预埋侧沟、电力电缆槽及通信、信号电缆槽的侧板钢筋。

（6）立模浇注 U 形槽，施工时先施工边墙伸出部分兼做钻孔灌注桩的冠梁，然后施工底板，最后施工边墙。U 形槽整体效果见图 4。

图 4　U 形槽整体效果

5　施工注意事项

（1）U 形槽基坑应分段开挖，按每 100 m 分段开挖分段施工，并开挖一节，施工一节，不得整段一次性开挖施工。

（2）在浇灌混凝土前，应彻底排除坑内积水，对已浇灌而未初凝的混凝土应采取临时的排水和防水措施。

（3）钻孔灌注桩与 U 形槽连接时，伸入 U 形槽内的钢筋按钻孔灌注桩配筋图施作，当 U 形槽钢筋与桩钢筋有干扰时，适当调整桩钢筋位置，有冠梁的地段应及时施工冠梁。

（4）施工过程中应严格按照施工参数和材料用量施工，并如实做好各项记录。

6　工程效果及体会

本次案例工程效果及体会如下：

（1）该工程为铁路范围内首例在富水砂层、高烈度地震区条件下的成功实施的长大 U 形槽，与地下站的一起，首次实现了国内高速铁路与机场"零换乘"理念，取得了节约土地、方便旅客换乘等多方面的社会、经济效益。

（2）海南地区暴雨强度大，U 形槽的设计应特别重视系统排水与结构防渗，结构防渗按照《地下结构工程防水技术规范》的要求进行，可根据实际情况采用加设雨棚或者强排的措施，本工程是在隧道进出口设置集水井，然后通过强排的措施引出，该措施投资较省，但是后期维护成本较大，在有条件的情况下尽量设置雨棚。

（3）U 形槽结构受力复杂，对 U 形槽结构进行分析时应合理考虑列车活载、地下水压力以及边墙土压力；在求解结构内力时，根据结构的特性，考虑各种荷载同时作用的多种可能性进行合理的组合。

（4）在地下水发育地段采取抗浮措施，以满足 U 形槽抗浮稳定性的要求，有条件时宜将抗浮措施与基坑开挖防护永临结合，既满足工程要求又节约了工程投资。

（5）U 形槽基坑设计施工宜采用信息化控制、指导施工，对重要部位围护结构的变形、地下水位、土压力、地表沉降及建筑物位移等进行实时监控，并及时优化调整施工方案，对即将出现的危险进行预警，并在施工前有相对应的抢险预案。

成渝客专采石坑埋式桩板结构设计

王开云　唐第甲　周　成

（中铁二院　土建二院）

摘　要　铁路工程建设中以路基形式穿越废弃采石坑，且坑底部松散堆积深厚层的人工弃土碎石、淤泥等混合松散堆积情况较为少见。本文通过分析比较，采用埋式桩板结构进行地基处理。从埋式桩板结构的荷载、模型简化、内力计算等方面，详细介绍了埋式桩板结构的计算方法，并展示了现场沉降监测曲线，为类似工程提供了经验借鉴。

关键词　客专铁路　采石坑　埋式桩板结构　堆积体

1　工程概况

成渝客专 DK154+214.11～DK154+372.87 段埋式桩板结构工点位于成渝客专内江车站出站端区间路基，地层岩性分述如下：

<1-5>碎石土（Q_4^q）：灰、黄褐色，松散～稍密，稍湿～潮湿，为采石场开采后松散堆积。<26-3>泥岩夹砂岩（J_2s）：泥岩为紫红色，泥质结构，泥质胶结，岩质较软，易风化剥落，具遇水软化崩解、失水收缩开裂等特性；砂岩多为长石石英砂岩，浅灰、紫红色，中～细粒结构，泥质胶结，中厚～厚层状，质稍硬，强、弱风化带（W_2）属Ⅳ级软石。

2　工程特征及方案比选

DK154+214.11～DK154+372.87 段线路穿越采石场，且正穿既有采石坑，铁路高程在采石坑中部附近，路基最大填高约 11 m，两侧最大边坡高约 25 m，采石坑局部深达 20 多米。

采石坑底部人工弃土松散堆积，堆积时间 2～4 年，厚 6～18 m。人工弃土由砂、泥岩碎块及少量粉质黏土组成，碎石占 50%～60%，ϕ60～200 mm，粗细角砾约占 20%，粒径 ϕ2～60 mm；块石约占 15%，ϕ200～600 mm；余为粉质黏土充填。且局部坑底长期积水，雨季积水较深。坑底表层流塑状黏土淤积，人工弃土土质松散，且极不均匀，易引起基底不均匀沉降。

堆积体中碎石、块石含量高，粒径大，普通复合地基处理方式不易实施，且难以保证处理效果；堆积体内部软硬不均；全部挖除换填至基岩工程量大，采石坑长期积水、区域范围广，施工困难且周边长期淤积浸泡，路基基底物理力学指标下降，易引起基底不均匀沉降。非埋式桩板结构板底部脱空时，易影响路基两侧电缆槽及接触网基础的稳定性。采用埋式桩板结构进行处理，不仅能解决施工问题，还能有效的控制路基沉降，保证电缆槽及接触网基础的稳定性。工点状况见图 1。

图 1　DK154+225～DK154+300 附近采石坑

3　工程措施

工点代表性断面见图 2。

（1）该段路基采用埋入式桩板结构处理。埋式桩板结构由承台板、混凝土垫层、钻孔灌注桩基桩组成。承台板上部填土厚度约 2.7 m，为路基基床底层部分。承台板及桩基均为钢筋混凝土。承台板板宽 22 m，厚 1.1 m。基桩为桩径为 1.25 m 的钻孔灌注桩，每联承台板下纵向桩间距 6 m，横向 4 排桩，横向桩间距为 6 m+4 m+6 m。承台板底设 0.1 m 厚 C25 混凝土垫层。

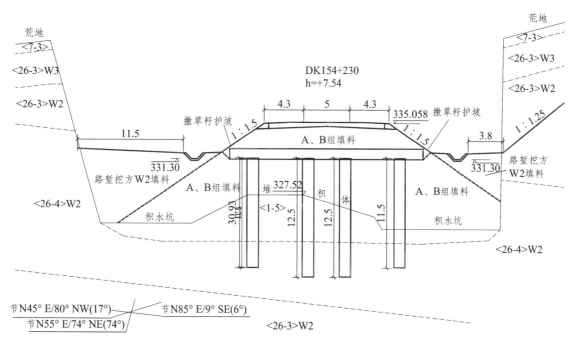

图 2　代表性横断面图

（2）路基基床底层及路堤本体以内部分采用 A、B 组填料填筑压实；路基基底底层及路堤本体以外部分采用本段路堑开挖基岩 W2 填料填筑压实。

（3）施工顺序：填方或挖方施工至承台板底垫层底设计高程处→对基底进行冲击碾压→施工涵洞及其地基处理→回填涵洞基坑→桩孔定位→埋设护筒→钻孔→检孔→下钢筋笼→灌注混凝土桩→凿除桩头至桩顶设计高程→桩质量检测合格后→浇注承台板底垫层、立模浇注钢筋混凝土承台板→填筑板顶路基。

4　结构受力分析与结构设计

4.1　计算建模

承台板板厚 1.1 m，纵向尺寸为 2.5+6+6+6+2.5（m），横向尺寸为 2.5+6+4+6+2.5（m），桩径为 1.25 m。结构模型及荷载如图 3、图 4 所示。

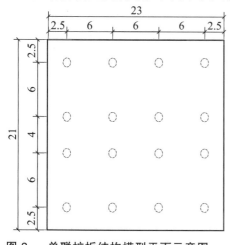

图 3　单联桩板结构模型平面示意图

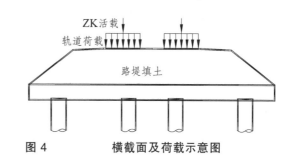

图 4　横截面及荷载示意图

4.2　荷　载

埋入式桩板上填土厚度约 2.7 m，承台板承受路堤和轨道的恒载作用。

轨道荷载和列车活载按扩散角 45° 扩散至板面，可近似认为是均布作用在整块承台板上，所以承台板的荷载模式简化为均布荷载。

恒载 1：路堤填土换算荷载=2.7×20=54 kPa；

恒载 2：轨道换算荷载=51.8×2÷21=4.9 kPa，单线轨道荷载取 51.8 kN/m；

活载：ZK 活载换算荷载=200×2÷1.6÷21=11.6 kPa。

4.3　计算方法

由桩直接支承的弹性板是高次超静定结构，有条件时可用有限元法做精确求解，但是有限元法处理这类问题时，后处理工作量较大，而且计算结果多为应力，不易直接用于结构设计。工程设计中近似方法有等代框架法，该法将承台板视为由纵横两个方向的多个板带组成，每个板带可取出单独按连续梁分析，如图 5 所示。

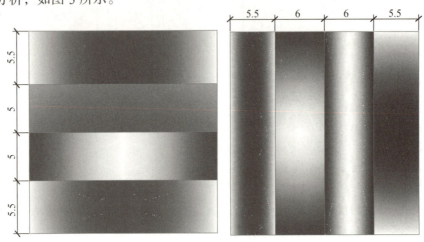

图 5　纵横向板带示意图

计算板带宽度：中桩板带取相邻两侧 1/2 桩间距之和，边桩板带取悬臂长度与 1/2 桩间距之和。

中桩计算板带：$b=\dfrac{1}{2}(l_i+l_{i+1})$；边桩计算板带：$b=h+\dfrac{l_2}{2}$。

计算板带可按连续梁分析，如图 6 所示，连续梁可采用通用有限元软件计算，也可采用位移法、力矩分配法手算。本文采用位移法进行计算。

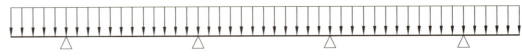

图 6　板带可按连续梁分析示意图

4.4　计算结果

对于纵横向计算板带，其用连续梁计算所得的弯矩值，都需要在桩上板带和跨中板带之间进行分配。桩上板带宽度为从桩轴线向两侧取相应于桩间距的 1/4，对于边桩上板带则为悬臂长度加上相邻桩间距的 1/2；跨中板带为桩间距减去桩上板带后所剩的宽度。

均布荷载所产生的弯矩，桩上板带分配支座弯矩的 75%，跨中弯矩的 55%；跨中板带分配支座弯矩的 25%，跨中弯矩的 45%。当两相邻跨不等时，在计算跨中板带弯矩时，可采用两相邻板带弯矩的平均值。

轴力呈马鞍形分布，最大轴力 3 529 kN，位于板中心位置。弯矩呈抛物线形分布，计算结果见表 1。

表 1　分配板带控制弯矩计算结果

弯矩/（kN·m）	最大正弯矩	最小负弯矩
纵向板带	635	−1323
横向板带	932	−1588

4.5　结构设计

承台板的结构配筋按《铁路桥涵钢筋混凝土和预应力混凝土结构设计规范》（TB 10002.3—2005）进行设计。基桩的承载力及沉降按《铁路桥涵地基和基础设计规范》（TB 10002.5—2005）进行计算。

承台板主筋选用直径 25 mm 的 HRB400 钢筋，桩上板带 2 根 1 束，跨中板带 1 根 1 束间距。基桩主筋选用直径 20 mm 的 HRB335 钢筋，共 28 根。桩长约 20 m。计算单桩总沉降约 3.1 mm。

5　工程效果

该段软土路基目前已经过约半年的沉降、稳定观测，路基沉降主要发生在 2013 年 5—7 月期间，2013 年 7 月以后沉降曲线基本趋于平缓，路基沉降趋于稳定，最大累积总沉降 3.61 mm，满足无砟轨道的工后沉降要求，路堤整体是稳定安全的，加固效果良好。

6　工程体会

（1）与常规地基处理比较，在处理沉降变形控制严格的深厚软土地基，特别是客运专线无砟轨道铁路方面，采用桩板结构处理措施，可充分发挥其整体性好、刚度大、变形小的特点。

（2）废弃采石坑易受雨水汇集浸泡影响，基底不均匀沉降，采用非埋式桩板结构板底部局部脱空的风险较大，易影响路基两侧电缆槽及接触网基础的稳定性，而采用埋式桩板结构则能保证其的稳定性。

（3）埋式桩板结构列车荷载按换算土柱考虑，不需考虑温度应力、列车竖向动应力作用，计算简单。

（4）有条件采石坑宜填平至桩板结构承台板高程，路基影响范围内宜采用 A 或 B 组等好填料填筑压实，避免承台板底脱空。相对于在路堤基底采用桩网、桩筏结构处理或桥代路方案，埋式桩板结构投资造价低，更经济。

阿尔及利亚东西高速公路 PK264 路堑边坡框架桩加固设计

王智方

（中铁二院 公路市政院）

摘 要 由于受力分析和计算较为复杂，框架桩加固边坡方案在国内边坡治理工程中较少采用。本文通过介绍了东西高速公路 PK264 路堑边坡框架桩的加固设计、应用及利用国外设计软件进行的分析计算，仅供后续设计项目参考使用。

关键词 东西高速 路堑边坡 框架桩

东西高速公路是国际招标、设计、施工总承包项目，采用法国标准建设，中铁二院工程集团有限责任公司承担其中中段 M1、M2 标设计，起点于布维拉省阿杰巴镇，终点于 BBA 省路热努镇，路线长度为 52.147 km，路基宽度 33.5 m，双向六车道，设计行车速度为 100 km/h。

1 工程概况

PK264+033.402 ~ PK264+313.482 段路基长度 260 m（短链 20.08 m），中心最大挖深约 12.3 m，左侧最大挖方边坡高度 8 m，右侧最大挖方边坡高度 60.5 m。线路两侧概况见图 1、图 2。

图 1 路线左侧临河 图 2 路线右侧坡顶

本段属中低山地貌，地形起伏较大，山体自然坡度为 5°~35°，局部发育有陡坎。线路中心地段为一高阶地，地形相对较平缓，植被较少，交通不便。

根据勘察结果，测段土层厚，为含砾黏土，局部夹卵、砾石，为古阶地冲积形成。下伏基岩为泥灰岩，在河床、沟槽边基岩出露。

岩层产状为 342°/40°，层厚 20~50 mm。节理裂隙发育，主要节理有 210°/58°，110°/68° 两组。节理张开度<1 mm，无充填或充填方解石脉，表层节理中充填黏性土及风化碎屑物，节理间距 20~50 mm 为主，局部大于 100 mm，连通性较好，一般为 3~5 m，局部大于 10 m。次要节理为 68°/75°，连通差，密闭，充填方解石脉或无充填 。

根据阿尔及利亚抗震规章 99，线路穿行为《Ⅱa》区，属于中等地震频率地区，水平加速度系数值 a=0.25 g。水平 K_h=0.5A，竖直 K_v=±0.5 K_h。

山体坡面顺直，自然排泄条件较好，故仅在雨时坡面有一定地表水径流，且不易积水，雨后地表水顺着冲沟排泄。排泄速度快，时间短，地表水贫乏。

地表含砾黏性土，透水性相对较好，基岩泥灰岩透水性能差，为相对隔水层，故在土石界面地下水可能相对富集，需注意地下水软化岩土体给工程的危害。勘测期间为旱季，未发现地下水。

2 方案比选

本段路线左侧临河，线位左移受限，右侧路堑边坡含砾黏土层厚 10~20 m，边坡高度达 60 m，边坡稳定性差。采用坡率法设计边坡总开挖高度 60.5 m，开挖土石方工程量大，坡面长，坡脚及路基处于全风化泥灰岩或土层内，左侧边坡临河，受雨（河）水影响，边坡稳定性较差；采用锚杆（索）加固，锚杆直径为 32 mm，间距为 1.0～1.2 m，长度为 23～30 m，施工难度大，质量不好控制，加上本项目类似工点数量少、工期紧、材料采购难度大（需从法国采购）、造价高、后期维护困难等各种因素，承包商和施工单位均不希望采用；与前两个方案相比，采用框架桩加固较有优势，可以充分利用现有的旋挖钻机，施工方便，便于质量和工期控制，承包商可向业主追加工程造价。其代表性横断面见图 3。

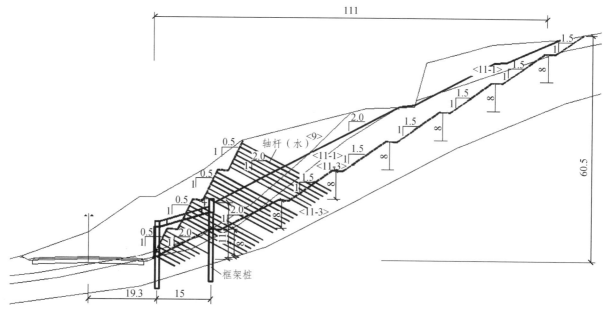

图 3　边坡处理方案代表性横断面图

3　稳定性分析

3.1　计算方法及标准

土质边坡使用简化 bishop 方法进行整体抗滑稳定性计算；岩质边坡根据赤平投影分析结构面的组合关系，研究外倾结构块体对边坡的影响，并进行局部稳定性分析；同时从宏观上假定岩体为均匀材料，采用圆弧破裂面对边坡整体稳定性进行校对。

本项目采用符合法国 Setec 公司的 TALREN 软件计算边坡整体稳定性，要求稳定安全系数一般工况 $F \geq 1.5$，地震工况 $F \geq 1.2$。

3.2　计算参数

在现场调绘、勘探、测试、室内试验的基础上，根据 RMR 岩体分类规则和工程经验确定各层物理力学指标采用值如表 1。

表 1　各层物理力学指标

参数	（9）含砾黏土	（11-1）全风化泥灰岩	（11-2）强风化泥灰岩	（11-3）弱风化泥灰岩
$\gamma/(\text{kN} \cdot \text{m}^{-3})$	18.5	20	21	22
c/kPa	22	30	45	70
$\varphi/(°)$	5	20	24	30

3.3　分析计算结果

（1）赤平投影分析（图 4）。

从图 4 中可以看出，岩层产状（342°/40°）与边坡大致同向，但倾角较大，不产生滑移，边坡相对稳定。

（2）整体稳定性计算。

一般工况：$F=1.5$（图 5）。

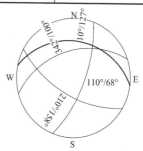

图 4　边坡赤平投影分析

1	2	3	4	5	6
18.50	20.00	21.00	22.00	20.00	25.00
22.00	20.00	24.00	30.00	35.00	40.00
5.00	30.00	45.00	70.00	0.00	500.00
0.00	0.00	0.00	0.00	0.00	0.00
60.00	0.00	0.00	0.00	60.00	0.00

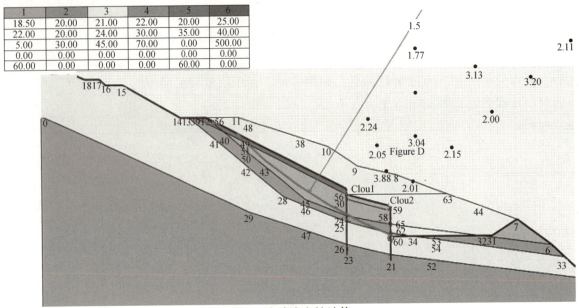

图 5　边坡稳定性计算

地震工况：$F=1.2$（图 6）。

1	2	3	4	5	6	7
18.50	18.50	20.00	21.00	22.00	20.00	25.00
0.00	22.00	20.00	24.00	30.00	35.00	40.00
80.00	5.00	30.00	45.00	70.00	0.00	500.00
0.00	0.00	0.00	0.00	0.00	0.00	0.00
0.00	60.00	0.00	0.00	0.00	60.00	0.00

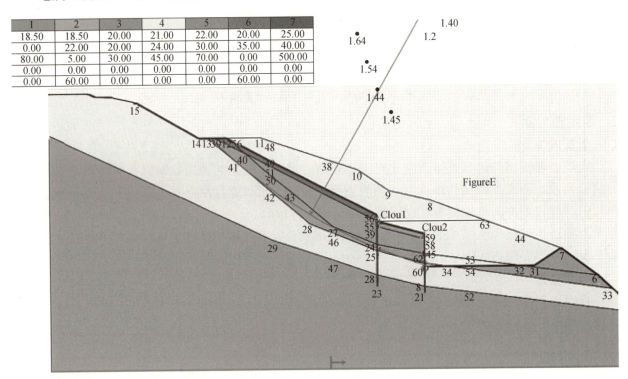

图 6　边坡稳定性计算

计算结果满足要求。

抗滑桩的结构采用法国软件 PLAXIS 8.0 计算，本处从略。

4　工程措施

边坡采用双排 RN35 钢筋混凝土框架桩加固，桩截面圆形，桩径为 1.2 m，纵向间距为 2.4 m，横向间距为 15 m，桩长 10.5～18.5 m。顶部采用 RN27 钢筋混凝土系梁连接，纵向系梁尺寸 110 cm×160 cm、140 cm×150 cm，横向系梁尺寸 80 cm×150 cm。

面板采用 30 cm 厚 RN27 钢筋混凝土浇筑，沿路线纵向每 2.4 m、竖向每 2 m 设置一处 ϕ9 cm PVC 泄水孔，距路面顶部 1 m 位置设置一排 ϕ9 cm 带孔 PVC 深层排水孔，长 10 m，间距为 9.6 m。

　　框架桩顶部边坡坡率 1：2，边坡高度为 25 m，采用 1 m 厚的片石铺砌防护（重力罩面）。边坡顶部设堑顶截水沟；与框架桩挡土墙纵向相接的一般边坡（坡率为 1：1.5）间，采用石笼挡土墙过渡。框架桩加固横断面图见图 7。

5　工程整治效果

　　（1）设计时，桩顶上部边坡采用 1 m 厚的片石铺砌，在施工中，由于当地片石缺乏，且石料从路基面搬运至 15～50 m 高的边坡处，修建便道和搬运困难，施工单位要求变更设计。经业主和承包商同意，改为采用锚喷防护。

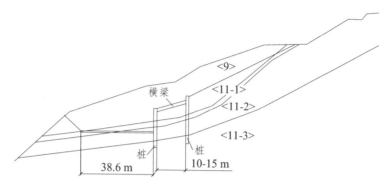

图 7　框架桩加固横断面图

　　（2）在挖桩基时，桩竖向出现偏差，前排桩侧面纵向不在同一平面上，引起面板浇筑厚度不均匀。为保证面板的美观，使面板竖直在一个平面上，面板采用变厚度施工，最小厚度为 25 cm，最大厚度为 55 cm。

　　（3）在前排桩施工完毕后，桩前土体开挖时，容易导致超挖，这时可采用与面板等标号的混凝土填筑。

　　（4）在桩顶 15 m 宽平台上种植灌木，景观性更好（图 8、图 9 中，边坡尚未进行绿化施工）。

图 8　框架桩加固施工　　　　　　　　　**图 9　框架桩加固竣工边坡**

6　工程体会

　　（1）设计中尽可能采用技术成熟、方便施工的方案，并因地制宜，充分考虑当地的建筑材料来源和习惯做法。

　　（2）由于当地国严禁采用人工挖孔桩，桩基施工全部采用机械冲、钻。钻孔桩桩径较小，桩刚度小，在高大边坡治理时，往往需要采用排桩、门架桩和框架桩等形式。本工点采用框架桩，桩顶连梁的运用，使纵横向框架桩联结成框架，有利于群桩共同受力，减少桩顶位移。

　　（3）桩的纵向间距一般为桩径的 2～3 倍，横向间距需要通过计算确定。

　　（4）框架桩设计重点是前、后排桩的受力计算。本例按门架桩计算，未考虑纵梁影响，土压力作用在后排桩上，通过桩顶横梁和桩间土传递到前排桩，前排桩受到桩间土的自然土压力和后排桩引起的附加土压力，设计时可采用有限元理论和 Winkler 弹性地基梁方法建立力学模型求解。

斜插式绿化桩板墙设计

陈 雷 李 能
（中铁二院 昆明公司）

摘 要 目前，桩板墙在边坡支挡结构中得到了大量应用，但挡土板结构形式均为直立全封闭结构，不仅排水效果差、工程量大，外观也与绿色通道及环保理念不适应。本文介绍的斜插式桩板墙通过结构的不断完善，不仅节省工程量，而且外观效果较好，特别是在环境敏感区具有很好的推广价值。

关键词 斜插式 桩板墙 设计

1 引 言

随着社会经济的不断发展以及各项建设规模的不断扩大，生态环境的保护已成为摆在我们面前的重要问题。如何恢复工程建设对生态环境造成的破坏，尤其是城市周边及学校、厂矿等区域的生态破坏，体现人与自然的和谐发展是摆在我们面前的重要课题。

在工程建设中，边坡支挡加固工程量大，如何在不增大工程量的同时，最大限度地体现绿色防护，有效地改善道路两侧及城市周边环境，显得尤为重要。在路基支挡结构中，桩板墙由于加固边坡效果好，已作为一项成熟技术广泛应用于边坡加固中，但在城市周边边坡加固设计中，这种结构形式与环境的适应性较差。斜插式桩板墙则对周边环境的适应性相对较好。

斜插式桩板墙结构应用于环境要求较高地段具有很好的示范带动效应，对美化道路、厂区、学校、山区铁路车站等区域具有较好的实用价值，以前部分项目从结构上采用桩板墙较好，但因景观要求高难以采用，斜插式桩板墙是该情形的理想选择，对目前云南实施的城镇、工业上山战略中经常遇到的地质灾害治理及高填深挖边坡处置提供了新的解决方案。该结构形式经论证已经写入云南省城镇上山设计导则，建议在城镇边坡进一步推广应用。

2 斜插式桩板墙与普通桩板墙的区别

普通桩板式挡土墙（图1）是在桩前或桩后（间）挂直立挡土板，全部为钢筋混凝土结构，美观性较差。斜插式桩板墙是在桩间设置斜插式钢筋混凝土挡土板，它可以在挡土板间回填土上种植小灌木、垂吊植物、花草等绿化边坡，能很好地改善环境。

斜插式桩板墙与普通桩板墙相比，主要有以下改进：

（1）挡土板采用桩间斜插式挡土板，板与板间可填种植土绿化边坡，有效地改善了外部景观。

（2）桩与板的连接采用在桩内预埋箍筋、桩的护壁不拆除的方式，一方面通过施工工艺解决护壁的美观性问题，另一方面可以通过桩间及桩顶种植垂吊植物对桩进行遮挡，不仅减少了拆除工程量，而且增加了结构的安全度。

（a）斜插式

（b）直立式

图1 路堤式桩板墙

（3）普通桩板墙板后须连续设置砂卵石反滤层，必要时还需设置排水土工网，施工较为烦琐，若施工不到位，则板后排水不畅，存在较大的安全隐患。斜插式桩板墙挡土板后水能自由排出，不需要设置反滤层，不仅节省投资，而且有效避免了板后反滤层施工不到位或几年后泄水孔堵塞导致排水不畅引起土压力增大对整个桩板墙结构的风险。

（4）通过对桩上部 3 m 采用 1：0.2 斜角处理，既美观，又节省了工程量。设计桩顶预留花池，花池内垂吊植物沿桩顶往下可有效绿化桩体，从而使整个桩板墙面得到全面绿化。

一个稳定、可靠的边坡，须有良好的排水系统以确保地表水、地下水及时排出，从而减轻水压力和水流对边坡稳定性的影响；消除因设计不周、施工不当而引起塌方或滑坡的风险。斜插式桩板墙有效解决了坡面排水问题，进一步增加了边坡的支挡结构稳定性，同时满足了坡面的绿化及景观要求，

3　斜插式桩板墙与普通桩板墙经济技术分析

斜插式桩板墙结构，在结构受力模式及景观绿化上较传统的桩板墙具有较大突破，在边坡支护工程中技术含量较高，总的工程量较普通桩板墙小 10% 左右。

表 1、表 2 中桩间距为 6 m、9 m，挂板长度为 6 m，两种形式桩的数量相同，未计列该数量。

表 1　普通桩板墙与斜插式桩板墙挡土板数量对比表

墙型	C30 钢筋混凝土挡土板/m³	连接钢筋/kg	砂卵石反滤层/m³	C20 混凝土/m³	C30 混凝土/m³	造价/元
普通桩板墙	18.27	1 011.6	12.8	1.35		29 300
斜插式桩板墙	12.90	1 038.1			0.13	26 800

表 2　普通桩板墙与斜插式桩板墙技术对比表

桩型	桩与板连接方式	墙背排水方式	外观形式
普通桩板墙	采用桩前外挂式、桩后搭板或桩间挂板（目前多采用后者）	墙背连续设置 0.3 m 厚砂卵石反滤层或排水板，挡土板设置泄水孔，仍存在泄水孔及反滤层堵塞造成排水不畅问题。渗水易污染墙面	全为钢筋混凝土结构，显得呆板，外观差
斜插式桩板墙	通过预埋钢筋及挡土板前设翼缘板固定在桩间，挡土板与桩无搭接，总的工程量小	水可从板与板之间自由渗出，总的结构安全性有所提高。同时又有利于植物生长	桩间通过斜插板上填土绿化，形成良好的外观视觉效果

桩间斜插板技术新颖，突出了绿色防护的理念，绿化后视觉效果好。该结构 2009 年已获国家实用新型专利。

4　挡土板结构分析计算

斜插式桩板墙的设计及计算主要内容与一般桩板墙设计相同，挡土板内力按均布荷载下的简支梁计算。一般挡土板荷载宽度按计算板长计算（包含搭接长度），由于斜插板两端嵌入桩间护壁，挡土板与桩主要通过钢筋连接，因此作用在挡土板上的荷载宽度可按桩间净距计算，还要计算连接钢筋的抗剪切承载力。考虑先桩后板的施工顺序，挡土板承受桩间卸荷拱内的土压力，且桩间净距较小，桩间排水问题得到彻底解决，桩间挡土板的压力根据桩间岩（土）体的稳定情况可按部分岩（土）体压力计算。挡土板进行挡土板正截面斜截面承载力计算，裂缝宽度检算及挠度检算。

桩悬臂段较高或土质较差如膨胀土等地段抗滑桩后可适当间隔加设直立挡土板，以提高安全度，一般不影响绿化效果。为了最大限度提高绿化效果，对挡土板的倾角、间距从受力及绿化效果两方面综合分析。挡土板间距以确保桩间土不往外挤出，又有利于植物生长，通过大量结构分析及测试，结合已经施工工点绿化效果分析，该问题已经初步得到解决。

5　斜插式桩板墙的施工

斜插式桩板墙结构的难点在于斜插板与桩的连接，既要连接可靠，保证结构的耐久性，又要考虑施工方便。这个问题目前得到了解决，经过几个项目施工证明是可行的。

填方地段可以在立模浇桩时在模板上预留孔，并预埋连接钢筋。相邻两根桩挡土板位置很容易控制。

挖方地段在浇桩前测量相邻桩间挡土板位置及连接钢筋位置，并预埋连接钢筋。要求相邻两根桩间挡土板位置基本水平，个别挡土板预埋钢筋有误差可以通过适当矫正或植筋解决。

6　斜插式桩板墙的应用

昆明呈贡大学城云南交通职业技术学院学生活动中心边坡、大丽高速公路、曲靖多晶硅厂区边坡以及昆明市贵昆路一级城市主干道、西山景前区等众多项目均采用了斜插式桩板墙技术。这种结构形式在填方与挖方边坡均得到应用，其中呈贡大学城云南交通职业技术学院边坡为填方边坡，大丽高速公路、曲靖多晶硅厂区、西山景前区及贵昆路边坡等为挖方边坡。斜插式桩板墙的断面和效果见图 2、图 3。

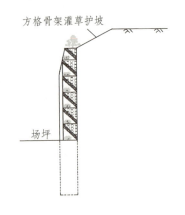

图 2　斜插式桩板墙断面

图 3　斜插式桩板墙效果

7　小　结

斜插式桩板墙结构的难点在于斜插板与桩的连接，从理论分析到实践一系列问题的解决并得到成功应用，使桩板墙技术得到进一步提升，扩大了桩板墙的应用范围。斜插式桩板墙造价较普通桩板墙低，排水问题的彻底解决，提高了整个结构的安全度，整个墙面绿化后，观赏性得到明显改善，具有很好的应用前景。

生态环境的保护已成为摆在我们面前的重要问题。如何恢复工程建设对生态环境造成的破坏，尤其是城市周边及学校、厂矿等区域的生态破坏，体现人与自然的和谐发展是摆在我们面前的重要课题。斜插式桩板墙最大限度地体现了绿色防护，对周边环境的适应性相对较好。

目前，桩板墙在边坡支挡结构中得到了大量应用，但普通挡土板结构形式均为直立全封闭结构，排水效果差，外观也与绿色通道理念不适应，斜插式桩板墙不仅节省工程量，彻底解决了挡土板排水问题，确保了抗滑桩的安全度，而且外观效果较好，特别是在环境敏感区具有很好的推广价值。

广大铁路 DK187 多级加筋土挡土墙设计

陈 雷 李 能

（中铁二院 昆明公司）

摘 要 部分隧道进口设置桥梁一方面工程量大、工期长，另一方面弃土极为困难，红岩坡隧道进口沟槽原设计为桥梁，后来因为弃土困难及施工场地问题，将桥梁改为分级设置加筋土挡土墙，实践证明是合理可行的。

关键词 广大铁路 加筋土高挡土墙 设计

1 工程概况

本工程位于广大铁路弥渡车站大理端咽喉区 DK187+622.65 ~ DK187+711，长 88.35 m。

本工点地形较陡，地表植被较差，上覆碎石、角砾、块石土层，厚 5 ~ 15 m，下伏基岩为砂岩夹页岩、泥岩，覆盖层地基承载力为 200 ~ 250 kPa，基岩承载力为 300 ~ 600 kPa。设计地震动峰值加速度 0.2g。

2 方案比选

本段正线中心最大填高为 23.23 m，桥梁方案为 2×24 m+1×32 m 三线桥（其中道岔梁 1×24 m+1×32 m 两孔）。桥梁 2、3 号墩为桩基础，造价高，施工难度大。弥渡车站大理端的红岩坡隧道为广大铁路最长的隧道，长 3 455 m。进口段洞口缺少弃渣场地，若采用桥方案，隧道弃渣更难解决。

若采用一般路基填方案，边坡高度最大达 50 余米，路基边坡和整体稳定性较差。经桩基承台挡墙、桩板墙、加筋土挡土墙等多方案比选后，决定采用多级台阶式加筋土挡墙新型结构设计方案。本方案可消化隧道弃渣 4 万余立方米，圬工量较少，造价低，加筋土挡墙对地基承载力要求低，拼装式柔性结构对变形具有较强的适应能力。

经技术经济论证及云南省铁路建设指挥部多次慎重研究后，决定该工点采用分级加筋土挡土墙方案。

3 工程措施

本方案左侧边坡支挡建筑物共分五级边坡，台阶宽度均为 4 m，上部四级为加筋土挡墙，第五级为 C15 片石混凝土衡重式挡墙，挡土墙总高度为 31 m。第四级挡墙前加设二根抗滑桩，以增加墙体和路基的整体稳定性。

3.1 加筋土挡墙设计

左侧加筋土挡墙每级的高度均为 6 m，加筋土挡土墙墙高为 24 m。每级的长度自上而下分别为 75 m，60 m，48 m，33 m，共 216 m。挡土墙每隔 15 ~ 20 m 设置一道沉降缝。加筋土挡墙采用 120 cm×40 cm×15 cm 的钢筋混凝土矩形面板，拉筋在各级加筋土挡墙中采用等长布置，上面两级挡土墙拉筋长度均为 10 m，下面两级挡土墙拉筋长度均为 8 m。拉筋采用 ϕ25 钢筋包裹 C30 混凝土形成（15 ~ 25 cm）×7 cm 的钢筋混凝土块式（楔形体）拉筋。楔形体长度分别为 8 m、6 m。每层拉筋采用填土完成后挖槽设置。

3.2 片石混凝土衡重式挡墙

每级加筋土挡墙的两端用衡重式挡墙衔接，嵌入挖方内部，共 55.35 m。

第五级边坡设置衡重式挡墙高 7 m，设于 DK187+649 ~ DK187+679 长 30 m。

3.3 抗滑桩

第四级加筋土挡墙两端的衡重式挡墙前面各设一根抗滑桩，桩长均为 12 m。截面尺寸为 1.5×2.0 m。

挡土墙代表性断面见图 1，工点照片见图 2。

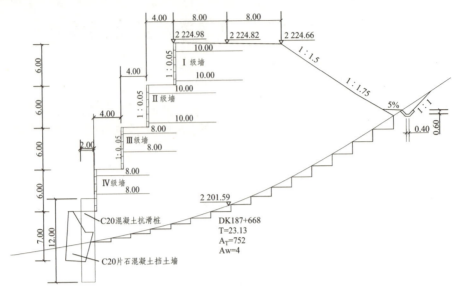

图 1　代表性断面

图 2　工程照片

3.4　路堤填方加筋材料要求

为确保路堤的整体稳定性，在右侧填方边坡铺设加筋材料，其要求如下：

在涵洞轴线两侧各 10 m 范围内铺聚烯烃有纺土工布，铺设高度为自涵顶 0.4～4.0 m 范围内每 0.4 m 铺设一层，共 11 层。

其他填土部位铺设聚丙烯工程加筋带。工程加筋带竖向层间和水平距离均为 0.4 m，与加筋土挡墙拉筋带在同一个水平面上，铺设方向与加筋土挡墙拉筋带相同。加筋带的铺设长度，左端要伸入拉筋带区 2 m，右端距边坡 0.5 m。

3.5　涵洞设置

在 DK187+675 处设 1-2.5 m 混凝土拱涵，涵轴线与铁路中线斜交 28°20′。

4　工程效果

该段挡土墙于 1996 年建成，当时为我国铁路史上应用于铁路正线最大高度的铁路加筋土挡土墙，被誉为"中国铁路第一墙"。挡土墙方案不仅解决了大量弃渣，整个方案较桥梁省得多。目前挡土墙状况良好。

5　体　会

（1）设计方案要做综合技术经济比选，既要做桥路、隧路等不同专业的方案比选，也要重视专业内不同结构方案的比选，寻求最佳技术方案。

（2）设计要勇于创新，提高设计方案的技术含量，推动路基专业技术的进步。

（3）重视车站内及隧道进出口的双线桥或多线桥与路基支挡方案的经济技术比选，由于双线及以上桥梁投资大，养护费用高，加之山区铁路存在弃方量大等问题，路基支挡方案具有较好的经济性。

昆明市海源南路双排桩支护结构设计

王 飞 王卫斌 李 能

（中铁二院 昆明公司）

摘 要 随着城市规模扩大、市政建设的加快，以往的既有铁路已处于市区边缘或中心城区，城市道路与既有铁路的交叉愈发频繁，平交方式已严重影响铁路及城市道路的通行，平交改上跨或下穿已成为趋势。昆明市海源南路下穿沪昆铁路工程即是同类工程，设计采用双排桩支护结构以解决该工程机动车道和非机动车道的不等高、地质条件差（软弱土层、高地下水位）、既有建筑分布复杂等问题，取得了良好的效果。

关键词 基坑支护 双排桩 结构设计

1 工程概况

海源南路是昆明城市主干路网的重要组成部分，北端起点为人民西路与海源中路T型交叉口，南端止点为碧鸡路以南约350 m的规划30 m次干道（西山区规划195号路），红线宽50 m，线路全长2.47 km，其中包含兴苑路—丽苑路已建成的280 m道路。海源南路为城市一级主干道，规划道路红线控制宽度50 m，全线为双向六车道，是昆明城市主干路网的重要组成部分。本项目道路设计起点K1+290，终点K1+690，于K1+458.16处下穿既有沪昆铁路，位于昆明西南部草海附近，地貌上属大陆停滞水堆积成因形成的湖泊平原地貌，地形平坦，建筑物密集。

海源南路改扩建工程下穿沪昆铁路段（K1+290～K1+690）处于昆明断陷沉积盆地西侧边缘，场区区域地貌属滇东高原盆地区，为大陆停滞水堆积成因形成的湖泊平原盆地地貌，地形较平缓，地层结构较为复杂，在表层人工填土之下，土层主要为第四系上更新统官渡组冲湖积层（Q_3^{al+1}）黏土、粉质黏土、淤泥质黏土、泥炭质土、粉土、粉砂。主要地层物理力学指标表见表1。

表1 主要地层物理力学指标表

地层层序及名称	天然密度 γ/（kN·m⁻³）	压缩模量 E_{1-2}/MPa	内聚力 c/kPa	内摩擦角 ϕ/（°）	承载力特征值 f_{ak}/kPa	钻（挖）孔桩极限摩阻力 f_i/kPa	打入、震动下沉桩极限摩阻力 f_i/kPa	极限承载力 R/kPa
<1-1>人工填土	18.0	5.0	18	12	120	22	60	—
<2-1>黏土（软塑）	18.5	5.0	25	10	100	20	45	—
<2-2>黏土（可塑）	19.0	5.5	25	12	130	50	60	1 600
<2-3>黏土（硬塑）	19.5	6.5	35	15	160	65	70	2 300
<3-1>粉质黏土（软塑）	18.5	5.0	20	12	100	50	45	—
<3-1>粉质黏土（可塑）	19.0	6.5	22	13	130	60	60	1 800
<3-3>粉质黏土（硬塑）	19.5	8	25	15	160	65	65	2 300
<4>淤泥质黏土（软～可塑）	17.0	4.5	15	5	80	22	40	—
<5>泥炭质土	14.5	4.0	10	8	90	22	30	—
<6-1>粉土（稍密）	18.5	5.5	15	20	110	55	50	1 700
<6-2>粉土（中密）	19.5	6.5	18	22	150	75	45	2 000
<7-1>粉细砂（松-稍密）	19.5	6.0	5	30	100	25	35	1 800
<7-2>粉细砂（稍-中密）	20.0	6.5	5	32	140	55	50	2 200

下穿段地质纵断面图如图1。

地下水主要为孔隙水，主要赋存于砂土层中。勘察期间时逢雨季，各钻孔中均见地下水稳定水位，一般在地表下0.40～2.50 m，稳定水位标高1 887.08～1 888.84 m。对拟建工程有影响的地下水主要为松散型孔隙水，一般第四系冲湖积相富水性中等。主要含水层为⑦₁、⑦₂等砂土层。

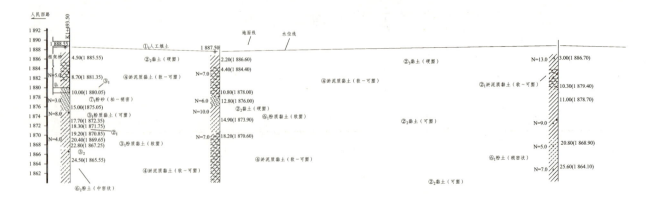

图 1 下穿段地质纵断面图

本场地类别为Ⅱ类场地，抗震不利地段，设计地震分组为第二组，抗震设防烈度为Ⅷ度，设计基本地震加速度动峰值为 0.20 g。

本段道路机动车道都以挖方通过，最大挖深达 9.0 m 左右（含路床处理深度），仅在辅道有少量填方。根据所处地段地质、水文、气象、建筑物密集等情况以及道路平、纵面条件，路基设计的主要内容以及重点难点都在于支挡结构和地基加固措施的选择。

2 方案选择

由于本段道路地处建筑物密集区，规划红线宽度有限，征地拆迁困难，加之地质条件差，地下水位高，并结合投资、工期等综合因素，路基开挖基坑侧壁安全等级按二级考虑。二级基坑要求离基坑周围 1.0H（H 为基坑开挖深度，下同）范围内无重要管线和建（构）筑物，而离基坑周边 1H ~ 2H 范围内有重要管线或在使用的管线、建（构）筑物，地面最大沉降量控制在≤0.2%H，围护结构最大水平位移≤0.3%H，基坑侧壁整体稳定系数 K_s≥1.6。

根据上述情况和要求，设计过程中考虑过地下连续墙、SMW 工法桩、水泥土墙、土钉墙以及单排钻孔灌注桩等措施，但都不能切实保证变形控制在允许值范围之内，因此借鉴东三环南段、老海埂路等多条昆明市市政道路下穿铁路的设计、施工经验，确定机动车道基坑开挖深度（含盲沟开挖）超过 5 m 地段采用双排钻孔灌注桩（即永临结合的措施），其余较浅地段采用一般重力式挡墙。双排桩支护代表横断面示意图见图 2。

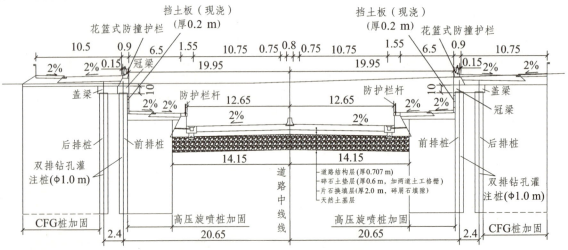

图 2 双排桩支护代表横断面示意图

3 工程措施

3.1 道路横断面布置

典型路幅构成：3.5 m（人行道）+7.0 m（机非混合车道或辅道）+0.9 m（设施带）+3.0 m（人

行道）+3.5 m（非机动车道）+0.8 m（设施带）+0.75 m（路缘带）+2×3.5 m+3.75 m（机动车道）+0.75 m（路缘带）+0.8 m（分隔带）+0.75 m（路缘带）+3.75 m+2×3.5 m（机动车道）+0.75 m（路缘带）+0.8 m（设施带）+3.5 m（非机动车道）+3.0 m（人行道）+0.9 m（设施带）+7.0 m（机非混合车道或辅道）+3.5 m（人行道）=62.7 m。

3.2　下穿段路基双排桩支挡工程设计

K1+360～K1+411（框架桥进口）、K1+493.50（框架桥出口）～K1+620 段双侧，下穿人行道与机非混合车道（辅道）间设置双排钻孔桩桩板墙，双排钻孔灌注桩桩径 1.0 m，桩长 14～22 m，横向排桩间距 2.4 m，沿道路纵向间距一般为 2.0 m（特殊情况酌情调整），前排桩顶部设冠梁，前后排桩顶设盖梁，前排桩出露段桩前挂挡土板，双排桩支护代表横断面设计图见图 3。冠梁、盖梁平面布置图、断面布置图、桩间挂板示意图见图 4、图 5、图 6。冠梁顶设矮挡墙，墙顶设花篮式防撞护栏。机非混合车道和辅道以及非下穿人行道地段地基采用 CFG 桩加固。机非混合车道和辅道设置双排钻孔桩桩板墙地段，其盖梁顶与 CFG 桩桩顶合并铺设 0.6 m 厚碎石垫层（中间加设两道土工格栅，避免在盖梁后缘处断开）。桩间设两排 $\phi 0.5$ m 水泥搅拌桩作截水帷幕（咬合宽度 0.2 m），桩前锚固区（下穿非机动车道及人行道）地基采用高压旋喷桩加固，以改善受力条件。桩间止水帷幕见图 7。

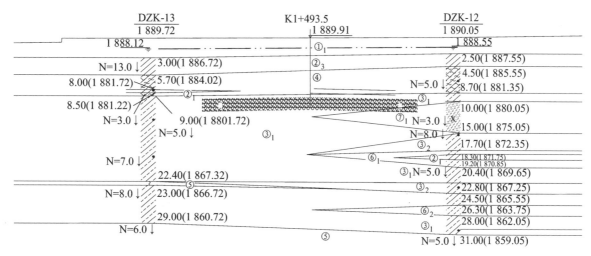

图 3　双排桩支护代表横断面设计图

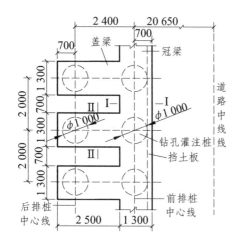

图 4　冠梁、盖梁平面布置图

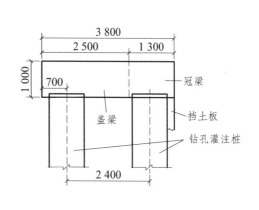

图 5　冠梁、盖梁断面布置图

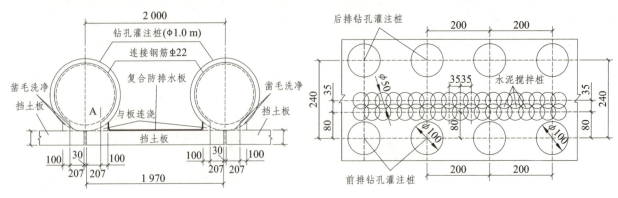

图 6　桩间挂板示意图　　　　　　图 7　桩间止水帷幕示意图

3.3　双排桩支护计算

采用理正深基坑软件建立模型进行计算。模型见图 8、图 9。按《建筑基坑支护技术规程》（JGJ 120—99），采用增量法进行内力计算。基坑等级为二级，基坑侧壁重要性系数 γ_0 取 1.0。

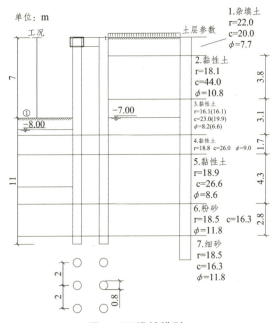

图 8　双排桩模型

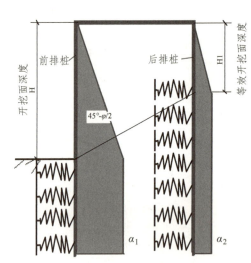

图 9　双排桩计算模型

内力计算结果见图 10。

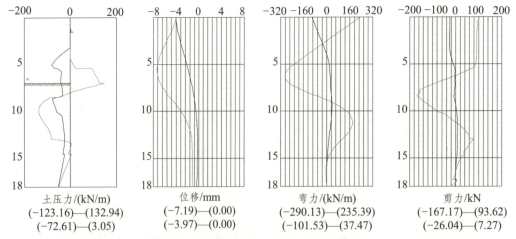

图 10　双排桩计算结果（开挖工况）

整体稳定性计算采用瑞典条分法，整体稳定安全系数 K_s=1.833≥1.200，满足规范要求。

抗倾覆安全系数：

$$K_s = \frac{M_p + M_G}{M_a}$$

$$K_s = \frac{13\,237.059 + 0.000 + 1141.811}{5\,623.621} = 2.556 \geqslant 1.200$$ ，满足规范要求。

3.4　双排桩施工过程及注意事项

采用双排桩支挡结构是在满足离基坑周围 $1.0H$ 范围内无重要管线和建（构）筑物，而离基坑周边 $1H \sim 2H$ 范围内有重要管线或在使用的管线、建（构）筑物的前提条件下设计的，如果征地拆迁不能到位，需要按当时的客观情况调整。

由于受补给水源的影响，该路段地下水对混凝土结晶类硫酸盐 SO_4^{2-} 试验结果显示对普通水泥评价为强腐蚀，因此使用抗硫酸盐水泥。

为了指导施工，确保工程与周围建筑物及地下管线的安全，应通过施工监测及时反馈数据，以实现信息化施工，做到随时预报，及时处理，防患于未然。

双排桩施工完成效果见图 11。

图 11　双排桩施工完成照片

3.5　工程效果

本项目处于云南地区滇池盆地边缘，部分地段处于内陆湖相沉积带深厚、复杂软土层上，该

图 12　海源南路下穿段实施效果照片

地貌下分布大量的内陆湖相沉积带淤泥、泥炭等软弱土层，其分布、特征和成因复杂，物理力学指标很低，荷载作用下固结时间很漫长，软弱土层厚度大，部分埋深大于 40 m。

城市道路下穿既有铁路工程，大都受周边市政、建筑等既有工程限制，无法采取放坡开挖措施，只能通过设置直立支挡结构以满足以上要求。同时，由于昆明周边项目地质条件差、地下水位高，设计考虑以上因素，查阅国内外诸多参考资料，采用双排桩桩板墙结构对顺接

框架段路基边坡进行支护，取得了很好的技术和经济效益。海源南路工程已经过 3 年多运营，效果良好。本段道路双排桩施工完成效果见图 12。

4　工程体会及建议

4.1　工程体会

（1）双排支护桩是由连梁与前后排桩组成一个超静定结构，具有较大的侧向刚度，可有效地限制围护结构的侧向变形。应把桩顶与连梁做成刚性连接，以保证有效地发挥双排桩的支护效果。在基坑开挖过程中，桩间土受到挤压，桩间土与前排桩、后排桩协同作用。

（2）针对工程基坑周边有铁路线路环境存在时，采用双排桩支护可以确保该侧安全，取得较好的经济效果和社会效应。从实际监测效果看把双排桩支护用于铁路沿线基坑，控制侧向位移，具有很好的效果。此基坑支护方法可以推广到其他铁路沿线的类似环境的基坑支护中。同时，该结构在地质条件差、地下水位高地区的基坑支护中具有良好的应用前景。

（3）双排桩支护结构的受力机理和设计理论尚不十分成熟，还需进一步深入研究作用在前后

桩体上的土压力计算问题和双排桩的排距、桩径、桩长及桩间土的刚度对支护结构稳定性的影响问题，广泛收集双排桩支护工程现场实测数据，以便早日完善准确的设计计算模型与方法，更安全、合理地运用于基坑工程实践中。

4.2 建 议

双排桩支护结构自 20 世纪 90 年代研发应用以来，在国内沿海、内陆湖周边等地质条件比较差的地区得到了广泛的应用。从笔者查阅的大量文献资料显示，有关双排桩前后桩的受力分配是最为焦点的问题。

多年以来虽一直没搞清楚前后桩的内力分配问题，大多设计（包括规范推荐）采用较为保守的经典土压力模式计算和以往设计经验作为参考，但事实上一直没有现场试验对前后桩的受力状况进行实测分析。个别文献采用数值分析方法进行了分析研究，得到了一些建议性比较强的成果，但其成果与具体的实际工程的受力差别多少不得而知。笔者建议，在有施工现场条件和资金支持的情况下，立项进行科学研究，建立一种能真正反映实际受力状况的双排桩模型，以便在同类工程中广泛应用。

凯里市工业区城市主干道格宾加筋挡墙设计

范厚贵　程　云
（中铁二院　贵阳公司）

摘　要　一般的重力式、衡重式圬工挡土墙，基础底面宽、体积大，如墙高过大，其稳定性、安全度等方面均显示不足，既不利于土地开发利用，也往往是不经济。特别对于地基承载力不满足要求时才有桩基拖梁基础更是增加工程投资。凯里市工业区城市主干道格宾加筋土挡墙 K6+570～K6+750 工点，路堤边坡最大高度为 16 m，地表覆土 1～28 m 不等，下伏基岩岩溶发育，受洪水影响及河流冲刷影响，受场地控制不能放坡填方通过。针对地质及现场情况提出格宾加筋土挡墙方案。

关键词　格宾加筋挡墙　内部稳定性　外部稳定性

1　工程概况

K6+570～K6+750 加筋格宾挡墙工点，原设计为舞溪寺大桥，行走于舞阳河左岸阶地上。原设计桥在墩、承台施工过程中发现地质情况复杂多变，桩基在成孔过程中出现坍塌，漏浆等情况。浇筑混凝土过程中出现漏混凝土及串孔现象，在此情况下无法保证桥桩基的施工质量。经详细勘察发现桥位地质为岩溶强烈发育地区，存在孤立石牙、溶洞等情况。岩溶形态为小型、竖向、多层，无大型空洞。

K6+577.5～K6+590：覆盖层为红黏土，厚度变化较大，层厚为 1.10～21.10 m。力学指标：容许承载力$[f_{a0}]$=180 kPa，E_s=7.0 MPa，γ=17.5 kN/m^3。

K6+590～K6+724.5：覆盖层为粉质黏土及圆砾夹卵石，厚度变化较大，层厚为 3.00～28.00 m，力学指标：粉质黏土，容许承载力$[f_{a0}]$=120.00 kPa，E_s=4.5 MPa，γ=17.0 kN/m^3；圆砾夹卵石，容许承载力$[f_{a0}]$=200 kPa，E_s=6.0 MPa，γ=19.0 kN/m^3。下伏基岩为中风化石灰岩，溶蚀沟槽及倾斜岩面和岩溶洞隙较为发育，拟建场地为岩溶强发育，岩石地基容许承载力$[f_{a0}]$=2 800 kPa。场地地貌见图 1。

2　方案比选

（1）放坡填土方案，中心填高最大 14.7 m，路堤边坡最大高度 16.8 m。K6+710 右侧有一泵房，由于泵房迁改重建周期较长，不能满足工期要求。

（2）混凝土圬工挡墙方案，两侧采用桩基托梁衡重式路肩挡土墙，最大墙高 15 m，桩长 14～18 m。由于基底存在溶洞同样需要注浆处理，无法保证桩基的施工质量，且工期较长造价较高。

（3）加筋格宾挡墙方案，K6+577.3～K6+643.3 左侧设格宾加

图 1　场地地貌

筋挡墙，K6+576.5～K6+614.5 右侧、K6+696.3～K6+750.3 左侧、K6+699～K6+736.6 右侧设格宾加筋路肩挡墙。最大墙高 16 m。格宾加筋挡墙的优势有：加筋挡墙具有一定柔韧性，能够适应地基轻微变形，且抗振性强；格宾石笼作为加筋挡墙面板，其孔隙较大，透水性好，具抗冲刷性，对地基承载力要求相对较低、适应性强、整体性好、抗震性能高、施工简便、快速、节省劳力和缩短工期，工程造价较低。

经与放坡填筑、桩基托梁衡重式路肩挡土墙、格宾加筋挡墙的经济、技术比较，采用格宾加筋土挡墙，如图2。

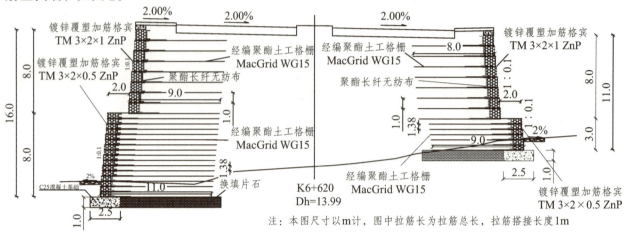

图2　加筋格宾挡墙支护代表性断面

3　格宾加筋挡墙工作原理

3.1　结构形式

加筋格宾挡墙是由格宾单元与加筋体组成。格宾单元的基本元素为镀锌或镀高尔凡并覆塑的低碳钢丝经机器编织而成的双绞合六边形金属网面。其面墙为格宾网箱，拉筋为钢丝网面，拉筋与面墙网面为同一网面的无节点连接，加筋格宾单元的一般规格为幅宽2.0 m，高0.5或1.0 m，在工点现场直接充填块石料构成面墙。格栅加筋体采用高强土工格栅，水平铺设于格宾单元后形成加筋填筑体，如图3。

3.2　工作原理

基本原理：面墙以格宾石笼代替传统的混凝土预制面板，增强透水性和抗变形能力。面墙后方在土中沿应变方向埋置具有挠性的拉筋材料，土与拉筋材料产生摩擦，使加筋土犹如具有某种程度的黏聚性，从而改良了土的力学特性。

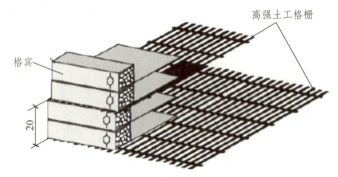

图3　加筋格宾挡墙结构示意图

加筋土强度的两种观点：

（1）摩擦加筋原理：加筋土视为组合材料，认为加筋土是复合体结构（或称锚定式结构）。填土自重和外力产生的土压力作用于墙面板，通过墙面板的拉筋连接件将此土压力传递给拉筋，而拉筋又被土压住，于是填土与拉筋之间的摩擦力阻止拉筋被拔出。因此，拉筋只要材料有足够的强度，并与土产生足够的摩阻力，则加筋的土体就可保持稳定。

（2）莫尔-库仑理论：加筋土视为均质各向异性材料，认为加筋土是复合材料结构。加筋土结构可以看作各向异性的复合材料，通常采用的拉筋，其弹性模量远大于填土，拉筋与填土共同作用，包括填土的抗剪力、填土与拉筋的摩擦阻力及拉筋的抗拉力，使得加筋土的强度明显提高。

3.3　加筋土挡墙破坏形式

（1）内部稳定不满足破坏——拉筋断裂造成挡土墙破坏或拉筋与土间结合力不足造成挡墙破坏。

（2）外部稳定不满足破坏——地基承载力低或沿基底抗滑稳定性不足或抗倾覆能力不够造成挡墙破坏。

4　计算分析

由于格宾加筋挡墙是近年发展起来的新型结构，其理论计算还处于研究、完善过程，尚无标准规范予以借鉴，鉴于本格宾加筋挡墙视格宾为面板，挡墙主要结构与加筋土挡墙吻合，故采用《公路路基设计规范》（JTG D30—2015）加筋挡土墙设计计算方法。

4.1　拉筋计算

筋土分开的计算方法中，加筋土挡土墙面板后填料中的破裂面的形状和位置是确定筋条尺寸的重要依据。加筋土设计理论中滑面形态、位置假定有多种。其中折线滑面线是实测资料各层拉筋所受拉力的最大值（峰值）圆顺连接而得到的所谓"潜在破裂面"，见图4。

拉筋应具有较高的抗拉强度，延伸率小，蠕变小，不易产生脆性破坏；与填料之间具有足够的摩擦力；耐腐蚀和耐久性能好；具有一定的柔性，加工容易，接长及与墙面板连接简单；使用寿命长，施工简单。

拉筋选用单向高强土工格栅，抗拉强度 150 kN/m。拉筋长度计算结果见表1。

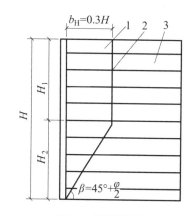

图 4　折线滑面

1—活动区；2—简化破裂面；3—稳定区

表 1　拉筋长度表

墙高/m	H_1/m	H_2/m	L_1/m	L_2/m
16	8	8	9	11
15	8	7	8	10
14	8	6	8	10
13	8	5	8	9
12	8	4	8	9
11	8	3	8	9
10	8	2	8	8

注：L_1 为平台以上拉筋长度；L_2 为平台以下拉筋长度。

4.2　内部稳定计算

（1）土压力系数计算。

当 $z_i \leqslant 6$ m 时　　$K_i = K_j (1 - z_i/6) + K_a \times z_i/6$

当 $z_i > 6$ m 时　　　　$K_i = K_a$

$K_j = 1 - \sin\varphi$

$K_a = \tan^2 (45° - \varphi/2)$

式中　K_i——加筋体内深度 z_i 处土压力系数；

　　　K_j——静止土压力系数；

　　　K_a——主动土压力系数；

　　　z_i——第 i 单元筋带结点至加筋体顶面的垂直距离。

结构计算简图见图5。

（2）作用于墙面板上的水平土压力。

$$\sum \sigma_{Ei} = \sigma_{zi} + \sigma_{ai} + \sigma_{bi}$$

式中 σ_{zi}——加筋土填料作用于深度 z_i 处墙面板上的水平土压应力，kPa；

σ_{ai}——车辆（或人群）附加荷载作用于深度 z_i 处墙面板上的水平土压应力，kPa；

σ_{bi}——加筋体顶面以上填土重力换算均布土厚所引起的深度 z_i 处墙面板上的水平土压应力，kPa。

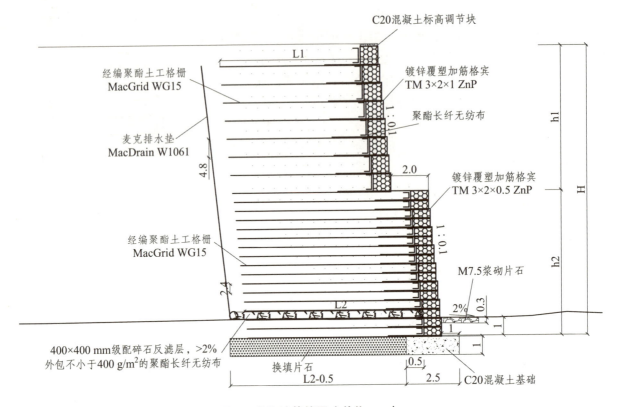

图 5 结构计算简图（单位：m）

（3）加筋体深度 z_i 处的附加竖直压应力。

$$\sigma_{fi}=\gamma h_0 L_c/L_{ci}$$

式中 h_0——车辆或人群附加荷载换算等代均布土层厚度，m；

L_c——加筋体计算时采用的荷载布置宽度，取路基全宽，m；

L_{ci}——加筋体深度 z_i 处的荷载扩散宽度，m；

γ——加筋体的重度，当为浸水挡土墙时，应按最不利水位上下的不同而分别计入，kN/m³。

（4）永久荷载重力作用下，拉筋所在位置的竖直压力。

$$\sigma_i=\gamma z_{i+}\gamma h_1$$

式中 σ_i——在 z_i 层深度处，作用于筋带上的竖直压应力，kPa；

h_1——加筋体上坡面填土换算等代均布土厚度，m。

（5）单个筋带点的抗拔稳定性按公式验算。

$$\left.\begin{array}{l}\gamma_0 T_{i0}\leqslant T_{pi}/\gamma_{R1}\\ T_{i0}=\gamma_{Q1}T_i\\ T_{pi}=2f'_{\sigma i}b_i L_{ai}\\ T_i=\left(\sum\sigma_{Ei}\right)s_x s_y\end{array}\right\}$$

式中 γ_0——结构重要性系数；

T_{i0}—— z_i 层深度处的筋带所承受的水平拉力设计值，kN；

T_i——z_i 层深度处的筋带所承受的水平拉力；

$\sum\sigma_{Ei}$——在 z_i 层深度处，面板上的水平土压应力，kPa；

γ_{Q1}——加筋体及墙顶填土主动土压力或附加荷载土压力的分项系数；

T_{pi}——永久荷载重力作用下，zi 层深度处，筋带有效长度所提供的抗拔力，kN；

γ_{R1}——筋带抗拔力计算调节系数；

s_x——筋带结点水平间距，m；

s_y——筋带结点垂直间距，m；

f'——填料与筋带间的似摩擦系数；

b_i——结点上的筋带总宽度，m；

L_{ai}——筋带在稳定区的有效锚固长度，m。

（6）筋带截面的抗拉强度验算公式。

$$\gamma_0 T_{i0}\leqslant Af_k/1\,000\gamma_f\gamma_{R2}$$

式中　A——筋带截面的有效净截面积，mm^2；

f_k——筋带材料强度标准值，MPa；

γ_f——筋带材料抗拉计算性能的分项系数；

γ_{R2}——筋带材料抗拉计算性能的分项系数。

内部稳定性计算结果如表 2。

表 2　内部稳定验算成果表

z_i/m	T_{i0}/kN	T_i/kN	T_{pi}/kN	z_i/m	T_{i0}/kN	T_i/kN	T_{pi}/kN
1	20.2	14.4	56	9	74.4	53.1	300
2	29.4	21	112	10	81.9	58.5	300
3	37.1	26.5	150	11	89.5	64	300
4	43.4	31	150	12	97.1	69.4	300
5	48.2	34.4	150	13	104.7	74.8	300
6	51.6	36.9	150	14	112.3	80.2	300
7	59.2	42.3	150	15	119.9	85.6	300
8	66.8	47.7	300	16	127.5	91.1	300

计算结果表明，筋带水平拉力设计值满足要求，但 8 m 以下筋体抗拔力达 300 kN，故墙顶填土以下 0～7 m 采用单层拉筋，8 m 以下采用双层拉筋。

全墙抗拔稳定性验算，分项系数取 1.0，

$K_b=\Sigma T_{pi}/\Sigma T_i=4.35>2.0$，满足要求。

4.3 外部稳定性计算

根据规范要求，外部稳定性计算进行抗滑稳定验算、抗倾覆稳定验算、地基承载力验算和整体稳定验算，规范规定验算公式及要求与重力式挡墙相同。验算结果如表 3：

表 3　外部稳定性验算成果表

验算内容	验算结果
抗滑移验算	$K_c=2.13>1.300$，满足要求
抗倾覆验算	$K_0=7.6>1.500$，满足要求
作用于基底的合力偏心距验算	$e=0.246<0.167\times11.0=1.83$ m，满足要求
整体稳定验算	$K=1.669>1.5$，满足要求
墙趾处地基承载力验算	压应力=422.8>240.000 kPa，不满足要求
墙踵处地基承载力验算	压应力=322.6>260.000 kPa，不满足要求
地基平均承载力验算	压应力=372.7>200.000 kPa，不满足要求

外部稳定验算结果表明，除天然地基承载力不满足要求外，其余均满足要求，设计时对地基

基础进行换填处理，格宾单元范围内换填 2.5 m 宽，1 m 深 C20 混凝土扩大基础，加筋结构填土部分地基换填 1 m 厚片石处理，以满足地基承载力要求。

5　面墙设计

面墙作用：防止拉筋间填土从侧向挤出，并保证拉筋、填料、墙面板构成有一定形状的整体。常用面墙有常用钢板、镀锌钢板、不锈钢板、混凝土面板、钢筋混凝土面板等。

本工点根据现场情况，基础沉降不均（覆土厚度变化较大）、受河流洪水冲刷、工期紧等因素采用格宾石笼面板（墙），在工点现场直接充填块石料构成。

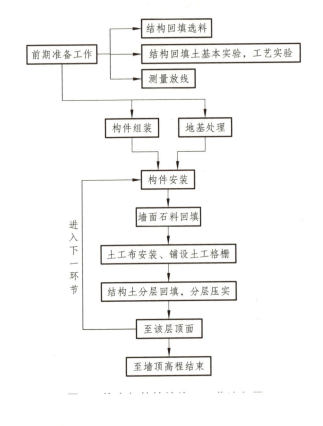

6　施工顺序及施工主要注意事项

6.1　施工顺序

① 施工放样→② 地面平整→③ 开挖格宾挡墙基础→④ 施做格宾挡墙基础→⑤ 铺设土工格栅，安装格宾笼→⑥ 人工填石（面墙 0.3 m 采用干砌）→⑦ 安装墙土工布→⑧ 分层回填结构填土（面墙 2 m 范围内人工夯实）→⑨ 分层填土（机械压实）。重复⑤～⑨工序至设计墙顶标高，见图 6。

6.2　施工注意事项

（1）结构回填物选取。

结构回填物选取基本要求是：易压实，不含腐殖质以及对网面钢丝具有腐蚀性的化学及电化学成分的　杂质。

（2）格宾组装。

将折叠的加筋格宾箱体置于坚硬、平整的地面，展开至其原始状态，箱体前面板、侧板及背板应摆放垂直（图 7），各相接面板边缘采用专门的绞合钢丝按间隔 10～15 cm 单圈缠绕-双圈锁紧间隔绞（图 8），一次绞合的边缘最长不超过 1 m，绞边钢丝的末端应再次缠绕在网面上。

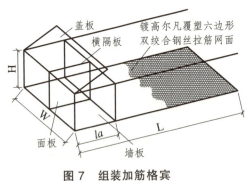

图 7　组装加筋格宾

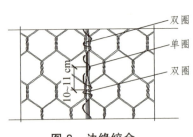

图 8　边缘绞合

（3）安装、面墙填石。

原地表处理完成后，事先安装好的格宾网箱应放在指定的位置，相邻网箱间应充分绞合以保证各网箱间构成连续的整体结构。用于填充网箱的石料强度等级不小于 MU30，抗风化，不水解，石料尺寸以 100～300 mm 为宜。

对于 1m 高单元的加筋格宾构件，每次填充高度不超过网箱高度的 1/3，0.5 m 高的格宾单元，填充高度为 0.25 m。面墙箱体面朝外的石料应采用手工摆放，并保证外立面的美观；当填充完一层石料后，应用人工摆放小粒径填料以减小孔隙率，面墙石料的填充率应不小于 70%每层构件中填充的石料应超高 3～5 cm，以预留填充石料的一定沉陷。

（4）闭合。

格宾面墙填充完毕并基本整平后，折叠网箱盖板并将拉近面板、侧板和背板。盖板与面墙箱笼顶边应吻合铰接。盖板上突出的边端钢丝应绕侧面突出边端钢丝缠绕两周，且网箱盖板应与侧面板、后面板及隔板牢固绞合（要求同上，图 8）。相邻的网箱盖板应同时闭合，且剩余的边端钢丝应折入已组装完毕的网箱内部。

（5）无纺布安装。

无纺布铺设于格宾网箱背侧与回填土之间，为保证无纺布安放牢固，其在上面及下面各折入压实土中的宽度不小于 300 mm。

（6）土工格栅铺设。

无纺布安装完成后，水平铺设土工格栅，土工格栅种类、规格及质量应符合设计要求，且无老化、外观无破损、无污染，进场前必须检测、验收。

（7）结构回填。

在填料未摊铺到拉筋网面上以前，严禁交通车辆、运料机械、摊铺机械等压实机械在裸露的拉筋网面上行驶和作业；重型机械在加筋区作业时，加筋网面上填料最小厚度要超出 20 cm。距离面墙 2 m 范围内，宜用人工夯实或轻型机械压实，重型压实机械不得在距离面墙 2 m 范围作业，以免对格宾面墙挤压造成破坏。加筋格宾挡墙施工见图 9，施工完成后的效果见图 10。

图 9　加筋格宾挡墙施工

图 10　加筋格宾挡墙施工完成

7　结　语

本文对加筋格宾挡墙的设计、计算及施工要求及注意事项等进行了归纳说明，可为今后同类型工点提供可借鉴的经验。

渝怀铁路涪陵西车站斜坡软弱地基高路堤试验工程

魏永幸

（中铁二院　技术中心）

摘　要　斜坡软弱地基路堤是山区铁路、公路常见工程类型，由于斜坡软弱地基具有不同于水平软弱地基的工程特性，应采取限制地基侧向变形为主的工程措施。本文介绍了渝怀铁路涪陵西车站斜坡软弱地基高路堤试验工程所采取的钢筋混凝土侧向约束桩和钢筋混凝土桩基础（桩网结构）两种措施及现场测试研究结果，并总结了斜坡软弱地基高路堤应用钢筋混凝土侧向约束桩和钢筋混凝土桩基础（桩网结构）的适用条件，可为类似工程参考。

关键词　斜坡软弱地基　侧向约束桩　桩网结构　试验工程

1　引　言

　　渝怀铁路西起四川盆地东部的重庆市，东至湖南省西部的怀化市，全长 628 km，为国铁 I 级单线电气化干线铁路。渝怀铁路地处亚热带，沿线降雨丰富，山（丘）间谷地广泛覆盖软弱土层。全线有斜坡软弱地基路基工点 80 余处，累计长度约 11.8 km，其中路堤中心高度大于 10m 的路堤有 39 处/4242 延米，最大填方边坡高度 25 m。研究制订稳妥、经济、施工便捷的斜坡软弱地基填方工程设计方案，具有重要工程意义。为此，原铁道部以铁科教函（2001）124 号文下达了"渝怀铁路斜坡软弱地基填方工程特性及工程技术研究"任务，并在涪陵西车站 DK123+200～DK123+500进行了斜坡软弱地基高填方工程的现场试验。本文简要介绍斜坡软弱地基及路堤工程特性，并以涪陵西车站斜坡软弱地基高路堤试验工程为重点研究分析。

2　斜坡软弱地基及路堤工程特性

　　所谓斜坡软弱地基填方工程，指斜坡地基系软弱岩土，承载力相对较低，在填土荷载作用下，地基会产生变形，填方工程的安全性除填方边坡稳定性之外，还需要关注填方连同地基的变形及失稳。斜坡软弱地基填方工程模型如图 1。

　　基于数值仿真计算分析、离心模型试验、综合理论分析等手段的研究表明，斜坡软弱地基填方工程不同于传统水平软弱地基的工程特性，主要是：

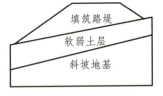

图 1　斜坡软弱地基填方工程

　　（1）水平软弱地基变形性状表现为以路堤中心线为轴左右对称，而斜坡软弱地基则为以斜坡下方明显偏大的非对称。斜坡软弱地基较之水平软弱地基而言，下方一侧坡脚地基的剪应变会更大，更容易发生地基变形乃至失稳。图 2 为变形后单元网格示意图，可以看出：水平软弱地基变形呈以中心线对称的锅底状，而斜坡软弱地基表现为在下方一侧坡脚集中。

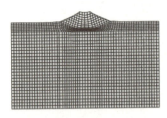

（a）水平软弱地基

（b）斜坡软弱地基

图 2　水平和斜坡软弱地基填方工程变形后的单元网格

　　（2）斜坡软弱地基变形性状与填土高度、斜坡坡度、软弱土层厚度、软弱土层弹性模量密切相关。填土高度增加，斜坡坡度增大，软弱土层厚度增加，软弱土层弹性模量减小，都将使斜坡坡脚处地层表面水平位移、路堤中心线处地层表面的竖向位移的增加，导致斜坡软弱地基路堤失稳风险的增加。

　　（3）对于斜坡软弱地基，采取打入桩（提高地基土层弹性模量）或抗滑桩均能有效约束路堤荷载作用下的软弱土地基的水平变形和竖向变形，提高斜坡软弱地基的稳定性；地基采用打入桩加固对地基变形约束的效果较坡脚锚固桩效果要好。

3　涪陵西车站斜坡软弱地基高路堤试验工程

为进一步研究斜坡软弱地基路堤特性及工程技术，选择涪陵西车站 DK123+200～DK123+500 斜坡弱地基高填方作为实验工程开展了相关现场测试研究。

3.1　试验工程地形地貌与地质环境

试验工程位于渝怀铁路涪陵西站重庆端咽喉区附近，范围 DK123+410～+530，全长 120 m。

场地属浅丘沟槽地貌，相对高差约 50 m，丘坡上多为旱地，沟槽内为种植水田或鱼塘荷塘。场地内出露侏罗系中统上沙溪庙组地层及第四系土层。第四系土层：砂黏土（Q_4^{dl+pl}）——棕黄、暗紫色，软塑～硬塑状，含少量碎石角砾，表层夹植物根，厚 2～8 m，分布于沟槽内；软土（Q_4^{dl+pl}）——棕黄色为主，软塑、局部呈流塑状，含少量砂岩质角砾，厚 0～3 m，呈透镜状，分布于 DK123+420～+530 沟槽中。场地地表水主要为季节性沟水，地下水主要为壤中水及基岩裂隙水，壤中水尤以软土中含量较丰，基岩裂隙水不甚发育。

场地沟槽中由于长期积水浸泡，土质黏性较强，进而形成软土，以软砂黏土为主，深 2～4 m居多，最大埋深为 6.4 m，层厚不稳定，厚 0～3 m，多呈透镜状，底板为硬塑状砂黏土或基岩，顶板为硬塑～软塑状砂黏土。

路堤填高约 2～10 m，填方边坡高度最大约 15 m，属于典型的斜坡软弱地基高路堤。

3.2　试验工程主要工程措施

试验工程主要工程措施包括：

（1）DK123+440～DK123+480 左侧软基采用振动沉管 C20 级钢筋混凝土灌注桩群加固，桩径 0.4 m，按桩间距 2 m 梅花形布置，桩长平均 8 m。

（2）DK123+466～DK123+518 软土地基采用抗滑桩侧向约束，桩间距 6 m，桩身截面 1.5 m×2.75 m，桩长 20 m，桩身采用 C20 级钢筋混凝土。

图 3 为渝怀铁路涪陵西车站斜坡软弱地基填方试验工程代表性横断面图。

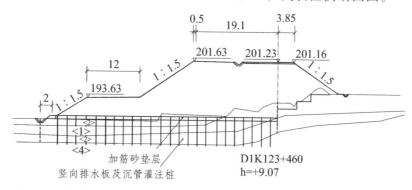

图 3　渝怀铁路涪陵西车站斜坡软弱地基填方试验工程代表性横断面图

3.3　现场测试及工程效果

图 4～图 6 为试验工程测试元件布置示意图。

通过对试验工程三阶段（施工期、竣工后、车辆加载）以及长达两年的系统测试及大量测试数据的分析，有以下基本认识：

（1）试验工点斜坡软弱地基在上部路堤荷载作用下的水平位移和竖向沉降主要发生在下坡一侧（路堤中心至护道坡脚范围）；最大水平位移出现在下坡一侧边坡中心至边坡坡脚范围，最大水平位移值分别为 79.93 mm（DK123+462）和 101.81 mm（DK123+497）；最大竖向沉降出现在下坡一侧路肩至下坡一侧边坡中心范围，最大竖向沉降值分别为 146 mm（DK123+462）和 316 mm（DK123+497）。

（2）试验工点斜坡软弱地基的水平位移与竖向沉降主要发生在路堤填筑期及工后2~3个月内。测试数据表明，施工期的水平位移占测得的总位移的48%~98%，平均为79%；施工期及工后2~3个月内的水平位移占测得的总位移的89%~100%，平均为93%；施工期的竖向沉降占测得的总沉降的46%~90%，平均为76%；施工期及工后2~3个月内的竖向沉降占测得的总沉降的86%~100%，平均约95%。

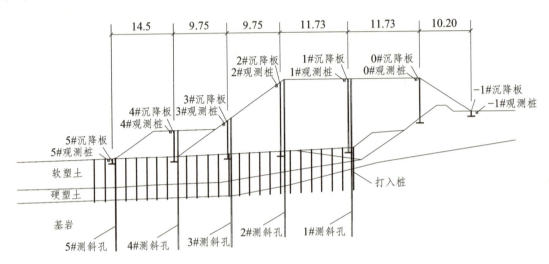

图4　试验工程 DK123+462 断面沉降板、观测桩与测斜孔布设

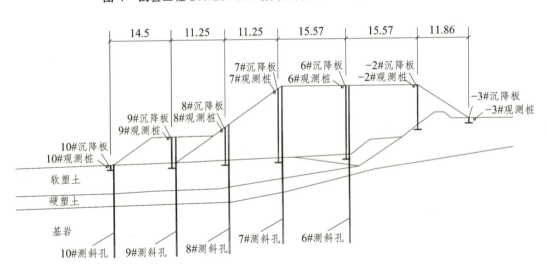

图5　试验工程 DK123+497 断面沉降板、观测桩与测斜孔布设

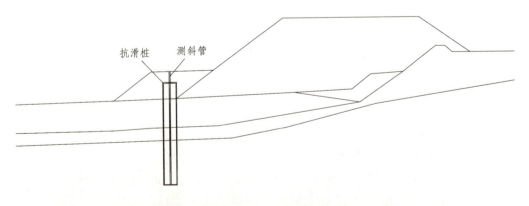

图6　试验工程抗滑桩 5#、6# 中测斜孔布设示意图

（3）试验工点斜坡软弱地基采用的沉管灌注桩和抗滑桩两种加固措施均能保证地基路堤处于稳定状态。测试数据表明，沉管灌注桩加固断面的最大水平位移和最大竖向沉降分别为 80 mm 和 146 mm；抗滑桩加固断面的最大水平位移和最大竖向沉降分别为 102 mm 和 316 mm。

（4）试验工点斜坡软弱地基采用的沉管灌注桩加固措施对地基变形的约束效果要好于抗滑桩加固措施。测试数据表明，在下坡一侧的路肩、边坡中心、边坡坡脚、护道坡脚等处，经沉管灌注桩处理后的软弱地基水平位移分别为抗滑桩的 51.1%、42.3%、76.3%、43.9%；竖向沉降分别为 50.9%、33.0%、77.1%、45.8%。

（5）试验工点斜坡软弱地基采用的抗滑桩为弹性桩，其桩身水平位移为上大下小的曲线。水平位移主要发生在桩顶以下 10 m 范围内，即岩层以上的土层内。最大水平位移发生在桩顶位置，最大水平位移值为 34.08 mm（5#）和 26.96 mm（6#）；抗滑桩的桩身水平位移主要发生在路堤施工期内，工后变形增长缓慢，2～3 月后即趋于稳定；抗滑桩施工期的最大水平位移分别为 30.01 mm（5#）、22.46 mm（6#），约占总水平位移的 88%（5#）、83%（6#）。

4　工程体会与认识

（1）通过涪陵西车站斜坡软弱地基高路堤试验工程测试研究，表明：对于斜坡软弱地基路堤，钢筋混凝土侧向约束桩和钢筋混凝土桩基础（桩-网结构）均能有效保证路堤稳定，钢筋混凝土桩基础（桩-网结构）同时能够更好地限制地基沉降。

（2）对于斜坡软弱地基，由于地面具有一定横坡，用放缓填方坡率或增设反压护道，其效果通常较差。因此，对于地面横坡较陡的斜坡软弱地基填方工程，推荐采用钢筋混凝土侧向约束桩来限制地基水平变形，并结合不同的地基沉降控制要求，选用相应的地基处理措施。

（3）桩-网结构基础由钢筋混凝土稀疏桩群以及桩顶加筋褥垫层组成，在填土荷载作用下，由于桩顶加筋褥垫层的作用（网兜效应），钢筋混凝土稀疏桩群相互牵制、形成复合桩群，使桩体主要受到竖向作用力作用，加之网-桩-土三者协同作用，构成一个整体共同承担上部荷载的人工地基，可以实现地基沉降的有效控制。对于地基沉降控制严格的地段，可选用桩-网结构基础。

福厦铁路桥头软土地基便道路堤牵引坍滑整治

周　成　魏永幸
（中铁二院　土建二院）

摘　要　福厦铁路玉塘洋桥厦门端在路堤填筑期间，由于施工便道坍滑牵引，造成已填路堤坍滑破坏。本文研究了恢复路基方案以及延长桥梁方案，最终采用延桥方案。

关键词　软土地基　施工便道坍滑　路堤坍滑　整治方案

1　工程概况

坍滑点位于福厦铁路 DK50+477（玉塘洋桥厦门端）~DK50+540（涵洞）段，地处滨海平原地貌，地形平缓，相对高差 0~2 m，地表多为水田。距离线路左线中线 30 m 处有一小河道，河面宽度 15 m 左右，深 1.5~2 m。路基以填方通过，填方高度 8.6~9.1 m。

段内覆土为第四系全新统长乐组海积层（Q_4c^m）：粉质黏土，硬塑，分布于段内地表，厚约 2 m，其下为淤泥质粉质黏土，软塑~流塑，夹少量腐殖质，厚 6~7 m；下伏卵石土，中密，饱和，卵石占 50%~55%，d=20~60 mm，石质成分复杂，充填粉质黏土、砂，厚 4~7 m。基岩为中生代燕山期侵入花岗岩（r）、侏罗系上统南园组三段（J_3n^c）、二段（J_3n^b）凝灰熔岩。淤泥质粉质黏土主要物理力学指标为：密度 ρ=1.7 g/cm^3、黏聚力 C=6 kPa、内摩擦角 φ=4°、基本承载力 σ_0=40 kPa。

测段位于龙江水系的滨海感潮河段，径流由流域大气降水补给。段内地表水主要为沟水、水田水、水塘水，地表水发育。地下水主要为覆盖层孔隙水及基岩裂隙水，受大气降雨补给，仅卵石土层、细砂层中地下水发育。

该段路基地基设计采用 CFG 桩处理，CFG 桩桩长 12 m，桩间距 1.4 m，按承载力进行控制设计，要求复合地基承载力不小于 220 kPa。设计代表性断面图见图 1。

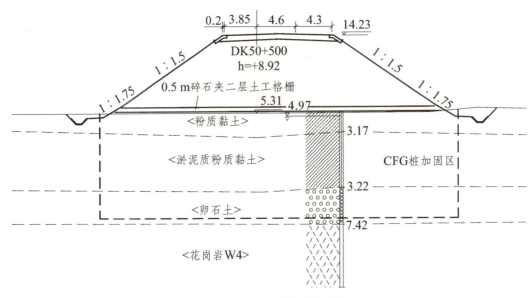

图 1　路基代表性横断面图

施工单位在 2007 年 12 月 27 日完成 CFG 桩施工，监理单位进行了载荷试验质量检测，结果满足设计要求的承载力 220 kPa。2008 年 1 月 6 日开始填土，在 2008 年 6 月 2 日级配碎石填筑完成。沉降观测从填土开始进行，观测结果正常。

2　病害产生情况

2008 年 6 月 2 日完成级配碎石填筑，2008 年 6 月 6 日早发现路基面出现裂缝，当晚 9 时左右出现坍滑。线路右侧临近 66#墩至桥台后有一条平行线路的便道，便道在桥台锥坡位置上至路基面高程处，便道严重坍滑挤压河床，滑移大约 8 m，最大沉降在 3 m 左右，为整个变形最严重地段。DK50+477 桥头路基顺线路方向在距离左线中心 5.7 m 出现坍滑，坍滑长约 20 m，坍滑后缘直立，滑壁高 4 m 左右，在左侧路肩内侧 1 m 左右出现错台，错台高度在 0.4 m 左右，深 1～3 m，同时在线路大里程方向出现多道弧形裂缝，最大裂缝宽度在 0.05 m 左右，深 0.5～1 m。最远裂缝在 DK50+540 涵洞小里程边墙位置。整个坍滑的主轴方向与线路交角约 45 度，滑移方向为桥的小里程方向。线路左未出现开裂等病害。现场坍滑照片见图 2，坍滑主轴断面见图 3。

（a）坍滑点总貌　　　　　　（b）前缘鼓胀开裂　　　　　　（c）施工便道

图 2　填筑路堤变形破坏情况

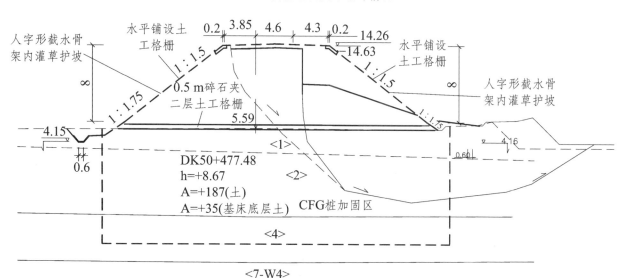

图 3　坍滑主轴断面图

3　病害原因分析

　　线路右侧临近 66# 墩至 67# 桥台后修建施工便道，便道平行线路并在桥台后加宽路基面，通过桥台锥坡上至路基面高程处。由于便道填筑位置位于软土区域，除路基及桥台锥坡基底进行处理外，其余地段未进行处理，未进行地基处理地段便道填土高度超过软土地基的极限填土高度，加之靠河道侧有 1.5 m 左右的临空面，造成便道地基失稳变形滑移，影响桥台锥坡及路基基底的 CFG 桩，而 CFG 桩复合地基工程抗侧向变形能力相对较弱，在前缘地基破坏牵引、填方荷载推动作用下，造成路堤坍滑。

4　病害处理方案研究

　　清除坍滑变形段路基填土，DK50+540 涵洞两侧需对称清方。

　　路基方案：地基采用预应力钢筋混凝土管桩补强处理，坍滑严重地段地基已经被严重扰动，已经施工的 CFG 桩会影响后续工程施工，故在此范围采用钢筋混凝土钻孔桩加固，并在右侧设置 4 m、高 5～10 m 宽的反压护道。路基方案代表性横断面如图 4。

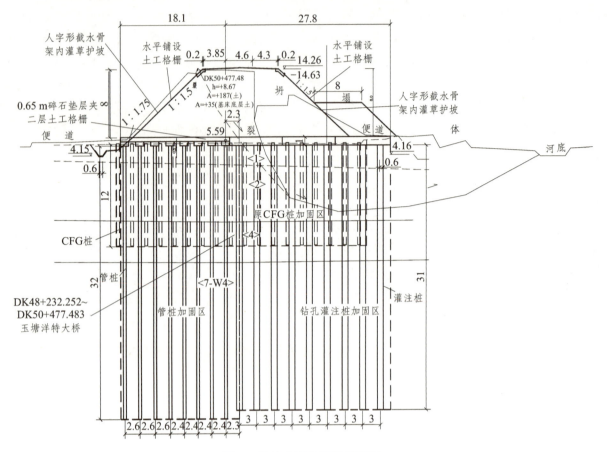

图 4　整治方案代表性断面图

考虑到地基已经被严重扰动，后续整治施工进一步扰动对地基稳定的不利，最终采用延长桥梁方案通过该坍滑地段。

5　工程体会

（1）填方较高的软土地段，首先应选择以桥通过，本工点填方高度达到 9 m，为病害产生提供了条件。

（2）设计中应注意微地貌对工程安全的影响。线路右侧的小河变相地增大了路基填方高度，对稳定不利。

（3）施工便道大临工程设置不合理，直接造成工程病害。大临工程应选择在地质条件好的位置，对位于软土地基的大临工程，应采取相应的处理措施，避免工程病害。

（4）对于特殊地质、特殊环境下的大临工程应进行详细设计，避免出现类似工程病害。

南昆铁路永丰营车站软土路基病害整治

李　能

（中铁二院　昆明公司）

摘　要　本软土路基按一般路堤填筑坍滑后，第一次变更设计采用在原线位粉喷桩加固基底左侧路肩位置设置锚索桩侧向约束，施工失败。第二次变更设计将铁路中线右移约 30 m，完全避开了变形扰动区，基底用粉喷桩加固，取得成功。对勘察、设计及施工均具有应吸取的经验教训。

关键词　软土路基　粉喷桩　黏土岩

1　概　况

该工点位于南昆铁路永丰营车站 K742+713～K743+015（运营里程）段，长 302 m。车站居阳宗海断陷盆地的开阔缓谷，地形平顺，地面横坡仅 2°～3°，线路于 1989 年进行定测，勘探资料未揭示出存在软弱土层。路堤填筑高度 4～5 m。

施工图阶段按一般路基设计通过，填料用挖方弃渣（寒武系砂页岩）。

1992 年末在 K742+739～+889 段范围施工时，发现路堤有下沉现象，开始认为是一般的沉落，进行了超填处理。在短短 3～4 个月的时间里，路堤多次下沉，多次超填。1993 年 3 月，发现该段路堤开裂、变形，右侧路肩边缘形成一条弧形裂缝，宽 0.2～2 m，可见深度 0.1～1.0 m；同时土体向右侧形成波浪形变区，有两段明显凸起，最大凸高约 1 m；并在 K742+739～+829 段填方坡脚至其外 5.0 m 范围内原地面沉陷，地下水渗出，形成一个积水洼地，最大水深 1 m。路堤填筑土中的裂缝，虽几经填实，但仍几度出现变形开裂。

2　路堤病害原因分析

为查明地面变形原因，于 1994 年 1 月对变形范围作了进一步地质勘探。

补勘资料揭示，永丰营车站位于顺小江深大断裂的西支形成的阳宗海断陷盆地北部，沉积着巨厚的上第三系黏土岩夹褐煤层。车站范围内断续分布几处锅状洼地，洼地内沉积有巨厚的淤泥质黏土，最深达 50 m，其物理力学性极差，天然孔隙比 e=1.350～1.433，天然含水量 W=52.7%～54.7%，天然快剪 c=15～17 kPa，φ=4～8°，压缩系数 $a_{0.1-0.2}$=0.82～1.00 MPa^{-1}。根据年龄测定，靠下部的淤泥质黏土属上更新统（Q$_3$）。具体地层分布情况见代表性横断面（图 1）。

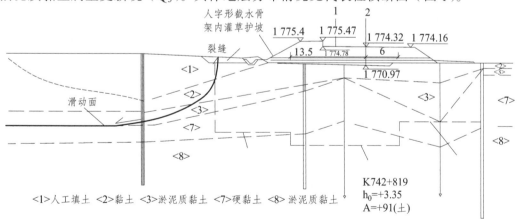

<1>人工填土　<2>黏土　<3>淤泥质黏土　<7>硬黏土　<8>淤泥质黏土

图 1　代表性路基横断面

通过车站病害发生后的补勘，查明该段路堤地基下，不仅分布有现代沉积的黏土，其下还存在一层深厚的从晚更新世早期（Q$_3^1$）开始沉积的淤泥质黏土。在路堤填土荷载作用下，首先产生沉降，并引起地基浅层的现代沉积黏土及淤泥质黏土产生侧向塑性变形。路堤发生沉降，施工遂进行超填，沉降-超填、超填-沉降，在反复加载、反复沉降的恶性循环过程中，沉降不断加大。随着沉降增大，侧向变形相应扩大、加深，导致埋深本不太大的上层更新世淤泥质黏土也参与变形，最终形成一个范围较宽（左侧路堤坡脚以外 120 m 左右）的变形区。变形区内，地面呈波状起伏；

近处，地面沉降，形成沿路堤坡脚分布的积水洼地；远处地面鼓胀隆起，成为高 1 m 左右的鼓丘。路堤下沉后，右侧路肩附近形成一条弧形裂缝，缝宽 2～20 cm，可见缝深 10～100 cm。

3　路堤病害整治情况

3.1　路堤病害进行第一次整治

1993 年 9 月至 12 月，对车站软土造成的病害进行第一次整治。采取移动站房中心、减载和粉喷桩复合地基与锚索桩结合的工程措施。减载至原地面高程后施工粉喷桩，后期钻孔揭示，变形区内路堤填筑土体最大下沉量已达原地面线以下近 9 m。共设 23 根侧向约束桩，桩截面 2 m×2.5 m，桩长 15～28 m（图 2）。

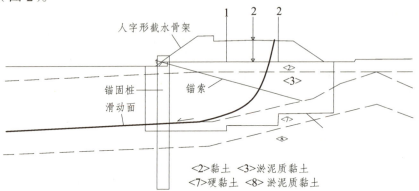

图 2　第一次整治工程横断面示意图

1993 年年底完成部分喷粉桩及少许抗滑桩的施工，在较深的锚索桩桩井开挖过程中，出现护壁受挤破裂，桩井中淤泥质黏土上涌现象，虽采用增设钢筋混凝土护壁桩等措施，仍不能阻止土的上涌，桩井施工难以进行，此次整治被迫中断，且地基受到严重扰动。导致施工中断的原因，与淤泥质黏土，特别是更新世淤泥质黏土物理力学性质过差直接有关，而在诸多物理力学性质中，土的高灵敏度是值得一提的主要原因。更新世淤泥质黏土属高灵敏性土（灵敏度 $S_t=3～4$），在路堤下沉变形过程中，即已遭受扰动，在锚索桩、护壁桩施工中再次遭受扰动，土结构遭受严重破坏，引起强度急剧下降。对于软塑状的更新世淤泥质黏土，强度原已很低，经一再扰动触变，几乎再无强度可言，且因这类软塑状土触变后，其固化凝聚力不能复原，故其丧失的强度也难以完全恢复。这就造成了较深的桩井难以成井，愈在桩周加固，扰动范围愈大，愈增加桩井开挖困难，最终被迫停工。

3.2　路堤病害进行第二次整治

鉴于该工点的复杂性和特殊性，为保证铺轨工期，节约投资，经与南昆指组织现场会审，同意采用线路右移 30 m 的改线方案。移线后避开了原软基扰动破坏区，深厚软土范围大为缩小，软土厚度有所减薄，工程地质条件明显改善，整治难度大为降低。改线后软土地基采用粉体喷搅桩加固，利用原线作为反压护道，路堤中增设土工网格，进行综合整治（图 3）。

（1）粉体喷搅桩加固。

根据不同的地质条件，为控制地基的超限沉降，提高地基强度，水泥粉喷桩加固地基的范围和设计参数如下：

① K742+713～+773 段，长 60 m。粉喷桩最大桩长 16 m，桩土中水泥渗入量为 75 kg/m。石膏掺入量为 3.75 kg/m。

② K742+745～+860 段，长 115 m。粉喷桩最大桩长 15 m，桩土中水泥渗入量为 65 kg/m，石膏掺入量为 3.25 kg/m。

③ K742+935～K743+016 段，长 81 m。粉喷桩最大桩长 8m，桩土中水泥渗入量为 65 kg/m，石膏掺入量为 3.25 kg/m。

④ 粉喷桩桩径均为 0.5 m，桩中心距纵向均为 1.5 m，按梅花形布置。其中 K724+726～+773

段，采用中心间距 1.5 m 的等边三角形布置。

⑤ 不同地层的粉喷桩参数，均经现场试验及测试后组织实施。

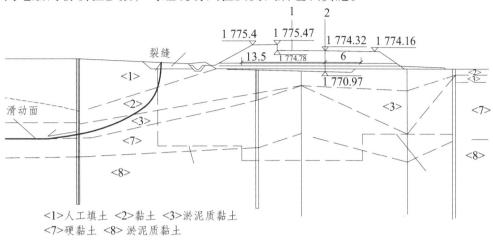

<1>人工填土　<2>黏土　<3>淤泥质黏土
<7>硬黏土　<8>淤泥质黏土

图 3　第二次整治工程横断面图

（2）土工网格加固。

为改善地基的均匀性，在路堤填土中采用了土工网格加固。网格材料采用湖北省力特塑料制品有限公司 CE131 型，规格为六角形网格，网格尺寸 27 cm×27 cm，幅宽 2.5 m，长度 30 m/卷，最大抗拉强度 5.8 kN/m。

（3）土工试验。

1994 年 4 月下旬，进行了现场荷载试验和水泥土室内无限侧抗压强度及抗剪强度试验。试验结果，水泥土 7 d、28 d、90 d 龄期的无侧限抗压强度分别为 500 kPa、800 kPa、1 100 kPa，粉喷桩 28 d 龄期的单桩及复合地基承载力分别达到 180 kN 和 480 kN（1.2 m×1.2 m 承载板，桩长 16 m），满足了设计要求，并进一步完善了设计方案。

4　工程实施及效果

（1）该工点粉喷桩 1994 年 6 月正式施工，9 月底完工。在改线方案施工中，由于上更新世早期（Q_3^1）淤泥质黏土黏着力大、密实，喷粉过程中桩下 10～16 m 范围内很难复搅。针对这一情况，施工单位及时调整粉喷方法，即深 0～5 m 范围喷 90 kg/m 水泥，深 5～10 m 范围喷 75 kg/m 水泥，深 10～16 m 范围喷 60 kg/m 水泥，满足了设计要求。

（2）该工点软土路基填土施工，从 1994 年 10 月下旬开始。同期进行了路基沉降观测试验，以便更好地控制填土速度。通过设计与施工单位的共同努力，路堤施工状况良好，铺轨于 1995 年 3 月安全地通过了该站。经过了 1995 年后几个雨季的考验，并经两年的观测，总沉降量小于 0.30 m，符合设计要求。

5　工程体会

（1）由于勘察成本、工期等客观原因，过去对路基工点地质勘察工作的投入普遍不够，在"重桥隧、轻路基"的固有观念惯性作用下，路基工点地质钻探偏少，提供的地质资料不够准确，远不能满足设计要求。永丰营软土路基病害的发生，是这种现象的极端体现。在路基工程应按土工结构物进行设计的今天，勘察设计参与者应吸取此类工程的教训，进一步加强路基工程的地质工作，加大路基勘察工作的投入，尽量减少不良地质灾害带来的损失。

（2）本段软土底板边界复杂，在现代沉积的黏土下还存在一层物理力学性质更差的晚更新世早期（Q_3^1）沉积深厚淤泥质黏土，这在之前的工程中尚未遇见过，对其认识不透以致走了弯路。

（3）第二次变更设计采用中线右移约 30 m 的方案，避开了原软基扰动破坏区，软土范围大为缩小，厚度也有所减薄，降低了处理难度，软土处理成功。印证了软土地区选线原则，从软土分布范围小且厚度不大的位置通过。

大丽铁路鹤庆车站软土高路堤坍滑整治

徐继明　杨　英

（中铁二院　土建一院）

摘　要　大丽铁路鹤庆车站站内一段路堤，采用碎石桩加固基底，施工过程中突发坍塌病害，严重影响了施工进度。本文详细介绍了该病害的发生、发展情况及病害处理措施，并对其原因进行了分析探讨，供设计和施工同行借鉴和参考。

关键词　路堤坍滑　软土地基　碎石桩　搅拌桩　原因分析

1　引　言

大丽铁路鹤庆车站站内路基以填方为主，其中 DIK128+025～+220 段路堤设计边坡高度最大为 14.0 m，基底采用碎石桩处理。该段路堤填筑至 10.78 m 时突然出现开裂现象，之后数天内裂缝迅速发展，出现路基下沉、两侧排水沟开裂、坡脚外地表隆起等一系列病害现象，填方坡顶下沉量达 1.59 m，坡脚外 20 m 内地表最高隆起 2.67 m。本文详细分析了该病害工点的形成原因并简介了病害处理的成功方案。碎石桩在铁路工程地基处理中应用较广，成功的案例不少，但失败的工程也并非少见，笔者旨在通过此文总结经验，深化认识，吸取失败的教训，分享成功的整治经验，为类似病害整治提供有价值的参考。

2　工程地质概况

钻孔资料显示，DIK128+025～+220 段上覆第四系全新统坡洪积（Q_4^{dl+pl}）之黏土、淤泥质土、中等膨胀土、粉砂、角砾土，其中<3-3>淤泥质黏土和<3>中等膨胀土力学性质较差。段内地层自上而下分述如下：

<3>中等膨胀土（Q_4^{dl+pl}）：暗红、棕红、褐黄色，硬塑状，偶夹软塑状，主要为黏土，局部分布粉质黏土，含约10%碎石角砾。厚 0.8～7 m，主要分布于测段范围表层。

<3-3>淤泥质黏土（Q_4^{dl+pl}）：灰绿色、深灰、灰黑色，软塑，质较纯，局部为泥炭、淤泥、软黏土，含少量腐殖物。该层在站内均有分布，主要分布于<3-5>层之间，厚 0～6 m，硬壳厚 0.6～11 m，埋深 5～13.4 m。该层相关物理力学指标为：ρ=1.73 g/cm³，e=1.327，W=48.7%，W_L=54.2%，$a_{v0.1-0.2}$=0.90 Mpa⁻¹，$Es0.1～0.2$=2.52 MPa，c_v=0.164（cm²/s×10⁻³），K_v=0.009（cm/s×10⁻⁷）。$c_{天}$=14.1 kPa，$\varphi_{天}$=4.1°，$c_{固}$=25.7 kPa，$\varphi_{固}$=8.7°。

<3-4>粉砂（Q_4^{dl+pl}）：灰绿色，稍密～中密，饱和，局部为细砂，间夹薄层黏性土，含较多贝壳碎片。测段均有分布，厚 7～28 m，埋深于地表以下 6～22 m。

<3-5>黏土（Q_4^{dl+pl}）：褐黄、灰绿、深灰色，软塑，质较纯，局部为粉质黏土，含少量角砾。测段均有分布，厚 1.5～12 m。

<3-1>角砾土（Q_4^{dl+pl}）：褐灰、灰绿色，中密，潮湿～饱和，角砾含量占 50%～60%，成分为泥灰岩、灰岩、砂岩、角砾岩质，含少许有机质，局部含较多砂，余为黏性土充填，局部为圆砾土、碎石土。分布于测段下部，呈层状分布，厚度大于 15 m。

主要地层物理力学指标见表1。

表 1　主要地层物理力学指标

地层号	岩土名称	状态	天然密度 ρ/（g·cm⁻³）	天然快剪		基本承载力 σ_0/kPa
				凝聚力 c/kPa	内摩擦角 φ/（°）	
<3-5>	黏土	软塑	1.86	11.5	10.2	120
<3-3>	淤泥质黏土	软塑	1.73	14.1	4.1	65
<3>	中等膨胀土	硬塑	1.8	45	9.6	160
<3-4>	粉砂	中密	1.9	—	20	100
<3-1>	角砾土	中密	2.0	—	35	220

3　DIK128+025～+220 段路堤地基处理设计

DIK128+025～+220 段路堤设计高度为 6.0～14.0 m。经稳定分析，考虑列车荷载和地震荷载时，天然地基稳定性系数 K=0.626，不满足《铁路路基设计规范》（TB 10001—2005）和《铁路特殊路基设计规范》（TB 10035—2006）的要求，需对地基进行加固。

经多种方案对比，确定采用 ϕ 0.5 m 沉管碎石桩加固处理，主要设计参数如下：（1）碎石桩呈正三角形布置，桩间距 0.9m，桩长 6～14 m，桩端置入<3-4>粉砂层 0.5 m。（2）碎石桩桩身密度应达到中密以上，重型动力触探击数不小于 10。（3）桩顶铺设 0.5 m 厚、夹一层双向 50 kN/m 土工格栅的砂砾石垫层，土工格栅采用 TGS5050-13 型，延伸率不得大于 13%。

4　病害情况及原因分析

4.1　施工情况

本站于 2005 年 12 月 4 日、2005 年 12 月 18 日分别在 DIK127+890 中线（Ⅱ）右侧 60 m 处，DIK128+170 中线（Ⅱ）右侧 5 m 处作试桩；正式进行碎石桩施工于 2006 年 2 月 8 日开始，至 2006 年 5 月 28 日结束，历时 110 天，采用 4 台碎石桩桩机（DJ-90KS 型）；2006 年 4 月 25 日至 2006 年 7 月 10 日施工砂砾石垫层及土工格栅；2006 年 7 月 27 日开始路堤填土。

4.2　病害发展概况

DIK128+025～+220 段路堤由于工期紧等原因，于 2006 年 12 月 28 日自填高 7.6 m 开始加快填筑速率，2007 年 1 月 12 日上午填高至 10.78 m 时，填方顶面突然出现肉眼可见的纵向裂缝，此后裂缝迅速发展，先后出现路基下沉、路堤两侧排水沟和附近涵洞开裂及路堤坡脚 20 m 范围内地表隆起等现象见图 1、图 2。

图 1　路堤下沉情况　　　　　　　图 2　路堤两侧排水沟开裂情况

4.3　病害原因分析

病害发生后，建设指挥部及时组织设计、施工和监理单位到现场核查，立即采取了清方减载措施，同时成立了四方组成的病害原因核查小组，主要从勘察设计和施工情况两个方面对病害原因进行了核查。

指挥部组织设计、施工及监理单位分别对碎石桩的桩身密度、桩顶碎石垫层的施工情况进行了开挖检查。检查断面开挖面面积分别为 3 m×3 m、3 m×5 m。

（1）碎石桩桩身密度检测。

采用全孔重型动力触探试验，分别对 DIK128+050 和 DIK128+185 处三根碎石桩的桩身密度进行了检查，结果如表 2 所示。

表 2　桩身密度检测结果

序号	选检断面	设计桩长/m	桩身检测位置/m	检测结果
1	DIK128+050	9.5	0～7.9	松散
			7.9～9.5	稍密
2	DIK128+185	6	0～1.4	松散
			1.4～6	稍密
3	DIK128+184.1	6	0～1.5	松散
			1.5～6.0	稍密

由表 2 可知，这三根桩桩身呈松散至稍密状态，未达到桩身密度应达到中密以上的设计要求。桩身密度是控制碎石桩成桩质量的一个重要指标，若达不到要求，将直接影响其桩身强度，导致复合地基容许承载力不能满足设计要求。具体到本工程而言，碎石桩桩身呈松散至稍密状态下，在较快速率填筑施工的高填方荷载作用下，将造成软土范围内碎石桩压溃，引起路堤失稳坍滑。而之后的承载力载荷试验也表明，病害工点的碎石桩复合地基容许承载力不满足设计要求。

（2）桩顶碎石垫层检查。

开挖检查发现，碎石桩顶未设置土工格栅，砂砾石垫层含泥较重，且厚度不足。

（3）施工过程中未按设计要求进行水平位移和竖向位移观测来控制填土速率，填土速率过快。

5　病害处理措施

根据病害特点及工点工程地质条件，最终确定采用搅拌桩联合反压护道的处理方案（图 3），具体工程措施如下：

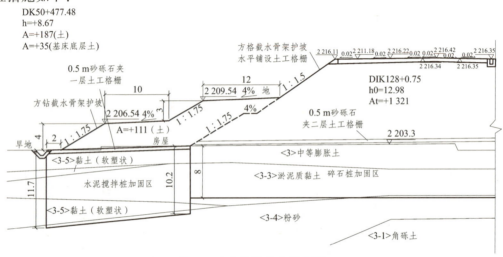

图 3　病害整治代表性断面

（1）施工搅拌桩之前，将原地面隆起部分清除整平。

（2）原设计路堤坡脚外设置一级至二级反压护道，反压护道基底采用直径 ϕ 50 cm 水泥搅拌桩加固，正三角形布置，间距为 1.15 m，加固深度打穿软塑状黏土至其下持力层<3-1>角砾土内不小于 0.5 m，在搅拌桩顶部铺设一层双向 50 kN/m 土工格栅及 0.5 m 厚的砂砾石垫层。土工格栅采用 TGS5050-13 型，延伸率不得大于 13%。桩身采用 42.5 级普通硅酸盐水泥，水泥掺入量不小于被加固湿土重量的 15%～20%。室内配合比试验要求桩体标准养护 28 d、90 d 立方体无侧限抗压强度分别不小于 1.25 MPa、1.56 MPa。

（3）路堤坍塌范围内断面开挖后，重新填筑，其压实度满足设计要求。

6　结　语

（1）碎石桩桩身密度达不到设计要求以及填筑速率过快，是诱发本次病害的主要原因。若施工质量不符合要求，将对复合地基的承载性状造成不良影响，甚至诱发病害。

（2）该工点采用搅拌桩联合反压护道的处理措施从根本上治理了坍滑病害，路基下沉和侧向位移得到有效控制，加固效果较好，满足工程要求；运营以来，路基安全稳定。

（3）淤泥质黏土等极软弱地基条件下的高路堤工程，地基加固时宜采用抗剪较强的刚性桩或 CFG 桩与水泥搅拌桩交错布置的复合地基加固措施。如采用碎石桩，在确保碎石桩桩身密度及成桩质量前提下，应严格控制填土速率，使得碎石桩复合地基有足够强度来保证路堤的稳定。

（4）软土地基加固区的路堤填方，须按照规范要求严格控制填土速率，并同步进行水平位移和竖向位移观测，若发现水平位移和竖向位移超标，应立即停止填筑，会同各方采取有效措施后方可继续填筑。

遂渝铁路无砟轨道试验段红层泥岩高路堤补强加固处理

魏永幸

（中铁二院　技术中心）

摘　要　中国首条无砟轨道试验铁路——遂渝铁路无砟轨道试验段，位于重庆枢纽遂渝引入线。重庆枢纽遂渝铁路引入工程于 2003 年 4 季度开工，按时速 160 km、200 km 有砟轨道铁路标准建设，至试验段正式立项时已完成 50%以上线下工程，部分路基工程已施作。为满足无砟轨道铺设要求，针对已填红层泥岩高路堤，设计采用钢筋混凝土桩-网结构和钢筋混凝土桩-板结构进行补强加固。本文简要介绍钢筋混凝土桩-网结构和钢筋混凝土桩-板结构工程研究、设计、施工及测试相关情况，并总结了钢筋混凝土桩-网结构和钢筋混凝土桩-板结构设计方法，可为类似工程参考。

关键词　遂渝铁路　桩-网结构　桩-板结构　试验工程

1　引　言

为了研发具有自主知识产权的无砟轨道成套技术，积累成区段铺设无砟轨道的经验，为我国客运专线铁路建设提供技术支撑，2004 年原铁道部决定在遂渝铁路建设无砟轨道综合试验段。试验段选择在重庆枢纽遂渝铁路引入线的北碚—井口间。试验段范围为：桐子林隧道进口—蒋家桥大桥，DK125+676 ~ DK138+893，正线全长 13.157 km。

重庆枢纽遂渝铁路引入工程于 2003 年 4 季度开工，按时速 160 km、200 km 有砟轨道铁路标准建设，至试验段正式立项时已完成 50%以上线下工程，路基工程已部分施作，多处高路堤已填筑过半或基本完成。为满足无砟轨道铺设要求，针对已填红层泥岩高路堤，需进行评估并进行补强加固。

2　红层泥岩高路堤补强加固方案

2.1　已填红层泥岩高路堤适应性评估

试验段范围多处高路堤，已按原设计完成地基处理并填筑过半或基本完成。原设计采用时速 200 km 有砟轨道铁路技术标准，路基工后沉降控制标准为 15 cm，软土地基选用粉喷桩复合地基加固，路基本体和基床底层利用挖方——红层泥岩土填筑。无砟轨道铁路对线下工程变形限制严格，要求路基工后沉降一般不大于 1.5 cm。根据红层泥岩路堤工程经验及监测沉降数据，红层泥岩路堤沉降稳定时间长达 2 ~ 3 年，据此评估认为，已填红层泥岩高路堤不能满足无砟轨道铁路铺设要求，必须对已填红层泥岩高路堤进行补强加固。

2.2　钢筋混凝土桩-网结构加固方案

桩-网结构路基由桩-网结构地基与上部路堤组成。其中桩-网结构地基是一种刚性桩基础，由钢筋混凝土刚性桩（群）、桩帽以及桩帽顶面加筋垫层共同组成。图 1 为遂渝铁路无砟轨道综合试验段桩-网结构路基代表性横断面图。

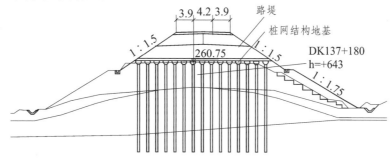

图 1　遂渝铁路无砟轨道综合试验段桩-网结构路基代表性横断面图

桩-网结构加固方案技术要点包括：

（1）钢筋混凝土刚性桩采用钻孔灌注桩，桩径 0.6 m，桩身材料采用 C30 混凝土。

（2）桩顶设置碎石柔性加筋垫层，厚度 0.6 m，夹铺两层抗拉强度 80 kN/m、相应破断延伸率不大于 10% 的低应变高强度双向土工格栅。

（3）为防止刚性桩桩顶刺入柔性加筋垫层，改善加筋垫层受力，刚性桩顶部设置扩大的桩帽，桩帽平面尺寸采用 1.2 m×1.2 m。

（4）刚性桩按矩形布置，桩间距根据上部路堤及轨道、列车荷载大小、桩顶加筋垫层承载能力、填土负摩擦力等因素经计算综合确定，采用 2~3 m。

（5）因持力层埋藏较浅，刚性桩按穿透软弱土层、进入砂泥岩强风化层不小于 1.0 m 设计。

2.3　钢筋混凝土桩-板结构加固方案

图 2 为遂渝铁路无砟轨道综合试验段 DK132 单线桩-板结构路基代表性横断面图。

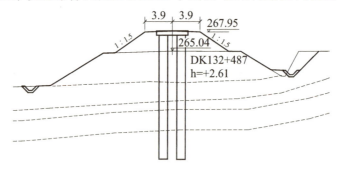

图 2　遂渝铁路 DK132 桩-板结构路基代标性横断面图

桩-板结构加固方案技术要点包括：

（1）桩基采用直径 1.2 m 钻孔灌注桩，沿线路方向排距一般 5 m，局部为跨越已建涵洞采用 10 m。

（2）承载板长度一般 30 m，厚度一般为 0.6 m，跨距 10 m 时采用 0.8 m。

（3）承载板板端放置在沿横断面方向设置的与桩基相连的承台上，并通过联结装置与承台相联结。

3　钢筋混凝土桩-网结构

3.1　桩-网结构路基工作原理

桩-网结构路基工作原理与柔性桩复合地基上路基工作原理不同。由于桩-网结构路基刚性桩和桩间土的刚度差异较大，在填土柔性荷载作用下，桩与桩之间的加筋垫层将产生向下的变形，直至受到加筋筋材的约束以及桩间土的抵抗而趋于平

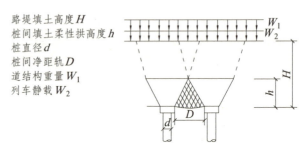

图 3　桩-网结构路基工作原理示意图

衡、稳定，四根桩之间、加筋垫层上部的填土也因加筋垫层的下凹而产生变形，当上部填土较厚时最终形成土拱（图 3）。此时，桩-网结构地基上部除土拱部分外的填土重量以及路基面上的荷载全部作用在刚性桩基上，土拱部分的填土重量则由桩间土和加筋筋材共同承担，其中部分通过加筋筋材传递至刚性桩上。

3.2　桩-网结构路基沉降计算

桩-网结构路基沉降由路堤本体沉降、桩土加固区沉降和下卧层沉降三部分组成。

（1）本体沉降。

路堤本体沉降，通过控制路堤填料材质及填筑压实度，可以实现路堤本体沉降的控制。遂渝铁路无砟轨道实验段路堤本体采用 A、B 组填料，填筑密实度按空隙率小于 28% 控制，实测路基本体沉降值约为路堤高度的 0.5‰~1‰。

（2）桩土加固区沉降。

对于设置竖向桩体的复合地基，桩土加固区沉降计算方法主要有如下几种：① 复合模量法（E_c 法）；② 应力修正法（E_s 法）；③ 桩身压缩法（E_p 法）。

如前所述，桩-网结构桩体材料采用 C30 钢筋混凝土，桩体刚度大，适合桩身压缩法（E_p 法）。由于 C30 钢筋混凝土变形模量大，因此桩土加固区压缩沉降可忽略不计。但对桩端是否会发生刺入变形，需要结合持力层地质情况具体分析。

（3）下卧层沉降。

下卧土层压缩量的计算通常采用分层总和法。目前在工程应用上，常采用下述几种方法计算：① 压力扩散法；② 等效实体法；③ 改进的 Geddes 法。遂渝铁路无砟轨道实验段地基持力层埋藏较浅，刚性桩按穿透软弱土层、嵌入持力层设计，下卧层沉降量可忽略不计。

4　钢筋混凝土桩-板结构

4.1　桩-板结构路基工作原理

桩-板结构的承载板承受轨道及列车荷载并传递至桩基，通过桩基传递至地基及持力层。路堤填土对桩-板结构提供约束作用，使桩-板结构路基具有较大的横向和纵向刚度。

4.2　桩-板结构设计方法

拟定沿线路的纵向桩间距，将列车荷载简化为中 – 活载或 ZK 活载，按影响线法找出最不利位置进行荷载布置，根据刚构连续板（梁）设计理论，拟定承载板的结构尺寸，求解得到板的内力与挠度，承载板可以按照板、梁结构进行配筋设计计算，并检算承载板的翘曲变形能否满足土质路基上铺设无砟轨道的容许变形要求。桩-板结构路基的桩基础，按承担由承载板传递的上部结构荷载，经桩基承载力与沉降检算确定桩径与桩长。

桩-板结构路基设计流程如下：

（1）确定垂直活载图式，根据设计时速确定结构的动力系数。

（2）根据地质条件及线路纵向布置图，拟定桩基础的横向桩间距和纵向桩间距。

（3）初步拟定承载板的材料刚度、板宽、板厚及板长。

（4）按刚构连续板（梁）计算模型，在给定活载图式下，按影响线法找出最不利荷载位置进行布载，计算截面弯矩、剪力包络图。

（5）按板梁理论进行配筋设计。

（6）验算在组合荷载下承载板的翘曲变形及强度是否满足。

（7）根据桩基反力，确定桩长，验算单桩承载力及其沉降是否满足设计要求。

（8）改变纵向桩间距，对承载板进行优化设计，选择最终方案。

4.3　桩-板结构桩基沉降量计算

可采用等代墩基法计算，计算模式如图 4。

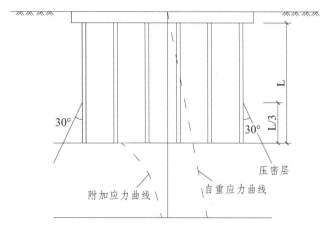

图 4　计算模式

（1）附加力包括：桩顶荷载、桩与被桩置换的土的自重之差、桩的负摩擦力。

$$\sigma_i = \frac{N + G + F_n}{F}$$

式中　N——桩端荷载；

　　　G——桩土之间自重差；

　　　F_n——桩的负摩擦力；

　　　F——计算点处面积。

（2）附加应力扩散位置从桩端向上提升 $l/3$，与竖向为 30° 的扩散角将荷载向下扩散的简化方法，其中 l 为桩产生正摩阻力的有效桩长。

（3）压密层厚度计算到附加应力与自重应力比值小于 0.2 为止。

对于桩中心距小于或等于 6 倍桩径的桩基，其最终沉降量为

$$s = m_s \cdot s' = m_s \cdot \sum \frac{\overline{\sigma_{zi}}}{E_{si}} h_i$$

式中　s——桩基最终沉降量；

　　　m_s——沉降经验修正系数，$m_s = 1.0$；

　　　E_{si}——等效作用面以下第 i 层土的压缩模量；

　　　h_i——分层厚度；

对深厚软层地基，需对下卧层进行固结沉降分析。

5　工程效果

5.1　桩-网结构路基沉降观测

试验段共采用桩网结构路基 5 段。路堤填筑后对路基面沉降进行了观测，图 5 和图 6 分别为桩网结构路基高路堤、矮路堤工点路基面沉降与时间的关系曲线。

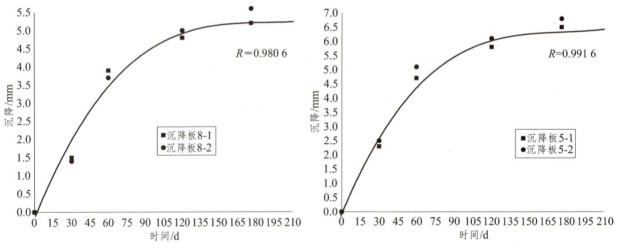

图 5　沉降与时间的关系曲线　　　　　　图 6　沉降与时间关系

沉降监测表明，桩网结构路基低路堤段最大沉降约为 5.40 mm，高路堤段最大沉降平均值为 6.65 mm。预测工后沉降满足无砟轨道铺设要求。

5.2　桩-板结构路基沉降观测

试验段共采用桩板结构路基 2 段。桩板结构路基施工后对路基面沉降进行了观测，图 7 为 DK132 桩板结构路基沉降沉降曲线。

监测表明，桩板结构路基沉降约为 5.90 mm，满足无砟轨道铺设要求。

5.3　试验段实车测试

结合试验段实车测试，对遂渝铁路无砟轨道试验段红层泥岩高路堤桩-网结构和桩-板结构进行

了现场实车试验。实验研究表明，桩板结构路基具有良好的承载特性和动力特性良好，桩网结构路基在动荷载作用下能满足各项指标要求。

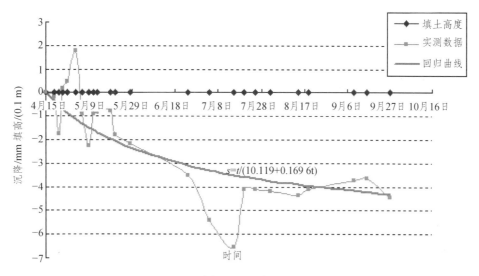

图7　DK132桩板结构路基工后沉降示意图

6　工程体会与认识

通过遂渝铁路无砟轨道试验段红层泥岩高路堤桩-网结构和桩-板结构补强加固工程的设计、测试，有以下体会和认识：

（1）桩-板结构路基是一种新的路基结构形式，由下部钢筋混凝土桩基、路基本体与上部钢筋混凝土承载板组成，承载板直接与轨道结构连接。桩-板结构路基充分利用路堤对桩基的约束作用，使桩-板结构路基具有较大的纵、横向刚度，测试表明，桩-板结构路基承载特性和动力性能良好。与替代方案桥梁相比，桩-板结构路基还具有较好的经济性，低路堤情况可省工程造价 20% ～ 40%。

（2）桩-网结构路基由桩-网结构地基与上部路堤组成。其中桩-网结构地基是一种刚性桩基础，由钢筋混凝土刚性桩（群）、桩帽以及桩帽顶面加筋垫层共同组成。钢筋混凝土桩-网结构路基作为一种刚性桩基，具有竖向沉降变形小、变形稳定时间短的突出优点，且施工质量易控，可用于对地基变形要求要求严格的无砟轨道铁路深厚软弱地基加固、已建土质路堤的加固、无砟轨道道岔区等特殊地基加固。

武广高铁英德车站软土路基加固处理

肖朝乾　魏永幸

（中铁二院　土建一院）

摘　要　英德车站地处山前冲洪积平原，地下水位较高，岩溶发育，地表覆盖软土、松软土，土质较差，路基主要以挖方通过，针对地基及边坡均为软土、松软土的特点，设计经过技术经济比选，边坡采用锚固桩板墙+骨架内支撑渗沟加固，地基采用 CFG 桩处理，由于措施得当，施工完成后工程使用情况良好，未发生任何病害，为将来类似工程措施选择提供了借鉴作用。

关键词　软土　松软土　深长路堑　桩板墙 CFG 桩

1　引　言

武广高铁英德车站，里程范围为 DK2 060+305 ~ DK2 062+110，为山前冲洪积平原地貌，地势平坦，地表多已垦为水田、旱地、鱼塘，局部为竹林，其中 DK2 061+620 ~ +840、DK2 061+880 ~ DK2 062+010 为密集的居民区、竹林、树林，DK2 061+890 地面以上 20 m 有 10 kV 高压线穿过。本段地下水位较高，地质条件较差，地表除了局部卵石土外，主要为粉质黏土、松软土和软土，岩溶强烈发育，地下水发育，地下水为孔隙水及基岩裂隙水，附近水质无侵蚀性，环境土对混凝土结构具弱酸性腐蚀。DK2 061+600 ~ +900 段，长约 300 m，线路以挖方通过，最大挖方高度 10 m，地表卵石土硬壳层完全被挖除，路基基床及基底一定范围均位于软土、松软土及粉质黏土中，路基边坡也位于软土、松软土层中，需要进行加固防护才能满足稳定性要求，地基需进行加固处理才能满足工后沉降及地基承载力要求。

2　工程地质概况

本段覆盖土层为第四系全新统冲积层（Q_4^{al}）、坡残积层（Q_4^{dl+el}），下伏基岩为上古生界泥盆系上统天子岭组（D_3^t）灰岩、中统东岗岭组（D_2^d）灰岩及页岩，分述如下：

<2-1>软土（软粉质黏土）（Q_4^{al}）：褐黄、褐灰色，流塑 ~ 软塑，微含少量砾，段内广泛分布，主要分布于地表，鱼塘底部及基岩面顶部，多呈透镜状产出。

<2-2>松软土（Q_4^{al}）：褐黄、棕黄、褐灰色，软塑状，微含少量砾；广泛分布，主要分布于地表及底部，多呈透镜状产出。

<2-3>粉质黏土（Q_4^{al}）：褐黄、棕黄、褐灰色，硬塑，微含少量砾及少量砂岩、灰岩质碎块石，广泛分布。

<22-3>灰岩夹砂、页岩（D_2^d）：灰白色、深灰色，隐晶质结构，中厚层状；节理裂隙发育，质坚性脆，岩溶中等 ~ 强烈发育。

<29>页岩（K_2^n）：灰褐、灰色、黄褐色，主要为泥质页岩，页理可辨，岩质软，遇水易软化崩解，局部夹少量全、强风化泥质粉砂岩；该段页岩均为全风化层，呈硬塑土状。

<29-1>页岩（K_2^n）：灰褐、灰色，呈软塑土状，页理可辩，岩质极软，根据钻孔取样试验，该层孔隙比较大（e_0=0.84 ~ 1.37）。根据路基桩板墙开挖及钻孔资料，主要分布于页岩与灰岩的接触带附近，厚 0 ~ 3 m。

主要地层参数如下：<2-1>软土：γ=17.9 kN/m^3，c=16 kPa，φ=17°，c_{cu}=20 kPa，φ_{cu}=27°，$[\sigma]$=60 kPa，$E_{s0.1-0.2}$=2.6 MPa，$E_{s0.3-0.4}$=7.7 MPa。

<2-2>松软土：γ=18.6 kN/m^3，c=20 kPa，φ=16°，c_{cu}=40 kPa，φ_{cu}=19°，$[\sigma]$=110 kPa，$E_{s0.1-0.2}$=4.0 MPa，$E_{s0.3-0.4}$=6.91 MPa。

<2-3>粉质黏土：γ=19.1 kN/m^3，c=26 kPa，φ=18°，$[\sigma]$=150 kPa，$E_{s0.1-0.2}$=5.33 MPa，$E_{s0.3-0.4}$=9.26 MPa。

<2-6>中砂：ρ=19.0 kN/m³、c_u=0 kPa、φ_u=30°，σ_0=130 kPa。

<2-11>碎石土：γ=22 kN/m³，c=0 kPa，φ=45°，[σ]=300 kPa。

<22-3>灰岩夹砂、页岩 W2：γ=22 kN/m³，c=0 kPa，φ=40°，[σ]=600 kPa。

3　设计工程措施研究

3.1　路堑边坡防护设计

因本段位于高岭山脚，地下水极发育，地下水位线位于地面下 2 m 左右，边坡大多位于软土、松软土及粉质黏土内，自上而下分别为厚3m左右的软土<2-1>、厚 3 m 左右的粉质黏土<2-3>、厚 6 ~ 8 m 的松软土<2-2>、厚 7 ~ 8 m 的页岩全风化层<29>、<29-1>，其下为页岩或灰岩的强弱风化层，代表性断面见 DK2 061+800 图，路基基床位于松软土与页岩分界位置，路堑边坡高度 10 ~ 12 m，边坡加固防护需要考虑地下水位高、边坡土质差的特点，工程措施上必须采用一种排水功能较强的支挡结构，另外本段通过一村庄，为尽量减少房屋拆迁、少占用地，路基边坡坡脚宜设置支挡工程收坡，因此边坡防护设计涉及支挡结构工程及边坡防护工程措施比选问题，比选情况如下：

支挡工程措施比选：为保证路堑边坡稳定，经稳定分析检算，坡脚需要设置锚固桩。桩间采用何种工程措施也需要研究比选，若采用重力式路堑挡土墙，挡墙基础地基承载力需要达到 200 kPa，而本段粉质黏土地基承载力仅为 150 kPa，满足不了挡墙基础承载力要求，且重力式路堑墙的排水效果不佳，不宜采用；若采用土钉墙，土钉锚固段的地质条件较差，能提供的锚固力太小，同样排水效果不佳，也不宜采用；综合考虑支挡功能及排水功能后，选择桩板墙为坡脚支挡结构措施，地下水可以通过挡土板之间的空隙排泄，支挡及排水兼得，而且对地基的承载力没有特别要求，只在锚固桩施工时采用加强型锁口护壁，支挡防护设计详见图1。

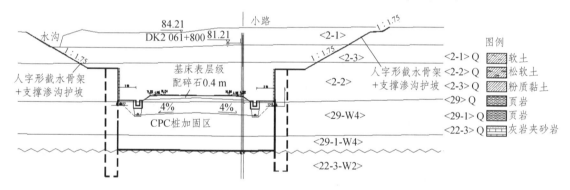

图 1　支挡及边坡防护代表断面设计图

墙顶边坡防护工程措施比选：可以选用的防护措施有锚杆框架梁护坡、浆砌片石铺砌护坡、人字形骨架护坡、骨架护坡+支撑渗沟等，若采用锚杆框架梁护坡，锚杆锚固段的地质条件较差，能提供的锚固力太小，经现场试验，孔径为 91 mm、锚杆长 3 m 时，能提供的锚固能仅为 60 kPa，采用锚杆框架梁护坡的加固效果不理想；采用浆砌片石护坡，不利于加强边坡稳定，而且排地下水的效果不好；采用骨架护坡，不利于加强边坡稳定，且对排出坡体内的地下水效果不佳；若采用骨架护坡+支撑渗沟，一方面可以加强边坡稳定，另外有利于排出边坡坡体深层地下水，故设计采用了这一措施。

3.2　地基加固设计

因基床以下 6 ~ 8 m 范围内的地基土为页岩全风化层<29-W4>、松软土<2-2>，不仅满足不了工后沉降要求，而且下部软弱土层对两侧边坡的稳定也有不利影响，因此设计采用了 CFG 桩加固处理，CFG 桩直径 ϕ50 cm，正三角形布置，桩间距 1.4 m，加固宽度至路堑侧沟平台外侧，加固深度为 6 ~ 8 m 并穿透全风化土层至其下持力层不小于 0.5 m。在满足路基工后沉降的同时提高了地基承载力，承载力达 200 kPa，提高了锚固桩锚固段的侧壁应力，对两侧边坡起到了很好的稳定作用。

3.3　岩溶地基处理设计

本段为岩溶极发育区，极易塌陷区设计采用三序钻孔注浆加固。Ⅰ序孔为注浆孔兼先导孔，主要起充填岩溶及先导勘探作用，按照 7.0 m 间距、正方形布置；Ⅱ序孔为注浆孔，对岩溶发育区起充填加固作用，在Ⅰ序孔正方形中心及溶洞位置内插加密，Ⅰ、Ⅱ序孔形成菱形布置，间距为 5.0 m；Ⅲ序孔为加密注浆孔，对岩溶强烈发育区域起加密注浆作用，在Ⅰ、Ⅱ序孔菱形中心插点加密，Ⅰ、Ⅱ和Ⅲ序孔形成正方形布置，间距为 3.5 m。

在岩溶极易塌陷区，连续实施Ⅰ序和Ⅱ序钻孔注浆。在有溶洞、破碎带、裂缝等岩溶密集发育区域，实施Ⅲ序加密钻孔注浆，以确保岩溶路基的稳定。

图 2　路堑桩板墙竣工照片

4　施工情况

现场施工开挖揭示，地质情况与设计基本相符。地下水位较高，大多位于地表以下 3 m 左右，地表 2～3 m 为砂卵石外，下部为黑褐色的软土、松软土和粉质黏土，下伏基岩面起伏很大，溶沟溶槽发育，沟槽间充填软土，呈流塑状，部分 CFG 桩成桩困难，成桩质量较差。根据现场情况，设计及时变更了地基加固措施，将 CFG 桩成桩困难及成桩质量较差地段变更为高压旋喷桩，部分段落复合地基加固深度增长至基岩面，并将同站端的盲沟延长至桥下。竣工后，支撑渗沟、桩板墙泄水孔渗水较多，路基两侧盲沟出口常年流水。桩板墙竣工照片见图 2。

5　工程总结

深长路堑地基，特别是地下水发育地段，路基设计时一定要考虑周全，一方面要确保边坡稳定，另一方面必须保证地基工后沉降满足规范要求。设计时需要对边坡进行稳定性检算，检算稳定性较差时，因地制宜选用合理的支挡及边坡防护进行加固，同时对地基需要进行加固处理，以提高地基承载力、减少路基工后沉降量。本工点虽然地形地质条件较差，地下水发育，岩溶发育，但设计采用了综合加固处理措施，确保了边坡稳定并满足了地基工后沉降要求，排水畅通。运营 6 年多来，工程状况良好，无病害发生，无大的维修，有效满足了客运专线列车运营要求。

黔桂铁路南丹车站软土路基处理

唐立明

（中铁二院　环研院）

摘　要　介绍了黔桂铁路南丹车站软土路基的整治情况，结合施工及地质复查结果，将水泥搅拌桩变更为打入式钢筋混凝土预制桩，取得了良好的工程处治效果，为类似工程设计提供了参考。

关键词　软土　搅拌桩　预制打入桩

1　工程概况

黔桂铁路南丹车站位于侵蚀型山前构造丘陵区，丘间洼地较平缓，多垦为水田。DK227+250～+524 路堤填方高 5～7 m，基底自表层向下依次为 0～4 m 淤泥质黏土（Q_4^{dl+pl}）：灰黄色，灰褐色，软塑～流塑状；3～5 m 红黏土（Q_4^{dl+pl}）：灰黄色，褐黄色，硬塑状；下伏基岩为全风化炭质页岩、页岩夹硅质岩。图 1 为现场丘间洼地软土照片。

丘间沟槽内地表水径流平常较少，雨季有较大水流沿槽谷向线路右侧排泄，汇于南丹河内。定测阶段取水样分析 2 组，据取 DK228+684 沟水分析，水质为 SO_4^{2-}-Ca^{2+} 型水，对混凝土具弱硫酸盐侵蚀，地下水侵蚀性方面，由于没有明显的地下水露头，没有取到地下水进行水质检测。

图 1　工点现场丘间洼地软土照片

各地层物理力学指标如下：

<2>淤泥质黏土：ρ=15.6 kN/m、C=7 kPa、φ=4°、[σ]=60 kPa。

<3>红黏土：ρ=18.0 kN/m、C=25 kPa、φ=12°、[σ]=150 kPa。

<4>炭质页岩、页岩夹硅质岩（全风化）：ρ=20 kN/m、φ=60°、[σ]=200 kPa。

2　工程特征

段内下伏基岩为泥盆系上统榴江组蜡烛台段（D_3l^1）炭质页岩、页岩夹硅质岩。勘测时无地下水露头，只能取沟水进行试验，由于炭质页岩内游离的 SO_2 较多，且段内炭质页岩分布较为复杂，地下水是否流经炭质页岩，地下水的发育程度等在勘测阶段无法进行翔实的判断，为此要求"施工阶段开挖后随时取地下水试验，以便确定其侵蚀性类型及侵蚀程度"。施工开挖后段内地下水比较发育，由于段内排水不畅，水中的 SO_2 含量不断增加，从而导致地下水与地表水硫酸型酸性侵蚀出现程度的差异。施工单位在本段取水样检测，结果判定为：地下水对混凝土具强硫酸型酸性侵蚀（检测结果详见 2005262 监测报告）。我院在附

图 2　为现场开挖揭示软土照片

近取该地层内基岩裂隙水作检测验证，水质为 SO_4^{2-}-Ca^{2+} 型水，SO_4^{2-} 含量 2 300～2 700 mmol·L^{-1} 对混凝土有弱溶出型侵蚀和强硫酸型酸性侵蚀。

据 DK227+442 开挖涵洞基础揭示，淤泥质黏土厚 5 m 左右，为深灰、灰黑色，软塑状，腐殖质含量较高，局部为 30%～40%，并有少量 ϕ20～40 cm 粗、长 2～5m 的腐朽圆木，水泥搅拌桩施工机具遇到这种腐朽圆木时难以施钻。图 2 为现场揭示软土照片。

DK227+250～+524、DK228+270～+404 两段软土工点，施工单位按设计要求进行搅拌桩成桩试验性施工时，发现水泥用量超过 70 kg/m 仍成桩效果极差，达不到设计要求。

3 工程措施

根据地质复查结果，调整工程措施，将水泥搅拌桩变更为打入式钢筋混凝土预制桩，桩按正三角形布置，桩间距为 1.6 m。加固宽度范围为路堤坡脚，加固深度打穿软土层后深入下卧基岩全风化层内 2.0 m，桩长 4.5～9.0 m。打入桩顶部铺设 0.4 m 厚的碎石褥垫层和一层双向 80 kN/m 土格栅，其上再铺 0.1 m 厚的砂垫层。根据地下水具有强硫酸盐侵蚀性的复查结果，对预制打入桩按强硫酸盐侵蚀设防腐措施，添加 RMA 耐腐剂，用量为水泥用量的 10%。软土地基加固设计代表性断面见图 3。

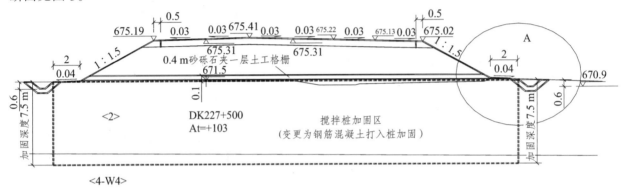

图 3　软土地基加固设计代表性断面

4 工程整治效果和体会

2006 年工程竣工至今约 10 年，无任何病害发生，整治效果良好。

当软土中有机质含量较高，普通搅拌桩（旋喷桩）等不易成桩时，可考虑采用刚性桩处理，往往能收到很好的效果。

黔桂铁路车河车站斜坡软土路基加固处理

徐海涛 冯俊德

（中铁二院 重庆公司）

摘　要　黔桂铁路车河车站路基地段，路堤地基处于斜坡上，由于下部黏土饱水，崩坡积黏性土夹杂碎块石并在丰富的地下水长期浸泡后软化形成软弱地基，为保证路堤边坡稳定性及地基承载力要求，设计采用强夯置换结合支挡工程处理斜坡软基，取得了良好效果。

关键词　强夯置换　支挡工程　斜坡软基　工程设计

1　工程概况

车站所在段线路自山前坡麓地带穿行，地形北高南低，高程为 400~800 m，地貌上相应形成顶部近 E—W 向连续陡壁，绝壁处灰岩大面积出露，陡壁下缓丘脊向南延伸进入山前剥蚀缓丘地貌区，丘顶浑圆，相对高差为 20~50 m。

地表上覆第四系全新统人工弃土，洪积土层及崩坡积土层（Q_4^{dl+col}），黄褐色，软塑状，含 20%~30%灰岩、泥质灰岩质碎块石，层厚 2~7 m，为公路开挖弃土。下伏泥盆系中统东岗岭阶罗富段页岩、泥灰岩夹炭质页岩、泥岩、泥质灰岩（D_2^{d2}）等。

地层单斜，区域产状稳定，为 N20°~40°W/12°~46°NE，倾向线路右侧（山体内）。未见褶皱及断裂构造发育。

车站路基范围内，有 13 处沟槽分布有软塑状黏土夹碎块石层，软弱土层厚 2~8 m 不等，土质比较复杂，包括软黏土及淤泥质黏土，呈灰、深灰、灰褐等色，局部夹灰白色，土质较软，黏性强。所夹碎块石为灰岩、泥质灰岩质，粒径差异很大，最大达 2.1 m，含量不均，处于 10%~40%，局部达 50%。现场沿车站两侧布置钻孔，对上覆黏土进行了取样，一共取了 11 组原状土样进行室内试验，试验结果如表 1。

表 1　试验结果统计表

项目	最小值	最大值	平均值	标准值
重度/（kN·m^{-3}）	16.8	17.8	17.4	—
孔隙比	1.17	1.43	1.26	—
天然含水量/%	41.5	50.4	45.4	—
快剪内聚力/kPa	11	22	—	14
快剪内摩擦角/（°）	4	9.5	—	5.5
固结快剪内聚力/kPa	19.5	30	—	22
固结快剪内摩擦角/（°）	8	11.5	—	9
压缩系数 $a_{0.1-0.2}$/MPa^{-1}	0.62	1.02	0.79	—
压缩模量 $E_{s0.1-0.2}$/MPa^{-1}	2.4	3.56	—	2.90

考虑到土层所夹碎块石含量较多，且块石成分为不易风化的灰岩、泥质灰岩，设计时采用的内摩擦角应适当提高，快剪内摩擦角采用 9°，固结快剪内摩擦角采用 12°。现场选黏土层做轻型动力触探测试，打入 30 cm 锤击数为 10~16 击，对应基本承载力为 80~120 kPa。

软弱土层均为原始的侵蚀槽谷内沉积在坡面上方坡积黏性土夹杂碎块石，并在缓流地下水长期浸泡下软化形成。

区内温暖湿润，雨量充沛，年平均气温为 16.9~20.6 ℃，多年平均降雨量为 1 316.9~1 497.7 mm，雨季集中在 4—8 月。

于 DK207+300 处取沟水分析，水质为 HCO_3^-·SO_4^{2+}—Ca^{2+}·Na^+ + K^+型，对混凝土有溶出型侵蚀。

2 设计方案比选

2.1 设计总体方案比选

车站设计范围内选取 4 个代表性断面进行了天然地基条件下边坡稳定性分析，边坡稳定系数采用瑞典条分法为 0.59～0.86，采用简化 bishop 方法为 0.60～0.87，采用传递系数法为 0.61～0.87 均不能满足边坡稳定性的要求，根据路基填高和车站左侧进站道路设计，设计初步拟定了三个方案，如下：

方案一：沟槽内分布软土较薄，清除表层软土后，采用桩基托梁方案；沟槽软土较厚，采用碎石桩加固地基后填方，同时布设地表及地下截排水措施。

方案二：沟槽内分布软土较薄，同方案一；沟槽软土较厚采用碎石桩加固地基后，于路肩位置设路肩桩板墙（为控制变形位移，在桩适当位置设置横撑、斜撑），同时局部地段布设地表及地下截排水措施。

方案三：沟槽软土较厚采用碎石桩加固地基后，采用坡脚路堤桩板墙，坡脚设置抗滑桩进行侧向约束，同时布设地表及地下截排水措施。方案经济技术比较见表2。

表 2 方案技术经济比较

方案别		单位	方案一	方案二	方案三
桩，承台、挡土板		m^3	10 860	17 030	14 261
锁口护壁		m^3	9 468	11 240	10 022
碎石桩加固		m	8 596	5 307	7 584
纵横盲沟	干砌片石	m^3	27 457	11 720	15 488
	浆砌片石	m^3	2 084	1 086	1 433
用地		m^2	31 215.6	22 477.9	25 679.5
填土		m^3	113 663	55 258	104 223
挖土（Ⅱ）		m^3	16 959	16 616	16 959
投资估算		万元	1 616.35	1 681.52	1 676.76

方案优缺点情况：

方案一：投资略省，但附近难以找到优质填料，合格 B、C 组填料需要远运，投资中还未考虑填方方案涵洞接长造价。

方案二：施工期较快，占用土地少，可以避免此段远运填料。桩板墙设置较高，变形控制难，为控制位移变形，需设置横撑，结构计算复杂。

方案三：虽与方案一需要远运合格填料，但结构的可靠性较高。

设计采用方案三作为实施方案。在车站右侧分别设置路堤桩板墙、侧向约束桩，共 60 根桩，同时，左侧桩顶平台及通站公路平台处各满铺三层土工格栅，间距为 0.6 m。

2.2 地基加固处理方案比选

软基加固选定了两种处理措施：振冲碎石桩、强夯置换。两种处理方式均可提高地基稳定性和承载力，但对地基情况适应性不一样，振冲法处理深度大，噪声振动小等优点；但存在对于碎石粒径大、含量高地层成桩困难等缺点。强夯置换可适应碎石含量高地层的优点，但存在处理深度小，且对邻近建筑物有影响，噪声振动大等不利因素。

现场对两种处理方式进行了适应性施工，沟槽中软基所含碎石粒径差异很大，最大达 2.1 m，含量不均，处于 10%～40%，局部达 50%，采用造价较低的振冲碎石桩加固，不能成桩且施工困难；采用强夯置换方案，本段的软基深度在强夯处理深度范围内，先行试验效果较好，周边无建筑物，环境也适合强夯施工。地基处理确定采用强夯置换方案。

3　工程措施

3.1　支挡工程

采用设计安全系数 1.25，地基未处理时斜坡最不利滑面剩余下滑力为 428～1 028 kN，采用碎石墩加固后斜坡最不利滑面剩余下滑力为 322～748 kN，与土压力比较后采用剩余下滑力进行支挡工程设计。具体工程设置如下：

DK207+350.27～+721、DK207+863～+975 左侧设置桩基托梁路肩挡土墙。DK208+185.50～+329.50、DK208+362.50～+368.50、DK208+398.50～+422.50，通站公路左侧设置第一排路堤桩板墙；DK208+335.50～+353.50、DK208+377.50～+389.50，通站公路左侧设置第二排路肩桩板墙。DK208+359.5～+371.50、DK208+395.5～+419.50 通站公路左侧路肩处，DK208+448～+472，通站公路坡脚处 DK208+506～DK208+534，DK208+550～DK208+613 左侧设置侧向约束桩。全段共设下部抗滑桩 171 根。

3.2　地基加固

DK208+180～+290，长 110 m，DK208+395～+420，长 28 m，DK208+450～+470，长 20 m，三段路堤基底路堤基底挖除表层 1～3 m 厚含碎块石土黏土整平场地后，采用强夯碎石墩加固基底，碎石墩长 3～11 m，孔口直径 ϕ=120 cm，间距为 2.5 m，呈正三角形布置，加固深度打穿软土层至其下持力层不小于 0.5 m。设计夯击能为 4 000 kN·m。桩顶部铺设 0.5 m 厚的砂砾石垫层。要求处理后的复合地基承载力大于 150 kPa。碎石墩按照设计深度施打，并逐击记录夯坑深度。当夯坑过深而发生起锤困难时停夯，向坑内填碎石直至与坑顶平，记录填料数量，如此重复直至碎石墩打入下卧层 0.5 m 和最后两击的平均夯沉量不大于 50 mm，方可停夯。图 1 为车河站斜坡软土路堤设计典型断面。

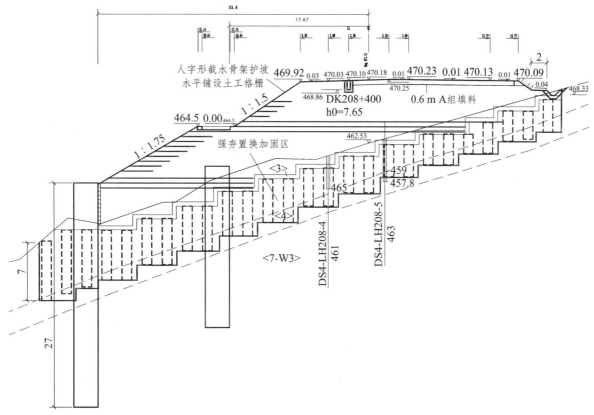

图 1　强夯碎石墩及侧向约束桩加固斜坡软土路堤典型横断面图

3.3　排水设计

DK208+290～+330、DK208+360～+370 挖除表层 1～3 m 厚含碎块石土黏土后采用重型机械碾压，以 6 m 间距设置路基基底横向盲沟，盲沟断面尺寸为 1.5×2.0 m。

图 2 为车河站斜坡软土路堤设计工程平面布置图。

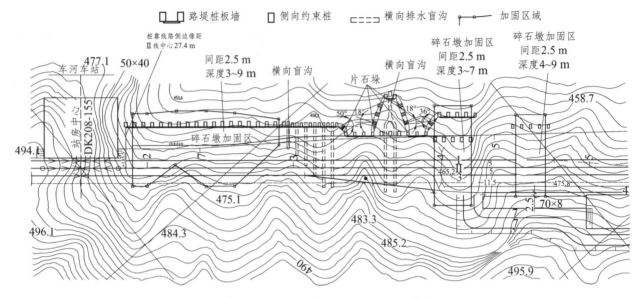

图2　车河站斜坡软土路堤设计工程平面布置图

4　强夯置换碎石墩施工工艺简介

4.1　施工顺序

先做好地面排水工作，然后清除表层杂物并平整场地→施打碎石墩，碎石墩验收合格后→挖抗滑桩井施工侧向约束桩和桩板墙→铺设 0.3 m 厚砂砾石垫层→铺设土工格栅→铺设 0.2 m 厚砂砾石垫层→桩板墙及侧向约束桩验收合格后填筑路堤。

4.2　强夯置换施工工艺及要求

（1）强夯碎石墩所用桩体材料采用级配良好的块石、碎石、矿渣或其他性能稳定的坚硬粗颗粒材料，粒径大于 300 mm 的颗粒含量不宜超过全重的 30%，含泥量不大于 5%。

（2）强夯碎石墩施工工序

①清理并按断面所示台阶平整施工场地，当表土松软时铺设一层厚度为 1～2 m 砂石施工垫层；

②标出夯点位置，并测量场地高程；

③起重机就位，夯锤置于夯点位置；

④测量夯前锤顶高程；

⑤夯击并逐点记录夯坑深度；

⑥按一边推向另一边，由高到低的方式施工，隔行跳打原则完成全部夯点的施工；

⑦平整场地，用低能量满夯，将场地表层松土夯实，并测量夯后场地高程；

⑧铺设垫层，并分层碾压密实。

4.3　施工质量控制

（1）开夯前应检查夯锤重和落距，以确保单击夯击能量符合设计要求。

（2）在每遍夯击前，应对夯点放线进行复核，夯完后检查夯坑位置，发现偏差和漏夯应及时纠正。

（3）按设计要求检查每个夯点的夯击次数和夯沉量及置换深度。

4.4　强夯置换的质量检验

（1）强夯碎石墩处理后地基承载力检验应在施工结束后 28 d 进行。

（2）强夯碎石墩承载力检验除应采用单墩载荷实验检验外，尚应采用动力触探等有效手段查明置换墩着底情况及承载力与密度随深度的变化。载荷实验检验和碎石墩着底情况检验数量不应少于墩点数的1%，且不应少于3点，以满足设计要求。

（3）碎石墩地基通过质量检验且碎石墩复合地基承载力达到设计要求时，方可进行路堤填筑。

5　施工效果

强夯碎石墩施工结束后，按设计要求进行了着底情况及承载力随深度变化情况检查，结果显示，着底情况及桩身承载力均达到设计要求，在此基础上进行了单墩荷载试验检验，根据检查结果，单墩复合地基承载力均大于180 kPa，符合设计要求，达到工程处理措施的需要。代表试验结果见表3。车站施工工程于2006年施工完成，2008年1月线路开通，经过4个雨季运营，车站未出现病害，工程效果好。

表3　代表性载荷试验检测结果

试验里程：DK208+655.3			桩号：2#		试验日期：2006-5-8	
荷载板直径：2.4 m			加载分级：15 t	$E=0.093\ 6$ MPa	荷载板面积：4.52 m²	
级别	荷载/kPa	沉降值/mm				
0	0	0				
1	66.35	4.47				
2	99.52	7.52				
3	132.69	10.89				
4	165.86	14.54				
5	199.03	19.55				
6	232.2	21.82				
7	265.37	24.03				
8	296.54	25.68				

P-S回归分析

$y=0.093x-0.873$

6　工程体会

（1）西南山区在特定的条件下，在坡麓相地表会形成斜坡软基，单纯地采用支挡工程或地基加固工程均不能满足斜坡填方路基稳定性及承载力的要求，需要结合地基处理、支挡结构以及地下排水设施的设计，排除地下水，提高软基固结度，增强稳定性，同时防止路基蠕动变形。

（2）斜坡软基处理需因地制宜，设计初期采用振冲碎石桩方案，由于地层碎块石较多，且软土层不排水抗压强度较低，无法施作。后调整为采用强夯置换法，取得了很好的效果，扩展了强夯置换法的运用范围，值得类似工程借鉴。

六盘水南站斜坡软土高路堤加固处理

赖紫辉　田　钧

（中铁二院　土建一院）

摘　要　六盘水南站 ZDK2+150～ZDK2+400 右侧斜坡高路堤工程，基底斜坡地带及沟槽中发育分布有一种特殊的坡残积型软黏土，俗称"斜坡软土"。受其影响，施工中路堤边坡产生了突发性滑坡，部分粉喷桩被剪断。针对病害发生的原因，设计过程中提出了粉喷桩+碎石桩+抗滑桩加固方案。运营实践表明，加固措施效果良好，路堤整体稳定。

关键词　斜坡　软黏土　高路堤　地基加固

1　引　言

六盘水枢纽南编组站（以下简称六盘水南站）位于六盘水市北西-南东向水城断陷盆地南侧，是西南地区最大的编组站之一。1999 年 4 月 6 日，ZDK2+150～ZDK2+400 段右侧填方距路基面约 2.5 m 时，产生突发性滑坡，造成路堤坡脚加固软土地基的粉喷桩被剪断或整体位移，坡脚外 60～90 m 的农田、水井被掩埋于滑体之下，一根 110 kV 双柱式高压线电杆严重倾斜，危及人畜安全。

2　工程地质概况

ZDK2+150～ZDK2+400 段地形平缓，最大相对高差仅 20 m，最大填方边坡高约 15 m。线路右侧斜坡地带及沟槽中发育分布有软土，以淤泥质黏土为主，局部为软黏土及一般黏性土，厚 0～8 m，深灰、灰黑色，软塑状为主，部分为流塑。其土质较杂，均匀性差，含水率不均匀，具有孔隙比大、含水量高、承载力低、工程性能差等特点。软土上部分布一层厚 0～2 m 硬壳层，下伏基岩为石炭系下统大塘组（C_1d）灰岩、泥灰岩、页岩及炭质页岩，多挤压成碎石角砾状。路堤坍塌后形成的滑坡纵向长 120～130 m，横向宽 250 m，滑坡台阶 3～4 级，滑体厚 3～10 m，体积约 15×10^4 m^3。

3　病害成因分析

3.1　特殊、不良的地质环境影响

六盘水南站位于水城岩溶断陷盆地南侧法落潭断层形成的近东西向溶蚀槽谷内，冲沟与溶蚀残丘相间分布，部分站场路堤顺溶蚀残丘填筑，形成斜坡路堤。受断层影响，岩体完整性极差，多被挤压成糜棱状的断层角砾。六盘水枢纽地区气候湿润，雨量充沛，盆地周边及盆地内地下水补给充分，使破碎的基岩和上覆的坡残积黏土长期处于地下水浸泡之中，形成一种特殊罕见的"非近代水下、静水或缓慢水流中沉积"的坡残积型软黏土，俗称"斜坡软土"。除具有一般软土孔隙比大、含水量高、承载力小、内摩擦角小的特点外，还兼有弱～中等膨胀性，湿胀干缩效应明显。

3.2　工程勘察、设计力度不足

在工程勘察阶段，由于受"斜坡软土"的罕见性、季节性及水文地质条件的复杂性等因素影响，地质勘察人员缺乏经验，对区域内 C_1d 地层上"斜坡软土"的特殊性认识不足，勘探布孔、取样试验或原位测试数量较少，而将"斜坡软土"判定为一般黏性土提供设计，以致路基设计工程措施力度不足。

3.3　降雨影响及施工方法不当

施工前未按相关规范要求清除表层种植土挖台阶，及时核对地质情况。施工中正值雨季，地表排水不畅，路基填筑采用推土机集中堆填，未按要求分层摊铺、分层碾压、严格控制填土速率，导致"斜坡软土"高路堤边坡失稳产生滑坡。

4　边坡稳定性检算

（1）通过补充地质调查，勘探取样、室内试验、原位测试、矿化分析等研究工作，结合地质断面反算，确定滑面指标 c=7.2 kPa，φ=5.75°。

（2）根据上述假定，采用不平衡推力法分析，分别计算不同地质断面的剩余下滑力，计算结果显示，当安全系数 K=1.05 时，最大下滑力约 1 000 kN/m。

（3）地基采用粉喷桩、碎石桩加固后，采用圆弧滑动法分析，进行填方边坡稳定性检算，得出安全系数 K=1.17。

（4）地基采用粉喷桩、碎石桩、抗滑桩加固后，采用不平衡推力法分析，分别进行不同地质断面的抗滑桩越顶检算，确定抗滑桩桩顶高程为 1 842.6 m。

5　整治设计方案

根据边坡稳定性分析结果，结合病害产生的原因，六盘水南站斜坡软土高路堤加固设计方案主要采用粉喷桩加固地基，碎石桩兼作排水，抗滑桩坡脚约束的综合加固设计措施（图 1）。

（1）ZDK1+985 ~ ZDK2+485 右侧路堤坡脚处地基采用粉喷桩加固，桩径为 0.5 m，间距为 1.2 m，呈正三角形布置，桩底置于相对硬层上，桩身 90 d 无侧限抗压强度为 1.25 MPa。

（2）ZDK2+103 ~ ZDK2+488 右侧路堤坡脚处设置一排抗滑桩（桩间距为 7 m，共 56 根），桩长 11 ~ 18.5 m，桩截面分别为 1.25×2.5 m 和 1.5×2.75 m。

（3）ZDK2+152 ~ ZDK2+376 段右侧抗滑桩内侧 30 m 宽范围内，地基采用振动沉管碎石桩加固，桩径 0.8 m，桩横向间距 2m，纵向置于桩间，间距 7 m（其中 ZDK2+152 ~ ZDK2+201 段加密至 3.5 m），桩底嵌入相对硬层以下 0.5 m。

（4）沿横断面方向碎石桩顶设置排水砂沟，沟宽 1 m，沟深 0.5 m，横向排水坡度不小于 5%，并将地下水引排至路堤坡脚外。

六盘水南站斜坡软土高路堤通过以上措施综合整治后，已运营多年，至今情况良好，边坡稳定，未见变形迹象。

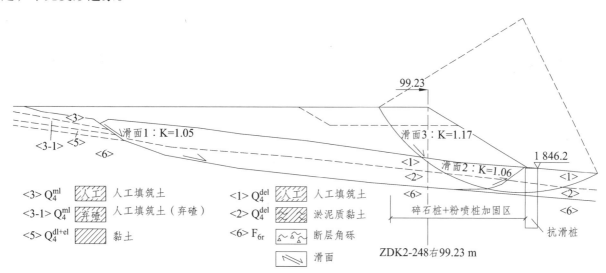

图 1　六盘水南站斜坡软土高路堤设计断面示意图

6　工程总结

（1）斜坡地段若以填方通过时，应避免出现薄条状填筑，着重调查斜坡覆盖层厚度、物资组成、密实度、下伏基岩的岩性和坡度、地下水活动情况及山坡覆盖层的稳定程度等情况，提前考虑支挡结构收坡或侧向约束结构加固。

（2）斜坡软弱地基稳定性分析除按圆弧滑动法计算外，还应采用不平衡推力法（复式滑面）进行分析，采用限制地基侧向变形为主的综合处理措施，加强施工期间的位移观测。

（3）六盘水南站内分布于斜坡地带、覆盖于石炭系下统大塘组（C_1d）地层上的坡残积软黏土，是一种特殊的"斜坡软土"，其加固设计方案对类似地区具有较强的指导意义。

预应力管桩在潮汕站软基加固中的应用

孙利琴　李建国

（中铁二院　土建一院）

摘　要　潮汕站分布有深厚淤泥及淤泥质土，具有含水量高、孔隙比大及强度低的特点，施工图采用 CFG 桩联合预应力管桩及堆载预压的加固方案。但试桩表明，CFG 桩在淤泥中的成桩质量不佳，遂将 CFG 桩变更为预应力管桩。本文详细介绍了 CFG 桩和预应力管桩的施工及试桩情况，重点探讨了 CFG 桩和管桩处理淤泥的适用性。

关键词　淤泥　地基处理　预应力管桩　CFG 桩

1　引　言

　　潮汕车站位于广东省潮州市潮安县沙溪镇，全长 2 878.52 m，为办理客运作业的中间站，同时又是广梅汕线的接轨站。车站采用横列式布置，设到发线 10 条（含正线），采用 2 台夹 6 线布置，设 450 m×18 m×1.25 m 旅客基本站台及 450 m×11.5 m×1.25 m 中间站台各 2 座，站台间设 12 m 宽旅客地道 2 座，占地面积约 0.30 km²，站内填方高度 5~7.5 m。

　　该站主要软弱地层为淤泥和淤泥质土，具有含水量大、孔隙比高及强度低的特点，施工图时采用 CFG 桩联合预应力管桩及超载预压进行处理。但试桩情况表明，CFG 桩在淤泥中的成桩质量很差，且存在较严重的环保问题，因此最终决定采用预应力管桩联合超载预压的处理方案。试桩表明，预应力管桩成桩质量很好，路基沉降及承载力均满足设计要求。

　　本站的软基处理工程经验表明，处理淤泥地基时，CFG 桩的成桩质量较差，处理效果难以保证，而预应力管桩的处理效果则较好。

2　工程地质概况

　　该站所在区域经过历史上多次海进海退，致使其沉积层序较为紊乱，上覆第四系全新统、上更新统冲洪积相、海陆交互相松散沉积层。主要压缩层为海陆相沉积的<4-1-1>淤泥、第四系冲积层<11-1-1>淤泥质黏土和第三系冲积层<11-2>黏土。其中<4-1-1>淤泥层工程物理力学性质非常差，且分布厚度较大，为本次地基处理的主要地层。

　　场地内地层自上而下主要分布可概括如下：地表一般为 0~6 m 的粉质黏土硬壳层，下伏 10~30 m 厚的淤泥和含淤泥砂；再往下为 10~30 m 厚的黏土，其下为中细砂层，最大钻孔深度 85 m，未见基层出露。主要地层物理力学指标见表 1。

表 1　主要地层物理力学指标

地层编号	地层岩性	c /kPa	φ /(°)	w /%	ρ /(g·cm⁻³)	e	w_L /%	w_p /%	σ_0 /kPa
<2-3>	粉质黏土	22	18	—	—	—	—	—	180
<4-1-1>	淤　泥	8	3	71.7	1.5	1.9	52.7	29.3	45
<4-1-2>	淤泥质黏土	9	4.5	45.7	1.7	1.1	41.1	23.4	80
<11-1-1>	淤泥质黏土	9	4	50.1	1.7	1.3	49	26.6	70
<11-2>	黏　土	30	9.5	37.9	1.8	1	47.8	27.5	173

3　原设计 CFG 桩方案及施工试桩情况

3.1　施工图设计方案

　　施工图设计时，站内软基采用 CFG 桩联合预应力管桩的加固方案，根据不同分区，分别采用如下原则进行处理：

　　（1）正线和到发线一般地段对软土深度小于 22 m 地段采取 CFG 桩加固（长螺旋钻施工），软土深度大于 22 m 地段采取预应力管桩加固。CFG 桩呈正三角形布置，桩间距 1.5 m，桩长 18~22 m，全部打穿软土进入相对较好持力层。预应力管桩桩径 0.5 m，正方形布置，桩间距 2.5 m，桩长 23~

47 m。

（2）桥台过渡段和框架及旅客地道过渡段范围采用预应力管桩处理。

（3）客站站房场坪区和牵引变电所采取 CFG 桩加固，桩径 0.5 m，正方形布置，桩间距 1.7 m，桩长 20～22 m。

（4）考虑到预应力管桩和 CFG 桩抵抗侧向压力能力较差，在路肩至边坡范围采取 5 根管桩用地梁连接的加固措施。

（5）为加速沉降，利用 CFG 桩长螺旋钻排土晾干后装袋对车站正线进行堆载预压，堆载高度 2.5 m。

3.2 CFG 桩施工及试桩

为了保证 CFG 桩施工质量，正式施工前在场地内进行了试桩。第一次试桩成质量很差，后改变施工工艺又进行了两次试桩，但低应变检测结果显示，成桩质量仍不尽如人意，难以满足设计要求。

（1）第一次试桩。

在 DK207+080 线路中线右侧 10～20 m 范围内进行 CFG 桩工艺性试验，2008 年 12 月 7 日 2 根，8 日 3 根，共计试桩 5 根，排成一排，除第 5 根桩采取隔桩施打外，其余 4 根桩均采用相邻直接施打的施工方式。

试桩前进行了室内配比的试配，依据试配效果，择优选用以下配合比：水泥∶粉煤灰∶砂∶碎石∶水=1∶1.2∶4.88∶6.21∶1.41，经过检测，强度能够达到设计要求的不少于 10 MPa 的要求，和易性能够满足泵送工艺要求。施工设备采用 KL800 型长螺旋钻机和 HBT50 型混凝土输送泵，设备性能见表 2。

本次试桩设计混凝土用量 20.15 m³，实际用量 25.62 m³，平均充盈系数 1.27，最大充盈系数 1.3。施工过程中明显出现窜孔、沉桩现象，最大沉桩近 1 m。施工后采用低应变对桩身完整性进行了检测，检测结果如表 3 所示。

表 2 KL800 型步履式长螺旋钻孔机机械性能参数表

钻孔深度	23.18 m	动力头功率	90 kW
最大扭矩	30 kN·m	钻杆转速	31 r/min
许用拔钻力	176.4 kN	主柱倾斜范围	0.02°～0.3°

表 3 第一次试桩桩身完整性检测结果

序号	桩号	桩身结构完整性描述	类别
1	CGY1-8	桩身 1.9 m 左右严重缺陷	Ⅳ
2	CGY1-9	桩身 2.8 m 左右严重缺陷	Ⅳ
3	CGY1-10	桩身 1.6 m 左右严重缺陷	Ⅳ
4	CGY1-11	桩身 5.8 m 左右明显缺陷	Ⅲ
5	CGY1-13	桩身 3.5 m 左右轻微缺陷	Ⅱ

由表 3 可知，所检测的 5 根桩中，Ⅳ类桩 3 根，占总试桩数的 60%，Ⅱ类和Ⅲ类桩各 1 根，各占 20%，成桩质量很差，不满足设计要求。

（2）第 2 次试桩。

淤泥层含水量大，力学强度低且灵敏度很高，采取相邻桩直接施打易造成窜孔与沉桩现象，引起桩身质量缺陷。因此，考虑采取隔桩、隔排施打的措施进一步进行试桩。

2008年12月14日又进行了第二批试桩。选择了11根桩进行试桩，采取隔排跳打方式施打，其他工艺参数不变。成桩后又采用低应变对第二批次桩的桩身完整性进行了检测，检测结果如表4所示：

表4　第二次试桩桩身完整性检测结果

序号	桩号（#）	桩身结构完整性描述	类别
1	CFY72-21	桩身5.5 m左右轻微缺陷	Ⅱ
2	CFY73-15	桩身基本完整	Ⅰ
3	CFY74-17	桩身1.0 m左右明显缺陷	Ⅲ
4	CFY74-19	桩身1.1 m左右严重缺陷	Ⅳ
5	CFY74-21	桩身6.4 m左右轻微缺陷	Ⅱ
6	CFY75-15	桩身基本完整	Ⅰ
7	CFY78-19	桩身基本完整	Ⅰ
8	CFY78-21	桩身1.5 m左右严重缺陷	Ⅳ
9	CFY78-25	桩身5.0 m左右明显缺陷	Ⅲ
10	CFY80-19	桩身2.0 m左右严重缺陷	Ⅳ
11	CFY80-21	桩身6.3 m左右严重缺陷	Ⅳ

从表4可以看出，虽然第二次试桩采用了跳打方式，但成桩质量仍非常不理想。

（3）第三次试桩。

该段淤泥含水率较大，具有高流塑性，拔管过快极易发生桩体缺陷。分析认为，桩体缺陷可能是试桩时拔管速度太快引起，因此决定严格控制拔管速度，再次进行试桩。

2009年1月12日，在DK207+050右侧再次进行CFG桩试桩，共计6根，试桩隔桩隔排施打，拔管速率控制在2.0～2.5 m/min。本次试桩设计混凝土用量为24.18 m³，实际用量为36.2 m³，混凝土充盈系数达1.5，试桩过程中仍然存在沉桩现象。第三次试桩桩身质量检测结果见表5。

表5　第三次试桩桩身完整性检测结果

序号	桩号	桩身结构完整性描述	类别
1	试桩1-1	距桩头10.4 m左右严重离析	Ⅳ
2	试桩1-2	距桩头2.2 m左右桩头松动	Ⅲ
3	试桩1-3	距桩头9.63 m左右严重离析	Ⅳ
4	试桩2-1	距桩头1.81 m左右桩头松动	Ⅲ
5	试桩3-1	距桩头1.26 m左右桩头松动	Ⅲ
6	试桩3-2	距桩头5.07 m左右严重离析	Ⅳ

可见，第三次试桩的成桩质量仍不尽人意，所试验的6根桩中，Ⅳ类桩和Ⅲ类桩各占一半。

（4）长螺钻施工法的环保问题。

相关研究表明，长螺钻施工法比振动沉管法的施工效果更好，因此目前铁路工程中的CFG桩多以长螺钻施工法成桩。但本次试桩表明，采用长螺钻施工法成桩，若处理不当，则可能造成较严重的环境问题。

该站采用长螺旋钻法成桩时，钻杆提升过程中螺片间嵌满高流塑灰黑色淤泥、淤泥质砂，土体含水量很高，现场翻晒15 d以上才能勉强装车外运，运输途中也存在一定污染。图1为钻机施工及淤泥晾晒堆积场景。

图 1 长螺钻施工法成桩及淤泥晾晒堆积场景

4 管桩方案及施工试验桩

鉴于上述长螺钻施工法存在的环保及 CFG 桩在淤泥中成桩质量差的问题,本站原设计 CFG 桩均变更为预应力管桩。

4.1 设计方案

由于潮汕地区 $\phi50$ 预应力管桩供货不足,故设计中采用了 $\phi50$ 和 $\phi40$ 两种型号的预应力管桩,具体规格详见表 6。

表 6 预应力管桩规格

预应力管桩型号	外径/mm	壁厚/mm	混凝土强度等级
$\phi50$	500	100	C60
$\phi40$	400	95	C60

预应力管桩呈正方形布置,间距为 2.5 m($\phi50$)和 2.2 m($\phi40$)。为充分发挥管桩的承载能力,又于桩顶分别设 1.6 m×1.6 m 与 1.4 m×1.4 m,厚 0.35 m 钢筋混凝土桩帽,并在桩帽上铺设 0.6 m 厚碎石垫层,垫层间夹两层双向土工格栅。

管桩采用静压法沉桩,桩端设在承载能力较好的黏土或中细砂层上。

4.2 试桩情况

为了保证加固效果,2009 年 2 月以后,根据设计要求,先后对管桩分别采用了低应变、高应变及静载荷试验对桩身完整性及单桩承载力进行了多次检测。表 7 为部分检测资料。

表 7 部分预应力管桩检测资料

检测日期	检测方法	检测数量/根	检测结果
2-10	低应变	148	均为Ⅰ类桩
2-21	高应变	6	实测承载力均大于设计值
3-27	静载	4	实测承载力均大于设计值
4-5	低应变	100	均为Ⅰ类桩
4-9	高应变	4	实测承载力均大于设计值

由表 7 可以看出,管桩成桩质量非常好,承载力也均满足设计要求,加固效果良好。

4.3 路基沉降观测

厦深铁路已于 2013 年 12 月开通运营,车站沉降观测表明,路基稳定,列车运营安全。

5 结束语

潮汕车站软土不仅深厚,而且具有高含水量、高液限、高压缩性、孔隙率大、灵敏度高、欠固结、力学强度低的特点。虽然通过改变施工工艺,先后进行了三次试桩,但低应变检测结果表明桩体仍然存在严重缺陷,难以达到设计要求。故该站最终将原设计的 CFG 桩变更为预应力管桩。试桩结果表明,预应力管桩成桩质量好,单桩承载力及路基沉降均满足设计要求,加固效果良好。

CFG 桩由于其良好的承载性能和优良的性价比,目前在铁路工程中广为应用。但本站的加固工程表明,CFG 桩在淤泥及淤泥质土中成桩质量较差,施工中存在明显的窜孔和沉桩现象,加固效果难以保证,而且排淤困难,环保问题非常突出。因此,处理淤泥时应慎用 CFG 桩,若确定采用时,则一定要通过现场试验验证成桩质量,以确保其加固效果。

昆明枢纽昆阳支线深厚泥炭土及泥炭质土地基处理

崔维秀　薛　元　谯春丽

（中铁二院　土建一院）

摘　要　昆明市滇池周围，软土地基分布较广，地基以松软土、淤泥质土、泥炭质土、泥炭土、粉质黏土等为主，在建铁路昆明枢纽昆阳支线 K37 段基底为泥炭质土，采用多向搅拌水泥砂浆桩加固，效果良好，K32 段基底为泥炭土，多向搅拌水泥砂浆桩试桩不成桩，变更为 CFG 桩。本文对该案例进行研究分析，泥炭质土、泥炭土为主的软土地基必须开展试桩试验，尤其在含水量高、腐殖质含量较高地段根据试验情况可加强设计，采用 CFG 桩等处理措施是较为稳妥的加固措施。

关键词　昆明枢纽　泥炭土及泥炭质土　地基处理

1　引　言

　　昆明盆地环滇池地区由于阳光充足，水温适宜，有利于水生、湿生植物的生长蔓延，向沼泽化发展，所以松软土、淤泥、淤泥质土、泥炭、泥炭质土、粉砂、细砂、粉土等的分布，是有其地区特点的。昆明枢纽铁路昆阳支线大部分路堤建设在这样的地基土上，因此，有关昆明滇池地区软基处理措施的研究，具有十分重要的理论意义和实用价值。

2　工程地质

　　昆明枢纽扩能改造工程包括主轴通道和昆阳支线两部分工程，其中主轴通道工程位于滇池的北面，昆阳支线位于滇池的西面，大部分与既有铁路并行，低填和浅挖通过。本文以昆阳支线 YDK32+530 ~ YDK33+170 段与 YD1K37+000 ~ YD1K37+700 段为例展开论述。

　　昆阳支线设计时速 120 km/h，线路以低填和浅挖通过，基底以大量不均匀、夹层湖相软土为主。YDK32+530 ~ YDK33+170 段基底第一层为约 8 m 厚泥炭土，其次为约 5 m 厚泥炭质土，再下为粉质粘土与淤泥、粉砂层等。YD1K37+000 ~ YD1K37+700 段，基底为泥炭质土、粉砂、松软土、粉质黏土等互层透镜状分布，厚度大于 15 m。

　　基底主要为土层孔隙水及基岩裂隙水，第四系和上第三系砂层和碎石类土中含丰富的孔隙潜水。在环境作用类别为化学侵蚀环境及氯盐环境时，SO_4^{2-}、Cl^- 对混凝土结构有侵蚀性，侵蚀作用等级分别为 H1、L1。水中 pH、Mg^{2+}、侵蚀性 CO_2 对混凝土结构无侵蚀性。本地区地震动峰值加速度为 0.2 g，地震动反应谱特征周期为 0.45 s。

2.1　岩土物理力学性质指标

　　岩土物理力学性质指标如表 1：

表 1　岩土物理力学性质指标表

段落	岩性代号	岩土类型	天然密度 ρ/（g·cm⁻³）	凝聚力/kPa	内摩擦角 φ/（°）	基本承载力 σ_0/kPa	含水量/%	有机质含量/%
YDK32+530 ~ YDK33+170	<1-2>	人工填筑土	1.85	—	—	120	—	—
	<4-15>	松软土	1.85	9.9	7.8	100	30	—
	<4-16>	粉质黏土	1.95	30	13.7	150	—	—
	<4-18>	淤泥质黏土	1.81	11.2	4.9	70	42	3.5
	<4-21-1>	泥炭	1.3	6	3	40	180	70 ~ 80
	<4-21>	泥炭	1.41	8.8	3.9	60	48	28.1
	<8-1>	粉质黏土（弱膨胀土）	2.04	32	13.8	180	—	—
	<8-2>	粉质黏土（松软土）	1.95	31	12	120	—	—
	<8-3>	软土	1.71	8	6.6	60	45	—
YD1K37+000 ~ YD1K37+700	<4-20>	泥炭质土	1.23	5.2	3.1	50	164.7	33.2
	<4-22>	松软土	1.9	—	20	100	—	—
	<4-23>	粉砂	1.92	—	25	150	—	—
	<4-25>	粗砂	2.0	—	25	150	—	—
	<4-27>	细圆砾土	20.5	—	35	200	—	—
	其余同上段							

其中 YDK32 段上覆<4-21>泥炭（Q_4^{al+1}）：深褐色、黑色，软塑状，含较多有机质，夹杂有少量砂岩角砾、黏土，质轻，天然孔隙比 $e=1.22$，压缩系数 $a_{0.1\sim0.2(v)}=0.88 \text{MPa}^{-1}$，$a_{0.1\sim0.2(h)}=0.51 \text{ MPa}^{-1}$，压缩模量 $E_{sv}=3.24 \text{ MPa}$，$E_{sh}=4.00 \text{ MPa}$。

YD1K37 段上覆<4-20>泥炭质土（Q_4^{al+1}）：深灰、灰黑色，软塑～流塑状，少量呈硬塑状，质轻，污手，含大量腐殖质，局部为淤泥或淤泥质土，夹薄层软黏土。天然孔隙比 $e=4.338$，压缩系数 $a_{v0.1\sim0.2}=4.37 \text{ MPa}^{-1}$，压缩模量 $E_{s0.1\sim0.2}=1.3 \text{ MPa}$。

2.2 代表性断面

代表性断面如图 1、图 2：

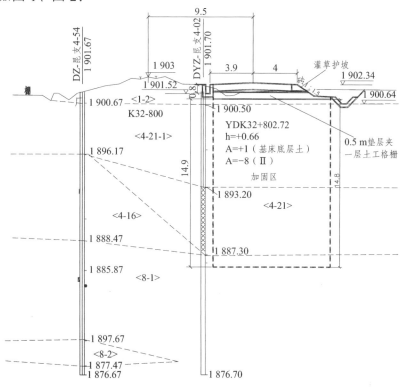

图 1　YDK32+530～YDK33+170 代表性断面

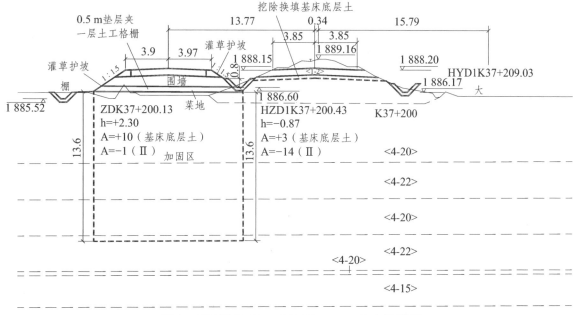

图 2　YD1K37+000～YD1K37+700 代表性断面

2.3 软土照片

代表性软土照片如图3、图4：

图3　YDK32+530～YDK33+170 泥炭土　　　　图4　YD1K37+000～YD1K37+700 泥炭质土

3 地基处理方案及试桩情况

3.1 地基处理方案

昆阳支线 YDK32+530～YDK33+170 段与 YD1K37+000～YD1K37+700 段基底软土分布复杂，地质不一，且没有较好的持力层，其中 YDK32+530～YDK33+170 段基底软土以泥炭土为主，YD1K37+000～YD1K37+700 段基底软土以泥炭质土为主，初步拟定采用多向搅拌水泥砂浆桩加固，桩直径 ϕ50 cm，桩按正三角形布置，桩间距为 1.25 m，加固深度为 10～15 m，穿透 15 m 范围内的泥炭土、泥炭质土，将桩底置于性质相对较好的粉质黏土上，加固宽度以坡脚为界。

3.2 试桩情况

在大规模施工图开展前，为验证工程措施是否可行，选择 YDK32+970-YD1K32+980、YD1K37+219.55～YDK37+225.05 进行了试桩。

YDK32+530～YDK33+170 段：在钻芯取样做无侧限试验时发现桩深 1～7 m 的地方为黑色泥炭土，该层土与水泥浆不相容，未形成胶结体，泥炭土中夹带硬化的水泥块，水泥不能分散在土中。3月27日取黑色泥炭土进行了室内试验，水泥掺量18%，水泥：粉煤灰为 4：1，水胶比 0.6，4月3日试验 7 d 强度为 0.23 MPa。观测破开的试件，可看到和现场一样的情况。黑色泥炭土中夹带硬化的小颗粒水泥块，水泥不能分散在土中，土与水泥不相容，4月5日又取该土进行室内试验，采用18%和22%两个水泥掺量，水泥：粉煤灰为 4：1，水灰比 0.6，在实验室条件下，人工细致糅合后装模。4月12日进行 7 d 抗压强度试验，18%水泥掺量的强度为 0.11 MPa，22%水泥掺量的强度为 0.24 MPa。

根据试验结果分析：单桩静荷载试验达不到设计要求是因为 0～7 m 的地方为黑色泥炭土，该层土腐殖物含量极高，与水泥浆无法相容，不能形成胶结体，不能成桩。（复合地基静荷载试验能达到设计要求，是因为上部桩体效果较好与土体共同承载的结果）。针对 YDK32+530～YDK33+170 段多向搅拌水泥砂浆桩不成桩的问题，改用 CFG 桩加固，桩直径 ϕ50 cm，正三角形布置，桩间距 1.6 m，采用振动沉管法施工。因紧邻既有铁路，施工顺序由紧邻既有铁路一边向远离既有铁路一边施工。在远离既有铁路侧设锚拉钢绳，以防止机械倒塌影响既有铁路的安全运营。经过现场试桩，发现处理效果良好。

YD1K37+000～YD1K37+700 段：试桩采用 0.45、0.50、0.55 三个水灰比，15%、18%两个胶凝材料掺量，并有针对性地对软弱地层进行了复搅，桩头 2 m 降低施工速度，保证桩头质量。后进行了单桩和复合地基承载力实验，均能达到设计要求。

根据试验结果，该段以泥炭质土为主的地基处理采用多向搅拌水泥砂浆桩方案是可行的，含水量较高时以干法施工效果较好，但鉴于干法施工对环境污染较大，该段每个工点施工前均要求进行工法对比试验，尽量采用湿法施工，以利环保；但腐殖质含量较高的泥炭土地段可优先采用CFG桩等加强设计。

YDK32+530～YDK33+170段：CFG桩与YD1K37+000～YD1K37+700段多向搅拌水泥砂浆桩试桩成功后，现场正式开展软基施工，发现处理效果良好，均达到设计要求。照片如图5～图7：

图5　多向搅拌水泥砂浆桩　　　　图6　CFG桩　　　　图7　多向搅拌水泥砂浆桩

4　稳定沉降分析成果

YDK32+530～YDK33+170段天然地基工后沉降为0.34 cm，稳定系数为0.85，加桩工后沉降为0.19 cm，稳定系数为2.3；YD1K37+000～YD1K37+700段天然地基工后沉降为0.50 cm，稳定系数为0.80，加桩工后沉降为0.19 cm，稳定系数为1.94。加桩后，两段的沉降及稳定都满足相关规范要求。

5　工程总结

根据昆阳支线YDK32+530～YDK33+170段与YD1K37+000～YD1K37+700段现场试桩及施工情况，我们可以得出以下建议：

环滇湖相软土具有以泥炭质土、泥炭土不均匀透镜状分布为主、压缩性高，含水量高，有机质含量高等特点，该类软土地基必须开展试桩试验，腐殖质含量较高的泥炭土地段可优先采用CFG桩等加强设计，腐殖质含量不高的泥炭质土地段可采用多向搅拌水泥砂浆桩等设计。

但目前由于有的现场施工尚未结束，有些地段的成桩效果有待验证，对滇池地区的软基处理尚待进一步研究。

客运专线中等压缩性土地基沉降特性试验工程

姚裕春　李安洪

（中铁二院　技术中心）

摘　要　我国道路建设中大多数地基土属中等压缩性土，揭示中等压缩性土地基的沉降特性可有效指导在其上修建客运专线铁路，特别是在工期限制情况下既满足客运专线对沉降控制的严格要求又避免工程浪费。本文结合胶济客专非饱和粉质黏土、粉土及海东客专和花岗岩全风化层中等压缩性土路基开展了室内外试验、数值模拟及现场沉降观测等。研究表明：胶济客专非饱和粉质黏土、粉土饱和度为 46%~80%，海东客专花岗岩全风化层地基浅层 5~8 m 表现为明显的黏性土特性，深层地基的力学性质逐渐接近粉土；在控制填筑速率分层填筑情况下，中等压缩性土地基在路堤填筑期可完成总沉降的 75% 以上，经过 1~5 个月放置可完成总沉降的 90% 左右；在中等压缩性土地基上修建有砟轨道客运专线一般地段地基不处理，修建无砟轨道客运专线采用复合地基加固应穿过浅层 8~10 m 且宜联合堆载预压措施。

关键词　客运专线　中等压缩性土　沉降特性

1 引　言

　　我国通常将压缩系数为 0.1~0.5 MPa^{-1} 的土定义为中等压缩性土，我国道路建设中大多数地基都属于中等压缩性土的范畴。根据现有设计规范及沉降计算理论，在中等压缩性土地基上修建高速铁路特别是无砟轨道客运专线其计算沉降通常不满足设计要求，故在我国武广、郑西、京沪、京石等无砟轨道客运专线建设中均采用了大量的桩长较长的 CFG 桩、钢筋混凝土桩板结构、钢筋混凝土桩网结构等地基加固处理措施，但各线大量的实测沉降资料表明，实际沉降值明显小于计算沉降值，揭示中等压缩性土地基的沉降特性可有效指导在其上修建客运专线铁路，特别是在工期限制情况下既满足客运专线对沉降控制的严格要求又避免工程浪费。

　　胶济客专非饱和粉土、粉质黏土等土代表着我国胶东半岛及华北部分区域深厚地基土层，海南东环客专花岗岩深厚全风化层可作为我国海南、广东、福建等地广泛分布的花岗岩全风化层的典型代表，本文以胶济客专、海南东环客专为依托研究掌握中等压缩性土地基沉降特性，从而指导中等压缩性土地基上修建客运专线路基设计及施工。

2 中等压缩性土物理力学特性

2.1 胶济客专中等压缩性土物理力学特性

　　胶济客专中等压缩性地基土主要为非饱和粉质黏土、粉土，压缩系数为 0.117~0.217 MPa^{-1}，饱和度 S_r 一般在 46%~80%，塑性指数 I_p 介于 7.1~17.6，饱和度、液塑限随着地基深度的增加逐渐增大。

2.2 海东客专中等压缩性土物理力学特性

　　海东铁路饱和花岗岩全风化层压缩系数为 0.14~0.28 MPa^{-1}，塑限为 17.65%~31.43%，液限为 25.98%~49.28%，塑性指数 I_p 为 6.06~17.85；同时表明花岗岩全风化层的均一性较差，物性指标随深度变化的差异较大，同一断面的塑、液限和塑性指数随着深度的增加而减小，浅层 5~8 m 表现为明显的黏性土特性，而随着地基深度的增加，深层地基的力学性质逐渐接近粉土。

　　花岗岩全风化层颗粒不均匀系数 C_u=28.9~178.2，曲率系数 C_c=0.13~0.78，可见海东铁路花岗岩全风化层颗粒分布不均匀，粒径变化范围大，粒度主要分布在中砂以上粒组（粒径>0.5 mm）和细砂以下粒组（粒径<0.075 mm），而中间粒组的细砂和中砂含量较低，如图 1 所示。

　　对比了海东客专与广东、福建花岗岩全风化层颗粒分布情况，以利于进行工程类比利用，其结果见图 2 所示，结果表明海东铁路花岗岩全风化层颗粒分布与福建地区相比，黏粒含量偏低；颗粒分布与广东地区全风化层接近，但细粒土含量略高。

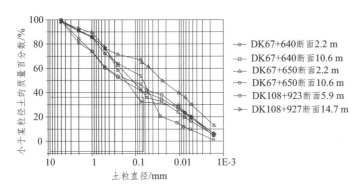

图 1 花岗岩全风化层颗粒组成

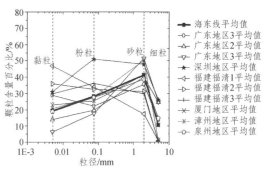

图 2 花岗岩全风化层颗粒含量对比

3 中等压缩性土地基沉降特性

3.1 地基沉降特性现场沉降观测

选择了胶济客专天然地基、换填加固、水泥搅拌桩加固、强夯加固，海东客专换填加固、水泥搅拌桩加固、CFG 桩加固的代表性沉降观测断面，其概况见表 1。

表 1 现场断面概况

断面	地基处理方法	处理深度/m	路基填高/m
胶济客专			
DK218+950	未加固	—	7.5
DK219+075	水泥搅拌桩	5.5	7.7
DK225+700	换填	2.0	8.4
DK226+875	强夯	—	7.4
海东客专			
DK67+630	换填	2	5
DK67+666	水泥搅拌桩	4.5	4.2
DK79+065	CFG 桩	6	7.7

图 3 为胶济客专路基现场沉降观测结果，图 4 为海东客专路基现场沉降观测结果。沉降观测 资料表明路基填筑初期沉降以地基侧向变形引起的瞬间沉降为主，沉降随着路基高度的增加线性发展，沉降速度较快；路基填筑完成后，沉降速度开始减缓，沉降曲线趋于稳定。胶济客专路基填筑期为 70~120 d，路基填筑期地基沉降占观测总沉降的 80%~90%；海东客专路基填筑期为 205~210 d，填筑期地基沉降占观测总沉降的 85%~95%。

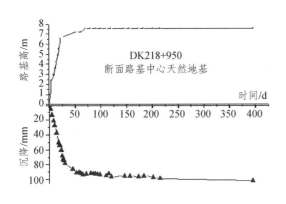

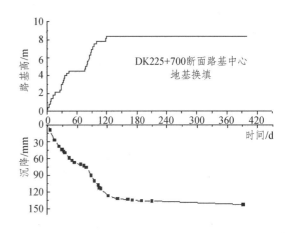

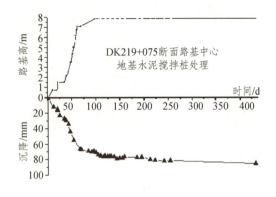
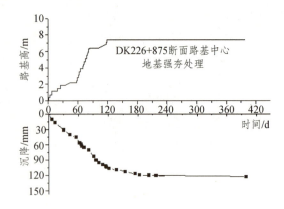

图 3 胶济客专现场沉降观测结果

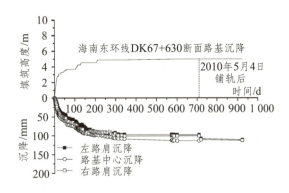
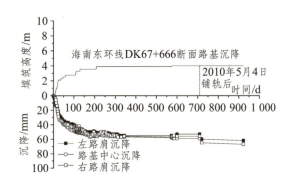

图 4 海东客专现场沉降观测结果

3.2 地基沉降特性离心模型试验

离心模型试验模拟了胶济客专天然地基、水泥搅拌桩加固、强夯加固，模拟填筑时间 80 d，放置 90 d；海东客专模拟了换填加固、水泥搅拌桩加固的沉降特性，模拟填筑时间 100 d，放置 90 d。

图 5 为胶济客专模拟结果，图 6 为海东客专模拟结果。结果表明胶济客专路基在填筑+放置期可完成总沉降的 68%～78%，海东客专路基在填筑+放置期可完成总沉降的 76%～80%。

3.3 地基沉降特性数值模拟

胶济客专非饱和土地基数值模拟采用 PLAXIS 程序，海东客专饱和花岗岩全风化层数值模拟采用 FLAC-3D 程序。数值模拟结果见图 7 所示，结果表明：胶济客专非饱和土未处理地基、换填加固地基、强夯加固地基、水泥搅拌桩桩加固地基的填筑期间沉降分别占总沉降的 74.7%、73.4%、65.8% 和 81.7%，填筑完成后放置 3～6 个月沉降稳定；海东客专饱和花岗岩全风化层未处理地基、水泥搅拌桩加固地基和 CFG 桩加固地基路基填筑期间沉降分别占总沉降的 97.6%、98.4% 和 98.4%，填筑完成后放置 1～2 个月沉降稳定。

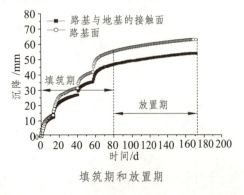

填筑期和放置期

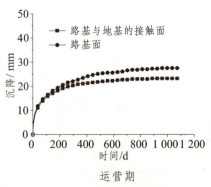

运营期

（a）DK218+950 断面

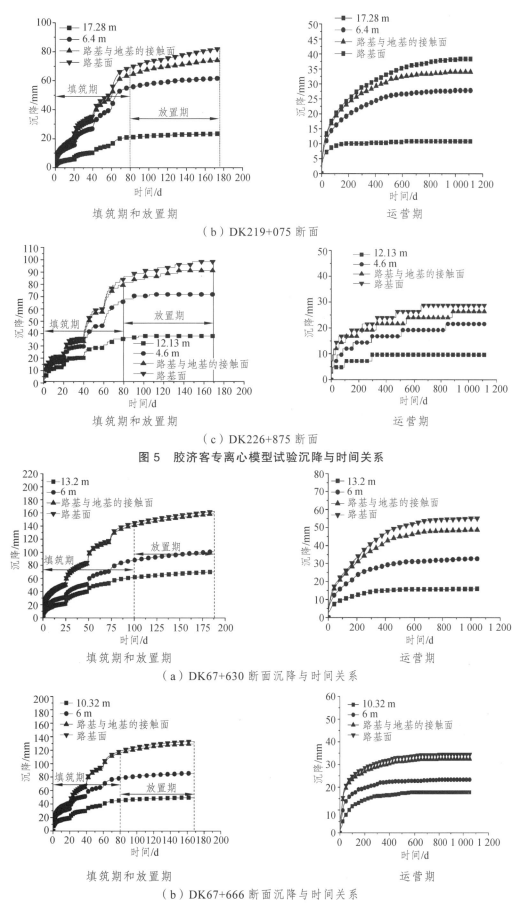

（b）DK219+075 断面

（c）DK226+875 断面

图 5 胶济客专离心模型试验沉降与时间关系

（a）DK67+630 断面沉降与时间关系

（b）DK67+666 断面沉降与时间关系

图 6 胶济客专离心模型试验沉降与时间关系

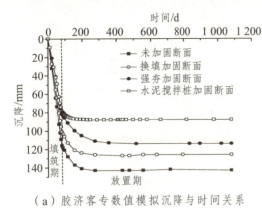

（a）胶济客专数值模拟沉降与时间关系

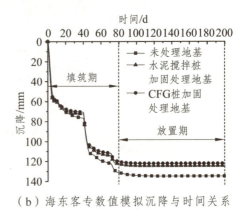

（b）海东客专数值模拟沉降与时间关系

图 7　数值模拟沉降与时间关系

3.4　地基沉降特性综合分析

3.4.1　沉降与时间关系

根据路基现场沉降观测、离心模型试验及数值模拟结果综合分析：地基在路基填筑期沉降完成较快，胶济客专非饱和土地基施工期可完成总沉降的 75% 以上，经过短期放置（3～5 个月）可完成总沉降的 90%左右；海东客专花岗岩全风化层路基施工期可完成总沉降的 80% 以上（离心模型试验由于模型制作时花岗岩全风化层存在液化现场，结果致路堤填筑期完成沉降比例相对偏低），经过短期（1～2 个月）放置其可完成沉降的 90%左右。

3.4.2　沉降量与工后沉降

表 2 给出了胶济客专、海东客专的离心模型试验、数值模拟及现场实测各断面的推测总沉降量及预测工后沉降结果，表 2 表明路基离心模型试验、数值模拟与实测结果均较为接近（仅花岗岩全风化层离心模型试验总沉降量和工后沉降较实测值大），从推测工后沉降值看，部分略大于无砟轨道工后沉降限值。

表 2　沉降量与工后沉降结果

断面	实测/mm		离心模型试验/mm		数值模拟/mm	
	总沉降	工后沉降	总沉降	工后沉降	总沉降	工后沉降
胶济客专						
DK218+950	101.5	6	95	7.1	115	16.2
DK218+978	135.5	9	—	—	142	15.1
DK219+075	85	8	109	10.1	102	9.4
DK225+560	152.1	7	—	—	158	
DK225+700	142.6	6	—	—	163	
DK226+875	130.5	10	118	12.1	139	22.4
DK226+925	129.5	10	—	—	136	
海东客专						
DK67+620	136	13	—	41.3	147	—
DK67+630	127	13	207	48.7	147	14.3
DK67+666	69	10	162	32.5	91	12.1
DK79+065	164	13	—	—	178	11.9
DK79+399	110	14	—	—	120	

4　地基沉降特性与工程应用

4.1　沉降计算施工期沉降完成比例

我国修建客运专线由于工期紧，对沉降不满足要求的地基往往采取复合地基进行加固，在这种情况掌握中等压缩性土地基沉降特性，对于在其地基上修建客运专线根据工期情况选择更加合理、经济的地基处理措施具有重要意义。

通常路基计算工后沉降采用下式进行：

$$S_{工后} = S_{总沉降} - S_{施工期沉降} \times \alpha_{施工期沉降完成比例}$$

中等压缩性土地基施工期完成沉降比例在控制填筑速率分层填筑情况下：胶济客专非饱和土可取 75% 以上，放置 3~5 个月可取 90%；海东客专花岗岩全风化层可取 80% 以上，放置 1~2 个月可完成沉降的 90%，研究得出的中等压缩性土地基施工期完成沉降明显高于《建筑地基基础设计规范》（GB 50007—2002）中等压缩性土的 20%~50%，堆载预压可有效加速地基沉降。

4.2　地基处理原则

胶济客专和海东客专地基浅层 5~8 m 沉降量较大，天然地基表层 8 m 沉降量占总沉降的 60% 左右，且受降雨影响较大，提出中等压缩性土地基处理原则：

（1）修建有砟轨道客运专线：一般情况地基原则上不处理；地基表层有软土、松软土时，原则上只对地基表层存在的软土、松软土采取挖除换填、复合地基进行加固；只对高填方及较高的过渡段进行浅层处理。

（2）修建无砟轨道客运专线：一般地段采用复合地基加固应穿过浅层 8~10 m 且宜联合堆载预压措施。

5　结　论

（1）胶济客专非饱和粉质黏土、粉土饱和度一般在 46%~80%；海东客专花岗岩全风化层颗粒分布不均匀，粒径变化范围大，粒度主要分布在中砂以上粒组和细砂以下粒组，地基浅层 5~8 m 表现为明显的黏性土特性，深层地基的力学性质逐渐接近粉土。

（2）在控制填筑速率分层填筑情况下：非饱和粉质黏土、粉土地基路堤在填筑期可完成总沉降的 75% 以上，经过 3~5 个月放置可完成总沉降的 90% 左右；花岗岩全风化层地基路堤在填筑期可完成总沉降的 80% 以上，经过 1~2 个月放置可完成总沉降的 90% 左右。

（3）在中等压缩性土地基上修建有砟轨道客运专线一般地段地基不处理，修建无砟轨道客运专线采用复合地基加固应穿过浅层 8~10 m 且宜联合堆载预压措施。

郑西高铁湿陷性黄土地基水泥土挤密桩加固处理

孙　莺　李安洪　罗照新　姚裕春

（中铁二院　土建二院）

摘　要　挤密桩是湿陷性黄土地基常用的加固方法，但在路基工后沉降要求不大于 15 mm，且要求黄土湿陷性全部消除的高速铁路地基处理运用上还是首次。通过郑西线的运用实践，表明：位于地下水位以上，湿陷性黄土层厚度小于 15 m、饱和度 $S_r \leqslant 65\%$ 的黄土地基采用成孔直径为 0.30 m，成桩直径为 0.46 m，桩间距为 0.8 m 的水泥土挤密桩加固技术，使黄土地基湿陷性基本消除，路基工后沉降得到了有效控制。

关键词　郑西高铁　水泥土挤密桩　现场工艺试验

1　工程概况

郑州至西安高速铁路渑池至灵宝段位于河南省三门峡市境内，线路总长 153.608 km，路基总长 32.6 km，湿陷性黄土地段路基长 15.143 km。采用无砟轨道，要求路基的工后沉降小于 15 mm；路桥、路隧交界处的差异沉降小于 5 mm，黄土地基湿陷性全部消除。

2　工程特性

自重湿陷性黄土主要为 Q_3 第四系上更新统黄土、Q_4 新近沉积黄土，厚度在 5～15 m，自重湿陷性黄土的压缩模量 E_s 为 2.0～5.0 MPa，黄土自重湿陷系数 δ_{zs}（200 kPa）平均为 0.033；由于黄土具有多孔性、孔隙比较大（一般在 1.0 左右），一般在 1.0 左右，压缩模量较小，且具有湿陷性等特性，使得黄土地基上的路基建成后不仅沉降量大，而且延续时间较长。

3　水泥土挤密桩加固技术

3.1　水泥土基本物理力学性质

黄土掺加水泥拌和的水泥土混合料性质：水泥比为 1∶8 时的最大干密度 γ_{dmax}=1.72 cm³，最优含水量 w_{opt}=18.2%；水泥比为 1∶10 时最大干密度 γ_{dmax}=1.75 cm³，最优含水量 w_{opt}=17.7%；水泥比为 1∶13 时最大干密度 γ_{dmax}=1.82 cm³，最优含水量 w_{opt}=16.4%。根据水泥土的物理力学性质可为湿陷性黄土地基采用水泥土挤密桩加固时提供指导。

3.2　水泥土挤密桩计算理论

水泥土挤密桩与一般灰土桩相同，而强度较高，是利用打桩机将钢管打入地基土层并随之拔出后形成桩孔，选用相对单一的土质材料，与水泥按一定配比，在孔外充分拌和均匀制成水泥土，分层向孔内回填并强力夯实，制成均匀的水泥土桩。桩、桩间土和褥垫层一起形成复合地基。水泥土挤密桩通过两方面作用使地基强度提高：一是成孔及成桩夯实过程中挤密桩间土，使桩周土强度有一定程度提高，并消除湿陷性；二是水泥土本身夯实成桩，且水泥与土混合后可产生离子交换等一系列物理化学反应，使桩体本身有较高强度，具水硬性。处理后的复合地基和抗变形能力明显提高。

3.2.1　复合地基沉降计算

水泥土挤密桩复合地基的沉降计算采用实体基础法，即把复合地基的沉降看作加固区的压缩量和下卧层的压缩量之和。加固区中桩体和桩间土视为一复合地基，并用复合模量 E_{ci} 来评价其压缩性，计算方法如下：

$$E_{ci} = m \cdot E_{pi} + (1-m)E_{si}$$

式中：E_{ci}，E_{pi}，E_{si} 分别为第 i 层复合地基、桩体和桩间土的压缩模量；m 为复合地基的置换率。

下卧层沉降的计算是把加固区视为具有一定埋深的实体基础，按分层总和法计算并计入相邻基础的影响。

水泥土挤密桩复合地基的沉降按下式计算：

$$S = S_1 + S_2 = \sum_{i=1}^{n_1} \frac{\overline{\sigma_i}}{E_{ci}} h_i + \sum_{j=1}^{n_2} \frac{\overline{\sigma_j}}{E_{sj}} h_j$$

式中　S_1——加固区沉降；

S_2——下卧层沉降；

n_1——加固区土的分层数；

n_2——下卧层土的分层数；

$\overline{\sigma_i}$——加固区第 i 层土产生的平均附加应力，kPa；

$\overline{\sigma_j}$——荷载在下卧层第 j 层土产生的平均附加应力，kPa；

E_{ci}——加固区第 i 层土的压缩模量，即复合地基的压缩模量，kPa；

E_{sj}——下卧层第 j 层土的压缩模量，kPa；

h_i，h_j——分别为加固区和下卧层第 i 层和第 j 层土的分层厚度，m。

3.2.2　复合地基承载力计算

水泥土挤密桩复合地基容许承载力应通过现场复合地基荷载试验确定，设计时可按下式计算：

$$\sigma_{sp} = m\sigma_p + \alpha(1-m)\sigma_s$$

式中　σ_{sp}——复合地基容许承载力，kPa；

σ_p——桩体容许承载力，kPa；

σ_s——处理后桩间土容许承载力，kPa；

m——桩土面积置换率；

α——桩间土承载力提高系数，排土成孔时 $\alpha=1.05 \sim 1.15$，挤土成孔时，一般黏性土 $\alpha=1.1 \sim 1.2$，大孔隙土应经现场原位试验确定。

3.2.3　计算参数

水泥土挤密桩复合地基的设计参数如表 1 所示。

水泥土挤密桩复合地基置换率：

$$m = \frac{A_p}{A} = 0.2595$$

式中　A_p——单桩面积；

A——桩周复合土体单元面积。

根据经验取值，水泥土挤密桩桩体压缩模量一般在 100 ～ 750 MPa。本次计算中水泥土挤密桩桩体压缩模量取 150 MPa，计算方法采用复合模量方法。土层计算参数如表 2 所示。

表 1　水泥土挤密桩计算断面设计参数

地基处理方式	计算断面	路堤高度/m	桩长/m	桩间距/m	桩径/m	桩模量/MPa
水泥土挤密桩	DK294+800	0.4	14	0.8	0.46	150

表 2　水泥土挤密桩土层计算参数

土层编号	土名	厚度/m	容重/（kN·m⁻³）	压缩模量/MPa
〈2-4〉	粉细砂	2.5 m	16.7	7
〈2-2-1〉	砂质黄土	12 m	15.4	8
<2-3>	砂质黄土	5.4 m	16.9	10
<2-4-1>	粉细砂	4.55 m	16.8	15
<2-3>	砂质黄土	4.7 m	16.9	10
<3-5>	粉细砂	20.8 m	20	20

3.2.4　沉降计算结果

计算结果得，铺轨前路基沉降量为 0.9 mm，铺轨后路基沉降量为 9.1 mm，则铺轨前后路基沉降量之差为 8.1 mm，满足沉降控制要求。

3.3　水泥土挤密桩设计主要参数

对饱和度 $S_r \leqslant 65\%$ 的湿陷性黄土，当其厚度为 $6\,m < h \leqslant 15\,m$ 时采用水泥土挤密桩进行加固。挤密桩深度不超过 12 m 时，不设预钻孔，挤密孔直径不小于 0.4 m；挤密桩深度 $12\,m < h \leqslant 15\,m$ 时，挤密桩采用沉管预钻成孔，桩顶设计标高以上预留覆盖土层厚度为 0.5~0.7 m，钻孔直径为 0.25~0.30 m，填料挤密孔直径不小于 0.4 m。桩间距为 0.8~1.0 m，正三角形布置。要求经挤密桩法挤密施工加固处理后地基湿陷性消除，地基刚度均匀，3 孔之间桩间土的平均挤密系数不宜小于 0.95，中心处的挤密系数不得小于 0.93，桩体内的平均压实系数不应小于 0.98。

水泥土挤密桩，水泥的掺入量应不小于 15%（重量比）。水泥土挤密桩的压缩模量 Ep 为 100~180 MPa（即水泥土桩身相同配比的室内试块，在标准养护条件下 90 d 龄期的桩身无侧限抗压强度不小于 1.5 MPa）。

3.4　湿陷性消除试验

为了验证设计参数的实际效果，2006 年 5 月—6 月份，分别在灵宝市大王镇 DK267+450 处、灵宝车站（灵宝市文东村）DK295＋500 处等地段选取代表性场地，采用机械洛阳铲和重锤沉管 2 种成孔工艺，按桩间距 0.8 m、0.9 m、1.0 m、1.1 m 正三角形布置，成孔直径 $\phi 35\,cm$、$\phi 40\,cm$，成桩直径 $\phi 40\,cm \sim \phi 45\,cm$ 的不同复合地基处理形式进行试验性工艺施工，图 1 为水泥土挤密桩加固地基代表性断面。

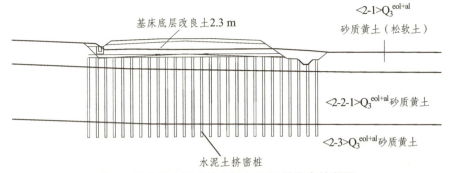

图 1　灵宝站水泥土挤密桩加固地基代表性断面

试验结果表明采用原设计参数处理后复合地基承载力、单桩承载力除个别点外均能满足设计要求，各试桩组的桩间平均挤密系数和中心挤密系数均不能满足设计要求，无法从根本上消除黄土的湿陷性。为了满足消除黄土湿陷性要求，取得适合的设计参数，在现场施工监理的见证下在上述段落又选取了多种桩间距、桩径组合的设计参数进行工艺性试桩试验，试验数据结果反映，只有成桩直径较大时，桩间土挤密系数才满足设计要求，湿陷性才能消除。取得了满足要求的施工参数。DK267+450、DK295+950 两处试桩组检测结果见表 3、表 4。现场施工及检测方法见图 2、图 3、图 4。

表 3　DK267+450 试桩点各组试桩参数和设计要求一览表

项目		水泥土挤密桩试桩组 1	水泥土挤密桩试桩组 2	水泥土挤密桩试桩组 3
桩型参数	桩间距/m	0.9	1.0	0.8
	桩孔直径/mm	400	400	400
	成桩直径/mm	420	400	400
填料情况	填料	水泥土	水泥土	水泥土
	配合比	13%	13%	13%
施工设备	成孔	柴油锤沉管	柴油锤沉管	柴油锤沉管
	夯实	重锤	夹杆锤	夹杆锤

续表

项目		水泥土挤密桩试桩组1	水泥土挤密桩试桩组2	水泥土挤密桩试桩组3
工艺参数	夯锤质量/t	1.5	0.18	0.18
	夯锤落距	3.5 m	76 cm	76 cm
	击次/（击/批）	4	3	5
设计要求、检测结果和评价	复合地基承载力特征值/kPa　设计要求	470	470	470
	检测结果	470	394	470
	是否满足设计要求	是	否	是
	桩体承载力标准值/kPa　设计要求	1 000	1 000	1 000
	检测结果	—	—	1000
	是否满足设计要求	—	—	是
	湿陷性消除情况　设计要求	消除	消除	消除
	是否满足设计要求	是	否	是
	桩间土平均挤密系数　设计要求	≥0.95	≥0.95	≥0.95
	检测结果	0.90	0.86	0.91
	是否满足设计要求	否	否	否
	桩间中心处挤密系数　设计要求	≥0.93	≥0.93	≥0.93
	检测结果	0.87	0.82	0.88
	是否满足设计要求	否	否	否
	桩身压实系数　设计要求	≥0.98	≥0.98	≥0.98
	检测结果	—	—	0.95
	是否满足设计要求	—	—	否

表4　DK295+500试桩点处各试桩组检测结果表

方案编号	成孔方法	成孔直径/mm	成桩直径/mm	桩中心距/mm	平均挤密系数	最小挤密系数
1	沉管	377	400	800	0.92	0.84
2	沉管	377	450	800	0.95	0.89
3	机械洛阳铲	350	450	1 000	0.90	0.81
4	机械洛阳铲	350	450	900	0.92	0.83

图2　重锤沉管法

图3　洛阳铲成孔法

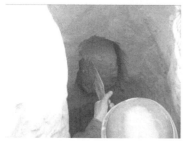
（a）探井取样

（b）桩体检测

（c）加载

图4　水泥土挤密桩现场检测

3.5 优化设计

现场试验结果显示，桩径和桩间距的大小主要受黄土的湿陷性消除和桩间挤密系数控制，通过分析及经济分析后，郑西湿陷性黄土采用水泥土挤密桩加固处理的最优设计参数为：

（1）水泥土挤密桩采用柴油锤沉管成孔，成孔直径 0.3 m，成桩直径 0.46 m，桩间距 0.8 m，正三角形布置。

（2）经挤密桩复合地基加固处理后地基湿陷性消除，刚度均匀，桩身压实系数不小于 0.97，3 孔之间桩间土平均挤密系数不宜小于 0.93，桩间最小挤密系数不宜小于 0.88。

4 工程整治效果

水泥土挤密桩复合地基施工后的各项检测结果表明，复合地基承载力、桩身压实系数、桩间土平均挤密系数、桩间最小挤密系数满足设计要求，黄土地基刚度均匀，湿陷性消除。

工后沉降根据现场地基面沉降板和路基面观测桩沉降观测数据并结合理论计算值综合评估分析确定。例如 DK295+130 填方地基面沉降板、基床表层地面沉降板、路基面左右观测桩沉降观测结果如图 5 所示，本段地基水泥土挤密桩加固桩长 11～15 m，理论计算总沉降 22 mm，工后沉降 4.8 mm，采取堆载预压；路基底部地面沉降板 240 d 的沉降观测数据：地基实际总沉降 23 mm，预测的最终总沉降 25.82 mm，剩余工后沉降为 2.82 mm，实际沉降和计算沉降基本相当，工后沉降满足客运专线无砟轨道不大于 15 mm 的标准要求。路基施工完成后均历经了 2 个雨季的检验，未发生湿陷变形，可见水泥土挤密桩加固浅层湿陷性黄土具有良好的效果。

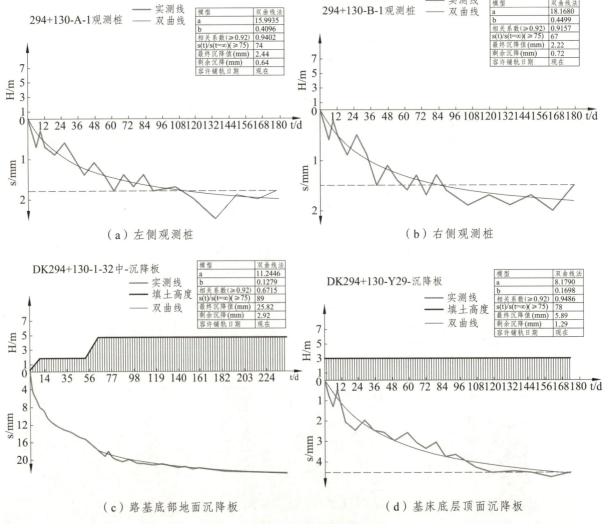

（a）左侧观测桩　　　　　　　　　　（b）右侧观测桩

（c）路基底部地面沉降板　　　　　　（d）基床底层顶面沉降板

图 5　DK295+530 断面沉降观测

5　工程体会

（1）水泥土挤密桩适用于位于地下水位以上，湿陷性深度小于 15 m 且饱和度 $S_r \leqslant 65\%$ 的黄土地基加固。

（2）宜采用重锤沉管挤土成孔。

（3）水泥土挤密桩成孔直径 0.30 m，成桩直径 0.46 m，桩间距 0.8 m；水泥土掺灰量 13% ~ 15%，能有效消除黄土湿陷性，加固后的地基沉降控制容易满足。

（4）桩径和桩间距的大小对地基挤密消除湿陷有较大影响，大面积施工前应选取代表性场地进行先期试验，获取施工工艺及验证设计。

郑西高铁湿陷性黄土地基水泥土柱锤冲扩桩加固处理

孙 莺 李安洪 罗照新

（中铁二院 土建二院）

摘 要 郑西高铁主要穿越于豫西和关中的湿陷性黄土地区，是国内外首次在大面积湿陷性黄土地基上修建的无砟轨道高速铁路。段内湿陷性黄土厚度大，其下限深度多在 10～25 m。为有效消除黄土的湿陷性和满足无砟轨道高速铁路严格的沉降控制要求，对厚度为 15～25 m 的湿陷性黄土地基采用了成孔直径 0.35 m、成桩直径 0.6 m、桩间距 0.95 m 的水泥土柱锤冲扩加固处理，既消除黄土湿陷性，又保证了地基沉降的控制。经过施工完成一年的沉降观测和四年的运营表明，深厚湿陷性黄土地基处理取得了很好的成效。

关键词 郑西高铁 湿陷性黄土 柱锤冲扩桩 地基加固 设计

1 工程概况

郑州至西安高速铁路，大部分穿越于豫西和关中的湿陷性黄土地区，沿线经过郑州、洛阳、三门峡、渭南、西安等地市，新建线路全长 405.35 km，路基正线长 74 km，占线路全长的 18.3%。渑池至灵宝段湿陷性黄土路基长 15.143 km（主要分布于张茅隧道出口至河南陕西省界的黄土丘陵区、山前平原区和黄河二三级阶地），占本段路基长度的 46.5%。灵宝车站至台村隧道间路基地段的湿陷性黄土层一般厚 15～25 m，部分地段厚度大于 25 m，湿陷性中等～强烈，属于Ⅲ级～Ⅳ级自重湿陷性地基。

本线为设计时速 350 km/h 的无砟轨道客运专线。要求建成后路基工后沉降不得大于 15 mm；路桥、路隧交界处的差异沉降不大于 5 mm。

2 工程特性

2.1 黄土特性

郑西高铁湿陷性黄土主要为 Q_4 新近沉积黄土、Q_3 第四系上更新统黄土，该地区自重湿陷性黄土成分以粉粒为主，质地均匀，结构疏松，孔隙比大，具肉眼可见之大孔隙，具高压缩性，压缩模量 E_s 为 2.0 MPa～8.0 MPa，遇水易崩解，或产生湿陷。黄土自重湿陷系数 δ_{zs}（200 kPa）0.015～0.107，湿陷系数 δ_s（200 kPa）0.015～0.119，δ_s（300 kPa）0.015～0.136，自重湿陷量 Δ_{zs} 为 70～631 mm，湿陷量 Δ_s 为 300～1 098 mm。郑西沿线湿陷性黄土的敏感性为中等～较强，当遇浸水时湿陷产生的速度较快。由于黄土具有多孔性、孔隙比较大，一般在 1.0 左右，压缩模量较小，且具有湿陷性等特性，使得黄土地基上的路基建成后不仅沉降量大，而且延续时间较长。

2.2 室内原状黄土基本物理力学性质

通过黄土的原状土室内试验，得出了郑西客专黄土的基本物理力学性质：黄土的天然含水量为 7.7%～13.0%；天然密度为 1.32～1.5 g/cm³；压缩系数为 0.150～0.555 MPa^{-1}；无侧限抗压强度为 77.59～85.38 kPa；内摩擦角为 26.8°～28.3°，黏聚力为 7.5～12.5 kPa。

2.3 水泥土基本物理力学性质

黄土掺加水泥拌和的水泥土混合料性质：水泥比为 1:8 时的最大干密度 γ_{dmax}=1.71 cm³，最优含水量 w_{opt}=18.4%；水泥比为 1:10 时最大干密度 γ_{dmax}=1.75 cm³，最优含水量 w_{opt}=17.8%；水泥比为 1:13 时最大干密度 γ_{dmax}=1.81 cm³，最优含水量 w_{opt}=16.2%。根据水泥土的物理力学性质可为湿陷性黄土地基采用水泥土柱锤冲扩桩加固时提供指导。

3 水泥土柱锤冲扩桩处理技术

3.1 水泥土柱锤冲扩桩实用性分析

湿陷性黄土地基处理的常用方法包括灰土桩、水泥土挤密桩、强夯、灰土垫层等措施，每一种地基处理方法一般都有一定的适用条件。为了适应郑西高铁路基工后沉降的高标准要求，对深厚湿陷性黄土地基，采用了水泥土柱锤冲扩桩处理措施。

（1）柱锤冲扩桩是通过机具成孔，在地基处理的深层部位进行填料，用高动能的特制重力夯锤进行冲、砸挤压的高压强、强挤密的夯击作业，通过桩锤的动力夯击，在锤侧面上，产生极大的动态被动土压力，迫使土料向周边强制挤出，桩间土也被强力挤密加固，形成了强制挤密区、挤密区以及挤密影响区，提高了桩周土体模量，减小地基整体压缩变形。

（2）施工过程中，桩周土被扰动，挤压，改变了原状黄土的大孔隙结构，变得紧密。

（3）桩体采用水泥土填料，处理后的复合地基承载力较高。

（4）桩体在施工挤密过程中，会形成串珠状体，有利于桩与桩侧土的紧密"咬合"，增大了侧壁摩阻力，使加固后的桩与桩间土形成一个密实整体。从而加固了地基、挤密地基消除湿陷性，控制路基工后沉降。

3.2 地基沉降计算

采用复合模量法计算柱锤冲扩桩加固地基沉降时，将地基总沉降分成两部分：① 桩土加固区的沉降 S_1；② 复合地基下部土体的沉降 S_2。

（1）桩土加固区沉降。

采用复合地基压缩模量（E_{cs}）法计算桩土加固区的沉降量：

$$s_1 = \sum_{i=1}^{n} \frac{\Delta p_i}{E_{cs}} h_i \tag{1}$$

$$E_{cs} = mE_{ps} + (1-m)E_{ss} \tag{2}$$

式中　S_1——桩土加固区沉降量，mm；

　　　Δp_i——附加应力增量，kPa；

　　　h_i——分层厚度，m；

　　　m——复合地基置换率，在计算置换率时考虑成桩过程中的扩孔作用；

　　　n——分层总数；

　　　E_{ps}——桩体压缩模量，MPa；

　　　E_{ss}——桩间土压缩模量，MPa。

由于柱锤冲扩桩法对桩周土体的挤密作用，应考虑桩间土压缩模量的提高作用，桩间土压缩模量按下式计算：

$$E_{ss} = \alpha \cdot E_s \tag{3}$$

式中　α——桩间土压缩模量提高系数，其数值为 1.1 ~ 1.5，由于郑西高铁路基标准要求较高，计算取 $\alpha=1.5$；

　　　E_{ss}——天然地基土体压缩模量，MPa。

（2）复合地基下部土体的沉降。

采用分层总和法计算复合地基下部土体的沉降 S_2。

$$s_2 = \sum_{i=1}^{n} s_i = \sum_{i=1}^{n} \frac{\overline{\sigma}_{zi}}{E_{si}} h \tag{4}$$

式中　$\overline{\sigma}_{zi}$——第 i 层土的平均附加应力，其中下卧层顶面的附加应力采用扩散角法进行计算，kPa；

　　　E_{si}——第 i 层土的压缩模量，MPa；

　　　h_i——第 i 层土的厚度，m。

（3）计算参数。

采用复合模量法，柱锤冲扩水泥土桩桩径取 0.6 m，桩间距取 0.95 m，复合地基置换率：$m = \dfrac{A_p}{A} = 0.3618$。

选取 DK292+790 断面作为计算分析对象，水泥土柱锤冲扩桩的设计参数见表 1，断面的土层参数见表2。

表1　水泥土柱锤冲扩桩的设计参数

断面	路堤高度/m	桩长/m	桩间距/m	桩径/m	桩模量/MPa
DK292+790	3.05	20	0.95	0.6	200

表2　DK292+790计算断面土层参数

土层编号	土名	厚度/m	容重/（kN·m^{-3}）	压缩模量/MPa
<2-2-1>	砂质黄土	18.5	16.3	8
<2-3>	砂质黄土	12.8	16	10
<3-5>	粉质砂	30	16	18

（4）计算结果。

计算结果：铺轨前路基沉降量为4.7 mm，总沉降量为11.1 mm；工后沉降量为6.4 mm，满足沉降控制要求。

3.3　柱锤冲扩桩设计主要参数

湿陷性黄土地基厚度为15～22 m、或湿陷性黄土饱和度$S_r > 65\%$时，

采用水泥土柱锤冲扩桩加固地基。柱锤冲扩桩成孔直径为0.35 m，夯扩后桩径不小于0.45 m，桩距为0.8～1.0 m，正三角形布置。

柱锤冲扩桩桩体单位截面积承载力标准值$f_{pk} \geqslant 1\,000$ kPa，复合地基承载力$f_{spk} \geqslant 470$ kPa；要求柱锤冲扩桩加固处理地基桩施工完成后，地基湿陷性消除，地基刚度均匀。3孔之间桩间土的平均挤密系数大于0.95，中心处的挤密系数不得小于0.93。

3.4　水泥土柱锤冲扩桩加固现场试桩试验

大面积施工前，选取了代表性场地进行了现场试桩试验。对水泥土柱锤冲扩桩复合地基承载力特征值、桩体承载力特征值、桩间土的平均挤密系数、中心挤密系数及湿陷性消除情况进行了检测，验证设计参数。

采用相同桩长、不同成孔直径、成桩直径和桩间距的组合进行现场试验。

（1）各试桩方案下，桩间土平均挤密系数和最小挤密系数平均值见表3。

表3　DK295+500柱锤冲扩桩试桩检测结果汇总表

试桩方案	成孔方法	桩中心距/mm	成孔直径/mm	成桩直径/mm	平均挤密系数	桩间土最小挤密系数
1	机械洛阳铲	1000	350	450	0.90	0.81
2	机械洛阳铲	900	350	450	0.92	0.83
3	机械洛阳铲	900	350	550	0.93	0.86
4	机械洛阳铲	900	350	600	0.96	0.89
5	机械洛阳铲	1000	350	600	0.93	0.87

（2）单桩复合地基静载荷试验2组，第4种试桩方案。

2组单桩复合地基静载荷试验最大加载至940 kPa时，相应P-s曲线近似呈直线型。最大沉降量范围介于7.763～9.187 mm，相应的s/d值介于0.008 2～0.009 7，表明其承载力极限值≥940 kPa，取试验最大加载值的一半作为复合地基的承载力特征值，则f_{spk}=470 kPa，对应的沉降量介于2.750～3.137 mm，相对变形量s/d介于0.0029～0.003 3，均小于规范规定的0.008。

（3）单桩竖向承载力静载荷试验2根，第4种试桩方案。

2组单桩竖向静载荷试验最大加载至2 000 kPa时，相应P-s曲线呈缓变型。最大沉降量范围介于5.640～6.043 mm，低于极限承载力的取值界限，表明其承载力极限值≥2 000 kPa，取本次试

验最大加载值的一半作为单桩承载力特征值，则 f_{pk}=1 000 kPa，对应的沉降量介于 2.207 ~ 2.263 mm。

（4）开挖探井 8 口，检测桩间土挤密效果及桩间土、天然土物理力学性质。

桩间土击实试验结果表明：桩间土最大干密度 0 ~ 2 m 范围内 ρ_{dmax}=1.69 g/cm^3，最优含水率为 10.8%。2 ~ 6 m 范围内 ρ_{dmax}=1.68 g/cm^3，最优含水率为 11.8%。6 ~ 15 m 范围内 ρ_{dmax}=1.68 g/cm^3，最优含水率为 12.9%。

（5）检测 8 根桩体水泥土物理力学性质。

桩体水泥土压缩模量 E_s 介于 105.3 ~ 142.86 MPa。

（6）原状土物理力学性质。

原状土天然状态下上部为中高压缩性土，具湿陷性，下部为低压缩性土，不具湿陷性。

（7）第 4 种试桩方案桩间挤密土物理力学性质。

桩间土经挤密后，已降为低压缩性土，地基土的湿陷性已经消除。

图 1 为现场施工及检测照片。

（a）取土成孔　　　　（b）冲扩夯实　　　　（c）量孔深　　　　（d）量孔径

（e）量桩径　　　　（f）探井取样　　　　（g）环刀取样　　　　（h）试样称重

（i）单桩检测试验　　（j）复合地基检测区　（k）复合地基检测堆载　（l）复合地基检测读数

图 1　施工及检测

3.5　优化设计

现场试桩结果表明，桩径、桩间距大小主要受黄土湿陷性消除和桩间土的挤密系数控制，通过分析试验结果，并对经济性进行评估后，得出柱锤冲扩桩复合地基优化设计参数为：

（1）采用成孔直径 0.35 m，成桩直径 0.6 m，桩间距 0.95 m，能有效消除黄土湿陷性，桩体及复合地基承载力特征性较高，路基工后沉降易满足要求，经济合理。

（2）3 孔之间桩间土的平均挤密系数大于 0.93，中心处的最小挤密系数不得小于 0.88。

3.6　施工工艺

（1）成孔机械：4.5 kW 机械洛阳铲，铲身直径 φ320 mm。

（2）夯扩机具：夯锤质量 1 000 kg，夯锤直径 φ325 mm。

（3）拌和机具：WDT180 稳定拌和站。

（4）填料配合比：水泥土配合比为 11%（重量比）。水泥土采用轻型标准击实试验，标准干密度为 1.76 g/cm³，最优含水量为 15.8%。

（5）孔内 4 m 以下夯锤落距 6 m，夯击次数 10 次；孔内 0～4 m 落距 4 m，夯击次数 12 次。

（6）填料虚填 80 cm，夯实后为 20 cm。

4　工程整治效果

（1）郑西高铁深厚湿陷性黄土地基经柱锤冲扩桩复合地基加固处理后，地基承载力得到大幅提高，刚度均匀，湿陷性消除。

（2）路基基底地基中心和基床底层顶面采用组合式沉降板，路基面左右设置沉降观测桩进行沉降观测，图 4 为代表性观测断面的沉降观测结果。

在路堤填土期，地基面沉降速率较大，沉降值增加很快；当路堤填筑完成放置后，沉降速率减小，沉降曲线趋于缓和；开始预压时，沉降值继续增大，随时间增加，沉降逐渐趋于稳定。地基面填筑及 6 个月放置期，334 天总沉降约为 20.8 mm，预测总沉降为 24.15 mm，预测工后沉降 3.35 mm（图 2）。与理论计算值接近，满足高速铁路无砟轨道路基工后沉降控制标准。

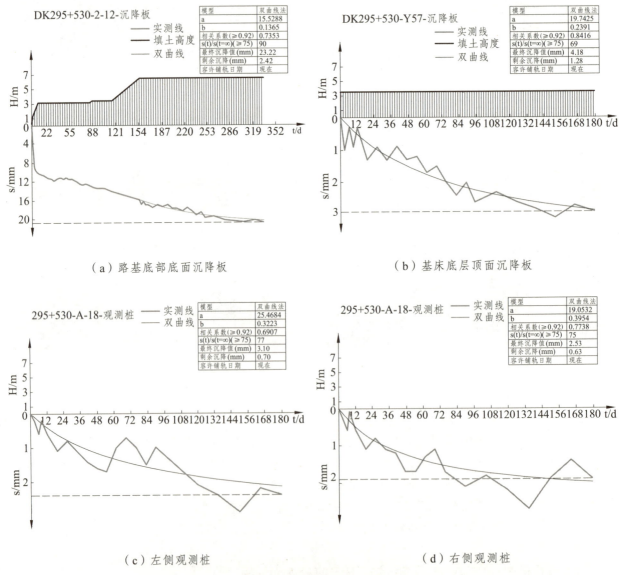

（a）路基底部底面沉降板　　　　　（b）基床底层顶面沉降板

（c）左侧观测桩　　　　　（d）右侧观测桩

图 2　路基沉降观测曲线图

（3）郑西高铁 2010 年通车运营，线路稳定，行车安全。

5　工程体会

（1）当湿陷性黄土厚度大于 15 m 小于 25 m 或湿陷性黄土饱和度 $S_r \geqslant 65\%$ 时，采用水泥土柱锤冲扩桩法进行地基加固处理，有较好的经济性和适用性。

（2）水泥土柱锤冲扩桩采用成孔直径为 0.35 m，成桩直径 0.6 m，桩间距 0.95 m，正三角形布置的设计，能有效消除黄土湿陷性，地基处理后承载力较高，刚度均匀，地基沉降和工后沉降控制易满足要求。

（3）地基加固处理大面积施工前，应选取代表性场地进行先期试验工程，验证设计参数。

海南东环铁路三亚车站软土地基加固处理

姚裕春　宋成建　李安洪
（中铁二院　土建二院）

摘　要　海南东环铁路三亚车站场坪大面积分布淤泥质软土，软土厚 2～15 m，车站场坪宽 20～150 m，软基长约 2 km，经比较分析，地基采用塑料排水板进行加固。总结了塑料排水板加固地施工及质量控制技术要求，从而确保地基加固效果。

关键词　三亚车站　软基处理　塑料排水板

1　概　况

1.1　地形地貌

三亚站场坪位于滨海平原区，地势平坦开阔，略有起伏，地面高程 4～18 m，相对高差 0～10 m，地表多为农田旱地和少量树林。

车站范围内主要为第四系全新统冲洪积层松软土、淤泥质黏土、砂层和粉质黏土等。

<1>人工填土：灰黄色，灰色，多为粉质黏土、块石土等，厚 1～4 m，基本承载力 σ_0=150 kPa，凝聚力 c=18 kPa、φ=15°。

<2>松软土：为粉质黏土，软塑状，含约 20% 的中细砂，厚 2～12m，基本承载力 σ_0=70～110 kPa。天然快剪 c=15 kPa、φ=12°，固结快剪 c_u=20 kPa、φ_u=14°。

<3>淤泥质黏土：软～流塑状，含少量贝壳类生物碎屑，局部含少量砂质，厚 2～15 m 不等，主要试验指标统计其标准值为：ρ=1.69 g/cm³，ω=49.37%，e=1.36，天然快剪 c=6.44 kPa、φ=4.01°，固结快剪 c_u=17.65 kPa、φ=9.46°，基本承载力 σ_0=50 kPa。

<4>粉质黏土：灰褐色，褐黄色，硬塑状，含砂质不均匀，厚 2～10 m，局部大于 10 m，基本承载力 σ_0=150 kPa，凝聚力 c=22 kPa、φ=15°。

<5>中、粗砂：灰色，灰褐色，灰白色等，中密，饱和，砂质多为粗中砂，局部为细砂，一般约含 10% 的黏粒，局部含量可高达 30%，厚 5～20 m，基本承载力 σ_0=150 kPa，φ=15°。

1.2　工程概况

（1）场坪加固范围：J1K0+510～J1K1+612，长 1 102 m。场坪宽度为 30～75m，填高 6～7.6 m。

（2）稳定及沉降控制标准。

场坪工后沉降不得大于 30 cm；路堤边坡稳定系数不得小于 1.25。

（3）稳定及沉降检算（图 1）。

经检算，天然地基总沉降为 1.7 m，天然地基稳定系数为 0.6。

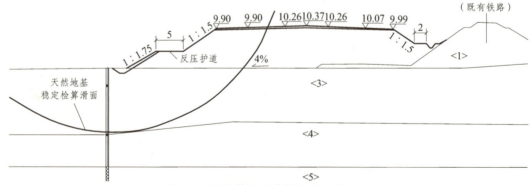

图 1　天然地基稳定检算代表性横断面

2　主要工程措施

2.1　方案选择

场坪仅采用塑料排水板加固地基，则高填方路堤边坡、既有铁路边坡易失稳。故场坪右侧靠近既有铁路坡脚外侧宽 8 m、场坪另一端填方坡脚往场坪内侧 12 m 宽地基采用水泥搅拌桩加固保证稳定，软土层较厚且填方较高地段路堤坡脚采用水泥搅拌桩结合反压护道（反压护道高 2.5 ~ 3 m，顶宽 5 m）加固地基，场坪中部采用塑料排水板加固（图 2）。

经检算，采用塑料排水板加固地基工后沉降 0.23 m，路堤坡脚位置地基稳定系数为 1.25。

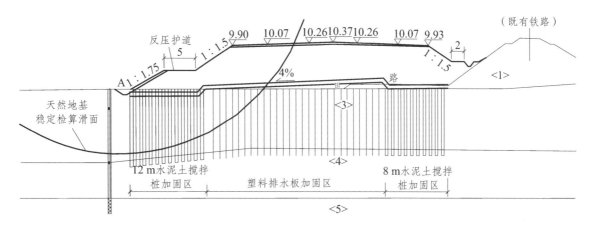

图 2　坡脚水泥搅拌桩加固地基+反压护道稳定检算代表性断面

2.2　地基加固措施

（1）场坪 J1K0+111 ~ +190、J1K0+335 ~ +440、J1K0+510 ~ J1K1+612 地基采用 SPB-1 型塑料排水板加固，排水板间距（中 ~ 中）1.0 m，正三角形布置，排水板设计深度为 3 ~ 13.5 m，要求排水板打入下卧层不小于 1.0 m，上部伸入砂砾石垫层 0.3 m，以上三段均设置堆载预压。其中：J1K0+111 ~ +190 段预压填土高度 3 m；J1K0+335 ~ +440 段预压填土高度 1 m；J1K0+625 ~ J1K1+103，道岔区预压填土高度 2 m，其余地段预压填土高度 1 m。预压时间均为 180 d，堆载预压两端且与线路纵向平行方向设置 1：5 的纵坡，以利于施工。

填方场坪左侧及靠近既有铁路测坡脚地基采用水泥土搅拌桩加固，水泥土搅拌桩间距 1.2 m，正三角形布置（图 3），搅拌桩的设计深度为 4.0 ~ 13.8 m，要求搅拌桩打入下卧层 1.0 m；J1K0+690 ~ J1K1+618 段填方路堤左侧设置反压护道，其中 J1K0+690 ~ +890，J1K1+115 ~ +556.5 两段反压护道高 3 m、宽 5 m，J1K0+890 ~ J1K1+115 反压护道高 2.5 m、宽 5 m。

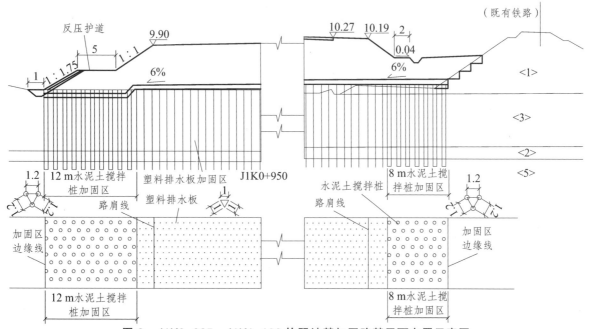

图 3　J1K0+625 ~ J1K1+103 软弱地基加固路基平面布置示意图

堆载预压土高度与填方高度、工期等因素有关。一般当填方高度小于 3 m 时预压土高 3 m，填方高度为 3～5 m 时预压土高 2 m，填方高度大于 5 m 时预压土高 1 m。该段排水加固区的填土-时间-沉降曲线见图 4。

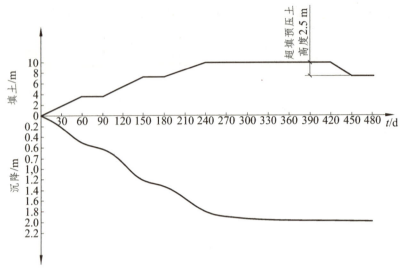

图 4　J1K0+625～J1K1+103 段塑料排水板加固区填土-时间-沉降曲线

（2）塑料排水板和水泥土搅拌桩加固地段的地表铺设 0.6 m 厚砂砾石垫层夹二层土工格栅。在 0.15 m 厚砂砾石垫层上，线路横向间距为 30 m、纵向间距为 15 m 铺设一层幅宽 2 m 的复合排水网（图 5），替代传统纵横向砂沟。

（3）严格按"填土-时间-沉降曲线"施工。

2.3　塑料排水板施工

塑料排水板施工在基底碾压、做好土拱坡、铺设好 300 mm 厚砂垫层基础上进行。砂垫层采用级配良好的中粗砂，含泥量≤5%，且不含有机质、垃圾等杂质，并经碾压，达到中密以上。

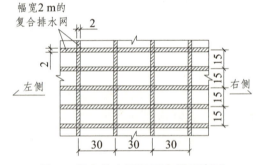

图 5　复合排水网平面布置示意图

2.3.1　施工工序

塑料排水板的施工工序：定位→装靴→插设→上拔→切断→移位。

2.3.2　关键工序控制

（1）放样：直线段，每 100 m 划一个方格，作为一个施工段，用经纬仪放出左线中桩，每 25 m 1 个，作为控制点。曲线段，每 40 m 划一个方格。

（2）垂直度控制：采用垂直线观测法，通过纵横两个方向观测套管的垂直情况，通过移动机体调整机体平整度。

（3）深度控制：为保证塑料排水板充分嵌入淤泥层，达到设计深度，现场对深度进行控制。

2.4　施工技术质量要求

（1）注意排水板的技术性能，应按设计要求对每批进场的产品抽查检验合格后方可施工。

（2）施工前对照地质资料，在塑料排水板加固范围内作必要的触探（探孔）检查，以尽量避免施工塑料排水板时碰到地下障碍物；当碰到地下障碍物时重新施打塑料排水板。

（3）排水板施插过程应逐板进行自检，并按要求作好施工记录；打入地基的塑料排水板应为整板，不允许接长。

（4）排水板施工前，应先将基底填筑成三角形土拱或一面坡，填筑从路基坡脚，以 5‰或 4‰的坡度向中心或既有路堤填筑，建立良好的排水通道（图 6）。

图 6　塑料排水板现场施工图片

3　设计与施工观测结果对比

　　根据现场所设置的 13 个沉降观测断面观测结果，经统计累计总沉降量范围为 407.2～568.2 mm，而施工图设计时累计总沉降量范围为 1 120～1 700 mm。观测沉降值比设计值小，据分析，可能存在以下可能：

　　（1）现场观测存在误差。

　　（2）设计时地层参数等取值是否合理。

　　建议以后的设计应根据多个塑料排水板工点的观测成果（图 7）进行评判。

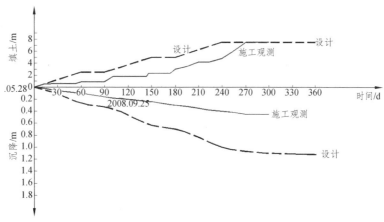

图 7　塑料排水板加固区填土-时间-沉降曲线

（设计与施工观测结果对比）

4　工程体会

　　（1）塑料排水板在软土地基处理中具有工程投资省、施工方便快捷、施工干扰小的优点，适用于工后沉降要求较低的场坪等地段。

　　（2）高填方软土地基场坪，若完全采用塑料排水板加固则路堤边坡稳定不能满足要求，坡脚一定宽度范围需采用复合地基进行加固。

　　（3）塑料排水板加固地基采用排水固结法，固结效果与其中的排水边界条件密切相关，应加强场坪排水通道设计。

　　（4）进行地基加固处理时，应从地基条件、处理要求、工程费用以及材料、机具来源等各方面进行综合考虑，以确定合理的地基处理方法。

　　（5）加强塑料排水板工点的现场沉降观测工作。

海南东环铁路 K151 软基病害整治

宋成建　姚裕春　周　成

（中铁二院　土建二院）

摘　要　海南东环铁路 K151+693～+983 段软基路堤运营期间因地方深挖水塘，造成线路左侧路肩及坡脚开裂，路基两侧坡脚外一定宽度范围内采用旋喷桩结合反压护道加固，顺利整治了该病害工点。

关键词　软土路基　病害　整治设计

1　概　况

1.1　地形地貌

　　海东铁路 K151+693～+983 段路基位于水塘地段，地势较平，填方高 5.2～8.3 m，主要不良地质为软粉质黏土，软塑至流塑状态，厚 7～10 m，下伏砂岩全风化层厚 2～3 m、砂岩强风化层或砂岩弱风化层。主要试验指标统计其标准值为：软粉质黏土：C_u=8 kPa，φ_u=5°，基本承载力 σ_0=60 kPa，桩周土极限摩阻力 f=20 kPa，E_S=2.5 MPa；砂岩全风化层：C_u=18 kPa，φ_u=22°，基本承载力 σ_0=200 kPa，桩周土极限摩阻力 f=60 kPa，E_S=8.0 MPa。

1.2　工程概况

　　（1）软弱地基采用 CFG 桩加固，桩径 0.5 m，桩间距 1.6 m，桩长 10～14 m，正三角形布置，桩打入砂岩全风化层中不小于 1.0 m 或打入砂岩强、弱风化层中不小于 0.2 m，CFG 桩处理宽度位于路堤坡脚外 2 m，桩顶设置 0.6 m 厚碎石垫层，其间铺设两层双向 80 kN/m 土工格栅；施工 CFG 桩前在水塘位置填普通土厚 1～2 m，碾压密实，路堤两侧坡脚外均有高于水塘水面的回填宽平台，边坡采用人字骨架间植灌木及每隔 0.6 m 铺设一层水平土工格栅防护，详见图 1。

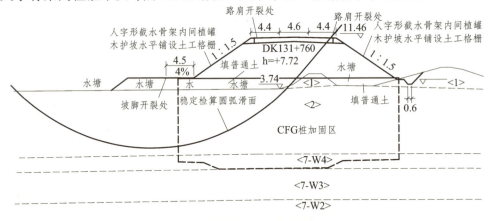

图 1　施工图设计代表性断面图

　　施工单位现场施工时把紧邻线路左、右侧坡脚外地面作为施工便道，地基中已填筑较多片石。

　　（2）稳定控制标准及检算情况。

　　路堤边坡稳定系数不得小于 1.25。经检算，天然地基稳定系数为 0.99，复合地基稳定系数为 1.25。

2　路基病害及原因分析

　　2011 年 6 月 2 日凌晨，设备管理单位检查发现 K151+836～+962 段路基左侧路肩和坡脚外约 4.5 m 处顺线路方向有裂缝。

　　2011 年 6 月、10 月，建设、运营、设计、监理以及施工单位有关人员对病害路基进行了现场勘查（图 2），认为该两道裂缝的产生与该范围防护栅栏外侧地方水塘加深下挖（达 5 m 左右）有一定联系，水塘挖深以及挖淤土堆积在塘埂上，造成塘埂失稳牵引形成坡脚外 4.5 m 的贯通裂缝，进而对路基牵引形成路肩开裂。

3　整治方案

（1）紧邻靠近铁路侧的水塘塘埂位置抛填片石防止水流冲蚀坡脚，顶宽 2 m，外侧坡率为 1 : 1.75，顶面标高为 5.3 m。

（2）路堤坡脚平台采用旋喷桩结合反压护道（图 3）。

图 2　2010 年 10 月海南岛强降雨后雨水浸泡铁路路基

① K151+693 ～ K151+723 线路左侧、K151+963 ～ +983 线路左侧在原 CFG 桩加固范围外侧采用直径为 0.5 m 水泥土多向搅拌桩加固地基；K151+723 ～ K151+963 线路左侧在原 CFG 桩加固范围外侧采用直径为 0.5 m 旋喷桩加固地基，地基处理宽度均为 10 m，桩顶靠近路堤设置顶宽 5 ～ 8 m 的反压护道，护道边坡采用墁石（M7.5 浆砌片石）基础干砌片石护坡。

② 为加强右侧路堤稳定，K151+693 ～ +983 线路右侧在原 CFG 桩加固范围外侧采用直径为 0.5 m 旋喷桩加固地基，地基处理宽度为 8 ～ 10 m。桩顶靠近路堤设置顶宽 8 m 的反压护道，护道边坡采用墁石（M7.5 浆砌片石）基础干砌片石护坡。

③ 整治后地基稳定系数 $K \geqslant 1.3$。

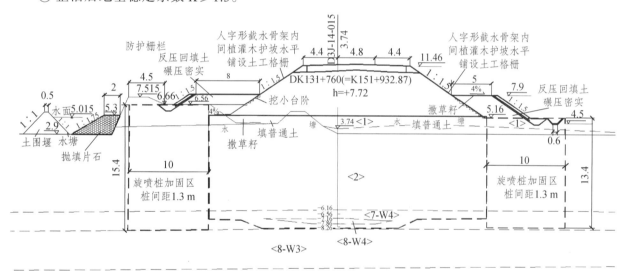

图 3　病害整治设计代表性断面图

4　施工效果与体会

4.1　旋喷桩施工情况

（1）旋喷桩打入砂岩全风化层中不小于 1.0 m 或打入砂岩强、弱风化层中不小于 0.2 m。

（2）旋喷桩采用单管法施工，旋喷桩高压水泥浆的压力应大于 20 MPa。

（3）在地层中夹有石块地段中，应先采用 ϕ110 mm 钻孔引孔后旋喷注浆。

（4）按要求埋设地面沉降观测设备并进行观测。线路左侧旋喷桩处理路基坡脚平台见图 4。

图 4　线路左侧旋喷桩处理路基坡脚平台

4.2　整治效果与体会

整治后，经运营单位信息反馈，该段路基沉降及变形情况满足正常运营要求。本工点有以下几点体会与建议：

（1）铁路选线时，首先应避开有深厚软土的水塘、水库地段；必须通过以上地段时尽量采取桥的方式。

（2）水塘等深厚软基地段地基加固设计时，应考虑人为活动对铁路路基造成的潜在影响；采取合理的地基加固形式及加固范围。

（3）软基施工时应加强质量控制，桩长及桩间距应严格按照设计要求施工。

（4）铁路经过沿海或经济较发达地方，地方建设多、养殖业发达，在铁路附近的建设或开挖鱼塘等情况经常出现，对铁路安全构成隐患。因此建议运营管理部门依据国务院颁发的《铁路运输安全保护条例》（第 430 号），铁路线路两侧应当设立铁路线路安全保护区。铁路线路安全保护区的范围内的建设工程应报运营管理部门进行必要的安全评估，确保铁路工程的安全。建议软土地段的安全保护范围适当进行加宽至两侧 50 m 范围。

渝利铁路涪陵北站道岔区软土高路堤桩网结构加固处理

葛学军　李楚根　叶世斌

（中铁二院　土建二院）

摘　要　渝利线涪陵北车站道岔区为软土高路堤，路基稳定及沉降控制要求高，针对本工点的特点，本文对桩网结构处理方式进行经济技术分析，并介绍了桩网结构的设计方法、设计要点及施工工艺等。本工点的成功实施，为今后类似工程提供借鉴和参考。

关键词　道岔区　软土路基　桩网结构

1　工程概况

渝利线涪陵北站属于丘陵地貌，地面高程为 370～400 m，相对高差为 2～30 m，线路沿平缓地带前进，地形波状起伏，岸坡坡度为 5°～15°，基岩裸露，局部覆盖，沟槽及部分坡面为水田。

DK103+033.499～DK103+129.453 段为涪陵北站道岔区，中心最大填方高度约 19.5 m，路基面宽 24 m，地表为 4.0～6.5 m 的流塑～软塑状软土、软塑状松软土和硬塑状粉质黏土互层，软土多呈透镜状，具有高含水量、高压缩性、低承载力等特点；下伏基岩为紫红色泥岩夹砂岩。

车站范围地表水不发育，地下水有第四系孔隙水及基岩裂隙水两类。因覆土多为黏性土，透水性及富水性均较差，孔隙水不发育；段内基岩以泥岩为主，隔水性较好，基岩裂隙水不发育，水量甚微；砂岩段构造裂隙较发育，裂隙水相对较丰富。经水文分析，在环境作用类别为化学侵蚀环境时，水中侵蚀性 CO_3^{2-} 对钢筋混凝土结构侵蚀作用等级为 H1。

2　方案比选

该道岔区为高填方软土路基，路堤稳定安全系数在不考虑轨道及列车荷载条件下不应小于 1.25，且因在 DK103+081 处有 1～5.0 m 盖板涵，对沉降控制非常严格，路基工后沉降量不应大于 8 cm，同时应特别控制岔区涵洞过渡段的差异沉降，不均匀沉降造成的折角不应大于 1/1 000。为满足路堤整体稳定性和沉降要求，必须进行加固处理。如果采用水泥搅拌桩或者 CFG 桩等复合地基处理，存在以下问题：（1）工后沉降，特别是岔区涵洞过渡段的差异沉降难以控制；（2）单桩竖向承载力不满足设计要求。

要同时满足单桩承载力和复合地基承载力要求，该工点基底软基可采用桩筏结构或桩网结构进行地基加固。而桩筏结构相比桩网结构造价较高，且适应于低矮路基地基加固地段，该工点路基填土高度为 19 m，桩筏结构与桩网结构相比不具有经济技术优势，因此该工点宜采用桩网结构进行软基加固。同时考虑该工点上部为软土下部为基岩，打入预应力管桩施工难度大（无法进入下覆基岩），最终该工点采用钻孔灌注桩桩网结构进行加固处理。

3　工程措施与施工关键技术

3.1　主要工程措施

采用钻孔灌注桩对涪陵北站道岔区软土进行地基加固，同时考虑到节约投资，桩网结构加固两侧区域（对应填方高度不大于 12 m）采用 CFG 桩加固地基。图 1 为工点代表性断面，具体工程措施如下：

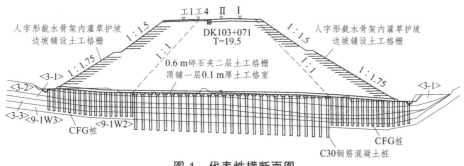

图 1　代表性横断面图

（1）桩网结构桩体材料采用 C30 混凝土，桩基采用 $\Phi 60$ cm 钻孔灌注施工，正方形布置，桩间距 2.2 m，桩端嵌入泥岩夹砂岩弱风化层中不小于 2.5 m；桩顶桩帽大小为 1.4 m×1.4 m 的正方形，厚 0.57 m，加筋垫层由 0.1 m 厚土工格室和 0.6 m 厚碎石垫层夹两层双向 80 kN/m 的土工格栅组成。

（2）CFG 桩采用长螺旋泵送施工法施工，正三角形布置，桩间距 1.6 m，要求 CFG 桩打入下卧层<9-1>W3 不小于 0.5 m。

3.2 计算分析

（1）稳定性计算。

采用瑞典圆弧法检算路堤边坡稳定性，路基本体填料容重 20 kN/m³、黏聚力 20 kPa、内摩擦角 25°，经计算路堤边坡稳定系数为 1.28。

（2）承载力计算。

岩土层设计参数取值如表 1 所示。

表 1 各岩土层参数取值表

参数	$\gamma/($ kN $\cdot$ m$^{-3})$	桩周土极限摩阻力/kPa	基本承载力/kPa
本体填料	20	—	—
<3-1>软土	17	10	50
<3-2>松软土	18	15	115
<3-3>粉质黏土	19	30	150
<9-1>W3 泥岩夹砂岩	21	70	300

列车荷载：$W_1 = 4 \times 220 \div 1.6 \div 24 = 22.9$ kN/m² （考虑站内 4 列列车同时在轨）

轨道荷载：$W_2 = 4 \times 48.62 \div 24 = 8.1$ kN/m²

填土荷载：$W_3 = \gamma H = 19.5 \times 20 = 390.0$ kN/m²

单桩承担荷载：$N_k = W \times S_2 = （ 22.9 + 8.1 + 390.0 ） \times 2.2 \times 2.2 = 2\,037.6$ kN

根据地质情况，桩端位于泥岩夹砂岩弱风化层中，按《建筑桩基技术规范》（JGJ 94—2008）中嵌岩桩的计算方法，可得出单桩竖向极限承载力

$$Q_{uk} = Q_{sk} + Q_{rk} = （ U\sum q_{sik}l_i + \zeta_r f_{rk}A_p ） /2 = 2\,296.9 \text{ kN}。$$

（3）桩网结构沉降计算。

由于钢筋混凝土桩为刚性桩，且打入基岩，可不考虑地基的沉降。

3.3 施工关键技术

现场施工工艺：① 平整施工场地并做好临时截排水措施；② 施工桩网结构两侧 CFG 桩；③ 桩网结构桩定位；④ 埋设刚护筒；⑤ 钻机就位开始钻孔；⑥ 钻孔达到设计深度，清孔并检查桩端承载力；⑦ 开挖桩帽部分；⑧ 下钢筋笼并灌注混凝土桩；⑨ 养护成桩。

本复合地基处理采用 $\phi 60$ cm 小直径钻孔灌注桩，因工点范围为两山之间低洼处，淤积层较厚且地下水丰富，地基承载力较差，难以满足大型钻机进场作业的要求，现场选用轻型钢丝绳冲击钻机，钻头直径 50 cm，型号分别 LGZ-220X 洛工 2 台，NTJ-15M 南通 2 台，共计 4 台，钢套筒 4 套，直径 60 cm，每套长度为 3～5 m，BW250 泥浆泵 6 台。

该段桩网结构采用泥浆循环冲击钻施工，平均每天完成 4 根，扩孔率为 10%～20%。具体采用的方法是先埋设一节钢护筒，然后冲击钻开始冲击，此时不启动泥浆循环系统，采用小冲程，使成孔坚实、竖直、圆顺，能起导向作用，待孔内形成一定浓度的泥浆，增强护筒脚处护壁效果，且钻进深度超过淤泥层后加大冲程，冲桩开始时提锤不能太高，冲程控制在 1～2 m，在冲进过程中，控制进尺速度，保证泥浆充分护壁。同时观察钢丝绳的转动情况以及偏位情况，防止出塌孔。在深孔冲击中，控制冲锤行程，以免钢丝绳拍打孔壁，引起较大的扩孔或者塌孔现象。清孔确保

孔底沉渣、孔内泥浆浓度符合规定要求。下放钢筋笼后，灌注水下混凝土之前进行二次清孔，清孔完毕报告驻地监理后进行水下混凝土浇筑。

4　体会与建议

（1）桩网结构是一种刚性桩基，具有整体性强、稳定性好、坚固耐用、累积变形小、施工方便等优点，可以有效控制地基工后沉降和不均匀沉降，在沉降控制严格的高填方软基地段，桩网结构可有效处理此类工点。

（2）渝利线涪陵北站道岔区为高填方路基，设计采用桩网结构结合 CFG 桩进行地基加固，现场试验表明，设计理念合理，工程效果良好。

（3）桩网结构是处理软弱地基的一种新型结构形式，在计算单桩竖向极限承载力时，采用的是《建筑桩基技术规范》（JGJ 94—2008）中嵌岩桩的计算方法，并且考虑了桩周土的极限侧阻力，因此有必要进一步开展相关设计理论的研究，使之能更好地推广运用。

成渝客专简阳站斜坡软土桩网结构处理

王开云　吴沛沛　周　成
（中铁二院　土建二院）

摘　要　桩网结构由于其竖向变形小、施工方便等优点，被越来越多地应用于沉降控制严格的无砟轨道路基地基
处理中。但对于斜坡软土地基，其横向稳定性不足，需采用系梁、反压护道、搅拌桩等综合处理措施配套来解决。
本文结合简阳南车站斜坡软弱地基的工程实际应用，介绍斜坡软土桩网结构的设计措施及计算方法，为类似工程
提供借鉴经验。

关键词　高速铁路　斜坡软土　桩网结构　系梁　横向稳定性

1　工程概况

成渝客专 DK51+424.0～DK51+832 段桩网结构地基加固工点位于成渝客专简阳南车站内。

段内上覆第四系全新统，坡洪积（Q_4^{dl+pl}）软土（软粉质黏土）、松软土（软塑状粉质黏土），下伏侏罗系上统蓬莱镇组下段（J_3^{pl}）泥岩夹砂岩。地层岩性分述如下：

<6-2>软土（Q_4^{dl+pl}）：褐黄色，软塑～流塑状，土质较纯，黏性较强。软土具有高含水量、大孔隙比、高压缩性、低承载力等特点。

<6-3>松软土（Q_4^{dl+pl}）：褐黄色，软塑状，土质较纯，黏性较强。松软土具有较高含水量、较大孔隙比、较高压缩性、较低承载力等特点。

<24-3>泥岩夹砂岩（J_3^{pl}）：泥岩为紫红色，泥质结构，泥质胶结，岩质较软，易风化剥落，具遇水软化崩解、失水收缩开裂等特性；砂岩多为长石石英砂岩，浅灰、紫红色，中～细粒结构，泥质胶结，中厚～厚层状，质稍硬。全风化带可见原岩结构，岩体风化呈土状；强风化带节理裂隙发育，质较软；以下为弱风化带。

2　工程特征及方案比选

DK51+424.0～DK51+832 段原地貌为水塘、荷塘，线路以填方通过（图1），最大填高约10 m；填方基底不良地质特殊岩土为软土、松软土，局部软土厚达11 m，且部分地段基底土石分界面陡斜，属于斜坡软土，陡斜面达 33°，对路堤沉降及稳定影响大。

本段软土具有高含水量、大孔隙比、高压缩性、低承载力等特点，且土石分界面陡斜。采用水泥搅拌桩或 CFG桩处理、采用侧向约束桩控制稳定性存在以下问题：流塑状淤泥质软土中的 CFG 桩成桩效果差，且特别是横向差异

图1　水塘、荷塘原貌

沉降难以控制；深厚淤泥质软土中侧向约束桩的桩井开挖困难。通过比较，最终采用带系梁的桩网结构进行处理，既保证路堤的沉降，又保证横向稳定性。

3　工程措施

（1）DK51+424.0～DK51+832 段无砟轨道影响范围基底采用桩网结构加固。桩网结构由 C35钢筋混凝土桩、C35 钢筋混凝土桩帽或系梁、上部加筋垫层或 0.1 m 厚 C25 混凝土垫层组成。桩基采用 ϕ60 cm 钻孔灌注施工，正方形布置，桩间距 2.4 m。

其中 DK51+645～DK51+754 段桩网结构正线右侧坡脚，最外侧 5 排钢筋混凝土桩桩顶设置系梁，内无系梁段桩，桩顶设置边长 1.4 m 的正方形桩帽，桩帽高 0.4 m。

（2）DK51+750～DK51+832 左侧基底、DK51+645～DK51+832 右侧基底采用水泥土多向搅拌桩加固。桩径 0.5 m，采用正三角形布置，桩间距为 1.1 m。

（3）DK51+645～DK51+754 右侧基底水泥土多向搅拌桩+钢筋混凝土桩网交替加固区域，水泥

土多向搅拌桩桩径 0.5 m，采用正方形布置，桩间距为 1.2 m。

（4）DK51+650～DK51+750 右侧路堤边坡外侧设置反压护道，护道顶面位于路肩以下 6.0 m 处，护道顶宽为 10 m。

（5）桩顶铺设 0.6 m 厚碎石垫层夹两层土工格栅（单向 PET 聚酯土工格栅，纵向抗拉强度 ≥200 kN/m）加固。

施工图代表性横断面设计如图 2 所示，地基加固平面布置如图 3 所示。

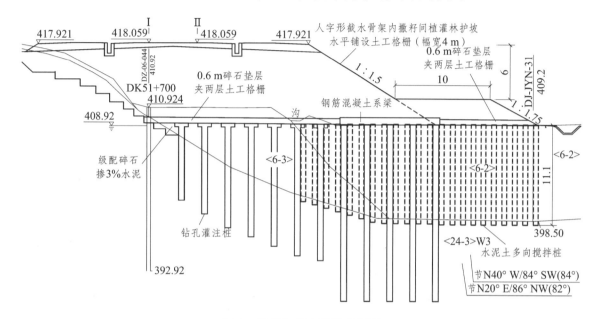

图 2 地基加代表性横断面图

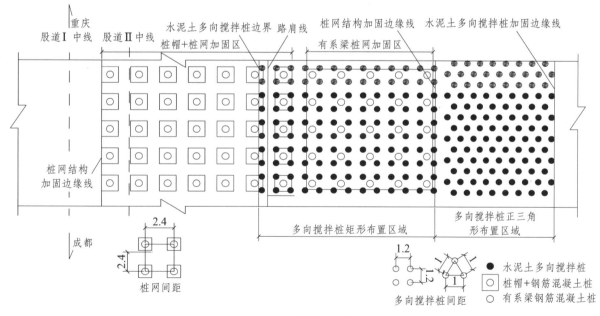

图 3 地基加固平面布置示意图

4 稳定性及沉降变形分析

4.1 计算模型及计算参数

钻孔灌注桩桩间距为 2.4 m，桩径为 0.6 m，靠近坡脚的 5 排桩桩顶采用钢筋混凝土系梁连接。右侧坡脚设置宽 10 m 的反压护道，右侧基底在钻孔灌注桩桩间加设水泥土多向搅拌桩。

各地层参数取值如表 1。

表1 各地层参数取值表

岩性代号	岩土名称	天然密度/（g·cm⁻³）	黏聚力C/kPa	内摩擦角φ/（°）	钻孔灌注桩极限摩阻力/kPa	基本承载力/kPa	压缩模量/MPa	变形模量/MPa	桩的极限端阻力标准值/kPa
6-2	软土	1.75	7.14	3.01	20	60	2.04	/	/
6-3	松软土	1.89	10.4	4.36	30	100	3.1	/	/
26-3	砂岩夹泥岩W₄	2.0	20	18	60	200	7	/	/
	砂岩夹泥岩W₃	2.1	/	35	120	300	/	30	1 900

4.2 稳定、沉降及竖向承载力检算

根据《铁路工程地基处理技术规程》（TB 10106—2010）中关于斜坡软弱地基路堤稳定安全系数的规定，本工点的运营期稳定系数$[F_s]$应在1.3的基础上增加0.15，即$[F_s] \geq 1.45$。本文采用复式滑面法进行计算。最不利滑面为土石分界面，计算得出稳定系数为1.45时的桩位处最大推力为$T = 1\ 196$ kN。

由于钢筋混凝土为刚性桩，且打入基岩，可不考虑地基的沉降。

根据《铁路工程地基处理技术规程》（TB 10106—2010）中的计算方法，可计算得出竖向容许承载力 $[P] = \pi d \sum_{i=1}^{n} q_i l_i + q_p A_p = 1\ 116.3$ kN，嵌入基岩W3层深度为9 m，单桩荷载$P = 1\ 088.6$ kN。即$P < [P]$，竖向承载力满足要求。

5 工程效果

图4、图5为施工过程中的桩冒和桩顶系梁。

图4 钻孔桩桩冒浇筑施工完成后

图5 施工过程中桩顶系梁

该段软土路基已经过一年的沉降、稳定观测，图6、图7为2处基底中心处传感器的时间-沉降曲线。从图中可看出路基沉降主要发生在2012年8月—2013年2月，2013年2月以后沉降曲线基本趋于平缓，路基沉降趋于稳定，最大累积总沉降为4.66 mm，满足无砟轨道的工后沉降要求，路堤整体是稳定安全的，加固效果良好。

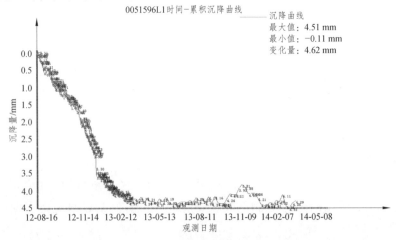

图6 DK51+593路堤基底监测点沉降曲线

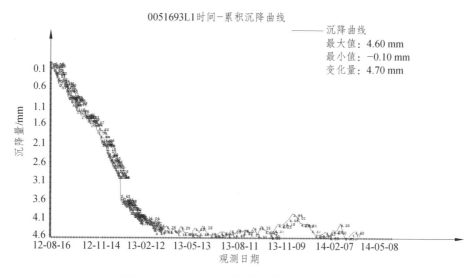

图7 DK51+693路堤基底监测点沉降曲线

6 工程体会

（1）斜坡较陡的软基，不仅应考虑路基的沉降稳定性，还应充分考虑其横向差异沉降。钢筋混凝土桩较常规复合地基能更好地处理此类问题。

（2）在桩网结构桩顶设置桩帽或系梁，其上再设置夹土工格栅碎石垫层，桩-网-土协同作用：上部荷载的作用下，桩土之间形成沉降差，致使路堤形成土拱效应，在土工格栅及桩冒的联合作用下将大部分荷载传递到桩上，再由桩传递至持力层，最终桩-网-土协同作用，减小了路堤的竖向及侧向变形，提高了路堤稳定性。桩网结构路基竖向沉降变形小、变形稳定时间短，对于深厚软土工点，采用桩网结构进行地基加固处理，解决了无砟轨道工后沉降要求高的问题。

（3）一般桩网结构桩基础的桩井较小，横向的稳定性不强。对于斜坡软土地基，桩网结构处理措施存在一定局限性及不足。针对此类情况，在桩网结构桩顶增加系梁，形成钢筋混凝土桩和系梁组合形成整体框架结构，可以极大地提高桩网结构的横向稳定性。

（4）对于流塑~软塑状斜坡软土，设计中采用坡脚设反压护道、斜坡坡脚桩网结构桩基之间设置搅拌桩与土体形成复合地基共同承担荷载，发挥桩土共同作用。

（5）桩网结构的横向稳定性计算方法，目前还不是很成熟。有条件可进行有限元计算分析，对各桩之间受力分布情况进行研究，更好地指导设计。

昆玉铁路预应力管桩加固深厚复杂软土地基加固处理

李洪岗　李　能

（中铁二院　昆明公司）

摘　要　在昆明至玉溪 200 km/h 客货共线铁路的建设中采用了预应力管桩处理深厚、复杂软土地基，本文结合目前类似工程中预应力管桩的应用及相关研究，对不同的地基加固形式进行技术经济比较，认为预应力管桩在深厚、复杂软土地基加固中技术经济优势明显，在一些特殊条件下值得推广应用。

关键词　深厚软土　预应力管桩　桩网结构

1　引　言

高速铁（公）路需要路基工程具有强度高、刚性大、稳定性和耐久性好的特点，特别是在运营条件下路基工程的纵、横向平顺性必须保持在设计要求的标准范围之内。因此高速铁（公）路更体现在对路堤变形的严格控制中。在以往对路堤基底软土地基的处理中，常采用排水固结法、水泥搅拌桩、CFG 桩等方法，然而从高速铁（公）路软土路基加固措施的发展变化及一些成功经验来看，在软土埋深大于 15 m 的深厚、复杂软土地基采用预应力混凝土管桩加固地基在经济和技术上具有一定的优势。

2　工程概况

改建昆明至玉溪 200 km/h 客货共线铁路（昆玉线）地处云南地区滇池盆地边缘，部分地段处于内陆湖相沉积带深厚、复杂软土层上，该地貌下分布大量的内陆湖相沉积带淤泥、泥炭等软弱土层，其分布、特征和成因复杂，物理力学指标很低，荷载作用下固结时间很漫长，软弱土层厚度大，部分埋深大于 40 m。

昆玉线宝峰车站 DK8+923.6 ~ DK9+445 段，属高原低山断陷湖积盆地地貌，路堤填土高 4 ~ 6 m，地下水位埋深 1 m，地震动峰值加速度为 0.20g，基底为第四系全新统冲湖积（Q_4^{al+l}）粉质黏土、松软土、淤泥质土、泥炭质土，第四系土层厚度大于 50 m，钻探未揭示下伏基岩。本工点为典型的内陆湖相沉积带深厚、复杂软土路基，地表硬壳层为硬塑状粉质黏土，厚 0 ~ 3 m，其下地层为松软土、淤泥质土、泥炭质土互层，厚 15 ~ 26 m，下卧持力层为硬塑状粉质黏土，各层物理力学指标见表 1。该工点基底淤泥质土、泥炭质土孔隙比大、含水量高、固结程度低和固结时间漫长、个体物理力学指标参数变异大，此外该处按设计检算需加固的软土深度为 20 ~ 28 m，工程地质条件极差。

表 1　各地层物理力学指标

地层	<6-3>粉质黏土	<6-2>粉质黏土	<6-5>淤泥质土	<6-7>泥炭质土
密度/（g·cm⁻³）	1.98	1.85	1.58	1.23
天然含水量/%	23.7 ~ 31.1	32.6 ~ 36.4	43.5 ~ 71.8	78.8 ~ 159.4
饱和度/%	95 ~ 100	97 ~ 100	97 ~ 100	98 ~ 100
孔隙比	0.623 ~ 0.865	0.834 ~ 1.068	1.365 ~ 1.865	1.909 ~ 5.823
黏结力/kPa	31	18	6	3.1
内摩擦角/（°）	12	7	3	2.8
承载力/kPa	150	100	60	60
压缩模量/MPa	6	4.1	2	1.2
桩周极限摩阻/kPa	50	30	18	18
固结系数/（×10⁻³ cm²·s⁻¹）	0.74	0.32	0.247	0.216

注：表中所列物理指标为试验统计范围值或算术平均值，力学指标为设计值。

3　工程特征

本工点处于车站进站端，部分段落位于车站咽喉区，范围内分布 4 座涵洞，2 座框架桥。工点工后沉降控制标准为：车站咽喉区及桥台尾过渡段工后总沉降≤8 cm，一般地段工后总沉降

≤15 cm，沉降速率≤4 cm/年。

　　根据工点工程条件，此处为车站内，必须以路基填方通过，能满足地基加固要求的措施。由预应力管桩与类似桩型的技术经济比较（表 2）可知，只有 CFG 桩及钢筋混凝土桩等刚性桩方案在技术经济上合理可行，据此现场进行了 CFG 桩及预应力管桩成桩试验，CFG 桩采用沉管法或长螺旋成孔法在穿越淤泥质土、泥炭质土层时成桩均比较困难，特别是深度超过 15 m 后，塌孔、断桩现象大幅增加，试验桩 9 根，成桩 5 根中Ⅱ类桩 3 根，Ⅲ类桩 2 根，CFG 桩复合地基明显不适合在本工点中采用；预应力管桩现场试验采用静力压桩，现场焊接接桩的施工工艺，试验桩 5 根，所有试验桩均匀速压至设计深度，成桩 25 d 后采用低应变动测法检测桩身完整性，全部 5 根桩均为Ⅰ类桩。经现场试桩试验比较，本工点采用预应力管桩-网结构进行地基加固。

4　工程措施

　　根据单桩承载力、地基沉降、整体稳定性分析计算，软土地基基底采用预应力管桩加固，桩间距 2.5 m，采用正方形布置，预应力管桩采用 PC-A500(100)型，桩外径为 φ500 mm，壁厚 100 mm，混凝土强度等级 C60，加固深度打穿松软土、淤泥质土、泥炭质土层，伸入粉质黏土层内 5～6 m，设计桩长 24～34 m；为充分发挥预应力管桩单桩承载力，避免管桩桩顶刺入破坏，桩顶设置 1.6 m×1.6 m×0.35 m（厚）的 C35 钢筋混凝土桩帽；本工点地表硬壳层较薄，基底软土极其软弱，整体稳定性分析横向稳定安全系数为 0.78～1.12，单桩横向承载力检算不能满足要求，设计采取在加固区范围内双侧边缘 10 m 范围桩顶间采用钢筋混凝土地梁纵横向连接，地梁采用 C35 钢筋混凝土现浇，地梁截面尺寸为 0.7 m×0.5 m（厚），桩帽顶与地梁顶设置 0.6 m 厚碎石垫层夹两层双向 80 kN/m 高强土工格栅。加固结构如图 1 所示。

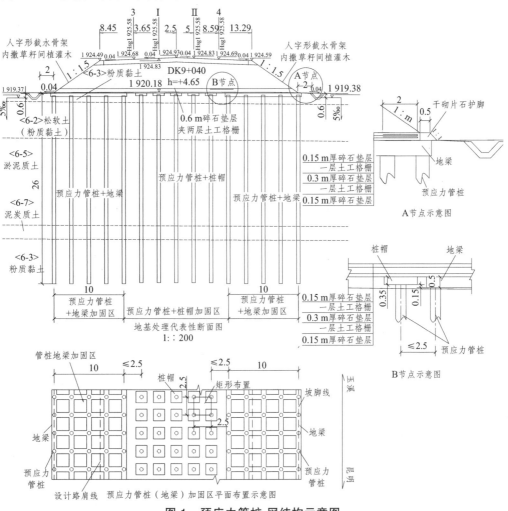

图 1　预应力管桩-网结构示意图

5　工程效果

（1）工程技术效果。

本工点预应力管桩共计 3 428 根，共 94 886 m，从开始施工至全部沉桩完成，投入压桩机 3 台，分段分序进行施工，共计 23 d 即完成桩基工程施工。

施工完成后按设计要求对桩身按总桩数的 10% 的比例采用低应变动测法检测完整性，Ⅰ类桩达到 98%，其余均为Ⅱ类桩；按总桩数的 0.5% 采用静载荷试验检测单桩竖向承载力，所有检测桩均满足单桩承载力设计值要求。路基填土完成后观测 3 个月最大沉降量为 13 mm，其中前一个月完成沉降量占最大沉降的约 91%，沉降变形小，一般为设计计算的 50%，沉降稳定快，估算工后沉降小，能满足路基长期稳定平顺的要求。

（2）工程经济效果。

与预应力管桩一样能对较深软土地基进行加固处理的措施一般有水泥搅拌桩（改进工艺的桩型）、旋喷桩、CFG 桩、成孔灌注混凝土桩等，根据目前工程造价，并考虑各桩型附属工程如桩帽等，在路堤填土高度为 3～8 m 的情况下，按加固面积为 100 m² 计算技术经济比较如表 2、表 3 所示。

表 2　预应力管桩与类似桩型加固地基经济比较

加固桩型加固软土深度	预应力管桩（桩间距 2.5 m）			多向水泥搅拌桩（桩间距 1.2 m）		旋喷桩（桩间距 1.2 m）		CFG 桩（桩间距 1.6 m）			成孔灌注桩（桩间距 2.5 m）		
	设计桩长/m	钢筋混凝土桩帽地梁/m³	合计造价/元	设计桩长/m	与管桩造价比	设计桩长/m	与管桩造价比	设计桩长/m	钢筋混凝土桩帽/m³	与管桩造价比	设计桩长/m	钢筋混凝土桩帽地梁/m³	与管桩造价比
15	20	15.6	66 429	15.5	1.17	15.5	2.09	16	13.3	0.85	20	15.6	2.58
16	21	15.6	68 843	16.5	1.20	16.5	2.14	17	13.3	0.87	21	15.6	2.60
17	22	15.6	71 257	17.5	1.23	17.5	2.20	18	13.3	0.89	22	15.6	2.62
18	23	15.6	73 671	18.5	1.26	18.5	2.25	19	13.3	0.90	23	15.6	2.64
19	24	15.6	76 085	19.5	1.29	19.5	2.29	20	13.3	0.92	24	15.6	2.66
20	25	15.6	78 499	20.5	1.31	20.5	2.34	21	13.3	0.93	25	15.6	2.67
21	26	15.6	80 914	不宜采用		21.5	2.38	22	13.3	0.94	26	15.6	2.69
22	27	15.6	83 328			22.5	2.42	23	13.3	0.96	27	15.6	2.70
23	28	15.6	85 742			23.5	2.45	24	13.3	0.97	28	15.6	2.71
24	29	15.6	88 156			24.5	2.49	25	13.3	0.98	29	15.6	2.73
25	30	15.6	90 570			25.5	2.52	26	13.3	0.99	30	15.6	2.74
26	31	15.6	92 984			26.5	2.55	27	13.3	1.00	31	15.6	2.75
27	32	15.6	95 398			27.5	2.58	28	13.3	1.01	32	15.6	2.76
28	33	15.6	97 812			28.5	2.61	29	13.3	1.02	33	15.6	2.77
29	34	15.6	100 227			29.5	2.63	30	13.3	1.02	34	15.6	2.78
30	35	15.6	102 641			30.5	2.66	31	13.3	1.03	35	15.6	2.79

注：1. 本表按加固面积为 100 m² 计算，基底桩端持力层为硬塑状粉质黏土或全风化土层，地基承载力不小于 150 kPa。

　　2. 表列所有工程措施均需设置 0.6 m 厚夹两层土工格栅加筋碎石垫层，在加固面积相同的情况下工程数量相同，该附属工程数量未在表内计算比较。

表 3　预应力管桩与类似桩型加固地基经济比较

加固桩型加固软土深度	预应力管桩（桩间距 2.5 m）			多向水泥搅拌桩（桩间距 1.2 m）		旋喷桩（桩间距 1.2 m）		CFG 桩（桩间距 1.6 m）			成孔灌注桩（桩间距 2.5 m）		
	设计桩长/m	钢筋混凝土桩帽地梁/m³	合计造价/元	设计桩长/m	与管桩造价比	设计桩长/m	与管桩造价比	设计桩长/m	钢筋混凝土桩帽/m³	与管桩造价比	设计桩长/m	钢筋混凝土桩帽地梁/m³	与管桩造价比
15	16	15.6	56 772	15.1	1.34	15.1	2.38	15.5	13.3	0.97	16	15.6	2.48
16	17	15.6	59 186	16.1	1.37	16.1	2.43	16.5	13.3	0.98	17	15.6	2.51
17	18	15.6	61 600	17.1	1.39	17.1	2.48	17.5	13.3	1.00	18	15.6	2.53
18	19	15.6	64 015	18.1	1.42	18.1	2.53	18.5	13.3	1.01	19	15.6	2.56
19	20	15.6	66 429	19.1	1.44	19.1	2.57	19.5	13.3	1.03	20	15.6	2.58
20	21	15.6	68 843	20.1	1.47	20.1	2.61	20.5	13.3	1.04	21	15.6	2.60
21	22	15.6	71 257	不宜采用		21.1	2.65	21.5	13.3	1.05	22	15.6	2.62

续表

加固桩型加固软土深度	预应力管桩（桩间距 2.5 m）			多向水泥搅拌桩（桩间距 1.2 m）		旋喷桩（桩间距 1.2 m）		CFG 桩（桩间距 1.6 m）			成孔灌注桩（桩间距 2.5 m）		
	设计桩长/m	钢筋混凝土桩帽地梁/m³	合计造价/元	设计桩长/m	与管桩造价比	设计桩长/m	与管桩造价比	设计桩长/m	钢筋混凝土桩帽/m³	与管桩造价比	设计桩长/m	钢筋混凝土桩帽地梁/m³	与管桩造价比
22	23	15.6	73 671			22.1	2.68	22.5	13.3	1.06	23	15.6	2.64
23	24	15.6	76 085			23.1	2.72	23.5	13.3	1.07	24	15.6	2.66
24	25	15.6	78 499			24.1	2.75	24.5	13.3	1.08	25	15.6	2.67
25	26	15.6	80 914			25.1	2.77	25.5	13.3	1.09	26	15.6	2.69
26	27	15.6	83 328			26.1	2.80	26.5	13.3	1.09	27	15.6	2.70
27	28	15.6	85 742			27.1	2.83	27.5	13.3	1.10	28	15.6	2.71
28	29	15.6	88 156			28.1	2.85	28.5	13.3	1.11	29	15.6	2.73
29	30	15.6	90 570			29.1	2.87	29.5	13.3	1.12	30	15.6	2.74
30	31	15.6	92 984			30.1	2.90	30.5	13.3	1.12	31	15.6	2.75

注：1. 本表按加固面积为 100 m² 计算，基底桩端持力层为强、弱风化岩层或碎石土、圆砾土等，地基承载力不小于 300 kPa。
　　2. 表列所有工程措施均需设置 0.6 m 厚夹两层土工格栅加筋碎石垫层，在加固面积相同的情况下工程数量相同，该附属工程数量未在表内计算比较。

　　由表 2、表 3 可看出，在以上情况下，旋喷桩、成孔灌注混凝土桩造价均远高于预应力管桩，毫无经济优势可言，多向搅拌水泥搅拌桩造价也略高于预应力管桩，CFG 桩在持力层为硬塑状粉质黏土或全风化土层时加固深度超过 26 m 时造价高于预应力管桩，当持力层承载力较高时，CFG 桩在经济上基本没有优势。采用预应力管桩加固地基经济优势比较明显。

6　结论及建议

　　（1）采用预应力管桩加固软土埋深大于 15 m 的深厚、复杂软土地基在经济和技术上的优势比较明显，特别是对沉降要求比较严格，施工工期比较紧张，施工条件受限制等情况下，预应力管桩作为加固措施更是优先选择。

　　（2）静压沉桩具有无噪声、无振动、无污染、成桩质量高、压桩速度快等特点，可在深厚软土地基加固中推广使用。

　　（3）针对高速铁路对工后沉降的严格要求，对深厚、复杂软土地区，可采用桩网、桩板结构控制工后沉降。

　　（4）桩网结构整体稳定性的检算方法有待进一步完善。

宁波地铁天童庄车辆综合基地软基加固处理

王卫斌　王　飞　李　能

（中铁二院　昆明公司）

摘　要　钉形水泥土搅拌桩解决了普通水泥土搅拌桩在应用中存在的诸多问题，工程实践证明了其优越性及经济性，具有良好的工程效果。本文以宁波地铁天童庄车辆段软土地基钉形水泥土搅拌桩应用为背景，结合现场单桩载荷试验及无侧限抗压强度试验，通过数值计算与现场试验荷载-沉降曲线对比分析，并得到弹性模量与无侧限抗压强度的关系并验证了其合理性，可供同类工程参考。

关键词　钉形搅拌桩　现场试验　弹性模量　无侧限抗压强度

1　工程概况

宁波轨道交通 1 号线一期工程天童庄车辆段库内外碎石道床列车荷载采用地铁 B 型车，最大轴重 140 kN。要求碎石道床工后沉降≤200 mm。场地地基土类型为软弱场地土，场地类别为 IV 类，抗震设防烈度为 6 度，设计基本地震加速度为 $0.05g$，所属的设计地震分组为一组，处于抗震不利地段。

2　工程地质条件

根据勘探资料，拟建场地区域地势平坦。场地表部除支流河道、鱼塘外，一般均分布有厚度 0.5～3.0 m 的硬壳层或人工填土；场地中上部主要以海相淤泥质软土或软土为主，厚度 20～40 m。局部夹厚度 1.5～5.0 m 的冲海相粉、砂土；场地中部主要以海相软塑状粉质黏土为主，厚度 2～25 m；场地下部则以性质较好、厚度较大的硬塑状粉质黏土层和砂层、砂砾层为主（图 1）。地基土层主要物理力学性质指标见表 1。

3　地基处理设计及技术要求

3.1　设计计算

地基表层为软弱土层，其静力触探比贯入阻力 P_s 值小于 1 MPa，应进行加固，加固后地基承载力应满足其上部荷载的要求。碎石道床区软土路基采用钉形水泥土双向搅拌桩复合地基加固。

经计算，掺灰量不小于被加固土体质量的 15%，采用 P.O42.5 级普通硅酸盐水泥，水灰比为 0.5～0.6。荷载按土质路基等效换算，宽度为 3.3 m，换算土柱高为 2.23 m。填土高度按 3.0 m，重度 $\gamma=20$ kN/m³，设计要求复合地基承载力：$f_{ak}\geq101.9$ kPa。考虑动荷载，取 $f_{ak}=120$ kPa。钉形搅拌桩设计采用扩大段直径 1 000 mm，长 5 m，下部一般段直径 500 mm，长 17 m，加固深度 22 m，桩间距 1.8 m，正三角形布置。加固后，复合地基承载力 $\sigma_{sp}=159.82$ kPa > $f_{ak}=120$ kPa，满足上部列车及轨道荷载要求；稳定计算，$F_s=1.432\,9$，满足规范要求的时速小于 120 km/s 时，$F_s\geq1.20$；工后沉降 $S_t=123$ mm < 200 mm，满足上部结构对地基工后沉降的要求。钉形水泥土搅拌桩代表断面如图 2 所示。

3.2　钉形水泥土搅拌桩介绍

钉形水泥土双向搅拌桩是指在水泥土搅拌桩成桩过程中，由动力系统分别带动安装在同心钻杆上的内、外两组搅拌叶片同时正、反向旋转搅拌，通过搅拌叶片的伸缩使桩身上部截面扩大而形成的类似钉子形状的水泥土搅拌桩（图 3）。双向搅拌工艺采用同心双轴钻杆，在内钻杆上设置正向旋转叶片并设置喷浆口，在外钻杆上安装反向旋转叶片，通过外杆上叶片反向旋转过程中的压浆作用和正反向旋转叶片同时双向搅拌水泥土的作用，阻断水泥浆上冒途径，把水泥浆控制在两组叶片之间，保证水泥浆在桩体中均匀分布和搅拌均匀，确保成桩质量的施工方法。

在某一深度范围内，有特别软弱的土层、滑动面的范围较大，为更经济合理地利用钉形桩而增大桩身的强度，其扩大头高度可据特殊土层厚度适度加长；扩大头的位置也可根据土层条件随意变化。

表 1　地基土层主要物理力学性质指标表

| 层号 | 名称 | 平均层厚 | 含水量 | 重度 | 孔隙比 | 液限 | 塑限 | 剪试验 q | | 剪切试验 C_q | | 压缩试验 | | 天然 |
		m	W %	γ kN/m³	e_o	W_L %	W_P %	c kPa	φ (°)	c kPa	φ (°)	a_{1-2} MPa⁻¹	E_s MPa	f_{ak} kPa
①2	黏土	1.04	32.4	18.0	0.941	42.0	23.4	29	8.7	21	12.9	0.43	4.4	85
①3	淤泥质黏土	4.08	43.7	17.4	1.206	37.4	21.6	15	10.6	12	15.2	0.78	2.8	65
②2-1	淤泥	8.52	52.7	17.3	1.490	44.7	24.7	13	8.5	11	10.6	1.12	2.2	50
②2-2	淤泥质黏土	3.71	45.4	17.6	1.376	37.9	21.2	17	10.2	13	11.4	0.88	2.5	65
③2	粉质黏土夹粉砂	7.25	30.0	17.9	0.860	28.2	17.4	20	18.4	19	19.5	0.40	4.73	85
④1	粉质黏土	7.51	32.2	18.4	0.939	30.8	18.2	21	13.4	17	16.7	0.44	4.44	80
④2	黏土	2.78	41.3	18.6	1.200	42.6	23.0	17	7.5	16	12.2	0.60	3.59	80
④3	粉质黏土	4.94	33.9	18.5	0.993	34.2	19.7	20	11.5	19	16.2	0.52	3.91	80
⑤1	黏土	7.60	28.8		0.769	38.7	22.3			46	14.1	0.26	7.13	190
⑤2	粉质黏土	6.48	18.9		0.819	35.0	20.1			45	14.8	0.25	7.23	190
⑤3	砂质粉土	3.05	18.5	19.5	0.888	29.0	22.2	8	26.1	7	29.5	0.22	8.40	105

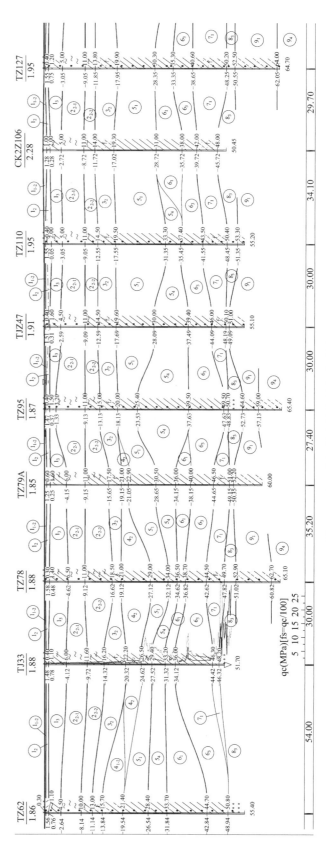

图 1　天童庄车辆基地代表断面地质剖面图

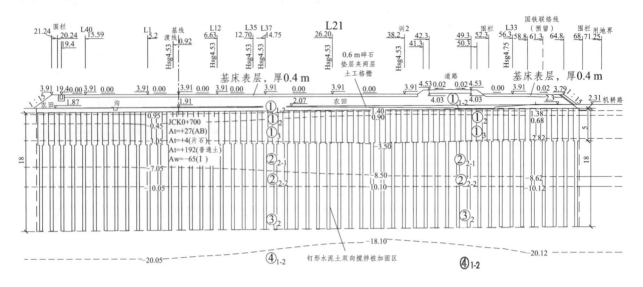

图 2　钉形水泥土搅拌桩代表断面图

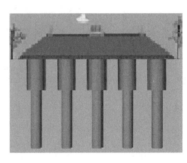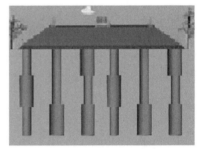

图 3　钉形桩加固效果图

4　施工过程及效果检验

4.1　施工工艺及参数

钉形水泥土双向搅拌桩采用参数如下：下沉速度 0.7 m/min；提升速度 0.9 m/min；内钻杆转速 ≥45 r/min；外钻杆转速 ≥45 r/min；下沉时喷浆压力 0.40 MPa。双向搅拌桩机械叶片宽度 100 mm，叶片厚度 30 mm，叶片倾角 10°。

水泥采用 P.O 42.5 级普通硅酸盐水泥，掺灰量为被加固湿土质量的 15%，水泥浆水灰比为 0.55，水泥浆比重 1.78。施工工艺如图 4 所示。

（1）桩机定位→（2）喷浆下沉→（3）施工下部桩体→（4）提升搅拌→（5）伸展叶片→（6）扩大头二次喷浆复搅→（7）完成单桩施工。

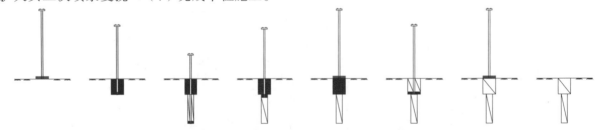

图 4　钉形水泥土搅拌桩施工工艺流程图

4.2　取芯试验及载荷试验

水泥土 28 天龄期无侧限抗压强度的室内试验结果：水泥掺入比分别为 15%、18% 和 20% 时，对应水泥土无侧限抗压强度 1.1 MPa、1.6 MPa、1.7 MPa。

28 d 龄期取搅拌桩芯样进行无侧限抗压强度试验。其中 1#桩：0.0～6.0 m 抗压强度大于 1.79 MPa，6.3 m 以下芯样强度低，无法取样进行强度验证；3#桩 6.4 m 以下芯样强度低，无法取样进行强度验证。A1H05 桩 12.6 m 以下芯样强度低，无法取样进行强度验证。A2G06 桩 11.2 m 以下芯样强度低，无法取样进行强度验证。A2C06 桩 8.4 m 以下芯样呈碎块，无法取样进行强度验证。图 5 为现场开挖取芯照片。

90 d 龄期再次取芯检测结果，检测结果如下：J2-L28 桩：18.3 m 以下芯样强度低，抗压强度 0.2 MPa，芯样破碎，夹少量泥块、淤泥质土。1.8～6.0 m 抗压强度大于 1.18 MPa、9.0～12.2 m 抗压强度为 0.49 MPa、17.8～18.0 m 抗压强度为 0.24MPa。HII-S22 桩：20.2 m 以下芯样强度低，芯样夹少量淤泥质黏土。1.8～6.0 m 抗压强度大于 1.04 MPa、9.0～15.2 m 抗压强度大于 0.53 MPa、20.0～20.2 m 抗压强度为 0.52 MPa。HII-T11 桩：18.4 m 以下芯样强度低，芯样夹少量淤泥质黏土；1.9～6.0 m 抗压强度大于 1.27 MPa、8.9～13.2 m 抗压强度大于 0.66 MPa，17.2～17.4 m 抗压强度为 0.42 MPa。

对比 28 d 龄期取芯检测，桩身后期强度增长较快，上部桩体强度平均增长 1.2～1.8 倍，下部桩体强度平均增长 1.6～5 倍，预计随龄期增长强度还会增加，然后趋于稳定。

根据现场钻芯取样过程及芯样无侧限抗压强度试验结果可见，钉形水泥土搅拌桩的桩身强度在扩大段以下，随着桩体深度的变化而减小，且难以保持在一个较为稳定的数值，且呈阶梯性逐渐衰减，离散性较大。

7 d 浅部开挖检验　　　　　28 d 龄期取芯检验

图 5　现场开挖取芯照片

4.3 载荷试验及桩体弹性模量对荷载-沉降曲线的影响

现场进行了单桩复合地基载荷试验，由于单桩复合地基载荷试验中桩、载荷板均均匀轴对称性，故建立轴对称有限元模型进行了模拟。为消除边界条件对计算结果的影响，边界要取得足够远。几何模型考虑中心线右侧剖面：宽 10 m，深 50 m，包括 9 层地基土。由于桩体相对模型为边界细长型，网格划分较密。桩与土体均用实体单元模拟，桩土界面采用节点耦合。轴对称模型左侧为对称轴，对称轴和右侧约束水平向变形，模型底部约束竖向和水平向变形。载荷板上荷载采用均布荷载来模拟，分 9 级加载，与单桩复合地基载荷试验相对应。

图 6 为计算荷载-沉降曲线与现场实测曲

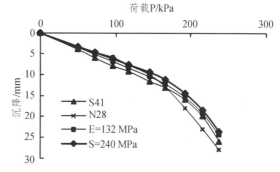

图 6　载荷试验 P-S 曲线

线的对比图，可以看出在各级荷载作用下，计算得到的结果与实测值 S41 和 N28 桩较为吻合，模型能够反映现场的实际情况。

图 7（a）为桩体弹性模量变化 E_p 对荷载-沉降曲线的影响。E_p 变化只对均布荷载小于 166 kPa 的荷载-沉降曲线有影响，当荷载超过 166 kPa 时，不同弹性模量曲线趋于重合。当均布荷载小于 166 kPa，弹性模量低于 250 MPa 时，荷载-沉降呈现出直线型。当弹性模量超过 750 MPa 时，荷载-沉降呈现出抛物线形。可见，采用搅拌桩体弹性模量 E_p 与水泥土无侧限抗压强度之间的关系，即 E_p=（120～150）qu 是合理的。图 7（b）给出了其中四级荷载作用下，桩顶沉降随桩体弹性模量 E_p 变化情况。可以看出，相同荷载作用下，随着桩体弹性模量的增大，沉降变化逐渐减小。桩体弹性模量超过一定值后，单桩复合地基沉降与桩体刚度无关。

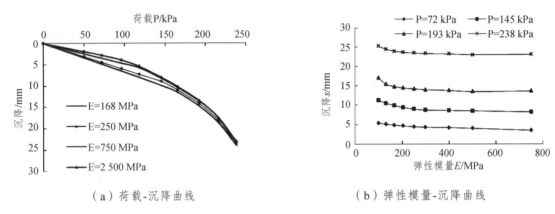

（a）荷载-沉降曲线　　　　　　　　　（b）弹性模量-沉降曲线

图 7　桩体弹性模量变化对沉降影响曲线

通过单桩复合地基承载力试验结果表明，钉形桩扩大头承担了主要的荷载，扩大头以下承载力较低。造成扩大段以下桩体强度低，单桩复合地基承载力较低的原因，可能与搅拌机械功率小，喷浆搅拌不均匀有关。随着深度的增加，土压力以及孔隙水压力的明显升高，在搅拌桩机功率较小时，喷浆搅拌均存在较大难度。为此需要采取提高搅拌桩机功率、增加一般段搅拌次数等施工措施来提高桩体质量。

4.4　计算沉降与实测沉降对比

选取代表断面进行沉降计算，计算沉降结果如表 2。

表 2　代表断面加固区沉降计算结果表

计算点	填筑结束		竣工 10 年后		工后沉降/mm
	下卧层沉降/mm	加固区变形/mm	下卧层沉降/mm	加固区变形/mm	
1#	178	96	233	172	131
2#	159.2	92	213	169	130.8
3#	154.6	89	209	165	130.4
4#	139.3	83	198	151	126.7
5#	163.4	93	217	171	131.6
6#	142.5	87	201	153	124.5

填土完成后，对加固区进行沉降观测，观测数据见表 3：

表 3　观测断面加固区累积沉降实测结果表（单位：mm）

观测点	30 d	60 d	90 d	120 d	150 d	180 d
L1	−23	−152	−203	−222	−239	−252
L2	−23	−156	−213	−230	−244	−254
L3	−22	−156	−207	−222	−239	−249
L4	−23	−160	−211	−228	−239	−247

累积沉降观测数据整理曲线如图 8 所示。

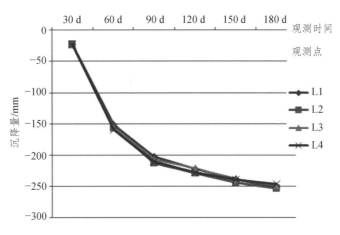

图 8　累积沉降观测曲线

从表和曲线可以看出，水泥土强度对总沉降影响很大，水泥土龄期在 28～90 d，强度仍有较明显的增强，90 d 后，水泥土强度增长缓慢，沉降量也逐渐趋于稳定。从实测结果来看，沉降量随时间变化，与计算结果接近。施工完成后至止运营一年以来，也未出现沉降异常情况。

5　结　论

通过对宁波轨道交通 1 号线一期工程天童庄车辆段与综合基地的钉形水泥土双向搅拌桩处理软基的单桩复合地基载荷试验、钻芯取样观察以及无侧限抗压强度试验分析，可以得到如下结论：

（1）钉形水泥土桩钻芯取样进行无侧限抗压强度试验表明，桩身强度是沿深度变化的，随着深度的增大，由于设备功率不足、固结压力增大等因素，导致搅拌不均匀，存在桩身强度降低的现象。地基处理设计中需要考虑可能存在由于桩体强度沿桩身逐渐降低导致的单桩承载力不足；可通过提高搅拌桩机功率、增加一般段搅拌次数等施工措施来提高桩体质量。

（2）对比 28 d 龄期和 90 d 龄期取芯检测，桩身后期强度增长较快，上部桩体强度平均增长 1.2～1.8 倍，下部桩体强度平均增长 1.6～5 倍，随龄期增长强度还会增加，然后趋于稳定。据此看来，本工程采用钉形水泥土双向搅拌桩加固软基，是合理有效的。

（3）根据单桩复合地基载荷试验与数值模拟对比分析可以看出，数值分析中水泥土的弹性模量可以采用其无侧限抗压强度确定。水泥土弹性模量与无侧限抗压强度 q_u 具有线性关系，弹性模量取为（120～150）q_u 较为合理。

（4）桩体弹性模量大小影响单桩复合地基载荷试验荷载-沉降曲线形状。当弹性模量取值较大时，曲线呈缓变型，反之曲线呈直线型，但在荷载超过一定值后计算曲线归于重合，即数值分析不考虑桩-土相互作用时，仅在桩顶荷载较小时能得到合理结果。

（5）本文以单一工程的单桩复合地基载荷试验、无侧限抗压强度试验分析得到的结论，对其他工程具有一定的参考意义。

武广高铁 K2091 砂卵石土地基处理工程

肖朝乾　薛　元

（中铁二院　土建一院）

摘　要　武广高铁 K2091+110～+273（DK2 012+003～+166）段路基位于韶关市樟市坝子，地基为卵石土、粗圆砾土层，未采用复合地基加固处理；施工期间铺轨前地基发生了较大沉降，但施工方未引起足够重视，仅采用了加厚轨道扣件垫块的措施处理，未进行标本兼治，运营前三年间，地基持续沉降，累积最大工后沉降量达 47 mm，之后沉降逐渐趋于稳定，目前列车运营正常。

关键词　高速铁路　无砟轨道　复合地基　工后沉降

1　引　言

武广高速铁路全长 1 068 km，于 2005 年 12 月开工建设，历时 4 年多，于 2009 年 12 月通过验收并开通运营，是我国最早建成、世界上首条时速 350 km 的无砟轨道客运专线长大干线铁路。一般地段路基工后沉降量要求不大于 15 mm，过渡段沉降差异不大于 5 mm。K2091+110～+273 段位于韶关至英德区间的樟市坝子，为山前冲积平原地貌，地势平坦，多已垦为水田、旱地、鱼塘，本段路基以路堤填方通过，填高 5～7 m，地基为卵石土、粗圆砾土层，厚 7～15 m，其下为页岩夹砂岩全风化层，设计阶段进行了地基沉降检算，工后沉降满足规范要求，并根据砂卵石土沉降快速完成的特点判断，该类土层沉降能够在施工期间完成，故未进行复合地基加固处理；施工铺轨时已经发现了沉降仍未收敛，但施工方未引起足够重视，只采取了治标不治本的，运营前期路基持续沉降，最大沉降量达 47 mm，运营三年后沉降方趋于稳定，之后沉降没有继续发展，列车运营正常。

本文以 K2091+110～+273 段路基为例，在无砟轨道高速铁路路基工后沉降要求极其严格的条件下，探讨如何对砂卵石土地基进行加固处理，从而避免不处理引起工后沉降超标、处理较强又不经济的窘境。

2　工程概况

2.1　地形地貌、地质概况

该路基段位于樟市特大桥至樟市大桥之间，段内为山前冲积平原地貌，地势平坦，地面高程 65～75 m，相对高差 2～10 m；多已垦为水田、旱地、鱼塘，植被稀疏，K2 091+133～+273 线路穿越一鱼塘，右侧鱼塘至今仍在使用。交通较方便，线路平面位置详见图 1。本段覆盖土层较厚，地表分布 0～2.6 m 的粉质黏土，其下为 7～15 m 的卵石土、粗圆砾土，为Ⅲ级硬土，饱和，中密。其中卵石土的卵石含量 60%～70%、粒径为 60～130 mm，粗圆砾 20%～25%、粒径为 20～60 mm，余为细圆砾及砂充填；粗圆砾土卵石含量 10%～20%、粒径一般在 60～100 mm，粗圆砾占 40%～55%、粒径为 20～60 mm，余为粉质黏土及砂。两种土的石质成分为砂岩、灰岩，磨圆度好，呈圆形、亚圆形。卵石土、粗圆砾土下方为灰岩夹页岩：灰白色、深灰色，隐晶质结构，中厚层状；夹薄层页岩，节理裂隙发育，质坚性脆。

2.2　铁路路基概况

该段路基位于线路圆曲线上，圆曲线半径 10 000 m，外侧超高 125 mm，线路坡度为 5.1‰，为填方路基，填方高度 5.3～7 m，左右侧边坡高度基本一致。

铁路穿越两鱼塘，其中一鱼塘位于 DK2 012+030～+115 段路基右侧边坡坡脚范围及其外侧，铁路占用一小部分，大部分仍为鱼塘，其中 DK2 012+115 设有一交通兼排洪框架涵；另一鱼塘位于 DK2 012+120～+175 路基范围，鱼塘废弃。

3　路基设计方案

3.1　地基加固

（1）K2090+110～K2091+196（DK2012+002.56～DK2012+088.56），长 86 m，地基采用高压旋

喷桩加固，桩径 0.5 m，桩间距 1.2 m，涵路过渡段范围纵向桩间距由 1.0 m 过渡到 1.2 m，加固深度 15 m，其下为页岩夹砂岩全风化土层。

（2）K2091+195.47～+273（DK2012+088.56～+166.09），长 77.53 m，因下伏卵石土层较厚，工后沉降满足规范要求，故未进行地基加固处理。代表性横断面设计图详见图 1。

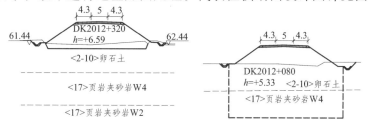

图 1　施工图设计代表性横断面设计图

（3）岩溶整治。

施工阶段岩溶排查过程中，对 K2091+231.7～K2091+256.7（DK2012+125～DK2012+150）段地基采用岩溶注浆加固处理，分Ⅰ、Ⅱ、Ⅲ序孔对土石界面进行加固处理。

3.2　边坡防护

K2091+133.7～K2012+226.7（DK2012+027～DK2012+120）段右侧路堤坡脚侵入鱼塘，于是对路堤右侧边坡下部进行了加固处理：

（1）清除本段路基范围内塘底淤泥，并回填 AB 组填料。

（2）右侧塘埂外侧留 2.0 m 宽浆砌片石平台，平台外侧边坡按 1：1.5 坡率采用堰石基础干砌片石护坡。

3.3　沉降观测设计

按照规范及相关要求，埋设了沉降观测桩、沉降板及剖面沉降管。

4　施工情况

4.1　施工质量

本段为施工单位填筑试验段，填料材质较好，为天然开山块石（灰岩弱风化 W2 层），填料粒径严格执行基床范围不大于 60 mm、基床以下路堤本体不大于 75 mm 要求，路基本体填筑施工较为精细，填筑摊铺厚度和压实度均满足规范要求，且位于梁厂附近架梁通道上，运梁车来回碾压对路堤填土压实具有有利作用；对于废弃鱼塘基底的清淤换填，由于没有钻探验证，尚无法判断其清淤是否彻底，若其基底淤泥没有完全清除，也可能引起较大的路基工后沉降。

4.2　施工沉降观测

施工过程中，基本按设计要求埋设了观测设备。施工单位在施工期间 2007 年 7 月底至 2008 年 4 月底进行了沉降观测，观测历时 10 个月左右，沉降结果如下表 1，沉降趋势见图 2。

表 1　施工期沉降结果表

序号	观测断面里程	测点位置	总沉降量/mm	沉降发展趋势（PTS 曲线图）	备注
1	DK2 012+030（涵）	武汉端左 1	1.81	收敛	
		武汉端左 2	1.87	收敛	
		路基中心	1.63	收敛	
		武汉端右 1	2.07	收敛	
		武汉端右 2	2.04	收敛	
2	DK2 012+100	路基中心	9.41	收敛	
3	DK2 012+115（涵）	武汉端左 1	1.89	收敛	
		武汉端左 2	2.13	收敛	
		路基中心			观测
		武汉端右 1	2.08	收敛	
		武汉端右 2	2.05	收敛	
4	DK2 012+185	路基中心	9.19	收敛	

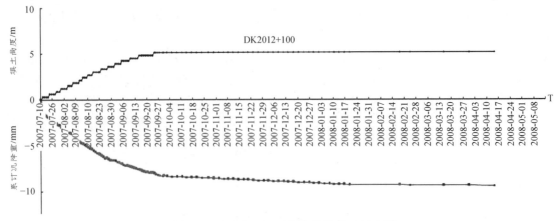

图2　DK2 012+100 沉降曲线（PTS）图

从上表 1 及图 2 可知，施工期间总沉降量均较小，且沉降趋于稳定，评估单位进行沉降评估后得出满足铺轨条件的结论。

4.3　施工技术管理

排查发现，施工期间铺设无砟轨道阶段，施工单位已经观测到路基持续沉降，并在铺设轨道时采用垫块将轨道扣件最大调高了 29 mm，而并未将这一情况及时反映给参建各方采取补救处理，为列车运营后持续沉降埋下了隐患。

5　运营病害情况

2010 年 12 月 24 日，动检车检出 K2091+300 前后地段上行长波高低峰值−10.4 mm，下行−10.1 mm。工务段对该处长波高低值进行精测发现，该地段高程最大偏差值达到 20.1 mm；工务段于 2011 年 1 月 31 日及 2 月 1 日以最大调高 10 mm 制订精调方案，对上下行 K2091+100 ～ + 400 进行了精调；在精调前线路调查发现，DK2 012+140 位置施工期间已垫高 29 mm，表明该地段在开通前已经存在下沉现象。

2012 年 3 月，添乘人员反映武广高铁上下行 K2091+300 前后地段高低明显，同时确认车三级垂加多次报警，动检车波形图详见图 3。工务段对该地段轨道再次进行精测，发现下行 K2091+050 ～ +550 区间高程静态偏差值达到−14.6 mm，上行 K2 091+050-550 区间高程静态偏差值达到−14.7 mm。根据精测数据，高程完全调整到位最大需要调高 14 mm，工务段按单次最大调整量不超过 3 mm 的要求进行精调，将下行调高 10 mm。动检车波形图详见图 3，现场轨道调高照片见图 4。

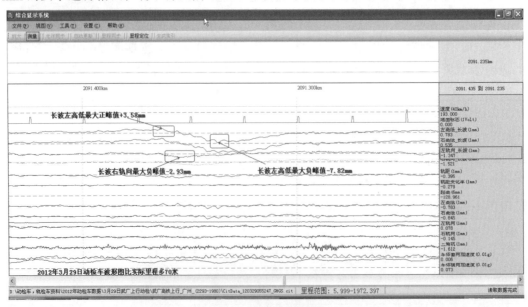

图3　动检车波形图

图 4 现场轨道调高照片

截至 2012 年 7 月,K2091+100 ~ +400 开通以来下行调高 20 mm、上行 10 mm,下行累积最大调高量达到 47 mm,轨下最大垫板厚度已达到 53 mm,具体沉降情况详见表 2,沉降纵断面图见图 5。距离福斯罗 300 型扣件最大调高量 56 mm 仅剩下 9 mm 余量。

表 2 K2091+195–K2091+272.5 路基沉降统计表

设计里程	运营里程	沉降变化范围	备注
DK2012+083.302	K2091+190		
DK2012+108.302	K2091+215	10-20 mm	
DK2012+114.302	K2091+221	20-30 mm	K2091+221.698 为框架涵
		30-40 mm	
DK2012+123.302	K2091+230	>40 mm	最大沉降调整量为 47 mm
DK2012+139.302	K2091+246	40 ~ 30 mm	
DK2012+143.302	K2091+250		
		30 ~ 20 mm	
DK2012+151.302	K2091+258	<20 mm	最小沉降调整量为 8 mm
DK2012+165.302	K2091+272		

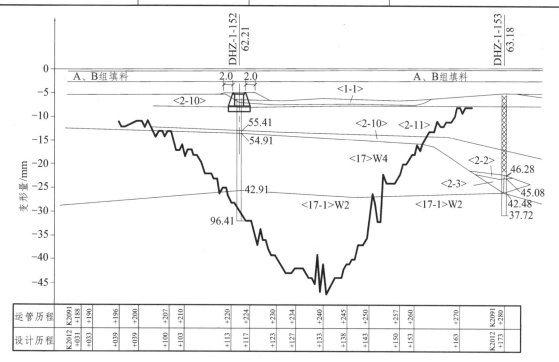

图 5 现场沉降纵断面图

6 原因分析

6.1 地质原因

病害发生后，为进一步查明该段的地质情况，于 2012 年 6 月进行地质补勘工作，在沉降量较大的 K2091+245 左 22.5 m、右 25 m 处各布置 1 个钻孔。钻探资料揭示，该段地表分布 0~2.6 m 的人工填筑卵石土（鱼塘换填），其下为 7~8 m 的卵石土、粗圆砾土，粗圆砾土夹约 35%的黏土及砂粒；卵石土及粗圆砾土之下为 10~14 m 的全风化页岩，页岩之下为灰岩。经分析，粗圆砾土中夹有约 35%的黏土及砂粒，细粒含量较设计阶段增大，其中的黏土受水软化后会进一步沉降，分析为地基沉降的主要原因之一。

6.2 设计原因

设计阶段，根据勘察地质资料进行了地基沉降分析，分析过程中将地表卵石土、粗圆砾土的沉降考虑在施工期内完成，工后无沉降，因此未采用复合地基加固，也未采用强夯、冲击碾压、堆载预压等加速地基沉降的工程措施，设计未充分认识到卵石土、粗圆砾土中细粒土成分及其含量的差异性和复杂性，以及对后期沉降的影响。

6.3 施工原因

施工过程中轨道精调及联调联试阶段，路基已经产生了较大沉降，但施工方未将这一问题反映给相关单位进行标本兼治处理，而在 DK2 012+120~+140 段落采用了用垫块将轨道扣件调高了 29 mm 的治标方案，将隐患延后到了运营阶段，为后期处理增加了很大的难度。

6.4 其他原因

K2 091+133.7~K2 012+226.7 段线路右侧现有仍有一鱼塘，该鱼塘常年蓄水，且紧临路堤右侧坡脚，鱼塘蓄水可能会从路堤边缘通过地基表层的卵石土、粗圆砾土下渗，到达地基下部的页岩全风化土层，页岩容易被软化，土体含水量、孔隙比增大，压缩模量减小，促使地基的进一步沉降。

综上所述，本工点的沉降原因是多方面的，据初步分析，主要有地质勘察、设计、施工及自然原因。施工图勘察阶段地质对卵石土、粗圆砾土内的黏性土含量分析不够细致，致使设计对卵石的工后沉降分析与现状存在差别，未采用强夯、冲击碾压、堆载预压等加速地基沉降的工程措施；施工方未将发现的病害问题及时反映，耽误了最佳整治时期，增加了后期处理难度；现存水塘等自然的存在也是导致地基持续沉降的因素之一。

7 工程体会

2013 年至今，本段地基经过长时间的持续沉降后趋于稳定，满足高速铁路运营需要，不再采取进一步的加固处理。结合本工点病害分析，针对无砟轨道高速铁路砂卵石土地基，总结以下几点工程体会：

（1）无砟轨道高速铁路卵石土、粗圆砾土地基，必须对卵石土、粗圆砾土中的细粒土、黏性土含量进行分析，若地质判断不清或黏性土含量超过一定比例时，需要进行地基加固处理。

（2）无砟轨道高速铁路卵石土、粗圆砾土地基，沉降检算超标时需要采用复合地基加固处理，即使检算分析出的沉降量满足规范要求，也应该采取强夯、冲击碾压、堆载预压等加速地基沉降的工程措施。

（3）高速铁路无砟轨道铺轨前，除了工后沉降满足评估要求外，还需提请建设单位组织参建各方进行排查，发现沉降超标时，必须采取彻底整治、不留后患的处理措施，严禁在施工阶段采用轨道调高等遗害无穷、治标不治本的处理方式。

福厦铁路软土路基加固处理

周 成 魏永幸

（中铁二院 土建二院）

摘 要 福厦铁路位于东南沿海地带，全线软土路基长达 13.42 km，设计主要采用搅拌桩、CFG 桩处理，在施工过程中出现个别病害点，施工完成后进行了核查补强，顺利完成全线软土路基设计。

关键词 软土路堤 设计 核查 变更

1 全线软土工程地质概况

福厦铁路中铁二院设计里程范围为 DK9+560 ~ DK695+500，线路起点为福州南车站出站端，终点为既有厦门车站。线路长度 256.35 km，路基长 147.03 km，路基长占线路长的比例为 57.35%。软土地基共 92 段长度为 13.42 km（含变更设计）。

1.1 软土分布

软土是全线最主要的特殊土，一般发育于滨海平原、河床及阶地，在丘间沟槽有少量透镜体软土分布。岩性为淤泥、淤泥质黏土、淤泥质粉质黏土，少量为软黏性土。成因主要有滨海相、溺谷相沉积，次为冲洪积相沉积。

滨海相软土主要分布于滨海平原，主要段落为龙江附近 DK50+477.48 ~ DK50+770 软土路基长 0.257 km；里海河、径江附近 DK62+190 ~ DK72+219 软土路基长 4.19 km；木兰溪附近 DK99+428.48 ~ DK100+348 软土路基长 0.81 km；枫慈溪附近 DK129+650 ~ DK130+050.96 软土路基长 0.22 km；西溪河附近 D1K226+447 ~ DIIK234+390 软土路基长 1.1 km；厦门海湾附近 K675+900.00 ~ DK683+010 软土路基长 0.75 km。滨海相软土路基地段共 45 段，总长 7.32 km。

软土路基范围河流水网密集，多为内涝区，水塘分布繁多，成片鱼塘位于铁路线内。

1.2 软土特性

由于沉积环境不同，其相应的物理力学性质亦不同。

滨海相软土：岩性以淤泥为主，次为淤泥质黏土、淤泥质粉质黏土、软黏性土。软土上覆硬壳厚 1 ~ 7 m，下伏软土厚 5 ~ 20 m，局部厚达 35 m，以路基通过地段软土、松软土最厚为 13 m。淤泥质黏土流塑状，土中含少量贝壳及大量有机质，局部含砂，呈透镜体分布；淤泥流塑状，土中含贝壳及腐殖质物质，局部含砂；砂层以中细砂为主，中密，饱和。局部含黏粒及少量淤泥、砾石等。矿物成分主要以石英、长石为主，呈透镜体分布于淤泥层之中。淤泥质粉质黏土、淤泥具有含水率高、压缩性高、液限高、孔隙率大、固结性差、力学强度低等特征。下伏粉质黏土、卵石土、基岩为凝灰岩、凝灰熔岩、花岗岩等，下卧层基本平缓。对试验资料进行分析统计，其物理力学指标见表 1。

表 1　滨海相软土物理力学指标表

天然含水量 W/%	孔隙比 e	液限 W_L/%	塑限 W_P/%	有机质含量/%	压缩系数 $\alpha_{0.1~0.2}$	压缩模量 $E_{0.1~0.2}$	直接快剪 黏聚力 c/kPa	直接快剪 内摩擦角 φ/(°)	基本承载力 σ_0/kPa
41.8 ~ 64.8	1.11 ~ 1.575	32.5 ~ 49.0	19.7 ~ 29.6	3.2 ~ 9.5	1.01 ~ 2.1	1.07 ~ 2.82	6 ~ 7	3 ~ 4	40

溺谷相、冲洪积相软土：多以松软土出露，零星分布于槽谷洼地，松软土岩性主要为松软粉质黏土，一般厚 0 ~ 5 m，局部可达 9 m。其物理力学指标见表 2。

表 2　溺谷相、冲洪积相软土物理力学指标表

天然含水量 W/%	孔隙比 e	液限 W_L/%	塑限 W_P/%	有机质含量/%	压缩系数 $\alpha_{0.1~0.2}$	压缩模量 $E_{0.1~0.2}$	直接快剪 黏聚力 c/kPa	直接快剪 内摩擦角 φ/(°)	基本承载力 σ_0/kPa
40.58	0.85	31.6	17.8	4.94	0.5	3.21	10	6	90

2 地基处理技术标准及设计情况

2.1 主要技术标准

福厦铁路设计标准为速度目标值 200 km/h 的客货共线铁路，并预留进一步提速条件。

按《200 客货共线暂规》等要求，软土路基地段不考虑列车荷载稳定安全系数不小于 1.25，考虑列车荷载（双线时只考虑单线列车荷载）稳定安全系数不小于 1.15，运梁车通过安全系数不小于 1.05。

稳定检算方法：对设计的复合地基强度按置换率折算后采用圆弧法进行计算。

路基沉降控制标准为工后总沉降不大于 15 cm、沉降速率不大于 4 cm/年、桥头路基工后沉降量不大于 8 cm。

压缩层深度按附加应力等于 0.1 倍自重应力确定。

地基沉降包括复合地基沉降及下卧层沉降，计算方法按《建筑地基处理技术规范》规定的方法计算。

2.2 软土地基路桥分界原则

在考虑铁路稳定安全、沉降控制标准、运营舒适性、地方政府规划要求等的基础上，结合全线软土工程地质特性和工程类型的分布情况，经技术经济比较，并执行铁道部审查意见，路桥分界原则为：

软土厚度大于 15 m，以桥梁通过，对软土厚度小于 15 m 的地段，根据软土层厚度、性质、地基处理难易程度及工程的经济性等因素综合确定，对采用路基方案通过的软土路基，尽可能地降低路堤填方高度，降低设计风险，节省工程投资。

2.3 软土地基加固设计原则

软土埋深小于 3.0 m 且地下水埋藏较深地段采用清除换填处理；软土厚度大于 3.0 m 地基处理采用水泥搅拌桩、CFG 桩复合地基加固处理，满足承载力要求并进行稳定、沉降检算。CFG 桩主要适用于填土相对较高、软土层相对较厚的地段。

2.4 沉降变形监测

软土及松软路基地段设置沉降和位移观测设备。设置标准为：每个大、中、小桥台尾过渡段设置两个观测断面，一个在距桥台 1 m 处，一个在过渡段中部；软土地段每隔 100 m 设置一个观测断面。松软土地段：工点长度在 500 m 以内时，间距 100~200 m 设一个观测断面；工点长度大于 500 m 时，间距 200 m 设一个观测断面。

2.5 软土地基设计情况

福厦铁路施工图设计完成后根据《关于对在建客运专线路基工程进行设计复查的通知》（铁鉴函〔2006〕238 号）对软土地基核查和地方要求改桥地段，上报铁道部鉴定中心批复路基改桥后，剩余软土路基地段（含变更设计）共计 92 段长 13.42 km（不含清除换填地段），分别采用了水泥搅拌桩、CFG 桩、旋喷桩进行处理。其中水泥搅拌桩加固地基 57 段长 7.37 km、CFG 桩加固地基 32 段长 5.22 km、旋喷桩加固地基 2 段长 0.43 km、水泥搅拌桩施工后旋喷桩补强加固地基 1 段长 0.4 km。重大软土路基工点稳定、沉降检算结果见表 3。

表 3　稳定、沉降检算结果表

| 序号 | 断面里程 | 填方高度/m | 处理措施 | 稳定系数 | | | 沉降/mm | 备注 |
| | | | | 列车荷载 | | 运梁车荷载 | | |
				无地震	有地震			
1	DK50+477	8.67	CFG 桩	1.53	1.45	1.66	75.7	
2	DK62+399.95	6.95	水泥搅拌桩	1.318	1.24	1.366	41.8	
3	DK62+639	7.75	水泥搅拌桩	1.64	1.53	1.57	77.2	

续表

序号	断面里程	填方高度/m	处理措施	稳定系数			沉降/mm	备注
				列车荷载		运梁车荷载		
				无地震	有地震			
4	DK63+400	6.1	CFG 桩	1.43	1.19	1.55	25.1	
5	DK63+475	5.7	CFG 桩	1.61	1.56	1.5	30	
6	DK64+300	8.45	水泥搅拌桩	1.36	1.33	1.46	84.8	
7	DK69+472	4	水泥搅拌桩	1.46	1.53	1.77	34.1	
8	DK70+558	8.64	水泥搅拌桩	1.39	1.33	1.47	50.2	
9	DK99+491	8.96	CFG 桩	1.56	1.48	1.53	99	
10	DK99+719.91	7.9	CFG 桩	1.76	1.67	1.71	72.4	
11	DK99+860	8.32	CFG 桩	1.72	1.63	1.71	101.4	
12	DK100+240	7.06	CFG 桩	1.86	1.76	1.78	74.8	
13	DK129+695	10.68	CFG 桩	1.56	1.48	1.54	24.6	
14	DK129+760	11.03	CFG 桩	1.66	1.57	1.64	57.6	
15	DK226+477	9.65	CFG 桩	1.68	1.61	1.76	78.8	
16	DK229+670	6.99	水泥搅拌桩	1.56	1.5	1.7	108	
17	DK229+300	7.48	水泥搅拌桩	1.38	1.32	1.5	126.4	
18	DK234+250	6.47	水泥搅拌桩	1.82	1.73	1.99	62.2	
19	DK682+722.33	9.2	旋喷桩	1.62	1.17		144.4	常速
20	DK682+773.51	9.1	旋喷桩	1.95	1.68		133	常速

　　全线软土地基处理的桩基均置于下卧持力层硬塑状粉质黏土、卵石土或基岩的风化层中，通过稳定、沉降计算满足要求，并通过了运梁车、地震验算。

　　重点路基工点设计代表性断面图见图 1、图 2。

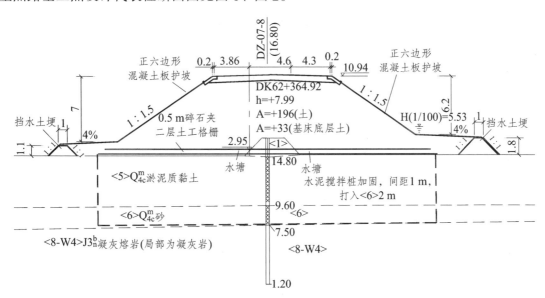

图 1　DK62+190 ~ DK62+639 代表性断面图

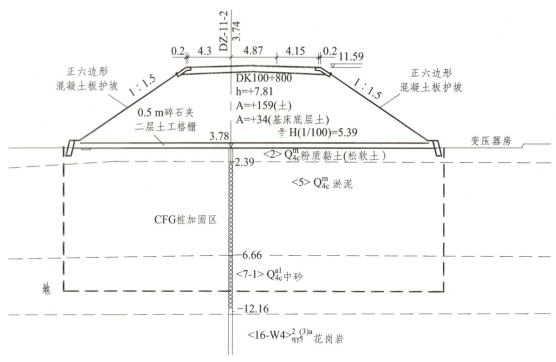

图 2　DK99+428 ～ DK100+348 代表性断面图

3　施工中出现的病害情况

全线 92 段长 13.42 km 软土地基处理，施工中出现两处病害，分为玉塘洋特大桥厦门端路堤坍滑及木兰溪附近的 DK99+520 ～ DK99+560 段软土路基在运梁过程中出现路基面开裂及下沉过快病害。

玉塘洋特大桥厦门端路基填方高度为 8.6 ～ 9.1 m，地表为粉质黏土厚 2 m，其下为 6 ～ 7 m 厚淤泥质粉质黏土，下卧层为 4 ～ 7 m 厚卵石土，下伏基岩凝灰熔岩。地基采用 CFG 桩处理，桩长 12m，桩间距 1.4 m，桩置于卵石土层中。线路右侧临近 66#桥墩至 67#桥台后修建施工便道，便道平行线路并在桥台后加宽路基面，通过桥台锥坡上至路基面高程处。由于便道填筑位置位于软土区域，除路基基底进行处理外，其余地段未进行处理，未进行地基处理地段便道填土高度超过软土地基的极限填土高度，加之靠河道侧有 1.5 m 左右高的临空面，造成便道地基失稳变形滑移，影响桥台锥坡及路基基底的 CFG 桩，在前缘地基破坏牵引、填方荷载推动作用下，造成路堤坍滑。最后采用清除坍滑体以桥通过，现场照片见图 3。木兰溪附近的 DK99+520 ～ DK99+560 段软土路基在运梁过程中出现路基面开裂及下沉过快病害，现场照片见图 4，该病害点最终采用清除填方后利用管桩重新处理。

图 3　DK50+477 ～ DK50+540 路基破坏图片

图 4　DK99+520 ～ DK99+560 路基破坏图片

4　软基核查补强

福厦铁路施工后期，东南沿海公司建设管理的温福、福厦铁路软土路基在路基填筑过程中，温福铁路 CFG 桩处理路基工点多处出现路基病害，福厦铁路 DK50+477.48～DK50+540 段由于桥头高填方便道引起路基坍滑。为保证沿海铁路软土路基稳定安全，东南沿海公司再次要求对福厦铁路软土路基进行核查，对个别点进行了补强处理，具体为：

（1）DK50+530～DK50+657.48、DK50+692.52～DK50+770CFG 桩加固软土路基工点：

该工点地基上覆 2 m 厚粉质黏土，下伏 2～8 m 厚淤泥质粉质黏土，其下为卵石土、细角砾土厚 4～7 m，基岩为凝灰熔岩，全风化层厚 10～14 m。路基填高 9 m 左右，已经填筑到位。DK50+477.48～+540 段由于施工便道地基失稳引起该段坍滑开裂变形。该工点位于福清市城市内，属于城市开发范围，已经在铁路两侧进行相关规划，今后的人为活动将非常频繁，在两侧坡脚用地界内设置反压护道宽 6 m，护道基础采用预应力管桩加固。

（2）DK62+190～DK62+321.52、DK62+338.48～DK62+639.39（里海河桥头）水泥搅拌桩加固软土路基工点：

该段为鱼塘水网区域，表层淤泥质黏土最大厚度 7.5 m，流塑～软塑状；其下粉质黏土硬塑状，水田、鱼塘表层为软塑状，厚 0～6 m。黏土层下存在砂层，以粗砂为主，夹少量的中细砂，稍密～中密，饱和，分选性较差，厚 0～6 m。下伏基岩为凝灰岩、凝灰熔岩。地基采用水泥搅拌桩加固，桩间距 0.95～1.0 m，最大桩长 9.5 m，最大填土高度 8.7 m。该段位于水塘水网区域，受里海河水及鱼塘影响严重，软土性质差，考虑鱼塘的人为活动影响，对铁路两侧进行补强加固处理。处理措施采用在两侧坡脚设置反压护道宽 6 m，护道基础采用预应力管桩加固

（3）DK63+352.04～DK64+100CFG 桩加固软土路基工点：

该段为鱼塘水网区域，表层淤泥质黏土最大厚度 8.5 m，流塑～软塑状；其下分段分别为卵石土、圆砾土，下伏基岩为凝灰岩、凝灰熔岩，全风化带（W4）较厚，一般厚 3～12 m。路堤最大填土高度 8.5 m，鱼塘地段设置围堰但地基未做处理，地基变更设计采用 CFG 桩加固，CFG 桩桩间距 1.5 m，桩长 8～12.5 m，桩端置入卵石土层或圆砾土层 2 m 以上。该段位于水塘水网内涝区域，受里径江水及鱼塘影响严重，软土性质差，考虑鱼塘的人为活动影响，对铁路两侧进行补强加固处理。处理措施采用在两侧坡脚设置反压护道宽 6 m，护道基础采用多方位立体搅拌 CMS 桩加固。

（4）DK70+363.00～DK70+823 水泥搅拌桩路基工点：

该段为鱼塘水网区域，大里程端为海乾中桥，表层淤泥质黏土厚 7.5 m；其下分段分别为粉质黏土、砂、卵石土，下伏基岩为凝灰熔岩（J_3n^b）：全风化带岩石呈粉质黏土状，部分被水浸泡呈可塑状，常见厚度为 4～10 m。路堤最大填土高度一般填 7 m 左右，塘中 8.8 m，鱼塘地段设置围堰但地基未做处理，地基设计采用水泥搅拌桩加固，泥搅拌桩桩间距 0.95～1.0 m，桩长 5～8 m，桩端置入卵石土层 0.5 m 或砂层中 1.5，粉质黏土 1.5～2.5 m。该段位于水塘水网内涝区域，受河水及鱼塘影响严重，软土性质差，考虑鱼塘的人为活动影响，对铁路两侧进行加强加固处理。处理措施采用在两侧坡脚设置反压护道宽 6 m，护道基础采用 CMS 桩加固。

（5）DK99+428.48～DK99+719.91、DK99+832.091～DK100+348.713CFG 桩加固软土路基工点：

该段路基位于木兰溪特大桥与黄石特大桥之间，DK99+719.91～DK99+832.091 为东湖大桥，铁路路基以填方通过，填方高度 7～9 m。该段位于水塘水网区域，受内涝影响严重，民房密集，线路右侧 50 m 左右为福厦高速公路，该高速公路近期将拓宽为 8 车道。该段地质情况为：地表覆盖 0～3 m 的粉质黏土，其下为 3～8 m 厚的淤泥，淤泥下局部分布松软土，厚 0～6 m，整个段落淤泥加松软土最大厚度为 13 m，下伏基岩为花岗岩，其全风化层厚度 13～50 m。该段路基地基采用 CFG 桩进行加固，桩间距 1.3～1.45 m，桩端置入花岗岩全风化层 3～4 m，基底铺设 0.5 m 厚碎石垫层夹两层土工格栅加固。该段位于水塘水网内涝区域，居民房屋较多，即将进行的福厦高速公路拓宽工程位于铁路右侧 50 m 左右。考虑到该段软土路基所处位置及人为活动影响频繁，对桥头邻近河道地段及软土较厚地段地基进行补强加固处理，具体处理段落为：DK99+428.48～

DK99+478.48、DK99+669.91～DK99+719.91、DK99+832.09～DK99+882.09、DK100+020～DK100+070、DK100+210～DK100+348.713。处理措施采用在路基面下地基设置预应力管桩补强加固。

软土路基补强代表性断面如图5。

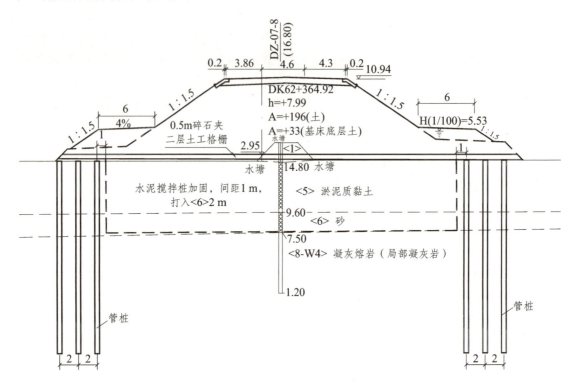

图5　DK62+190～DK62+639 补强处理代表性断面图

5　沿海软土设计体会

（1）沿海软土成因主要有滨海相、溺谷相沉积，次为冲洪积相沉积。滨海相软土深厚、成层性好、物理力学性质差，地基处理应充分考虑软土特性采用适宜工程措施。

（2）福厦线软土地基主要采用了CFG桩、水泥搅拌桩、旋喷桩处理，处理效果较好，采用的措施总体是成功的。CFG桩施工工艺建议采用长螺旋法，沉管法易出现地面隆起、桩互相挤压干扰。淤泥地基采用搅拌桩处理，水泥用量大，建议采用干喷法施工。

（3）控制外部环境对铁路安全影响。沿海地区经济发达，水网区、鱼塘区密布，人为活动频繁，软土路基地基处理应设置护道并对护道地基进行处理等措施，进一步提高铁路工程的安全度。

（4）加强外部环境协调。依据国务院颁布的《铁路运输安全保护条例》（第 430 号），铁路线路两侧应当设立铁路线路安全保护区。对铁路线路安全保护区范围内的地方建设工程进行必要的安全评估，确保铁路工程的安全。

郑西高铁 DK818 短路基桩板结构病害整治

孙 莺 李安洪 姚裕春 李楚根

（中铁二院 土建二院）

摘 要 路基桩板结构是桥隧间短路基地基加固处理的新型结构措施。特殊地质条件及水的破坏作用下，当桥台锥坡变形，而桩板结构承台板下路堤填土压实不到位时，会造成连接处板结构承台板与地基土脱空的现象。通过本工点病害揭示的现象，设计采取了针对性的整治措施，并取得了好的效果，对高速铁路路基病害维护整治技术有一定的借鉴作用。

关键词 桩板结构 脱空 变形 注浆

1 工程概况

郑西高铁 K818+627～K818+642 段路基位于吕家崖隧道与陕县特大桥之间黄土阶地上，横坡地形呈台阶状，地面高程为 380～387 m，桥锥坡下地面高程为 360 m。段内分布有第四系上更新统（Q₃）砂质黄土，中更新统（Q₂）黏质黄土、卵石土。地表水不发育，地下水主要为第四系黄土孔隙水，地下水位标高在 300～320 m 附近。地基土岩土力学指标见表 1。

原施工图本段挖方路基长 14.217 m，施工阶段由于受运架桥施工组织影响，变更延长为 45.731 m，采用桩板结构设计。桥台后约 19 m 长为填方，其余地段为挖方，最大填土高 4.5 m，桥锥体高 8 m。地基岩土力学指标见表 1。

表 1 地基岩土力学指标

序号	时代成因	岩性	状态	层厚	天然密度	基本承载力	凝聚力 c	内摩擦角 φ	压缩模量 $E_{0.1～0.2}$	压缩模量 $E_{0.4～0.6}$	湿陷系数	自重湿陷系数
				m	g/cm³	kPa	kPa	（°）	MPa	MPa	—	—
<2-2>	Q₃	砂质黄土	稍密	16	1.55	140	15.5	23.9	12.4	—	0.006～0.052	0.002～0.032
<2-3>	Q₃	砂质黄土	中密	12	1.86	190	26.8	26.7	11.6	13.2		
<3-3>	Q₂	砂质黄土	密实	23	1.98	250	31.1	29.9	14.5	23.9		

2 病害情况及原因分析

2.1 病害情况

2011 年 9 月 4 日至 9 月 18 日，三门峡地区遭遇连续不断的强降雨，降雨持续时间长、范围广、雨量大，为三门峡市 1957 年有气象降雨量记载以来最大的一次，最大降雨量 311.2 mm，9 月 20 日陕县特大桥郑州台（K818+642）桥锥坡土体及路基桩板结构下土体在连续降雨后出现流失，右侧桥路连接处电缆井及桥锥坡顶出现约 50 cm 的下沉，右侧锥坡伴有滑移，与桥台连接的路基桩板结构下部土体出现脱空，桥台锥坡垂裙出现开裂及向外倾斜，病害情况如图 1、图 2 所示。

图 1 桥锥体边坡损坏及垂裙变形

图2　桩板结构脱空及电缆槽破坏

2.2　病害影响程度

桥台处：脱空部分高 77 cm，横向脱空宽度为 600 cm，钢钎插入深度为 75 cm。承台板中部：脱空部分高 82 cm，横向脱空宽度为 600 cm，钢钎插入深度为 80 cm。桩板托梁边缘：脱空部分高 84 cm，横向脱空宽度为 600 cm，钢钎插入深度为 60 cm。

通过轨检小车对轨道结构进行持续检测，施工单位及洛阳工务段对路基、桩板结构、轨道板沉降观测点进行观测，轨道板无下沉，轨道几何尺寸无变形，桩板下土体雨水侵蚀深度为 0.8 m，桩板结构是安全的。

2.3　病害原因分析

根据现场调查发现该路基病害发生的原因主要有以下几点：

（1）本段桥隧间短路基位于 12‰线路下坡段，强降雨后地表水顺线路侧沟、电缆槽排至桥下低洼处。

（2）电缆槽内填粉细砂致横向排水不畅，纵向排至桥头电缆井，电缆井施工质量有瑕疵且排水不良，集水下渗至湿陷性黄土地基。

（3）桩板结构下填方及桥台椎体未严格按照设计要求压实。

（4）湿陷性黄土侧沟基底隔水防渗层未施工，地表雨水沿沟壁外侧下渗，黄土湿陷，水沟局部出现开裂，加剧水的下渗。

（5）地表水从桥锥体浆砌片石裂纹处下渗，锥坡土体软化及地基黄土湿陷流失，浆砌片石护坡出现脱空，进而锥坡产生滑移，垂裙外倾。随着桥台锥坡的变形及土体不断流失，影响路基桩板下土体下沉及流失，出现板下脱空现象。

3　稳定性分析

根据工点病害现状，桥路过渡段填方和桥台锥体处于蠕动状态的潜在滑坡。选择与线路方向平行、夹角 30°、夹角 45°、夹角 60°剖面为稳定性计算剖面进行潜在滑坡稳定性计算分析。滑带土指标采用临界状态 $K=1$ 反算确定；滑体土体指标采用 $C=15$ kPa，$\varphi=20°$，饱和容重 $\gamma=20.6$ kN/m^3。病害工点稳定性计算断面见图3。

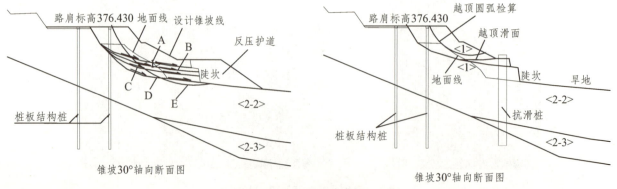

图3　病害工点稳定性计算

（1）滑面指标见表2。

表2 按 *k*=1 临界状态反算滑面指标计算结果表

剖面	计算滑面				
	滑面 A （地质滑面）	滑面 B （潜在滑面）	滑面 C （滑面下移 1m）	滑面 D （滑面下移 2m）	滑面 E （最不利圆弧检算）
线路平行	c=5 kPa φ=12.9°	c=5 kPa φ=16.9°	c=5 kPa φ=14.8°	c=5 kPa φ=16.4°	
夹角30°	c=5 kPa φ=13.4°	c=5 kPa φ=16.7°	c=5 kPa φ=14.7°	c=5 kPa φ=15.7°	
夹角45°	c=5 kPa φ=11.5°	c=5 kPa φ=17.5°	c=5 kPa φ=12.5°	c=5 kPa φ=14.0°	
夹角60°	c=5 kPa φ=11.2°	c=5 kPa φ=17.0°	c=5 kPa φ=12.1°	c=5 kPa φ=13.0°	

（2）前缘临时反压后滑坡稳定系数。

为保证路基工程的稳定和病害不再继续发展，整治工程实施前采取了临时反压措施。稳定分析计算结果见表3。

表3 稳定分析计算结果表

剖面	计算滑面				
	滑面 A	滑面 B	滑面 C	滑面 D	滑面 E
线路平行	K=1.58	K=1.41	K=1.51	K=1.51	K=1.57
夹角30°	K=1.47	K=1.34	K=1.43	K=1.47	K=1.54
夹角45°		K=1.38	K=1.35	K=1.41	K=1.33
夹角60°		K=1.42	K=1.35	K=1.38	K=1.38

结论：滑坡在前缘反压后，安全系数超过1.33，说明滑坡处于稳定状态。

（3）滑坡推力计算。

考虑本工程的重要性，安全系数采用1.25，结果见表4。

表4 滑坡推力结果表（kN/m）（桩位推力）

剖面	计算滑面				
	滑面 A	滑面 B	滑面 C	滑面 D	滑面 E
线路平行	F=163	F=372	F=227	F=287	
夹角30°	F=180	F=417	F=245	F=300	
夹角45°	F=135	F=388	F=188	F=220	
夹角60°	F=143	F=340	F=186	F=222	

（4）越顶检算，结果见表5。

表5 滑坡在设置抗滑桩后桩顶以上稳定性检算结果

剖面	计算滑面			
	线路平行	夹角30°	夹角45°	夹角60°
上部越顶滑面 F	K=1.42	K=1.38	K=1.62	K=1.670
上部越顶圆弧滑面 G	K=1.48	K=1.50	K=1.48	K=1.48

计算结果说明，设抗滑桩后上部土体是稳定的。

4 病害整治工程措施

4.1 抢险工程

（1）采用彩条布做好路基面、电缆沟槽、锥坡等临时防排水措施；对开裂及破损的防排水设施进行修复，保证汛期临时排水畅通，避免施工期降水造成新的病害或使已有病害的破坏加剧。两侧侧沟水从线路两侧临时引出路外，做好临时排水。

（2）在锥坡垂裙外设置 10 m 宽临时反压护道，护道顶与垂裙顶齐平，碾压密实，要求压实度不小于 0.8。在永久工程实施完毕后，临时反压护道挖除弃至弃土场。

（3）K818+642（DK249+699.731）台后路基桩板结构下脱空部分采用填片石或粗骨料并灌注掺入速凝剂的 M30 水泥砂浆注浆回填，尽可能保证桩板下全断面密实，注浆采用静压注浆（注浆待抗滑桩施工完成后方可实施）。第一次注浆完成 28 d 后应检查板下注浆效果，当还有缝隙时，应再次进行补注浆。

4.2　永久工程

（1）在桥台锥坡垂裙平台上设置一排抗滑桩，桩顶标高高出原有平台 1.0 m，桩截面采用 1.75 m×2.25 m，桩间距（中—中）为 5.0 m，桩长 24 m，共设置 12 根桩。

（2）反压护道可征地条件下，保持反压护道措施；征地不许可时，挖除临时反压护道土方，分段拆除垂裙，在 2# ~ 7#桩桩间修筑重力式挡土墙。

（3）对板下路基填土进行注浆加固处理。注浆钻孔的布置方式：注浆的深度为路肩下 5.5 m，宽度 9 m，范围约为 18 m（图 4）。在路肩下 1.5 m 处成孔，右侧距桥路分界 8 m 范围布置 4 排孔，其余地段布置 2 排孔，路肩外 1.5 m 边坡为第一、第二排孔，路肩外 3.0 m 处为第三、第四排孔。每排孔中间距为 0.5 m，保证桩板下路基范围的空洞穴全部加固。左侧布置 2 排孔，路肩外 1.5 m 处设置。

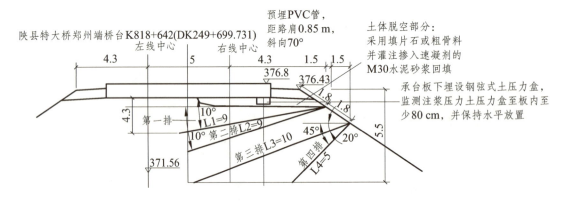

图 4　注浆孔布置断面设计图

（4）桥台两侧锥坡采用灰土桩加固处理，根据含水量大小内采用水泥（灰）土挤密桩进行加固，桩孔直径为 0.25 m，填料挤密孔直径不小于 0.35 m。桩间距 0.8 m，正三角形布置，桩垂直于坡面设置，桩长 9.0 m。加固处理后表面采用厚 0.2 m 的 C25 混凝土浇筑，浇注后顶面与原坡面顺接。

（5）对整治范围内变形的路肩及电缆槽进行拆除重建。

① 切割清除变形的土路肩至路基桩板结构承台板底，挖除路肩下松软土体并不小于 1.3 m，人工采用小型夯土机夯实路基基床底层土，换填 0.5 m 厚三七灰土并夯实。根据现场开挖情况，可对路肩土质部分采用水泥土挤密桩加固处理，水泥掺入量适当加大，挤密桩采用人工洛阳铲成孔，成孔直径 0.2 m，成桩直径不小于 0.25 m，桩间距 0.6 m，梅花形布置，桩长根据现场实际情况，打入基底硬层不小于 0.5 m。

② 灰土垫层顶面设置一层 0.08 m 厚的沥青混凝土隔水层。

③ 路肩采用 C25 混凝土整体浇注。浇注混凝土时，可按照原电缆槽截面尺寸要求一并施作路肩电缆槽，为保证电缆槽排水顺畅，电缆槽底部做成倾向外侧的 4%横坡，并于电缆槽底部的外侧间隔 1.0 m 设置直径为 10 cm 的泄水孔。

（6）对各结构缝填塞沥青砂浆，做好防渗措施。

（7）对开裂及破损的防排水设施进行修复，综合整治完善防排水设计，保证排水畅通。修复加固设计图见图5。

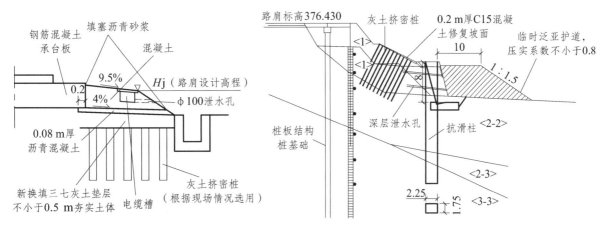

图5　修复加固设计图

5　工程整治效果及体会

按设计要求对桩板下脱空土体进行灌砂注浆回填，对路肩部分路堤经挤密桩夯实及路肩上电缆槽结构物修复整治，同时对路堤及桥锥坡注浆挤密，有效地防止了桥锥坡和路堤变形，稳定了桩板结构，经过近两个月的努力，整个工程完全达到了预期效果。本段线路逐步提速恢复正常行车。

经过对该病害工点整治，得出以下体会：

（1）与桥台连接处的路基桩板结构下路堤填土，填料类别、填筑质量控制标准宜按照无桩板结构设计时一样，必要时桩板结构下桥路过渡段可按照路基地段设计，采用级配碎石填筑，确保不因桥台锥坡失稳殃及路基稳定的现象发生。

（2）在运营通车条件下抢险工程设计时，应采取既满足要求、保证质量，又能快速施工的整治措施，如本工点桩板结构外侧路肩采用整体现浇混凝土路肩的措施。

（3）短路基设置电缆槽、电缆井应做好详细的接口设计，严禁排水不畅和水入渗路基。

南昆铁路八渡车站滑坡治理

李海光　唐民德
（中铁二院　退休办）

摘　要　八渡车站滑坡是南宁至昆明铁路建设中关键工程，也是目前铁路建设中规模最大的滑坡整治工点。本文介绍了滑坡的环境地质条件、类型、性质，滑坡形成机制及古滑坡复活原因，滑坡稳定性分析及其整治工程措施。
关键词　滑坡　形成机理　复活整治

1　滑坡概况

八渡车站滑坡是南宁至昆明铁路建设中关键工程，也是目前铁路建设中规模最大的滑坡整治工点，当年曾一度成为南昆铁路铺轨通车的拦路虎。

八渡车站位于黔、桂两省（区）界河——南盘江北（左）岸贵州省册亨县乃言乡。车站线路先后穿过9个向江边突出的山头，其中 2#、3#、4#三个山头地貌与前后其他山头迥异，即八渡车站滑坡（图1）。滑坡地貌特征及周界较清晰，平面上呈一撮箕形，后缘为弧圈椅状，宽约 360 余米，高程为 550～560 m；两

图 1　八渡车站滑坡全貌

侧边界分别为 1#、2#山头和 4#、5#山头间的自然沟；前缘呈宽 540 m 的弧形舌状伸入并压缩南盘江。古滑坡主轴长 560 m，详见图 2 八渡滑坡地质平面图。

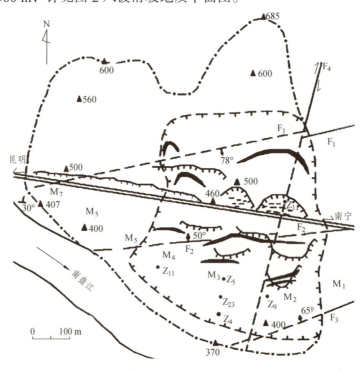

图 2　八渡滑坡地质平面图

2　滑坡环境地质条件

八渡车站地区属亚热带东南季风区，多年最低气温 -2.8～0.5℃，最高气温为 37.7～40.0℃，多年平均降水量为 1 131.63～1 217.17 mm，5—8 月为雨季，降水量为 756.53～893.47 mm。

测区内大部分坡面覆土薄，横坡大，降水主要转化为表水泄于南盘江。八渡 2#、3#、4#山头滑坡堆积层，后缘部以砂黏土为主，坡面陡，排泄条件好，地下水不发育；滑坡中部和前部横坡变

缓且有平台，以碎、块石、角砾土居多，利于表水下渗，故孔隙潜水稍丰。滑坡前缘、部分地下水以泉群形式溢出，流量 0.02～0.1 L/s，终年不干。地表水地下水均无侵蚀性。

测区出露三叠系中统边阳组（T$_2$b）地层，以碎屑岩为主，上部夹多层 1～4 m 厚的石灰岩，底部有厚 13～50 m 之薄层灰岩、泥质灰岩。八渡车站一带主要为浅灰色、灰色中厚层状钙质、硅质石英砂岩夹中薄层灰黄色、灰绿色泥岩、页岩及黑灰色钙质泥岩。新鲜砂岩质坚性脆。风化颇重带岩石呈块状，层面或节理面呈灰黄色或褐黄色，风化严重带呈褐色碎石状，风化极严重带呈黄色、黄褐色黏砂土夹角砾状。泥岩、页岩质软。其风化颇重带呈黄色、褐黄色；风化严重带呈黄褐色碎石、角砾状；风化极严重带呈棕红色砂黏土。

上覆第四系，沟槽中为冲洪积（Q^{al+pl}）层，主要为漂卵石、块石层，灰黄色，砂岩质，松散、饱和；南盘江中为冲洪积（Q^{al}）卵石夹漂石，层厚 0～30 m；坡面以坡残积（Q^{dl+el}）为主，砂黏土，棕黄色，可塑～半干硬，局部为崩坡积（Q^{cd+dl}）碎块石土，层厚一般 0～5 m。

测区属燕山期形成的隆林东西向构造带。在测区内，则表现为以近东西向的八渡背斜、委力向斜为一级构造并伴生有复式褶皱及走向断层的紧密线状褶皱带，具体又可分为八渡渡口及八渡 4 号桥两个应力相对集中区。两应力集中区大致在线路 DK373+600～+900 地带，呈现出交叉过渡性质。断层带内见三条走向逆断层（F$_1$、F$_2$、F$_3$），一条压扭性（平移）断层（F$_4$），F$_2$、F$_3$ 断层显示出了构造应力中心的特点，整个带内的岩体有不同程度的动力变质现象。紧密线状复式褶皱带由一系列褶皱组成，岩层走向约 N70°E～EW 向。

3　滑坡勘测

勘察期间，由于工期紧迫，本段地质工作深细度不够，加之现场地质人员经验不足，未提出滑坡问题。1994 年 8 月，4 号山头路堑边坡开挖，发生局部坍滑，于同年下达任务，对该段山体按滑坡开展复查。但因钻孔孔位、深度布置不当，此次复查未达预期目的。随着施工进展和对该段地质条件认识的深化，又于 1995 年 12 月至 1996 年 6 月，分两阶段对 2、3、4 号三个山头所在范围，采用综合勘探技术进行了全面复查。施工阶段对八渡车站滑坡进行的复查补勘中，开展了多种手段、方法相结合的地质综合勘探：采用航片判释，从宏观上判定区域地质构造背景、地层分布特征、地貌轮廓及古滑坡整体形态特征；在此基础上进行不同比例尺的地质调绘；物探采用浅层地震反射波法和电测深两种方法；滑坡复查补勘中完成 31 孔 1 025.92 m，平均孔深 33.1 m，均钻入滑床以下较完整基岩中。1997 年雨季的滑坡整治补勘中，又结合整治工程的具体布置和在原钻孔孔距较大处，补钻 17 孔 603.3 m；试验：水样 14 组、滑体石样 9 组、滑带土样 9 组、基岩石样 16 组；钻孔提水试验 7 孔 11 个落程；弱透水层渗透系数快速测定 17 次；同时，建立并开展简易气象观测及滑坡位移的地面观测和钻孔深部监测。

4　滑坡类型、性质

滑坡平面呈簸箕形，后缘呈弧形圈椅状，宽约 360 m，滑壁顶高程 550～560 m，前缘呈弧形舌状，宽 540 m，挤压并伸入南盘江（江水水位高程 368～380 m），压缩河床最宽约 80 m。前后缘高差约 190 m。滑坡主轴长 560 m，轴向 S10°～20°W，滑体体积约 420 万立方米。

滑坡分主、次两级。主体滑坡长 310～340 m，宽 350～540 m，滑体厚 20～40 m，滑体体积约 290 万立方米；次级滑坡长约 200 m，宽 380 m，滑体厚 10～20 m，滑体体积约 130 万立方米。次级滑坡前缘位于车站堑顶以上高程约 470 m 一带，覆压于主体滑坡之上。

滑坡表层为砂黏土夹碎石、角砾及块石，浅黄、棕黄、褐黄色，半干硬～可塑，局部软塑～流塑，层厚 10 m 左右。其下为滑动过的岩块，呈碎块石土状，灰褐、黄褐色，密实、潮湿。碎块石以砂岩质为主，所夹泥质则为泥、页岩风化产物。滑坡物质具有不连续的成层性，产状多变、紊乱，但多倾山（北），层厚 10～30 m。

滑动带多为砂黏土，灰绿色，软塑～流塑状，含次棱角状碎石、角砾，层厚 0.3～3 m。部分地段，滑动带底部有经牵动而呈次棱角状的碎块石，砂、泥岩质，风化颇重~严重，层厚 1~3 m。

滑床由风化轻微或颇重的钙质、硅质石英砂岩夹泥、页岩组成，浅灰、青灰色，岩心多呈长柱形。断层带附近岩体动力变质明显，破碎，风化颇重，岩心多呈碎块状，短柱状。

综上所述，八渡车站滑坡为一分级滑动的深层巨型切层古滑坡。古滑坡分主、次两级，次级滑坡系主体滑坡形成后，受其牵引，在其后部又一次形成的滑坡。

5　滑坡形成机制及古滑坡复活原因

5.1　滑坡形成机制

（1）八渡车站 2#、3#、4#山头位于测区内构造应力最强烈的地带，存在一组近 EW 向的压性结构面和一组近 SN 向的张性结构面。岩体受前一组结构面切割，具备了切层滑动的条件；而后一组结构面则控制了滑坡的东西侧边界。

（2）滑坡范围内基岩为砂岩夹泥、页岩。岩体在 SN 向主压应力和后期的旋扭作用下，形成一系列复式褶曲，造成岩体松弛而破碎。

（3）测区属构造强烈上升区，南盘江急剧下切，斜坡面冲沟发育，形成不利于稳定的坡陡沟深的地形。堆积层、破碎基岩和构造破碎带中汇聚的地下水向南盘江排泄时，既降低岩（土）体强度，又增加岩（土）体重量。

（4）测区内，南盘江两岸先后分布有三个古洪积扇，按上下游顺序，称其为"上扇"（左岸）、"中扇"（右岸）和"下扇"（左岸）。三处古洪积扇与此段河床的岩性、构造组合，形成此段江水特定的水动力条件，为水流在"上扇"至"中扇"段蓄存的势能，在"中扇"至"下扇"段充分地转化为动能提供了保证条件，释能的江水急剧冲刷左岸，河曲作用导致河道北移，左岸相应地段岸坡遭长期冲刷，遂临空失稳。

5.2　古滑坡复活原因

（1）古滑坡复活的主要原因是降雨。1997 年雨季自 5 月开始，7 月达到最大。7 月降雨 27 天，降雨量 482.4 mm，为 80 年一遇的最大月降雨量。当年仅 5—9 月中旬，总降雨量就达 1 416.4 mm，已超过多年平均年降雨量。连续而又集中的降雨渗入滑坡体中，既恶化滑坡的岩土性质，又产生较大动水压力，导致古滑坡复活。据滑坡地面观测和钻孔深部位移监测资料分析，滑坡位移量与降雨关系十分密切，且反应灵敏，一般雨后 5~7 天位移量明显增加。

（2）洪水也是古滑坡复活的重要因素。伴随连续、集中的降雨，南盘江水位上涨，最高水位 378 m，持续达 1 个多月，为 27 年中，淹没滑坡前缘时间最久的一次。洪水冲刷、掏蚀前缘，造成前缘岸坡失稳，进而牵引滑坡中下部产生蠕动，引起地面开裂。

（3）车站动工四年，严重改变了原有自然环境，天然植被破坏殆尽，山坡坡面零乱不平，原建排水系统，后期施工又遭破坏，大量弃土堆置滑坡中下部，车站站坪外侧已形成村舍、集市，生活、施工用水渗入地下。这一切人为活动，对古滑坡稳定性产生极不利影响，是古滑坡复活的重要人为因素。

6　滑坡稳定性分析

6.1　施工前的稳定性评价与检算分析

滑坡形成年代已甚久远，且上百年未复活过。滑坡前缘，抗日战争时期修建的盘百公路，虽边坡曾有坍塌，但从未因滑坡活动而断道。铁路动工前，较长时期以来，滑坡范围内，虽局部曾有变形，但古滑坡整体一直是稳定的。分别对三个山头的滑坡轴向断面进行稳定性检算，检算结果表明：施工前，主体滑坡各山头稳定系数 $K=1.07~1.08$；次级滑坡稳定系数 $K=1.15~1.40$。说明古滑坡整体都是稳定的。

6.2　铁路施工对滑坡稳定性的影响

线路以挖方通过滑坡中偏上部，未切穿主滑面。对主体滑坡而言，线路减载通过其上部，有利于滑坡稳定；但对次级滑坡，减载则又系在其前缘，故铁路动工后，三个山头路堑边坡或相应挡护工程，均发生不同程度的变形，尤以2#山头为甚。根据检算分析，施工后至1997年雨季前，主体滑坡仍是稳定的，主体滑坡稳定系数 K 为 1.08～1.10；但次级滑坡的2#山头及4#山头稳定系数 K 为 0.93 和 0.85，已局部失稳。

6.3 1997年雨季滑坡稳定性评价及发展趋势预测

1997年7月以后，主体滑坡中、下部，地面相继出现多条张拉裂缝，贯通最长者达 120 m，裂缝最宽 50 mm，前缘民房开裂、公路下错断道；设于滑坡中、下部的 5 个深部位移监测钻孔中，测得深 36～37 m 处的最大累积位移量达 52.83 mm。线路右侧次级滑坡范围内的 2 号山头路堑边坡及相应的挡护工程（包括部分抗滑桩、预加固桩及护坡）歪斜或外鼓错裂，护墙顶地面出现长约百米的弧形贯通裂缝，3#、4#山头护坡、护墙及天沟亦有局部开裂、下沉。

上述情况说明，雨季后八渡车站滑坡已经复活。主体滑坡处于蠕动加剧阶段，但整体滑动尚未产生；次级滑坡前缘已产生滑动，尤其是2#山头滑动日趋剧烈。鉴于滑坡位移量变化与降雨关系密切，反应灵敏，一旦再有连续、集中降雨，将引起古滑坡由下而上整体滑动的危险。

6.4 主滑坡稳定性分析

根据主滑坡变形特征，分析可能的滑面有四个（图3）。

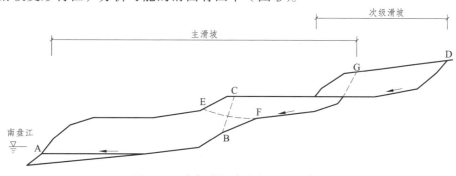

图3 八渡车站滑坡稳定分析示意图

（1）以中线左侧 65 m 裂缝为后缘，滑面 ABC，形成下部滑坡。

（2）下部滑动牵引中部滑动，滑坡后缘在侧沟处，滑面为 ABG。

（3）ABD 滑面连成后为主滑坡。

（4）中后部滑坡自左侧 80～150 m 处剪出，滑面为 EFD。根据极限平衡理反算滑面 c、φ 值，并计算 $K=1.05$ 时出口下滑力为 1 540～2 540 kN。

综合上述分析：古滑坡沿中下部贯通性裂缝处（车站场坪外侧）、沿次级滑坡前缘堑顶裂缝处及沿次级滑坡后缘，都存在滑动可能，而又以沿中下部裂缝滑动的可能性最大。因此，在整治已滑动的次级滑坡的同时，还必须在主体滑坡的中下部增设支挡抗滑工程。检算分析还表明：滑带土 c、φ 值变化，对下滑力和安全系数有很大影响。当 c 值不变，φ 值变化 1 度，下滑力将增减1 000 kN/m，安全系数将变化 0.025。因此，截排地表水、防止地表水下渗、疏干地下水以提高滑带土的 c、φ 值，是整治八渡车站滑坡的重要措施。

7 滑坡整治工程

铁道部组织专家组审查并确定八渡车站滑坡整治工程采用支挡工程结合地表多道截排水沟、地下泄水洞以及平顺坡面恢复植被改善地质环境的综合整治方案。

7.1 支挡工程

支挡工程是八渡滑坡整治的主体工程，分为右侧锚索工程（图4）和左侧锚索桩工程。线路左侧 100 m 处设置第一排锚索桩，共 54 根，桩间距（中—中）为 7 m，桩长 28～50 m，最大桩截面为 2.5 m×3.5 m。线路左侧 170～220 m 处设第二排锚索桩（53 根）及抗滑桩（6 根），桩间距 7 m，桩长 23～55 m。最大桩截面为 2.5 m×4 m。线路右侧设置锚索，2#山头 79 根，3#山头 52 根，最长 40 m。图 5 为锚索桩受力计算示意图。

图 4　线路右侧滑坡中后部路堑边坡支挡工程照片

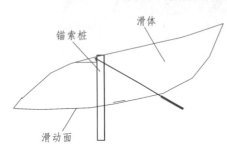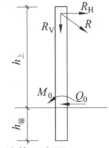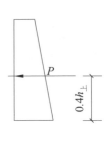

图 5　锚索桩受力计算示意图

7.2　地面排水工程

为迅速排泄滑坡范围的地表水，防止表水下渗，改善滑坡环境，设置地表以三条自然沟为排泄通道的截水排水系统。在滑坡上缘外及滑坡范围内，设置与线路方向大致平行的截、排水沟八道，截排水沟均采用混凝土浇筑。

DK372+905.6 增设 1～1.5 m 钢筋混凝土盖板箱涵，全长 61.36 m。山头间自然沟铺底均采用 30 cm 厚 150 号混凝土、沟边坡均采用 35 cm 厚 50 号浆砌片石进行加固。站坪股道增设股道间纵向盖板排水槽、房屋区排水管沟及货场场坪硬化等设施。

7.3　地下排水工程（泄水洞）

线路右侧泄水洞为"Y"字形，全长 245 m，设于 2#、3#山头之间。泄水洞洞口位于 1 号涵进口，洞口高程 461.88 mm，洞身纵坡 1.5%～21%。线路左侧泄水洞为Ⅱ字形，全长 598.93 m，设于 1 号与 4 号山头之间。洞口高程分别为 408.08 m 及 408.30 m，洞身纵坡为 1.6%～22%。

泄水洞主洞高×宽＝1.7 m×1.4 m（其中线路右侧支泄水洞由洞口至主洞交叉点，长 54 m、高×宽＝1.9 m×1.9 m），采用模注混凝土花边墙衬砌，顶部设渗水竖孔。泄水洞断面图及竣工后照片见图 6。

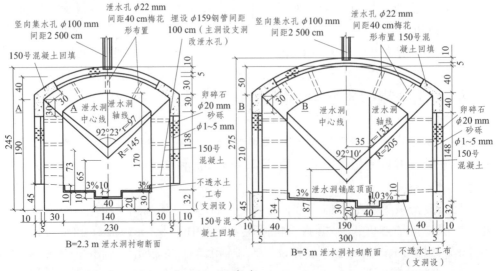

（a）

（b）

图 6　泄水洞断面图及竣工后照片

7.4　其他工程

处于滑坡区的变电所（67 m²）拆迁至 DK373+360 车站广场昆明端。滑坡区内清除弃渣，封闭裂缝，平整压实坡面。要求达到坡面水入沟，坡面土不溜坍，坡面铺（种）草皮绿化。

7.5　建立滑坡保护区

为避免今后滑坡区内人为活动增加对滑坡稳定的不利因素，并考虑到新增工程及平整场地的需要，故将滑坡区高便道以下至线路左侧第二排锚索桩之间划为滑坡保护区均列为新征用地范围。建议工程建筑物之间的空地作为铁路苗圃用地。

工程布置见图 7 滑坡整治工程平面图和图 8 代表性主轴断面图。

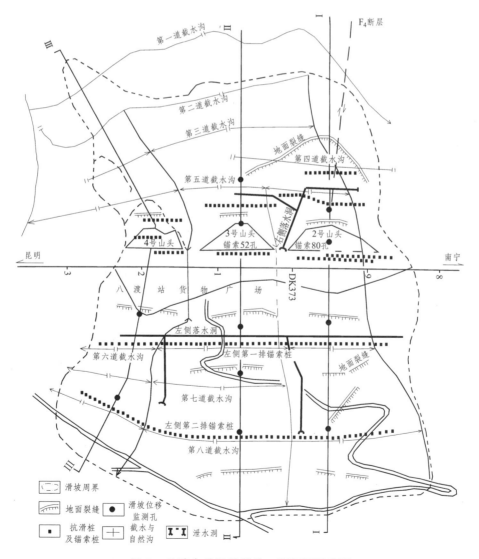

图 7　八渡车站滑坡整治工程平面示意图

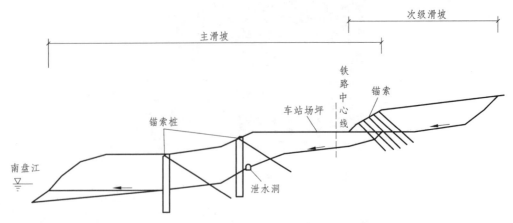

图8　八渡车站滑坡整治工程主轴断面示意图

7.6　现场试验及施工监测

八渡滑坡治理工程锚索桩最大深度达 55 m，锚索最大长度为 75 m，其中富水破碎滑动体的深度达 55 m，施工难度极大，为保证锚索桩和锚索施工能连续、迅速、保质、安全地进行，为此进行了现场工程试验（锚索现场拉拔试验、注浆体强度试验、锚索张拉试验等），并采用多种监测手段（锚索上安装测力计、采用声波孔透法进行桩身混凝土质量检测、深部孔位移监测、建立滑坡区降雨量观测站等）实施工程控制。

8　工程效果

八渡滑坡整治工程自 1997 年 10 月开工，至 1997 年 11 月首先完成右侧 2 号、3 号应急锚索工程，抑制了次级滑坡变形，至 1998 年 1 月完成泄水洞施工，右侧泄水洞水量较小，雨后出水量增加，左侧泄水洞后期稳定排水水量大于 100 t/d，效果明显，施工期间还增加了临时降水孔，对锚索桩的施工创造了有利条件，至 1998 年 7 月完成左侧锚索桩施工全部工程。施工总体上很顺利，部分桩井在滑面附近出现开裂、变形，采用钢管横撑加固，部分锚索孔钻凿困难，但均无废孔。施工中根据桩井揭示滑面及时调整桩长。除第一排 20# ~ 28#桩滑面加深 2 ~ 5 m 外，其余变化均较小，现场变更设计仅增加 C20 桩身钢筋混凝土 123 m³。

施工期间不间断的地表变形和钻孔深部位移监测表明，随着整治工程实施，变形趋于稳定，综合治理取得成效。施工后持续观测表明滑坡已稳定，监测无变形；施工中各种检测和试验表明，工程质量可控且运行良好。

铁道部曾组织有关专家进行整治工程验收，认为八渡滑坡整治工程采用强大的支挡工程结合完整的地上地下排水系统、地面环境治理等综合整治方案是成功的、有效的，符合自然和科学规律，是整治大型滑坡的成功范例，其经验和教训，均值得我们在今后的勘测设计工作中借鉴。

三峡库区重庆市云阳县宝塔滑坡治理

李安洪　李云华

（中铁二院　公司办）

摘　要　宝塔滑坡群是三峡库区滑体体积上亿立方米的特大型滑坡，在对其环境地质条件、滑坡形成机理分析、库区蓄水前稳定性评价基础上，通过对蓄水后不同工况条件下滑坡稳定性进行计算分析、滑坡治理方案比选等工作，提出以地表、地下排水为主，局部设置支挡工程的综合治理方案，治理后的滑坡经受了各种蓄水工况及持续特大暴雨的考验。

关键词　三峡库区　滑坡　抗滑桩　泄水洞　地下排水

1　滑坡概况

　　宝塔滑坡群位于重庆市云阳县宝塔乡境内，地处川江"黄金航道"云阳段北岸，距云阳县城 2 km 左右，宝塔滑坡群是三峡库区 4 个体积上亿立方米的特大型滑坡之一，整体呈近似长方形，南北长 1 800 ~ 2 000 m，东西宽 1 200 ~ 1 500 m，总面积约 2.5 km²，滑体体积约 1.04×10⁸ m³，按其分布高程由高至低，可分为擂鼓台滑坡、桐子林—向家园滑坡和宝塔—鸡扒子滑坡（图 1）。1982 年 7 月，连降暴雨及长江水位急剧上涨，使部分滑坡复活，形成著名的鸡扒子滑坡。前缘约 180×10⁴ m³ 土石滑入长江，造成长江航道淤塞、河床抬高，严重影响长江航行。滑坡造成的直接经济损失 560 余万元，堵塞航道造成的间接经济损失约 50 亿元。

　　1986 年以来宝塔滑坡后缘陆续出现拉张裂缝等新的复活迹象，桐子林－向家园滑坡平台前缘土体出现溜滑，形成杨家凼、下竹儿塘、上石庙溜滑体，并与宝塔滑坡后缘连为一体。1993 年 7 月由于持续暴雨的影响，后缘裂缝进一步扩张贯通，形成长 1 200 m，宽 10 ~ 30 cm，垂直位移 20 ~ 40 cm 的贯通性拉张裂缝，造成新铺子拦山堰拉裂错位，堰底鼓胀而失效，部分房屋拉裂垮塌。三峡库区蓄水以后水位变化及库岸再造等，对宝塔滑坡的稳定性有极大影响，对长江航运及滑坡区 5 000 多人造成了极大的威胁。

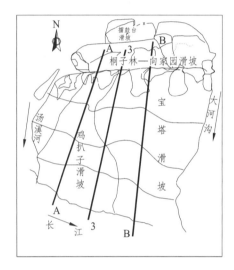

图 1　宝塔—鸡扒子滑坡平面图

2　滑坡环境地质条件

　　滑坡区属亚热带气候区，降雨量充沛，多年平均降雨量为 1 093.9 mm，集中在 5 月至 10 月，常以大雨或暴雨形式出现。

　　滑坡区属低山河谷地貌，滑坡地貌特征明显，呈"圈椅状"（图 2），两侧略高，中部自上而下，坡度由陡变缓，坡向与岩层倾向一致，全区为一面依山，三面临空的单面山景观，在纵向上形成多级台阶，在横向上呈波状起伏，构成复式大斜坡。

　　地层表层覆盖第四系松散堆积物，基岩为侏罗系的泥岩、砂岩。滑坡区位于万县褶皱带东段，故陵向斜北翼，为一单斜构造。

图 2　宝塔—鸡扒子滑坡影像图

　　滑坡区斜坡地形较陡，滑体上纵向沟谷发育，东、南、西三面分别被大河沟、长江和汤溪河深切，形成独立的水文地质单元。

宝塔滑坡中上部地下水位在枯水季节较稳定，在雨季上升幅度在 3 m 之内；滑体中下部受降雨及长江水位变化影响，地下水位变化幅度较大。

3　滑坡勘察

1982～1985 年四川省地质矿产局南江水文地质工程地质队就鸡扒子滑坡开展了初勘和详勘工作，并提出相应的报告；1994～1996 年四川省地质矿产局 101 探矿工程队就宝塔滑坡部分地段开展了整治前期勘察工作及应急防治工程。2001 年，为确保三峡水库蓄水后宝塔滑坡群的稳定，确保滑坡区人民的生命财产安全及长江航道畅通，减少滑坡体对长江三峡水库大坝的淤积，满足滑坡治理工程设计要求，重庆一三六地质队对整个宝塔滑坡群进行了详细勘察。

在宝塔滑坡群地质勘察中，采用钻探、6 个槽探、1 个井探、物探等多种手段、方法相结合的地质综合勘探，并进行野外大面积直剪试验、抽水试验，建立并开展地面裂缝点动态观测、地表水文点及钻孔地下水位动态观测。共完成钻探 96 孔 5 053 m，探井 14 个 78 m，槽探 26 个、坑探 21 个，大剪试验 11 组。完成 1/1 000 地形测量 4.2 km²，1/1 000 滑坡轴剖面 11 个，1/10 000 水文地质及工程地质测绘 20 km²。

根据南江队初勘从石板沟取原状滑带土、重庆一三六地质队详勘在探井中取的原状土及钻孔取滑体（带）土进行室内物理力学试验，宝塔一鸡扒子滑坡滑带土原状样的抗剪指标如表 1 所示。

表 1　宝塔一鸡扒子滑坡滑带土抗剪强度指标

资料来源		天然状态				饱水状态				备注
		峰　值		残余值		峰　值		残余值		
		c_f/kPa	φ_f/(°)	c_r/kPa	φ_r/(°)	c_f/kPa	φ_f/(°)	c_r/kPa	φ_r/(°)	
南江队	原状	66	18°19′	50	16°18′	45	15°29′	33	10°39′	9 组样平均值
	扰动	112	23°51′	81	21°06′	22	10°42′	18	8°24′	6 组样平均值
一三六队	室内	61.14	14°31′	46.5	11°07′	36.43	11°06′	24.29	8°30′	鸡扒子平均值
		62.37	17°53′	43.10	13°41′	36.5	13°16′	25.30	9°47′	宝塔平均值
	现场大剪	37.0	18°19′							试验值
		7.5	13°16′							
		41.0	15°28′							
		24.5	14°53′							

4　滑坡类型、性质、形成机理分析、稳定性评价及发展趋势预测

宝塔一鸡扒子滑坡是斜坡表层岩体滑移～弯曲变形长期发展的结果。本区出露的软硬相间的砂岩、泥岩互层，在构造变动中产生层间错动，泥岩被挤压，形成了软弱结构面。加之风化和地下水的作用，逐渐变为泥化夹层，在滑移～弯曲变形演化过程中形成滑移面。

区内岩层产状倾向坡外，倾角上陡下缓，呈"靠椅状"，且前缘临空，有利于岩体滑移～弯曲变形的发展。区内裂隙将岩层切割成块体，有利于降水渗入和风化作用的进行。滑坡区东西两侧分别被大河沟和汤溪河切割，斜坡脚（滑坡前缘）被长江深切，形成临空面。这种一面依山三面临空的斜坡地貌不仅有利于斜坡的形成，而且限制了滑坡的边界和形态。

1982 年 7 月宝塔滑坡部分复活，形成鸡扒子滑坡。这次灾害性事件的直接原因，应归于特大暴雨引起滑坡后缘局部滑塌所造成的石板沟被堵塞以及随之而来的地表天然排水系统失效。暴雨期间，滑坡前缘长江水位迅速上涨，后缘石板沟被堵塞后上游积水成库，大量地表水渗入滑体，使滑带土饱水，强度大幅度下降，滑体内地下水位迅速升高，形成异常高的动水压力和静水浮托力，造成宝塔滑坡局部复活，形成鸡扒子滑坡。

从 1986 年雨季起，在宝塔滑坡后缘下出现一条近东西走向的裂缝，到 1993 年 7 月一场暴雨后，发展成为长 1 200 多米，宽 200～500 mm，相对垂直位移达 300～700 mm 的主环形裂缝。以后每年雨季被填平的裂缝均会出现，且在滑坡上部地段还出现多条次级裂缝。裂缝所经之处，地面开裂、下沉，临近房屋、水塘变形、开裂、破坏。

从滑坡变形迹象可以看出，滑坡后缘以拉张为主，并在滑体两侧形成剪切面，滑体复活变形位移显著；后缘拉裂缝多产生于滑坡松散堆积物与基岩相接触部位；变形迹象多发生在雨季，降雨集中年份裂缝扩张显著。表明宝塔—鸡扒子滑坡目前仍在缓慢蠕动。

三峡水库蓄水后，滑坡前缘部分将处于库水位以下。受库水位影响，前缘土体受库水浮托作用，抗滑力减小；库水位下降，出现较大的动水压力，使下滑力增大；同时，库岸再造对滑坡稳定性也有一定影响。库水位的涨落将对岸坡产生冲刷、浪蚀等作用，形成再生库岸。因此，在稳定性计算中，考虑降雨条件、滑坡后缘加载、地下水位、库水位周期涨落及坍岸等因素变化对滑坡稳定性的影响，按九种工况进行稳定性分析。

通过三条主轴剖面及七条辅助剖面的稳定性计算，得出如下结论：在天然状态下，滑坡目前处于稳定状态；长期降雨或暴雨条件下，滑坡仍在缓慢蠕动，处于临界稳定状态；一旦排水系统破坏，滑坡很可能复活。三峡库区蓄水后，在天然状态下，滑坡处于稳定状态；暴雨或长期降雨、现有排水系统正常（未设置地下排水工程）工作条件下，鸡扒子滑坡处于不稳定状态，宝塔滑坡处于临界稳定状态；设置地下排水工程后，滑坡基本稳定，但滑坡稳定系数在个别剖面小于1.05，不满足稳定安全系数的要求，现有排水系统失效、后缘溜滑体复活条件下，鸡扒子与宝塔滑坡处于不稳定状态。

5　滑坡稳定性分析

稳定性计算中，考虑降雨条件、滑坡后缘加载、地下水位、库水位周期涨落及坍岸等因素变化对滑坡稳定性的影响，按9种工况进行稳定性分析。各具体工况如下：

Ⅰ——天然状态，正常降雨，无加载，低水位；

Ⅱ——暴雨或长期降雨，现有排水系统正常工作，无加载（长江水位按135 m）；

Ⅲ——暴雨或长期降雨，现有排水系统失效，无加载（长江水位按135 m）；

Ⅳ——暴雨或长期降雨，现有排水系统正常工作，加载（后缘溜滑体复活，长江水位按135 m）；

Ⅴ——暴雨或长期降雨，现有排水系统失效，加载（后缘溜滑体复活，长江水位按135 m）；

Ⅵ——天然状态，正常降雨，水位在175 m，无加载，前缘坍岸；

Ⅶ——天然状态，正常降雨，水位由库区正常蓄水位175 m骤降至库区汛限水位145 m或水位由库区初期正常蓄水位156 m骤降至初期汛限135 m，无加载，前缘坍岸；

Ⅷ——暴雨或长期降雨，水位由库区正常蓄水位175 m骤降至库区汛限水位145 m或初期正常蓄水位156 m骤降至初期汛限水位135 m，无加载，前缘坍岸；

Ⅸ——暴雨或长期降雨，水位由库区正常蓄水位175 m骤降至库区汛限水位145 m或初期正常蓄水位156 m骤降至初期汛限水位135 m，现有排水系统失效，加载（后缘溜滑体复活），前缘坍岸。

计算中，水位由高水位骤降至低水位时，考虑动水压力的影响；滑体后缘排水系统失效时，考虑动水压力的影响；长期浸泡于水面以下的滑体考虑浮托力的影响。暴雨或长期降雨，滑面的力学指标采用饱水状态下的残余值，排水系统正常工作情况下，滑体采用天然容重，排水系统失效时，采用饱和容重。天然状态，旱季，滑体采用天然容重，滑面力学指标采用天然状态下的残余值。

就各种工况条件下，各计算剖面在暴雨或长期降雨、三峡库水位、动水压力、库岸再造、滑坡后缘加载等因素影响下滑坡的稳定计算、评价。

根据各种不利因素，按照可能同时发生的条件，模拟出9种工况，未采取地下排水工程前稳定性计算结果见表2：

表 2　不同条件组合情况下稳定系数

模拟工况	稳定系数								
	计算剖面								
	$A—A'$	$1—1'$	$2—2'$	$3—3'$	$B—B'$	$C—C'$	$4—4'$	$5—5'$	$6—6'$
I	1.487	1.521	1.391	1.388	1.378	1.396	1.507 8	1.488 4	1.400
II	1.027 1	1.269 7	0.987	0.976	1.069 6	1.084 0	1.091 9	1.163	1.086 9
III	0.970				0.976 4	0.968 5	0.938 7	1.063 2	0.974 2
IV	0.991 4				1.010 3	1.004 2			1.016 4
V	0.945				0.982 5	0.964 7			1.001 1
VI	1.276	1.244	1.188	1.208	1.171 3	1.188 5	1.224 7	1.284 3	1.204 7
VII	1.244	1.203	1.157	1.188	1.156 7	1.148 2	1.206 3	1.247 8	1.183 2
VIII	1.013 7	1.120 8	0.970 1	0.970 2	1.006 1	1.035 5	1.000 9	1.117 1	1.055 5
IX	0.941				0.960	0.978 7			0.998 6

根据上述计算结果，各计算剖面在未采取地下排水工程，暴雨及库水位影响下，稳定系数为0.97～1.117 1，处于临界不稳定，后缘加载时，滑体处于不稳定。

滑坡稳定性计算结果表明，在三峡库区蓄水以前，旱季鸡扒子与宝塔滑坡稳定系数均大于1.3；暴雨或长期降雨、现有排水系统正常工作条件下，鸡扒子滑坡稳定系数为0.979～1.269 7，处于极限平衡状态；宝塔滑坡稳定系数为1.069 6～1.163，处于稳定状态。现有排水系统失效、后缘溜滑体复活条件下，鸡扒子与宝塔滑坡稳定系数均小于1.0，处于不稳定状态。

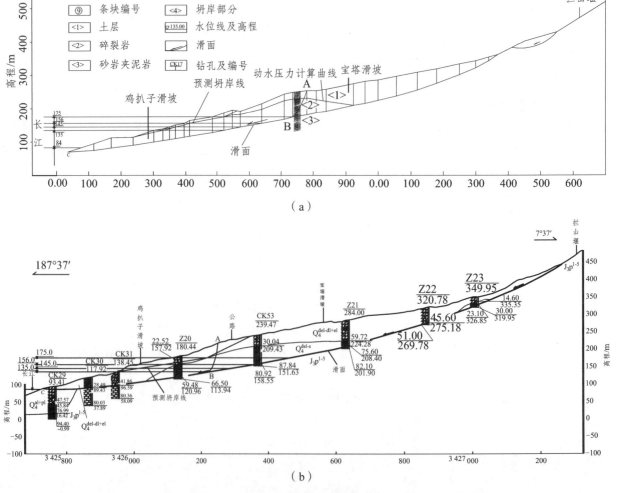

图 3　宝塔滑坡主轴断面

  三峡库区蓄水以后，在旱季，无论在 175 m 高水位、还是由库区正常蓄水位 175 m 骤降至库区汛限水位 145 m 或水位由库区初期正常蓄水位 156 m 骤降至初期汛限水位 135 m，鸡扒子与宝塔滑坡稳定系数均大于 1.1。暴雨或长期降雨、现有排水系统正常（未设置地下排水工程）工作条件下，鸡扒子—宝塔滑坡稳定系数为 0.970 1～1.191 7，鸡扒子滑坡处于不稳定状态，宝塔滑坡处于临界不稳定状态；设置地下排水工程后，稳定系数提高到 1.037 4～1.167。现有排水系统失效、后缘溜滑体复活条件下，鸡扒子与宝塔滑坡稳定系数均小于 1.0，处于不稳定状态。

  通过对宝塔鸡扒子滑坡前缘（2～2′剖面，3～3′剖面，4～4′剖面中 ABC 段，见图 3）稳定性计算分析，第Ⅷ种工况时，3～3′剖面稳定性系数仅为 1.014 5，处于临界稳定状态，因此鸡扒子滑坡前缘增设支挡工程非常必要。

6 滑坡防治方案比选

  根据稳定性分析，影响宝塔滑坡稳定性的主要因素为三峡库水位升降、暴雨或长期降雨、后缘溜滑体下滑加载。因此，宝塔-鸡扒子滑坡治理工程设计宜采取以地表、地下排水为主，局部设置支挡工程的综合治理措施，通过分期实施，使工程达到安全可靠、经济合理。

  方案一：

  ① 修复完善地表排水系统；

  ② 在滑坡中部及中后部设置两道泄水洞，泄水洞总长为 1 900 m，在泄水洞顶部设集水孔和集水井；

  ③ 鸡扒子前缘设置一排埋式抗滑桩；

  ④ 宝塔滑坡后缘杨家淌溜滑体设置一排抗滑桩。

  方案二：

  将方案一中地下排水工程泄水洞改为集水井群。

  方案三：

  ① 修复完善地表排水系统；

  ② 鸡扒子前缘设置两排埋式抗滑桩、宝塔前缘设置一排埋式抗滑桩；

  ③ 宝塔滑坡后缘杨家淌溜滑体设置一排抗滑桩。

  由于方案三无地下排水工程，三峡水库蓄水后不利条件下其滑坡推力远大于方案一和方案二，因此抗滑桩工程数量巨大，工程投资较方案一和方案二增加一倍以上。

  方案二的集水井群较方案一的泄水洞投资多 515 万元，且施工干扰大，需配备常年抽水设备、排水效果不如泄水洞，因此确定方案一为推荐方案。

7 主要工程措施

  （1）修复完善地表排水系统

  加固、修复已破坏既有地表排水沟；将原有地表未作加固处理的天然排水系统疏通后用浆砌条石加固、勾缝、混凝土铺砌；有针对性地新设 5 条横向截水沟。

  （2）在滑坡中部及中后部设置 2 道地下泄水洞（图 4），泄水洞总长为 1 883 m；在泄水洞顶部设集水孔和集水井。第一道泄水洞设置高程为 220～240 m、洞长 1 320 m，第二道泄水洞设置高程在 280～300 m、泄水洞长 563 m。

  在泄水洞顶部设集水孔和集水井。集水孔间距为 50 m，孔径 150 mm；集水井间距为 150～200 m，内径 1.5 m，在井底滑带附近设置上仰 5～15°平式排水孔，孔径 130 mm，孔深 40 m。

  （3）鸡扒子前缘设置一排埋式抗滑桩。

  ① 鸡扒子前缘 1—1′～2—2′剖面间 Ⅰ—Ⅰ 剖面长 165 m 范围，地面高程 162～168 m 处设置一排埋式抗滑桩（图 5），共 24 根，桩长 30 m，桩间距均为 7.0 m，桩截面 2 m×3.5 m。

  ② 鸡扒子前缘 2—2′～4—4′剖面间 Ⅱ—Ⅱ 剖面长 170 m 范围，地面高程 135～137 m 处设置一

排埋式抗滑桩，共 25 根，桩长 45～55 m，桩间距均为 7.0 m，桩截面为 2.5 m×3.75 m、2.75 m×4.5 m、2.75 m×4.75 m、3 m×5 m 四种。

（4）宝塔滑坡后缘杨家淌溜滑体中部设置 18 根抗滑桩，桩截面为：2.0 m×3.5 m，桩长 23.5 m，桩间距 6 m。

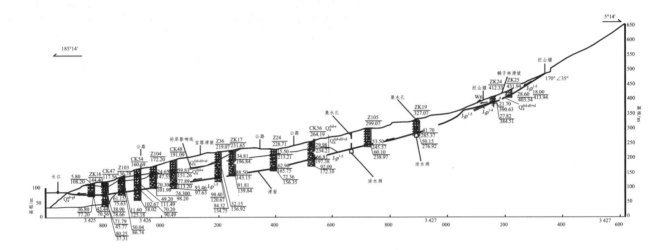

图 4　宝塔滑坡工程布置剖面图（一）

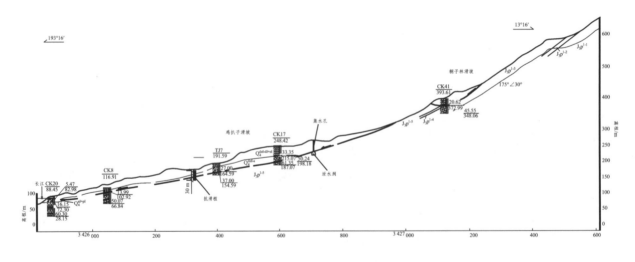

图 5　宝塔滑坡工程布置剖面图（二）

8　防治效果分析

　　云阳县宝塔滑坡群防治工程分两期进行整治。一期工程主要有：地表排水工程、鸡扒子前缘抗滑桩工程。二期工程主要为：地下泄水洞等地下排水工程、滑坡体后缘溜滑体抗滑桩工程。

　　一期工程主要完善地表排水系统和鸡扒子滑坡前缘抗滑桩工程，已于 2004 年蓄水至 135 m 前全部完工；二期工程后缘杨家淌抗滑桩工程已于 2006 年 11 月完工，两道泄水洞及集水井和集水孔等地下排水工程于 2009 年 4 月全部竣工，并于 2010 年 3 月通过验收。

　　据监测，在施工前期，上部泄水洞出水量较大，可达 20 m³/h，滑体中地下水被大量排出。两道泄水洞竣工后出水量已较前期减小。在旱季，泄水洞的出水量约为 5 m³/h，水量稳定，降雨后水量明显增大。迄今为止，三峡最高蓄水高度达 172.8 m，滑坡稳定，防治工程经受住了各种蓄水工况及持续特大暴雨的考验，滑坡保持稳定。

三峡库区武隆县政府滑坡治理

邱永平 李安洪 李海光 冯俊德 褚宇光

（中铁二院 土建一院）

摘　要　武隆县政府滑坡是三峡库区地质灾害整治工程规模最大的滑坡。滑坡为多级深层岩质滑坡，形态复杂，整体上可划分为五个区域，各区域稳定程度不同。滑坡推力巨大，设计采用了多排、埋入式抗滑桩方案，通过数值分析研究了多排桩的推力分布规律，以及斜撑桩的受力特征，从而优化设计，节约投资约 1/3。取得较好的经济效益和社会效益。

关键词　武隆滑坡　三峡库区　多排桩　斜撑桩

1 滑坡概况

武隆县政府滑坡位于重庆市武隆县新县城乌江北岸巷口镇，下临乌江及 319 国道，滑坡区宽约 800 m，主轴长约 460 m，前缘高程 173 m，后缘高程 305 m，总面积约 $27.2 \times 10^4 \text{m}^2$，厚 15～35 m，体积约 $585.5 \times 10^4 \text{m}^3$。县政府、国土局、移民局、县建委行政办公大楼、实验小学、中国人民银行、中国建设银行、新时代广场均处于该滑坡滑体上，为当地政治经济商业中心，涉及 8 058 人，同时威胁 319 国道、乌江航道的安全通行。该滑坡的整体危害程度等级定为 I 级。

滑坡区所处地貌属中低山侵蚀地貌区，处于乌江河流右侧岸坡、南溪沟西侧的谷坡之上，为 1.0～7.0 m 不等的陡坎与相对平缓的斜坡组成的斜坡体，地形整体向乌江及南溪沟倾斜，地面坡度 12°～17°，局部为 5°～10°。滑坡后壁为陡坡地形，坡度为 30°～90°。整个滑坡区平面上呈不规则的扇形，后缘圈椅状滑坡壁陡坎之下有不规则的缓坡平台分布，前缘下临乌江及南溪沟。由于该滑坡是多级次深层岩质滑坡，年代久远，先发生的滑坡往往被后发生的滑坡挤压覆盖，加之经历了规模较大的人类工程活动改造，故滑坡中下部形态及边界多不清晰。

滑体表层由滑坡堆积的粉质黏土、块石土、碎石土等松散物质组成，其下为滑动岩块，呈块石状或巨块状，石质以砂岩为主，部分滑动岩块体积巨大，仍保持母岩的结构构造，状如基岩岩体。滑动岩块是组成滑体的主要物质，厚度为 15～35 m。滑带以粉质黏土、黏土为主，呈软塑状～硬塑状态，局部流塑状含页岩及煤线、砂质页岩、砂岩角砾碎石，含量约 5%～20%，滑带厚度变化较大，一般为 0.5～3.5 m，总体呈现出中、前部滑带厚度大且清晰，后部滑带厚度小且不明显的特点。滑床均为长石石英砂岩、页岩。岩体裂隙极为发育，滑床形态中后部稍陡，分别向乌江和南溪沟倾斜。

结合现场地形地貌、航片判释和钻探揭示情况，将滑坡区划分为分区逐次下滑的五个区：I区、III区滑坡先后下滑，II区滑坡受III区牵引发生滑动，V区为I区、II区、III区下滑时受牵引作用而引起的层间错动区，IV区则是受I区滑坡下滑的牵引作用而形成的次一级滑坡。五个区之间相互影响，互为因果，一旦一个区失稳，其余各区均可能直接或间接受到影响。各区分布见图1、图2。

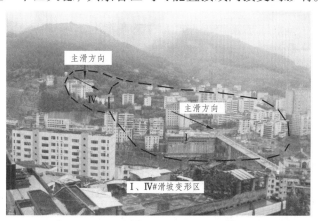

图 1　滑坡 I、IV 区地形全貌

图 2　滑坡Ⅱ、Ⅲ、Ⅴ区地形全貌

该区气候属中亚热带湿润季风气候类型，多年平均降水量为 1 111.1 mm，5 年一遇暴雨为 119.6 mm/d，50 年一遇暴雨为 189.4 mm/d。境内河流均属乌江水系，乌江枯水位为 170 m，50 年一遇洪水位为 206 m，百年一遇洪水位为 208 m，滑坡边缘南溪沟中枯水季节无水，在雨季水量较大。地下水主要为松散层孔隙水和基岩裂隙水。滑体的渗透性较好，加之下临乌江河谷及南溪沟谷，排泄条件好，地下水不易滞留，含水量少。地下水位埋深大且变化大，一般为 13～36 m。基岩裂隙水主要赋存于砂岩中，主要由大气降雨补给，最终排泄到滑体前缘的乌江及南溪沟。地震动峰值加速度值为 <0.05 g，地震动反映谱特征周期 0.35 s。

2　滑坡稳定性评价

2.1　计算工况

根据《三峡库区三期地质灾害防治工程设计技术要求》（以下称《技术要求》），拟定 5 个计算工况。各具体工况及荷载组合如下：

涉水滑坡（Ⅰ区）：

工况 1——自重+地表荷载+水库坝前水位 175 m+非汛期 50 年一遇暴雨（$q_枯$）（182.7 m）；

工况 2——自重+地表荷载+水库坝前水位 162 m+汛期 50 年一遇暴雨（$q_全$）（210 m）；

工况 3——自重+地表荷载+水库坝前水位从 175 m 降至 145+非汛期 50 年一遇暴雨（$q_枯$）（182.7 降至 170 m 常水位）；

工况 4——自重+地表荷载+水库坝前水位从 162 m 降至 145+汛期 50 年一遇暴雨（$q_全$）（210 降至 170 m 常水位）

非涉水滑坡（Ⅱ、Ⅲ、Ⅳ、Ⅴ区）：

工况 5——自重+地表荷载+50 年一遇暴雨（$q_全$）。

计算中，水位由高水位降至低水位时，考虑动水压力的影响；浸泡于水面以下的滑体考虑饱和容重及浮托力的影响。

2.2　防治工程设计荷载组合及设计标准

根据《技术要求》，滑坡整体Ⅰ、Ⅲ、Ⅳ区危害程度等级定为Ⅰ级，Ⅱ区危害程度等级定为Ⅱ级，Ⅴ区危害程度等级定为Ⅲ级。不同危害程度等级采用不同的安全系数。

防治工程设计荷载组合及设计标准如表 1 所示：

表 1　设计荷载组合及抗滑稳定安全系数表

涉水或非涉水工程	工况编号	最小安全系数			
		Ⅰ区	Ⅲ、Ⅳ区	Ⅱ区	Ⅴ区
涉水工程	1	1.25			
	2	1.25			
	3	1.20			
	4	1.20			
非涉水工程	5		1.2	1.15	1.1

2.3 滑体土重度

计算采用的滑体土重度值见表2。

表2 滑体土重度值（kN/m³）

分区	分类	天然重度	饱和重度	浮重度
Ⅰ、Ⅱ、Ⅲ、Ⅳ、Ⅴ	粉质黏土	19.42	19.92	9.92
	滑动岩块	23.6	24.1	14.1
	块碎石土	21.8	22.3	12.3

2.4 滑带土 c、φ 值

计算采用的滑带土 c、φ 值见表3。

表3 滑带土抗剪强度指标值

分区	天然状态		饱和状态	
	c/kPa	φ/（°）	c/kPa	φ/（°）
Ⅰ区	14.08	16.9	12.64	13.93
Ⅱ区	15.33	12.27	11.46	10.61
Ⅲ区	16.49	10.62	11.12	9.12
Ⅳ区	14.3	16.8	12.9	14.38
Ⅴ区	14.74	20.25	12.17	17.7

2.5 稳定性计算

稳定性及推力计算方法采用传递系数法。对各种工况下滑坡各剖面的稳定系数进行计算，稳定状态的判断标准：$K<1.0$，不稳定；$1.0 \leqslant K < 1.05$，欠稳定；$1.05 \leqslant K$，基本稳定。计算结果见表4、表5。

表4 Ⅰ区稳定性计算结果

Ⅰ区乌江洪水位影响下各剖面稳定系数							
剖面编号	工况	稳定系数	稳定状态	剖面编号	工况	稳定系数	稳定状态
3—3	工况1	1.232 2	基本稳定	18—18	工况1	1.0612	基本稳定
	工况2	1.094 3	基本稳定		工况2	1.0479	欠稳定
	工况3				工况3	1.0647	基本稳定
	工况4	1.15	基本稳定		工况4	1.0171	欠稳定
19—19	工况1	1.138 9	基本稳定	1—1	工况1	1.0432	欠稳定
	工况2	1.091 1	基本稳定		工况2	1.0135	欠稳定
	工况3				工况3	1.0521	基本稳定
	工况4	1.089 9	基本稳定		工况4	1.0062	欠稳定
2—2	工况1	1.091 4	基本稳定	9—9	工况1	1.0065	欠稳定
	工况2	1.084 2	基本稳定		工况2	1.0093	欠稳定
	工况3	1.096 1	基本稳定		工况3		
	工况4	1.054 6	基本稳定		工况4	1.0033	欠稳定

表5　Ⅰ、Ⅲ、Ⅳ、Ⅴ区稳定性计算结果

非涉水滑面稳定性计算结果						
分区	剖面编号	工况5		分区	剖面编号	工况5	
		稳定系数	稳定状态			稳定系数	稳定状态
Ⅱ区	25—25	1.199 7	稳定	Ⅲ区	23—23	1.085 3	基本稳定
	8—8	1.299	稳定		5—5	1.072 7	基本稳定
	24—24	1.248 4	稳定		22—22	1.047 9	欠稳定
	7—7	1.050 2	基本稳定		11—11	1.008 7	欠稳定
	7—7回填反压后	1.176 8	稳定	Ⅴ区	22—22	1.313 2	稳定
Ⅳ区	9—9	1.142 7	基本稳定	Ⅴ区	11—11	1.387 7	稳定
	17—17	1.081 6	基本稳定		3—3	1.179 7	稳定

结果表明，天然状态工况时，各区均处于稳定状态。暴雨及长期降雨条件下，Ⅱ区、Ⅳ区处于基本稳定状态至稳定状态，Ⅲ区处于欠稳定状态至基本稳定状态。Ⅴ区处于稳定状态。Ⅳ区、Ⅴ区及Ⅱ区靠南溪沟上游部分稳定程度相对较高。

受洪水影响的主要为滑坡的Ⅰ区。乌江洪水期间，在高水位、低水位、暴雨及长期降雨条件下并受洪水位及涨落下降的影响，滑坡处于欠稳定状态至基本稳定状态。

由于乌江的长期侧蚀及洪水涨落的影响，滑坡Ⅰ区部分地段将产生新的岸坡稳定角，滑坡前缘发生崩塌、垮塌，一定程度上影响滑坡的稳定程度。因此对滑坡前缘进行岸坡防护意义十分重要。

2.6　推力计算

滑坡推力计算采用传递系数法，计算公式见《技术要求》或《铁路路基支挡结构设计规范》，滑坡推力计算结果见表6、表7以及图3~图8。

表6　非涉水Ⅱ-Ⅴ区滑坡推力计算结果

非涉水滑面稳定性计算结果						
分区	剖面编号	工况5		分区	剖面编号	工况5	
		稳定系数	剩余推力/kN			稳定系数	剩余推力/kN
Ⅱ区	25—25	1.199 7		Ⅲ区	23—23	1.085 3	1 414
	8—8	1.299			5—5	1.072 7	2 163
	24—24	1.248 4			22—22	1.047 9	1 760
	7—7	1.050 2	2 659		11—11	1.008 7	2 415
	7—7回填反压后	1.176 8			22—22	1.313 2	
Ⅳ区	9—9	1.142 7	955	Ⅴ区	11—11	1.387 7	
	17—17	1.081 6	2 171		3—3	1.179 7	

表7　涉水Ⅰ区滑坡推力计算结果

乌江洪水位影响下各剖面的剩余推力									
剖面编号	工况	稳定系数	剩余推力/kN	减载后稳定系数	减载后剩余推力/kN	剖面编号	工况	稳定系数	剩余推力/kN	减载后稳定系数	减载后剩余推力/kN
3—3	工况1	1.232 2	508			18—18	工况1	1.061 2	11 259	1.078 7	9 242
	工况2	1.094 3	4 422				工况2	1.047 9	11 710	1.064 6	9 693
	工况3						工况3	1.064 7	8 102	1.082 5	6 368
	工况4	1.15	1 426				工况4	1.017 1	11 168	1.029 6	9 434

续表

剖面编号	工况	稳定系数	剩余推力/kN	减载后稳定系数	减载后剩余推力/kN	剖面编号	工况	稳定系数	剩余推力/kN	减载后稳定系数	减载后剩余推力/kN
乌江洪水位影响下各剖面的剩余推力											
19—19	工况1	1.138 9	3 584			1—1	工况1	1.043 2	10 496	1.081 6	7 416
	工况2	1.091 1	4 993				工况2	1.013 5	11 734	1.048 2	8 655
	工况3						工况3	1.052 1	7 541	1.091 6	4 798
	工况4	1.089 9	3 560				工况4	1.006 2	10 016	1.038 2	7 273
2—2	工况1	1.091 4	7 536	1.1085	6144	9—9	工况1	1.006 5	3 469		
	工况2	1.084 2	7 548	1.1015	6157		工况2	1.009 3	3 045		
	工况3	1.096 1	4 954	1.1137	3765		工况3				
	工况4	1.054 6	6 974	1.0682	5786		工况4	1.003 3	2 802		

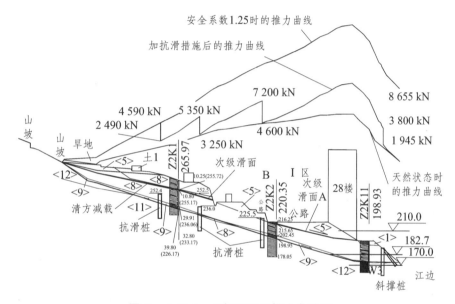

图3 Ⅰ区1—1′断面图及推力曲线图

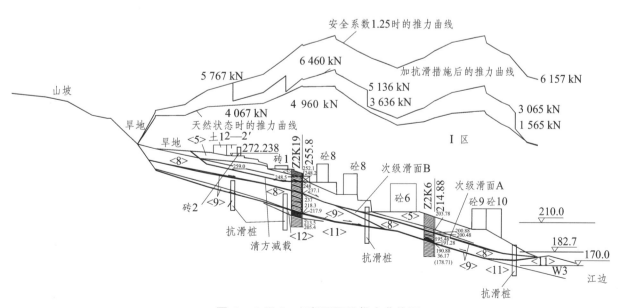

图4 Ⅰ区2—2′断面图及推力曲线图

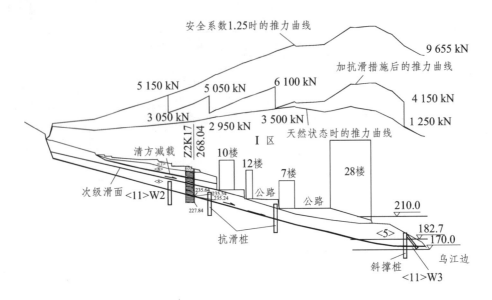

图5　Ⅰ区18—18′断面图及推力曲线图

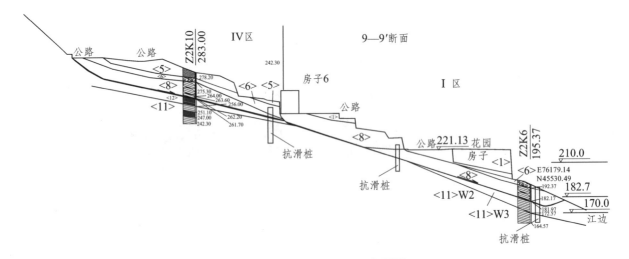

图6　Ⅰ区、Ⅳ区9—9′断面图

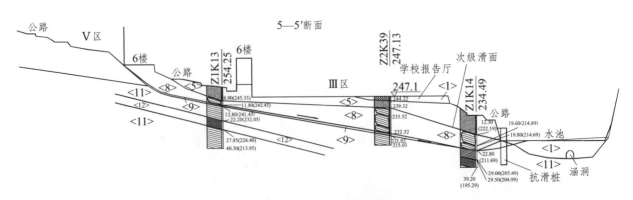

图7　Ⅲ区5—5′断面图

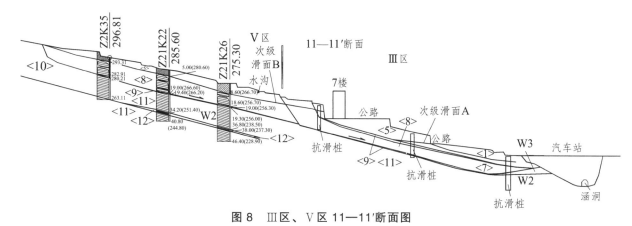

图 8　Ⅲ区、Ⅴ区 11—11′断面图

计算结果表明，Ⅰ区滑坡主轴 18—18′在工况 2 时出现最大出口推力 9 693 kN，Ⅱ区滑坡主轴 7—7′出口推力最大为 2 659 kN，Ⅲ区滑坡主轴 11—11′出口推力最大为 2 415 kN，Ⅳ区滑坡主轴 17—17′出口推力最大为 2 171 kN。需设置抗滑支挡措施。

3　滑坡整治工程设计

3.1　工程布置

（1）Ⅰ区：

技术方案：斜撑桩+抗滑键+抗滑桩+锚杆框架梁+河岸防护+清方减载+地表排水。

滑体前缘采用一排抗滑桩和斜撑桩加固，桩间距 6 m，截面尺寸为 2.5 m×3.5 m、2.5 m×4 m，长 26～34 m，斜撑截面尺寸为 2 m×2 m，长 26～28 m，斜撑底端采用扩大基础，截面尺寸 3 m×3 m、3.5 m×3.5 m。

滑体中部采用 1 排抗滑桩加固，截面尺寸为 2 m×3 m、2.5 m×3.5 m、2.5 m×4 m、3 m×4 m，长 21～34 m，桩间距 6 m，用于加固主滑面的同时，兼顾潜在次级滑面加固。

滑体中后部设置 2 排抗滑键加固，尺寸为 2.5 m×4 m×28 m，桩间距 6 m，抗滑键顶面设置在滑面以上约 10～12 m，抗滑键以上至地面部分采用空桩开挖，抗滑键施工完成后，对空桩部分回填夯实。

对国土局前、县政府前侧、县政府后侧地表陡坎采用锚杆框架梁防护，锚杆长 4～17 m。人大宿舍楼前地表陡坎采用抗滑桩加固，桩尺寸为 1.5 m×2 m×17 m，桩间距 6 m。

本区前缘受乌江水位影响地段，按 50 年一遇洪水位标准设置浆砌片石护坡。

按 50 年一遇暴雨重现期设置地表排水工程，包括于滑坡区中、上部设置地表截水沟。滑坡上缘清方减载。

（2）Ⅱ区：

技术方案：钢筋混凝土拱涵+局部滑体前缘回填反压+地表排水。

南溪沟上设置钢筋混凝土拱涵与既有过水涵洞顺接，滑体前缘采用Ⅰ区上部清方减载和挖桩弃渣回填反压，回填土体顶面标高约 247.5 m。经检算，采用回填反压后该区稳定系数满足要求。按 20 年一遇暴雨重现期设置地表排水工程，于滑坡区中、上部设置地表截水沟。

（3）Ⅲ区：

技术方案：抗滑桩+地表排水。

滑体前缘设置一排抗滑桩，桩间距 6 m，截面尺为 2.5 m×3.5 m、2.5 m×4 m，长 21～28 m。按 50 年一遇暴雨重现期设置地表排水工程，于滑坡区上部设置地表截水沟。

对希望小学后部高切坡采用一排抗滑桩加固，桩间距为 6 m，截面尺寸 2.5 m×4 m，长 15～19 m，希望小学前部次级滑坡采用一排抗滑桩加固，桩间距为 6 m，截面尺寸 2 m×2.5 m，长 19 m。

（4）Ⅳ区：

技术方案：抗滑桩+锚杆框架梁+地表排水。

滑体中前部设置 1 排抗滑桩，尺寸 2.5 m×4 m×28 m，桩间距为 6 m。后部高切坡变形开裂地段，采用抗滑桩和锚索框架梁加固，桩尺寸 1.75 m×2 m×17.5 m，桩间距为 6 m。锚索长 10～16 m。按 50 年一遇暴雨重现期设置地表排水工程，于滑坡区中、上部设置地表截水沟，将地表水引出滑坡区域外。

（5）V 区：地表排水。

技术方案：按 10 年一遇暴雨重现期设置地表排水工程，于滑坡区上部设置地表截水沟，将地表水引出滑坡区域外。

工程共设置了 281 根抗滑桩，斜撑 15 根，锚索 52 根，锚杆 678 根。

3.2 多排桩设计

本工程滑坡推力巨大，采用了多排桩进行滑坡加固，多排桩滑坡推力承担分配见表 8。

表 8　各剖面抗滑桩尺寸、位置及推力分配表

分区	剖面编号	设计推力	桩排数	自上而下每排桩设计推力	桩尺寸/m³
I 区	9	3 469	2	1 000	2×3×21
				2 469	斜撑桩
	1	9 655	4	2 200	2.5×4×28
				2 200	2.5×4×28
				1 800	3×4×34
				2 455	斜撑桩
	18	9 693	4	2 200	2.5×4×28
				2 200	2.5×4×28
				1 800	3×4×34
				3 500	斜撑桩
	2	6 157	4	1 700	2.5×4×28
				1 500	2.5×4×28
				1 500	2.5×4×34
				1 500	2.5×4×28
	19	4 993	4	1 500	2.5×4×28
				1 500	2.5×4×28
				1 500	2.5×4×34
				500	2×3×22
	3	4 422	3	1 500	2.5×4×34
				1 500	2.5×4×34
				1 500	2.5×4×34
III 区	11	2 415	1	2 415	2.5×3.5×21
	22	1 760	1	1 760	2.5×4×28
	5	2 160	1	2 160	2.5×4×27
	23	1 420	1	1 420	2.5×3.5×26
IV 区	17	2 171	1	2 200	2.5×4×28
	9	955	1	955	2.5×4×28

　　为进一步分析、验证多排抗滑桩中各排桩承担的滑坡推力分配规律，合理确定排桩间距、桩长和埋入式抗滑桩结构内力，在常规计算方法基础上，补充进行有限元强度折减法计算分析。得到了多排埋入式抗滑桩上的推力大小和分布，使得桩的长度和截面尺寸、钢筋用量与全长桩相比大大减少，和全长桩相比节省投资 1/3 左右。

　　计算分析选取Ⅰ区 1—1、2—2、18—18、19—19 共四个剖面，分别对无水、有水和水位降落等工况条件下，设桩前后的滑坡推力进行了大量的计算分析，见图 9～图 11 所示。

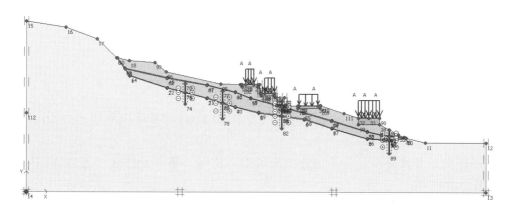

图 9　2—2 计算剖面

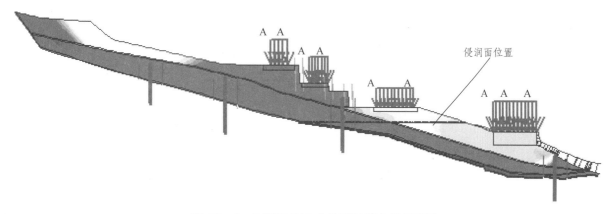

图 10　2—2 剖面 210 水位时计算分析示意图

图 11　19—19 剖面计算单元划分

计算表明：

　　① 有限元计算得到的滑坡推力与传统极限平衡方法计算结果基本相当；

　　② 抗滑桩上受到的桩前推力近似于矩形分布，桩后抗力接近于三角形分布；

③抗滑桩推力的大小除了受土体强度参数影响外，弹性模量、泊松比等均对它有影响，但每个剖面中 4 排桩的受到的推力分配比例基本不变。

各桩受到的滑坡推力大小不是简单地等于极限平衡法计算得到的桩后滑体推力减去桩前抗力。抗滑桩受到的推力以及抗力的发挥与滑体变形有关。如桩的强度和刚度非常大，则桩受到的推力则较大。

抗滑短桩受到的滑坡推力不等于全长桩的推力。抗滑短桩越短，受到的滑坡推力越小。

（1）对于直线型滑坡：

①各排桩承担滑坡推力与各段滑坡体体积成比例关系；

②建议采用分段支挡的方案进行加固；

③改变桩排间距，尽量使各排桩均匀分担滑坡推力。

（2）对于折线型滑坡：

①当前排桩位于抗滑段，后排桩位于下滑段中前部时，后排桩承担滑坡推力所占比例较大（约70%），后排桩应尽量布置在抗滑段。

②改变桩排间距可改善前、后排桩分担滑坡推力比例，条件允许时可适当调整桩排间距使各排桩均匀分担滑坡推力；

③后排桩承担滑坡推力过大时，应考虑改为埋入式桩，建议桩顶埋深为设桩位置处滑体厚度的 1/3 ~ 1/2，但必须通过越顶检算。

3.3 斜撑桩设计

由于滑坡区位于武隆县城，楼房众多，设桩位置受到较大限制，设置 4 排抗滑桩后，最下排桩受力仍有 3 500 kN，常规抗滑桩结构无法承担，设计中对斜撑桩、h 型桩、门型桩进行了比选，采用了斜撑桩结构。斜撑桩为超静定结构，其内力值与结构的几何尺寸、材料属性、地基系数等因素相关。计算方法采用平面杆系有限单元法。计算比较见图 12 所示。

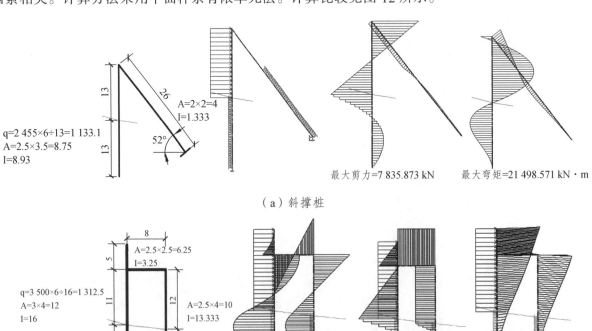

最大剪力=7 835.873 kN   最大弯矩=21 498.571 kN·m

（a）斜撑桩

最大弯矩=58 306.739 kN·m   最大剪力=14 020.485 kN   最大位移=0.032 m

（b）H 型桩

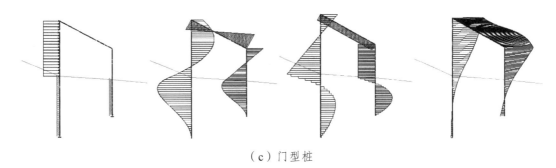

（c）门型桩

图 12　结构计算图式、桩身弯矩图及剪力图

4　工程监测设计

为及时了解滑坡变形情况，预测变形的趋势，以防止滑坡体发生突发性滑动，确保变形区人民生命财产的安全，须在滑坡区建立完善的变形监测网络。在施工期间，监测结果可作为判断滑坡稳定状态、指导施工、反馈设计和防治效果检验的重要依据。

滑坡区分五个区，现场地表变形调查及稳定性分析都表明Ⅰ、Ⅳ和Ⅲ区稳定性较差，Ⅱ和Ⅴ区稳定程度较高，因此，测断面主要布置在Ⅰ、Ⅳ和Ⅲ区。根据各滑坡分区的变形特点、主滑方向和治理工程的布局，设计中沿地质勘察剖面布置 9 条监测断面，总体呈 3 横 9 纵的网络分布格式，共布置 32 个地表变形监测点，12 个深部位移监测孔，3 个地下水位观测点，16 个裂缝观测点，11 根桩身应力应变监测。

变形观测周期应以能系统反映所测变形的变化过程且不遗漏其变化时刻为原则，根据单位时间内变形量的大小及外界因素影响确定。因此，滑坡场地观测的周期应视滑坡的活跃程度及季节变化等情况确定。施工安全监测采用 24 h 观测一次；施工结束后转为防治效果监测，在雨季每半月或一月测一次，干旱季节可每季度测一次。如发现滑坡滑速增快，或在遇暴雨期间应及时增加观测次数。观测过程中发现有大滑动的可能时，应立即缩短观测周期，及时增加观测次数。治理工程监测运行周期要求监测至 2009 年后不小于一个水文年，如果竣工日期推迟，应监测至竣工后一个水文年。

5　工程加固效果

滑坡整治工程完工已 4 年，监测结果表明，滑坡变形已稳定，加固效果良好。该整治工程确保了 319 国道和乌江航道的交通不受威胁，滑坡区的政府机构、企业及居民不用搬迁，人们得以安居乐业，人心稳定，经济、社会效益显著。

三峡库区云阳县张桓侯庙滑坡综合治理

周　彬　王庆乐

（中铁二院　重庆公司）

摘　要　本文介绍了三峡库区张桓侯庙东侧滑坡的结构特征和变形特征，根据该滑坡与三峡水库蓄水水位的关系，考虑了多种工况组合，对滑坡体的稳定性进行分析，对治理方案进行研究，最终确定综合治理方案，本文对三峡库区滑坡灾害的研究和治理具有一定的参考价值。

关键词　三峡库区　滑坡

1　工程概况

云阳县张桓侯庙位于长江南岸盘龙镇附近的山坡上（图 1），与云阳新县城隔长江相望，2002 年 10 月 8 日搬迁至该址，是三峡库区最大的地面文物搬迁项目。新张桓侯庙的主体工程于 2003 年 6 月完工，从园区建成投入使用以后，园区内的附属建筑就陆续出现变形，2006 年 9 月在三峡库区 156 m 蓄水后，园区内各处变形逐渐加剧，村民房屋也出现了多处开裂变形现象。2007 年 4 月以来，张桓侯庙园区东侧变形突然加剧，种种迹象表明该滑坡正处在强变形阶段，随着变形的进一步发展，滑坡将会危及张桓侯庙园区东侧的附属建筑（包括陈列室）、园林景观、进出园区的唯一公路和消防通道、滑坡体上的居民 32 户 119 人、房屋 9 400 m²以及在建的三峡库区库岸治理工程及园区旅游游客的安全和拟建滨江路工程；如果失稳其滑体物质将淤积长江航道，其下游约 500 m 为云阳新长江大桥，滑坡将给长江航道及云阳新长江大桥带来严重的安全隐患，滑坡造成的经济损失约为 12 750.4 万元。考虑到张桓侯庙的历史价值、文化价值及艺术价值，其损失是无法估量的，且目前三峡水库三期蓄水在即，对该滑坡进行工程治理是必要和紧迫的。

图 1　张桓侯庙东侧滑坡地貌全图

2　滑坡基本特征

2.1　滑坡分布特征及规模

云阳县张桓侯庙东侧滑坡位于长江南岸盘石镇龙安村秦家院子一带，处于云阳县张桓侯庙园区东侧，与云阳新县城隔长江相望。该滑坡为大型横长式土质滑坡，属涉水滑坡。滑坡南北长 420 m，东西宽 550 m，滑坡面积约 23.1×10⁴ m²，滑体厚度平均在 27 m 左右，滑坡体积 624×10⁴ m³。滑坡体地形呈较为明显的台阶状地形，从后缘至前缘呈陡-缓-陡的变化，在滑坡中后部形成较为平缓的缓坡，坡角在 5°～15°。后部坡角为 30°～50°，前部陡坡段坡角在 25°～40°，坡向从西向东由 0°～10°左右转折为 30°～45°。老滑坡的滑体覆盖在一级阶地之上，前缘位于长江岸坡高程 154 m 左右，新滑坡前缘在库岸护坡脚附近，高程为 158～162 m；滑坡后缘高程 230 m 左右。

2.2　滑坡体物质组成

滑体土主要为含碎块石的粉质黏土、局部为碎块石土组成，含大块石，直径最大可达 3.0 m 以上。

滑床分为两类，第一类位于土层中的滑面，其滑床是粉质黏土；另一类是位于岩土界面上的滑面，其滑床是下伏的泥岩。

滑带物质成分主要为黏性土，色较杂，以褐红色、灰白色为主；土质较纯，基本不含或含少量碎石、角砾等。滑带土多呈可塑～硬塑状，塑性高，黏手，夹白色泥质，厚度为 3～20 cm。

2.3　滑坡区水文地质条件

根据地下水的赋存条件、水动力特征，结合含水介质的组合状况，可将区内地下水类型主要划分为碎屑岩类裂隙水，松散岩类孔隙水两种类型。

2.4　滑坡变形特征

经地面调查、访问和工程揭露观察，自 2003 年 6 月新张桓侯庙完工，从园区建成投入使用以后，园区内的附属建筑就陆续出现小的变形，2006 年 5 月份以来，在三峡蓄水至 156 m 的过程中，滑坡体又开始陆续出现更多的变形迹象，进入 2007 年 4 月以后，随着三峡库区水位由 156 m 降至 144 m，前期各次勘察时所调查到的各类滑坡体地表变形均有所扩大，表现出逐步加剧发展的趋势，滑坡的变形迹象最严重的部位主要集中在滑坡的四周边界位置，变形迹象主要表现为地表建筑物出现贯通拉张裂缝，地面下沉以及地面裂缝等。

在滑坡体西侧边界，地面裂缝发育并有继续增大趋势，地面下沉加剧；在滑坡后部，原有贯穿多个堰塘的地面裂缝加大变宽，下挫更加明显，在园区围墙后部山体斜坡新出现一条宽 10～50 cm，前方下挫 20～40 cm 的裂缝，裂缝贯通并呈圆弧状；滑坡东西两侧边界前部，在建库岸工程的片石护坡中下部产生隆起，且隆起带延伸长度不断加大，隆起高度为 0.1～0.5 m。

2.5　地层岩性

在滑坡区域内，主要出露地层岩性主要有第四系松散堆积物以及侏罗系上统遂宁组。第四系松散堆积物在滑坡区大面积分布，主要为人工填土、滑坡堆积粉质黏土、冲积土粉土夹粉砂、粉质黏土层等，厚度不均，最深可达 40 m。侏罗系上统遂宁组岩性主要为泥岩，泥质粉砂岩。泥岩为泥质结构，中厚层状构造，主要成分以黏土矿物为主，局部呈青灰色砂质条带，风化层厚度 0.2～3.70 m。该层泥岩相变频繁，砂质含量在不同位置变化较大，局部呈砂岩、泥质砂岩产出，但总体上，该层泥岩，泥质砂岩抑或砂岩物理力学性质均较差，岩心较破碎，岩质偏软。

2.6　气象与水文

该区域属中亚热带湿润季风气候区，气候温和、降水充沛，年平均气温 18.4 ℃，多年平均降雨量为 1 078.2 mm，降雨多集中在每年的 5—9 月份，约占全年降雨量的 71%，每年夏季多大雨、暴雨。场区地下水属浅层滞水，主要由大气降水补给，短途径流排泄，季节性变化明显，无统一地下水位。

2.7　地质构造

工程区位于新场背斜南东翼近轴部；岩层为单斜构造，产状 185°～190°∠2°～5°，背斜轴向呈近南北走向。区内未见断层发育，岩层产状变化不大。

受构造作用影响有 2 组裂隙较发育，① 产状为 330°～340°∠75°～80°，② 产状为 40°～80°∠65°～89°，裂面闭合—张开，泥质充填，略有起伏，间距 1～2 条/m。

3 稳定性分析

3.1 滑坡体与三峡水库蓄水水位的关系

张桓侯庙东侧滑坡前缘高程为 158～162 m。三峡库区蓄水后，汛期水库限制水位为 145 m，非汛期正常水位在 145 m～175～145 m 之间波动，水库水位变幅为 30 m。当水位在 145～175 m 波动或达到最高水位 175 m 时，滑坡体近 1/3 处于半淹没状态或半干湿交替状态，将降低滑体、滑带土体的力学强度，并产生动水压力，大大降低滑坡的稳定性。库水的侵蚀、冲刷、浊浪的作用，将使库岸被逐渐改造，坡岸形态将发生变化，岸坡破坏向后扩展，将对整个滑坡的稳定性产生重大影响。

3.2 计算参数的确定

计算参数的合理选择，是计算评价滑坡稳定性的关键，其中滑带土抗剪强度指标是滑坡稳定性评价和治理工程设计的重要力学参数。在本次滑坡稳定性分析中，滑体土及滑带土参数指标根据室内试验值、野外大剪试验、反演分析和工程类比方法综合确定。计算参数见表 1。

表 1 滑坡稳定性分析采用参数表

土体名称	强度指标				重度/（kN·m⁻³）	
	c/kPa		φ/（°）			
	饱和	天然	饱和	天然	饱和	天然
滑体土	33	45	12.5	15.5	20.6	20.2
滑带土	21.8	30	9.8	11.4	20.6	20.2

3.3 防治工程等级

以危害、受灾对象及损失程度，按相关规范规定，本滑坡安全等级确定为 II 级，安全系数 K：静止水位工况 $K=1.2$，退水工况 $K=1.15$。

3.4 计算工况

根据及三峡水库蓄水以后的运行特点，稳定性分析包括：天然条件、暴雨导致土体饱和库水位及洪水位下降等影响因素。将张桓侯庙东侧滑坡稳定性分析划分为 5 种不同的工况：

工况 I：自重 + 建筑荷载 + 175 水位 + 20 年一遇暴雨；

工况 II：自重 + 建筑荷载 + 162 水位 + 20 年一遇暴雨；

工况 III：自重 + 建筑荷载 + 156 水位 + 20 年一遇暴雨；

工况 IV：自重 + 建筑荷载 + 175 水位降 145 + 20 年一遇暴雨；

工况 V：自重 + 建筑荷载 + 162 水位降 145 + 20 年一遇暴雨。

工况分析中，强度指标取滑带土强度指标，库水位影响范围以上取天然状态下强度指标，库水位影响范围内取饱和状态下强度指标。建筑物荷载按 15 kN/m² 考虑，附加在所计算的条块上。暴雨条件对边坡的不利影响主要体现在降低坡体强度和抬高地下水位两方面，其中地下水的影响取 0.4 V_h 为边坡水荷载，坡体强度按饱和强度考虑。

3.5 稳定性计算分析

根据滑坡体地质结构特点，本次滑坡体稳定性定量力学分析计算主要采用传递系数法进行计算，坡面地形线及可能滑面均简化成折线。计算时取滑坡体的单位宽度为 1 m。在研究区工程地质分析的基础上，确定了 8 条计算剖面，采用折线法计算滑坡稳定性，在此基础上对该滑坡进行稳定性评价。

根据传递系数法，在考虑重力、孔隙水压力（假定孔隙水压力按线性分布）的情况下，计算公式如下：

$$F_i = K[(W_{i1} + W_{i2})\sin\alpha_i + \Delta p_i\cos\alpha_i] - \{c_il_i + [(W_{i1} + W_{i2})\cos\alpha_i - p_{wi} - \Delta p_i\sin\alpha_i]\times\tan\varphi_i\} + F_{i-1}\psi_{i-1} \quad (1)$$

式中：

$$\psi_j = \cos(\alpha_i - \alpha_{i+1}) - \sin(\alpha_i - \alpha_{i+1})\tan\varphi_{i+1} \qquad (2)$$

Ψ_i——推力传递系数；

F_i——第 i 个条块末端的滑坡推力，kN/m；

K——抗滑稳定安全系数，依表不同荷载组合及工程等级选取；

W_{i1}——第 i 个条块地下水位线以上土体天然重量，kN/m；

W_{i2}——第 i 个条块地下水位线以上土体饱和重量，kN/m；

p_i——第 i 个条块土体两侧静水压力的合力；

p_{wi}——第 i 条块土体底部孔隙压力；

φ_i——第 i 个条块所在滑动面上的内摩擦角，（°）；

α_i——第 i 个条块所在滑动面上的单位、黏聚力，kPa；

l_i——第 i 个条块所在滑动面的长度，m。

孔隙水压力的计算说明如下，见图 2。

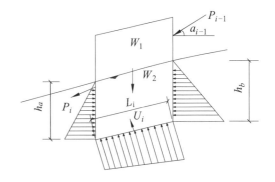

$$\Delta p_i = \frac{1}{2}(\gamma h_{a2} - \gamma h_{b2})$$

$$p_{wi} = \frac{1}{2}(\gamma h_a + \gamma h_b)l_i$$

图 2　孔隙水压力计算示意图

根据上述参数，采用传递系数法对不同工况下的滑坡 1—1′ ~ 5—5′、A—A′ ~ C—C′剖面共 8 个剖面进行了稳定性计算，计算时考虑了滑坡前缘由于塌岸前后对滑坡稳定的影响，滑坡稳定性计算结果见表 2，代表性横断面见图 3。

表 2　张桓侯庙东侧滑坡稳定系数及剪出口推力计算成果表

剖面	状态	工况									
		工况 I		工况 II		工况 III		工况 IV		工况 V	
		稳定系数 F_s	下滑力 F/kN	稳定系数 F_s	下滑力 F/kN	稳定系数 F_s	下滑力 F/kN	稳定系数 F_s	下滑力 F/kN	稳定系数 F_s	下滑力 F/kN
1—1	新滑面坍岸前	1.120	665	—	—	—	—	1.070	736		
	老滑面坍岸前	1.240	0	1.210	0	1.212	0	0.903	2 796	1.014	1 063
2—2	新滑面坍岸前	1.064	1 341	1.182	149	—	—	1.020	1 313	1.18	0
	老滑面坍岸前	1.164	486	1.147	872	1.110	1 558	0.922	4 271	1.011	2 618
3—3	新滑面坍岸后	1.003	2 449	1.094	1 254	1.140	577	0.955	2 684	1.094	599
	老滑面坍岸后	0.999	2 782	1.041	2 460	1.050	2 367	0.855	4 876	1.023	2 051
4—4	新滑面坍岸后	0.958	3 330	1.000	3 028	1.043	2 366	0.881	4 158	1.008	2 169
	老滑面坍岸后	0.996	3 692	1.027	3 466	1.047	3 178	0.875	5 809	0.999	3 205
5—5	坍岸前	0.970	5 764	1.000	5 468	1.020	4 897	0.930	6 754	1.010	3 851
	坍岸后	0.940	6 090	0.980	5 796	1.000	5 370	0.900	6 818	0.980	4 408
A—A	新滑面坍岸前	1.269	0	1.342	0	1.407	0	1.221	0	1.319	0
	新滑面坍岸后	1.182	22	1.237	0	1.305	0	1.112	500	1.252	0
B—B	新滑面坍岸后	1.027	3 031	1.014	3 715	1.045	3 187	0.843	5 777	0.987	3 454
	老滑面坍岸后	1.048	2 806	1.038	3 371	1.050	3 289	0.821	6 840	0.954	4 481
C—C	新滑面坍岸后	0.950	3 559	0.962	3 723	1.050	2 285	0.860	4 732	0.990	2 538
	老滑面坍岸后	1.120	1 262	1.116	1 515	1.150	813	0.980	3 490	1.117	623

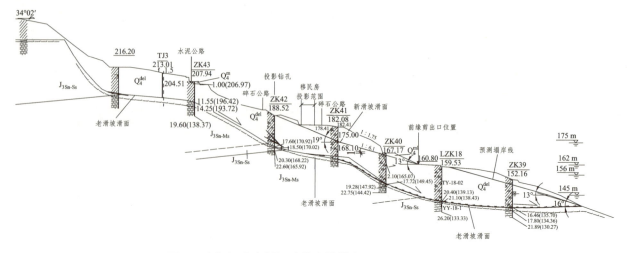

图 3　张桓侯庙东侧滑坡代表性横断面图（2—2′剖面）

计算结果表明，在 156 m 水位状态下，滑坡体处于稳定～基本稳定状态，但当堰塘水或降雨由滑坡体后部地面裂缝渗入地下后即暴雨工况下，滑坡体稳定性下降，处于欠稳定状态，在库水位涨落因素的影响下，滑坡稳定性进一步下降，将从在建库岸工程坡脚剪出并失稳。滑坡稳定性计算结果与定性分析结论基本一致。即张桓侯庙东侧滑坡在工况条件下处于欠稳定状态，滑坡正在蠕滑变形。

4　工程措施

4.1　方案分析

（1）搬迁避让本应是地质灾害危害对象可优先考虑的措施，但由于本滑坡上的张桓侯庙文物古迹和移民安置区刚迁建至此不久，再采取搬迁避让，文物古迹需重新选址、再次移民安置等难度较大，其费用及社会负面影响较大，因此不适宜搬迁避让。

（2）该滑坡滑体土厚度较大，平均厚度为 27 m，经计算表明，其滑坡剩余推力也较大。因此，采用单一的支挡措施将比较困难，且不经济。

（3）张桓侯庙东侧园区所处老滑坡在经历多次局部挤压错动，多次改造之后，整体已经基本趋于稳定，但滑坡体滑面及内部分布的不同方向不同倾角的滑面或剪裂面（带）的存在，切割了滑坡体土体，降低了滑坡体结构的完整性。因此，采用改善滑带的治理措施（如滑面灌浆）风险较大。

（4）从滑坡的地形地貌及其断面的特征，滑坡后缘滑面较陡，具有较好的减载条件；滑坡前缘，倾角较缓，阻滑段较长，具有明显的抗滑效果，且滑坡剪出口前部分为阶地及较为平缓的冲沟，为回填反压提供了有利条件。因此，前缘压脚也是该滑坡有效的治理方案。

（5）滑坡方案拟订需考虑张桓侯庙园区周围的环境以及与市政工程、土地利用结合起来，统一布局、统一整治，为该地区的可持续发展提供了条件。

4.2　方案比选

根据勘查报告的结论及本阶段设计验算和反复论证，结合滑坡的岩土结构特征及滑动机制，对该滑坡提出以下两个治理方案进行对比：

第一方案：中后缘削方减载＋前缘回填反压护坡及抗滑桩＋陈列室后 6 根抗滑桩＋排水；

第二方案：三排抗滑桩＋前缘回填反压护坡＋局部削方减载＋陈列室后 6 根抗滑桩＋排水。

经技术、工期、经济比选，推荐第一方案——中后缘削方减载＋前缘回填反压护坡及抗滑桩＋陈列室后 6 根抗滑桩＋排水的综合治理措施对该滑坡进行治理。

4.3　分项设计

基于前述滑坡特征，经多次方案研究论证，采用"后缘削方减载＋前缘回填反压（反压平台作为云阳南滨路）+ 局部抗滑桩 + 护坡 + 排水"进行综合治理方案，将滑坡治理工程与市政工程、土地利用结合起来，统一布局、统一整治，为该地区的可持续发展提供了条件。主要工程布置如下：

（1）中后缘削方减载。

1—1′ ~ 5—5′ 剖面以高程 179.88 ~ 184.89 m 为削方底面，沿滑面削方至滑坡后缘，其中 1—1′、2—2′、3—3′ 剖面削方范围考虑保护移民迁建房，故滑坡后缘削方以移民迁建房后的基坪高程（181 ~ 183 m）作为削方控制高程，清除该高程以上至 230.0 ~ 235.0 m 所有滑体土，尽可能地减弱滑坡的下滑段的厚度。

A—A′ 剖面考虑张桓侯庙的环境保护问题，不做削方；C—C′、B—B′ 剖面主要考虑到喻伟超墓的保护，其削方起点高程抬高至喻伟超墓后部地面高程（191 ~ 196 m），沿滑面削方至 210 ~ 223 m 高程左右。

滑坡后缘削方形成的土质和岩质边坡坡率缓于 1 : 1.25 采用"混凝土格构护坡 + 种草"进行防护；滑坡后缘削方形成的岩质边坡坡率陡于 1 : 1.1 者采用"锚喷混凝土护坡"进行防护。

（2）抗滑桩及挡土墙工程。

1—1′、2—2′、3—3′ 剖面（移民迁建房前部）削方后在最不利工况稳定性系数均已达到稳定要求，但由于滑坡前缘地形较陡，库区水位上涨后前缘将发生滑移塌岸，塌岸后将引起中后部滑体滑动，为保护移民房，设置一排抗滑桩，抗滑桩共 40 根，抗滑桩桩间距为 5 ~ 6 m，桩截面为 1.5 m×2.0 m、2.0 m×3.0 m、2.75 m×3.5 m；受塌岸影响段桩间设挡土板隔断塌岸线；考虑滑坡前缘塌岸前欠稳定而塌岸后稳定的情况，在桩前作了适当的削方处理，确保滑坡的整体稳定性。

在施工期间，由于滑坡中后部的削方，滑坡后部 1 号、2 号、3 号冲沟部位先后发生了小范围的变形。冲沟出现变形的部位土层厚度较大，岩土界面较陡，地下水含量丰富，冲沟土层力学性质较差，而施工开挖造成冲沟土层临空面过陡，最终造成该处出现变形开裂的现象。对 1 ~ 3 号冲沟部位采用"桩板墙 + 挡土墙"进行治理。

（3）滑坡前缘回填反压 + 护坡。

回填反压范围为 3—3′ ~ 5—5′ 及 A—A′ ~ C—C′ 剖面，各剖面的回填反压，根据各剖面的地形特点以及滑坡后缘削方后的稳定情况，回填反压高程为 141 ~ 177 m，边坡坡率为 1 : 2.5，坡面采用六棱体混凝土块护坡进行防护；反压平台设置高度及宽度根据稳定性计算确定，宽度不小于 2 m，回填反压脚设置护脚墙。回填反压材料水下采用块石，水上采用削方弃土，须分层压实，由于削方区的土质含水量较高，黏性强，在回填土体内按竖向间距 0.6 m 满铺一层土工格栅加固土体。回填反压坡面护坡采用六棱体混凝土块。

（4）截排水工程在滑坡后缘、两侧及滑坡治理平台上设置截水沟，截（排）水沟于滑坡边界外采用梯形断面，底宽 0.6 m，沟深 0.8 m，沟壁及沟底厚 0.3 m，沟壁设计坡率为 1 : 0.4；于滑坡内采用矩形或矩梯形断面。

（5）多余的削方量弃于张桓侯庙左前部凹槽内，边坡按稳定坡率压实填筑。考虑环保要求及弃渣区位于 175 m 水位以下，为了减少弃土较大的沉降，需对弃土进行分层碾压。弃渣区边坡坡率采用 1 : 2.5，坡面采用六棱体混凝土块护坡进行防护。弃渣区位于库水位以下的范围采用抛石填至库水位以上 1.0 m。

（6）由于滑坡治理对园区公路及其消防道路的影响，本次将对滑坡影响范围内的道路进行改移。公路改移结合滑坡治理同时进行设计。

图 4 ~ 图 5 给出了综合治理方案典型剖面图。以上措施，在施工过程中，还存在一些细部的设计优化和随之的施工调整，这体现了该滑坡在治理过程中是动态优化设计和信息化施工。

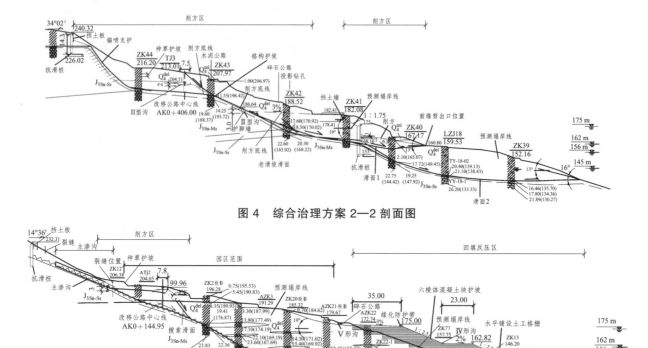

图 4　综合治理方案 2—2 剖面图

图 5　综合治理方案 B—B 剖面图

4.4　主要施工顺序

按控制高程及平面坐标先对后缘削方减载，利用削方土体对滑坡前缘回填反压，并根据反压进度及时砌筑六棱体混凝土块护坡防护。在同时可以施工移民房前抗滑桩工程，在削方过程中由于滑坡后缘 1～3 号冲沟的上部土体的变形，及时施做该部位桩板墙及挡土墙，削方完成后应及时对削方形成的边坡进行防护措施，最后施工改移道路。

4.5　施工注意事项

（1）该工程应按"信息法"施工，施工过程若发现与设计不符的地质情况，请及时反馈，由相关各方认真分析、妥善处理后方可继续施工。

（2）在治理工程范围内严格禁止新建工程、增加新荷载，若属城市规划区必须新建工程，应对拟建工程对滑坡体的稳定性影响、确保坡体在新的施工和运行条件下的稳定措施进行专项论证，报经有关部门批准。

（3）在滑坡后缘削方后土体，及时地运至反压地段或弃土场，不可随地乱放。

（4）在回填反压区护坡防护，受长江水位影响工期紧张，应及时回填及时防护。

5　整治效益

张桓侯庙东侧滑坡治理工程于 2012 年 9 月进行了竣工验收，经现场监测，本滑坡的治理工程经历三峡库区水位升降的考验后，整个滑坡体处于稳定状态，滑坡治理措施有效。

在确定治理方案时，结合张桓侯庙园区建设、市政工程、土地利用等方面，统一布局、统一整治，合理提出了"后缘削方减载＋前缘回填反压（反压平台作为云阳南滨路）＋局部抗滑桩＋护坡＋排水"综合治理方案。该方案的实施造就了云阳南滨路长度 800 m，93 380 m² 可建设用地，并为云阳县南滨路的建设提供了基础。

图 6、图 7 为滑坡整治竣工后照片。

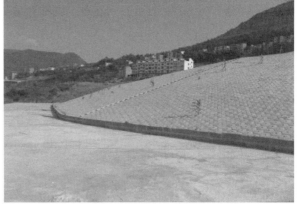

| 图 6　改移公路外侧方格骨架护坡 | 图 7　滑坡前缘回填反压区六棱块护坡 |

6　工程体会

（1）在同类滑坡的设计中，须重视地质工作，做好滑坡体的调查分析，研究其变形破坏机制，并以此为基础提出滑坡的治理。

（2）重视滑坡体上的鱼塘处理，对于滑坡体上鱼塘应废弃，防止鱼塘水下渗进入滑坡，导致滑坡体参数降低。

（3）对于三峡库区开挖后的红层泥岩夹砂岩边坡的结构特征和稳定性要引起重视，红层泥岩夹砂岩在降雨、温度、阳光等的综合作用下，容易导致原坡体表面以及边坡浅层岩土体开裂、剥落、掉块等灾害。该类边坡，尤其是坡率较陡的边坡要及时封闭，采用泄水孔排出裂隙水。

林织铁路 ZDK52 滑坡治理

马　鹏　姚裕春　方　睿　胡会星

（中铁二院　　成都公司）

摘　要　林织线 ZDK52+513～ZDK53+376 段为滑坡，线路从滑坡体中部穿越。为保证林织线顺利建成使用以及建成后正常运管，先后经过多次地质调绘，勘察以及专家会审，且反复进行滑坡体稳定性分析，全面认识了滑坡体的地质特征，计算分析各代表断面的下滑推力。并针对其地质特征，创新地提出了框架式抗滑桩结合普通抗滑桩的设计形式，取得较好的整治效果，验证了该新型支挡在治理滑坡工程的有效性和合理性。

关键词　滑坡　稳定性　框架式抗滑桩　滑坡加固

1　工程概况

1.1　滑坡地形地貌

林织铁路 ZDK52 滑坡分布在新建林织铁路 ZDK52+513～ZDK53+376 段，在平面上呈扇形分布，如图 1 所示。滑坡体宽约 860 m，主轴长约 640 m，平均厚度约 22 m，体积量超过 100 万立方米，属于巨型深厚顺层滑坡体。且坡面地形起伏大，地面标高 1255～1460 m，相对高差约 205 m。经现场实地调查，滑坡体前缘为 S307 省道和正在修建的厦蓉高速，人口集中，建筑物密集。

在林织铁路前期施工过程中，ZDK52+515～+675 段路堑开挖时，线路左侧 90 m 范围内形成了一中层工程滑坡，滑体厚度 5～15 m（图 1）。

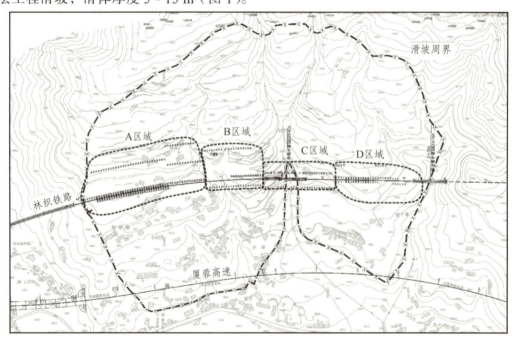

图 1　滑坡整治平面图

1.2　滑坡体及下伏基岩特性

1.2.1　滑坡体特性

林织线 ZDK52 滑坡滑体土自上而下由粉质黏土和碎石土组成。粉质黏土呈软塑～硬塑状，且还含有 10%左右的碎石角砾。碎石土呈松散～稍密状，其中碎石含量占 40%～70%，偶夹少量块石，余为粉质黏土及角砾充填。该层土分布于整个斜坡不稳定滑坡体范围，与下伏寒武系下统牛蹄塘组（∈₁n）页岩、炭质页岩夹砂岩以滑带相接触。

1.2.2　下伏基岩特性

下伏基岩岩性为寒武系下统牛蹄塘组（∈₁n）页岩、炭质页岩夹砂岩，岩层倾角为 10°～31°，倾向于坡外，且从山上往山下倾角逐渐变缓，从线路小里程往大里程端倾角逐渐变缓。

基岩岩层层面较平整，其岩性较软，易于风化，抗滑能力弱，加之岩层外倾，总体来说，岩层整体抗滑能力较差，有利于岩层的顺层滑动。且通过地面工程地质调绘及钻孔资料揭示，综合分析确定林织线 K52 滑坡存在一个深层软弱面，主要位于碎石土与破碎基岩接触带。

根据现场调绘情况及类似工程经验值，工程地质主要物理力学指标见表 1。

表 1　地层主要物理力学指标

地层编号	地层名称	状态	重度/(kN·m⁻³)	凝聚力/kPa	内摩擦角/(°)	基本承载力/kPa
<3-3>	粉质黏土	软塑	17	8	8	120
<3-4>	粉质黏土	硬塑	18	15	12	150
<4-16>	碎石土	松散~稍密	19	—	25	200
<4-17>	碎石土	稍密~中密	20	—	25	240
<8-1>	炭质页岩 ∈₁n	W4	18	8	15	160
		W3	21	—	30	250
		W2	23	—	40	450

2　滑坡稳定性计算分析

根据滑坡体的变形、地形、路基通过的工程形式及具体的地质情况，把滑坡体分为 A、B、C、D 个区，路堑深挖方段 ZDK52+477~ZDK52+810 为 A 区，路堑浅挖方和低路堤段 ZDK52+810~ZD2K52+960 为 B 区、桥梁墩台段 ZDK52+960~ZD2K53+130 为 C 区、路堑深挖方段 ZDK53+130~ZDK53+330 为 D 区。

A 区域起讫里程为 ZDK52+477~ZDK52+810，全长 333 m，该段路基以挖方形式从滑坡体中部通过，最大中心挖深为 20m，该区域同时受顺层影响，层间综合内摩擦角约为 15°~17°。

为验算该区域主轴断面参数的正确性，对 A 区域断面在整体剪出位置均进行了指标反算，滑面反算指标 φ 值约为 17.5°~18.5°。同时 ZDK52+600~ZDK52+720 段路基受顺层影响，岩层倾角约 21°~24°，层间综合内摩擦角取 16°。顺层影响长度按 10 倍临空面高度取值，安全系数取 1.15，计算出该段顺层推力最大值为 4 050 kN/m。滑坡代表性主轴断面如图 2 所示。

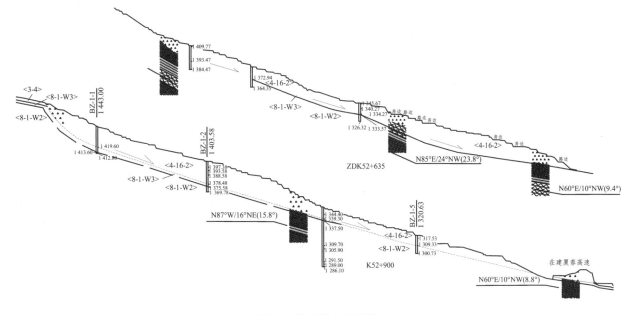

图 2　代表性主轴断面

经统计该区域路基面处出口滑坡推力最大值集中在 4 000 kN/m 左右，同时结合该段的顺层推力值，最大设计取值为 4 050 kN。各区域代表断面计算参数及推力值见表 2。

表2 各区域代表断面计算参数及推力值

分区	代表断面	滑带指标反算系数 K	滑面综合角 $\varphi/(°)$	顺层倾角	层间综合角	滑坡计算推力（$K=1.1$）（kN·m⁻¹）	顺层计算推力（$K=1.15$）（kN·m⁻¹）	设计取值（kN·m⁻¹）
A区	ZDK52+635	1.05	18.03	21	16	3 847	4 050	4 050
B区	ZDK52+900	1.05	19.2	15.8	16	2 851	804	3 000
C区	ZDK53+020	1.05	19.2	12.1	15	2 520	0	2 600
D区	ZDK53+154	1.05	16.22	12.1	15	2 090	0	2 100

对于另外三个区域 B（ZDK52+810～ZD2K52+960）、区域 C（ZDK52+960～ZD2K53+130）和区域 D（ZDK53+130～ZDK53+330）采用同样的方法在不同滑面下进行指标反算，确定反算指标 φ 值，然后计算相应的滑面推力及顺层推力，从而确定设计值。四个区域相应的计算及设计结果见表2。

3 工程设计方案比选

ZDK52 滑坡位于桥隧之间，而桥隧施工也部分完成，为防止废弃工程，避免工程浪费，排除改线方案。由于 K52 滑坡坡脚附近为既有 S307 省道及正在修建的厦蓉高速公路，且人工集中，建筑物密集，一旦该滑坡体发生滑动，将危及区域内人民生命财产安全，且对正在修建的厦蓉高速公路和 S307 省道将造成严重破坏，带来巨大的经济损失，该滑坡整治工程已经成为本铁路开通运营的控制性工程，采取的工程措施应尽量缩短工期。

3.1 抗滑桩+隧道明洞方案

在铁路通过部位采用隧道明洞通过，避免路堑开挖造成滑坡体中部切穿，并确保运营期间边坡局部溜塌对行车安全无影响，并能有效利用滑坡抗滑段的抗力，剩余滑坡下滑力通过设置抗滑桩抵抗，方案如图3所示。该方案缺点为：该工程中心挖方高度为 10～22 m，隧道只能采用明挖方法施工，必须设置足够强的隧道开挖临时基坑防护措施（可设置成锚索桩），本方案所需的工期也较长，工程投资大。

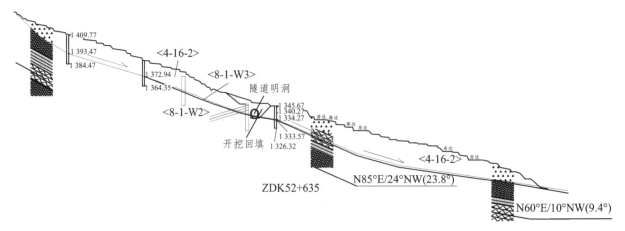

图3 抗滑桩+隧道明洞方案

3.2 多排桩方案

根据滑坡计算的下滑推力，采用多排桩对滑坡进行加固（图4），该方案的优点是设计及施工方法简单，缺点是需要设置 3～4 排大截面的深长抗滑桩，挖方路堑下方侧还需设置一排锚固桩防护，无法利用滑坡抗滑段的抗力，同时由于下伏基岩为寒武系下统牛蹄塘组页岩、炭质页岩夹砂岩地层，岩性较差且腐蚀性强，设置锚索桩不易满足结构耐久性问题，故多排抗滑桩施工工期长，施工安全风险大，工程投资大。

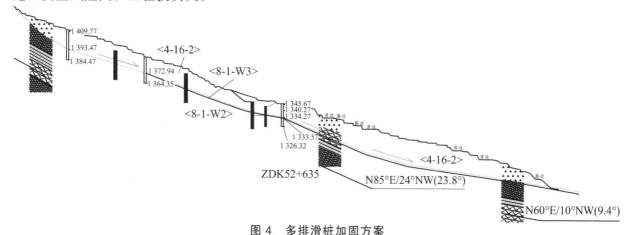

图 4　多排滑桩加固方案

3.3　框架式抗滑桩+普通抗滑桩方案

在铁路通过位置设置框架式抗滑桩，在铁路上侧设置一排普通抗滑桩，如图 5 所示，该方案优点是框架式抗滑桩抗力大，结构整体性好，可根据滑坡体情况在框架桩结构顶实时设置封顶措施，能有效发挥滑坡抗滑段的抗力，经济性好，施工工期短，其缺点是框架桩结构施工工艺要求较高。

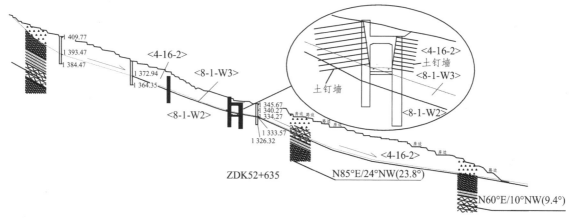

图 5　框架式抗滑桩+普通抗滑桩方案

通过方案安全性、整体稳定性、施工工期、工程经济性综合分析，最终该滑坡整治采用框架式抗滑桩+普通抗滑桩方案。

4　框架式抗滑桩设计计算

框架式抗滑桩在结构计算时，把其简化为平面刚架模型，如图 6 所示，采用有限元进行结构受力分析，框架结构设计受力为 2 700 kN/m，将其施加在滑坡体与桩体接触部分，按矩形分布考虑，桩与炭质页岩夹砂岩接触刚度取为 K=60 000 kN/m，短桩与后侧碎石土接触面仅考虑主动土压力，计算得到框架桩平面杆系模型内力计算结果如图 7 所示。

从计算结果可以得到：长桩最大弯矩 M_{max}=28 391 kN/m，发生在长桩与上梁交接处；短桩最大弯矩 M_{max}=47 506 kN/m，发生在短桩与上梁交接处；上梁最大弯矩 M_{max}=47 716 kN/m，轴向压力 F=-7 477 kN，发生在与长桩交接处；桩顶位移 X=3.4 cm。可以看出，在桩梁交接处均出现了应力峰值，是该

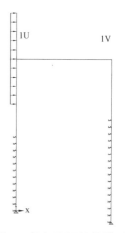

图 6　框架平面简化模型

结构的受力的薄弱点，因此需着重考虑桩梁交接处的设计，确保该结构的稳定性和安全性。

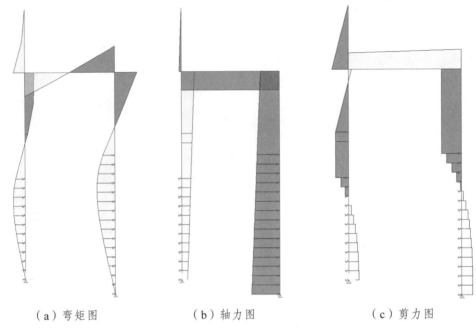

（a）弯矩图　　　　　　（b）轴力图　　　　　　（c）剪力图

图7　框架桩内力计算结果

5　框架式抗滑桩施工步骤

框架抗滑桩应采用信息施工法施工，施工过程中应加强监测，沿线路纵向桩井应跳两桩施工，分节开挖，每节开挖深度1.0 m，并按设计施工锁口和护壁，当锁口护壁混凝土具有一定的强度后方可开挖下一节，护壁各节纵向钢筋必须焊接。垂直线路方向先开挖左侧桩井，开挖至横梁位置时，横向掏槽，槽深2 m，槽壁设置2节护壁继续开挖桩井，开挖至次梁位置时，横向掏槽，槽深1 m，槽壁设置1节护壁。

框架桩施工流程为：开挖线路左侧桩井→在横梁及次梁位置掏槽及预留接头钢筋→灌注左侧桩基混凝土→开挖右侧桩井→次梁位置掏槽及预留接头钢筋→灌注上部横梁及右侧桩基混凝土→分层开挖横梁底下桩间土体→逐层施工两侧土钉墙→当基坑开挖至次梁底面浇筑次梁，见图8。

6　滑坡整治效果及体会

通过从施工周期、施工难度、安全性和经济性等诸多方面综合考虑，本项目采用了抗滑桩结合框架式抗滑桩结构进行滑坡整治，解决了采用桩锚结构锚索失效性较大的危险，以及避免了采用大截面深长抗滑桩加固大型滑坡工程投资大、施工安全风险高的问题，并有效缩短施工周期，能有效控制结构整体性和变形，施工完成后，该滑坡体稳定，加固效果好，竣工后的效果如图9所示。

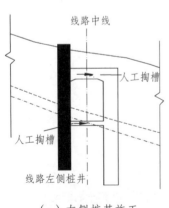
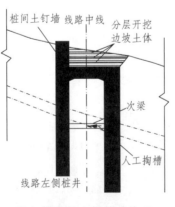

（a）左侧桩基施工　　　　　（b）横梁及右侧桩基施工　　　　　（c）两侧土钉墙及次梁施工

图8　框架桩施工工序

图 9　框架抗滑桩加固效果图

　　林织线 ZDK52 滑坡整治工程采用在传统抗滑桩的基础上，创新性地提出框架式抗滑桩的设计结构，取代了抗滑桩加锚索的传统整治设计，无论从安全性、施工还是经济性角度，均取得了较好的效果。滑坡体下伏基岩岩性较差，使用锚索时其锚固失效概率较高，而采用框架式抗滑桩利用其特有的土拱-桩-梁空间协同受力特性，在不加大桩截面尺寸的条件下，有效解决了双排桩承载力不足的问题。

南昆铁路平中 2 号隧道出口滑坡病害治理

李安洪

（中铁二院 公司办）

摘 要 南昆铁路平中 2 号隧道出口段拱部开挖和衬砌时，成拱部分多次出现开裂、变形、冒顶，并引发山坡蠕动变形开裂，严重影响施工及工期。该滑坡受塘兴—潞城大断裂带影响，范围宽 140 m，主轴长 170 m。坡体采用锚索、锚索桩等综合整治后，经测试锚索受力稳定，山坡及隧道位移、变形终止，顺利完成隧道换拱及下导坑开挖与衬砌，并按时铺轨通过。本文阐明了锚索、锚索桩新技术在应急工程中的优势与经济效益。

关键词 不良地质 滑坡 锚索 抗滑桩

1 概 述

平中 2 号隧道位于南昆铁路百威段广西田林县境内，全长 437 m，出口段埋深 3～25 m，拱部开挖和衬砌过程中多次发生变形，并有两处冒顶坍方，衬砌完毕后，因洞内拱部衬砌变形严重被迫停工。1994 年年底第一次补充勘探后定为浅层滑坡，于线路右侧设置 5 根抗滑桩，在桩井开挖中发现较深处还有一软弱界面，且有水渗出。因右侧抗滑桩施工迟缓，至 1995 年底，隧道出口段变形开裂更加严重，拱圈左侧 1/3～2/3 处裂缝全部贯通，裂缝最大宽度为

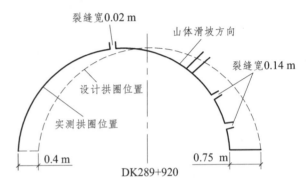

图 1 隧道拱圈变形开裂横断面图

（图中标注：裂缝宽0.02 m；山体滑坡方向；裂缝宽0.14 m；设计拱圈位置；实测拱圈位置；0.4 m；0.75 m；DK289+920）

14 cm，拱脚最大位移达 75 cm，且仍在继续发展，见图 1。坡面裂缝进一步扩大，严重影响工期，成为百板段控制工程。

2 工程地质概况及滑坡成因分析

2.1 工程地质概况

平中 2 号隧道通过区属中低山河谷地貌，隧道位于河谷右岸坡麓地带，出口段线路以 N52°W 方向穿越一中低山的坡脚，绝对标高为 300～500 m，自然横坡为 20°～45°，右侧约 70 m 为乐里河的侵蚀岸，河岸有基岩裸露，坡面植被发育。段内上覆第四系砂黏土、碎石土，厚 0～26 m，下伏三叠系中统板纳组上段砂岩、泥岩。塘兴—潞城大断层从隧道右侧 160～180 m 处通过，断层走向为 N40°W，受构造影响，出露基岩挤压严重，构造节理非常发育。段内地表水以线路右侧河流为主，受季节性影响较大，出口段左侧山沟常年有水，未见地下水出露，钻孔中有基岩裂隙水渗出。

根据第二次补充勘察，山体坡面分布近 20 条弧形裂缝，钻孔揭示表层碎石土厚 12～29 m，在碎石土与基岩面交界处分布 2～3 m 厚软弱带，并有地下水渗出。由于坡面羽裂缝尚未完全贯通，滑坡处于蠕动变形阶段。该滑坡主轴长约 170 m，宽约 140 m。

2.2 滑坡成因分析

平中 2 号隧道受塘兴—潞城大断裂影响，岩层挤压严重，构造节理非常发育，岩体破碎。隧道出口段地表上覆巨厚堆积物，覆土与破碎基岩面间有丰富的地下水活动，形成一软弱带，在乐里河的下切和淘蚀作用下，自然山坡斜坡稳定性较差。由于隧道上半断面位置恰好位于土石界面软弱带附近，隧道开挖形成临空面，加之开挖爆破震动及地表水地下水作用引起斜坡堆积体沿土石界面软弱带向下蠕滑，挤压隧道拱圈，因隧道支护及衬砌尚未施做，导致隧道变形开裂，局部坍塌冒顶，牵引上部斜坡土体失稳，地表产生弧形张拉裂缝，形成工程滑坡。

3 滑坡整治方案

滑坡处于蠕动变形阶段，根据滑坡主轴断面（图 2），按极限平衡法反算滑面综合内摩擦角，

推算出隧道处下滑力。设计安全系数 $K=1.08$，设计抗滑力 $E=2\,000$ kN/m。

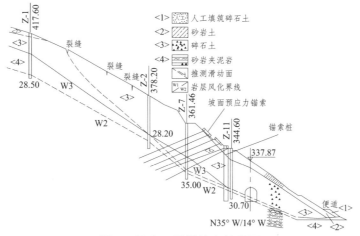

图 2　平中 2 号滑坡主轴断面

3.1　抗滑桩方案 I

需要设置 2 排共 30 根抗滑桩，桩截面 2 m×3 m 及 2.5 m×4 m 两种，最大桩长 42 m，该方案混凝土圬工量大，施工周期长，施工条件差，但施工技术简单，民工队伍多时，施工单位容易接受。

3.2　坡面预应力锚索方案 II

共需布置 4～10 排 202 孔 6ϕ12.2 mm 预应力锚索，每孔锚索长 40～45 m，坡面由混凝土垫礅或地梁固定。该方案混凝土圬工量少，施工条件好，效率高，施工周期短，由于是新技术，对施工机具及施工工艺有一定要求，初次使用有一定难度，初期施工单位不易接受。

3.3　抗滑桩、锚索桩、坡面预应力锚索综合整治方案 III

因该工点工期紧，工程较大，根据施工单位具体情况，设计采用了桩、锚索综合整治方案。桩、锚索同时施工，既可充分利用民工队伍，又可发挥新技术优势，利于新技术的推广应用。

根据地形、滑面与隧道所处位置情况，于线路左侧 12 m 处设置一排 12 根抗滑桩，其中 7 号～12 号桩为预应力锚索桩，桩截面均为 2 m×3 m，桩长 26～36 m。

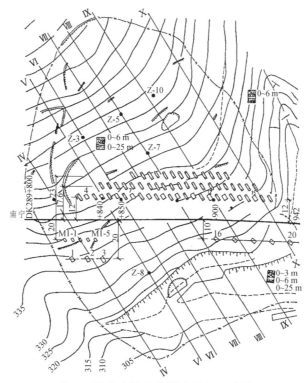

图 3　预应力锚索及锚索桩平面布置

距线路右侧 10 m 及左侧 12～23 m 斜坡上共设置 101 孔预应力锚索。桩、锚索平面布置及横断面布置详见图 2、图 3。

由于施工工期紧迫，勘测资料未完全交付，即现场确定桩位按 2 m×3 m 截面先期开挖，因此只设计了 7 号～12 号共 6 根预应力锚索桩。

三个方案经济比较如表 1。

表 1　方案经济比较表

方案	混凝土/m³			钢绞线		钢　筋/t	造　价/万元
	桩及护壁	地梁	小计	锚索长/m	钢绞线/t		
I	11 980	0	11 980	0	0	540	435
II	0	600	600	8 500	70	48	375
III	4 472	300	4 772	4 790	35.5	230	373

注：表中采用南昆铁路概算单价，综合单价为：抗滑桩（混凝土圬工）363 元/m³，预应力锚索（长度）441 元/m。

从表中看出，II、III 方案造价基本相同，较 I 方案节省投资约 60 多万元，降低造价 14%。因预应力锚索属新技术新工艺，随着大规模推广应用成本将大大降低，这样 II、III 方案将更具有经济价值。而 III 方案预应力锚索桩只有 6 根，因工期紧迫，勘设资料未交付就按 2 m×3 m 截面开挖，剩余 9 根桩最后按悬臂桩设计，若全部按锚索桩设计，则经济性更好。以主轴断面图 2 为计算断面，预应力锚索桩为 8 号桩，桩截面为 2 m×3 m，桩长 36 m；而采用普通悬臂桩，截面则为 2.5 m×4 m，桩长 42 m；若采用坡面预应力锚索，将需要 40 孔 45 m 长锚索。按概算单价，单根锚索桩造价为 16.2 万元，悬臂桩为 21.7 万元，坡面预应力锚索为 19.8 万元。预应力锚索桩较悬臂桩节省投资 25%，较坡面预应力锚索节省投资 18.2%。

4　设计原则

将计算出的设计抗滑力分配到桩及坡面锚索上，由于滑面较深，主轴断面附近 6 根桩采用预应力锚索桩，距桩顶 1～2 m 处设置 2 孔 6ϕ12.2 mm 预应力锚索，使得桩受力条件大大改善。

4.1　锚索桩受力计算

采用横向变形约束地基系数法，按变形协调原理先求出锚索设计拉力 R，解除约束后再求桩身内力，其计算方法参见相关文献。

4.2　坡面预应力锚索受力计算

预应力锚索用于滑坡加固时（图 4），通过滑坡稳定性分析，将设计抗滑力分配到锚索上，由此来确定锚索锚固力。

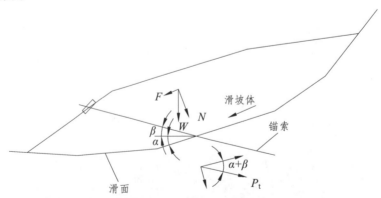

图 4　预应力锚索加固滑坡示意图

4.2.1 坡面下倾角的确定

β 为锚索与水平面的夹角，在施工工艺可行的前提下，可按下式计算确定：

$$\beta = \frac{45°}{A+1} + \frac{2A+1}{2(A+1)}\varphi - \alpha$$

式中：A 为锚索的锚固段长度与自由段长度之比；φ 为滑动面的内摩擦角；α 为设锚索段滑面与水平面的夹角。

4.2.2 锚索设计锚固力及预应力张拉值的确定

锚索设计锚固力及预应力张拉值按下式确定：

$$P_t = F / [\sin(\alpha+\beta)\tan\varphi + \cos(\alpha+\beta)]$$

式中：F 为设计每孔锚索需分担的滑坡下滑力。

对软质岩而言，一般需超张拉 15% ~ 25%。

4.2.3 锚索锚固段长度的确定

锚索需锚固在滑面以下的稳定岩土中，其锚固段长度计算如下：

$$L_1 = P_t / (\pi \cdot d_s \cdot \tau_d)$$

式中：d_s 为锚固段锚索束外直径；τ_d 为锚索束与水泥砂浆的容许黏结应力，M35 水泥砂浆 $\tau_d = 1\,200$ kPa。

$$L_2 = (P_t \cdot f_s) / (\pi \cdot D_A \cdot \tau)$$

式中：f_s 为安全系数，对永久工程 $f_s = 2.5$；D_A 为锚固体直径（即钻孔直径）；τ 为孔壁摩阻力，对软质岩 $\tau = 600 \sim 1\,000$ kPa。

选取 L_1、L_2 较大值作为计算锚固段长度，通常选取 $L = 5 \sim 10$ m，若超过 10 m，一般需增大孔径或增加锚索孔数来解决。

5　工程效果

该工点 15 根桩及 113 孔锚索不到 4 个月已施工完毕，坡面锚索仅 2 个月即施工完毕，提前工期近两个月。当半数抗滑桩及坡面锚索施工完毕进行张拉后，隧道内位移变形停止，进行换拱及下导坑时山坡均无异常。从滑坡整治工程施工到隧道竣工一年后，锚索测力计受力稳定，隧道内及地表变形观测结果表明，隧道衬砌完成后位移变形已经停止，滑坡完全稳定。

6　结束语

挖孔桩因施工简单，在劳动力富余情况下具有一定优势，当滑面太深时，桩较深，施工条件差，圬工量大而不经济。预应力锚索加固具有机动灵活、劳动强度小等优点，随着大规模推广应用，将更具有造价低的优势。锚索与桩结合，大大改善了桩的受力条件，减小了桩截面及桩长，大大降低了造价，随着锚索技术的发展，具有广阔的前景。

云桂铁路大菠萝黑1号隧道进口路堑工程滑坡治理

封志军　冯俊德　薛　元　王海波
（中铁二院　土建一院）

摘　要　文章基于云桂铁路现场工程滑坡，在分析研究该工程滑坡地形地貌、特征的基础上，得出了滑坡形成的机制，明确了古老采空区导致工程滑坡的成因。滑坡整治针对该成因开展设计，采取大平台、缓边坡清方减载，采空区注浆、坡面框架锚索（杆）结合抗滑桩等综合措施确保滑坡长期稳定。为以后同类工点提供了一定的教训和工程经验。

关键词　工程滑坡　形成机制　采空区　滑坡整治　锚固桩

1　工程概况

DK669+950～DK670+020 段路基位于大菠萝黑 1 号隧道进口端，该段以挖方形式通过，路堑中心最大开挖高度为 16.5 m，右侧设计最大挖方边坡高约 32 m。工点范围属滇东南中低丘陵地貌，地形起伏较小，地面坡度较缓，自然坡度为 10°～40°，局部较陡。地层上覆第四系全新统人工填土（Q_4^{ml}）碎石土；滑坡堆积体（Q_4^{del}）粉质黏土；坡残积（Q_4^{dl+el}）粉质黏土、块石土。下伏基岩为：下第三系路美邑组下段（E_2^{la}）砂岩、泥岩、砾岩夹灰岩，局部夹薄层褐煤；二叠系上统峨眉山玄武岩组（P_2^{β}）玄武岩；下统栖霞茅口组（P_1^{q+m}）灰岩夹白云岩。

该段路堑原设计首先清除表层小型浅层滑坡体，并综合考虑了一般条件、降雨、地震、地震+膨胀力组合等工况条件下的稳定性分析和结构计算，自下而上设计了两排锚固桩（第一排桩尺寸为 2.25 m×1.5 m×12 m，第二排桩尺寸为 2.25 m×1.5 m×20 m），桩顶以上边坡按 1∶1、1∶1.25 刷坡后，坡面锚杆框架梁防护，节点间距 2.5 m，锚杆长 8.0 m。图 1 为原设计代表性断面。

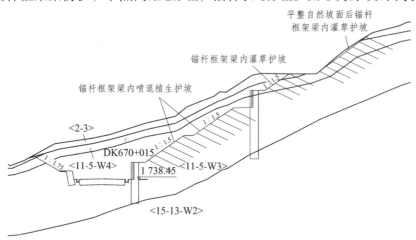

图 1　DK669+950～DK670+020 路基工点代表性横断面

2013 年 4 月 4 日下午 14:30 左右，云桂七标大菠萝黑 1#隧道进口 DK669+950～DK670+020 段右侧一级边坡发生开裂，14:50 边坡开始大面积滑移，同时二级边坡处 40#～47#抗滑桩、一级边坡处 23#～31#抗滑桩发生倾斜。17:30 左右滑移面进一步扩大，侧向目测边坡水平滑移约 3 m，二级边坡处 41#～47#抗滑桩、一级边坡处 24#～26#、29#～32#抗滑桩与垂直向倾斜 30°～45°，27#、28#桩发生约 3 m 平移，该段中部路堑底部隆起。随后滑坡继续发展，直至 4 月 6 号滑坡基

图 2　工程滑坡全景

本稳定，最终二级边坡处 40# ~ 47#抗滑桩、一级边坡处 23# ~ 32#抗滑桩往线路方向倾覆或平移，后缘形成高 4 ~ 5.5 m 的陡坎，前缘从路基面剪出形成反翘。图 2 为现场工程滑坡照片。

2　工程滑坡特征及成因分析

2.1　滑坡地形地貌特征

坡面植被不发育，局部为旱地，表层已按原设计 1 : 1.5 或 1 : 1.75 刷坡，坡度为 25° ~ 35°。滑坡基本稳定以后，形成一典型的"圈椅状"滑坡地貌，后缘形成一 4 ~ 5.5 m 的陡坎，坡度为 60° ~ 75°，壁面较光滑，擦痕明显；前缘已将原线路右侧 12 m 的抗滑桩最远推移至线路左中线，并将底部岩土体挤出形成 3 m 高土堆，即反翘现象（图 3）。滑坡体后缘弧形拉张裂缝发育，两侧可见羽状裂缝（图 4）。

图 3　滑坡前缘反翘　　　　　　　　　　　图 4　滑坡后缘地貌

在滑坡体前缘发育三条裂隙，L1：N20°E，锯齿状延伸，长 14 m，地表宽 30 ~ 60 cm，沿深部尖灭；L2：N-S，锯齿状延伸，长 20 m，地表宽 60 ~ 80 cm，沿深部尖灭；L3：N30°W，锯齿状延伸，长 45 m，地表宽 60 ~ 80 cm，沿深部尖灭。

滑坡体 N10°W 方向，发育两条裂隙，L1：N65°E，锯齿状延伸，长 70 m，地表宽 5 ~ 20 cm，沿深部尖灭；L2：N45°E，锯齿状延伸，长 60 m，地表宽 5 ~ 20 cm，沿深部尖灭；SW 方向与现在滑坡体后壁相连。

2.2　滑坡特征

该滑坡为岩质滑坡，滑坡体主要成分为下第三系强风化状的砂岩、泥岩、角砾岩，成岩作用极差；滑坡轴向长约 80 m，平均宽度约 70 m，滑坡体厚为 5 ~ 14 m，总体积约 6×10^4 m³，主滑动方向约 S53°W，滑坡发生过程为第一级边坡发生开裂变形滑移，下滑力过大使第一排桩发生倾覆变形，而后第一级边坡整体下滑，牵引二级边坡及第二排桩发生滑移，致使第二排桩倾斜变形，后缘土体出现多条近垂直于主轴的拉裂缝。该滑坡属中型中层牵引式滑坡。

2.3　滑坡形成机制

（1）该区域处于小范围的湖相还原沉积环境，沉积形成的下第三系砂岩、泥岩及角砾岩，属膨胀岩，成岩作用差，质软，砂岩、泥岩力学强度低，工程性质类似膨胀土。

（2）该区域在清朝末期进行过人为洞采金属矿藏，矿层采空后，因时间久远，顶板岩层软弱，原有采空区已基本完全坍塌，形成扰动带。

综上所述，滑坡产生的原因为特殊沉积环境下形成的砂岩、泥岩等膨胀岩，成岩作用差，力学强度低，受人为洞采影响形成扰动圈进一步降低了该区域地层的力学强度。现场岩土体力学参数较施工图力学指标降低较多，而第一排锚固段正好处于该层土层中，力学降低引起岩体下滑力增大，而锚固桩抗滑桩抗滑力减小，导致岩体下滑力大于抗滑力造成第一排桩倾覆变形，第一级边坡滑动后，使第二排桩锚固段减小，致使第二排桩倾斜变形，最终形成工程滑坡。属难以查明的古老采空区扰动引起的工程滑坡。

2.4　滑坡稳定性评价

工程滑坡发生后，经过对开挖路基面回填反压处理，目前该滑坡处于暂时稳定阶段；滑坡已经形成，前缘将原线路右侧 12 m 一级边坡处的 23#～32#抗滑桩推移并往线路方向倾覆或平移，其中 28#、29#桩往线路方向平移约 9 m 并基本保持直立，表明桩体被剪断，滑体剪出体往线路左侧平移并爬高至左侧边坡，形成 3 m 高的土堆，呈现反翘现象，由此情况分析认为，左侧边坡起到了阻滑的作用。若不采取整治措施，开挖后必将引起滑坡再次复活，对路基及大菠萝黑 1 号隧道进口影响极大。

3　工程滑坡整治方案

滑坡整治针对以上滑坡机制、成因分析开展设计，采取大平台、缓边坡清方减载，采空区注浆、坡面框架锚索（杆）结合抗滑桩等综合措施确保滑坡长期稳定，如图 5 所示。

（1）DK669+933.625～DK669+999.375 右侧路堑坡脚设置一排抗滑桩，共 12 根，DK669+972～DK670+023.96 右侧第三级边坡平台一排锚固桩，共 10 根，桩间内置 C35 钢筋混凝土板。

（2）自下而上第一级、第二级边坡按 1∶1.75 刷坡后采用框架锚索防护，锚索节点间距沿坡面 4.0 m、顺线路方向 3.0 m。锚索均为一孔 4 束，单孔设计拉力 600 kN，锁定预应力 483 kN，锚索采用 ϕ110 钻孔。局部坡面锚杆框架梁防护。锚索要求锚入坡体深部基岩中。

（3）自下而上第三级按 1∶1.75 刷坡、第四级边坡按 1∶1.5 刷坡后采用锚杆框架梁防护，节点间距 2.5 m，锚杆长 10～12 m。

（4）于最下面一排锚固桩桩前设置钢筋混凝土支撑梁，共 17 个。梁宽 0.6 m，梁高 0.8 m，梁长 17.1 m。

（5）路堑坡脚于整个路基面范围内采用钻孔注浆处理，注浆孔间距 3.5 m，深 8 m。通过注浆减小采空区的影响。

整治方案圬工方 3 310 m³，锚索 166 孔、5 028 m，工程投资约 600 万元。

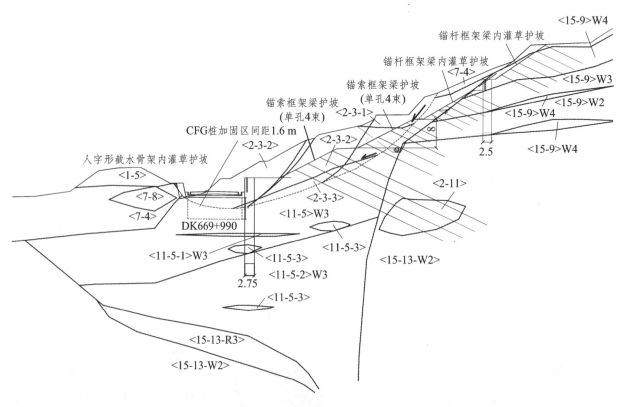

图 5　工程滑坡整治代表性横断面

　　整治工程施工过程中，局部地段未严格按分层开挖，分层施作坡面防护的要求施作，坡面暴露时间长等，导致局部边坡发生溜坍变形，后现场立即反压回填，并严格执行设计要求，及时施工框架锚索，溜坍变形得以有效控制，整个工程于 2015 年 11 月施工完毕，变形监测表明，整治措施效果良好，如图 6 所示。

4　经验总结

　　（1）该工程滑坡属古老采空区引起的工程滑坡，年代久远，现场无明显开采痕迹，勘察设计人员很难准确判断。但地形图上在工点区域内出现的 3 个几乎在一条直线的漏斗状地形也未能引起勘察人员足够的重视，在砂泥岩为主的地形中出现多个漏斗洼地，是比较罕见的。事后发现，这几个漏斗洼地是下部采矿巷道坍塌引起的。

图 6　工程滑坡整治竣工后效果

　　（2）施工过程中施工单位应及时反馈异常情况，切实做好信息化施工工作。本工点施工单位在人工挖桩过程中曾出现腐木却未能反映，错过了及时发现采空区的线索。

　　（3）西南山区，设置 2~3 排锚固桩的工点已常出现。设计人员应注意控制边坡中、上部锚固桩的悬臂长度，一般桩高出边坡平台 2~3 m 为宜。

　　（4）设计人员在设计计算过程中，应认真阅读地质资料，综合考虑岩体的完整程度、风化情况、成岩作用、力学参数进行分析。

国道 317 线鹧鸪山 K9 病害工点治理

李楚根　姚裕春　罗　成

（中铁二院　土建二院）

摘　要　国道 317 线 K9 公里滑坡为大型牵引式滑坡，2003—2005 年多次进行勘察和整治设计。通过对滑坡成因分析，充分利用既有的抗滑桩工程，采用滑坡上部埋式抗滑桩、中部锚索框架梁或锚索板、前缘抗滑桩、深层排水等综合工程，有效保证了滑坡的稳定，并经受了"5·12"汶川地震的考验。

关键词　大型滑坡　成因分析　综合治理　监测

1　工程地质概述

1.1　自然地理概况

国道 317 线鹧鸪山隧道及其引道工程位于马尔康县梭磨乡，K9+464～K9+646 病害工点发生于三家寨梭磨河左岸的白石沟沟口右侧斜坡上，顺坡而下至三家寨大桥与刷马路相连。

该段路基位于梭磨河左侧高山斜坡地段，自然坡度为 30°～40°，上缓下陡。坡顶为高山高原草地、沼泽地。坡面植被茂密，多为松树乔木，所处地区属国家森林保护区。坡脚为梭磨河谷地，阶地宽 50～70 m，河谷宽 30～70 m。

测区属北温带、川西北高原高寒气候区，昼夜温差大。历年平均气温为 3.3～3.8 ℃。最高气温为 28.2 ℃，最低气温为-2.0 ℃～-3.1 ℃，历年极端最低气温为-30 ℃～-31.1 ℃，历年平均降雨量为 910～938 mm，5—10 月为主要降雨期，占全年降水量的 70%～80%。最大冻结深度为 1.01 m，最大积雪厚度为 47 cm。

1.2　地层岩性

第四系坡崩积层（Q_4^{dl+c}）碎石土：灰褐色，稍湿、松散～中密，表层 2～3 m 为碎石夹块石，碎石含量占 50%～60%，粒径 ϕ=2～8 cm，余为角砾及粉粒，石质为板岩、变质砂岩，分为上下两层——分布于斜坡上部的土体层厚 2～8 m；分布于斜坡下部的土体层厚 4～11 m，属 Ⅱ 级普通土。

第四系坡崩积层（Q_4^{dl+c}）角砾土：灰褐色，稍湿、中密～密实，层厚 6～12 m，角砾含量占 50%～60%，粒径 ϕ=0.5～2 cm，余为砂粒及粉粒，该层含 0～4 m 的粉质黏土，角砾石质为板岩、变质砂岩，层厚 6～12 m。

第四系坡积层（Q_4^{dl+c}）粉质黏土：灰褐色，硬塑～软塑状，含有机质，块石碎石含量约 5～20%，主要系崩积发生间隔形成的坡积层，层厚 0～4 m，呈透镜状分布于角砾土中。

三叠系上统侏倭组（T_3^{zw}）炭质千枚岩、板岩：灰～灰黑色、薄层状、构造节理发育、岩体破碎。

1.3　地质构造

该段位于新生沟倒转向斜北东翼，岩层挤压强烈、倒转、节理裂隙发育。向斜轴线走向 N28°W，倾向 NE，倾角 60°～70°，岩层产状 N21°W/71°SW，N45°W/63°SW，主要节理有：N60°W/28°NE；S-N/75°E；N60°E/88°SE。

2　施工图设计及施工情况

2.1　施工图设计情况

K9+477.25～K9+562.75 长 85.5 m 右侧设置路堑桩板墙桩间距 6 m，桩截面 1.25 m×2.25 m～2 m×3 m，桩长 17～25 m，共 15 根桩，桩板墙最大高度 11 m，两端设置路堑挡土墙。桩板墙顶设 2 m 宽平台，采用 M7.5 浆砌片石封闭。平台以上路堑边坡设两级拱形骨架内液压喷播植草护坡，堑顶外 2～5 m 处设截水沟一道，采用 M7.5 浆砌片石砌筑，边坡最大高度 25 m。

2.2　施工情况

2001 年 7 月开始施工 K9+464～K9+576 右侧路堑桩板墙的桩，2002 年 7 月施工完工，桩前挂板于 2002 年 7 月开始施工，2003 年 6 月施工完工。坡面清方减载及护坡工程、排水工程尚未施工。

3　第一次病害整治情况

3.1　桩板墙倒塌情况

2004 年 6 月入夏以来，当地连降暴雨，斜坡表层土体发生坍滑，地表水渗入土体，导致桩板墙后土体产生下滑，使桩板墙承受较大推力，2004 年 6 月 26 日，部分抗滑桩向外偏移达 40 cm，并有继续增大的趋势。2004 年 6 月 30 日，地表出现 2～3 条裂缝，抗滑桩向外偏移加剧，2004 年 7 月 4 日，由于斜坡土体继续下滑，桩板墙受力增大，导致 5#～11#桩位移量达到 47.8～110.9 cm；7 月 5 日，5#～8#桩于侧沟平台处倒塌，7 月 20 日，9#桩向外倾斜达 400.3 cm，10#向外倾斜 305.4 cm，11#向外倾斜 202.5 cm，其余几根桩及桩前挡土板也遭到不同程度破坏（图 1）。

图 1　路堑 5#～8#桩板墙倒塌情况

3.2　桩板墙倒塌原因分析

马尔康地区自 2004 年 5 月 22 日至 7 月上旬出现持续性中到大雨，总降雨量超过 220 mm，其中 6 月 27 日至 7 月 4 日一次大雨达 52.2 mm。连续的降雨使土体中碎石土层充水，地下水位上升。6 月 26 日坡体开始变形，出现 2～3 条约 30 余米长、20～60 cm 宽的裂缝，1#～15#桩外倾。

路堑桩板墙后土体回填欠密实，坡体中出现裂缝使降雨和地面水易渗入土体，致使坡体饱和并软化，加大土体容重，降低土体物理指标，增大了对桩板墙的推力，造成桩板墙倒塌。

从 6 月 26 日开始，1#～15#桩板墙外倾，坡体开裂以及路面以上 2～4 m 处出现水平裂缝，证明沿潜在滑面的滑移已启动，巨大的下滑力促使桩板墙弯曲折裂；6 月 28 日，变形进入加速阶段，至 7 月 4 日，5#～8#桩最大倾斜位移量超过 110 cm，7 月 5 日倒塌，滑面贯通，滑坡形成。

3.3　第一次病害整治设计

（1）恢复并加强设置堑顶外截水沟；平整坡面、夯填裂缝，防止地表水下渗。

（2）桩顶以上刷方边坡设锚杆钢筋混凝土截水框架梁，骨架内液压喷播植草，在截水框架节点处设置锚杆，共设 11 排锚杆，锚杆长 6～15 m。

（3）在原桩间设抗滑桩，桩间距 6 m，桩截面 1.75×2.5 m～2.0×3.0 m，桩长 23 m～24 m；新设置抗滑桩间设置单桩托梁基础挡土墙，单桩为利用已倒塌桩板墙的桩（图 2）。

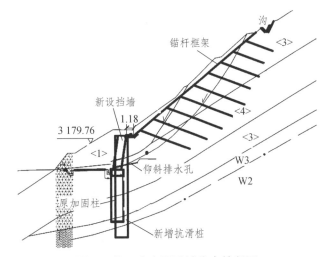

图 2　第一次变更设计代表性断面

（4）桩间挡土墙的最下两排泄水孔处设两排仰斜排水孔，每级边坡平台靠山侧约 1 m 高处各设一排仰斜排水孔。

4　第二次病害整治情况

第一次病害整治增设抗滑桩及框架梁锚杆护坡，于 2005 年 6 月完工。

2005 年 6～7 月连续降雨后刚施工完成的 12 根抗滑桩及框架梁锚杆护坡局部发生变形开裂，斜坡上部产生裂缝，抗滑桩顶面发生向外偏移。2005 年 7 月 29 日～8 月 20 日变形结果：抗滑桩顶面发生向外偏移，最大变形量 54 mm；挡土墙整体外挤变形约 20 cm，墙体变形破坏；滑坡后缘 200 处发育多条拉裂缝，延伸约 40 m，裂缝宽 0.2～0.5 m，裂缝错距为 0.2～0.5 m，最大达 1.5 m，滑坡处于蠕滑变形阶段。

4.1 滑坡特征及成因分析

4.1.1 滑坡特征

该滑坡为一大型的牵引式滑坡，滑体物质主要为崩坡积碎石土、角砾土、块石土，属土质滑坡，滑床为碳质千枚岩、板岩。滑坡范围长 260 m，宽（沿公路方向）206 m，滑体厚度 8～30 m，体积约 40 万立方米。根据病害产生的先后顺序、因果关系及整治情况将该处滑坡分为三个区（图 3）。

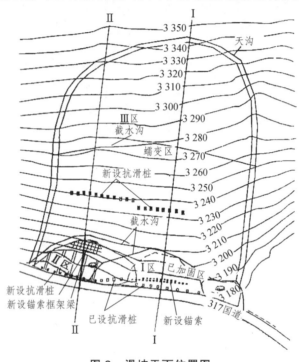

图 3　滑坡平面位置图

滑坡Ⅰ区：位于 K9+464～+576 段滑坡前缘，2004 年 7 月桩板墙后形成局部滑坡，路堑中部 7 根抗滑桩被剪断。病害整治中在原桩间设置 12 根抗滑桩，2005 年 7 月连续降雨后刚施作完的 12 根抗滑桩及框架梁锚杆护坡局部发生变形开裂，斜坡上部产生张裂缝，抗滑桩顶面发生向外偏移，总变形量最大为 54 mm，最小值为 37 mm。

滑坡Ⅱ区：位于 K9+576～+646 滑坡前缘，为新形成的滑坡区：滑坡体长 60 m，宽 94 m，滑体 8 m，滑坡堆积为碎石、角砾土，后缘高出路面约 40 m，后缘边坡由于受地下水出露影响，已形成较陡的临空面，有继续向后发展的趋势。

滑坡Ⅲ区：位于滑坡Ⅰ区、滑坡Ⅱ区的上部，为蠕动变形斜坡区，长 182 m，宽 262 m，厚约 8～30 m，标高为 3 220～3 340 m，该区受Ⅰ区、Ⅱ区前缘牵引。

4.1.2 地层岩性

滑坡区地层为第四系坡崩积层（Q_4^{dl+c}）碎石土、角砾土、块石土，下伏基岩为三叠系上统侏倭组（T_3^{zh}）碳质千枚岩、板岩。

4.1.3 水文地质条件

滑坡区路线通过地段为凹形单面陡坡，坡顶地势平坦并在低缓处形成一长约 500 m，宽约 100 m，面积约 0.05 km² 的高原草地、沼泽地，其赋存的表水及地下水为斜坡上诸多树枝状冲沟沟水（白石沟为分水岭西侧一主沟）以及大范围坡麓地下水的补给源之一。滑坡体赋存的地下水类型主要为崩坡积层孔隙潜水。

4.1.4　滑坡成因分析

该滑坡的形成与其特殊的地层岩性、当地的气候条件、人为活动等有关。

滑坡区属扇状崩坡积堆积体，前缘沟深坡陡，斜坡覆土厚、稳定性差、处于相对稳定平衡状态，崩坡积扇土层结构中，黏土层及其与碎石土层的接触面，是土层稳定性控制性的软弱层和软弱面，是滑坡的主要控制性滑面。

国道 317 在其前缘以路基挖方通过，施工后，其前缘形成路堑边坡，坡脚成为应力集中带。施工过程中边坡开挖后破坏了原先的应力平衡，应力会在坡体上释放，挡墙施工后挡墙后的施工缝未及时填塞，应力释放会使坡体产生一定的挤密变形，前缘变形必然向上产生牵引，使坡体整体蠕变，这种变形可能很小，不一定一次就会显现出来。下部土体产生坍滑蠕动将牵引上部土体产生蠕动变形，特别是在此段已发生多次坍滑，坡体稳定性恶化。在下部临空压密蠕变的条件下，上部产生牵引，导致在 K9+464～+646 标高达 3 220～3 340 m 的范围内，产生半圈椅状的裂缝。

2004 年 7 月前缘 K9+464～+576 发生滑坡，2005 年 7 月 K9+550～+646 段又发生坍滑，挡墙被破坏，这些活动（特别是后者）对该坡体的稳定性产生了影响，使整个Ⅲ区的蠕动变形加大，在坡体上产生大量裂缝。Ⅲ区蠕变后反过来又对Ⅰ区挡护工程产生挤压，这也是Ⅰ区挡护工程发生变形的主要原因。

4.2　滑坡稳定性分析及推力计算

4.2.1　滑带土强度参数

根据滑坡地勘资料进行稳定性计算，滑坡稳定性计算用极限平衡法。

地质推荐参数：滑体饱和容重 19.5 kN/m³，滑坡Ⅲ区潜在滑动面参数，Ⅰ—Ⅰ主轴 c=6 kPa、φ=32°，Ⅱ—Ⅱ主轴 c=6 kPa、φ=35°。

具体计算、分析过程中，滑坡前缘Ⅰ区按已设抗滑桩承担推力 770 kN/m 反算综合内摩擦角，滑坡Ⅱ区极限平衡法反算综合内摩擦角。反算结果如下：滑坡Ⅰ区综合内摩擦角 φ=25°；滑坡Ⅱ区综合内摩擦角 φ=28°。

4.2.2　滑坡稳定性分析

经计算，滑坡稳定性计算结果如表 1。

表 1　潜在滑面稳定性计算结果

检算断面	滑坡稳定系数/K	备　注
Ⅰ—Ⅰ主轴 1 滑面	1.114	
Ⅰ—Ⅰ主轴 2 滑面	1.124	
Ⅰ—Ⅰ主轴 3 滑面	1.059	按既有桩承担 770 kN/m 推力
Ⅰ—Ⅰ主轴 4 滑面	1.133	
Ⅱ—Ⅱ主轴 1 滑面	1.019	
Ⅱ—Ⅱ主轴 2 滑面	1.027	

计算结果说明：Ⅰ—Ⅰ主轴潜在滑面稳定系数为 1.059～1.124，处于欠稳定至基本稳定状态；Ⅱ—Ⅱ主轴潜在滑面稳定系数为 1.019～1.027，处于欠稳定状态。

4.2.3　滑坡推力计算

按规范要求，推力计算安全系数取 K=1.1，滑坡推力计算按传递系数法，滑坡推力计算结果如表 2。

表 2　滑坡推力计算结果及各分项工程承担推力表（kN/m）

检算断面	滑坡推力		分项工程承担推力				备注
	整体滑坡推力	前缘（滑坡Ⅰ区或Ⅱ区）滑坡推力	滑坡前缘既有桩	滑坡前缘新设桩	滑坡中部锚索工程	滑坡后部埋式桩	
Ⅰ—Ⅰ主轴	785	1 285	770		515	785	
Ⅱ—Ⅱ主轴	2 106	355		400	884	1 222	

4.3　滑坡整治工程措施

该滑坡工程为一大型滑坡，需考虑欠稳定区（滑坡前缘）和蠕滑区，并考虑既有工程的抗滑作用，同时工程措施也要考虑各主轴不同滑面的综合影响，滑坡治理的主体工程有：滑坡前缘抗滑桩工程、滑坡中部锚索工程、滑坡后部埋式抗滑桩工程（图 4、图 5）。

（1）滑坡前缘抗滑桩工程。

滑坡Ⅰ区：在 K9+559～+589 长 30 m 右侧在既有挡墙墙后设抗滑桩，共 6 根，桩截面尺寸为 1.75 m×2.75 m～2 m×3.25 m，桩长 21.5～32 m，桩间距 6 m。

滑坡Ⅱ区：在 K9+589～+646 长 57 m，右侧在既有挡墙墙后设抗滑桩，共 8 根，桩截面尺寸为 1.5 m×1.75 m～1.5 m×2.25 m，桩长 13.5～21.0 m，桩中心距路线中心距离为 9～10 m，桩间距 6 m。

（2）滑坡中部锚索工程。

滑坡Ⅰ区：在 K9+492～K9+552 段长 60 m 既有桩顶锚杆框架梁的间隙设置第一排锚索板，在 K9+500～K9+552 段长 52 m 既有桩顶锚杆框架梁的间隙设置为第二排锚索板，共 30 孔，每孔 6 束锚索，锚索钻孔直径 φ130 mm，锚索长 52～57 m。

滑坡Ⅱ区：在 K9+585～K9+621 边坡，设置锚索框架梁护坡，每个节点设置 1 孔 6 束锚索，共 50 孔，锚索钻孔直径 φ130 mm，锚索长 27～47 m。

（3）滑坡后部埋式抗滑桩工程。

滑坡后部为滑坡Ⅲ区，在 K9+507～+615 右侧距路线中心距离为 88～95 m 中部地面高程 3 233～3 236 m，设置一排深埋抗滑桩，共 19 根，桩截面尺寸为 1.75 m×2.75 m～2×3.25 m，桩长 27～30 m，桩间距 6m。

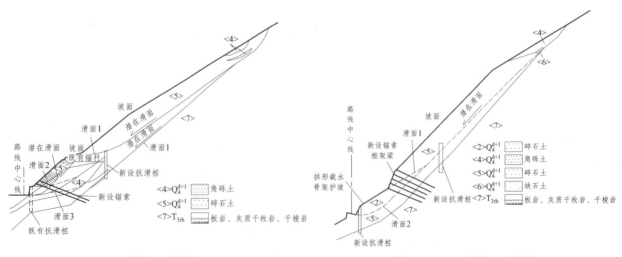

图 4　Ⅰ—Ⅰ主轴工程措施　　　　　　　图 5　Ⅱ—Ⅱ主轴工程措施

（4）地下排水工程。

在滑坡Ⅰ区和滑坡Ⅱ区，桩间挡土墙设置一排仰斜排水孔，孔深 16 m，仰斜排水孔仰角 8°，采用 φ100 mm 钻孔，孔内设 φ80 mm 带孔 PVC 管，并用无纺透水土工布包裹，引排地下水。

在滑坡Ⅱ区 K9+586～K9+640 右侧滑体内，隔桩设置一道支撑渗沟。

（5）既有裂缝回填。

对滑坡周界已形成的拉裂缝，采用黏性土回填夯实。

5　施工与效果

滑坡治理工程于 2006 年 3 月施工，于 2006 年 9 月竣工，竣工后对滑坡进行地表变形、深部位移、锚索预应力测量等监测。根据监测单位"中国科学院水利部成都山地灾害与环境研究所"对该滑坡的监测报告：2006 年 9 月至 2008 年 4 月抗滑桩顶位移 3～8 mm、深部位孔口位移量在 2～10 mm；"5·12"汶川地震后，2008 年 7 月检查滑坡体的监测设施完好无损。

6　体会和建议

（1）线路在通过大型崩坡积碎石土、角砾土、块石土时，宜采用外移设桥或内移设隧方案，避免路堑切脚扰动引起滑体稳定。

（2）路堑采用桩板墙等支挡工程时，应考虑墙后开挖后回填土体的不密实问题，支挡工程土压力检算中应考虑其物理指标的修正，同时加强墙体和墙后排水措施。

（3）路堑前缘坡脚一般成为应力集中带，施工过程中边坡开挖后破坏了原先的应力平衡，应力会在坡体上释放，应力释放会使坡体产生一定的挤密变形，前缘变形必然向上产生牵引，使坡体整体蠕变，这种变形可能很小，不一定一次就会显现出来。因此，当崩坡积体的路堑支挡工程出现病害时，应扩大勘察范围，查清病害的深度和广度。

渝怀铁路 DK615 工程滑坡治理

冯俊德　褚宇光

（中铁二院　土建一院）

摘　要　渝怀铁路 DK615 滑坡是施工过程中发生的一处大型、中层、牵引式工程滑坡，由于工期原因和地方阻工等因素，加固难度大。本文从地形、地质、水文等方面分析了滑坡产生的原因，对变更设计加固方案做了较详细的介绍，并提出在类似工点条件下设计应当引起注意的问题。

关键词　工程滑坡　高边坡　钢管桩　抗滑桩　预应力锚索

1　工点概况

渝怀铁路 DK615+330～+890 段为丘陵斜坡地貌，自然坡度为 10°～20°，多垦为水田，未开垦部分植被发育。线路左侧 190 m 为一小河，水面宽 15～25 m，洪水期水深 4～5 m，河岸陡峻。地表大部分为砂黏土覆盖，仅在开挖公路路堑、河岸处、沟谷内可见基岩出露。

DK615+330、+440 右侧有两条大冲沟，垂直于线路发育。沟谷内已开垦为水田。沟床纵坡较陡，形成多级陡坎。大冲沟两侧发育多条次级冲沟，分布大片梯田，地表水丰富。

铁路所经范围上覆砂黏土厚 1～3 m，下伏基岩为砂岩夹泥岩（K2），紫红色，中厚层状，局部泥岩呈透镜状，层间未见软弱夹层，为易风化软质岩。其中风化极严重带厚（W4）5～10 m，风化严重带厚（W3）3～4 m，以下为风化颇重带（W2）。岩层走向与线路走向夹角约 10°，倾向线路，岩层倾角为 10°～15°。

该段线路为深挖路堑，最大中心挖深 20 m。考虑到岩层缓倾，施工图按一般路堑设计，下部设重力式路堑挡土墙，墙高 2～12 m，墙顶留 2.0 m 宽平台，平台以上按 1∶1.25 刷坡并设方格骨架护坡及液压喷播植草防护，右侧堑坡高约 29 m。

2　滑坡的形成与发展

由于征地拆迁方面原因，本段路基一直不能施工，等到 2002 年 7 月动工时距全线计划铺架工期已不足 3 个月，工期紧迫，因此一直处于抢工状态。

该段路堑开挖至墙顶平台附近，出现边坡渗水现象，主要出现在 W4 与 W3 的分界面，其中 DK615+700、+740 处呈股状出水，水量为 2～4 L/s。随着路堑开挖，边坡渗水情况逐渐加剧，特别是 W3 与 W2 的接触面有明显渗水，DK615+675、+700、+740、+765、+795、+830 等处均发现集中渗水点，呈股状或片状流出。在路堑开挖至距路基面以上 2～8 m 时，边坡出现坍滑，加上连续降雨，坍滑规模不断扩大，至 2002 年 11 月最远裂缝已发展至距中线 180 m 远，右侧地表出现了数条纵向贯通裂缝，其中 DK615+645～+750 和 DK615+740～+825 各发育一条较严重的纵向裂缝，缝宽分别为 90 cm、30 cm，距中线距离分别为 140 m 和 97 m，最大错台 1.5 m，形成大型、中层、牵引式滑坡。

3　滑坡概况及形成原因分析

该工程滑坡平面上呈一不规则簸箕状，滑坡前缘宽约 230 m，滑坡后缘及两侧壁未见基岩出露，有多条弧形裂缝分布。滑坡两侧为冲沟，滑坡轴向为 N45°E，滑坡主轴长约 270 m。

滑体由第四系坡残积粉质黏土和泥岩、泥质粉砂岩全、强风化层岩体组成，厚 3～17 m。滑体体积为 80 万立方米。滑面基本为基岩强风化带（W3）与弱风化带（W2）的界面，滑面纵坡 10°～12°；下部潜在滑面纵坡约为 12°～14°。产生工程滑坡的主要原因是：

（1）本段地层为泥岩、泥质粉砂岩，岩性软弱，易风化。岩层单斜，岩层走向与线路走向夹角约 10°，倾向线路，岩层倾角为 10°～15°。垂直节理发育，大量表水沿基岩风化垂直节理裂隙面下渗，加速易风化软质岩的风化作用，形成较厚的全、强风化层。由于泥岩、泥质粉砂岩弱风化带（W2）岩体较完整，节理密闭状，为相对隔水层，因此孔隙、裂隙水富积于土层和全、强风化层内，并在 W4 与 W3 界面和 W3 与 W2 界面附近形成相对富水带，导致接触带抗剪强度大大降低，这点与路堑边坡开挖过程中揭示的地下水出露情况基本吻合。

（2）原设计为简单的下挡上护，未采用边坡预加固措施。施工过程中由于赶工原因采用大拉槽开挖，前缘形成连续的临空面。随着临空面深切，逐步揭穿富水软弱界面，造成整个坡体失稳，并向上逐级牵引变形，最终形成工程滑坡。

（3）施工期间连续降雨，坡体变形后引起地表变形开裂，为表水提供了入渗通道，进一步增加了地下水的补给，促使滑坡范围和规模不断加剧。

另外，滑坡范围分布多条冲沟，冲沟岸坡坡度较陡，在滑坡沿主轴方向变形扰动下，同时引起滑坡体斜向冲沟临空面方向失稳，形成一些次级土层滑坡，加剧了地表变形。

4　滑坡加固方案

根据工点地质补勘资料，滑体综合容重 γ=20 kN/m³，滑带土体的力学指标为：c=5 kPa、φ=10°；按极限平衡反算分析，当 K=0.98 时反算滑面力学指标 c=5 kPa、φ=11.8°，反算指标略高。加固工程设计采用反算指标，设计安全系数 K=1.15，设计滑坡推力 T=1 750 kN/m。

由于铺架工期已较计划延后，加固工程按照永临结合、分步实施的原则进行设计：临时加固工程以尽快遏制滑坡发展为目的，为铺轨创造条件，待铺架通道打通后再实施永久抗滑加固工程。

4.1　临时工程

（1）黏土夯填地表裂缝，然后用彩条布覆盖。路堑边坡夯拍平整，形成顺畅的地表排水坡，防止地表水沿裂缝下渗。设置临时排水沟，完善地表临时排水设施。

（2）DK615+602～+830 长 228 m 右侧护墙顶平台靠山侧设置大锚杆加固，锚杆长 11～15 m，且进入基岩风化颇重带不小于 4 m。

（3）二、三级平台（二级平台范围 DK615+635～+830，三级平台范围为 DK615+750～+790）上设置降水井点，降水井点间距 20 m，降水井采用花管包网，防止土体潜蚀。降水井的深度进入基岩风化颇重带不小于 4 m。降水井点位置待其余钢管桩、大锚杆施作完毕后，再补作钢管桩。

（4）DK615+630～+830 长 200 m 右侧第二级平台上靠山侧的坡脚设置一排钢管桩，桩长 12～17 m。DK615+700～+800 长 100 m 段内钢管桩的外侧 0.5～1.0 m 处（靠线路侧）设置一排大锚杆加固，锚杆长 13～17 m。DK615+750～+790 长 40 m 右侧第三级平台上靠山侧的坡脚设置一排钢管桩，桩长 20～21 m。钢管桩（大锚杆）进入基岩风化颇重带（W2）不小于 6.0 m、4.0 m。钢管桩、大锚杆均高出平台 0.5 m，与下一级的坡脚墙基础整体浇筑。钢管桩采用 ϕ110 钻孔，内置 ϕ89 钢花管和束筋。

（5）在第一级平台的大锚杆和井点降水工作结束后，分段开挖大锚杆前土体，并及时用砂袋码砌，砂袋码砌的胸坡坡率不小于 1：0.5，厚度不小于 1.5 m，确保铺轨安全。

临时工程措施见图 1。

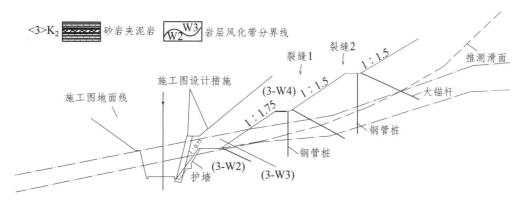

图 1　变更设计临时工程措施示意图

4.2　永久工程

（1）DK615+602～+830 右侧长 228 m，从下至上按 1：0.75、1：1.5、1：1.75、1：1.75 的边坡坡率分 2～4 级刷坡，分级处均设宽 2.0～4.0 m 的平台。

（2）DK615+602～+830 右侧长 228m 下部设置浆砌片石加强型护墙，墙高 2～8 m，起终点墙高均为 2 m，墙身增厚 0.2 m。

（3）于第二级平台的坡脚（靠山侧）设置高 0.8 m、宽 0.5 m（单排钢管桩）或 1.0 m（一排大锚杆和一排钢管桩）的 C15 混凝土脚墙连通将大锚杆和钢管桩包住，兼作骨架护坡的基础。

（4）DK615+620～+830 长 198 m 右侧第二级平台上设置埋式抗滑桩，共 39 根，截面为 1.75 m×2.75 m 和 2.0 m×3.0 m。

永久措施方案见图 2。

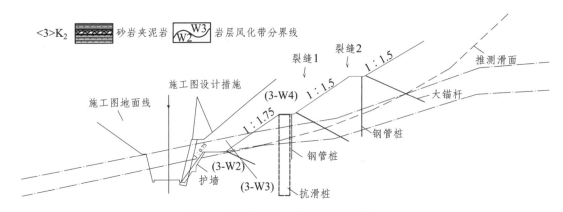

图 2　变更设计永久措施方案示意图

5　加固方案调整

5.1　方案调整原因

2002 年 12 月至 2003 年 1 月，随着井点降水和钢管桩（大锚杆）等临时抢险工程陆续施工完成，滑坡变形逐步趋于稳定，2002 年 12 月 15 日铺架车顺利通过此处。然而由于后续抗滑桩、地表排水等永久加固工程迟迟没有跟上，随着次年春耕开始，当地水田普遍开始灌水，加上降雨也日益增多，2003 年 5 月，滑坡出现再次滑动。

本次滑动为沿既有滑坡中部产生的次级滑动，滑体前缘标高较设计路肩高程为 13～15 m，滑动前缘坡脚处有流塑状土体挤出，滑动后缘最远处距线路中心 143 m。其中 DK615+630～+790 段路堑坡脚码砌砂袋外挤变形，局部形成倒悬状掩埋轨道。一级平台与二级平台之间边坡鼓张裂缝发育。DK615+680～+780 段二级平台和 DK615+710～+770 段三级平台的钢管桩普遍变形，向线路倾斜，局部变形严重地段的钢管桩已经失效。

5.2　调整后的加固方案

根据现场情况，对原设计方案主要进行如下调整：

（1）采用以坡面锚索为主的永临结合加固措施。在 DK615+620～+776 长 156 m 路堑右侧二级平台至三级平台之间堑坡设置 2～5 排锚索格子梁加固，锚索孔沿线路纵向间距为 4.0 m，横向（横断面方向）间距为 4.5 m。

（2）对原设计滑坡推力进行调整。在原滑面反算指标的基础上，分段适当降低，分别取 $K=1.05$ 和 $K=1.10$ 计算滑坡推力，作为锚索工程和抗滑桩设计推力。相应调整抗滑桩的设计。

（3）DK615+602～+830 长 228 m 右侧坡脚设置抗滑桩及桩间挡土墙，最大墙高为 8.0m。抗滑桩的截面为 1.5×1.75 m²、1.5×2.0 m² 两种。DK615+614～+812 长 198 m 右侧第二级平台上设置一排埋式抗滑桩。抗滑桩的截面为 1.5×2.0 m²、1.5×2.5 m²、2.0×3.0 m² 三种。

（4）在滑坡体周围设置一条环状截水沟并用彩条布封闭，拦截地表水并引入两侧自然沟槽之中。在距中心约 15 m 处增设一排 ϕ150 降水井。DK615+602～+830 右侧长 228 m 桩间挡土墙上部（现滑动面位置）沿纵向设置一排长 13.0 m 的水平深层排水孔，间距约 14 m 隔桩布置，倾角为上仰 10°～15°。调整后的方案详见图 3。

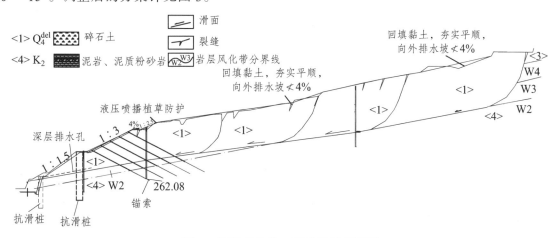

图 3　调整后整治工程路基横断面图

6 体 会

（1）本工点为斜坡软质岩深路堑施工过程中，在地表、地下水作用下产生工程滑坡的典型案例之一，滑坡规模大、影响范围广、整治费用高。整治过程中由于铺架工期的制约，给加固方案的制订带来了较大的困难，值得路基专业技术人员借鉴。工点地形基本为一面坡，地形坡度接近或缓于 20°；岩层单斜，岩层走向与线路小夹角相交，倾角较缓（10°～15°）；岩层风化层质软厚度大（全、强风化层最厚 17 m）；路堑中心挖方高度近 20 m。施工图设计采用简单的上护下挡的方案，下部挡墙最大高度达 12 m，限于当时的设计理念并未采取预加固措施，是导致工程滑坡的因素之一。

随着铁路机械化施工的普及，在长、大拉槽施工条件下引发工程滑坡的案例时有发生。针对这一情况，在 2009 版《铁路特殊路基设计规范》（TB 10035）中，专门增加了"工程滑坡预防"有关章节，要求对风化破碎带和岩体顺层边坡应控制挖方深度，并取坡脚预加固措施或加强边坡中下部锚固处理，以防范工程滑坡的发生。近年在我院路基设计中，已广泛采用分层稳定和坡脚预加固技术，大大减少了类似工程滑坡的发生。

（2）水是引发本工程滑坡的最主要因素。本工点地表、地下水十分丰富。具体表现在：① 地形发育多条大小冲沟，地表遍布水田；② 风化层厚、节理裂隙发育，具有良好透水性；③ 施工开挖揭示在全、强风化和强、弱风化接触带附近地下水集中出露，呈带状分布，水量较大，形成富水软弱面。根据滑坡发生后的实测断面反算滑动面指标，综合内摩擦角为 11.36°～16.26°，强度比较低。

在类似工点的设计中，应当结合平面地形和钻孔资料，仔细分析工点的水文地质条件，对有地表水汇集条件或地下水位高、地下水发育时，应重视水条件作用下对边坡稳定性的影响。特别对透水性地层和非透水性地层接触带等容易形成地下水赋存带的，应加强稳定性计算分析，必要时可采用饱和强度指标。另外在本工点变更设计中增加的井点降水、边坡深层排水孔等针对性排除地下水的措施，效果显著，当条件允许时也可在设计中借鉴采用。在配合施工阶段，对施工揭示地下水发育的异常段落，应引起足够重视，及时采取引排、加固的变更措施处理。

（3）滑坡发生后，鉴于工期原因，本工点变更设计采用施工快捷的大锚杆、钢管桩等临时加固方案，在快速抑制滑坡变形，为铺架创造条件方面起到了明显效果。但该临时加固方案整体刚度偏小，在永久抗滑工程没有及时跟上的情况下，抵御外界条件进一步恶化的能力显得不足。

黔桂铁路甲猫车站深路堑顺层滑坡治理

李　敏　蒋楚生

（中铁二院　土建三院）

摘　要　本文介绍了黔桂铁路甲猫车站楔形体滑坡的发生、发展过程以及其形成原因和采用抗滑桩及边坡锚索加固相结合的综合整治措施。

关键词　滑坡　抗滑桩　锚索

1　工程概况

测区属剥蚀、溶蚀低山斜坡及沟谷地貌，斜坡起伏，沟槽较发育，自然斜坡坡度一般为 20°～40°，局部陡坎，基岩零星出露，平缓处垦为旱地或水田，局部坡面松林茂密，山间沟谷沟底纵坡坡度一般为 2°～12°，主沟缓而支沟陡，支沟中偶有基岩出露，沟边多被垦为旱地或水田。工点位于黔桂线改建铁路甲猫车站内。

地层上覆第四系坡洪积（Q_4^{dl+pl}）粉质黏土、滑坡积（Q_4^{del}）粉质黏土及岩块、坡残积（Q_4^{dl+el}）粉质黏土，下伏基岩为下三叠统飞仙关组及永宁镇组（T_1^{f+y}）灰岩、泥质灰岩夹页岩，上二叠统大隆组（P_2^d）硅质岩夹页岩。

D1K403+026 左 30m 和 D1K403+100 左 15 m 滑坡两侧有基岩裂隙水和壤中水渗出，四季不枯，冬季甚微。

D1K402+700～D1K402+800 段为路堑高边坡工点，边坡最大高度 35 m，岩性为硅质岩、泥灰岩夹页岩软质岩，产状变化较大。经现场核对地层产状：多数为 N8～10°W/30～46°SW，与线路夹角为 43°～45°，总体上不属顺层，仅个别产状 N15～30°W/35～49°SW（属于顺层），节理较发育，主要节理产状有 N30～55°W/80～90°SW、N30～70°E/90°。

施工图该工点边坡设计坡率为 1∶0.75～1∶1，采用喷锚网及骨架护坡喷播植草防护（图 1）。该段地表粉质黏土厚 4～6 m，其下为弱风化（W2）灰岩夹强风化（W3）页岩，差异风化严重，节理较发育。

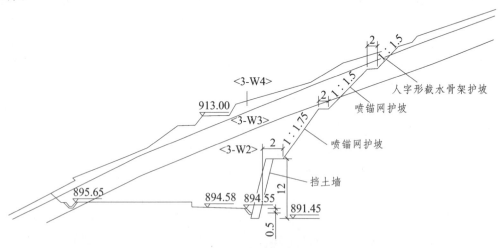

图 1　原设计代表性断面

2　产生滑坡的原因分析

2005 年 12 月上旬，施工开挖至距设计路基面约 2 m 时，距堑顶约 120 m 山坡出现大量弧形裂缝，裂缝宽达 20 cm，可见深度约 1 m。随后几天降雨后，坡体明显产生变形，坡体整体向线路滑移 7 m，阻断施工便道后趋于稳定。滑坡体近似椭圆形，主轴长 200 m；滑坡宽约 80 m，滑体最大厚 30 m，体积约 25 万立方米。滑坡前缘出现鼓张裂缝，后缘形成弧形圈椅状陡壁，滑体呈楔形（图 2）。滑坡体近似椭圆形，长轴沿 N 52°E 方向，长 200 m；短轴沿 N 32°W 方向，长 82 m。滑坡体物质成份主要为块石土，厚 0～30 m，下滑体积约 25 万立方米。滑坡前缘出现鼓张裂缝，后缘形成弧形圈椅状陡壁（图 3），滑坡范围内未见地下水。滑体呈楔形，楔形滑体最厚约 30 m。

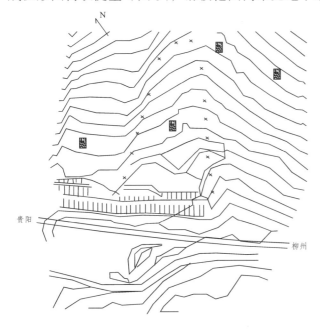

图 2　楔形体滑坡平面示意图

图 3　滑坡体全貌照片

经分析，该滑坡为二级滑坡，主轴方向约为 S60°W，主要为切层滑动，由于下部在施工过程中产生滑坡，因下部的滑动牵引上部产生切层滑坡。

经详细勘察、分析论证，产生滑坡的原因主要有以下三方面。

（1）该工点位于贵州高原，属高原剥蚀、溶蚀低山斜坡及沟谷地貌，地面斜坡较陡，坡度为 20°～40°，斜坡岩土风化严重。D1K402+700～+800 段位于一处地表水容易汇集下渗的凹型构造浅洼地带。在大气降雨下，地表水下渗，地下水作用使岩土容重增加，岩层面及构造节理面的抗剪强度降低，削弱了斜坡稳定性。

（2）工点出露基岩为软质岩与硬质岩相间的三叠系下统飞仙关组及永宁镇组（T_1^{f+y}）薄层泥质灰岩、灰岩夹页岩。岩层产状 N25°E /30°NW，为单斜构造。D1K402 + 790 附近发育一小断层，断层产状 N52°E /70°S（与线路交角约 80°）。受构造影响，节理裂隙发育，节理连通性较好，代表性节理产状主要有 N30°W /90°、N35°E /70°SE、N75°W/65°SW。岩层在构造节理切割下使岩体破碎，岩层风化严重且风化差异较大。岩层、断层倾向与坡向呈大角度相交，断层面与层理软弱夹层结构面组合切割成楔形体。由于路堑为深挖，切坡后可能产生楔形破坏。岩层、断层、边坡的赤平投影示意图（图 4）。

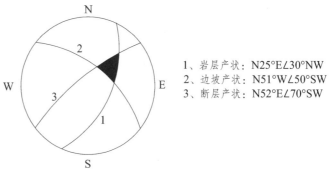

1、岩层产状：N25°E∠30°NW
2、边坡产状：N51°W∠50°SW
3、断层产状：N52°E∠70°SW

图 4　岩层、断层、边坡的赤平投影示意图

（3）由于甲猫车站施工开挖，边坡形成临空面，楔形体失去支撑力后沿饱水的软弱结构面产生滑移。因此，开挖临空面的形成是诱发楔形体失稳，产生楔形体滑坡的主要因素。

综上所述，该工点受区域地质构造影响，断层面与岩层层间软弱夹层自然形成了岩体结构面的不利组合，将破碎岩体切割成楔形体，加上大气降水和人工开挖切割斜坡岩体形成的临空面为诱发因素，在岩层走向与线路大角度相交情况下产生的楔形体滑坡。

3 滑坡整治

为彻底根治楔形滑坡的再次发生，保证路堑边坡的稳定性，本着"主动防护，一次根治，不留后患"的原则，本滑坡工点设计采取"截排水工程、锚固桩加固工程"的综合整治措施。即：夯填地表裂缝、设置截排水沟，减小地表水的下渗；设置两排抗滑桩加固滑坡，确保滑坡整体稳定；边坡采用锚杆框架梁和锚索框架梁护坡防护，确保边坡稳定。图5、图6为整治代表性断面。

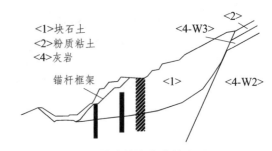

图 5　滑坡整治代表性断面一

（1）边坡按台阶进行放坡，每级台阶高10 m，平台宽 3～22 m，边坡坡率 1：0.75～1：1.5。D1K402+820～D1K402+870，第二、四、五级边坡采用锚索框架梁护坡，锚索长度分别为27 m、27 m、30 m。锚索排距为 4 m，锚固段长 10 m，水平面夹角为 23°，钻孔直径为 150 mm，设计吨位为 800 kN。

（2）右侧设置两排路堑锚固桩，锚固桩间距为 6 m。桩身坏工为 C30 混凝土；锁口及护壁为C20 钢筋混凝土，护壁厚 40 cm，双面对称配筋。桩断面尺寸 1.5 m×2.75 m、2 m×3 m、2.5 m×3.5 m，桩长 17～135 m。空桩部分采用 C30 素混凝土灌注。

（3）在距滑坡体外沿 2 m 处设梯形排水沟，在滑坡体中部设梯形排水沟，排水沟位置根据地形而设。

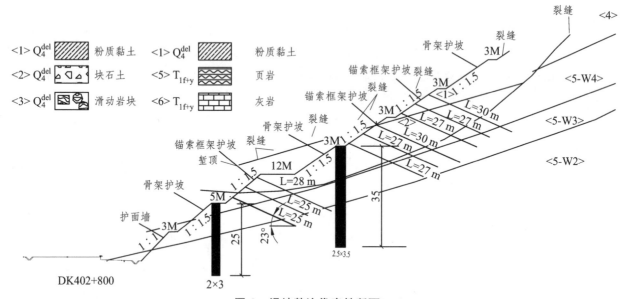

图 6　滑坡整治代表性断面二

4 工程（整治）效果及体会

综合整治措施完成后，滑坡及边坡稳定且经受了几个雨季考验，确保了铁路运营安全。

从甲猫车站滑坡病害的原因及整治体会到：地质复杂的山区，岩层受构造影响严重的路堑边坡，非顺层的岩层边坡受构造节理面和岩层层理面的切割，在施工开挖后可能产生楔形滑坡。因此，在非顺层地段，特别是在软硬岩相间和层间分布软弱夹层的地段，要加强对岩体结构面和软弱夹层的勘察、分析和研究，重视不利结构面组合和软弱夹层对工程（岩体边坡）的影响，积极采取合理有效的措施，防止在施工中产生地质病害。

叙大铁路 DK66 左侧路堑滑坡治理

吴　胜　彭家贵

（中铁二院重庆公司）

摘　要　叙大铁路 DK66+592～DK66+718 段施工图时，该段左侧为挖高约 6 m 的路堑边坡，路堑开挖后发生工程滑坡，在地质补勘及滑坡分析的基础上，采取了桩间挡土墙结合坡面植被防护以及防排水的综合治理措施，结果表明这种综合治理措施效果很好，为类似路堑工程滑坡治理提供了实践经验。

关键词　路堑　工程滑坡　综合整治

1　工程概况

本段属低山构造剥蚀地貌，缓坡地形，地形起伏较小。测区高程介于 769～808 m，相对高差达 40 余米，地表多为耕地用地，区内植被较发育。工点地表为第四系粉质黏土，厚 2～5 m，下伏基岩为页岩。施工图设计该段左侧为挖高约 5 m 的路堑，采用 1:1.25 的坡率刷坡，坡面采用骨架护坡防护（图 1）；开挖至设计高程后因征地原因，边坡一直未作防护，边坡截水沟也未完全施作完毕；连降暴雨后，形成了工程滑坡。

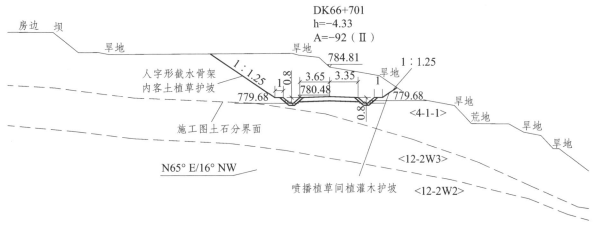

图 1　施工图断面设计图

2　滑坡变形特征及成因分析

2.1　变形特征

滑坡前缘：DK66+600（LF6）、DK66+620 段（LF8）左侧路基边坡已开裂，裂缝宽约 10 cm，走向与边坡走向近平行。

滑坡中部：2012 年 7 月初 DK66+700 左侧 47 m 处民房院坝开裂（LF2），裂缝宽 3～4 cm，院坝裂缝宽 3～5 cm，长 5～6 m，裂缝走向大致与边坡方向平行。2012 年 12 月初 DK66+640 左侧 47 m 白色砖瓦房前开裂（LF7），裂缝宽 2～4 cm，长 3～5 m，大致顺边坡走向延伸，此房子左侧一坟墓基座亦开裂（LF4），裂缝宽 1～2 cm，长 2～4 m，大致顺边坡走向延伸。2012 年 12 月初 DK66+700 边坡坡顶玉米地中裂缝已形成约 8 cm 高的错台（LF1），错台走向与边坡走向交角约 60°。

图 2　滑坡全貌

滑坡后缘：DK66+700 左侧 66 m 处房屋院坝前，出现错台（LF3），高度约 5 cm。DK66+640 左侧 47 m 白色砖瓦房背后裂缝宽 3～5 cm，长 7～8 m，大致顺边坡走向延伸。

综上，DK66+600～DK66+700 段边坡开挖后，左侧发生开裂。开裂范围大致呈宽缓扇形，位于 DK66+600～DK66+700 段左侧 70m 范围内，纵长约 65 m，最宽约 126 m，主滑方向大致垂直线路走向，本段路堑右侧可见基岩出露，未见裂缝，见图 2。

2.2　成因分析

2.2.1　根据补勘的地质资料揭示：土石分界面变陡

施工图阶段该段左侧为挖高约 6 m 的路堑，土石分界面较缓，补勘后土石分界面变陡，代表性横断面如图 3 所示。

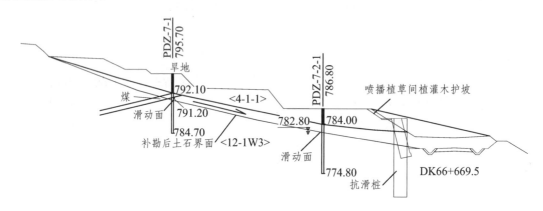

图 3　补勘后断面设计图

土石界面明显变陡，是引起路堑开挖后发生工程滑坡的重要原因。

2.2.2　人为因素

现场调查发现开裂严重的均为泥质老土房，且其下部大多为自行填筑的保坎，如：DK66+700 左侧 47 m 处民房院前保坎高约 3 m。人为自发填筑的地基在连续暴雨条件下，稳定性较差，而受 DK66+600～DK66+700 段开挖边坡前缘临空，牵引后部影响，加剧了房屋地基开裂；边坡开挖成型后因坡脚揭示出薄煤层，附近老乡结队私自掏挖坡脚煤层，在坡脚形成数个大小不一的空洞，影响边坡稳定。

2.2.3　水的作用

本边坡区域内地形较平坦，不利于地表径流排泄，导致大部分地表来水通过粉质黏土下渗，而测区岩体破碎节理裂隙发育，地表来水易透过节理裂隙汇入岩层中（本次勘探有 5 个钻孔测得稳定地下水水位）。据钻孔揭示测区基岩以页岩为主，岩体受风化影响强烈，岩芯极破碎，部分已蚀变为泥，页岩属软质岩，岩体受水体浸泡后将明显变软，导致抗剪强度降低，抗滑力减小，形成滑动面。

3　稳定性分析

3.1　定性评价

在本段边坡未施工前，边坡区内未见裂缝，场地稳定。后随着边坡开挖完毕，在下雨过后，边坡地表开始出现开裂，随时间推移，裂缝在逐渐扩大。目前尚未产生大规模滑移，处于蠕动变形阶段。

在大气降雨、施工扰动等不利条件影响下会导致边坡开裂变形加剧，若边坡失稳滑塌将影响本段路基工程及人员安全，故需采取工程措施进行治理。

3.2　定量评价

3.2.1　地质参数（滑体、滑面）

根据边坡的稳定状态、物质组成，取值如下：

考虑到边坡目前已发生开裂但尚未发生大规模变形垮塌，根据极限平衡反算滑面抗剪强度参数，见表 1。

表 1　滑坡力学参数表

滑体重度	滑面抗剪强度	
kN/m³	c/kPa	φ/（°）
22	6	8

3.2.2　稳定性分析

滑坡中前部的滑体较厚，滑床较深，滑面的变化在纵向上较大，后部滑面较陡，前缘滑面较平缓，在横向上较小，滑体厚度由小里程向大里程逐渐变厚。在饱和工况条件下的稳定性定量分析结果表明：

DK66+640、DK66+669、DK66+701 断面在饱和工况下均处于欠稳定状。

近几月来滑坡一直处于缓慢蠕滑变形之中，房屋、边坡变形拉裂缝正逐渐新增。目前，该滑坡在非降雨时处于稳定状态，但在雨季仍然变形较强，滑坡体整体处于欠稳定状态，计算结果见表 2。

表 2　滑坡稳定性计算结果

计算剖面	DK66+640 剖面	DK66+669 剖面	DK66+701 剖面
稳定状态	欠稳定	欠稳定	欠稳定
稳定系数	1.03	1.02	1.04

综上所述，滑坡变形迹象与计算结果基本一致。

3.2.3　滑坡推力计算

通过对滑坡的 3 个主轴断面的稳定计算分析，并在分析计算的时候，除了整体分析以外，还将主轴断面滑体分为了 2 段，上部滑块，下部滑块，分别检算和推测滑坡体的可能的剪出口，通过这样的整体和分段分析检算，可以较为准确地找出滑体的最不利剪出口，合理地进行工程布置。滑体推力计算采用传递系数法，即通过将滑体划分为若干相互平行的垂直界面土条（滑块），根据临界条件的力平衡条件，将安全系数植入力的平衡方程中得到设计推力。

滑坡滑动带土的力学指标取 c=6 kPa，φ=8°，安全系数 K=1.25，推力计算结果见表 3。

表 3　滑坡推力计算结果

位置及推力	DK66+640	DK66+669	DK66+701
设桩位置	244 kN	375 kN	115 kN
滑坡出口	0 kN	192 kN	0 kN

计算得到的最大推力为 DK66+669 剖面，出口推力为 192 kN，桩位推力为 375 kN，由于本段为路堑，桩外土体需要挖除，选取桩位推力作为设计推力。

4　工程措施

根据工点地质水文特征，设置了如下工程措施（图 4）：

（1）DK66+592～DK66+718，线路左侧，长 126 m，设桩间挡土墙，共设桩 23 根，桩截面 1.5 m×2.25 m、1.5 m×2.5 m，桩长 10.5～14.5 m。

（2）DK66+592～DK66+718，线路左侧，长 126 m，滑坡周界设置环形截水沟。

（3）在挡墙最底部沿墙长方向设置一排

图 4　工点竣工照片

深层排水孔。

5　工程（整治）效果

本段桩间挡土墙完成施工，装前岩体开挖完成，整体稳定，见图4。

6　工程体会

（1）应加强路堑边坡上方侧地质勘察力度特别是土层厚度、土石分界面坡度以及土石界面的力学参数收集。

（2）重视路堑边坡上方的设计工作，加强该类边坡防护措施，必要时还应设计支挡工程。

南涪铁路沙溪沟滑坡治理

彭家贵　王正兵

（中铁二院　重庆公司）

摘　要　南涪铁路沙溪沟滑坡是典型的路堑工程滑坡。定测阶段定性为一小型岩堆，施工图阶段经经济技术比较采用清除处理，施工过程中路堑上方200 m外地面出现开裂，经过多次补勘确定为一大型滑坡，严重威胁下方铁路的安全并影响南涪铁路的通车时间，经过多方案比选和二次变更设计，最终决定原位整治该滑坡。对南涪铁路沙溪沟滑坡产生的原因、稳定性进行了分析研究，提出了综合治理设计方案，工程治理效果良好，可为今后类似滑坡治理提供参考。

关键词　滑坡　变形体　稳定性分析　综合治理

1　工程概况

南涪铁路沙溪沟滑坡位于沙溪沟左岸，地处涪陵车站进站附近的酒店隧道和沙溪沟大桥之间，距本线在涪陵站的接轨点约1.5 km。该段线路位于DK109+128～DK109+357段，地形为一斜坡，属低山、丘陵区，冲沟斜坡地貌，线路从该滑坡中前部以路堑通过，滑坡前缘邻近冲沟，海拔高程230～420 m，相对高差约200 m，自然坡度为25°～45°，局部地段为陡壁，有便道通达，交通较方便。

段内上覆第四系全新统坡崩积层块石土，坡洪积层粉质黏土、块石土及坡残积粉质黏土，下覆基岩为侏罗系中统下沙溪庙组泥岩夹砂岩。滑坡区地表水主要为沟水，水量较小，动态变化较大；地表水稍发育；地下水为覆盖层孔隙水及基岩裂隙水，地下水不发育，基岩裂隙水不发育。

2　滑坡成因滑及滑坡变形特征

2.1　滑坡基本形态

滑坡分布于DK109+128～+357，前缘宽230～250 m，后缘宽70～80 m，呈舌状凸出，前部发育有小平台，主轴总长约300 m，主轴走向与线路近于垂直。小里程侧坡面较为顺直，大里程侧发育一条较深的冲沟。滑坡体物质成分主要为块石土，其间发育透镜体状碎石土、角砾土及粉质黏土。总厚度为10～28 m。滑床为泥岩夹砂岩。

2.2　滑坡成因

施工设计阶段被定性为小型岩堆，岩堆体物质以块石土为主，厚4～18 m，地下水不发育，该岩堆整体已基本处于稳定状态。线路从该岩堆中部以挖方通过，施工图设计进行了清方（沿土石接触面）和设支挡两个方案经济技术比较，由于土石接触面较陡，设支挡很困难（需要设置两排抗滑桩），经过经济技术比较施工图采用沿基岩面清方处理（图1），边坡设置锚杆框架梁防护，锚杆长8～12 m并沿岩堆外和边坡平台上设置截水沟。

2010年年初开始开挖路堑中后部，在锚杆框架梁施工注浆时，浆体漏失较多，漏浆原因难以解释。施工由上而下开挖到第三级边坡时，岩堆上部山坡顶部附近出现了一条间断性拉裂缝，同时坡面出现了鼓涨开裂，锚孔灌浆时出现漏浆现象。与完整基岩相差较大，仅局部可见岩层构造。

在2010年5月13—15日连续大暴雨后，DK109+221～264左侧231～247m处山坡顶附近先出现一条间断性拉裂缝，裂缝长度分别为10～20 m，总长约42 m，裂缝宽度5～20 cm，裂缝深度分别为20～60 cm，陡坎高度5～20 cm。2010年6月20—23日连续大暴雨后，堑顶截水沟裂缝迅速延伸、扩展，裂缝数量、长度增加，覆盖了截水沟～堑顶台阶的主要范围，宽度及深度增加10～20 cm，陡坎高度增加0.3～0.4 m，并有小股清水自DK109+261左75 m路堑拐角处流出，水质澄清，大雨后其流量明显增加，连续多日高温后干涸。

2010年8月1日，DK109+230～250左侧60 m开挖坡脚出现局部鼓出现象，鼓出路堑约1～2 m，处理后路堑边坡未见明显变形现象。挖除堑顶粉质黏土层及对山顶附近地表裂缝进行处理后也未见新的变形迹象。

2010 年 6 月—8 月进行了第一次补勘，补勘的土石界面和施工图相差很大。根据补充勘察资料，综合判断岩堆上部斜坡存在相互独立的两个堆积体，覆盖层厚度为 4~11 m。在此基础上进行第一次变更设计，对堑顶外的两处堆积体各设置一排抗滑桩予以处理。第一次变更设计岩堆主轴见图 2。

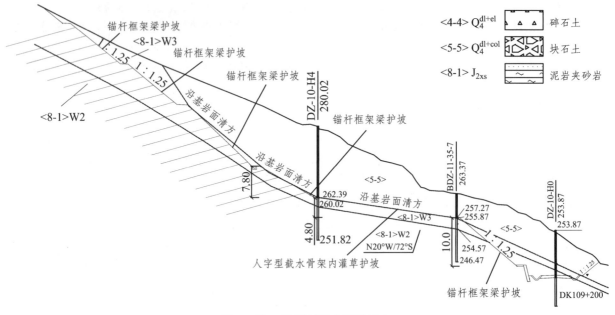

图 1　施工图断面图（原设计）

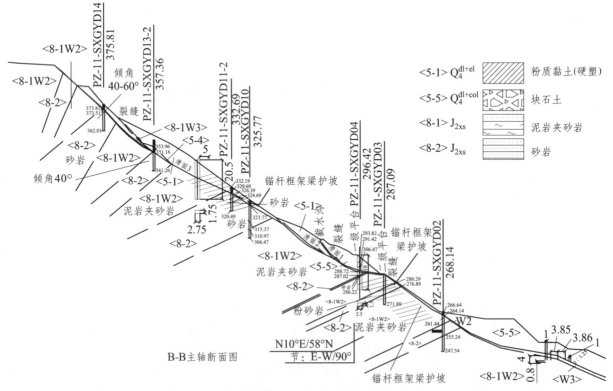

图 2　第一次变更设计代表性断面

2010 年 10 月底，第一次变更设计的两排抗滑桩先后施工，11 月中旬经现场了解抗滑桩绝大部分桩在开挖 2 m 左右的块石后，出现粉质黏土和石质相间的情况，而抗滑桩下部围岩依然较为凌乱，弃渣中含有粉质黏土，感觉与完整基岩的状况有出入。第一次补勘钻探岩芯的完整性和抗滑桩开挖显示的围岩破碎、凌乱存在较大反差，怀疑存在较深层的斜坡变形体，决定进行第二次补勘，扩大勘察范围和深度，最终确定这是一处陡倾岩体在自重作用下发生弯曲、折断并伴随有局部短距离滑移的滑坡。根据补勘后查明：滑坡前缘宽 230～250 m，后缘宽 70～80 m，主轴总长约 300 m，物质成分主要为块石土，其间发育透镜体状碎石土、角砾土及粉质黏土，滑坡体厚度为 10～28 m。图 3 为沙溪沟滑坡全貌照片。

图 3　沙溪沟滑坡全貌

3　稳定性分析

3.1　滑坡稳定性评价

结合现场调查、路堑边坡施工以来的变形特征及钻孔资料综合分析，滑坡体已产生局部蠕动变形，在 2010 年雨季后已趋于稳定，变形未进一步发展。斜坡变形迹象尚未表明滑坡整体发生滑移变形，应属于边坡开挖导致滑坡前缘形成局部临空后，滑坡沿内部软弱层发生的浅层坍滑变形。因此，滑坡及岩堆整体尚处于稳定状态，但其与完整基岩接触带多为硬塑~坚硬状粉质黏土夹角砾，存在潜在下滑危险，需整体进行加固处理。

3.2　滑坡稳定性分析计算

3.2.1　滑体及滑带土的物理力学指标

勘察期间地勘单位采取滑体、滑带土样，根据室内土工试验结合反算综合分析，得出：滑体的重度为 22.0 kN/m³，滑坡后部的斜坡变形体地质参数为 c=32 kPa，φ=25°，前缘的滑坡地质参数为 c=23 kPa，φ=13°。

3.2.2　滑坡现状稳定性计算

根据地勘资料，采用折线形滑面、传递系数法计算。

经过对滑坡的主轴和辅轴断面计算，滑坡后部的斜坡变形体潜在滑动面稳定系数为 K=1.05，前缘的滑坡斜坡变形体整体的稳定系数为 K=1.1。

3.2.3　滑坡推力计算分析

根据地勘资料，采用折线形滑面、传递系数法计算。

计算公式如下：

$$T_i=F_iW_i\sin\alpha_i+\psi_iT_{i-1}-W_i\cos\alpha_i\tan\varphi_i-C_iL_i \tag{1}$$

$$\psi_i=\cos(\alpha_{i-1}-\alpha_i)-\sin(\alpha_{i-1}-\alpha_i)\tan\varphi_i \tag{2}$$

式中：T_i，T_{i-1}——作用于第 i 和第 $i-1$ 滑块剩余下滑力，kN/m；

F_i——安全系数；

ψ_i——传递系数；

W_i——第 i 块滑体的自重力，kN/m；

α_{i-1}，α_i——第 i 和第 $i-1$ 滑块对应滑面的倾角，（°）；

φ_i——第 i 滑块滑面的内摩擦角，(°)；

C_i——第 i 滑块滑面岩土黏聚力，kPa；

L_i——第 i 滑块滑面长度，m。

由于滑坡前缘为路堑，设计时采用：滑坡后部的斜坡变形体按 $K=1.15$ 安全系数设置支挡工程，前缘滑坡按照 $K=1.25$ 安全系数设置支挡工程。对滑坡的主轴和辅轴进行计算（计算剖面见图 5），滑坡推力计算结果见表 1。

表 1　南涪沙溪沟滑坡推力计算结果

计算剖面	滑坡安全系数	剩余下滑力/kN
B 轴前缘的潜在滑动面	1.25	1 326
C 轴前缘的潜在滑动面	1.25	1 092
E 轴前缘的潜在滑动面	1.25	1 028
B 轴后缘的潜在滑动面	1.15	2 705
C 轴后缘的潜在滑动面	1.15	3 058
E 轴后缘的潜在滑动面	1.15	2 742

4　工程措施

经过分析研究及计算，对该滑坡采用结合截、排地表水和抗滑桩综合治理滑坡。沙溪沟滑坡设置四排共 113 根抗滑桩和锚索桩，在滑坡体外设置一道截水沟内并滑坡体内设置三道横向截水沟排泄地表水。具体情况见图 4~图 5。

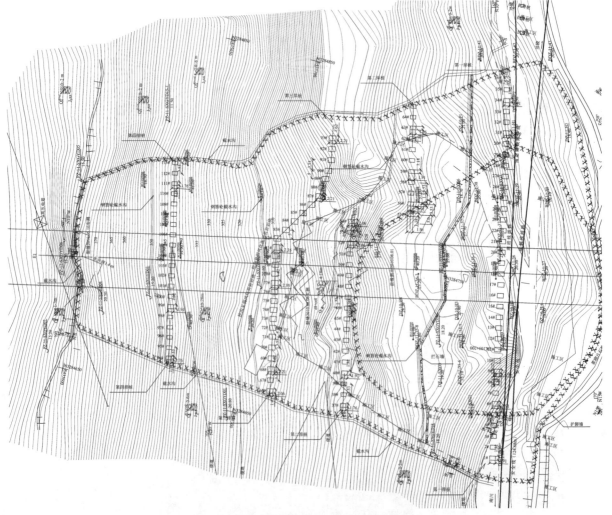

图 4　沙溪沟滑坡第二次整治平面布置图

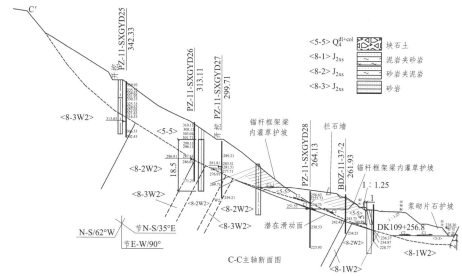

图5　沙溪沟滑坡第二次整治剖面图

该滑坡治理设计的主要工程措施如下：

（1）设置四排共 113 根抗滑桩和锚索桩，桩截面为 2.0 m×3.0 m～3.0 m×4.0 m，桩长 14.0～38.5 m。桩间距（中—中）为 5～6 m，其中第二为锚索桩，桩身采用 C35 混凝土浇筑。

（2）在滑坡外设一道浆砌片石截水沟；在滑坡体内，设置四排横向钢筋混凝土矩形沟，矩形沟两端顺接入滑坡体外围截水沟。

（3）在滑坡前沿临沟的位置设置 4.0 m 高 M10 浆砌片石护脚墙，边坡设置 M7.5 浆砌片石护坡，坡顶高于洪水位不小于 2.0 m。

（4）在路堑左侧桩间墙，墙顶以上边坡及第二排锚索桩前边坡设锚杆框架梁护坡。框架梁采用 C35 钢筋混凝土现场立模浇注，锚杆长度均为 12 m。框架内采用喷播植灌草。

（5）在滑坡体内的左侧在堑顶平台及平缓处设置拦石墙一道，墙高 5 m，采用 M7.5 浆砌片石砌筑。

（6）在泉水出露处，设置三孔直径 φ110 mm 的深孔仰斜泄水孔。

5　工程整治效果

该滑坡第一排和第二排抗滑桩及截排水等工程于 2012 年 10 月施工完毕，且于 2012 年 10 月南涪铁路已通车；2013 年 5 月该滑坡的第三排和第四排抗滑桩及滑坡整治工程已全部施工完毕；通过设点观测，桩顶无推移现象，经历雨季考验，路基稳定，滑坡得到控制，治理工程取得了良好效果，保证了南涪铁路按期通车，达到了预期目的。图 6 为沙溪沟滑坡整治竣工后照片。

图6　沙溪沟滑坡整治后全貌

6　工程体会

（1）本段路堑上部的斜坡变形体在地貌上与周围地貌较为协调，斜坡上可见多处疑似基岩出露，该斜坡变形体具有很大的隐蔽性，施工图阶段由于勘察未能准确认识到此处斜坡变形体，导致对路堑处理措施不合理。由于西南地区地质的复杂和多变，在铁路设计时需进一步加大前期地质工作；应加强路堑顶斜坡土体和岩堆等的勘察力度，收集准确和齐全土体或堆积体的规模，特别是土石接触面的力学参数。

（2）加强勘察手段和方法，在勘察阶段须查明大型的不良地质的范围和规模；遇大型的堆积体或不良地质情况时，应尽量绕避。

武广高铁清远车站滑坡治理

刘彬彬　肖朝乾

（中铁二院　土建一院）

摘　要　重点介绍清远车站 DK2 105+785～+863 段左侧滑坡工点病害发生、发展及整治的过程。分析了诱发病害的原因，并根据对滑坡体进行稳定分析检算的结果提出相应的工程处理措施，以该工点为鉴，提出"椅背形"路基边坡防护设计注意事项。

关键词　工程滑坡　病害原因　整治措施

1　引　言

清远车站位于广东省东北部，是武广高铁的重要客运中间站之一，整个车站依山而建，车站左侧多为路堑挖方，DK2 105+785～+863 段左侧地形为前后突起、中部下凹的"椅背形"。设计时前后突起部分边坡分别采用锚杆、锚索框架梁护坡，中部下凹部分边坡采用锚杆框架及骨架护坡。施工过程中，由于边坡防护施作不及时，在暴雨及地下水影响下从下凹部分开始陆续发生坍滑，最终形成一大型滑坡。本文主要针对该滑坡的产生、发展及整治过程进行了分析，提出今后在设计类似工点时应注意的事项。

2　工程概况

2.1　地形地貌

本段为丘陵地貌，地面高程 30～83 m，相对高差约 50 m；自然坡度为 15°～30°，局部稍陡，滑坡范围为 DK2 105+785～+863 段左侧路堑边坡，位于两座山体中间的凹槽部位，原地面自然边坡较陡，施工开挖后边坡坡率为 1∶1.0～1∶2.5。

2.2　地质构造

该段位于飞来峡穹隆构造边缘地带，受此构造影响，岩层产状变化较大，滑坡体小里程端边坡处岩层产状为 N30°W/30°SW，岩体较破碎，节理发育，主要有两组：一组为 N32°～55°W/77°～80°N，另一组为 N30°～60°/68°～90°N。

2.3　地层岩性

上覆人工弃土层（Q_4^{ml}）和滑坡堆积层粉质黏土（Q_4^{del}），人工弃土为褐黄、褐红色，主要为当地村民开挖铁矿石后堆积于坡面的弃土，土质松软，厚 1～4 m 不等；粉质黏土为褐黄、褐红色，土质松软，含砂岩、泥岩角砾 20%～40%，分布于滑坡体表层。下伏基岩为薄～中厚层状泥岩、砂岩、页岩（D_2^1），紫红色、灰白、灰黄色等，颜色较杂，薄～中厚层状，泥质胶结，部分为钙质胶结，岩质较软，抗风化能力差，遇水易软化；节理裂隙发育，全强风化层较厚，差异风化较大，全风化层厚 3～10 m 不等。2008 年雨季工程滑坡形成后，经补勘土质化验分析，滑面位置滑带土力学指标 c=15 kPa，φ=11°。

2.4　水文地质条件

清远车站属于东亚亚热带季风气候区，年平均降雨量达到 1 900 mm。降雨季节性较为明显，每年的 6、7、8 月份为雨季，是降雨量最为集中的时间段。

滑坡范围位于山间凹谷处、大气降水汇流集中区，地下水主要为第四系孔隙潜水、基岩裂隙水。

3　该滑坡的发展变化情况和历次整治情况

施工图设计阶段，在清远车站 DK2 105+760～+911 段左侧路堑坡脚设置锚固桩和桩间重力式挡土墙，锚固桩间距（中—中）为 6 m，最大桩截面 1.75 m×2.5 m，桩长 11～22 m，桩间挡土墙高 6～8 m，桩顶以上边坡采用锚杆框架梁及人字形截水骨架护坡进行防护（图 1）。

该工点于 2006 年 7 月开始施工，桩顶边坡开挖后未及时施作护坡，并施作下部锚固桩，锚固桩于本年 11 月份施工完毕，在桩间挡墙没施作的情况下，开挖桩前土体至路基面位置，路堑桩间边坡及桩顶边坡开挖后形成临空面，坡面长期暴露。2007 年 7 月雨季来临，DK2 105+800 ～ +863 段左侧坡脚重力式挡土墙仍未施工，墙顶边坡发生了坍滑，详见图 2。

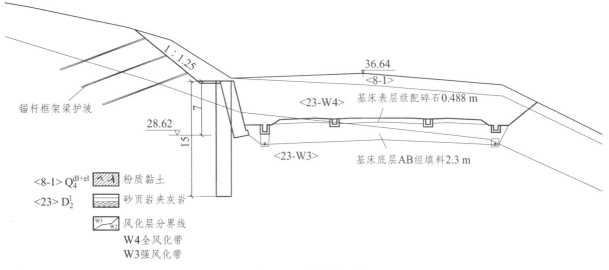

图 1　施工图设计代表性断面图

坍滑体位于线路左侧 20 ～ 80 m 处，呈扇形分布，滑体主轴方向为 NW 向，长约 75m，与线路夹角约 80°，宽约 60m，滑体厚 1 ～ 4 m，局部可达 7 m，滑床自然纵坡为 20° ～ 25°，定性为浅表层坍滑。为防止坍滑继续扩大，影响边坡稳定，经研究后确定采用清方卸载结合排水方案整治加固：

（1）DK2 105+800 ～ +863 段左侧路堑墙顶边坡最大高度 26 m，分两级边坡按 1 : 1.25 ～ 1 : 3.0 坡率沿滑面清方，清方边坡采用人字骨架+支撑渗沟护坡，在护坡主骨架位置处全部设置支撑渗沟，支撑渗沟宽 2 m，埋深 2 m，间距 8 m，支骨架净距 3 m，采用 M7.5 浆砌片石砌筑，骨架内采用液压喷播植草防护。

（2）DK2 105+800 ～ +885 段路堑边坡顶部设置天沟，在 DK2 105+800 位置设一吊沟，平台位置设置截水沟，天沟起点与吊沟顺接，形成完善的排水系统。

图 2　2007 年 7 月滑坡现状

图 3　2008 年 6 月滑坡现状

时至 2008 年 6 月中下旬，上述方案边坡防护和排水系统仅部分完成，且存在清方不彻底、骨架护坡设在未经夯实填土上、支撑渗沟出口堵塞等问题。清远地区连续强降雨，边坡再次发生滑动，形成工程滑坡，详见图 3、图 4。由于牵引作用，引起后缘地表下滑，形成多条环形裂缝，裂缝宽 10 ～ 35 cm，错台最高达 30 cm；且坍滑范围进一步往线路小里程端扩大至 DK2 105+780、往线路左侧扩大至距离线路中心约 130 m 处，形成主轴长约 110 m、宽约 80 m、上大下小的倒梨形的坍滑体，滑体前缘的锚固桩和重力式挡墙未出现位移及变形破坏迹象，滑坡体主要是从墙顶端越顶剪出。在该段范围内，线路左侧距离线路中心约 140 m 处有一高压铁塔，若坍滑范围继续扩大，将危及高压铁塔安全。

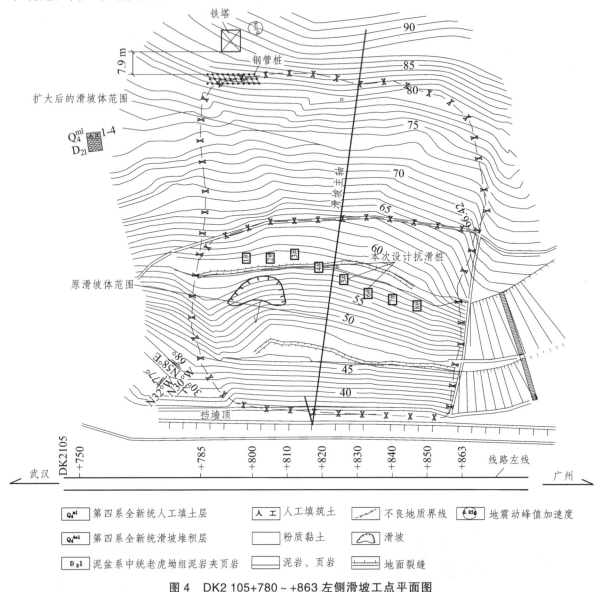

图 4　DK2 105+780～+863 左侧滑坡工点平面图

4　滑坡原因分析

该工点于 2006 年 10 月开始施工，路堑边坡开挖后形成临空面，坡面长期暴露未及时进行支护，且该滑坡所处的位置位于路堑顶部，为两山体之间的凹槽位置，如图 5，这种位置为山体大面积汇水集中经过的区域，雨季的时候地表水、地下水非常丰富。雨季来临，地下水长期浸泡软化土石界面处土体，形成软弱滑动面，凹槽部位受地表水汇集冲刷，导致边坡沿滑动面溜坍。

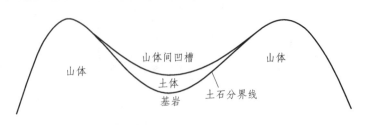

图 5　山体间凹槽位置示意图

此处坍滑体前缘在 2008 年 6 月中下旬再次滑动并扩大范围的主要原因为：

（1）"椅背形"地形特征，山体间凹槽位置为山体大面积汇水集中经过的区域，雨季的时候地表水、地下水非常丰富，持续软化土体，土体力学指标降低。

（2）此处山体间凹槽未开工的时候从外表看植被比较茂密水土保持较好，地表水不易下渗，2007 年年底该段发生火灾，原本地表茂密的植被遭到彻底破坏，致使地表水下渗加剧土体软化。

（3）第一次整治措施的护坡施作过程中滑体物质清除不到位、未及时施作防护工程，现场开挖支撑渗沟后的弃土直接堆积于坡面，增大坡面土体的自重，导致地表排水不畅，增加了地表水的下渗。

（4）护坡施工时逢 2008 年夏季雨季，施工期间清远地区连续的强降雨，雨水对未成形的护坡冲刷严重，形成小型泥流，污染坡面及挡墙，淤塞截排水沟。

5　病害工点整治措施

5.1　滑坡稳定性分析

设计对本处滑坡进行稳定分析。根据《铁路特殊路基设计规范》（TB 10035—2006）规定，滑坡地段路基安全系数可取 1.1~1.25，本次设计按滑坡土体为饱和状态进行检算，取安全系数为 1.1。检算方法为传递系数法，检算断面采用滑坡主轴断面 DK2 105+800，滑坡检算主轴断面见图 6，将滑坡体分为 11 个滑块，检算结果显示滑坡土体饱水状态下的稳定系数为 0.9，不满足相关规范要求，必须设置支挡加固。

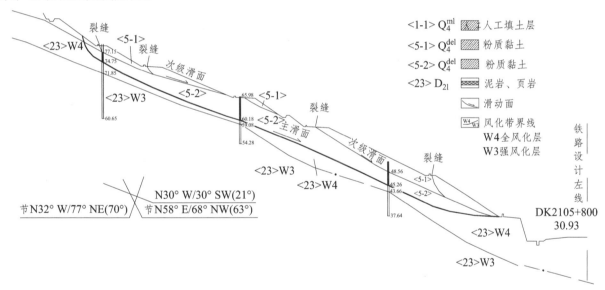

图 6　滑坡验算主轴断面

5.2　滑坡体主要加固措施

5.2.1　抗滑桩加固措施

根据主轴断面及其他所有断面滑坡推力检算结果，在滑坡中部增设了一排抗滑桩，抗滑桩设置在每个路基横断面滑坡推力检算最不利位置。具体加固措施为：DK2 105+798~+847，长 49 m，左侧路堑边坡中部距离线路中心线 56~72 m 不等的位置设抗滑桩加固，共 8 根桩，桩横向间距均为 7 m，桩身结构尺寸为 2 m×3 m 方形桩，桩长 18~23 m 不等，抗滑桩布置位置详见滑坡平面图（图 4）。

5.2.2　滑坡边坡加固措施

由于该滑坡体坡面多处出现有裂缝，在主滑面之外同时还存在多处次级滑面，因此滑坡体仍有可能从两排抗滑桩桩顶位置剪出。为了确保该范围滑坡不再留下任何安全隐患，首先加大了对滑坡体的清方工作，对滑坡面进行了整理，根据现有滑坡面的规模将整个坡面按 1∶1.5~1∶3.0 的坡分成了 7 级边坡，墙顶边坡最大高度增大到了 51 m。然后，针对各种可能发生滑动的不利情况进行稳定分析和检算后，分别在各级坡面采用了锚索和锚杆框架梁护坡对滑坡体进行加固处理，并结合现场施工情况保持和完善已形成的坡面排水系统。具体坡面加固措施为：

（1）DK2 105+780 ~ +860，长 80 m，左侧墙顶第一、二级边坡支撑渗沟之间设锚索框架梁护坡，框架内采用喷混植生护坡。框架梁节点间距横向 4 m，纵向 3.5 m、4 m，菱形布置，框架梁上的挡水缘将雨水引入支撑渗沟内，框架梁采用抗侵蚀 C30 钢筋混凝土现场立模浇注。锚索设置在框架梁的节点上，与水平下倾角 15° 施作，每孔锚索均采用 4 束 ϕ15.2 mm 钢铰线制作，抗拉强度不低于 1 860 MPa，锚索钻孔为 ϕ110 mm，锚索长度由锚固段、自由段和张拉段组成，锚固段长度均为 10 m，张拉段均为 1.5 m，自由段长度根据检算结果和地层分布情况分别确定。

（2）DK2 105+770 ~ +867，长 97 m，左侧墙顶第三级至第七级主骨架之间设置锚杆框架梁护坡，框架内采用喷混植生护坡。框架梁采用抗侵蚀 C30 钢筋混凝土现场立模浇注。节点间距横向 4 m，纵向间距 3 m，菱形布置，框架梁上的挡水缘将雨水引入主骨架截水槽内。锚杆设置在框架梁的节点上，与水平下倾角呈 20° 施作，钻孔直径 ϕ110 mm，孔内灌注 M35 水泥砂浆，注浆压力不小于 0.4 MPa。单根锚杆长 12 m。

本工程滑坡工点的具体整治处理措施，详见代表性断面设计图（图 7）。

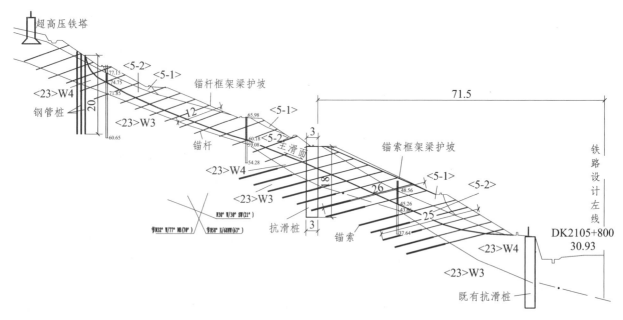

图 7　清远车站滑坡工点代表性断面 DK2 105+800

5.2.3　滑坡加固效果

2009 年 12 月，清远车站滑坡范围设计采用的钢管桩、抗滑桩及锚杆（锚索）框架梁护坡等加固措施均已施工完成。根据现场监测资料，高压铁塔未发生偏移，整个滑坡面也得到了有效控制。2009 年年底武广高铁竣工验收并开通运营至今，经历了四个雨季的考验，清远车站左侧工程滑坡均未出现任何异常现象。因此，本次采用抗滑桩结合锚索（锚杆）框架梁加固是可靠、有效的整治措施，确保了滑坡的稳定。加固效果见图 8 所示。

图 8　2010 年清远车站滑坡整治完成后现状

6　结　语

本工点为工程滑坡，主要由于地形特征及施工时未及时支护引起，整治过程历经两次，第一次针对桩顶以上浅层溜坍主要采用分级清方卸载结合排水措施整治，对施工条件及"椅背形"地貌条件下地下水汇集的复杂性认识不到位，且施工质量不到位，在施工过程中继续下滑，形成工程滑坡；第二次整治设计根据滑坡稳定检算分析及各种工况的下滑推力计算结果，采用抗滑桩、锚杆锚索等强支挡防护结合分级清方和排水措施，有效阻止了滑坡下滑，运营四年来情况良好。

　　通过本滑坡工点分析得知，对于两侧高中间低的"椅背形"地貌的路堑边坡，设计时应加强中间低凹部位的路堑支挡防护，充分考虑地势低凹部位地表多为堆积层土体及地下水丰富、地表水汇流集中的影响，必要时根据稳定检算分析设置工程措施。施工过程中，应加强配合施工工作，病害初期应采用较强的变更工程措施，彻底根治，不留后患，以确保路基边坡的稳定。

六沾铁路丁家村滑坡综合治理

陈海军　赖紫辉

（中铁二院　土建一院）

摘　要　通过六沾铁路丁家村滑坡的整治设计，介绍巨型滑坡的分析、检算方法以及多排抗滑桩在巨型滑坡综合整治工程中的应用技术，并对施工的整治效果做了总结评价，以供同类工程参考。

关键词　巨型滑坡　综合整治　多排抗滑桩

1　前　言

丁家村滑坡位于六沾铁路背开柱车站内，前接特大桥，后连长大隧道。增建二线工程位于滑坡体中后缘，并以隧道形式在滑坡体内下穿既有铁路。新线路基与桥台、桩基开挖均对滑坡体的稳定形成扰动；且新线通车后为客货共线，列车动荷载对滑坡体稳定不利；路基部分为车站，站内建筑及相关设备荷载对滑坡体也有不利影响。滑坡整治工程的目的在于消除重点工程地质灾害，以确保六沾铁路能按期保质通车。本文通过对丁家村滑坡治理方案的分析，重点介绍多排抗滑桩在巨型滑坡治理工程中的应用。

2　工程概况

贵昆铁路六沾段 DK300+140～+480 段线路从丁家村滑坡中部通过，该滑坡位于背开柱车站范围内，滑坡前后里程方向分别为丁家村四线特大桥和三联隧道，为全线的枢纽性工点。如图 1 所示。

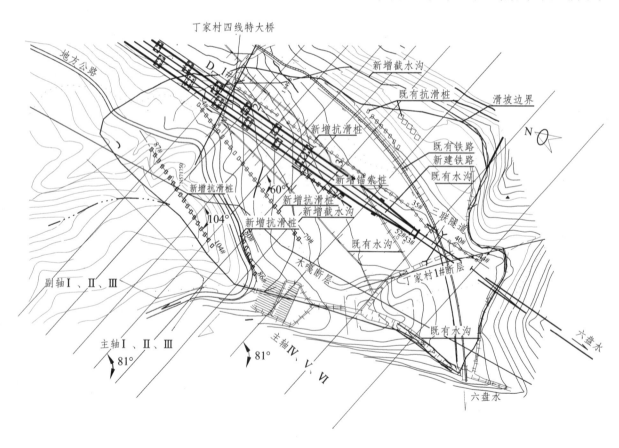

图 1　滑坡区平面图

2.1　地形地貌

本区段地形条件差，属高原低中山剥蚀、溶蚀地貌，地形陡峻，地势左高右低，自然坡度为 20°～60°，局部为陡壁，地面高程为 1 795～1 865 m，地表相对高差 70 m。斜坡多被垦为旱地，部分为荒山，植被差。路基地段主要以挖方为主，线路中心最大挖深约 15 m。滑坡前缘中下部约

1 809.5 m 高程处修建有一地方公路，路面为水稳碎石构造，宽约 6 m。

2.2　地质构造

段内构造发育，主要发育有木嘎断层、背开柱断层、丁家村 1 号断层。主要影响本次工程安全的为木嘎断层，其性质如下：位于线路右侧 70 m 附近与线路近平行通过，为区域性断层，延伸长度大于 4 000 m，属逆断层，该断层走向大致为南北向，呈波状弯曲，倾向东，倾角约 60°，断层破碎带宽度 20～60 m 不等，破碎带在地方公路边坡上清晰可见，断层带特征较明显。断层发育于玄武岩中，断层东盘岩石较破碎。断层西盘玄武岩相对完整，形成近直立的断层崖和高山。受断层影响，线路附近岩石破碎，断层末端发育丁家村滑坡群，影响本次工程安全的为丁家村 1 号滑坡。

受断层影响，段内岩体节理裂隙发育，玄武岩主要节理产状：N47°E/78°NW，N35°W/67°SW，N16°～20°W/16°～45°SW，N6°E/77°NW、N75°E/80°NW 等。地震动峰值加速度为 0.05g。

2.3　地层岩性

滑坡体上覆人工填筑土、粗角砾土、黏土；下伏基岩为断层角砾岩、玄武岩。各地层岩性特征分述如下：

人工填筑土：为碎石土，石质为玄武岩、灰岩，强～弱风化。部分地段为黏土夹碎块石土，厚 5～15 m。为既有铁路施工之弃渣，分布于既有铁路附近及既有铁路右侧斜坡上。

粗角砾土：灰褐、黄褐色，松散～稍密，石质为玄武岩，强～弱风化，总厚度为 5～50 m，分布于丁家村滑坡体上。

黏土：灰褐、黄褐色，硬塑，局部软塑。局部夹碎块石，石质为玄武岩，强～弱风化，厚度 2～15 m，古滑坡体的多次坍滑过程中，滑坡外地表土每次都被地表水裹挟覆盖于滑坡体表面，故有多层黏土呈透镜状分布于丁家村滑坡体中，对滑坡体稳定有不利影响的黏土层位置如图 2 所示。开挖桩孔过程发现该层局部为细角砾，松散、饱和状，粒径 2～20 mm，约占 55%，石质为强风化玄武岩，余为黏土充填，黏土呈软塑状，钻探时垮孔严重。该层为滑坡主轴断面上滑面物质的主要组成部分。

断层角砾：褐黄、黄褐色，玄武岩受断层影响，被挤压后呈碎石角砾状，石质为玄武岩，钻探岩心呈角砾状，同强风化玄武岩区分困难，分布于线路右侧木嘎断层、丁家村 1# 断层两侧，在公路边坡上见露头。

玄武岩：深灰、灰褐、黄褐色，风化后表面多呈褐黄色，隐晶质结构，拉斑状构造，局部为气孔状、杏仁状构造。斑晶多为灰岩质。钻孔揭示，全风化带（W4）厚 0～10m，多为褐黄色，岩心呈土夹角砾状；强风化带（W3）厚 1～8 m，节理发育，节理多属微张～张开型，节理面多呈铁锈色，岩体破碎，呈碎块状；其下为弱风化带（W2），岩体较完整，质坚性脆，节理多属闭合型，见方解石脉充填，局部夹凝灰岩。

2.4　气象水文

滑坡所处区域年平均降水量为 1 000～1 500 mm，雨季多集中在 6～10 月，占全年降水量 80% 以上，月最大降雨量 395.1 mm，是地下水补给的主要时期，从 11 月到次年 5 月为旱季，降水量少。

段内地表水不发育，线路右侧沟谷内常年有水，水量一般，旱季约 5 L/s。段内地势较陡，坡残积土层较薄，不含或微含少量孔隙潜水；滑坡堆积层较厚，滑体下部含少量孔隙潜水。地下水主要为基岩裂隙水，玄武岩、断层角砾中含少量的基岩裂隙水。因段内沟谷深切，地下水埋藏深，未见泉点出露。

2.5　滑坡区既有整治概况及现状

本段位于既有铁路附近，既有铁路位于滑坡后缘。据现场访问调查，该滑坡既有整治工程包括：在其后缘清方；在滑坡体范围内设排水系统；在滑坡体后缘（既有铁路线左侧）附近设两排抗滑桩（14 根）；在滑坡体前缘回填反压。但在六沾增建二线铁路施工之前，滑坡体的中前缘已经修建了地方公路，人为形成一高 20 m 的临空面，公路边坡未防护，边坡溜坍严重，雨季时常有溜坍发生，加剧了临空面的进一步发展，已导致既有坡面横纵向排水沟局部开裂，但现场未观察到滑坡体的整体滑移。

3 滑坡区变形特征

滑坡在平面上呈半圆形，主轴断面与线路交角为 81°，滑动面倾角约 20°，主滑动方向长约 240 m，宽 240～330 m，滑体物质由粗角砾土、黏土等成分组成，总厚度 5～50 m，滑坡体体积约 $125×10^4$ m³，为一深层巨型滑坡。

地质断面及地质钻孔资料揭示：该滑坡体上共有主次 3 个滑动面，剪出口分别位于新线路肩右侧排水沟外、地方公路靠山侧路堑坡脚、滑坡前缘冲沟底。代表性主轴横断面如图 2。主滑面埋深距地表垂直深度最大 31 m、滑体最厚处达 45 m、滑面最深处与滑坡后缘高差达 83 m、主滑面长 200 m；位于主滑坡体上的两个次滑面厚度也分别达到了 12 m、23 m。

如图 2 所示：次滑面 1 位于滑体顶面，新建铁路路基从其中前缘挖方通过，因前缘减载导致其失稳风险急剧加大；次滑面 2 位于地方公路上方、整个滑体的中部，因公路开挖坡面未作防护发生溜坍，并局部破坏了其前缘的既有坡面截排水系统，进而引起地表水深入滑坡体松散土层中，易致滑坡失稳，两者属牵引式滑坡；主滑面 3 滑面陡、长且高差大，且因滑坡位于三个断层汇聚地带，地层极其破碎，以粗角砾土为主，下滑力主要来源于其自身巨大自重的推挤，主滑面 3 亦即滑坡整体属于推挤型滑坡。

综上所述，本滑坡为中后缘存在牵引式中小滑坡的推挤型深层巨型滑坡。

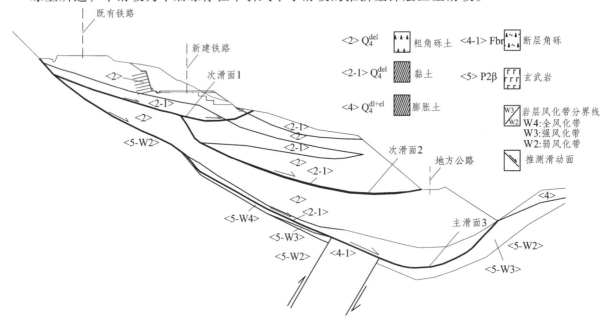

图 2　主轴断面 Ⅱ—Ⅱ 示意图

4 滑坡产生原因及影响因素分析

据钻探揭示，滑动带由黏土、饱水角砾土组成。分析该滑坡为一典型的破碎岩古滑坡，由于岩体受区域性木嘎断层的影响，玄武岩节理裂隙发育，以 N2°W/55°SW、N6°E/77°NW、S-N/55°W 为主，其中 N2°W/55°SW 节理面贯通性好、节理面光滑平整、似层面，几组节理均倾向山外，形成不稳定结构面，滑坡体前缘为一深切冲沟，也是滑坡产生的一大诱因。

可能引起滑坡复活各因素分析如下：

（1）地质构造因素：岩体破碎、节理裂隙发育；滑动面倾角大；滑带物质性质差。

（2）水的因素：区段内年降雨量较为集中且瞬时降雨量大。滑体后缘的既有截水沟年久失修，滑体中部的既有横纵截排水沟部分开裂，滑体前缘位于冲沟底；公路截排水沟开裂，也加重了地表水的下渗作用。各因素综合作用下，地表水下渗，滑坡体饱水容重增大，下滑力加大，多层滑带土饱水后抗剪强度下降。

（3）地方因素：地方公路开挖产生临空面，破坏了滑坡体内部应力平衡状态。

（4）新建工程因素：新建铁路路堑开挖及位于滑体中后缘的铁路动荷载增加将扰动滑体内部平衡，对滑坡整体稳定负面影响较大。

以上各因素综合作用已导致既有铁路下方滑坡体产生蠕滑和下滑的趋势。本次滑坡整治设计，目的即在于消除上述滑坡安全隐患、确保新线工程安全。

5　滑坡稳定性分析及评价

5.1　滑坡稳定性计算公式

滑坡推力按传递系数法计算，详见《铁路路基支挡结构设计规范》10.2.4条。

5.2　计算工况

段内地形陡峭，地表水不发育，地下水埋藏深，且在滑坡中部、后缘（既有铁路的上下游）分别设置两条截水沟，拦截并引排上游来水及滑坡坡面汇水，故按一般工况，即原状土开挖不防护工况进行滑坡体下滑力计算，不考虑滑带土饱和工况计算。

5.3　计算参数

地质提供的滑动面指标为：粗角砾土黏聚力 $c=0$ kPa，内摩擦角 $\varphi=20°$；黏土黏聚力 $c=4$ kPa，内摩擦角 $\varphi=18.5°$。依此指标，对滑坡体进行一般工况安全系数的检算。以图 2 所示断面为例：次滑面 1 安全系数 0.806、次滑面 2 安全系数 1.007、主滑面 3 安全系数 1.004。可以看出，次滑坡 1 开挖后不加防护已经处于失稳状态，次滑面 2 和主滑面 3 则处于极限平衡稳定的状态，如有外力加载或滑面指标弱化等情况发生，则面临失稳的危险。

滑坡体前后缘高差大、长度长且岩体破碎，主次滑面较多，鉴于目前滑坡尚未整体滑移，按照 $K=1.02$ 选取 DK300+170～+300 之间的 6 个主、辅轴断面进行反算，滑面滑带土指标反算结果见表 1：

表 1　各主轴断面的滑面反算指标统计表

主、辅轴断面位置		反算滑面指标
辅轴断面 I	次滑面 1	$c=4$ kPa，$\varphi=21.64°$
	次滑面 2	$c=4$ kPa，$\varphi=18.06°$
	主滑面 3	$c=4$ kPa，$\varphi=21.22°$
辅轴断面 II	次滑面 1	$c=4$ kPa，$\varphi=17.05°$
	主滑面 3	$c=4$ kPa，$\varphi=22.09°$
辅轴断面 III	次滑面 2	$c=4$ kPa，$\varphi=15.9°$
	主滑面 3	$c=4$ kPa，$\varphi=18.17°$
主轴断面 I	次滑面 2	$c=4$ kPa，$\varphi=15.44°$
	主滑面 3	$c=4$ kPa，$\varphi=17.05°$
主轴断面 II	次滑面 1	$c=4$ kPa，$\varphi=12.47°$
	次滑面 2	$c=4$ kPa，$\varphi=15.16°$
	主滑面 3	$c=4$ kPa，$\varphi=14.71°$
主轴断面 III	主滑面 3	$c=4$ kPa，$\varphi=17.14°$

滑面剪出口剩余下滑力计算时，滑带土力学参数在反算指标和地质指标之间取小值。

5.4 计算结果

本滑坡整治工程以安全系数 k=1.07、1.1、1.15 计算各主轴断面上不同滑体的剩余下滑力，具体如表 2 所示。

本滑坡在 1997 年经过整治后，基本处于稳定状态，后因地方在铁路下方、滑坡体中前缘修建公路造成了一个临空面且未做防护，临空面在雨季有溜坍现象，说明滑面 2 处已产生蠕滑趋势，但滑坡体中后缘尚未观察到明显的开裂变形，表明滑坡整体处于极限平衡稳定状态。另外，段内地表水不发育，沟谷深切，地下水埋藏深，未见泉点出露，仅玄武岩、断层角砾中含少量的基岩裂隙水，且新增整治工程将在滑体中后缘设两道截排水沟，以拦截滑坡体上中游的地表汇水。

表 2　不同安全系数条件下各主轴断面的剩余下滑力统计表

主、辅轴断面位置		剪出口剩余下滑力/kN		
		K=1.07	K=1.1	K=1.15
辅轴断面 I	次滑面 1	168	267	436
	次滑面 2	485	776	1 262
	主滑面 3	220	352	571
辅轴断面 II	次滑面 1	353	565	918
	主滑面 3	958	1 534	2 494
辅轴断面 III	次滑面 2	558	891	1 447
	主滑面 3	1 067	1 872	3 046
主轴断面 I	次滑面 2	440	705	1 148
	主滑面 3	1 093	1 912	3 111
主轴断面 II	次滑面 1	192	308	502
	次滑面 2	913	1 457	2 364
	主滑面 3	1 443	2 248	3 657
主轴断面 III	主滑面 3	752	1 206	1 962

综合考虑上述条件以及投资控制因素，确定采用安全系数 K=1.07，根据上表检算结果，其对应的各滑面下滑力如下：

（1）次滑面 1、2 的最大剩余下滑力分别为 353 kN/m、913 kN/m。

（2）主滑面 3DK300+145～+270 段最大剩余下滑力为 1 093 kN/m，DK300+270～+310 段最大剩余下滑力为 1 443 kN/m。

5.5 计算结果评价

规范规定滑坡体的安全系数范围为 1.05～1.25，滑坡体现状及表 1、2 的计算结果表明，在一般工况条件下，滑坡整体已基本处于极限平衡稳定状态，若不对此滑坡进行整治，则前述滑坡影响因素中任一因素的恶化，都会导致滑坡整体失稳并影响铁路安全，因此必须对滑坡体进行整治。

6　综合整治设计

6.1 方案选择

根据上述检算结果及多滑面、多地段滑坡特征分析，支挡防护工程不能集中设置，须针对各潜在滑面分别进行防护设计，方案如下：

（1）对应于次滑面 1，按照 353 kN/m 下滑力在新线路堑左侧坡脚设置一排抗滑桩，以防护桥台上方边坡、路基左侧路堑边坡和既有铁路坡脚。

（2）对应于次滑面 2，按照 913 kN/m 下滑力在滑坡中部设置一排埋式抗滑桩，以防止滑坡体沿次滑面 2 越顶滑出。

（3）对应于主滑面 3，DK300+145～+270 段按照 1 093 kN/m 下滑力在滑坡前缘设置一排埋式抗滑桩，以防止滑坡体沿主滑面 3 滑动。

（4）对应于主滑面 3，DK300+270～+310 段最大下滑力达到 1 443 kN/m，且滑面 3 埋深很大，坡脚一排抗滑桩不能满足抗滑要求，需要进行方案比选。

方案 1：在路肩右侧，即滑坡体中部、新建铁路右侧排水沟外设置一排锚索桩、滑面 3 最低处设置一排埋式抗滑桩，如图 3 所示。

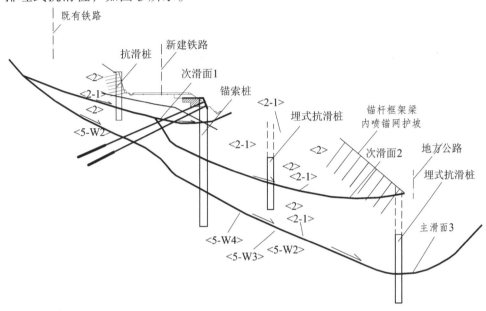

图 3　主轴断面 II-II——四排桩方案示意图

方案 2：滑面 3 最低处设置一排 h 型抗滑桩，如图 4 所示。

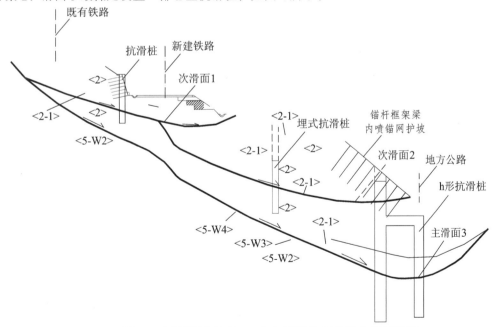

图 4　主轴断面 II-II——含 h 型桩的三排桩方案示意图

方案比选：

方案 1 中锚索桩与次滑面 1、2 的抗滑桩起呼应作用，对路基本体和滑坡中部防护好，自滑坡体后缘至前缘各排轻型抗滑结构依次排开，对滑坡体进行分层次防护；另外本方案还有结构简单、圬工量小、两排桩可同时跳桩施工以缩短施工周期的优点。

方案 2 滑坡坡脚防护较强，但对路肩右侧、滑坡中部防护偏弱，另外 h 型抗滑桩还有结构复杂、主辅桩连接处对施工工艺要求高、圬工量大、主辅桩之间施工互相干扰导致施工周期变长等缺点。

经以上分析比较，DK300+270～+310 段选择方案 1 开展施工图设计。

6.2 综合治理措施简介

根据上述方案分析比较结果，确定滑坡综合治理方案如下：

（1）支挡设计。

新建铁路左侧路堑坡脚，即次滑面 1 中部设置第一排抗滑桩；DK300+270～+310 段线路右侧路肩外侧，即滑坡体中部设置第二排抗滑桩（锚索桩，锚索一孔 10 束，自上而下，第一排为 54.5 m，第二排为 52.5 m。锚索锚固段长度均为 10 m，张拉段均为 1.5 m）；次滑面 2 中部设置第三排抗滑桩；主滑面 3 最低点处设置第四排抗滑桩，其中 DK300+145～+270 段、DK300+270～+310 段因主滑面 3 长度及埋深的变化，第四排抗滑桩错开布置，故平面上（图 1）显示抗滑桩为五排。

（2）坡面防护及排水设计。

公路左侧边坡采用锚杆框架梁内喷锚网护坡防护，如图 3 所示。滑坡中后部设 2 道截水沟将滑坡体的地表水引入冲沟中，位置如图 1 所示。

7 结 语

（1）本滑坡整治工程自 2009 年下半年施工完毕，2012 年年底线路整体通过验收并交付运营，至今已历经多个雨季。施工单位对滑坡变形和位移观测三年，运营单位接收也多年，截至发稿日未观察到滑坡体发生变形、位移。从已有的观测结果来看，设计中对主次滑面针对性地设计多排抗滑桩，并辅以局部坡面防护和全滑坡范围内理顺排水系统的综合整治措施有效地阻止了滑坡体整体或局部的变形、位移，整治效果良好。此滑坡的一次性成功治理对全线顺利通车有相当重要的意义，其经验对山区巨型滑坡工程治理应有很好的借鉴作用。

（2）就本工点而言，整治效果较为理想，但在施工过程中隐患较多，如路、桥、隧三个专业在滑坡体范围内都有工程，施工单位并未按各专业要求的施工顺序来做，导致各专业工程施工出现交错混乱现象，现场出现桥台基坑边坡防护垮落等施工安全隐患。

今后在其他项目设计过程中，如果有类似本滑坡的相关工点出现，应尽量通过绕避的方式解决，如果绕避实现不了，也应通过调坡等方式避免多专业在同一个地质灾害工点内汇集。

绵广高速公路 YK230 滑坡治理

唐立明

（中铁二院 环研院）

摘　要　介绍了绵广高速公路 YK230 滑坡工点的整治情况，结合地勘资料，通过对滑坡工点的分析，提出了采用双排桩整治本滑坡的方案，取得了良好的工程处治效果，为类似工程设计提供参考。

关键词　高速公路　滑坡清方　抗滑桩

1　工程概况及工程特征

　　绵广高速公路 YK230+710～+880 滑坡工点位于茅店 1#大桥广元端右侧高陡坡地段，该工点在施工图设计中已采用锚固桩加桩间挡土墙工程措施进行整治，但因为复杂的工程地质、水文地质条件和整治措施不够彻底等原因，2001 年 11 月初，在部分锚固桩施工完毕，桩前土体尚未清至路基设计标高时，块石土沿斜坡向下滑动，山坡上方出现 5 处地面裂缝，最大裂缝宽达 12 cm，导致民房及院内地面出现开裂沉降，形成了典型的工程滑坡，主轴长 280 m（图 1）。病害发生后，引起业主及相关单位高度重视。

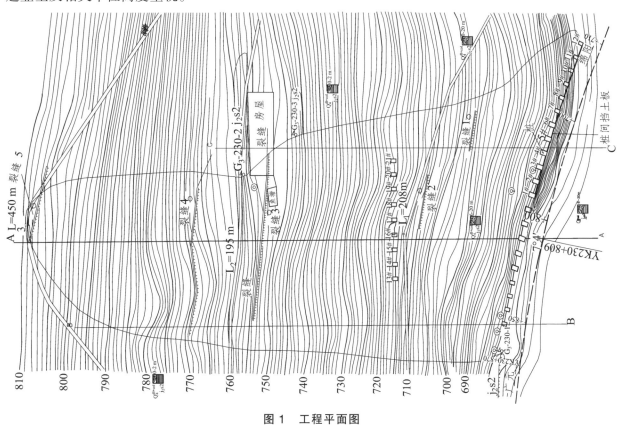

图 1　工程平面图

　　根据前期勘探资料及已开挖桩基揭示的地质情况进行综合分析，本段斜坡上覆为坡崩积层亚黏土及块石，厚 6～20 m，上薄下厚，块石含量由上至下减少，上坡段为 40%～50%，下坡段为 30%～40%。块石以砂岩为主，块径为 200～500 mm，碎石含量较小，以亚黏土或黏土充填。斜坡表面为亚黏土层，厚 2 m 左右，分布不均。从土质来看，斜坡中下段土质较差，以灰黑色淤泥质黏土夹块石为主，软～硬塑状，在靠近绵阳方向，堑坡土质变为黄褐色，以硬塑状为主。从整体上看，斜坡上覆盖层其成分、特征空间差异性较大，很不均匀。下伏基岩为 J_{2s} 泥岩与砂岩互层，薄至中厚层状，层理倾向山内。

　　该段大气降水汇集径流范围较大，地表水顺坡而下，在不断携带地表土石细颗粒向下的同时，表水又沿坡面土石缝隙下渗，形成松散层孔隙水和基岩孔隙裂隙水，由上至下径流。地下水无统一地下水位面，水量随季节性变化较大，雨季时很丰富，主要沿土石接触缝隙呈小股状和浸润状流出。

2　滑坡分析

从坡体变形情况来看，滑坡体处于蠕动变形阶段，还没有发展成为快速滑动阶段，从地面裂缝共有 5 处可以推断，变形体可能存在多个潜在的蠕动滑面。

2.1　潜在滑移面分析

边坡覆盖层主要为块石土，且分布不均，属松散地层，在丰富地下水的浸润作用下，抗剪强度甚低，边坡可随时发生与不同深度相适应的边界条件的位移，也就是说，潜在滑移面存在随机性和多解性。

首先确定潜在滑面上缘点，主要依据是地表裂缝和地表变形资料。该段边坡发育 5 处裂缝，除裂缝④为折线形外，其余均呈线状（图 1）。裂缝①长 20 m，缝宽 1 mm；裂缝②长 25 m，缝宽 1 mm；裂缝③长 80 m，缝宽 4 mm；裂缝④长 75 m，缝宽 3 mm；裂缝⑤长 38 m，缝宽 2 mm。从以上资料可以分析：裂缝①和裂缝②均为局部浅层变形，对本设计方案影响不大，不构成主要因素；裂缝③④位置与长度均相近，初步推断滑面上缘点原为③，其向下坍滑变形后引起以上边坡随之变形出现裂缝④，待裂缝④变形充分发展后进一步产生牵引式滑动，直至边坡松散体顶端出现裂缝⑤；裂缝⑤处已可见到基岩裸露。对坡体裂缝的观测记录完全证实了推断，该滑坡为自下至上的牵引式滑坡，滑面上缘点为裂缝⑤。

其次是确定滑面位置，由于覆盖层主要为块石土，地表水容易下渗，而泥岩与砂岩互层不透水，块石土与基岩接触带土体长期浸泡软化，形成软弱面，从几处已开挖桩基中也可验证滑带土呈软塑状，并有水呈浸润状流出。虽然潜在滑面在不同边界条件下存在多解性，但显然接触面为最不利滑面。

2.2　滑坡推力计算

通过对 A—A 和 B—B 两个典型断面采用推力法反算滑面指标，结果分别为 $c=5$ kPa，$\varphi=13.6°$ 和 $c=5$ kPa，$\varphi=15.2°$，采用安全系数 $K=1.15$ 计算滑面推力分别为 2 470 kN/m、2 120 kN/m。

3　整治方案的研究

3.1　清方减载

考虑到路基处剩余下滑力高达 2 470 kN/m，应考虑采取清方减载措施以减少推力，达到抗滑结构能与之适应的规模。从地形上看，坡面相对较为平缓，具有良好的清方条件。按 1∶1.75 分三级减载（设桩处留宽平台），此时计算路基处剩余下滑力为 2 100 kN/m，效果显著。

3.2　加强排水

边坡覆盖层主要为块石土，地表水容易下渗，从而引起滑面抗剪强度下降。因此，加强地表排水，使水流迅速顺畅地排出滑体以外十分必要。首先对坡面进行整顺以防止积水，并对裂缝进行回填夯实以防止表水下渗；然后在边坡后缘及边坡中部设置三道梯形截水沟，尺寸为 0.4 m×0.6 m，其中滑体后缘截水沟与山中自然沟相接且沟底置于基岩上，自然沟进行铺砌后引至涵洞，中部两道截水沟排水由涵洞排出。

3.3　支挡结构方案比选

由于边坡松散，稳定性极差，且清方减载后下滑力仍然较大，针对此特点，如何有效稳定坡脚并尽量减小对边坡的扰动是工程成败关键所在，一旦坡脚失稳，将造成灾难性后果。为此，考虑了以下三个主要比选方案。

3.3.1　大截面抗滑桩板墙方案

在路基处设置抗滑桩，桩间自上至下采用现浇挡土板以减少对桩间土体的干扰。由于下滑力巨大且悬臂段较长，经过计算，桩间距采用 7 m，主轴断面桩截面尺寸为 4 m×5 m。

3.3.2 锚拉式桩板墙方案

与上面方案相比，采用锚拉桩代替大截面抗滑桩，考虑到锚固段地层软弱，锚索采用一孔 6 束钢绞线，经计算，桩间距采用 7 m，主轴断面桩截面尺寸为 2.5 m×3.75 m，每根桩设三根锚索，设计拉力分别为 900 kN、840 kN、760 kN，锚索长分别为 40 m、35 m、30 m。

3.3.3 两排抗滑桩方案

在边坡二级平台处增设一排埋式抗滑桩，以承担部分传递至路基的滑动推力。关于多排桩中每根桩所承受的滑坡推力分配，本次设计考虑到滑体的组成成分、密实程度、潮湿程度等因素，采用如下做法：两排桩承受下滑力之和为滑体计算下滑力；上排抗滑桩承受传递至设桩处的下滑力，并考虑桩前被动土压力；下排桩承受剩余下滑力，对桩前路基面至锚固点之间土体不考虑被动土压力。经过计算，桩间距采用 7 m，主轴断面第一排桩截面尺寸为 2.5 m×3.75 m，第二排桩截面尺寸为 2.5 m×3.5 m。

3.3.4 最终方案确定

（1）大截面抗滑桩板墙方案由于桩身体积较大，开挖稳定性很差，易引起桩孔坍塌，并进一步诱发边坡坍滑；同时，还存在大体积混凝土施工、钢筋绑扎困难等问题。另外，由于滑面在不同边界条件下存在多解性，桩顶滑体存在越顶的可能，为此选取了两组可能滑面 A、B（图 2），计算稳定系数分别为 1.08、1.11，在暴雨及地震等不利因素影响下，很容易发生坍滑。

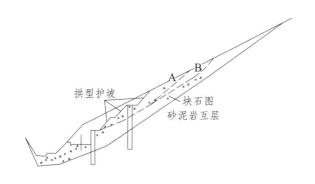

图 2　滑面分析与方案设计图

图 3　滑坡整治竣工后照片

（2）锚拉式桩板墙因为锚索作用，有效改善了桩的工作状态，减小了桩截面。但是，存在以下不利因素：由于滑体厚，锚索自由段长达 30 m，不但施工难度大，而且也不经济，造价只比方案一节省约 6%；锚固地层为泥岩与砂岩互层，岩性软弱破碎对锚索预应力可能带来不利影响；锚索钢绞线防腐措施因为地下水丰富长期效果难以保证。该方案也存在滑体越顶的可能性。

（3）采用两排抗滑桩方案，将巨大的滑坡推力由两排桩共同承担，减少了桩截面，避免了滑体越顶的可能性；其缺点是造价相对其余两种稍高，比方案一高出约 8%。

经过综合比较，推荐采用两排桩方案，虽然在造价上稍高，但有效避免了其余方案中种种不利因素。

4　工程整治效果及体会

该滑坡 2003 年整治完成至今超过 11 年，状况良好无病害，说明整治非常成功（图 3）。

（1）病害地段边坡松散，地下水丰富，大量工程实践证明，此类边坡稳定性极差，容易随着边坡的不断开挖而产生坍滑，故稳定坡脚是工程成败的关键所在，采用坡脚加固措施十分必要。

（2）如果条件许可，优先考虑采用排水措施和清方减载，可有效改善滑体状态，减小下滑力。

（3）设计中应注意是否存在滑体越顶问题，对锚固段地层软弱和地下水丰富地段，锚索要谨慎使用。

内昆铁路田梁子车站滑坡治理

周　成　魏永幸
（中铁二院　土建二院）

摘　要　内昆铁路田梁子车站位于一隐伏断层区域，路基主要以陡坡路堑通过，设计采用桩间土钉墙加固路堑，施工开挖出现桩偏移、坡面开裂，同时弃渣引起前缘陡坡滑坡影响铁路左侧挡墙，采用锚索桩、坡面锚索、抗滑桩等措施加固处理取得成功。

关键词　断层破碎带　滑坡　综合治理

1　概　况

田梁子预留中间站位于云南彝良县境内，线路里程 DK331+700～DK331+005。本段地形纵向起伏大，冲沟发育，地面横坡陡峭，自然山坡为 20°～60°，地表上覆第四系坡残积黏土（厚 0～6 m），下伏基岩砂岩夹页岩、劣煤，以砂岩为主，间夹页岩，局部夹少量鸡窝状劣煤。该段地表水以冲沟流水为主，地下水不发育，对混凝土均无侵蚀性。本段地震基本烈度为Ⅶ度。

2　施工图设计情况

线路在该段主要以挖方路基通过，中心最大挖深 13.5 m，垂直边坡高 18 m 左右，在两端有少量填方。具体工程措施：DK330+706～DK330+736 左侧设桩基托梁路肩挡土墙，桩长 7 m；DK330+706～+735.25、DK331+000.75～+005 右侧设重力式路堑挡土墙；DK330+736～DK331+000 右侧长 264 m 设预加固桩共 45 根，桩间距 6 m，桩长为 12～25 m，桩截面尺寸为 1.5×2 m～2×3 m，桩间设土钉墙，土钉长 6～10 m；DK330+930～DK331+004.5 左侧以小填方通过。施工图设计代表性断面见图 1。

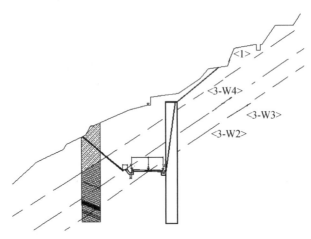

图 1　施工图设计代表性断面图

3　病害概况

该段路基于 1999 年初开始施工，在阴山二号隧道（含）至朝门隧道出口段（三隧两桥一车站）内工程病害不断，1999 年 8 月重新对该段进行了详细地质调绘与补充勘探。

该段地层上覆第四系堆积层砂黏土，下伏基岩为侏罗系上统须家河组砂页岩夹劣煤及中统关岭组砂岩、泥灰岩、页岩、灰岩。主要构造为阴山逆断层，该断层位于线路左侧与线路近于平行，间距 10～50 m，走向 N28°～50°E，倾向 SW，倾角在 70°左右，破碎带一般宽 10～15 m，局部地带破碎带较宽，断层影响带宽 100～150 m。断层上盘砂岩、页岩、泥灰岩等地层发生倒转，岩体破碎，整体性差，产状紊乱。断层下盘为泥岩、砂岩，产状 N10°～55°W/35°～83°NE，此断层对铁路工程影响较大。该段地表水较发育，主要为 DK330+651 处横穿线路之冲沟内水。地下水发育，主要为第四系土层中孔隙水，有地下水渗出，局部堑坡有股状水流出现象。主要由大气降雨补给。

受断层影响，岩体破碎，基岩内储存有较丰富的地下水。

1999 年 12 月下旬该段路基土石方开挖到位，右侧堑坡垂直高度为 10～18 m，由于地质情况较设计变差，开挖未按设计要求分层开挖及时施作桩间土钉墙，而是一次拉槽到路基面，部分桩间土体由于施工用水冲泡，桩间土体产生坍塌，此后 8#～11#桩桩背边坡开裂，距线路 10～20 m 范围出现裂缝，经观测桩有部分位移。2000 年 2 月至 3 月份从桩变形数据分析，变形趋于稳定。4 月中旬，DK330+750～DK330+850（4#～20#桩）段右侧山体变形突然加大，有数道裂缝张拉呈"弧形"，最远处距线路中线 120 m 左右，裂缝最大宽度 25 cm，局部形成错台，6 月 23 日观测资料 8#桩最大位移 65.7 cm，9#桩 41.4 cm。4 月中旬对锚固桩进行无损探测，发现 8#～14#桩开裂、局部离析、有水泥浮浆，接缝等有严重缺陷现象。

由于存在多种因素，不同程度地增加了坡体的不稳定性，导致了坡面开裂变形，使锚固桩变形增大，而锚固桩外移使右侧坡面开裂变形加剧。

施工单位将田梁子车站挖方弃于 DK330+830～DK331+000 左侧坡面设计弃渣场上，该处斜坡受阴山断层影响，表层覆盖土较厚约 20 m，基岩破碎，地下水发育。在堆放弃渣加载的情况下出现一中厚层土质工程滑坡，滑坡后缘发展到Ⅱ线中心处，变更设计一期工程采用对滑坡减载处理，在路肩设桩基托梁挡墙加固铁路本体工程，由于此处施工便道改移困难，清方减载不彻底和施工重车加载影响，在施工桩基托梁时滑体仍在蠕动并已对下游民房及桩基托梁挡墙造成威胁，DK330+950～DK331+005 左侧托梁底部已坍空，故第二次变更在便道外侧增设了抗滑桩。

4　变更设计主要工程措施

DK330+700～DK330+730 右侧增设抗滑桩，桩间设路堑墙。DK330+736～DK330+756 左侧设衡重式路肩墙。

DK330+760～DK330+796 右侧原 6#～12#桩后增设锚索桩，桩截面尺寸 2×2.75 和 2×3，每根桩设 2 孔 6 束锚索，下倾角 15°，单孔锚索长 35 m。

DK330+766～DK330+850 右侧 6#～20#桩间增设坡面锚索。6#～12#每两根桩间设 3 孔锚索，12#～20#每两根桩间设 2 孔锚索，锚索为每孔 6 束，下倾角 15°，单孔锚索长 35 m。

DK330+756～DK330+816 线路右侧距线路中心 15 m 处坡面增设一排坡面锚索，共计 16 孔，锚索为每孔 6 束，间距 4 m，下倾角 25°，单孔锚索长 35 m。图 2 为左侧路堑坍塌变更设计代表性断面。

DK330+736～DK331+000 右侧桩间设一排深层排水孔和一排浅层排水孔，深层孔直径 Φ100 mm，孔深 20 m，上倾角 15°，距路肩高度 1 m，孔内设 PVC 花管。浅层排水孔深 8 m。

DK330+858.5～DK331+004.5 线路左侧距线路中心 8 m 处设桩基托梁挡土墙。DK330+900～DK330+970 左侧距离中线 35 m 左右增设抗滑桩防护，并对滑坡上部进行清方处理（图 3）。

DK330+700～DK331+010 右侧堑顶灌溉沟，需对裂缝用砂浆封闭，夯填坡面裂缝。

原设计 5#～14#桩背后及 11#～13#桩间坍塌部分采用 M5 浆砌片石回填。

5　工程体会

（1）由于勘测期间漏判隐伏断层致使线路经过断层影响范围，设计措施未考虑断层破碎影响，是本工点病害产生的主要原因。勘测前期应加强地质工作，进而优化线路方案，完善工程设计措施。

（2）对断层影响范围，首先应进行绕避，对线路经过断层影响区域，路基工程应充分考虑断层造成岩体破碎对工程的影响。断层破碎带一般地下水发育，设计中应加强地下水排泄。

（3）应注意配合施工，发现地质变化及时处理。该工点预加固桩在桩井开挖至原设计基岩范围出现护壁坍塌，没有及时核对地质，错过了尽早处理的时机。

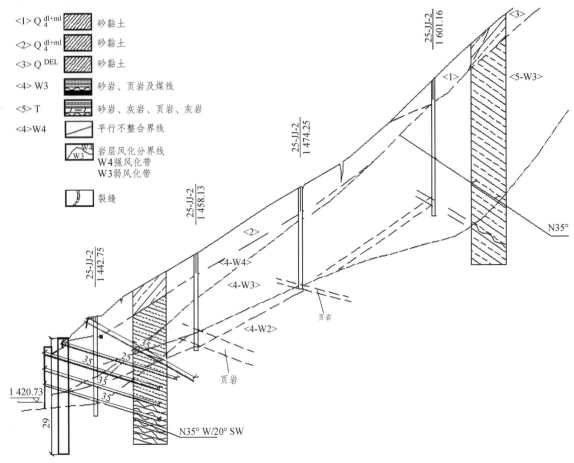

图 2　DK330+750 ~ DK330+850 左侧路堑坍塌变更设计代表性断面图

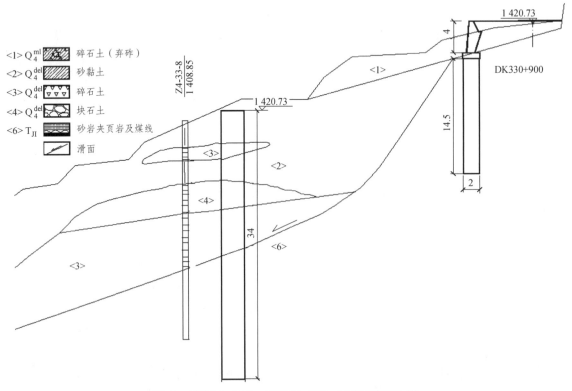

图 3　DK330+900 ~ DK330+970 左侧滑坡断面图

兰渝铁路童家溪滑坡病害治理

刘剑光　周　成　张　耀

（中铁二院　土建二院）

摘　要　童家溪滑坡为巨型基岩滑坡，挖方路基及隧道洞身穿过滑坡 1#滑坡体及其表层次一级浅层 2#滑坡。通过对滑坡稳定状态的分析，路基边坡开挖后 1#滑坡体及其表层次一级浅层 2#、3#滑坡均处于不稳定状态，需进行加固处理。根据滑坡下滑推力较大的特点，整治设计采用了设置双排抗滑桩、合理布置桩位进行加固，整治效果良好。

关键词　巨型滑坡　稳定性　整治

1　工程概况

本滑坡工点位于重庆市北碚区同心镇境内，属构造剥蚀低山-丘陵地貌，地形起伏较大，总体上呈西高东低，相对高差 296 m。自然坡度呈上陡下缓之势，上部一般坡度为 20°～35°，局部近于直立，植被发育，多为松林；下部一般 5°～18°，植被较发育，多被当地居民开垦为耕地。

本段上覆第四系全新统滑坡堆积层（Q_4^{del}）粉质黏土，松散～稍密，含 10%～20% 砂、泥岩碎石角砾等，主要分布于滑坡体表层较平缓地带；块石土，密实，稍湿～潮湿，石质成分主要为泥岩、页岩、灰岩等，含量约为 80%，粒径 200～800 mm，余为粉黏粒充填，主要分布于滑坡体内。下伏基岩为侏罗系中统新田沟组（J_{2x}）泥岩夹砂岩，泥岩，泥质胶结，薄-中厚层状，砂岩多呈中厚层状，钙、泥质胶结。滑坡平面详见图 1 所示。

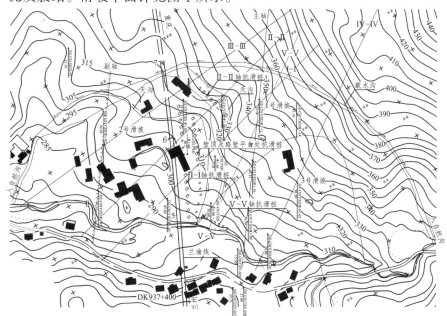

图 1　童家溪滑坡平面图

2　滑坡特征

2.1　滑坡概况

滑坡位于常年性溪沟右岸单面斜坡下部，由一巨型古滑坡（1#滑坡）及古滑体表层两个次一级浅层滑坡（2#、3#滑坡）组成。DK937+490～DK937+671 段线路穿过童家溪滑坡 1#滑坡体及其表层次一级浅层 2#滑坡，童家溪滑坡面积约 $9.3 \times 10^4 \ m^2$，方量约为 $195.3 \times 10^4 \ m^3$，为巨型基岩滑坡。DK937+490～DK937+600 为路基开挖段，最大中心挖深 12.8 m；DK937+600 为童家溪二号隧道洞口里程；DK937+600～DK937+671.07 为隧道洞身段。

1#滑坡前缘直抵溪沟，主滑方向为 N54°E，纵向长 170～230 m，前缘横向宽约 550 m，钻孔揭露滑体厚 6.45～29.10 m（平均厚约 21 m），为巨型基岩滑坡。滑体主要由泥岩块（块石土）组成。从本次地质钻探钻孔中见有粗糙擦痕。滑坡体上部较陡，多为灌木林，下部较缓，多为当地居民旱地和果园，现状稳定。

　　2#滑坡位于 1#滑坡右侧，平面上地形扭曲较严重，陡缓相间，平台、陡坎、沟槽等微地貌发育。主滑方向为 N85°E，纵向上长约 145 m，横向上宽约 200 m，钻孔揭露滑体厚 2～9.40 m，平均厚约 5 m，为中型堆积层滑坡。滑体主要为粉质黏土和块石土组成，滑带为粉质黏土。滑坡体上为居民集居地、旱地和果园，局部为水田、池塘，现状稳定。

　　3#滑坡位于 1#滑坡左侧，主滑方向为 N46°E，纵向上长约 160 m，横向上宽约 170 m（滑坡中部），钻孔揭露滑体厚 4～6.50 m，平均厚约 5 m，为中型堆积层浅层滑坡。平面上呈"古钟"形，断面上呈"舟"形，滑体主要由粉质黏土和块石土组成，滑带为粉质黏土。滑坡坡面上部以旱地和灌木林为主，下部以水田为主，目前仍然处于变形破坏中，可见明显的滑动变形迹象（前缘鼓丘、倾斜的树木、电线杆、以及部分滑体推移至溪沟对面，形成隆起土丘等）。

2.2　滑坡形成机制

　　滑坡位于无名溪沟右侧斜坡下部，总体上呈西高东（无名溪沟）低之势，自然坡度上陡下缓，上部为 20°～35°，下部一般为 5°～18°。后缘高程约为 380 m，剪出口高程约为 270 m，形成高差约为 110 m 的滑体，为滑坡的形成提供了有利空间。

　　基岩为侏罗系中下统自流井群和下统珍珠冲组地层组成，岩性以泥质岩类为主。因泥岩的矿物成分以水云母为主，含量占 50%～80%，其他矿物含量甚微，且水云母具有较强的亲水性，其遇水易膨胀、软化（据本次取样分析，区内珍珠冲地层泥岩具膨胀性，自流井群地层局部泥质岩具膨胀性），导致岩体强度大大降低。加之，测区紧邻中梁山背斜轴部，地质构造较复杂，在深部岩体多发育节理裂隙密集带、挤压带和剪切带，有利于地下水活动，并在水的作用下，发生膨胀、软化等现象，形成泥化夹层（主要形成在泥岩与砂岩、灰岩的结合面上），在滑移～弯曲变形演化过程中形成滑移面。

3　滑坡稳定性分析

3.1　天然状态滑坡稳定性

　　对于 1#、2#、3#滑坡，分别选取代表性断面按滑面 $\varphi_{综合}=16°$ 计算各自天然状态的稳定性，计算结果如表 1 所示，滑坡代表性轴断面详见图 2 所示。

表 1　1#、2#、3#滑坡体天然状态稳定性

滑　坡	检算轴断面	滑面 $\varphi_{综合}$	稳定系数 F_s
1#	Ⅰ—Ⅰ	16°	1.098
	Ⅱ—Ⅱ	16°	1.298
2#	Ⅰ—Ⅰ	16°	1.274
	Ⅱ—Ⅱ	16°	1.530
3#	Ⅳ—Ⅳ	16°	1.074

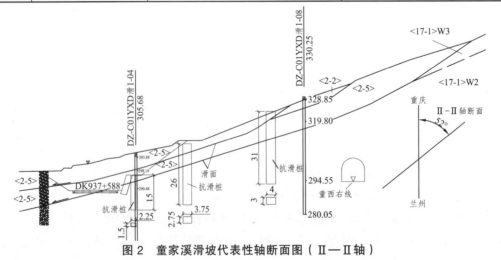

图 2　童家溪滑坡代表性轴断面图（Ⅱ—Ⅱ轴）

由表 1 计算结果可知，天然状态下滑坡处于基本稳定～稳定状态，与实际情况相符。

3.2　边坡开挖后滑坡稳定性

（1）稳定系数。

DK937+490～DK937+600 段路基以路堑形式穿过 1#滑坡体及其表层次一级浅层 2#滑坡体，路堑开挖将造成 1#、2#滑坡体前缘减载，并在坡脚形成临空面，不利于滑坡体稳定。经计算，路基边坡开挖后 1#、2#、3#滑坡体稳定性如表 2 所示。

表 2　边坡开挖后 1#、2#、3#滑坡体稳定性

滑　坡	检算轴断面	滑面 $\varphi_{综合}$	稳定系数 F_S
1#	Ⅰ—Ⅰ	16°	1.101
	Ⅱ—Ⅱ	16°	0.808
2#	Ⅰ—Ⅰ	16°	0.806
	Ⅱ—Ⅱ	16°	0.895
3#	Ⅴ—Ⅴ 轴上滑面	16°	0.91
	Ⅴ—Ⅴ 轴下滑面	16°	0.96

路基边坡开挖后 1#滑坡稳定系数为 0.808～1.101，2#滑坡稳定系数 0.806～0.895，3#滑坡稳定系数 0.91～0.96。1#滑坡体及其表层次一级浅层 2#、3#滑坡均处于不稳定状态，需进行加固处理，3#滑坡体仅对靠近兰渝正线部分进行局部加固处理。

（2）滑坡推力。

对于 1#滑坡体，取滑面 $\varphi_{综合}$=16°，安全系数 K=1.1～1.15 计算下滑推力；2#滑坡体，取滑面 $\varphi_{综合}$=16°，安全系数 K=1.15 计算下滑推力；3#滑坡体及其范围内的部分 1#滑坡体，按照 1#滑坡体天然状态下稳定系数为 1.05 反算 $\varphi_{综合}$，安全系数 K=1.10 计算下滑推力。计算得到的滑坡推力见表 3。

表 3　边坡开挖后 1#、2#、3#滑坡体下滑推力

滑　坡	检算轴断面	滑面综合 φ	安全系数 K	滑坡推力/kN
1#	Ⅰ—Ⅰ	16°	1.15	1 100
	Ⅱ—Ⅱ	16°	1.1	3 620
2#	Ⅰ—Ⅰ	16°	1.15	630
	Ⅱ—Ⅱ	16°	1.15	700
3# （含其范围 1#滑坡体）	Ⅴ—Ⅴ	17.4°	1.1	1 003

根据计算结果，滑坡 Ⅱ—Ⅱ 轴断面最大下滑推力达到了 3 620 kN，抗滑桩悬臂长度达到了 14.5 m。整治设计时设置 2 排抗滑桩，根据工程经验及数值模拟，考虑前排桩承担 40%的推力。

4　工程措施

4.1　抗滑桩工程

（1）DK937+496.07～DK937+594.69 线路右侧设置抗滑桩。抗滑桩 Ⅰ—Ⅰ 轴断面方向桩间距（中—中）7.0 m，桩截面采用 1.5×2.25 m、2.5×3.5 m、2.75×3.75 m 矩形截面，桩长 15.0～33.5 m，共设置 12 根抗滑桩（图 3）。

（2）DK937+494.10～DK937+621.67 线路右侧堑顶及一级路堑平台处设置抗滑桩。抗滑桩 Ⅰ—Ⅰ 轴断面方向桩间距（中—中）为 6.0 m，桩截面采用 1.5 m×2.25 m、1.5 m×2.5 m、2.75 m×3.75 m

矩形截面，桩长 10.0～33.0 m，共设置 14 根抗滑桩。

（3）DK937+603.90～DK937+638.99 线路右侧设置抗滑桩。抗滑桩 I—I 轴断面方向桩间距（中—中）7.0 m，桩截面采用 2.5 m×3.5 m、2.75 m×3.75 m 矩形截面，桩长 29.0～32.0 m，共设置 5 根抗滑桩。

（4）DK937+620.53～DK937+658.77 线路右侧设置抗滑桩，抗滑桩 II—II 轴断面方向桩间距（中—中）7.0 m，桩截面采用 2.0 m×3.0 m、2.5 m×3.75 m、3.0 m×4.0 m 矩形截面，桩长 19.0～31.0 m，共设置 8 根抗滑桩。

（5）DK937+510～DK937+515 线路右侧约 50～70 m，设置抗滑桩。抗滑桩分布方向与 V—V 轴断面方向垂直，桩间距（中—中）5.5 m，桩截面采用 2.0 m×3.0 m～2.25 m×3.0 m 矩形截面，桩长 25.0～27.0 m，共设置 7 根抗滑桩。

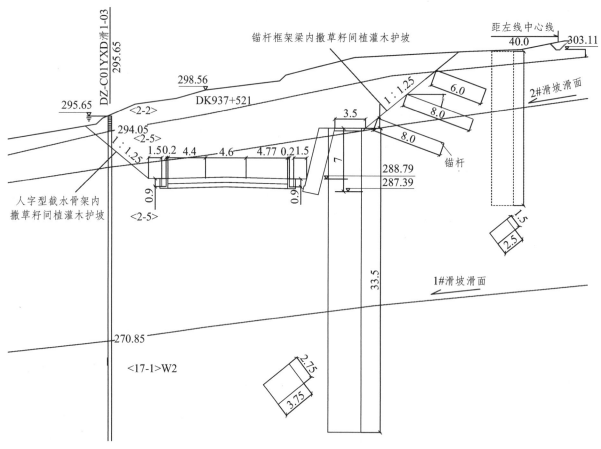

图 3　童家溪滑坡整治路基代表性断面图

4.2　桩间挡土墙工程

DK937+490～DK937+595 线路右侧设置桩间重力式路堑挡土墙，按“$\varphi=38°$、$\gamma=22$ kN/m³、$f=0.35$、$[\sigma]=300$ kPa”设计。路堑挡土墙最大墙高 8.0 m，最小墙高 3.0 m。

4.3　边坡防护工程

墙顶边坡设置锚杆框架梁、人字形截水骨架护坡进行防护。

4.4　排水工程

1#、2#滑坡外缘设置 M7.5 浆砌片石截水沟，采用梯形截面，截水沟底全断面铺设 0.1m 中粗砂夹一层复合土工膜。截水沟水排至既有自然沟渠。

5　工程整治效果

本滑坡工点地质情况较为复杂，采取了以两排抗滑桩为主的加固措施。整治工程于 2011 年施工完成，竣工后经过 3 个雨季的考验。从监测情况来看，加固后的滑坡体及开挖后的路堑边坡未出现异常，整体处于稳定状态，效果良好。施工后照片详见图 4。

图 4 童家溪滑坡整治后照片

6 工程体会

（1）应预先做好地质调查工作，尽早发现严重不良地质体，为铁路线路方案的比选提供依据；大型滑坡应尽量绕避，当线路绕避困难，必须通过时，线路选择仍应以不恶化滑坡并增强其稳定为原则。本工程案例中，童家溪巨型滑坡由于发现较晚，且地质前期工作对滑坡规模大小、危害性认识不足，线路选择于巨型滑坡体前缘以挖方通过，对滑坡前缘进行了减载，并形成临空面，导致滑坡体稳定性不满足要求。线路选择上的不成功，导致后期滑坡整治设计方案复杂，费用巨大，且有一定的安全风险。

（2）由于大型滑坡体下滑推力较大、滑面较深，整治设计时，宜采取两排或多排桩的措施，并注意合理确定各排桩所承担的滑坡推力，选取合适的桩型及合理布置桩位。

（3）施工中应对工程活动可能诱发的次级滑坡引起高度重视，并采取必要的预防措施。

广巴铁路滴水岩滑坡治理

李　飞　李庆海　蒋楚生

（中铁二院　土建三院）

摘　要　滴水岩滑坡位于广元至巴中线乐坝至巴中段铁路 DK117+000～DK117+200 段。本文介绍了滴水岩滑坡的环境地质条件、类型、性质，滑坡形成的机制，以及在"5·12"汶川大地震作用下滴水岩滑坡复活变形的机理分析，并对整治工程措施做了介绍。

关键词　滑坡　地震　复活　整治

1　工程概况

1.1　地形地貌

滴水岩滑坡发育于新建广元至巴中线乐坝至巴中段铁路 DK117+000～DK117+180 左侧（即滴水岩），测段属低山峡谷地貌，地面高程为 383～490 m，相对高差为 107 m，自然横坡为 20°～50°。斜坡上杂草、灌木丛生，植被较发育，坡面平缓地段多为稻田。线路从滑坡体前缘以浅填浅挖通过。

1.2　工程地质及水文地质情况

段内上覆第四系全新统坡残积层黏性土、块石土、人工填筑粉质黏土。下伏基岩为白垩系下统白龙组（K_1b）泥岩夹砂岩。

测区构造简单，位于新华向斜轴部，层理平缓，倾角接近水平，节理较发育。

该段地震动峰值加速度为 0.05 g，地震动反应普特征周期 0.35 s。

地下水主要为基岩裂隙水及构造裂隙水，构造裂隙水不发育，基岩裂隙水赋存于砂岩中，埋藏较深，地下水接受大气降雨和河水垂直分散渗入补给。

1.3　滑坡的总体特征

滑坡主轴与线路夹角约 90°，滑坡体上窄下宽，前缘宽约 160 m，后缘宽约 100 m，滑坡体沿轴向长约 100 m，滑坡沿线路方向长 180 m，厚 5～12 m，约 10 万立方米，属中型滑坡，两侧及后壁均为泥岩，滑坡平面见图 1。滑坡体物质来源主要是崩坡积层块石土、坡残积层黏性土及人工填土层，块石直径 2～5 m，大者可达 8 m，块石含量约占 60%。石质成分主要是长石石英砂岩。据查：滑坡体后缘有一住户，2002 年 7 月由于连续下了三天暴雨，该住户的房屋被拉裂，院坝也出现裂缝和下沉。2005 年本线定测滑坡体后缘的张拉裂缝仍清晰可见，2002 年产生滑动的主要原因是连续暴雨，且自然坡度大，属浅层堆积体滑坡。

2008 年 7 月中旬滴水岩滑坡后缘新出现多道非贯通裂缝，通过补充勘探认为滑坡有整体滑动迹象。

2　"5·12"汶川地震后滑坡现状分析与评价

（1）虽然 2009 年《中国地震动参数区划图》修订工作中对本地区地震动参数维持原值，但在"5·12"地震之后分析评估和现场调查，认为滑坡体内部发生局部的不利重新组合情况，水平地震力使法向压力消减和下滑力增强，促使滑坡稳定安全系数减小，滑坡易于滑动。地震仅使滑坡成为潜在的隐患点，但 2008 年 5 月地震后滑坡仍未出现滑动痕迹。

（2）2008 年 7 月滑坡滑动前，该地区连降暴雨，地表水大量下渗，特别是沿后缘既有张拉裂缝下渗，长时间降雨下渗后，滑体上部饱水后自身容重增加，岩体强度降低，土体黏聚力减小，抗滑力减小。滑床为泥岩，地表水进入滑动带润滑滑床，降低了滑带指标。

（3）2008 年 6 月底开始，施工单位组织滴水岩滑坡段抗滑桩施工，施工平整场地及施工抗滑桩对滑坡整体扰动，加速了滑坡整体失稳。2008 年 7 月中旬滑坡后缘出现多道非贯通裂缝，通过补充勘探认为滑坡有整体滑动迹象。

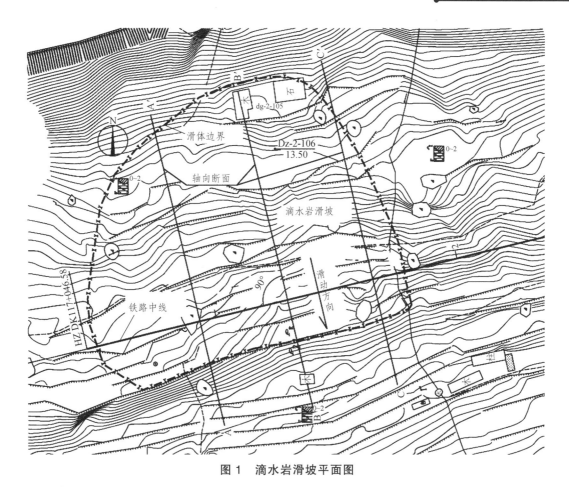

图 1　滴水岩滑坡平面图

3　稳定性分析

3.1　力学计算模型

滑坡推力计算有瑞典条分法、毕肖普法、传递系数法等多种计算方法。从主轴断面钻孔基岩面连线可以看出滑面倾角较缓，倾角相互之间变化不大，计算采用传递系数法。

3.2　2006 年施工图设计滑坡稳定性分析

沿滴水岩滑坡主轴方向布置了 3 条轴向断面，采用传递系数法分别计算三条轴向断面稳定安全系数。首先计算整个滑坡体沿潜在滑带（滑坡体与下卧层泥岩间接触面，滑面 1）整体剪出的可能性，滑面位置见图 2；其次，分析沿滑坡体内部滑出的稳定性，滑面 2；最后分析滑坡体沿抗滑桩桩顶越出的稳定性，滑面 3。计算滑块的划分主要依据潜在滑面形态，同时结合了地面形态、滑带土特性等进行划分。根据滑坡堆积体的特征及其可能出现的各种荷载情况和组合，计算中主要考虑自重、暴雨情况下坡体部分饱水 2 种工况，计算各轴向断面的坡体稳定性及各滑块的剩余下滑力。滑面 1 采用滑带土指标 c=13.0 kPa、φ=15.04°；滑面指标采用地层参数中较低一侧的抗剪强度。由于滑面 2 稳定性计算结果均大于 1.25，认为滑坡从滑面 2 滑出的可能性较小，计算表中不列出其计算结果。由于抗震设防烈度为 6 度的 C 类及 D 类工程可不进行抗震设防，故滑坡检算未考虑地震因素，计算结果见表 1。

表 1　轴向断面稳定性计算结果

计算位置	主轴断面		辅轴断面 1		辅轴断面 2	
工况组合	滑面 1	滑面 3	滑面 1	滑面 3	滑面 1	滑面 3
自重状态（天然状况）	1.157	1.248	1.225	1.165	1.174	1.253
自重＋暴雨状态（坡体部分饱水）	1.155	1.243	1.215	1.154	1.174	1.253

现场勘察认为滑坡稳定性较好，计算滑坡稳定性均大于 1.15，满足《铁路特殊路基设计规范》安全系数的要求，不必对滑坡进行加固整治。针对铁路挖方切断滑坡前缘段落，在铁路左侧设置路堑桩板墙收坡，尽量减少对滑坡的扰动。安全系数取 1.25，主轴断面（图 2）附近每延米设计滑坡推力为 735.8 kN。

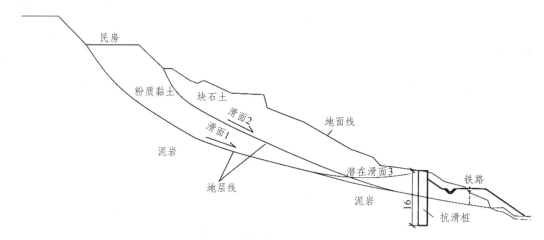

图 2　滴水岩滑坡主轴断面

3.3　2008 年"5·12"汶川地震之后滑坡稳定性分析（地震工况）

"5·12"地震之后通过分析评估和现场调查，认为滑坡体内部发生局部的不利重新组合情况，水平地震力使法向压力消减和下滑力增强，促使滑坡稳定安全系数减小，滑坡易于滑动。地震仅使滑坡成为潜在的隐患点，此时滑坡仍未出现滑动痕迹，此时滑坡稳定安全系数仍大于 1。滑坡稳定性检算考虑地震工况，计算结果见表 2。

表 2　轴向断面稳定性计算结果

计算位置	主轴断面		辅轴断面 1		辅轴断面 2	
工况组合	滑面 1	滑面 3	滑面 1	滑面 3	滑面 1	滑面 3
自重状态+地震	1.107	1.198	1.175	1.115	1.114	1.200
自重＋暴雨状态+地震状态	1.103	1.192	1.164	1.093	1.124	1.193

3.4　2008 年 7 月滑坡滑动后滑坡的稳定性分析

此时滑坡后缘已经出现滑动，通过进一步地质勘探和测绘，分析评估和现场调查，认为滑坡已经处于蠕动变形阶段。受滑坡前缘施工扰动，将使变形进一步扩大，滑坡仍然未出现较大规模滑动，此时滑坡已经处于临界状态。

滑体处于蠕动状态时，假定稳定系数为 1.0，据此反算得出近似的滑面抗剪指标。

根据指定的滑面计算该滑面对应的推力，安全系数采用 1.25，滑面指标采用反算得出的滑面抗剪指标。经稳定性计算，抗滑工程设计抗滑力为 1 308 kN/m。

4　工程措施

根据现场部分抗滑桩已经浇筑、剩余抗滑桩正在开挖，现场已备料的施工进度情况，为避免已实施工程废弃，同时考虑工期紧的特点，维持施工图设计桩板墙措施不变，同时在坡面增设锚索的综合整治方案。

4.1　支挡工程

根据地形，在线路左侧 10 m 处设置一排抗滑桩（施工图设计已有，少部分已实施），为了防止滑体从桩间挤出，桩间采用内挂式挡土板。桩截面尺寸 1.5 m×2 m，桩长 13 ~ 16 m，桩顶坡面理顺，沿斜坡坡面共设置 2 ~ 4 排预应力锚索，锚索长 20 ~ 28 m。坡面锚索外锚结构采用钢筋混凝土框架梁，锚索节点间距 4 m，框架梁尺寸为横梁 0.5 m×0.6 m，竖梁 0.6 m×0.7 m。滑坡主轴断面见图 3。

4.2　排水系统

地表排水工程按 1/50 洪水频率地表汇水流量计算，滑坡后缘及中部设 M7.5 浆砌片石 0.4 m×0.6 m（底×高）梯形截水沟，沟壁及沟底厚均为 0.3 m，沟壁坡度为 1∶1，两道截水沟共计 468 m。将地表水排出滑坡体外，截水沟排水纵坡不得小于 2%，截水沟与天沟及两侧自然沟顺接。

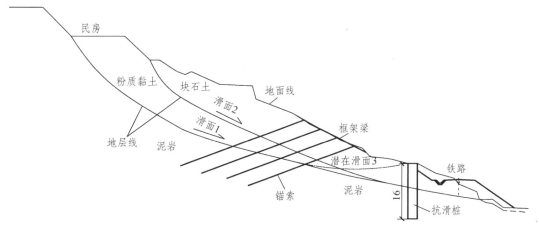

图 3　滴水岩滑坡主轴断面

4.3　平整滑坡体地表

对滑坡体低洼处填土垫高，防止积水。滑坡体上裂缝在施工前采用黏土回填、夯实，防止地表水沿裂缝下渗进入滑体内，使降雨能迅速沿排水沟汇集、排走。

滑坡体上水田，改为旱地耕作。滑坡体后缘，民房附近分布有可能影响滑坡稳定的水塘，按照废弃回填处理，停止耕作。

4.4　施工注意事项

（1）施工顺序。

排水措施→浇筑已开挖桩孔的抗滑桩→理顺堑顶边坡坡面，黏土回填并夯实滑坡裂缝→锚索框架梁→桩板墙（已开挖桩孔的除外）→铁路路基施工。

（2）抗滑桩按由浅至深、由两侧向中间的顺序施工。

（3）抗滑桩采用间隔方式开挖，每次间隔 1~2 孔。

（4）仔细核对滑面（带）情况，综合分析研究，如实际情况与设计有较大出入时，将发现的异常及时向建设单位和设计单位报告。

5　工程（整治）效果

（1）该工点桩与锚索施工工期为 3 个月。抗滑桩及坡面锚索施工完毕进行张拉后，滑体未出现新的裂缝或变形，滑坡地表位移变形停止，滑坡前缘铁路路基开挖及填筑均无异常。

（2）滑坡整治后 1 年地表变形观测结果表明，滑坡位移变形已经停止，滑坡基本稳定。

（3）工程施工于 2008 年 10 月完成，竣工后经过 4 个雨季的考验，特别是经历 2011 年巴中地区 130 年一遇的特大洪水（有水文记录以来最大洪水灾害），短时最大降雨量达 341.9 mm，滑坡仍然稳定，滑坡整治方案成功，效果良好。

6　工程体会

（1）从本文研究的滑坡及"5·12"汶川地震之后龙门山断裂带附近其他滑坡事故发生来看，地震发生后，滑坡边界条件发生改变，如震后坡体出现大量裂缝及岩土体力学强度降低。有时虽无明显破坏，但不良地质体内部发生局部的不利重新组合情况。应结合工程特点设计地震动峰值加速度，检查设计确定的抗震　强度和稳定验算范围是否恰当，采用的抗震设计原则是否合理，采取的工程措施是否稳妥等，以便及时采取措施。

（2）现行《铁路抗震工程抗震设计规范》（GB 50111—2006）（2009 年版）中对普速铁路，滑坡等重大不良地质地段路基归为 D 类工程，对抗震设防烈度为 6 度的 C 类、D 类路基可不进行抗震设防，鉴于铁路属于国家基础设施，其抗灾能力直接关系到人民群众的生命和财产安全，以及在当前技术前提下，地震对滑坡等不良地质体影响认知程度有限，建议在地形地质复杂地段，将滑坡等大型不良地质段落铁路，按不良地质规模大小、危害程度等作为控制因素，酌情归入 B 类、C 类工程或提高抗震设防等级。

（3）施工组织是滑坡防治工程的重要内容，在满足工期要求的前提下，对于不良地质体段落应尽量避免雨季施工。

京珠高速公路粤境北段 K98 滑坡综合治理

李　敏　蒋楚生　秦小林　冯生龙

（中铁二院　土建三院）

摘　要　K98+395～+900 地段，由于 323 国道扩建，路堑开挖，破坏原有的稳定，致使古滑坡复活。本文主要介绍在特殊地层（高液限土、煤系地层）路堑边坡采用预应力锚索桩和边坡预应力锚索相结合的病害综合整治（防护与加固）措施。

关键词　滑坡　综合整治

1　工程概况

1.1　地形地貌

本路段属丘陵-低山区，相对高差大于 100 m，以风化剥蚀地貌为主，自然坡度陡缓相向出现，一般为 15°～50°。两侧坡脚为乳源河，323 国道在西侧山坡以 10～30 m 高路堑边坡通过。测区内北侧为典型的老滑坡地形，其余山坡为岩层倾向相适应的自然斜坡。

1.2　地层岩性

测区内普遍为第四系地层覆盖，仅沿 323 国道路堑边坡见下石系大塘阶地层，地层由老到新简述如下：

（1）石炭系大塘阶石橙子组（C_1^{ds}）。

分布于测区西北角，深灰色～黑灰色，泥晶～细晶结构，薄层状～厚层状，微晶灰岩。岩石节理发育一般，钻孔揭露深部有岩洞穴存在。岩石坚硬，岩质好，抗压试验结果为 22.2～47.8 MPa。岩层产状为 194°∠33°，工程地质条件良好。

（2）石灰系大塘阶测小组（C_1^{dc}）。

沿 323 国道路堑边坡出露，分布于整个测区，岩性为灰白色石英砂岩，粉砂岩夹劣质煤、泥岩，中部有一层砾砂岩，岩石风化强烈，钻探资料表明地下 50 m 仍存在弱风化带岩体，且岩体非常破碎，岩石质量低，是不良工程地质体。泥岩、页岩、劣质岩（局部为切层）呈滑动的趋势。

（3）第四系人工填土。

分布于 323 国道右侧，以砂岩、粉砂岩、泥岩碎块为主，含少量亚黏土，厚度为 0.5～2.5 m。

1.3　地质构造

测区地处于粤北山字形构造前孤东地带。以近东西向的南岭构造带，相继发育此山字形构造，导致岩层遭受强烈挤压，褶皱断层频繁，产状多变，岩体破碎，风化作用强烈，工程地质条件差。

工点的岩层产状为 158～214°∠33～17°，总的岩层走向与路线接近平行，倾向路线，加之岩体软硬岩间夹，岩层破坏极易导致顺层工程滑坡。

（1）断层。

测区周围地质构造复杂，断层发育，测区内由于地表覆盖，未见出露，根据地貌、水文和岩层产状变化推测，在 K98+760 附近有一小断层存在，断层走向南北，倾向不明。断层规模小，但岩层较为破碎，对堑坡岩体稳定有一定影响。

（2）节理。

由于受区域构造强烈影响，节理互相交切使岩石呈碎块状，岩石质量降低，钻孔岩心成碎块状、短柱状。共发育 4 组节理，其中以走向为 62°、倾向西北、倾角 60°～76°最为发育，节理面平直、延伸长，常见水流风化剥蚀痕迹，其次为走向 40°和 8°，倾向南西和北西，倾角分别为 57°～76°和 46°～80°。由于节理发育，使岩体破坏形成层状破裂结构，为地下水的赋存经流提供良好的条件，加剧了岩石的风化，软岩易软化成软弱结构面，对路堑边坡的稳定不利。

1.4　气象水文

本区属中亚热带季风气候，温暖湿润，雨量充沛，春夏多雨，秋季干旱少雨，降雨量集中在 2

—7月，年平均降雨量为 1 467.9 mm，月平均降雨量为 87.4～411.0 mm，5—9月为一年高温季节，冬末春初气温较低，年平均气温 19.6 ℃，受台风影响较小。

区内地表水属北江水系，先流入乳源河再注入北江，地下水以裂隙水为主，水位略高于乳源河水面，局部地段与河水面一致。

2 工程特征

设计范围内存在老滑坡、新滑坡（323国道施工发生的工程滑坡）及顺层高边坡等三大工程地质状况的相应整治工程设计内容，简述如下。

2.1 老滑坡

位于本区北侧，滑体在 250 万立方米以上。系乳源河剧烈下切导致顺层滑坡，滑坡滑动面在323国道路面以下 2～15 m，323国道在其前缘挖方通过，致使老滑坡正在局部复活，并向西南侧扩大发展，直接威胁 323 国道和高速公路新柴桑（跨线）桥的安全。本工程设计以保护高速公路的安全为原则，并适当向北延伸少量防护工程，323国道同时受益。

2.2 新滑坡（工程滑坡）

主要分布于 K98+300～+560 左侧山坡，是由于323国道路堑边坡施工而激发的工程滑坡（即岩土工程勘察报告中的新滑坡），目前山坡上已发生 10 条张拉裂缝，最远一条裂缝距 323 国道 145 m，裂缝长 67.5 m，缝宽 15 cm，下错高在 20 cm 以上，前缘在 323 国道路面上鼓，并向北侧延伸至老滑坡体内。由于地处构造褶皱发生地带，其滑面都在17°以上，对 323 国道及高速公路高边坡均存在顺层滑动的趋势。可见，除对 323 国道危害外，高速公路路堑施工将进一步激发和扩大顺层滑坡的发展，对工程造成极大危害。要采取有效工程措施予以预防（整治）。

3 稳定性分析

如前所述，区内岩层以 17°～33°倾角倾向路堑，这是发生顺层滑坡频率最高的倾角，加之层间夹有泥、页岩等软弱夹层，极易在施工中发生顺层工程滑坡，左侧自然斜坡均与以上倾角一致，故一旦发生顺层工程滑坡，就会不断向上牵引扩大，可见对工程危害之大，故施工必须严格按设计的工艺工序进行，防止因一步之误，而导致工程重大损失和投资大突破。

4 工程措施

（1）古滑坡复活地段，主要在323国道靠山侧，滑坡主轴线距高速公路约100 m，向南西方向滑动，主要是滑坡后缘牵引山体地表开裂对高速公路路堑顶部稳定有影响。为了阻止复活滑坡继续发展，在323国道左侧共设抗滑桩10根，矩形截面2×3～3.5 m，桩间距6 m，桩长18～21 m。

（2）K98+450～+822 段左侧长 372 m，距路线中心线 17 m 处（桩中心）设一排锚固桩，共 63根，尺寸分别为 1.5 m×2.5 m 的桩 7 根，桩长 16～17m；1.75m×2.75m 的桩 10 根，桩长 21～22 m；2 m×3 m 的桩 46 根，桩长 22～25 m，桩间距为 6 m。

（3）古滑坡复活地段及 K98+484～+720 段，桩、墙顶以上 2～3 级边坡设置 3～6 排共 330 根 4φ15.2 mm 预应力锚索，长度为 20～51 m。锚索水平间距 4 m，倾角20°，上下排锚索垂直间距 4 m，锚索锚固段埋入滑动面以下稳定岩层不小于 10 m。

（4）K98+395～+900 段左侧长 505 m，锚固桩间及一般路堑地段设置重力式挡土墙。

（5）桩、墙顶以上边坡除锚索格子梁外，均采用喷锚网防护，喷混凝土厚 10 cm。

（6）于路线左侧堑顶以外不小于 5 m 设梯形截水沟 0.6 m×0.6 m。

K98工点设计布置总平面图见图 1，其加固后代表性断面见图 2。

5 工程（整治）效果及体会

本滑坡是 2000 年开始整治设计、施工的，于 2001 年竣工，经过 10 多个雨季的考验，滑坡及边坡稳定，整治效果良好。图 3 为工点现场照片。

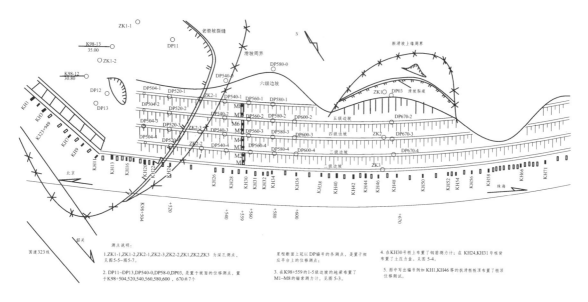

图 1　K98 工点设计布置总平面图

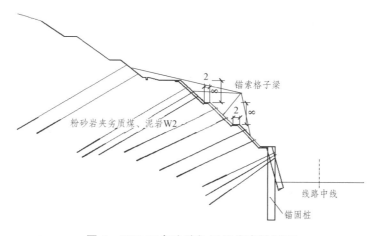

图 2　K98 工点边坡加固后代表性断面

图 3　坡脚设预应力锚索桩、边坡预应力锚索加固

　　京珠高速公路粤境 K98+395～+900 段左侧山体存在老滑坡，并且存在因前期地质构造应力作用生成的顺层滑坡，特殊地层的高液限土、煤系层是产生滑坡的主要原因，后期由于 323 国道扩建开挖山体，又无足够的支挡工程，破坏了山体原有的平衡，造成新的滑坡，致使 K98+395～+900 地段在本次综合整治方面投入了巨大的资金，同时给施工管理带来很不利的影响。因此，在前期设计选线方面应充分进行方案比较，选择符合于环保的最优方案，同时应加强地质勘察，详细了解地质水文资料，尽可能避绕不良地质地段，减少不必要的资金浪费。

元磨高速公路某大型古滑坡桥墩保护治理

蒋楚生

（中铁二院　土建三院）

摘　要　云南元磨高速公路 K333+300～K333+445 桥址处为老滑坡，滑坡台阶遗迹明显，节理裂隙发育，加之地下水和震动作用，坡体可能发生失稳破坏。因此，为保证桥墩的稳定，设计采用双排锚索桩、锚索地梁和桥台钻孔注浆等措施对该处滑坡进行了整治。本文从滑坡的环境地质条件、地质构造、水文地质出发，介绍了滑坡的形成机制、性质、规模、稳定性分析，以及相应的工程整治措施，以期对今后的桥梁范围内特殊工点的加固防护措施提供参考和借鉴。

关键词　古滑坡　桥墩　滑坡整治　双排锚索桩　锚索地梁　钻孔注浆

1　工程概况

1.1　地形地貌

本段处于构造剥蚀中山地貌区，切割深度大于 500 m。老滑坡及其附近斜坡凹凸不平，总体坡面倾向西，地形坡度为 27°～32°。坡面上被上层覆盖，基岩零星出露，生长云南松幼林，覆盖率 20% 左右。斜坡下方为永马大沟，呈箱形，沟床宽 150～250 m，自北向南有常年性水流，但沟槽游荡不定，多分叉。沟床中砂砾卵漂块石众多，推测永马大沟为一条稀性泥石流沟。有公路便道与国道 213 线相接，交通方便。

1.2　地层岩性

滑坡区及其邻近斜坡地表覆盖土体，其下伏为基岩。土体可划分出第四系人工填筑土、残坡积、冲洪积和滑坡堆积等成因类型。

人工弃填土（Q_4^{me}）：分布于便道下方，为开挖便道及桥墩基坑之弃土。岩性为碎石土和泥岩、砂岩角砾、碎块石，松散。厚 1～2 m。

残坡积（Q_4^{el+dl}）：分布于斜坡坡面上。主要岩性为碎石土，中密，稍湿。厚 4～28 m。

冲洪积（Q_4^{al+pl}）：分布于永马大沟内。主要岩性为砂砾卵石，局部为碎石土，块石众多。推测厚度 5～20 m。

滑坡堆积（Q_4^{del}）：老滑坡滑体。上部为碎石土，下部为砂岩、泥岩。厚 10～45 m。

白垩系下统曼岗组（K_1^m）：伏于上层之下，构成坡体。主要岩性为灰紫、紫红色砂岩、泥岩夹含砾砂岩、同生钙质角砾岩等。节理裂隙发育，风化强烈，岩石多呈碎石、块石状，完整性差。岩层走向为 173°～217°，倾向为 83°～127°，与坡面反倾，倾角为 19°～62°。

1.3　地质构造

滑坡区南西 800 m 处有北西向低级别性质不明断裂带通过，对场地稳定性无影响。节理裂隙发育，规则节理有三组：

第一组：走向 100°～179°，倾向 10°～89°，与坡面斜交～反倾，倾角 55°～87°。长度为 3～5 m，多闭合，密度 2～5 条/m。

第二组：走向 272°～360°，倾向 182°～270°，与坡面横交～同向，倾角 41°～79°。长度为大于 3 m，多闭合，密度 4～6 条/m。

第三组：走向 38°～75°，倾向 308°～335°，与坡面斜交，倾角 34°～83°。长度为 3～8 m，多闭合，密度 4～8 条/m。

上述节理倾向多与坡面斜交～反倾，第二组倾向虽与坡向基本一致，但倾角大于坡角，就节理倾向而言，任意单组节理对斜坡稳定构不成威胁。然而这些节理以及层面和软弱夹层的不利组合，就将岩石切割成碎石状、菱块状，加之地下水和震动作用，这些节理就近连接，向深部发展，进一步降低岩体强度，为坡体失稳创造了条件。同时，三组扣节理中都有走向与坡面倾向大体一致的节理，亦为坡体移动提供了条件。

在 1∶400 万《中国地震烈度区划图（1990）》上查得，滑坡处于地震烈度Ⅶ度区。

1.4　水文地质

斜坡下方为永马大沟，雨季洪流槽道摆动不定，洪水或稀性泥石流对坡脚有侧蚀作用，对坡体稳定不利。坡面较陡，降雨形成的坡面径流对坡面有侵蚀作用。

地下水类型为松散岩类孔隙水和碎屑岩裂隙水，二者水力联系密切，互补关系明显。地下水靠降雨入渗补给，自东向西顺坡径流，于永马大沟边坡脚以散流形式排泄。地下水水量贫乏，单井涌水量小于 100 m³/d。

地下水水位埋藏较深，一般为 15~32m，公路上边坡埋深大于 50 m。

2　工程特征

K333+330~+446 桥址右侧为一老滑坡，滑坡平面图见图 1。下面将简要介绍该古滑坡的成因、性质、规模及结构特征。

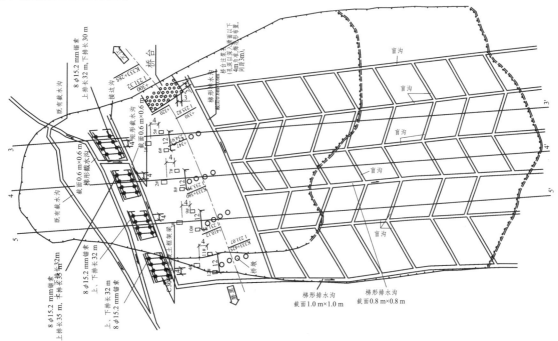

图 1　滑坡及加固整治措施平面图

2.1　滑坡成因

（1）地形特征。站在永马大沟右岸坡顶远眺桥址处斜坡，沿坡面走向桥址处明显低洼，呈上小下大之铃形。同时，低洼处两侧发育宽缓冲沟，显现双沟同源特点。上部圈椅状地形明显。目前坡面上无变形迹象。

（2）斜坡上陡下缓，缓坡地带至少显现出三级平台，视为滑坡台阶遗迹。

（3）钻孔中揭露到多个滑动面以及软弱带，滑动面上擦痕、磨光镜面清楚，软弱带有扰动迹象。

（4）斜坡下部，探井 QJ1 和探槽 TC1 与 TC2 均揭露到滑动面（带），擦痕和磨光镜面清楚，产状明晰。

据上，确定桥址处斜坡为老滑坡。但因滑坡发生时代久远，经自然营力长期破坏，目前滑坡后缘主裂缝、周界、剪出口以及坡体上裂缝早已被夷平，眼下难以辨认，只依稀留下后缘陡坡、中部平台和周界形成的双沟。根据上陡下缓地形、平台和滑动面形态，推测该滑坡至少有过两次活动。

老滑坡形成的原因，有基础条件和外部诱发条件。基础条件有三：一是具备地形条件，斜坡较陡，在重力作用下，岩土体易失稳滑移；二是具备地层岩性条件，坡体上部为碎石土，遇降雨入渗易软化，强度低，易滑，下部为强风化泥岩不等厚互层，岩石破碎，遇水易"砂化""泥化"，形成软弱夹层，况且泥岩为软质岩，本身强度很低；三是具备地质构造条件，主要是节理裂隙与岩层面、基岩顶面的组合，发育有走向顺坡的长大节理。主要诱发因素有二：一是降雨入渗软化岩土体，降低岩上体强度；二是永马大沟洪水（稀性泥石流）侧蚀坡脚，使坡脚形成新的较陡有效临空面而使坡体失稳滑移。

2.2 滑坡性质及规模

该滑坡由于前缘坡脚侧蚀而引起坡体自下而上一次或数次滑动，故老滑坡发生的力学性质为牵引式。

据前述，该滑坡滑动迹象已不甚清明，故滑坡范围仅能根据地形和勘探资料圈定。圈定后缘裂缝在陡坡处，左周界为宽缓冲沟，右周界为地形低洼处，剪出口在 QJ1 探井之下和 TC1、TC2 探槽处。据此，老滑坡的规模特征是：

主滑方向 265°，与公路中线夹角 70°左右。前、后高差 170 m，上陡下缓，上部坡度 30°左右，中、下部坡度为 25°，总体在 27°左右。滑坡水平投影平均长 300 m，平均宽 134 m，面积 4.0×10^4 m^2。滑体平均厚 25 m，体积 100×10^4 m^3，为厚层特大型滑坡。

2.3 滑坡结构

（1）滑体由碎石土和基岩组成。

上部为褐黄、紫褐色碎石土，局部有人工填筑土。碎石为砂岩、泥岩，含量为 40%~60%，角砾含量为 10%~20%，粉质黏土、砂土充填，夹 1~2 cm 厚之黏土软弱层。稍湿，稍密~中密。重型动力触探锤击数 $N_{63.5}$=7.52，容许承载力$[\sigma_0]$=200~300 kPa。厚薄不一，一般厚 4~28 m。

下部为灰黄、紫褐、紫红色砂岩、泥岩，强风化，岩石破碎，多呈碎石、块石状，夹有软弱层。重型动力触探锤击数 $N_{63.5}$=11.2，容许承载力$[\sigma_0]$=250~300 kPa。厚 3~21 m，其规律是中部厚，边部薄。

上述碎石土与基岩共厚 10~45 m，中部厚，向左、右两侧渐薄，平均厚 25 m。枯季地下水位埋藏在滑动面以上，中、上部在滑动面以上 11~14 m，下部在滑动面以上 2~9 m。

（2）滑动面特征。

上部发育于碎石土中，中、下部发育于基岩中，埋深 10~45 m，折线形。主滑段是上陡下缓，上部倾角 31°~47°，下部倾角 21°~27°抗滑段倾角 11°~19°，近剪出口处反翘，倾角 -2°~-24°。

（3）滑动带特征。

滑带土尚未完全固结。发育于碎石土中的滑动带为红褐、灰紫色黏土、含砾粉质黏土，湿，可塑~软塑。厚 10~20 cm；发育于基岩中的滑动带为紫、黄褐夹灰黑色黏土、含砾粉质黏土、角砾土、碎石土，局部为强风化碎石状砂岩、泥岩。具鳞片状构造，擦痕及磨光镜面清晰。湿，可塑~硬塑，局部为软塑状。一般厚 20~50 cm，局部为 80 cm。

（4）滑床结构。

由白垩系下统曼岗组（K_1^m）构成，主要岩性是褐黄、紫红、紫褐色砂、泥岩不等厚互层，中厚层~厚层状，偶夹薄层。弱风化夹强风化，隔层差异风化明显。节理裂隙发育，岩石多呈块状。夹软弱层。砂岩容许承载力$[\sigma_0]$=1 200~1 500 kPa，泥岩$[\sigma_0]$=800~1 000 kPa。岩层倾向 102°~108°，与坡面横交或反倾，倾角为 19°~24°。

（5）中上部滑体。

根据地形、坡体结构和公路工程位置综合分析，认为对大桥能造成直接威胁的是老滑坡中上部滑体。该滑体的范围，上部周界与老滑坡重合，下部左周界在 5—5'附近，右周界以地形圈定，剪出口在老滑坡中部地形陡缓交接处。滑动面（Ⅱ）基本为基岩顶面，前部为碎石土中推测潜在滑动面。

截止对桥址处古滑坡进行整治时,该滑坡未出现深层滑动,但浅层滑坡已开始加速蠕动。

3 稳定性分析

根据地勘资料,取 γ=22.77 kN/m³(碎石土)~ 22.94 kN/m³(泥岩夹砂岩),反分析得综合 φ=24.8°。取 K=1.20,计算得路线设桩处浅层下滑力 E=3 500 kN/m,剪出口处下滑力 E=2 500 kN/m。根据本滑坡的地形条件,设计时认为不宜搞大清方,否则会牵引后面山体。

4 工程措施

该古滑坡整治以桥墩重点保护措施为主,辅之以适当的截排水措施,代表性断面 5—5′如图 2 所示。

4.1 桥墩重点保护措施

(1)小里程端桥台位于滑坡边缘,故只作注浆加固处理。注浆孔直径为 ϕ130 mm,内插 ϕ108 mm 钢花管,花管深入滑面以下 4 m,花管只在底部 10 m 范围内梅花形打孔,孔眼间距 S=50 cm,眼径为 ϕ8 mm。孔内以 1~1.5 MPa 注入 M25 水泥浆。

(2)其余 4 处桥墩采用在其靠山侧采用"品"字形布置的锚索桩加固,桩长 38~40 m,桩径 2.0 m×3.0 m~2.0 m×3.25 m,每根桩上设 4 根 8ϕ15.2 mm 锚索,锚索长度为 28~40 m。桩上锚索钻孔直径为 ϕ150 mm,设计吨位 1 000 kN/根,不超张拉。锚索下倾角为 30°~35°。布桩处适当挖出施工平台,便道适当内移。

(3)在品字桩的内侧便道边坡上共设 16 列框架梁,每根竖梁上布 2 根 8ϕ15.2 mm 锚索,锚索钻孔直径 ϕ150 mm,倾角为 30°,长度为 30~35 m,孔内注入 M30 水泥浆,锚索锁定在 0.8 m×0.6 m 的 C30 钢筋混凝土地梁上。锚索设计吨位为 1 000 kN/根,超张拉 10%后至 1 100 kN/根锁定。框架梁内嵌六棱块植草防护。

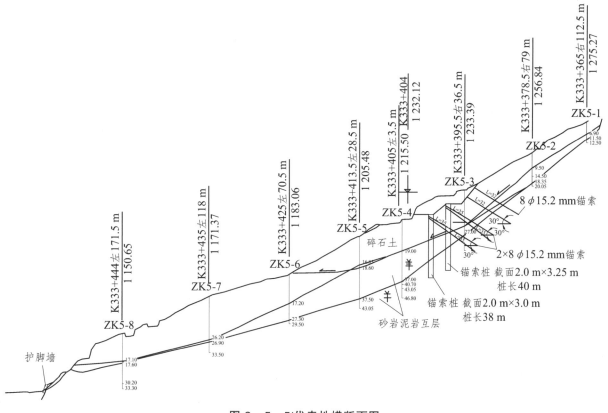

图 2 5—5′代表性横断面图

4.2 截排水措施

(1)公路左侧山坡上两条冲沟处设两道 M7.5 浆砌水沟,尺寸分别为 0.8 m×0.8 m 和 1 m×1 m。

其余均为 1.2 m×1.2 m 排水盲沟，布置详见平面图。

（2）滑坡脚永马大沟现护岸墙上部适当部位增设一高 5 m、顶宽 1.5 m 的 M10 浆砌片石护脚墙，墙顶以上适当理顺边坡植草防护，确保前缘稳定。

（3）框架梁顶山坡增设一道截水沟。

（4）便道内侧设一道 0.6 m×0.6 m 的水沟。

5 工程整治效果及体会

K333+300～+446 右侧，长 146 m，通过采用双排锚索桩、钻孔注浆、锚索框架梁等措施对古滑坡体进行加固整治后，滑坡体整体稳定，未对桥梁墩台造成影响和破坏，加固整治效果良好。

元磨高速公路位于云南省境内，地质环境复杂。K333+300～+446 右侧为古滑坡，滑体平均厚 25 m，滑坡体积达 100 万立方米，为厚层特大型滑坡。该滑坡未出现深层滑动，但浅层滑坡已开始加速蠕动。根据滑坡本身的地形条件，不宜搞大清方，否则会牵引后面山体古滑坡的失稳，对桥梁墩台造成较大的威胁。采用钻孔注浆和双排锚索桩相结合的方式对桥墩进行重点保护，辅之适当的截排水措施的设计方案，是可行的，但加固处理的工程投资大。在以后的勘察设计中，应加强拟建场地的地质勘察，详细了解地质水文资料，尽可能避绕不良地质地段。若绕避困难，应结合工程地质情况，采取恰当的加固整治措施。

南涪铁路垭口一号滑坡治理

彭家贵　王正兵

（中铁二院　重庆公司）

摘　要　南涪铁路垭口一号滑坡位于夏家湾隧道出口段 DK70+576 处，初步设计时该处以桥梁通过，结合地形条件施工图时将桥梁改为路基。滑坡范围内有隧道和路基填挖段，其路基中心最大挖方深度为 12 m，最大填方边坡高达 25 m。经过分析研究，在该滑坡前缘采用抗滑桩结合隧道弃方反压以及截、排地表水的方案有效地治理了滑坡。工程治理效果良好，可为类似滑坡治理提供参考。

关键词　滑坡　抗滑桩　反压　稳定性分析

1　工程概况

南涪铁路垭口一号滑坡范围属低山、丘陵区，冲沟斜坡地貌，线路从滑坡体中部以隧道、路堑和路堤形式通过，滑坡前缘邻近冲沟，海拔高程为 220～300 m，相对高差 100 m 左右，自然坡度 25°～45°，有便道公路到达，交通较方便。滑坡前缘鼓出，稳定性较差。段内上覆第四系全新统滑坡堆积层：块石土，坡洪积层：粉质黏土、块石土及坡残积：粉质黏土，下覆基岩为侏罗系中统下沙溪庙组：泥岩夹砂岩。

滑坡区地表水主要为沟水，水量较小，动态变化较大。地表水稍发育。地下水为覆盖层孔隙水及基岩裂隙水，基岩裂隙水不发育。本段地表水及地下水对混凝土均无侵蚀性。

2　滑坡成因滑及滑坡变形特征

2.1　滑坡基本形态

垭口一号滑坡为一古滑坡，主滑方向为 A—B 主轴与线路呈 20°，次滑方向为 C—D 辅轴，与线路呈 57°，相交于 DK70+540。前缘临近冲沟，呈舌状伸出；主轴长约 220 m，前缘宽约 70 m。滑坡前缘鼓出邻近冲沟，海拔高程 220～300 m，相对高差 100 m 左右，自然坡度为 25°～45°；滑坡体中部略微隆起，后缘滑坡壁基岩基本裸露，滑坡体周边基岩出露较好，滑坡区内土体厚度大，滑坡两侧圈椅状边界明显，滑坡体中上部发育有小平台；滑体呈上部较陡，中前部稍缓，该滑坡规模较大，滑坡体积约 25 万立方米，滑体主要物质成分为块石土，滑床为泥岩夹砂岩，属大型牵引式土质滑坡（图 1）。

2.2　滑坡成因

该滑坡为一古滑坡，滑坡区地表水主要为沟水，水量较小，动态变化较大，地表水稍发育；地下水为覆盖层孔隙水及基岩裂隙水，呈透镜体分布的块石土透水性好，受黏土层的隔水作用，利于孔隙水的赋存，有一定的水量；基岩裂隙水较发育。根据滑坡工程勘察资料和现场调查情况分析，该区岩性以页岩、泥质夹砂岩为主，前缘冲沟冲刷剧烈，岩层倾向坡下，倾角在 34°左右，为顺层坡。因此，坡体中发育的该组结构面是控制滑坡滑动的主要依附面。地下水是诱发滑坡最为敏感和活跃的因素，由于页岩、泥岩岩质较软，易风化，地下水长期在土石界面活动引起底部附近基岩软化，从该滑坡产生、发展的过程分析，水是垭口一号滑坡进一步加速发展的重要条件。该滑坡体为残、崩积物形成的块石土，结构松散，孔隙度大，为滑坡的发生提供了有利的物质条件，地下水在块石土含量较高地段下部易富集，使黏土液化形成软弱带，土体抗剪强度降低，并提高土体自重，加之由于前缘临空面较大，形成牵引式滑坡。滑动面倾角为 10°～18°，滑体物质成分主要为块石土，厚度为 6～24 m，加之滑坡体中上部发育有小平台，滑体呈上部较陡，中前部稍缓，中部略微隆起，滑坡前缘鼓出，且山区冲沟纵坡较陡，冲刷～淘蚀作用强烈，滑坡体上前缘凸出，挤压冲沟，使冲沟变形显著，该滑坡处于滑动蠕变状态，稳定性较差，使滑坡体前缘凸出。据勘探揭示，滑坡滑床为泥岩夹砂岩。新建工程南涪铁路在该滑坡中部以隧道、路堑和路堤形式通过，破坏了滑坡前缘土体内部原有应力平衡状态；若遇暴雨及施工加载以及边坡开挖，将诱发该滑坡复活而产生滑动，因此在夏家湾隧道出口段和相连的路基段施工以前必须先治理该滑坡。

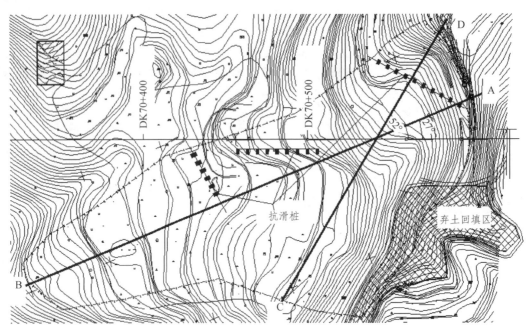

图1　滑坡平面图

3　稳定性分析

3.1　滑坡稳定性评价

结合现场调查及钻孔资料综合分析，目前滑坡整体处于蠕变状态，雨季滑坡前缘表层土体局部可能产生坍滑现象。本次新建工程在滑坡体中以隧道、桥梁通过，若遇暴雨及施工加载，以及前缘因冲沟的冲刷而形成临空面的影响，该滑坡可能复活而产生新的滑动，滑坡体对工程影响较大。经分析检算，该滑坡 A—B 方向在堆载反压后无剪出条件，C—D 剖面对路基影响较大。图2、图3为滑坡主、辅轴剖面。

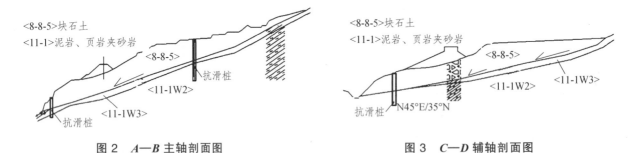

图2　A—B 主轴剖面图　　　　　　　图3　C—D 辅轴剖面图

3.2　滑坡稳定性分析计算

（1）滑体及滑带土的物理力学指标：勘察期间地勘单位采取滑体、滑带土样，根据室内土工试验结合反算综合分析，得出：滑体的重度为 21.0 kN/m³，滑面倾角为 φ=14°（综合）。

（2）滑坡现状稳定性计算。

根据地勘资料，采用折线形滑面、传递系数法计算。经过对滑坡的 A—B 主轴和 C—D 辅轴断面计算，根据计算：A—B 主轴稳定系数：K= 0.96；C—D 辅轴稳定系数：K= 0.99。故本滑坡不稳定，《铁路路基支挡结构设计规范》[4]中滑坡稳定系数不得小于 1.05，故须对该滑坡进行整治。

（3）滑坡推力计算分析。

根据地勘资料，采用折线形滑面、传递系数法计算（计算剖面见图2、图3）。

取滑坡安全系数为 1.15 进行设计，对垭口一号滑坡的主轴和辅轴进行计算，滑坡推力计算结果见表 1。

表 1　南涪铁路垭口一号滑坡推力计算结果

计算剖面	滑坡安全系数	剩余下滑力/kN
A—B 主轴	1.15	1 210
C—D 辅轴	1.15	415

4　工程措施及施工顺序

4.1　工程措施

经过分析及计算，在该滑坡前缘采用隧道弃方反压结合截、排地表水和抗滑桩综合治理滑坡。西区反压后的稳定系数 $K=1.36$，滑坡东区的稳定系数 $K=0.99$，故西区反压后滑坡 A—B 主轴以西滑坡区域稳定系数大于 1.25 不需要设置抗滑桩；滑坡东区不稳定须治理，为了夏家湾隧道及出口段路堑安全，在滑坡 A—B 主轴以东滑坡区域的主滑方向上的滑坡中部、隧道洞顶右侧设置一排抗滑桩；在滑坡的前缘、滑坡的次滑方向 C—D 辅轴及线路左侧各设置一排抗滑桩；由于隧道出口段路堑土质边坡高约 15 m，在隧道出口段线路右侧路堑坡脚设置路堑桩板墙加固。该滑坡共设置 25 根抗滑桩；桩顶高程根据滑坡体不越顶的原则并结合原地面高程确定。具体情况见图 2～图 3。

该滑坡治理设计的主要工程措施如下：

（1）在 DK70+430～DK70+446 右侧（隧道洞顶右侧）设抗滑桩，共 6 根，桩截面 2.0 m×3.0 m、2.0 m×3.25 m，长边为平行 A-B 主轴方向，桩间距（中～中）均为 5 m，桩长 20.0～30.5 m。桩身采用 C30 混凝土浇筑。

（2）在 DK70+457～DK70+511 右侧，长 54 m，路堑坡脚设路堑桩板墙，抗滑桩共 9 根，桩截面为 2.0 m×3.0 m、1.75 m×2.5 m，桩间距（中～中）均为 6 m，桩长 18～23.5 m。桩身采用 C30 混凝土灌注。

（3）在 DK70+542～DK70+592 左侧设抗滑桩，共 10 根，桩截面 1.75 m×2.50 m，长边为平行 C—D 辅轴方向，桩间距（中～中）均为 6 m，桩长 14.5～24.5 m，桩身采用 C30 混凝土浇筑。

（4）在线路右侧低洼地采用 DK70+700～DK71+300 段路堑和田湾隧道（中心里程 DK71+400）弃土反压，回填压脚前先对当前坡面进行修整，回填区坡体与涵洞入口呈 2% 的坡率；在反压回填区内边缘和外边缘设置截水沟截排地表水。对路堤左侧坡脚外下游沿天然沟下游进行铺砌原沟，以免地表水冲刷滑坡前缘天然沟。

（5）桩检测合格后，4#～6#抗滑桩，空桩顶部桩顶采用普通土填筑至地面并压实。

4.2　施工顺序

该滑坡位于夏家湾隧道出口段，必须在滑坡整治工程完工且抗滑桩达到设计强度后，方可进行隧道出口段路基开挖和隧道施工；施工顺序在该滑坡治理工程中尤为重要，设计中特别强调了滑坡治理的施工顺序；施工治理该滑坡的施工程序为：整体施工顺序：地表截排水（包括浆砌原沟）→施工涵洞→滑坡前缘反压施工→隔桩施工 1#～6#，16#～25#抗滑桩→隧道出口右侧路堑桩板墙（待桩身砼强度达设计强度的 80% 后才能进行）→隧道出口段路基开挖和隧道施工。桩板墙施工顺序：分层开挖、边开挖边施作坡面防护→开挖至桩顶高程时隔桩施工 7#～15#抗滑桩→按 2 m 一层分层开挖桩前土体，并分段进行挡土板施工。

5　工程整治效果及体会

该滑坡抗滑桩及路基于 2010 年 3 月施工完毕后，经无损检测桩的质量良好，符合设计要求；通过设点观测，桩顶无推移现象，滑坡得到控制。目前该路堤已施工完 3 年多，经历了几年的雨季考验，2012 年 10 月南涪铁路已通车，交验前对该路堤进行复查该段路基稳定，治理工程取得了良好效果，达到了预期目的。

（1）在设计中应结合土石方弃渣情况及地形条件和不良地质工点的处理措施相结合，使方案更加合理经济。本工程利用地形条件结合隧道和路基弃渣情况对西区采用弃方反压措施处理，经过对西区反压后计算：滑坡西区的稳定系数：$K=1.36$；滑坡东区的稳定系数：$K=0.99$，故西区反压后滑坡 $A—B$ 主轴以西滑坡区域稳定系数大于 1.25 不需要设置抗滑桩；滑坡东区不稳定须治理。

（2）经过对该滑坡前缘采用利用隧道弃方反压结合截、排地表水和抗滑桩综合治理滑坡，滑坡得到控制。该类滑坡施工顺序在该滑坡治理工程中也尤为重要，设计中应特别强调滑坡治理的施工顺序。为了保证施工和铁路运营安全，施工中须严格按照设计的施工顺序进行施工。

襄渝铁路水库地段滑坡稳定性分析及治理

叶世斌　李楚根　姚裕春

（中铁二院　土建二院）

摘　要　分析了水库坍岸发生机理，介绍了影响水库坍岸滑坡稳定性的主要因素与稳定性分析方法，提出了位于水库地段桥位滑坡的整治方案。

关键词　水库滑坡　稳定性分析　整治设计

1　问题的提出

　　因受线形、地形、地质条件等限制，在山区铁路、公路建设中，有时不得不沿水库岸坡行进。水库蓄水后，在水库水位不断升、降和波浪冲刷作用下，土质岸坡被掏刷、磨蚀、搬运。个别地段因岸坡再造加上卸荷变形，可能会发生地表裂缝甚至出现滑移，危及邻近岸坡或岸坡上的铁路、公路等主体工程安全，有必要对此类工点的稳定性进行分析，以便采取安全、可靠、经济、合理的处理措施。

2　水库坍岸及水库地段滑坡发生机理

2.1　一般土质边坡水库坍岸发生机理

　　水库泄水时，水位不断下降，自然边坡土体内不稳定渗流对临库一侧自然土质边坡产生渗透压力和冲刷作用，在一定的渗透速率下，土体内的小颗粒将被冲走，土体的孔隙逐渐增大，渗透速度也相应加快，又会冲走较大的颗粒，这样不断的扩展，就会形成管涌。加上在渗透水流出口，因土体重量小于渗透压力而出现流土。管涌与流土使既有自然边坡发生沉陷或坍滑等变形。

2.2　水库地段滑坡发生机理

　　若滑坡位于水库库岸边，除出现土质边坡坍岸外，还由于下列原因引起滑坡复活：

　　（1）因水库水位的循环涨落，将在滑坡体内形成动水压力，增加滑体的下滑力。

　　（2）浸水部分的滑体所受的水浮托力将降低滑坡抗滑力。

3　水库地段滑坡的稳定性分析方法

3.1　一般地段滑坡稳定性分析方法

　　滑坡滑动是山坡上不稳定岩、土体在重力、地表水、地震等作用下，沿山坡内部某一软弱面或软弱带作整体的、缓慢的、间歇性滑动的变形。对滑坡的稳定性分析，除通过地质勘探、现场调查、测绘、滑坡的地貌形态演变、地表变形迹象等进行稳定性评价外，还需要进行稳定性分析计算。根据文献，一般地段滑坡稳定性计算系数 F_s（图 1）计算公式为：

$$F_s = (\sum N_i \cdot \cos\alpha_i \cdot f_i + \sum C_i \cdot l_i) / \sum T_i \cdot \cos\alpha_i \tag{1}$$

3.2　水库地段滑坡稳定性分析方法

　　对水库地段滑坡，除采用上述方法判断滑体现有的稳定情况外，还需根据水位变化、水库库岸再造完成后的滑坡形态来分析其稳定性，其分析计算荷载主要有：滑坡体自重、地下水产生的静水压力和动水压力、稳定水位所产生的浮托力以及水位变化产生的动水压力。作用于水库地段滑坡体上的特殊力系如下（参见图 2）：

　　（1）动水压力（渗透压力）P_{di}：

$$P_{di} = A_{0i} \cdot n_i \cdot \gamma_w \cdot I \tag{2}$$

式中　A_{0i}——第 i 条块滑体地下水位以下部分的面积，即渗流区面积，m^2；

　　　　n_i——滑体的孔隙度，$n_i = e_i / (1 + e_i)$，e_i 为滑体孔隙比；

　　　　γ_w——水容重，kN/m^3；

　　　　I——水力梯度，$I = \sin\beta$，β 为水力坡度角。

动水压力的作用方向为水流的切线方向，设计中拟设动水压力的方向平行于本条块滑体的滑面。

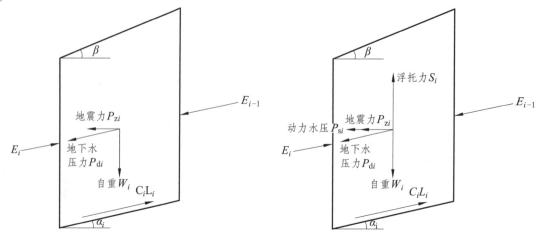

图 1　一般地段滑坡推力计算　　　　图 2　水库地段滑坡推力计算

（2）浮托力 S_i：

$$S_i = A_{1i} \cdot (1-n_i) \cdot \gamma_w \qquad (3)$$

式中　A_{1i}——第 i 条块滑体的饱水面积，m^2；

　　　n_i——滑体的孔隙度，$n_i = e_i/(1+e_i)$，e_i 为滑体孔隙比；

　　　γ_w——水容重，kN/m^3；

　　　浮托力的作用方向竖直向上。

（3）水库地段滑坡稳定性计算系数 F_s 计算公式：

$$F_s = (\sum D_i \cdot \tan\varphi_i + \sum C_i \cdot l_i) / \sum T_i \qquad (4)$$

式中　C_i——滑带土黏聚力。

　　　l_i——每一条块滑面长度。

　　　T_i——滑体切向分力 T_i。

$$T_i = W_i \cdot \sin\alpha_i + P_{si} \cdot \cos\alpha_i + P_{zi} \cdot \cos\alpha_i + P_{di} - S_i \cdot \sin\alpha_i \qquad (5)$$

　　　D_i——滑体法向分力

$$D_i = W_i \cdot \cos\alpha_i - P_{si} \cdot \sin\alpha_i - P_{zi} \cdot \sin\alpha_i - S_i \cdot \cos\alpha_i \qquad (6)$$

　　　α_i——第 i 条块滑体的滑面倾角，（°）。

　　　φ_i——第 i 条块滑体的滑面上的内摩擦角，（°）。

4　水库坍岸地段滑坡工程实例

4.1　工点地形、地质概况

襄渝铁路安康至重庆段增建二线工程姚家湾双线大桥位于州河左岸，岸坡为一面斜坡，坡度为 25°～40°，地面标高为 273～304 m，相对高差 30 m。1998 年地方在该河上兴建金盘子水库并于 2002 年蓄水。水库设计百年洪水位为 279.09 m，最低枯水位为 259.7 m。

该桥位于一土质滑坡上，滑坡滑体以粉质黏土与块石土为主，局部夹碎石土。滑体厚 0～13 m，主轴长约 80 m，宽约 340 m，滑坡前缘已侵入河床，如图 3、图 4 所示。

4.2　滑坡稳定性分析

由于该桥修建于水库岸坡的滑坡体上，为确保大桥安全，设计必须考虑四种工况：

（1）工况 Ⅰ：把岸坡视为土质边坡，在坍岸发生时，其工程措施得确保桥梁工程的安全、稳定，设计安全系数 $K=1.25$。

（2）工况Ⅱ：在水库正常蓄水状态下，其工程措施必须确保桥梁工程的安全、稳定，设计安全系数 K=1.15。

（3）工况Ⅲ：正常蓄水状态下水库放水时，水库水位由常水位 269.39 m 骤降至常水位最低枯水位 259.7 m，其工程措施必须确保桥梁工程的安全、稳定，设计安全系数 K=1.10。

（4）工况Ⅳ：遭遇百年洪水，水库水位由 279.09 m 骤降至常水位 269.39 m，其工程措施必须确保桥梁工程的安全、稳定，设计安全系数 K=1.10。

4.3　计算参数的选取

根据地质详细勘察报告中的滑带土物理力学指标，并结合滑坡体各剖面的实际变形情况反算结果，选取计算参数如下：

粉质黏土：

（1）孔隙比平均值 e=0.77。

（2）天然状态下：凝聚力 c=26.4 kPa，内摩擦角 φ=13.13°，容重 ρ=1.9 g/cm³。

（3）饱和状态下（饱和度按 95%～99%考虑）：凝聚力 c=22.38 kPa，内摩擦角 φ=11.8°，饱和容重 ρ_{sat}=1.96 g/cm³，浮容重 ρ_{sat}=0.96 g/cm³。姚家湾大桥滑坡平面示意图见图3。

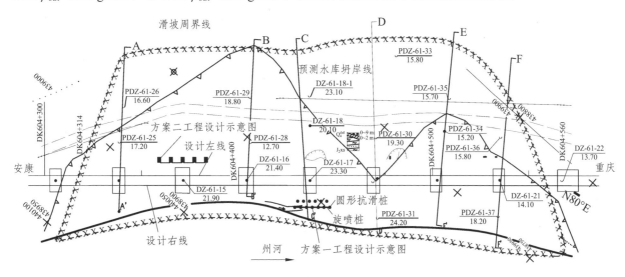

图3　姚家湾大桥滑坡平面示意图

碎石土、全风化基岩及人工填筑（碎石）土：

（1）孔隙比平均值 e=0.35。

（2）天然状态下：凝聚力 c=0，内摩擦角 φ=35°，容重 ρ=2.3 g/cm³。

（3）饱和状态下：凝聚力 c=0，内摩擦角 φ=25°。饱和容重 ρ_{sat}=2.34 g/cm³，浮容重 ρ_{sat}=1.38 g/cm³。

滑带土指标：（1）粉质黏土与基岩接触带综合 φ=20°；

（2）块石土与基岩接触带综合 φ=37°。

4.4　滑坡体稳定性计算结果与分析

将上述参数代入（1）、（4）式，计算结果如表1所示。

表1　滑坡稳定系数（F_s）计算结果表

工况	计算剖面					
	$A-A$	$B-B$	$C-C$	$D-D$	$E-E$	$F-F$
Ⅰ	1.867 1	2.178 3	1.993 7	2.341 3	2.145 8	2.576 8
Ⅱ	0.980 4	1.080 6	1.013 4	1.127 3	1.108 7	1.384 7
Ⅲ	0.917 3	1.024 7	0.974 9	1.047 5	1.037 8	1.081 3
Ⅳ	0.685 6	0.675 7	0.669 7	0.884 8	0.853 2	0.952 3

从表 1 可知，该滑坡在天然状态下，各剖面的稳定系数在为 1.867 1 ~ 2.576 8，说明滑体沿坍岸线下滑的可能性很小。在水库正常蓄水状态下，B—B、D—D、E—E、F—F 剖面的稳定系数在为 1.080 6 ~ 1.384 7，处于稳定状态；A—A、C—C 剖面的稳定系数分别为 0.980 4、1.013 4，处于临界稳定状态。在水库忽然放水，水库水位由常水位 269.39 m 骤降至常水位最低枯水位 259.7 m，稳定系数为 0.917 3 ~ 1.081 3，滑坡处于不稳定或临界稳定状态。但在暴雨或长期降雨状态（雨季），加上水库水位由百年洪水位为 279.09 m 降至常水位（测时水位）269.39 m，稳定系数为 0.685 6 ~ 0.952 3，滑坡处于不稳定状态。

4.5 滑坡推力计算

（1）根据相关文献，滑坡推力采用传递系数法按下式计算：

$$E_i = K \cdot T_i - D_i \cdot \tan\varphi_i - C_i \cdot l_i + E_{i-1} \cdot \Psi \tag{7}$$

式中：T_i、D_i 为滑体的切向及法向分力。

（2）滑坡推力计算结果。

从稳定性分析结果看，滑坡的最不利工况是：遭遇百年洪水，水库水位由百年洪水位为 279.09 m 骤降至常水位 269.39 m。按此工况进行滑坡推力计算（图 4），结果如表 2。

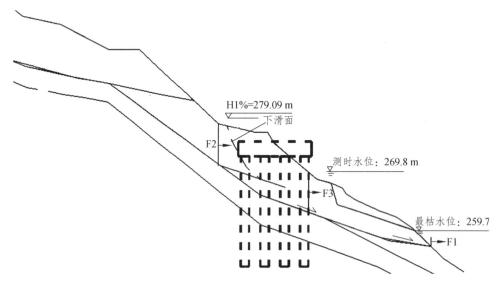

图 4　断面力学计算示意图

表 2　滑坡推力 F 计算结果表

安全系数 K=1.0	计算剖面（单位：KN/m）					
	A—A	B—B	C—C	D—D	E—E	F—F
出口推力（方案一）F1	859.6	951.7	1 031.6	641.2	434.9	333.9
设桩处下滑推力（方案二）F2	668.3	796.1	805.7	526.9	362.5	292.9
下滑面桥墩处下滑力	45.5	90.5	56.2	62.7	23.1	16.6
下滑面稳定系数	0.828 4	0.796 7	0.923 4	0.873 2	0.923 5	0.976 6

4.6 整治设计方案

为防止滑坡在水库水位循环变化下复活，确保该铁路建成后运营安全，根据滑坡推力计算结果并结合现场实际情况，进行了两个方案的比选。

4.6.1 方案一

（1）根据表 2 中滑坡出口推力作为设计推力，在距桥梁承台外 4 m 设置抗滑桩（图 5）。从受力角度上讲采用矩形抗滑桩最为经济合理，但设桩处临河，桩基开挖十分困难，因此设计采用 2

排圆形孔抗滑桩，桩间距 3 m，桩径 1.5 m。排间距 3.0 m，三角形布置。桩长 15～28 m。为防止在库水位影响下桩间土体发生坍滑，在靠河侧的抗滑桩桩间打 3 排旋喷桩，旋喷桩桩径 0.5 m，桩间距 0.45 m，桩打入基岩内 0.5 m，桩呈弧形布置。

（2）为防止桩板墙以上自然边坡在库水作用下继续冲刷、搬运，堆积在桥墩上方挤压桥基，桩顶至百年水位高程的岸坡采用 M10 浆砌片石进行防护。

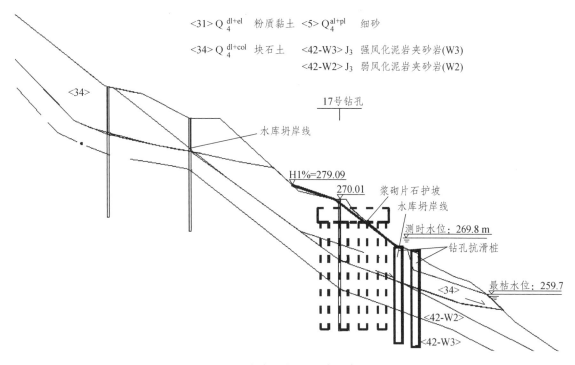

图 5　方案一断面设计示意图

4.6.2　方案二

考虑抗滑桩与桥墩基础联合受力，采用桩板墙+坡面浆砌片石护坡防护+桥墩钻孔桩（参见图 6）。

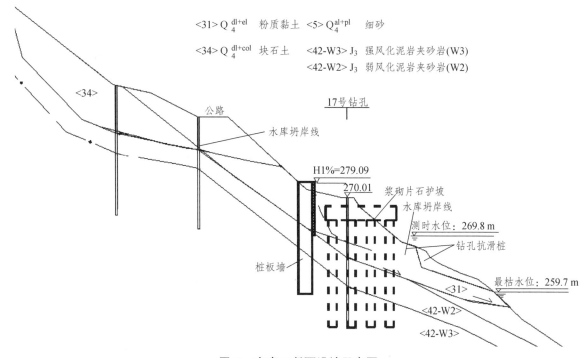

图 6　方案二断面设计示意图

（1）为方便施工，于线路右侧设桩板墙。桩靠州河侧距线路左线中线距离 6.5 m，共设桩 42 根。桩截面 1.5 m×2.25 m～1.75 m×2.75 m，桩长 16～23 m，桩中～中间距为 6 m。桩身采用 C30 混凝土浇注。桩间挡土板墙背采用 $\varphi=35°$、$\gamma=19$ kn/m³ 设计。挡土板挂至水库坍岸线下不小于 1.0 m。桩身预埋 $\phi32$ 联结钢筋。采用表 2 中设桩处滑坡推力进行桩结构力学计算。

（2）桩板墙至水库百年洪水位+2.0 m 高程的滑坡自然坡面采用 M10 浆砌片石进行防护。

（3）考虑水库坍岸影响，该大桥墩台采用桩基础，每个墩台桩基 9 根，桩径 1.5 m。桥墩钻孔桩结构设计时考虑下滑面剩余下滑力影响受力的情况。

4.6.3　方案比较

方案一安全性较高，但施工工艺要求相对较高，工程投资较大；方案二桥梁基础设计需考虑剩余下滑力的影响，计算相对烦琐，但抗滑桩可采用挖孔桩施工，施工方法、工艺相对简单，且较方案一节约工程投资近 200 万元人民币。设计采用方案二对该滑坡进行整治。

5　体　会

（1）水库地段滑坡稳定性分析必须考虑遭遇百年洪水时（最不利工况），水位骤降动水压力的影响，该因素对安全系数影响达 0.24～0.43，不考虑这种作用是不安全的。

（2）抗滑工程，有条件时尽量设在临河侧，当临河侧滑坡抗滑工程施作困难，采用钻孔桩造价太高时，可考虑设在方便施工位置处，并充分发挥桥梁基础侧向抗滑能力，以节省工程投资。

内昆铁路大关车站岩堆害病治理

周　成　魏永幸

（中铁二院　土建二院）

摘　要　内昆铁路大关车站位于两个巨型岩堆体上，在施工过程中出现路堤下沉开裂变形，路堑边坡坍滑，通过设置抗滑桩进行加固处理得以整治成功。

关键词　岩堆路基　路基坍滑　抗滑桩

1　概　况

内昆铁路大关站位于昭通地区大关县天星乡东南方向洛泽河右岸，车站里程范围 DK280+500 ~ DK282+793.48，车站位于两个岩堆体上，岩堆体里程分别为 DK280+500 ~ DK281+727、DK281+836 ~ DK282+793.48。巨型岩堆缓坡地带，地形相对平缓，自然横坡为 10° ~ 35°，局部较陡，相对高差小于 200 m。岩堆地段坡面大部分被垦为旱地和水田，植被较差。洛泽河沿其前缘通过，河道较为顺直。

大关站 DK280+500 ~ DK281+727 段所经岩堆体长宽均在 1 km 以上，厚度 10 ~ 40 m，其组成物质分别为砂黏土、碎石土及块石土，块石分布杂乱，层次不稳定，线路通过岩堆体地带，下伏基岩层纵坡较缓，目前整体处于稳定状态。

该地段地表水以洛泽河水为主，由于岩堆地势平缓，坡面有大片农田及旱地，人为活动对地表水系统有较大影响，引起局部排水不畅，水容易沿地表松散土层下渗，故局部地段第四系孔隙水露头相对集中。DK280+750 ~ DK280+800 于线路两侧见三处地下水露头，均以下降泉的形式从土体内溢出，其流量为 0.05 ~ 0.3 L/s。

本段地震基本烈度为Ⅶ度。

2　施工图设计情况

线路在岩堆范围内主要以填方路堤通过，局部为挖方，Ⅱ线中心最大填方高度 11 m，最大挖方深度 11 m，路堤边坡最高达 20 m，路堑边坡最高达 24 m。路基工程设计时，路堤地段分别采用了加筋土柔性挡土墙、桩基托梁挡土墙、控制一般路肩挡土墙高度不超过 8 m、渗沟排除地下水等技术。路堑地段，分别采用了切坡高度大于 8 m 采用锚固桩预加固后再开挖、切坡高度小于 8m 分段施作挡土墙、边坡设置支撑渗沟排水等措施。施工图设计主要工程措施为：

（1）DK280+524 ~ DK280+650 左侧按壹线 2032-24 图设重力式路堑挡土墙，最大墙高 8 m。

（2）DK280+743 ~ DK280+793 左侧按壹线 2032-18 图设重力式路堑挡土墙，最大墙高 6 m。

（3）DK280+840 ~ DK281+210、DK281+490 ~ DK281+587 左侧按壹线 2032-22 图设重力式路堑挡土墙，DK281+210 ~ DK281+490 左侧按壹线 2032-18 图设重力式路堑挡土墙。

（4）DK281+587 ~ DK281+727 左侧设预加固桩及锚索桩，桩间设土钉墙。

（5）DK280+500 ~ DK280+535 右侧路堤边坡设拱形骨架内种草籽护坡。

（6）DK280+540 ~ DK280+585、DK280+813 ~ DK280+880、DK280+914 ~ DK280+990 右侧按贰线 2045-38 图设衡重式路肩墙（部分挡墙下设扩大基础），最大墙高 8m。

（7）DK280+585 ~ DK280+610、DK280+790 ~ DK280+813、DK280+880 ~ DK280+914 右侧设桩基托梁衡重式路肩墙。

（8）DK280+610 ~ DK280+790 右侧设两级加筋土挡土墙，基础采用 C15 混凝土，筋带采用 CAT30020B 型钢塑复合拉筋带。

（9）DK280+980 ~ DK281+510 右侧路堤边坡设拱形骨架内种草籽护坡。

（10）DK280+750 ~ DK280+800 每 10m 间距设一道横向渗沟，DK281+070 ~ DK281+130、DK281+240 ~ DK281+450 设截水渗沟，每 50m 左右间距设一道横向渗沟将地下水排出路基体以外。

3 施工病害情况

施工单位于 1999 年 4 月开始对大关车站进行全面施工，施工中出现三处路堤变形、一处路堑滑坡等病害。其中三处路堤变形具有相同的变形特征，路堤填方至一定高度（6 m、8 m、12 m），路堤开始出现下沉，紧接着路基面出现开裂，前两处及时清方减载，使滑坡变形得到有效抑制，后一处为加筋土挡土墙（双级，总高度为 12 m），在加筋土挡土墙出现下沉后，路基面出现开裂，同时坡脚外 10～20 m 斜坡坡面出现鼓胀变形，采取在墙后非加筋土区域减载 3 m，打临时降水孔后滑坡变形趋缓，半月后才趋于稳定。

4 病害原因分析

经补充勘察，查明岩堆体物质多为砂黏土夹碎块石，表层砂黏土黏性强、质纯，由于地表水下渗，砂黏土具有隔水性和富水性，造成其含水量较高，局部达到软流塑状，形成不均匀的软弱层，力学性质较差。

在路堤填土加载过程中，岩堆地基产生竖向压密下沉并产生侧向的蠕动变形，横向变形不能有效约束，地基横向变形范围逐渐加大，最后产生地基破坏并有两段形成滑坡。如 DK280+700～DK280+810 段加筋土填土施工加载使基底侧向变形、DK281+040～DK281+120（填方边坡高 12 m）、DK281+260～DK281+360（填方边坡高 18 m）段填土，基底下一定深度内产生滑坡。

路堑开挖形成临空面后，边坡自稳性差，坡面产生坍滑，山体局部产生变形开裂，使部分已砌筑挡墙产生倾斜。如 DK281+570～DK281+640 段左侧路堑地段施工开挖出现坍滑。

5 主要变更设计措施

DK280+610～DK280+790 段加筋土挡土墙高路堤段：DK280+610～DK280+708 段由于地方道路开挖，公路路堑边坡溜坍影响铁路安全，在右侧距离Ⅱ线中心 28～40 m 增设 15 根抗滑桩，桩截面尺寸为 2 m×3 m，桩长 23～25 m，并设路堑挡土墙；DK280+701～DK280+809 段由于加筋土挡墙快速填土，土质地基产生下沉并有侧向变形，引起地基前缘山体开裂，墙体下沉并有少量外倾。首先对加筋体外减载 3～4 m，设置深层降水井，右侧距离Ⅱ线中心 10.5～18 m 增设 19 根抗滑桩，桩截面尺寸为 2 m×3.5 m，桩长 27～38 m。整治代表性断面见图 1、图 2 所示。

DK281+038～DK281+140 段在填方过程中产生坍滑，清方减载后在坡脚增设 11 根抗滑桩。

DK281+261.5～DK281+359.5 段在填方过程中产生坍滑，清方减载后在坡脚增设 15 根抗滑桩，桩截面尺寸为 1.75 m×2.25 m，桩长 21～23 m。整治代表性断面见图 3。

DK281+570～DK281+639 左侧预加固桩间墙，在完成桩前土体开挖后预加固桩突然倾斜，桩后山体开裂，在原桩后增设一排抗滑桩 12 根，桩截面尺寸 2×2.75～2×3.5 m，桩长 19～25 m。整治代表性断面见图 4。

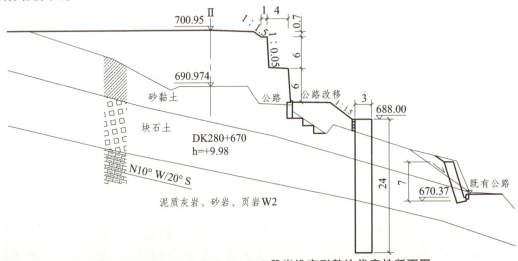

图 1　DK280+610～DK280+708 段岩堆变形整治代表性断面图

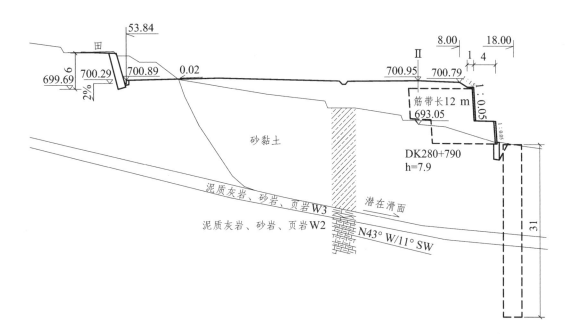

图 2　DK280+701~DK280+809 段岩堆变形整治代表性横断面

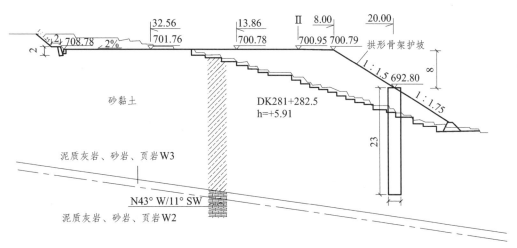

图 3　DK281+261.5~DK281+359.5 段岩堆变形整治代表性横断面

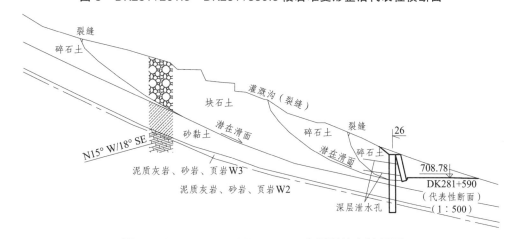

图 4　DK281+570~DK281+639 左侧滑坡主轴断面

6　工程体会

　　内昆铁路大关车站位于两个巨型岩堆体上，工程于 2011 年建成通车，目前已经运营 15 年之久，岩堆整体处于稳定状态。但岩堆因成因、物质、岩堆床的不同而具有不同的工程性质。岩堆路基工程具有特殊性、典型性。岩堆路基工程设计与施工取得如下体会：

（1）铁路选线首先应绕避大型岩堆，绕避困难应从其前缘以填方通过或后缘挖方通过。

（2）岩堆地段挖方边坡处理：岩堆体整体稳定，但岩堆体紧密程度较差，尤其是表层，路堑挖方边坡较高时，一般需要加固路堑边坡，其目的在于：一是保证施工开挖顺利进行，二是保证路堑边坡长久稳定。视岩堆紧密程度、开挖边坡高度分析边坡稳定性，分别采用上下分层纵向分段施工技术、锚固桩坡脚预加固技术、分层开挖分层稳定技术。

（3）岩堆地段填方边坡处理：岩堆地段路堤加载引起岩堆压密变形，并可能引起岩堆整体稳定性降低，应根据分析结果设置相应的加固工程。加深挡土墙基础：路堤加载对岩堆稳定性无影响，仅需对下挡基础进行处理。一般采用扩大基础、桩基承台基础深基础。抗滑桩基：路堤加载影响岩堆稳定时，一般考虑加固岩堆工程与边坡工程一并设置，采用桩板墙、桩基托梁挡土墙，桩按抗滑桩设计，嵌入稳定岩层中。

（4）岩堆地段路堤基底处理：岩堆表层 3~5 m 一般较松散，其作为路堤基底，在填方荷载及列车动荷载作用下，会产生较大沉降，低矮路堤以及路堑基床，应对松散岩堆表层采用重锤夯实措施进行处理。

兰渝铁路千丘田隧道进口岩堆加固

刘剑光　周　成　张　耀

（中铁二院　土建二院）

摘　要　千丘田隧道进口岩堆，施工图设计岩堆处于整体稳定状态。隧道洞门开挖过程中遭遇大暴雨袭击，洞口上方仰坡岩堆土体坍塌严重，形成了较大范围的浅表土层工程滑坡。通过对岩堆体形成工程滑坡原因的分析，变更设计采取了在隧道洞口设置抗滑桩，路基边坡设置路堑桩板墙进行加固，整治效果良好。

关键词　隧道边仰坡　岩堆体　整治设计

1　施工图设计工程概况

1.1　工程地质概况

DK812+039.20 ～ DK812+175 段为区间路基，DK812+175 ～ DK813+997 段为千丘田隧道，隧道明暗分界里程 DK812+185。DK811+990 ～ DK812+360 段左 180 m 至右 280 m 坡面为一岩堆，该岩堆发育于千丘田隧道进口段，新建兰渝铁路以路基、隧道形式从岩堆中间穿过。

该堆积体主轴长约 270 m，上缘宽约 480 m，呈上大下小近扇形状分布，堆积体轴向与线路近平行，高差达 60 m，自然边坡为 8°～12°，土石界面坡度 6～20°。堆积体主要为粉质黏土夹角砾土、块石土，局部表层分布有松软土，厚 0～2 m，块石呈透镜体分布于粉质黏土中；坡面有较多大块石（大孤石），直径 5～20 m；覆土总厚度达 22 m。基岩主要为侏罗系上统遂宁组（J_3s）紫红色泥岩夹砂岩。

定测旱季勘查钻探发现，岩堆体地下水不发育，土层大部分为硬塑状，局部表层土为软塑状；土石界面附近地下水较发育，局部土层软塑状。地下水具硫酸盐侵蚀和酸性侵蚀，对混凝土结构腐蚀等级均为 H1。

1.2　施工图工程措施

1.2.1　岩堆稳定性检算

该堆积体整体趋于稳定，按 $\varphi_{综合}$=11° 对该岩堆体进行稳定性检算。岩堆整体处于稳定状态，未对岩堆体采取整体加固处理措施。

1.2.2　路基施工图设计工程措施

本段路堑最大中心挖深 12.7 m，最大边坡高度 17.0 m，线路左右侧均设置桩间重力式路堑挡土墙及重力式路堑挡土墙，墙后设置深层排水孔；墙顶坡面采用人字形截水骨架防护，并设置支撑渗沟加固；路堑边坡坡率 1：1.5～1：2.0；线路左侧、右侧堑顶设置天沟。其代表性断面见图 1。

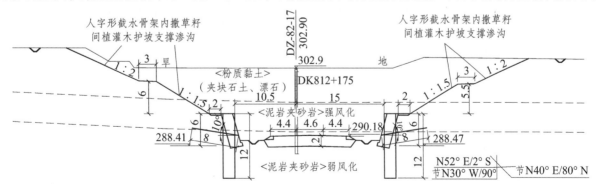

图 1　施工图设计路基代表性横断面图

1.2.3　隧道洞口施工图设计工程措施

DK812+175 ～ DK812+185 段为隧道洞口外路基工程，隧道采用挡墙式洞门，线路左右侧均设置重力式路堑挡土墙，墙顶边坡及边坡转角处采用锚杆框架梁防护；洞口仰坡及转角处地表采用钢管桩注浆加固，如图 2 所示。

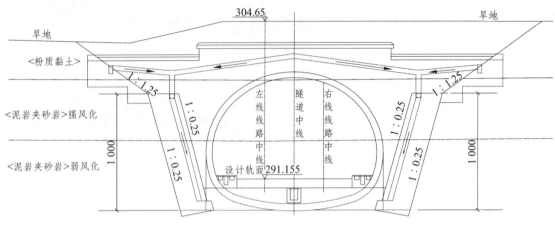

图2 施工图设计隧道洞口正面图

2 施工中病害及原因分析

2.1 现场施工情况

路基段路堑已部分开挖，堑顶外天沟尚未施工；人字形截水骨架护坡、边坡支撑渗沟尚未施工；左侧1#~4#路堑预加固桩已施工完毕，路堑开挖2~8 m至路堑预加固桩桩顶平台293.0 m高程附近。

隧道挡墙式洞门、边坡锚杆框架梁防护、仰坡人字形截水骨架护坡、仰坡钢管桩、天沟，均未施工。

2.2 工程病害特征

南充地区连降大暴雨（日降雨量突破该地区有气象记录以来的历史极值），路基开挖槽内大量地表水下渗至岩堆体内，导致两侧开挖后路堑坡面发生坍滑，DK812+100~DK812+160左侧堑顶堆料场水泥地面出现纵向开裂，裂缝宽度2~7 cm，长50 m；线路左右侧垂直于线路方向隧道洞顶地表出现裂缝，裂缝长50 m，宽度10~30 cm，可测深度达1.5 m，裂缝距线路中心最远处约95 m；隧道洞口上方仰坡土体坍塌严重，后缘局部再次出现小错台，表层土体沿开挖临空面剪出，形成工程滑坡，详见图3~图4。

图3 千丘田隧道洞口附近开挖后坍滑

图4 两侧路堑边坡开挖后坍滑（线路小里程方向）

2.3 工程病害成因分析

根据补充勘查钻探及取样试验成果，岩堆变形失稳的主要因有以下两点：

（1）施工期间，本地区普遍遭遇百年一遇的大暴雨袭击，而该段为凹槽地形，四周地表汇水于此，加之路堑施工开挖后未及时形成完善的截排水工程，地表汇水流经岩堆体及开挖路堑，大量地表水下渗。而岩堆体表层覆盖土厚度较大，下伏基岩为泥岩夹砂岩，透水性差，大量地表水下渗后积聚于覆盖层粉质黏土中，软化了土体，路堑表层土以软塑状为主，土层滑面附近局部出现流塑状土体，土体的c、φ值降低，力学强度下降，边坡稳定性降低，是形成工程滑坡的主要因素。

（2）在隧道洞口仰坡面地表加固的钢管桩未及时施作的情况下，就进行了本段路堑开挖，隧道洞口仰坡前缘临空面较大（2~8 m），在边坡土体稳定性降低的情况下，导致边坡失稳，是形成工程滑坡的次要诱因。

3　岩堆及边坡稳定性分析

3.1　岩堆整体稳定性分析

　　根据补勘资料并结合现状，采用 $\varphi_{综合}=11°$ 对岩堆整体稳定性进行检算，检算结果详见表 1。岩堆平面如图 5 所示，Ⅱ-Ⅱ主轴断面图如图 6 所示，Ⅴ-Ⅴ主轴断面图如图 7 所示。

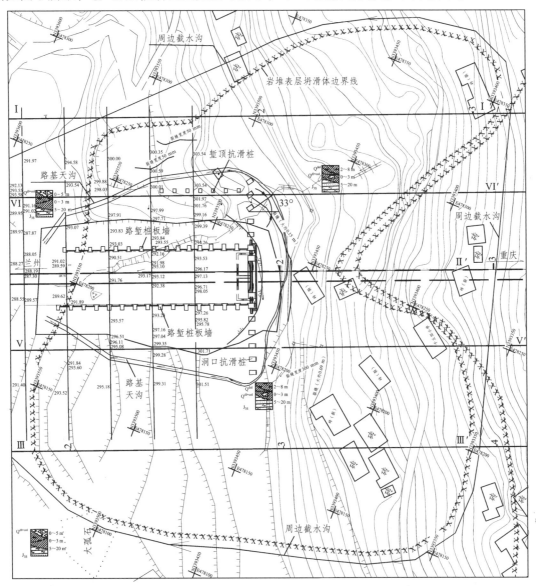

图 5　变更设计岩堆平面设计图

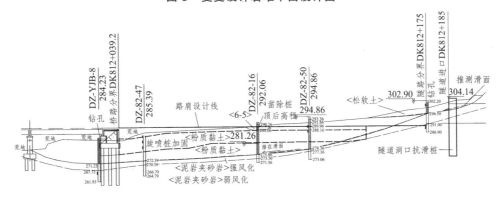

图 6　变更设计岩堆主轴断面图Ⅱ—Ⅱ（线路纵断面）

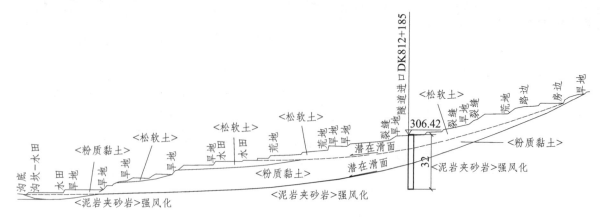

图 7　变更设计岩堆主轴断面图 Ⅴ—Ⅴ

表 1　岩堆潜在滑面参数及整体稳定系数（变更设计）

主轴断面	工况组合	采用的综合 φ	稳定安全系数 K
Ⅱ—Ⅱ主轴	目前状态，滑面为潜在滑面	11°	1.76
（线路纵断面）	二次开挖卸载后+填方+荷载（有填方、有荷），滑面为潜在滑面	11°	2.20
Ⅴ—Ⅴ主轴	目前状态，滑面为潜在滑面	11°	1.15
Ⅵ—Ⅵ主轴	目前状态，滑面为潜在滑面	11°	1.28

从表 1 中可以看出，岩堆整体处于稳定状态，不需要对岩堆进行整体性加固。

3.2　岩堆表层坍滑体稳定性分析

根据补勘资料并结合现状，对岩堆表层坍滑体稳定性进行检算，表层坍滑体滑动面采用用综合 $\varphi=6°\sim15°$ 检算，取安全稳定系数 $K=1.15$ 时出口推力进行抗滑桩结构设计。检算结果详见表 2。

表 2　岩堆表层坍滑体滑面参数及稳定系数（变更设计）

主轴断面	工况组合	采用的综合 φ	稳定安全系数 K	采用的下滑力 /kN
Ⅱ—Ⅱ主轴	目前状态，中部浅表滑坡	11°~15°	0.82	105
（线路纵断面）	二次开挖卸载后，隧道洞顶仰坡土层（推测滑面）	11°	0.83	27
Ⅴ—Ⅴ主轴	目前状态，上部表层坍滑体推测滑面	8.5°	0.95	100
	目前状态，下部表层坍滑体推测滑面	10°	0.92	797
Ⅵ—Ⅵ主轴	目前状态，表层坍滑体推测滑面	9°	0.98	323

从表 2 中可以看出，岩堆表层坍滑体处于不稳定~欠稳定状态，需要进行加固整治。

根据补勘资料并结合现状，线路横断面方向按照 $K=0.95$ 反算确定 $\varphi_{综合}$。取安全稳定系数 $K=1.15$ 时出口推力进行抗滑桩结构设计。检算结果详见表 3。

表 3　变更设计左侧横断面方向滑面力学参数及滑坡推力

断面里程	反算 $\varphi_{综合}$ /（°）	滑坡推力/kN
DK812+140	7.5	200
DK812+150	9.9	185

4　工程整治措施

4.1　岩堆加固及隧道洞口变更设计工程措施

隧道洞门采用桩式洞门，于 DK812+185.0 隧道洞口两侧线路左侧、线路右侧范围内设置一排抗滑桩，共设置 14 根桩。桩截面为 2.0 m×3.0 m~2.5 m×3.5 m，桩间距（中—中）为 6 m，桩长 24.0~34.0 m。

洞口至路隧分界断面处设置路堑桩板墙挡护。仰坡对陡坎进行轻方减载，并在端墙后设置 3 排钢管桩注浆加固土体，防止仰坡后土体继续滑动。端墙采用钢筋混凝土结构，横向通过植筋与桩相连，如图 8 所示。

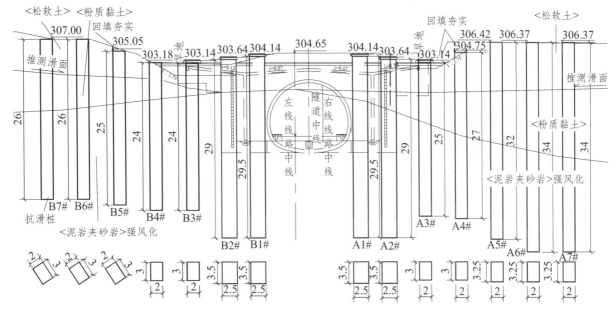

图 8　变更设计隧道洞门+185 处抗滑桩

4.2　路基边坡变更设计工程措施

（1）路堑抗滑桩工程。

DK812+145 ~ DK812+181 段线路左侧堑顶外平行于线路方向设一排抗滑桩，共 7 根，桩长 13.0 ~ 15.0 m。

（2）路堑桩板墙工程。

DK812+095.875 ~ DK812+186.75 段路基两侧设置路堑桩板墙。桩长 15.0 ~ 29.0 m，线路左右侧各设置 15 根桩。

（3）护坡工程。

路堑桩板墙墙顶边坡采用人字形截水骨架防护，并采用支撑渗沟加固。

（4）地基加固。

路堤路堑基底松软土地基采用旋喷桩进行加固，桩长 4.0 ~ 8.0 m。

（5）排水工程。

岩堆体外设置梯形截水沟，线路左、右侧堑顶设置梯形天沟。

5　工程整治效果

该工点基于病害原因，结合病害部位，因地制宜，制定了加固挡护、地基处理、完善排水、位移监测相结合的综合整治措施。目前已施工完毕，整治效果良好，如图 9 所示。

（a）隧道进口整体加固效果

（b）路基左右侧路堑桩板墙

图 9　岩堆整治工程

6 工程体会

本工程案例中，隧道洞口位于凹槽地形汇水区、正穿岩堆体，隧道仰坡上方浅薄层岩堆体基底接触面较陡。在洞口开挖前缘切坡后，又遇强降雨下渗后软化土体，不利因素叠加，岩堆表层土体发生严重坍塌，形成工程滑坡。

（1）线路选线时，应尽量避开岩堆体，无法绕避时，仍宜选择适当位置以低路堤或浅路堑通过，避免隧道洞口或以路堑形式正穿岩堆体。

（2）路堑、隧道洞口应避免选择于凹槽地形、汇水区通过。集中水流易冲刷边坡、软化岩土体，降低边坡的安全稳定系数，产生工程病害。

（3）隧道洞口及路基应避免大范围直接开挖破坏岩堆体的整体稳定性。隧道宜采用桩式洞门，路基宜设置支挡结构收坡，路基与隧道工程应相互衔接。

（4）路堑堑顶上方存在浅薄层岩堆体时，易受地表水下渗影响，应考虑采取有效的加固处理措施。

（5）路基、隧道洞口开挖应尽量避开雨季施工，边坡开挖前应做好排水设施，形成完善的排水系统，截排地表水。以避免在边坡加固防护体系完善前，降雨后地表水下渗降低边坡岩土体力学参数，导致边坡变形失稳。

（6）现场应严格按照顺序施工，先施工岩堆体加固工程后方可进行隧道洞口及路堑边坡开挖。从上至下分级开挖，及时按要求施作隧道及路堑边坡防护工程。

渝利铁路韩家沱长江双线特大桥12#墩既有公路加固

葛学军　李楚根　叶世斌

（中铁二院　土建二院）

摘　要　韩家沱长江桥利川端分布岩堆，且12#桥墩紧邻地方公路，公路靠长江侧设有条石路肩挡土墙，桥墩基坑开挖会影响岩堆体和既有公路挡土墙稳定性。本文通过对岩堆体和公路挡土墙稳定性力学分析，提出采用抗滑桩结合锚杆框架梁综合整治岩堆和既有挡土墙，保证铁路桥墩和既有公路安全。

关键词　岩堆　既有公路　桥基坑　抗滑桩

1　工程概况

渝利线韩家沱长江双线特大桥桥址区属丘陵地貌，桥位横跨涪陵市黄桷嘴附近长江江段，河谷较窄，河道顺直，长江左侧地势上陡下缓，呈凹形折线状，地面横坡坡度15°～30°，多为旱地，两侧有冲沟切割，为低丘岗地。韩家沱长江双线特大桥12#墩紧邻地方S103公路（涪陵—丰都），公路路面宽12 m，以填方形式通过岩堆体，靠长江侧设有条石路肩挡土墙，挡墙露出地面部分最大高度14 m，挡墙墙顶与长江桥12#墩承台高差约12 m，承台边缘距离挡土墙最小距离约1.5 m。铁路修筑前后工点状况见图1、图2。

图1　公路条石路肩挡土墙（铁路修筑前）　　　图2　丰都—涪陵地方公路（铁路修筑后）

1.1　工程地质

上覆第四系人工填筑土层（Q_4^{ml}）、坡崩积层（Q_4^{dl+col}）块石土，下伏侏罗系中统上沙溪庙组（J_{2s}）泥岩夹砂岩、砂岩。

不良地质为岩堆体：韩家沱长江桥利川端发育岩堆，岩堆体平面上呈不规则扇形，主轴长335 m，前缘宽375 m，岩堆中部宽250 m，岩堆体厚5～20 m，其主要物质成分为砂岩质块石及粉质黏土，厚0～10 m。岩堆的形成是斜坡上部陡崖处的厚层砂岩，由于节理发育，层理、节理相互切割，岩体被分割呈松动岩块，在自重卸荷作用下崩落，于斜坡散乱堆积而成。岩堆处于稳定状态。

1.2　水文地质

桥位处地表水为长江水，水位随季节变化明显，定测时水位为153.65 m，三峡蓄水水位为175.0 m，水量主要由大气降雨控制。地下水有覆土中的孔隙水及基岩裂隙水两类。因为覆土多为黏性土，隔水性好，孔隙水不发育；基岩以泥岩为主，隔水性较好，除部分砂岩段雨季裂隙水较发育外，基岩裂隙水不发育，水量较小。

2　需要解决的问题

韩家沱长江桥12#墩基础与S103公路挡土墙相接，局部侵入挡墙基础，桥墩基坑开挖时，将破坏既有公路路肩墙基础，影响挡土墙的稳定性和公路安全，同时桥墩基坑开挖后，岩堆体从基坑开挖底面剪出的稳定性降低，将影响岩堆体的稳定性，因此需要对岩堆体和既有公路挡土墙进行加固处理，保证S103公路整体稳定和长江桥12#桥墩的安全。其平面布置图见图3。

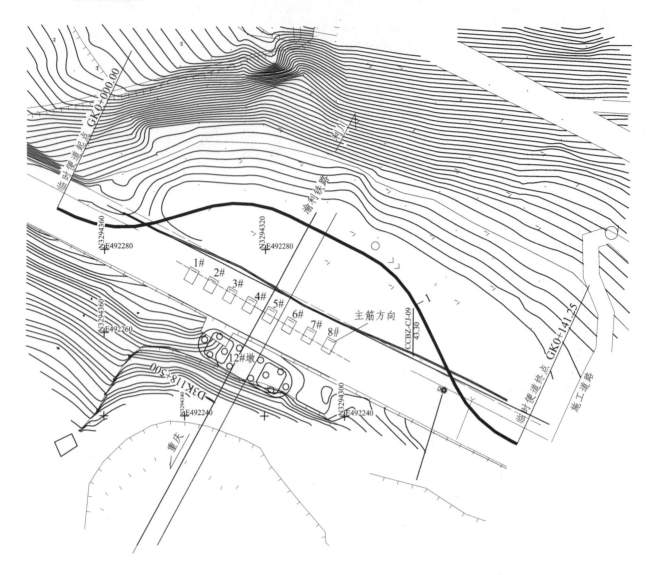

图 3 韩家沱长江双线特大桥 12#墩加固平面布置图

3 设计方案比选

3.1 岩堆及 S103 公路整体稳定性

岩堆天然状态检算力学指标为：c=5 kPa，内摩擦角 φ=16°，天然容重 γ=20 kg/m³；雨季饱水状态下力学指标为：c=5 kPa，内摩擦角 φ=15°，饱和容重 γ=20.5 kg/m³。经稳定性计算：涪陵—丰都公路上方岩堆体天然状态下整体稳定系数 K=1.48，雨季饱水状态下稳定系数为 1.46，公路上方岩堆体处于稳定状态；涪陵—丰都公路路堤本体在天然状态下整体稳定系数 K=1.21，雨季饱水状态下稳定系数为 1.17，S103 公路整体处于稳定状态；12#桥墩处岩堆体沿基岩面天然状态下稳定系数为 1.10，雨季饱水状态下稳定系数为 1.04，处于欠稳定状态，故需要整治。

3.2 公路临时改移+临时边坡+抗滑桩+挡土墙恢复方案（方案一）

将 S103 公路临时改移，拆除既有挡土墙，桥梁基坑采用 1：1 放坡开挖，临时坡面采用锚杆加固，并于基坑上方设抗滑桩保证路基本体和岩堆体稳定性，待桥梁承台浇筑后恢复原路肩挡土墙，挡土墙采用 C25 混凝土浇筑（图 4）。该方案主要工程数量见表 1。

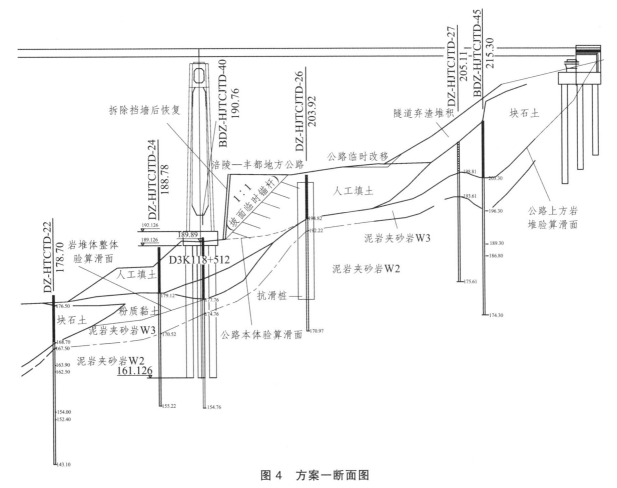

图 4　方案一断面图

表 1　丰都—涪陵公路加固方案比较表

序号	工程项目		单位	工程数量		投资（万元）	
				方案一	方案二	方案一	方案二
1	抗滑桩	C30 钢筋混凝土	m³	2 304	2 625	172.8	196.9
2	挡土墙	C25 混凝土	m³	2 251		78.8	
		拆除条石挡土墙	m³	1 500		12.0	
3	边坡防护	喷射 C20 混凝土	m³	200		13.0	
		C30 钢筋混凝土	m³		32.5		2.4
		ϕ 110 钻孔长度	m	4 444	394	53.3	4.7
4	土石方	挖方土	m³	9 000		13.5	
		填方	m³	9 000		10.8	
5	道路	线路改移	m	141.25	141.25	20.0	20.0
6	合计					374.2	224.0

3.3　公路临时改移+抗滑桩+锚杆框架梁方案（方案二）

（1）公路临时改移。

（2）为保证 S103 公路和岩堆整体稳定性，于桥墩范围内，垂直于线路方向设抗滑桩，抗滑桩间距 5.5 m，共设置 8 根抗滑桩。

（3）为保证既有公路路肩挡土墙的稳定性，于桥墩范围内，对既有挡土墙采用锚杆框架梁加固处理，框架梁横向间距 5.5 m，锚杆施做时应避开抗滑桩（图 5）。该方案主要工程数量见表 1。

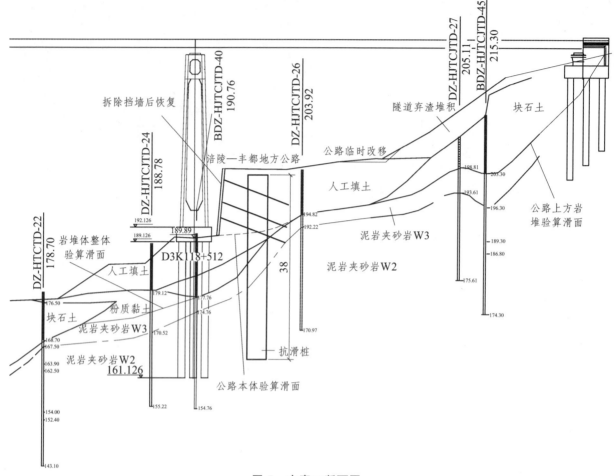

图5　方案二断面图

3.4　方案比较

（1）方案一：该方案因需要恢复既有挡土墙，施工工期较长，且投资较高，约 374.2 万元。

（2）方案二：该方案不需拆除既有挡土墙，在挡墙外采用锚杆框架梁加固，施工方便，工期较短，投资约 224 万元。

综上所述，方案二既保证了岩堆体、既有挡土墙和长江桥 12# 墩的安全，又节省了工程投资，故为设计采用方案。

3.5　施工顺序

（1）对涪陵 – 丰都公路进行临时改移。

（2）隔桩施工锚固桩。

（3）锚索框架梁施工。

（4）12# 桥墩基础施工。

4　体会和建议

（1）韩家沱长江特大桥 12 号桥墩承台尺寸大，承台边缘距离既有挡土墙最小距离约 1.5 m，承台设计时应充分考虑开挖对既有挡土墙的安全，同时在线位选择时尽量避开既有建筑物。

（2）韩家沱长江特大桥 12 号桥墩支挡加固设计中需要解决以下三个问题：确保岩堆整体稳定，保证桥墩安全；考虑桥墩基坑开挖对既有公路路基以及岩堆稳定性的影响；确保基坑开挖后既有公路路肩墙稳定性。

（3）邻近既有公路、铁路或既有建筑新修建的铁路工程，确保既有公路、铁路或既有建筑的安全，将风险降低到最低是首要前提，同时于岩堆堆积体开挖或堆载时，必须对岩堆稳定性进行分析，确保施工后岩堆稳定性满足设计要求。

渝利铁路石柱中学岩堆高路堤工程

葛学军　李楚根　姚裕春　叶世斌

（中铁二院　土建二院）

摘　要　渝利线 D1K196+534～D1K196+710 段原方案以桥梁通过，因线路紧邻石柱中学，采取降噪措施后仍不满足要求，故改为路基方案通过。该段路基为陡坡高路堤，斜坡上发育岩堆体，设计采用抗滑桩保证岩堆体和路基本体整体稳定性。

关键词　岩堆体　高路堤　稳定性　抗滑桩

1　工程概况

渝利线 D1K196+534～D1K196+710 段为陡坡高路堤，最大中心填高 13.49 m，最大边坡高度 25.8 m，线路左侧为石柱中学，左线中心距离学校围墙约 40 m，石柱中学为重庆市首批重点中学，占地超过 28 万平方米，总建筑面积 12 万平方米，可容纳 7 500 名学生。初步设计阶段以桥梁通过，因线路距离石柱中学距离太近，采取降噪措施后仍不满足要求，故改为路基方案。

1.1　工程地质与水文地质

段内上覆第四系坡残积（Q_4^{dl+el}）粉质黏土、崩坡积（Q_4^{dl+col}）粉质黏土、块石土，下伏侏罗系中统下沙溪庙组（J_{2xs}）泥岩夹砂岩。

地表水主要为沟水，水量随季节变化，旱季水量较小，暴雨后较大。地下水根据《铁路混凝土结构耐久性设计暂行规定》判定，对混凝土无侵蚀性。

该段斜坡上发育岩堆，宽约 100～170 m，长度约 430 m，厚 3～9 m，地表及基岩面坡度约 16°，其主轴方向为 N24°W，线位处在岩堆中下部。岩堆中下部由粉质黏土夹块石组成，中上部主要由块石土组成，下伏基岩为泥岩夹砂岩。粉质黏土硬塑状，局部硬塑偏软状，厚 2～8 m；块石土，稍湿～饱和，松散～中密，厚度 4～8 m。岩堆目前自然状态下稳定。

1.2　气象资料

重庆市石柱县属中亚热带湿润季风气候，气温温和、四季分明、降雨充沛。根据石柱县气象局 1957—2006 年资料统计，多年平均降雨量 1 285 mm，最大年降雨量 1 701.2 mm，最大日降雨量为 165.7 mm，24 h 内降雨 50 mm 以上的暴雨天气共出现 68 次，1982 年 7 月 17 日、28 日两次暴雨的雨量分别为 101.8 mm、165.7 mm。

2　需要解决的问题

该段路基以高填方形式通过岩堆体，岩堆体厚度 3～9 m，虽然岩堆体目前自然状态下稳定，但施工高填方，于岩堆中下部加载，将改变岩堆的稳定性，危及铁路自身和周边民房的安全，因此应对该岩堆结合工程进行稳定性分析，并根据稳定分析结果采用相关措施加固处理。同时该路基为陡坡路基，地面横坡约 1：3，必须采用措施保证路基本体整体稳定。

3　岩堆高路堤工程设计

3.1　岩堆高路堤稳定性分析

3.1.1　岩堆体整体稳定性分析

天然状态力学指标为岩堆体上部：$c=8$ kPa，$\varphi=14$；岩堆中下部：$c=8$ kPa，$\varphi=9.5°$，容重为 21 kN/m³。饱水状态力学指标为上部：$c=8$ kPa，$\varphi=13.5°$；岩堆中下部：$c=8$ kPa，$\varphi=9.0°$，容重 20 kN/m³，检算结果见表 1。

根据表 1 可以说明，岩堆在天然状态下稳定系数为 1.23～1.44，处于稳定状态，雨季饱水状态下稳定系数为 1.02～1.10，属于欠稳定状态，需要进行整治。

表 1　岩堆主辅轴稳定性验算（铁路荷载未加载）

主/辅轴	状态	岩堆体中下部		岩堆体上部		稳定系数
		c/kPa	φ/（°）	c/kPa	φ/（°）	
D1K196+608	天然状态	8	9.5	8	14	1.23
D1K196+608	饱水状态	8	9.0	8	13	1.02
D1K196+658	天然状态	8	9.5	8	14	1.44
D1K196+658	饱水状态	8	9.0	8	13	1.10

3.1.2　路堤填筑后岩堆体稳定性分析

该段路基以高填方形式通过岩堆体中下部，设计中对填方上部岩堆体和填方下方岩堆体分别进行稳定性验算，验算结果见表 2。其主轴断面设计见图 1。

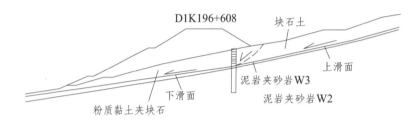

图 1　石柱中学岩堆整治工程 D1K196+608 主轴断面设计图

表 2　岩堆主辅轴稳定性（铁路荷载加载）

主/辅轴	部位	工况	C/kPa	φ/（°）	稳定系数
D1K196+608	填方上方	天然状态	8	14.0	1.25
D1K196+608	填方上方	饱水状态	8	13.5	1.06
D1K196+608	填方上方	天然地震	8	14.0	1.00
D1K196+608	填方下方	天然状态	8	9.5	1.34
D1K196+608	填方下方	饱水状态	8	9.0	1.09
D1K196+608	填方下方	天然地震	8	9.5	0.91

3.2　岩堆推力计算

根据《建筑边坡工程技术规范》，天然状态下稳定系数不能小于 1.35，特殊荷载组合时，稳定安全系数可以根据现行有关标准和工程经验降低采用，本工点在雨季饱水状态下考虑稳定系数不小于 1.15，当考虑地震影响时不能小于 1.10，计算结果见表 3。

表 3　岩堆主辅轴推力计算表（铁路荷载加载）

主/辅轴	部位	工况	出口推力/kN	桩位推力/kN	安全系数
D1K196+608	填方上方	天然状态	—	757	1.35
D1K196+608	填方上方	饱水状态	938	—	1.15
D1K196+608	填方上方	天然地震	959	—	1.10
D1K196+608	填方下方	天然状态	—	702	1.35
D1K196+608	填方下方	饱水状态	—	467	1.15
D1K196+608	填方下方	天然地震	—	689	1.10

3.3　工程措施

（1）为保证填方上方岩堆体稳定性，于线路右侧设置 21 根抗滑桩，桩长 13.0～14.5 m。

（2）为保证填方整体稳定性，于线路左侧设 28 根抗滑桩，桩长 12～16.5 m。

（3）于岩堆体周界外和岩堆体中部设置截水沟。

石柱中学岩堆整治工程代表性横断面设计图见图 2。

4　体会及建议

（1）本工点采用两排抗滑桩加固处理不良地质体上高填方，线路右侧抗滑桩解决岩堆体整体稳定问题，线路左侧抗滑桩解决填方本体整体稳定问题，工程效果良好。

（2）有条件情况下应优化线路平、纵断面设计，尽量绕避或降低填方路堤边坡高度，改善工程条件，减小对岩堆体整体稳定性的影响。

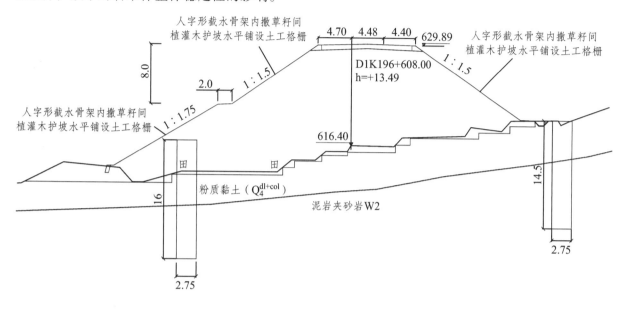

图2　石柱中学岩堆整治工程代表性横断面设计图

（3）经经济比较，该段线路以桥梁方式通过，投资约 4.1 万元/m，以路基方案通过，投资约 5.6 万元/m，同时铁路占地大幅增加。现该段线路虽然采用路基方案通过，并在靠近石柱中学一侧修建隔音墙，但是铁路噪声仍对学校的正常教学有一定影响，且该段线路临近城区，虽然设置了交通涵洞，但对附近居民的出行仍带来不便。因此，今后若有类似案例，应从优化线路平面出发，尽量绕避学校、住宅、旅游度假区等环境敏感点。

炉山专用线线路下穿小型岩堆加固

莫 默

（中铁二院 贵阳公司）

摘 要 炉山工业园区铁路专用线 DK3+272～+302 段下穿左侧斜坡小型岩堆，根据岩堆的环境地质条件、类型、性质，通过综合比较，采取了具有针对性的合理防护措施。

关键词 下穿 小型岩堆 防护

1 概 述

炉山工业园区位于黔东南凯里市西北方向，距凯里市区约 35 km，设计的铁路专用线地处麻江县碧波乡和凯里市万朝镇、炉山镇。自沪昆铁路上的麻江站引出至炉山站，正线长 15.240 km。

沿线为黔东高原剥蚀、溶蚀低中山峰丛地貌，山顶标高为 1 210 m，沟底标高为 830 m，相对高差为 380 m。起点麻江站平均地面标高 920 m，终点炉

图 1 岩堆现场照片

山站平均地面标高 925 m，中间地段地面标高多在
940 m 以上，测区地形起伏较大，植被发育较好，平缓地带多垦为旱地或者水田。测区广泛分布碳酸盐岩，岩溶较发育，岩溶形态主要为岩溶管道、洼地、溶洞等。

线路于 DK3+272～+302 段下穿左侧斜坡小型岩堆，该岩堆对线路方案的稳定和工程竣工后运营安全有较大影响，见图 1。

岩堆为上方半坡或者坡顶岩石崩积而成，堆积于山谷中土腰斜坡上，岩堆两侧发育两条水沟环抱岩堆而流，汇集于岩堆坡脚；岩堆厚 0～6 m，主轴长约 185 m，主轴方向与线路交角约 53°，土方量约 6.03 万立方米；岩堆多数块径 50～300 cm，成分以灰岩、白云岩为主，详见图 2。

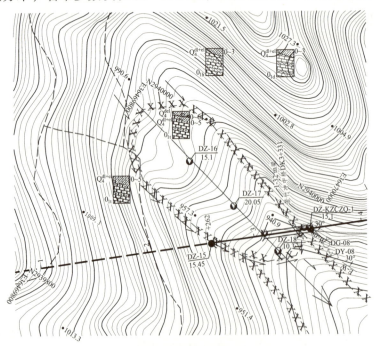

图 2 岩堆平面图

2 岩堆环境地质条件

岩堆地区属亚热带季风湿润气候，年均气温 14～18.5℃，年均降雨量为 1 000～1 500 mm，相对湿度为 78%～84%。

测区内大部分坡面覆土薄，坡面陡，排泄条件好，降水主要转换为地表水，沿坡面汇集于山谷，于岩堆顶分流，再沿岩堆两侧而下，汇于岩堆坡脚。

测区地表第四系崩积层（Q_4^{col}）块石土夹粉质黏土、全新统坡残积（Q_4^{dl+el}）粉质黏土，下伏基岩为奥陶系大湾组（O_4^d）灰岩夹页岩、红花园组（O_1^h）灰岩夹白云岩、桐梓组（O_1^l）白云岩夹泥质白云岩，各层岩性分述如下：

（1）块石土夹粉质黏土（Q_4^{col}）：稍湿，稍密，灰色、浅灰色、土黄色等杂色。为上方半坡或者坡顶崩积而成，多数块径 50～300 cm，成分以灰岩、白云岩为主。厚 0～6 m，属于Ⅲ级硬土，C 组填料。

（2）粉质黏土（Q_4^{dl+el}）：褐黄色，硬塑至半干硬状，微含 10%左右的碎石角砾，石质为白云岩，一般厚 0～3 m。分布山体斜坡上。属Ⅱ级普通土，C 组填料。

（3）灰岩夹页岩（O_1^d）：灰色、浅灰色。隐晶质结构，块状构造。节理裂隙稍发育，多为方解石充填，局部可见溶孔。锤击声脆，强风化带厚 0～2 m，为Ⅳ软石，C-B 组填料；弱风化带属Ⅴ级次坚石。B 组填料。

（4）灰岩夹白云岩（O_1^h）：肉红色、浅灰色，块状构造。节理裂隙稍发育，局部见溶蚀现象。锤击声脆，强风化带厚 0～2 米，为Ⅳ软石，C-B 组填料；弱风化带属Ⅴ级次坚石。B 组填料。

（5）白云岩夹泥质白云岩（O_1^l）肉红色、浅灰色，块状构造。节理裂隙较发育，强风化带厚 0～2 m，为Ⅳ软石，C-B 组填料；弱风化带属Ⅴ级次坚石。B 组填料。

据调查测绘、区域地质资料显示，测区未见明显区域地质构造。测区下伏沉积岩，产状较为稳定，主要岩层产状为：N80°W/30°NE，节理裂隙发育，产状为 N20°W/75°SE。

据取附近地表水作水质试验分析，水质为[C]NaⅠ型，即碳酸盐钠质水。根据《铁路混凝土结构耐久性设计规范》（TB10005-2010），环境水对砼无侵蚀性。

根据国家地震局 1∶400 万《中国地震动峰值加速度区划图》（GB 18306—2001），全线地震动峰值加速度为 0.05g（对应地震基本烈度为Ⅵ度）。地震动反应谱特征周期为 0.35 s。

3 岩堆勘测

在初步设计前的现场踏勘工作中我专业技术人员及时发现了岩堆，然后通知地质对岩堆进行了专项勘测，补充了岩堆平面图、主轴剖面图的测绘，增加地质钻孔。从而取得了较精确的设计资料，对判断岩堆规模和岩堆稳定性分析等提供了科学依据。

4 稳定性分析及计算

4.1 岩堆可能破坏的模式分析

当铁路工程施工时，路堑边坡和桥台基坑开挖后，岩堆坡脚土体被清除，形成较大的临空面，降低了岩堆抗滑条件，破坏了原来岩堆的稳定条件，极有可能诱发岩堆失稳破坏；根据岩堆主轴剖面图，见图 3，岩堆可能沿折线滑面滑动，故边坡的稳定性计算采用传递系数法进行计算。

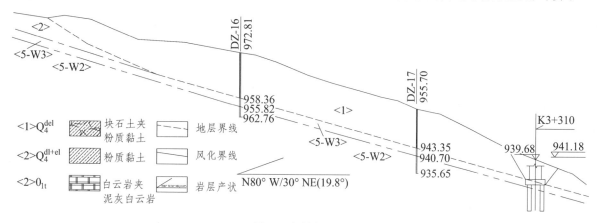

图 3　主轴剖面图

4.2 岩土体物理力学参数

稳定性计算采用的岩土体物理力学参数按表1采用。

表1 岩土体物理力学参数表

岩土代号	岩土名称	天然密度 $\rho/(kN \cdot m^{-3})$	黏聚力 c/kPa	内摩擦角 $\varphi/(°)$
（1）	块石土夹粉质黏土	21	0	22
（2）	粉质黏土	18.5	15	18
（5-W3）	白云岩夹泥质白云岩	23.0	0	40
（5-W3）	白云岩夹泥质白云岩	26.0	0	60

4.3 岩堆稳定性计算

由于岩堆主要以块石为主，其渗水性大，岩土体抗剪指标易降低，故稳定性计算时，岩堆抗剪指标按0.8系数进行折减。其计算参数及计算结果见表2和表3。

表2 计算参数

分块编号	断面积 A_i/m^2	重度 $r_i/(kN \cdot m^{-3})$	滑面长 l_i/m	滑面黏结力 c_i/kPa	滑面内摩擦角 $\varphi_i/(°)$	滑面倾角 $\alpha_i/(°)$
1	56.6	21	15.26	0	17.8	32
2	134	21	24.1	0	17.8	23
3	345	21	27.3	0	17.8	16
4	750	21	58.3	0	17.8	15
5	344	21	36.6	0	17.8	16

表3 计算结果

ψ_i	$G_i/(kN \cdot m^{-1})$	$l_ic_i/(kN \cdot m^{-1})$	$T_i/(kN \cdot m^{-1})$	$R_i/(kN \cdot m^{-1})$	$R_{i-1}/(kN \cdot m^{-1})$	F_s
	1 188.60	0.00	629.86	323.63		0.51
0.94	2 814.00	0.00	1 099.52	831.65	287.08	0.60
0.95	7 245.00	0.00	1 996.99	2 236.01	529.09	0.89
0.99	15 750.00	0.00	4 076.40	4 884.47	288.41	1.12
1.01	7 224.00	0.00	1 991.20	2 229.52	0.00	1.12

根据稳定性计算，岩堆的稳定性系数 $F_s=1.12$，不满足《铁路路基设计规范》（TB 10001—2005）要求的最小安全系数1.25，岩堆需要采取支挡措施进行加固防护，确保铁路施工和运营安全。

5 岩堆整治措施和方案比较

5.1 主体工程

一般滑坡整治的主要支挡工程有抗滑桩和抗滑挡土墙等，本工点主要采用这两种措施进行比较。施工工艺比较，抗滑桩的施工工序是跳桩开挖桩井，然后灌注混凝土，待桩身达到一定的设计强度后才开挖桩间土，对岩堆扰动小，同时桩施工完后再开挖桩前土体时，桩对岩堆已经形成了抗滑力，岩堆稳定性得到保障。抗滑挡土墙的施工工序是分段开挖分段施工，一般分段长10~15 m，所以存在较大的临空面，对滑坡稳定影响较大，同时有时因施工工期紧张或为了施工方便，往往施工单位采取拉槽式开挖，然后才施作挡土墙，所以对岩堆稳定性极为不利。地形条件比较，根据纵断面剖面图，该段边坡路肩高程以下有一半是基岩有一半是土体，当采用抗滑桩加固时，处于基岩段的抗滑桩锚固点位于路肩上，处于土体地段的抗滑桩锚固点下降，但不影响质量和稳定性。当采用挡土墙，位于土质段，挡墙基础按常规设计，放置于路肩上时，又不满足抗滑作用，所以必须埋至与滑面以下，如此就需要超挖深埋，造成浪费或不经济。

综上所述，该工点主要采用抗滑桩进行支挡加固，路堑地段采用路堑桩板墙支挡加固，桥台基坑地段采用抗滑桩+喷锚网进行加固防护，见图4~图5。

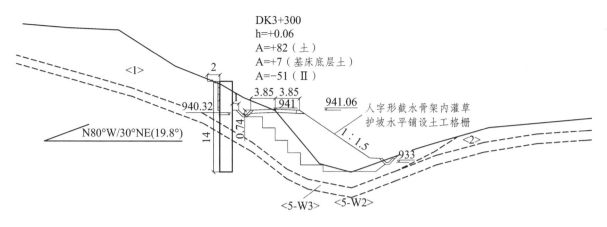

图 4　路堑地段横断面设计图

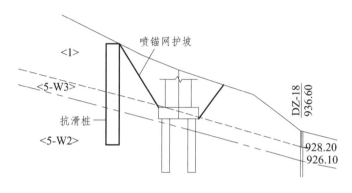

图 5　桥台基坑地段横断面设计图

5.2　排水工程

水是造成路基病害的主要因素，所以必须将水顺畅排出路基外，该段路基的排水设计如下：① 由于岩堆从顶到下两侧均有水沟，为了使地表水迅速排出岩堆或不渗岩堆滑面，沿四周的原自然沟砌筑 M7.5 浆砌片石天沟。② 由于小里程端的水沟高程高于大里程端，且在路堑边坡开挖后，小里程端水沟被截断，故将小里程端排水沟改移，沿桩顶边坡引到大里程端排水沟，汇集后穿苦竹冲中桥而过，排出路基外。

6　结　语

通过采用路堑桩板墙进行加固防护后，岩堆的稳定系数 K=1.35，满足规范要求。岩堆得到了有效加固防护，不影响线路方案，同时工程竣工后，并没有对铁路运营安全构成威胁。在今后的工作中，遇到体积较大的堆积体，线路应尽量绕避，当无法绕避时应以填方通过岩堆前缘或抬高线路以桥梁通过。

武广高速铁路花岗岩全风化层改良土试验研究

刘 洋 魏永幸

（中铁二院 技术中心）

摘 要 高速铁路对路基变形要求非常严格。虽然全风化花岗岩及其改良土的公路路用性能目前研究较多，但能否用于高速铁路基床底层或路基本体填料的研究国内外尚不多见。基于此，通过大量的土工试验和理论分析，研究了花岗岩全风化层及其改良土的强度机理、压缩特性、水稳定性以及干湿循环强度衰减特性等，为高速铁路花岗岩全风化层路基填料的选择和应用提供了理论依据，具有重要的理论价值和工程实用意义。

关键词 高速铁路 花岗岩风化层 改良 干湿循环 强度衰减

1 工程概况

武广高速铁路在湖南省和广东省境内穿过大量花岗岩全风化地层。虽然目前国内对全风化花岗岩及其改良土的公路路用性能进行了很多研究，但能否用于高速铁路尤其是无砟轨道路基的基床底层或本体填料，还没有先例。武广线韶关至花都段线路长度 159.24 km，其中路基长度 37.111 km，其中近一半地段分布花岗岩全风化层，且多为路堑及隧道弃渣，如果全部弃掉而采用合格的 A、B 组填料，一是平均运距超过 30 km，二是增加弃土场地及其防护工程，从而大幅增加投资，经过技术经济比较，路基填料设计采用花岗岩全风化层改良土 52.53 万方。

高速铁路无砟轨道对线下工程变形限制标准严格，要求路基工后沉降一般不大于 15 mm，路基与桥涵等结构物交界处的差异沉降不大于 5 mm，不均匀沉降造成的折角不大于 1/1 000。由于花岗岩全风化层的物理力学特性、工程特性差异性非常大，受地质环境、土层、温度、含水量等因素的影响而变化，不同地质环境下、不同地点、不同土层的花岗岩全风化层应区别对待。因此，需要以武广高速铁路作为工程依托，重点对花岗岩全风化层的液塑性、矿物成分含量、压实特性、水稳定性、膨胀性以及干湿循环强度衰减特性进行研究，以验证其用于高速铁路无砟轨道基床底层和路基本体填筑的可行性，为高速铁路花岗岩全风化层路基填料的选择和应用提供参考依据。

2 素土的工程特性及其选用标准

为了全面了解武广高速铁路沿线花岗岩全风化层的工程性质，取样地点共有五个，分别位于不同的地区。第一个取样地点位于武广高速铁路长沙段，里程在 DK1503+283 处。花岗岩全风化，灰白色，呈砂土状，厚 > 20 m，上部标贯击数为 10 击；第二个取样地点位于武广高速铁路衡阳段，里程在 DK1682+759 处，中细粒花岗岩全风化，绝大部分棕红色，少量灰白色，呈砂土状，厚 > 30 m，上部标贯击数为 8～19 击；第三个取样地点位于武广线清远段，里程 DK2097+560～+690 处，该处为路堤，最大填高 6.9 m，地基为花岗岩全风化层，呈黄色，厚 5～10 m；第四个取样地点位于武广线清远段试验段，里程 DK2102+240～DK2102+303.986 处，花岗岩全风化层多呈黄色，少量呈红色，其原生矿物均已风化为次生的黏土和铁铝氧化物等，呈团粒状、扰动后原结构破坏，呈松散的砂砾夹土状，似土非土、似砂非砂，可用一般工具挖掘，颗粒的工程性质差，呈面灰状，其中全风化层厚 5～10 m；第五个取样地点位于武广线清远段，里程 DK2116+200～+430 处，该段本工点前后均为花岗岩路堑，交通较为方便。其中 DK2 116+200～+220 及+420～+430 段为路堑，花岗岩全风化层，含 Fe^{2+}，显红色，厚 15～20 m。DK2 116+220～+420 段为路堤，花岗岩全风化层，含 Fe^{2+}，显红色，厚 16～30 m。

通过上述五个地点取样，对花岗岩全风化层素土开展了化学成分及矿物成分分析，筛分试验，液塑限、压实、直剪、压缩、渗透、膨胀性、CBR、动三轴等室内试验研究，主要工程特性试验结果详见表1。

花岗岩全风化层主要化学成分是 SiO_2、Fe_2O_3 和 Al_2O_3，占总量的 85% 以上。主要矿物成分为石英、正长石、斜长石及暗色矿物白云母、角闪石等。颜色呈灰色、黄色、肉红色。随着风化程度的加剧，稳定性矿物随之降低，不稳定性矿物成分随之升高，致使粘粒中含有大量的亲水矿物成分也随之增加。大部分花岗岩全风化层的物理力学性质较差，粉砂含量较高，结构松散，黏结力较小，承载力低，液塑限高，CBR 值较低，强度和刚度小，抗变形稳定性及水稳性差等。

表 1　花岗岩全风化层的工程特性试验结果汇总

取样工点	DK1 503+283	DK1 682+759	DK2 097+560	DK2 098+550	DK2 116+200
颗粒粒径分布	大于 40 mm 颗粒含量为 3%～5%，大于 20 mm 颗粒含量为 5%～12%，大于 10 mm 颗粒含量一般为 12%～20%，而砂粒占总量的 18%～30%左右，粉粒和黏粒占风化层总量中的 38%～50%左右				
矿物成分/%	石英（25～35），云母（15～30），长石（10～20），高岭土（10～25）	石英（25～35），云母（20～35），钾长石（15～30），高岭土（5～15）	石英（40～65），云母（<5），长石（5～10），高岭土（5～10）	石英（40～65），云母（<5），长石（5～15），高岭土（5～15）	石英（30～45），云母（15～30），长石（15～20），高岭土（5～10）
天然含水量/%	23.8	24.3	19.2	21.6	22.4
饱和度/%	68	71	60	61	73
天然密度/（g·cm⁻³）	1.634	1.658	1.633	1.662	1.710
液限 w_L/%	58.5	62.4	44.6	46.8	51.9
塑限 w_P/%	40.7	43.4	32.1	25.4	33.9
塑性指数 I_P	17.5	19.0	12.5	15.0	18.0
比重	2.72	2.72	2.73	2.73	2.72
孔隙比	0.96	1.02	0.87	0.85	0.93
颜色	呈灰白色	呈棕红色	呈黄色	呈黄色	呈红色
风化及结构特征	颗粒细小，细粒和粉粒成分占风化层成分的绝大多数，风化层粒间黏结力弱，结构疏松，孔隙率大，有较大的变形性				
自由膨胀率/%	24.0	26.0	15.0	14.0	23.0
干燥饱和吸水率/%	22.0	28.2	14.0	14.3	26.4
收缩率/%	21.6	24.2	12.1	12.4	24..8
内摩擦角 φ/（°）	26.7	25.7	30.2	30.5	26.0
内聚力 c/kPa	32.1	31.6	46.6	45.3	33.8
92%压实度　CBR/%	8	8	12	13	9
92%压实度　膨胀量/%	6	5	11	9	5
分类	大部分属Ⅲ类、少量属Ⅳ类	大部分属Ⅲ类、少量属Ⅳ类	大部分属Ⅱ和Ⅲ类、少量属Ⅰ类	大部分属Ⅱ和Ⅲ类，少量属Ⅰ类	大部分属Ⅲ类、少量属Ⅱ类

通过大量室内试验表面，针对花岗岩全风化层填料可采用石英、黏土矿物成分（云母）含量及液限等关键参数指标，作为其填筑高速铁路无砟轨道路基的选用标准。

Ⅰ类：石英含量>50%，液限 W_L <45%，云母含量<10%，性质好，基本达到 B 组填料，采取防水隔水措施，可直接用作路基本体填料使用；

Ⅱ类：35%≤石英含量≤50%，45%≤液限 w_L≤55%，10%≤云母含量≤25%，性质较好，改良后能够用作路基本体填料；

Ⅲ类：石英含量<35%，55%<液限 w_L≤65%，云母含量>25%，性质较差，必须经过改良才能够用作路基本体填料；

Ⅳ类：液限 w_L>65%时，慎用。

从上表可看出，花岗岩全风化层大多数属于Ⅱ和Ⅲ类，不经改良是不适合用于高速铁路路基填料的。

3　改良土的压实与强度特性研究

为研究花岗岩全风化层改良土的工程特性，项目组重点选择 DK2097+560 及 DK2116+200 等两个工点的花岗岩全风化层，通过室内土工试验，对其压实、压缩、渗透、水稳、干湿循环、动静强度等物理力学特性进行了重点研究。

3.1　压实特性

掺加水泥改良土按《铁路工程土工试验规程》Z3 方法压实试件，击实试验结果见表 2，击实曲线见图 1。

表 2　Z3 击实方法下水泥改良土的击实结果

参数 地点	4%水泥		6%水泥		8%水泥	
	w_{opt}	ρ_{dmax}	w_{opt}	ρ_{dmax}	w_{opt}	ρ_{dmax}
DK2 097+560	13.4	1.842	14.0	1.837	14.4	1.833
DK2 116+200	12.5	1.861	12.8	1.855	12.6	1.840

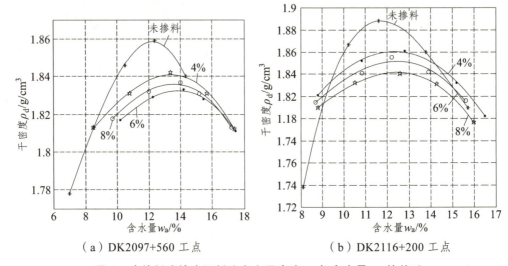

（a）DK2097+560 工点　　　　（b）DK2116+200 工点

图 1　未掺料或掺水泥料改良土干密度 ρ_d 与含水量 w_a 的关系

水泥改良土的击实试验表明：

（1）掺水泥后击实曲线变平缓，驼峰变宽，这使得在施工中对含水量的控制范围变宽，施工质量更易把握。

（2）水泥改良土的最大干密度 ρ_{dmax} 随掺入料剂量的增加有所减少，最优含水量 w_{opt} 随掺入料含量的变化不大，其变动呈摆动状态，没有一定规律。

3.2　强度特性

武广高速铁路韶关至花都段两个不同地点（DK2 097+560 和 DK2 116+20 工点）的全风化花岗岩进行了水泥改良土试验。通过全风化花岗岩水泥改良的最佳配比研究，为现场施工原材料的选择、配比、处理方法提供可靠的依据。

按 4%、5%、6%、7%、8%、10%的水泥掺入量进行对比改良，并在最优含水量、压实度 92%下制样，以确定最佳掺入比。试验结果见表 3。

表 3　全风化花岗岩水泥改良土的无侧限抗压强度（6d 标准养护，1d 泡水饱和，单位：MPa）

要求 参数	试件直径 $\phi 100$ mm						试件直径 $\phi 50$ mm					
	粒径限值 $\phi \leq 20$ mm						粒径限值 $\phi \leq 10$ mm					
掺料比/%	4	5	6	7	8	10	4	5	6	7	8	10
极大值/MPa	0.75	0.88	0.97	1.14	1.27	1.87	0.79	0.95	1.14	1.32	1.53	1.98
极小值/MPa	0.47	0.59	0.68	0.76	0.86	0.92	0.48	0.61	0.69	0.79	0.88	0.99
平均值/MPa	0.58	0.66	0.76	0.85	0.98	1.34	0.60	0.67	0.80	0.97	1.07	1.52
变异系数	0.15	0.13	0.12	0.13	0.13	0.15	0.15	0.13	0.11	0.13	0.13	0.15
变异性	小	小	小	小	小	小	小	小	小	小	小	小
水稳系数 $\bar{k}$	0.68	0.75	0.76	0.75	0.74	0.69	0.69	0.75	0.76	0.75	0.74	0.70

由表 3 可见，在压实度 92%、最优含水量下制样，不同水泥掺入量的试样，其标准养护 6 d、泡水 1 d 试件的单轴抗压强度均能达到 0.5 MPa 以上，水稳性均较好。

掺加 4%水泥改良土，试样周边表层只有少许脱落；掺加水泥剂量 5%，试样周边表层没有脱落，试样完好，强度较高；水泥掺量大于 5%以后，试样周边表层完整，强度高。因此，综合各方面因素，上述两工点全风化花岗岩+5%水泥改良就能满足高速铁路对填料的强度和水稳性要求。

同样地，试验还发现试件大小即土样颗粒大小对饱和无侧限抗压强度有影响，细颗粒试件比粗颗粒试件在相同掺量下的饱和无侧限抗压强度大。

全风化花岗岩掺入 4%、5%、6%、7%、8%水泥改良后，在最优含水量下制样，标准养护 7 d、27 d（最后一天泡水饱和），其试件的无侧限抗压强度 q_u 与压实度的关系见图 2。

由图 2 可见，试样的饱和无侧限抗压强度 q_u 随水泥掺量的增加而增加；同时随着压实度的增大，q_u 随之增大，随龄期的延长，q_u 也随之增大。

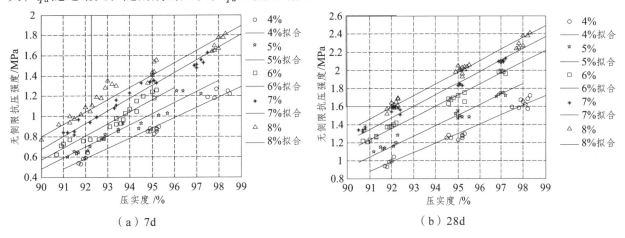

（a）7d   （b）28d

图 2   水泥改良土无侧限抗压强度与压实度的关系

4   现场填筑施工工艺及参数研究

针对全风化花岗岩性质随地点、环境、气候和土层深度变化而改变的特点，选择武广高速铁路清远段 DK2 102+240 ～ DK2 102+303.986 区域作为试验路段。该试验段花岗岩全风化层多呈黄色，少量呈红色，其原生矿物均已风化为次生的黏土和铁铅氧化物等，呈团粒状、扰动后原结构破坏，呈松散的砂砾夹土状，似土非土、似砂非砂，可用一般工具挖掘，颗粒的工程性质差，呈面灰状，难以碾压成形。

4.1   最大干密度和最优含水量

试验工点处的花岗岩全风化层土样的天然含水量较大，一般为 18%～24%，与 Z2 方法击实试验所得到的最佳含水量 w_{opt}（一般为 12%左右）相差 10%，根据土样的含水量蒸发速率，夏季需晾晒 5～6 个晴天，春秋需 6～8 个晴天，才能达到施工要求。同时从已开挖的边坡可以看出，花岗岩全风化层的水稳性极差，浸水后强度迅速降低，且易发生滑坡、溜方，无法满足高速铁路对路基强度、刚度和水稳性的要求。表 4 为不同掺合料下水泥改良土的 Z2 重型击实试验结果。

表 4   花岗岩全风化层水泥改良土的 Z2 重型击实试验结果

击实方法 填料类别	最优含水率 W_{opt}/%	最大干密度 $\rho_{d\max}$ /（g·cm⁻³）
	Z2	Z2
花岗岩全风化层+5%水泥	11.5	1.98
花岗岩全风化层+6%水泥	12.0	1.99

由表 4 可知，花岗岩全风化层经改良后，击实特性发生明显变化。一般情况下，水泥改良土

较原状土的最大干密度偏大，且随掺合量增加而减小或基本不变；水泥改良土最优含水量在原状土的最优含水量附近偏移，即最佳含水量随水泥掺合量增加而无明显变化。因此，在进行水泥改良土的其他性能试验时，可取原状土未掺加水泥的最佳含水量和最大干密度作为水泥改良土的最佳含水量和最大干密度。

4.2　改良掺合料及掺合比

由该试验工点的花岗岩全风化层工程性质研究可知，它是一种中等膨胀性、高液限、中等压缩性的岩土，水稳性差，按现有路基设计规范划分，属 C、D 组填料，不宜直接作为铁路路基填料，必须进行改良后使用。为了获得技术经济合理的化学改良方案，对填筑现场的花岗岩全风化层采用水泥进行了不同配合比研究。

花岗岩全风化层在水泥掺入量小于或等于 4%时，部分试样出现剥落损坏等现象，水泥改良土强度 （在压实度 92%、最优含水量下制样）随水泥掺入量的增大而增大，掺入 5%水泥，室内 7 天无侧限抗压强度平均值 520 kPa，极小值 460 kPa，水稳定系数 0.73，变异系数 0.17；掺入 6%水泥，室内 7 天无侧限抗压强度平均值 690 kPa，极小值 530 kPa，水稳定系数 0.74，变异系数 0.12；掺入 7%水泥，室内 7 天无侧限抗压强度平均值 980 kPa，极小值 640 kPa，水稳定系数 0.73，变异系数 0.23；经过综合研究比选，花岗岩全风化层可以采用水泥改良，最佳掺入量为 5% ~ 6%。基床底层水泥掺量采用 6%，路堤采用 5%。

花岗岩全风化层颗粒级配越均匀，同等水泥掺量下，变异性增大，水稳性变差；水泥掺量越多，强度越强，但超过一定掺量后，其变异性变大。花岗岩全风化层+5%、+6%的水泥，可以满足基床底层、路基本体对强度要求。

掺合料采用普通硅酸盐水泥即可，实际施工时，根据施工条件，水泥掺量可比试验时提高 0.5% ~ 1.0%。

4.3　施工工艺流程及质量控制

花岗岩全风化层化学改良土的施工工艺根据拌和方法可为场拌法和路拌法。场拌法需要在料场附近建立拌和站并配置场拌设备，由场拌设备集中拌和生产后运至铺筑场地进行摊铺填筑。路拌法是先将填料在路基上摊铺，然后均匀撒布水泥或石灰，由路拌机拌和均匀后碾压密实。鉴于现场条件，本试验段采用路拌法施工。为确保施工质量，路拌法施工按照 3 阶段、6 区段、11 流程施工，工作面控制在 100 m 较为合理。改良土施工工艺流程如图 3 所示。

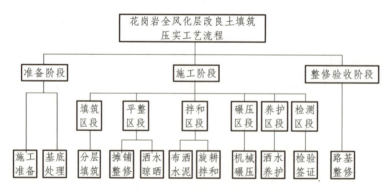

图 3　改良土填筑压实施工工艺流程

4.4　填筑施工工艺参数

通过试验路段的修筑，主要确定以下几项指标：① 松铺厚度；② 确定碾压遍数、速度、频率；③ 不同压实度 K、K_{30}、E_{v2}、n 的对比试验；④ 路基填筑施工的运输、拌和及碾压工艺组合；⑤ 路基填筑施工的管理与质量控制。

影响改良土的施工效率和压实效果主要因素有：施工含水量、压实层厚、摊铺系数、碾压机械类型及碾压变数等，现场工艺试验使用了 18 t、25 t 三种不同重量的振动压路机进行碾压施工。

4.4.1　施工含水量

花岗岩全风化层化学改良土的压实密实度与含水量关系密切，碾压时含水量在最优含水量附近时碾压的密实度最高，当含水量超出最优含水量一定范围后，压实困难，压实系数明显偏低。

花岗岩全风化层+5% ~ +6%水泥改良土最优含水量 w_{opt} 为 12.0%，当含水量高于 15.5%时，即当 $w_a \geq w_{opt}+3.5\%$，压实系数很难满足 $K \geq 0.92$ 的要求。

4.4.2　压实层厚

压实质量与压实层厚度之间关系比较密切。为满足路基质量控制指标 $K \geq 0.92$ 要求，使用 18 t 压路机施工时，虚铺厚度 25 ~ 30 cm 最优，碾压 10 遍最优，K_{30}、E_{v2} 和 E_{vd}、E_{v2}/E_{v1} 指标值最好；虚铺厚度大于或等于 35 cm 时，压实系数 K 很难满足 $K \geq 0.92$ 要求。使用 25 t 压路机施工时，虚铺厚度 30 ~ 35 cm 最优，碾压 8 遍最优，K_{30}、E_{v2} 和 E_{vd}、E_{v2}/E_{v1} 指标值最好；虚铺厚度大于或等于 40 cm 时，压实系数 K 很难满足 $K \geq 0.92$ 要求。

4.4.3　摊铺系数

摊铺系数与压实层厚度、压路机重量等有关。经过现场实测，为满足路基质量控制指标 $K \geq 0.92$ 要求，使用 18T 压路机施工时，虚铺厚度为 25 ~ 30 cm 时，碾压 10 遍最优，摊铺系数为 1.16 ~ 1.21；使用 25T 压路机施工时，虚铺厚度为 30 ~ 35 cm 时，压 8 遍最优，摊铺系数为 1.19 ~ 1.24。

4.4.4　碾压机械与碾压遍数

碾压遍数与压实层厚度、碾压机械密切等有关。根据现场试验路的碾压试验，使用 25T 压路机施工时，花岗岩全风化层水泥改良土经碾压 10 遍时，现场压实度最大，碾压 12 遍后现场压实度下降，试验路最大压实度只能达到 97.5%。使用 18 t 压路机施工时，花岗岩全风化层水泥改良土经碾压 14 遍时，现场压实度最大，碾压 15 遍后现场压实度下降，试验路最大压实度只能达到 97.0%。

4.4.5　质量检测

根据现场试验检测结果，花岗岩全风化层+5%水泥的路基本体压实系数 K 平均值均大于 0.92，K_{30} 为 156 ~ 268 MPa/m；E_{v2} 为 56.4 ~ 148.8 MPa，E_{v2}/E_{v1} 为 1.38 ~ 3.14，E_{vd} 为 40.2 ~ 98.6 MPa，均高于规范要求。

花岗岩全风化层+6%水泥的基床底层压实系数 K 平均值均大于 0.95，K_{30} 为 212 ~ 380 MPa/m；E_{v2} 为 91.6 ~ 254.4 MPa，E_{v2}/E_{v1} 为 1.24 ~ 2.67，E_{vd} 为 48.8 ~ 174.2 MPa，均高于规范要求。因此，在以后的工程实践中，建议压实系数 K 和 7 d 现场饱和无侧限抗压强度作为花岗岩全风化层改良土路基压实质量的主要控制指标，用于基床底层和路基本体填筑时压实系数 K 应分别大于 0.95、0.92，地基系数 K_{30}、二次变形模量 E_{v2}、动态变形模量 E_{vd} 作为辅助检测指标。由于 K_{30} 指标与 E_{v2} 试验首次加载的变形模量 E_{v1} 之间有良好的相关关系，因此 K_{30} 指标与 E_{v2} 指标可以相互等价，只检测 K_{30} 或 E_{v2}，以减少质量检测工作量。

通过填筑试验段的实践，确定了花岗岩全风化层水泥改良土的填筑施工关键工艺和参数，证明质量可控，完全能满足规范要求。

5　现场应用及思考

通过花岗岩全风化层及其改良土现场取样，并开展室内土工试验、改良土现场填筑试验、改良土路基现场激振和疲劳试验等系列研究工作，掌握了其含水量、液塑限、压实、压缩、渗透、水稳、干湿循环、动静强度等物理力学特性，取得了以下研究成果：

（1）提出采用石英、黏土矿物成分（云母）含量及液限等关键参数指标，作为花岗岩全风化层填料填筑高速铁路无砟轨道路基的选用标准。

（2）提出了满足高速铁路无砟轨道路基要求的花岗岩全风化层改良土的最佳掺和料及配合比、填筑施工工艺及参数、压实标准与质量检测方法等成套技术。

（3）采用现场大型疲劳试验和动三轴实验相结合的方法，并在干湿循环、雨水浸泡等恶劣工况下，模拟了高速动车组长期循环作用下对高速铁路无砟轨道花岗岩全风化层改良土路基的强度、变形、动力稳定性影响的试验，证明花岗岩全风化层经过改良，完全可以用于高速铁路无砟轨道路基的基床底层和本体填料，并能保持各种工况下运营的长期稳定性。

由于武广线是我国第一条设计速度 350 km/h 的长大干线无砟轨道高速铁路，线路穿越平原、丘陵、山区多种地貌，地质条件复杂，从建设管理者的角度，对施工质量及建筑主材的要求几乎达到苛求的程度。在借鉴国外咨询机构经验的基础上，第一次采用罐车配送预制混凝土，第一次对 A、B 组填料粒径作出了明确的要求，要求基床底层填料最大粒径不大于 60 mm，路堤本体填料最大粒径不大于 75 mm，并要求全线不得采用改良土。

不可否认，这些规定对高质量建成武广高速铁路提供了有力的保障，但对改良土的封杀却给南方地区路基填料的选择带来困惑和重重困难，因其开了一个为追求质量不惜代价的先例，为后期建设的若干高速铁路几乎一边倒的排斥封杀改良土填料，客观上起到了一个示范效应。实际上仅韶关至花都段的改良土填料变更设计，就增加投资近 4 000 万元，后期陆续建设的广西沿海高速铁路、成绵乐城际铁路、成渝高速铁路等都竞相效仿。

改良土受到封杀的理由大概包括：筛分、晾晒、拌和、碾压、养护等工序较多，生产效率不高，质量控制环节较多，受天气影响较大等，其实最主要的原因还是定额偏低。但改良土在经济比价、节约土地、环境保护等方面的突出优势扔不可替代，同样在南方地区，海南东环高速铁路和渝万高速铁路大量采用化学改良土，其中海东铁路采用花岗岩全风化层水泥改良土 656.14 万立方米，渝万线采用泥岩水泥改良土 132 万立方米，都有力证明了改良土的质量可控性和经济性。

西南山区铁路建设中的红层泥岩填料应用

王智猛　魏永幸　孙利琴　陈　劲
（中铁二院　土建一院）

摘　要　我国西南山区红层分布广泛，若红层填料可用于山区高标准铁路路基的填筑，则可节省大量工程投资，减少弃方，具有显著的经济与社会效益。本文从红层泥岩填料的基本物理力学性质出发，结合现场试验段建设、现场循环加载试验、实车测试等手段探讨了红层泥岩路基的设计原则和工程对策。研究成果在遂渝铁路与达成铁路扩能改造工程中获得了成功应用，效果良好。

关键词　红层泥岩　铁路　路基　基床

1　绪　论

红层在我国分布广泛，西南、西北、中南及东南等地区均有较广泛的分布。西南地区红层主要指四川、云南、重庆、贵州等省（市）的红层，是中国分布最广泛、最有代表性的红层，以侏罗系和白垩系的地层为主，有少量早第三系的地层。主要包括砾岩、砂岩、砂砾岩、粉砂岩、砂质页岩及泥岩等，其中泥岩是工程性质最差的一种，其颗粒易破碎、强度低、遇水后易崩解与软化，表现出与一般填料不同的工程力学性质。

由于对红层泥岩填料工程性质的研究相对缺乏，加上施工工艺不合理，以致早期修建的红层泥岩路堤常出现沉降过大或边坡坍塌等病害。若红层可用作铁路路基填料，则可节省工程投资，减少弃方，具有显著的经济与社会效益。

2　遂渝铁路无砟轨道红层泥岩路基

2.1　红层泥岩填料基本物理力学性质

红层泥岩填料最大干密度 $\rho_{d.max}$=2.16 g/cm³，最优含水率 w_{opt}=8.7%；自由膨胀率为3%。压实系数 K=95%条件下：$CBR_{5.0}$=4；0 kPa、25 kPa、50 kPa、100 kPa、150 kPa、200 kPa 压力下膨胀率 V_{IIP} 分别为 0.145%、0.12%、0.09%、0、−0.041%、−0.04%；软化系数（浸泡3 d的红层泥岩试样与最优含水率时红层泥岩试样无侧限抗压强度之比）k_p=0.42；强度指标 c=50.6 kPa，φ=30.9°。

2.2　红层泥岩路基试验段概况

遂渝铁路无砟轨道综合试验段是我国首条成区段铺设的无砟轨道铁路，其中包含长30 m的红层泥岩路堤试验段，填高 6~7 m，基床表层级配碎石 0.4 m，底层 A、B 组填料 2.3 m，下部为红层泥岩路堤本体，红层泥岩经机械粉碎后填筑。两侧路肩各加宽 1.0 m，边坡坡率放缓至 1:1.8，土工格栅补强采用长短筋组合铺设法，短筋材铺设宽度为 4 m，竖向间隔为 0.6 m，长筋材全断面拉通铺设，竖向间隔 1.8 m。路基基底设置 0.3 m 厚排水砂垫层。如图 1 所示。

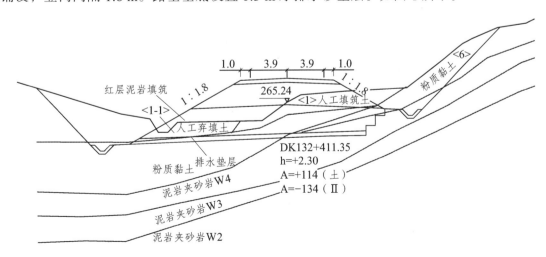

图 1　遂渝铁路无砟轨道红层泥岩路基断面

2.3　工程效果

试验段于 2005 年 5 月开工建设，2006 年 12 月竣工。经现场观测，工后 6 个月的沉降量为 4.3 mm，且基本稳定。2007 年 1 月，遂渝铁路无砟轨道试验段进行了行车测试，客车最高时速 252 km，货车最高时速 120 km，试验取得圆满成功。2007 年 4 月，遂渝铁路无砟轨道试验段正式开通运营。开通运营至今，红层泥岩试验段路基稳定，列车运行平稳，路基工程无维修。

3　达成铁路扩能改造工程红层泥岩路基

3.1　红层泥岩填料基本物理力学性质

红层泥岩填料的最大干密度 $\rho_{d.\,max}$=2.11 g/cm^3，最优含水率 w_{opt}=9.7%；自由膨胀率为 4%；压实系数 K=95% 条件下，$CBR_{5.0}$=7；0 kPa、25 kPa、50 kPa、100 kPa、150 kPa、200 kPa 压力下膨胀率分别为 0.227%、0.188%、0.141%、0.024%、−0.029%、−0.033%；软化系数 k_p=0.4。

针对压实系数为 95% 的红层泥岩试样进行了振动三轴试验研究。试样尺寸 $d \times h$=50 mm×100 mm；动荷载为正弦波，频率 5Hz，采用应力控制。采用等向固结，试验围压分别为 25 kPa、50 kPa，分别对 12 和 9 个试样施加不同幅值的动应力，直至试样变形稳定或破坏。图 2 为 25 kPa 围压下红层泥岩轴向累积应变与振次关系曲线。

由图 2 可知，25 kPa 围压下，当动应力不超过 150 kPa 时，振动 3 000～4 000 次后累积应变已基本稳定，当动应力超过 150 kPa 后，累积应变在一定振次后急剧发展，试样很快破坏。由此 25 kPa 围压下红层泥岩的临界动应力为 150 kPa。同理得到 50 kPa 围压下红层泥岩的临界动应力为 175 kPa。

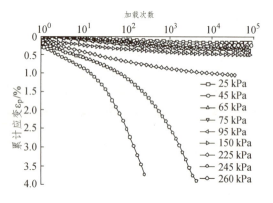

图 2　25 kPa 围压下轴向累积应变与振次关系曲线

图 3　达成线红层泥岩路基循环加载试验段

3.2　红层泥岩路基试验段概况

达成线红层泥岩路基试验段总长约 100 m，其上设有雨棚，通过人工控制降雨来研究大气降雨对路基动态特性及沉降的影响。根据基床底层填料与结构形式的不同，整个试验段分为 3 段，分别为红层泥岩基床，A、B 组填料基床与红层泥岩改良土基床，每段长度平均为 30 m。红层泥岩基床结构形式为 0.6 m 级配砂砾石+0.2 m 中粗砂夹土工膜+1.7 m 红层泥岩，路堤本体由红层泥岩填筑；红层泥岩改良土路基基床的结构形式为 0.6 m 级配砂砾石+1.9 m 红层泥岩改良土；A、B 组填料基床的结构形式为 0.6 m 级配砂砾石+1.9 mA、B 组填料。

路基使用红层泥岩崩解物（最大粒径小于 15 cm）填筑，压实干密度为 ρ_d=2.01 g/cm^3（压实系数 K=0.95），地基系数 $K_{30} \geqslant 150$ MPa/m，静态二次变形模量 $E_{v2} \geqslant 60$ MPa。轨道系统由 35 cm 厚道床、Ⅲ型混凝土轨枕、扣件及 60 kg/m 钢轨组成。

达成线红层泥岩路基循环加载试验段见图 3。

3.3　红层泥岩路基的动力工作性能

为研究红层泥岩路基的工作性能，使用 ZSS50 循环加载设备对红层泥岩路基进行现场循环加载试验，分析不同轴重不同时速列车荷载作用下降雨前、后红层泥岩路基的动态特性。试验模拟工况及加载指标见表 1。测试元件为 BY-1 型动土压力传感器、DPS-0.3-2-V 型动位移传感器及 CA-YD-127 型加速度传感器等，均埋设于与设备传力轴位于同一竖直面内轨枕的正下方，路基面横向及轨下不同深度处，见图 4。

表 1　循环加载试验实际加载指标

模拟工况	加载频率 f/Hz	振次 N/万	动轮载 P_d/kN
工况 1：200 km/h，轴重 18 t，客车运营 20 年	15	300	276
工况 2：120 km/h，轴重 25 t，货车运营 20 年	15	150	334
工况 3：降雨后，120 km/h，轴重 25 t，货车运营 3 年	15	20	334

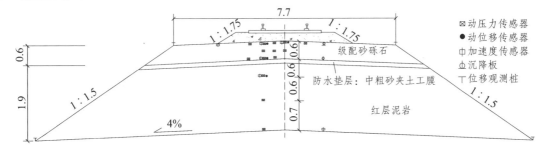

图 4　红层泥岩基床结构及测试元件布置

经测试，基床的最大动应力、动位移及加速度分别为 43.89 kPa、0.755 mm 及 6.201 m/s^2；红层泥岩基床底层的最大动应力、动位移及加速度分别为 20.58 kPa、0.529 mm 及 4.166 m/s^2。在相同频率下，列车轴重是影响基床动态特性的主要因素，大气降雨的影响有限。

现场循环加载试验表明，路基的红层泥岩层的最大动应力远小于红层泥岩的临界动应力，红层泥岩不会发生强度破坏，并且动力累积沉降会逐渐趋于稳定且数值很小。图 5 为不同阶段红层泥岩路基沉降曲线，由图可知：路基面工后沉降量为 4.36 cm，满足 15 cm 工后沉降设计要求。

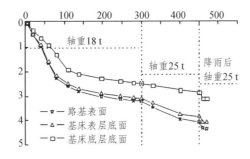

图 5　不同阶段红层泥岩路基沉降变化曲线

人工降雨模拟日降雨量 60 mm 的情况，降雨对级配砂砾石的浸润深度为 5 ~ 15 cm，对未防护红层泥岩边坡的竖直浸润深度为 30 ~ 40 cm，对路基的影响不大。

基床底层采用红层泥岩填筑方案，与基床底层采用 A、B 组填料方案相比，每公里可节省工程投资约 108 万元。达成铁路遂宁至成都段路基长 64.4 km，共节省工程投资 6 960 万元。

4　红层泥岩路基的设计与施工关键技术

在调研红层泥岩路基病害的基础上，结合红层泥岩填料的物理力学性质，以及遂渝铁路、达成线红层泥岩路基的修建，提出了红层泥岩路基的设计与施工关键技术。

4.1　设计关键技术

4.1.1　红层泥岩填料选择

开挖出的红层泥岩多呈大块状，应先（洒水、自然）崩解或机械破碎，最大颗粒粒径不宜超过 15 cm。由于各地区红层泥岩的物理力学性质各异，应对其进行室内土工试验，符合表 2 要求的红层泥岩方可进行路基填筑，不符合要求的需改良处理。

表 2　红层泥岩基本指标要求

红层泥岩指标	要求
崩解或破碎后的粒径 d/cm	≤15
压实干密度 ρ_d/（g·cm^{-3}）	≥2.10
CBR 值	≥5
软化系数 K	≥0.4
膨胀率 V_{IIP}	≤0.10%

4.1.2　红层泥岩路基形状与结构

红层泥岩路堤高度宜小于 8 m；根据当地降雨量特征，路基两侧路肩应比标准路基各加宽 0.6～1.0 m；有砟轨道红层泥岩路基结构可为：0.6 m 级配砂砾石+0.2 m 中粗砂夹复合土工膜+1.7 m 红层泥岩+红层泥岩路堤本体。无砟轨道红层泥岩路基结构可为：0.4 m 级配碎石+2.3 mA、B 组填料+红层泥岩路堤本体。

4.1.3　红层泥岩路基加筋加固

为提高路基的稳定性及抵抗雨水浸润引发浅层溜坍的能力，红层泥岩路基宜采用土工格栅加筋加固，加铺方式宜采用长短筋材组合铺设法，即路基边坡铺设短筋材，间隔一定高度铺设长筋材。

4.1.4　防排水技术

对于无砟轨道，路基表面采用全封闭式防水设计，除混凝土基础外，其余部位采用 10 cm 厚沥青混凝土层封闭；对于有砟轨道，在基床表层下设置防排水垫层（20 cm 中粗砂中间夹复合土工膜）。红层泥岩层顶面设置 4%横向排水坡。红层泥岩路基基底应进行排水、隔水处理，设置防排水垫层。此外还应加强边坡防护措施。

4.2　施工关键技术

（1）对开挖出的大块状红层泥岩洒水崩解或用破碎机破碎，降低其水活性，以增加运营期路基的稳定性与耐久性。红层泥岩填料填筑时的含水率不宜过大，以防止红层泥岩残余水活性激化影响路基强度、变形特性及稳定性。

（2）每层红层泥岩碾压后均应具备排水坡，以便降雨时迅速排出雨水；降雨时宜及时用防水布覆盖路基面。降雨后，继续填筑前应在红层泥岩路基上碾压几遍，满足压实要求。

5　工程体会

（1）遂渝铁路及达成线红层泥岩路基试验段表明：红层泥岩路基稳定性好、工后沉降小，且在经受暴雨后，路基没出现沉陷、边坡滑塌等质量问题，表明红层泥岩填筑路堤本体及基床底层是可行的。

（2）充分崩解后的红层泥岩填料压实后密度大、强度高、变形小、渗透性小、膨胀性较小，只是长时间浸水后有一定程度的软化，在使用过程中应加强防排水及加筋措施。

（3）实际工程中出现红层泥岩路基沉陷、边坡滑塌等病害，主要是由于岩块抗压强度低、崩解性强，施工时粒径过大，造成路基渗透性大，雨水渗入后部分岩块崩解而致。因此在使用红层泥岩填筑路基时应先将其充分崩解或破碎，消除或降低其水活性，严格控制填料粒径。

黔桂铁路红黏土作填料路堤工程设计

徐海涛　冯俊德

（中铁二院　重庆公司）

摘　要　黔桂铁路宜州站南移建设，车站内有大量弃方，相邻区间又需大量借方，受制于填料组别限制，土石方工程不平衡。对土石方工程进行了多方案比选，最终采用工程造价较低的以红黏土作填料并加固的路堤工程设计方案，在具体工程实践中收到较好效果。

关键词　红黏土　填料设计　路堤设计

1　工程概况

黔桂铁路 K80+900～D2K98+500 段应地方政府的要求，结合地方城市规划，对宜州站进行南移建设。在宜州站南移方案比选中，因水位及立交通道的设置，此段线路填挖不平衡，挖方中大部分为红黏土（具有弱膨胀性，属 D 组填料），且周边合格填料缺乏。根据现行《铁路路基设计规范》，路基基床范围内基床表层采用 A 组填料，底层采用 A、B 组填料，基床以下部位填料，宜采用 A、B、C 组填料，当选用 D 组填料时，应采取加固和改良措施。设计中为节约投资经技术、经济综合比较采用了红黏土作为填料并采用加固措施的方案。

2　红黏土工程性质

粉质黏土（Q_4^{al+pl}）：灰黄色、灰褐色，硬塑状，含 20%～40%角砾，局部夹铁锰结核，石质成分为灰岩、白云质灰岩等，粒径 $\phi 2～5$ mm，磨圆度较好，厚 4～20 m 不等，分布于丘坡之上，属 Ⅱ级普通土，液限 42%～60%，天然含水量约 32%左右，属 D 组填料。

3　填料设计

3.1　土石方工程情况

K80+900～D2K98+500 段路基设计主要以填方为主，其中油路至宜州（新）段填方 76 万立方米，挖方约 13.1 万立方米，需借方 63 万方；宜州（新）站范围内填方约 60 万立方米，挖方约 99 万立方米，需弃方约 30 万立方米，挖方土中大部分为红黏土（具有弱膨胀性）。

3.2　填料设计方案

车站范围内如采用挖方土作填料后还余约 30 万立方米，可运至区间，减少区间借方量；反之，区间需要远运借方，车站范围内还需增加取弃方的数量及防护数量，为控制工程投资，设计中拟定三个方案进行技术经济比选，即方案（一）远运合格填料方案；方案（二）就地改良红黏土方案；方案（三）利用红黏土直接填筑加固处理方案。其中加固方案具体措施如下：

路堤边坡高度 2.5 m ＜ H ＜ 6 m 地段，路堤基床表层采用 0.6 mA 组填料填筑，基床底层内采用 A、B 组填料填筑，路基本体采用红黏土作填料填筑。路堤设计边坡率为 1:1.75，路基面每侧各加宽 0.3 m。路堤边坡铺设土工格栅进行加固，土工格栅铺设宽度 2.5 m，竖向间距 0.6 m，坡面设置人字形截水骨架护坡，主骨架净距 6 m，支骨架净距 4 m，骨架内采用撒草籽间种灌木防护。

路堤边坡高度 6 m ＜ H ≤ 12 m 地段，路堤基床表层采用 0.6 mA 组填料填筑，基床底层内采用 A、B 组填料填筑，路基本体采用红黏土作填料填筑，并于基床底层处设置 0.05 m 砂砾石垫层夹一层土工布。路堤边坡采用上部坡率为 1:1.75，于 6 m 处设置 2 m 变坡平台，下部坡率为 1:2.0，路基面每侧各加宽 0.5 m。采用红黏土作填料的路堤边坡铺设土工格栅进行加固，土工格栅铺设宽度 4.0 m，竖向间距 0.6 m，每隔三层全断面铺设一层土工格栅。坡面设置人字形截水骨架护坡，主骨架净距 6 m，支骨架净距 4 m，骨架内采用撒草籽间种灌木防护。

具体设计断面见图 1、图 2。

3.3　技术经济比选

对上述三个方案进行经济比较，各方案具体工程数量比较见表 1。

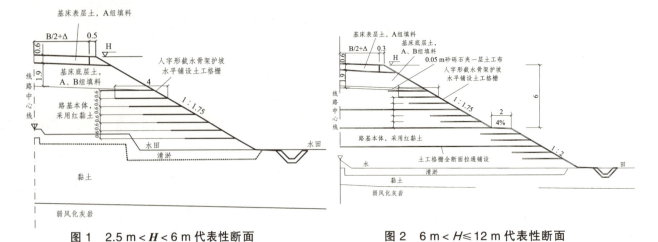

图1　2.5 m < H < 6 m 代表性断面　　　图2　6 m < H ≤ 12 m 代表性断面

表1　各方案主要工程数量比较表

项目		方案一	方案二	方案三
断面方/（×10⁴m³）	挖方土	110.24	110.24	110.24
	挖方石	1.31	1.31	1.31
	填方	148.71	162.82*	162.82
弃方/（×10⁴m³）		97.72		
借土/（×10⁴m³）			51.27	51.27
借石/（×10⁴m³）		134.88		
弃渣防护	M7.5浆砌片石/m³	6 391		
	撒草籽/m²	198 000		
取弃土用地/m²		287 477	51 359	51 359
复合土工膜/m²		20 867	48 940	48 940
土工格栅/m²		139 203	399 638	799 275
中粗砂/m³			6 151	6 151
估算工程造价/万元		6 247.14	7 704.41	3 285.96

注：*为改良土（添加6%石灰，重量比）。

从表1可以看出，方案二利用红黏土改良方案造价最高，方案一远运取合格填料方案次之，方案三利用红黏土填筑加固方案造价最省。且该方案充分利用了挖方，不用大面积弃方，少了借方，节省了土地资源，对保护环境十分有利。

但该方案红黏土直接作为路基基床以下本体填料填筑能否达到《铁路路基设计规范》（TB 10001—2005）规定的 K_{30} 和压实系数双控指标要求，无现成经验及工程实例，因此在工程实施前有必要开展室内试验和现场填筑试验段研究，确认路基施工的可实施性及施工参数。

4　试验研究

4.1　室内试验

按规范规定的方法对取样填料进行颗粒分析、含水量与密实度、液限和塑限、有机质含量、承载比（CBR）和击实试验。确定最优含水量和干密度。

4.2　现场试验

采用与室内试验相对应地段填料进行现场试验，试验路段位置选择在地质条件和断面形式均具有代表性的地段。通过试验所用的材料和压实机具，确定不同填料的松铺厚度和相应的碾压遍数及最佳的机械配套和施工组织。试验路段施工中及完成以后，加强对有关指标的检测，特别是

K_{30} 和密实度双控指标要求（压实系数 $K_h \geq 0.90$，$K_{30} \geq 0.8$ MPa/cm）。

4.3　试验成果

建设指挥部组织设计、监理、施工、检测单位，于 2005 年 9 月 1 日—9 月 12 日在宜州市开发区内开展了用红黏土作路基本体填料的现场填筑试验，试验段场地长约 70 m，试验段路基采用 2.5 m < H < 6 m 代表性断面填筑。路基底宽 16 m，边坡以 1 : 1.75 内收。试验段有效长 50 m。在 50 m 有效长试验段中，两端设 5 m 过渡段，每相距约 10 m 设一个控制断面，每一控制断面设左、中、右 3 个控制点，共 5 个控制断面 15 个控制点。填筑方式，摊铺作业采用山东推土机总厂生产的 TY200 型推土机，压实作业采用德国宝马 BW225-3 型振动压路机。碾压前土料平均含水量控制在（30±2）% 左右，土料达到试验计划含水量状态时，开始碾压。碾压时，先用压路机静压两遍，然后再振动碾压到试验计划遍数。压路机行走速度控制在 50 m/分以内，采用循环碾压法。同遍内往返碾压搭接宽度不小于 1/5 滚筒宽度（约 40 cm）。碾压遍数以压路机在试验层面上每行走一次为一遍计算。

试验检测不同含水量下不同层厚的压实系数 K_h 均大于 0.90，K_{30}、E_{vd}、N_{10} 值则受含水量的影响较大。第一层使用天然含水量填料直接铺填碾压的 K_{30}、E_{vd} 换算 K_{30} 值很低，最小值仅 0.24 MPa/cm。当含水量控制在最佳含水量 30.1%+3% 以内时，每层松铺 21 ~ 32 cm 厚，碾压 4 遍可达双控要求。每层松铺 40 cm 厚碾压 5 遍可达双控要求。

4.4　试验结论

（1）试验段用填料为典型广西红黏土属高液限黏土，带有弱膨胀性，属 D 组填料。将此填料控制在含水量 30.1%，干密度 1.44 g/cm³ 的重型击实的重塑土样时，有较高的强度。

（2）采用的德国宝马 BW225-3 型振动压路机压实，含水量控制在最佳含水量为 w_{opt}+3%=33.1% 以内时，层松铺厚度 20 ~ 30 cm，碾压 4 遍，分层松铺厚度 40 cm 碾压 5 遍。可满足 $K_{30} \geq 0.8$ MPa/cm，$K_h \geq 0.9$ 的双控要求。试验的 D 组填料红黏土可用于填筑路基本体。

5　工程体会

（1）铁路大提速后，对路基填料的要求越来越严格，土石方工程的投资也日益增加，设计中不能对不合格填料简单地弃之不用，而应针对填料的性质进行详细的技术经济比较，再结合现场必要的试验综合确定填料选用方案。

（2）红黏土（弱膨胀土）在西南、华南、华中地区大量分布，通过本次设计方案比选及现场试验，证明红黏土（弱膨胀土）通过控制分层铺设松层厚度和碾压机械相匹配的碾压变数，能满足路基基床以下路堤填筑的要求，若在类似地区工程中借鉴利用，将产生巨大的经济与环境效益。

（3）目前对提速铁路应用红黏土作填料的路堤长期稳定性还缺乏观测及研究，建议此段路基加强运营期的变形和病害观测。根据 2013 年秋检资料，此段修建后运营状态良好，未发现边坡溜坍及路肩下沉病害。

浙赣铁路石灰改良土及红色粉砂岩填筑研究

高柏松　潘樾富　赖紫辉

（中铁二院　科研院）

摘　要　针对浙赣铁路沿线广泛分布的黏性土填料和红色粉砂岩填料开展研究。石灰改良土室内试验进行了不同配合比的研究，包括击实、液塑限和渗透性等物理性质试验和浸水饱和无侧限抗压强度、临界动应力等力学特性试验；现场填筑试验开展了施工工艺和质量检测研究。红色粉砂岩室内试验开展了岩矿分析、颗粒含量、孔隙率、吸水率等物理性质试验和原状岩单轴抗压强度、崩解后的无侧限抗压强度等力学特性试验；现场填筑试验开展了施工工艺和水泥改良研究。论文可以为类似工程的设计与施工提供参考。

关键词　石灰改良土　配合比　红砂岩　压实系数　地基系数

1　前　言

浙赣铁路起于浙江杭州，终于湖南株洲，全长 942 km，2003 年年底开始进行既有铁路时速 200 km/h 电化提速改造，是铁路第六次大提速的重要组成部分。全线改建段正线长度 524.06 km，路基长度 485.26 km，土石方数量高达 2 500 多万立方米，经过对全线的填料情况调查，沿线分布最广泛的填料主要有黏性土和红色粉砂岩两种。黏性土主要分布在杭绍沉积平原、金衢盆地、赣抚平原、醴陵等地区，多为高液限粉质黏土和黏土，属 D 组填料，需要进行改良处理。红色粉砂岩属 C 组填料，虽然按照路基填料要求可以用于基床以下的路堤填筑，但是由于其具有崩解性强、高吸水性、低黏结性等特点，易造成路基病害，需要开展专题研究。

2　石灰改良土室内试验

2.1　概　况

试验选取了江西丰城地区具有代表性的粉质黏土试样，为了研究不同石灰配合比下改良土的物理力学特性，采用 4%、6%、8% 三种配比（质量百分比计，即石灰与烘干粉黏土的百分比），分别进行了室内物理力学特性试验研究。

2.2　石灰改良土的物理特性

对石灰改良土物理特性试验结果见表 1。

表 1　素土及石灰改良土的物理特性

土样	配合比	液限/%	塑限/%	塑性指数/%	渗透系数/（m·s⁻¹）	最优含水量/%	最大干密度/（g·cm⁻³）（g/cm³）
素土	0	40.2	25.6	14.6	6.8×10^{-6}	14.1	1.84
改良土（28 d 龄期）	4	39.6	28.7	10.9	2.1×10^{-6}	16.2	1.79
	6	38.5	30.9	7.6	1.8×10^{-6}	16.6	1.76
	8	40.8	32.5	8.3	2.5×10^{-6}	16.9	1.75

由表中结果可见：

（1）改良土的液限随掺入石灰比例的不同变化不明显，而塑限随石灰配合比的增大而增加，改良土的塑性指数比素土明显降低。

（2）石灰改良土的渗透系数比素土有明显降低，这是因为黏性土加入石灰后，其黏粒的含量有所减小造成的。但是，不同配比的石灰改良土的渗透系数仍然很低，这也有利于阻止水分向路基渗透。

（3）重型击实试验结果表明改良土的最优含水量比素土有明显增加，且随石灰配合比的增加而增加；改良土的最大干密度比素土有所降低，且随石灰配合比的增大而减小。

2.3　石灰改良土的力学特性

2.3.1　静力学特性

（1）强度与配合比的关系。

强度测试分养护龄期 7 d 和 28 d 两种情况，主要是因为 7 d 强度适应施工质量检测的需要，而 28 d 强度可衡量石灰改良土强度形成的发展趋势，试验结果表明石灰改良土的无侧限抗压强度随着掺石灰比例的增大而增大，但当配合比达到 6% 后，无侧限抗压强度逐渐趋于稳定，详见图 1。

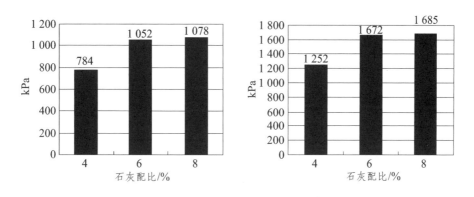

图 1　7 d 龄期和 28 d 龄期不同配比的无侧限抗压强度

（2）浸水饱和强度的衰减。

饱和状态是模拟最不利季节路基含水量，将养护 25 d 后的土样放置在水中浸泡 3 d 后进行无侧限抗压强度试验，如图 2 所示。结果表明：饱和无侧限抗压强度比最佳含水量下强度下降幅度超过一半；强度随配合比增加而提高，但 6% 和 8% 相差不大；强度最小值也达到 664 kPa，可以满足设计要求。

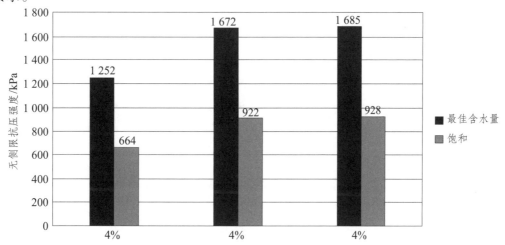

图 2　不同配合比的饱和无侧限抗压强度

（3）干湿循环作用下强度的衰减。

为模仿改良土路基在天然环境中经过多个雨季和旱季后，土体吸水、失水作用下的强度变化情况，需要进行干湿循环试验。将 6% 石灰配合比的改良土土样按含水量的 15%、30% 和 45% 进行失水处理后再进行无侧限饱和抗压强度试验，结果如图 3 所示。可见，饱和改良土的无侧限抗压强度随着失水率的增大而逐渐减小，在失水率为 45% 时，其强度只有不失水情况下强度的 70% 左右。

将 6% 石灰配合比的改良土土样在失水率 30% 的情况下经历 3 次干湿循环作用，无侧限抗压强度变化见图 4。可见，饱和的无侧限抗压强度随着干湿循环次数增加而逐渐降低。

强度降低的原因是改良土在干湿循环作用下，改良土黏粒之间在不可逆的范德华力作用下使黏粒集聚，其结果是土中黏粒含量减小，比表面积减小，土粒之间结构连接减弱，导致强度降低。另外在干湿循环过程中，会引起改良土新裂隙产生及原有的裂隙进一步发育，微结构的改变可能导致强度降低。

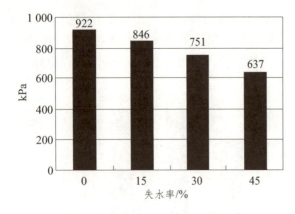

图3 不同失水率下饱和抗压强度

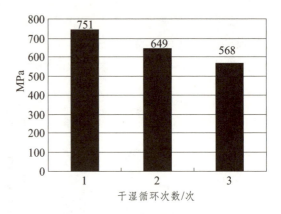

图4 三次干湿循环后饱和抗压强度

2.3.2 动力学特性

为考虑基床底层改良土在列车动荷载作用下的动力特性，开展室内石灰改良土的动三轴试验。试验采用的仪器是英国进口的 GDS 动三轴系统，采用 6%石灰改良土在固结不排水条件下完成的，沿试样轴向施加正弦变化的振动应力，振动直到土样脆性破坏或轴向振动应变累计超过 5%为止。

（1）临界动应力。

分别在振动应力为 600 kPa、700 kPa 和 800 kPa 时开展累计塑性应变测试，在前两级压力下试样在 100 000 次振动次数情况下未出现明显变化，而在 800 kPa 压力下，试样出现脆性破坏，也就是累积塑性应变曲线上有明显的拐点，如图 5 所示。采用同样的办法在 750 kPa 和 850 kPa 压力下开展试验，在半对数纸上得出动应力与破坏次数拟合曲线，如图 6 所示。把 100 000 次振动次数对应的动应力定义临界动应力，即疲劳强度，约为 770 kPa。

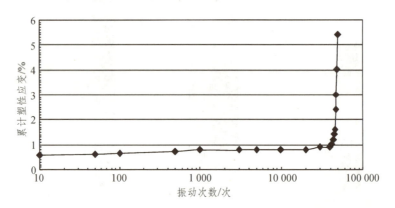

图5 动应力为 800 kPa 时改良土的累积塑性应变与振动次数关系

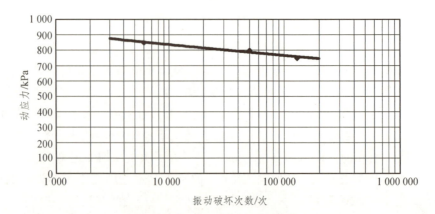

图6 石灰改良土的动强度曲线

（2）临界累积塑性应变、临界弹性应变与临界动弹性模量。

石灰改良土在所受应力为临界动应力时，对应的累积塑性应变、弹性应变就是临界值，详见图 7 和图 8。可以看出，当振动次数达到 1 000 左右之后基本稳定，不随振动次数的增加而变化，对应值就是石灰改良土的临界累积塑性应变、临界弹性应变。由图可见 6%石灰改良土的临界累积塑性应变约为 0.8%，临界弹性应变约为 0.29%。

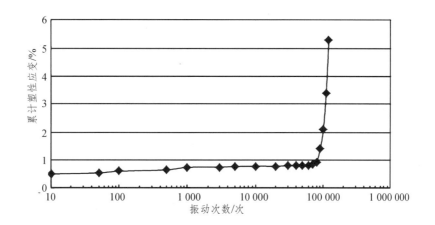

图 7　临界动应力作用下改良土的累积塑性应变与振动次数关系

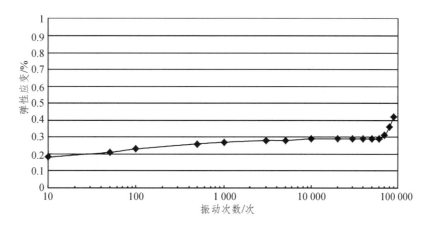

图 8　临界动应力作用下改良土的弹性应变与振动次数关系

3　石灰改良土现场填筑试验

3.1　施工方法与石灰配比选择

石灰改良土的施工方法主要有路拌法和场拌法两种，各有优缺点。路拌法施工进度较快，但存在相对质量较差和污染较大的问题；场拌法改良土质量可以得到充分保证，但受拌制和运输限制，产量难以跟上填筑进度，同时需要专门的场地。本线因为改良土数量很大且工期紧张，因此选取了路拌法。

根据室内试验结果，同时考虑到现场的损耗，选择基床部位填料石灰采用 6%配比，基床以下路基填料采用 5%配比。

3.2　施工工艺研究

3.2.1　改良土工艺流程

石灰改良土路拌法具体施工工艺流程为基底处理→分层摊铺平整→网格布灰→拌和→洒水晾晒→碾压→填料精平→质量检验→整修养生。

改良土地现场施工见图 9。

路拌机施工

改良土网格布灰施工

图9　改良土现场施工

3.2.2　施工工艺关键参数

（1）填料含水量。

施工时，为避免因含水量偏低重新洒水拌和造成的延滞工期现象，拌和前的填料含水量控制宜按"稍高勿低"原则进行，以最佳含水量的+2%比较合适。此外，为避免土块难以破碎，拌和前土体含水量不宜大于24%。

（2）拌和遍数。

石灰改良土需要满足含灰率均匀的要

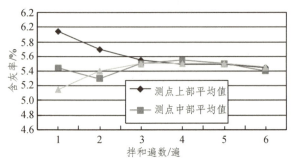
图10　含灰率平均值与拌和遍数关系曲线

求，在网格布灰均匀、虚铺厚度确定35 cm的前提下，主要研究研究拌和遍数与不同深度处含灰率的关系。由图10可见，拌和次数超过3遍后，检测层厚的上中下不同深度处的含灰率基本均匀。

（3）碾压遍数。

采用YJ18C振动压路机按静→弱→弱→强→弱→静顺序进行碾压，检验压实系数3个点，（左、右距路基边线1 m处、路基中线）；检验K_{30}地基系数2个点（左、右距路基边线2 m处），测试结果如图11和图12所示。可以看出：当碾压至第4遍时，密实度和K_{30}都达到设计要求，综合考虑压实效果和施工因素的不确定性，碾压遍数宜为5～6遍。

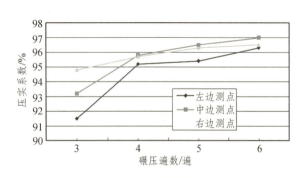
图11　压实系数与碾压遍数的关系曲线

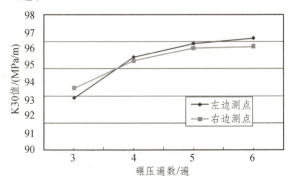
图12　K_{30}地基系数与碾压遍数的关系曲线

3.3　质量检验

石灰改良土的施工质量检测主要包括改良土强度检验、拌和质量检验和压实质量检验三部分内容。

3.3.1　改良土强度检验

现场每10 000 m³进行一次改良土配比试验，试件强度以规定温度下保湿6 d，浸水1 d后的无侧限抗压强度为标准，要求试件的平均强度不小于 350 kPa。

3.3.2　拌和质量检验

每检测层每 100 m 采用挖坑检查 2 个断面（每个断面左、中、右各 1 点），要求路拌深度应达到层底，不得留有"素土"层。此外每检测层每 100 m 采用 EDTA（乙二胺乙酸二钠）滴定法检查 3 处，要求改良土石灰掺料允许偏差为+1%～-0.5%。

3.3.3　压实质量检验

每检测层每 100 m 检验 2 个断面 6 个测点，检验项目为压实度与 K_{30}，其中每个断面距左右侧路肩 1 m 处各 1 点，路基中心 1 点。在试验段填筑过程中，主要出现了以下特殊问题需要解决。

（1）EDTA 滴定法问题。

由于实际施工中，石灰改良土从掺灰、成型至质量检测的时间受各种因素制约，石灰改良土中的石灰剂量会随着时间发生衰减，因而造成采用 EDTA 标准液滴定结果与室内试验所标定的石灰剂量和 EDTA 消耗曲线存在着差异。

为研究石灰剂量随时间衰减的规律，试验按石灰掺加比例 5%、6%分为两组，分别在石灰掺入到素土中闷灰的第 2 天、第 7 天、第 10 天、第 20 天进行检测，将检测石灰剂量结果与对应时间绘在坐标图上，可见两者基本呈线性关系，其中 5%配合比的关系如图 13 所示。现场检测时，实际石灰含量可根据检测时间在下图直线中内插求得。

（2）K_{30} 检验的不足。

K_{30} 检测采用车辆荷载自重来进行加载，由于浙赣线为既有铁路改造，对于路堤帮宽宽度不大的情况，不具备车辆加载条件。此外，由于工期紧张，K_{30} 检测所需时间较长也形成了制约因素。

对石灰配比 5%和 6%的黏土改良试验段分别进行了 K_{30} 和 E_{vd} 的测定，各试验段分别在第 3、6 层填筑完毕后检验 4 个点，各个点在同一位置测定了地基系数 K_{30} 后再次测定动态变形模量 E_{vd}，测试结果如图 14。

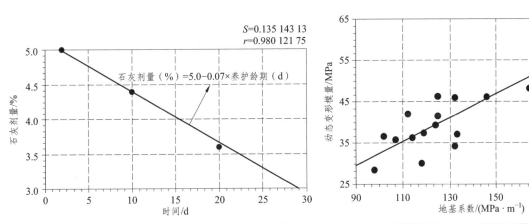

图 13　5%石灰改良土石灰剂量随时间衰减曲线　　图 14　改良土地基系数 K_{30} 与动态变形模量 E_{vd} 相关关系图

按直线拟合可以得出石灰改良的土地基系数 K_{30} 与动态变形模量 E_{vd} 的相关关系：$E_{vd} = 3.609 + 0.289 \times K_{30}$，相关系数 $r=0.816\ 4$，其相关性显著。因此，在 K_{30} 检验难以实施的时候，可以采用 E_{vd} 检验代替。

4　红砂岩室内试验

4.1　概　况

浙赣线沿线广泛分布砂岩、泥质砂岩、砂质泥岩等，其中除宜春～萍乡为二叠系外，其余均为白垩系，这类岩石均为泥质胶结，因富含铁的氧化物而呈红色、棕红色、褐红色等，统称为红砂岩。

泥质砂岩（图 15）与砂质泥岩（图 16）开挖后暴露在空气中很快风化崩解呈龟裂状，浸水后出现"泥化"现象，属 D 组填料，不能用作填料。粉砂岩呈砂粒结构，泥质胶结，开挖后经过大气、阳光，特别是雨水作用逐渐崩解，属 C 组填料。但是由于其具有强度低、软化系数小、完全破碎困难，崩解后活性大的特点，在湖南省和江西省的公路建设中均出现过采用红砂岩填料地段的路基造成沉陷病害的案例，因此需要重点研究其作为铁路填料的特性。

图 15　红色泥质砂岩

图 16　红色粉砂岩

4.2　红砂岩的物理特性试验

4.2.1　原状红砂岩试验

（1）岩矿分析试验。

选取了 4 组红砂岩试样进行了岩矿鉴定，其主要矿物成分为石英、长石、黏土矿物等，并含有少量方解石、泥质和铁质，4 组平均值结果见表 2。其中，黏土矿物主要由蒙脱石和伊利石组成，具有遇水膨胀、变软的特性。

表 2　红砂岩的矿物成分及其含量（%）

石英	长石	黏土矿物	方解石	泥质	铁质
58.7	12.3	16.8	2.2	7.2	2.8

通过电子显微镜观察，红砂岩呈孔隙式胶结，颗粒支撑，胶结物以泥质为主，铁质次之，有大量黏土杂基充填。铁质在红砂岩中大多数是以浸染物的形式存在，因此对工程性质影响很小。红砂岩的松散的微观结构及所含黏土矿物，是影响其工程性质的物质基础和内在原因。

（2）孔隙率试验。

红砂岩孔隙率可由式（1）求得，密度试验采用李氏比重瓶法，毛体积密度试验采用蜡封法，试验共取了三组试样，测得的平均孔隙率为 20.9%。这也是红砂岩易浸水软化和造成工后沉降较大的原因。

$$孔隙率 = \left(1 - \frac{红砂岩的毛体积密度}{红砂岩的密度}\right) \times 100\% \tag{1}$$

（3）吸水率试验。

红砂岩的吸水率是指在室内常温（20±2）℃ 和大气压条件下，红砂岩试件最大的吸水质量占烘干红砂岩试件质量的百分率。分别选取了 3 组不规则试件做吸水率试验，测得的平均吸水率为 5.50%，说明红砂岩很容易就达到吸水饱和状态。

（4）浸水崩解性试验。

红砂岩浸水崩解性的强弱和红砂岩膨胀势的大小，称为红砂岩的活性，活性愈大的红砂岩填筑路堤时愈容易形成路基病害，试验方法如下：将岩块放入烘箱中，在 105 ℃ 恒温下烘干，烘干时间不少于 8 h；冷却至室温后注入清水，至水淹没试样为止。

试验结果表明，红砂岩一般浸水几秒钟便开始崩解，初期崩解迅速，以后崩解速度逐渐减小，浸水 24 h 后，未崩解的块状只要轻轻地用手一捏便松散开来，崩解后的红砂岩成泥状及渣状，因此红砂岩水稳性很差。

4.2.2 完全崩解后的红砂岩试验

（1）颗粒分析试验。

红砂岩浸水完全崩解后，再对大的颗粒用木碾充分碾碎，颗粒分析结果如图 17 所示，按照《铁路路基设计规范》（TB 10001—99）规范命名为粉砂，填料组别为 C 组填料。

（2）物理特性试验。

红色粉砂岩界限含水率、自由膨胀率、重型击实、渗透试验试验结果如表 3 所示。

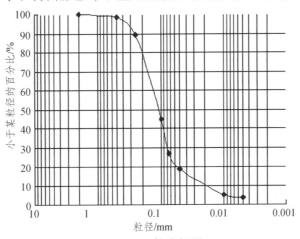

图 17　颗粒分析图

表 3　红色粉砂岩物理特性

液限/%	塑限/%	塑性指数/%	渗透系数/$(m \cdot s^{-1})$	最优含水量/%	最大干密度/$(g \cdot cm^{-3})$	自由膨胀率/%
28.0	19.8	8.2	2.2×10^{-5}	10.6	2.01	34

由表可见，完全崩解后的红砂岩自由膨胀率的平均值是 34%，具有弱膨胀性，但是未达到弱膨胀土的标准。其平均渗透系数为 2.15×10^{-5}（cm/s），属于低渗透性，现场填筑时发现降雨只对表层一定范围有影响，也证实了这一点。此外，红砂岩最佳含水量为 10.6%。远大于饱水时红砂岩的吸水率 5.5%，这就要求在施工中要严格控制红砂岩的含水量。

4.3　红砂岩的力学特性试验

4.3.1 原状岩单轴抗压强度试验

对红砂岩的饱和状态、自然状态和干燥状态三种情况分别进行了强度试验，每组做 6 个试样，取平均值，结果如图 18 所示。依据《铁路工程岩土分类标准》（TB 10077—2002），红砂岩的软化系数是 0.3，属于易软化的软岩，浸水时强度会发生较大的衰减。

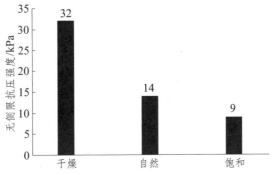

图 18　红砂岩单轴抗压强度表

4.3.2　崩解后水泥改良无侧限抗压强度试验

按照水泥配合比分别为 3% 和 5% 开展了红砂岩完全崩解后的水泥改良无侧限抗压强度试验，结果如图 19 和图 20 所示，可见水泥改良的红砂岩无侧限抗压强度在饱和时强度依然很大。

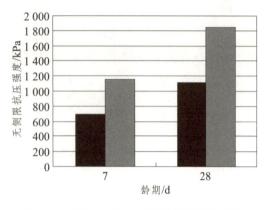

图 19　配比 3% 和 5% 不同龄期强度比较

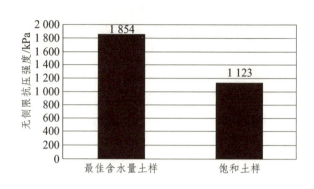

图 20　水泥配比 5% 不同含水量下的强度

5　红砂岩现场填筑试验

5.1　红砂岩加固措施与现场填筑试验

5.1.1　红砂岩加固措施

红砂岩具有遇水膨胀和崩解、高吸水性、低黏结性、沉降较大的特点，易产生病害。针对其工程特性，设计提出了充分破碎、碾压补强，封闭防水的工程措施进行加固处理的方案。借鉴湖南和江西高速公路采用红砂岩填料填筑的成功经验，提出了以下技术要求。

红砂岩爆破后的情况见图 21。CYZ25 型三边凸轮冲击压路机见图 22。

图 21　红砂岩爆破后块体较大

图 22　CYZ25 型三边凸轮冲击压路机

（1）充分破碎。

由于红砂岩质软，爆破后一般均为较大块体，为降低其活性需作崩解破碎处理。将爆破出来的红砂岩填料裸露于大气、雨水和阳光中，每天浇水一次，以加速崩解过程。将崩解后的红砂岩运上路基面，用推土机将红砂岩填料推平，以履带碾压之，对其中个别不崩解的坚硬块体应予以剔除或人工击碎，要求最大粒径不大于 15 cm。

（2）碾压补强。

采用激振力最大为 250 t 的 CYZ25 型凸轮冲击压路机进行碾压补强，碾压遍数总共为 15 遍，其中普通光轮振动碾压 7 遍，凸轮冲击碾压 8 遍，施工行进速度一般为 10～15 km/h。

（3）封闭防水。

虽然从室内试验看，完全崩解后的红砂岩属低渗透性，但是考虑到实际线路位于南方，连续降雨情况较为普遍，另外空气干湿循环较为频繁，而红砂岩水稳性很差，因此对路堤采取封闭防水措施十分必要，路堤封闭横断面示意图见图 23。

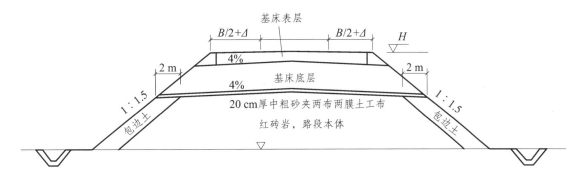

图 23 红砂岩路堤封闭横断面图

基床底层的下部用 20 cm 厚中粗砂夹两布两膜土工布进行封闭；边坡采用包边土封闭措施，土质为符合规范要求的粉质黏土。边坡采用截水骨架护坡内植草防护。

5.1.2 现场填筑试验

为了验证红砂岩填筑的实际效果，选在 DK496+150 ~ +200 段进行了现场填筑试验。结果表明将红砂岩完全崩解后仅采用光轮碾压机碾压 8 遍，双控压实指标均可以达到设计要求，因此根据试验段情况，考虑到浙赣线工期紧张而冲击碾压耗时较长的因素，取消了冲击碾压措施，改为测试水泥改良红砂岩作为基床底层填料的试验。红砂岩完全崩解后的水泥改良要求粒径较小，实际采用的洒水加碾压加速崩解的措施不能保证质量，最后采取了将过筛后的细粒红砂岩采用 5% 水泥路拌改良的方案，由于工序复杂，最终改良填筑试验段长度仅 20 m，填筑了约 1 m 高，压实系数 K 与地基系数 K_{30} 均轻松达到设计要求。

考虑到大规模施工存在很多困难，因此不采用红砂岩水泥改良作为基床底层填料的方案。

6 结 论

（1）浙赣线沿线黏土和高液限粉质黏土的路基填料设计经过室内试验和现场填筑试验研究，采用了石灰改良的工程措施，其中基床底层石灰配合比为 6%，基床以下路基本体石灰配合比为 5%。全线实施石灰改良土约 470 万立方米，2007 年随全国铁路第六次大提速开通运营，至今未出现病害。

（2）浙赣线沿线红色粉砂岩路基填料设计经过室内试验和现场填筑试验研究，采取了充分破碎、碾压补强，封闭防水的方案用作基床以下路基本体的方案。现场大规模实施时主要存在以下两种困难：一是工艺流程相对复杂，需要工期较长；二是浙赣线为完成工期，很多路基在雨季期间间歇填筑，崩解后的由于渗透系数小，难以蒸发，晾晒非常困难，而红砂岩最佳含水量仅为 10% ~ 11%，控制非常困难。因此，现场红砂岩地段的路基基本都改为采用外购砂夹卵石填筑，仅龙游东站等个别地段路基采取红砂岩填筑。

福厦铁路凝灰岩路基填料试验

周 成 魏永幸

（中铁二院 土建二院）

摘 要 福厦铁路位于东南沿海地带，部分地段岩层为凝灰岩，在设计过程利用了该岩层作填料，现场填筑试验地基系数 K_{30} 检测不满足要求，造成多个 I 类变更设计，最终采用弃掉凝灰岩，另借填料解决填料方案。

关键词 路基填料 凝灰岩 填筑试验 变更设计

1 工程概况

福厦铁路经过的福州至厦门一带，是福建省主要经济发达区。线路先后经过福州市、福清市、莆田市、泉州市、厦门地区。其中 DK61+150 ~ DK81+800、DK75+000 ~ DK75+360、DIK119+800 ~ DIK123+000 段路堑挖方地层为凝灰岩，挖方弃土均用于各自段前后路堤填方，总方量达到 65 万立方米，该三段路基均出现填料的 I 类变更设计。下面就 DK75+000 ~ DK75+360 段凝灰岩路基填料进行案例分析。

2 凝灰岩特征

凝灰岩是一种压实固结的火山碎屑岩，由火山喷出之灰、砂胶结而成。主要由粒径小于 2 mm 的晶屑、岩屑及玻屑组成，碎屑物质小于 50%，分选很差，填隙物是更细的火山微尘。质软多孔隙。

3 路堑开挖及填筑试验情况

该段路堑开挖揭示均为凝灰岩强风化层 W3 和全风化层 W4，差异风化严重，风化极不均匀，强风化 W3、全风化 W4 岩层混杂。全风化 W4 呈粉土状；强风化 W3，褐红、灰黄、灰黑等色，风化后色杂，岩质软、手捏易碎成粉末状，易崩解。路堑开挖后照片见图 1。

图 1 DK75+000 ~ DK75+360 路堑照片

施工单位利用挖方凝灰岩全风化 W4、强风化 W3 作路基基床以下路基填料进行填筑试验，试验段的压实检测结果见表 1。

表 1 路基填筑压实试验质量检测表

里程桩号	层次	检测点数	检测结果	K_{30} 检测结果
DK74+580 ~ DK74+598	第 1 层	3 点孔隙率	合格	
DK74+540 ~ DK74+598	第 2 层	4 点孔隙率	合格	
DK74+500 ~ DK74+598	第 3 层	6 点孔隙率	合格	
DK74+500 ~ DK74+598	第 3 层	4 点 K_{30}	3 点合格	127，122，116，107
DK74+440 ~ DK74+598	第 4 层	10 点孔隙率	合格	
DK74+440 ~ DK74+598	第 5 层	10 点孔隙率	合格	
DK74+400 ~ DK74+598	第 6 层	10 点孔隙率	合格	
DK74+400 ~ DK74+598	第 6 层	4 点 K_{30}	2 点合格	126，138，107，104
DK74+380 ~ DK74+598	第 7 层	13 点孔隙率	合格	
DK74+322 ~ DK74+598	第 8 层	17 点孔隙率	合格	

续表

里程桩号	层次	检测点数	检测结果	K_{30} 检测结果
DK74+322 ~ DK74+598	第 9 层	17 点孔隙率	合格	
DK74+322 ~ DK74+598	第 9 层	12 点 K_{30}	8 点合格	128, 130, 119, 122, 116, 118, 134, 128, 108, 106, 104, 108
DK74+322 ~ DK74+598	第 10 层	17 点孔隙率	合格	
DK74+322 ~ DK74+598	第 11 层	17 点孔隙率	合格	
DK74+322 ~ DK74+598	第 12 层	17 点孔隙率	合格	
DK74+322 ~ DK74+598	第 12 层	12 点 K_{30}	9 点合格	128, 124, 138, 118, 126, 116, 120, 138, 120, 107, 104, 101

从填筑试验检测指标看，少部分测点 K_{30} 地基系数低于 110 MPa/m（规范粗粒土控制标准），但均大于 90 MPa/m（规范细粒土控制标准）。

4　室内填料试验

根据施工单位填筑实验结果，设计院再次在 DK75+000 ~ DK75+360 路堑取样进行室内填料试验。现场取凝灰岩 W4、W3 做填料试验，试验内容包括击实试验、筛分试验、液塑限试验、膨胀率试验等，具体试验指标见表 2。

表 2　DK75+000 ~ DK75+360 段凝灰岩 W4、W3 填料室内试验数据表

颗粒大小分析/mm										液塑限			自由膨胀率	击实试验（重型）		土的分类与定名	填料分组
漂（卵）石 ~ 砾（角砾）					砂　粒				粉粒	液限	塑限	塑性指数		最大干密度	最佳含水量		
200 ~ 60	60 ~ 40	40 ~ 20	20 ~ 10	10 ~ 5	5 ~ 2	2 ~ 0.5	0.5 ~ 0.25	0.25 ~ 0.075	< 0.075	w_L	w_P	I_p	δ_{ef}	ρ_{dmax}	w_{op}		
%	%	%	%	%	%	%	%	%	%	%	%		%	（g/cm³）	%		
0	0	0	0	0	2	6.1	6.3	25.1	60.8	29.9	20.9	8.9	12	1.75	12.8	低液限粉土	C

根据室内试验资料，凝灰岩全风化及强风化填料定名为低液限粉土，为 C 组填料。

根据该段附近凝灰岩 W2 样品室内试验结果，其饱和极限抗压强度大于 15 MPa，依据《铁路路基设计规范》填料分组，饱和极限抗压强度大于 15 MPa 的不易风化软块石为 A 组填料。

5　变更处理措施

根据室内试验填料定性为低液限粉土，为 C 组填料，现场填筑 K_{30} 不能满足，因此发生 I 类变更设计。挖方凝灰岩全部弃掉，重新选择填料。三段 I 类变更设计增加工程投资：2 238 万元。

6　工程体会

（1）凝灰岩主要由粒径小于 2 mm 的晶屑、岩屑及玻屑组成，碎屑物质小于 50%，分选很差，填隙物是更细的火山微尘，具有质软多孔隙，易风化，风化后成粉土状的特性，填筑试验表明不能满足压实标准要求，特别是不满足强度指标，不能直接用作路基填料。即便是凝灰岩 W2 岩层，由于其特性，作为一般填料也应慎用。

（2）填料设计不能仅仅以室内试验对填料级别分类设计，应充分了解掌握填料的性能，根据其工程特性进行设计，对一些特殊填料必要时应进行填筑试验。

郑西高铁黄土填料改良设计

孙　莺　李安洪

（中铁二院　土建二院）

摘　要　郑西高铁大部分通过地段为黄土堆积地貌单元，沿线广泛分布的主要是 C 组黄土填料，不能满足高速铁路对路基填料的要求。通过对不合格 C 组黄土填料的改良设计，提出了相应的设计方案和指导性施工工艺，使其达到高速铁路对路基填料的质量要求，保证了路基填筑压实标准的实现。

关键词　黄土填料　改良　填筑

1　工程概况

黄土是一种以粉粒为主，具有大孔隙，天然含水量小，富含碳酸钙成分的黏质土。老黄土黏粒含量高，新黄土则粉粒含量高。粉质土干时虽稍有黏性，但分散后易扬尘，浸水时很快被湿透，粉质土的毛细水上升高度大（可达 1.5 m），在季节性冰冻区，水分积聚现象严重，引起路基结冰期冻胀、春融期翻浆，是最差的筑路材料；黏质土中细颗粒含量多，内摩擦角小，黏聚力大，透水性小，吸水能力强，干燥时较坚硬，不易破碎，亦不易被水浸湿；但浸水后，能长时间保持水分，承载力较低，在不良水温状况下，也容易产生冻胀和翻浆。因此郑西高铁沿线广布的黄土填料不能直接用作路基填料，必须改良。

2　填料改良设计

根据规范要求，高速铁路铺设无砟轨道地段，路基基床底层采用 A、B 组填料或改良土，基床以下路堤填料应采用 A、B 组填料及 C 组碎石、砾石类填料或改良土填筑，细粒土填料需改良后方可填筑路堤。

本线路路基填料除局部有硬质岩弃渣和部分软岩弃渣外，绝大多数为 C 组细粒土的各类黄土，符合高速铁路无砟轨道铁路的优质填料十分缺乏。因此，对黄土进行改良试验，分析、对比填料改良前后的工程性质，对指导郑西高铁的设计与施工具有重要意义。

沿线的黄土多为第四系上更新统冲洪积、风积（Q_3）砂质黄土、黏质黄土和中更新统坡洪积（Q_2）黏质黄土，皆为 C 组填料。

2.1　第四系上更新统冲洪积、风积（Q_3）砂质黄土填料改良

该类填料颗粒组成成分以黏、粉粒为主，砂粒含量较少。土样塑性指数 I_p 为 6.6% ~ 9.4%，液限 w_L 为 24.6% ~ 26.2%，属于低液限粉土 C 组填料；土样天然孔隙比为 0.82 ~ 0.91，孔隙发育；原状土样天然含水量比塑限含水量稍小，呈半干硬或硬塑状。击实试验结果显示，最佳含水量 11.0% ~ 13.7%，天然含水量超过了最佳含水量约 25%。原状土样天然密度 1.70 ~ 1.76 g/cm³，重型击实试验最大干密度 1.88 ~ 2.01 g/cm³，填筑时在天然状态下不易被压实。土样在最佳含水量状态下无侧限抗压强度为 232 ~ 899 kPa，饱和状态下无侧限抗压强度仅 12 ~ 16.1 kPa，强度很低。土样在 200 kPa 压力下湿陷系数 0.03 ~ 0.038，为湿陷性黄土；此外，重塑土样在水中 8h 后呈粒状完全崩解，也证明了土样水稳定性较差、饱和状态下土样强度较低。

由于第四系上更新统冲洪积、风积（Q_3）砂质黄土在天然状态下含水量和天然密度与重型击实试验之最佳含水量和最大干密度差别明显，填料在施工填筑时不易被压实；填料饱和抗压强度较低，水稳定性差，不宜直接作为路基基床下部以及路堤本体填料；用作高速铁路路基填料时，需经过改良后方可填筑路基。

2.1.1　掺入 5% 新鲜消石灰进行改良

改良后颗粒组分以粉粒、砂粒为主，黏粒含量较少。土样塑性指数 I_p 为 8.5% ~ 9.0%，液限 w_L 为 33.3% ~ 34.1%，属于低液限粉土。28d 后，石灰改良土在不浸水状态下无侧限抗压强度为 635 ~ 1 489 kPa，饱和状态下抗压强度为 630 ~ 1 338 kPa，强度较高，尤其是饱和抗压强度较改良前有大

幅度提高。改良土土样在水中 48h 无崩解现象，证明其水稳定性较好。

2.1.2　掺入 5%水泥进行改良

改良后颗粒组分以粉粒、砂粒为主，黏粒含量较少。土样塑性指数 I_p 为 5.6%，液限 W_L 为 31.9%，属于低液限粉土。28d 后，水泥改良土在不浸水状态下无侧限抗压强度为 1 956 kPa，饱和状态下抗压强度为 1 586 kPa，强度极高，尤其是饱和抗压强度较改良前有很大提高，比石灰改良土的强度高 1~2 倍。改良土土样在水中 48 h 无崩解现象，证明其水稳定性较好。

上更新统冲洪积、风积（Q_3）砂质黄土填料改良前后物理力学指标统计见表 1。

表 1　砂质黄土物理力学指标和改良后指标统计

砂粒 0.25~0.075	粉粒 0.075~0.005	黏粒<0.005	天然含水量/%	天然密度/(g·cm⁻³)	比重	天然孔隙比/%	液限/%	塑限/%	塑性指数/%	液限指数/%
0.45~10.5	69.75~83.5	11.4~18.8	16.92~18.0	1.70~1.76	2.71~2.74	0.82~1.17	24.6~26.2	15.6~19.6	0.6~0.4	0~0.30
14.6~20.8	70.7~77.0	8.4~8.5	—	—	—	—	33.3~34.1	24.3~25.6	8.5~9.0	—
29.4	80.3	6.9	—	—	—	—	31.9	26.3	5.6	

内摩擦角 φ/(°)	凝聚力 c/kPa	200 kPa 湿陷系数	渗透性	无侧限抗压强度 最佳含水量/kPa	无侧限抗压强度 饱和/kPa	击实试验 最佳含水量/%	击实试验 最大干密度/(g·cm⁻³)	崩解情况	蒙脱石含量(%)	备注
27.57~38.1	73.7~277	0.03~0.038		231.4~899	12~16.1	11.0~13.7	1.88~2.01	8 h 粒状完全崩解	4.56	砂质黄土
36.56~38.4	192	—	不透水	635~1489	630~1338	13.9~14.0	1.81~1.92	48 h 无崩解	—	石灰改良土
39.6	378	—	不透水	1956	1586	13.0	1.92	48 h 无崩解	—	水泥改良土

注：① 改良土改良剂掺入量为 5%，养护 28 d。
　　② "—"表示该项未做或数据可不计入。

2.2　上更新统冲洪积（Q_3）黏质黄土和中更新统坡洪积（Q_2）黏质黄土填料改良

该类填料颗粒组成成分以粉粒、黏粒为主，砂粒含量较少。土样塑性指数 I_p 为 10.7%~19.7%，液限 w_L 为 27.8%~42.0%，为 C 组填料。土样天然孔隙比为 0.7~1.66，孔隙较发育。其天然含水量 12.2%~23.2%，塑限含水量 14.3%~18.5%，天然状态为硬塑~半干硬。击实试验结果显示，最佳含水量 12.3%~15.0%，天然含水量超过了最佳含水量约 20%。原状土样天然密度 1.62~1.90 g/cm³，重型击实试验最大干密度 1.78~1.97 g/cm³，填筑时在天然状态下不易被压实。土样在最佳含水量状态下无侧限抗压强度为 649~1 587 kPa，强度较高，但饱和状态下无侧限抗压强度仅 6.5~116 kPa，强度很低。此外，重塑土样在水中 2 h 后呈粒状完全崩解，证明了土样水稳定性较差、饱和状态下土样强度较低。蒙脱石含量 4.56%~7.3%，部分土样具有弱膨胀性。总之，黏质黄土填料，天然状态下含水量和天然密度与重型击实试验之最佳含水量和最大干密度差别明显，填料在施工时不易被压实；且填料饱和抗压强度低，水稳定性差；局部蒙脱石含量大于 5%，有弱膨胀性，不宜作为路基基床下部以及路堤填料。

2.2.1　掺入 5%新鲜消石灰进行改良

改良后颗粒组分以粉粒、砂粒为主，黏粒含量较少。土样塑性指数 I_p 为 9.4%~13.4%，液限 w_L 为 33.6%~41%，属于低液限粉土和黏质土。28 d 后，改良土在不浸水状态下无侧限抗压强度为 1 301~2 025 kPa，饱和状态下无侧限抗压强度为 628~1 758 kPa，强度较高，尤其是饱和抗压强度较改良前有大幅度提高。重型击实试验结果，最佳含水量 12.8%~19.3%，与天然含水量接近，最大干密度 1.72~1.88 g/cm³。改良土土样在水中 48 h 无崩解现象，证明其水稳定性较好。改良土蒙脱石含量少，不具膨胀性。

2.2.2 掺入 5%水泥进行改良

改良后颗粒组分以粉粒、砂粒为主，黏粒含量较少。土样塑性指数 I_p 为 5.4%～9.5%，液限 w_L 为 34.1%～36.4%，属于低液限粉土。28d 后，水泥改良土在不浸水状态下无侧限抗压强度为 1546～2 775 kPa，饱和状态下无侧限抗压强度为 1 352～1 799 kPa，强度极高，尤其是饱和抗压强度较改良前有很大提高。改良土土样在水中 48 h 无崩解现象，证明其水稳定性较好。改良土蒙脱石含量少，不具膨胀性。

上更新统冲洪积（Q₃）黏质黄土和中更新统坡洪积（Q₂）黏质黄土填料改良前后物理力学指标统计见表2。

表2 黏质黄土物理力学指标和改良后指标统计

砂粒0.25～0.075	粉粒0.075～0.005	黏粒<0.005	天然含水量/%	天然密度/(g·cm⁻³)	比重/%	天然孔隙比/%	液限/%	塑限/%	塑性指数/%	液限指数/%
2.8～21.2	66.3～77.6	12.2～24.8	12.2～23.2	1.62～1.90	2.69～2.75	0.62～1.08	27.8～44.30	14.3～18.5	10.0～19.9	0～0.44
9.7～42.6	52.1～77.1	5.3～12.5	—	—	—	—	33.6～41.0	22.6～28.5	9.4～13.4	—
8.3～22.2	70.2～78.1	7.6～11.9	—	—	—	—	34.1～36.4	26.9～28.7	5.4～9.5	—

内摩擦角 φ/(°)	凝聚力 c/kPa	200 kPa湿陷系数	渗透性	无侧限抗压强度		击实试验		崩解情况	蒙脱石含量/%	备注
				最佳含水量/kPa	饱和/kPa	最佳含水量/%	最大干密度/(g·cm⁻³)			
22.3～41.4	148～230	0.007～0.068	不透水	649～1587	6.5～116	12.3～15.0	1.78～1.97	8 h 粒状完全崩解	4.56～7.26	黏质黄土
34.1～52.5	94～167	—	不透水	1301～2025	628～1758	12.8～19.3	1.72～1.88	48 h 无崩解	—	石灰改良土
40.9～53.3	115～262.3	—	不透水	1546～2775	1352～1799	15.0～15.8	1.88	48 h 无崩解	—	水泥改良土

注：① 改良土改良剂掺入量为 5%，养护 28 d。
② "—"表示该项未做或数据可不计入。

2.3 掺入 7%新鲜消石灰或 7%水泥改良

改良后改良土力学指标统计见表3。

表3 砂质黄土改良剂掺入量 7%改良土力学指标统计

内摩擦角 φ/(°)	凝聚力 c/kPa	200 kPa湿陷系数	渗透性	无侧限抗压强度		击实试验		崩解情况	蒙脱石含量/%	备注
				最佳含水量/kPa	饱和/kPa	最佳含水量/%	最大干密度/(g·cm⁻³)			
35.43	220.5	—	不透水	886.4	495.3	14.01	1.882	48 h 无崩解	—	石灰改良土
41.64	478.4	—	不透水	2102.6	1881.2	14.06	1.79	48 h 无崩解	—	水泥改良土

2.4 采用的设计标准

综合以上分析：第四系上更新统冲洪积、风积（Q₃）砂质黄土、上更新统冲洪积（Q₃）黏质黄土和中更新统坡洪积（Q₂）黏质黄土经新鲜消石灰、水泥改良后填料强度高，水稳定性好，为不透水填料，能有效阻隔基床上部水渗入下部路基和地基中，掺入石灰、水泥改良土均适宜作为路基基床下部以及路堤填料。从填料改良后强度分析，水泥改良土无侧限抗压强度比石灰改良土更高（特别是饱和无侧限抗压强度）。改良剂的选用可根据其料源情况、施工的难易程度及综合经济对比确定，本线路基基床底层改良剂采用水泥，掺入量为 5%~7%，基床以下路堤本体改良剂采用新鲜消石灰，掺入量为 7%~9%。同时要求改良土还应达到以下设计检控指标：

水泥改良土：无侧限抗压强度（浸水条件下，7d）>500 kPa；强度衰减率（干湿循环条件下）<50%；浸水 72 h 无崩解（14 d）；压缩系数（7 d）<0.1 MPa^{-1}。

石灰改良土：无侧限抗压强度（非浸水条件下，7d）>500 kPa；强度衰减率（干湿循环条件下）<50%；浸水 72 h 无崩解（14 d）；压缩系数（7 d）<0.1 MPa^{-1}。

3 路基填料的压实

3.1 高速铁路无砟轨道填料压实标准

3.1.1 基床底层填筑压实标准

根据规范要求，基床底层填筑压实标准：要求地基系数 K_{30}、动态变形模量 E_{vd}（无砟轨道要求变形模量 E_{v2}）、压实系数 K 或孔隙率 n 各项指标同时检测，压实标准见表4。

表 4　基床底层填筑压实标准

项　目	高速铁路无砟轨道		
	改良细粒土	砂类土及细砾土	碎石类及粗砾土
地基系数 K_{30}/（MPa·m^{-1}）	≥110	≥130	≥150
动态变形模量 E_{vd}/MPa	≥35	≥35	≥35
变形模量 E_{v2}/MPa	≥60	≥60	≥60
压实系数 K	≥0.95		
孔隙率 n/%		<28%	<28%

3.1.2 基床以下路堤压实标准

路基基床以下压实标准见表5。

表 5　基床以下路堤部分填筑压实标准

项　目	高速铁路无砟轨道		
	改良细粒土	砂类土及细砾土	碎石类及粗砾土
地基系数 K_{30}/（MPa·m^{-1}）	≥90	≥110	≥130
变形模量 E_{v2}/MPa	≥45	≥45	≥45
压实系数 K	≥0.92		
孔隙率 n/%		<31%	<31%

4 改良土施工工艺

从环境保护、改良土的改良制作、碾压施工等方面考虑，郑西高铁黄土改良土路基填料的施工工艺建议如下：

（1）根据高速铁路路基填筑压实标准，改良土施工方法，结合黄土填料改良过程对周边环境和施工人员的健康影响，郑西高铁路基填料改良采用厂拌法施工。

（2）厂拌法施工是采用专用的破碎、拌和机械工厂化生产。其拌和均匀质量易控制。主要工艺流程为填料摊铺、晾晒—含水量检测—填料入仓—机械破碎—粒径检测—添加剂含量检测—添加剂与破碎料拌和—均匀性检测—出厂—摊铺、平整、碾压。

（3）施工中需特别注意气候对改良土强度的影响和改良土的养生。对于水泥改良土要控制水泥改良土拌和后的压实时间。现场应进行填筑试验，在各项指标满足设计要求的前提下，取得合理的填筑工艺。

（4）水泥改良土压实由边至中，按静压、强振、弱振、静压的碾压顺序进行，随分层填筑碾压施工进行分层检测，合理调配机械设备，恰当安排各个工序，以保质保量。碾压含水率控制在高于最佳含水量 1%~2%。压路机碾压过程中，禁止急停、变速、转弯。

（5）碾压时各区段交接处，互相重叠压实，纵向搭接长度不应小于 2 m，沿线路纵向行与行之间压实重叠不小于 40 cm，上下两层填筑接头错开不小于 3.0 m。

（6）水泥改良土从拌和到碾压完成不得超过水泥的初凝时间。

水泥改良土拌和及施工见图 1。

WCQ400 改良土拌和站

改良土拌和

改良运输

路基施工

图 1　水泥改良土拌和及施工

5　工程效果及体会

采用改良黄土作填料，路基施工填筑碾压后的各项压实标准满足高速铁路规范技术要求，工后压缩变形控制在接近于零的状态；郑西高铁已于 2010 年通车运营，经过了 4 年多的安全运营考验，路基稳定，效果良好。

高速铁路填料的改良宜采用厂拌法进行制作，易于控制改良的均匀性和保证质量；改良土填筑应根据不同改良剂的情况控制好施工工艺，特别是改良土的养生和放置时间应严格控制。

渝万客专红层泥岩填料改良设计与施工

刘　勇　徐海涛

（中铁二院　重庆公司）

摘　要　渝万客专地处西南地区，红层广泛分布，针对红层砂泥岩质软、易风化、遇水易软化崩解，满足不了高铁填料要求的特性，进行了填料改良研究。设计采用掺水泥和石灰两种灰料比选，进行了配合比、击实试验、最大干密度、最优含水率、无侧限抗压强度、干湿循环强度变化及崩解率试验，通过现场试验并大面积施工应用验证，工程实践效果较好，具有较强的工程可行性及显著的经济效益和社会效益，为今后西南地区高铁路基填料设计与施工起到指导和参考作用。

关键词　客运专线　红层泥岩　改良土　施工

1　工程概况

渝万客专位于四川盆地东缘平行岭谷区，地形起伏较大，成丘陵与低山相连地貌。沿线地表覆盖层多为人工填土及粉质黏土，为 D 组填料；其下基岩主要分布侏罗系"红层"内陆河湖相碎屑岩，以泥岩为主，夹砂岩，泥岩为灰绿、暗紫红、紫红色，泥质结构，薄～中厚层状，岩质较软，易风化，遇水易软化崩解，全风化及强风化岩层为 D 组填料，弱风化岩层为 C 组填料。根据红层泥岩的工程特性，及早期修建的采用未经处理的红层泥岩填筑的路堤常出现沉降过大或边坡溜坍等病害现象，红层泥岩不能满足高速客专的填料要求。

渝万客专全线共有填方 151.62 万立方米，其中利用路堑挖方及隧道弃碴中的合格填料 49.33 万立方米，欠缺填料 100.35 万立方米。沿线附近合格填料缺乏，远运取合格填料运距达 20km 以上，经技术经济比较，欠缺填料采用红层泥岩改良填筑，以达到降低工程造价，减少弃方，减小环境破坏的目的。改良土主要分布于渝万线 3、4、5 标段范围。

2　红层泥岩改良试验及改良方案选择

红层泥岩改良主要采用掺入水泥和石灰两种掺合料进行比选，分别进行了掺入 3%～8%水泥量改良土工试验及掺入 5%、7%、9%石灰量改良土工试验，试验结果如表 1 和表 2。

表 1　水泥改良土土工试验成果统计一览表

项目	水泥剂量											
	3%		4%		5%		6%		7%		8%	
压实系数 K	0.92	0.95	0.92	0.95	0.92	0.95	0.92	0.95	0.92	0.95	0.92	0.95
最大干密度/（g·cm⁻³）	2.07	2.07	2.17	2.17	2.08	2.08	2.18	2.18	2.09	2.09	2.19	2.19
最优含水率 w_{opt}/%	8.7	8.7	8.7	8.7	8.5	8.5	8.4	8.4	8.3	8.3	8.0	8.0
7 d 无侧限抗压强度 R_c/MPa	1.18	1.43	1.39	1.62	1.65	1.75	1.61	1.77	2.08	2.27	2.12	2.37
7 d 浸水饱和无侧限抗压强度 R_c/MPa	0.94	1.01	1.09	1.45	1.45	1.48	1.53	1.67	1.88	1.96	1.73	2.20
干湿循环最大崩解百分比平均值/%	9.1	6.6	—	—	1.4	0.3	—	—	-1.2	0.1	—	—

表 2　石灰改良土土工试验成果统计一览表

项目	石灰剂量					
	5%		7%		9%	
压实系数 K	0.92	0.95	0.92	0.95	0.92	0.95
最大干密度/（g·cm⁻³）	2.05	2.05	2.03	2.03	1.97	1.97
最优含水率 w_{opt}/%	9.5	9.5	9.5	9.5	10.0	10.0
7 天无侧限抗压强度 R_c/MPa	0.43	0.46	0.44	0.58	0.45	0.59
7 天浸水饱和无侧限抗压强度 R_c/MPa	0.20	0.22	0.22	0.24	0.22	0.25
干湿循环最大崩解百分比平均值/%	2.7	0.1	0.8	-0.2	-0.1	0.2

根据改良土工试验资料显示：

（1）基床以下路堤填料掺入石灰改良的 7 d 饱和无侧限抗压强度值为 200 ~ 220 kPa，<250 kPa，基床底层填料掺入石灰改良的 7 d 饱和无侧限抗压强度值为 220 ~ 250 kPa，<350 kPa，均不能满足高铁填料技术要求。

（2）掺入 3% ~ 8%水泥改良土的各项强度指标均满足高铁规范填料技术要求，但 3%掺灰量的水泥改良土崩解率较高。

考虑到现场施工环境与室内试验环境的差异性，最终确定改良方案为水泥改良：基床底层改良土采用红层泥岩掺入 6%水泥进行改良，路堤本体填料采用红层泥岩掺入 4%水泥改良，改良土粒径不大于 15 mm。

3　改良土施工

3.1　现场改良土试验

改良土施工前各标段均进行了改良土现场土工试验，对红层泥岩分别掺入 4%及 6%水泥进行改良试验，试验结果统计见表 3。

表 3　现场改良土土工试验成果统计一览表

施工标段	水泥剂量/%	试件尺寸	试件数	最大干密度/ (g·cm⁻³)	最优含水率 w_{opt}/%	7 d 饱和无侧限抗压强度/kPa
基床底层改良填料试验						
3 标段	6	$\phi 100 \times 100$	8	2.16	8.47	460 ~ 500
4 标段	6	$\phi 100 \times 100$	18	2.09	9.8	560 ~ 670
5 标段	6	$\phi 50 \times 50$	12	2	10.6	372 ~ 442
基床以下路堤改良填料试验						
3 标段	4	$\phi 100 \times 100$	36	2.18	8.2	280 ~ 360
4 标段	4	$\phi 100 \times 100$	9	2.09	10.8	510 ~ 590
5 标段	4	$\phi 50 \times 50$	18	2	10.8	334 ~ 409

根据上表统计显示：

红层泥岩掺入 6%水泥改良最大干密度 2 ~ 2.16 g/cm³，最优含水率为 8.47% ~ 10.6%，7 d 无侧限抗压强度 372 ~ 670 kPa，>350 kPa，满足路基基床底层填料要求；

红层泥岩掺入 4%水泥改良最大干密度 2 ~ 2.18 g/cm³，最优含水率为 8.2% ~ 10.8%，7 d 无侧限抗压强度 280 ~ 590 kPa，>250 kPa，满足路基本体填料要求。

综上，由于地段不同，改良土源差异及试验时气候等外部条件差异，各标段改良土试验最大干密度、最优含水率、抗压强度等参数也在变化。改良土室内试验与现场试验由于环境差异性，7 d 饱和无侧限抗压强度差异较多，改良土方案选择应注重现场试验，现场试验不满足要求时应及时进行灰剂量调整。

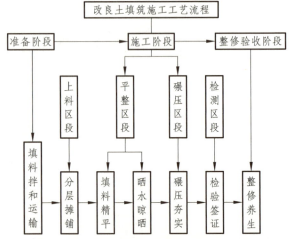

图 1　改良土填筑施工流程

3.2　改良土施工工艺

改良土拌和分为场拌和路拌两种。场拌法拌和质量易于控制，易于工厂化生产，对环境影响小，拌和后填料的颗粒粒径、含灰量和均匀性指标容易达到最优。渝万改良土设计要求采用场拌法拌和施工。

改良土填筑施工遵循"三阶段、四区段、七流程"工艺流程，如图1所示。

具体施工工艺流程如下：

利用路堑挖方中的泥岩破碎→输送至料仓存放→拌和机集中拌和（掺水泥、水）→汽车运输至填筑现场→现场卸料摊铺→挖机或推土机初步平整→平地机平整→压路机静压→平地机再次平整→压路机静压→压路机振动碾压→光轮压路机静压收光，图2为改良土施工情况。

（a）泥岩破碎

（b）破碎后填料入仓

（c）改良拌和

（d）填筑碾压

图2　改良土现场施工情况

3.3　改良土施工控制要点

（1）填筑前检查验收下承层，不符合标准的应进行处理，如下承层过于干燥，应在下承层上适量洒水，在摊铺前使其表面湿润。

（2）拌和用土的含水率是否合适是影响水泥改良土填筑压实系数的最主要因素。含水率大了影响碾压收面，小了则压实质量得不到保障，用灌砂法做压实系数时不容易达标。根据当前批次改良土试验数据进行改良土含水量拌和控制，远距离运输采用篷布覆盖，在最优含水率及时填筑，保证压实度。

（3）改良土摊铺厚度控制。根据试验段摊铺压实试验结果，最适合松铺厚度30～34 cm，松铺系数1.15～1.24，压实厚度25 cm～29 cm，利于压实度控制。

（4）碾压。碾压采取从两侧向中心顺序，纵向进退式碾压，碾压时应时刻注意观察碾压质量，保证不出现"弹簧、松散、起皮"等现象。各标段改良土碾压试验参数总结如下：

① 渝万5标改良土试验段碾压试验总结：先采用静压，碾压速度控制在1.5 km/h，再使用振动压路机振动压实，前2遍碾压速度控制在1.5～1.7 km/h，后几遍控制在2～2.5 km/h，横向错轮0.4～0.5 m，直至压实度合格为止。通过试验基床底层及路基本体改良土填筑碾压6遍时基本满足压实要求，个别点偏差，碾压7遍时则检测完全合格。如表4、表5：

表 4　4%水泥改良土（路堤本体）压实质量试验结果统计表

序号	测点位置及数量	碾压遍数	含水率 w/%	规定值	实测值
1	D1K182+405～+480 共 6 点	第 3 遍	10.6～11.2	≥0.92	0.795～0.835
2	D1K182+405～+480 共 6 点	第 4 遍	10.7～11.2	≥0.92	0.815～0.855
3	D1K182+405～+480 共 6 点	第 5 遍	10.0～11.4	≥0.92	0.860～0.895
4	D1K182+405～+480 共 6 点	第 6 遍	10.1～11.4	≥0.92	0.910～0.935
5	D1K182+405～+480 共 6 点	第 7 遍	10.0～11.3	≥0.92	0.940～0.975

表 5　6%水泥改良土（基床底层）压实质量试验结果统计表

序号	测点位置及数量	碾压遍数	含水率 w/%	规定值	实测值
1	D1K182+060～+120 共 6 点	第 3 遍	10.3～11.3	≥0.95	0.875～0.890
2	D1K182+060～+120 共 6 点	第 4 遍	10.0～11.2	≥0.95	0.900～0.915
3	D1K182+060～+120 共 6 点	第 5 遍	9.9～10.8	≥0.95	0.925～0.940
4	D1K182+060～+120 共 6 点	第 6 遍	10.2～11.4	≥0.95	0.950～0.975
5	D1K182+060～+120 共 6 点	第 7 遍	10.2～10.8	≥0.95	0.975～0.995

②渝万 4 标总结改良土最适宜的碾压参数为：推土机摊铺完毕后由平地机精平，静压一遍，强振一遍，弱振 4 遍，静压收光一遍，可以满足设计及验收标准要求。压路机行走速度不大于 4 km/h。

③渝万 3 标总结改良土最适宜的碾压参数为：推土机摊铺完毕后由平地机精平，静压一遍，弱振一遍，强震 3 遍（92 区）或者强震 4 遍（95 区），静压一遍收面，可以满足设计及验收标准要求。压路机行走速度不大于 2 km/h（注：未作碾压遍数检测，一次性碾压遍数完成后再进行的压实系数检测）。

综上所述，根据不同地段土体改良特性，改良土最佳含水率、摊铺厚度、碾压遍数、碾压速度均有差异，但压实度均能满足设计要求。现场填筑前应进行试验段填筑，确定最佳填筑压实参数，以指导改良土全面 施工。

3.4　施工经验

（1）做好施工组织安排，用作改良土源的路堑地段应根据改良土填筑需要同步开挖，以免先行开挖放置易风化，破碎易成粉末状，颗粒级配较差，容易浅层压溃。

（2）摊铺压实时段应避开最热时段（比如盛夏中午 12:00～15:00），填料易干燥，含水率不好控制，碾压易产生裂纹及压实度受影响。

（3）下雨前摊铺的改良土需及时碾压几遍，由于改良土闭水性较好，抗渗能力强，雨水下渗微小，易于雨后及时复工。

4　沉降变形情况

全线均进行沉降评估，选取云龙车站 DK161+120～+600 段进行介绍。此段路堤最大填高约 9 m，采用改良土填筑，基底软土深约 6 m，采用 CFG 桩加固。2013 年 10 月中旬开始填筑，2014 年 2 月底填筑完成，运梁车已大量通行。现场布设 13 处沉降观测断面，自填筑开始即开始观测，最大沉降量 11.3 mm，位于 DK161+200 处。根据 DK161+200 沉降曲线显示，路基填筑约 10 天以后沉降趋于平稳，主要沉降量为基底沉降，总沉降量 11.3 mm，满足设计要求，沉降观测结果见图 3 所示。

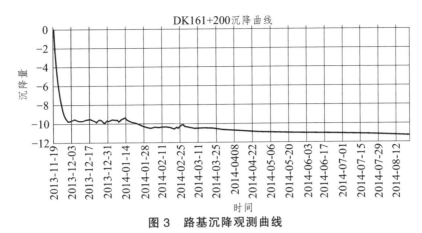

图 3　路基沉降观测曲线

通过全线各段改良土填筑路堤沉降观测资料分析，基底条件良好的改良土填筑路堤地段沉降量微小，几乎为零沉降，软土、松软土地段沉降量控制在 15 mm 以内，均能满足设计要求。

5　结论及体会

（1）红层泥岩分别掺入 4% 及 6% 水泥改良土的现场土工试验、强度及填筑压实系数均能满足高铁填料的技术要求，填筑变形小，效果较好。因此，设计的改良方案是可行的。

（2）经现场大面积改良土填筑施工，各标段改良土填筑的施工方法、工艺基本相同，由于地理位置不同，土源不同及气候差异，改良土填筑的松铺系数、最佳含水率、碾压遍数、碾压速度等技术参数均有不同。因此，改良土填筑前应分段进行现场改良土填筑工艺试验，试验段长度不小于 100 m，以确定不同的施工方法及工艺参数，保证路堤稳定安全。

（3）鉴于西南地区红层广泛分布，高铁合格填料缺乏，现如今并无采用红层泥岩改良土大面积填筑的经验，渝万客专改良土填筑的成功证明了红层改良的工程可行性、经济性，希望能为西南地区高铁建设路基填料的选择提供参考。

渝利铁路绿春坝危岩体综合处治

徐 骏 姚裕春 李楚根 庞应刚

（中铁二院 土建二院）

摘 要 渝利铁路绿春坝隧道进口边坡危岩体规模大、风险高，面临诸多整治难题，需明确危岩体的危险及次危险区域，并进行设计方案比选，选取合理综合整治措施。设计中采用现场试验反演分析数值模拟所需参数，对各断面进行数值模拟分析得到相应落石运动轨迹、落石威胁范围及影响程度，从而确定危险及次危险区；根据模拟分析得到的速度、位移等参数，参考相关规范计算出不同位置落石能量或冲击力，从而指导方案比选，并据此提出清除危岩落石、喷锚网护坡、拦石墙、缓冲沟及钢管竹排防护排架相结合的综合整治措施。从整治结果看，该综合整治措施是安全可靠和经济合理的，可为类似工程处理提供参考。

关键词 危岩体 危险区域 方案比选 数值模拟 综合整治

1 引 言

危岩是我国山区三大自然灾害之一，已成为我国西部开发和铁路、公路交通建设大发展的重要制约因素。危岩灾害包括危石、崩塌、落石、滚石等定义和内涵，其中落石是岩土体受节理裂隙的切割，在重力或其他外力作用下，突然脱离母体或离开原位向下崩落的一种动力地质灾害现象。山区隧道进出洞口地段往往也是地形险峻、岩体破碎的地质脆弱地段，加之施工切坡、爆破等造成隧道洞口地段常常是遭受落石威胁严重的地段，从而导致隧道洞口落石灾害也日渐突出起来，目前我国铁路系统落石区段隧道通常依规范原则简单采用明洞方式出洞。

危岩落石的防治技术依赖于落石运动轨迹模拟与计算、落石冲击特性、危岩体危险区域识别等研究。我国目前还停留在依靠落石历史调查来确定危险区域的阶段，国外则由经验方法逐渐发展到模拟分析。落石运动轨迹的计算是危险区域分析的基础，常用方法包括经验方法、实验方法和落石计算。经验分析方法是通过野外调查资料或大量的试验研究归纳出落石与边坡间的关系，实验方法包括现场试验和模型试验两类，其中现场实验是确定落石运动轨迹的最好方法。落石计算又包括数学模式和数值模拟模式两种。数学模式如我国自苏联引进的 H.M.罗依尼什维里半经验半理论公式，以及类似或其众多的改进型；出于模拟解体和碰撞的需要，还引入了离散元法（DEM）。

综上所述，在经验设计的基础上，通过数值模拟和现场试验等方法对危岩体进行分析研究是可行和可靠的。结合现场试验和数值模拟方法，对渝利线绿春坝隧道进口处的危岩体危险区域进行分析，并据此提出综合整治方案。

2 工程概况

该工点位于渝利铁路绿春坝隧道（D8K164+185～D8K164+820 段）进口上部、龙河右岸，距丰都县城区约 25 km。绿春坝隧道进口同绿春坝双线特大桥相连，邻近三建中学，出口与三建龙河大桥连接。该隧道进、出口均紧邻江马公路且位于江马公路正上方，洞口地质状况极差、危石构成复杂。进口段洞顶存在多处危石群（位于线路左侧 160 m、右侧 30 m 范围），山顶海拔高度约 380～480 m，与洞口内轨顶面相对高差达 200 m；大部分孤、危石群松散的堆放在悬崖边，且多处悬空嵌挂；山体围岩破碎，裂隙发育明显；岩体裂化严重，大部分岩体已垂直切割，有明显的下滑趋势，部分裂隙宽度达 20 cm，形成多个临空面，随时都有坠落可能，存在巨大安全隐患。同时，该工点公路沿线山体围岩破碎，亦存在大量的危石群（图 1），威胁在建渝利铁路桥墩施工。

进口段 D8K164+286～+340 为砂岩陡壁，节理裂隙将厚层砂岩切割成块状，砂岩底部所夹薄层泥岩风化崩解后形成凹岩腔，在坡表处形成多个危岩体。

2.1 边坡总体特征

走向大致为南北向，坡脚高程约 237 m，隧道入口轨顶设计高程为 256.48 m，入口正上方坡顶高程约 400 m，相对高差 140～160 m。该边坡上陡下缓，上部岩壁坡角为 70°～90°，形成陡崖，砂岩裸露，植被不发育，崖壁上部及崖顶发育有大量危岩体；下部崩坡积物形成岩堆，坡角为 30°～

60°，植被茂密。坡前地形平坦，建有大量民房。岩层倾向为 125°～137°，边坡倾向约 270°，该边坡属一斜向坡，岩层倾角为 21°～33°，而坡角近于直立，该山体为一单面山。由于岩层倾角较陡，该山体南东侧发育有大量孤石，坡面多处可见基岩裸露，基岩未出露的部位植被较茂密。

图 1　岩体破碎、节理裂隙发育

2.2　危岩体发育特征

危岩体边坡山高坡陡，节理裂隙发育，风化卸荷强烈，岩体较破碎，在边坡南东侧坡面及陡崖壁顶部附近，存在大量孤石或危岩体，这些危岩体对坡下江马公路、房屋、高压线、铁路线及施工安全等构成严重威胁。该边坡危岩体的发育具有以下特点：① 发育密集；② 规模以中型为主；③ 稳定性较差，大量危岩体悬于陡崖边缘，部分孤石稍有震动即会掉落崖下，对下方的民房构成较大威胁。据调查，坡顶曾有危岩掉落摧毁民房及砸死、砸伤江马公路行人。

D8K164+108～+243 段斜坡上发育一处岩堆，地貌上呈梨形状，岩堆主轴方向为 N82°E，物质成分主要为碎石土及块石土，稍湿～潮湿，中密～密实，厚 10～40 m 不等。岩堆成因为砂岩在卸荷节理作用下，形成危岩，产生崩塌，在坡脚堆积而成。岩堆上多为旱地，自然坡角约 28°，天然休止角 32°。岩堆综合指标为：$C=4$ kPa，$\varphi=28°$，目前处于稳定状态。

目前岩堆坡脚民房已经拆迁或准备拆迁。绿春坝双线特大桥 15～20# 桥墩及 D8K164+050～D8K164+150 段左侧 10～140 m 处土拦石墙已施作完成，21#～23# 墩台以及绿春坝隧道进口工程均未施作。

3　设计中需解决的问题

危岩体整治设计依赖落石运动轨迹模拟与计算、落石冲击特性、危险区域识别等研究。危岩体危险区域可理解为危岩体各断面落石运动路径所经过的区域集合，该区域内所有工程结构、施工机械、基础设施及人员均为落石灾害威胁对象，因此危险区域的划分对于危岩体整治工程设计（工程结构、施工安全及征地规划等）具有重要意义。

绿春坝危岩体整治设计中重点解决危岩体危险区域的划分，为整治设计方案的确定提供依据。此外应解决的问题包括：

（1）鉴于该工点施工工地主要位于坡顶悬崖附近，且邻近公路、铁路大桥、中学及民房，为确保施工及建筑、结构及人员安全，应解决危岩体的安全清除方案；

（2）为避免引起岩堆复活，应解决弃渣的合理堆放及运输问题；

（3）为保证设计方案的经济性、合理性及施工工期要求，还应解决设计方案的优化问题。

4　设计分析

4.1　总体设计思路

（1）清除危岩体，避免在施工及运营中影响下游安全。

（2）由于岩体风化卸荷强烈、节理裂隙极为发育，坡面开挖后，如不及时加固防护，将会形成新的危岩体，危及下游安全，因此坡面应边开挖边采用喷锚网护坡加固防护。

（3）为减少对岩堆扰动，危岩体清方弃渣推下山后应立即就近运至指定弃渣场。

（4）结合施工方案进行爆破方案设计，方便施工。

4.2 危岩落石及岩堆分析

4.2.1 滚石现场试验

（1）试验条件。

爆破位置：5#轴断面附近陡崖处，爆破点地面高程约为 460 m。

爆破试验参数：钻孔深度为 1.0~1.5 m，孔间距为 0.6~0.8 m，炮孔数为 11 孔，装药量为单孔 0.5 kg、共计 5.5 kg，爆破土石方量为 20 m³。

（2）试验结果。

主要飞石、滚石的运动轨迹：爆破后产生飞石向四周做平抛、斜抛、自由落体运动，大部分落石掉落在陡崖下平台上，直径较大的块石（直径为 20~35 cm）掉落在平台后立即呈扇行状沿坡面滚动、跳跃，最后静止于坡脚山势较为平缓位置，滚石休止的地面高程约为 245 m。通过测量，落石第一阶段做平抛运动的竖向位移为 100 m，水平位移为 50 m，落石第二阶段做跳跃、滚动运动的竖向位移为 115 m，水平位移为 150 m。

4.2.2 危岩落石数值模拟分析

（1）落石运动偏移比确定。

数值模拟分析得到的落石运动路径为二维运动路径，仅反映落石沿计算断面方向运动情况，实际落石为三维运动，危险区域应为一个空间上的地理区域。为此需要明确落石相对于计算断面的偏移比指标，由此即可确定落石危险区域。根据相关文献，对于一级危险性等级隧道洞口区域，落石运动偏移比 $\eta=0.3$，由此即可得到任意计算断面对应的等腰三角形危险区域（假设高 H，则底边长为 $2\times0.3H=0.6H$）。根据相关文献及现场试验得到控制爆破飞石初始速度为 10~15 m/s，数值模拟分析结果揭示该速度范围内落石运动轨迹基本一致，且最高处落石轨迹影响区域最大。

（2）危险区域分析。

根据数值模拟分析得到的各断面落石运动轨迹，结合现场试验结果，分析得到：1#轴至 3#轴范围内的 A-B-C-D 区域中落石弹跳轨迹不影响桥面，但在滚动区域内有可能冲击桥墩，其沿线路影响范围为 D8K163+990~D8K164+100，将 A-B-C-D 区域定为次危险区域；4#轴至 10#轴范围内 C-D-E-F 区域中落石弹跳运动对渝利线绿春坝双线特大桥桥面系、20~23#墩台以及隧道洞门构成威胁，其沿线路影响范围为 D8K164+000~D8K164+355，将 C-D-E-F 区域定为危险区域；E-F-G-H 区域是为满足开挖坡度要求需要延伸的开挖范围，落石运动轨迹对工程无影响，定为次危险区（或称为影响区）。代表性断面落石运动轨迹如图 2 所示。

（3）冲击力计算。

通过现场试验收集的数据，对爆破飞石运动轨迹进行数值分析，模拟直径为 1 m 的块石，在陡崖上不同位置抛出并掉落在岩堆上，然后经过跳跃、滚动最后静止的过程，并计算出块石在不同位置所产生的冲击力。

冲击力计算方法：①《公路路基设计规范》（JTJ 13-95）；②《铁路工程设计技术手册 隧道（修订版）》其结果偏小；③日本道路工团方法（试算：直径 1 m，速度 60 m/s，$P=91.2$ t）。

4.2.3 岩堆稳定性分析

通过对危岩体下方岩堆在天然状态下、清除危岩体推向岩堆上两种工况的稳定性进行检算，结果为：天然状态下岩堆稳定系数为 1.17~1.7，处于基本稳定状态；若将清除的危岩体全部直接推向岩堆，岩堆上部加载后，其稳定系数为 1.04~1.4，仍处于基本稳定状态。因此，在合理控制上部清除危岩体倾倒位置及倾倒方量的情况下，危岩体清方弃渣直接推向山下的方案是可行的，且可显著降低工程成本、提高施工效率。

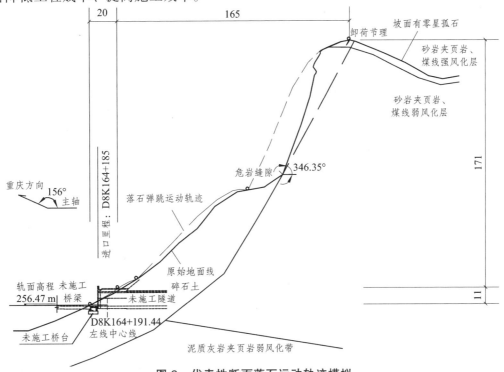

图2　代表性断面落石运动轨迹模拟

4.3　方案比较

为解决绿春坝隧道进口危岩体整治设计难题，共研究了10余种设计方案，鉴于经济效益及施工工期因素，基于以上设计分析，重点筛选了两种方案进行方案比选，并给出推荐设计方案。

（1）方案一：岩堆倒运方案，弃渣逐级、逐次从陡崖上推向岩堆顶清方区并及时运至方斗山隧道出口弃渣场。边坡高度按15 m分级，级与级之间设3 m宽平台，最低一级宽为6 m。该方案挖方量较大，土石方约21万立方米，施工工期稍长，但施工条件较好。其代表性断面见图3。

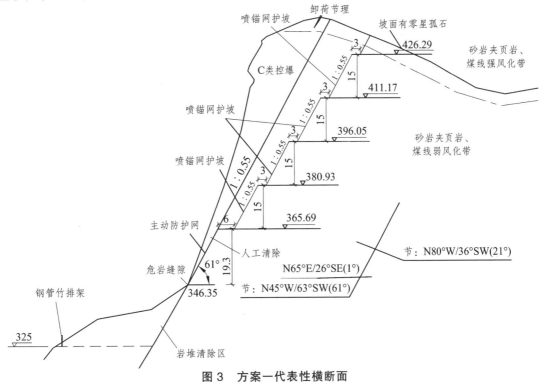

图3　方案一代表性横断面

（2）方案二：岩堆倒运方案，弃渣逐级、逐次从陡崖上推向岩堆并及时就近运至附近弃碴场。

边坡高度按 25 m 分级，级与级之间设 2 m 宽平台，最低一级宽为 6 m，危险区域断面范围内地面高程 380 m 以下自然边坡的危岩体采用人工清除零星危岩体。该方案挖方量较小，土石方约 15 万立方米，且运距较合理，但因边坡较陡且各级边坡间平台宽度较小，施工条件较差。其代表性断面见图 4。

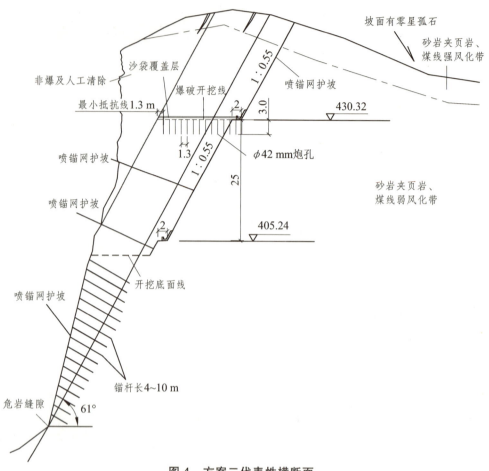

图 4　方案二代表性横断面

综上所述，方案一虽然施工条件较好，但开挖量相比方案二多了近 30%，导致工程投资大、施工工期长，因此，综合考虑推荐采用方案二进行危岩体整治。

5　整治工程

基于推荐方案二，并结合相关专家的意见，最终确定的设计方案典型横断面如图 5 所示。

5.1　落石整治措施

根据危岩落石形成的主要原因，即岩体内节理裂隙非常发育，在层面（N35～47°E/21～33°SE）及共轭 X 形节理（N30～40°W/60～70°SW、N60～80°E/40～50°NW）的切割下，岩体被切割成块体，形成潜在不稳定块体。坡面按节理面清除危岩体，其中 3-3 轴～9-9 轴按 61°（1∶0.55），10—10 轴～13—13 轴按 54°（1∶0.73）清方，9—9 轴～10—10 轴坡面顺接。

（1）清除危岩体方案。

为解除陡崖上部危岩体对下方既有建筑的威胁，应对危岩体进行清除。自上而下分级采用定向小爆破的方式清除危岩体（倒悬部分采用非爆结合人工清除方式）。边坡高度按 25 m 分级，级与级之间设 2 m 宽平台，最低一级宽为 6 m。8—8 轴北端刷方边坡为 35°顺层坡面，为保证边坡稳定，安全，边坡按 1∶1.43 边坡坡率顺层清方；边坡平台留 4%的排水横坡。为有利于沿平台纵向排水，减小坡面冲刷，半坡平台由北往南应留 1%的排水纵坡。在保证岩堆稳定的前提下将开挖危岩体推向岩堆顶部指定范围，严禁盲目倾倒。推向山下的土石方应立即清运至弃渣场，为下次堆土做准备。

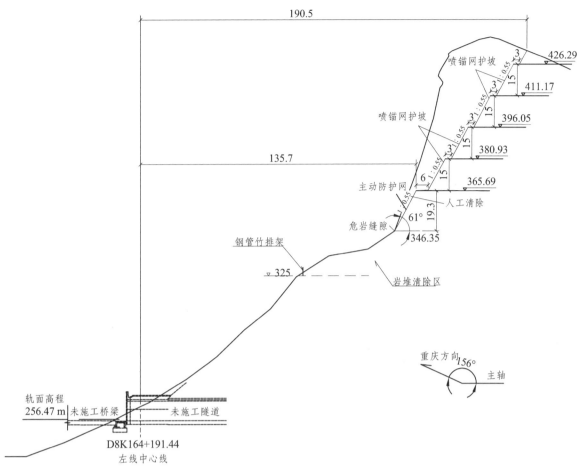

图 5   绿春坝危岩体整治典型横断面设计图

石方开挖采用局部人工清除、深孔梯段控制爆破与浅孔控制爆破相结合的爆破方式开挖，其钻孔间距、钻孔深度以及单孔装药量等爆破参数根据现场试验确定，防止飞石、滚石掉落危及陡崖下已施工完成的桥墩及民房的安全、影响边坡整体稳定性。

坡面采用光面爆破，清方时距设计开挖边坡坡面线 3.0 m 范围内采用小台阶光面爆破。

（2）边坡加固。

为避免危岩体开挖后坡体的再次差异风化等形成新的危岩落石，应对开挖后边坡进行加固防护。开挖边坡采用喷锚网加固防护，边开挖边防护，坡面喷射混凝土强度为 C20 级，喷射厚度为 0.12 m，分两次喷射，喷射混凝土中间夹 $\phi 3$ 镀锌机编网，并用锚杆与坡面连接牢固。锚杆采用 $\Phi 18HRB335$ 钢筋制作，锚杆水平、竖向间距为 2 m，锚杆长 3.0 m，锚杆端头设弯钩与钢筋网绑扎牢固。锚杆采用 $\phi 49$ 钻孔，采用 M30 水泥砂浆灌注，注浆压力不小于 0.2 MPa。

顺坡面方向每隔 15～20 m 应设置一条沥青木板伸缩缝，坡脚设顶宽 0.4 m，高 2 m 的 M7.5 浆砌片石护脚墙，护脚墙顶以上 0.5 m 起每隔 4 m 设置一个泄水孔，泄水孔上下错开布置，内设 1.0 m 长 $\phi 42PVC$ 花管，泄水孔采用 $\phi 49$ 钻孔，钻孔深为 1.0 m。半坡平台内侧设 M7.5 浆砌片石截水沟，截水沟底宽 0.4 m，深 0.4 m，浆砌厚 0.3 m。

为利于坡面加固施工，边坡每开挖 3～4 m 即施作坡面防护工程。

（3）5—5～10—10 断面范围内地面高程在 380 m 以下自然边坡的危岩体采用人工清除零星危岩体。坡面采用大小锚杆结合喷锚网护坡加固防护，坡面喷射混凝土强度为 C20 级，喷射厚度为 0.12 m，分两次喷射，喷射混凝土中间夹 $\phi 12$ 钢筋网，并用锚杆与坡面连接牢固，钢筋网网格间距为 20 cm×20 cm。大锚杆采用 $\Phi 32HRB335$ 钢筋制作，每孔 1 根钢筋，锚杆水平、竖向间距为 3.0 m，锚杆长 4～9.5 m，且锚杆进入基岩不小于 4 m，锚杆采用 $\phi 100$ 钻孔。大锚杆之间设小锚杆，小锚杆采用 $\Phi 18HRB335$ 钢筋制作，锚杆长为 3.5 m，采用 $\phi 49$ 钻孔。锚杆垂直于节理面，与水平夹角为 29°～36°。锚孔采用 M30 水泥砂浆灌注，注浆压力不小于 0.2 MPa。锚杆端头设弯钩与钢筋网绑扎牢固。坡面每隔 4 m 设置一个泄水孔，泄水孔上下错开布置，内设 1.0 m 长 ϕ42PVC 花管，泄水孔采用 ϕ49 钻孔，钻孔深为 1.0 m。

（4）由于爆破开挖危岩体直接推向岩堆，土体掉落位置不确定，若不整治，极易发生溜坍、泥石流等病害，将对下游铁路工程及民房安全构成很大威胁。待坡面整治完成后，应对岩堆坡顶及坡面松散土体、零星孤石进行全部清运至指定弃碴场。

（5）为方便边坡防护工程材料运输，开挖边坡堑顶外设施工便道，并与开挖边坡平台顺接。

（6）为将清除的危岩体清运至方斗山隧道出口弃渣场，于坡脚既有便道处开始设临时施工便道至清方体附近。

5.2　防护工程

（1）为有效保护桥墩及下游民房的安全，减缓危岩落石整治过程中危石掉落、滚落的冲击，于 D8K164+050～D8K164+150 段在地面高程为 264 m、地面高程为 250 m 处以及 20 # 桥墩左侧 30 m 处设混凝土拦石墙，其长度分别为 120 m、65 m、65 m，墙高均为 7 m，顶宽 1.5 m，内外侧胸坡为 1∶0.1，挡墙基础埋深不小于 2 m，为提高拦石墙的抗冲击力，于中部埋设 I20b 工字钢，工字钢纵向间距为 1 m，工字钢两侧满铺 ϕ20 钢筋网片，网片纵横间距为 25 cm。为减小拦石墙受滚石的冲击力，于墙背设置缓冲沟，缓冲沟采用砂、土回填，靠墙背侧填筑坡率为 1∶0.5，沿墙身方向每隔 2～3 m 于缓冲沟底设泄水孔，保证地表水排泄，孔径 ϕ=10 cm，拦石墙墙身采用 C25 混凝土浇筑。

（2）为防止爆破施工过程中滚石从山后滚落，影响敬老院安全，于敬老院后山坳处设置 C25 混凝土拦石墙，长约 100 m，墙高 3～6 m，墙厚 1.5 m，拦石墙位置可根据现场实际地形适当调整，确保敬老院安全。

（3）缓冲沟：为减缓危岩落石整治过程中，危石掉落的冲击，防止滚石掉落威胁临时改移公路，于既有公路与改移公路间设置一条约 320 m 长的缓冲沟，沟深 4 m，顶面宽 5 m，底宽 3 m，缓冲沟靠改移公路侧堆砌土垒，堆砌高度为 1.5 m，以减缓削减危石滚落时的速度。

（4）钢管竹排防护排架：绿春坝隧道危石处理属高风险作业，缓冲沟外侧至房屋外侧设临时防护排架对山体下方施工影响区域进行封闭，并加强巡查与警戒，防护排架长约 600 m，高为 6 m。

（5）危岩体清除过程中，为减少落石散落在坡面上，降低清除难度，在岩堆顶部 5—5～10—10 间设一道钢管竹排架，排架长约 100 m，高 4.0 m。

（6）爆破施工期间影响区域（如原江马公路）应设置安全警戒线，爆破时严禁车辆、人员进入警戒线内。爆破后由爆破技术人员检查是否全部起爆并确认周围环境安全后，方可解除警报。

6　体会及建议

（1）绿春坝隧道进口边坡危岩体规模较大，变更整治代价不菲，应在今后铁路勘测阶段加强对类似情况的勘察，选线过程即尽量避让重大不良地质地段。

（2）对于未能及时发现的危岩落石工点，应尽快完成变更设计，在其他工程未施工前尽早整治，以降低工程投资。

（3）不同区域落石分析参数存在差异性，且现行相关规范中推荐参数多为经验或理想分析数据，需结合现场试验反演分析数值模拟所需参数。

（4）设计中应明确危岩体的危险区域及次危险区域，从而采取相应整治措施，确保设计的经济合理性。因现行规范尚无危岩体危险区域划分方法，可对各断面进行数值模拟分析得到相应的落石运动轨迹，最后根据各断面落石威胁范围及影响程度，确定出危岩体的危险区域及次危险区，为工程整治设计提供参考依据，也为以后山区铁路修建中危岩体的整治设计积累经验。建议今后进一步完善危岩体危险区域划分方法，为相关规范的修订奠定基础。

陡崖边坡稳定性分析方法及工程处治

冯俊德

（中铁二院　土建一院）

摘　要　本文针对陡崖边坡岩石、裂隙发育特征，地下水情况以及其他边界条件，提出了陡崖边坡存在倾倒、拉裂、滑移和由岩体强度控制的沿库仑潜在破裂面破坏等四种不同的破坏模式和相应稳定分析方法及处治措施建议。结合典型的临河凹岸板页夹硅质岩的陡崖边坡（地下水具强硫酸型侵蚀性工点），在稳定分析和计算的基础上进行了坡面锚索格梁、锚喷支护加固，对地下水采取地表封闭，对锚索加固区前、后与侧向采取高压注浆隔水帷幕的加固措施研究和设计。该工程已施工完成两年，经通车考验证明是有效的。

关键词　陡崖边坡　稳定性　处治措施　研究　锚索格梁　锚喷支护　地下水　高压注浆　隔水帷幕

1　问题的提出

在山区修建铁路、公路等土建工程中，特别是沿江、河地段，受地形、线型或者既有工程等条件的限制，有时会遇到铁路或公路下方为几乎直立的陡崖边坡，该陡崖边坡常常被几组近于垂直的节理和岩层层面切割成破碎岩块，极易产生岩体的倾倒、崩塌、滑移等破坏，危及铁路、公路等主体工程安全，因此有必要对该类边坡的稳定性分析方法进行研究，以便采取安全可靠，经济合理的处治措施。

2　陡崖边坡的稳定性分析

位于峡谷或山区河渠凹岸的陡崖边坡，存在倾倒式、拉裂式、滑移式和由岩体强度控制的破坏模式。

2.1　倾倒式破坏

当其岩石质坚、性脆，构造节理发育并存在深而直立平行于坡面的张节理时，在暴雨、列车或汽车动荷载、地震等荷载作用下，极易发生岩体（或岩块）绕某点（或某条边）的倾倒式崩塌破坏，如图1、图2所示。

崩塌体抗倾覆稳定性系数 K 按（1）式计算：

$$K = \frac{wa}{F_g \dfrac{H}{2} + F_{dH} H_h + F_w \dfrac{1}{3} H_0} \tag{1}$$

式中　W——崩塌体重力，kN/m；

a——崩塌体倾倒前外侧下端处（即转点）至重力延长线的垂直距离，m；

H_0——地下水位高，m；

F_w——裂隙水压力合力，kN/m；

F_g——水平地震力，kN/m，见（2）式：

$$F_g = \eta_c k W \tag{2}$$

其中　η_c——综合影响系数，采用0.25；

k——水平地震系数，7°地震区取0.1，8°地震区取0.2，9°地震区取0.4，6°及以下地震区可不考虑地震力的影响；

F_{dH}——列车或汽车荷载引起的水平动应力合力，kN/m，按（3）式计算：

$$F_{dH} = \int_0^{h_y} \sigma_{dh}(y)\, dy \tag{3}$$

其中　h_y——所引起的水平推力影响深度，m；

$\sigma_{dh}(y)$——列车或公路荷载所引起的水平动应力分布函数。

当按（1）式计算所得的安全系数小于规定的安全系数时，则设计支挡结构所提供的反力或反力合力 E_a 应满足下式的要求：

$$E_a H_a = \sum E_{ai} H_i = K\left(F_w \frac{H_0}{3} + F_g \frac{H}{2} + F_{dH} H_h\right) - wa \tag{4}$$

即

$$E_a \geqslant \frac{K\left(F_w \frac{H_0}{3} + F_g \cdot \frac{H}{2} + F_{dH} H_h\right) - wa}{H_a} \tag{5}$$

（4）、（5）式中 K 为设计要求的安全系数。

此外，尚应按本文 2.3 节要求，按（9）式对崩塌体进行沿软弱结构面的抗滑稳定性检算。

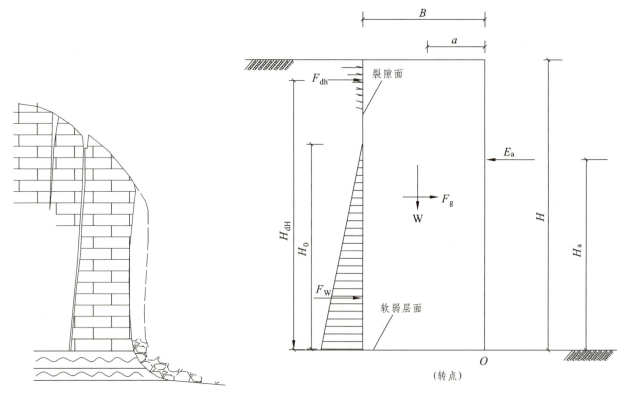

图 1　典型倾倒式破坏示意图　　　　图 2　倾倒式崩塌稳定分析图式

2.2　拉裂式破坏

对软、硬岩互层（如砂岩与页岩、灰岩与泥质灰岩等）构成的陡峻斜坡，由于抗风化能力差异，常在陡崖边部中、下部形成凹腔，加之垂直张节理作用，极易发生拉裂式破坏，如图 3、图 4 所示。

这类岩层顶部受拉，底部受压，而且 AC 断面上弯矩和剪力最大，如图 4 所示，因此需进行 AC 断面上的抗拉强度检算

按岩石的抗拉强度与 A 或 B 点的拉应力比值评价其稳定性

即

$$K = \sigma_{拉} / \sigma_{拉 A(或 B)} \tag{6}$$

$$\sigma_{拉 A(或 B)} = \frac{My}{I} \tag{7}$$

式中　M——AC（或 BC）截面上的弯矩，$M = \dfrac{\gamma}{2} H_a B^2 + F_{dH} H_h + F_w H_0$

　　　　I——AB（或 BC）截面的惯性矩，当 A 点已出现裂缝，裂缝最低点为 B，则应计算 BC 截面的惯性矩。

　　　　y——取 AC（或 BC）值之半（当裂缝发展到 B 点时，取 BC 值之半）。

其他符号意义同前。

若计算的安全系数小于规定的 K 值，则应当采取加固工程措施。支挡结构提供的反力或反力合力，必须使 AC 或 BC 截面在 A 或 B 点所产生的拉应力满足下式要求：

$$\sigma_{拉 A(或 B)} \leqslant \sigma_拉 / K \tag{8}$$

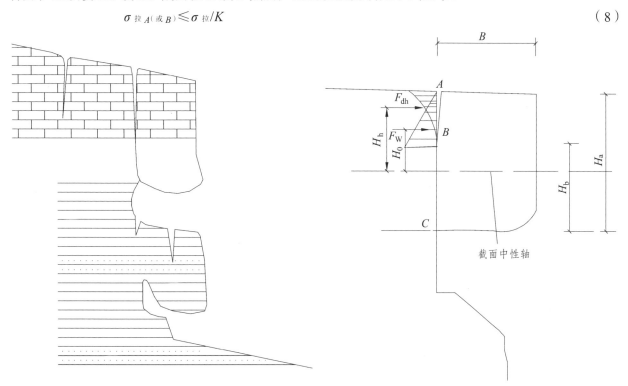

图 3　典型拉裂式崩塌破坏示意图　　　　　　　图 4　拉裂式崩塌破坏稳定分析图示

2.3　由结构面控制的平移式崩塌破坏

当有外倾结构面存在时，则可能发生沿结构面平移式的崩塌破坏，如图 5 所示。

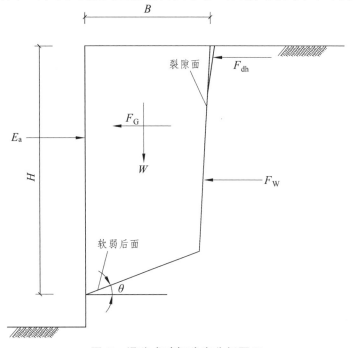

图 5　滑移式破坏稳定分析图示

除应按（1）式进行倾覆稳定性检算外，尚应按下式进行沿软弱结构面滑移的抗滑稳定性检算，其稳定系数：

$$K = \frac{\left[W\cos\theta + (F_{\mathrm{dH}} + F_{\mathrm{g}} + F_{\mathrm{w}})\sin\theta\right]\tan\phi + cL}{W\sin\theta + (F_{\mathrm{dH}} + F_{\mathrm{w}} + F_{\mathrm{g}})\cos\theta} \tag{9}$$

式中　L——软弱面的长度，m；

　　　θ——缓倾的结构面与水平面的夹角，(°)；

　　　c——软弱结构面的黏聚力，kPa；

　　　φ——软弱结构面的摩擦角，(°)；

其他符号意义同前。

当按（9）式计算的安全系数不满足设计要求时，设置支挡结构物所提供的反力或反力合力，应满足下式要求：

$$\sum E_{ai} \geq K\left[W\sin\theta + (F_{\mathrm{w}} + F_{\mathrm{dH}} + F_{\mathrm{g}})\cos\theta\right] - \left[W\cos\theta + (F_{\mathrm{g}} + F_{\mathrm{dH}} + F_{\mathrm{w}})\sin\theta\right]\tan\varphi - cL \tag{10}$$

2.4 岩体强度控制的破坏

陡崖边坡，除存在倾倒式、拉裂式、滑移式模式破坏以外，由于岩层节理发育，岩体较破碎，还可能发生由岩体强度控制的沿库仑潜在破裂面的破坏，如图 6 所示，按相关文献其侧向岩石压力按主动土压力计算，即

$$E_{a} = \frac{1}{2}\gamma H^{2} K_{a} \tag{11}$$

式中　E_{a}——侧向岩石主动土压力，kN/m；

　　　K_{a}——主动土压力系数，根据边坡条件确定。

当坡顶有重要结构物，对变形有严格要求时，其侧向岩石主动压力应按下式修正，$E_{a}' = （1.3 \sim 1.4）E_{a}$。

3　典型陡崖边坡工点地形，地质条件概况

渝怀铁路 DK517+158.5 ～ +258.5 段，线路行走于临江陡崖边坡上方，其中 DK517+160 ～ +195 和 DK517+212 ～ +258 段位于临河陡崖凹腔处，铁路路肩外边缘距陡崖顶部仅 3 ～ 5m，路基面距河底高约 28m。岩性为板岩夹硅质岩，呈褐黄、灰黑色，薄 ～ 中层状，板岩为泥质粉砂质结构，板状构造，硅质岩结构，质坚性脆，岩体发育有 5 组垂直节理，节理产状如下：节 N30°E/90°、节 N45°E/90°，节 N56°E/90°，节 N59°W/90° 和节 N10°W/90°，节理特别发育，节间距 0.02 ～ 0.1 m，施工开挖时，发现临江陡崖顶部可见几条贯通性较好的竖向卸荷裂隙，裂隙宽 10 ～ 50 mm，但开挖至路基面时，其卸荷裂隙基本尖灭。参见图 6、图 7。

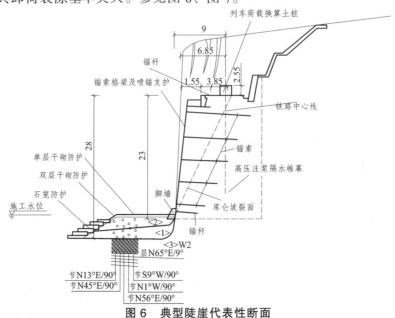

图 6　典型陡崖代表性断面

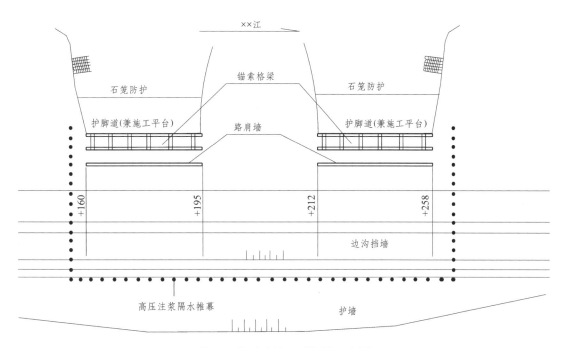

图 7　典型陡坡平面加固示意图

此外岩体节理面间成透镜状地充填有铁锈色粉状物，富含 SO_4^{2-} 离子，因此暴雨过后，从岩体中取地下水化验，发现具有强硫酸型酸性侵蚀。

4　典型工点陡崖边坡稳定性分析

虽然本工点临江陡崖顶部发育有几条连续长度十几至几十米的卸荷裂隙的，但开挖至路基面后已基本尖灭，且岩层面缓倾山内，临江陡崖边坡不存在凹腔，因此该陡崖边坡不存在倾倒式、拉裂式或沿外倾软弱结构面滑移破坏之可能（个别小型掉块难免），其陡崖边坡按岩体强度控制设计。

按换算土柱法考虑列车荷载影响的陡崖边坡主动侧向岩石压力公式计算：

$$E_a = \gamma(A_0 \tan\theta - B_0)\frac{\cos(\theta+\varphi)}{\sin(\theta+\psi)} \tag{12}$$

式中　E_a——按库仑土压力理论，计算所得的主动土压力，kN/m；

　　　γ——岩体的重度，kN/m³；

$A_0 = \frac{1}{2}H(H+2h_0)$ ；

$B_0 = A_0\tan\alpha + d\hbar_0$ ；

$\psi = \varphi + \delta - \alpha$ ；

　　　δ——支挡结构物墙背与陡崖壁间的摩擦角，（°）；

　　　α——支挡结构物墙背与竖直向的夹角，（°）；

　　　d——结构物墙背至列车荷载换算土柱外边缘的距离，m；

　　　h_0——列车荷载换算土柱高度，m；

$\tan\theta = -\tan\psi \pm \sqrt{(\tan\psi + \cot\phi)(\tan\psi + \dfrac{B_0}{A_0})}$ 。

按规范（5）确定该边坡岩体类型为Ⅱ级，边坡岩体等效内摩擦角标准值为 62.5°。边坡岩体内摩擦角折减系数取 0.84，则岩体内摩擦角为 $\varphi = 0.84 \times 62.5 = 52.5°$，将 $\varphi = 52.5°$、$\delta = \phi/10 = 5.25°$、$H = 23m$、$\gamma = 24\ kN/m^3$、$\alpha = 5.7106°$、$\hbar_0 = 2.55\ m$、$d = 3.8\ m$，代入上述各式计算得

$$\theta = 22.7386°，\quad E_a = 592.09\ kN/m$$

$$E_a' = 1.4E_a = 1.4 \times 592.09 = 828.9\ kN/m$$

5　加固措施

由于典型工点临河，边坡高陡（几乎直立），虽然开挖至路基面时张开的卸荷裂隙已基本尖灭，但岩体节理裂隙发育，岩体破碎，因此主要存在三个问题，即：① 存在潜在沿库仑破裂面发生由岩体强度控制的边坡整体破坏；② 存在暴露边坡上的松散小岩岩块剥落、崩塌，雨季更甚，通车运营后在列车动荷载作用下和雨季双重作用下，情况更为危险；③ 该段地下较发育，具强硫酸型酸性侵蚀。此外施工难度也是应考虑的问题之一。

针对上述问题，采取的主要措施为：

（1）为防止陡崖边坡在列车动荷载作用下不发生由岩体强度控制的整体破坏采用锚索格梁加固，锚索采用每孔 6 束 φ15.2 高强度，低松弛的钢绞线（1860 强度级别），在高腐蚀地层中，每孔锚索设计预应力按下式确定。

$$P_l = \frac{P_a}{F_{sl}} \tag{14}$$

式中　P_a——锚固钢材极限张拉荷载，kN；

F_l——安全系数，取 1.7～2.0 高腐蚀地层取大值。

则 $P_l = \dfrac{259 \times 6}{2.0} = 777\,\text{kN}$；

锚孔孔径采用 φ130，钻孔与水平面下倾角为 15°，则每根锚索所能提供有效锚固力为 777×cos（15°－ 5.1072°）=765 kN/孔

锚索竖向间距 4.0 m，布置 5 排锚索，则沿线路纵向间距为 $5 \times \dfrac{765}{828.9} = 4.61\,\text{m}$，取 4.50 m。

（2）为防止格梁间岩块剥落崩塌，格梁间坡面采用锚喷支护。

（3）为防止地表水沿基岩裂隙下渗，路基基床顶面采用混凝土和中粗砂夹一层复合土工膜隔水垫层封闭，其他暴露部分采用浆砌片石封闭。

（4）为防止强硫酸型地下水对边坡锚索加固工程和喷锚支护的侵蚀作用，在锚索加固区后方及两侧（地下水来源方向）采用钻孔高压注浆形成隔阻地下水的帷幕措施处理，注浆孔间距 1.0 m，注浆深度至最下排锚索锚固段最低点以下不小于 2 m。锚索则进行特殊防腐处理，锚索的水泥砂浆保护厚度不小于 20 mm。

（5）为避免水下施工，方便施工，利用前期施工开挖过程中掉落至陡崖下的少量渣石，平整，夯实后形成陡崖坡脚的护坡道（兼作施工平台），护坡道高于施工期水位不小于 2 m，宽度应足以保证锚索框架梁下陡崖边坡（3～5 m）坡脚的稳定，因此设计宽 12～15 m，其护坡道水下边坡采用抛 2 m 宽的镀锌套 PVC 铁丝石笼防护，石笼背部设置无纺透水土工布反滤层，以防止护坡道中颗粒被冲蚀，影响护坡道稳定。

（6）护脚道与锚索格梁加固的陡崖边坡连接处的陡崖坡脚，采用了浆砌片石脚墙与大锚杆加固。

6　结束语

（1）本文针对陡崖边坡岩石节理裂隙发育特征以及地下水情况，提出了陡崖边坡倾倒，控裂、滑移和由岩体强度控制的四种不同破坏模式的稳定分析方法。

（2）本文选择的典型陡崖代表性工点，边坡几乎直立，坡顶至江底高 28 m，护脚道至陡崖顶部 23 m 为板岩、硅质岩，节理裂隙发育，陡崖边坡易剥落，坍塌，稳定性差，坡面基岩裂隙水发育，具强硫酸型酸性侵蚀，因此采取了坡面以锚索格梁加固，格梁内采用锚喷支护加固，路基顶面及边坡采取封闭地表水，注浆形成隔水帷幕阻断地下水，加强锚索工程的抗腐蚀性等措施处理。通过十多年运行的变形监测和外观观察结果来看，整个陡崖边坡整体稳定，无位移，无掉块，基本无地下水渗出迹象，通过该典型工程实例，可以得出如下结论：

　　① 锚索格梁、格梁内采用锚喷支护应用于陡崖边坡加固的措施，对解决边坡的整体稳定，防止岩块剥落，崩塌的措施是行之有效的。

　　② 当路基面为基岩，基面节理裂隙发育时，对路基顶面和边坡表面进行全封闭，是减少边坡地下水（基岩裂隙水）最为有效的措施。

　　③ 当地下水具侵蚀性时，采用高压帷幕注浆，阻止地下水对侵蚀作用，是保证锚索加固工程长期使用寿命的必要措施。

　　④ 当陡崖边坡位于河渠凹岸地段，水下陡崖边坡加固工程难以实施时，条件许可情况下，利用施工爆破过程中难以避免的掉渣修筑陡崖坡脚护坡道的措施，可供借鉴。

岩溶地面塌陷处理技术与注浆加固

曾德礼

（中铁二院　土建一院）

摘　要　本文收集整理了岩溶地面塌陷研究的最新成果，从概念、产生、影响因素入手，分析了环境和人类活动对岩溶区的岩溶水长期作用和流态变化导致物质搬运、气流和水压改变引起岩溶地面塌陷发生的过程，论述了岩溶地面塌陷的发生规律、勘查方法、灾情评估、预测预报、防治措施和监测评价，依据岩溶地面塌陷灾害等级和活跃程度，制定防治措施，即采取以早期预测、预防为主，治理为辅、防治相结合的办法。介绍了作为铁路特殊路基灾害的岩溶地面塌陷处理技术与注浆的条件、范围、方法和施工工艺、检测标准，以指导铁路特殊路基灾害的岩溶地面塌陷勘察、设计、施工和效果检测，确保铁路特别是高速铁路的运营安全。

关键词　岩溶地面塌陷　岩溶水　处理技术　注浆

1　岩溶地面塌陷的概念及产生

岩溶地面塌陷是指覆盖在溶蚀洞穴之上的松散土体，在外动力或人为因素作用下产生的突发性地面变形破坏，其结果多形成圆锥形塌陷坑。

岩溶地面塌陷是地面变形破坏的主要类型，多发生于碳酸盐岩、钙质碎屑岩和盐岩等可溶性岩石分布地区。激发塌陷活动的直接诱因除降雨、洪水、干旱、地震等自然因素外，往往与抽水、排水、蓄水和其他工程活动等人为因素密切相关，而后者往往规模大、突发性强、危害大。岩溶地面塌陷受到环境和人类活动的双重影响。

1.1　可溶岩及岩溶发育程度

可溶岩是岩溶地面塌陷形成的物质基础，而岩溶洞穴的存在则为地面塌陷提供了必要的空间条件。大量塌陷事件表明，塌陷主要发生在覆盖型岩溶和裸露型岩溶分布区，部分发育在埋藏型岩溶分布区。

岩溶洞穴的发育和分布受岩溶发育条件的制约，一般主要沿构造断裂破碎带、褶皱轴部张裂隙发育带、质纯层厚的可溶岩分布地段、与非可溶岩接触地带分布。岩溶的发育程度和岩溶洞穴的开启程度，是决定岩溶地面塌陷的直接因素，岩溶洞穴和裂隙一方面造成岩体结构的不完整，形成局部的不稳定；另一方面为容纳陷落物质和地下水的强烈运动提供了充分的空间条件。一般情况下，岩溶越发育，岩溶洞穴的开启性越好，岩洞洞穴的规模越大，则岩溶地面塌陷也越严重。

1.2　覆盖层厚度、结构和性质

松散破碎的覆盖层是塌陷体的主要组成部分，由基岩构造成的塌陷体在重力作用下沿溶洞管道顶板陷落而成的塌陷为基岩塌陷。塌陷体物质主要为第四系松散沉积物所形成的塌陷叫土层塌陷。据南方十省区统计，土层塌陷占塌陷总数的96.7%。

1.3　地下水运动

地下水运动是塌陷产生的动力条件——主要动力。地下水的流动及其水动力条件的改变是岩溶地面塌陷形成的最重要动力因素，地下水径流集中和强烈的地带，最易产生塌陷，这些地带有：

（1）岩溶地下水的主径流带。

（2）岩溶地下水的（集中）排泄带。

（3）地下水位埋藏浅、变幅大的地带（地段）。

（4）地下水位在基岩面上下频繁波动的地段。

（5）双层（上为孔隙、下为岩溶）含水介质分布的地段，或地下水位急剧变化的地段。

（6）地下水与地表水转化迅速的地段。

地下水位急剧变化带是塌陷产生的敏感区，水动力条件的改变是产生塌陷的主要触发因素。

水动力条件发生急剧变化的原因主要有降雨、水库蓄水、井下充水、灌溉渗漏、严重干旱、矿井排水、强烈抽水等。

此外，地震、附加荷载、人为排放的酸碱废液对可溶岩的强烈溶蚀等均可诱发岩溶地面塌陷。

2　岩溶地面塌陷勘查及预报

2.1　勘查工作内容的一般要求

（1）查明岩溶地面塌陷的发育现状、历史过程及其危害性。

（2）确定岩溶地面塌陷的成因、类型、形成条件和地质模式，研究其分布规律。

（3）确定岩溶地面塌陷发育的动力因素，研究其动态特征及其与塌陷的相关关系。

（4）确定岩溶塌陷的机制及其临界条件。

（5）研究岩溶地面塌陷综合评价预测和信息管理系统，评价其稳定性。

（6）确定岩溶地面塌陷的前兆现象与监测预报方法，研究预警措施。

（7）研究岩溶地面塌陷的防治工程方案和措施。

2.2　岩溶环境调查研究

调查研究岩溶工程地质环境的特征及其组成要素的分布规律，一般应包括一个完整的水文地质单元。

2.2.1　岩溶地形地貌

研究岩溶地貌的山川形态与走势、地形切割起伏特征、地表水文网的配置格局、夷平面和阶地的发育特征和分布高程、地貌成因类型与形态特征、各地貌单元的分布、组成物质与形成时代等，着重调查岩溶地貌形态的成因类型和形态组合类型及其分布。

2.2.2　气象与水文

（1）气象要素中着重调查降水特征，包括多年长周期丰、贫水年变化特征，多年平均降水量，年降水量分布特征，单次最大降水量及持续时间，最大降水强度（以小时计）等。

（2）水文要素包括地表汇流面积，径流特征，河、湖等地表水体的流量和水位动态，包括最高洪水位和最低枯水位出现日期和持续时间，汛期洪水频率及变幅等。

2.2.3　地层

调查研究地层层序及时代、成因类型、岩性岩相特征与接触关系及其工程地质特征。其中，侧重对碳酸盐岩及其他可溶岩和第四系松散沉积物的调查研究，

（1）碳酸盐岩及其他可溶岩的岩石成分和结构构造，非可溶岩夹层的岩性、厚度与分布，划分岩溶层组类型。

（2）第四系松散沉积物的岩性结构、沉积年代和成因类型及其厚度与分布。红黏土、软土及其他特殊土类的岩性成分、结构、厚度及埋藏分布条件、根据上述特征划分其岩性、结构类型。

2.2.4　地质构造

着重调查地质构造的形态特征、产状、性质、规模与分布，其形成时期与组合关系。断裂构造、规模、产状、力学性质、组合与交切关系，以及破碎带的性状与特征。对节理裂隙，在不同构造部位、不同岩性中的发育特征与发育方向，调查裂隙密集带的发育与分布。

2.2.5　新构造运动与地震

（1）调查研究新构造运动的性质与特征。根据地震活动性、地形变特征、地貌差异及水热活动等迹象判定活动性断裂，注意调查其产状规模和破碎带特征，切割的最新地层及最新充填情况，判明其活动时期、活动特点及强度。着重调查构造现今活动迹象，根据地形变动资料，分析现今活动特征。

（2）搜集历史地震资料，了解震中位置与震级，分析评价地震活动水平。搜集附近地震台站测震资料，了解地震活动规模及其与区域构造的关系。着重调查历史上破坏性地震所引起的各种地震效应，调查研究与塌陷有关的各种现象，如喷砂、冒水、地面开裂、塌陷、砂土液化、地下水位骤然升降的异常变化等。

2.2.6 岩溶发育特征

（1）调查研究岩溶的形态、规模、组合特征及其分布，统计分析不同条件下岩溶发育密度。分析研究岩溶发育与岩溶层组类型、构造、地貌及地下水动力条件的关系，了解岩溶发育与分布规律。

（2）以岩溶地层类型及岩溶地貌特征为基础，结合地表岩溶形态、岩溶率及蓄水性等指标，评价岩溶的发育程度，一般可划分为强、中、弱三级。

（3）对覆盖岩溶区、着重调查研究浅层岩溶洞隙的发育特征，包括其形态、规模、组合特征、连通情况及充填状况，分析研究强岩溶发育带在平面上的分布和剖面上的发育深度。查清隐伏于松散覆盖层之下的岩溶形态及其分布特征．如漏斗、洼地、槽谷等，分析研究其与浅层岩溶发育的关系。

2.2.7 岩溶水文地质条件

（1）调查研究岩溶地下水的类型及其特征。

岩溶地下水总体上具有赋存状态复杂（集中管道状或分散网络状），动态变化迅猛，径流通畅，流态多变的特点。这些特征在不同的地区，由于其补、径、排条件的不同又有明显的差异。影响补、径、排条件的因素除了地质构造外，主要是受岩溶地貌，即碳酸盐岩的出露条件、地形切割程度及水文网的配置格局所控制，不同的地貌类型具有不同岩溶地下水特征。据此可将岩溶地下水划分为三种类型：岩溶山地（裸露型岩溶）、岩溶平原、盆地、谷地（覆盖型岩溶）和河湖近岸地带的岩溶地下水。

（2）调查研究岩溶水文地质结构。

调查研究各岩溶含水层组的层位、岩性、含水介质类型、富水性及水化学特征，其埋藏和分布条件，其相互间的水力联系及与第四系孔隙水和地表水体的关系，分析研究岩溶水文地质结构的类型及特征。

（3）调查研究岩溶水系统的组成与分布特征。

调查研究岩溶泉和地下河的发育与分布特征，结合岩溶水文地质结构，分析研究岩溶水系统的组成和分布特征，其补给、径流、排泄的水动力条件及其水位、流量的动态变化特征。

（4）调查研究覆盖岩溶区的地下水流场特征。

着重调查研究岩溶水的流场特征和水位（水头）埋深与基岩面的关系及其动态变化。岩溶水主径流带的分布与水动力特征。

近河（湖）地段注意调查研究岩溶地下水、上覆土层孔隙水与地表水之间的补排关系、洪水涨落过程所引起的它们之间的水位（头）差及水力坡降的变化，以及洪水倒灌的影响范围。

对于第四系覆盖层包括黏性土层，注意调查其含水性及其分布，以及与岩溶地下水的水力联系与水头差。岩溶地区第四系黏性土常为坡、残积成因，多含砂砾质、且垂直裂隙发育，因而具有不均匀的含水性，往往组成弱含水层。

许多塌陷区部发现有隐伏土洞，上洞最发育的部位有两个，一是基岩面附近，一是地下水的季节变动带。后一部位往往位于土层剖面的中部。土洞的形成从另一侧面表明上层中有水流的渗透作用。因此第四系黏性土不能一概当作相对隔水层，而应具体了解其渗透性和含水性，它们对黏性土盖层中土洞和塌陷的形成有着相当重要的意义。

2.3 岩溶地面塌陷监测

岩溶地面塌陷研究中，要监测地面、建筑物的变形和井泉或水库水量、水位变化，地下洞穴发展动态，及时发现塌陷前兆现象，对预防、减轻塌陷灾害损失非常重要。在地面塌陷频繁发生地区或潜在地面塌陷区内，可采取以下监测和预报措施：

（1）在具备岩溶地面塌陷的三个基本条件（即塌陷动力、塌陷物质、储运条件）与岩溶低洼地形地区，在抽排地下水的井孔附近，应对地面变形（开裂、沉降）进行监测。

（2）进行宏观水文监测，当出现地表积水或突然干枯，放水灌溉及雨季前期降雨都可视为可能发生塌陷的前兆。

（3）注意收集或及时发现具塌陷前兆的异常现象，如出现建筑物开裂或作响、植物倾斜变态、井泉或水库突然干枯或冒水、逸气，地下水位突升突降，地下有土体塌落声及动物惊恐等异常现象，是塌陷发生的预兆。

（4）监测井泉内、坑道与水库渗漏点的地下水位降深是否超过设计允许值，地下水位升降速度有否骤然变化，渗漏水中泥沙含量是否高。

（5）岩溶地面塌陷时地表会发生变形，地球物理场亦会发生一定的变化，利用这种特性，在洞穴上部埋设装有聚氯乙烯铜线的混凝土管，当临塌陷或大塌陷前，地表覆盖层发生变形时，混凝土管就会被折断从而发出警报；也可以监测重力的变化，将重力变化的信号转换为音响的报警装置进行报警。

3 岩溶地面塌陷的灾情评估

3.1 岩溶地面塌陷灾害等级划分

岩溶地面塌陷应查明：塌陷的位置、范围及面积；塌陷量；塌陷区的环境水文地质条件；塌陷原因以及发展趋势。依据塌陷面积进行等级划分（表1）。

表1　岩溶地面塌陷灾害等级划分表

种类	指标	特大型	大型	中型	小型
地面塌陷	岩溶地面塌陷面积/km²	>20	20～10	10～1.0	<1.0
	采空塌陷面积/km²	>5	5～1.0	1.0～0.1	<0.1

（据张梁等著《地质灾害灾情评估理论与实践》1998，P28）

3.2 岩溶地面塌陷的灾情预测

预测步骤包括以下三个：

（1）查明研究区的地质、水文地质条件。

（2）调查已有塌陷点的塌陷特征、分布规律及形成条件（环境及触发因素），确定出现塌陷的综合判断指标。

（3）考虑塌陷发展趋势和对环境的影响程度，对研究区进行塌陷预测分区，提出地表各种重要设施的保护方案和预防措施。

通常采、排地下水或矿坑突水时，在水位降落漏斗内，容易产生岩溶地面塌陷的地段如下：

（1）浅部岩溶发育强烈，可溶岩顶板起伏较大，并有洞口和裂口，洞穴无充填物或充填物少，且充填物多为砂、碎石、粉质黏土的地段。

（2）采、排地下水点附近或地下水位降落漏斗范围中心（特别是地下水的主要补给径流方向上）地段。

（3）构造断裂带（特别是新构造断裂带）背、向斜轴部，可溶岩与非可溶岩的接触部位。

（4）溶蚀洼地、积水低地和池塘、冲沟地段。

（5）第四系土层为砂、粉质黏土，且厚度小于10 m地段。

（6）河床及其两侧附近。

地面塌陷预测可考虑的影响因子：

（1）排水量（Q）。

（2）水位降低值（S）。

（3）盖层物理、力学性质的指标（η_i）。

（4）盖层厚度（M）。

（5）岩溶发育程度的指标（K）。

（6）表征构造破坏程度的参数（G）。

（7）预测扩展半径时要考虑时间。

（8）预测时间、强度时，要考虑到抽水中心的距离。

地面塌陷在时间上具有突发性，空间上具有隐蔽性，其预报为当前的前沿课题。岩溶地面塌陷的探测方法和仪器有地质雷达（探溶洞）、浅层地震、电磁波、声波透视（CT）等。近年来，用GIS技术中的空间数据管理、分析处理和建模技术对潜在塌陷危险性进行预测，效果良好。

目前国内岩溶地面塌陷灾情评估的方法，主要采用经验公式法、多元统计分析法，也可根据岩溶类型、岩溶发育程度、覆盖层厚度和覆盖层结构，进行岩溶地面塌陷活动程度判定（表2）。

表 2　岩溶地面塌陷活动程度判定表

塌陷活动可能性		岩溶类型	岩溶发育程度	覆盖层厚度/m	覆盖层结构
会形成塌陷	特别容易形成	裸露型岩溶和覆盖型岩溶	特别发育：地表岩溶密度>100个/km²；钻孔岩溶率>10%	<10	结构不均，且土洞特别发育的非均质土
	较容易形成		较发育：地表岩溶密度 5～10个/km²；钻孔岩溶率 5%～10%	10～30	结构不均，土洞比较发育的非均质土
	不容易形成		不发育：地表岩溶密度 1～5个/km²；钻孔岩溶率 1%～5%	30～80	结构不太均匀，土洞不发育的土
不会形成塌陷		埋藏型岩溶	极不发育：地表岩溶密度<1个/km²；钻孔岩溶率<15%	>80	厚度较大，结构均一的黏性土

（据张梁等著《地质灾害灾情评估理论与实践》1998，P67）

4　岩溶地面塌陷的防治措施

我国对岩溶地面塌陷的防治工作开始于20世纪60年代，目前已有一套比较完整和成熟的方法、防治的关键是在掌握区域塌陷规律的前提下，对塌陷做出科学的评价和预测，依据岩溶地面塌陷灾害等级和活跃程度，制定防治措施，即采取以早期预测、预防为主，治理为辅、防治相结合的办法。

塌陷前的预防措施主要有：合理安排建设总体布局；河流改道引流，避开塌陷区；修筑特厚防洪堤；控制地下水位下降速度和防止突然涌水，以减少塌陷的发生；建造防渗帷幕，避免或减少预测塌陷区的地下水位下降，防止产生地面塌陷；建立地面塌陷监测网。

塌陷后的治理措施主要有：塌洞回填；河流局部改道与河槽防渗；综合治理。

一般来说，岩溶地面塌陷的防治措施包括控水措施、工程加固措施和非工程性的防治措施。

4.1　控水措施

（1）地表水防水措施：防地表水进入塌陷区，可以：

①清理疏通河道，加速泄流，减少渗漏；

②对漏水的河、库、塘铺底防漏或人工改道；

③严重漏水的洞穴用黏土、水泥灌注填实。

（2）地下水控水措施。

根据水资源条件，规划地下水开采层位、开采强度、开采时间，合理开采地下水，加强动态监测。危险地段对岩溶通道进行局部注浆或帷幕灌浆处理。

4.2　工程加固措施

（1）清除填堵法：用于相对较浅的塌坑、土洞。

（2）跨越法：用于较深大的塌坑、土洞。

（3）强夯法：用于消除土体厚度小，地形平坦的土洞；

（4）钻孔充气法：设置通风调压装置，破坏岩溶封闭条件，减小冲爆塌陷发生的机会。

（5）灌注填充法：用于埋深较深的溶洞。

（6）深基础法：用于深度较大，不易跨越的土洞，常用桩基工程。

（7）旋喷加固法：浅部用旋喷桩形成一"硬壳层"，（厚 10～20 m 即可），其上再设筏板基础。

4.3　非工程性的防治措施

（1）开展岩溶地面塌陷的风险评价。

（2）开展岩溶地面塌陷的试验研究，找出临界条件。

（3）增强防灾意见，建立防灾体系。

岩溶地面塌陷的防治尽管难度较大，但只要因地制宜地采取综合的措施，岩溶地面塌陷灾害是完全可以防治的。

5　铁路路基岩溶地面塌陷的整治措施

我国碳酸盐岩分布面积较广，岩溶发育面积也较广，类型较多。岩溶有的景观绮丽多彩是旅游胜地，有的地下蕴藏着丰富的水源；有的岩溶洞穴可作厂房仓库；但同时也对工程、建筑造成隐患。特别是在西南的云南、贵州、广西地区，岩溶特别发育。

铁路线一般较长，建设中通过的地形地貌地质单元多，通过岩溶地段长，岩溶分布特征与发育规律不尽相同，有的地段较复杂，给铁路工程建设带来一定困难，同时也对铁路运营安全造成威胁。

我院在 20 世纪 80 年代就对岩溶工程问题进行了深入研究，并对成功的工程实例进行系统总结，开展了"铁路沿线岩溶地面塌陷及防治"的研究，其工程经验和研究成果成为铁路工程勘察和设计中岩溶规范的主要内容，随着高速铁路和客运专线发展，路基标准提高，岩溶洞室安全顶板和地面塌陷的判别标准也显得不适应，此种方法在南昆、株六、渝怀均取得很好的效果，但面对修建时速 200 km 以上铁路时，注浆加固处理过的岩溶路基也发生了坍陷、发现空洞，这将影响高速铁路行车安全。如在高速地段，如果岩溶形态和塌陷条件勘查清楚，采取：清除填堵法、跨越法、强夯法、钻孔充气法、灌注填充法、深基础法、旋喷加固法等处理技术能达到整治效果，但在铁路路基经过覆盖型岩溶区，一方面岩溶形态无法查清，另一方面路基基础面积大，这就需要进行大面积加固处理，目前比较有效的方法为注浆法，这遇到注浆加固影响范围、注浆加固深度、浆体材料采用等等新的问题。对注浆加固方法提出了新的、更高的要求。

研究岩溶分布特征、发育规律及注浆加固路基工程试验，后期变形特征分析，对复杂的岩溶现象的组合进行注浆加固的适用条件分类，为岩溶地区的铁路路基施工提供科学依据。

6　铁路路基岩溶地面塌陷的注浆整治

6.1　需要注浆整治段落

岩溶整治设计原则：铁路线通过岩溶地层时，如果岩溶地层的岩溶中等发育或强烈发育，用岩溶地面塌陷判据综合评分判别，评分在 71 分以上（岩溶易塌陷区及极易塌陷区）的溶洞、连通性较好且垂直发育的溶蚀破碎带、地下水位在基岩与覆盖层接触界面附近波动的段落，均要采取整治措施。整治宽度为新建铁路路堤坡脚外 2 m，路堑侧沟平台，坡脚（堑顶）外有明显岩溶危及边坡稳定时，适当加大整治范围。

6.2　主要工程措施

岩溶整治措施为揭盖回填或封闭、钻孔充填及压密封闭注浆。钻孔注浆实行探、灌结合的动态设计施工原则。

（1）浅层及开口型溶洞。

采取揭盖回填 M7.5 浆砌片石或封闭措施。

（2）裸露型岩溶。

地面以下 25 m 深度内存在溶洞或破碎带的地段，采取安全顶板厚度法判别，若顶板厚度达不到要求（完整顶板厚跨比不小于 0.5，非完整顶板厚高比不小于 5.0），则要采取钻孔充填注浆或压密注浆至溶洞底板以下 2 m。

（3）覆盖型岩溶。

溶蚀平原区：填土+地表覆盖土厚度小于 30 m 地段，以钻孔压密注浆封闭土石界面（基岩面上 3 m，下 5 m），形成隔水帷幕；在加固深度范围有溶洞时，则钻孔注浆至溶洞底板以下 2 m。上部钻孔采取充填注浆封孔。填土+地表覆盖层厚度大于 30 m 时，一般情况下处理深度控制为 30 m，如在钻孔过程中发现覆盖层中土洞较多，则继续钻进打穿覆盖层。

斜坡地段和溶蚀洼地区：填土+地表覆盖土厚度小于 20 m 地段按上述原则办理。

（4）新建铁路路基左右各 200 m 范围内禁止抽取地下水。

6.3 主要设计参数

（1）以路基面中心线为基点，按正方形布置注浆孔，孔间距一般采用 3.5 ~ 7.0 m。具体施工时，视岩溶发育程度、施工场地等情况，孔位原则上可在 0.5 ~ 1.0 m 范围内调整。

（2）使用纯水泥浆加固处理岩溶时，水泥采用 P.O32.5 水泥，水灰比一般为 0.6∶1 ~ 1∶1。地下水有侵蚀性时，在水泥浆中掺加防腐剂（或采用抗侵蚀性水泥）。为提高结石率，注浆时可掺入粉煤灰代替部分水泥，掺入量可为水泥重量的 20% ~ 50%。

（3）注浆量按所需充填岩溶孔隙的体积或压密封闭的覆盖土层的孔隙体积进行控制。水泥浆液结石体积应与充填或压密体积对应。

（4）当注浆量较大时，可添加速凝剂，但掺入量不大于浆液量的 3%；对空溶洞或半充填溶洞，应间隙注浆或加砂、碎石充填后再注浆。

（5）充填注浆和压密注浆的注浆压力为 0.2 ~ 0.5 MPa，压密注浆时取高值。在压密注浆孔口注浆压力不小于 0.5 MPa。

（6）注浆量：压密注浆按 0.2 m³/m 计列，充填注浆在土层中按照 0.6 m³/m、在卵石层中按照 1.0 m³/m 计列，在灰岩中按照 1.8 m³/m 计列。

（7）遇空洞注浆量超过正常值的一倍以上时，填充混合良好的水泥砂浆或水泥碎石粉浆。水泥砂浆强度不低于 M5.0，水泥碎石粉浆的水泥含量不低于 100 kg/m³。

6.4 施工技术要求

（1）钻孔注浆按照三序进行。Ⅰ序孔为充填注浆孔兼先导孔，主要起充填岩溶及先导勘探作用，按照 7.0 m 间距、正方形布置；Ⅱ序孔为充填注浆孔，对岩溶发育区起充填岩溶作用，在Ⅰ序孔正方形中心及溶洞位置插点加密，Ⅰ、Ⅱ序孔形成菱形布置，间距 5.0 m；Ⅲ序孔为加密孔，对岩溶密集发育区域起压密注浆作用，在Ⅰ、Ⅱ序孔菱形中心插点加密，Ⅰ、Ⅱ、Ⅲ序孔形成正方形布置，间距 3.5 m。原则上，岩溶易塌陷区实行两序钻孔注浆，岩溶极易塌陷区实行三序钻孔注浆。

（2）在岩溶易塌陷区，Ⅰ序孔注浆实施中，在有溶洞、破碎带、裂缝等，或注浆出现明显漏浆（单位时间内注浆量超过正常一倍以上）的岩溶异常区域，实施Ⅱ序钻孔注浆。

（3）在岩溶极易塌陷区，连续实施Ⅰ序和Ⅱ序钻孔注浆。在有溶洞、破碎带、裂缝等岩溶密集发育区域，实施Ⅲ序加密钻孔注浆。

（4）具体孔位、孔深度结合平面图、纵断面和横断面图综合确定。

（5）钻孔终孔直径不得小于 91 mm，钻至设计深度后，埋入注浆管，注浆管底部安装止浆塞，孔口段用水泥浆加速凝剂凝固，待达到强度后，实施注浆。

（6）一般采用金属注浆管，有空洞需要填充水泥砂浆或水泥碎石粉浆时，内径不小于 50 mm，伸入注浆范围顶面以下为花管，且长度不小于 0.5 m。在顶部设止浆塞封孔，注浆底部为破碎带或溶洞时，应填充混合良好的水泥砂浆或水泥碎石粉浆封闭底部通道。

（7）在钻孔过程中土层和岩溶发育破碎带，采用跟管干钻，钻至岩层后可采用饱和水钻进，严禁使用泥浆钻、大水冲水钻进。

（8）注浆终注条件：在注浆压力表不小于 0.2 MPa 时，10 min 持续注浆量小于 1 L/min。

（9）注浆过程中，注意控制压力并加强巡视，避免污染环境（如水源、农田等），发现异常情况，应立即采取相应措施。

6.5　注浆试验及质量检查

（1）注水试验。

正式注浆施工前，利用注浆孔选取 2～3 个代表性工点进行注水和压水试验、注浆试验，确定注浆压力、水灰比、注浆量，待初凝结束后，利用附近的注浆钻孔进行观测验证，以进一步修正注浆参数。

（2）质量检查。

注浆施工结束后，为了解施工质量，应进行注浆效果检查，在成片注浆、初凝后视工程的重要性和岩溶形态，应采用电测深、瞬态面波法在注浆孔间布置 5%～10%质量检查孔，辅以钻孔取芯、注水或注浆试验验证相结合的综合检测方法检查施工质量，且每个注浆工点不得少于 2 孔。对比施工前后物性参数和注水或灌浆施工参数变化对灌浆施工质量进行全面分析评价。质量检查合格条件在试验性施工后确定。当满足下列条件之一时，可以初步判断注浆施工质量符合要求：

①检查孔岩芯可见多处水泥块，基本填满可见缝隙。

②压水试验测定的渗透系数小于注浆施工前的 1/10。

③检查孔的单位吃浆量不超过周围 4 孔单位吃浆量的 15%。

6.6　其　他

（1）施工前须进行水质取样化验分析，以确定其工程特性。

（2）岩溶整治范围需要进行地基加固时，应先安排进行岩溶注浆施工。

（3）注浆钻孔也是岩溶勘探的验证孔，要求采用取芯钻探，并作好钻探岩芯记录和描述。

（4）施工中如勘测设计资料与实际情况有较大出入时，应及时通知有关单位。

（5）有关注浆施工工艺可参照《既有建筑地基基础加固技术规范》（JGJ 123—2000）及《水工建筑物水泥灌浆施工技术规范》（SL62—94）。

贵广高铁桂林西站岩溶地基加固

曾永红　姚裕春　李井元　丁兆锋

（中铁二院　土建二院）

摘　要　贵广线桂林西车站内无砟轨道高速铁路道岔区高填方路基，基底为 7～11 m 厚软土地基，下伏灰岩、白云质灰岩夹白云岩，局部钻孔揭示溶洞发育，因技术标准要求高，常规地基处理措施不能满足设计要求，迫切需要采取新型地基加固技术。本文针对技术要求及存在的问题提出了桩板结构和桩网结构两个新型地基加固技术方案，并通过经济、技术、安全等因素的对比分析，提出桩网结构为推荐方案。桩网结构方案实施后给出工程效果展示及体会，以为类似工点提供借鉴和指导。

关键词　无砟轨道　道岔区　软土地基　桩网结构

1　工程概况

桂林西车站内无砟轨道高速铁路道岔区路基，四线并行，路基以高填方通过，最大填方高度 13 m 左右。段内属剥蚀丘陵、槽谷地貌，地质条件差，上覆软粉质黏土（软～流塑状）、下伏基岩为灰岩、白云质灰岩夹白云岩，节理、裂隙较发育。段内下覆灰岩、白云质灰岩夹白云岩，岩溶水丰富，局部钻孔揭示溶洞发育。该工点填土荷载大，地质条件差，技术标准要求高，设计难度大，岩溶地基、软土地基并存，将严重影响路基工程安全。

2　技术难点

本工点路基属于无砟轨道，位于道岔区，技术标准要求高，具体要求见表 1：

表 1　路基设计技术标准

技术要求	控制指标
路基变形	工后沉降≤15 mm
	差异神经≤5 mm
路基稳定性	稳定系数≥1.25

本工点设计存在以下技术难题：

（1）段内地质条件差，上覆软粉质黏土，软～流塑状，厚度一般为 7～11 m，力学指标低，下伏灰岩、白云质灰岩夹白云岩，局部钻孔揭示溶洞发育。工点位于无砟轨道道岔区，填方高度 13 m，沉降标准控制严格，岩溶塌陷严重影响路基安全。传统的 CFG 桩、水泥搅拌桩处理措施难以满足设计要求。

（2）需采用新技术对软土地基进行加固，根据技术要求目前可采用的新技术主要为桩网、桩筏结构、桩板结构地基加固处理技术。

（3）采用新技术时应充分考虑路基结构物与道岔区轨道结构、接触网支柱基础和排水系统不干扰。

3　方案比选

根据本工点特点，初步确定采用桩网、桩筏结构及桩板结构地基加固处理技术。桩筏结构与桩网结构相比造价较高，对于低矮路基地段，因桩网结构的土拱效应难以发挥作用，此时宜采用桩筏结构进行地基加固处理，本工点为高填方路基，桩筏结构与桩网结构相比不具有经济优势，因此制定了桩网结构和桩板结构两个方案进行比选。

3.1　桩网结构方案

站内自正线路肩按 1∶1 坡率范围内，区间自正线轨道板混凝土底座外边缘以下 1∶1 坡率范围内，采用桩网结构加固（图 1）。桩网结构由 C35 钢筋混凝土桩、C35 钢筋混凝土桩帽、上部加筋垫层组成。桩基采用 φ60 cm 钻孔灌注施工，正方形布置，桩间距 2.4 m，桩长为 7.1～18 m。桩穿过软土区支撑于完整岩石持力层上，有溶洞的地段桩穿过溶洞，空溶洞采用黄泥夹片石或灌砂注浆填实。钻孔桩桩顶设置边长 1.4 m 的正方形桩帽，桩帽高 0.57 m。桩网结构两侧至坡脚范围内采用水泥土多向搅拌桩加固，桩径 0.5 m，桩间距 1~1.2 m，采用正三角形布置，桩长 4.5~12 m。桩网结构桩帽顶部及水泥土多向搅拌桩顶设置 0.6 m 级配碎石垫层，垫层内铺设夹两层土工格栅。

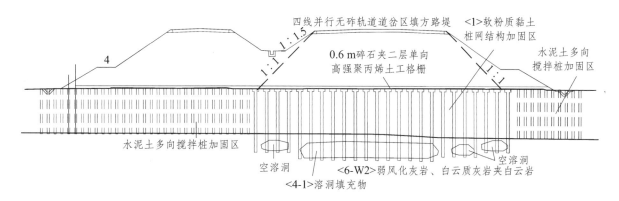

图 1   桩网结构代表性横断面设计图

3.2   桩板结构方案

基底的软土地基采用 CFG 桩进行地基加固处理，桩径 0.5 m，桩间距 1.5 m，桩长 4.5~12 m。于填方路基面下 1.5 m 深，设置浅埋式桩板结构（图 2）。桩板结构由承台板、托梁和钻孔桩组成。承台板宽 24 m，厚 1.0 m，纵向板跨 8 m，三跨为一联，横向板跨 6 m，布置 3 跨；托梁布置在每一联承台板的两端，托梁宽 1.6 m、长 24 m、高 1.3 m；钻孔桩直径为 1.25 m，桩长为 17.5~28 m。钻孔桩穿过软土区支撑于完整岩石持力层，有溶洞的地段桩穿过溶洞，对基底范围内土石分界面以下 8m 范围内的岩溶空洞采用黄泥夹片石或灌砂注浆填实处理。

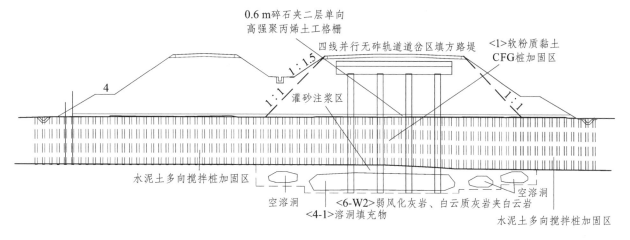

图 2   桩板结构代表性横断面

桩网结构和桩板结构两个方案采用的桩基均为钻孔灌注桩，钻孔灌注桩设计内容主要包括单桩竖向承载力设计、沉降控制设计以及桩身强度设计，其中单桩竖向承载力设计两种桩基是一致的，但沉降控制设计和桩身强度设计两种桩基础的设计方法有所区别：桩网结构为群桩基础，桩板结构为疏桩基础；桩网结构桩基的桩身强度按轴向受压构件设计，桩板结构桩基的桩身强度按大偏心受压构件设计；桩网结构桩基沉降计算按等效作用分层总和法进行计算，桩板结构桩基沉降计算基于新推导的 Mindlin 解计入桩径影响公式桩的附加应力按分层总和法进行计算。

3.3   方案确定

方案在技术与经济上比较详见表 2。

表 2　方案对比表

方案	优点	缺点
桩网结构方案	1. 填土荷载通过桩基传递力至持力层，对软土地基影响较小； 2. 施工工序及质量检测较桩板结构简单，易控制； 3. 结构受力分析直观简单，构造要求简单； 4. 桩网结构加固区无须采用其他加固措施	1. 桩间距小，钻孔桩数较多； 2. 工程具有隐蔽性，病害不易于检查和维修； 3. 造价相对较高，13.2 万元/m
桩板结构方案	1. 桩间距大，钻孔桩数较少； 2. 造价相对较低，12.7 万元/m	1. 填土荷载对软土地基影响较大，承台板底土体易脱空； 2. 接触网支柱基础与承台板位置冲突，需对接触网支柱进行特殊设计； 3. 基底桩板结构加固区内软土需采用 CFG 桩加固，以控制填土及运营期间路基稳定性； 4. 结构受力分析复杂，构造要求复杂，受温度荷载影响较大

从方案对比表分析可知，桩网结构方案造价稍高，但其具有施工简易，不与接触网支柱基础干扰，填土荷载对软土地基影响较小等优点，推荐桩网结构为最佳方案。

4　工程效果及体会

本工点按桩网结构方案实施完成后，经历多个雨季考验，路基稳定（图 3）。

图 3　现场照片

通过本次工点案例设计有如下体会：

（1）对于沉降控制要求严格的软土地基，易塌陷的岩溶地基。当普通地基加固技术不能满足设计要求时，可选用桩网、桩筏结构，桩板结构等新型地基加固技术。

（2）桩网结构适用于填方高填方路基（填方高度一般应大于 3 m），否则土拱效应难以发挥作用，桩筏结构适用于低矮填方路基。

（3）桩板结构为疏桩基础，其减沉效果明显，但水平承载力较低，为确保路基稳定性，需对软土地基采用常规复合地基进行加固，需对岩溶溶洞采用黄泥夹片石或灌砂注浆填实处理。

（4）道岔区、过渡段以及高填方软土地基沉降控制标准高，应优先采用桩网结构，桩网结构为群桩基础，其减沉效果明显，且水平承载力高，不需要对软土地基再采取其他地基加固措施。

实践证明采用桩网结构或桩板结构新型地基加固技术效果优良，解决了在沉降控制标准要求严、填方高、基底软土厚度较厚地段工后沉降不易控制的难题。

六沾铁路典型岩溶病害整治

陈海军　薛　元

（中铁二院　土建一院）

摘　要　岩溶病害对铁路建设和运营安全的威胁较大，合理的确定岩溶整治方案是确保铁路建设和安全运营的重要环节。本文以六沾铁路炎方至黑老湾区间岩溶病害的治理为例，通过分析本段岩溶病害发生的过程、产生的原因以及治理方案，采用分序抢险设计理念，提出了在保证线路通车运营前提下的病害整治设计方案。此方案交付施工后，病害治理效果良好，可为类似工程实例提供参考。

关键词　岩溶　分序设计　病害整治

1　前　言

西部山地区域域岩溶普遍较为发育，且本地区是未来铁路发展的重点区域之一，众多铁路项目正处于建设或设计过程中，岩溶地质对目前正在和陆续上马的铁路项目的影响较大。希望六沾铁路炎方至黑老湾区间 DK433+700～DK434+100 段典型岩溶病害工点整治工程，能对后续上马的铁路及类似工程有所裨益。

2　工程概况

2.1　地形地貌

本段属溶蚀残丘地貌，地面标高 2 060～2 080 m，相对高差 20 m，地形平缓、起伏小，地表多为旱地或林地，基岩多呈石芽状出露。路基以挖方通过，中心挖深 0～7 m。老 326 国道于线路旁边通过，交通方便。

2.2　地质概况

测段位于云贵高原东部，属岩溶峰丛谷地地貌，地层为石炭系、二叠系、泥盆系灰岩、白云质灰岩、白云岩，基岩出露较差，测区大部被土层覆盖，地表大部被垦为旱地。岩溶中等～强烈发育，以覆盖型岩溶形态为主，地表溶蚀洼地、漏斗、落水洞、暗河、溶洞广泛分布，地下水位变化幅度大且剧烈，常产生岩溶地面塌陷。沿线路堑岩溶情况如图 1 所示。

图 1　施工期间的路堑岩溶塌陷

DK433+700～DK434+100 段路基岩溶整治地面塌陷预测分析评分为 90，评价分区为极易塌陷区。

2.3　施工图设计概况

根据施工图设计原则，本段采取全断面钻孔注浆整治，孔间距 3.5 m。该段岩溶于 2010 年 2 月施工完毕，炎方至黑老湾区间于 2010 年 6 月底通车。

3　岩溶塌陷病害的特征及原因分析

3.1　现场塌陷情况

2010 年 8 月 25 日，六沾铁路 DK433+900～+970 段内发现两岩溶塌陷点。其中，DK433+930 右 6.2 m 处塌陷点深约 1.2 m，向外侧发展；DK433+963 右 4.2 m 处（右线）塌陷点道砟下陷约 0.6 m，基底揭示为红黏土。2011 年 1 月 23 日，DK433+872.5 右侧 5 m 处钢轨下发现塌陷点，现场已回填。

据工务部门汇报，塌陷为长 1.4 m、宽 1.1 m、深 5.4 m 的坑洞。现场塌陷情况如图 2。

图 2　塌陷点照片

3.2　病害段地质塌陷评价及物探资料分析

塌陷段落岩溶地面塌陷预测分析及塌陷点物探资料见表 1、表 2。

表 1　塌陷段落岩溶地面塌陷预测分析表

里程段落	主要影响因素及指标评分					累计得分	塌陷分级
	水位	覆盖层的结构与性质	覆盖层的厚度	地貌	岩溶发育程度		
DK433+800 ~ DK434+150	水位能在土、岩界面上下波动	黏性土	<10 m	谷地、溶蚀洼地	物探资料和钻孔资料揭示溶洞较多	90	极易塌陷区
	40	10	10	10	15		

表 2　塌陷段落岩溶地面塌陷段物探表

编号	工程名称	塌陷点里程位置	物探判释情况
1	路堑	DK433+872.5 右 5 m 处	DK433+872.5 右 5 m 路肩面下 2.8 ~ 5.6 m、9.7 ~ 13.4 m 发育 2 层充填溶洞
2	路堑	DK433+930 右 6.2 m 处	DK433+920 ~ +938 范围为溶蚀破碎带，在 DK433+925 路肩面下 8.6 ~ 10.8 m、19.5 ~ 23.4 m 发育 2 层充填溶洞、DK433+935 路肩面下 2.7 ~ 9.5 m 发育充填溶洞
3	路堑	DK433+963 右 4.2 m 处	DK433+963 右线路肩面下 12.9 ~ 16.4 m 发育充填溶洞

由上述两表可见，产生路基岩溶地面塌陷的灾害点均位于极易塌陷区，且灾害点对应的物探资料均判释发育有溶洞或溶蚀破碎带。

3.3　路基岩溶设计情况

（1）三个塌陷点施工图设计情况分析。

经施工图核查，上述三个塌陷点周围分布的溶洞设计均进行了针对性的钻孔注浆加固，注浆钻孔位置与深度情况统计见表 3 ~ 表 5：

表 3　DK433+872.5 塌陷点周围注浆孔统计表

序号	里程位置	设计入岩深度/m	注浆钻孔深度/m	钻孔、塌陷点中心距离/m
1	DK433+873 左线右 3.5 m	5.0	8.6	1.6
2	DK433+870 左线右 7.0 m	5.0	15.3	2.6
3	DK433+869.5 左线右 7.0 m	5.0	8.6	3.1
4	DK433+976.5 左线右 7.0 m	5.0	8.6	3.6

表 4　DK433+930 塌陷点周围注浆孔统计表

序号	里程位置	设计入岩深度/m	注浆钻孔深度/m	钻孔、塌陷点中心距离/m
1	DK433+925.5 左线中心	5.0	9.6	—
2	DK433+925.5 左线右 7 m	5.0	9.6	2.7
3	DK433+929 左线右 3.5 m	5.0	9.6	2.3
4	DK433+932.5 左线中心	5.0	17.8	1.9
5	DK433+929 左线右 7 m	5.0	17.8	—

表 5　DK433+963 塌陷点周围注浆孔统计表

序号	里程位置	设计入岩深度/m	注浆钻孔深度/m	钻孔、塌陷点中心距离/m
1	DK433+964.5 左线左 3.5m	5.0	8.8	3.7
2	DK433+964.54 右线右 0.7m	5.0	18.3	1.7
3	DK433+964.54 右线右 6.3m	5.0	18.3	3.4
4	DK433+968 右线右 2.8m	5.0	9.5	3.7

据表 3 ~ 表 5 分析，该塌陷点及其附近施工图设计情况符合审定的设计原则，塌陷点位于周围注浆孔的有效扩散范围内，塌陷点周围注浆孔最大孔深也满足设计要求，地质资料揭示溶蚀破碎带发育，注浆段地层均有利于浆液的横向扩散，施工图设计注浆孔布置、深度均满足要求。

4　抢险工程 I 期设计及施工

4.1　抢险工程 I 期设计

鉴于岩溶病害地段已经通车，虽塌陷点已经由工务部门现场处理完毕，但该段为岩溶极易塌陷区，未知施工质量的情况下，很有可能继续塌陷并影响行车，故路基、地质两专业会审后决定先开展抢险工程 I 期设计，I 序孔兼具岩溶地质勘验和应急抢险两功能。在线路通车无法通过物探探明基床底岩溶现状的前提下，I 序孔布置主要根据施工图物探资料布置：首先，从 DK433+700 开始，每隔 15 m 沿侧沟底部中心布置一个直孔；其次，根据施工图物探揭示的溶蚀带和溶洞位置进行加密，加密孔分为直孔和斜孔。布孔方式及斜孔示意图如图 3、图 4。

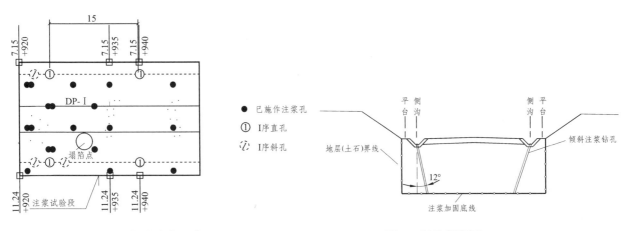

图 3　I 序注浆孔分布示意图　　　　　　　图 4　斜孔示意图

4.2　抢险 I 期工程施工及分析

I 期抢先施工期间监理和建设方基本全程旁站验孔。2011 年 9 月设计方收到钻孔和注浆施工资料，并对资料进行了分析，主要存在问题如下：

（1）岩溶注浆抢险 I 期整治所有 78 个孔的钻孔岩芯（含空溶洞、半充填溶洞、充填溶洞和溶蚀破碎带）均未见有混凝土块和水泥结石体迹象。

（2）钻孔揭示共有 12 孔存在溶洞，高度 1.0～6.5 m，其中无充填空洞 7 个、充填溶洞 4 个、半充填溶洞 1 个，钻孔距离前期岩溶整治注浆孔 2～3.5 m；15 孔揭示溶蚀破碎带，厚 0～7.8 m，岩芯破碎～极破碎。

发生塌陷的三个陷孔位置距离最近的注浆孔中心距离仅 1.6 m、1.9 m、1.7 m，结合抢险施工 I 期钻孔岩芯揭示情况和注浆资料分析，本段原注浆施工效果没有达到设计要求。

5　抢险工程Ⅱ期设计方案比选

5.1　抢险工程Ⅱ期设计方案

根据 I 期抢险施工揭示的地质和既有岩溶施工情况，路基专业对本段岩溶 II 期抢险设计提出以下几种比选方案。

方案 1：对 DK433+700～DK434+100 段路堑范围线下岩溶采用两侧侧沟内斜孔注浆的方式进行补强，示意性加固断面如图 5：

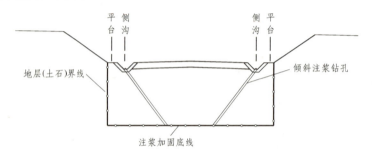

图 5　双侧斜孔补强加固示意图

方案 2：对 DK433+700～DK434+100 段路堑范围内线下岩溶采取全断面直孔注浆的方式重新进行整治（须要点施工），示意性加固断面如图 6：

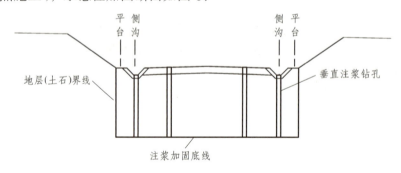

图 6　要点整治加固示意图

方案 3：对 DK433+700～DK434+100 段路堑范围内线下岩溶按照原施工图对本段进行重新整治，并以 DK431+900～DK434+500 段既有铁路作为临时施工便线。示意性加固断面同图 6。

5.2　方案比选

方案 1：对运营影响较小，但路基中部存在较大空白区域无法有效整治；

方案 2：必须要点封锁施工，为保证施工，时间不能小于 4 小时，对运营影响较大，且在线间施工存在安全隐患、污染道砟等问题；

方案 3：除利用既有铁路作便线外，新线还需拆除钢轨和道砟。本方案投资较大，但能够对本段岩溶地基工点进行彻底整治。

6　抢险工程Ⅱ期设计

6.1　抢险工程设计

根据建设方公文函意见，路基专业采用方案 1 进行岩溶 II 期抢险设计。

根据I序应急抢险孔揭示的地质现状，在两侧侧沟内交错布置不同角度的斜孔，单侧注浆孔间距 1.5 m 或 2 m，详见图 7。设计角度大于等于 45°的斜孔均需采用直径 90 mm 的钢花管跟管钻进并留管注浆，斜孔与断面位置关系见图 8。

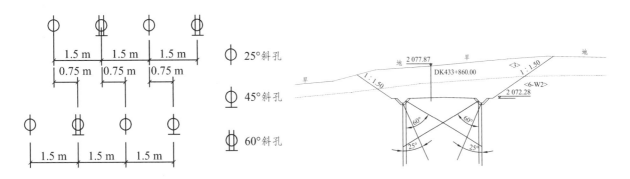

图 7　II 期抢险设计布孔方式示意图　　　　图 8　抢险设计代表性断面图

斜孔注浆深度至基岩面以下不小于 5 m（斜向）。若加固范围内存在溶洞，采用安全顶板厚度法进行判别，要求完整顶板厚跨比不小于 0.5，非完整顶板厚高比不小于 5，若顶板厚度达不到要求，则需钻孔注浆至溶洞底板以下 2 m。抢险工程施工质量检测执行规范的相关规定。

6.2　主要施工注意事项

（1）抢险设计注浆孔施工必须间隔两孔施作，且需与邻近的 I 序孔进行比对，以验证地基溶蚀渗漏情况并对注浆效果进行对比分析。

（2）钻孔注浆施工应贯彻"探灌结合"的原则。施工中如钻孔揭示有串珠状溶洞、直径大于 2 m 空溶洞等岩溶异常发育段落，应及时报请设计现场核实，必要时采取加密钻孔等手段，摸清隐伏岩溶分布情况和发育特征，并做好施工记录。

（3）本段为既有铁路路堑段岩溶施工，需设专人对既有铁路道床进行监测，施工过程中，如发现既有铁路道床范围内有翻浆冒泥、道床变形等情况应立即停止施工，并立即上报相关单位；观测期持续至施工结束一年后。

（4）注浆过程中须配置自动流量实时采集系统，注意控制压力并加强巡视，避免污染环境（如水源、农田、道砟），发现异常情况，应立即采取相应措施。

7　结　语

本段岩溶路堑通车后接二连三发生塌陷事故，经 I 序孔勘探验证发现施工质量问题，结合原设计施工图及 I 序孔施工揭示资料，再进行抢险工程 II 期整治设计。本次岩溶病害整治工程施工完毕至发稿日已历时两年，经两个雨季，目前未收到再次发生地表塌陷或者路堑基床的变形、开裂或翻浆冒泥等病害的报告，从结果来看，整治措施较为恰当。

渝怀铁路秀山 K419 路堤岩溶塌陷整治

褚宇光　李安洪　孟　伟

（中铁二院　土建一院）

摘　要　本文以运营后的岩溶路基塌陷工点为例，对覆盖型岩溶塌陷的原因进行分析，提出以地表水下渗为主造成岩溶塌陷的判识方法和设计应注意的问题，并对运营线岩溶路基塌陷病害整治措施进行介绍。

关键词　覆盖型岩溶　路基　注浆加固

1　工程概况

本工点位于渝怀铁路龙池～秀山区间，属溶蚀丘陵地貌区，地势较平缓，植被一般。线路右侧临近梅江，水平距离约 80 m，相对高差约 40 m。梅江常年有水，是本区域的侵蚀基准面，也是本段地表、地下水的主要排泄方向。

本段地表覆盖第四系全新统冲积黏土、砂黏土层，硬塑为主，局部软塑，夹 20%～30% 灰岩、砂岩质卵石角砾，具弱～中等膨胀性，最大厚度约 30 m，线路附近一般厚 6～15 m。基岩为寒武系中上统（$\in_{2+3}$）白云岩、灰岩，岩层单斜缓倾，倾角为 24°。

K419+710～+889 段为填方路基，填方高度约 7 m，边坡设浆砌片石骨架护坡防护。K419+775、+817 各有一座 1.5 m 盖板箱涵（图 1）。由于本段路堤填方高度与覆土厚度之和已大于 10 m，按渝怀铁路覆盖型岩溶整治原则，施工图未对基底进行钻孔注浆加固。本段工程于 2004 年施工完毕，2006 年 1 月全线开通运营并正常运行至今。

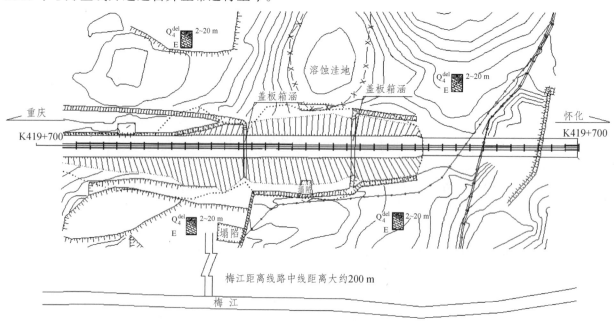

图 1　工点平面图

2　病害情况及原因分析

2008 年 8 月，工务部门在巡检时发现 K419+710～+889 段右侧路堤坡脚外侧出现 4 处地表塌陷。塌陷点分别位于：

（1）K419+800 右侧坡脚排水沟处出现陷穴一处，陷穴尺寸 4 m（顺线路方向长）×7 m（横向宽）×2.5 m（深），导致排水沟下沉开裂，边坡骨架护坡坍塌。

（2）距上述陷穴 2 m 外有大陷坑一处，长约 27 m、宽约 12 m、深 4～5 m（图 2）。

（3）K419+750 处路堤坡脚墙外 3 m 有陷坑一处，长约 2.7 m、宽约 2.2 m、深约 1.5 m。陷坑底部有积水（图 3）。

（4）K419+750 距路堤坡脚墙外 7 m 处有一大陷坑，长约 7 m、宽约 8 m、深约 4.5 m（图 4）。

图 2　K419+800 右侧坡脚排水沟 处大陷坑　　图 3　K419+750 处路堤坡脚墙外 陷坑，有积水　　图 4　K419+750 处路堤坡脚墙外 大陷坑

据工务部门测量，受岩溶塌陷影响范围的线路右移 7 mm，下沉约 40 mm；K419+817 涵下沉变形明显，本段右侧坡脚排水沟多处横向开裂。

通过补充电测深和孔间电磁波 CT 综合反映，本段基岩岩溶强烈发育，基岩面以下 0～20 m 范围存在多处充填溶洞，基岩溶蚀破碎带垂直发育，最大深度超过 30 m（图 5、图 6）。钻探揭示的最大溶洞位于 K419+765 右 12.3 m，溶洞高 6.0 m 左右，软塑状黏土充填。基岩隐伏岩溶强烈发育是造成本段地面塌陷的内因。

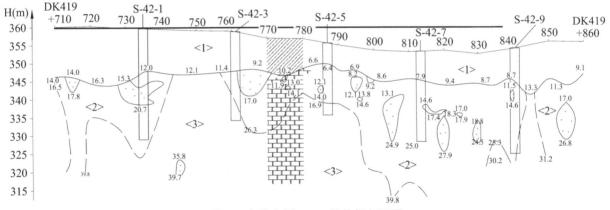

图 5　中线左侧 10 m 处物探剖面图

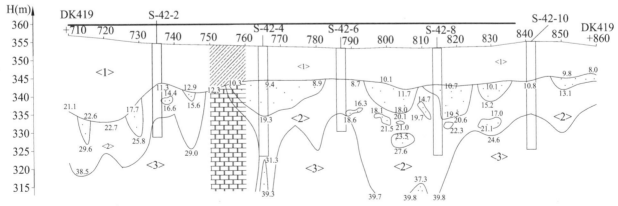

图 6　中线右侧 12.7 m 处物探剖面图

经现场调查，该处线路附近有一座锰矿厂，其大量生产用水均取自梅江，自江边泵站提升后通过管道输送。输水管道采用混凝土预制管拼装，由于年久失修，多处接头渗漏严重。

本段覆盖层为黏土、砂黏土夹卵石为主，有较好的透水性；下伏白云岩溶蚀破碎，岩溶裂隙和管道较发育，补勘钻探反映覆土层和基岩都存在漏水现象。本段线路近邻梅江，且梅江水位比线路低很多，为地下水的快速排泄提供了有利条件。在地表水长期垂直入渗并水平排向梅江的过程中，带走了土体中的微细颗粒，破坏了原状土体结构，长期潜蚀作用下在土体中形成土洞并逐步扩大，最终引发地面塌陷。地表水长期垂直入渗是造成本次地面塌陷的外因和直接原因。另外覆盖土层具有膨胀性，失水干缩开裂进一步加剧了地表水入渗。现场调查时，在梅江江边可见到地下水挟带细粒土流失的情况（图7）。

图7　地下水挟带细粒土流失情况

3　整治措施

根据塌陷原因分析，本工点病害处理采用钻孔注浆结合地表排水的综合整治措施：

（1）对既有陷坑和线路左侧岩溶洼地采用普通土回填、平整，回填表面用 0.5 m 厚黏土封闭，防止地表水汇集、下渗。

（2）对路基坡脚外侧地面进行平整，形成顺畅的排水坡，不得有积水洼地。

（3）修复涵洞和路基排水沟，在右侧既有排水沟外侧增设一条浆砌截水沟，将地表水集中、快速排入梅江。

（4）由建设单位函告锰矿厂，立即对渗漏的排水管道全面修复。

（5）K419+710～+850 段路堤基底采用钻孔注浆加固：

① 线路右侧布置三～四排注浆孔，孔距为 1.75～3.5 m，排距 3.5 m；线路左侧布置 2～3 排注浆孔，孔距为 3.5～7 m，排距 3.5 m。考虑运营线路施工方便，最内侧排孔布置在路堤边坡中部，采用斜孔和直孔间隔布置，斜孔倾向线路中心，倾斜度数为 12°。钻孔布置平面图参见图8。钻孔深度要求进入较完整基岩不小于 5 m，设计最大孔深 29.6 m。代表性设计断面图参见图9。

② 土层采用跟管钻进，开孔直径不小于 130 mm，岩层采用清水钻进，终孔直径不小于 91 mm。

③ 采用纯水泥浆单液注浆为主，注浆压力为 0.2～0.4 MPa，终注压力不小于 0.5 MPa。

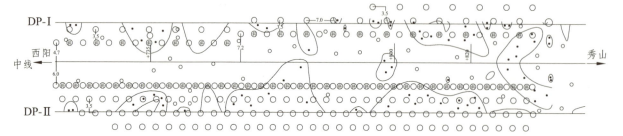

图8　钻孔布置平面图

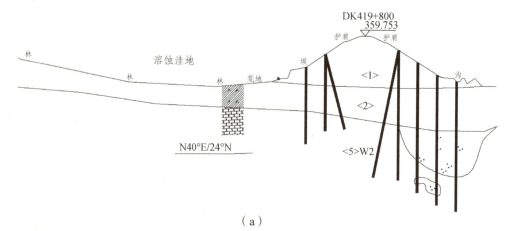

（a）

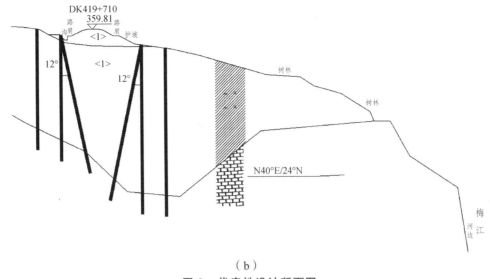

（b）

图9　代表性设计断面图

综合整治措施实施完毕后，本工点地表塌陷趋势得到了遏制，未再出现新的病害，处理效果良好。

4　体　会

（1）覆盖型岩溶塌陷是岩溶地区最常见的塌陷类型，因其具有隐伏性、发展过程长期复杂性、突发性和难以被有效预测等特征，对路基工程安全危害极大。水是造成覆盖型岩溶塌陷的主要诱因之一。根据地下水所处的位置不同，其引发塌陷形成的机理主要有以下两种模式：

① 由于地下水位升降变化导致塌陷。这类情况大多出现在地下水位相对较高的地区，当地下水位季节性波动或人为抽取地下水、井点降水等造成地下水位迅速下降时，对覆盖土产生潜蚀或真空吸蚀作用，造成覆盖层出现土洞进而引发地面塌陷。

② 由于地表水向下渗透导致塌陷。当大气降水或地表水通过覆盖层向下渗透的过程中，可产生三种作用：带走微细颗粒、破坏土体结构和降低土层强度。同时地表水下渗加剧了对基岩的溶蚀，使基岩裂隙逐步扩大、连通，土体不断向下产生蠕变，形成土洞，发展形成地面塌陷。

本案例发生塌陷的原因主要属于后者。在我院设计的贵昆线、株六线、南昆铁路等岩溶地区铁路也有类似原因导致路基塌陷的案例，应当引起设计者的重视。

（2）以地表水垂直渗透为主要原因造成的地面塌陷，大多出现在区域侵蚀基准面较低、地下水位相对深埋、浅部岩溶发育及降雨量充沛的地质环境中。地表多发育有溶蚀洼地、岩溶漏斗或落水洞等典型的岩溶形态，覆盖土往往有一定的可渗透性。以上地形、地质特征可为设计者判断此类岩溶塌陷的可能性，并采取合理有效的预防措施提供一定的指导作用。

例如在本工点线路左侧就发育有一处小型封闭洼地，平面直径约 30 m×40 m，深约 2.3 m，属早期地表塌陷后形成。对于类似具有典型地表塌陷形态的地段，设计中应引起特别注意，加强现场调查和对基础资料的分析，灵活运用设计原则，提前采取措施预防后期塌陷的产生。

（3）铁路部门通过多年对岩溶路基的研究和实践总结，目前对覆盖型岩溶多采用以注浆为主的加固措施。通过钻孔注浆，充填、堵塞基岩中的岩溶水通道，同时固结土体，在土体中形成潜蚀阻截层，无论在以垂直溶蚀为主的岩溶化高原、坡地还是在地下水浅埋、水平溶蚀严重的溶蚀平原区，都有较好的预防塌陷作用。工程应用的实践表明效果也是显著的，近年来采取注浆加固后的铁路路基，产生地面塌陷的几率明显降低。

但同时应当注意到，预防和整治岩溶塌陷的手段并非是单一的，对以地表水渗透引发地面塌陷为主的地段，采取加强地表封闭、排水，尽可能削减地表水入渗的条件，也是预防塌陷产生的有效手段。

武广高速铁路路基厚覆盖型岩溶加固

刘　洋　邱恩喜　魏永幸

（中铁二院　技术中心）

摘　要　岩溶地区尤其是厚覆盖型岩溶地区修建高速铁路路基具有较大的挑战性，钻孔注浆是防止覆盖型岩溶塌陷病害的主要手段之一。通过对岩溶塌陷的机理分析，开展了厚覆盖型岩溶路基处理的加固深度、宽度、注浆孔距等基本参数研究，提出厚覆盖型岩溶地区高速铁路路基钻孔注浆加固的设计原则和质量检验方法，建议钻孔注浆间距由大到小分 2 序（易塌陷区）或 3 序（极易塌陷区）布置的原则和方法，并开展动态设计。

关键词　厚覆盖型岩溶　钻孔注浆　极易塌陷区　易塌陷区　分序注浆

1　引　言

武广高速铁路韶关至花都段地处粤北艰险山区，线路长 159.24 km，路基长 37.116 km，桥隧比例高达 76.7%。沿线地形地质条件复杂，构造发育，工程十分艰巨，是我国在复杂山区修建的第一条高速铁路。线路北段沿线岩性分布以灰岩为主，不良地质主要有岩溶、顺层及危岩落石等。路基设计面临诸多技术难题，其中路基厚覆盖型岩溶加固设计技术难度最大。韶关至花都段岩溶分布广泛，岩溶路基长 18.577 km，占路基长度的 50.1%，尤以英德附近为甚。

武广高速铁路全线铺设无砟轨道，要求路基工后沉降不大于 15 mm，与桥涵等结构物之间差异沉降不大于 5 mm，为防止厚覆盖型岩溶地区路基因岩溶塌陷引发沉降变形，设计前开展了"武广客运专线厚覆盖型岩溶塌陷预测及防治措施研究"课题研究，研究厚覆盖型岩溶塌陷机理、处理加固深度、不同条件下注浆扩散半径及岩溶加固效果检验，提出厚覆盖型岩溶区路基加固设计原则和加固效果检验技术。

2　工程特征

2.1　厚覆盖型岩溶基本特征

韶关至花都段碳酸盐岩发育，主要为石炭系和泥盆系灰岩、泥质灰岩、炭质灰岩，大多以覆盖型岩溶为主，覆盖层厚度一般大于 15 m，以坡积和冲洪积粉质黏土为主。

北江及其支流为当地溶蚀基准面，线路位于溶蚀基准面之上，基本处于岩溶季节交替带～垂直循环带中。岩溶形态主要为溶蚀破碎带、充填溶洞和充填溶缝。地表水主要为沟水、塘水，地下水埋深浅，岩溶水发育。

2.2　厚覆盖型岩溶分布特征

根据物探及钻探资料揭示，韶关至花都段覆盖型岩溶在斜坡和沟槽两种典型地貌类型中均有分布，其中位于斜坡地段岩溶路基共 18 段，位于沟槽地段 11 处，其代表性段落如下：

（1）DK2046+573 ~ DK2047+059 斜坡上分布 11 ~ 18 m 冲积粉质黏土，岩溶强烈发育，物探资料显示异常处 41 处，其中溶蚀破碎带 22 处，充填溶洞 19 处，充填物为饱和状粉砂夹粉质黏土。

（2）DK2051+514 ~ DK2052+000 沟槽内分布 9 ~ 18 m 冲积、坡积粉质黏土、松软土；岩溶强烈发育，物探资料显示异常 28 处，其中溶蚀破碎带 4 处，充填溶洞 24 处。钻孔中多见溶洞，洞高 2 ~ 5.1 m 不等，以充填为主，充填物为流塑状～软塑状的粉质黏土。

2.3　厚覆盖型岩溶发育分区

根据岩溶发育程度、覆盖层性质及其厚度、地下水位及其波动变化情况等因素，对覆盖型岩溶可能引发的地面塌陷进行预测分析，并进行岩溶塌陷分区综合评价，将岩溶发育路基地段分别划分为易塌陷区和极易塌陷区，其中极易塌陷区地段路基长 13.231 km，占岩溶路基的 71.2%。

极易塌陷区覆盖层中孔隙水水量丰富，岩溶水发育，具承压性，岩溶强烈发育，见洞率一般在 30% 左右，局部可达 50% 以上，溶洞多充填或半充填，洞高 1.5 ~ 7.6 m 不等，充填物为软塑～流塑状的粉质黏土。

易塌陷区孔隙水不发育，岩溶水发育，岩溶中等发育，见洞率一般小于 15%，洞高一般在 2 m

以下，半充填，充填物为软塑～流塑状粉质黏土。

对比分析可以看出，极易塌陷区地表水和岩溶水发育，岩溶强烈发育，见洞率高；易塌陷区地表水不发育，见洞率比极易塌陷区低。

3　厚覆盖型岩溶塌陷机理

厚覆盖型岩溶塌陷是溶洞、覆盖土体和水（气）所组成的综合体系，在自然和外力因素作用下的结果，塌陷形成的机理主要有以下三个方面：

（1）渗透潜蚀作用。

岩溶地下水下降后，坡降和流速增大，对溶洞充填物和裂隙通道中松散物质产生潜蚀作用，带走溶洞和裂隙中的充填物。首先在覆盖层底部岩溶洞穴开口处形成土洞，随着地下水位的下降，潜蚀作用加剧，土洞向上逐步扩展，最终导致土体失稳，地表开裂、下沉或塌陷。当地下水位在基岩面附近波动时，潜蚀作用最强烈。

（2）地表水浸泡增荷作用。

降雨和灌溉使土体浸润、软化，造成土洞顶板的失稳和塌陷。

（3）气压作用。

气压作用包括气爆和负压吸蚀作用。在连续暴雨或停止抽排水的情况下，岩溶水水位迅速回升，使原有封闭较好的岩溶空隙的气体被压缩，当顶盖强度不足时，则产生气爆破裂而塌陷，并常伴有冒气、爆炸声等。当地下水下降至覆盖层底面以下时，岩溶空隙中的水和气形成负压，对覆盖层土体产生吸力，使土体向下迁移。同时，负压还加剧了潜蚀作用，加速土体破坏、土洞的形成与扩展。

4　厚覆盖型岩溶加固设计参数研究

厚覆盖型岩溶加固主要思路是通过钻孔注浆堵塞地表水渗流通道，隔断土石界面的岩溶通道，对覆盖层进行加固处理，阻止上部土层颗粒迁移。在确定设计原则之前，则需对溶洞顶板厚度、覆盖层厚度及注浆孔距等设计参数开展相关研究。

4.1　加固深度研究

研究结果表明，溶洞顶板岩体最大拉应力与顶板厚度呈指数衰减关系（详见图 1），随着顶板厚度的增加，顶板最大拉应力减小，受拉区范围缩小，岩体抗剪安全系数增大（详见图 2），表明在其他条件不变的情况下，随着顶板厚度增加，溶洞的稳定性增加。

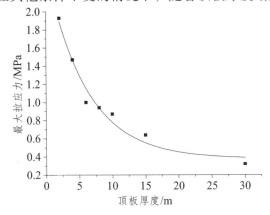

图 1　最大拉应力与顶板厚度的关系

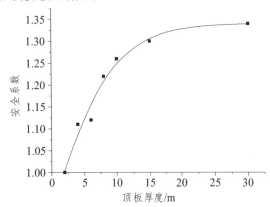

图 2　最小安全系数与顶板厚度的关系

当覆盖层厚度不变时，随洞径增大，顶板最大拉应力增大（详见图 3），受拉区高度与顶板厚度的比值增大，溶洞顶板安全系数减小（详见图 4），表明溶洞顶板的稳定性随洞径增大而降低。根据经验，溶洞顶板稳定的判别标准拉应力区高度比小于 1/3 不产生张拉破坏和剪切破坏，随着洞径的增加，拉应力高度比越大（详见图 5）。

当洞径和顶板厚度不变时，随着覆盖层厚度增加，拉应力高度比减小，安全系数增大，覆盖层较薄时洞顶拉应力将明显受路基荷载的影响，因此覆盖层较薄时，5 m 厚顶板的溶洞在路基荷载作用下趋于不稳定。

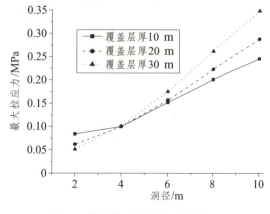

图 3　最大拉应力与洞径的关系

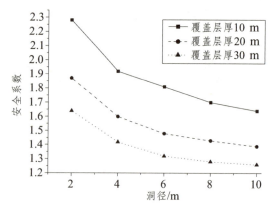

图 4　最小安全系数与洞径的关系

根据图 6，覆盖层厚度 20～30 m 级占韶花段岩溶加固范围 70.7%，覆盖层厚度 40 m 及以上段落的，段落内大部分也以 30 m 厚度以下为主，因此路基岩溶加固最大深度以 30 m 为宜。根据韶关至花都段岩溶发育特征，在覆盖层厚度为 30 m 时，当岩体抗剪安全系数大于 1.15 时，溶洞顶板厚度大于 5 m 时溶洞是安全的，当顶板厚度不足 5 m 时，需单独设计。根据图 5，当基岩面下溶洞洞径小于 7 m 时，深入基岩的注浆深度 5 m 可满足地基安全要求；若洞径大于 7 m，且覆盖层厚度小于 10 m 时，基岩段注浆深度应加深，详见图 7。

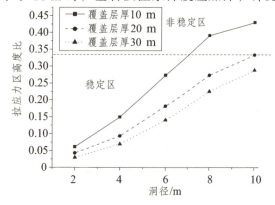

图 5　拉应力区高度比与洞径的关系

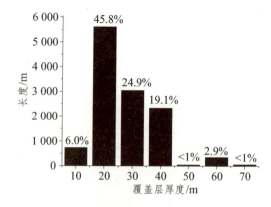

图 6　韶花段覆盖层厚度分布柱状图

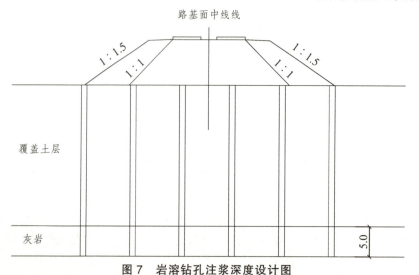

图 7　岩溶钻孔注浆深度设计图

4.2 注浆孔距研究

数值分析表明，渗流半径主要与注浆压力、裂隙或空洞的发育特征等密切相关，而与浆液黏度关系较小。随注浆压力增大，浆液渗流半径逐渐增大，并趋于平缓，即注浆压力增加到一定程度以后，渗流半径不再明显增大，如图 8 所示。当注浆压力 0.2 ~ 0.5 MPa 时，理论渗流半径（即扩散半径）约 5 ~ 8 m；当注浆压力在 0.5 ~ 1.0 MPa 时，理论渗流半径约 8 ~ 12 m。由于岩溶发育的特殊性和复杂性，结合沾昆线、浙赣线和渝怀铁路等岩溶加固经验，应考虑扩散半径折减，折减系数一般取 0.6 ~ 0.8。根据韶花段岩溶发育特征，注浆压力 0.2 ~ 0.5 MPa 时，注浆孔距取 3.5 ~ 7.0 m 为宜。

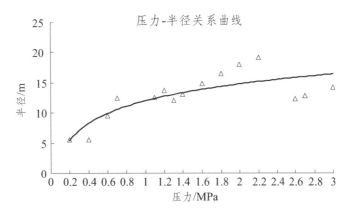

图 8　注浆压力与浆液渗流半径的关系

韶花段路基及桥梁钻孔揭示土洞情况统计结果显示：钻孔揭露土洞 53 个，土洞埋深 1.35 ~ 45.9 m。85%的土洞出现在基岩面，15%的土洞已向上发展 0.4 ~ 7.1 m，仅 3 个土洞在地下水位以上 1 m 左右，其他均位于地下水位以下。土洞洞径统计如图 9 所示，绝大部分土洞洞径小于 5 m，且大部分小于 3 m。I 序孔采用 7 m 间距，可以处理洞径大于 7 m 以土洞。在 I 序孔注浆过程中，仍产生了部分土洞塌陷，如图 10 所示。考虑到绝大部分土洞洞径小于 5 m，对于易塌陷区，II 序注浆孔间距加密至 5 m。极易塌陷区，III 序注浆孔间距加密至 3.5 m。

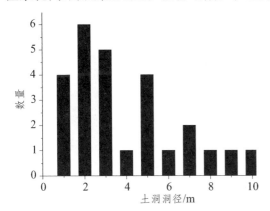

图 9　土洞洞径统计图

图 10　I 序孔注浆后产生土洞塌陷

5　厚覆盖型岩溶加固工程设计

5.1　加固范围及宽度

路基通过岩溶地段时，采用岩溶地面塌陷判据综合评分判别，对评判为岩溶易塌陷区和极易塌陷区的溶洞、连通性较好且垂直发育的溶蚀破碎带、地下水位在基岩与覆盖层接触界面附近波动的段落，均需采取加固措施。整治宽度为新建铁路路堤坡脚外 2 m，路堑侧沟平台外缘，当坡脚

（堑顶）外有明显岩溶形态危及边坡稳定时，适当加宽加固范围，详见图 11、图 12。

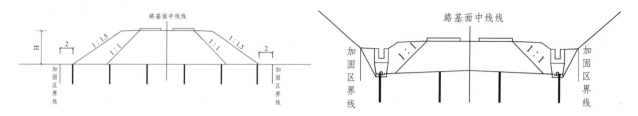

图 11　路堤地段岩溶注浆宽度示意图　　　　　图 12　路堑地段岩溶注浆宽度示意图

5.2　钻孔分序原则及方法

针对韶花段厚覆盖型岩溶及分区特征，对易塌陷区和极易塌陷区分别采用不同的施工技术，具体如下：

（1）易塌陷区技术要求。

原则上，岩溶易塌陷区实行两序钻孔注浆，Ⅰ序孔为注浆孔兼先导孔，主要起充填岩溶及先导勘探作用，按照 7.0 m 间距、正方形布置；Ⅱ序孔为注浆孔，对岩溶发育区起充填加固作用，在Ⅰ序孔正方形中心及溶洞位置内插加密，Ⅰ、Ⅱ序孔形成菱形布置，间距 5.0 m，如图 13 所示。

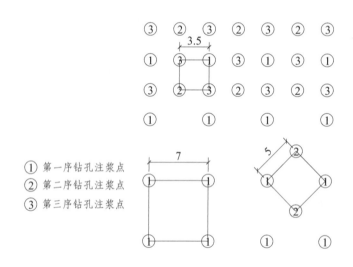

①第一序钻孔注浆点
②第二序钻孔注浆点
③第三序钻孔注浆点

图 13　钻孔注浆平面布置示意图

（2）极易塌陷区技术要求。

极易塌陷区实行三序钻孔注浆。Ⅰ序孔为注浆孔兼先导孔，主要起充填岩溶及先导勘探作用，按照 7.0 m 间距、正方形布置；Ⅱ序孔为注浆孔，对岩溶发育区起充填加固作用，在Ⅰ序孔正方形中心及溶洞位置内插加密，Ⅰ、Ⅱ序孔形成菱形布置，间距 5.0 m；Ⅲ序孔为加密注浆孔，对岩溶强烈发育区域起加密注浆作用，在Ⅰ、Ⅱ序孔菱形中心插点加密，Ⅰ、Ⅱ和Ⅲ序孔形成正方形布置，间距 3.5 m。

在岩溶极易塌陷区，连续实施Ⅰ序和Ⅱ序钻孔注浆。在有溶洞、破碎带、裂缝等岩溶密集发育区域，实施Ⅲ序加密钻孔注浆。

6　厚覆盖型岩溶加固效果检验技术研究

为对厚覆盖型岩溶加固效果进行评价，还开展了面波法、电测深法和钻孔取芯法等多种综合检测方法对比研究。

面波法对于基岩面以上的地层波速反应明显，特别适合地层分层；电阻率法，特别是高密度电阻率法，对地层整体加固效果反应明显，特别是可以很好地反映基岩面以下一定深度范围内的加固效果；结合面波和电阻率法，可以对岩溶加固效果进行综合评价。

综合电测深法和面波检测来看，基岩面上 6 m 地层物性在Ⅰ、Ⅱ序注浆后变化不明显，而基岩面下 3 m 至基岩面上 4 m 段地层物性在Ⅰ、Ⅱ序注浆后变化明显，表明注浆孔封孔位置在基岩面上 5 m 处是合理的。

注浆检测孔揭示岩溶空洞孔隙等充填效果明显，表明检测孔可作为注浆效果检测的一种手段，结合其他检测方法，可对注浆效果进行综合评价。

7　工程总结

通过研究，针对覆盖型岩溶大面积钻孔注浆加固，韶花段设计首次采用按孔间距由大到小分 2 序或 3 序布置的原则和方法。钻孔按施工顺序和用途分先导孔和注浆孔两类。针对岩溶极易塌陷区，原则采用 7 m→5 m→3.5 m 三序内插加密布置；易塌陷区原则采用 7 m→5 m 两序内插加密布置，上述成果纳入了《铁路工程地基处理技术规程》。

钻孔注浆是防止覆盖型岩溶塌陷病害的主要手段之一，其勘察方法仍然是以现场调绘、物探结合钻探为主，对大范围的岩溶异常基本可以全覆盖，但仍可能漏查个别连通性较差的小型溶洞和溶槽等，给运营安全带来隐患；同时钻孔注浆的施工质量及效果检验虽有多种方法检验，但仍然很难做到定量化的判断；并且钻孔注浆工程数量计列及审价也是各方争议的焦点。为此，开展岩溶加固动态设计，明确建设、设计、施工、监理各方职责，是较有针对性的方法之一。

在岩溶强烈发育的覆盖型岩溶极易塌陷区修建高速铁路尤其是无砟轨道路基，一般都同时采取了地基处理和岩溶钻孔注浆整治，面临巨大的工期、质量和路基变形等压力，有条件时尽量以桥代路，或者采取桩板结构处理也不失为一种经济安全可靠的选择之一。

磁铁矿采空区处理施工工艺与技术方法探讨

闵卫鲸　曾德礼

（中铁二院　公司办）

摘　要　本文系统地介绍了采用地质钻机成孔，高压注浆机进行充填注浆的施工方法。为了把水泥砂浆和水泥粉煤灰浆填入采空区，采用能施加高压的输送泵和高压注浆设备、铸铁注浆管、水泥封孔的注浆工艺处理巨型磁铁矿采空区铁路路基。在信息化施工过程中，通过试验不断地调整设计方法和改进施工工艺，在处理巨型磁铁矿采空区工程实践中达到了预期的目标。在处理采空区的施工中，控制充填边界、封孔方法、施工工艺等方面有一定的创新，并提出了采空区的施工技术控制、质量检测和评价方法，对同类工程勘察、设计和施工具有一定的参考价值。

关键词　采空区　充填　工艺　控制技术　质量检测

1　工程概况

国电河北龙山发电厂一期工程铁路专用线从邯长铁路井店车站接轨，穿过位于涉县井店镇台村南 0.7 ~ 1.25 km 处两座磁铁矿采空区。鑫宝矿矿层平均厚度为 6.9 m，最厚 19.75 m，矿体深度 90m。线位通过处采空厚度约为 10.0 m。始建于 1971 年，2004 年停采。采用房柱式炮采，采空区顶板自然垮落，回采率约为 60%。南凹铁矿矿层平均一般为 4.0 ~ 6.0 m，矿体埋深 40 ~ 85 m。线位通过处采空厚度约为 5.0 m。始建于 1976 年，采用竖井开拓方式，以无底柱崩落法开采，采空区顶板自然垮落，回采率约为 60%，至今仍在开采。

2　采空区工程地质特征

采空区地处太行山东麓的黄土丘陵区，区内海拔标高为 535 ~ 577m，相对高差 42 m，地形起伏较大。采空区勘探深度内揭露的地层主要为第四系全新统（Q_4^{ml}）人工堆积碎石土、第四系更新统冲洪积（Q_{3+2}^{al+pl}）黄土、奥陶系（O_2）灰岩及燕山期侵入闪长岩。

磁铁矿赋存于灰岩的接触带及接触带顶底板灰岩薄弱带中，矿床成因类型为接触型磁铁矿床。矿体总体走向为北东 30° ~ 50°，倾向南东，倾角为 9° ~ 20°，含矿 1 ~ 3 层，单层平均厚 2 ~ 4 m，局部地段 5 ~ 7 m。埋深一般为 30 ~ 90 m。铁路范围内有主采矿井三口，经过 30 多年的开采，矿区已达到充分开采，沿线路采空厚度为 5.0 ~ 10.0 m，从地表到采空层有多层空洞分布，空洞累计最厚达 10.5 m。采空层厚度一般累计厚为 5.0 ~ 10.0 m，已经形成冒落带，移动角 60°，在冒落带的松散堆积碎石土层中存在大量可充填的空隙。在冒落带的顶部有一层高 2 ~ 4 m 的空洞，其中 CK0+290 ~ CK0+490 段只形成了裂隙带，并在裂隙带中夹有多层小空洞，CK0+490 ~ CK0+750 段已经形成裂隙、弯曲带。在裂隙、弯曲带中夹有多层小空洞并伴有地表的剧烈变形。

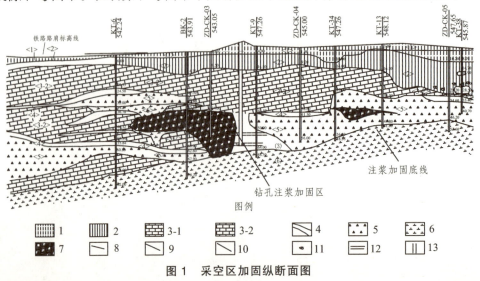

图 1　采空区加固纵断面图

3　采空区地表稳定性评价

地下矿层被开采后，采空区上覆岩层与底板岩层由于应力平衡状态遭到破坏，从而发生移动、变形和破坏。依其受破坏的程度，自下而上可分为冒落带、裂隙带和弯曲带。一般而言，路基除了承受垂直移动和变形外，还要承受纵向、横向的移动和变形。

依据掌握的资料，我们采用了开采条件判别法对 CK0+200～CK0+800 段采空区的地表稳定性进行了评价（如图 1 加固工程纵断图），分析结果表明：采空区分布十分复杂，地基处于不稳定的强烈变形之中，地面变形的特征属非连续性移动变形，这种变形对铁路建筑物的影响远比连续性移动变形的影响大。影响范围内的竖向位移、水平位移、水平变形、斜率和曲率等的变化对作为承载上部结构及列车荷载的路基影响较大。地表稳定性差。

4　采空区处理工艺试验

在分析研究的基础上，我们拟采用水泥砂浆和水泥粉煤灰浆进行采空区的充填，试验时，采用水泥粉煤灰浆的配合比为水：水泥：粉煤灰=1 000 kg：360 kg：1 440 kg，由于浆液浓度较大，浆液流动缓慢。为达到设计扩散半径，施工采用配合比为水：水泥：粉煤灰=1 000 kg：300 kg：1 200 kg，配成 1.64 m³，比重 1.52，结石率 83.5%的粉煤灰浆。进行竖井和斜井注浆试验时，水泥砂浆的配合比采用水：水泥：砂=600 kg：200 kg：1 400 kg，配成 1.22 m³，比重 1.8，结石率 96%的砂浆，效果较好，施工时予以采用，但在施工过程中，根据钻孔所揭示采空区的情况，仍可适当调整钻孔深度和浆液的类型、配比，以达到最佳充填效果。

在冒落带的松散堆积碎石土层中存在大量可充填的空隙，为了取得空隙的可充填率，在现场进行了松散堆积碎石土层模拟注浆试验。试验利用现场开挖的 4 个 1 m³ 的立方体土洞以及 4 个 0.125 m³ 的立方体木箱进行，并采用级配较好的碎石来模拟松散堆积层表层真实堆积

图 2　采空区松散层和充填情况

情况。采用水泥砂浆和水泥粉煤灰浆进行注浆试验，结果表明：松散堆积碎石土表层中空隙的可充填率为 23.49%。

采用地质钻机成孔，高压注浆机进行注浆的方法进行施工，为了把水泥砂浆和水泥粉煤灰浆压入采空区，我们采用能施加高压的输送泵和高压注浆设备，注浆管采用铸铁管，水泥封孔的注浆工艺，通过试验取得了成功，见图 2。

5　磁铁矿采空区处理的技术方法

5.1　施工顺序

施工孔序，按Ⅲ序进行，第Ⅰ序为线路中心附近的竖井或斜井充填；第Ⅱ序为线路左右侧 8.6 m、26.0 m 充填孔和处理边界的帷幕孔，充填孔间距 20 m，正三角形布置钻孔，帷幕孔间距 10 m，线形布置；第Ⅲ序为已形成正三角形的中心根据Ⅱ序孔所揭示采空区、冒落带及充填情况决定是否需要布置钻孔，为注浆补强孔，施工完成后形成新的钻孔间距 11.5 m，正三角形布置。

5.2　单孔注浆步骤

施放孔位→钻探成孔→下注浆管→浇注水泥砂浆封孔→充填浆液的配置→安装注浆加压系统→进行注浆施工。

5.3　施工技术要求

（1）充填和注浆方式，采用自上而下全充填段注浆。

（2）充填、注浆压力采用高、低压相结合的方法，以求浆液均匀渗透，尤其在每一注浆段开始注浆时更应注意这一点，处理边界注浆孔，先低压，后再高压，注浆压力不小于 1 MPa。充填孔用高压，充填压力不小于 5 MPa，加大充填半径。

（3）充填物和浆液配制设置搅拌站，原材料严格按配合比计量，分 2 次搅拌，每次不得小于 3 min。

（4）除充填竖井和斜井外，注浆应先施工线路两侧的帷幕孔，再施工中间的注浆孔，采用先稀后稠的方法。一般帷幕孔采用砂浆，注浆孔采用粉煤灰浆。注浆过程中，要实时观测注浆泵的吸浆量和泵压，并根据实际情况及时调整浆液配比。

（5）单孔注浆结束标准：当孔口管压力在 1.0 ~ 1.5 MPa，泵量小于 10 L/min，稳定 10 ~ 15 min；当孔口管压力在 ≥10 MPa 时，不能继续灌注。

6　采空区处理效果评价

（1）在Ⅰ、Ⅱ序孔注浆施工的基础上，对线路中心、桥涵位置和对耗浆量较大及出现地面塌陷部位进行了加密补强钻孔注浆，处理后铁路中线和桥涵基础位置取芯证明达到要求。

（2）根据钻孔注浆资料的统计分析和钻探过程的对比分析：未遇空洞、破碎带、变形裂缝的钻孔的单孔注浆量≤0.1 m³/m。遇空洞、破碎带的钻孔的单孔注浆量≥2.0 m³/m。已经充填过并且效果比较好空洞、破碎带和变形裂缝的钻孔的单孔注浆量一般为 0.1 ~ 0.2 m³/m。

（3）地表剧烈人为活动加速了局部未处理到的空洞致塌引起（集中出现的不均沉降），在施工中、后期出现了的地面塌陷的发生也进一步说明该采空区的复杂和采空体积的巨大。在Ⅱ序孔施工、中线和重点部位补强的基础上，对耗浆量较大和出现地面塌陷部位进行加密补强钻孔注浆，达到了处理效果。

（4）从第Ⅲ序孔钻探和注浆情况看，土层中能看见充填的水泥粉煤灰浆结块，注浆量也明显减少，但破碎带中充填的水泥粉煤灰浆结块由于强度与灰岩反差大，钻探取心较难发现完整的块体。Ⅰ、Ⅱ序孔的充填加固效果明显，第Ⅲ序孔施工完成后，达到了充填率的控制要求。

南钦铁路煤矿采空区注浆加固

谭汉义　傅毅静　李安洪

（中铁二院　南宁分院）

摘　要　结合广西沿海铁路扩能改造工程南钦段横岭井等煤矿采空区注浆加固处理情况，介绍采空区地质情况、地基加固原理、试验段设计以及对试验段检测情况分析，整治处理达到预期效果。

关键词　铁路路基　地基　采空区　注浆加固

1　前　言

由于地下存在采空区，上部岩层失去支撑，平衡条件破坏，随之产生弯曲、塌落，以至发展到地表下沉变形，造成地表塌陷，严重影响工程稳定性造成工程危害。

广西沿海铁路南宁至钦州北段在 D2K93+500 ~ D2K94+000 线路通过煤矿采空区，通过钻孔向裂隙、空洞和松散地层注入水泥浆，加固地层，预防和控制地表残余沉陷的产生，保证了路基稳定性和工程质量。

2　工程概况

2.1　地理位置和地形地貌

广西沿海铁路，位于北部湾地区，其中南宁—钦州北段属广西沿海铁路重要组成部分，设计速度目标值为 250 km/h，路基工后沉降控制在 10 cm 以内。

2.2　地层岩性

地表上覆第四系粉质黏土，下伏基岩为第三系砂岩夹泥岩及褐煤、泥岩、炭质泥岩、煤层及采空区角砾。

2.3　煤层特征

在小董—防城褶断带东北段的偏东南部分布有以古生界地层为基底的呈 NE—SW 向展布的稔子坪向斜盆地。向斜轴部由上白垩统及第三系组成，核部为上第三系（N）煤系沉积。

2.4　水文地质条件

线路穿越煤矿采空区段的地下水以第四系松散层内的孔隙潜水和第三系地层内的基岩裂隙水为主，渗透性差。根据钻孔资料，地下水位埋深 0 ~ 12.3 m，个别钻孔（BDZ-LJSK-B7）地下水位埋深为 35.1 m。

煤地层酸性侵蚀作用强烈，其地下水作用等级为 H2 级。

3　采空区概况

3.1　采空区开采情况

铁路线路经过地区主要涉及横岭井采空区、大垌煤矿四号井。横岭井采空区开采时间为 1968 年 12 月至 1975 年 12 月左右，煤矿关闭后南防铁路才开通。煤层总体方向为向西倾，煤层厚度平均为 3.2 m 左右。

大垌煤矿四号井为县办煤矿，开采时间为 1980 年至 1998 年，主要开采浅部煤层，开采煤厚平均 3 m 左右。在 20 世纪 90 年代南防铁路开通后时，矿井预留有铁路两侧保安煤柱储量 20 万吨，矿界内煤层基本上采空。

捻子坪煤矿仍在继续开采过程中，其采矿权证所述范围局部穿过既有南防铁路，临近新建南钦铁路。矿区地表局部有塌陷，大部分沉降已基本完成，局部采煤、运输巷道和残余采空层依然存在地下，根据粗略计算局部还有大约 0.8 m 的沉降量，并且不均匀，须对采空区进行整治处理。

3.2　采空区塌陷及空洞情况

煤矿区的下沉区内形成大大小小的多个塌陷洼地、洼地最深达 5 m，一般深度小于 1 m。在 D2K93+800 ~ D2K93+830 左侧 10 ~ 20 m 范围内地表有明显的塌陷坑，深 3 ~ 5 m；在 D2K93+820 ~

D2K93+860 有地面裂缝，其一直延伸到既有南防铁路，裂缝宽 3～5 m，深 2 m 左右。通过钻探、物探等手段对采空区进行勘察，证实和查明地下采空区的存在。

3.2.1　深孔钻探资料

通过布置 21 个深孔钻探，有 6 个孔见空洞，钻探掉钻情况见表 1。

表 1　深孔掉钻情况统计表

序号	名称及钻孔编号	里程位置	孔深/m	首见煤深度/m	见煤最深的深度/m	1 m 厚以上的煤层数	空洞（掉钻）深度/m	备注
1	BDZ-LJSK-B3	D2K93+685 左 11m	142.3	80.2	110.3	3	112.1 至 117.8	采煤巷
2	BDZ-LJSK-B5	D2K93+790 左 11m	161.5	81.6	130.4	4	65.0 至 69.3 70.0 至 72.0	采煤巷
3	BDZ-LJSK-09-1	DK93+806 左 2.5m	144.0	93.3	141.5	2	57.4 至 71.8	运煤巷
4	BDZ-LJSK-09	DK93+815 左 8m	50.0				28.4 至 50.0	运煤巷
5	BD2Z-93-03	DK93+820 中线	41.7				22.0 至 25.1	采煤巷
6	BDZ-LJSK-08	DK93+755 右 17m	140.0	67.3	110.5	7	101.6 至 103.0 104.2 至 107.7	运煤巷

3.2.2　跨孔地震波层析成像法结果分析

跨孔地震波层析成像法结果分析见图 1。

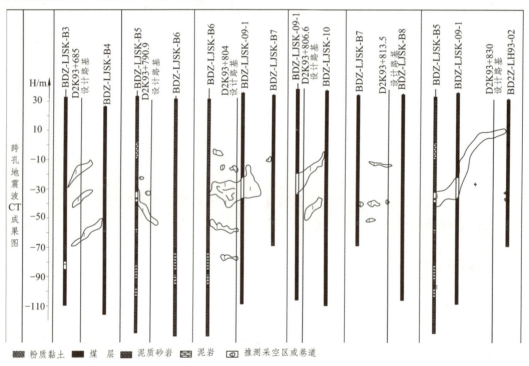

图 1　跨孔地震波 CT 成果图

图中异形图形区域为异常带，属空洞的可能性大。

3.3　路基变形隐患情况

综合物探测深剖面、地面调查、钻探结果、测井资料、对井透视测试、煤矿资料分析，D2K93+594～D2K93+750 段为较大沉降隐患区，巷道主要埋深 100～120 m，冒落带主要埋深 70～120 m，冒落带上部埋深 70～90 m（与裂隙带接触）松散体更为松散，空隙较多，需要采取注浆措施加固。

4　注浆加固原理及试验段设计

4.1　注浆加固原理

充填注浆主要应用于采空巷道及采空空洞，通过自重将水泥浆注入采空巷道及采空空洞，待水泥浆凝固结硬形成强度后，将巷道及采空空洞充填注满，以支撑上覆岩土层，承受上部荷载。

渗入性注浆是在较小的压力下，浆液克服各种阻力沿采空区形成的裂隙带和冒落带中的孔隙流动，水泥浆液与周围土体胶结，并充填、挤压破碎岩体裂隙，形成具有一定强度的结石体，从而起到加固处理地基的作用。

4.2 试验段注浆加固方案及设计

4.2.1 注浆方案

D2K93+670～D2K93+730 段线路右侧 20 m～70 m 为煤矿采空区路基整治钻孔注浆工艺性试验段，通过试验段内钻孔注浆情况修正充填半径、浆液配比、加压方式、注浆压力、注浆量、外掺添加剂类型及掺量等施工参数及施工工艺。

图 2　试验段平面布置图

采空区整治分区：正线路堤坡脚及路堑堑顶范围内属于核心区，距线路中线两侧 10 m 范围内为整治 A 区；10～30 m 范围内为整治 B 区；30 m 至整治边界范围为 C 区。试验段位于 B 区和 C 区。

试验段内 B 区 II 序孔在 I 序孔中心加密，I、II 序孔形成正方形布置，孔间距为 10.0 m，III 序孔为加密孔，在 I、II 序孔正方形中心插点加密，I、II、III 序孔成菱形布置，孔间距为 7.0 m，C 区 II 序孔在 I 序孔中心加密，I、II 序孔形成菱形布置，孔间距为 14.0 m。如图 2、图 3 所示。

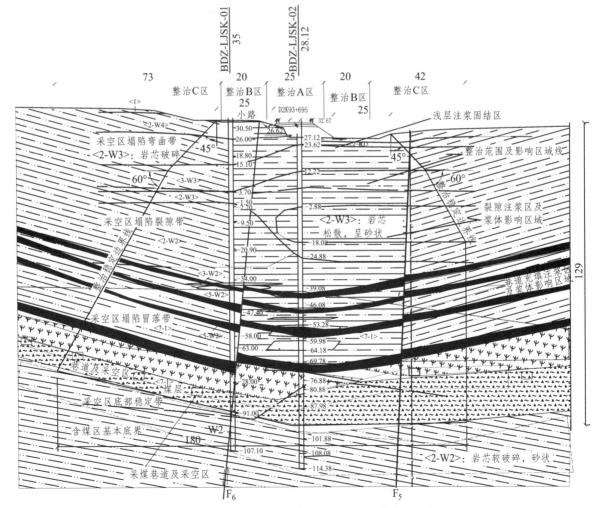

图 3　采空区处理代表横断面示意图（单位：m）

采空区加固处理设计还应遵循以下原则：

（1）探灌结合原则：采用"备足方案、探灌结合，先探后灌"的原则；

（2）深度上分段分带原则：① 塌陷坑、塌陷盆地整治设计深度至采空区底部；② 地表变形轻微，只形成了冒落带和裂隙带，施工 I 序、II 序钻孔钻至冒落带顶部或最底层的空洞；③ 加固整治边界帷幕注浆孔采用充填注浆加部分灌浆，空洞连通性好，可适当加砂和石粉，整治设计深度至开采空区底部；④ 浅部浅孔注浆固结地基钻孔深度到风化砂层底部。

对于多层采空采用下行式注浆，单层采空或加固松散体采用上行式注浆。

4.2.2　注浆加固宽度和深度

加固边界为整治稳定边界线与处理深度线相交范围内的空洞和冒落带松散体的空隙、裂隙。稳定边界线按《建筑物、水体、铁路及主要井巷煤柱留设与压煤开采规程》中移动角理论确定，土层移动角45°，岩层移动角60°。围护带宽度按 I 级铁路围护带宽度 20 m 加 5 m 考虑，即坡脚外25 m。

试验段采空区空洞底板以上土层为 20 m，岩层为 100 m，根据计算加固宽度为 106 m。线路右侧为既有铁路，设有保安煤柱，试验段位于线路右侧，故加固至既有铁路坡脚范围，宽度为 70～84 m。

根据煤矿采空区巷道分布图、钻探结果、物探结果，分别计算出冒落带、裂隙带、弯曲带的高度。此外，通过深孔钻探揭示，局部地表以下 144 m 深度范围内仍存在采空空洞，故整治设计最大深度为 144 m，见图4。

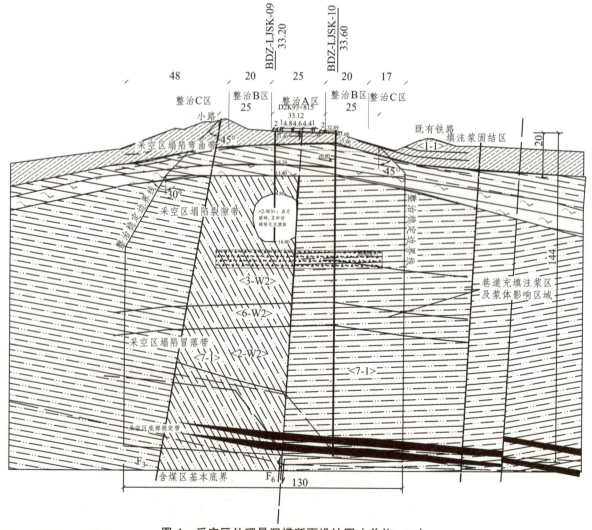

图4　采空区处理最深横断面设计图（单位：m）

4.2.3　钻孔

先施工探灌结合孔，然后Ⅰ序孔→Ⅱ序孔→Ⅲ序孔依次施工，最后实施验证孔。

钻孔开口孔径不应小于 130 mm，终孔直径不应小于 110 mm，需要特殊处理的孔，其终孔孔径不得小于 91 mm。钻孔采用迴转钻进方式，探灌结合孔、验证孔采用双层单动岩芯管钻进，岩芯采取率不低于 90%。

探灌结合孔的目的是掌握钻孔位置处的空洞和松散体的空隙、裂隙的空间分布，确定充填量、浆液性质和配合比，并确定充填和渗入灌浆的施工工序，确保施工工程质量。

4.2.4　注浆

（1）注浆材料：采用水泥粉煤灰浆液。水泥采用 P.O42.5 普通硅酸盐水泥，粉煤灰等级为二级标准。

（2）浆液配比：当钻孔探明该孔地下水位高时，注浆所用的水泥粉煤灰浆液先稠后稀，按 0.6∶1、0.8∶1、1∶1 比级进行，尽量用浓浆，既加大浆液比重使其尽量下沉，又减少地下水对浆液的稀释作用，提高浆液的结石率。

（3）注浆方式：采用自下而上注浆方式，即钻孔钻至设计深度后，插入注浆管至孔底以上 0.5 m 处，浆液采用从孔底逐渐往上运移的方法，一方面由于浆液比重大，压注浆时存在一定压力，浆液下沉或外挤充填采空空洞或裂隙，不断地将地下水从下部往孔口驱排，待排水管（出浆管）排水完毕开始出浆后，关闭排水管阀门进行压力注浆。

① 单层采空区钻孔成孔后，采用动态封孔法封孔，一次注浆完成。

② 两层以上采空区注浆钻孔需两次以上完成，采用下行式分段注浆。如此注浆、扫孔的多次重复直至将最下层采空区注浆结束。

（4）注浆管和封孔：

注浆管采用 ϕ32PP-R 管。孔口管采用 ϕ130 的无缝钢管（图 5），采用动态封孔法封孔。先将无缝钢管打入设计孔位，无缝钢管兼作护壁，钻至设计孔深清孔后埋入注浆管，将法兰盘与孔口管对接拧紧，动态封孔过程即可完成。无缝钢管打入深度一般为三节，3 m 一节，以灌浆时不冒浆为原则控制打入深度，兼作护壁时可适当加长。

图 5　孔口管的选用

（5）注浆施工顺序：注浆由里向外施工，尽量向线路外侧驱排地下水。对于下山方向的采空巷道应先进行帷幕孔施工，并采用间歇注浆法注浆，再施工注浆孔。

（6）群孔注浆排水：有时单孔注浆缩孔严重，直接封闭了下部地下水往上运移的通路，排水管（出浆管）起不到排水作用，则采取群孔综合注浆排水工艺。群孔综合注浆排水工艺为多孔（至少三孔）同时成孔，插入注浆管安好法兰盘后一个孔先注浆，其他孔作为排水孔。当其他孔排水功能完成出现串浆现象，则对串浆孔同时进行注浆，直到达到终注条件。群孔综合注浆排水工艺中若注浆的单孔不存在缩孔问题，本身仍可作为排水孔。

（7）注浆压力：充填注浆压力 0～0.3 MPa；渗入性注浆压力一般小于 3 MPa，以不使地层结构破坏为　原则。

（8）终孔结束标准：当孔口管压力在 1.0～1.5 MPa，泵量小于 50 L/min，稳定 10～15 min，即可认为钻孔最终注浆量达到结束标准。根据试验段钻孔及注浆情况，确定适宜注浆压力及注浆结束标准。

4.2.5　注浆质量要求

根据《铁路工程地基处理技术规程》（TB 10106—2012）相关要求钻孔取芯验证孔数不少于注浆孔总数的 2%，对于不足 20 孔的注浆工程，检验点的数量不少于 3 个点。

注浆完成 28 d 后采用直流电测深法、瞬态面波法进行注浆前后物探检测的对比，电阻率值及波速值有所提高，并基本趋于较稳定状态。钻孔取芯法质量要求岩芯可见多处水泥结石体，基本填满可见缝隙，浆液充填率≥90%，充填水泥结石体抗压强度≥0.3 MPa 或者检查孔每延米注浆量不大于周围 4 孔平均每延米注浆量的 15%。

4.2.6 注浆施工工艺

地质复杂的全风化或强风化岩层钻进过程中塌孔严重时，一般采用膨润土、聚丙烯酰胺、火碱、羧甲基纤维素混合浆液护壁或者下钢套管（设花管）；对于塌孔缩孔严重的多层采空，钻孔穿过砂层后进行注浆，重新复钻。

5 加固效果

根据注浆试验结果分析对比注浆处理前后单孔平均注浆量数据结果显示，验证孔周围 4 孔平均每延米注浆量 1.2 ~ 1.7 m³/延米，验证孔平均每延米注浆量 0.45 ~ 0.56 m³/延米，注浆效果明显，虽不满足检查孔每延米注浆量不大于周围 4 孔平均每延米注浆量的 15%，但可见裂隙基本填充，充填水泥结石体抗压强度≥0.3 MPa，满足质量要求，钻孔注浆工艺符合采空区处理的实际情况。

6 结束语

广西沿海铁路 D2K93+500 ~ D2K94+000 段基底煤矿采空区经过注浆加固处理，通过物探、钻孔取芯及注浆试验，对注浆质量进行分析的结果表明，该段路基基底煤矿采空区影响范围内钻孔注浆处理效果明显，保证了路基稳定性。

胶济客运专线 DK336 路基采空区注浆加固

庞应刚　姚裕春　李安洪

（中铁二院　技术中心）

摘　要　采空区整治是公认的难题，其对铁路运行安全的威胁很大，采空区对铁路的影响机理主要表现为地表沉陷。分析了采空区地表沉陷对铁路工程的影响，提出了采空区整治原则和工程措施，总结出了采空区整治施工过程质量监控及施工后的质量检测技术。

关键词　胶济客专　采空区　注浆　整治

1　工程概况

胶济客专 DK336+040～DK336+618.5 长 578.5m，属洪积平原地貌，地势平坦开阔，地表均垦为旱地。段内上覆人工弃渣、人工填筑土、粉质黏土及第四系洞穴堆积物、碎石土、块石土；上更新统洪积层松软土、黄土质粉质黏土、粉质黏土、碎石土；下伏地层为：断层破碎带（糜棱岩）（F_{br}），石炭-二叠系砂岩、页岩夹煤层、灰岩；石炭系中统本溪组砂岩、页岩夹泥岩、灰岩及煤。

1.1　采空区地面特征

采空区主要为煤层采空区，形成时间为 20 世纪 50—90 年代，为村集体开采，规模较小、年代较久，无技术资料和图纸留存，通过调查访问，段内有四个小煤窑开采煤层，其位置为：

（1）推测 1#煤井：位于线路 DK336+060 左 88 m、D1hK336+060 左 50 m；

（2）推测 2#煤井：位于线路 DK336+134 右 20 m、D1hK336+134 右 56 m；

（3）3#煤井：位于线路 DK336+150 右 118 m、D1hK336+150 右 80 m；

（4）4#煤井：位于线路 DK336+278 左 27 m、D1hK336+277 右 6 m。

根据胶济铁路电气化改造工程（DK 线）资料及本次核实：1#、2#煤井井口已被填筑，开采时间为 50—60 年代，开采持续时间约 1～2 年，井深 30～40 m，煤层厚 1～2 m，层位不稳定，呈"鸡窝状"，因地下水丰富而停产。3#煤井约 1992—1993 年开采，开采持续时间约 1～2 年，井深约 30～40 m，因煤层薄，产量小而停产，井口为圆形，直径约 3 m，井壁垂直，砖砌护壁，现村民改为水井抽水灌溉，目测稳定水位约 20 m。4#煤井据介绍本段地面曾经塌陷过，下沉量约 0.8 m，据访问井深约 40 m，开采时间为 70 年代复线修筑以前，持续 1～2 年；由于下沉量小，且时间已久，目前无明显的塌陷迹象。

1.2　采空区分布特征

据胶济电化线收集的资料及胶济客运专线钻探、物探资料分析：DK336+044～+148 段（D1hK336+054～+148 段）钻孔揭示，煤层埋深 19～58 m，煤层厚 0.6～2 m，推测煤层倾向 SE，倾角为 7°～8°。根据物探资料揭示：DK336+073.5～+112、DK336+122～133 段分布采空塌陷区，埋深均为 40～42.7 m，高 2.7 m。

DK336+148～+510 段，采空区呈贯通坑道状分布，纵向呈多层出现（DZ-34-05 孔揭示 4 层采空区），埋深 15.5～49 m，坑道一般高 3～6 m；局部坑道高 0.3～0.6 m，局部高度大于 8 m。大部分已被填充，填充物为块石及碎石、煤渣、粉质黏土（砂岩风化），分析其来源为采空区顶板及坑壁垮塌堆积或人工采煤时弃渣，局部有空洞，洞高 0～0.6 m。

DK336+510～+606 段，线路右 26～58 m 外有东风煤矿 3#采煤井的采空区分布，收集钻孔（XVII-08、浅 41 孔）资料显示，在线路右侧 90 m 内煤层（已开采）埋深 83～96 m，煤层厚度约 1 m，煤层倾向 S，倾角约 8°。根据既有电化线物探资料显示，地表以下 43.9～53.2 m 范围存在采空塌陷区，呈贯通坑道状分布，坑道高 1.7～5.2 m，大部分已被填充，填充物为块石及碎石、煤渣、粉质黏土。

1.3　既有铁路的工程处理情况

DK336+056～DK336+360 段既有铁路（即胶济电化 DK 线）采空区已进行钻孔灌注水泥砂浆进行处理，既有铁路目前运营正常，各类工程未见地质病害。

2　采空区处理原则及工程措施

2.1　采空区整治原则

采空区整治设计是在采空区勘探的基础上，经过对采空区覆岩土层稳定性的分析和评价后，针对采空区的特征、水文地质及工程地质条件以及采空区塌陷后引起路基沉降是否满足工后沉降要求等，确定采用安全可靠、经济合理、有利于环保，且便于施工的方法进行整治，做到一次根治，不留后患。

2.2　工程措施

线路通过采空区段内采用钻孔灌注水泥砂浆进行采空区地基加固整治。采空区加固整治边界：既有铁路未加固地段处理边界为路基坡脚处与垂直线向外呈 30°角扩散直线与采空区底板相交的范围；既有铁路已加固处理地段以采空区已处理边界为界，如图 1 所示。

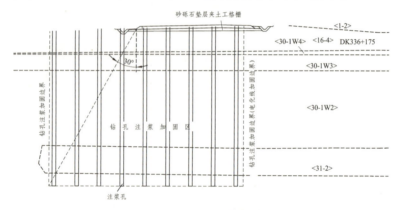

图 1　代表性横断面

采空区加固设计采用动态设计、信息化施工。按"探灌结合，先探后灌"的原则进行加固。采空加固区注浆钻孔间距按 5 m 设计，钻孔采用梅花形布置。未加固处理范围的边缘处钻孔间距按 3.0 m 布置，以尽快形成注浆帷幕，减少浆液漏失。采空区注浆钻孔深度 32.5～54 m。注浆材料采用水泥砂浆，水灰比（重量比）为 0.6∶1～1∶1，水泥采用 P.O32.5 矿渣水泥。

3　施工技术要求及质量控制

3.1　施工原则

（1）施工采用信息化施工。按"探灌结合，先探后灌"的原则进行加固。先按 20 m 间距布置勘探孔，采用取芯钻孔，对采空区的地质情况进一步核实。勘探孔兼做注浆试验孔，根据勘探及试验的情况确定钻孔深度、间距、注浆压力及注浆量。

（2）钻孔注浆应分序进行，首先对路基两侧整治边缘进行钻孔注浆，以形成注浆帷幕，减少浆液流失；第二序在采空区内梅花形隔孔钻孔注浆，对采空区进行充填；最后对采空区内剩余钻孔进行钻孔注浆，对前序钻孔注浆效果进行检查，同时对采空区进一步填充，以达到整治效果。

（3）在永久征地界外的钻孔，考虑到土地复耕问题，地表至地表下 1.0 m 范围钻孔不注浆，采用黏性土回填。

3.2　施工技术要求

3.2.1　钻　孔

（1）钻孔位置依据平面布置图和横断面图进行施工放样。

（2）钻探施工采用岩芯钻探，充分掌握采空区的地质特征，钻孔终孔直径不得小于 91 mm，钻至设计深度后，孔口段用水泥浆凝固护好，设好加压设备，实施注浆。

（3）在钻孔过程中土层应采用干钻，钻至岩层后可采用饱和水钻进，水源困难地段可采用风压干钻，严禁使用泥浆钻、大水冲水钻进。

（4）对整治中发现的采空区应详细描述，如实记录其空间分布特征、充填情况。

3.2.2　注　浆

（1）注浆工作必须连续进行，若因故中断，应及早采取处理措施，尽快恢复。

（2）自流注浆。由于小煤窑采空区成片分布，浆液在自重作用下流进采空区。当遇到大空洞时，可加粉煤灰、砂、碎石等材料，同时浆液比重适当加大，以减小浆液流动性，确保浆液不会流出线路处理范围太远，减少漏失量。

（3）压力注浆。当采空区被浆液"大部分"充满或采空区已被塌落物大部分充填，三通管上的压力表显示有压力，进入压力注浆阶段。压力注浆主要是加密充填采空区，同时也充填了基岩裂隙、软弱结构面和因采空而产生的基岩裂隙。

（4）间歇注浆。自流注浆久注不满、压力注浆压力一直不上升、未达到设计压力而出现孔口或地面冒浆时，需采取间歇注浆，即注一段时间，间歇一段时间，让每次注入岩层的浆液有个析水凝结的过程，从而有效充填岩层孔隙、阻止再冒浆、防止浆液流出处理范围之外。

（5）二次注浆。一次注浆结束后，被压入采空区和塌落空洞的水泥浆液中的部分水分在压力作用下向周围地层渗透扩散，同时随着压力的消散和时间的推移，水泥浆液固结析水。在采空区形成上部空气、中间水、下部水泥固结体的状况。故需进行二次压力注浆，以保证在二次注浆后采空区全被水泥固结体充填密实。

3.3　质量控制

（1）正式注浆施工前，利用注浆孔选取 2～3 孔进行注水和压水试验、注浆试验，确定注浆压力、水灰比、注浆量，待初凝结束后，利用附近的注浆钻孔进行观测验证，以确定注浆扩散半径等参数等。根据试验孔的情况，钻孔间距可作适当调整，遇有空洞时可掺砂、掺粉煤灰、碎石等材料。

（2）单孔注浆结束标准：当孔口管压力在 1.0～1.5 MPa，泵量小于 70 L/min，稳定 10～15 min 以上，即可结束该孔注浆施工。

（3）注浆施工后期，为了解施工质量，应进行注浆效果检查，在注浆孔间布置 5% 的质量检查孔。满足下列条件之一，可认为合格，否则应重新补钻孔注浆，直到满足为止。

①注浆前后地层单位吸水率的比值大于 10。

②检查孔岩芯可见多处水泥块，基本填满可见缝隙。

③检查孔补注采用水灰比 2:1 的浆液时，初始的前 10 min 进浆量小于 10 L。

④检查孔注浆结束后的补注浆量小于常见注浆量的一半。

（4）注浆结束后进行检查钻孔取芯检验，直接观察采空区浆液结石充填情况，并结合钻孔漏失情况等综合评价。

（5）采用高密度电法和瞬变电磁场法对加固后的采空区进行物探检查。

（6）施工完成后，根据检查钻孔的岩芯情况和物探资料检验情况进行综合分析，对采空区地基加固效果作出综合评价。

（7）注浆过程中注意事项：

①必须加强对注浆过程的监测，详细记录注浆压力、注浆流量、注浆量、浆液凝结时间等指标，发现冒浆、地面隆起等异常情况应立即停止注浆，及时查明原因，采取相应措施。

②为了防止注浆造成地下水和公共水域的水质污染，注浆使用的浆液限于水泥或水玻璃类浆

液，不允许含剧毒物或氟化物，施工中必须加强监测注浆地点周围的地下水和公共水域的水质污染状况。

③注入注浆设备的清洗水、浆液、注入地点的漏水等废水排向公共水域时，其水质必须符合有关规定。

④禁采区（左侧距新建线 100 m 至右侧距既有右线中线 100 m 范围为禁采区）范围内严禁采砂、采石和采煤等开采活动，并在地面禁采范围边界设置标示标牌。

4　工程效果与体会

采空区整治加固后，通过检查钻孔的岩芯情况和采用高密度电法、瞬变电磁场法对加固后的采空区进行物探检查显示达到了整治效果。现已通车运营五年以上，该段路基未发现沉降等现象，整治效果良好。

通过对采空区整治加固设计，有以下几点体会：

（1）采空区地基加固设计应贯彻"设计采用动态设计，施工采用信息化施工。按'探灌结合，先探后灌'的原则进行加固"。

（2）施工采取探灌结合，先布置勘探孔，对采空区的地质情况进一步核实。勘探孔兼做注浆试验孔，根据勘探及试验的情况确定是否调整钻孔深度、间距、注浆压力及注浆量，对设计进一步完善。

（3）钻孔注浆应分序进行，首先对加固区边界进行钻孔注浆，以形成注浆帷幕，减少浆液流失；第二序在采空区内隔孔钻孔注浆，对采空区进行充填；最后对采空区内剩余钻孔进行钻孔注浆，对前序钻孔注浆效果进行检查，同时对采空区进一步填充，以保证加固效果。

海东铁路 K230 泥石流病害整治

宋成建　姚裕春　周　成
（中铁二院　土建二院）

摘　要　2010 年 10 月初，海南省遭遇 1955 年有气象记录以来最大的长时间强降雨，海南东环铁路 K230 位置发生特大泥石流。本文介绍了本次泥石流病害特征、原因分析、工程总体整治方案，以及从本工点应吸取的经验教训。
关键词　泥石流　整治　设计

1　工程概况

海南东环铁路 D3K211+000 ～ D3K213+200（运营里程 K230）段线路位于分界洲隧道以南，陵水县境内，属山前丘陵地貌。线路左侧 40 ～ 150 m 为东线高速公路，公路外侧为香水湾度假酒店。

该段属低山丘陵地貌区，蒙水岭山顶高程 893.5 m，最低点为香水湾海平面。山岭地段自然坡度 10 ～ 35°，山前缓丘、海滩地段自然坡度小于 15°。植被发育，山岭地段均为密林。本段属亚热带东南季风区，年平均降水量 1699.9 mm，年平均降水日数 132.3 日。

测区出露花岗岩，其全风化层（W_4）厚 5 ～ 20 m，呈粉土～粉质黏土状，含风化不完全的石英砂粒，饱水后易软化崩解，夹较多球状风化体，属Ⅲ级硬土；强风化层（W_3）厚 0 ～ 8 m，属Ⅳ级软石；弱风化层（W_2）属Ⅴ级次坚石。此前该地区未发生过泥石流灾害。

本次发生泥石流的沟谷长度约 4.5 km，汇水面积约 3.25 km²，其中形成区及流通区的汇水面积约 2.41 km²，常年水量较小，在雨季流量较大，百年一遇的流量为 85.9 m³/s。

2　泥石流病害特征及原因分析

2.1　特大泥石流产生的经过

2010 年 9 月 30 日—10 月 18 日，陵水县普降大暴雨到特大暴雨，累计降雨量达到 1306.6 mm，为该县自 1955 年 10 月有气象记录以来最大的降雨过程。

受此次强降雨过程影响，2010 年 10 月 18 日下午 16 时许，东环铁路 D3K212+265 谷六园中桥右侧 3.3 ～ 3.7 km 的蒙水岭山体发生滑坡，滑坡、崩塌形成的松散物质冲到沟中，沿沟而下，大量泥石流（以松散土体为主夹大量块石）填埋铁路桥墩达 4 ～ 5 m 深，淤泥、沙石、巨型孤石（最大直径达 10 余米）、树木等覆盖铁路 D3K212+109 ～ +216 段路基及部分桥梁面约 1 m 厚，涌入轨道面巨石约 2 m×3 m×4 m，重 7 ～ 8 t（图 1）。

2.2　泥石流工程地质特征

2.2.1　泥石流形态和规模

香水湾蒙水岭泥石流的流域形态呈棒状（图 2），无支沟，沟头无明显的集水盆地，沟床纵坡上陡下缓。本次泥石流爆发由蒙水岭顶山体滑坡引起，滑体总量约 67 万立方米。滑坡的巨大能量使滑体冲过一段约 300 m 长的宽缓沟槽底部，然后由于沟谷纵坡急剧变陡，此段长约 150 m 沟床纵坡陡约 33°，大量的滑坡物质在流水的搬运下顺沟而下，冲刷带走沟谷中的覆土及花岗岩全风化、强风化层，发展成为这次特大泥石流。

图 1　泥石流发生后铁路路基状况图

图 2　泥石流沟的棒状流域形态

该泥石流为沟谷型泥石流；在沉积区的固体物质冲出量约为 45 万立方米，达到特大型泥石流的规模。

泥石流沉积区上部为泥石流沉积层，主要为块石土、粉质黏土，块石约占 50%，为花岗岩质，块径一般为 0.5 ~ 6 m，最大约 12 m，厚 0 ~ 5 m，粉质黏土为软 ~ 硬塑状，夹块碎石，厚 2 ~ 5 m；下部为洪积层，主要为漂石土、粉质黏土夹透镜状细砂层；在滑坡及 NK0+600 ~ +950 段平台上分布滑坡堆积物，主要为粉质黏土夹块、碎石，块石含量为 30% ~ 45%，软塑状，厚 5 ~ 15 m；平台下部及 NK1+300 ~ +400 左侧堆积体分布有崩坡积层，主要为粉质黏土夹块、碎石，块石含量为 30% ~ 40%，硬塑状，平台处厚 10 ~ 20 m，堆积体处厚 5 ~ 15 m；山坡上为坡残积层，主要为粉质黏土，其间夹杂花岗岩球状风化体，一般厚 1 ~ 3 m。

2.2.2 泥石流的发生、发展原因

根据对当地老乡的访问及根据海南省地质环境监测总站《海南岛 1∶50 万环境地质调查报告》（2000 年 6 月）及《海南东环铁路地质灾害评估报告》（2006 年）显示，测区内的沟谷在最近百年内均未有发生过泥石流灾害的记录。

本次香水湾蒙水岭泥石流是一次典型的由特大集中降雨引起大型山体滑坡而导致的泥石流。持续十多天的强降雨过程使雨水得以最大程度的渗入岩土中，花岗岩全风化层、粉质黏土层含水量极大提高，物理力学性质降低，虽然良好的植被有保持水土的作用，局部山坡仍出现崩塌、滑坡。

3 区域内未来泥石流发展趋势分析

蒙水岭山顶顺沟槽方向的斜坡在本次泥石流中发生滑坡的是靠沟槽左侧的部分，靠右侧部分斜坡在强降雨期间坡面产生了小的坍滑，未发生大的破坏，但左侧的滑坡在其周边形成了新的临空面，在强降雨下坡面坍滑可能加剧并引发斜坡整体失稳下滑。该部分斜坡体积大致与已发生的滑坡体体积相当，为 65 ~ 70 万立方米，若遭遇与 2010 年 10 月相近的特大降雨，发生高速滑坡，将会引发与本次泥石流相当的特大泥石流。

已发生的滑坡、崩塌产生的松散物质主要分布在 NK0+600 ~ +950 段平台上，周围可能再次发生坍塌形成松散物质也会堆积在此平台，总量约有 65 万立方米，在降雨作用下其中的细颗粒会随水流零星带走，暴雨作用下会造成部分物质失稳，补充到下游陡坡地段形成泥石流。

NK1+300 ~ +400 左侧有一堆积体，该堆积体天然状态下处于基本稳定状态。2010 年 10 月份特大泥石流造成沟槽下切深度增加，本次泥石流过程中未发生大的破坏，但在强降雨等外部条件影响下有滑动的危险，形成泥石流。

NK0+600 ~ +950 段平台前沿为一陡坡，坡上分布有 2 ~ 5m 厚的松散物质，总量约 15 万立方米，自然坡度为 30 ~ 35°，稳定性较差，在暴雨作用下松散物质会部分或整体失稳，形成泥石流。NK1+400 ~ +500 段右侧有一本次泥石流中发生的滑坡体，约为 1 万立方米，在暴雨作用下有可能失稳，形成泥石流。

4 整治方案

4.1 泥石流整治原则

海南东环铁路已经通车，为确保铁路运营安全，结合勘察设计周期、工程实施难度以及工期，根据泥石流现状以及未来发展趋势分析，拟定的整治方案有临时措施和永久措施两个方面，总的整治思路是"确保安全、永临结合"。

4.2 泥石流整治工程总体布置

泥石流总体整治工程措施如图 3 所示：

图 3 泥石流整治工程总体布置图

（1）在桥位处清淤 22 万立方米。

（2）K229+965～K230+046.4 段设置导流墙。

（3）NK1+300～400 左侧设一排抗滑桩，防止 8 万立方米堆积体在暴雨作用下失稳形成泥石流。

（4）冲沟中部设置 1、2、3 号拦渣坝，库容共 16 万立方米，可防止泥石流沟内稳定性差的松散物质在暴雨作用下形成泥石流。

（5）NK0+600～+950 段平台段，约有 65 万立方米松散物质堆积体，设置 4 号拦渣坝。

（6）蒙水岭山顶左侧山体，在山体坡脚及半坡各设置一排抗滑桩。

（7）铁路桥位及需防护路基地段设置视频前端采集设备，接入本线综合视频监控系统。

（8）谷六园中桥的桥墩前设置防护墩。

因 2#～4#拦渣坝、NK1+300～400 左侧山体坡脚抗滑桩、蒙水岭山顶左侧山体坡脚及半坡抗滑桩所处位置距离铁路较远，纳入国土资源部泥石流灾害治理工程。

4.3　单项工程主要措施

4.3.1　1号桩板墙拦挡坝

海南东环铁路 K230+025.08～+300 右侧沟槽中泥石流，距离铁路右线中心 316～353 m 位置设置一道以桩间钢轨栏栅及两端桩板墙为主的拦挡坝，库容约 11 万立方米。检算时抗滑桩受力拟按作用在拦挡坝上的泥石流水平压力公式计算值+单个巨石撞击力×0.3 考虑。

（1）泥石流冲击力计算：

① 泥石流的冲击力主要包括泥石流整体的冲压力和单个巨石的撞击力。根据《泥石流防治》手册，泥石流整体冲击压力计算式如下：

$$F_1 = \lambda \frac{\gamma_C \times v_C^2}{g} \sin^2 \alpha$$

式中　F——泥石流整体冲压力；

　　　γ_C——泥石流容重；

　　　v_C——泥石流流速；

　　　g——重力加速度；

　　　α——受力面与泥石流冲压力方向的夹角；

　　　λ——形状系数（方形 $\lambda=1.47$，矩形 $\lambda=1.33$，圆形、圆端、尖端形取 $\lambda=1$）。

根据海东泥石流情况，γ_C 取 22 kN/m³，v_C 取 7.0 m/s，g 取 10 m/s²，α 取 90，λ 取 1.47，则泥石流整体冲击力 F_1=158.5 kN/m²。

② 单个巨石撞击力：

$$F_2 = r v_C \sin \alpha \sqrt{\frac{W}{C_1 + C_2}}$$

式中　W——巨石重量；

　　　C_1、C_2——巨石及桥墩圬工的弹性变形系数，采用船筏与墩台撞击的数值 $C_1+C_2=0.000\,5$；

　　　r——动能折减系数，正面撞击取 0.3。

根据现场的情况，考虑 4 m 直径的巨石，石头容重取 27 kN/m³，则

$$W=27 \times 4^3 = 1\,728 \text{ kN};$$

则巨石撞击力 F_2=3 904 kN。

③ 作用在拦挡坝上的泥石流水平压力。

泥石流水平压力采用朗肯主动土压力计算：

$$F_3 = \frac{1}{2} \gamma_C \cdot H_C^2 \tan^2 \left(45° - \frac{\varphi_a}{2} \right)$$

式中，γ_C 为泥石流密度取 22 kN/m³；H_C 为泥石流深度（可取坝高）；φ_a 为泥石流的内摩擦角（一般取 4°～10°），本次取 4°。则 $F_3= 9.565H_C^2$。

④ 考虑到泥石流整体冲击力相较于单个巨石撞击力及作用在拦挡坝上的泥石流水平压力较小，故忽略不计，则 1 号拦挡坝设计时采用受力计算公式为：

$$F=(3\ 904\ \text{kN})\times0.3+9.565H_C^2=1171+9.565H_C^2$$

（2）1 号拦挡坝设计。

① 拦挡坝端部 L1K0+000～+004 间长 4 m 范围地表设置顶宽 1.0 m 的 M7.5 浆砌片石垛，L1K0+004～+026 之间设置挡土墙，L1K0+026～+043 之间设置桩间挡土墙，共 3 根锚固桩。

② 拦挡坝中间段 L1K0+043～+284.88 之间设置桩间钢轨栏栅及两端桩板墙，锚固桩桩间距（中—中）5.0 m。其间 4#～14#、47#～52#桩间挡土板为 C35 钢筋混凝土预制矩形板，最大挡板高度 6.5 m。两板之间留一空隙；其间 14～47 号桩间从桩顶下 0.5 m 开始间隔（净距）1.0 m 设置长 4.2 m 的 P50 旧钢轨，与抗滑桩连接在一起，每间隔 3 根桩旧钢轨从中部截断预留 0.04 m 宽伸缩缝。

③ 挡土墙及桩板墙的挡土板后分层堆砌块石，形成梯形状缓冲层。

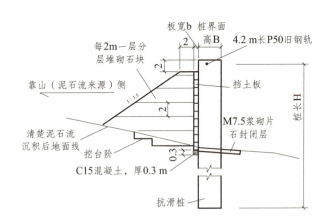

图 4　1#拦挡坝剖面设计示意图

④ 桩板墙施工完成后对桩后基坑、地表进行夯实回填。挡板及桩后往下游（铁路）方向共 8 m 宽范围地表设置浆砌片石封闭层。

1#拦挡坝剖面设计示意见图 4。

4.3.2　导流墙

（1）导流墙位于海南东环铁路 K229+965～K230+046.4 右侧，长 103.71 m，与铁路夹角为 42°，把上游来水及泥石流导入到大里程端的中桥下通过。导流墙与铁路位置关系详见图 5。

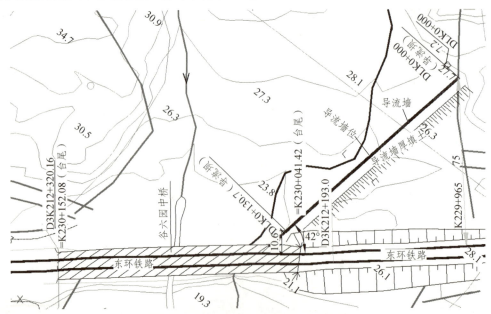

图 5　导流墙与海南东环铁路位置关系图

（2）导流墙墙高 2~7 m，采用 C30 混凝土浇筑。挡墙底部须位于冲刷线下不小于 1.0 m。

（3）墙前基坑采用 M7.5 浆砌片石回填，受冲刷的挡墙前地面采用宽 5 m、厚 0.5 m 的 M7.5 浆砌片石封闭；挡墙后回填普通土，回填土顶宽 6.0 m 采用 0.3 m 厚 M7.5 浆砌片石封闭。导流墙剖面设计示意见图 6。

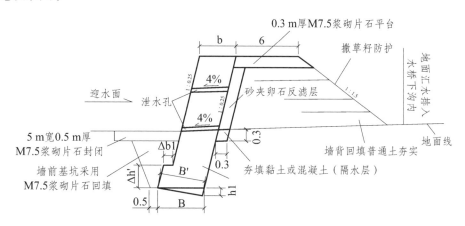

图 6　导流墙剖面设计示意图

4.3.3　2#、3#拦渣坝

2#、3#拦渣坝分别位于东环铁路 K230+100 中心线右侧 936 m、1 767 m 处（对应泥石流里程 NK3+080、NK2+260）。

2#、3#拦渣坝、挡水翼墙及混凝土护坦采用 C25 混凝土，坝后护墙及护坡采用 C20 混凝土，浆砌片石护坦采用 M10 浆砌片石，拦渣坝设计采用的基底摩擦系数为 0.6，基底的设计承载力为 1 000 kPa，基础处理后修建坝体，拦渣坝嵌入基岩 W_2 地层深度不小于 3 m；坝高为 10 m 时，基础下设钢轨桩，采取挖孔桩，桩内布置 6 根 24 kg/m 的钢轨，布置于桩的靠上游侧，钢轨的两侧采用 ϕ22 钢筋焊接连为整体，ϕ22 钢筋间距为 50 cm，两侧交错布置；下游坝后两侧设护墙，墙高 4 m~7 m，厚 1.5 m，采用 C20 混凝土，墙后与护坡间空隙采用混凝土回填，长度 20 m，根据实际地形设置；护墙以上设混凝土护坡，厚度不小于 40 cm，护坡施工前，对原有边坡采用 ϕ22 砂浆锚杆加固，锚杆长 3.5 m，间距 1.5 m，梅花形布置；混凝土护墙内设一层 ϕ10 钢筋网，并与锚杆尾部连接。坝顶两侧加高 2 m，中部留 35 m×2 m（宽×高）的溢流槽槽，将上游来泥石流集中于溢流槽排泄；拦渣坝上游迎水面设置浆砌片石反滤层，并于泄水洞的上游洞口插一排 ϕ25 钢筋，以防堵塞。

3#拦渣坝正面和剖面设计示意图见图 7、图 8。

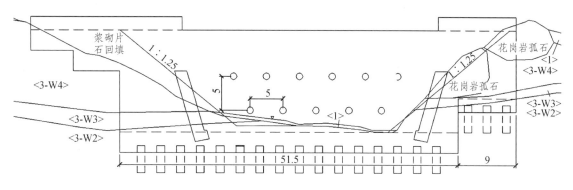

图 7　3#拦渣坝正面设计示意图

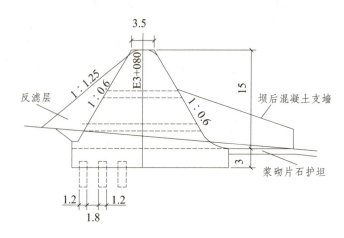

图 8　3#拦渣坝剖面设计示意图

4.3.4　其　他

距铁路 K230+100 中心线右侧约 2 990 m 远处（泥石流里程 NK0+900）沟谷泥石流堆积体平台位置宽 258 m 范围设置由抗滑桩组成的 4#拦渣坝。

距铁路 K230+100 中心线右侧 2 549～2 645 m 远处山坡堆积体范围设置一排抗滑桩，设置范围长 105.8 m。

蒙水岭山顶左侧山体，堆积约为 65～70 万立方米松散物，于坡脚及山体半坡各设置一排抗滑桩防护。设计情况为：

（1）距铁路 K230+100 中心线右侧约 3 320 m 远处（泥石流里程 NK0+560）山体滑坡坡脚长 132.6 m 范围设置一排抗滑桩。

（2）距铁路 K230+100 中心线右侧约 3 540 m 远处（泥石流里程 NK0+400）山体滑坡半坡位置设置一排抗滑桩。

增设综合视频监控系统现场视频采集点和防灾安全监控系统风雨采集点。

5　工程体会

（1）线路从沟槽地段通过时，应根据上游冲沟两侧山坡稳定状况、冲沟坡度、水量等，确定线路高程及桥梁孔跨布置。

（2）线路方案比选时，地质专业应加强相应范围地质调绘工作，尽量避开泥石流等不良地质区域。

（3）线路必须通过泥石流区，应绕避处于发育旺盛期的特大型、大型泥石流或泥石流群，以及淤积严重的泥石流沟；远离泥石流堵河严重地段的河岸。

（4）线路高程应考虑泥石流发展趋势；峡谷河段以高桥大跨通过；宽谷河段，线路位置及高程应根据主河床与泥石流沟淤积率、主河摆动趋势确定；线路跨越泥石流沟时，应避开河床纵坡由陡变缓和平面上急弯部位；不宜压缩沟床断面，改沟并桥或沟中设墩；桥下应留足净空。

（5）严禁在泥石流扇上挖沟设桥或作路堑。

（6）泥石流防治的工程措施是在泥石流的形成、流通、堆积区内，相应采取拦挡、排导、生物工程等，以控制泥石流的发生和危害。

（7）泥石流整治拦挡方案贯彻"确保安全、永临结合"的总体思路，一般采用"宜疏不宜堵"的穿透式设计方案，即允许小颗粒物质通过，大粒径物质被拦截，通过定期清理来解决物质的堆积。

渝利铁路桥改隧工程暨丰都斜南溪沟谷回填造地工程

李楚根 周 刚 李安洪

（中铁二院 土建二院）

摘 要 渝利铁路桥梁改隧道工程，隧道修筑在高填方上，铁路隧道对工后沉降以及隧道结构变形成为控制因素。高填方路基应满足铁路平顺、工后沉降以及隧道结构变形的要求，并保证回填土体的整体稳定。工程涉及铁路、公路、城市道路、水利工程、市政工程、地质灾害等多学科多专业，工程规模之大为世界少见，在高填方上修建铁路隧道更是世界首次。

关键词 桥改隧工程 高填方 排水系统工程 回填工程整体及局部稳定

1 概 述

渝利铁路（重庆—利川）为设计速度 200 km/h 的客货共线，在斜南溪沟谷中部设计以大桥通过，大桥轨顶高程为 245 m，桥下沟谷地形最低点高程为 215 m，桥梁最大墩高 30 m（图 1）。

图 1 渝利铁路南溪沟双线大桥示意图

斜南溪沟位于重庆市丰都县境内，沟谷北窄南宽呈带状展布，由南至北蜿蜒蛇曲流入长江，断面呈"V"字形，两岸斜坡整体稳定，谷内以坡地为主，谷底及后缘有部分水田，即将修建的沿江高速路至长江二桥纵向穿越整个沟谷。

根据丰都县规划，斜南溪沟谷回填后作为丰都县城商业中心和城市南北、东西交通主干道交汇区域，既可解决渝利铁路、沿江高速公路及城市道路等工程产生大约 800 万立方米弃渣，又能改善斜南溪用地条件。对该沟谷进行回填，可造地超过 1.2 km²，为城市建设提供宝贵的土地资源，同时空间上使得丰都新县城区（规划中）具备了良好的横向连续性，实现经济、社会和环境效益的统一。

斜南溪沟谷回填造地工程，上游为人造堰塘，下游连接长江，长 2 100 m，在渝利铁路位置填高 57 m，城市高程高于铁路 27 m。渝利铁路原桥梁工程以隧道工程通过，隧道修筑在高填方上（图 2）。高填方路基应满足铁路平顺、工后沉降以及隧道结构变形的要求，并保证回填土体的整体稳定。工程涉及铁路、公路、城市道路、水利工程、市政工程、地质灾害等多学科多专业，工程规模之大为世界少见，在高填方上修建铁路隧道更是世界首次。

图 2 桥改隧工程示意图

2 工程地质环境

2.1 地层岩性

场区地层为第四系全新统人工填土层（Q_4^{ml}）、第四系全新统坡洪积（Q_4^{el+pl}）及坡残积层（Q_4^{dl+el}）及崩坡积层（Q_4^{dl+col}）、侏罗系中统沙溪庙组（$J_{2}s$）地层。

泥岩夹砂岩（$J_{2}s$）：泥岩为紫红色、暗紫红色，泥质结构，中厚层状，质软。砂岩呈灰色、浅灰色，中～细粒结构，泥质胶结，矿物成分以长石为主，石英等次之。

2.2 地质构造

场地位于方斗山背斜西翼，场地内岩层呈单斜产出，岩石层理清晰，由于工作场地随斜南溪沟谷基本呈条带型分布，岩层产状及裂隙产状随沟谷走向有所变化。

经地质调查，场地内未见断层发育。场地裂隙较为发育，三组裂隙：J_1 倾向 N5°～55°E/20°～45°NW，J_2 倾向 N10°～50°E/60°～85°SE，J3 垂直节理，N10°～50°E/90°。

2.3 地震动参数

据国家地震局《中国地震动参数区划图》（GB 18306—2001），地震动峰值加速度为 0.05 g，地震动反应谱特征周期为 0.35 s。

2.4 岩土物理力学指标

碎石土，容重为 20 kN/m³，基本承载力 300 kPa，桩周土极限摩阻力 60 kPa；

泥岩夹砂岩 W2，容重为 20 kN/m³，单轴饱和抗压强度 5 MPa，基本承载力 500 kPa，桩周土极限摩阻力 100 kPa。

2.5 场地适宜性评价

斜南溪沟谷回填造地工程实施后，斜南溪沟谷回填高程与两侧拟建道路高程一致，沟谷的回填对两侧斜坡起到了很好的压脚作用，同时解决了沟谷两侧局部的不稳定岩质陡坎稳定问题，提高了沟谷两侧斜坡的整体稳定性。沟谷回填后不会造成沟谷两侧斜坡失稳的地质灾害问题。

斜南溪沟谷整体坡度很缓，坡度为 3°，上部回填土层不会沿沟底产生整体滑动。

3 斜南溪沟回填暨渝利铁路桥改隧工程

斜南溪沟回填暨渝利铁路桥改隧工程须重点解决以下问题：

（1）桥梁改隧道工程上部高填土对明洞结构安全（隧道专业）。

（2）明隧洞底部结构工程应对上部的隧道提供足够的承载力和变形要求。

（3）斜南溪沟回填造地排水系统工程。

（4）斜南溪沟回填工程整体及局部稳定。

3.1 明隧洞底部结构工程

渝利铁路桥改隧填土高度 57 m，填土荷载 $W = \gamma \cdot H = 20 \times 57 = 1\,140$ kPa，远大于泥岩夹砂岩 W2 基本承载力 500 kPa，因此明隧洞底部结构工程应对上部的隧道提供足够的承载力和变形要求。明隧洞底部结构工程进行了桩板结构和混凝土结构工程的比较。

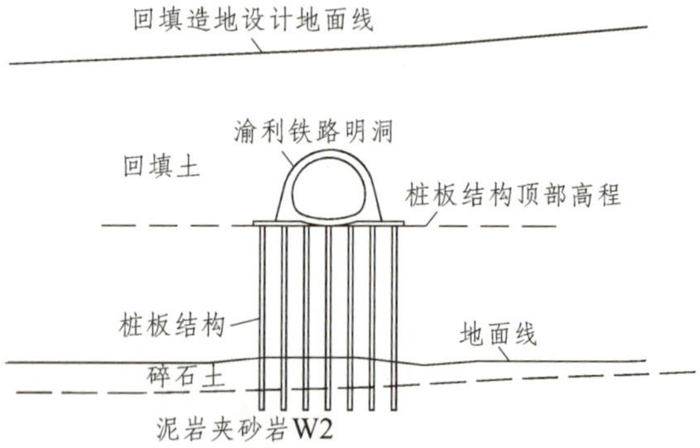

图 3　隧道基础为桩板结构示意图

3.1.1 明隧洞基础桩板结构工程

渝利铁路桥改明隧洞以下回填工程，采用泥岩夹砂岩弱风化层填筑，填筑前清除基底松软土和岩堆堆积体，填筑时应分层碾压，下一层碾压密实后才能进行上一层的填料的填筑，填料最大粒径小于 300 mm，压实标准采用地基系数和孔隙率作为控制指标，地基系数不小于 150 MPa/m，孔隙率不大于 28%。为确保高填方路基工后沉降要求以及上部隧道结构变形求，并保证回填土体的整体稳定性，隧道基底宽度范围采用桩板结构，桩板结构桩径 1.0 m，桩间距 3.0 m，正方形布置，桩顶设置钢筋混凝土板，采用 SAP2000 软件对明隧洞基础桩板结构内力、位移分布情况进行了分析。通过数值分析，隧道基础桩板结构可满足桥改隧后线路的平顺、工后沉降以及隧道结构变形等要求。回填造地、桥改隧工程、桩板结构关系如图 3 所示。

明隧洞基础桩板结构工程具工程投资较低、桩体对较软岩层适应度高等优点，但桩板结构更适应于竖向荷载明确的工程，对本工程却有以下较难控制的缺陷：

（1）由于板下部高达 27 m 的填土，在下部土体压缩变形后脱空对板的变形难于控制。

（2）桥改明隧洞位于斜南溪沟的中部，在沟体上游填方土体推力作用下，桩及板的挠曲变形难于控制。

（3）超高填方的不均匀沉降变形对桩板结构的变形难于控制。

3.1.2 明隧洞底部基础混凝土结构工程

斜南溪沟谷回填造地工程渝利铁路范围铁路轨面设计高程为 243.91～245.07 m，沟谷回填高程 272 m，铁路以明隧洞形式通过，明隧洞基础结构工程应对上部的隧道提供足够的承载力和变形要求。混凝土结构具有受力明确、变形明了的特点，因此采用混凝土结构为明隧洞基础工程（图 4）。

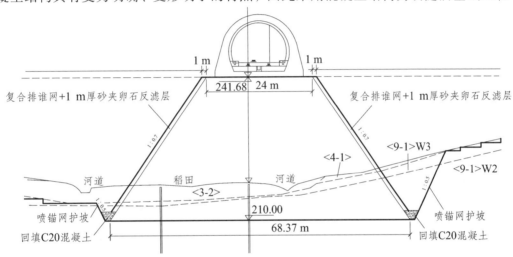

图 4　隧道基础为混凝土结构示意图

混凝土结构工程基底自重应力为混凝土基础以及上部填土荷载 $P=23×31.7+20×（272-241）=1\,349$ kPa，远大于泥岩夹砂岩 W2 基本承载力 500 kPa，因此，混凝土结构下部泥岩夹砂岩 W2 的变形是渝利铁路桥改明隧洞的关键。

混凝土结构应满足混凝土耐久性要求（《混凝土结构设计规范》《混凝土重力坝设计规范》《混凝土结构耐久性设计规范》《铁路混凝土结构耐久性设计规范》《大体积混凝土施工规范》），并保证回填土体的整体稳定性。混凝土结构须进行稳定、承载力、变形等计算，主要内容如下：

① 按挡土墙进行抗滑、抗倾覆稳定性计算；

② 结构荷载承载力强度计算；

③ 按重力坝进行坝基强度计算；

④ 混凝土结构弹塑性变形计算。

（1）混凝土结构按重力坝进行坝基强度计算。

① 计算分析。

由于基底自重应力为 1\,349 kPa，大于坝基容许应力 500 kPa，小于坝基极限承载力 5 MPa。坝基岩体的压缩变形导致坝基破坏的岩体失稳形式，主要是压缩变形和滑动破坏。压缩变形对重力坝来说，主要是引起坝基的沉陷。当坝基岩体软弱，或岩体虽坚硬但表部风化破碎层没有挖除干净，以致岩体强度低于坝体混凝土强度时，则剪切破坏可能发生在浅部岩体之内，造成浅层滑动。

坝基面抗滑稳定按《混凝土重力坝设计规范》（SL 319—2005）抗剪强度计算，安全系数满足表 6.4.1-2 要求。

根据《混凝土重力坝设计规范》（SL 319—2005）6.4.1 条，坝体抗滑稳定计算主要核算坝基面滑动条件，按抗剪断强度公式（6.4.1-2）计算坝基面的抗滑稳定安全系数。计算结果如下：

沿岩层结构面（无填土）：计算结果 K=2.06 > 1.10（验算合格）；

沿岩层结构面（单侧填土至渝利铁路路基面）：计算结果 K=1.20 > 1.10（验算合格）；

沿坝基平面（单侧填土至渝利铁路路基面）：计算结果 K=5.70 > 1.10（验算合格）。

（2）混凝土结构弹塑性变形计算。

混凝土结构弹塑性变形采用现场泥岩平板载荷试验、有限元分析进行检算、按照材料力学方法计算变形量分别进行计算。

① 现场平板载荷试验。

为确保渝利铁路高填方隧道明洞工程在软质岩地基的承载力和变形要求，现场三个泥岩体平板载荷试验模拟混凝土结构施工期荷载、使用期混凝土结构和上部填土荷载情况下的岩体变形情况，并加荷至破坏，且比例界限明显，客观反映了各试验点的承载性能。

图 5 现场平板载荷试验

根据现场泥岩平板载荷试验（图 5），基岩在 1 750 kPa 以内处于弹性变形，在施工期荷载 700 kPa 时变形量为 0.56 mm，在使用期荷载 1 400 kPa 时变形量为 1.27 mm，满足隧道和回填土对变形的要求（表 1）。

表 1 平板载荷试验成果表

试验点编号	试点状态	700 kPa 时变形模量及沉降量/（MPa·mm⁻¹）	1 400 kPa 时变形模量及沉降量/（MPa·mm⁻¹）	比例界限时变形模量/MPa	最大沉降量/mm	比例界限/kPa	极限荷载/kPa	基本承载力/kPa
J-1#	天然	276.8	246.3	225.5	10.825	1750	2900	1750
		0.562	1.269					
J-2#	天然	280.7	263.2	228.6	15.300	2100	3600	2100
		0.554	1.182					
J-3#	天然	290.7	273.8	238.4	14.410	2100	3600	2100
		0.535	1.136					

② 混凝土结构弹塑性有限元分析。

计算选取 D5K149+630 断面作为典型断面进行计算分析，由于本次计算主要是模拟<9-1>W2 和<9-1>W3（泥岩夹砂岩）在填筑完毕时的屈服情况，因此计算中将<9-1>W2 和<9-1>W3 设置为弹塑性材料，其他材料设置为弹性材料，各材料的具体取值情况如表 2 所示。

表 2 有限元计算参数表

材料号	材料名称	容重/（kN·m⁻³）	凝聚力/Pa	内摩擦角/（°）	弹性模量/Pa	泊松比
1	<9-1>W2	25	20×10^3	45	1.11×10^{10}	0.23
2	<9-1>W3	21	25×10^3	35	9×10^8	0.25
3	<3-2>松软土	18			2.8×10^6	0.30
4	<1>人工填土	20			7.0×10^6	0.28
5	C20 混凝土	23			2.80×10^{10}	0.20
6	隧道拱体混凝土	25			3.225×10^{10}	0.20
7	保护层填土区	21			9.0×10^6	0.27
8	普通填土区	20			7.0×10^6	0.28

有限元模型的建立共划分了 2 530 个四边形单元,约束条件为模型左右两侧水平向约束,模型底部竖向约束。模型的网格剖分图如图 6 所示。

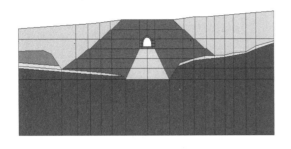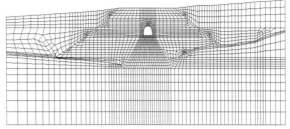

图 6　有限元模型材料分区和网格剖分图

计算中模拟了混凝土基座和填土的填筑过程,填筑完毕后基底的塑性区如图 7 所示,从塑性区的分布情况来看,混凝土基础底部并未形成塑性区,因此混凝土基座不会出现屈服破坏。

按隧道拱圈修筑完毕即铺轨的情况计算,基底发生的工后沉降为 3.564 mm,整个工程填筑完毕时基底发生的总沉降为 6.425 mm。

③混凝土结构变形计算结论。

通过现场泥岩平板载荷试验、弹塑性有限元分析、材料力学方法等计算,可得出如下结论:

混凝土基础底部并未形成塑性区,因此混凝土基座不会出现屈服破坏;

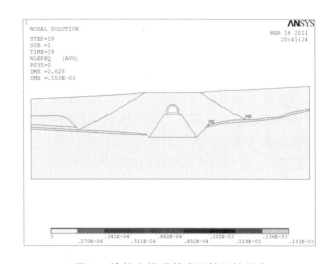

图 7　填筑完毕后基底塑性区的分布

在使用期荷载 1 400 kPa 时:现场平板载荷试验变形量为 1.27 mm,弹塑性有限元分析总变形量为 6.425 mm;混凝土结构满足上部隧道承载力和变形的要求。

3.1.3　混凝土结构大体积混凝土设计

混凝土基础总长 160 m,顶部宽 24.0 m,混凝土基础高 31.718 ~ 10.878 m,最大高度为 31.718 m,混凝土总体积为 168 295 m^3。混凝土基础按大体积混凝土有关要求施工。

混凝土基础横缝设置:垂直线路方向每隔 10 m 设置一贯通横缝,缝面不设键槽,不灌浆;混凝土基础纵缝设置:纵缝间距 15 ~ 30 m,错缝设置,缝面设键槽,并注浆;混凝土基础浇筑方式:采用水平分层台阶法浇筑,分层厚度 2.0 m。

《混凝土重力坝设计规范》(SL 319—2005)中规定对高度在 15 ~ 30 m 的低坝,可参照类似工程的经验,进行温度控制。设计重要内容:①混凝土基础温控设计;②混凝土基础监测设计;③混凝土基础质量控制与检查。

3.1.4　混凝土结构按挡土墙进行抗滑、抗倾覆稳定性计算

将混凝土基础视为重力式挡土墙进行验算,计算参数为:墙高为 31.69 m,人工填土天然重度为 $\gamma = 20$ kN/m^3,墙后边坡率为 1:1 000,填土综合内摩擦角为 $\varphi = 25°$。混凝土基础的抗滑动、抗倾覆稳定性及基底应力验算结果如下:

混凝土结构按挡土墙进行抗滑动稳定系数 $K_c = 3.32 > 1.30$,抗倾覆稳定系数 $K_0 = 30.04 > 1.50$,满足要求。

图 8 为施工中的隧道及基础工程照片。

图 8　施工中的隧道工程

3.2　斜南溪沟回填造地排水系统工程

斜南溪沟谷是区域内重要的排水渠道，区内地表水分布在斜南溪水沟、支沟及水田、鱼塘内，主要受大气降水及居民生产生活废水补给，水量季节性变化明显，雨季斜南溪水位上涨 1.0～2.0 m，而旱季斜南溪水深 0.1～1.0 m。

斜南溪沟上游汇水区地表水，通过在建沿江高速公路的桥梁、涵洞排入斜南溪沟，须在场地回填工程道路上游斜南溪沟归槽处（距渝利铁路上游 1 200 m）设置堰塘拦水坝工程。根据渝利铁路和拦水坝的位置，可以将斜南溪流域分为四个汇区（图 9），其中斜南溪沟回填工程堰塘拦水坝以上汇水面积 3.96 km^2 为汇区 1，堰塘拦水坝至渝利铁路高程 272 m 以上左右侧汇水面积分别为汇区 2、汇区 3，堰塘拦水坝至渝利铁路高程 272 m 以下汇水面积为汇区 4。

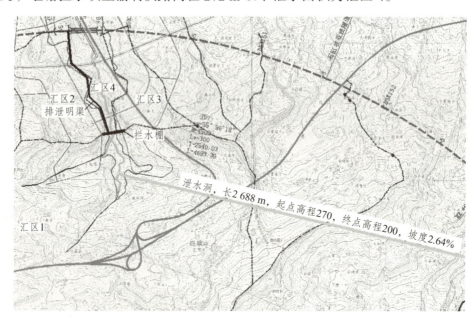

图 9　斜南溪沟回填造地排水系统工程平面示意图

汇区 2、汇区 3、汇区 4 所在区域为规划城市区域，汇区 2、汇区 3 流量在施工期通过临时排水沟引排、汇区 4 流量在施工期通过临时涵洞引排，汇区 2、汇区 3、汇区 4 流量使用期通过城市排水设施引排至长江。因此，斜南溪沟谷回填工程安全的重中之重是解决汇区的排水问题。

3.2.1　斜南溪沟谷回填造地地表排水工程方案比较

汇区 1 为斜南溪沟谷最大的汇水区，100 年一遇洪水流量为 91 m^3/s，为了能顺利将汇区 1 的汇水排走，共设计了三个排水方案：长涵方案、拦水坝结合排洪道方案、拦水坝结合泄水洞方案。

（1）长涵方案：沿着斜南溪沟谷的谷底修建一条长 2.7 km 的长涵洞，将斜南溪沟谷的上游来水全部从涵洞排至长江。

（2）拦水坝结合排洪道方案：在斜南溪沟谷的上游修建一座拦水坝以拦截上游汇水，形成的水库库容为 142 万立方米，坝前水深 28 m。在拦水坝的左岸修建一条排洪道，待水库的水位上涨至排洪道的沟底高程时，水库中的水经排洪道排至长江。

（3）拦水坝结合泄水洞方案：在斜南溪沟谷的上游修建一座拦水坝，形成的堰塘，坝前水深8m，堰塘水经泄水洞排至龙河。

斜南溪沟谷地表排水工程方案比较结论：从可实施性、经济性、安全性、对城市发展的干扰程度、是否有利于城市景观以及时效性六个方面进行分析评估，最终选定拦水坝结合泄水洞方案为设计采用方案。

3.2.2　斜南溪沟谷回填造地地表排水工程

为确保斜南溪沟回填工程的安全，应对汇水区地表水采用永临结合进行拦截和引排。距渝利铁路上游 1 200 m 处设置堰塘拦水坝和泄水洞排洪工程，利用堰塘拦水坝面板和基底注浆进行防渗处理，地下水采用"树枝状"盲沟引排。

（1）堰塘拦水坝工程。

堰塘设计水位高程 265 m，库容体积 5.14 万立方米，最大水深约 5 m，工程等级为山塘工程Ⅵ级。

堰塘拦水坝工程，其目的是拦截斜南溪上游区域的汇水，将地表水通过泄水洞引排出场地，同时控制坝身和坝底的下渗，保证下游渝利铁路的运营安全和填土体的整体稳定。

堰塘拦水坝填筑材料、防渗设计参照面板堆石坝工程进行设计。

①堰塘拦水坝断面设计。

堆石区上游面 270.00 m 高程以下设钢筋混凝土面板、黏土铺盖及石碴盖重，趾板布置在岩体弱风化下部，采用 7 m 等宽布置。为加强防渗，对趾板基础进行固结灌浆加固处理。趾板以上边坡按永久边坡进行喷锚支护。

②堰塘拦水坝坝基防渗设计。

坝基下透水率 $q \leqslant 10 \sim 42$ Lu 的岩体具强~中透水性，基础防渗采用灌浆处理。沿趾板线布置四排灌浆孔，从上游至下游第一排和第四排为固结灌浆孔，孔深 8 m；第二排和第三排为帷幕灌浆孔，孔深 25 m。灌浆孔排距 2 m，孔距 2 m，正方形布置，孔径为 60 mm，采用循环式灌浆，各孔灌浆结束后采用全孔灌浆封孔法进行封孔。

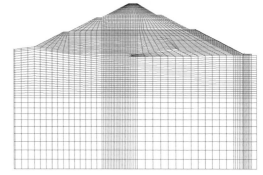

图 10　堰塘拦水坝体防渗有限元分析

③塘拦水坝体防渗有限元分析。

计算选取堰塘拦水坝在斜南溪沟心处的断面作为典型断面进行渗流计算分析（图 10），渗流计算的目的是获得堰塘拦水坝在建成后的渗流量。

渗流有限元计算采用的是固定网格有限元全场渗流分析方法，计算分析了丰都造地工程上游拦水坝在水位 270 m 时，设置防渗帷幕渗流场算结果如表 3 所示。

表 3　拦水坝单宽渗流量（有防渗帷幕）

水位	面板单宽渗流量/（m³·s⁻¹）	基岩单宽渗流量/（m³·s⁻¹）	总单宽渗流量/（m³·s⁻¹）	拦水坝每天的渗流量/m³	拦水坝的渗流量/（L·s⁻¹）
270	0.098×10^{-6}	1.451×10^{-6}	1.549×10^{-6}	21.146	0.245

（2）泄水洞排洪工程。

泄水洞断面除满足排水量的要求外，还须满足施工作业、抗冲刷、耐久性、清淤维修等要求。

根据现行《洪水标准》（GB 50201—1994）及《水利水电工程等级划分及洪水标准》（SL 252—2000），确定本泄水洞的建筑物等级为Ⅳ等小（1）型水利工程，主要建筑物级别（泄水洞及进出口引渠）为 4 级，次要建筑物（防护、铺砌）的级别为 5 级，从泄水洞安全重要性看，泄水隧洞设计频率为 100 年一遇，校核频率为 300 年一遇，堰塘拦水坝上游汇区面积为 3.96 km²，$Q_{1/300}$=123 m³/s。泄水洞结构尺寸按照 300 年一遇流量确定，泄水洞断面尺寸为 5.0 m×5.75 m（宽×高）。

（3）地下排水工程。

① 地下水构成。

斜南溪沟谷回填工程场区面积约 1.2 km²。地下水的构成主要有以下内容：基岩裂隙水、堰塘水下渗、城市管网漏损引起下渗、地表雨水下渗。

基岩裂隙水：根据水文地质资料，拦水坝与铁路大坝之间地下水净流量约为 5 L/s=0.005 m²/s，铁路大坝与靠近长江边公路桥之间地下水净流量约为 11 L/s=0.011 m²/s。

堰塘水下渗：堰塘拦水坝基岩通过灌浆后，整个坝区的渗水量约 0.24 L/s=0.000 2 m²/s。

城市管网漏损引起下渗：城市管网漏损可采用两种方法进行估算，一是根据《城市供水管网漏损控制及评定标准》以及供水管网漏损资料，漏损量按供水量的 20%计算，污水按供水量 80%计。因此，下渗量=城市管网供水量×1.8×20%，经计算下渗量=0.022 m²/s。二是根据国内外的经验，如同济大学"区域供水管网漏失水平评价方法"，平均 42.7L/（人·d），根据本区域预计城区人口 1 万～2 万，经计算下渗量=0.018 m²/s。

地表雨水下渗：城市地表可分为透水区和不透水区两类，城市的不透水表面如屋顶、混凝土街道、人行道、车站、停车场等，这些不透水区域在城市中占到总区域面积的 60%以上，甚至可能达到 80%～90%；透水区主要以各种红砖、级配碎石、非铺砌土地面及绿化草地等，其产流损失主要以下渗为主。

根据丰都县 1965—2009 年降雨量表可以推算出新增用地区最大的雨水下渗量为 51.27 L/s（0.051 m²/s）。

② 地下水疏排工程措施。

地下水总流量计算：地下水最大总量=0.011+0.0002+0.022+0.051=0.084 m²/s

地下水疏排设计：软式透水管的排水能力按曼宁公式计算：

$$Q = vA = \frac{1}{n}R^{2/3}i^{0.5}A$$

式中：n 为粗糙率，取 0.014；R 为水力半径，m，圆管的水力半径取 $d/4$；i 为水力梯度，取同管道坡度，纵坡为 0.03，横拔为 0.016；A 为水力断面。

经计算，采用主盲沟埋设 2 根 DN/OD250 mm PVC 带孔双壁波纹管（外径 250 mm）可满足疏排要求。

地下水采用"树枝状"盲沟引排，沿沟心至长江，设置一道主盲沟，主盲沟总长 1 768 m，主盲沟埋设 2 根 PVC 带孔双壁波纹管（外径 250 mm）；从沟槽侧壁向沟心分设 7 道支盲沟，支盲沟总长 792 m，支盲沟埋设 PVC 带孔双壁波纹管（外径 100 mm）。

4　斜南溪沟回填工程整体及局部稳定检算

根据地质场地适宜性评价"斜南溪沟谷整体坡度很缓，坡度为 3°，上部回填土层不会沿沟底产生整体滑动"，其整体是稳定的。

根据《建筑边坡工程技术规范》（GB 50330—2002），本工程边坡工程安全等级为一级边坡，折线滑动法的稳定安全系数 $K_c \geq 1.35$，稳定性计算采用传递系数。斜南溪沟自上游至出口，弯折较多，为计算方便，计算中采用直线式。

附加荷载：公路荷载，按城市 A 级荷载考虑；三峡库区动水压力。

物理力学指标（表 4）：根据地质资料，取饱水状态下土石界面的 c、φ 值进行稳定性分析，人工填土的 c、φ 值分别取 20 kPa、18°，填土容重 20 kN/m³。

表 4　土石界面 c、φ 值

名称	天然状态		饱水状态	
	c/kPa	φ/（°）	c/kPa	φ/（°）
粉质黏土（硬塑）	15	18	10	8
碎石土	5	22	5	22
块石土	4	25	4	25

计算简图和计算过程（略），计算结果如下，计算结果说明"斜南溪沟回填造地工程整体及局部均满足安全要求"。

（1）斜南溪沟谷回填造地工程前缘出口至上游 200 m 稳定计算。

计算结果：K_c=1.35，满足安全要求。

（2）斜南溪沟谷回填造地工程前缘出口至渝利铁路稳定计算。

计算结果：K_c=2.72 > 1.35，满足安全要求。

（3）渝利铁路回填工程在上部场地单向回填稳定计算。

计算结果：K_c=1.44 > 1.35，满足安全要求。

（4）堰塘拦水坝坝体稳定计算。

计算结果：K_c=3.39 > 1.35，满足安全要求。

（5）斜南溪沟谷回填造地工程前缘出口至堰塘拦水坝稳定计算

计算结果：滑坡稳定系数 K_c=2.59 > 1.35，满足安全要求。

5　结　语

城市建设过程中严格落实环境保护基本国策，实施可持续发展战略，促进经济建设和环境保护协调发展。认真贯彻"在保护中开发，在开发中保护"及"资源开发和节约并举，把节约资源放在首位"的原则；遵循"十分珍惜和合理利用每寸土地，切实保护耕地"的基本国策。

当前我国正处于工业化、城镇化快速发展时期，建设用地供需矛盾突出。优先开发利用空闲、废弃、闲置和低效利用的土地，提高建设用地利用效率，是符合我国国情的土地利用新路子。

利用铁路、公路弃土回填斜南溪沟谷既节约了堆土土地，又实现了弃土造地功能，为丰都县未来的发展创造了用地，实现了城镇建设的科学规划发展。

遂渝铁路增建二线深路堑扩挖工程安全防护

胡天浩 薛 元

（中铁二院 土建一院）

摘 要 随着我国铁路路网规划的不断完善，新建铁路与既有铁路并行的情况时有发生，新线施工会对既有铁路运营安全产生不利的影响，尤其在路堑扩挖段的施工安全风险将大大提高。本文以遂渝铁路增建二线的一处深路堑扩挖工点为典型案例，结合深路堑扩挖段的工程特征对紧邻动车运营线的路堑工程安全防护设计进行了详细说明，为增建二线路堑工程设计提供了宝贵的经验和方法。

关键词 增建二线 紧邻既有铁路 路堑扩挖 安全防护

1 引 言

遂渝铁路增建二线与既有遂渝铁路走向基本一致，是沪—汉—蓉通道的重要组成部分。本线全长 132.21 km，新建区间路基长 54.73 km，其中紧邻既有铁路的路堑扩挖地段总长 15.98 km，紧邻既有铁路的路堤帮填地段总长 1.21 km，共占新建区间路基长度的 31.41%。由于既有遂渝铁路开行动车，因此本线成为全国首条与动车运营线并行的增建二线铁路工程。为减少并行地段新建路基工程的施工对既有铁路运营的干扰，设计中必须要制定合理的安全防护措施及施工注意事项，这也是本线路基工程设计的最大特点。

本文以 ZDK45+196 ～ ZDK45+310 段左侧紧邻既有铁路扩挖地段的路堑高边坡为典型案例，对紧邻既有动车运营线增建二线路堑工程的安全防护设计进行说明。

2 工程地质概况

ZDK45+196 ～ ZDK45+310 段地形左高右低，自然横坡一般为 10°～35°，局部为陡坎。丘坡上覆第四系全新统坡残积（Q_4^{dl+el}）粉质黏土，土层较薄，多被垦为旱地；下伏基岩为侏罗系上统遂宁组（J_3s）泥岩夹砂岩，山坡基岩大片出露。主要工程特征为：

（1）增建二线与既有铁路线间距仅为 11 m，属于小线间距并行状况，将在既有铁路左侧扩挖（边坡最大高度 32 m），并完全拆除既有路基边坡的防护工程。

（2）既有铁路属于开行动车的高速铁路，邻近既有铁路施工需严格执行"全封闭、全隔离"的安全防护措施，较一般普速铁路的既有铁路施工安全要求要高。

3 安全防护设计方案

针对所述案例的工程特征，结合既有铁路工程类别、安全风险等级和地形地质条件制定了针对既有动车运营线路堑扩挖段的路基工程安全防护设计方案，土石方开挖及既有工程拆除应采取"先防护，后施工"的原则，路堑高边坡施工遵循"自上而下、分层分段、逐级防护"的开挖原则。具体如下：

3.1 临时安全防护措施

（1）靠近既有铁路地段，施工前调查清楚既有管线分布，避免挖断既有管线；施工过程中必须有专人负责进行瞭望、预警，以确保人身及设备安全；施工机具不得随意堆放，不得侵占既有铁路及施工便线限界，以保证行车安全。

（2）土石方开挖及既有工程拆除应根据施工方案采取"先防护，后施工"的原则，边坡土石方从高处开始开挖。紧邻既有铁路的路堑石方开挖，必须避免使用大爆破作业，并采用必要的控制爆破措施，做好炮孔覆盖；同时，土石方开挖及既有工程拆除须根据边坡高度设置多排钢管排架进行预先防护，防护排架搭设也必须从高处设置，随着路堑开挖面下降，将排架逐步降低至水沟外侧。排架设置如图 1 及图 2 所示：

（3）紧邻既有铁路的路堑石方开挖应采用浅孔爆破、毫秒延时控制爆破技术和覆盖防护手段，并通过现场试验确定合理的钻爆参数。主要以松动、预裂爆破为主，严格控制炮眼间距、装药结构及装药量；采用"多钻眼、少装药、弱爆破"的方式，并严格按设计顺序起爆。通过上述措施尽可能控制爆破飞石、振动和冲击波对既有运营安全的影响。

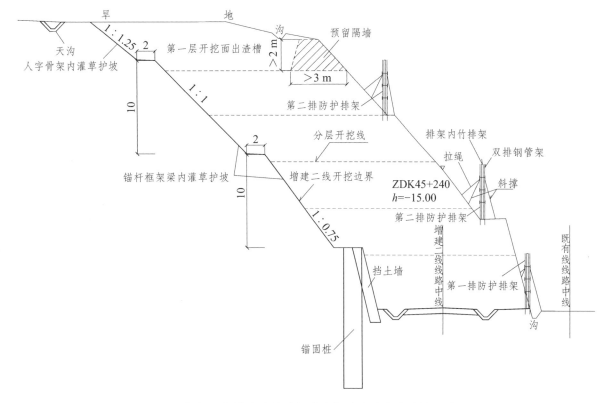

图 1　紧邻既有铁路扩挖地段的路堑高边坡安全防护设计图

（4）开挖路堑高边坡土石方，在靠既有铁路侧预留高于 2 m 的纵向隔墙，并始终保持该隔墙高度，进行拉槽开挖。隔墙拆除采用非爆破开挖，保证隔墙石渣不掉入既有铁路，预留隔墙位置如图 1 所示。

3.2　路堑边坡防护工程措施

根据既有铁路的实际情况确定了增建二线的具体加固防护措施为：于本段路堑堑顶设置天沟进行截排水，路堑坡脚设置一排锚固桩，桩间设置重力式路堑挡土墙，墙顶以上第一级边坡按 1：0.75 的坡率刷坡，第二级边坡按 1：1 的坡率刷坡，第三级边坡按 1：1.25 的坡率刷坡，且墙顶以上各级设截水沟，而墙顶以上第

图 2　边坡防护排架施工

一级及第二级边坡均采用锚杆框架梁内喷混植生进行防护，墙顶以上第三级边坡采用人字骨架内灌草护坡进行防护。代表性断面如图 1 所示。

4　施工顺序及注意事项

根据本工点的路基工程安全防护设计方案，制定相应的针对既有动车运营线的施工顺序及注意事项，具体如下：

4.1　施工顺序

对于深路堑地段应严格按照设计要求的施工顺序进行施工，即：施工堑顶上方截排水工程→桩顶边坡自上而下分层按开挖土石方，并进行边坡防护→隔桩开挖桩井施工锚固桩→连续一次灌注桩身混凝土，待桩身混凝土强度达到 80%后进行桩的无损检测→锚固桩检测合格后按 2～3 m 分

层分段跳槽开挖桩前墙背临时边→分段分层开挖桩前岩土，施工桩间挡土墙→施工路基面。具体如图1所示。

4.2 施工注意事项

（1）落实排水措施，完善排水系统，及时施作截水沟、天沟、吊沟、排水沟、侧沟和纵横向盲沟。已完工的截排水设施要清理顺畅，防止堵塞，将雨水及生活、施工用水及时引排出施工场地，严禁施工场地积水以致软化地基。增建二线影响既有铁路排水时，应加强临时排水措施，确保既有铁路侧沟及排水沟的排水通畅。

（2）靠近既有铁路进行挖除换填、墙趾基坑开挖等施工时，若开挖深度大于 1 m，应严格按设计施作好临时防护工程，临时开挖基坑采用 P50 旧钢轨桩进行临时防护，以确保基坑边坡稳定（开挖时务必分级开挖、及时施作，每级高度不大于 2 m）。基坑开挖后及时浇筑挡土墙，回填基坑。施工机具不得侵占既有铁路限界，以保证行车安全；并于施工过程中随时监测既有铁路有无异常现象，若发现异常应立即采取回填反压等必要措施，确保既有铁路安全。施工完成后 30 d 内每天观测一次既有铁路的稳定状况。

（3）路堑边坡开挖应分段分层开挖施工，每开挖一段，必须及时施工坡面工程及排水工程。严禁以"拉槽"方式施工。

（4）路堑边坡开挖后及时施作坡面防护工程，边坡暴露时间原则不得超过 15 d。对于未及时封闭的路堑边坡坡面，为避免雨水渗入坡面，软化边坡岩土体，必要时可采用塑料布覆盖坡面遮挡雨水。

5 工程总结

（1）遂渝铁路增建二线路基工程设计本着"节约投资、方便施工、保护环境"的原则，结合本线特点提出了针对动车运营线路堑扩挖段的安全防护设计方案，为其他类似为增建二线的路堑工程安全防护设计提供了宝贵的经验和方法。

（2）由于紧邻地段增建二线的路堑石方爆破作业对既有工程及行车安全的影响巨大，虽然可以通过对路堑石方采取控制爆破和非爆机械开挖的方式降低施工风险，但是施工效率明显下降，工程投资也大大增加。因此为了避免增建二线施工对既有铁路的影响，应根据线路的中长期规划，尽量在设计前期一次性按双线标准进行设计并施工到位，从而减少施工安全事故的发生，并节约工程投资。

（3）对于在既有单线旁增建二线的扩建工程，在不受预留工程限制的条件下，线路选线应尽量采取单绕或双绕的形式拉开与既有铁路间的线间距大小，从而在根本上减少增建二线施工对既有铁路的干扰。